Walter Laqueur

Der Weg zum Staat Israel

Geschichte des Zionismus

Europaverlag

Die Originalausgabe erschien 1972
unter dem Titel A HISTORY OF ZIONISM
bei Weidenfeld and Nicolson, 5 Winsley Street London W 1

Übersetzt von Heinrich Jelinek

Umschlag und Einband von Georg Schmid

Lektorat Peter Aschner

Printed in Austria
Gesetzt im Filmsatzzentrum Deutsch-Wagram
Druck Elbemühl Wien
ISBN 3-203-50560-6

Zur Erinnerung an meine Eltern

Inhalt

DRITTER TEIL

Landkarten

Landkarten Nr. 1, 2, 3, 5 und 6 stammen aus dem *Jewish History Atlas* von Martin Gilbert (Kartograph Arthur Banks). Karte Nr. 4 wurde von Arthur Banks dem *United Palestine Appeal 1941 Yearbook*, New York, 1941, entnommen.

Glossar

Achdut Haawoda (Freiheit der Arbeit): jüdische Arbeiterpartei, 1919–1930.
Agudat Israel: religiös-orthodox, nichtzionistische politische Bewegung, gegründet 1912.
Alija: Einwanderung nach Israel.
Betar (Brit Trumpeldor): revisionistische Jugendbewegung, gegründet 1923.
Brit Schalom (Friedensbund): jüdische Vereinigung, die eine jüdisch-arabische Aussöhnung befürwortete, ca. 1925–1933.
Chalukka: Verteilung der Spenden aus dem Ausland in der orthodoxen Gemeinde Jerusalems.
Chaluz: Pionier.
Chassidim: mystisch-religiöse Bewegung des Ostjudentums.
Cheder: religiöse Grundschule.
Chowewe Zion (Zionsfreunde): zionistische Organisation in der Zeit vor Herzl.
Galut: Diaspora.
Gdud Awoda: Arbeitslegion (1920–1927).
Hagana (Verteidigung): jüdische Verteidigungsorganisation.
Hapoel Hazair (Der junge Arbeiter): jüdische Arbeiterpartei (1905–1930).
Haschomer (Der Wächter): jüdische Selbstschutzorganisation vor dem Ersten Weltkrieg.
Haschomer Hazair (Die Jugendwache): linkssozialistische Bewegung, die 1913 als Jugendbewegung gegründet wurde.
Haskala: Aufklärung.
Hatikwa (Hoffnung): zionistische und israelische Nationalhymne.
Histadrut: Israelischer Allgemeiner Gewerkschaftsverband, gegründet 1920.
Irgun Zwai Leumi (IZL): nationale Militärorganisation (revisionistisch) 1931–1948.
Jischuw: die jüdische Bevölkerung Palästinas.
Kibbusch Awoda: Eroberung der (jüdischen) Arbeit.
Kibbuz: landwirtschaftliche Gemeinschaftssiedlung.
Kwuza: landwirtschaftliche Gemeinschaftssiedlung.
Lechi: Kämpfer für die Freiheit Israels (genannt Stern-Gruppe), 1940–1948.

Mapai: Arbeiterpartei, gegründet 1930.
Maskil: Anhänger der Aufklärung.
Misrachi: zionistische religiöse Partei, gegründet 1902.
Moschaw Owdim: landwirtschaftliche Genossenschaftssiedlung.
Poale Zion (Die Arbeiter Zions): sozialistische Partei, gegründet 1903.
Schekel: Münze aus der Makkabäerzeit, hier jährlicher Mitgliedsbeitrag, der das Wahlrecht zum Zionistischen Kongreß mit sich bringt.
Waad Leumi: jüdischer Nationalrat in Palästina, 1920–1948.
Zohar: die Revisionistische Partei, gegründet 1915.

Anmerkung zur Rechtschreibung

Zionistenführer osteuropäischer Herkunft haben zu verschiedenen Zeiten ihres Lebens verschiedene Schreibweisen ihres Namens in ihren Veröffentlichungen verwendet. Wir haben versucht, eine einheitliche Schreibweise zu erzielen, doch konnte völlige Übereinstimmung nicht erreicht werden; das gleiche gilt für die Transkription hebräischer Namen.

Vorwort

Der Begriff Zionismus wurde erstmals öffentlich von Nathan Birnbaum in einer Diskussionsversammlung am Abend des 23. Januar 1892 verwendet. (Genaugenommen war dieser Ausdruck bereits in den Jahren 1890/91 mehrmals in Druckschriften erschienen, allerdings ohne klare politische Bedeutung.) Die Geschichte des politischen Zionismus beginnt vier Jahre später mit der Veröffentlichung von Herzls *Judenstaat* und mit dem ersten Zionistenkongreß. Der zionistische Gedanke existierte jedoch schon vor dem Namen und vor der Organisation. Herzl hatte Vorläufer in Deutschland, Rußland und anderen Ländern, in deren Schriften sich die Sehnsucht nach der alten Heimat ebenso widerspiegelten wie die Anomalie der jüdischen Existenz in Mittel- und Osteuropa und die Notwendigkeit einer Lösung der »Judenfrage«.

Die Entstehung des Zionismus in den achtziger und neunziger Jahren des neunzehnten Jahrhunderts kann nur im größeren Zusammenhang der europäischen und der jüdischen Geschichte seit der Französischen Revolution sowie in Verbindung mit der Ausbreitung des modernen Antisemitismus verstanden werden. Dieses Werk beginnt mit einer Untersuchung der europäischen Grundlagen des Zionismus, umfaßt die Vorgeschichte der Bewegung und fünf Jahrzehnte zionistischer Tätigkeit und endet mit der Errichtung des Staates Israel im Mai 1948, dem Wendepunkt in der Geschichte der Bewegung. Es ist strittig, ob es auch nach 1948 eine Geschichte des Zionismus gibt, und zwar nicht nur deshalb, weil viele seiner Aufgaben vom Staate Israel übernommen worden sind. Ehe der Ausdruck „Zionismus" allgemein akzeptiert wurde, war in Rußland der Terminus *Palestinofilstwo (Chibbat Zion)* weit verbreitet. Ein ähnlicher Ausdruck, nämlich *Philisraelismus,* würde vielleicht der gegenwärtigen nachzionistischen Phase genau entsprechen. Auch wenn meine Annahme irrig sein sollte, da die Abgrenzung geschichtlicher Zeitabschnitte an sich gewagt ist, so gibt es sicherlich gute Gründe, diese Geschichte des Zionismus mit dem Jahr 1948 abzuschließen.

Trotz dem Umfang dieses Werkes war es mir von allem Anfang klar, daß eine alle Einzelheiten umfassende Gesamtgeschichte des Zionismus nicht nur meine Kräfte, sondern wahrscheinlich auch die Geduld des nicht spezialisierten Lesers überschreiten würde – vom Verleger ganz zu schweigen.

Der Zionismus als weltumspannende Bewegung bestand aus Dutzenden von Vereinen und politischen Parteien. Um auch nur den bedeutendsten von ihnen gerecht zu werden, bedürfte es einer ganzen Bibliothek von Monographien. Die Fülle des veröffentlichten und unveröffentlichten Materials macht die Aufgabe des Historikers keineswegs leichter. Die Regale des Zionistischen Archivs in Jerusalem haben eine Gesamtlänge von zwei Meilen; über jeden Zionisten der Vergangenheit und der Gegenwart gibt es ein Buch oder zumindest einen Aufsatz in einer Zeitschrift oder in mehreren Ausgaben einer Zeitung. Der Verfasser mußte daher selektiv vorgehen und sich auf das konzentrieren, was er als die wichtigsten Entwicklungslinien erachtete.

Dieser Band, mit all seinen Beschränkungen und Mängeln, ist die erste umfassende, in englischer Sprache erschienene Geschichte des Zionismus dieses Umfanges. Von den beiden großen, früher publizierten Geschichtswerken reicht jenes von Sokolow nur bis zum Ende des Ersten Weltkrieges und befaßt sich vor allem mit den Vorläufern des Zionismus, während Böhms Werk *Die Zionistische Bewegung*, dem jede Arbeit zu diesem Thema tief verpflichtet ist, in der Mitte der zwanziger Jahre endet und auch nie übersetzt worden ist. Diese Bücher, wie auch einige wesentlich kürzere (zum Beispiel die Untersuchungen Israel Cohens), wurden von führenden Zionisten verfaßt. Sie widerspiegeln das Engagement ihrer Autoren, ihre Stärke liegt gerade in dieser Parteinahme. Eine heute geschriebene Geschichte des Zionismus muß jedoch mehr sein als ein Werk der Leidenschaft; sie soll nicht bekehren wollen, sondern muß vielmehr bohrende Fragen stellen, um der geschichtlichen Wahrheit auf den Grund zu kommen.

Dank dem zeitlichen Abstand ist es in mancher Hinsicht leichter, heute über Streitfragen der Vergangenheit objektiv zu schreiben, wie ja auch die nachträgliche Beurteilung einfacher ist. Es gibt jedoch auch Schwierigkeiten, denen sich meine Vorgänger nicht ausgesetzt sahen. Einige davon sind methodologischer Art: Bis zum Jahre 1917 bietet die Geschichte der zionistischen Bewegung keine besonderen Probleme; es ist die Geschichte einer etwas exzentrischen Bewegung junger Idealisten, die alljährlich zu einem Kongreß zusammenkamen und verschiedene politische, finanzielle, kulturelle und kolonisatorische Tätigkeiten entfalteten. Spätestens nach der Balfour-Deklaration aber wird das Problem verwickelter: Es gab immer noch die zionistische Bewegung, größer und einflußreicher als je zuvor, aber es gab auch die an Zahl und Stärke stetig zunehmende jüdische Gemeinde in Palästina. Vielleicht ist es möglich, eine Geschichte Palästinas der Mandatszeit ohne ständige Bezugnahme auf die zionistische Bewegung zu schreiben, das Umgekehrte ist jedoch völlig unmöglich. Auch innerhalb des Zionismus wurde die Lage nach 1917 mit jedem Jahr komplizierter, da neue Parteien und Fraktionen entstanden, von denen einige sich von der zionistischen Weltbewegung trennten. Bis zur Balfour-Deklaration ist eine chronologische Schilderung der Entwicklung am günstigsten; nach diesem Datum wird dies schwierig, zum Teil sogar unmöglich. Ich habe versucht, diese Schwierigkeiten auf meine eigene Art zu lösen. Es mag andere und bessere Methoden geben, doch habe ich keine gefunden.

Dieses Buch beruht größtenteils auf Materialien, die von der zionistischen Bewegung, über sie oder gegen sie in den Sprachen veröffentlicht wurden, in denen diese Diskussionen geführt wurden: deutsch, russisch, jiddisch, hebräisch und englisch. Die Zionisten waren eine redselige Gesellschaft; kein Geheimnis konnte lange gewahrt werden – alle sind irgendwo in Büchern und Zeitschriften zu finden. Während des letzten Jahrzehnts der in diesem Band geschilderten Ereignisse lebte ich in Palästina, wo ich die Vorgänge und manchmal auch die *dramatis personae* aus der Nähe beobachten konnte. Dies gewährte mir eine gewisse Perspektive und, so glaube ich, auch ein Verständnis, das aus dem bloßen Erforschen der Archive nur schwer zu erlangen ist. Dieser persönliche Aspekt sollte erwähnt werden, weil mir ohne ihn wahrscheinlich der Anstoß, dieses Buch zu schreiben, gefehlt hätte. Ich hatte Gelegenheit, manche der im folgenden beschriebenen Ereignisse mit Veteranen der zionistischen Bewegung zu besprechen. Ihnen allen schulde ich Dank, vor allem Robert Weltsch, der mir während der ganzen Arbeit viel geholfen hat. Diese Gespräche brachten kaum neue, überraschende Enthüllungen, ermöglichten mir aber ein besseres Verständnis einer Bewegung, die außer ihrer politischen Seite noch viele andere Facetten hatte. Einigemal habe ich im Zusammenhang mit bisher noch nicht ausreichend erforschten Aspekten der zionistischen Geschichte auf unveröffentlichtes Material verwiesen. Dies verändert jedoch kaum das allgemeine Bild, wie es sich aus den allgemein zugänglichen Quellen darstellt.

Ein Vorwort ist vielleicht nicht die geeignete Stelle für ein Bekenntnis des Verfassers; meine Gedanken zum Thema kommen in den folgenden Seiten zum Ausdruck. Die Frage, ob der Zionismus eine gute oder schlechte Idee war, wird in diesem Buch erörtert, doch ist dies nicht die einzige und ganz gewiß nicht die wichtigste Frage, die mich beschäftigte. Sie ist fraglos von historischem Interesse, und auf philosophischer Ebene mag die Debatte darüber vielleicht noch lange Zeit weitergeführt werden. Diese Untersuchung ist jedoch kein Exkurs in die Geschichtsphilosophie; sie befaßt sich mit dem Schicksal eines schwergeprüften Volkes, mit seinem Bemühen, seine Existenz zu normalisieren, der Verfolgung zu entkommen und in seinen eigenen Augen und den Augen der Welt seine Würde wiederzugewinnen. Vielleicht war das Streben nach diesem Ziel ein Irrtum, vielleicht mußten diese Bemühungen zwangsläufig neue und schwerwiegende Probleme schaffen. Vor einigen Jahrzehnten ist jedoch der Zionismus aus dem Reich der Ideen, der guten, der schlechten oder der indifferenten, heraus- und ins Reich der Tat eingetreten. Er hat zur Geburt einer Nation geführt, manchen zur Freude, anderen zum Leide.

Meine Absicht war es, eine wahrheitsgetreue Schilderung der Ursprünge und der Entwicklung einer der umstrittensten Bewegungen der neueren Geschichte zu liefern. Da ich nicht glaube, daß die historische Wahrheit irgendwo in der Mitte zwischen den Extremen liegt, habe ich nicht versucht, meine eigene Position zu verschleiern, und es ist mir wohl bewußt, daß andere meine Ansichten nicht unbedingt teilen werden. Es ist jedoch, so glaube ich, in dem Sinne ein wahrheitsgetreuer Bericht, als ich niemals wissentlich historisches Material unterdrückt und mich auch darum bemüht habe, Ansichten, die ich nicht teile, und Taten, die ich bedauere, leidenschaftslos darzustellen.

Der apologetische Charakter der jüdischen Geschichtsschreibung war von jeher eine ihrer Hauptschwächen. Der Zionismus hat wesentlich dazu beigetragen, dies zu ändern. Manche der kritischsten Kommentare zur jüdischen Geschichte sind aus zionistischen Kreisen gekommen, während anderseits manche der schärfsten Angriffe auf den Zionismus von jüdischen Kritikern geführt worden sind. Ich habe mich beim Schreiben dieses Buches nicht befangen gefühlt, mein Motto war nicht: »Saget's nicht an in Geth, verkündet's nicht in den Gassen Askalons.« Anderseits erhebe ich keinen Anspruch auf olympische Unparteiischkeit. Als Acton die *Cambridge Modern History* herausgab, sagte er zu seinen Mitarbeitern: »Unser Waterloo muß Franzosen und Engländer, Deutsche und Holländer gleichermaßen zufriedenstellen.« Wohl nur wenige Kritiker würden sagen, daß dieses Ziel erreicht wurde, und ich vermute, daß eine Geschichte des Zionismus in diesem Sinne, wenn überhaupt, erst dann geschrieben werden kann, wenn das Thema nicht mehr aktuell ist.

Mein Dank gilt der Deutschen Forschungsgemeinschaft für ihr Forschungsstipendium zur Untersuchung der Geschichte des deutschen Zionismus sowie Mr. Meyer Weisgal und der John Simon Guggenheim Memorial Foundation für ein Stipendium. Dr. Benjamin Eliav führte mich durch die verschlungenen Pfade des Revisionismus, aber die hier zu diesem Gegenstand wie auch zu anderen Themen geäußerten Ansichten sind, im guten wie im schlechten, meine eigenen. Meine alte Freundin und strenge Kritikerin Mrs. Jane Degras korrigierte das Manuskript, und ich habe, wie schon häufig zuvor, von ihren redaktionellen Fähigkeiten und Erfahrungen profitiert.

Erster Teil

Auszug aus dem Getto

In der Geschichte des modernen Europas stellt die französische Revolution den großen Wendepunkt dar; mit all den anderen Veränderungen und Strömungen, die sie einleitete, bedeutet sie auch den Beginn eines neuen Zeitalters im Leben der Juden. Nach Jahrhunderten der Massaker, der Verfolgung und der gesellschaftlichen Ächtung begann sich mit der Ausbreitung der Aufklärung auch eine neue, menschlichere Einstellung gegenüber den Juden durchzusetzen. Es bedurfte jedoch des Schocks der Revolution, um dem Grundsatz der Gleichheit vor dem Gesetz offizielle Anerkennung zu verschaffen. Herder sagte, es würde einmal die Zeit kommen, in der niemand mehr danach fragen würde, ob jemand Jude oder Christ sei, da auch die Juden im Einklang mit den europäischen Gesetzen leben und ihren Teil zum Allgemeinwohl beitragen würden. In der französischen Nationalversammlung von 1789 forderte Clermont-Tonnerre, daß den Juden als Individuen keine Rechte verweigert werden dürften. Die Emanzipation breitete sich schnell aus: das Getto von Rom wurde geöffnet, und selbst in Deutschland, wo über eine Verbesserung des Status der Juden jahrelang ergebnislos diskutiert worden waren, traten endlich wesentliche Änderungen ein. Zwischen 1808 und 1812 wurden in Preußen, dem führenden deutschen Staat, die Grundlagen für die volle rechtliche Emanzipation der Juden geschaffen.

Die Juden hatten diesen Tag mit Ungeduld erwartet und reagierten mit Begeisterung. Als der König von Preußen seine Untertanen gegen Napoleon zu den Fahnen rief, standen die Juden in ihrem Patriotismus niemandem nach. Oh, welch himmlisches Gefühl, ein Vaterland zu besitzen! – hieß es in einem ihrer Manifeste – welch großartige Vorstellung, einen Flecken, einen Ort, eine Ecke auf dieser lieblichen Erde sein eigen nennen zu können! Noch wenige Jahre zuvor waren die Juden wie Parias behandelt worden. Ludwig Börne, der bedeutendste Publizist jener Zeit, hat die Lage der Juden in seiner Geburtsstadt Frankfurt während seiner Jugendjahre anschaulich geschildert. Sie erfreuten sich, wie er es ausdrückte, der liebevollen Obsorge der Behörden: Es war ihnen verboten, an Sonntagen ihre Straße zu verlassen, auf daß sie von Betrunkenen nicht belästigt würden; es war ihnen nicht gestattet, vor dem Alter von fünfundzwanzig Jahren zu heiraten, auf daß ihr Nachwuchs stark und gesund werde; an Feiertagen durften sie ihre Häuser erst um sechs Uhr abends verlassen, auf daß ihnen die große Hitze keinen Schaden zufüge; die öffentlichen Gartenanlagen und Promenaden außerhalb der Stadt waren ihnen verschlossen, und sie mußten auf den Feldern spazierengehen – damit ihr Interesse an der Landwirtschaft geweckt werde; wenn ein Jude die Straße überquerte und ein christlicher Bürger ihm zurief: »Mach Mores, Jud'!«, dann hatte der Jude seinen Hut abzunehmen. Ziel dieser weisen Maßnahmen war zweifellos die Stärkung des Gefühls der Liebe und der Achtung zwischen Christen und Juden.

Indessen erlitt das europäische Judentum auf dem Weg zur völligen rechtlichen Emanzipation Rückschläge: Napoleon hob einige der Rechte auf, die die Revolution ihnen gebracht hatte, der König von Preußen und die deutschen Fürsten führten 1815 viele der früheren Beschränkungen wieder ein. Viele Berufe waren ihnen immer noch versperrt: nur ein einziger Jude wurde als Offizier im preußischen Heer geführt, und mit Ausnahme eines Postbeamten in Breslau gab es keine jüdischen Staatsbeamten. Ein Erlaß aus den zwanziger Jahren des neunzehnten Jahrhunderts verbot ihnen, als Scharfrichter zu dienen, sofern einer von ihnen die Neigung dazu verspürt hätte. Die Veteranen des vaterländischen Krieges, manche von ihnen Träger des Eisernen Kreuzes, klagten verbittert, daß sie von ihrem neuen Vaterland wie Stiefkinder behandelt würden. Und doch gab es, trotz dieser Enttäuschungen, in der deutschen Judenschaft kaum Zweifel, daß es sich bloß um zeitweilige Rückschläge handelte. Sie waren fest davon überzeugt, daß ihnen das volle Bürgerrecht bald von Rechts wegen und nicht nur gnadenhalber zuteil werden, daß Vernunft und Menschlichkeit sich schließlich in den maßgebenden Kreisen ihrer Regierung durchsetzen würden. Das eben erst entstandene neue jüdische Establishment war überzeugt, daß es sich bereits in den Hauptstrom der europäischen Zivilisation eingefügt hätte.

Anfang des neunzehnten Jahrhunderts betrug die Zahl der Juden auf der ganzen Welt etwa zweieinhalb Millionen; fast neunzig Prozent davon lebten in Europa. Etwa zweihunderttausend wohnten in Deutschland, ein Viertel davon war im Bezirk Posen konzentriert, in jenem Gebiet, das kurz zuvor als Folge der Teilung Polens an Preußen gekommen war. Die meisten lebten noch auf dem Land, nur wenige hatten in den großen Städten Wohnerlaubnis erhalten. In Berlin beispielsweise zählte man im Jahre 1815 kaum dreitausend Juden. Die Bürger, vor allem aber die städtischen Zünfte, wehrten sich nachdrücklich gegen die Niederlassung von Juden in ihrer Mitte. Im Mittelalter hatten viele Juden sich mit Wucher und anderen niedrigen Geschäften befaßt. Im achtzehnten Jahrhundert erweiterten sich ihre Berufsmöglichkeiten allmählich, trotzdem aber waren die meisten Juden immer noch Kleinhändler, Mittler zwischen der Stadt und dem Dorf. Sie besuchten die Jahrmärkte, kauften und verkauften Fleisch, Wolle und

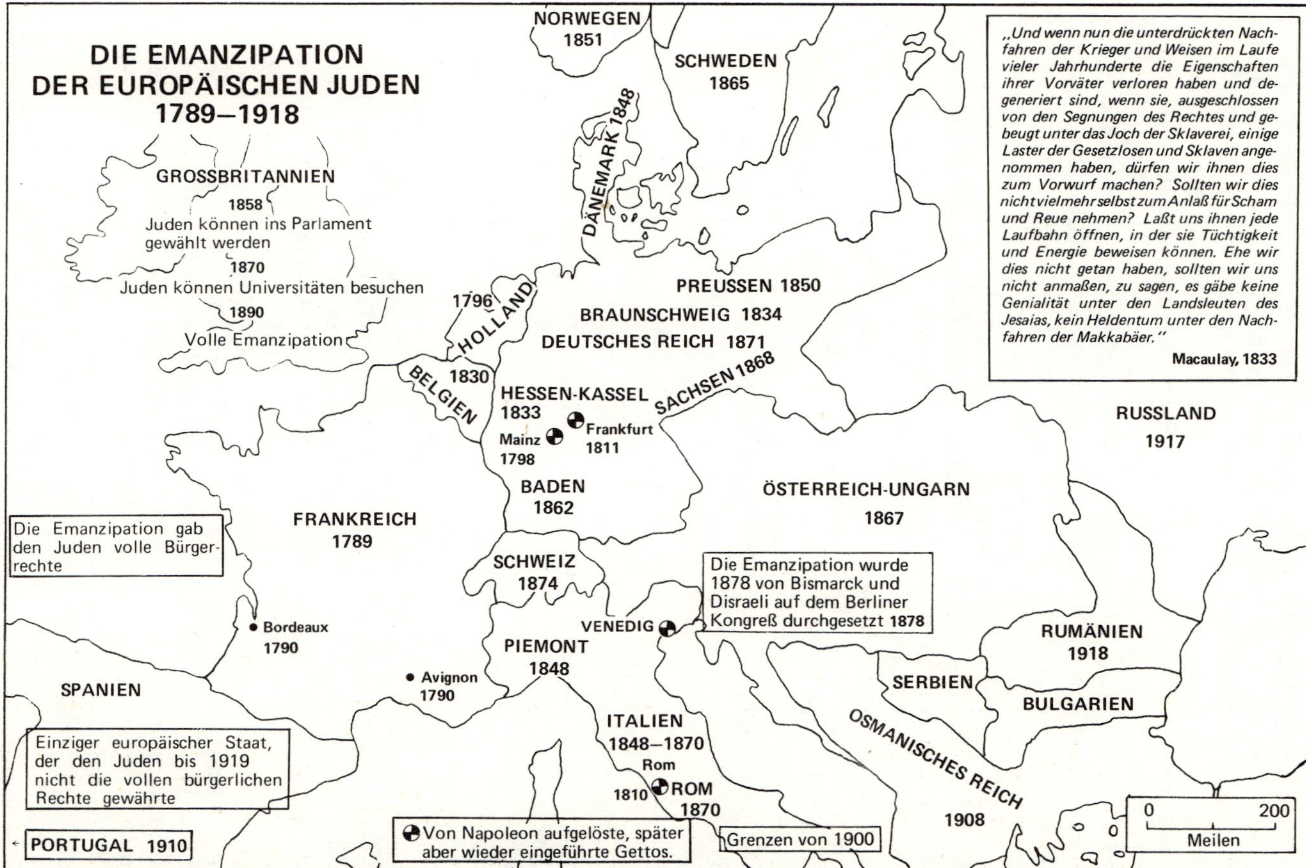
DIE EMANZIPATION
DER EUROPÄISCHEN JUDEN
1789–1918
GROSSBRITANNIEN
1858
Juden können ins Parlament gewählt werden
1870
Juden können Universitäten besuchen
1890
Volle Emanzipation
NORWEGEN 1851
SCHWEDEN 1865
DÄNEMARK 1848
HOLLAND 1796
BELGIEN 1830
PREUSSEN 1850
BRAUNSCHWEIG 1834
DEUTSCHES REICH 1871
SACHSEN 1868
HESSEN-KASSEL 1833
Mainz 1798
Frankfurt 1811
BADEN 1862
FRANKREICH 1789
Bordeaux 1790
Avignon 1790
SCHWEIZ 1874
PIEMONT 1848
VENEDIG
ITALIEN 1848–1870
Rom 1810
ROM 1870
SPANIEN
PORTUGAL 1910
ÖSTERREICH-UNGARN 1867
RUSSLAND 1917
RUMÄNIEN 1918
SERBIEN
BULGARIEN
OSMANISCHES REICH 1908
Die Emanzipation gab den Juden volle Bürgerrechte
Einziger europäischer Staat, der den Juden bis 1919 nicht die vollen bürgerlichen Rechte gewährte
Die Emanzipation wurde 1878 von Bismarck und Disraeli auf dem Berliner Kongreß durchgesetzt 1878
Von Napoleon aufgelöste, später aber wieder eingeführte Gettos.
Grenzen von 1900
0 200 Meilen
„Und wenn nun die unterdrückten Nachfahren der Krieger und Weisen im Laufe vieler Jahrhunderte die Eigenschaften ihrer Vorväter verloren haben und degeneriert sind, wenn sie, ausgeschlossen von den Segnungen des Rechtes und gebeugt unter das Joch der Sklaverei, einige Laster der Gesetzlosen und Sklaven angenommen haben, dürfen wir ihnen dies zum Vorwurf machen? Sollten wir dies nicht vielmehr selbst zum Anlaß für Scham und Reue nehmen? Laßt uns ihnen jede Laufbahn öffnen, in der sie Tüchtigkeit und Energie beweisen können. Ehe wir dies nicht getan haben, sollten wir uns nicht anmaßen, zu sagen, es gäbe keine Genialität unter den Landsleuten des Jesaias, kein Heldentum unter den Nachfahren der Makkabäer.“
Macaulay, 1833

Spirituosen; in Hessen handelten sie mit Vieh, im Elsaß schufen sie sich eine starke Position im Weinhandel. In den ehemals polnischen Gebieten lebten viele jüdische Handwerker, doch war ihre Existenz unsicher; ihre Lage unterschied sich vom Reichtum und Ansehen der Mitglieder der städtischen Zünfte ebensosehr wie die der kleinen jüdischen Trödler von den Patrizierkaufherren Hamburgs und Lübecks. Als Jude, schrieb Moses Mendelssohn an einen Freund, kann mein Sohn nur Arzt, Händler oder Bettler werden. Wohl waren einige wenige jüdische Bankiers, wie die Eichtal, die Speier, Seligman, Oppenheimer, Hirsch und vor allem die Rothschild, sehr reich geworden. 1807 gab es in Berlin mehr jüdische als nichtjüdische Bankhäuser, und man sagte, daß ohne sie keine europäische Regierung in der ersten Hälfte des neunzehnten Jahrhunderts imstande gewesen wäre, eine Anleihe aufzulegen. Um nur ein Beispiel zu erwähnen: Mehr als achtzig Prozent der Staatsanleihen der bayrischen Regierung im ersten Jahrzehnt des neunzehnten Jahrhunderts wurden von jüdischen Bankiers finanziert. Dieser neue Geldadel war jedoch zahlenmäßig klein; eine jüdische Mittelschicht war erst im Entstehen, während die große Mehrzahl der Juden in äußerster Armut lebte. Wesentliche Änderungen in der Berufsstruktur des deutschen Judentums ergaben sich erst in den folgenden Jahrzehnten durch den starken Zustrom junger Juden in die freien Berufe, den Groß- und den Einzelhandel und das Gewerbe.

Die Anfänge der sozialen und kulturellen Assimilation reichen bis ins frühe achtzehnte Jahrhundert zurück. Die lange vorherrschende Meinung, die Emanzipation der deutschen Juden habe begonnen, als Moses Mendelssohn mit Lessing Schach spielte, hält einer näheren Untersuchung nicht stand. In der ersten Hälfte des achtzehnten Jahrhunderts sprachen und schrieben viele Juden Deutsch; ihre gemeinsame Sprache (Jiddisch, Mundart) wurde zwar mit hebräischen Buchstaben geschrieben, näherte sich aber zunehmend der damaligen deutschen Umgangssprache. Viele konnten sich auch in anderen Sprachen verständigen. Während die Juden in Frankfurt und anderen Städten immer noch wie Vieh in finsteren, überfüllten Gettos zusammengepfercht lebten, waren sie andernorts nicht mehr auf bestimmte Wohngebiete beschränkt, und gesellschaftlicher Verkehr mit ihren christlichen Nachbarn war nicht selten. Selbst in ihrer äußeren Erscheinung waren viele von ihren Nachbarn kaum zu unterscheiden: Sie rasierten sich die Bärte ab und trugen Perücken, während die jungen Damen die Krinoline und andere modische Kleidungsstücke übernahmen. Die Rabbiner klagten verbittert über die neue Freiheit in den Beziehungen zwischen den Geschlechtern und andere Anzeichen sittlichen Niedergangs, aber ihre Autorität und all das, wofür sie eintraten, verfiel schnell. Die Hebräischkenntnisse ihrer Gemeinden beschränkten sich gewöhnlich auf das (abwechselnde) Aufsagen einiger

Gebete; die Einhaltung der religiösen Vorschriften war, gelinde gesagt, unzureichend, und pessimistische Rabbiner klagten bereits über das nahende Ende des traditionellen Judentums.

Die Bedeutung Moses Mendelssohns bestand nicht in erster Linie darin, daß er ein hervorragender Philosoph, ein bedeutender Essayist oder ein revolutionärer Theologe war. Seine philosophischen Schriften gerieten schnell in Vergessenheit, und seine Bemühungen, die Existenz Gottes zu beweisen, waren weder originell, noch hinterließen sie einen bleibenden Eindruck. Seine wichtigste Leistung bestand vielmehr darin, am eigenen Beispiel zu zeigen, daß ein Jude trotz aller Widerstände über gründliche Kenntnisse der modernen Kultur verfügen und mit den großen Geistern des zeitgenössischen Europas ebenbürtig diskutieren konnte. 1729 in Dessau in äußerst armseligen Verhältnissen geboren, verdiente er seinen Lebensunterhalt zunächst als Privatlehrer und später als Buchhalter. Er verschlang alle Bücher in den ihm zugänglichen Bibliotheken, und sein Bildungshunger erweckte die Aufmerksamkeit nichtjüdischer Gönner. Innerhalb weniger Jahre veröffentlichte er umfangreiche Untersuchungen über die Philosophie von Leibnitz und das Beweisproblem in der Metaphysik. Er hatte einen Buckel und war auffallend häßlich; dennoch ertrug er mit stoischer Geduld all die Schikanen und Erniedrigungen, denen Juden zu seiner Zeit immer noch ausgesetzt waren, einschließlich der berüchtigten Kopfsteuer auf Juden und Rinder, die von einer Stadt in eine andere zogen. Wie die Briefe an seine Braut bezeugen, war Mendelssohn im Privatleben ein Mann von engelhafter Geduld und hochfliegendem Idealismus, eine lebende Widerlegung des Klischees von der Schlechtigkeit, dem Fanatismus und der Unwissenheit der Juden. Sein Name war eines der Hauptargumente jener Reformer des späten achtzehnten Jahrhunderts, die die Abschaffung der Gesetze und Vorschriften befürworteten, mit denen die Juden in einem Zustand halber Sklaverei gehalten wurden.

Mendelssohns deutsche Bibelübersetzung wurde von vielen Juden als befreiende Tat begrüßt, von anderen als Verrat verurteilt. Für das liberale Judentum des neunzehnten Jahrhunderts war er der bedeutendste Jude der Neuzeit, während spätere Generationen sich bei der Beurteilung seines Werkes kritischer äußerten. Als typischer Sohn der Aufklärung lehrte Mendelssohn, der Judaismus sei eine Vernunftreligion, es gäbe keinen Widerspruch zwischen religiösem Glauben und kritischer Vernunft. Das war Wasser auf die Mühlen aller gebildeten Juden, die sich offen oder insgeheim zur französischen Aufklärung bekannten; angeblich hatte Voltaire damals mehr Anhänger in jüdischen Häusern in Deutschland als sonst irgendwo. Dagegen waren Mendelssohns Lehren Anathema für viele orthodoxe Rabbiner, die, nicht ganz grundlos befürchteten, seine Reformen würden zum Abfall vom Glauben führen. Im Gegensatz zu den liberalen Reformern meinten sie, das Judentum bedürfe, um zu überleben, der Abgeschlossenheit des Gettos. Von vielen bewundert, von anderen scharf angegriffen, wurde Moses Mendelssohn zu einem Markstein der modernen jüdischen Geschichte, nicht so sehr durch das, was er tat, als vielmehr durch das, was er war: das lebende Symbol der jüdischen Emanzipation.

Trotz Wiedereinführung restriktiver Gesetze machte die gesellschaftliche Emanzipation in den ersten Jahrzehnten des neunzehnten Jahrhunderts schnelle Fortschritte. Viele Juden übersiedelten aus den Dörfern in größere Städte, wo sie bessere Wohnmöglichkeiten fanden. Sie schickten ihre Kinder in nichtjüdische Schulen und modernisierten ihren Gottesdienst. Unter den Intellektuellen wuchs die Überzeugung, daß der neue, von mittelalterlichem Aberglauben gereinigte Judaismus ein Übergangsstadium zu einem aufgeklärten Christentum sei. Sie vertraten die Ansicht, die Juden seien kein Volk, die jüdische Nation habe vor zweitausend Jahren zu bestehen aufgehört und lebe bloß in der Erinnerung weiter. Man könnte totes Gebein nicht ausgraben und mit neuem Leben erfüllen. Jüdische Sprecher beanspruchten volle Gleichberechtigung als deutsche Bürger, sie seien weder Fremde noch Neueinwanderer, sie seien im Lande geboren und hätten kein anderes Vaterland als Deutschland. Die messianischen und nationalen Elemente der jüdischen Religion wurden im Verlauf dieses schnellen und radikalen *aggiornamento* fallengelassen. Gabriel Rießer, der redegewandte und mutige Befürworter der Emanzipation, meinte um die Mitte des neunzehnten Jahrhunderts, ein Jude, der einen nichtexistierenden Staat und eine nichtexistierende Nation (Israel) Deutschland vorzöge, sollte unter Polizeischutz gestellt werden, nicht etwa, weil seine Ansichten gefährlich wären, sondern weil er offensichtlich geisteskrank sei. Die Stärke der patriotischen Gesinnung und Bindung von Männern wie Rießer stand außer Zweifel: „Wer mir den Anspruch auf mein deutsches Vaterland bestreitet, der bestreitet mir das Recht auf meine Gedanken und Gefühle, auf die Sprache, die ich rede, auf die Luft, die ich atme, darum muß ich mich gegen ihn wehren, wie gegen einen Mörder[1].«

Bei anderer Gelegenheit erklärte er: »Die kräftigen Klänge deutscher Sprache, die Gesänge deutscher Dichter haben in unserer Brust das heilige Feuer der Freiheit entzündet und genährt . . . Wir wollen dem deutschen Vaterland angehören, wir werden ihm allerorten angehören[2].«

Rießer faßte seine Weltanschauung, die geistige Vereinigung von Judentum und Deutschtum in gereimter Form zusammen: »Einen Vater in den Höhen, eine Mutter haben wir, Gott ihn, aller Wesen Vater, Deutschland unsere Mutter hier.« Er befürwortete keineswegs die Aufgabe des Judentums, so wie er es sah. Im Gegenteil, trotz vielen, bitteren Enttäuschungen, die er als Jude erlitt, zog er niemals die Möglichkeit der Taufe in Erwägung, den bequemen Ausweg, den viele seiner Zeitgenossen beschritten hatten. Rießer mußte Altona verlassen, weil er in seiner Geburtsstadt nicht als Rechtsanwalt arbeiten durfte. In Heidelberg wurde ihm ein Lehramt abgeschlagen, und in Hessen, wohin er sich dann begab, wurde ihm sogar das Bürgerrecht verweigert. Aber so wie viele andere von Deutschlands Stiefkindern gab auch er den Kampf nicht auf. Die geistige Verbindung zwischen dem liberalen Juden und der deutschen Kultur (wie ein Historiker es nannte) hatte sich innerhalb weniger Jahre so stark gefestigt, daß er auf jeden Rückschlag für ihn persönlich oder für die Gemeinde instinktiv mit dem Streben nach tieferen und stärkerer Assimilation reagierte.

Warum aber wünschten Juden überhaupt, Juden zu bleiben? Im Laufe dieser zweiten Umwandlungsphase entwickelte sich der Judaismus zu einer Religion universaler Ethik, und es war nicht ohne weiteres einzusehen, warum sie zögerten, das aufzugeben, was sie von ihren christlichen Mitmenschen unterschied. Jüdische Sprecher lieferten dafür verschiedene Erklärungen: Im Einklang mit dem Geist der Aufklärung meinten manche, Religion sei Privatsache des einzelnen. Andere, wie Rießer, vertraten die Ansicht, das Christentum bedürfe ebenso wie das Judentum dringend einer Reform und Reinigung; die Geschichte des Christentums der vorangegangenen Jahrhunderte sei nicht gerade Ausdruck einer Religion der Liebe gewesen. Es habe ganze Generationen erdrosselt und Jahrhunderte in Blut ersäuft, mit welchem Recht könne es also die Taufe der Juden fordern? Aber Kritik am Christentum bedeutete nicht unbedingt Festhalten am Judentum. Jene, die nach Mendelssohn kamen, neigten zum Freidenkertum, und die dritte Generation stand der traditionellen Religion noch ferner. 1848 schrieb ein führender orthodoxer Rabbiner über die jungen Juden seiner Zeit, neun Zehntel schämten sich ihres Glaubens. Derartige Feststellungen gab es in großer Zahl; sie waren vielleicht nicht wörtlich gemeint, wiesen aber auf eine allgemeine Tendenz hin. Von Mendelssohns Kindern wechselten alle bis auf eines den Glauben, und viele seiner Schüler konvertierten ebenfalls. Der wichtigste in dieser Gruppe, David Friedländer, erwog in einem anonym veröffentlichten Manifest die Möglichkeit einer Massentaufe führender Berliner Juden und ihrer Familien. Diese Anregung wurde zurückgewiesen, denn Friedländer hatte einige innere Vorbehalte (»ein Christentum ohne Jesus«, wie seine Kritiker behaupteten); später zog er sich mit einigen Freunden auf das Reformjudentum zurück. Andere hatten weniger Bedenken, sie stellten ihre Vorbehalte beiseite und nahmen das Christentum an. Denn die Taufe war, wie Heine sagte, das Eintrittsbillett zur europäischen Kultur, und wer wollte sich durch eine bloße Formalität vom Eintritt in die europäische Kultur abhalten lassen?

Das Dilemma dieser Generation jüdischer Intellektueller kommt besonders in den Biographien jener Frauen zum Ausdruck, die die großen literarischen Salons in Berlin und Wien begründeten: Rahel Varnhagen, Henriette Herz, Dorothea Schlegel, Fanny Arnstein, um nur die prominentesten zu nennen. Bei ihnen verkehrten Staatsmänner und Generale, Fürsten und Dichter, Theologen und Philosophen. Manche Edelleute waren zweifelhafter Herkunft, und der Lebenswandel einiger Damen entsprach nicht immer den Maßstäben jener Zeit. Die Veranstaltungen in diesen Salons waren jedoch durchaus respektabel: den Aristokraten wurden in diesen Häusern Luxus, geistreiche Konversation und interessantes kulturelles Leben geboten, vor allem aber eine gesellschaftliche und geistige Freiheit, die damals im deutschen Bürgertum völlig unbekannt war. Die von diesen Damen veranstalteten künstlerischen Teegesellschaften spielten eine bedeutende Rolle in der deutschen Kulturgeschichte; sie trugen zweifellos dazu bei, Berlin, das bis dahin mehr wegen seiner Soldaten als wegen seiner Dichter bekannt war, zu einer Kulturmetropole zu machen. Es gab kaum eine kulturell bedeutsame Persönlichkeit, die nicht irgendwann in diesen Salons verkehrte. Manche sprachen davon mit Hohn, andere wiederum schreiben mit aufrichtiger Anerkennung über die Rolle, welche die Töchter der Cohen, der Itzig und der Efraim spielten – sie verehrten Goethe und Jean Paul zu einer Zeit, da die meisten Deutschen noch im Bann von *Rinaldo Rinaldini* und Kotzebue standen. Die geistigen Interessen dieser Frauen waren in der Tat umfassend: Henriette Herz studierte Sanskrit, Malaiisch und Türkisch und wechselte mit Wilhelm von Humboldt Liebesbriefe in hebräischer Schrift. Das Schwergewicht lag indessen mehr auf der Seele als auf dem Intellekt. Die hochgeistigen Gespräche und die Briefe enthielten eine gute Portion Geziertheit, einen künstlichen Eifer und eine Empfindsamkeit, die nicht immer echt klang. Ihr Libertinismus erschien den Zeitgenossen und auch späteren Generationen äußerst verrucht. Graetz spricht über diese Vorgänge in fast hysterischen Ausdrücken. Heute erscheint das alles eher naiv und langweilig, damals aber versuchte jeder, der nicht über die von der zeitgenössischen Modeströmung verlangte Seelentiefe verfügte, sich zumindest den Anschein von Sentimentalität und Gefühlsüberschwang zu geben. Die platonischen oder auch gar nicht so platonischen Affären dieser Frauen mit zumeist erheblichen jüngeren Männern hatten etwas leicht Lächerliches. Die allgemeine Malaise des romantischen Zeitalters enthielt auch ein Element der Verrücktheit, doch war daran nichts spezifisch Jüdisches.

Alle diese prominenten Berliner Salondamen traten schließlich zum Christentum über. Mendelssohns Tochter Dorothea konvertierte zunächst zum Protestantismus und dann, der romantischen Mode folgend, zum Katholizismus. Manche wurden sogar sehr fromm. Heine spöttelte über die übertriebene Anpassung der Neubekehrten, die ihre Augen in der Kirche höher gen Himmel wandten als alle anderen und ihre Gesichter zu den andächtigsten Grimassen verzogen. Das Beste, das Henriette Herz über ihren Vater Moses Mendelssohn und die Menschen ihrer Generation zu sagen fand, war, daß sie die Tugenden christlicher Liebe und Güte besessen hätten. Es ist sicherlich leicht, die Echtheit solcher Bekehrungen anzuzweifeln, doch gab es mildernde Umstände: Diese Menschen hatten kaum eine jüdische Bildung erhalten, und was sie davon kannten, verabscheuten sie. Der Judaismus als Religion war in ihren Augen dem Christentum weit unterlegen und bot ihrer Phantasie keine Anregung. Das Judentum befand sich in einem solchen Zustand, daß selbst ein guter und glaubenstreuer Jude wie der von diesem Massenaustritt tief bestürzte Lazarus Ben David davon keineswegs überrascht war. Wie könnte man es diesen Menschen verargen, schrieb er einmal, wenn sie die freudenreiche, gutbesuchte Kirche der trübseligen, leeren Synagoge vorzögen? Die prominenteste der Berliner Salondamen, Rahel Varnhagen, betrachtete die Tatsache, daß sie als Jüdin geboren war, als die große Tragik ihres Lebens. Es war, schrieb sie, als hätte sich beim Eintritt ins Leben ein Dolch in ihr Herz gebohrt. Sie war auch die einzige, die es sich später wieder überlegte; in hohem Alter schrieb sie, daß sie nun nicht mehr verleugnen würde, was sie einst als größte Schande ihres Lebens, als größtes Leid und Unglück betrachtet hatte, nämlich als Jüdin geboren zu sein.

Spätere jüdische Denker haben diese Abtrünnigen mit Verachtung gestraft, aber kann man etwas, woran man nicht glaubt, wirklich verraten? Viele dieser Menschen bedurften tatsächlich einer »Religion des Herzens«, einer Tröstung, die ihnen das Judentum offensichtlich nicht bieten konnte. Die Lage der jüdischen *Avantgarde* war in den ersten Jahrzehnten des neunzehnten Jahrhunderts viel schwieriger als zur Zeit Moses Mendelssohns. Die Aufklärung hatte Toleranz gepredigt und den Glauben an eine Vernunftreligion gefördert. Aber die geistige Mode hatte gewechselt: Aufklärung war fast zu einem Schimpfwort geworden, das Schwergewicht hatte sich von Vernunft und Toleranz auf Gefühl und Tradition verlagert. Der Rationalismus war überlebt; es war nun viel wichtiger geworden, Patriot und Edelmann als ein guter Weltbürger zu sein. Das Zeitalter der Romantik legte besonderes Gewicht auf den Glauben, das Mysterium und den Volksgeist; wie könnte man dem deutschen Volk angehören, ohne an dessen religiöser Erfahrung teilzuhaben?

Die Zahl der gebildeten Juden in Deutschland wuchs sprunghaft an; trotz allen Beschränkungen gelang es den Juden, in viele Berufe, die ihnen bis dahin verschlossen gewesen waren, Einzug zu finden. manche wurden Buchhändler, und da Buchhandel und Verlagswesen damals eng miteinander verbunden waren, kamen sie auch in großer Zahl zum Journalismus und damit, gleichsam durch die Hintertür, in die Politik. Deutsche Juden konnten immer noch nicht Richter, Offiziere oder Universitätsprofessoren werden, wenn sie nicht zum Christentum übertraten. Aber sie lebten nicht mehr im gesellschaftlichen Getto, und dies schuf Probleme, die bis dahin nicht existiert hatten. Hundert Jahre zuvor hatte es reichlich Berührung mit der nichtjüdischen Umwelt gegeben, sowohl an der Spitze der Gesellschaftspyramide, bei den Hofjuden, als auch an der Basis, bei den Bettlern und dem Gesindel. Nun, da ein bedeutender jüdischer Mittelstand sich entwickelte, wurde das Verhältnis zur Umwelt zu einem großen Problem. Jettchen Gebert in Georg Hermanns gleichnamigem Roman gibt eine aufschlußreiche Schilderung der Lebensweise, der Ansichten und des Verhaltens dieser neuen jüdischen Bourgeoisie im Berlin der zwanziger und dreißiger Jahre des neunzehnten Jahrhunderts. Immer noch besteht eine scheinbar unübersteigbare Schranke zwischen der schönen jungen Heldin und ihrem nichtjüdischen Geliebten (daß er zur Boheme gehört, ist eine zusätzliche Komplikation). »Es mußte so kommen«, ist der ständige Refrain: Die Familie beschließt, Jettchen müsse die gute Partie, den grobschlächtigen, unromantischen, »typisch jüdischen« Vetter aus der Kleinstadt in der Provinz Posen heiraten, den sie überhaupt nicht liebt. Die Familie ist jedoch der Ansicht, traditionelle Bindungen und gesellschaftliche Konventionen müßten respektiert werden. Jettchens Lieblingsonkel Jason ist ein Freidenker, der allerdings nicht den Mut aufbringt, für seine Überzeugungen einzustehen, und der sich, trotz all seiner Ironie und Kritik, nicht von der Familie löst.

Andere waren weniger schüchtern; es begann die Periode der Mischehen, ein Massenphänomen, von dem Fontane 1899 schrieb, nur wenige Menschen erinnerten sich daran, da es als völlig natürliche Sache betrachtet wurde – niemand machte Aufhebens davon. Die Jasons von 1825 waren alle Hegelianer, zumindest eine Zeitlang. Sie waren von den Ansichten des Meisters beeinflußt. Der Judaismus, schrieb Hegel, sei die Welt der Elenden, des Unglücks und der Häßlichkeit, eine Welt, der es an innerer Geschlossenheit und Harmonie mangle. Diese Juden schämten sich ihrer Herkunft: Ein Vetter schrieb an Rahel Varnhagen, er studiere gerne in Jena, weil es dort nur wenige Juden gäbe. Börne schrieb in einem Brief an Henriette Herz – die er liebte –, an seiner Universität studierten einige Juden aus guter Familie, doch sei es bemerkenswert, wie peinlich sie darauf bedacht seien, ihre Abkunft zu verbergen. Man sähe niemals zwei Juden gemeinsam spazierengehen oder auch nur miteinander sprechen. Eine jüdische Zeitschrift *(Orient)* schrieb damals, der Berliner Jude sei überglücklich, wenn man ihm sage, er habe nichts »spezifisch Jüdisches« an sich. Mit zunehmender gesellschaftlicher und kultureller Differenzierung innerhalb der Gemeinde schämten sich die Gebildeteren oftmals ihrer weniger glücklichen Glaubensbrüder, die nicht so stark assimiliert waren wie sie selbst, mit denen sie jedoch von der öffentlichen Meinung in einen Topf geworfen wurden. Sie seien ein miserabler Haufen, schrieb Heine über die Hamburger Juden, und man müsse aufpassen, sie nicht anzusehen, wenn man sich für sie interessiere. Der Sozialist Lassalle, der einer späteren Generation angehörte, drückte sich noch drastischer aus: Er verabscheue die Juden, betrachte sie als herabgekommene Nachfahren einer großen Tradition, die während der Jahrhunderte der Knechtschaft eine Sklavenmentalität angenommen hätten. Wohl hatte Lassalle, ebenso wie der junge Disraeli, von Zeit zu Zeit grandiose Vorstellungen, wie er die Juden einer herrlichen Zukunft entgegenführen würde. Aber im Gegensatz zu Disraeli, der meinte, die Juden sollten die vollen Bürgerrechte nicht gnadenhalber, sondern als Angehörige einer *höheren* Rasse erhalten, dachte Lassalle, sie seien rettungslos verdorben: »Feiges Volk, du verdienst kein besseres Los ... Du bist zum Knecht geboren[3].«

Börne ließ sich taufen, nachdem er für die Frankfurter jüdische Gemeinde eine lange, ausführliche Denkschrift über die Diskriminierung verfaßt hatte, der seine Glaubensgenossen in seiner Geburtsstadt ausgesetzt waren; Heine konvertierte, nachdem er einem seiner engsten Freunde geschrieben hatte, es sei unter seiner Ehre und Würde, bloß deshalb Christ zu werden, um in den preußischen Staatsdienst eintreten zu können. Die Zeiten seien schlecht, fügte er bedeutungsvoll hinzu – ehrliche Männer müßten zu Schurken werden. Einige Wochen nach seiner Taufe schrieb er an denselben Freund: »Ich bin jetzt bei Christen und Juden verhaßt. Ich bereue sehr, daß ich mich getauft hab' ... ich habe seitdem nichts als Unglück[4].« Er hatte sich auf höchst sarkastische Weise in einem Wortspiel über jene geäußert, die sich verschämt dem Christentum in die Arme warfen:

Und du bist zu Kreuz gekrochen
Zu dem Kreuz, das du verachtest
Das du noch vor wenigen Wochen
In den Staub zu treten dachtest!

Heines Konversion ist bis heute geheimnisumwittert. Noch kurz zuvor hatte er an einen anderen Freund, Moritz Embden, geschrieben, er sei in religiöser Hinsicht indifferent, und die Wurzel seiner Bindung ans Judentum sei eine tiefe Abneigung gegen das Christentum.

Heine machte viele widersprüchliche Äußerungen über das Judentum, wie auch über Deutschland und die Zukunft des Sozialismus. Es ist selten sinnvoll, im Werk eines Dichters nach ideologischer Folgerichtigkeit zu suchen, auch wäre sie nicht unbedingt als Tugend anzusehen. Sein Zeitgenosse Börne war mehr Politiker, aber auch seine Stärke war der literarische Essay und nicht die politisch-ökonomische Analyse. Aber gerade weil Börne und Heine, im Gegensatz zu Marx, nicht eine wissenschaftliche Weltanschauung zu entwickeln versuchten, waren sie besser befähigt, das Wesen der jüdischen Frage zu verstehen; sie spürten es an sich selbst, daß es kein Ausbrechen aus dem geben könne, was Börne einmal den »magischen Judenkreis« genannt hat. Jeder sprach über die Juden; das hatte Börne tausendmal erlebt, und dennoch blieb es ewig neu: »Die einen werfen mir vor, daß ich ein Jude sei, die anderen verzeihen es mir; der Dritte lobt mich gar dafür; aber alle denken daran[5].« Sowohl Börne als auch Heine beschäftigten sich nach ihrer Taufe mehr mit jüdischen Themen als vorher; Heine erklärte gegen Ende seines Lebens, er sehe keine Notwendigkeit, zum Judentum zurückzukehren, da er es eigentlich nie wirklich verlassen hätte. Auch Börne nahm in späteren Jahren eine positivere Haltung ein. Die Juden haben mehr Geist, schrieb er, sie haben Leidenschaften – aber nur große. (Dies erinnert an Heines Feststellung, die Griechen seien immer bloß schöne Jünglinge gewesen, die Juden aber stets Männer.) Börne verteidigte die Juden gegen ihre Verleumder in derselben Weise, wie er seine Feder in den Dienst anderer gerechter Sachen stellte. So wie Heine fühlte er sich keiner bestimmten Religion verbunden. Das Judentum hatte keine tiefere Bedeutung für den modernen Juden, der in diesen beiden Schriftstellern die ersten ausgeprägten Vertreter fand. Das Judentum war das Familienleiden, das sie seit Jahrtausenden plagte, die Seuche, die sie seit den Tagen der Pharaonen mit sich schleppten, wie Heine es in einem dem neuen jüdischen Hospital in Hamburg gewidmeten Gedicht ausdrückte. Es war ein unheilbares Leiden – weder Dampfbäder, moderne Medikamente, noch andere Mittel oder Medizinen könnten es heilen. Würde es einmal verschwinden, vielleicht in jener künftigen, besseren Weltordnung, deren Vision Heine in optimistischen Augenblicken vorschwebte? Hatte es einen Sinn, über die Zukunft des Judentums und der Juden nachzusinnen? Die engen Grenzen einer intellektuellen Analyse zeigen sich klar in einem Privatbrief, den Moritz Abraham Stern, einer der ersten jüdischen Professoren Deutschlands, an seinen Freund Gabriel Rießer schrieb: »Ich bin vom Judentum ebenso entfernt wie vom Christentum. Was mich an das Judentum fesselt, ist das reine Pflichtgefühl der Pietät. Wie an die Mutter, wie an die Familie, wie an das Vaterland bin ich an die Religionspartei gewiesen, in der ich geboren, in deren Lehren ich erzogen bin. Solche Gefühle soll man nicht mit dem anatomischen Messer zerlegen, man soll ihren tiefen Gründen nicht nachgraben, man wird dabei nicht besser[6].«

Es gibt keine exakten Statistiken über Judentaufen: Rahels Feststellung aus dem Jahre 1819, wonach die Hälfte der Berliner Gemeinde während der vorangegangenen drei Jahrzehnte getauft worden sei, war zweifellos übertrieben[7]. Es besteht aber kein Zweifel, daß damals in Deutschland die Tüchtigsten aus allen Lebensbereichen, vor allem die führenden Persönlichkeiten, zur Konversion neigten; faktisch die jüdische Intelligenz, alle jene, die gesellschaftlichen, wirtschaftlichen oder politischen Rang erreicht hatten. In manchen Gemeinden konvertierten fast alle führenden Familien; in vielen Fällen zögerten die Eltern, diesen entscheidenden Schritt zu tun, ließen aber ihre Kinder gleich nach der Geburt taufen. Dies war in der Geschichte des Judentums keine neue Erscheinung; ähnliches hatte sich bereits im mittelalterlichen Spanien abgespielt, und in einigen Ländern waren die jüdischen Gemeinden völlig verschwunden. Wenn die intellektuelle Elite aus dem Judentum ausschied und sich in der Gesellschaft etablierte, so würden, wie es nun schien, bloß die Unterdrückten und Ungebildeten, die rückständigen Elemente in der Gemeinde bleiben. Rahels Freund, der Theologe Schleichermacher, erklärte, das Judentum sei tot; der preußische Minister von Schroetter äußerte sich vorsichtiger: er gab ihm noch zwanzig Jahre. Es gab in dieser Generation nur wenige jüdische Intellektuelle, die nicht zu irgendeiner Zeit mit dem Gedanken der Taufe spielten. Sie gründeten kulturelle und gesellschaftliche Zirkel, um »die Wahrheit zu suchen, das Schöne zu lieben und Gutes zu tun«. Was aber war an diesen lobenswerten Bemühungen spezifisch jüdisch? Sie alle wollten das Judentum europäisieren, es von seinen Archaismen befreien; »Weg von Asien« war eines ihrer Hauptschlagworte. Man schlug vor, die hebräische Sprache und den Talmud zu verbieten. Die Verwendung der deutschen Sprache in der Synagoge wurde eine allgemeine Erscheinung. Ein Schüler und enger Mitarbeiter Mendelssohns, Ben Seev, klagte über das allmähliche Verschwinden des Hebräischen und gab dafür gleichermaßen den aufgeklärten Eltern und den konservativen Rabbinern die Schuld. Die Eltern wünschten, ihre Kinder sollten bloß solche Fächer lernen, die ihnen in ihrer beruflichen Laufbahn nützen würden: Sprachen, Mathematik, Wissenschaften. Die orthodoxen Rabbiner wiederum verbannten profane Gegenstände überhaupt aus dem Unterricht und stellten damit die Religion gegen die Wissenschaft. So entfremdeten sich einzelne Teile des jüdischen Volkes in zunehmendem Maße voneinander; manche widmeten immer noch ihre besten Jahre dem Studium des Hebräischen, doch war das Hebräische für sie hauptsächlich ein Instrument zum Studium des Talmud. Ein anderer Schüler Mendelssohns, David Friedländer, wandte sich offen gegen die traditionelle jüdische Erziehung. In einem Brief an seinen Schwager, der in einer schlesischen Kleinstadt lebte und ihn um Rat bezüglich der Erziehung seines Sohnes gebeten hatte, stellte er eindeutig fest, halbe Maßnahmen und Kompromisse seien nicht am Platz. Der Sohn würde ein *jeschiwa bocher* werden, überzeugt von der Einmaligkeit des jüdischen Volkes und der großen Überlegenheit seiner Studien über alle anderen Formen menschlichen Bemühens. Er würde kein Buch in deutscher Sprache in die Hand nehmen, aber die Antwort auf alle möglichen Fragen wissen – beispielsweise, ob die Tochter eines Hohenpriesters, die Hurerei betrieben habe, gesteinigt oder verbrannt werden sollte. Ein Kompromiß sei nicht möglich – ein Mann, der auf einem Fuß einen Reitstiefel und auf dem anderen einen Tanzschuh trage, könne weder tanzen noch reiten.

Zur Zeit Mendelssohns waren Juden immer noch Juden, und jedermann sprach von einer jüdischen Nation. Aber im Jahre 1810 änderte die führende deutsch-jüdische Zeitschrift *Sulamit* ihren Untertitel in *Israelit* um, und wenige Jahre später begannen viele Juden sich als Angehörige der »mosaischen Konfession« zu bezeichnen. In den dreißiger Jahren des neunzehnten Jahrhunderts stellte das von Mendellsohns Schülern gegründete Journal *Me'assef* sein Erscheinen ein. Die Hebräischkenntnisse der meisten Juden beschränkten sich damals bereits auf ein paar Gebete und einige Redensarten; sogar die jüdischen Gelehrten benützten die Sprache der Bibel nur selten. Der große italienisch-jüdische Denker Luzzatto bemerkte in einem Brief an Graetz, den Historiker des jüdischen Volkes, er bedauere es außerordentlich, daß weder Graetz noch Zacharias Frankel (der Direktor des führenden jüdisch-theologischen Seminars) gerne Hebräisch schrieben: »Was werden dann Ihre Schüler machen? Wo wird die heilige Sprache ein Nest finden nach dem Ableben der Alten des Geschlechts[8]?« Die Klage war schon deshalb besonders schmerzlich, weil sowohl Graetz als auch Frankel sich leidenschaftlich gegen die Entjudaisierung des Judentums stemmten.

Die religiöse Reformbewegung gewann während der ganzen ersten Jahrhunderthälfte an Boden; Gebete wurden übersetzt und gekürzt, jene, die mehr nationalen als religiösen Inhalt hatten oder sich auf das Kommen des Messias bezogen, wurden gestrichen. In den Synagogen – oder »Tempeln«, wie man sie nun nannte – traten Orgeln und gemischte Chöre in Erscheinung. Nicht nur Knaben, sondern auch Mädchen unterzogen sich dem Ritual der Konfirmation. Zum Entsetzen ihrer orthodoxen Kollegen ließen die Reformrabbiner die Vorschrift des rituellen Bades sowie der umständlichen Trauer- und Begräbnisriten fallen; einige führten sogar den sonntäglichen Gottesdienst ein und überließen es den Eltern, ob sie ihre neugeborenen Söhne beschneiden lassen wollten. Der Lehrplan der jüdischen Schulen veränderte sich bis zur Unkenntlichkeit; angeblich gab es sogar einige, in denen die Kinder christliche Lieder sangen, wie »Ein feste Burg ist unser Gott«.

Ein starker Impuls zur Reform des Judentums war von Moses Mendelssohn ausgegangen, der keinen Widerspruch sah zwischen den Grundsätzen der jüdischen Religion und seinen eigenen ethischen Maximen, wie Wahrheitsliebe und Friedensliebe *(Jerusalem)*. Gleichzeitig begann die Wissenschaft des Judentums zu blühen, erweckte neues Interesse an der jüdischen Dichtung des Mittelalters und untersuchte die Entwicklung der jüdischen Gebete und rituellen Gepflogenheiten. Aber selbst jene, die zutiefst von den Werten des Judentums, seiner Tradition und seinem Beitrag zur Kultur überzeugt waren, sahen darin mehr ein eindrucksvolles Fossil als einen lebendigen Glauben. Als Steinschneider, ein führender Vertreter dieser Richtung, gegen Ende des neunzehnten Jahrhunderts von einem seiner Schüler über die ersten zionistischen Bestrebungen informiert wurde, blickte er sehnsüchtig und traurig auf seine umfangreiche Sammlung jüdischer Bücher und meinte, es sei bereits zu spät: »Wir haben nur noch die Aufgabe, den Überresten des Judentums ein ehrenvolles Begräbnis zu bereiten[9].«

Die deutsch-jüdische *Haskala* (Aufklärung) entfremdete viele Juden dem Judentum und wurde sowohl von den Orthodoxen als auch von der späteren jüdischen Nationalbewegung heftig angegriffen. Es hieß, Mendelssohn und seine Schüler hätten den Weg zur Entjudaisierung, zum Abfall und letztlich zum völligen Verschwinden des Glaubens bereitet. Allerdings lassen solche Vorwürfe die geschichtlichen Zusammenhänge außer acht und gehen am Kern der Sache vorbei. Der große Niedergang des Glaubens hatte bereits lange vor der Jahrhundertwende eingesetzt. Das Judentum war von innen her ausgehöhlt; die Haskala war nicht die Ursache dieser Krise, sondern ihre Folge. Orthodoxe Juden äußerten natürlich ihr Entsetzen über die fortschreitende Christianisierung der Synagogen, denn darauf lief es letztlich hinaus. Die Reformbewegung war jedoch bloß die Reaktion auf den chaotischen Zustand des religiösen Lebens. Die Haskala vernichtete die religiöse Frömmigkeit nicht, sie versuchte im Gegenteil, wenn auch erfolglos, die Würde der Rabbiner und der Synagogen wiederherzustellen, deren Ansehen, nach Aussagen von Zeugen aus dem achtzehnten Jahrhundert, einen beispiellosen Tiefpunkt erreicht hatte. Gedankenlos heruntergeleierte Gebete wurden von profanen Gesprächen, dem Austausch geschäftlicher Informationen und sogar von gelegentlichen Streitereien und Handgreiflichkeiten unterbrochen. Eine solche Religion konnte auf eine neue Generation gebildeter Männer und Frauen kaum anziehend wirken.

Jene, die damals ihr Judentum ablegten, wurden von späteren Generationen wegen ihrer scheinbaren Würdelosigkeit und ihrer Gier nach Anerkennung durch die Umwelt scharf verurteilt; sie rissen sich darum (wie Luzzatto es ausdrückte), die Affen der europäischen Kultur zu werden, indem sie alle geistigen Modeströmungen eines verrotteten Zeitalters nachahmten. Dieser Zorn ist nur zu begreiflich; Deserteure aus einer belagerten Festung werden nie mit Beifall belohnt – die Juden wurden immer noch diskriminiert, ja sogar verfolgt. Viele, die sich damals taufen ließen, hofften zweifellos, damit materiellen Gewinn oder gesellschaftliche Anerkennung zu erreichen; andere wuchsen einfach aus dem Judentum heraus. Allerdings ist zu bezweifeln, ob jene, die das Christentum annahmen, dies bloß aus Gründen des materiellen Vorteils taten. Die traurige Wahrheit, welche die meisten Verteidiger des traditionellen Judentums nie so recht zur Kenntnis nehmen wollten, war die Tatsache, daß dieses für viele inhaltlos geworden war. Es war ein Zeitalter des Niedergangs der herkömmlichen Religion; mit dem Schwinden dieses einigenden Bandes hatten viele gebildete Juden nicht mehr das Gefühl, ihrer Gemeinde in moralischer oder anderer Hinsicht verpflichtet zu sein. Diese abgefallenen Juden bekannten sich wohl zu einer gemeinsamen Herkunft und Tradition. Aber was bedeutete diese Tradition, wenn man sie mit den großartigen Schöpfungen der europäischen Kultur, der Aufklärung, der Klassik und der Romantik, mit der beispiellosen Blüte der Philosophie und der Literatur, der Musik und der bildenden Künste verglich? In der nichtjüdischen Welt wurde die Krise der Religion weniger kraß empfunden, denn sowohl der Katholizismus als auch der Protestantismus zeigten sich in jener Zeit des Umbruchs wesentlich anpassungsfähiger als das orthodoxe Judentum. Ein Deutscher, der nicht mehr an das christliche Dogma glaubte, blieb dennoch ein Deutscher, während der nichtgläubige Jude keinen derartigen Rückhalt hatte. Es ging nicht bloß darum, daß das Judentum dem mächtigen Einfluß der Enzyklopädisten, Kants und Hegels, Goethes und Beethovens nichts entgegenzusetzen hatte. Jene, könnte man sagen, gehörten der ganzen Menschheit. Das eigentliche Problem war, daß das Judentum als Religion – und als etwas anderes wurde es damals kaum betrachtet – für Menschen mit westlicher Bildung wenig Anziehendes bot. Die letzte Bewegung, die die jüdische Welt aufgewühlt hatte, der Messianismus des Sabbatai Zwi und seiner Schüler, war schon längst im Sand verlaufen; einige seiner Ableger, die Dönmeh in der Türkei und die Frankisten in Galizien, hatten schließlich mit ihrem Übertritt zum Islam beziehungsweise zum Christentum ihr Ende gefunden. Während des ganzen achtzehnten Jahrhunderts waren die führenden deutschen Rabbiner ständig in innere Auseinandersetzungen verwickelt, da sie einander verschiedener Häresien verdächtigten. Rabbiner Emden von Altona behauptete, die vom Hamburger Rabbiner Eybeschütz an schwangere Frauen verkauften Amulette (die angeblich magische Wirkung hatten) enthielten einen Hinweis auf Sabbatai Zwi; dies war die große Konfrontation, die das mitteleuropäische Judentum jahrzehntelang erschütterte. Wenn die Hüter sich des Glaubens mit solchen Disputationen beschäftigten, war es dann verwunderlich, daß die jüdischen Leser Voltaires nur Hohn und Spott für diese Dinge übrig hatten, die sie als Erscheinungen des Obskurantismus erachteten? Der Einfluß der Aufklärung war zum Teil oberflächlich, und ihre Irrtümer traten in den folgenden Jahrzehnten nur allzu deutlich zutage. Aber im Konflikt zwischen dem Säkularismus und einer verknöcherten Religion, die hauptsächlich auf einer Sammlung sinnloser Verbote und ebenso unerklärlicher, von Rabbinern in ferner Vergangenheit ausgearbeiteter Gebräuche beruhte, gab es nicht den geringsten Zweifel, was obsiegen würde. Es war ein Konflikt zwischen einer modernen Philosophie und einer sterbenden Religion. Sowohl den Abtrünnigen als auch den Befürwortern der Assimilation wurde später vorgeworfen, sie hätten sich um ihre persönliche Emanzipation bemüht, anstatt für die Emanzipation ihres Volkes zu kämpfen. Vor allem deutsche Juden sind wegen ihres Kleinmuts scharf kritisiert worden. Allerdings, und das kann nicht oft genug betont werden, fühlten sich jene, die sich zum Austritt entschlossen, keineswegs als Angehörige eines Volkes; am ehesten hatten sie noch das Gefühl, Mitglieder einer Gemeinschaft zu sein, deren Geschick sich erfüllt hatte. Auch war die Assimilation nicht auf Deutschland beschränkt; der Gedanke, daß die Juden kein Volk mehr seien, wurde in dem von Napoleon im Jahr 1807 einberufenen Sanhedrin offiziell sanktioniert. Was sich in Deutschland in der ersten Hälfte des neunzehnten Jahrhunderts abspielte, war keineswegs einmalig, sondern nahm bloß die Entwicklung im übrigen Europa um einige Jahrzehnte vorweg.

Dennoch trafen jene, die die Taufe wählten, ihre Entscheidung schweren Herzens. Sie glaubten nicht mehr an das Judentum, fühlten aber dennoch, daß eine offene Abkehr vom Glauben der Väter ein Akt der Feigheit sei. Kurz nach seiner Taufe schrieb Heine an einen guten Freund in bezug auf die Mitglieder ihres eigenen Kreises, des *Vereins für Cultur und Wissenschaft der Juden,* daß niemand vor seinem Tode ein braver Mann genannt werden sollte: »Ich bin froh, der alte Friedländer und Ben-David sind alt und werden bald sterben, und diese haben wir dann sicher, und man kann unserer Zeit nicht den Vorwurf machen, daß sie keinen einzigen Untadelhaften aufzeigen könne[10].«

Für die Mehrzahl der Juden war die Versuchung geringer. Die Orthodoxen, die vielen kleinstädtischen Juden und jene, die keinen ständigen beruflichen oder gesellschaftlichen Kontakt mit der nichtjüdischen Welt hatten, wurden durch Tradition und Trägheit zusammengehalten. Ihre Familienbindungen waren stets enger gewesen, als es in der nichtjüdischen Umwelt üblich war. Sie unterschieden sich von ihr durch bestimmte gemeinsame Denkweisen und Charakterzüge, häufig, aber nicht immer, durch ihr Aussehen, durch ein gewisses Zusammengehörigkeitsgefühl sowie durch weit zurückreichende Erinnerungen und Überlieferungen. Sie waren sich dieser gemeinsamen Züge nicht immer bewußt, die Außenwelt sah sie häufig viel klarer. Marx fühlte sich keineswegs als Jude, auch Lassalle nicht, den Marx verabscheute. Marx' Briefwechsel mit Engels wimmelt von Hinweisen auf den »jüdischen Nigger« Lassalle, dessen Taktlosigkeit, Eitelkeit, Ungeduld und andere »typisch jüdische« Charakterzüge. Für die Umwelt hingegen blieben Männer wie Marx und Lassalle einfach Juden, so sehr sie sich auch vom Judentum distanzieren und sich als Deutsche oder Weltbürger fühlen mochten. Wohlmeinende sahen in Marx einen Nachfahren der jüdischen Propheten und verwiesen auf das messianische Element im Marxismus; Gegner betonten die talmudische Geriebenheit des »roten Rabbiners«; es erwies sich als unmöglich, Börnes »magischen Judenkreis« zu verlassen. Es war vor allem die Feindseligkeit der Umwelt, insbesondere der christliche Widerstand gegen die Emanzipation und später die antisemitische Bewegung, die den völligen Zerfall des Judentums als Gruppe verhinderte.

Die Emanzipation war zuerst von einigen Humanisten gefordert worden; die Mehrheit war entweder indifferent oder aktiv dagegen. Zeitgenössische Quellen berichten, daß Bauern, die bei Elmsbeck einige Juden getötet hatten, höchst entrüstet waren, als sie verhaftet und vor Gericht gestellt wurden; das Opfer sei doch bloß ein Jude gewesen. Die Einwohner des Frankfurter Vorortes Sachsenhausen drohten mit einem Aufstand, als einer aus ihrer Mitte, der einen Juden ermordet hatte, hingerichtet werden sollte. Viele führende Geister dieser Zeit waren alles andere als Philosemiten. Goethe sagte, man könne den Juden keine Rolle in einer Kultur geben, deren Ursprünge sie negierten. Fichte war dagegen, Juden zu Vollbürgern zu machen, weil sie einen Staat im Staate darstellten und von brennendem Haß gegen alle anderen Völker erfüllt seien. Er sähe es viel lieber, wenn man sie nach Palästina zurückschickte, oder, wie er einmal schrieb, ihnen über Nacht die Köpfe abschnitte und durch nichtjüdische Köpfe ersetzte. Nach Ansicht der offiziellen christlichen Theologie könnten Juden als einzelne erlöst werden, wenn sie ehrlich das Christentum annähmen, ihren Aberglauben ablegten und sich moralisch und sittlich besserten. In der Praxis wurde diese positive Haltung jedoch weder vom Staat noch innerhalb der Kirche allgemein anerkannt. Man vertrat die Auffassung, die Juden seien so tief gesunken, daß sie keiner moralischen Besserung fähig wären, und eine kulturelle Assimilation wäre zwar möglich, aber keineswegs wünschenswert. Das führende jüdische Journal *Sulamit* schrieb 1807, sogar der wohlgesinnte Nichtjude möge einen »echten Juden« lieber als einen verwestlichten Juden, den er verabscheue, und der durchschnittliche Christ ziehe den schmutzigsten Orthodoxen dem kultivierten Mann vor. Grattenauer, ein führender antisemitischer Pamphletist, spottete im Jahre 1803 über jene Juden, die, um ihr kulturelles Niveau zu beweisen, am Sabbat öffentlich Schweinefleisch äßen, lärmend durch die Straßen der Stadt promenierten, mit lauter Stimme aus Kiesewetters *Logik* zitierten und Arien aus der zeitgenössischen Oper *Herodias vor Bethlehem* sängen. Grattenauer bedauerte es außerordentlich, daß ehrliche Christen Juden nicht mehr töten durften. Sein weithin gelesener Nachfolger, Hundt-Radowski, vertrat 1816 die Ansicht, die Ermordung von Juden sei weder eine Sünde noch ein Verbrechen, sondern höchstens öffentliche Ruhestörung. Da jedoch die öffentliche Ordnung nicht gestört werden sollte, empfahl er, alle männlichen Juden zu kastrieren, die weiblichen an Bordelle zu verkaufen und die restlichen den Engländern zu überlassen, die sie in den Überseeplantagen als Sklaven verwenden könnten.

Das waren extreme Äußerungen, aber sie waren keineswegs wirkungslos, und einige dieser Pamphlete wurden häufig nachgedruckt. Eine etwas gemäßigtere Form des Antisemitismus kam in den Schriften von Universitätsprofessoren wie Rühs und Fries zum Ausdruck. Sie vertraten die Ansicht, das Judentum sei ein *odium generis humani,* eine Seuche, die ausgerottet gehöre, wenn auch nicht unbedingt mit Feuer und Schwert; es handle sich nicht bloß um eine Religionsgemeinschaft, sondern um eine Nation und einen Staat im Staate. Juden sollten nicht gleiche Rechte erhalten, sondern im Gegenteil gezwungen werden, bestimmte Erkennungszeichen zu tragen, damit der harmlose Nichtjude den Feind ohne Schwierigkeiten erkennen könne. Diese Autoren malten Schreckbilder an die Wand: Die Hälfte der Reichtümer Frankfurts sei bereits in jüdischen Händen, in weiteren vierzig Jahren würden die Kinder der führenden christlichen Familien zu Dienstboten in jüdischen Häusern erniedrigt sein, wenn nicht rechtzeitig drastische Maßnahmen ergriffen würden.

Diese Angriffe erregten tiefe Betroffenheit unter der deutschen Judenschaft und riefen eine Flut von Gegenschriften hervor. Die Juden seien viele Jahrhunderte lang unterdrückt worden, meinten die Apologeten, aber wenn man sie einige Jahrzehnte lang sich ungehindert entwickeln ließe, dann würden sie vom Rest der Bevölkerung nicht mehr zu unterscheiden sein, ehrliche, fleißige und gute Staatsbürger, die ihren vollen Beitrag zur Gesellschaft leisten würden. Sie wiesen nach, daß die antisemitischen Pamphletisten keine Ahnung von den Fakten der jüdischen Geschichte hatten; Spanien sei nicht von den Juden, sondern im Gegenteil durch deren Vertreibung ruiniert worden. Sie betonten, die zeitgenössischen antisemitischen Schriften seien bloß ein Aufguß von Publikationen verflossener Jahrhunderte, die oftmals und endgültig widerlegt worden seien. Eine solche wohlgemeinte Verteidigung des Judentums und der Juden mußte wirkungslos bleiben, weil sie die irrationale Wurzel der Angriffe übersah. Rationale Argumente, wie logisch sie auch aufgebaut sein mochten, konnten unter solchen Verhältnissen keinen Eindruck machen. Wie sollte man Fries widerlegen, wenn er meinte, man brauche bloß hinauszugehen und jedermann, Bauern wie Stadtleute, zu fragen, ob sie nicht die Juden haßten, die ihnen den Lebensunterhalt wegnähmen und das deutsche Volk zersetzten? Bei aller Übertreibung enthielten solche Feststellungen ein Körnchen Wahrheit: Die Juden waren unbeliebt. Einzelne Juden konnten bestehen und wurden gelegentlich sogar akzeptiert und respektiert, gleichzeitig aber gab es ein tief verwurzeltes Gefühl, daß sie als Ganzes unerwünscht waren und eine Gefahr für das deutsche Volk und seine Entwicklung darstellten.

In geistiger Hinsicht muß dieser Rückschlag gegen die Aufklärung im allgemeinen geschichtlichen Zusammenhang betrachtet werden. Die Romantik entdeckte die Schönheit des Mittelalters und pries das Ideal eines christlich-deutschen Staates; der Krieg gegen Napoleon löste eine Welle der Xenophobie aus und gab der *Teutschtümelei* starken Auftrieb. Der neue Patriotismus, Vorläufer der völkisch-radikalen Bewegung der zweiten Jahrhunderthälfte, war eine Reaktion auf die humanistisch-kosmopolitische Bewegung des vorangegangenen Jahrhunderts; er betonte die nationale Eigenart und ging bald dazu über, andere Völker für minderwertig zu erklären.

Die romantische Mode ging vorüber, doch folgte ihr keine Rückkehr zu den Idealen Lessings. Die antisemitischen Angriffe fanden kein Ende, sondern kamen nun von der Linken ebenso wie von der Rechten; an Bruno Bauers Flugschrift über die Judenfrage erinnert man sich heute hauptsächlich deswegen, weil sie Marx zu einer Antwort veranlaßte. Die Judenschaft könne nicht völlig emanzipiert werden, meinte Bauer, wenn sie sich weigere, ihre uralte Absonderung aufzugeben. Juden könnten nur in einer rein säkulären Gesellschaft freie und gleiche Partner sein; sie müßten daher von der traditionellen Religion ablassen. Marx' Antwort bewegte sich auf einem noch abstrakteren Niveau; er interessierte sich im Grunde nicht für die Judenfrage als solche, sondern für die Gesellschaftsordnung im allgemeinen, die gestürzt werden müsse; das Judentum symbolisiere das Profitstreben und den Egoismus. Auch Marxens *Aperçus* wären heute kaum noch bekannt, wenn es nicht die Person ihres Urhebers wäre. Die Äußerungen der Philosophen waren häufig durch eine zusätzliche Gehässigkeit gekennzeichnet, die durch die im Zeitalter der Junghegelianer und Feuerbachs modisch gewordene allgemeine Abneigung gegen Religion nicht erklärbar ist. Auch eine radikale Änderung der politischen Ansichten eines Autors berührte nicht notwendigerweise seine Einstellung zu den Juden. Bruno Bauers Essay aus den vierziger Jahren des neunzehnten Jahrhunderts war von einer linken Position aus geschrieben; zwanzig Jahre später hatte Bauer sich in eine Säule der konservativen Rechten verwandelt, aber seine Ansichten über die Juden waren noch extremer geworden. Die Juden seien weiße Neger, schrieb er, denen nur die grobe, ungehobelte Art und die Fähigkeit zu physischer Arbeit ihrer schwarzen Brüder fehle. Manchen dieser Angriffe mangelte es nicht an richtiger Einsicht in das jüdische Problem und die Schwierigkeiten der Assimilation. Constantin Frantz, der 1844 von einem religiös-konservativen Standpunkt aus schrieb, verglich das jüdische Volk mit dem Ewigen Juden des mittelalterlichen Volksmärchens: Über die ganze Erde verstreut, fänden sie nirgends Frieden. Sie wollten sich mit dem Volk vermischen und ihr eigenes Volkstum aufgeben, seien aber dazu nicht fähig; erst die Ankunft des Messias würde die volle Integration ermöglichen.

Die vierziger Jahre des neunzehnten Jahrhunderts brachten einen vorübergehenden Rückgang des Antisemitismus, aber die Revolution von 1848 war in ganz Mitteleuropa von einer neuen Welle von Übergriffen begleitet; in einigen Dörfern Süddeutschlands wurden die Juden so eingeschüchtert, daß sie tatsächlich auf ihre neu errungenen politischen Rechte verzichteten, weil sie fürchteten, deren Ausübung würde noch mehr böses Blut schaffen.

Die Juden waren angesichts dieser Ausbrüche von Antisemitismus ratlos; sie betrachteten sie als einen mysteriösen Atavismus, als ein Gespenst aus dem Mittelalter, das mit der Ausbreitung der Bildung allmählich gebannt werden würde. Sie glaubten, sie brauchten nur vorbildliche Bürger zu sein, um die Antisemiten von der Irrigkeit ihrer Ansichten zu überzeugen. Wenn sie Schwächen hätten, so seien dies Überreste aus den Jahrhunderten der Unterdrückung und wirtschaftlichen Einschränkung. Leidenschaftlich wiesen sie die Behauptung zurück, daß gesellschaftliche Ächtung und Verfolgung unauslöschliche Spuren in ihrem Volkscharakter hinterlassen hätten. Man gebe ihnen fünfzig Jahre lang die Möglichkeit zu Bildung und friedlicher Entwicklung, und sie würden der Welt zeigen, wie gut sie sich in eine zivilisierte Gesellschaft einfügen könnten. Heine sagte sogar voraus, daß ihr Beitrag zur Zivilisation vielleicht größer sein würde als der anderer Völker. Die Juden waren empört, wenn ein Antisemit wie Rühs äußerte, sie seien irgendwie doch eine Nation, von Brody bis Tripolis. Sie und ihre Vorfahren waren in Deutschland geboren, und sie betonten bei jeder Gelegenheit ihre Verbundenheit mit dem Land, das sie weiterhin als Stiefkinder behandelte. Nur wenige äußerten Zweifel über das künftige Verhältnis zwischen Juden und Deutschen. Ein jüdischer Autor, der 1840 in der Zeitschrift *Orient* die Ansicht äußerte: »Wir sind weder Deutsche, noch Slawen, noch Franzosen«, und behauptete, der südliche semitische Urstamm könne niemals mit den Abkömmlingen der nordischen Rasse verschmelzen, wurde als wunderlicher Kauz betrachtet. Die Blitzableiter-Theorie zur Erklärung des Antisemitismus fand die weiteste Verbreitung: Als Nachzügler unter den europäischen Nationen mangele es den Deutschen noch an echtem Nationalbewußtsein; sie müßten deshalb ihren Patriotismus durch die Verfolgung anderer beweisen und machten die Juden für ihr eigenes Mißgeschick verantwortlich.

Börne dachte, die Judäophobie sei ursprünglich wirtschaftlicher und sozialer Natur gewesen. Seine Schlußfolgerungen waren pessimistisch; es sei zwecklos, den Antisemitismus logisch widerlegen zu wollen. Alle Argumente seien schon vor fünfzig Jahren bekannt gewesen; die Vernunft zähle hier offenbar nicht. Vom Anfang der modernen antisemitischen Bewegung an waren die Juden geteilter Ansicht darüber, ob es klüger sei, auf die Angriffe zu reagieren oder sie zu ignorieren. Manche jüdische Zeitschriften beschlossen, das Ausmaß und die Bedeutung der antijüdischen Ausschreitungen von 1819 und dann von 1848 herunterzuspielen: Gelegentliche Dummheiten des deutschen Michels gegen die Juden müßten von einer höheren Warte aus beurteilt werden, schrieb der Romancier Berthold Auerbach 1848 an einen Freund. Die jüdischen Verteidigungsschriften waren in ihrer Argumentation merkwürdig beschränkt; sie verteidigten die Juden, aber Gegenangriffe wurden als geschmacklos angesehen. Saul Ascher, fast der einzige, der aus seinen Gefühlen gegenüber der Teutschtümelei kein Hehl machte, erfreute sich keineswegs der Billigung seiner Zeitgenossen. Jahre später distanzierten sich jüdische Sprecher von Börne und Heine, den Emigranten, die in ihrem Kampf gegen die Ultranationalisten allzuviel Eifer gezeigt hätten. Dies erscheint als übertriebene Zurückhaltung, aber rückblickend läßt sich die Haltung derer, die zur Vorsicht mahnten, durchaus rechtfertigen. Angriffe gegen den aufkeimenden völkischen Nationalismus hätten auf diesen nicht den geringsten Eindruck gemacht, jedoch sicherlich die Teutomanen in ihrem Glauben bestärkt, die Juden seien Feinde des deutschen Volkes. War ein Mensch einmal davon überzeugt, daß jüdischer Einfluß korrumpiere, dann würde ihn nichts, was ein Jude sagte oder schrieb, von seinem Glauben abbringen; es gebe keinen Raum für ein Gespräch, ja nicht einmal für eine Polemik. Die Verteidigungsschriften konzentrierten sich zum großen Teil auf die Widerlegung antisemitischer Angriffe gegen die jüdische Religion, doch befanden sich die jüdischen Liberalen in dieser Hinsicht auf schwankenderem Grund, als ihnen bewußt war. Die Antisemiten entdeckten den Talmud und den Schulchan Aruch, während die Juden es fast geschafft hatten, sie zu vergessen. Gebildete Juden jener Generation waren überzeugt, daß »ihre Religion stets eine universalistische Ethik gelehrt hätte« (Y. Katz), und die allgemeine jüdische Öffentlichkeit war ehrlich erstaunt und entsetzt, als sie erkennen mußte, daß dies keineswegs der

Fall war und daß der Talmud Aussagen und Verbote enthielt, die in einem modernen Zusammenhang befremdend wirkten.

Die antijüdischen Angriffe wirkten schockierend, aber die meisten Juden waren immer noch überzeugt, daß es sich dabei um ein Rückzugsgefecht der Kräfte der Finsternis handelte. Trotz aller nach wie vor in Kraft befindlichen Restriktionen gelangten sie zwischen 1815 und 1848 in viele Berufe, die ihnen bis dahin verschlossen gewesen waren, und einige von ihnen erreichten hervorragende Stellungen; das auserwählte Volk schien plötzlich allgegenwärtig zu sein.

Wohin ihr faßt, ihr werdet Juden fassen,
all überall das Lieblingsvolk des Herrn,

schrieb der Dichter Franz Dingelstedt 1882 in seinen *Liedern eines kosmopolitischen Nachtwächters*. Die Juden waren nicht geneigt, die sozialen und politischen Folgen dieser Veränderungen zu durchdenken; außer dem Kampf für die Emanzipation schienen sie keine gemeinsamen Interessen mehr zu haben. Wohl gab der Ritualmordprozeß in Damaskus im Jahre 1840 dem Solidaritätsgefühl einen neuen Auftrieb, doch hielt dies nicht lange an. Jene, die ihren religiösen Glauben aufgegeben hatten, fühlten wenig Gemeinsamkeit mit den Orthodoxen, und die Gebildeten schämten sich der rückständigen, halbbarbarischen Massen. Von Zeit zu Zeit erhoben sich Klagen über den Mangel an jüdischer Würde. Selbst Rothschild hatte, wie es hieß, dreihundert Taler für die Fertigstellung des Kölner Doms gespendet, aber nur zehn für den Wiederaufbau der Leipziger Synagoge. War dies nicht typisch für den Mangel an jüdischer Selbstachtung?

Mit der Revolution von 1848 begann eine neue Ära in der Geschichte des mitteleuropäischen Judentums. Eine Woge der Begeisterung erfaßte die Juden, sowohl wegen des demokratischen Charakters der Revolution als auch in Verbindung mit dem großen Aufschwung der Bewegung für die Einigung Deutschlands. Die Revolution war von antisemitischen Ausschreitungen begleitet, und die verfassungsmäßigen Errungenschaften (wie die Abschaffung aller religiöser Diskriminierung) wurden wieder abgebaut, als die reaktionären Kräfte die Oberhand gewannen. Immer noch konnten Juden nicht Richter oder Bürgermeister werden, da dies die Anwendung der christlichen Eidesformel erforderte. Die Erfolge überwogen jedoch die Rückschläge beträchtlich. Für die Juden waren die fünfziger und sechziger Jahre des neunzehnten Jahrhunderts eine glückliche Zeit. Sie gewannen volle staatsbürgerliche Gleichberechtigung in Deutschland und in Österreich-Ungarn, in Italien und in Skandinavien. 1858 kam der erste Jude ins englische Parlament, und ab 1870 konnten Juden englische Universitäten besuchen. Auf dem europäischen Kontinent gab es kaum öffentlichen Antisemitismus, und die vorherrschende Stimmung in den jüdischen Gemeinden war optimistisch. Die Juden hatten Anteil am allgemeinen Wohlstand, und manche häuften großen Reichtum an. Von größerer Bedeutung war jedoch die Entstehung eines starken Mittelstandes. Vom Straßenhandel und anderen Formen des Kleingewerbes strömten die Juden in wichtigere Geschäftszweige, wie Industrie und Bankwesen, und vor allem in die freien Berufe. In Berlin machten sie 1905 weniger als fünf Prozent der Bevölkerung aus, aber ihr Beitrag zum Steueraufkommen der Stadt belief sich auf dreißig Prozent. In Frankfurt am Main hatten 1900 dreiundsechzig Prozent aller Juden ein Jahreseinkommen von mehr als dreitausend Mark, während bloß fünfundzwanzig Prozent der Protestanten und nur sechzehn Prozent der Katholiken dieses Niveau erreichten. Die jüdische Bevölkerung der Städte nahm schnell zu. Die Berliner jüdische Gemeinde, die 1816 etwa dreitausend Köpfe zählte, wuchs auf vierundfünfzigtausend im Jahre 1854 und auf einhundertvierundvierzigtausend im Jahre 1910 an. Das Wachstum der Wiener Gemeinde war noch bemerkenswerter: sie nahm von sechstausend im Jahre 1857 auf neunundneunzigtausend im Jahre 1890 zu. Während der folgenden zwanzig Jahre stieg sie auf einhundertfünfundsiebzigtausend, womit sie sich fast verdoppelte. Zahlenmäßig wuchsen die Gemeinden weiterhin fast überall, aber der Bevölkerungsanteil der Juden verringerte sich in Deutschland von 1,25 Prozent im Jahre 1871 auf 0,9 Prozent im Jahre 1925; mit zunehmendem Wohlstand sank die Geburtenrate. Die Anzahl der Taufen erreichte in den siebziger Jahren des neunzehnten Jahrhunderts den niedrigsten Stand. Der Druck von außen, die Nachteile und die Anreize, die vordem die Juden zur Annahme des Christentums veranlaßt hatten, waren nun wesentlich schwächer geworden. Anderseits wurden Mischehen häufiger; am häufigsten kamen sie in Kreisen des höheren Mittelstandes vor, waren aber auch in anderen Schichten der jüdischen Bevölkerung weit verbreitet. Am Vorabend des Ersten Weltkrieges entfiel in Berlin und Hamburg auf je zwei rein jüdische Ehen eine Mischehe. Im Jahre 1915, das allerdings kein typisches Jahr war, wurden in Deutschland tatsächlich mehr Mischehen als Ehen zwischen zwei jüdischen Partnern geschlossen. Ähnliche Tendenzen waren überall in Mitteleuropa zu beobachten. In Ungarn, wo Mischehen bis 1895 offiziell verboten gewesen waren, stieg danach ihr Anteil auf fast ein Drittel. In Kopenhagen erreichte ihr Anteil in den achtziger Jahren sechsundfünfzig Prozent, in Amsterdam in den dreißiger Jahren des zwanzigsten Jahrhunderts siebzig Prozent. Die Abnahme und das wahrscheinliche Verschwinden des west- und mitteleuropäischen Judentums nahmen bereits lange vor 1914 breiten Raum in den Schriften der Soziologen ein.

Die Geschichte der Juden in Mittel- und Westeuropa war somit im zweiten Drittel des neunzehnten Jahrhunderts von stetigem politischen und sozialen Fortschritt gekennzeichnet. Zwei Juden, Crémieux und Goudchaux, gehörten der französischen republikanischen Regierung von 1848 an; Achille Fould wurde Louis Napoleons Finanzminister. Die Frankfurter Nationalversammlung zählte fünf jüdische Abgeordnete sowie einige weitere Mitglieder jüdischer Herkunft. Einzelne Juden erreichten 1860 in Holland und 1870 in Italien Kabinettsrang; Disraeli wurde als Jugendlicher getauft, blieb aber in den Augen der Öffentlichkeit Jude. Sowohl jüdische Politiker als auch jüdische Wähler neigten den liberalen, links von der Mitte stehenden Parteien zu, weil diese den Kampf für die volle Gleichheit vor dem Gesetz geführt hatten. Einige fanden ihren Wirkungskreis bei den Konservativen, und nicht wenige schlossen sich den jungen sozialistischen Parteien an.

Von noch größerer Bedeutung als das Auftreten der Juden auf der politischen Bühne war ihr Vordringen auf kulturellem Gebiet. Es gab einen großen Zustrom zu den höheren Schulen und Universitäten; innerhalb weniger Jahre überstieg der Anteil der Juden in diesen Institutionen bei weitem ihren Anteil an der Gesamtbevölkerung. Von hundert christlichen Jungen in Deutschland besuchten nur drei das Gymnasium, das die Vorstufe zur Universität war, während 26 von hundert jüdischen Knaben an diese Schulen gingen. Dies führte wiederum zu einem starken Einströmen von Juden in die freien Berufe. Nach dem Ersten Weltkrieg war in Preußen jeder vierte Rechtsanwalt und jeder sechste Arzt Jude; in den großen Zentren, wie Berlin und Wien, waren diese Prozentsätze noch höher. Vor 1850 hatten nur wenige Juden prominente Stellungen in der Wissenschaft erreicht; nun aber wuchsen in den Söhnen und Enkeln der Hausierer und Straßenhändler Scharen von Chemikern und Physikern, Mathematikern und Ärzten heran, die ihre Namen mit goldenen Lettern in die Annalen der Wissenschaft eintrugen. Manche, wie der Bakteriologe Paul Ehrlich, gelangten sehr schnell zum Erfolg; andere wiederum, wie Freud und Einstein, deren Arbeiten eine Revolution des wissenschaftlichen Denkens bedeuteten, mußten viele Jahre auf ihre Anerkennung warten. Selbst die Antisemiten gaben widerwillig zu, daß der Beitrag der Juden auf dem Gebiet der Wissenschaft in keinem Verhältnis zu ihrer Anzahl stand. Schon zu Beginn des Jahrhunderts zeigten sie einen starken Hang zum Journalismus und zur Bühne; später tauchten sie auch in Berufen auf, die vordem als durchaus »unjüdisch« gegolten hatten. Emil Rathenau war einer der Pioniere der deutschen Elektroindustrie; Albert Ballin leitete Deutschlands führende Schiffahrtsgesellschaft; Max Liebermann galt als Deutschlands größter lebender Maler; und Deutschlands Musikleben war ohne den Beitrag der Juden undenkbar. Selbst der phänomenale Erfolg Richard Wagners wäre nicht möglich gewesen ohne die Unterstützung, die er in jeder Phase seiner Entwicklung vom jüdischen Publikum erhielt, trotz der Tatsache, daß er in einem berühmten Pamphlet geäußert hatte, den Juden fehle jede schöpferische Begabung.

In Deutschland und Frankreich, in Holland und Großbritannien bekamen Juden das Gefühl, daß sie endlich eine sichere Zuflucht gefunden hatten und akzeptiert wurden. Auch Heinrich Graetz dachte so, obwohl sein lebenslanges Studium der Geschichte des jüdischen Volkes nicht gerade Anlaß zu solchem Optimismus bot. Als Graetz 1870 das Vorwort zum elften und letzten Band seines großen Werkes schrieb, vermerkte er mit Befriedigung, daß er seine Arbeit »glücklicher als seine Vorgänger« abschließen könne, nämlich »mit einem freudigen Gefühl, daß der jüdische Stamm endlich in den zivilisierten Ländern nicht bloß Gerechtigkeit und Freiheit, sondern auch eine gewisse Anerkennung gefunden hat, daß ihm unbeschränkter Spielraum gegönnt ist, seine Kräfte zu entfalten, nicht als Gnadenbrot, sondern als ein wohlerworbenes Recht für tausendfache Leiden . . .«.

Dieses neue Selbstvertrauen und der Wohlstand wirkten sich auch im Leben und in der Arbeit der Gemeinden aus. Die neu gegründeten Synagogen waren gediegene und eindrucksvolle Bauten, ohne dabei prunkhaft zu wirken. Die extreme Reformbewegung hatte kaum weitere Fortschritte erzielt, aber die Gottesdienste waren vereinfacht und gekürzt worden, die Predigten wurden in deutscher Sprache gehalten. Im Gegensatz zu dem Lärm und der Unordnung, die für die traditionelle *Schul* kennzeichnend waren, wurden die Synagogen wesentlich würdevoller. Wer Rabbiner werden wollte, studierte den Judaismus auf wissenschaftliche Weise in akademischen Seminaren. Die traditionellen *Jeschiwot* kamen aus der Mode und verschwanden schließlich ganz. Allerdings war die Zunahme der Würde von einem weiteren Niedergang des religiösen Glaubens begleitet. Man besuchte die Synagoge, weil dies ebenso zur jüdischen Lebensart gehörte wie die Familienzusammenkünfte am Sonntagnachmittag oder die besonderen Gerichte bei Hochzeiten.

Die einzelnen Gemeinden waren nicht mehr eng miteinander verbunden. Der antisemitischen Folklore zufolge war die 1860 in Paris gegründete *Alliance Israélite Universelle* die geheime jüdische Weltregierung. In Wirklichkeit bestand ihre Hauptaufgabe in der Gründung von Schulen in Marokko und auf dem Balkan. Die Aufgabe der 1870 gegründeten *Anglo-Jewish Association* lag ebenfalls größtenteils auf erzieherischem Gebiet, während der *Hilfsverein der deutschen Juden* (1901), der russische *ORT* (1899) und die 1891 in Paris gegründete *Jewish Colonial Association* damit befaßt waren, Auswanderern aus Osteuropa zu einer neuen Existenz in Amerika oder in anderen Teilen der Welt zu verhelfen. Eine »jüdische Internationale« existierte nur in der Einbildung paranoider Antisemiten. Der neu erworbene Patriotismus der Juden in Westeuropa machte jede enge Verbindung zwischen den verschiedenen Gemeinden unmöglich, und überhaupt sah man keine Notwendigkeit für eine überstaatliche Organisation. Den deutschen Juden gewährte es große Befriedigung, daß die deutsche Abordnung, die dem preußischen König 1871 in Versailles die deutsche Kaiserkrone anbot, von Heinrich von Simson, einem Politiker jüdischer Herkunft, geleitet wurde und daß die Schar der Ehrenjungfrauen, die den Kaiser bei seiner Rückkehr in Berlin begrüßte, von der Tochter eines Rabbiners angeführt wurde. Deutsche Juden, die in die Neue Welt auswanderten, bewahrten nicht nur ihre Sitten und Gebräuche sowie ihre Sprache, sondern hielten auch die kulturellen Bande mit der alten Heimat aufrecht; sie lasen weiterhin Schiller und sangen Schubertlieder, denn was hätte Amerika an Vergleichbarem bieten können? Sie ärgerten sich über noch bestehende antijüdische Restriktionen, aber im Vergleich mit der Lage, in der sie sich noch wenige Jahrzehnte zuvor befunden hatten, erschien der erreichte Fortschritt kolossal. Friedenthal ist preußischer Minister, schrieb Berthold Auerbach an einen guten Freund. Wer hätte noch vor einer Generation erwartet, daß ein Mann jüdischer Abkunft Minister werden könnte? Daß dies nichts Außergewöhnliches war, erschien Auerbach als der vielleicht erstaunlichste Aspekt. Solche Gefühle der Befriedigung waren manchmal von kurzer Dauer. »Vergebens gelebt und gearbeitet!«, schrieb Auerbach sechs Jahre später im Zusammenhang mit der neuen Welle des Antisemitismus. »Es bleibt die entsetzliche Tatsache, daß solche Roheit, solche Verlogenheit und solcher Haß noch möglich ist.« Das Ausschlagen des Pendels zwischen den Extremen der Hoffnung und der Verzweiflung war typisch für die Geistesverfassung des deutschen Judentums im letzten Viertel des vorigen Jahrhunderts. Nach der Wirtschaftsblüte der frühen siebziger Jahre kam es zu einem großen Börsenkrach, und einzelne Juden, die in der Spekulation eine bedeutende Rolle gespielt hatten, wurden dafür verantwortlich gemacht. Die Angriffe auf diese Personen im Zusammenhang mit dem sogenannten »Gründerschwindel«, die in einer neuen Antisemitismuswelle kulminierten, waren Teil des allgemeinen Sturms gegen den Liberalismus, der in Deutschland nie tief Wurzeln gefaßt hatte. Die antijüdische Kampagne ging auf verschiedenen Ebenen vor sich: Es gab Agitation von Straßendemagogen, Petitionen zur Beschränkung des jüdischen Einflusses im öffentlichen Leben, neue »Enthüllungen« aus dem Talmud, Ausschluß von Juden aus Studentenorganisationen. Heinrich Treitschke, einer der führenden deutschen Historiker jener Zeit, prägte ein Schlagwort, das weite Verbreitung finden sollte: »Die Juden sind unser Unglück.« Er vertrat die Ansicht, daß nur eine radikale Assimilation die jüdische Frage lösen könnte; auf deutschem Boden sei kein Platz für zwei Nationalitäten. Der evangelische Hofprediger Adolf Stöcker ermahnte die Juden, sowohl von ihren Angriffen auf das Christentum als auch von ihrem Drang zur Anhäufung großer Vermögen abzulassen. Wilhelm Marr, der als erster den Ausdruck Antisemitismus gebraucht hatte, erklärte, der jüdische Einfluß sei bereits zu weit und zu tief gedrungen; die Juden hätten die Deutschen zu Sklaven gemacht und seien die Diktatoren des neuen Reiches geworden. Marr schloß seine Betrachtungen mit der pessimistischen Bemerkung: Schicken wir uns ins Unvermeidliche und sagen wir: Finis Germaniae. Andere predigten Aktivismus und forderten eine Reihe von Maßnahmen, vom Ausschluß der Juden aus bestimmten Berufen bis zu ihrer kollektiven Ausweisung aus Deutschland. Antisemitische Bünde und Parteien wurden gegründet, und bei den Reichstagswahlen des Jahres 1893 wurden sechzehn Abgeordnete gewählt, die ein ausgesprochen antisemitisches Programm repräsentierten.

Die deutschen Juden waren über diese Ereignisse nicht nur zutiefst erschrocken, sondern auch völlig verblüfft. Das Gift, das sie für verschwunden gehalten hatten, war tatsächlich noch sehr wirksam, und sie suchten verzweifelt nach einer Erklärung. War der moderne Antisemitismus ein sozioökonomisches Phänomen? Ohne Zweifel gibt es einen Zusammenhang zwischen den Konjunkturzyklen der deutschen Wirtschaft und der antisemitischen Bewegung, angefangen von der Handels- und Landwirtschaftskrise in der Zeit nach 1815 über die Konjunktur der siebziger Jahre und die Depression der achtziger Jahre bis zur Weltwirtschaftskrise und der Entstehung des Nazismus in den zwanziger Jahren. In manchen Fällen ist diese Koinzidenz auffallend: Während der Rezession von 1873 verzeichnete der Antisemitismus einen starken Anstieg, mit dem Beginn einer neuen Konjunktur nach 1895 nahm er fast ebenso dramatisch wieder ab. Indessen lassen derartige Erklärungen viele Fragen offen, denn während manche antijüdische Attacken von Wirtschaftskrisen ausgelöst wurden, hatten andere wiederum andere Ursachen; auch kann diese Theorie das Auftreten des Antisemitismus in vor- und nachkapitalistischen Gesellschaftsformen nicht erklären. Der Wettbewerbscharakter des Kapitalismus bot zweifellos einen ausgezeichneten Nährboden für kollektive Unzufriedenheit und Unsicherheit, aber warum nahm man ausschließlich die Juden zum Ziel der Angriffe? Waren sie vielleicht mehr exponiert als andere Minderheiten, war vielleicht ihr Einfluß zu schnell gewachsen? Welche Erklärung auch zutreffen mochte, jedenfalls hatte der neue Antisemitismus zwei unheilverkündende Aspekte. Zwar verhielt sich die Regierung im allgemeinen korrekt, aber ihre Haltung gegenüber den Juden war von eisiger Kälte; sie tat jedenfalls nichts, um den Antisemitismus zu brandmarken oder zu bekämpfen. Nur wenige Nichtjuden erhoben ihre Stimme zugunsten ihrer jüdischen Mitbürger; kein neuer Lessing verkündete Humanität und Toleranz.

Noch gefährlicher war der veränderte Charakter der Judaeophobie, der Übergang vom religiösen zum rassischen Antisemitismus. Rassentheorien hatte es ansatzweise bereits seit Beginn des neunzehnten Jahrhunderts gegeben; mit der Verbreitung der aus Frankreich kommenden neuen, scheinwissenschaftlichen Doktrin Gobineaus und seiner Schüler waren sie salonfähig geworden. In früheren Zeiten hatten die Judenfeinde die Schuld auf die Religion und das Ritualgesetz geschoben, welche, wie sie behaupteten, die Verderbtheit des jüdischen Volkes verursacht hätten. Der rassische Antisemitismus wies diese Argumente als irrelevant zurück und behauptete, die wahren Hintergründe der »jüdischen Gefahr« entdeckt zu haben. Der Antisemitismus Stöckers stand auf halbem Wege zwischen dem alten und dem neuen Judenhaß. Nach Stöckers Ansicht war die jüdische Frage nicht bloß religiöser Natur, aber als prominenter Kirchenmann konnte er nicht gut die materialistischen Begriffe einer reinen Rassenlehre, wie beispielsweise Eugen Dühring sie vertrat, akzeptieren und bezog sich daher auf die „kulturhistorischen Aspekte“ des Problems. Der Übergang vom religiösen zum rassischen Antisemitismus vollzog sich keineswegs abrupt, und die Verbindungen zwischen der alten und der neuen antisemitischen Doktrin waren keineswegs so gering, wie es nachträglich den Anschein hatte. Die veränderte Argumentation widerspiegelte bloß das Meinungsklima der neuen nachreligiösen Phase und die Verbreitung antiliberaler und antihumanistischer Ideologien im allgemeinen. Der rassische Antisemitismus konnte sich nur bei Völkern ausbreiten, die viele Jahrhunderte lang mit einem religiösen Antisemitismus indoktriniert worden waren, der sie lehrte, daß die Juden Christus getötet und seine Sendung zurückgewiesen hätten.

Für die deutschen Juden waren somit die achtziger Jahre des neunzehnten Jahrhunderts ein Wendepunkt, obwohl nur wenige dies damals erkannten. Bis zur logischen Endkonsequenz geführt, bedeutete der neue Antisemitismus das Ende der Assimilation, die totale Ablehnung des Juden. Der magische Kreis wurde durch ein neues Getto ersetzt, dessen Mauern nicht mehr überstiegen werden konnten. Nach der neuen Doktrin waren Rasseneigenschaften unveränderlich; ein Wechsel der Religion und die Ablehnung des eigenen Erbes könne einen Juden ebensowenig zu einem Deutschen machen, wie ein Hund sich in eine Katze verwandeln kann. Der Antisemitismus vom letzten Viertel des neunzehnten Jahrhunderts bewirkte keine Schwächung der Assimilationsbewegung unter den Juden, doch wurden deren Grenzen viel deutlicher, und selbst ihre extremen Befürworter gaben zu, daß die Juden sich in absehbarer Zukunft auch weiterhin von den Deutschen unterscheiden würden.

Die volle rechtliche Emanzipation wurde 1869 erreicht, aber schon ein Jahrzehnt später hätte man merken müssen, daß die Assimilation undurchführbar war. Für jene, die diese Meinung vertraten, hätte bereits damals ein nationales Erwachen innerhalb der Judenschaft erfolgen sollen. Aber die überwiegende Mehrheit der deutschen Juden sah die Dinge nicht so, und rückblickend kann man viele gute Gründe erkennen, warum den Kräften der Unvernunft nicht nachgegeben wurde. Die Verschmelzung mit der deutschen Kultur war sehr weit gediehen; in einem im Jahr der Krise veröffentlichten Buch betonte der liberale Politiker Ludwig Bamberger, daß die Symbiose, die Identifikation der Juden mit den Deutschen enger gewesen sei als mit irgendeinem anderen Volk. Sie seien weit über die Grenzen Deutschlands hinaus gründlich eingedeutscht worden; durch das Medium der Sprache hätten sie die deutsche Kultur angenommen und durch die Kultur das deutsche Nationalgefühl. Er und seine Freunde meinten, es gebe offensichtlich eine Affinität im Nationalcharakter, welche die Juden so stark zu Deutschland und zum deutschen Geist hinzöge[11].

In einer 1893 veröffentlichten Broschüre stellte Raphael Loewenfels die Frage noch krasser dar: Standen die gebildeten Juden den aufgeklärten Protestanten nicht näher als den Fanatikern, die an die Weisheit des Talmud glaubten? Standen sie den deutschen Katholiken nicht näher als der französischen Judenschaft? Wer in seinen Gebeten immer noch die alte Formel »Nächstes Jahr in Jerusalem« benützte, der sollte dorthin gehen, wohin sein Herz ihn ziehe, meinte Loewenfels. Doch würde kein gebildeter Jude bereit sein, sein geliebtes Vaterland zu verlassen, um in ein fernes Land zu ziehen, wo vor undenklichen Zeiten seine Vorväter gelebt hatten. Dies war nicht einfach die Meinung eines einzelnen; es drückte die Überzeugung sehr vieler Juden aus. Das Jahr, in dem diese Broschüre veröffentlicht wurde, war auch das Gründungsjahr des *Centralvereins deutscher Staatsbürger jüdischen Glaubens,* der später zur weitaus stärksten Organisation der deutschen Judenschaft werden sollte. Der erste Punkt seines Programms betonte die Verbundenheit mit Deutschland: Die Verbindungen zwischen den deutschen Juden und den Juden anderer Länder seien ähnlicher Art wie jene zwischen deutschen Katholiken und Protestanten und deren Glaubensgenossen in anderen Ländern. Der Centralverein betonte die Notwendigkeit jüdischen Stolzes und Selbstbewußtseins, er lehnte die extremen, würdelosen Formen des Assimilantentums ab, die sich als unwirksam und zugleich gefährlich erwiesen hätten, und stellte fest, daß es für die deutschen Juden keine andere Zukunft gebe als die auf deutschem Boden; in der modernen Welt gebe es, wenn überhaupt, nur wenige homogene Nationen; überall existierten verschiedene Religionen und Nationalitäten Seite an Seite. Trotz der Besonderheiten, die die Juden von der übrigen Bevölkerung unterschieden, meinte der *Centralverein,* gebe es allen Grund zu der Annahme, daß sie im weiteren Rahmen der deutschen Nation einen ehrenvollen Platz finden würden. Rückblickend ist man versucht, all das als Wunschdenken abzutun. Doch war der damalige Zeitgeist im Grunde immer noch optimistisch, und man glaubte allgemein, daß die Anziehungskraft des Antisemitismus sich auf die rückständigen Teile der Gesellschaft beschränken würde, vor allem auf jene, die unter den Auswirkungen der Industrialisierung gelitten hatten. Die Reaktion gegen die Aufklärung und den Liberalismus, der neue Kult der Gewalt und der Antihumanismus wurden als vorübergehende Kulturkrankheiten angesehen. Der wachsende Wohlstand würde sowohl die Vernunft als auch die gesellschaftliche Stabilität wiederherstellen helfen. Es gab manche Anzeichen, die einen solchen Optimismus zu rechtfertigen scheinen: Die in mehrere Fraktionen zerfallenen Antisemiten verloren nach 1895 viel von ihrem politischen Einfluß, wenngleich sie auch weiterhin in Form kleiner Gruppen weiterbestanden, die einander bitter bekämpften. Das Auftauchen des neuen Antisemitismus hatte gezeigt, daß es schwerwiegende Probleme und Spannungen gab, die übersehen oder zumindest unterschätzt worden waren, doch schien kein Grund zu bestehen, die Hoffnung aufzugeben.

Es bestand auch kein Grund, warum die deutschen und die österreichischen Juden ihre Lage mit besonderer Besorgnis betrachten sollten. In Rußland und Rumänien war die Lage der Juden unvergleichlich schlimmer: Seit 1881 wurde Osteuropa von einer Welle von Pogromen heimgesucht. Sogar in Frankreich, wo die Zahl der Juden kleiner war als in Deutschland, war ihre Lage bei weitem unsicherer. Die französische antisemitische Bewegung war noch vor Marr, Stöcker und Dühring entstanden; sie war stärker ausgeprägt und besaß größeren Einfluß. Sie war in der Tat die Bahnbrecherin der modernen antijüdischen Ideologie; die deutschen und die russischen Antisemiten importierten ihre Ideen zum großen Teil aus Paris. Später, während der Dreyfusaffäre, spielte der Antisemitismus in Frankreich eine weitaus größere Rolle als im damaligen Deutschland.

Der Hauptangriff gegen die Assimilation wurde innerhalb des jüdischen Lagers von jenen geführt, die behaupteten, eine völlige Synthese von Judentum und westlicher Kultur sei nirgends zustande gekommen. Nach Ansicht seiner östlichen Glaubensgenossen hatte der assimilierte deutsche Jude seine jüdische Spontaneität, seine Herzlichkeit und seinen inneren Frieden verloren; er habe viel Mühe aufgewendet, so zu sein wie die anderen, und dennoch nicht die ersehnte Anerkennung gefunden; infolgedessen sei er ein unglückliches Wesen, das an einer besonderen schmerzhaften und offenbar unheilbaren Form von Schizophrenie leide. Dies war beispielsweise der Eindruck, den der junge Chaim Weizmann hatte, als er in den achtziger Jahren als junger Lehrer nach Deutschland kam. Die deutschen Juden, so fand er, glaubten nicht an die Existenz eines jüdischen Volkes; sie begriffen nicht das wahre Wesen des Antisemitismus; es gebe kein echtes jüdisches Leben – alles sei muffig, unwirklich, ohne Verbindung zum Volk, ohne Wärme, Fröhlichkeit, Farbe und Vertrautheit. In einem seiner Essays (*Awdut betoch Herut* – Sklaverei inmitten der Freiheit) behauptete Achad Haam, die westlichen Juden wüßten in der Tiefe ihres Herzens, daß sie unfrei seien, weil es ihnen an einer nationalen Kultur mangle. Um ihr Dasein zu rechtfertigen, müßten sie die Ansicht bestreiten, daß jedes Volk sein spezifisches Wesen und seine besondere Aufgabe habe.

Diese Kritik enthielt viel Wahres, aber das half nicht viel, da sie die grundlegenden Unterschiede zwischen den Juden in Osteuropa und deren Glaubensgenossen im Westen außer acht ließ. Das Problem war außerordentlich vielschichtig. Was Weizmann über die deutschen Juden schrieb, ist manchmal fast textgleich mit den Ansichten, die eine Generation vorher von Herzen und den Slawophilen über die kraftlosen, philisterhaften Deutschen geäußert worden waren. War es denkbar, daß die russischen und die deutschen Juden von der Verachtung, die ihre jeweiligen Wirtsvölker gegeneinander hegten, angesteckt worden waren? Achad Haam spielte in der Geschichte der jüdischen kulturellen Wiedergeburt eine entscheidende Rolle, aber auch in diesem Falle waren die von ihm popularisierten Gedanken keineswegs Teil der jüdischen Tradition, sondern hatten ihre Wurzeln im Westen. Die Juden Osteuropas waren in der Lage, ihre nationale Identität zu bewahren, weil sie so zahlreich waren und es ihnen daher viel leichter fiel, ihre Lebensform und ein eigenes Volkstum beizubehalten. Auch gab es keine starke Versuchung, die russische, die rumänische oder die galizische Kultur zu übernehmen, während die westlichen Juden, deren Zahl viel geringer war, sich in hohem Maße zur deutschen, französischen oder englischen Kultur hingezogen fühlten, einfach, weil diese soviel höher stand. Wir können und wollen uns nicht von der Emanzipation distanzieren, schrieb ein Zionist (F. Oppenheimer); wenn wir uns selbst betrachten, dann entdecken wir, daß unsere Kultur zu fünfundneunzig Prozent aus westeuropäischen Elementen besteht. Die jüdischen Nationalisten aus Osteuropa hatten einen wesentlich klareren Begriff vom Antisemitismus und den Grenzen der Assimilation, aber sie verstanden nicht, welchen Problemen Juden, die in einem völlig anderen Milieu lebten, gegenüberstanden. Die westliche Judenschaft, wurzellos und an Zahl verhältnismäßig klein, konnte nicht verhindern, daß sie aufgesogen wurde. Die Geschichte hat gezeigt, daß es auch großen Ländern nicht möglich war, sich gegen weiter fortgeschrittene Kulturen und modernere Lebensformen abzuschließen. Spätere Kritiker meinten, die Assimilation sei zu schnell und zu weit gegangen: »Was als verstohlener Blick begonnen hatte, verwandelte sich bald in leidenschaftliches Engagement« (G. Scholem). Dies hatte ein hohes Maß an neu geweckter Schöpferkraft wie auch tiefe Unsicherheit zur Folge. Viele Juden, so argumentierte man weiter, hätten die deutsche Nationalökonomie, Philosophie, Wissenschaft, Literatur und Kunst bereichert, während nur sehr wenige von ihnen ähnliche Beiträge auf jüdischem Gebiet geleistet hätten. Nun gab es aber keine jüdische Wissenschaft, Philosophie oder Nationalökonomie, und es ist mehr als zweifelhaft, ob in Westeuropa Platz für eine spezifisch jüdische Literatur oder Kunst vorhanden war. Im großen und ganzen blieb die Liebe zwischen Juden und Deutschen einseitig und unerwidert; die Juden zeigten mehr Begeisterung und Verständnis für das Beste in der deutschen Kultur als die meisten Deutschen. Leider fand sich niemand, der den Juden dafür Dank gezollt hätte.

Die Assimilation war jedoch ein natürlicher Prozeß und keineswegs auf die deutschen Juden beschränkt. In anderen Teilen Westeuropas begann sie später, ging aber weiter als in Deutschland. In Italien war die Integration der Juden vollständiger als in Deutschland, wo der ständige Zustrom von Juden aus dem Osten eine Bluttransfusion darstellte – oder ein Ärgernis, je nach dem Blickwinkel. Die Lage in Großbritannien unterschied sich von jener im restlichen Europa. Es gab mehr Mischehen, vor allem mit der Aristokratie, als sonst irgendwo. Die Emanzipation vollzog sich in England in der traditionellen Weise, in der man dort derartige Probleme löst – allmählich und auf empirischer Basis, nicht als Ergebnis ideologischer, abstrakter Debatten. Nachdem 1809 der König auf Einladung der Brüder Goldsmid an einem Freitagabend eine Londoner Synagoge besucht hatte, wurden gesellschaftliche Kontakte mit Juden salonfähig. Aber es dauerte bis 1867, ehe ein jüdischer Abgeordneter ins Parlament gewählt wurde. Lionel de Rothschild, der erste jüdische Parlamentsabgeordnete, leistete keinen nennenswerten Beitrag zur britischen Politik; tatsächlich hat er niemals in einer Debatte das Wort ergriffen. Doch das Eis war gebrochen, nur wenige Jahre später wurde ein Jude zweiter Kronanwalt, und die letzten rechtlichen Diskriminierungen wurden beseitigt. Es bestand keine Gefahr, daß die Juden in Großbritannien eine führende Stellung im Kulturleben erreichen würden, wie es in Deutschland der Fall war; ihre Anzahl war klein und ihr Beitrag zum Kulturleben weniger bedeutend. Überdies litten die Briten nicht unter Unsicherheitsgefühlen; es gab keine Furcht vor »rassischer Verunreinigung«. Die völlige Assimilation wurde anderseits gar nicht als wünschenswert angesehen. Während die Juden sich selbstverständlich an die britische Lebensart zu halten hatten, erwartete man zugleich, daß sie einige Aspekte ihrer Individualität beibehielten. Sie wurden als eigene Rasse betrachtet, und ein Land, das gewohnt war, über ein Imperium zu herrschen, sah darin eher eine Bereicherung als eine Gefährdung seiner nationalen Existenz.

Die Ähnlichkeiten zwischen der Assimilation in Deutschland und in Frankreich waren erheblich größer. Fast alles, was über Erfolge und Mißerfolge der Assimilation der deutschen Juden gesagt worden ist, gilt auch für Frankreich. Mendelssohns Kinder traten zum Christentum über, desgleichen die Kinder Crémieux', des großen Vorkämpfers für die Rechte der französischen Juden. Es wurde oft gesagt, daß die Juden sich den Deutschen mehr verbunden fühlten als irgendeinem anderen europäischen Volk und daß sie in Deutschland tiefer Wurzeln faßten als sonst irgendwo. Aber jene, die solche Behauptungen aufstellten, taten dies gewöhnlich ohne genauere Kenntnis der Situation in Frankreich. Im Lauf des neunzehnten Jahrhunderts wurden die französischen Juden ins gesellschaftliche Leben ihres Landes integriert. Wie ein Beobachter gegen Ende des Jahrhunderts feststellte, waren die jüngeren, Konservative wie Radikale, völlig in ihrer nichtjüdischen Umgebung aufgegangen; sie hatten keine andere Weltanschauung als die des Lagers, dem sie angehörten. Eine Erörterung der jüdischen Frage wäre als Taktlosigkeit empfunden worden. Judentum war für diese Generation kein religiöser, sozialer oder politischer Begriff mehr (Tschernoff). Die Juden standen in ihrem französischen Patriotismus hinter niemandem zurück; viele von ihnen verließen Straßburg und Colmar und übersiedelten ins Innere Frankreichs, als Elsaß-Lothringen nach der Niederlage von 1870 zum Deutschen Reich kam. Die Unwilligkeit der französischen Juden, in der Dreyfus-Affäre eine gemeinsame Aktion zu unternehmen, bewies, daß sie an den spezifisch jüdischen Aspekt des Falles nicht glauben wollten. Bernard Lazare, ein glühender Sozialist, der die völlige Assimilierung und das schließliche Verschwinden der Juden als separates Volk befürwortete, wurde später Zionist. Er war jedoch eine seltene Ausnahme. Im großen und ganzen konnte die zionistische Bewegung in Frankreich nur wenig Wurzel fassen; die große Mehrheit der französischen Juden betonte stets ihre Verbundenheit mit der französischen Nation und bestritt, daß ihr Bewußtsein sich von dem der anderen Franzosen unterschied. So mancher Franzose jüdischer Herkunft hat beschrieben, wie er als Kind über französische Niederlagen weinte und über französische Siege jubelte; jüdische Geschichte und jüdische Tradition bedeuteten ihm nichts. Er stand nicht vor der Frage, sein Judentum verbergen oder sich dessen schämen zu müssen. Der große Historiker Marc Bloch war alles andere als ein Feigling oder Heuchler, er gehörte vielmehr einer Generation an, für die der Judaismus jegliche Bedeutung verloren hatte. Er hätte Achad Haams scharfe Kritik an der Sklaverei der westlichen Juden entrüstet zurückgewiesen, als irrige künstliche Konstruktion eines Mannes, der das Unglück hatte, unter der zaristischen Despotie zu leben, und sich in seiner Engstirnigkeit nicht vorstellen konnte, wie Juden andernorts dachten. »Ich habe mich während meines ganzen Lebens vor allem und ganz einfach als Franzose gefühlt«, schrieb Bloch. »Ich bin meinem Vaterland durch eine lange Familientradition verbunden; genährt von seinem geistigen Erbe und seiner Geschichte, wahrhaft unfähig, mir ein anderes Land vorzustellen, in dem ich in Frieden atmen könnte; ich liebte es sehr und diente ihm mit all meiner Kraft.« »Als ein Mann, dem jeglicher konfessionelle Formalismus und alle rassische Solidarität fremd sind«, verlangte Bloch vor seiner Hinrichtung durch die Nazis, daß an seinem Grab keine hebräischen Gebete gesprochen würden. Manchen Männern seiner Generation wurde der Judaismus von außen aufgeprägt, was ihre innere Harmonie und Sicherheit störte, sie jedoch bestenfalls zu Juden *par point d'honneur* machte; nur selten bedeutete dies eine Rückkehr zum »positiven Judentum«. Raymond Aron schrieb: »Ich betrachte mich als Jude, weil meine Umwelt es so will, aber ich habe nicht das Gefühl, daß dies wirklich Teil meiner Existenz ist.« Sehr viel wurde über den Selbsthaß einzelner deutscher Juden geschrieben; es ist keineswegs schwierig, ihn auch in Frankreich zu finden; in den Annalen der deutschen Juden war kein Fall so seltsam und pathologisch wie der von Maurice Sachs[12].

Die osteuropäischen Kritiker der Assimilation vergessen gewöhnlich, daß es eine Zeit gab, in der auch in Osteuropa die Assimilation als Weg der Zukunft angesehen wurde. Sie hatte in den sechziger und siebziger Jahren des neunzehnten Jahrhunderts unter der russischen Judenschaft viele Anhänger, und dies trotz der Tatsache, daß die Aussichten für eine Assimilierung aus offensichtlichen demographischen, sozialen und wirtschaftlichen Gründen bei weitem schlechter waren als im Westen. Der Redakteur der ersten jüdischen Zeitung in Rußland, Ossip Rabinowitsch, beklagte sich bitterlich, daß die Juden sich an ihre armselige, häßlich klingende, verdorbene Mundart klammerten, anstatt sich die »wunderbare russische Sprache« zu eigen zu machen: »Rußland ist unser Vaterland, und seine Luft und seine Sprache sollten auch die unseren sein.« Der führende jüdische Publizist jener Zeit, I. Orschansky, forderte das völlige Aufgehen der Juden in der russischen Nation und sagte, sie seien mit aller Kraft bemüht, das russische Nationalgefühl und die russsiche Lebensart anzunehmen und in jeglicher Hinsicht Russen zu werden. Diese Ansichten wurden von führenden Schriftstellern wie A. L. Gordon geteilt, der meinte, das Hebräische sollte nur so lange benützt werden, als die Mehrheit der Juden das Russische noch nicht völlig beherrschte. Lew Lewanda rief die russische Judenschaft auf, »unter dem Zepter Alexanders II. zu erwachen«. Emanuel Solowejtschik schrieb 1869, die Verschmelzung von Russen und Juden, das Aufgehen der Juden im russischen Volk sei die neue messianische Bewegung, die von den gebildeten russischen Juden mit großer Ungeduld erwartet werde. Nach den Pogromen der frühen achtziger Jahre schwanden diese Hoffnungen; es gab keinen Grund mehr zu der Annahme, das zaristische Regime würde eine Bewegung zur kulturellen oder sozialen Assimilation begrüßen. Die politischen Rechte schienen so fern wie eh und je; auch gab es keine Hoffnung auf eine Haltungsänderung des russischen und des ukrainischen Volkes gegenüber den in ihrer Mitte lebenden Juden. Indessen zeigte sich eine neue Form der Assimilation unter den vielen Juden, die sich der Linken anschlossen. Einem jungen Revolutionär wie Trotzki bedeutete seine jüdische Abstammung nichts; sein Platz war in den Reihen der Avantgarde des russischen Proletariats, das für die Weltrevolution kämpfte. Tausende dachten wie er.

Die Assimilation war also ein allgemeines Problem, ein historisches Phänomen, das sich nicht auf Länder beschränkte, in denen die Juden nur eine kleine Minderheit darstellten. Wohl machte sie schnellere Fortschritte, je kleiner und wohlhabender die jüdische Minorität, je höher die Kultur des Gastlandes und je enger die wirtschaftlichen Verbindungen zwischen Juden und Nichtjuden waren. Arthur Ruppin, der als erster die Soziologie der Juden untersuchte, vermerkte lange vor dem Ersten Weltkrieg, daß die Assimilation ein allgemeiner Vorgang sei; im Mittelalter hätte die besondere wirtschaftliche und soziale Stellung der Juden eine Assimilation praktisch unmöglich gemacht, aber die seither eingetretenen ungeheuren Veränderungen hätten die Bande zwischen den Juden in jeder Hinsicht gelockert. Manche Leute beobachteten diesen Prozeß mit Unbehagen, Ruppin betrachtete ihn als große Gefahr. Andere sahen darin eine unvermeidliche Entwicklung, die man weder ethisch noch emotionell beurteilen könnte oder sollte. Den Orthodoxen fiel der Widerstand leichter, weil die meisten von ihnen keine enge Berührung mit der nichtjüdischen Umwelt hatten. Es war jedoch keineswegs ungewöhnlich, daß ein orthodoxer Jude, der sich aus dem Getto herausgewagt hatte, innerhalb kürzester Zeit von Talmudismus und strenger Observanz zu extremer Assimilation gelangte. Samuel Holdheim und Moritz Lazarus, führende Persönlichkeiten der Reformbewegung unter den deutschen Juden, fallen in diese Kategorie. Andere betrachteten das allmähliche Verschwinden der Juden als bedauerlich, aber unvermeidlich, und wieder andere glaubten sogar, die Bestimmung Israels sei nicht die Selbstverwirklichung, sondern die Selbstaufgabe um eines höheren, übergeschichtlichen Zieles willen. Viele Liberale und Sozialisten meinten, daß die nationalen Unterschiede überall auf der Welt an Bedeutung verlören und daß die Juden, gerade weil sie keine nationale Heimstätte hatten, zur Vorhut dieser Bewegung, zur Schaffung einer weltumspannenden Kultur und Lebensform werden würden. Sie teilten keineswegs den Glauben, Gott hätte die Völker geschaffen, auf daß sie für immer bestünden, und jedes von ihnen hätte eine ewige Mission. Einer der

Helden in Gottfried Kellers *Fähnlein der sieben Aufrechten,* ein wackerer Schweizer Patriot, erhebt diese Frage im Gespräch mit seinen Freunden:

»Wie es dem Manne geziemt, in kräftiger Lebensmitte zuweilen an den Tod zu denken, so mag er auch in beschaulicher Stunde das sichere Ende seines Vaterlandes ins Auge fassen ... denn alles ist dem Wechsel unterworfen auf dieser Erde. Oder sind nicht viel größere Nationen untergegangen, als wir sind? Oder wollt ihr einst ein Dasein dahinschleppen wie der ewige Jude, der nicht sterben kann, dienstbar allen neu aufgeschlossenen Völkern, er, der die Ägypter, die Griechen und Römer begraben hat?«

Wenn sogar ein braver Schweizer Patriot die Mission seines Volkes anzweifeln konnte, war es dann nicht nur natürlich, daß viele Juden, in Ermangelung der meisten Eigenschaften, die normalerweise die Angehörigen einer einheitlichen Nation auszeichnen, den Glauben an den exklusiven Charakter ihrer Gruppe aufgaben?

Dies war, kurz zusammengefaßt, die Lage der Juden in Mittel- und Westeuropa vor der nationalen Wiedergeburt; die Lage in Osteuropa, von der noch die Rede sein wird, stellte sich völlig anders dar. Die europäische Judenschaft westlich des Zarenreiches und Rumäniens hatte seit Beginn des neunzehnten Jahrhunderts ungeheure Fortschritte erzielt. Die sozialen und wirtschaftlichen Anomalien ihrer Existenz hatten sich verringert, wenngleich sie nicht völlig verschwunden waren. Anfang des neunzehnten Jahrhunderts gab es einige wenige sehr reiche Familien, während die große Mehrheit in verzweifelter Armut lebte; drei Generationen später waren die Rothschilds und die anderen Bankiersfamilien nichts Besonderes mehr; die großen staatlichen Banken, die in Deutschland, Frankreich und anderen Ländern entstanden waren, ließen selbst die größten privaten Bankhäuser als Zwerge erscheinen. Viele arme Juden hatten sich auf der sozialen Stufenleiter emporgearbeitet und bildeten nunmehr einen ansehnlichen Mittelstand. Außerdem hatten sie eine neue Elite hervorgebracht, die das alte jüdische Establishment ersetzte und mehrheitlich aus dem Judentum ausgetreten war. Sie ergriffen viele Berufe, die ihnen vormals verschlossen gewesen waren. Nur wenige waren in die Landwirtschaft gegangen, und die Zahl jener, die in der Industrie arbeiteten, war gleichfalls nicht groß. Als soziales Problem war die jüdische Frage in den achtziger Jahren bei weitem weniger akut, als sie es noch wenige Generationen zuvor gewesen war; aber die politischen und kulturellen Spannungen dauerten fort und waren die Quelle des neuen Antisemitismus. Zionistische Kritiker wie Achad Haam waren der Ansicht, daß man die Assimilation zu schnell und zu rücksichtslos vorangetrieben hätte. England war in dieser Hinsicht eine bemerkenswerte Ausnahme; dort war die Emanzipation schrittweise verlaufen und der öffentlichen

Meinung niemals zu weit vorausgeeilt. Sobald die Mauern des geistigen Gettos gefallen waren, gab es kein Halten mehr für die Tausende ungeduldiger junger Männer und Frauen, die im großen Strom der europäischen Kultur aufgehen wollten. Die Assimilation war kein bewußter Akt; sie war das unvermeidliche Schicksal eines Volkes ohne Heimatland, das sich seit langer Zeit in einem Zustand kulturellen Verfalls befunden und sein Nationalbewußtsein weitgehend eingebüßt hatte.

Der Optimismus der frühen Emanzipationsperiode war um 1880 abgeflaut, als unvorhergesehene Spannungen und Konflikte auftauchten, die gelegentlich zu Pessimismus und Selbstkritik führten. Aber nur wenige Juden akzeptierten das Argument der rassischen Antisemiten, daß sie niemals assimiliert werden könnten und daher aus dem Staatskörper des Wirtsvolkes ausgestoßen werden müßten. Niemand erwartete einen Rückfall in die Barberei, und die meisten Juden setzten ihren Kampf um die vollen staatsbürgerlichen Rechte als patriotische Bürger ihrer jeweiligen Geburtsländer fort. Eine Abkehr von der Assimilation erschien völlig undenkbar, wenn auch vielleicht ihr Ziel neu definiert werden mußte; vielleicht würde der Prozeß der Integration viel länger dauern, als man allgemein geglaubt hatte. Das Aufleben nationalistischer und rassistischer Doktrinen in Europa nach 1870 hätte eine Warnung sein sollen, doch waren damals die europäischen Nationen mit einer Unzahl von Problemen und Konflikten befaßt, und die jüdische Frage schien dabei keineswegs das kniffligste oder am schwersten zu bewältigende Problem zu sein. Was die Juden im Westen betraf, war die Assimilation sehr weit gediehen, und eine Alternativlösung erschien den meisten weder wünschenswert noch überhaupt möglich.

Die Vorläufer

Ein modernes Lexikon definiert den Zionismus als eine weltumspannende politische Bewegung, die 1897 von Theodor Herzl ins Leben gerufen wurde. Ebensogut könnte man sagen, der Sozialismus sei 1848 von Karl Marx gegründet worden. Es ist gewiß schwierig, die Ursprünge einer großen Bewegung in einem einzigen Satz hinlänglich zu definieren. Der jüdischen nationalen Wiedergeburt, die im neunzehnten Jahrhundert stattfand und im politischen Zionismus gipfelte, gingen zahllose Aktivitäten und Veröffentlichungen, Pläne, Erklärungen und Versammlungen voraus; Tausende Juden hatten sich bereits in Palästina niedergelassen, ehe noch Herzl an einen Judenstaat dachte. Diese Aktivitäten spielten sich in verschiedenen Ländern und auf verschiedenen Ebenen ab; es ist schwierig, sie zu klassifizieren, und fast unmöglich, sie auf einen gemeinsamen Nenner zu bringen. Sie umfassen Pläne britischer und französischer Staatsmänner zur Schaffung eines jüdischen Staates; Manifeste, die von unbekannten osteuropäischen Rabbinern herausgegeben wurden; romantische Romane nichtjüdischer Schriftsteller; Vereinigungen zur Förderung der Ansiedlung in Palästina sowie zur Verbreitung der jüdischen Kultur und des jüdischen Nationalbewußtseins. Der Begriff *Zionismus* tauchte erstmals in den neunziger Jahren des neunzehnten Jahrhunderts auf[1], aber die Sache selbst, die Zionsidee, war in der gesamten jüdischen Geschichte stets präsent gewesen.

Ein Überblick über die Ursprünge des Zionismus muß von der zentralen Bedeutung Zions in den Gedanken, Gebeten und Träumen der Juden in der Diaspora ausgehen. Der Segensspruch »Nächstes Jahr in Jerusalem« ist Teil des jüdischen Rituals, und viele Generationen gläubiger Juden haben sich dem Osten zugewandt, wenn sie das *Schemone Essre* sprachen, das Hauptgebet der jüdischen Liturgie. Die Sehnsucht nach Zion manifestierte sich im Auftreten der vielen Messiasse, von David Alroy im zwölften bis zu Sabbatai Zwi im siebzehnten Jahrhundert, in den Gedichten Jehuda Halevys, in den Meditationen ganzer Generationen von Mystikern. Die Verbindung zwischen den Juden und ihrer alten Heimat war nie völlig abgerissen; während des ganzen Mittelalters gab es bedeutende jüdische Gemeinden in Jerusalem und Safed sowie kleinere in Nablus und Hebron. Die Versuche des Herzogs von Naxos, Don Joseph Nassi, die jüdische Kolonisation in der Gegend von Tiberias zu fördern, schlugen

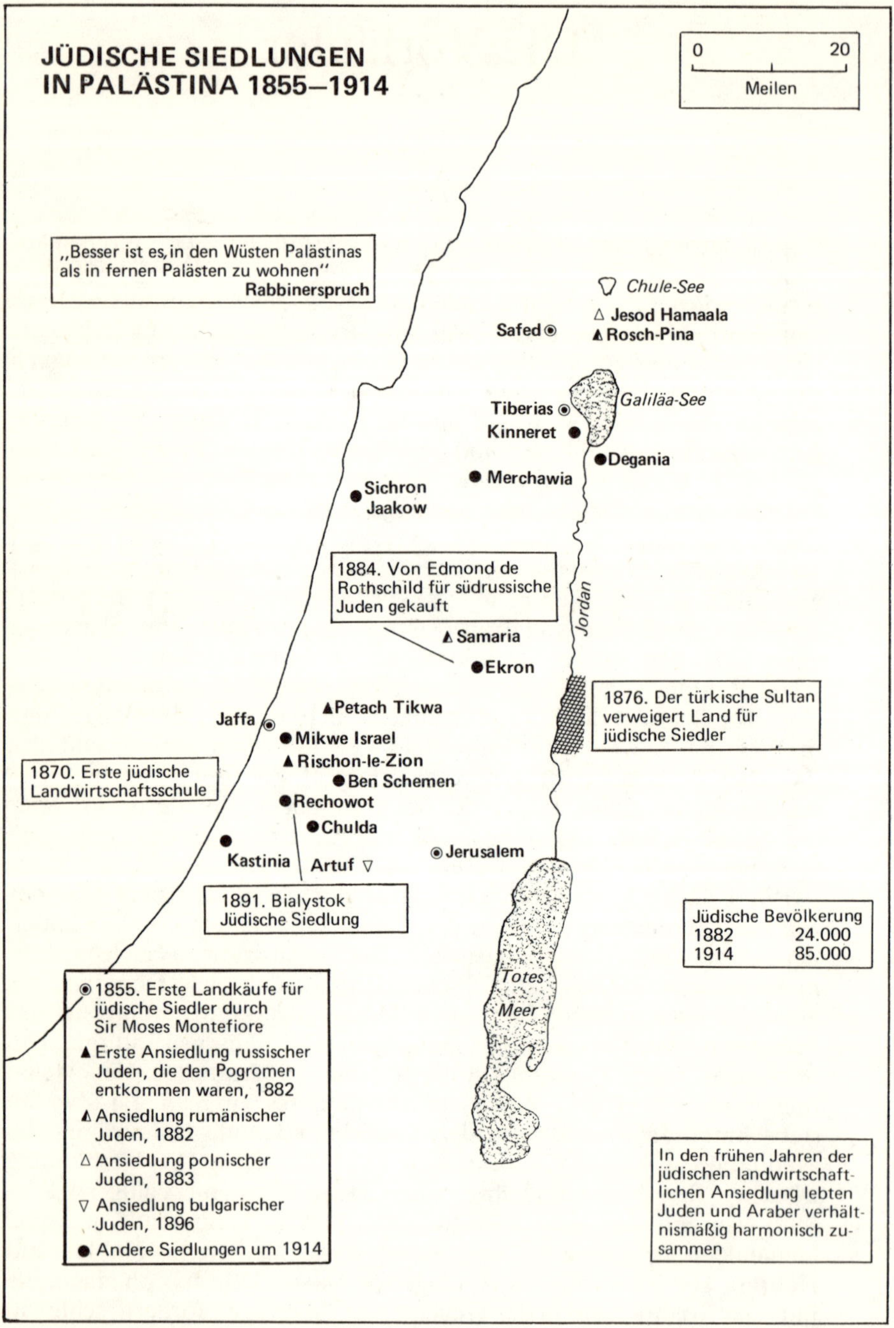
JÜDISCHE SIEDLUNGEN
IN PALÄSTINA 1855–1914
0 20
Meilen
„Besser ist es, in den Wüsten Palästinas als in fernen Palästen zu wohnen"
Rabbinerspruch
Chule-See
Jesod Hamaala
Rosch-Pina
Safed
Galiläa-See
Tiberias
Kinneret
Degania
Merchawia
Sichron Jaakow
1884. Von Edmond de Rothschild für südrussische Juden gekauft
Jordan
Samaria
Ekron
1876. Der türkische Sultan verweigert Land für jüdische Siedler
Petach Tikwa
Jaffa
Mikwe Israel
Rischon-le-Zion
Ben Schemen
Rechowot
Chulda
1870. Erste jüdische Landwirtschaftsschule
Kastinia
Artuf
Jerusalem
1891. Bialystok Jüdische Siedlung
Jüdische Bevölkerung
1882 24.000
1914 85.000
Totes Meer
1855. Erste Landkäufe für jüdische Siedler durch Sir Moses Montefiore
Erste Ansiedlung russischer Juden, die den Pogromen entkommen waren, 1882
Ansiedlung rumänischer Juden, 1882
Ansiedlung polnischer Juden, 1883
Ansiedlung bulgarischer Juden, 1896
Andere Siedlungen um 1914
In den frühen Jahren der jüdischen landwirtschaftlichen Ansiedlung lebten Juden und Araber verhältnismäßig harmonisch zusammen

fehl, aber die individuelle Einwanderung nach Palästina hörte niemals auf; sie erreichte mit der Ankunft chassidischer Gruppen gegen Ende des achtzehnten Jahrhunderts einen neuen Höhepunkt.

Denkschriften und Broschüren, die die Rückkehr der Juden in ihre alte Heimat vorschlugen, überschwemmten England im achtzehnten und neunzehnten Jahrhundert. Während des ägyptischen Feldzuges erließ Napoleon eine Proklamation, in der er die Juden Asiens und Afrikas aufrief, ihn bei der Wiederherstellung des alten Jerusalems zu unterstützen. Oberst Pestel, der Führer der ersten russischen Revolutionsbewegung, der Dekabristen, regte in seinem Programm die Gründung eines jüdischen Staates in Kleinasien an. Noch früher, im Jahre 1797, entwickelte Fürst Charles de Ligne die gleiche Idee in einem privaten Memorandum; Manuel Noah, ein amerikanisch-jüdischer Richter, Schriftsteller und ehemaliger Diplomat, schlug die Gründung eines symbolischen jüdischen Staates (Ararat) auf Grand Island bei Buffalo vor. Von den vierziger Jahren des neunzehnten Jahrhunderts an erörterten jüdische Zeitungen häufig die Rückkehr nach Palästina als einen lobenswerten, wenn auch offensichtlich undurchführbaren Plan; mit dem Fortschreiten der Assimilation verringerte sich die Bereitschaft, Pläne zu schmieden, für die offensichtlich keine dringende Notwendigkeit bestand. Ältere Juden reisten immer noch nach Palästina, um dort zu sterben, die jüdischen Gemeinden Palästinas sandten immer noch alljährlich ihre Emissäre auf Bettelreisen zu ihren Glaubensgenossen in Europa. Diese Missionen fanden stets Widerhall, zugleich aber führten sie den europäischen Juden das Ausmaß des Elends und der Erniedrigung ihrer Brüder im Heiligen Land nur allzu deutlich vor Augen. Seit Jahrhunderten unter türkischer Herrschaft, später Streitgegenstand zwischen den ägyptischen Khediven und dem Sultan in Konstantinopel, verwaltet – um einen krassen Euphemismus zu gebrauchen – von oftmals grausamen und meist unfähigen türkischen Paschas, befand sich das Land in einem Zustand völligen Verfalls. Es war nicht einmal verwaltungsmäßig selbständig, denn Palästina bildete einen Teil des Distrikts Damaskus. Die Lage im Heiligen Land widerspiegelte den Niedergang, der das Osmanische Reich seit seiner Blütezeit im fünfzehnten und sechzehnten Jahrhundert erfaßt hatte. Jene trostlose Provinz war wohl kaum ein geeigneter Zufluchtsort für die Juden Europas, wie arm und rückständig sie auch sein mochten. Jedoch hatte gerade die Schwäche des Osmanischen Reiches zur Folge, daß die Frage eines jüdischen Staates um die Mitte des neunzehnten Jahrhunderts wieder aufs Tapet gebracht wurde. Die orientalische Frage, das Dahinsiechen und der mögliche Zerfall des Osmanischen Reiches, wurde in den Staatskanzleien Europas ausführlich diskutiert. Zwischen 1839 und 1854, als das Interesse an Palästina zunahm, errichteten alle größeren Mächte Europas wie auch die

Vereinigten Staaten Konsulate in Jerusalem. 1839 veröffentlichte das Londoner Blatt *Globe* eine Artikelserie, in der die Gründung eines unabhängigen Staates in Syrien und Palästina empfohlen und die Massenansiedlung von Juden in Erwägung gezogen wurde. Der *Globe* war ein Sprachrohr des Foreign Office, und es war bekannt, daß dieser Plan die Unterstützung Palmerstons genoß. Wie ein anderer Autor in der *Times* (17. August 1840) vermerkte, nahm der Verfasser der erwähnten Artikelserie keineswegs an, daß die europäischen Juden sofort in Massen nach Syrien auswandern würden, aber er meinte, eine Konzentration orientalischer Juden in Palästina sei keineswegs eine irreale Vorstellung: Die europäischen Juden hätten das Geld, um das Land vom Sultan zu kaufen (oder zu pachten), und die fünf Großmächte würden dem neuen Staat eine Garantie geben. Manche dieser politischen Planer befürworteten eine unabhängige Monarchie, andere eine Republik, alle aber waren überzeugt, wenn England die Initiative zur Rückführung der Juden nach Palästina ergriffe, wie Cyrus es im Altertum getan hatte, dann würde eine ausreichende Anzahl von ihnen sich dort ansiedeln, um den Plan Wirklichkeit werden zu lassen. Die Überlegung, daß ein jüdischer Staat als Pufferzone zwischen Türken und Ägyptern dienen und den britischen Einfluß in der Levante verstärken würde, spielte sicherlich eine Rolle, doch sind politische, militärische und wirtschaftliche Interessen allein kaum eine ausreichende Erklärung für die starke Unterstützung, die viele Persönlichkeiten des öffentlichen Lebens dem Gedanken eines jüdischen Staates zuteil werden ließen. England hatte im Nahen Osten andere Möglichkeiten, und die jüdische Variante war dabei keineswegs die nächstliegende oder meistversprechende. Die Begeisterung Colonel Henry Churchills, eines ehemaligen Konsuls in Damaskus, und anderer eifriger Befürworter dieses Gedankens ist nur verständlich angesichts der in Großbritannien tief verwurzelten biblischen Tradition und des Glaubens, es sei Großbritanniens historische Mission, die leidenden Juden wieder in ihre Heimat zurückzuführen.

Alle diese Visionen enthielten ein starkes romantisches Element, eine Stimmung, die auch in manchen Romanen Disraelis zum Ausdruck kam. »Sie fragen mich, was ich mir wünsche«, schrieb er in *Alroy;* »meine Antwort lautet: ›Jerusalem, unser alles, das wir verloren, nach dem wir uns gesehnt, für das wir gekämpft haben.‹ « In *Coningsby* und in *Tancred,* der Geschichte eines Herzogssohns, der nach Palästina reist, um das »asiatische Problem« zu studieren, kehrte Disraeli zum selben Thema zurück. Die Wechselfälle der Geschichte fänden ihre Erklärung in der Tatsache, daß »alles Rasse ist«; die Juden seien im Grunde eine starke, überlegene Rasse; wenn sie die richtige Führung erhielten, dann gäbe es nichts, was sie nicht erreichen könnten. Disraelis Romane, die in den vierziger und fünfziger Jahren veröffentlicht wurden, waren voll geheimnisvoller Andeutungen, aber ohne klare Aussage. George Eliots 1876 erschienenes Buch *Daniel Deronda,* war hingegen ein Roman mit einem ausgesprochen zionistischen Programm. Daniel Deronda (Henry James zufolge der »unwiderstehlichste Mann in der Geschichte der Belletristik«) beschließt, sein Leben der Sache einer nationalen Heimstätte für die Juden zu widmen. Die Gestalt des Mordechai Cohen, Derondas Mentor, tritt auf, um darzulegen, daß das Judentum noch lebe, daß es ebenso hoch entwikkelt sei wie das Christentum und daß die Juden immer noch eine Aufgabe zu erfüllen hätten – die Wiedergewinnung Palästinas.

Die jüdische Reaktion auf diese edlen Visionen wohlmeinender Nichtjuden und abgefallener Juden war im allgemeinen zurückhaltend. Ludwig Philippson, Redakteur der führenden Zeitschrift der deutschen Judenschaft, schrieb[2], es sei durchaus verständlich, daß manche junge Juden angesichts des allgegenwärtigen Antisemitismus den fruchtlosen Kampf satt hätten und einen kleinen Flecken auf dieser Erde für sich allein haben wollten, wo sie volle menschliche Anerkennung finden könnten. Aber Palästina sei für ein solches Unterfangen kaum geeignet und kaum anziehend; ein jüdischer Staat, der von der Gnade eines orientalischen Potentaten und dem Schutz ferner Mächte abhängig wäre, würde Spielball größerer Kräfte sein. Es bestünde die reale Gefahr, daß er untergehen würde – viele andere Staaten, die an diesem gefährlichen Schnittpunkt Europas, Asiens und Afrikas lagen, seien im Laufe der Geschichte zerstört worden. Welche Freiheit, welche materiellen Lebensmöglichkeiten könnten die Juden in diesem verlassenen Land erwarten? Was hätte eine solche Bewegung mit ihren messianischen Hoffnungen gemein? Die englische Judenschaft führte keine offene Polemik gegen die Wunschträume dieser wohlmeinenden, aber offensichtlich exzentrischen Mitbürger; ihre Mitglieder zollten ihnen dankbar Anerkennung, versprachen Unterstützung, wenn jemand anderer die Initiative ergreifen würde, und legten die ganze Sache *ad acta.* Aber auch die osteuropäische Judenschaft kümmerte sich damals kaum darum.

Die Briten standen mit Plänen dieser Art nicht allein; einige jüdische Schriftsteller auf dem europäischen Festland legten zur selben Zeit ähnliche Projekte vor. Sie gingen oft überraschend weit ins Detail, blieben aber in den meisten Fällen anonym, wohl in Erwartung ablehnender Reaktionen. Eines dieser Projekte, *Neujudäa*[3], das 1840 in Berlin veröffentlicht wurde, akzeptierte den Gedanken eines jüdischen Staates, sträubte sich aber aus praktischen Erwägungen gegen Palästina, das »die Wiege des jüdischen Volkes war, aber nicht seine dauernde Heimstatt sein kann«. Vorgeschlagen wurde der amerikanische Mittelwesten, Arkansas oder Oregon; zehn Millionen Dollar würden ausreichen, um die amerikanische Regierung zu veranlassen, den Juden ein Gebiet von der Größe Frankreichs zur Verfügung zu stellen. Es gebe allen Grund, sich mit der Verwirklichung dieses Plans zu beeilen, denn schon in naher Zukunft würden Amerika und sogar Australien zur Gänze besiedelt sein, und dann wäre es zu spät. Der anonyme Autor meinte, man dürfe eine solche Gelegenheit nicht ungenutzt vorübergehen lassen: Der Antisemitismus sei in Europa endemisch, und die Juden seien dazu verurteilt, unter Völkern, die sie haßten, ein parasitäres Leben zu führen. In Amerika jedoch hätten sie die Möglichkeit, zu zeigen, was sie könnten. Man sollte eine Organisation nach dem Muster der Ostindischen Kompanie gründen, die ihrerseits eine »aristokratische Republik« schaffen sollte, deren Bürger ausschließlich Juden wären. Kurz gesagt, Amerika erschien, was einen jüdischen Staat betraf sowie auch in anderer Hinsicht, als das Land der unbegrenzten Möglichkeiten.

Ein weiteres, einige Monate später veröffentlichtes anonymes Projekt ist bemerkenswert wegen der darin enthaltenen scharfsinnigen Analyse der Wurzeln des jüdischen Problems. Der Verfasser war überzeugt, daß die Emanzipation die jüdische Frage keineswegs gelöst hatte: Juden würden bestenfalls geduldet, nirgends aber willkommen geheißen oder gar geliebt. Denn die Juden seien *wirklich* Fremde; körperlich wie geistig bestehe ein himmelweiter Unterschied zwischen dem semitischen *Urstamm* und jenen, deren Vorfahren im nördlichen Europa gelebt hatten. Die Juden seien weder Deutsche noch Slawen, weder Franzosen noch Griechen, sondern die Kinder Israels, den Arabern verwandt. Der Verfasser forderte eine baldige Rückkehr nach Palästina; der Sultan und Mehemet Ali könnten dazu gebracht werden, den Juden Schutz zu gewähren; das Haupthindernis sei die Passivität der Juden. Serben und Griechen hätten in ihrem Kampf um die nationale Befreiung weitgehende Unterstützung von außen erhalten. Es sollte nicht unmöglich sein, eine Großmacht dafür zu gewinnen, die Errichtung eines Stützpunkts des Humanismus und des Fortschritts in dem von Anarchie zerrissenen Syrien zu unterstützen[4]. Dieser Plan fand geteilte Aufnahme; die Befürworter argumentierten, ein neutraler jüdischer Staat zwischen Nil, Euphrat und Taurus könnte das Gleichgewicht der Mächte im Osten wiederherstellen; er würde der Türkei gegen Mehemet Ali helfen. Andernorts erhob sich Skepsis hinsichtlich der Absichten der europäischen Mächte; würden sie wirklich bereit sein, die Rolle des Messias zu spielen, oder war es nicht wahrscheinlicher, daß sie einfach ihre Großmachtinteressen verfolgten? Stand hinter dem kurz zuvor den protestantischen Monarchen vorgelegten Plan eines jüdischen Staates nicht eher die Feindschaft gegen den Katholizismus und Frankreich als ein echter humanitärer Wunsch, den Juden zu helfen? Es wurde allgemein anerkannt, daß man in Großbritannien aufrichtige Sympathie für die Wiedererrichtung Israels hegte und daß sich diese mit Englands imperialen Interessen deckte; aber einer der Führer der deutschen Judenschaft erklärte: Für uns Deutsche ist der Orient einfach zu fern; vielleicht sind unsere britischen Glaubensbrüder klüger als wir.

Die Pläne der vierziger Jahre des neunzehnten Jahrhunderts zeigten großen Einfallsreichtum, scharfsinnige Analysen und manchmal eine bemerkenswerte prophetische Gabe. Aber letztlich waren sie allesamt künstliche romantische Luftschlösser; sie gaben keine Antwort auf die entscheidende Frage: Wer sollte diese Pläne verwirklichen, wer sollte die Juden in ihre Heimat zurückführen? Die Anonymität der Verfasser ließ erkennen, daß sie nicht bereit waren, sich für diese Aufgabe zur Verfügung zu stellen.

Die damalige Flut von Projekten war eine direkte Folge der akuten Krise im Nahen Osten, des Anfangs vom Ende des Osmanischen Reiches. Sie gingen jedoch keineswegs Hand in Hand mit einer spürbaren Zunahme des jüdischen Nationalbewußtseins. Trotz aller Rückschläge auf dem Weg zur Emanzipation war die überwältigende Mehrheit der westlichen Juden keineswegs bereit, dieses Ziel aufzugeben. Der Gedanke einer Ansiedlung in einem unzivilisierten, rückständigen Land, wo man der Willkür launenhafter, grausamer türkischer Paschas ausgeliefert wäre, konnte ihnen kaum anziehend erscheinen. Die verschiedenen Pläne entbehrten nicht des politischen Weitblicks, aber das Bindeglied zwischen dem Traum und seiner Verwirklichung fehlte, und deshalb mußten die Pläne letztlich wirkungslos bleiben. Sie waren verfrüht, so wie die Ideen der utopischen Sozialisten keinen dauerhaften Eindruck hinterließen, weil sie in einem Vakuum verbreitet wurden, ohne Bezug auf die politischen und gesellschaftlichen Kräfte, die im Kampf für die Verwirklichung die Führung hätten übernehmen können. Selbst Moses Hess' *Rom und Jerusalem,* der bei weitem wichtigste dieser Aufrufe, fällt in diese Kategorie. Er wurde 1862 veröffentlicht und hatte keine sofortige Wirkung. Isaiah Berlin, der das Buch mit einer Bombe verglich, übertrieb; ein Jahr nach der Veröffentlichung waren erst 160 Exemplare verkauft, und kurze Zeit später riet der Verleger dem Autor, den Rest zu herabgesetztem Preis aufzukaufen. Als Herzl dreißig Jahre später seinen *Judenstaat* schrieb, hatte er von jener Schrift nicht einmal gehört. Und dennoch ragt *Rom und Jerusalem* aus Gründen, die wir sogleich erläutern werden, aus dem Schrifttum jener Zeit hervor.

Moses Hess

Moses Hess, 1812 in Bonn geboren, war zu Lebzeiten hauptsächlich dank seinem Wirken als Sozialist bekannt. Er spielte eine prominente Rolle in den theoretischen Auseinandersetzungen der Junghegelianer in den dreißiger und vierziger Jahren, arbeitete eine Zeitlang mit Marx und Engels zusammen, mußte aus Deutschland fliehen und verbrachte viele Jahre als politischer Flüchtling in Frankreich. Er war einer der Hauptvertreter der »wahren Sozialisten«, wie Marx sie verächtlich nannte; im *Kommunistischen Manifest* warf er ihnen vor, bloß französische Ideen ins Deutsche zu übersetzen: »Spekulative Spinnweben, überstockt mit schöngeistigen Redeblumen, durchtränkt von liebesschwülem Gemütstau . . . spießbürgerlich . . . eine schmutzige, entnervende Literatur.«

Wenn man von den Schmähungen absieht, so bestand der Unterschied zwischen Hess und Marx darin, daß der Begründer des wissenschaftlichen Sozialismus auf der Erforschung der Gesetze der gesellschaftlichen Entwicklung bestand, die zu einer sozialistischen Gesellschaft führen sollten, während Hess das Schwergewicht auf den Sozialismus als ethische Notwendigkeit legte; er betrachtete den bewußten Willen, die Entscheidung für den Sozialismus als den entscheidenden Faktor, nicht die »objektiven Kräfte der Geschichte«. Als Theoretiker und Denker reichte der abstrakte, unsystematische Hess nicht an Marx heran, und die Historiker späterer Zeiten meinten, er sei nicht zu Unrecht in Vergessenheit geraten. Es bedurfte mehr als eines Jahrhunderts und der Entstehung kommunistischer Bewegungen, die völlig anders waren, als Marx es erwartet hatte, um neues Interesse für die Ideen von Hess und anderen frühen Aposteln des Sozialismus außerhalb der marxistischen Tradition zu wecken.

Hess sprühte ständig vor kindlichem Idealismus; er dachte mehr mit dem Herzen als mit dem Kopf. In dilettantischer Manier versuchte er sich an vielen Problemen, zu deren Bewältigung er offensichtlich nicht gerüstet war. Doch seine Analyse der Judenfrage war, wie die späteren Ereignisse bewiesen, realistischer und weniger abstrakt als die von Marx. Hess zog sich 1852 von der Politik zurück und widmete sich dem Studium der Naturwissenschaften. 1862 veröffentlichte er ganz unerwartet ein Buch, das ursprünglich den Titel *Die Wiedererweckung Israels* hätte tragen sollen, aber unter dem etwa irreführenden Titel *Rom und Jerusalem – Die letzte Nationalitätenfrage* erschien. Es beginnt mit einem erschütternden Eingeständnis: „Da steh' ich wieder nach einer zwanzigjährigen Entfremdung in der Mitte meines Volkes und nehme Anteil an seinen Freuden- und Trauerfesten, an seinen Erinnerungen und Hoffnungen, an seinen geistigen Kämpfen im eigenen Haus und mit den Kulturvölkern, in deren Mitte es lebt . . . Ein Gedanke, den ich für immer in meiner Brust erstickt zu haben glaubte, steht wieder lebendig vor mir: der Gedanke an seine Nationalität, unzertrennlich vom Erbteil meiner Väter, dem heiligen Lande und der ewigen Stadt, der Geburtsstätte des Glaubens an die göttliche Einheit des Lebens und an die zukünftige Verbrüderung aller Menschen[5].«

Hess stammte aus einer Familie, in der, zum Unterschied von der Familie Marx, die jüdische religiöse Tradition noch lebendig war. Als seine Eltern nach Köln übersiedelten, blieb er im Hause seiner Großeltern, da man meinte, Köln biete nicht genügend Möglichkeiten für eine jüdische Erziehung. Aber wie fast alle seiner Zeitgenossen wandte auch Hess sich von seiner Religion ab: Die mosaische Religion sei tot, schrieb er in seinem Tagebuch, ihre historische Rolle sei ausgespielt und könnte nicht mehr wiederbelebt werden, das Christentum sei für die gegenwärtige Zeit offensichtlich besser geeignet[6]. Hess konvertierte nicht, war aber nicht prinzipiell gegen die Taufe. In seinem ersten Buch, *Die heilige Geschichte der Menschheit,* sagte er, das von Gott auserwählte Volk müsse für immer verschwinden, damit aus seinem Untergang neues, kostbareres Leben entspringen könne. Später, in der 1851 veröffentlichten Schrift *Jugement dernier du vieux monde social,* spricht er von den beiden schrecklichen Beispielen unglücklicher Völker, die bestraft worden seien, weil sie sich weiterhin mit ihren toten Institutionen identifizierten – die Chinesen, ein Körper ohne Seele, und die Juden, eine Seele ohne Körper, die wie ein Gespenst durch die Jahrhunderte wandere[7]. Unter dem Eindruck der Damaskus-Affäre von 1840 hatte Hess über die Anomalie der jüdischen Existenz nachgedacht; vielleicht würden die Juden für ewig Fremde bleiben. Auch schrieb er einmal, daß der Jude, der seine Nationalität verleugne, eine verächtliche Kreatur sei. 1840 wurde Hess schmerzlich daran erinnert (wie er zwanzig Jahre später schrieb), »daß ich einem unglücklichen, verleumdeten, von aller Welt verlassenen, in allen Ländern zerstreuten, aber nicht getöteten Volke angehöre. Damals schon hatte ich, obgleich ich dem Judentum bereits fernstand, meinen jüdisch-patriotischen Gefühlen Ausdruck geben wollen in einem Schmerzensschrei, der jedoch bald wieder in der Brust erstickt worden ist durch den größeren Schmerz, den das europäische Proletariat in mir erweckte[8].« Er meinte, es hätte keinen Zweck, für die Erneuerung der jüdischen Nation zu kämpfen, und sei es nur deshalb, weil die Juden selber weder ihrer selbst noch ihrer Sache sicher seien.

Was führte nun zwei Jahrzehnte später zu der tiefgreifenden Änderung im Denken und in den Wertmaßstäben von Hess? Die Lage der Juden in der westlichen Gesellschaft war gewiß nicht kritisch; sie hatte sich, im Gegenteil, in jenen Jahren immens verbessert. Innerhalb ihrer Gemeinden gab es kaum noch Spuren von Nationalgefühl und nationaler Begeisterung. Zwei kurz zuvor veröffentlichte Werke – Laharannes *La nouvelle question d'Orient* und J. Salvadors *Paris, Rome, Jerusalem, ou la question réligieuse au XIXe siècle* (Paris, 1860) – befaßten sich mit den Aussichten einer jüdischen nationalen Wiedergeburt, doch ist es zweifelhaft, ob sie einen starken Einfluß auf Hess hatten[9]. Im Laufe seiner wissenschaftlichen Untersuchungen hatte er sich für die Frage des Rassenantagonismus zu interessieren begonnen, dem er nun erheblich größere Bedeutung zumaß als früher. Letztlich aber war seine Wiederbekehrung zum Judaismus gefühlsbestimmt und kam überdies sehr plötzlich; nur wenige Jahre vorher hatte er noch Meinungen geäußert, die in starkem Gegensatz zu den in *Rom und Jerusalem* vorgebrachten standen.

Der auffälligste Aspekt jenes Buches ist die erstaunliche, umwälzende und zutiefst pessimistische Analyse des Antisemitismus. Fast alle Zeitgenossen auf der Linken waren fest davon überzeugt, daß der Antisemitismus die Todeszuckungen der alten Ordnung widerspiegelte, daß er reaktionär und politisch kaum von Bedeutung sei. Hess teilte ihre Zuversicht nicht. Obwohl er noch lange vor dem Auftreten des modernen Rassenantisemitismus schrieb, hatte er bereits dessen latente Gefährlichkeit erkannt: Der rassische Antagonismus der Deutschen gegenüber den Juden sei eine tiefsitzende, aus dem Instinkt kommende Kraft, bei weitem mächtiger als jedes rationale Argument. Reform und Assimilation, die Ausmerzung der Zeichen seines Judentums und die Verleugnung seiner Rasse würde den Juden nicht retten:

»Selbst die Taufe erlöst ihn nicht von dem Alpdruck des deutschen Judenhasses. Die Deutschen hassen weniger die Religion der Juden als ihre Rasse, weniger ihren eigentümlichen Glauben als ihre eigentümlichen Nasen. – Weder Reform noch Taufe, weder Bildung noch Emanzipation erschließt den deutschen Juden vollständig die Pforten des sozialen Lebens. Sie suchen daher ihre Abstammung zu verleugnen[10].«

Doch könnten Nasen ebensowenig umgeformt werden, wie schwarzes, gewelltes Haar durch ständiges Kämmen blond und gerade werden könne. Es gebe einfach keinen Ausweg aus dem Dilemma: Der moderne Jude könne sich nicht hinter geographischen und philosophischen Abstraktionen verbergen; er könne sich tausendmal maskieren, seinen Namen, seine Religion und seinen Charakter wechseln, man würde ihn immer noch als Juden erkennen. Der Jude könne wohl ein naturalisierter Staatsbürger werden, meinte Hess, niemals aber vermöge er den Nichtjuden davon zu überzeugen, daß er sich völlig von seinem eigenen Volkstum gelöst habe, denn die Nationen Europas hätten das Vorhandensein von Juden in ihrer Mitte stets als Anomalie betrachtet:

»Wir werden stets Fremde unter Nationen bleiben, die uns wohl aus Humanität und Rechtsgefühl emanzipieren, aber nie und nimmer achten werden, solange wir das *ubi bene ibi patria* mit Hintansetzung unserer eigenen großen nationalen Erinnerung als Grund- und Glaubenssatz voranstellen. – Mag immerhin in den zivilisierten Ländern der religiöse Fanatismus unsre aufgeklärten Stammesgenossen nicht mehr mit seinem Haß verfolgen. Trotz aller Aufklärung und Emanzipation wird doch der Jude im Exil, der seine Nationalität verleugnet, nicht die Achtung der Nation gewinnen, in deren Mitte er lebt[11].«

Die Rassenfrage, meinte Hess, sei in Deutschland besonders akut, weil viele Deutsche in dieser Hinsicht zutiefst voreingenommen seien, ohne sich dessen überhaupt bewußt zu sein; der Humanismus sei noch nicht in jenem Maße zum selbstverständlichen Bestandteil ihres Nationalcharakters geworden, wie dies bei den romanischen Völkern der Fall sei. Für die Juden sei die Heimatlosigkeit das Kernproblem. Wie andere Völker brauchten auch sie ein normales Leben, denn ohne Scholle sinke der Mensch zum Parasiten herab und ernähre sich von anderen. Hess' Definition der Juden und des Judentums – eine Rasse, eine Brüderschaft, eine Nation – war etwas verschwommen, zweifellos aber erkannte er, daß die zeitgenössischen liberalen Hypothesen und Definitionen einfach nicht stimmten. Er vertrat die Ansicht, wenn die Emanzipation mit der Zugehörigkeit zur jüdischen Nation nicht vereinbar sei, dann sollten die Juden die erstere zugunsten der letzteren aufgeben. Sie seien keine religiöse Gruppe, sondern eine eigene Nation, eine besondere Rasse, und der moderne Jude, der dies leugne, sei nicht nur ein Apostat, ein religiöser Renegat, sondern ein Verräter an seinem Volk, seinem Stamm, seiner Rasse.

Die Hauptgefahr für das Judentum komme nicht von dem frommen alten Juden, der sich lieber die Zunge herausschneiden lassen würde, als seine Nationalität zu verleugnen. Sie komme vielmehr von den religiösen Reformern, die mit ihren neu erfundenen Zeremonien und ihrer leeren Beredsamkeit das Mark aus dem Judentum gesogen und von dieser großartigsten aller geschichtlichen Erscheinungen nur ein dürres Gerippe übriggelassen hätten. Diese Art von Reform entspreche weder der allgemeinen Situation der modernen Welt noch dem nationalen Charakter des Judaismus, für den die Reformer nicht den geringsten Respekt zeigten: Sie seien peinlich darauf bedacht, jede Erinnerung daran aus ihrem Glauben und ihrem Gottesdienst auszumerzen. Die Religionsreformatoren versuchten, aus dem sowohl nationalen als auch universalen Judentum eine zweite rationalistisch zurechtgeschneiderte Version des Christentums zu machen, und dies zu einem Zeitpunkt, da »das Original schon rettungslos an der Schwindsucht darniederliegt«. Hess verspottete die Reformer, die behaupteten, die Juden als Vertreter des reinen Theismus hätten in der Diaspora die Aufgabe, das intolerante Christentum die Grundsätze der Menschenliebe zu lehren, für eine neue Synthese von Moral und Leben zu wirken, die in der christlichen Welt voneinander getrennt worden seien. Eine solche Aufgabe könne nur von einer Nation bewältigt werden, die politisch organisiert sei und die Einheit von Moral und Leben in ihren eigenen gesellschaftlichen Institutionen verkörpere. Hess machte auch einige ätzende Bemerkungen über die jüdischen Obskurantisten, die ihre Köpfe in den Sand steckten und alle Wissenschaft, alle Aspekte des modernen weltlichen Lebens verurteilten.

Könnte man eine Brücke bauen zwischen dem Nihilismus der Reformrabbiner und dem Konservativismus der Orthodoxen, die nichts vergessen hatten? Hess meinte, die Lösung sei die Rückkehr zur Scholle, ein jüdischer Staat in Palästina. Die Hoffnung auf eine politische Wiedergeburt des jüdischen Volkes sollte am Leben gehalten werden, bis die politischen Verhältnisse im Orient für die Gründung jüdischer Kolonien reif seien. Hess zweifelte nicht, daß die Verhältnisse sich mit dem Bau des Suezkanals und einer Eisenbahnverbindung zwischen Europa und Asien schnell bessern würden. Frankreich, so meinte er, würde den Juden zweifellos bei der Errichtung von Kolonien helfen, die sich eines Tages vielleicht von Suez bis Jerusalem und von den Ufern des Jordans bis zur Küste des Mittelmeers erstrecken würden. In diesem Stadium stützte sich Hess weitgehend auf Laharannes Analyse der orientalischen Frage: Welche europäische Macht würde sich einem Plan entgegenstellen, der vorsah, daß die in einem Kongreß vereinigten Juden ihr altes Vaterland zurückkauften? Wer würde dagegen sein, wenn sie der altersschwachen Türkei eine Handvoll Gold hinwarfen und sagten: „Gebt uns unsere alte Heimat zurück und benützt dieses Geld zur Festigung der anderen Teile eures zittrigen alten Reiches[12]«?

Hess hatte bestimmte Vorstellungen vom Wesen des künftigen Judenstaates. Er bezweifelte nicht, daß die Mehrzahl der im zivilisierten Westen lebenden Juden dort bleiben würde. Die edleren Charaktere unter ihnen würden sich wieder für das jüdische Volk interessieren, von dem sie kaum etwas wüßten; da ihnen aber der Durchbruch zur westlichen Kultur und Gesellschaft gelungen war, würden sie ihre neu errungene gesellschaftliche Position nicht leichtfertig aufgeben; die Opferung einer neuen Errungenschaft wäre gegen die menschliche Natur. Hess hegte jedoch keinen Zweifel, daß viele Tausende osteuropäische Juden auswandern würden. In diesem Zusammenhang erwähnte er den Chassidismus, von dem er genug wußte, um zu erkennen, daß er eine der wenigen lebendigen Kräfte des zeitgenössischen Judentums darstellte; nur wenige Westjuden hatten damals überhaupt etwas vom Chassidismus gehört. Hess meinte, angesichts der modernen Kommunikationsmittel sei es letztlich nicht wirklich wichtig, wie viele Angehörige des jüdischen Stammes innerhalb der Grenzen eines jüdischen Staates lebten und wie viele außerhalb. Dieser Staat sei notwendig, als geistiger Mittelpunkt und, wie Hess in einem späteren Essay schrieb, als Basis für politisches Handeln. In diesem Staat müßte die Existenz einer jüdischen Identität weder betont noch verborgen werden.

Der Staat sollte auf sozialistischen Grundlagen stehen. Hess dachte an die Schaffung freiwilliger Genossenschaften (Kooperative nach dem von Louis Blanc entwickelten Plan), die mit Hilfe von Staatskrediten auf der Basis »mosaischer, das heißt sozialistischer Grundsätze« arbeiten sollten. Der Boden würde nicht dem einzelnen gehören, sondern zur Gänze oder überwiegend dem Staat. Für Hess war der Judenstaat nicht Selbstzweck, sondern ein Weg zu der gerechten Gesellschaftsordnung, die alle Völker anstrebten.

Rom und Jerusalem hat große Schwächen. Schon die Form des Buches, zwölf Briefe und zehn Mitteilungen an eine fiktive Dame, war weder glücklich gewählt noch geeignet für ein Werk, von dem sein Verfasser hoffte, es würde eine radikale Umwälzung im Judentum herbeiführen. Es ist schwer vorstellbar, daß die Verfasser des *Kommunistischen Manifests* ihre Ideen in dieser Weise präsentiert hätten. Der Stil ist, wie Isaiah Berlin bemerkt, abwechselnd sentimental und rhetorisch, gelegentlich bloß trocken; es gibt allzu viele Abschweifungen und Belanglosigkeiten. Aber auch inhaltlich bietet das Buch Anlaß zu ernster Kritik. Die Analyse des Antisemitismus und der Nachteile der Assimilation ist bei weitem überzeugender als der Rest der Argumente. Die Vorstellung, die Türkei könnte bewogen werden, für eine Handvoll Gold einen Teil Palästinas aufzugeben, beweist, gelinde gesagt, einen Mangel an Realismus bei einem Menschen, der sich mehrere Jahrzehnte lang mit politischen Fragen beschäftigt hatte. Hess' Vertrauen auf französische Hilfe bei diesem Unternehmen war, wie Freunde in Paris ihm mitteilten, zweifellos allzu optimistisch. Die schwächsten Teiles des Buches sind jene, die sich mit der jüdischen Religion befassen; Hess war der Ansicht, solange es noch keinen Judenstaat gebe, sei sie die große Bewahrerin, und es sollte nichts getan werden, die jüdische Religion, von der er in *Rom und Jerusalem* mit der größten Bewunderung spricht, zu schwächen oder zu verwässern; daher seine wütenden Angriffe auf den »Nihilismus« des Reformjudentums. Alte Bräuche sollten nicht abgeschafft werden, meinte er, und auch die Anzahl der Feiertage nicht vermindert. Der Judaismus sei gerecht, der wahre Ursprung aller edlen Bestrebungen der Menschheit.

Es ist nicht leicht, solche Ansichten, den salbungsvollen Ton und die häufigen Kniefälle vor der etablierten Religion mit Hess' früheren Schriften in Einklang zu bringen. Nur drei Jahre, bevor er *Rom und Jerusalem* schrieb, hatte er gegen jegliche Religion gewettert, sie als Symptom eines krankhaften Geisteszustandes bezeichnet und die Geschichte der Religionen als Geschichte menschlichen Irrens angesehen[13]. Hatte Hess plötzlich »das Licht erblickt«? Die Echtheit seiner Bekehrung erscheint zweifelhaft. Während Hess seinem Volk die Tugend religiöser Pflichterfüllung predigte, hielt er selbst sich nicht an sein eigenes Rezept. Nachdem er sich verstandesmäßig davon überzeugt hatte, daß die Religion vorläufig noch notwendig sei, um den völligen Zerfall des jüdischen Volkes zu verhindern, brachte er im Privatleben nicht genügend Begeisterung auf, um seiner Entdeckung gemäß zu leben. Er hatte in sich das Gefühl der Solidarität mit seinem Volk und den Glauben an dessen Zukunft gefunden, aber religiöser Glaube kann nicht durch eine Willensentscheidung hervorgerufen werden. Überdies ist das religiöse Element in *Rom und Jerusalem* für das Hauptthema nicht unbedingt von Bedeutung; seine Einführung stellt eine gewisse Dissonanz dar. Hess kannte zweifellos das Dilemma des nicht mehr religiösen Juden, zog es aber vor, sich nicht weiter damit zu befassen. Und doch, trotz all seiner Fehler und Mängel ist dieses Buch mehr als nur ein kraftvolles, ergreifendes Plädoyer; es ist zum Teil das Werk eines prophetischen Genius. Hess' Analyse der Probleme, denen der Jude in der modernen europäischen Gesellschaft gegenübersteht, ist unvergleichlich tiefer als die aller anderen Zeitgenossen, auch ihm weit überlegener Denker. Spätere zionistische Schriften, darunter selbst die einflußreichsten, wie Pinskers *Autoemanzipation* und Herzls *Judenstaat*, gaben nur jenen Fragen präzisen Ausdruck, die seit Jahren diskutiert worden waren; ihre Grundideen waren seit Jahren in der Luft gelegen. Hess hingegen war ein echter Bahnbrecher, der Neuland entdeckte. Als Herzl kurz nach Beendigung des *Judenstaats* zum ersten Mal Hess las, notierte er in seinem Tagebuch: »Alles, was wir versuchten, steht schon bei ihm[14].«

Hess konnte nur wenig Wirkung erzielen, gerade weil er seiner Zeit so weit voraus war. Die *Kulturjuden*, wie er sie nannte, griffen ihn erbittert an. Abraham Geiger, der Führer des Reformjudentums, nannte ihn verächtlich einen Außenseiter, der nach seinem Bankrott als Sozialist und nach allen möglichen Schwindeleien nunmehr mit dem Nationalismus zum Erfolg kommen wolle. Analog zur tschechischen und zur montenegrinischen Nationalität wolle er auch die jüdische Nationalität wiederherstellen. Die meisten Sozialisten und Liberalen kannten das Buch überhaupt nicht, während jene, die es gelesen hatten, es als ein romantisches und reaktionäres Hirngespinst abtaten, das auf demselben Niveau stehe wie die antisemitischen Ausfälle Bruno Bauers. Nur ganz wenige jüdische Autoren begrüßten es; der prominenteste unter ihnen war der Historiker Heinrich Graetz. Für ein breiteres Publikum wurde *Rom und Jerusalem* erst vierzig Jahre nach seiner Veröffentlichung wiederentdeckt. Obwohl Hess es hauptsächlich als ein philosophisches Werk betrachtete, war es selbstverständlich ein politisches Buch. Aber in den sechziger Jahren des neunzehnten Jahrhunderts erschienen seine Grundgedanken völlig undurchführbar.

Hess beteiligte sich auch weiterhin mit halbem Herzen an den jüdischen Aktivitäten in Paris. Nach 1862 richtete er als führende Persönlichkeit in Lassalles neuer Partei und als Mitglied der Ersten Internationale sein Hauptaugenmerk wiederum auf den Sozialismus.

Seine Ansichten über jüdische Fragen änderten sich zwar nicht, aber das Problem verlor an Dringlichkeit. Er war weder ein Führer noch ein Prophet und fühlte sich nicht berufen, die Initiative zu ergreifen. Oder er sah einfach ein, daß die Zeit für seine Pläne noch nicht reif war. Während seiner letzten Lebensjahre kehrte Hess wieder zum Studium der Naturwissenschaft zurück; er starb, von allen vergessen, im April 1875 in Paris. Einige wenige Zeitungen veröffentlichten kurze, ungenaue Nachrufe; kein Vertreter einer jüdischen Organisation sprach an seinem Grab.

Nur wenige osteuropäische Juden hatten damals von *Rom und Jerusalem* gehört, das erst viele Jahre nach dem Tod des Verfassers ins Hebräische und ins Jiddische übersetzt wurde. Wie durch eine seltsame Fügung wurde im selben Jahr (1862) eine kleine Broschüre in hebräischer Sprache mit dem Titel *Drischat Zion* (Suche nach Zion) in einer Kleinstadt im äußersten Nordosten Deutschlands veröffentlicht. Obwohl sie von völlig anderen ideologischen Voraussetzungen ausging, empfahl sie eine Doktrin und politische Lösungen, die den von Hess umrissenen bemerkenswert ähnlich waren. Der Verfasser, Hirsch Kalischer, war Rabbiner in Thorn, einer Stadt in der Provinz Posen. Er war an die sechzig und schrieb das klassische, etwas schwerfällige Hebräisch, das damals von den orthodoxen Rabbinern benützt wurde. Sein Buch wurde mit Erklärungen mehrerer berühmter Religionsgelehrter eingeleitet, die bestätigten, daß dem ehrwürdigen, durch lebenslanges Studium der heiligen Thora erleuchteten Autor Vertrauen geschenkt werden könne, auch wenn er sich außerhalb seines Spezialgebietes, der talmudischen Gesetzesvorschriften, bewegte.

Auf jeder Seite seiner kurzen Brochüre bezieht sich Kalischer auf die Bibel, die Mischna und den Talmud. Sieht man jedoch von den ritualistischen Formeln ab, so ist es, trotz allem Mangel an philosophischen Feinheiten, eine moderne, fast existentialistische Schrift, mit einer Botschaft, die nicht klarer formuliert werden könnte: Die Erlösung Israels werde nicht als plötzliches Wunder kommen, der Messias werde nicht vom Himmel gesandt werden, um seine große Posaune zu blasen und alle Menschen erzittern zu lassen. Auch werde er weder die Heilige Stadt mit seinem Feuerwall umgeben noch den Heiligen Tempel vom Himmel herabsteigen machen. Nur dumme Menschen könnten solchen Unsinn glauben; weise Männer wüßten, daß die Erlösung nur schrittweise und vor allem nur als Folge der eigenen Bemühungen der Juden kommen würde. Wenn der Allmächtige ein Wunder wirkte, welcher Narr wäre da nicht bereit, nach Palästina zu ziehen? Aber noch vor der Ankunft des Messias Heim und Vermögen für die Sache Zions aufzugeben – das sei die wahre Prüfung und Aufgabe. Kalischer meinte, vom religiösen Standpunkt sei es höchst verdienstvoll, in Palästina zu leben. In Europa gebe es viele politisch und wirtschaftlich einflußreiche Juden, und es liege an ihnen, die nötigen ersten Schritte zur Wiederbesiedlung des Heiligen Landes zu tun. Die Zeit und die Umstände begünstigten ein solches Unterfangen. Kalischer verweist auf das italienische Risorgimento, auf den nationalen Kampf der Polen und der Ungarn und stellt die Frage: Warum opfern diese Menschen ihr Leben für das Land ihrer Väter, während wir, gleich Männern ohne Kraft und Mut, nichts tun? Sind wir weniger wert als andere Völker, die ihr Leben und ihren Reichtum geringschätzen, wenn es um ihr Land und ihre Nation geht?

Kalischer ging es vor allem um das Prinzip der Rückkehr nach Zion. (Am Rande sei vermerkt, daß ein anderer Rabbiner, Jehuda Alkalay, bereits zwanzig Jahre vorher in Serbien ein in die gleiche Richtung weisendes Programm entworfen hatte, in dem er die Gründung einer Vereinigung nach Art einer Eisenbahngesellschaft vorschlug, die den Sultan auffordern sollte, den Juden ihr Land zu verpachten[15].) Auch war Kalischer keineswegs weltfremd. Gegen Ende seines Buches erwähnt er die verschiedenen Argumente, die wahrscheinlich gegen seinen Plan vorgebracht werden würden. Würde das Eigentum der Juden in Palästina nicht ungesichert sein? Würden nicht raubgierige Araber den jüdischen Bauern die Ernte wegnehmen? Dies ist wahrscheinlich die erste Erwähnung der arabischen Frage in der zionistischen Literatur. Aber diese Gefahr sei gering, sagt Kalischer, denn »der derzeitige Pascha ist ein gerechter Mann, der Raub und Diebstahl streng bestraft«.

Die Wirkung von *Drischat Zion* auf das osteuropäische Judentum war ebenso gering wie die von *Rom und Jerusalem* auf die Juden im Westen. Das einzige praktische Ergebnis war die Gründung einer landwirtschaftlichen Schule in Mikwe Israel am Stadtrand von Jaffa durch die Pariser *Alliance Israélite,* was hauptsächlich auf die unermüdlichen Bemühungen Kalischers zurückzuführen war. Doch blieb dies eine vereinzelte Initiative, von der kein neuer Impuls ausging, weder für die Einwanderung nach Palästina noch für irgendeine bedeutendere politische Bestrebung. Im Gegenteil, die frommen Juden Jerusalems protestierten gegen das profane und gefährliche Unterfangen, junge Juden zu lehren, ihren Lebensunterhalt selbst zu verdienen, und sie damit vom Studium der heiligen Schriften abzulenken. Die Zeit war offensichtlich für die Verwirklichung der Träume dieser frühen Verkünder des Zionismus noch nicht reif.

Das osteuropäische Judentum

Bisher war fast ausschließlich von den Juden in Deutschland und Westeuropa die Rede, von den Anfechtungen und Problemen, denen sie gegenüberstanden, sowie von ihren Denkern und führenden Persönlichkeiten. Aber die große Mehrheit des jüdischen Volkes lebte in den Städten und Dörfern Litauens, Weißrußlands, Polens, Galiziens und Rumäniens. Ende des neunzehnten Jahrhunderts lebten mehr als fünf Millionen Juden in Rußland, etwa zehnmal soviel wie in Deutschland. Sie waren in den westlichen Gebieten des Zarenreiches konzentriert, die sie nicht verlassen durften. Nur etwa zweihunderttausend von ihnen, darunter wohlhabende Kaufleute, Akademiker, Veteranen (mit fünfundzwanzig Dienstjahren in der Armee) und einige andere durften in St. Petersburg, Moskau, Kiew und anderen Städten außerhalb des sogenannten Ansiedlungsrayons wohnen. Von den Einwohnern der Verwaltungsbezirke Warschau, Grodno und Minsk waren sechzehn bis achtzehn Prozent Juden, in den Gebieten von Jassy, Krakau und Lemberg sogar vierundzwanzig bis achtundzwanzig Prozent. Da sie jedoch nicht in Dörfern wohnen durften, war ihr Prozentsatz in den Städten noch weit größer. Städte wie Wilna, Brest-Litowsk, Bialystok, Schitomir, Berditschew oder Witebsk waren überwiegend jüdisch. Um die Jahrhundertwende hatte Warschau mit 220.000 jüdischen Einwohnern die größte Judengemeinde in Europa, gefolgt von Odessa mit 140.000. Aufgrund eines 1858 erlassenen Gesetzes durften die Juden nicht näher als vierzig Meilen von der Grenze wohnen, und nach anderen Bestimmungen waren sie auch nicht berechtigt, in einigen größeren Städte innerhalb des Rayons, wie Kiew, Sebastopol und Jalta, zu leben – in Jalta vermutlich deshalb nicht, weil der Zar von seinem Palast aus nicht so viele von ihnen sehen wollte.

Die wirtschaftliche Lage der Juden in Rußland war schlecht und verschlimmerte sich nach 1880 noch mehr. Wohl gab es einige jüdische Millionäre, wie die Ginzburg und die Poliakow, die eine hervorragende Rolle im Bankwesen und später im Ausbau des Eisenbahnwesens spielten. Die Zuckerindustrie und die Textilindustrie waren größtenteils in jüdischen Händen, wie auch der Getreide- und der Holzhandel und in geringerem Maße die Mühlen, Brauereien, Tabak- und Lederindustrie. In den jüdischen Gettos gab es viele Handwerker, aber mit der Ausbreitung der modernen Industrie wurden sie nach und nach verdrängt, so wie die Fuhrleute durch die Eisenbahnen brotlos wurden. Nur wenige Juden lebten von der Landwirtschaft. Es wurden Bemühungen unternommen, ihre Anzahl in der Landwirtschaft zu erhöhen, was dann auch tatsächlich zwischen 1860 und 1897 zu einer Zunahme der landwirtschaftlich tätigen Juden von 80.000 auf 180.000 führte. Aber die Mehrzahl der im Ansiedlungsrayon lebenden Juden war ohne festen Beruf; sie lebten von der Hand in den Mund, sie waren »Luftmenschen«, ohne Wurzeln und ohne Hoffnung. Jeden Morgen versammelten sie sich auf dem Marktplatz oder vor der Synagoge und warteten auf irgendeine Beschäftigung, wie erniedrigend und schlecht bezahlt sie auch sein mochte. Viele Berufe waren ihnen verschlossen; in den Staatsdienst konnten sie praktisch nicht kommen, höchstens als Ärzte, aber nur wenige hatten die Möglichkeit, Medizin zu studieren. An den Universitäten bestand ein *Numerus clausus* für Juden: zehn Prozent im Rayon, fünf Prozent außerhalb des Rayons, drei Prozent in Moskau und St. Petersburg.

Allerdings sah die Regierung darauf, daß die Juden auf einem sonst nicht besonders beliebten Gebiet voll vertreten waren: Sie stellten vier Prozent der Gesamtbevölkerung, aber sechs Prozent der Rekruten. Die herzzerreißenden Szenen, die sich bei der Aushebung der jungen Juden abspielten, die oft nicht mehr als zwölf oder vierzehn Jahre alt waren, wurden in der zeitgenössischen Literatur häufig beschrieben: Es war einer der schrecklichsten Anblicke, die ich je gesehen habe, schrieb Alexander Herzen. Die Knaben von zwölf und dreizehn Jahren mochten es irgendwie überleben, aber Kinder von acht und zehn Jahren . . . Kein noch so schwarzer Pinsel könnte solche Schrecknis auf die Leinwand bannen. Und diese kranken Kinder, die keine Pflege und keine Zärtlichkeit bekamen, die dem eisigen Wind ausgesetzt waren, der ungehindert vom arktischen Meer her wehte, gingen ihrem Tode entgegen[16].

Angesichts der schlechten Gesundheitsverhältnisse in den Gettos waren die Juden für die Härten des Militärlebens nicht gerüstet. Bis zu fünfundzwanzig Jahren lang wurden sie von ihrem Heim ferngehalten, und solange sie in der Armee dienten, konnten sie natürlich auch die Gebote und Verbote ihrer Religion nicht einhalten. Anfang der neunziger Jahre entsandte die amerikanische Regierung zwei Emissäre nach Europa, um die Gründe für das plötzliche Ansteigen der Einwanderung in die Vereinigten Staaten zu erkunden. Die Herren Weber und Kemster waren keine Wohltäter, sondern hartgesottene Einwanderungsbeamte; in ihrem 1892 veröffentlichten Bericht stellten sie klipp und klar fest, daß sie noch nie in ihrem Leben solch unglaubliche Zustände der Armut und des Elends gesehen hätten und daß sie hofften, dergleichen nie wieder sehen zu müssen[17]. Die Mehrheit der russischen Juden lebte in Verhältnissen, die noch schlimmer waren als die der ärmsten russischen Bauern und Arbeiter. Viele Familien waren in einem einzigen Haus zusammengepfercht, die Kindersterblichkeit war hoch, die Arbeitsproduktivität niedrig. Wenn der Brotverdiener krank wurde, bedeutete dies gewöhnlich eine Katastrophe für die ganze Familie. Selbst antisemitische russische Zeitungen gaben zu, daß die große Masse des russischen Judentums einem langsamen Hungertod preisgegeben war.

Die Zaren und ihre Ratgeber hatten keine klare Vorstellung, wie die Judenfrage zu lösen wäre, und wechselten im Laufe des neunzehnten Jahrhunderts häufig den Kurs. Viele der Gesetze, die Bewegungsfreiheit und Berufswahl der Juden einschränkten, stammten noch aus dem achtzehnten Jahrhundert. Zar Alexander I. verfolgte eine verhältnismäßig liberale Politik: Jüdische Kinder durften öffentliche Schulen besuchen, Juden durften Grund und Boden erwerben und sich darauf niederlassen. Hingegen ging Nikolaus I. in die jüdische Geschichte als ein zweiter Haman ein, während die Regierungszeit Alexander II., der die Leibeigenschaft abschaffte, als goldenes Zeitalter des russischen Judentums angesehen wurde. Unter seiner relativ aufgeklärten Herrschaft wurden die restriktiven Gesetze revidiert und einige bescheidene Ansätze zu einer politischen und sozialen Integration der Juden gemacht. Tatsächlich wurden die meisten Restriktionen nicht aufgehoben, aber angesichts des neuen Geistes der Duldung verbreitete sich unter den Juden die Hoffnung, daß sie zu einem späteren Zeitpunkt die vollen Bürgerrechte erhalten würden, zumindest in dem Maße, als solche Rechte mit der zaristischen Autokratie vereinbar wären. In einem jüdischen Volkslied, das den Geist jener Zeit wiederspiegelte, wurde Alexander II. als Engel Gottes apostrophiert, der die Blüte Judas mit Schmutz besudelt und in den Staub getreten vorfand; aber der gute Zar barg sie, heilte sie mit Lebenswasser und pflanzte sie in seinem Garten ein, wo sie wieder blühen würde.

Nach der Ermordung Alexanders II. und der Thronbesteigung Alexanders III. verschlechterte sich die Lage rapide. Als Folge der »provisorischen Gesetze« vom Mai 1882 (von denen die meisten bis zum Zusammenbruch des Zarenregimes in Kraft blieben) wurden Zehntausende Juden aus den Dörfern vertrieben, in denen sie sich niedergelassen hatten, und auch aus den Städten außerhalb des Ansiedlungsrayons. Amtliche Schikanen und Verfolgungen hatten verheerende Folgen, aber es gab noch Schlimmeres. Von 1881 an waren Pogrome eine fast permanente Erscheinung des russischen Lebens. Schon vorher hatte es kleinere antijüdische Ausschreitungen gegeben, so 1859 und 1871 in Odessa, doch hatte man diesen Ereignissen damals keine besondere Bedeutung beigemessen, da sie sich im Wesen nicht von den Zusammenstößen zwischen anderen Nationalitäten zu unterscheiden schienen, die von Zeit zu Zeit im Zarenreich vorkamen. Aber die Überfälle, die sich kurz nach der Ermordung Alexanders II., von April bis Juni 1881, ereigneten, waren viel ausgedehnter und wesentlich scheußlicher. Sie fanden vor allem in Südrußland statt, in Städten wie Elisawetgrad, Kiew und Odessa, wo es den Juden etwas besser gegangen war als in Polen und Weißrußland. Diese Pogrome (vom russischen Verbum *pogromit* – zerstören) dauerten auch 1883 und 1884 in Rostow, Jekaterinoslaw, Jalta und anderen Städten an. Überall wurden Juden von fanatischen Pöbelhaufen getötet oder verletzt, ein großer Teil ihrer Habe wurde vernichtet. Unter den analphabetischen Massen verbreitete sich das Gerücht, die Juden hätten den guten Zaren getötet, und sein Nachfolger hätte den Befehl zur Plünderung der jüdischen Wohnviertel erlassen. Die Regierung tat kaum etwas zum Schutz der Juden. In manchen Fällen wurden die Angreifer sogar von der örtlichen Verwaltung und der Polizei ermutigt. Die Überfälle hörten 1884 auf, aber nach einer Pause von etwa zwölf verhältnismäßig ruhigen Jahren brach eine neue Welle von Pogromen aus, diesmal in noch viel größerem Maßstab.

In den Kischinewer Ausschreitungen vom April 1903 wurden fünfundvierzig Juden getötet und eine noch größere Anzahl verletzt. Ähnliche Überfälle erfolgten in Gomel und Schitomir. Dieser Ausbruch erreichte im Oktober 1905 seinen Höhepunkt, als innerhalb von zwölf Tagen in ganz West- und Südrußland insgesamt 810 Juden getötet wurden. Im Vergleich mit der Katastrophe, die das jüdische Volk vierzig Jahre später in Europa befiel, war die Zahl der Opfer gering, aber die besondere Grausamkeit der Angriffe, die Untätigkeit der Zentralregierung und die offene Hetze vieler Lokalbehörden erregten einen Proteststurm in Westeuropa und in den Vereinigten Staaten. Es war dies in mehrfacher Hinsicht ein zivilisierteres Zeitalter als unser heutiges. Schamloser Zynismus seitens der Regierungen und der einzelnen Bürger war noch nicht zur allgemein üblichen Haltung geworden. Einige Narodniki-Gruppen hatten in der Anfangsphase der Übergriffe durch Schüren antijüdischer Gefühle eine gewisse Rolle gespielt, da sie irrtümlich glaubten, daß Ausschreitungen gegen »jüdische Parasiten« sich schließlich in eine revolutionäre Bewegung gegen die Regierung, die Grundbesitzer und die Kapitalisten verwandeln würden. Die Hauptanstifter, vor allem in der späteren Periode, waren die »Schwarzen Hundert« und andere Bewegungen der äußersten Rechten, die eine Mischung aus extremem Nationalismus und religiösem Obskurantismus predigten.

Das Zarenregime wurde mit Recht beschuldigt, den Pogromisten Vorschub zu leisten, in der Hoffnung, damit die öffentliche Unzufriedenheit abzulenken. Der Antisemitismus wurde aber weder von der Regierung erzeugt noch einer unwilligen oder gleichgültigen Bevölkerung aufgezwungen. Er war, zumindest in einem Teil der Bevölkerung, tief verwurzelt, und es bedurfte keines besonderen Ansporns durch die Behörden, um die Flamme des Rassenhasses zu entfachen. Diese Einstellung war nicht auf einen bestimmten Teil der Bevölkerung beschränkt. Sie war unter den Bauern und der Aristokratie ebenso zu finden wie im Bürgertum und sogar bei der Intelligentsia, die zum Teil fest überzeugt war, daß die Juden ein Fremdkörper seien, der nicht assimiliert werden könnte und sollte. Manche der gegen die Juden erhobenen Beschuldigungen, etwa daß sie alle Ausbeuter seien, waren lächerlich; die überwältigende Mehrheit der Juden war völlig mittellos; die Juden von Mogilew, die vierundneunzig Prozent der Bevölkerung dieser Stadt ausmachten, hätten kaum von der Ausbeutung der restlichen sechs Prozent leben können. Ferner wurde ihnen vorgeworfen, subversive Absichten zu hegen, und es traf sicherlich zu, daß sie keine besondere Liebe für eine Regierung empfanden, die sie grausam unterdrückte. Während die Zahl der Juden, die sich aktiv an der revolutionären Bewegung der achtziger und neunziger Jahre beteiligten, noch gering war, schlossen sich in den folgenden Jahren immer mehr junge Juden jener Bewegung an, die Rußland eine bessere Zukunft versprach.

Wie schon erwähnt, verfolgte die Regierung keine klare und folgerichtige Politik. Von Zeit zu Zeit wurden halbherzige Maßnahmen erwogen, etwa eine Beschleunigung der kulturellen Assimilation, Förderung der landwirtschaftlichen Beschäftigung, Öffnung der Tore des Ansiedlungsrayons und die Erlaubnis für die Juden, sich über die unermeßlichen Weiten des Zarenreiches zu zerstreuen. Aber nur wenige dieser Projekte gelangten über das Planungsstadium hinaus, und auch diese wenigen wurden ohne rechte Überzeugung in Angriff genommen. Welche Möglichkeiten gab es noch? Trotz all ihrer orientalischen Grausamkeit waren die Herrscher Rußlands weder brutal noch systematisch genug, um die physische Ausrottung der Juden ins Auge zu fassen. Sie hielten nicht viel von Förderung oder Erzwingung einer Massentaufe. Es gab ganz einfach zu viele Juden. Auswanderung war der letzte Ausweg, und in ihrer Verzweiflung begannen die Juden zu Tausenden aus ihrem Geburtsland zu fliehen. Die Maigesetze und die Pogrome von 1882 bewirkten eine Massenauswanderung, vor allem nach Amerika, in wesentlich geringerem Maße nach Großbritannien, Südafrika und Westeuropa. Schätzungen zufolge verließen zwischen 1882 und 1914 etwa zweieihalb Millionen Juden Ost- und Mitteleuropa, einschließlich Österreichs, Polens und Rumäniens. In den fünfzehn Jahren vor dem Ersten Weltkrieg emigrierten 1,3 Millionen Juden aus Rußland. Die Emigrationswelle erreichte ihren Höhepunkt in den Jahren 1903 bis 1906, der Zeit der ärgsten Pogrome, als vierhunderttausend Juden aus Rußland in die Vereinigten Staaten auswanderten.

So begann ein neues, bedeutsames Kapitel in der langen Geschichte der jüdischen Wanderungen. Hier ist nicht der geeignete Platz für eine detaillierte Analyse dieses Massenexodus, auch nicht für einen Bericht über die Härten und Entbehrungen, die die Auswanderer erdulden mußten. Aber all der Jammer hatte noch eine andere Seite. Das Leid härtete die Menschen ab. Der Kampf ums Überleben förderte manche jener Eigenschaften zutage, die den Erfolg der Juden in ihrer neuen Wahlheimat erklären. Die Anforderungen, denen sie sich gegenübersahen, erweckten in ihnen einen enormen Fundus an Anpassungsfähigkeit, Erfindungsreichtum und Intelligenz. Die Zurückgebliebenen schlossen sich enger zusammen. Harold Frederic, ein westlicher Beobachter, der Rußland in den achtziger Jahren besuchte, bemerkte einen »erstaunlichen, ebenso ergreifenden wie eifersüchtigen Zusammenhalt«, der die russischen Juden kennzeichnete: Sobald man die russische Grenze überschreite, könne man die Juden auf Bahnhöfen oder auf der Straße fast ebenso leicht erkennen wie in Amerika die Neger. Es sei dies mehr eine Sache der Kleidung – von Haartracht, Bart, Mütze und Kaftan – als der Physiognomie. Aber noch mehr sei es die Art ihres Verhaltens. Sie schienen keinen Augenblick lang zu vergessen, daß sie eine andere Rasse seien. Das drücke sich in ihrem Gang aus, in ihren Seitenblicken, in der Haltung ihrer abfallenden Schultern, in der seltsamen Geste mit aufwärtsgewendeten Handflächen. Nikolaus I. habe die Juden zu einer dichten, abgehärteten und unendlich widerstandsfähigen Masse verschmolzen[18]. Frederic äußerte seine Verwunderung darüber, daß unter diesen schrecklichen Bedingungen die Religion und die Grundbegriffe der Anständigkeit überdauern konnten.

In ihrer großen Mehrzahl blieben diese Menschen weiterhin einfach und fromm, klammerten sich zäh an ihren verachteten Glauben, halfen einander, wo sie konnten, und hielten die Tugenden der Mäßigung und die Familientreue aufrecht, die ihre russischen Zwingherren kaum dem Namen nach kannten[19].

Trotz all dem war das Leben im Getto trostlos, auch wenn seine Bewohner sich nicht immer des vollen Ausmaßes ihrer Erniedrigung bewußt waren. Wohl gab es seit Mendele Moicher Sfurim *(In jenen Tagen)* eine sentimentale Tendenz, das Getto in einem rosigen, fast idyllischen Licht zu schildern. Das Leben im Rayon hatte seine guten Seiten, und nicht wenige von jenen, die in einem osteuropäischen Getto aufgewachsen waren, hoben später die Lebenskraft, die Herzlichkeit, den Zusammenhalt, das Bewußtsein des eigenen Volkstums hervor, Eigenschaften, die späteren Generationen bedauerlicherweise abhanden gekommen seien. Aber die dunklen Seiten des Lebens im Rayon waren natürlich viel auffälliger und gaben den Zeitgenossen Anlaß zu bitteren Bemerkungen. Aaron David Gordon schrieb über das »Parasitentum dieser im Grunde nutzlosen Menschen«, Frischmann über den Abscheu, den das jüdische Leben allgemein hervorrufe. Berdyczewski sagte, die Juden im Rayon seien »keine Nation, kein Volk, keine Menschen«, und Joseph Chaim Brenner, der radikalste Kritiker von allen, verwendete Bezeichnungen wie »Zigeuner und räudige Hunde«. Die Anomalie des jüdischen Lebens fand schließlich ihren Ausdruck in der Suche nach radikalen Lösungen dieses allgemeinen Elends, der *Judennot,* die nicht bloß politischer und ökonomischer, sondern in zunehmendem Maße auch psychologischer Natur war.

Das Geistesleben

Die Stimmung der osteuropäischen Judenschaft widerspiegelte sich in wechselnden religiösen Formen und geistigen Strömungen. Der Chassidismus hatte sich zum Teil unter dem Eindruck der Chmjelnizki-Massaker von 1648 entwickelt und vor allem in der Ukraine, Podolien und Ostgalizien Fuß gefaßt. Es handelte sich dabei nicht um eine philosophische, sondern um eine antirationalistische Bewegung, die auf religiöser Inbrunst beruhte und starke messianische Züge trug. Für die Chassidim war Gott kein abstrakter Begriff; sie erkannten seine Gegenwart in jedem Teilchen der Welt, in allen Geschöpfen, Tieren und Pflanzen; das Verhältnis zwischen Mensch und Gott war für sie unmittelbar. In dieser und anderer Hinsicht ähnelte der Chassidismus anderen mystischen Bewegungen sowie dem Pantheismus früherer Jahrhunderte. Er versuchte, unvereinbare Elemente zu vereinigen; seine führenden Vertreter waren der Ansicht, die göttliche Vorsehung sei allmächtig und allgegenwärtig, der Schöpfer sei in jeder Handlung des Menschen präsent, und die Gottheit *(Schechina)* manifestiere sich in jeder Tätigkeit des Menschen, sogar in der Sünde. Wenn dem so war, was blieb dann vom traditionellen jüdischen Begriff der Freiheit des einzelnen und übrigens auch vom Begriff der Sünde? Diese philosophischen Widersprüche störten weder die Führer noch die Anhänger des Chassidismus. Er war eine Volksreligion, die auf die einfachen Menschen gerade deshalb besonders anziehend wirkte, weil sie die Vorzüge der echten Frömmigkeit hervorhob, im Gegensatz zur rabbinischen Tradition mit ihrer Betonung der äußeren Formen und der Einhaltung aller Gebote und Verbote der Thora. Der Chassidismus predigte nicht Askese, sondern Lebensfreude und betrachtete diese als eine Art des Gottesdienstes. Er hatte wenig übrig für die führenden Rabbiner und ihre trockene Art und Weise des Lernens und der Gelehrsamkeit, sondern betonte vielmehr das kontemplative Verständnis der Religion. Das chassidische Gebet war keine mechanische Pflichterfüllung, sondern ein Akt der direkten Kommunion mit Gott. Das rechte Gebet könne die Kranken heilen, die Armen reich machen und alle möglichen Übel abwenden. Alles hing von der Inbrunst des Gebets ab; die Ekstase der Chassidim zur Gebetszeit, ihre wilden Körperverrenkungen und Tänze waren die hervorstechendsten Merkmale dieser Bewegung.

Um die Mitte des neunzehnten Jahrhunderts war der ursprüngliche Schwung des Chassidismus größtenteils abgeflaut. Statt dessen hatte sich der Kult der *Zaddikim,* der heiligen Führer, verbreitet; sie wurden als die wahren Mittler zwischen Gott und der Welt betrachtet, sie versahen ihre Anhänger mit Amuletten, besonderen Gebeten (auf Jiddisch) und Zaubersprüchen. Auf niedrigerem Niveau erfreuten sich die *Maggidim* – Wanderprediger und Wundertäter – besonderer Beliebtheit. Der Chassidismus hatte eine große religiöse Wiedergeburt gebracht, doch gab es viele, die seine Erscheinungen mit ernster Besorgnis beobachteten, vor allem wegen seines »Personenkultes«, seiner hemmungslosen Gefühlsbetontheit und anderer Elemente, die in völligem Gegensatz zur jüdischen Tradition standen. Ein dreißigjähriger Krieg zwischen dem Chassidimismus und seinen Gegnern zerriß das osteuropäische Judentum. Die beiden Lager attackierten und ächteten einander, denunzierten einander bei den russischen Behörden.

Der Chassidismus fand bei den Massen Anklang; er war kaum geeignet, die Gebildeten zu befriedigen, die sich der großen materiellen und geistigen Veränderungen in ihrer Umwelt bewußt waren. Solche Männer mochten ihren Platz eher in der *Haskala* finden, der Aufklärungsbewegung, die sich seit Beginn des neunzehnten Jahrhunderts bemühte, verschiedene Elemente der jüdischen Tradition mit dem modernen weltlichen Denken zu verbinden. In Deutschland und Westeuropa führte die *Haskala* zur kulturellen und politischen Assimilation; in Osteuropa, wo Millionen Juden lebten, mußte sie nach ähnlichen Anfängen einen anderen Weg nehmen. Die ersten Zentren der osteuropäischen Haskala waren Odessa und in geringerem Maße Wilna. Manche führende Persönlichkeiten dieser Schule betrachteten es als ihre Hauptaufgabe, eine Wiedergeburt der hebräischen Literatur – im Gegensatz zur jiddischen – herbeizuführen. Andere wiederum waren der Ansicht, eine rein literarische Bewegung würde keine wesentlichen Auswirkungen auf das jüdische Leben haben, und betonten daher die Notwendigkeit, die jüdischen Massen zu einer normalen und produktiven Lebensweise hinzuführen. Ihre Arbeit stieß auf Argwohn und aktiven Widerstand nicht nur bei den orthodoxen Rabbinern, sondern auch bei der großen Mehrheit der einfachen Juden, die westlicher Bildung, westlicher Kleidung und westlicher Lebensart im allgemeinen mißtrauten. Das Leben des frühen kleinstädtischen *Maskil,* das in zahllosen zeitgenössischen Autobiographien und Romanen beschrieben wurde, war nicht beneidenswert; von der Masse seiner jüdischen Mitbürger durch einen Abgrund getrennt, fiel sein Ruf nach Reform nur allzu oft auf taube Ohren. Gesellschaftlich isoliert, von der ihnen offen gezeigten Feindseligkeit tief verletzt, verzweifelten manche der frühen Maskilim an ihrem Volk, das, wie sie meinten, dazu verdammt war, auf ewig unwissend und rückständig zu bleiben. Andere, die mehr zum Optimismus neigten, arbeiteten mit den russischen Behörden zusammen, die in den fünfziger und sechziger Jahren die Reformbewegung begünstigten. Die Anziehungskraft der russischen Kultur war groß, und es schienen gute Aussichten zu bestehen, daß eine kulturelle Assimilation eine radikale Änderung in der Gesamtlage der Juden mit sich bringen würde.

So erreichte das neue Zeitalter der Vernunft schließlich auch die Gettos in Osteuropa. Eine neue Welt tauchte auf, während die Mächte der Finsternis sich zurückzogen; die moralische und geistige Wiedergeburt des jüdischen Volkes schien nur noch eine Frage der Zeit. »Erwachet! Israel und Juda, erhebet euch! Schüttelt ab den Staub und öffnet weit die Augen!«, schrieb Abram Ber Gottlober; und Jehuda Leib Gordon: »Steh auf, mein Volk, Zeit ist's, zu erwachen! Siehe, die Nacht ist vorbei, der Tag hebt an![20]« Dies war die Grundstimmung jener Periode. Mochte die Lyrik auch nicht die beste sein, die Botschaft war jedenfalls klar. Die Verbreitung weltlicher Bildung war nicht mehr aufzuhalten. Als Rabbi Salanter erfuhr, daß sein Sohn sich nach Berlin begeben hatte, um dort Medizin zu studieren, zog er die Schuhe aus und setzte sich auf den Fußboden seines Hauses, um die traditionellen sieben Tage der Trauer einzuhalten, die beim Tode eines geliebten Verwandten vorgeschrieben sind. Eine derart kompromißlose Haltung angesichts des durch die Gettos wehenden frischen Windes wurde in den sechziger und siebziger Jahren seltener. »Es werde Licht« war das Motto, das 1860 die erste in russischer Sprache erscheinende jüdische Zeitung wählte. Die allgemeine Tendenz ging zur Russifizierung; selbst jene, die in hebräischer Sprache schrieben, waren keineswegs sicher, ob diese Sprache und diese Kultur eine Zukunft hätten: Wer weiß, fragte Gordon in einem berühmten Gedicht, ob ich nicht der letzte Schreiber Zions bin – und ihr die letzten Leser? Unsere Kinder, klagte der Dichter an anderer Stelle, sind unserer Nation fremd geworden. Der Konflikt zwischen Vätern und Söhnen, wie Turgenjew ihn in seinem berühmten Roman schilderte, hatte seine Parallele in jüdischen Kreisen. Auch die jüdischen Basarows »glaubten an nichts«, um einen der russischen Helden Turgenjews zu zitieren. Sie stürzten sich förmlich auf die radikalen Ideen; der Populismus ebenso wie die frühen sozialistischen Gedanken fanden begeisterte Anhänger, darunter auch solche wie Elieser Ben Jehuda, Jehuda Leib Levin und Jehiel Tschlenow, die später führende Zionisten wurden.

Die Pogrome der frühen achtziger Jahre und die judenfeindliche Politik Alexanders III. versetzten den Hoffnungen dieser Männer und Frauen auf eine allmähliche Integrierung in die russische Gesellschaft einen vernichtenden Schlag. Noch mehr junge Juden schlossen sich revolutionären Gruppen an, andere wandten sich der neuen Bewegung zu, die eine nationale Wiedergeburt des jüdischen Volkes anstrebte. Der Anfang dieser Bewegung liegt mehrere Jahrzehnte weiter zurück, genauer gesagt, bei einigen der frühen Autoren der Haskala, die die führenden Vorkämpfer der nationalen Wiedergeburt waren. Abraham Mapu und Jehuda Leib Gordon waren Zeitgenossen Tolstojs und Dostojewskis (womit nicht gesagt sein soll, daß ihr Beitrag zur Weltliteratur gleichermaßen bedeutsam war). Sie waren vor allem

Lehrer und Erzieher und nur nebenbei Schriftsteller; darin glichen sie russischen radikalen Schriftstellern jener Zeit, wie Nekrassow (den Jehuda Leib Gordon sehr bewunderte), Pissarew und Tschernyschewski (der Lilienblum stark beeinflußte). Sie betrachteten ihre Gedichte, Essays und Romane als das zweckmäßigste Mittel, ihre Botschaft zu verbreiten. Ihre Schriften sind besonders deshalb interessant, weil sie die verschiedenen gesellschaftlichen und kulturellen Facetten des jüdischen Lebens jener Zeit widerspiegeln. Auch die anspruchsvollsten Romane, wie Smolenskins *Ha-Toe be-Darke ha-Chajim* (Der Irrende auf den Lebenswegen), sind schwach, wenn man sie nach rein literarischen Kriterien beurteilt. Diese jüdischen *Bildungsromane* mögen grell, überladen, ohne psychologische Feinheiten und blind gegen die Natur sein, alle aber schildern die Schwierigkeiten, vor denen die kleinstädtischen Maskilim standen. Die jungen Ketzer werden gewöhnlich aus dem Elternhaus (oder der *Jeschiwa*) verstoßen; sie gelangen schließlich nach Odessa oder in ein anderes Zentrum der Haskala. Stets sind sie arm, aber ehrlich – im krassen Gegensatz zu den Vorstehern der Gemeinde. Ihre materiellen Probleme werden häufig durch plötzlich eintreffende Erbschaften von reichen Onkeln in Amerika gelöst. Die Bösewichte (wie Rabbi Zadok in Mapus *Ha-Ajit ha-zawua* oder Menasse in Smolenskins Roman) sind Verbrecher, bestenfalls Grobiane oder Schwindler, die sich als fromme Leute ausgeben und es irgendwie schaffen, ihre Gemeinden zu beherrschen und ihren Einfluß zur Unterdrückung der schwachen und armen Maskilim auszunützen. Am besten sind diese Romane noch, wenn sie die Hofhaltung der großen chassidischen Rabbis und die Taten der wandernden Wundertäter, der Vorläufer sowohl des Zirkus Barnum als auch der modernen Erweckungsbewegungen schildern. Die jüdische Gesellschaft, wie sie sich in diesen Romanen darstellt, ist in endlose innere Streitigkeiten verwickelt, von Bildungshaß und Vorurteilen erfüllt und wehrt sich hartnäckig gegen jegliche Reform. Wohl gibt es erfreuliche Erscheinungen, wie den traditionellen Respekt vor der Gelehrsamkeit; aber die traditionellen Lehrgegenstände werden wegen ihrer völligen Beziehungslosigkeit zur modernen Welt kritisiert. Der Jeschiwa-Schüler gilt hier nicht mehr als Musterknabe jüdischer Lebensart. Er ist nicht einmal mehr der ideale Ehemann. Mehr als einmal beschäftigt sich der Haskala-Roman mit dem Konflikt, der sich daraus ergibt, daß ein gebildetes jüdisches Mädchen sich weigert, einen von ihren Eltern für sie ausgewählten Jeschiwa-Schüler zu ehelichen.

Heute würdigt man die Schriftsteller jener Zeit als Gesellschaftskritiker und Verkünder einer nationalen Wiedergeburt. In diesem Sinne ist ihr Einfluß auf jüdische Kreise vergleichbar mit dem Bjelinskis und Tschernyschewskis, auch gab es eine gewisse Ähnlichkeit hinsichtlich der Probleme, mit denen sie zu tun hatten. So wie die Russen hatten auch die Juden in den sechziger und siebziger Jahren des neunzehnten Jahrhunderts ihre »Westler« und ihre »Slavophilen«. Die Westler (Assimilanten) hatten viele Anhänger; später wandte sich die Mehrzahl von ihnen dem Ideal der nationalen Erneuerung zu. Das Schlagwort der Slavophilen, »*Pora domoi*« (wörtlich: Zeit heimzukehren), hatte seine Äquivalent unter den Juden Osteuropas.

Einer der ersten, die im Namen des jüdischen Kulturgedankens gegen die Assimilation auftraten, war der 1842 in der Nähe von Mogilew geborene Perez Smolenskin. Im Alter von fünfundzwanzig Jahren ließ er sich in Wien nieder, wo er die damals einflußreichste Zeitung in hebräischer Sprache, *Haschachar* (Morgenröte), herausgab. Er war zugleich auch noch Hauptverfasser, Korrektor, Vertriebsleiter und gelegentlich sogar Setzer dieser Zeitung. In einer langen Artikelserie attakierte er die Berliner Haskala, vor allem Mendelssohn (den er »Ben Menahem« nannte), weil dieser annehme, die jüdische Nation sei unwiederbringlich tot, und ein »künstliches Weltbürgertum« predige. Die Juden, so betonte Smolenskin immer wieder, seien ein Volk, eine Nation. Sie hätten nie aufgehört, ein Volk zu sein, auch nicht nach der Zerstörung ihres Königreiches. Sie seien eine geistige Nation *(Am Haruach);* die Thora sei die Grundlage ihres Staatswesens. Es sei die unverzeihliche Sünde der deutschen Haskala, die Liebe zum eigenen Volk unter den Juden unmodern gemacht zu haben. Dann sei sie darangegangen, die andere Säule des Judentums, seine Religion, zu zerstören, und infolgedessen sei das Haus Israel völlig eingestürzt.

Diese Vorwürfe waren natürlich einseitig. Außerdem scheint Smolenskin vergessen zu haben, daß sein eigener Nationalismus keineswegs Teil der jüdischen Tradition war, sondern aus anderen geistigen Quellen stammte, und daß auch er in früheren Jahren religiöse Reformen befürwortet hatte. In seinem Kampf gegen Russifizierung und Weltbürgertum verwies er häufig auf das schlechte Beispiel der deutschen Haskala. Er predigte einen jüdischen Nationalismus, als dies noch keineswegs Mode war, und war auch einer der wenigen, die schon lange vor den Unruhen von 1881 antisemitische Ausschreitungen vorraussagten. Smolenskin war der Ansicht, die Quelle des Antisemitismus sei nicht in erster Linie die wirtschaftliche Konkurrenz – obwohl auch diese eine Rolle spiele –, sondern der Mangel an Selbstachtung und nationalem Ehrgefühl bei den Juden und ihr niedriger Rang unter den Nationen. In einer Reihe langer Essays (einige umfaßten mehrere hundert Seiten[21]), in denen er immer wieder von seinem Hauptthema abschweifte, entwickelte er seine Gedanken, allerdings unsystematisch und keineswegs auf hohem intellektuellen Niveau. Seine Kritik war häufig sehr treffend, aber seine Vorschläge waren wesentlich schwächer. Smolenskin glaubte, ohne das Hebräische gäbe es keine Thora und ohne die Thora kein jüdisches Volk. Deshalb stemmte er sich gegen alle religiösen Reformen, die bloß zu einer weiteren Spaltung des jüdischen Volkes führen müßten. Die Hauptaufgabe sei die Errichtung von Schulen für Lehrer und Rabbiner, die der jungen Generation neues Leben einimpfen, sie das Hebräische lehren sollten, um auf diese Weise ihr Nationalbewußtsein und ihre Treue zum eigenen Volk zu fördern. Smolenskin hatte nur wenig Hoffnung, daß das Hebräische wieder zur Umgangssprache werden würde, und bis 1881 befürwortete er eine nationale Erneuerung in der Diaspora, nicht in Palästina. Erst in seinen letzten Essays äußerte er den Gedanken, es wäre für die Juden am besten, wenn sie Rußland verließen, nach Erez Israel auswanderten, dort landwirtschaftliche Kolonien gründeten und damit »die wahre Einheit des jüdischen Volkes wiederherstellten«.

So veraltet Smolenskins Schriften heute erscheinen mögen, hatten sie doch einen bedeutenden Einfluß auf viele junge Juden. Studenten bereiteten Smolenskin einen begeisterten Empfang in Moskau und St. Petersburg, als er auf einen Besuch dorthin zurückkehrte. Andere indessen waren weniger angetan von einer religiösen Romantik, die fast ausschließlich an die Gefühle appellierte. Eine jüngere Generation von Intellektuellen weigerte sich, jüdische Werte und Tradition als selbstverständlich hinzunehmen. Micha Josef Berdyczewski, der dieses Erbe einer tiefschürfenden Kritik unterzog, klagte über die Enge des traditionellen jüdischen Lebens und seine Bindung an ein System veralteter Gesetze. Er forderte, im Sinne Nietzsches, eine »Umwertung aller Werte«[22]. Schaul Hurwicz (der Moses Hess ins Russische übersetzte) vertrat die Ansicht, der Judaismus könne den modernen Juden, der sich dem Getto entfremdet habe, nicht befriedigen[23]. Hurwicz und Berdyczewski waren zwanzig Jahre jünger als Smolenskin. Das Problem wurde von einem Vertreter einer noch jüngeren Generation, Joseph Chaim Brenner, in noch brutalerer Offenheit aufgeworfen. Smolenskin hatte einmal den Vers aus dem Ecclesiastes über den lebenden Hund und den toten Löwen zitiert. Brenner griff den Vergleich auf: Wohl sei der lebende Hund besser dran, worin aber bestehe der Wert eines »lebenden Volkes«, dessen Angehörige zu nichts anderem imstande seien, als zu klagen und sich zu verstecken, bis der Sturm vorbei sei? Leben sei gut, setzte Brenner dem entgegen, aber keine Tugend an sich. Die Überlebenden seien nicht unbedingt die Edelsten: »Die Karawanen kommen und gehen, wie Mendele Moicher Sfurim sagte, aber die *Luftmenschen* von Kislon und Kabziel ziehen ewig weiter.« Das Überleben der Juden sei in der Tat ein Mysterium, aber die Art der jüdischen Existenz biete keinen Grund zu besonderem Stolz. Die Masse der Juden lebe im biologischen Sinn weiter, sei jedoch kein lebendes Volk mehr im soziologischen Sinn, als gesellschaftliche Einheit. »Wir besitzen kein Erbe. Keine Generation hinterläßt ihren Nachkommen etwas von sich selbst. Und das, was überliefert wird – die rabbinischen Schriften –, hätte lieber nicht einmal uns überliefert werden sollen[24].«

Eine solche Einstellung wäre für Smolenskin mit seinen leidenschaftlichen Aufrufen zur nationalen Erneuerung Anathema gewesen. In den sechziger und frühen siebziger Jahren des neunzehnten Jahrhunderts war er noch ein Rufer in der Wüste, aber gegen Ende der siebziger Jahre, vor allem nach den Unruhen von 1881, kämpfte er seinen Kampf nicht mehr allein. Unter denen, die sich ihm anschlossen, war Jehuda Leib Gordon (Jalag), der größte hebräische Dichter jener Zeit. Er war zunächst für die kulturelle Assimilation gewesen. Sein Ausspruch: »Sei draußen ein Mensch und zu Hause ein Jude« war oft zitiert und weit verbreitet worden. Moses Leib Lilienblum, der führende Essayist jener Zeit, war in jüngeren Jahren einer der schärfsten Kritiker des Talmud und ein Anhänger sozialistischer Ideen gewesen. Er wurde nun gleichfalls zum eingefleischten Nationalisten, wie auch Elieser Perlman, besser bekannt unter dem Pseudonym Ben Jehuda, vormals ein überzeugter *Narodnik*, der sich völlig mit den Bestrebungen des russischen Volkes und der Südslawen identifiziert hatte.

Ende der siebziger Jahre glaubte Gordon nicht mehr an die kulturelle und politische Integration. In einer anonym veröffentlichten Broschüre schlug er die Gründung eines jüdischen Staates in Palästina unter britischer Oberhoheit vor[25]. Für Lilienblum waren die Entstehung des modernen Antisemitismus im Westen und die Unruhen von 1881 ein furchtbarer Schlag, und auch er wurde ein Hauptsprecher des frühen russischen Zionismus. »Wir brauchen eine Ecke, die uns gehört«, schrieb er 1881. »Wir brauchen Palästina[26].« Beeindruckt von den Bulgaren und den Montenegrinern kam Ben Jehuda zu der Schlußfolgerung, daß auch das jüdische Volk wieder zu einer lebendigen Nation werden müsse. Die Wiederbelebung des Hebräischen sollte sein Lebenswerk werden, aber er merkte sehr bald, daß diese Sprache in der Diaspora keine Zukunft haben würde; sie könne nur blühen, wenn die Nation erneuert und in ihre Heimat zurückgeführt würde.

Die Unruhen von 1881 setzten vielen Illusionen ein Ende und führten in der russischen Judenschaft zu einem gründlichen Umdenken. Hatten sie im Zarenreich noch eine Zukunft? Wenn nicht, wohin sollten sie sich wenden? Was waren die Ursachen des Antisemitismus? In einer bemerkenswert scharfsinnigen Untersuchung des Antisemitismus war Lilienblum zu der pessimistischen Schlußfolgerung gelangt: »Wir sind Fremde und werden Fremde bleiben.« Der Fortschritt der Zivilisation würde einer Judenverfolgung, die mehr vom Nationalismus als von religiösen Vorurteilen ausgelöst wurde, kein Ende setzen. In ganz Europa ging die Entwicklung zum Nationalismus. Vielleicht war er eine fortschrittliche Bewegung, aber soweit es die Juden betraf, war er der Nährboden für das Gedeihen des Antisemitismus. Auch dürften sie ihre Hoffnungen nicht auf den Sozialismus und das Proletariat setzen, wie es noch Lilienblum selbst in jüngeren Jahren getan hatte. Wenn die Arbeiter zur Macht kämen, würden sie die Juden als Konkurrenten betrachten, die ihnen ihren Lebensunterhalt streitig machten: »Man wird uns als Kapitalisten betrachten, und wir werden wie stets die Rolle des Sündenbockes und des Blitzableiters spielen.« Der Antisemitismus, meinte Lilienblum, sei weder eine vorübergehende Erscheinung noch ein Anachronismus. Eine Rückkehr zum Mittelalter erschien vielen Juden unvorstellbar, aber Lilienblum war in dieser Hinsicht weniger optimistisch. Die jüdische Frage könne nur gelöst werden, wenn die Juden in ein Land übersiedelten, wo sie die Mehrheit bildeten und nicht mehr Fremde wären, sondern ein normales Leben führen könnten. Eine solche Möglichkeit gab es weder in Spanien[27] noch in Lateinamerika, ja nicht einmal in den Vereinigten Staaten, sondern nur in Palästina. Es wäre sinnlos, auf eine Initiative der jüdischen Plutokraten zu warten; der Anstoß könne nur aus den Reihen des Volkes kommen[28].

Die Frage, ob und wohin man auswandern sollte, erregte die russische Judenschaft viele Jahre lang. Smolenskin wurde nach den Unruhen von 1881 Zionist und schilderte in seinen Schriften die Vorzüge Palästinas vor den Ländern Nord- und Südamerikas. Er wies darauf hin, daß schon allein die Worte *Erez Israel* noch wenige Jahre zuvor von fast allen Juden verlacht worden waren, mit Ausnahme jener, die dort begraben werden wollten. Nun sprach man von der Gründung landwirtschaftlicher Siedlungen; dies wurde sogar zum Hauptgesprächsthema all jener, die ihr Volk liebten. Andere Publizisten waren bezüglich Palästinas weniger zuversichtlich. Zu ihnen gehörten Dr. Zamenhof, der Erfinder des Esperanto; der damals noch junge Historiker Dubnow; und sogar Sokolow, einer der künftigen Führer des Zionismus. Sie hatten ernstliche Zweifel, ob die Schaffung eines jüdischen Staates in Palästina möglich wäre. Vor allem gehe es doch um eine praktische Frage. Juden konnten nach Amerika auswandern, während sie sich damals nicht in größerer Zahl in Palästina niederlassen konnten. Palästina war keine Lösung für die akuten Probleme der russischen Juden. Außerdem wären sie dort weder sicher noch frei, sondern den unberechenbaren Launen des Sultans und seiner örtlichen Vertreter ausgesetzt. Jalag hingegen, der seine Rabbis kannte, fürchtete mehr die Entstehung einer jüdischen Theokratie als die Willkürherrschaft des Sultans. Der Gedanke eines jüdischen Staates in Amerika wurde geäußert und sogleich wieder verworfen. Der Jude könne nicht mit dem Yankee konkurrieren, und es gebe keine Garantie, daß der europäische Antisemitismus nicht schließlich auch auf Amerika übergreifen würde. Ignatiew, der russische Minister, der für die Maigesetze verantwortlich war, äußerte sich im Gespräch mit jüdischen Besuchern zugunsten Palästinas, denn dort könnten die Juden das Land bearbeiten und auch ihre nationale Identität bewahren, was sie in Amerika nicht könnten.

Die russisch erzogenen und von der russischen Kultur stark beeinflußten Maskilim in Odessa und Südrußland waren im großen und ganzen eher geneigt, Amerika zu wählen, während die traditionell erzogenen Juden Litauens und Weißrußlands sich mehr für den Gedanken einer jüdischen Wiedergeburt in Palästina erwärmten[29]. Allerdings kamen die Initiativen zur Schaffung eines Pro-Palästina-Komitees mit wenigen Ausnahmen ebenfalls aus Südrußland (Odessa, Kiew, Charkow, Elisawetgrad). Insgesamt aber ging es bei der Streitfrage: Amerika oder Palästina? nicht um grundsätzliche Dinge. Wer Amerika vorzog, tat dies nicht aus Abneigung gegen Palästina, sondern weil eine Auswanderung nach Palästina unter den gegebenen Verhältnissen keine praktische Möglichkeit war. Die müden, armen und zusammengedrängten Massen der russischen Judenschaft (»der erbärmliche Abfall deiner überfüllten Gestade«), die Hunderttausende, die in den achtziger und neunziger Jahren des neunzehnten Jahrhunderts auswanderten, konnten nicht warten.

Leo Pinsker

In den siebziger Jahren des neunzehnten Jahrhunderts gab es in Odessa eine Gesellschaft zur Verbreitung der Aufklärung unter den Juden; ihre Aufgabe bestand hauptsächlich darin, der jüngeren Generation die russische Sprache und andere weltliche Fächer zu vermitteln. In einer Versammlung dieser Gruppe im Sommer 1881 erklärte eines der ältesten und meistgeachteten Mitglieder in großer Erregung seinen sofortigen Austritt; es sei sinnlos, darüber zu diskutieren, ob dieser oder jener Student würdig sei, ein Stipendium zu erhalten, in einem Augenblick, da das gesamte jüdische Volk angegriffen werde und es darauf ankomme, ihm eine Führung zu geben und Initiative zur Rettung der Nation zu entfalten, nicht aber nur einigen wenigen Einzelpersonen die Chance zur Weiterbildung zu bieten. Leo Pinsker, der diese Worte sprach, war damals sechzig Jahre alt, ein Arzt, der früher einer der führenden Anhänger der kulturellen Assimilation gewesen war[30].

Pinsker war der Sohn eines hervorragenden Hebraisten und hatte die Moskauer Universität absolviert. Für seine Leistungen im Krimkrieg war er von der Regierung ausgzeichnet worden. Die Ausschreitungen in Odessa im Jahre 1871 hatten in ihm die ersten Zweifel hinsichtlich der künftigen Aussichten der Juden in Rußland geweckt, und die

Ausschreitungen von 1881 brachten ihn schließlich zur Einsicht, daß sein Lebenswerk, die Förderung der kulturellen Assimilation, vergebens gewesen war. Frucht dieser Erkenntnis war eine Broschüre, die in deutscher Sprache anonym in Berlin erschien und zu einem Meilenstein in der Entwicklung der zionistischen Idee wurde[31].

Manche Grundgedanken in Pinskers *Autoemanzipation* waren durchaus nicht neu, aber noch nie zuvor waren sie so systematisch, klar und folgerichtig dargelegt worden. Nie zuvor hatte jemand mit solch leidenschaftlicher Überzeugung gesagt: Wenn die Juden sich nicht selber helfen, wird ihnen auch sonst niemand helfen. Vor Pinsker war es unter den Juden in West- und Osteuropa üblich gewesen, den Antisemitismus ausschließlich mit der Rückständigkeit des jeweiligen Landes und dem bösartigen Charakter seiner Bewohner zu erklären. Eine leidenschaftslose Analyse, die sich mit der Anomalie der jüdischen Existenz befaßte, war bislang noch nicht versucht worden, die einzige Ausnahme war das vergessene Buch von Hess. Vielleicht war es Pinskers medizinische Ausbildung, die es ihm leichter machte als vielen seiner Zeitgenossen, unangenehmen Wahrheiten ins Gesicht zu sehen. Es befriedigte ihn nicht, den Antisemitismus nur als Ausdruck von Neid und Unwissenheit zu erklären. Wohl betrachtete auch er die Judäophobie als psychische Abirrung, doch war sie seiner Meinung nach erblich. Diese Krankheit, seit zweitausend Jahren von einer Generation auf die andere übertragen, sei unheilbar, zumindest solange ihre Ursache nicht beseitigt würde. Den Judenhaß mit Polemiken zu bekämpfen, betrachtete er als Zeit- und Kraftvergeudung: »Gegen Aberglauben kämpfen Götter selbst vergebens.« Vorurteile, unbewußte Vorstellungen könnten nicht durch Argumente beseitigt werden, wie stark und klar diese auch sein mochten.

Das war eine revolutionäre These. Seit mehreren Generationen hatten jüdische Assimilationsanhänger in ganz Europa genau das Gegenteil behauptet. Sie hatten den Standpunkt vertreten, der Antisemitismus könne durch geduldiges, vernünftiges Argumentieren verringert oder sogar völlig ausgemerzt werden, indem man immer wieder erklärte, daß die Juden keine Ritualmorde begingen, daß sie bereit seien, staatsbürgerliche Verantwortung zu übernehmen, und daß sie wertvolle Beiträge zum wirtschaftlichen, sozialen und kulturellen Leben ihrer jeweiligen Länder leisten könnten. Dies war der Grundgedanke der verschiedenen Bünde und Vereinigungen zur Bekämpfung des Antisemitismus, die im letzten Viertel des neunzehnten Jahrhunderts entstanden. Mit einigen Modifikationen wurde er auch von den meisten jüdischen Sozialisten geteilt. Als Bernard Lazare, ein glühender Sozialist, einer der führenden Männer in der Kampagne zur Rehabilitierung von Dreyfus und späterer Zionist, in den neunziger Jahren über den Antisemitismus schrieb, war er noch der Meinung, daß die Menschheit sich vom nationalen Egoismus zum Geist der Brüderlichkeit hin entwickle. Im Sozialismus, ja bereits während des Übergangs zum Sozialismus würden die Juden zwangsläufig einige oder alle ihrer besonderen Eigentümlichkeiten verlieren. Der Antisemitismus sei letztlich ein revolutionäres Agens und sein eigener Totengräber, denn er bereite den Weg für den Sozialismus und den Kommunismus und damit für die Beseitigung der ökonomischen, religiösen und ethnischen Ursachen des Antisemitismus[32].

Pinsker teilte nicht den Optimismus der Liberalen und der Sozialisten. Die Anomalie der jüdischen Existenz sei, wie er sagte, so beschaffen, daß die Krankheit nur geheilt werden könne, wenn man sie an der Wurzel faßte. Da die Juden ihre Unabhängigkeit und ihr Vaterland verloren hätten, seien sie zu einer geistigen Nation geworden. Die Welt erblicke in diesem Volk die unheimliche Gestalt eines Toten, der unter den Lebenden wandelt. Überall seien die Juden nur Gäste, nirgends zu Hause. Dank ihrer Anpassungsfähigkeit hätten sie gewöhnlich die ihnen fremden Züge des Volkes angenommen, in dessen Mitte sie lebten. Sie hätten gewisse kosmopolitische Tendenzen absorbiert und ihre traditionelle Individualität verloren. Bewußt hätten sie ihre eigene Nationalität abgelegt, doch sei es ihnen nirgends gelungen, von ihren Nachbarn als gleichwertige Bürger anerkannt zu werden. All dies sei nicht bloß Zufall oder Mißgeschick, sondern unterliege einer bestimmten Folgerichtigkeit. Kein Volk, schrieb Pinsker, hat eine besondere Vorliebe für Fremde. Aber der Jude sei diesem allgemeinen Gesetz gerade deshalb in noch größerem Maße unterworfen, weil er kein eigenes Land habe, weil er der Fremde *par excellence* sei. Andere Fremde brauchten nicht Patrioten zu sein oder sich als solche zu geben. Sie könnten Gastfreundschaft in Anspruch nehmen und diese in ihrem eigenen Land in gleicher Weise erwidern. Der Jude, der kein Heimatland habe, könne keine Gastfreundschaft beanspruchen. Er sei eher Bettler als Gast.

Unbarmherzig fuhr Pinsker fort, die Illusionen zu zerstören, die er noch wenige Jahre zuvor selbst geteilt hatte: Daß Juden seit vielen Generationen in einem bestimmten Land lebten, habe nichts an der Tatsache geändert, daß sie Fremde blieben. Wohl seien sie gesetzlich gleichgestellt und mit Bürgerrechten ausgestattet oder würden es noch werden, aber man würde sie nicht gesellschaftlich emanzipieren und als gleichwertig anerkennen. Die Emanzipation sei stets die Frucht einer rationalen Denkweise und aufgeklärten Eigeninteresses, niemals aber spontaner Ausdruck des Volksempfindens. Aus diesem Grund könne das den Juden anhaftende Stigma auch durch eine von oben dekretierte rechtliche Emanzipation nicht beseitigt werden, »solange dieses Volk seiner Natur gemäß unstete Landstreicher hervorbringen wird; solange es sich nicht darüber ausweisen kann, woher es kommt und wohin es geht; solange die Juden selbst in arischer Gesellschaft nicht gerne von ihrer semitischen Herkunft sprechen, nicht gerne an diese erinnert werden mögen; solange man sie verfolgen, dulden, beschützen, emanzipieren wird[33]«. Pinskers Analyse des Antisemitismus schloß mit einer Beschreibung des Bildes, das man sich vom Juden machte:

»So ist der Jude für die Lebenden ein Toter, für die Eingeborenen ein Fremder, für die Einheimischen ein Landstreicher, für die Besitzenden ein Bettler, für die Armen ein Ausbeuter und Millionär, für die Patrioten ein Vaterlandsloser, für alle Klassen ein verhaßter Konkurrent.“

Nachdem Pinsker solcherart die Ätiologie der Krankheit beschrieben hatte, erörterte er mögliche Therapien. Es sei unsinnig, wenn Juden sich auf die ewige Gerechtigkeit beriefen und von der menschlichen Natur etwas erwarteten, an dem es ihr stets gemangelt hat – nämlich Menschlichkeit. Was sie brauchten, sei Selbstachtung. Sie hätten einen langen und oft heroischen Kampf ums Überleben geführt, aber nicht um ein Überleben als Volk mit einem Vaterland, sondern als einzelne; in diesem Kampf seien sie gezwungen gewesen, alle möglichen zweifelhaften Taktiken anzuwenden, die ihrer Würde Abbruch taten und sie in den Augen ihrer Gegner noch tiefer sinken ließen. Was ihnen fehle, sei nicht Begabung, sondern Selbstachtung und Würde.

Auch seien sie nicht berechtigt, die Umwelt für ihr Unglück verantwortlich zu machen. Sie hätten keine schicksalhafte Mission unter den Völkern zu erfüllen, sondern sollten ihre eigene Erlösung im Kampf um Unabhängigkeit und nationale Einheit suchen. Sie seien ein krankes Volk, denn viele von ihnen verspürten nicht einmal ein Bedürfnis nach einer selbständigen nationalen Existenz, so wie ein von Krankheit befallener Mensch kein Verlangen nach Speise und Trank habe. Aber es gebe keinen anderen Ausweg. Die russischen Juden würden auswandern müssen, wenn sie nicht weiterhin Parasiten bleiben und somit ständig Druck und Verfolgung erleiden wollten. Da aber kaum ein anderes Land einer Masseneinwanderung die Pforten öffnen würde, brauchten sie eine eigene Heimstätte. Sie erlebten nun einen wichtigen historischen Augenblick, der vielleicht nicht wiederkehren würde. Das Bewußtsein der Menschen sei erwacht, die Zeit sei reif für entscheidendes Handeln – wenn sie nur gewillt seien, sich selbst zu helfen. Die bereits existierenden jüdischen Vereine, meinte Pinsker abschließend, sollten einen Nationalkongreß einberufen, um ein Territorium für die Ansiedlung von mehreren Millionen Juden zu erwerben. Zugleich solle man sich die Unterstützung der Großmächte verschaffen, um den dauernden Bestand einer solchen Zufluchtstätte zu sichern. Er erwarte nicht, daß nun das ganze Volk in diesen neuen Staat auswandern würde; die Westjuden würden wahrscheinlich bleiben, wo sie seien. Doch gebe es in jedem Land einen Sättigungsgrad, über den hinaus die Zahl der Juden nicht anwachsen könne, ohne Verfolgungen auszulösen, die nicht nur in Rußland, sondern auch in anderen Ländern wieder einsetzen könnten. Nur auf die vorgeschlagene Weise würde es möglich sein, die nun überall gefährdete Zukunft des jüdischen Volkes zu sichern. Selbstbefreiung sei das Gebot der Stunde: Helft euch selbst, dann hilft euch Gott!

Pinskers Aufruf fand große Beachtung bei den jüdischen Schriftstellern in Rußland, kaum aber in den Kreisen, für die er bestimmt war und von denen Pinsker Initiative erwartete, nämlich bei der westlichen Judenschaft, vor allem der deutschen. Als Pinsker seine Gedanken mit dem Oberrabiner von Wien, Adolf Jellinek, besprach, riet ihm dieser, in Italien auszuspannen, um seine offensichtlich zerrütteten Nerven zu beruhigen. (Später gelangte Jellinek zu einer positiveren Beurteilung von Pinskers Gedankengängen.) Die meisten russisch-jüdischen Autoren meinten, *Autoemanzipation* enthalte wenig Neues; ähnliche Ideen würden in der russisch-jüdischen Presse schon seit einigen Jahren verbreitet. Smolenskin schrieb etwas herablassend, *Autoemanzipation* könnte vielleicht unter den deutschen Juden eine nützliche Aufgabe erfüllen, für die diese Ideen neu seien. Andere kritisierten Pinsker wegen seiner unklaren Haltung bezüglich Palästinas. In seiner Broschüre hatte er festgestellt, die Juden »dürfen vor allem nicht davon träumen, das alte Judäa wieder herzustellen . . . Nicht das ›heilige‹ Land soll jetzt das Ziel unserer Bestrebungen werden, sondern das ›eigene‹[34].« An anderer Stelle sprach er von einem Territorium in Nordamerika oder einem souveränen *Paschalik* in der asiatischen Türkei als Alternativmöglichkeiten. Es ging ihm vor allem um die augenblickliche politische Situation des russischen Judentums. Die religiös-nationale Sehnsucht nach Palästina war für ihn, so wie auch für Herzl fünfzehn Jahre später, nicht von primärer Bedeutung. Als er seine Broschüre verfaßte, war er Territorialist, nicht Zionist. Erst später wandte er sich unter dem Einfluß von Lilienblum, Max Mandelstam (einem Augenarzt aus Kiew) und Professor Hermann Schapira (einem Heidelberger Mathematiker russischer Herkunft) dem Zionismus zu. Während seiner letzten Lebensjahre – er starb 1898 – spielte er eine führende Rolle bei den *Zionsfreunden (Chowewe Zion),* den Vorläufern des politischen Zionismus. So wie Herzl nach ihm wurde auch er beschuldigt, weitgehend ignoriert zu haben, was andere vor ihm in bezug auf einen jüdischen Staat geschrieben und getan hätten. Diese Kritik war berechtigt. Als Pinsker seine *Autoemanzipation* verfaßte, wußte er nichts von Moses Hess und Kalischer, nicht einmal von den protozionistischen Gruppen, die einige Jahre zuvor in verschiedenen russischen Städten entstanden waren. Herzl wiederum wußte nichts von Pinsker und anderen Vorläufern des Zionismus, als er seinen *Judenstaat* schrieb. Es bleibt jedoch zweifelhaft, ob die Kenntnis der verschiedenen Aktivitäten zugunsten Palästinas Pinsker veranlaßt hätte, seine grundsätzliche Meinung zu ändern, wonach die Juden Mittel- und Westeuropas die Führung der neuen Nationalbewegung übernehmen müßten. Er hatte keine sehr hohe Meinung von den politischen und organisatorischen Fähigkeiten seiner jüdischen Brüder in Rußland, und seine Skepsis war, wie die spätere Entwicklung zeigte, nicht unbegründet. Zu der Zeit, als Pinsker starb, waren die meisten Unternehmen der *Zionsfreunde* fehlgeschlagen, und mit dem Aufstieg des politischen Zionismus verschob sich das Schwergewicht nach Wien und Berlin, nach Köln und später nach London.

Als Pinsker seine *Autoemanzipation* schrieb, war er über sechzig, und so sehr der Zionismus zum Mittelpunkt seines Lebens wurde, fehlten ihm doch der jugendliche Schwung und auch der Ehrgeiz und die Eitelkeit, die für Herzl so charakteristisch waren. Die Zeit war reif, aber Pinsker konnte und wollte kein neuer Moses sein. »Die Geschichte«, schrieb er einmal, »schenkt einem Volke solche Führer nicht mehrmals.«

Pinskers Name ist in der Ideengeschichte bedeutsamer als in der politischen Geschichte der Juden. Der unmittelbare politische Einfluß seines Werkes war begrenzt; es waren nicht viele, die durch die Lektüre der *Autoemanzipation* zum Zionismus bekehrt wurden, aber diese wenigen bildeten in den neunziger Jahren des neunzehnten Jahrhunderts den Kern der zionistischen Bewegung in Osteuropa. Es ist zweifelhaft, ob Herzl und Nordau ohne die Unterstützung jener Leute Erfolg gehabt hätten.

Die Zionsfreunde

Vereine zur Förderung der jüdischen Auswanderung nach Palästina wurden unabhängig voneinander in den Jahren 1881 und 1882 in mehreren russischen Städten gegründet. Der erste entstand in Suwalki, nahe der polnisch-litauischen Grenze, ein anderer in Krementschuk, während Rabbi Mohilewer von Radom bei der Gründung mehrerer solcher Vereine in Polen eine bedeutende Rolle spielte. Sie waren eine recht gemischte Angelegenheit. Manche bestanden hauptsächlich aus orthodoxen Juden, andere aus radikalen Studenten, die ihre Anregungen vor allem von dem damals verbreiteten *Narodnitschestwo* (Populismus) bezogen. Manche nahmen die Frage der Auswanderung sehr ernst und bereiteten sich auf eine baldige Abreise vor, während andere hauptsächlich philanthropisch wirkten und Geld für die wenigen bereits bestehenden jüdischen Kolonien sammelten. Anfangs gab es kaum Zusammenarbeit zwischen ihnen; die einzelnen Gruppen entsandten Emissäre nach Palästina, um die dortigen Verhältnisse zu erkunden.

Die Vertreter der Suwalki-Gruppe hatten den Auftrag, Antworten auf nicht weniger als zwölfhundert Fragen einzuholen. Die aktivste Gruppe war jene, die 1881 von Schülern und Studenten in Charkow gegründet wurde. Sie nannten sich Bilu (*Beth Jaakob lechu wenelcha* – So kommet, ihr vom Hause Jakob, und laßt uns wandeln, Jesaja 2,5). Sie beschlossen, sofort auszuwandern, und einige reisten nach Odessa ab, um sich über Konstantinopel ins Heilige Land zu begeben. Der Tag ihrer Ankunft gilt gewöhnlich als der Beginn der Geschichte der jüdischen Kolonisierung Palästinas – der ersten *Alija* (Einwanderungswelle). Ihr späteres Schicksal ist typisch für die ganze Bewegung. Von dreihundert Mitgliedern fuhren hundert nach Odessa, aber nur vierzig kamen bis Konstantinopel. Etwa sechzehn erreichten schließlich Palästina. Zunächst gründeten sie eine Arbeitsgemeinschaft nach sozialistischen Grundsätzen und waren damit Vorläufer der *Kibbuzim* und *Kwuzot*. Als erstes begannen sie in der Ackerbauschule *Mikwe Israel* zu arbeiten, die bereits ein Jahrzehnt vorher gegründet worden war. Später gründeten sie südlich von Jaffa die landwirtschaftliche Siedlung Gedera, die heute noch besteht, aber schon lange nicht mehr nach sozialistischen Grundsätzen geführt wird.

Die Begeisterung der Biluim war ebenso groß, wie ihre Vorbereitung mangelhaft war. Sie verstanden nichts von der Landwirtschaft und fanden die Arbeit unter den ungewohnten klimatischen Bedingungen fast unerträglich. Vor allem hatten sie kein Geld, um Land und Ausrüstung zu kaufen, und es gab keine Mittel für den Bau von Häusern. Da sie, nach einer zeitgenössischen Schilderung, weder Pferde noch Ochsen noch landwirtschaftliche Geräte besaßen, mußten sie den steinigen Boden mit bloßen Händen bearbeiten. Die orthodoxen Juden Jerusalems waren über die Neuankömmlinge keineswegs begeistert; sie sahen in ihnen nicht nur gefährliche subversive Elemente, sondern auch Konkurrenten bei der Verteilung der Gelder, die alljährlich von jüdischen Gemeinden im Ausland nach Palästina gesandt wurden *(Chalukka)*. Gelegentlich verhielten sie sich den Bilium gegenüber unverhüllt feindselig und denunzierten sie bei den türkischen Behörden. In der ganzen Kolonie gebe es kein einziges Paar *Tefillim* (Gebetsriemen), klagten die Rabbiner. Junge Männer und Frauen tanzten miteinander: »Lieber soll das Land unserer Väter wieder zur Behausung von Schakalen werden als ein Ort des Frevels.« In diesem Licht sahen die Orthodoxen noch viele Jahre lang die Tätigkeit der »russischen Anarchisten«.

Auch die Türken mißtrauten den Neuankömmlingen, in denen sie potentielle Agenten jener Macht sahen, die die Existenz ihres Reiches bedrohte. Die Bilu-Mitglieder, die ein Zentralbüro in Konstantinopel eingerichtet hatten, warteten daher vergebens auf den *Ferman* (die amtliche Bewilligung), in Palästina eine Reihe von Siedlungen zu gründen, welche die Grundlage für eine Masseneinwanderung schaffen sollten. Die türkische Regierung stellte ihnen viele Hindernisse in den Weg und verbot 1893 die Einwanderung russischer Juden nach Palästina und den Landkauf zur Gänze. Diese Bestimmungen wurden häufig umgangen, indem man angekauftes Land unter Namen westeuropäischer Juden eintragen ließ und an die örtlichen Beamten Bakschisch verteilte. So konnten einige wenige Siedlungen errichtet werden, doch waren dies kaum die Bedingungen, die Pinsker sich für eine Masseneinwanderung vorgestellt hatte, von der Gründung eines jüdischen Staates ganz zu schweigen.

Unter den ersten in dieser Periode gegründeten landwirtschaftlichen Siedlungen waren Sichron Jaakov, südlich von Haifa, und Rosch Pina, das von Einwanderern aus Rumänien errichtet wurde. Petach Tikwa nördlich von Jaffa war bereits 1878 von jungen Juden aus Jerusalem gegründet worden, mußte aber wieder aufgegeben werden, weil die meisten an Malaria erkrankten. Ein Jahr später kehrten sie zurück; 1883 wurde Jessod Hamaala und 1884 Mischmar Hajarden gegründet, beide Siedlungen in Galiläa. Andere vor der Jahrhundertwende errichtete Kolonien sind Rechowot (1890), Moza und Hadera (1891), Metulla und Char Tuw (1896). Überall sahen sich die neuen Kolonisten schrecklichen Heimsuchungen ausgesetzt, und nicht wenige gingen an Erschöpfung und Krankheiten zugrunde. In Hadera forderte die Malaria die meisten Opfer. Erst nach Trockenlegung der Sümpfe konnte man eine normale landwirtschaftliche Tätigkeit ins Auge fassen. In Rußland wurde inzwischen versucht, die Tätigkeit der verschiedenen Ortsgruppen der Zionsfreunde zu koordinieren. Anläßlich einer Konferenz im oberschlesischen Kattowitz wurde 1884 eine Zentralorganisation gegründet. Pinsker wurde zum Vorsitzenden gewählt; er betonte in seiner Eröffnungsansprache die Wichtigkeit einer »Rückkehr zur Scholle«. Die Konferenz beschloß die Bildung von zwei Hauptausschüssen, je einem in Warschau und in Odessa, die als Exekutivorgane der Bewegung dienen sollten. Der erste löste sich bald wieder auf, der zweite blieb bis zum Ausbruch des Ersten Weltkrieges das Hauptzentrum der zionistischen Tätigkeit in Rußland.

Die Kattowitzer Konferenz gilt als einer der wichtigsten Meilensteine in der Geschichte des Zionismus. In Wirklichkeit war es jedoch ein sehr bescheidener Anfang. Die sechsunddreißig Delegierten stimmten darin überein, daß irgend etwas für Palästina getan werden müsse, aber es wurde kein ernsthafter Versuch gemacht, Wirkungsbereich und Zweck der neuen Organisation klar zu definieren oder sich mit den Möglichkeiten praktisch durchführbarer Pläne zu befassen. Die reichen russischen Juden zeigten wenig Neigung, die zionistischen Initiativen zu unterstützen, daher standen der neuen Organisation kaum Mittel zur Verfügung. Die Debatten in Kattowitz drehten sich um zweitrangige

Fragen, beispielsweise, ob man einen oder zwei Emissäre nach Palästina entsenden und wieviel Geld man den einzelnen Kolonien zuteilen sollte[35]. Diese Tagung und spätere Konferenzen der Zionsfreunde zeigten deutlich, daß es sich im Grunde um eine philanthropische und nicht um eine politische Vereinigung handelte, die außerdem nicht besonders wirksam war; sie sammelte innerhalb eines Jahres bloß 15.000 bis 20.000 Rubel. Einige Mitglieder wanderten nach Palästina aus, aber die große Mehrheit bestand nur aus Gönnern und Sympathisanten. Eine Bewegung dieser Art konnte keinen wesentlichen Beitrag zur Lösung der brennendsten Frage der russischen Judenschaft leisten – der Auswanderungsfrage. Etwa zwanzigtausend Juden verließen Rußland in den Jahren 1881 und 1882, aber nur einige Hundert gingen nach Palästina. In späteren Jahren wurde das Mißverhältnis noch größer. Als Pinsker seine *Autoemanzipation* schrieb und Smolenskin und Lilienblum ihre Manifeste und Aufrufe veröffentlichten, hatten sie an gewichtigere Projekte gedacht als die Schaffung einiger weniger Kleinsiedlungen im Mutessariflik von Jerusalem und in den Distrikten Nablus und Akko. Die Bewegung war von inneren Streitigkeiten zerrissen. Die Rabbiner unter der Führung Mohilewers versuchten, die »Freidenker« loszuwerden, und Pinsker wurde nach und nach aus der Leitung hinausgedrängt. Diese internen Zwistigkeiten nahmen viel Zeit und Kraft in Anspruch und führten zu einer zeitweiligen Lähmung der Bewegung.

Inzwischen wurden die Berichte aus den Kolonien immer alarmierender. Das Fehlen landwirtschaftlicher Erfahrung hatte schwere Verluste zur Folge, und es gab keine Mittel, um den Siedlern über ihre ersten Rückschläge hinwegzuhelfen. Das Land, das die Emissäre der russischen und der rumänischen Judenschaft angekauft hatten, war steinig oder sumpfig und malariaverseucht. Die Siedler wußten nicht, daß man unter Bedingungen, wie sie in Hadera bestanden, Eukalyptusbäume anpflanzen mußte, und selbst wenn sie es gewußt hätten, wären sie wegen mangelnder Mittel dazu nicht imstande gewesen. Überhaupt hatten sie keine Ahnung, was, wie und wann sie anbauen sollten. Sie hausten in Höhlen und erbärmlichen Hütten und waren einem ungewohnten, unwirtlichen Klima ausgesetzt. Die ursprüngliche Begeisterung konnte sie nicht ewig aufrechterhalten. Manche kehrten nach Rußland zurück, andere fuhren weiter nach Amerika. Einige wenige zogen nach Jerusalem – mit Hilfe christlicher Missionen, weil die jüdische Gemeinde in Jerusalem ihnen die Unterstützung verweigerte.

Das ganze Unternehmen schien zum Scheitern verurteilt. Um die Kolonien zu retten, nahmen Rabbi Mohilewer und ein christlicher Zionsfreund in England, Laurence Oliphant[36], die Hilfe Baron Edmond de Rothschilds und eines anderen bekannten jüdischen Philanthropen, des Barons Maurice de Hirsch, in Anspruch. Hirsch machte seine Mithilfe davon abhängig, daß die russischen Juden fünfzigtausend Rubel beisteuerten, und als dies nicht geschah, beschloß er, seine Bemühungen auf die jüdische Kolonisation in Argentinien zu konzentrieren. Rothschild war bereit, zu helfen, und nur seiner Unterstüzung war es zu danken, daß Rischon, Sichron, Rosch Pina und die anderen Kolonien überlebten. Auch half er bei der Gründung zweier neuer Kolonien, Ekron und Metulla. Nach der Ankunft einer weiteren kleinen Einwandererwelle in den Jahren 1890 und 1891, die durch die Ausweisung der Juden aus Moskau ausgelöst worden war, kam es zu neuerlichen Landkäufen, und so entstanden zwei größere Kolonien, nämlich Rechowot südlich von Rischon le-Zion und Hadera, etwa auf halbem Weg zwischen Jaffa und Haifa. Gegen Ende des Jahrhunderts gab es insgesamt einundzwanzig landwirtschaftliche Siedlungen mit etwa 4500 Einwohnern, von denen zwei Drittel in der Landwirtschaft tätig waren.

Rothschild traute den Fähigkeiten der Kolonisten nicht recht und bestand auf einer direkten Überwachung und Kontrolle durch seine Vertreter. So wurde ein paternalistisches Regime eingeführt, das den Vorstellungen der Chowewe Zion keineswegs entsprach. Für Rothschild war das Ganze bloß ein weiteres philanthropisches Projekt. Anfangs verursachte dies große Verstimmung bei den Kolonisten, aber ohne Rothschilds Hilfe hätten sie nicht überlebt. Man schätzt, daß der Baron in den achtziger Jahren rund fünf Millionen Dollar zur Unterstützung der Siedlungen ausgab, während die Chowewe Zion nur etwa fünf Prozent dieser Summe aufbringen konnte. Ihre Unterstützung beschränkte sich auf Gedera, die erste Bilu-Siedlung. Unter der Leitung von Rothschilds Vertretern wurden in Rischon und Sichron Weingärten angelegt, andernorts wurden Weizenanbau, Seidenraupenzucht und Rosenölerzeugung in Angriff genommen. All diese frühen Versuche waren kostspielig und manche erfolglos. Rentabel wurden die Kolonien erst im ersten Jahrzehnt des zwanzigsten Jahrhunderts, als sie mit dem Anbau von Zitrusfrüchten begannen. Die Abhängigkeit der Kolonisten von Rothschilds Freigebigkeit hatte einige negative Folgen. Anfangs gab es viele Beschwerden über die Einmischung der Vertreter des Barons in alle Angelegenheiten, aber im Laufe der Zeit nahmen die Siedler dies als selbstverständlich hin. Sie verloren jegliche Initiative und gewöhnten sich daran, sich im Falle von Schwierigkeiten stets an Paris zu wenden. Als sie nach drei Jahrzehnten die Anfangsschwierigkeiten überwunden hatten, war von ihrem alten Pioniergeist nicht mehr viel übrig. Die zionistisch-sozialistischen Überzeugungen der frühen Siedler waren einer völlig andersgearteten Einstellung gewichen. Um 1910 waren die Siedler zu Plantagenbesitzern geworden, die hauptsächlich arabische Arbeitskräfte beschäftigten. Ihre eigenen Kinder wurden zur Ausbildung nach Frankreich geschickt. Ein hoher Prozentsatz von ihnen befaßte sich nicht mit Landwirtschaft oder kehrte überhaupt nicht mehr nach Palästina zurück. Als in den Jahren 1905 und 1906 eine neue Einwandererwelle Palästina erreichte, war es für die Neuankömmlinge äußerst schwierig, in den Siedlungen Anstellung zu finden, da man dort die billigeren und erfahreneren arabischen Arbeitskräfte vorzog. Nach dem langen philanthropischen Zwischenspiel wurde die zionistische Initiative zu einem rein kommerziellen Unternehmen. Dies war zweifellos besser als die entwürdigende und unproduktive Existenz der alten jüdischen Gemeinde in Jerusalem, die organisierte Bettelei zu ihrer Lebensform gemacht hatte, aber es war kaum das, was die Zionsfreunde sich erträumt hatten.

Der Niedergang der Bewegung wurde dadurch beschleunigt, daß die Orthodoxen auf der Einhaltung gewisser biblischer Verbote bestanden, beispielsweise jenes, das den Feldanbau in jedem siebenten Jahr untersagt. Die orthodoxen Rabbiner in Rußland und Jerusalem bestanden auf der strengen Einhaltung des Sabbatjahres. Aber wie sollte man eine moderne Landwirtschaft mit solchen veralteten Bräuchen in Einklang bringen? Zugleich lagen die orthodoxen Rabbiner mit ihren ultraorthodoxen Kollegen in einem bitteren Streit über die Frage, ob die *Etrogim* (Paradiesäpfel, die für den Ritus des Laubhüttenfestes benötigt werden) aus Korfu kommen sollten, wie die letzteren forderten, oder aus Palästina, wie die ersteren wollten. Es ist daher nicht überraschend, daß eine spätere Generation von Zionisten, zu der auch Weizmann gehörte, bei ihren zionistischen Unternehmungen nur höchst ungern mit den Rabbinern zusammenarbeiteten.

Pinsker und Lilienblum war es um die Zukunft des jüdischen Volkes gegangen, um seine nationale Wiedergeburt und um das Problem der Massenauswanderung. Als Führer des Odessaer Komitees waren sie nun mit Problemen der Viehzucht in Gedera beschäftigt und mit der Frage, ob die Bewohner von Masmieh, einem benachbarten arabischen Dorf, die jüdische Siedlung angreifen würden. Das war nicht, was sie sich vorgestellt hatten, und so wuchs bei ihnen die Überzeugung, daß ihre frühere Auffassung des Problems mißverstanden worden sei. 1891 und dann nochmals 1893 wurde eines der führenden Mitglieder des Odessaer Komitees, Ascher Ginzberg (Achad Haam), nach Palästina entsandt. In einer Reihe von Artikeln unter dem Titel *Die Wahrheit aus Erez Israel* erhob er scharfe Kritik an den Methoden der Zionsfreunde. Die Kolonisation könnte nur dann Erfolg haben, meinte er, wenn sie nicht übereilt, sondern mit praktischer Vernunft und in angemessenem Umfang durchgeführt würde. Alle diese Faktoren fehlten in Palästina, das die jüdischen Massen nicht aufnehmen könne. Palästina sollte ein kulturelles und geistiges Zentrum sein, nicht aber die politische oder wirtschaftliche Basis des jüdischen Volkes.

Im Jahre 1890 erhielten die Zionsfreunde endlich die Genehmigung der russischen Regierung, sich als Verein anzumelden. Bis dahin hatten sie ihre Tätigkeit halblegal ausüben müssen. Nun gründeten sie eine Gesellschaft zur Unterstützung jüdischer Bauern und Handwerker in Palästina und Syrien, doch obwohl die Organisation nun legal war, kam es zu keiner Intensivierung ihrer Tätigkeit. Die Führer der Chowewe Zion hatten zwar viele gute Eigenschaften, aber nicht die Phantasie, den Weitblick, den Ehrgeiz und die unermüdliche Energie, die sie gebraucht hätten, um ihrer Bewegung zum Erfolg zu verhelfen. Interne Meinungsverschiedenheiten führten zu einer weiteren Schwächung: Pinsker und Lilienblum, die Säkularisten, sahen sich der Opposition der Rabbiner und ihrer Anhänger gegenüber. Anfangs hatten nur wenige Rabbiner Interesse an der Bewegung zur nationalen Erneuerung gezeigt, darunter Pinskers enger Freund Rülf aus Memel, Zadok Kahn in Paris und Israel Hildesheimer, einer der Führer der deutsch-jüdischen Orthodoxen. Später waren sehr viele bereit, ihre Unterstützung zu geben, aber nur unter der Voraussetzung, daß die Bewegung religiösen Charakter hätte. Schließlich waren da noch Achad Haams Schüler, die den Kulturzionismus predigten. Ihrer Ansicht nach sollten die Juden in der Diaspora bleiben, und nur eine kleine, ausgewählte Gruppe sollte sich in Palästina niederlassen. Solche Ideen waren jedoch kaum geeignet, als Grundlage für eine politische Massenbewegung zu dienen.

Organisatorisch und politisch scheiterten die Chowewe Zion, aber obwohl ihre Vorstellungen sich nicht verwirklichten, glaubten Tausende ihrer Mitglieder und Sympathisanten weiterhin, daß ihre Träume eines Tages doch wahr werden würden. Diese Männer und Frauen waren nicht nur in Rußland und Polen zu finden, es gab auch kleine Gruppen in Wien und Berlin.

Gemeinsam mit einigen jüdischen Freunden polnischer und rumänischer Herkunft gründete Nathan Birnbaum eine nationaljüdische Studentenvereinigung, die, einer Anregung Perez Smolenskins folgend, den Namen *Kadimah* annahm, eine Bezeichnung, die sowohl *vorwärts* als auch *ostwärts* bedeutet. Birnbaum war ein Mann von scharfer kritischer Intelligenz und großem Ehrgeiz. Seine frühen Essays zeigen ihn als einen originellen, manchmal prophetischen Denker[37]. Er war lange vor Herzl Zionist. In der Tat verdankt ihm die ganze Bewegung den Namen. Er verstand die Bedeutung des politischen Zionismus besser als die Zionsfreunde. Es genüge keineswegs, einige wenige Kolonien zu gründen, deren wirtschaftliche und politische Existenz nicht gesichert sei. Der Zionismus müsse das Vertrauen der türkischen Regierung gewinnen. Birnbaums Analyse des Antisemitismus ging tiefer als die Pinskers oder Herzls. Als Sozialist leugnete er keineswegs die Bedeutung der ökonomischen Faktoren in der Geschichte und glaubte nicht, daß nationale Feindschaften (einschließlich des Antisemitismus) ewig bestehen würden. Aber er erkannte auch, daß der Antisemitismus nicht in erster Linie ein ökonomisches Phänomen war, daß eine revolutionäre Veränderung der Gesellschaftsordnung ihn an sich nicht berühren würde und daß es vielleicht tausend Jahre dauern mochte, ihn auszumerzen. In dieser Übergangszeit würde der Sozialismus ganz einfach keine Antwort auf die Judenfrage haben.

Birnbaum war isoliert und lebte in schrecklicher Armut. Seine Mutter verkaufte ihren kleinen Laden, um die literarischen Bemühungen ihres Sohnes zu finanzieren, die in der Herausgabe eines vierzehntäglich erscheinenden Zionistenblattes namens *Selbst-Emanzipation* bestanden, in dem er, Herzl vorwegnehmend, einen Plan zur Gründung eines jüdischen Staates in Palästina entwickelte, alle damit verbundenen Folgerungen bis in die Einzelheiten erörterte und die möglichen Gegenargumente widerlegte. Birnbaum hätte guten Grund zur Annahme gehabt, daß er einer der Führer der zionistischen Bewegung sein würde, als diese durch Herzls Initiative neuen Auftrieb erhielt. Aber aus verschiedenen Gründen, zum Teil durch eigene Schuld, fand er nie einen gebührenden Platz in der neuen Bewegung. Bald verließ er sie überhaupt und ging vom Zionismus und Sozialismus zur Propagierung einer aktiven national-jüdischen Politik in der Diaspora über, die er noch wenige Jahre zuvor für a priori unmöglich erklärt hatte. Der ehemalige Hebraist wurde zum leidenschaftlichen Befürworter des Jiddischen, der Volkssprache, die den meisten Zionisten Anathema war. Der Freidenker schloß sich der ultraorthodoxen *Agudat Israel* an, in der er schließlich ein führender Funktionär wurde. In jedem Stadium seiner erratischen geistigen Entwicklung verteidigte er seine jeweiligen Ansichten mit voller Überzeugung. Ihm mangelte es weder an intellektuellem Tiefgang noch an Aufrichtigkeit, aber seine Unbeständigkeit disqualifizierte ihn als politischen Führer.

Kleine Gruppen von Zionsfreunden gab es in vielen Teilen der Welt. Zeitungen und Zeitschriften, die ein besonderes Interesse an der jüdischen Kolonisation Palästinas zeigten, erschienen von Bukarest *(Hajoes)* bis Boston *(Hapisga)* und Baltimore. In Jerusalem gab es die zionistische Zeitschrift *Haor*. Max Bodenheimer, ein deutsch-jüdischer Rechtsanwalt, veröffentlichte 1891 eine Broschüre über die Zukunft der russischen Juden, der zwei Jahre später eine weitere über Syrien und Palästina als Zufluchtsort für die russischen Juden folgte; darin entwickelte er zionistische Ideen völlig unabhängig von den Zionsfreunden oder irgendeiner anderen jüdischen Organisation. 1896 übernahm ein schroffer und eigenwilliger, aber tüchtiger und dynamischer junger Ingenieur, Menachem Ussischkin, die Leitung des Odessaer Komitees. Achad Haam gründete ein kleines, halb illegales *corps d'élite*, genannt *Bnei Mosche*. Diese Männer teilten Achad Haams Ansichten über die zentrale Bedeutung einer kulturellen

Wiedergeburt des jüdischen Volkes; viele der späteren Führer des Zionismus waren zu irgendeiner Zeit Mitglieder dieser Gruppe. Die unmittelbare politische Bedeutung von *Bnei Mosche* war nicht sehr groß und sollte es auch nicht sein. Achad Haams Biograph meint, Miltons Ausspruch, wonach auch jene dienen, die wartend abseits stehen, könnte sehr wohl ihr Wahlspruch gewesen sein[38].

In Berlin war 1889 ein Verein jüdischer Studenten aus Rußland gegründet worden, der sogenannte *Russisch-jüdische wissenschaftliche Verein,* in dem junge Nationalisten wie Leo Motzkin, Nachman Syrkin und Schmarja Lewin tätig waren. Später trat auch Chaim Weizmann bei. Diese jungen Leute waren völlig mittellos, aber voll von Ideen und Begeisterung. Sie kamen im Hotel Zentrum am Alexanderplatz zusammen, wo man (wie Weizmann erwähnt) Bier und Würstchen auf Kredit bekam.

»Mich schaudert, wenn ich daran denke, wieviel wir da zusammenschwatzten. Ehe der Morgen tagte, gingen wir nie auseinander. Wir redeten über alles: Geschichte, Krieg, Revolution, Unordnung der Gesellschaft, doch vor allem über das jüdische Problem und Palästina. Wir sangen, wir feierten, da wir nicht nach Hause fahren konnten, die jüdischen Feiertage gemeinsam, wir debattierten mit Assimilanten und machten großzügige Pläne zur Befreiung unseres Volkes. Es war alles sehr jung, naiv, fröhlich und aufregend, und doch war es nicht ohne tieferen Sinn[39].«

Der Verein existierte gleichsam »außerhalb von Zeit und Raum«. Er hatte keine Verbindung mit dem deutschen Judentum; nur einige wenige deutsche Studenten, beispielsweise Heinrich Löwe, besuchten die Versammlungen des Vereins und traten ihm bei. Die Kluft zwischen den russischen Studenten und dem deutschen Judentum schien unüberbrückbar, aber Löwe ließ sich nicht entmutigen. Er beteiligte sich an der Gründung eines Vereins für deutsch-jüdische Studenten, *Jung-Israel.* In seiner kleinen Zeitschrift *Zion* berichtete er von seiner Studienreise nach Palästina im Jahre 1896, und die kleine Zionistengruppe wurde vor allem durch die Tatsache ermutigt, daß die Berliner Juden im selben Jahr erstmals Wein aus Rischon verkosten konnten. Allerdings waren all diese Aktivitäten noch sehr geringen Umfangs und ohne Wirkung. Im Jahre 1896 hatte außer einem halben Dutzend Rabbinern, einigen jungen Leuten in Berlin und Köln, und einigen älteren Intellektuellen und Geschäftsleuten aus Rußland, noch niemand von der Idee des Zionismus auch nur gehört[40].

Die national-religiöse Sehnsucht nach Zion war in Osteuropa tief verwurzelt und stellte eine große Kraftreserve für eine politische Bewegung dar. Aber in den fünfzehn Jahren seit der Veröffentlichung von Pinskers *Autoemanzipation* hatte sich keine Massenbewegung entwickelt. Nur einige wenige Gruppen von Zionsfreunden, die mit kultureller und philanthropischer Arbeit befaßt waren, und einige kleine Zeitungen hielten die Visionen und Träume von einer nationalen Erneuerung und einer Rückkehr ins Land der Väter lebendig. Die rund zwanzig Kolonien, die seit 1881 in Palästina gegründet worden waren, hatten überlebt, aber gegen Ende des Jahrhunderts wurde es nur allzu deutlich, daß sie nicht als Basis für eine Masseneinwanderung dienen konnten. Der alte mythische und messianische Zionismus war eine Quelle der Erbauung, doch war er nicht imstande, eine politische Massenbewegung hervorzurufen. Wäre seine Geschichte 1897 zu Ende gegangen, dann würde man ihn als eine jener wenig bedeutenden utopischen Sektiererbewegungen ansehen, die in der zweiten Hälfte des neunzehnten Jahrhunderts aus dem Boden schossen, als erfolglosen Versuch eines jüdischen *risorgimento,* der die Ideen der Aufklärung der jüdischen religiösen Tradition aufpfropfen wollte.

Kurz gesagt, der Zionismus lag in Agonie, als 1896 Theodor Herzl auf dem Plan erschien. Innerhalb weniger Jahre verwandelte Herzl den Zionismus in eine Massenbewegung und eine politische Kraft.

Theodor Herzl

Mitte Februar 1896 stellte der Wiener Verlagsbuchhändler Breitenstein eine eben erschienene kleine Broschüre in die Auslage. Sie trug den Titel: *Der Judenstaat – Versuch einer modernen Lösung der Judenfrage.* Verfasser war der in Wien wohlbekannte Journalist und Bühnenautor Theodor Herzl. Die Eintragung in Herzls Tagebuch vom 14. Februar lautet: »Abends kamen meine 500 Exemplare. Als ich den Ballen in mein Zimmer schleppen ließ, hatte ich eine heftige Erschütterung. Dieser Ballen Broschüren stellt sinnfällig die Entscheidung dar. Mein Leben nimmt jetzt vielleicht eine Wendung.« Und am folgenden Tag: »Indessen ist die Broschüre im Buchhandel erschienen. Für mich sind die Würfel gefallen[1].«

Als die Broschüre erschien, war Herzl sechsunddreißig Jahre alt. Er hatte ein Dutzend Theaterstücke und zahllose Essays veröffentlicht, war viele Jahre lang Auslandskorrespondent gewesen und genoß als Journalist einen bedeutenden Ruf. Seine Befürchtungen und Erwartungen waren nicht die eines Neulings, für den das Erscheinen seines ersten Buches ein Ereignis von welterschütternder Bedeutung ist. Dieses neue Buch war in seiner Art völlig anders als jene,die er früher geschrieben hatte, und Herzl ging keineswegs fehl, wenn er äußerte, daß die Gedanken, die er in seinem Büchlein formuliert hatte, eine Umwälzung in der Geschichte des jüdischen Volkes bewirken könnten. Der moderne politische Zionismus beginnt mit der Veröffentlichung des *Judenstaats.*

Herzl behauptete nicht, eine sensationelle Entdeckung gemacht zu haben. Im Gegenteil, schon im ersten Satz stellte er fest: „Der Gedanke, den ich in dieser Schrift ausführe, ist ein uralter, es ist die Herstellung des Judenstaates . . . Ich erfinde weder die geschichtlich gewordenen Zustände der Juden, noch die Mittel zur Abhilfe.“ Der *Judenstaat* kam als Überraschung und Schock für Herzls Freunde und Kollegen, die ihn als tüchtigen Journalisten und begabten Essayisten kannten, der kurzfristig interessante Reiseberichte über London, Breslau oder ein spanisches Dorf liefern konnte, als einen Mann, der mit gleicher Leichtigkeit über Anatole France und das *Dschungelbuch* schrieb, als Kaffeehausliteraten *par excellence* – aber kaum als Ideologen. Sein neues Buch behandelte nicht nur ein Thema, mit dem Herzl sich nie zuvor befaßt hatte, es war auch in einem völlig anderen Stil geschrieben, wie von einem anderen Menschen, in kurzen, klaren und kräftigen Sätzen, zum Unterschied von dem bisherigen künstlichen, eleganten, müden und halbironischen Stil des beliebten Essayisten. Die folgenden Beispiele vermitteln davon einen Geschmack: »Aber ich will in dieser Schrift keine Verteidigung der Juden vornehmen. Sie wäre nutzlos. Alles Vernünftige und auch alles Sentimentale ist über diesen Gegenstand schon gesagt worden.« Oder über den Antisemitismus: »Die Judenfrage besteht. Es wäre töricht, sie zu leugnen. Sie ist ein verschlepptes Stück Mittelalter, mit dem die Kulturvölker auch heute beim besten Willen noch nicht fertig werden konnten ... Die Judenfrage besteht überall, wo Juden in merklicher Anzahl leben. Wo sie nicht ist, da wird sie durch hinwandernde Juden eingeschleppt ... Ich halte die Judenfrage weder für eine soziale noch für eine religiöse ... Sie ist eine nationale Frage.«

Was die meisten Zeitgenossen Herzls an dieser Schrift empörte, war die nüchterne Feststellung, daß die Assimilation nicht geglückt sei. Wie konnte ein assimilierter Jude solch eine offensichtlich absurde Behauptung aufstellen? Herzl war immerhin Redakteur der *Neuen Freien Presse,* eines der führenden europäischen Blätter. Er lebte in Wien und nicht in einem Getto des Ostens. Dennoch war Herzl in seiner schonungslosen Analyse der Lage der Juden in Europa zu der Einsicht gelangt, daß ihr Dilemma im Grunde überall dasselbe sei:

»Wir haben überall ehrlich versucht, in der uns umgebenden Volksgemeinschaft unterzugehen und nur den Glauben unserer Väter zu bewahren. Man läßt es nicht zu. Vergebens sind wir treue und an manchen Orten sogar überschwengliche Patrioten, vergebens bemühen wir uns, den Ruhm unserer Vaterländer in Künsten und Wissenschaften, ihren Reichtum durch Handel und Verkehr zu erhöhen. In unseren Vaterländern, in denen wir ja auch schon seit Jahrhunderten wohnen, werden wir als Fremdlinge ausgeschrien; oft von solchen, deren Geschlechter noch nicht im Lande waren, als unsere Väter da schon seufzten. Wer der Fremde im Lande ist, das kann die Mehrheit entscheiden; es ist eine Machtfrage ... Im jetzigen Zustande der Welt und wohl noch in unabsehbarer Zeit geht Macht vor Recht. Wir sind also vergebens überall brave Patrioten, wie es die Hugenotten waren, die man zu wandern zwang. Wenn man uns in Ruhe ließe ... Aber ich glaube, man wird uns nicht in Ruhe lassen[2].«

Derartige Befürchtungen waren von anderen Schriftstellern schon früher geäußert worden, aber davon wußte Herzl nichts, als er sein Buch schrieb. Einer Eintragung in seinem Tagebuch am 10. Februar 1896 zufolge hatte er gerade Pinskers *Autoemanzipation* gelesen und im entscheidenden Abschnitt eine »erstaunliche Übereinstimmung« festgestellt: »Schade, daß ich die Schrift nicht vor dem Imprimatur der meinigen gelesen habe. Und doch wieder gut, daß ich sie nicht kannte – ich hätte mein Werk vielleicht unterlassen[3].«

Theodor (Benjamim Zeev) Herzl wurde 1860 in Budapest geboren. Sein Vater war in der Bekleidungsbranche tätig. Es gab zwar noch eine gewisse religiöse Tradition in der Familie, aber kulturell war sie völlig assimiliert, wie die meisten Juden im gleichen sozialen und kulturellen Milieu. Der junge Herzl erhielt eine normale Schulbildung in einem Budapester Gymnasium. Er interessierte sich für Literatur und selbstverständlich für die »letzten Dinge«, den Sinn des Lebens. Seine Wiener Studentenjahre verliefen ohne besondere Ereignisse. 1878 immatrikulierte er an der juridischen Fakultät, wo er sich auf Römisches Recht spezialisierte, 1884 promovierte er zum Doktor der Rechte und wurde zur Wiener Anwaltskammer zugelassen. In diesen Jahren las er viel, schrieb einige Theaterstücke und viele Essays. Die meisten seiner Freunde waren Juden. Er erlebte die Entstehung der antisemitischen Bewegung in der österreichischen Hauptstadt und trat 1883 aus der Burschenschaft *Albia* aus, als diese sich antisemitisch zu gebärden begann. Aber das war kein Wendepunkt in seinem Leben. Die Judenfrage war damals nicht Herzls Hauptsorge. Sein großer Wunsch war vielmehr, als deutschsprachiger Schriftsteller und Bühnenautor anerkannt zu werden. Seine Freunde betrachteten ihn als einen talentierten, literarisch vielversprechenden Mann, übersahen aber dabei keineswegs seine Schwächen. Sein bester Freund, Heinrich Kana, schrieb, Herzl sei »in seinen Äußerungen inhuman, intolerant, selbstherrlich, überheblich, hyperegoistisch[4]«.

Nachdem Herzl eine Zeitlang halben Herzens als Jurist tätig gewesen war, wandte er sich der Schriftstellerei zu, lieferte zuerst Beiträge für ein führendes Berliner Blatt und schrieb von 1887 an mehr oder weniger regelmäßig für Wiener Zeitungen. Während er als Feuilletonist großen Anklang fand, hatte er als Theaterautor weniger Glück. Seine Komödien waren nicht besser oder schlechter als die meisten der damals aufgeführten Gebrauchsstücke. Sie waren trivial und nicht besonders lustig, und dies in einer Zeit, als die brennenden sozialen und philosophischen Zeitfragen in Literatur und Theater vorherrschend wurden. Herzls Theaterstücke entsprachen der Tradition und dem Stil einer vergangenen Zeit, doch erkannte er dies nicht. Er war weiterhin von seinen literarischen Fähigkeiten überzeugt und meinte, er werde verkannt und zu Unrecht ignoriert. Jahre später, als sein Name bereits legendär geworden und er (nach seinen eigenen Worten) ein alternder und gefeierter Mann war, notierte er in seinem Tagebuch, er habe Weltruhm in einem Bereich erlangt, in dem er geistig praktisch nichts geleistet, sondern nur durchschnittliches politisches Geschick gezeigt hätte. Als Schriftsteller, vor allem als Bühnenautor, messe man ihm nicht die geringste Bedeutung zu; dennoch fühle, ja wisse er, daß er von Natur aus ein bedeutender Schriftsteller sei, den nur Ekel und Entmutigung gehindert hätten, sich voll zu entfalten.

Im Oktober 1891 sandte ihn die *Neue Freie Presse* als Korrespondenten nach Paris. Dort verbrachte er mehrere Jahre, die zur entscheidenden Periode seines Lebens wurden. Paris war damals das Zentrum der zivilisierten Welt, der Sammelpunkt aller neuen politischen und kulturellen Strömungen. Die Pariser Jahre vermittelten Herzl einen Einblick in die Entwicklung Frankreichs und der europäischen Politik, er lernte viele führende Geister jener Zeit kennen und erwarb dadurch Schliff und Selbstvertrauen. Und in Paris wurde er wieder mit der Judenfrage konfrontiert. Es waren die Jahre des Panama-Skandals und der Dreyfus-Affäre. In beiden spielten Juden prominente Rollen, und es kam zu einem Wiederaufleben des Antisemitismus in Frankreich, wie auch in anderen europäischen Ländern. Jüdische Themen begannen Herzl zu beschäftigen und tauchten auch immer häufiger in seinen Schriften auf. Er behauptete nicht, die Anwürfe der Antisemiten wären gänzlich ungerechtfertigt: Das Getto, das nicht die Juden geschaffen hätten, habe in ihnen gewisse asoziale Eigenschaften gezüchtet; sie hätten die Züge von Menschen angenommen, die lange Zeit unschuldig im Gefängnis gesessen waren. Die Emanzipation habe sich auf die Illusion gegründet, daß Menschen frei würden, sobald ihre Rechte auf dem Papier gewährleistet seien. Die Juden seien aus dem Getto befreit worden, in ihrer Denkweise aber seien sie Gettojuden geblieben. Was wäre nun die Antwort auf die Judenfrage? Vielleicht eine radikale Auflösung des Weltjudentums, wie er in einem Gespräch mit dem Chefredakteur seines Blattes sagte? 1893 meinte er einmal, ein halbes Dutzend Duelle würde sehr viel zur Besserung der gesellschaftlichen Situation der Juden beitragen. Herzl neigte in seinem Denken stets zu radikalen Lösungen; seinen Ideen lag ein stark romantisches Element zugrunde und auch ein Glaube an die Wirksamkeit großer Gesten, Kundgebungen und effektvoller Auftritte. In einer solchen Phase, ebenfalls 1893, zog er die Taufe aller jüdischen Kinder in Erwägung, weil die Juden im Volk aufgehen müßten. Er wollte an den Papst appellieren: »Helfen Sie uns gegen den Antisemitismus, und ich leite eine große Bewegung des freien, ehrlichen Übertritts der Juden zum Christentum ein.« Er dachte an eine würdevolle, feierliche Prozession, die unter Glockengeläute an einem Sonntagmittag in den Stephansdom einziehen sollte. Die Häupter der Gemeinde würden der Prozession bis zur Pforte des Doms voranschreiten. Sie würden draußen bleiben, aber die anderen würden das Christentum annehmen. Dies waren bloß Phantastereien. Herzl wurde darauf aufmerksam gemacht, daß, abgesehen von allen anderen Überlegungen, der Papst ihn niemals empfangen würde.

Er ließ diesen Plan fallen, aber das Judenproblem beschäftigte ihn weiter. Wenige Monate später fiel ihm plötzlich wieder eine neue, scheinbar nicht weniger utopische Lösung ein. »Es sieht aus wie ein mächtiger Traum«, schrieb er als erste Eintragung in sein *Zionistisches Tagebuch.* Er beschloß, sich an Baron von Hirsch zu wenden, einen der führenden jüdischen Philanthropen jener Zeit, und trug ihm bei einer Zusammenkunft im Juni 1895 seinen neuen Plan vor. Er sah sich bereits als Führer der Juden: »Sie sind der große Geldjude, ich bin der Geistesjude.« Bei dieser Unterredung kritisierte Herzl in scharfer Form die Methoden, die der Baron anwandte, um den Juden zu helfen. Philanthropie sei nutzlos. Im Gegenteil, sie könne nur schaden, weil sie den Charakter der Menschen verderbe. »Sie züchten Schnorrer«, sagte er zu dem erstaunten Baron. Wie stand es nun mit Herzls Lösung? Einige seiner Vorschläge mochten simpel erscheinen, andere allzu phantastisch, »aber nur das Phantastische ergreift die Menschen«. In diesem Augenblick wurde der Baron ungeduldig und begann den Geisteszustand seines Besuchers anzuzweifeln. Wo wollte er das Geld für seine phantastischen, hochfliegenden Pläne auftreiben? Rothschild würde wahrscheinlich fünfhundert Francs beisteuern, denn, sagte Baron Hirsch, die reichen Juden seien schlecht, sie interessierten sich nicht für die Leiden der Armen.

Herzl mußte betrübt einsehen, daß der Baron offensichtlich kein Verständnis für die Bedeutung der Phantasie und die Wichtigkeit hochfliegender Träume hatte. Nach diesem Gespräch, noch am selben Tag, schrieb Herzl dem Baron, er werde eine jüdische Nationalanleihe zur Finanzierung der Einwanderung ins Gelobte Land auflegen. Es werde eine nationale, keine philanthropische Bewegung sein: eine Fahne, könnte sein Gesprächspartner spöttisch fragen, was sei schon eine Fahne? Ein Stock mit einem Fetzen Stoff daran. Nein, gab Herzl zur Antwort, eine Fahne bedeute viel mehr. »Mit einer Fahne führt man die Menschen, wohin man will, selbst ins Gelobte Land. Für eine Fahne leben und sterben sie.« Aber obwohl der Versuch, den Baron zu gewinnen, sich als klarer Fehlschlag erwiesen hatte, gab Herzl nicht auf. Wenn das Gespräch auch ergebnislos geblieben war, hatte es doch Herzl bei der Klärung seiner Gedanken geholfen. Innerhalb der folgenden drei Wochen verfaßte er eine umfangreiche Denkschrift, die bereits alle später im *Judenstaat* entwickelten Grundgedanken enthielt. Er wollte sich damit an den Familienrat der Rothschilds wenden, denn er hatte den Gedanken, die »Geldjuden« für sich zu gewinnen, noch nicht aufgegeben.

Diese Wochen ware für Herzl eine Zeit größter seelischer Anspannung, und er notierte in sein Tagebuch, er hätte in jenen Wochen mehr als einmal gefürchtet, den Verstand zu verlieren. Er zweifelte nicht mehr an der Größe seiner Mission; man würde ihn zu den großen Wohltätern der Menschheit zählen. Vielleicht würde er nicht nur die Judenfrage, sondern zugleich ein allgemein gesellschaftliches Problem lösen? Seine Übersiedlung von Wien nach Paris sei »geschichtlich notwendig«. Der Judenstaat sei ein Weltbedürfnis: »Ich glaube, für mich hat das Leben aufgehört und die Weltgeschichte begonnen.« Dann wieder die Zweifel: Würden die Juden fähig sein, seine Mission zu schätzen? Würden diese schüchternen, hilflosen Geschöpfe den Aufruf zu Freiheit und Mannhaftigkeit verstehen? An einem Tag war er zuversichtlich bezüglich seiner Mission, am anderen wiederum niedergeschlagen: »Ich habe die Sache aufgegeben . . . Den Juden ist vorläufig noch nicht zu helfen. Wenn einer ihnen das Gelobte Land zeigte, würden sie ihn verhöhnen. Denn sie sind verkommen.« Aber Herzl blieb standhaft. Die Verzweiflung, die düsteren Stimmungen vertraute er bloß seinem Tagebuch an. Jahre später, als die zionistische Bewegung an einem Tiefpunkt angelangt war, soll er zu seinen nächsten Freunden gesagt haben, er sei nicht besser oder klüger als irgendeiner von ihnen, aber er sei unverzagt, und deshalb gebühre ihm die Führung.

Einstweilen war Herzl jedoch niemandes Führer, nur einige wenige Freunde wußten von seinem Manifest. Einer von ihnen meinte, Herzl sei infolge von Überarbeitung unzurechnungsfähig geworden, und riet ihm, auszuspannen und sich ärztlich behandeln zu lassen. Andere waren von der Reinheit und der moralischen Kraft seiner Ideen beeindruckt, meinten aber, ein Appell an die Rothschilds wäre völlig fruchtlos. Vielleicht könnte Herzl seine Ansichten in Form eines Romans veröffentlichen? Herzl nahm die Herausforderung an. Nachdem er von den »Geldjuden« geringschätzig behandelt oder ignoriert worden war, könnte er sich nun an die allgemeine Öffentlichkeit wenden. Und so erschien im Februar 1896 der *Judenstaat* in einer Auflage von dreitausend Exemplaren im Verlag Breitenstein.

Die Grundgedanken waren, kurz zusammengefaßt, folgende: Der Judenstaat sei ein Weltbedürfnis, schrieb Herzl in der Vorrede, folglich werde er entstehen. Er sei keine Utopie, aus dem einfachen Grund, daß die Juden durch ihre traurige Lage genötigt seien, eine Lösung zu finden. Es sei durchaus möglich, daß er seiner Zeit voraus sei, daß die Leiden noch nicht groß genug seien, daß der Judenstaat vorderhand nur ein politischer Wunschtraum bleiben werde. Aber selbst wenn die jetzige Generation noch zu dumpf sei, so würde eine spätere, höherstehende, bessere Generation sich dieser historischen Aufgabe würdig erweisen. Wie die meisten seiner assimilierten Zeitgenossen betrachtete auch Herzl den Antisemitismus, die »Judenfrage«, als Anachronismus, als Überbleibsel des Mittelalters. Doch seine Prognose war keineswegs optimistisch; der Mensch steige zu immer höheren Graden der Gesittung auf, dieser Fortschritt gehe jedoch quälend langsam vonstatten: »Wollten wir warten, bis sich der Sinn auch der mittleren Menschen zur Milde abklärt, die Lessing hatte . . ., so könnte darüber unser Leben und das unserer Söhne, Enkel, Urenkel vergehen«, schrieb Herzl im *Judenstaat.* Und bis dahin? Glücklicherweise habe der technische Fortschritt die Lösung von Problemen möglich gemacht, die noch wenige Generationen zuvor nicht zu bewältigen gewesen wären. Sodann entwickelte Herzl seine Gedanken über einen jüdischen Staat. Er wolle niemanden zwingen, sich dem Exodus anzuschließen. Wenn nun alle oder einige französische Juden gegen diesen Entwurf protestierten, weil sie sich bereits assimiliert hätten, so laute seine Antwort einfach: Die ganze Sache gehe sie nichts an. Im Gegenteil, sie würde ihnen nur nützen, weil sie, ebenso wie die Christen, von der beunruhigenden und unvermeidlichen Konkurrenz des jüdischen Proletariats befreit würden und der Antisemitismus verschwinden würde. Herzl widerlegte gleich noch ein weiteres Gegenargument: Die Wanderung würde nicht von der Zivilisation in die Wüste führen. Sie würde sich im Rahmen der Zivilisation vollziehen: »Man kehrt nicht auf eine niedrigere Stufe zurück, sondern ersteigt eine höhere. Man bezieht keine Lehmhütten, sondern schönere, modernere Häuser, die man sich neu baut und ungefährdet besitzen darf.«

Aber war dieser Exodus wirklich notwendig? Herzl gab zunächst einen Überblick über die verschiedenen Formen der Verfolgung, der die Juden allerorten ausgesetzt waren. Überall würden sie angegriffen, in Parlamenten und Versammlungen, auf der Straße, von den Kirchenkanzeln. Man versuche, sie aus dem Geschäftsleben hinauszudrängen (»Kauft nicht bei Juden«). Der ganze jüdische Mittelstand sei bedroht, die Lage der jüdischen Rechtsanwälte, Ärzte, Lehrer werde immer unerträglicher, die Leidenschaften des Pöbels würden gegen die wohlhabenden Juden entfesselt. Fürsten und Regierungen könnten sie nicht schützen, sie würden bloß den allgemeinen Haß auf sich ziehen, wenn sie den Juden zuviel Wohlwollen bezeigten: »Die Völker, bei denen Juden wohnen, sind alle samt und sonders verschämt oder unverschämt Antisemiten.« Solche Feststellungen klangen 1896 übertrieben, schwarzseherisch, fast hysterisch, und als Herzl den Glauben an die unbegrenzte Verbesserungsfähigkeit des Menschen als sentimentalen Unsinn verlachte, wurde er selbstverständlich als Fortschrittsfeind angegriffen. Aber wie die spätere Geschichte Europas zeigen sollte, war er in mancher Hinsicht sogar noch zu optimistisch. Er war der Ansicht, den Juden könne die Gleichberechtigung dort, wo sie diese bereits erhalten hatten, nicht mehr aberkannt werden, da dies im Gegensatz zum Zeitgeist stünde und überdies alle Juden in die Reihen der revolutionären Parteien treiben würde[5]. Man könnte sie nicht enteignen, ohne eine größere Wirtschaftskrise hervorzurufen, ein solcher Schritt sei daher völlig undurchführbar. Aber die Unmöglichkeit, die Juden loszuwerden, verstärke nur den Haß ihrer Gegner. Der Antisemitismus wachse täglich und stündlich und müsse weiterwachsen, weil die Ursachen fortbestünden und nicht beseitigt werden könnten. Vielleicht könnten die Juden in den sie umgebenden Völkern spurlos aufgehen, wenn man sie nur zwei Generationen hindurch in Ruhe ließe: »Aber man wird uns nicht in Ruhe lassen. Nach kurzen Perioden der Duldsamkeit erwacht immer und immer wieder die Feindseligkeit gegen uns.« Die Juden seien, ob sie es wollten oder nicht, ein Volk, durch gemeinsames Leiden vereint; ihre Feinde machten sie zum Volk, was immer die einzelnen Juden auch wünschen mochten.

Schon in der Vergangenheit habe es Bemühungen zur Lösung der Judenfrage gegeben, aber der Versuch, Juden in ihren Ursprungsländern zu Bauern zu machen, sei völlig künstlich. Der Bauer sei eine Gestalt der Vergangenheit, ein aussterbender Typus. Wie die historische Erfahrung zeige, sei die Assimilation kein Allheilmittel. So bleibe also nur die neue, naheliegende, einfache Lösung – einen Judenstaat zu schaffen, den Juden die Souveränität über ein ihren nationalen Bedürfnissen genügendes Stück der Erdoberfläche zu geben. Der Exodus und die Errichtung dieses Staates würden nicht plötzlich vor sich gehen, sondern ein allmählicher Prozeß sein und Jahrzehnte dauern. Zuerst würden die Ärmsten gehen; sie würden Straßen, Brücken und Bahnen bauen, Flüsse regulieren und sich Heimstätten schaffen. Ihnen würde die nächsthöhere Schichte folgen, »die überall verfolgte mittlere Intelligenz, die wir überproduzieren«.

Herzl dachte an die Gründung zweier Organisationen, die den Aufbau des neuen Staates einleiten und überwachen sollten: eine *Society of Jews*. die die wissenschaftliche Planung und die politische Führung übernehmen, und eine *Jewish Company,* die nach dem Vorbild der großen Handelsgesellschaften aufgebaut sein sollte; diese würde die Aufgabe haben, die Pläne durchzuführen, das Vermögen der auswandernden Juden zu liquidieren und im neuen Land die Wirtschaft zu organisieren. Die *Jewish Company* sollte als Aktiengesellschaft nach englischem Gesetz mit Hauptsitz in London und einem Kapital von etwa einer Milliarde Mark konstituiert werden.

Am Anfang seines Buches stellte Herzl fest, er beabsichtige nicht, eine weitere schöne Utopie zu schildern, ihm gehe es vielmehr um die Idee eines jüdischen Staates, den er damit zur Diskussion stellen wolle. Er gedenke nicht (wie die Utopisten), einen komplizierten Plan mit vielen Einzelheiten auszuarbeiten. Trotzdem ist auch der *Judenstaat* nicht frei von solchen Detailvorschlägen. Herzls juristische Ausbildung tritt deutlich zutage, und die Ansichten zu sozialen Fragen, die er sich in seinen Pariser Jahren gebildet hatte, finden Ausdruck in dieser Broschüre. So erörtert er beispielsweise den Siebenstundentag, die Beschaffenheit der Bauten im neuen Staat, die Finanzierung und die Organisierung der Einwanderung.

Er befürwortete eine demokratische Monarchie oder eine aristokratische Republik. Die Völker seien für eine uneingeschränkte Demokratie noch nicht reif, und die Juden seien in dieser Hinsicht nicht besser als der Rest der Menschheit. Die politischen Probleme des neuen Staates würden nicht so einfach sein, daß man sie mit Ja oder Nein beantworten könnte. Die Politik müsse von oben dirigiert werden, aber kein Bürger des jüdischen Staates würde geknechtet sein. Herzl war gegen jede Form der Theokratie. Die Priester sollten hoch geehrt werden, dürften sich aber nicht in Staatsangelegenheiten einmischen. Man würde sie in ihren Tempeln halten, so wie das Berufsheer in den Kasernen gehalten werden würde. (Herzl dachte an die Gründung eines verhältnismäßig kleinen Heeres, da der von ihm geplante Staat weltpolitisch neutral sein sollte.) Jeder Bürger des Judenstaates würde in seinem Glauben (oder Unglauben) so frei und unbeschränkt sein wie in seiner Nationalität. Jedermann würde, unabhängig von Bekenntnis und Nationalität, Gleichheit vor dem Gesetz genießen. »Wir haben die Toleranz in Europa gelernt«, schrieb er und fügte als Nachsatz hinzu: »Ich sage das nicht einmal spöttisch.«

Der Judenstaat benötigte natürlich auch eine Fahne. Herzl schlug eine weiße Fahne mit sieben goldenen Sternen vor. Das weiße Feld bedeutete das neue, reine Leben, die Sterne die sieben goldenen Stunden des Arbeitstages. Zwar hatte er versprochen, sich nur mit der allgemeinen Idee eines jüdischen Staates zu befassen, doch ließ er sich immer wieder auf die Erörterung technischer Einzelheiten ein, zum großen Teil überflüssigerweise. Aber vielleicht war dies unvermeidlich. Ein ausschließlich auf Allgemeines beschränkter Plan wäre wohl nicht sehr überzeugend gewesen. Andere zeitgenössische Utopien gingen weit mehr auf Details ein. Menachem Eislers *Zukunftsbild,* das 1885 in Wien erschien und ebenfalls die Errichtung eines Judenstaates vorsah, enthielt eine fertige Verfassung mit fünfzehnhundert Klauseln und Bestimmungen[6]. Herzl war ein ungeheuer phantasievoller Mensch, und während er am *Judenstaat* arbeitete, notierte er noch viele weitere Gedanken, die in der künftigen Gesellschaft verwirklicht werden sollten: ein Arbeitsamt, eine Kapitalverrechnungsstelle, die Verstaatlichung der Banken, Eisenbahnen, Versicherungs- und Transportfirmen, ein stehendes Heer (Stärke: ein Zehntel der männlichen Bevölkerung) und sogar Copyright-Abkommen mit dem Ausland. Im Unterrichtswesen würde man patriotische Lieder, die Makkabäertradition, die Religion, Heldenstücke und dergleichen mehr benützen. Auch die jüdische Vorliebe für Luxus sollte genutzt werden. Nach einem Besuch der Pariser Oper schrieb Herzl: »Wir werden auch so herrliche Zuschauerräume haben – die Herren im Frack, die Damen möglichst luxuriös.« Und bei einer anderen Gelegenheit: »Circenses baldigst: deutsches Theater, internationales Theater, Oper, Operette, Zirkus,

Café-concert, Café Champs Elysées.« Aber Glücksspiele sollten nicht zugelassen werden: »Die Alten dürfen Karten spielen, aber nicht Hasard.«

Die Hohepriester des Judenstaates würden eindrucksvolle Gewänder tragen, die Kavallerie gelbe Hosen und weiße Waffenröcke, die Offiziere silberne Brustschilde. Um jeden Preis wollte Herzl die Entstehung einer Kaste von Berufspolitikern verhindern. »Als Stipendium für meine tapferen Krieger, strebsamen Künstler, treuen und fähigen Beamten verwende ich die Mitgiften reicher Mädchen.« Eingehend beschäftigte er sich mit Bauplänen und Baumethoden. Er empfahl helle, luftige Säulenhallen. Die Bauweise sollte dekorativ und leicht, der Stil prunkvoll sein. Drei Jahre später schrieb Herzl anläßlich seines Besuches in Jerusalem: »Bekommen wir jemals Jerusalem, . . . so würde ich es zunächst reinigen. Alles, was nicht Heiligtum ist, ließe ich räumen . . . und dann eine komfortable, ventilierte, kanalisierte neue Stadt um die Heiligtümer herum errichten.« In seinem einige Jahre später veröffentlichten Roman *Altneuland* machte Herzl noch viele weitere Detailvorschläge.

All dies erschien ein wenig voreilig, denn die beiden grundsätzlichen Fragen waren noch nicht gelöst: Wie sollte die Staatsgründung erreicht werden, und wo sollte der Staat liegen? Herzl schrieb, es hätten bereits beachtliche Kolonisierungsversuche stattgefunden, allerdings nach dem falschen Prinzip der allmählichen Infiltration. Dies müsse immer schlecht enden, denn es komme regelmäßig der Augenblick, wo die Regierung auf Drängen der sich bedroht fühlenden Bevölkerung den weiteren Zustrom von Juden absperre. Die Auswanderung habe daher nur dann einen Sinn, wenn ihre Grundlage eine gesicherte Autonomie sei. In seiner Hinsicht unterschied sich Herzls Plan radikal von früheren zionistischen Projekten. Kurz nach der Veröffentlichung des *Judenstaats* sagte er zu einem Freund, wenn die Infiltration ungehindert weiterginge, würde der Wert des Bodens steigen, und es würde für die Juden zunehmend schwieriger werden, Grundstücke zu kaufen. Der Gedanke einer Unabhängigkeitserklärung, »sobald wir dort genügend stark wären«, sei ebenfalls unausführbar, weil die Großmächte sie nicht anerkennen würden. Kurz gesagt, die Infiltration sollte eingestellt und alle Bemühungen sollten auf einen *Charter,* eine international sanktionierte Erwerbung Palästinas konzentriert werden. »Hierzu sind nötig diplomatische Verhandlungen . . . und eine publizistische Aktion im allergrößten Maßstabe«, sagte Herzl in einem Gespräch mit Bodenheimer.

Im Mai 1896, als dieses Gespräch stattfand, war Herzls Denken bereits auf Palästina gerichtet. In dem ein Jahr zuvor geschriebenen *Judenstaat* hatte er die Frage noch offen gelassen, ob es Palästina oder Argentinien sein sollte. »Argentinien ist eines der natürlich reichsten

Länder der Erde, von riesigem Flächeninhalt, mit schwacher Bevölkerung und gemäßigtem Klima. Die argentinische Republik hätte das größte Interesse daran, uns ein Stück Territorium abzutreten ... Palästina ist unsere unvergeßliche historische Heimat. Dieser Name allein wäre ein gewaltig ergreifender Sammelruf für unser Volk. Wenn seine Majestät der Sultan uns Palästina gäbe, könnten wir uns anheischig machen, die Finanzen der Türkei gänzlich zu regeln. Für Europa würden wir dort ein Stück des Walles gegen Asien bilden, wir würden den Vorpostendienst der Kultur gegen die Barbarei besorgen. Wir würden als neutraler Staat im Zusammenhang bleiben mit ganz Europa, das unsere Existenz garantieren müßte. Für die heiligen Stätten der Christenheit ließe sich eine völkerrechtliche Form der Exterritorialisierung finden. Wir würden die Ehrenwache um die heiligen Stätten bilden ... Diese Ehrenwache wäre das große Symbol für die Lösung der Judenfrage nach achtzehn für uns qualvollen Jahrhunderten[7].«

Im Schlußwort befaßte sich Herzl mit den wichtigsten Einwänden, die wahrscheinlich erhoben werden würden. Er glaube nicht, daß er »den Antisemiten Waffen liefere«. Manche Kritiker könnten einwenden, das Unternehmen sei hoffnungslos – selbst wenn die Juden das Land und die Souveränität bekämen –, weil nur die Armen hinziehen würden. Dies aber sei kaum ein stichhaltiges Argument: »Gerade die brauchen wir zuerst! Nur die Desparados taugen zum Erobern.« Andere mochten vielleicht vorbringen, wenn das möglich wäre, dann hätte man es schon getan. Nein, früher wäre es nicht möglich gewesen, entgegnete Herzl. Erst dank dem technischen Fortschritt, dank der zunehmenden Herrschaft des Menschen über die Natur sei dieser Plan praktisch durchführbar geworden. Die Staatsgründung könnte eine langwierige Angelegenheit werden, und auch im günstigsten Fall würden noch viele Jahre vergehen. Aber er erwartete sofortige Hilfe. Sobald die Juden mit der Ausführung ihres Planes begännen, würde der Antisemitismus aufhören, und allerorten würden die jüdischen Intellektuellen ihre Energie zur Vorbereitung des großen Werks einsetzen. Die Juden, die dies wollten, würden ihren Staat haben: »Darum glaube ich, daß ein Geschlecht wunderbarer Juden aus der Erde wachsen wird. Die Makkabäer werden wieder aufstehen. Wir sollen endlich als freie Männer auf unserer eigenen Scholle leben und in unserer eigenen Heimat ruhig sterben.“

Herzl war auf die Aufnahme, die sein Buch fand, keineswegs völlig unvorbereitet. Er hatte erwartet, als verrückter Visionär belächelt zu werden, und seine Erwartungen wurden durchaus erfüllt. Manche weigerten sich ganz einfach, seine Ideen ernst zu nehmen. Vielleicht handelte es sich um einen ausgeklügelten Scherz? Herzl war als bedeutender Feuilletonist und Satiriker bekannt. Bis dahin hatte er sich aber noch nie als Prophet versucht oder besonderen Anteil am Schicksal seines Volkes genommen. Jene, die den *Judenstaat* ernst nahmen, waren völlig geteilter Meinung. Die Mehrzahl hielt ihn für ein Hirngespinst, für eine Neuauflage des mittelalterlichen Messianismus. Der Oberrabbiner von Wien, Moritz Güdemann, der Herzl nahe gestanden war, richtete in einer Broschüre einen scharfen Angriff gegen dessen Ideen und protestierte gegen das »Kuckucksei des Nationaljudentums«. Er erklärte, die Juden seien keine Nation, sie hätten nur ihren Glauben an Gott gemeinsam, und der Zionismus sei mit den Lehren des Judaismus nicht vereinbar[8]. Dieselben Argumente wurden in der einen oder anderen Form noch jahrzehntelang gegen die zionistische Bewegung vorgebracht.

Aber selbst unter den Zionisten war die Reaktion bestenfalls lau. In nationaljüdischen Kreisen hatte noch niemand von Herzl gehört. Wollte er plötzlich die Führung einer Bewegung für sich in Anspruch nehmen? Warum hatte er in seiner Broschüre weder die Existenz jüdischer Kolonien in Palästina noch die Tätigkeit der Zionsfreunde erwähnt, und auch nicht die Tatsache, daß seine Analyse des Antisemitismus wie auch viele seiner durchaus konstruktiven Vorschläge keineswegs neu waren? Die naheliegende Erklärung, daß Herzl von diesen Dingen einfach nichts wußte, kam niemandem in den Sinn. Scharfe Kritik kann vor allem von Kulturzionisten wie Achad Haam: Was war an dem von Herzl vorgesehenen Judenstaat eigentlich spezifisch jüdisch? Herzl war kein begeisterter Befürworter des Hebräischen und stellte die Frage, welcher Jude wohl imstande wäre, auf Hebräisch eine Eisenbahnfahrkarte zu verlangen? Für die osteuropäischen Zionisten, die in der kulturellen Wiedergeburt den eigentlichen Kern ihrer Doktrin sahen, war Herzls Broschüre selbstverständlich Anathema.

Angesichts des geringen Widerhalls auf der einen Seite, des Spottes und der Feindseligkeit auf der anderen wäre es nicht überraschend gewesen, wenn Herzl die ganze Sache sofort fallengelassen hätte, wie er es ja in seiner Broschüre angedeutet hatte; denn seine ursprüngliche Absicht war ja nur gewesen, die Diskussion wieder zu beleben. Aber hätte er die Idee aufgegeben, dann hätte er das Urteil seiner Wiener Zeitgenossen bestätigt, die ihn bloß für einen Literaten hielten, für einen Feuilletonisten, der mit Ideen und Konzepten spielte, sie hin und her wendete und dann fallenließ, sobald er sie satt hatte – so wie man es von den Wiener Intellektuellen des Fin-de-siècle gewohnt war. Aber diese Zeitgenossen schätzten Herzl ebenso falsch ein, wie sie zwanzig Jahre später die russischen Revolutionäre falsch einschätzten, die sie in den Kaffeehäusern kennengelernt hatten und von denen niemand annahm, sie würden eine Revolution beginnen und leiten. Aber Herzl meinte es ernst. Nachdem die Idee ihn einmal gefangengenommen hatte, war er wie ein Besessener. Die Verwandlung des Dandys und Literaten in einen Führer und Tatmenschen kam einem Wunder gleich, war aber nichtsdestoweniger durchaus real. Er opferte seiner Idee und der Bewegung alles – seine Ehe (die allerdings bereits vor Jahren gescheitert war), sein Geld und seine Gesundheit. Von nun an sollte jede freie Minute dem Zionismus geweiht sein. Diese Wandlung war ein komplizierter Vorgang, der mit einer persönlichen Lebenskrise Herzls zusammenfiel, und sicherlich ist etwas Wahres an der Behauptung, daß der narzißtische Zug in seinem Charakter dabei eine bedeutende Rolle spielte[9]. Herzl genoß die Rolle des königlichen Messias, die er in den folgenden Jahren spielte. Aber nur ein wahrhaft besessener Mensch konnte die Führung einer Bewegung übernehmen, die zum Scheitern verurteilt schien. Herzl hatte in dieser Hinsicht keine Illusion; ein Jahr später, als die zionistische Bewegung sich zu entwickeln begann, schrieb er in sein Tagebuch: »Tatsache ist, . . . daß ich nur eine Armee von Schnorrern habe. Ich stehe nun an der Spitze von Knaben, Bettlern und Schmöcken.«

Herzl lebte nach der Veröffentlichung des *Judenstaats* noch acht Jahre. Es waren hektische Jahre voll diplomatischer und organisatorischer Tätigkeit. Die erste Aufgabe war selbstverständlich die Schaffung einer Massenbasis, der Aufbau einer mächtigen Bewegung. Der Gedanke, zuerst die »Geldjuden« zu gewinnen und dann eine »Revolution von oben« durchzuführen, mußte fallengelassen werden. Aber Herzl wußte, daß es ihm nicht gelingen würde, eine große Anhängerschaft in seinem eigenen Volk zu gewinnen, wenn er nicht auf diplomatischem Gebiet einige Erfolge aufweisen könnte. Man würde seiner Botschaft wohl kaum Aufmerksamkeit schenken, wenn nicht eine reale Aussicht bestünde, vom Sultan einen Charter zu erlangen. Und so eilte Herzl von einer europäischen Hauptstadt zur anderen, versuchte Verbindung mit den Mächtigen dieser Erde aufzunehmen, bat um Audienz beim Papst und bei König Viktor Emmanuel, bei Joseph Chamberlain und Lord Cromer, bei Plehwe und Witte, den wichtigsten Persönlichkeiten im zaristischen Rußland. Zwischendurch organisierte er gleichsam nebenbei die ersten zionistischen Weltkongresse, gründete das zionistische Zentralorgan *(Die Welt)* und leitete die Tagesarbeit der wachsenden Bewegung. Aber er schrieb auch für die *Neue Freie Presse,* denn dies, und nicht seine Führerrolle in der zionistischen Bewegung, war der Schlüssel, der ihm Zugang zu den Staatskanzleien Europas verschaffte. Selbst um die kleinsten Einzelheiten kümmerte er sich persönlich. Als er zum erstenmal nach Konstantinopel fuhr, mußte er sich nicht nur überzeugende Argumente ausdenken, um dem Sultan den Zionismus schmackhaft zu machen, sondern auch im Hotel Sacher Erdbeeren, Pfirsiche und Spargel für die Lakaien, die Frauen und die Lustknaben des Sultans kaufen.

Herzl war eine imponierende Gestalt, und als er die Führung der Bewegung übernahm, wurde sein Gehaben fast königlich. Einer der Delegierten zum ersten Zionistenkongreß, Ben Ami, gab folgende Schilderung:

»Dies ist nicht mehr der elegante Dr. Herzl aus Wien; es ist vielmehr der dem Grabe entstiegene Nachfahr Davids, der vor uns in dem Glanz und der Pracht erscheint, mit denen die Legende ihn umgeben hat. Jedermann ist gebannt, als hätte ein historisches Wunder sich ereignet . . . Es war, als ob der Messias, der Sohn Davids, vor uns stünde. Ein mächtiger Drang erfaßte mich, in diesem Sturm der Freude auszurufen: *Jechi Hamelech,* lang lebe der König!«

Der britisch-jüdische Schriftsteller Zangwill war ein weltkluger Mann, der nicht leicht von jäher Begeisterung erfaßt wurde, aber auch er war zutiefst beeindruckt: »Eine majestätische, orientalische Gestalt, nicht so groß, wie es erscheint, wenn er sich erhebt und dasteht und die Versammlung mit seinen nachdenklichen, leuchtenden Augen beherrscht – man würde meinen, einer jener assyrischen Könige, deren steinerne Häupter unsere Museen schmücken.«

Herzl war in mancher Hinsicht der ideale Diplomat. Er besaß großen Charme, tadellose Umgangsformen und große Selbstsicherheit; die Pariser Jahre hatten ihn zu einem Mann von Welt gemacht. Aber im Gegensatz zu den Delegierten eines Zionistenkongresses ließen sich die Könige und die Minister nicht durch moralisches Pathos und romantische Visionen beeinflussen. Ihre erste Frage war stets: Wen vertritt er? Kann er uns nützen?

Was konnte Herzl darauf antworten? In den Anfangsstadien seiner Tätigkeit repräsentierte er niemanden außer sich selbst, später eine treue, aber einflußlose Minderheit innerhalb der jüdischen Gemeinden. Außerdem war es höchst zweifelhaft, ob diese kleine Schar von Visionären irgendwem nützlich sein konnte, und wäre es auch nur der schwachen, verarmten Türkei, die den Schlüssel zu allen Plänen Herzls in der Hand hielt. Unter diesen Umständen war es wie ein Wunder, daß er überhaupt Zutritt zu Herzögen und Botschaftern, später zu Königen und Ministern erhielt. Seine beiden wichtigsten Helfer auf diplomatischem Gebiet waren Nichtjuden und, gelinde gesagt, höchst unkonventionelle Menschen. William Hechler, Hauskaplan der englischen Gesandtschaft in Wien, glaubte an das Wort der Propheten, wonach Palästina den Juden zurückgegeben werden sollte, und war fest entschlossen, das Seine zur Erfüllung der biblischen Prophezeiung beizutragen. Er war Lehrer beim Sohn des Großherzogs von Baden gewesen, kannte den deutschen Kaiser und konnte dadurch nützliche Verbindungen in Berlin herstellen.

Philipp Michael Ritter von Newlinski, ein verarmter Adeliger, war ein kleiner österreichischer Beamter in der Türkei gewesen, bevor er seiner Schulden wegen aus dem diplomatischen Dienst ausscheiden mußte. Dann gründete er eine Zeitung, *Correspondance de l'Est*, die sich mit Fragen der Türkei und des Nahen Ostens befaßte. Er kannte sehr viele Leute in der Türkei und knüpfte im Dienste Herzls wertvolle Verbindungen an. Herzl allerdings hegte für seine beiden engsten diplomatischen Ratgeber gemischte Gefühle: Hechler erschien ihm als ein mittelloser Kleriker, der gerne reiste, als ein naiver Enthusiast mit einer Ader von Sammelwut – ein unmöglicher Mensch, wenn man ihn mit den kritischen Augen eines Wiener jüdischen Journalisten betrachtete – »aber ich muß mir vorstellen, daß ihn die uns in allem Entgegengesetzten ganz anders sehen«. Vielleicht könnte er doch ein brauchbares Werkzeug für Herzls Ziele abgeben? Newlinski war noch rätselhafter: zwar wesentlich gebildeter als die meisten Adeligen, aber bestechlich und stolz, verschlagen und aufrichtig zugleich. Er war, wie Herzl im Juni 1896 notierte, die interessanteste Person, der er begegnete, seit er sich der jüdischen Sache anzunehmen begann. Herzl wollte Newlinski ursprünglich bloß als Werkzeug benutzen, lernte ihn aber dann schätzen und achten. Ein Jahr später war er wieder weniger sicher; sowohl Hechler als auch Newlinski sollten am ersten Zionistenkongreß teilnehmen: »Es wird eine meiner Aufgaben sein, sie nicht zuviel voneinander merken zu lassen.«

Als Newlinski im April 1899 starb, stellte sich heraus, daß seine Zeitung ein Schwindel gewesen war: »Ein Dutzend Abonnenten, der Rest war Erpressung.« Ein türkischer Diplomat berichtete Herzl, daß der verstorbene Geheimagent Herzl betrogen hatte, daß er dessen Ideen nie dem Sultan und seinen Beratern vorgetragen, sondern sich vielmehr freiwillig erbötig gemacht hatte, ihn für die Türken zu bespitzeln. Newlinski nahm die meisten seiner Geheimnisse mit ins Grab. Herzl schrieb: »Zeigbar war der Mann nie«, und jene, die ihn benützten, trachteten stets, dies zu verbergen. Er hatte Herzl viel Geld gekostet, und er hätte den Zionisten auch viel Schaden zufügen können. Herzl schloß: »Ob er beim Sultan etwas getan hat, ob er auch nur in der Lage war, etwas zu tun, weiß ich bis auf den heutigen Tag nicht.« Dennoch hatte Newlinski Mut und Anteilnahme gezeigt, und nach seinem Tode erschien es Herzl, daß er haushoch über dem ganzen Abschaum stand, zu dem herabzusinken der tragische Fehler seines Lebens gewesen sei[10].

Nach der Veröffentlichung des *Judenstaats* sammelte sich um Herzl ein kleiner Kreis junger Zionisten, hauptsächlich Mitglieder der Wiener jüdischen Studentenverbindungen. Auch aus Galizien und Bulgarien kamen ermutigende Briefe. Unter den ersten, die sich Herzl anschlossen, waren David Wolffsohn und Max Nordau. Der in Litauen gebürtige Wolffsohn war Holzhändler in Köln und eine der führenden Persönlichkeiten der deutschen Zionsfreunde. Er war sehr lebenstüchtig, weit mehr als Herzl in der jüdischen Tradition verwurzelt und führte als erster Herzl vor Augen, daß dessen ganzer Plan ohne die aktive Unterstützung der jüdischen Massen in Osteuropa ein abstraktes Gebilde bleiben müßte. Der gleich Herzl in Budapest geborene Max Nordau war elf Jahre älter als jener. Als Herzl ihn in Paris kennenlernte, war er bereits einer der bekanntesten literarischen Essayisten. Seine Werke *Konventionelle Lügen der Kulturmenschheit* und *Entlarvung* gehörten zu den Bestsellern der achtziger und neunziger Jahre. Er spielte dann in der zionistischen Bewegung bis zum Ausbruch des Ersten Weltkrieges eine führende Rolle, wenngleich er nicht jene äußerste Hingabe und Selbstaufopferung aufbrachte, die Herzl der Bewegung geschenkt hatte.

Dies waren nun Herzls früheste Anhänger und Sympathisanten. Es gab noch keine zionistische Organisation, nicht einmal Ansätze zu einer solchen, als Herzl aus eigenem Entschluß zu seiner ersten diplomatischen Mission aufbrach. Der Großherzog von Baden, ein wohlmeinender deutscher Fürst, mit dem Herzl eine lange Unterredung hatte, war von dessen Persönlichkeit beeindruckt und versprach, sich beim Kaiser für ihn zu verwenden. Aber die Entscheidung über Erfolg oder Niederlage lag in Konstantinopel, und Herzl beschloß, sich dorthin zu begeben, ehe er in den europäischen Hauptstädten sein Glück versuchte. Er besuchte den Großwesir, den Generalsekretär des Außenministeriums und viele andere Beamte, aber es gelang ihm nicht, zum Sultan vorzudringen, der in der Leitung seiner Staatsgeschäfte häufig über seine engsten Ratgeber hinwegging. Herzl wollte bei diesem Besuch – wie auch bei späteren – den türkischen Beamten klarmachen, daß die Juden der Türkei mittels umfangreicher Kredite zur Festigung ihrer Unabhängigkeit den anderen Mächten gegenüber verhelfen könnten. Mehr als einmal erwähnte er die Geschichte von Androklus und dem Löwen. Bei dem Dorn, den die Juden herausziehen sollten, handelte es sich natürlich um die türkischen Auslandsschulden. Als Gegenleistung forderte Herzl, den Juden solle Palästina als Vasallenstaat übereignet werden.

Aber der Sultan und die meisten seiner Ratgeber hatten nicht die geringste Absicht, irgendeinen Teil des Osmanischen Reiches abzutreten. Sie waren bereit, eine jüdische Einwanderung nach Kleinasien zu erwägen, aber die Neuankömmlinge müßten die türkische Staatsbürgerschaft annehmen, und ihre Kolonien müßten verstreut und nicht auf ein Gebiet konzentriert sein. Die Türken hegten auch einige Zweifel in bezug auf Herzls wahren Einfluß. In wessen Namen sprach er? Standen ihm wirklich die erforderlichen Geldmittel zur Verfügung? Herzl bluffte natürlich. Er hatte noch keinerlei Organisation hinter sich, und die führenden jüdischen Gemeinden wie auch die großen Bankiersfamilien wollten mit seinen Plänen nichts zu tun haben. Er hoffte einfach, daß es ihm mit Hilfe einer Zusage des Sultans gelingen würde, die erforderliche politische und finanzielle Unterstützung zu finden. Die Türken erkannten dies wahrscheinlich, wollten ihn aber nicht gänzlich abweisen: vielleicht könnte seine Anwesenheit in Palästina als Anreiz für andere, substantiellere Finanzierungsangebote dienen.

Herzl kehrte mit dem *Medschidije*-Orden und einigen vagen Versprechungen aus Konstantinopel zurück. Er hatte keinerlei greifbaren Erfolg erzielt, war aber zumindest empfangen und angehört worden. Die Nachricht von seiner Reise verbreitete sich durch die jüdische Welt und weckte viele übertriebene Hoffnungen. Auf dem Bahnhof von Sofia erwartete ihn eine riesige Menschenmenge, ihre Sprecher küßten ihm die Hand, in den Reden wurde er als Führer, als Herz Israels gefeiert. Herzl war verblüfft, verlegen und tief bewegt. Bis dahin hatte er sich an die Reichen und Mächtigen gewandt, die ihn abgewiesen hatten; die Konfrontation mit den französischen Rothschilds stand ihm noch bevor, doch sollte sie ebenso fruchtlos verlaufen wie ähnliche Gespräche in der Vergangenheit. Der Gedanke, sich direkt an die jüdischen Massen zu wenden, muß ihm vor seiner Reise nach London gekommen sein, kurz nach seiner Fahrt in die Türkei. Er war im vorangegangenen Jahr in England gewesen, um dem *Order of Ancient Maccabeans,* einer Gruppe anglo-jüdischer Intellektueller, seinen Plan eines Judenstaates vorzulegen, und hatte dort auch Sympathie gefunden. Zangwill hatte seine Unterstützung zugesagt, und in Cardiff hatte ein Oberst, der ein Waliser Regiment kommandierte, zu ihm gesagt: »Ich bin Daniel Deronda.« Als christlicher Sohn getaufter jüdischer Eltern geboren, hatte er zum Judentum zurückgefunden. Seine Töchter Rahel und Carmela lernten Hebräisch, und er, Colonel Goldsmid, wollte sein Leben dem jüdischen Volk widmen.

Herzls zweiter Besuch in London brachte keinen Erfolg. Einige Gönner ließen sich entschuldigen; Colonel Goldsmid mußte eines seiner Bataillone inspizieren; der Bankier Sir Samuel Montagu (von dem Herzl einen ersten Kredit von mindestens 200.000 Pfund erhofft hatte, mit dem er die Türken beeindrucken wollte) meinte, erst müsse Edmond de Rothschild gewonnen werden. Herzls englischer Verleger teilte ihm mit, er hätte insgesamt 160 Exemplare des *Judenstaates* verkauft. Das Dinner der *Maccabeans* war ein Fehlschlag, und Herzl bezeichnete sie von da an als Pickwickier. Er hatte ehrlich geglaubt, dieser Geselligkeits- und Debattierklub könnte in ein militantes Aktionskomitee umgewandelt werden. Dann aber kamen viele Tausende armer Juden zu einer Massenversammlung in den *Working Man's Club* im East End, wo Herzl in drückender Hitze eine Stunde lang aus dem Stegreif sprach. Später schrieb er in sein Notizbuch: »Ich hatte auf dem Podium . . . eigentümliche Stimmungen. Ich sah und hörte zu, wie meine Legende entstand. Das Volk ist sentimental, die

Massen sehen nicht klar ... Wenn sie aber auch meine Züge nicht mehr deutlich sehen, so erraten sie doch, daß ich es sehr gut mit ihnen meine und daß ich der Mann der armen Leute bin[11].«

Nach der erfolglosen Londoner Reise und einem unseligen Zusammentreffen mit Rothschild in Paris (»Ich bin ein Gegner des Hauses Rothschild, weil ich es für ein Nationalunglück der Juden halte«, schrieb Herzl an den französischen Oberrabbiner Zadok Kahn) kam er zu einem Entschluß. Die reichen Juden waren allesamt gegen ihn, nun wollte er sich direkt an die Massen wenden. Eine Organisation mit Zweigstellen in der ganzen Welt sollte entstehen. Vor allem aber würde er sich die Unterstützung der begeisterungsfähigen jungen Generation verschaffen. Bis dahin hatte er sich mit Geheimdiplomatie beschäftigt, aber die Tatenlosigkeit und die Bedenken seiner Anhänger nötigten ihn nun, ein Volksführer zu werden. Wohl gab es Augenblicke der Verzweiflung. Am 13. Oktober 1896 schrieb er in sein Tagebuch: »Ich muß es mir offen gestehen: ich bin demoralisiert. Von keiner Seite Hilfe, von allen Seiten Angriffe. Nordau schreibt mir aus Paris, daß sich dort niemand mehr rührt. Die Maccabeans in London sind immer mehr Pickwickier ... In Deutschland habe ich nur Gegner. Die Russen sehen teilnehmend zu, wie ich mich abrackere, aber keiner hilft mit. In Österreich, besonders in Wien, habe ich ein paar Anhänger. Hievon sind die Uninteressierten völlig untätig, die anderen, die Tätigen, wollen durch den Redakteur der *Neuen Freien Presse* weiterkommen[12].«

Aber neun Tage später wurde Herzl zu einem Galaempfang der jüdischen Studentenverbindung eingeladen, und er notierte: »Eine Kette von Ovationen ... Alle Redner sprachen von mir. *On ne parle que de moi là dedans.*«

Besucher und Briefe kamen aus allen Teilen der Welt. Herzl erkannte, daß der Zionismus allmählich die Achtung einfacher Menschen in vielen Ländern gewann, und daß die Menschen anfingen, ihn ernst zu nehmen. Doch wäre eine Million Gulden erforderlich, um die Bewegung auf eigene Beine zu stellen. Wenn er diese Anfangsschwierigkeiten nicht überwinden könne, dann müsse man schlafen gehen, auch wenn es hellichter Tag sei. Damals schrieb ihm ein zionistischer Freund aus London, alle warteten bloß ab, wie der Hase laufe. Wenn Herzl Erfolg habe, dann würden sie sich ihm anschließen. Andernfalls würde man ihn verlachen und vergessen. Und so arbeitete Herzl weiter, ohne Hilfe und ganz auf sich allein gestellt. Er glaube immer noch (wie er ein Jahr vorher geschrieben hatte), daß Trägheit und Unbeweglichkeit durch Bewegung überwunden werden könnten, daß Dynamik alles sei. Große Dinge benötigten keine feste Grundlage. Einen Apfel müsse man auf einen Tisch legen, damit er nicht falle. Die Erde aber schwebe frei. Und so könnte es ihm vielleicht gelingen, einen jüdischen Staat zu gründen und zu festigen, ohne über eine feste Verankerung zu verfügen. Das Geheimnis liege in der Bewegung. Und so sei er fest davon überzeugt, daß man schon irgendwie ein lenkbares Luftschiff finden werde.

In den ersten Monaten des Jahres 1897 hatte er Glaubensstärke auch bitter nötig. Am 4. Juni kam die erste Nummer der Zeitung *Die Welt* heraus. Dieses Blatt blieb bis zum Ersten Weltkrieg das Zentralorgan des Weltzionismus. Herzl hatte nicht nur die Geldmittel beigesteuert und sich um alle technischen Einzelheiten gekümmert, sondern lieferte anfangs auch den größten Teil der Beiträge. Er arbeitete bis zur völligen Erschöpfung, während das Ergebnis des Unternehmens noch höchst zweifelhaft war. Zehn Tage vor dem Erscheinen der ersten Nummer waren trotz eines umfangreichen Werbefeldzugs erst zwei Abonnements eingegangen. (Zehn Monate später hatte das Blatt in Wien bei einer jüdischen Bevölkerung von etwa 100.000 Personen nur 280 Abonnenten.) Einige Zeit später rief Herzl in Wien ein kleines Komitee zusammen, das beschloß, einen zionistischen Kongreß nach Basel einzuberufen. Ursprünglich wollte man die Tagung in München abhalten, weil die russischen Delegierten der Schweiz gegenüber mißtrauisch waren und es in der bayrischen Metropole koschere Restaurants gab. Die Vorsteher der Münchener jüdischen Gemeinde wollten jedoch nicht als Gastgeber für diesen Kongreß fungieren. Dieser Widerstand war typisch für die Einstellung vieler jüdischer Institutionen und Personen zum Zionismus. Man erklärte, es gebe keine jüdische Frage, gewiß nicht in Mittel- und Westeuropa. Warum sollte man Unruhe hervorrufen und den Antisemiten Munition liefern, die immer schon behauptet hatten, die Juden seien eine separate Nation mit einer eigenen Geheimregierung und könnten niemals loyale Staatsbürger sein? Herzl ließ sich durch diese Protestwelle und die Uneinigkeit in den eigenen Reihen nicht entmutigen. Die Zionsfreunde in England und Frankreich und einige der Russen beschlossen, die Versammlung zu boykottieren. Manche der deutschen Anhänger Herzls versuchten sogar, den Plan von innen her zu sabotieren. Einige Wiener Zionisten waren anwesend, aber nur, um zu versuchen, Herzl von der Führung zu entfernen. Herzl blieb fest und meinte, der Kongreß werde stattfinden. Dank seinen unermüdlichen Bemühungen, seinen Beschwörungen und seiner Bereitschaft zu finanziellen Opfern wurde der erste Zionistenkongreß am 29. August 1897 in Basel eröffnet.

Trotz der getroffenen Vorbereitungen ergab sich ein großes Durcheinander. Niemand wußte genau, was der Kongreß beschließen und wer daran teilnehmen sollte. Wie ein Teilnehmer später schrieb, war Herzl der einzige, der wußte, was er wollte. Herzl hatte kaum Illusionen bezüglich der Stärke seiner Bewegung. Am Vorabend des

Kongresses schrieb er in sein Tagebuch: »Ich stehe nun an der Spitze von Knaben, Bettlern und Schmöcken. Manche beuten mich aus. Andere sind schon neidisch oder treulos. Die dritten fallen ab, so wie sich ihnen eine kleine Karriere eröffnet. Wenige sind uneigennützige Enthusiasten. Dennoch würde dieses Heer vollkommen genügen, wenn sich nur der Erfolg zeigte[13].« Wie er es in seiner ersten Rede ausdrückte, wäre es die Aufgabe des Kongresses, »den Grundstein zu dem Haus zu legen, das dereinst die jüdische Nation beherbergen wird[14]«.

Für Herzl bedeutete dies ein höchst delikates Unterfangen – »ein Eiertanz zwischen unsichtbaren Eiern«. Er durfte weder die Rabbiner noch die Modernisten vor den Kopf stoßen, er mußte es den österreichischen Patrioten recht machen und durfte nicht das Mißtrauen der Türken wecken. Über die russische Regierung durfte nichts Nachteiliges gesagt werden, weil sie sonst vielleicht die halblegale zionistische Bewegung völlig verbieten würde. Konnte man aber in einer Übersicht über die Lage des Weltjudentums die Lage der Juden in Rußland übergehen? Die Frage der heiligen Stätten war ein besonders zerbrechliches Ei, wie auch die Familie Rothschild, die wegen der Hilfe, die sie den Siedlern in Palästina zukommen ließ, nicht kritisiert werden durfte.

Herzl legte besonderen Wert auf einen würdigen Rahmen der Veranstaltung. Einer seiner Baseler Anhänger hatte einen großen Saal mit einer bunt aufgeputzten Varietébühne gemietet, aber Herzl beschloß sofort, in würdigere Räumlichkeiten zu übersiedeln. Als Nordau in einem Gehrock erschien, beschwor ihn Herzl, für die Eröffnungssitzung einen Frack anzulegen. Alles sollte in großartigem Stil, eindrucksvoll und würdig stattfinden. Diese sorgfältigen Vorbereitungen stellten für die 197 Kongreßdelegierten eine Überraschung dar. Für die meisten war es das erste Zusammentreffen mit Herzl.

Der Kongreß wurde von einem alten Zionsfreund, Dr. Lippe, eröffnet, der das Gebet *Schehechejanu* rezitierte: »Gesegnet seist du, o Herr, unser Gott, König des Alls, der du uns am Leben hieltest und uns Zeuge dieses Tages werden ließest.« Er wollte nur zehn Minuten lang sprechen, fuhr aber fort, gutgemeinte Gemeinplätze von sich zu geben, und beging, nach Herzls Meinung, einen Fauxpas nach dem anderen. Herzl ließ ihm viermal sagen, er solle aufhören, und befahl ihm schließlich, Schluß zu machen. Die beiden folgenden Reden, die von Herzl und Nordau, waren die Höhepunkte des Kongresses. Herzls Botschaft enthielt nichts Neues oder Überraschendes: Das Gefühl der Einheit, der Solidarität unter den Juden sei im Schwinden gewesen, als der moderne Antisemitismus über sie hereinbrach. Jetzt aber »sind wir sozusagen nach Hause gegangen. Der Zionismus ist die Heimkehr zum Judentum noch vor der Rückkehr ins Judenland[15]«. Die Welt erkenne wieder, daß die Juden ein Volk seien. Sie bedürften einer starken

Organisation. Sie hätten nichts zu verbergen, da sie ja keine konspirative Tätigkeit entfalten wollten. Sie wollten bloß das jüdische Nationalbewußtsein wiederbeleben und hochhalten und die materiellen Lebensbedingungen des jüdischen Volkes verbessern. Die Augen von Hunderttausenden Juden seien voll Hoffnung und Erwartung auf sie gerichtet. Die Vorzüge sporadischer Kolonisation seien zwar nicht zu verachten, aber die alten, langsamen Methoden ohne Grundlage einer rechtlichen Anerkennung würden nichts zu einer Lösung des Judenproblems beitragen. Nur anerkannte Rechte sollten die künftige Grundlage sein, nicht Duldung und Toleranz. Die Bewegung müsse weit größer, viel zielstrebiger und schlagkräftiger werden, wenn sie ihre Ziele erreichen wollte: »Ein Volk kann sich nur selbst helfen, kann es das nicht, so ist ihm eben nicht zu helfen[16].«

Herzl erhielt erhielt fünfzehn Minuten währenden gewaltigen Beifall. (»Ich blieb aber ruhig und verbeugte mich absichtlich nicht, um von vornherein die Geschichte nicht zu *cabotinage* oder *conférence* werden zu lassen[17]«, schrieb er in sein Tagebuch.) Nach ihm sprach Nordau, der einen ausgezeichneten Überblick über die Lage der Juden in verschiedenen Teilen der Welt, über die materiellen und moralischen Aspekte und Zusammenhänge gab. Neun Zehntel des Weltjudentums seien buchstäblich am Verhungern und kämpften um ihre nackte Existenz. Die westliche Judenschaft sei keinen gesetzlichen Diskriminierungen mehr ausgesetzt, aber sie war schon längst emanzipiert, ehe ihre Wirtsvölker seelisch bereit waren, ihr gleiche Rechte zu gewähren. Der emanzipierte Jude habe seine alten jüdischen Eigentümlichkeiten aufgegeben, sei aber dadurch nicht Deutscher oder Franzose geworden. Er lasse sein Volk im Stich, weil der Antisemitismus ihn dazu gebracht habe, es zu verabscheuen, doch seine französischen und deutschen Mitbürger wiesen ihn zurück. Er habe die Heimat des Gettos verloren, ohne eine neue gefunden zu haben.

Dies sei die moralische Judennot, die bitterer sei als die materielle, weil sie sensiblere, stolzere Menschen heimsuche. Der emanzipierte Jude sei seiner selbst und der anderen Menschen nicht sicher, voll von Ängsten, unausgeglichen, und er mißtraue sogar den verborgenen Gefühlen seiner Freunde. Manche Juden, neue Marranen, versuchten der Gefahr durch die Taufe zu entgehen, aber der neue rassische Antisemitismus anerkenne diesen einfachen Ausweg nicht. Andere wiederum schlössen sich revolutionären Bewegungen an und hofften, daß mit der Vernichtung der alten Ordnung auch der Antisemitismus verschwinden würde. Schließlich gebe es noch die Zionisten. Die Aufgabe des ersten Zionistenkongresses sei es nun, Mittel und Wege zu finden, wie der akuten Not des jüdischen Volkes zu begegnen sei. Nordau sprach frei, fast ohne Notizen. Er war stets ein großer Redner gewesen, aber bei diesem Kongreß übertraf er sich selbst. Herzl schrieb in sein Tagebuch: »Er sprach herrlich. Seine Rede ist und bleibt ein Denkmal aus unserer Zeit. Als er wieder zum Präsidententisch hinaufkam, ging ich ihm entgegen und sagte ihm: *Monumentum aere perennius*[18].«

Die folgenden Redner befaßten sich im einzelnen mit der Lage der Juden in Ost- und Westeuropa und mit der historischen und ökonomischen Notwendigkeit des Zionismus und der Kolonisierung Palästinas. Einer von Herzls engsten Mitarbeitern machte den Vorschlag, es sollten keine Juden mehr nach Palästina auswandern, solange es keine international anerkannte Rechtsgrundlage für ihre Ansiedlung gebe. Dies entspräche dem offiziellen Programm der Bewegung, das in der vorangegangenen Sitzung angenommen worden war:

»Der Zionismus erstrebt für das jüdische Volk die Schaffung einer öffentlich-rechtlich gesicherten Heimstätte in Palästina. Zur Erreichung dieses Zieles sieht der Kongreß folgende Maßnahmen vor:

1. Die zweckdienliche Besiedlung Palästinas mit jüdischen Ackerbauern, Handwerkern und Gewerbetreibenden.
2. Die Gliederung und Zusammenfassung der gesamten Judenschaft durch geeignete örtliche und allgemeine Veranstaltungen nach den Landesgesetzen.
3. Die Stärkung des jüdischen Volksgefühls und Volksbewußtseins.
4. Vorbereitende Schritte zur Erlangung der Regierungszustimmungen, die nötig sind, um das Ziel des Zionismus zu erreichen[19].«

Die Präambel wurde erst nach längerer Debatte angenommen. Der ursprüngliche Entwurf hatte bloß von einer »rechtlich gesicherten« Heimstätte gesprochen, aber einige jüngere Delegierte, wie Schach aus Köln und Leo Motzkin, meinten, der Zionismus habe nichts zu verbergen. Sein Ziel solle sein, dem Sultan die Autonomie der Juden in Palästina abzuringen. Ohne international anerkannte rechtliche Garantien würde es für das jüdische Volk keine Zukunft und keine Sicherheit geben. Auf den Einwand, solch jugendlicher Ungestüm könnte den bereits existierenden Kolonien schaden, entgegnete Motzkin, die Kolonisierung alten Stils würde sowieso zu nichts führen. Einige Tausend Juden hätten sich im Laufe von fünfzehn Jahren in Palästina angesiedelt, doch habe dies kein besonderes Interesse unter den anderen Juden geweckt, und so sei der ursprüngliche Schwung versandet[20]. Nach diesen Einwänden wurde die schwächere Formulierung fallengelassen und die ursprünglich von Herzl verwendete Definition »öffentlich-rechtlich gesicherte Heimstätte« wieder eingesetzt.

Der Kongreß befaßte sich auch mit organisatorischen Fragen. Wie sollte der Zionismus aus einer rudimentären Bewegung in eine wirksame und schlagkräftige Organisation verwandelt werden? Es wurde beschlossen, den Zionistischen Kongreß zum höchsten Organ der Bewegung zu erklären und zur Erledigung der laufenden politischen Angelegenheiten ein aus dreiundzwanzig Mitgliedern bestehendes Aktionskomitee zu wählen. Jeder, der das achtzehnte Lebensjahr vollendet hatte, das Baseler Programm akzeptierte und einen Schekel (etwa 25 Cent) zahlte, erhielt das Recht, bei Wahlen zum Kongreß mitzustimmen.

In den Diskussionen wurden viele Ideen und Vorschläge erstmals vorgebracht, die in späteren Jahren eine bedeutende Rolle in der zionistischen Tätigkeit spielten. Bodenheimer, ein enger Freund Wolffsohns in Köln, entwickelte einen Plan zur Schaffung einer zionistischen Bank und eines Zentralfonds. Der aus Rußland gebürtige und in Heidelberg tätige Mathematikprofessor Hermann Schapira schlug die Gründung einer hebräischen Universität in Palästina vor. Als der dritte Tag der Beratungen sich dem Ende zuneigte, bat Max Mandelstam, einer der ältesten Zionsfreunde, ums Wort. Mit zitternder Stimme dankte er im eigenen Namen und im Namen der anderen Delegierten Herzl, »demjenigen mutigen Mann, dem wir es hauptsächlich zu verdanken haben, daß wir aus aller Herren Länder hier versammelt sind, um für die Zukunft unseres Volkes zu sorgen[20]«. Unter lauten Dankesrufen und donnerndem Beifall ging der erste Zionistenkongreß zu Ende.

Er war ein Meilenstein in der modernen jüdischen Geschichte. Im Gegensatz zur Kattowitzer Konferenz fünfzehn Jahre vorher war dies keine kleine Versammlung einiger weniger Funktionäre, die kein öffentliches Interesse erweckte und keine Spuren hinterließ. Von manchen mit glühender Begeisterung bedacht, von anderen mit gleicher Heftigkeit angegriffen, hatte der erste Zionistenkongreß genau jenes Ziel erreicht, das Herzl sich gesetzt hatte: die öffentliche Diskussion über den Zionismus wieder in Gang zu bringen. Jüdische und nichtjüdische Zeitungen in aller Welt berichteten über den Kongreß und erörterten seine Bedeutung. Für Herzl war die Gründung einer zionistischen Organisation von ungeheurer Wichtigkeit. Bei seinen diplomatischen Aktionen würde er von nun an die offizielle Unterstützung einer neuen, dynamischen Bewegung genießen. Nun war er nicht mehr bloß Dr. Herzl von der *Neuen Freien Presse,* sondern das Haupt einer weltumspannenden Organisation. Von besonderer Bedeutung für die Zukunft der Bewegung war Herzls Zusammentreffen mit den Vertretern der russischen Judenschaft, die mit siebzig Delegierten die zahlenmäßig stärkste Gruppe in Basel gewesen waren. Herzl war beeindruckt vom Format dieser Männer, von deren Existenz er, bis auf wenige Ausnahmen, kaum etwas gewußt hatte.

Die russischen Juden hingegen akzeptierten Herzl als ihren Führer, wenn auch nicht vorbehaltlos. Weizmann, der Herzl erst beim zweiten Kongreß kennenlernte, schrieb: »Obwohl er eine eindrucksvolle Persönlichkeit war, kann ich nicht behaupten, daß er auf mich überwältigend gewirkt hätte[22].« Er war beeindruckt von Herzls tiefer Aufrichtigkeit und seinen großen Fähigkeiten, meinte aber, Herzl hätte eine Aufgabe von immenser Größe ohne entsprechende Vorbereitung übernommen. Herzl war in Weizmanns Augen naiv, kein Mann des Volkes, und seine Neigung zum Klerikalismus (oder vielmehr sein übertriebener Respekt vor den Rabbinern) bestürzte Weizmann. Dessen Lehrer, Achad Haam, der ebenfalls in Basel gewesen war, äußerte eine noch negativere, fast apokalyptische Ansicht: Der Zionistenkongreß hätte mehr zerstört als aufgebaut. Wer weiß, ob dies nicht der letzte Seufzer eines sterbenden Volkes gewesen sei? Herzl erschien ihm kaum besser zu sein als ein wohlmeinender, selbstsicherer Bauernfänger. Seid vorsichtig, warnte Achad Haam seine Leser, »Israel wird nicht durch Diplomaten, sondern durch Propheten erlöst werden[23]«.

Herzl hingegen war mehr als zufrieden, und nach dem Kongreß notierte er im ersten Überschwang in sein Tagebuch, der Zionismus sei nun in den Strom der Geschichte eingetreten: »Fasse ich den Baseler Kongreß in ein Wort zusammen – das ich mich hüten werde, öffentlich auszusprechen –, so ist es dieses: In Basel habe ich den Judenstaat gegründet. Wenn ich das heute laut sagte, würde mir ein universelles Gelächter antworten. Vielleicht in fünf Jahren, jedenfalls in fünfzig wird es jeder einsehen[24].«

Bei verschiedenen Gelegenheiten diskutierten Herzl und seine Freunde darüber, wie lange es wohl dauern werde, den zionistischen Traum zu verwirklichen. Nordau meinte, die Durchführung einer Aufgabe dieser Größe könnte dreihundert Jahre dauern; Herzls Voraussage kam der Wahrheit näher: Fünfzig Jahre und neun Monate, nachdem er die vorhin zitierte Eintragung in sein Tagebuch gemacht hatte, wurde in Tel Aviv der Judenstaat ausgerufen.

Der Überschwang von Basel hielt nicht lange an. Herzl hatte den Delegierten nicht gesagt, daß seine erste Reise nach Konstantinopel praktisch mit einem Fehlschlag geendet hatte. Wenn man Newlinski glauben kann, hatte der Sultan festgestellt, er könne keinen Teil des Osmanischen Reiches abtreten, denn es gehöre nicht ihm, sondern dem türkischen Volk. Die Juden sollten ihr Geld lieber sparen. Und dann hatte er prophetisch hinzugefügt, wenn sein Reich aufgeteilt würde, dann würden sie vielleicht Palästina umsonst erhalten. Aber nur ein Leichnam könne aufgeteilt werden. Er werde einer Vivisektion nie zustimmen. Herzl gab die Hoffnung nicht auf, sondern überzeugte seine Anhänger davon, daß Erfolg oder Mißerfolg einer künftigen Vorsprache beim Sultan davon abhänge, ob die Zionisten imstande seien, die für einen Kredit erforderlichen Mittel aufzutreiben. Aber die Sammlung für die Kolonialbank (ihr offizieller Name war *Jewish Colonial Trust*) mit einem geplanten Aktienkapital von zwei Millionen Pfund ließ sich nicht gut an. Einlagen wurden nur in geringem Maße getätigt, die Rothschilds hatten beschlossen, sich nicht zu beteiligen, die reichen Berliner Juden waren unentschlossen, und die russisch-jüdischen Millionäre hatten zwar große Versprechungen gemacht, hielten sie aber dann nicht ein.

In den folgenden Jahren wurde ein Großteil von Herzls Energie durch Sammelaktionen in Anspruch genommen, eine Aufgabe, für die er nicht geeignet war und die er verabscheute. Wie oft klagte er über das Fehlen einer „lächerlichen Million“, das es ihm unmöglich machte, großzügige Propaganda zu treiben und Spielraum für seine Verhandlungen in Konstantinopel zu gewinnen! Die zionistische Organisation war so arm, ihr Einkommen aus Beiträgen so gering, daß das Aktionskomitee seine Finanzen jahrelang geheimhielt, um sich nicht der Lächerlichkeit auszusetzen.

Der zweite Zionistische Kongreß, der ein Jahr nach dem ersten stattfand, widerspiegelte das Wachstum der Bewegung. Die Zahl der Delegierten hatte sich auf vierhundert verdoppelt; während vor dem ersten Kongreß 117 zionistische Gruppen existiert hatten, war ihre Zahl inzwischen auf 913 gestiegen. Nordau gab wiederum einen großartigen Überblick über die Lage der Judenschaft in aller Welt; Herzl verlangte in seiner Ansprache die Gewinnung der jüdischen Gemeinden; und die Linkszionisten, die Sozialisten unter Nachman Syrkin, traten erstmals in Erscheinung. Herzl zeigte sich den *Chowewe Zion* gegenüber etwas versöhnlicher. Einer ihrer führenden Vertreter, Mandelstam, schlug eine Synthese zwischen dem politischen Zionismus Herzlscher Prägung und dem Kulturzionismus Achad Haams vor, mit dem Ziel, Palästina schrittweise zu kolonisieren und es so zu einem Kulturzentrum zu machen.

Der erste Kongreß hatte große Erwartungen geweckt. Welche Erfolge konnte Herzl ein Jahr später guten Gewissens vorweisen? Er wußte am besten, daß es keine greifbaren Erfolge gab, und mit einer bemerkenswerten Ausnahme – der Londoner Massenversammlung von 1898, auf der er andeutete, die Zeit sei nicht mehr fern, in der die Träume der Zionisten wahr würden – vermied er es sorgfältig, falsche Hoffnungen zu erregen. Und wenn seine diplomatischen Bemühungen in der Türkei völlig fehlschlagen sollten? In diesem Falle müßten die Juden so lange warten, bis die Orientkrise in ein entscheidendes Stadium trete. In seinem Tagebuch vermerkte er diesbezüglich: »Ein Volk kann warten.«

Allerdings zeigten sich bereits einige Anzeichen von Ungeduld. Noch vor dem zweiten Kongreß überlegte Herzl, ob er der Bewegung nicht ein näherliegendes territoriales Ziel, beispielsweise Zypern, geben und Zion als Endziel aufsparen sollte. Oder vielleicht sollte man ein Auge auf Südafrika oder Amerika halten, bis die Türkei zerfiel? Denn die Massenauswanderung aus Osteuropa ging weiter. Die Masse der armen Juden benötigte sofortige Hilfe, und die Türkei war noch nicht in einer so verzweifelten Lage, daß sie den Wünschen der Zionisten entsprochen hätte.

Herzl machte unermüdliche diplomatische Anstrengungen, um neue Gönner zu gewinnen. Er traf Philipp Eulenburg, einen der engsten Freunde Wilhelms II., und versuchte auch durch Vermittlung des Erzherzogs von Baden an den Kaiser heranzukommen. Aber die Umgebung des Kaisers, einschließlich des Außenministers Bülow, verhielt sich ablehnend, und Herzl neigte ohnehin dazu, das Interesse des Kaisers an Nahost zu überschätzen. (Er überschätzte auch die Charakterstärke und die Intelligenz des Kaisers: »Er hat wirklich kaiserliche Augen. Solche Augen habe ich nie gesehen. Es liegt eine merkwürdige, kühne, suchende Seele darin[25].«) In seinen Denkschriften suchte Herzl sich die Furcht des Kaisers und seiner Mitarbeiter vor dem revolutionären Sozialismus zunutze machen: Die Juden würden weiterhin den revolutionären Parteien Führer und Unterführer stellen, wenn sie nicht aus ihrer Not befreit würden. Eine Zeitlang war Herzl überzeugt, der Kaiser würde sich beim Sultan für ihn verwenden und die zionistische Forderung nach einem deutschen Protektorat unter der Oberhoheit der Pforte unterstützen. Unter dem Schutz dieses starken, großen, moralischen, vorzüglich regierten, straff organisierten Deutschlands zu leben, schrieb Herzl in sein Tagebuch, könne auf den jüdischen Nationalcharakter nur den besten Einfluß ausüben. Herzl ließ sich leicht von seinen eigenen, häufig wechselnden Ideen fortreißen; sechs Wochen später, nachdem seine Bemühungen gescheitert waren, kam er zu der Überzeugung, die Tatsache, daß der Kaiser die Schirmherrschaft nicht übernahm, sei selbstverständlich ein Vorteil für die Zukunft des Zionismus, denn »wir hätten für dieses Protektorat späterhin die schwersten Wucherzinsen zahlen müssen[26]«.

Zwischen diesen beiden Tagebucheintragungen hatte der deutsche Kaiser Palästina besucht, und Herzl war ihm mit einer kleinen Schar von Anhängern nach Konstantinopel und Jerusalem gefolgt. Dies war Herzls erster Besuch im Heiligen Land, aber er war keineswegs überwältigt. Die Ankunft in Jaffa war ungemütlich. Herzl war betroffen von dem Durcheinander auf den Straßen und im Hotel, von »Armut und Elend und Hitze in fröhlichen Farben«. Sogar die nahe gelegene jüdische Kolonie, das vielgepriesene Rischon le Zion, erschien ihm als ein armseliger Ort. Die Straßen waren mit einer dicken Staubschicht bedeckt. Und wieder sah er große Armut, Holzpritschen und Schmutz in den Häusern der jüdischen Landarbeiter. Die Eisenbahnfahrt nach Jerusalem in engen, überfüllten und heißen Abteilen war eine reine Tortur, die Landschaft wirkte trostlos und öde, und Herzl litt an Fieber.

Jerusalem empfand er als herrlich gelegene Stadt, die sogar im Verfall wunderschön aussah, aber die »dumpfen Niederschläge zweier

Jahrtausende voll Unmenschlichkeit, Unduldsamkeit und Unreinlichkeit sitzen in den übelriechenden Gassen«, was auf ihn einen schrecklichen Eindruck machte. In einem jüdischen Spital sah er Elend und Schmutz, um jedoch den Schein zu wahren, mußte er im Gästebuch die Sauberkeit bestätigen: »So entstehen Lügen.« Die einheimischen jüdischen Führer und Rabbiner fürchteten ein Zusammentreffen mit Herzl, denn sie waren besorgt wegen der möglichen Reaktion der türkischen Behörden. Anderseits war Herzl günstig beeindruckt von zwanzig jungen, kühnen jüdischen Reitern, die ihn in Rechowot mit hebräischen Liedern begrüßten. Sie erinnerten ihn an die Cowboys des amerikanischen Westens: »Ich hatte Tränen in den Augen, als wir diese flinken und mutigen Reiter sahen, in die sich die hosenverkaufenden Jünglinge verwandeln können.«

Herzl und seine Freunde wurden am 2. November 1898 von Kaiser Wilhelm II. in Jerusalem empfangen. »Dieser kurze Empfang wird in der Geschichte der Juden für immerwährende Zeiten aufbewahrt werden, und es ist nicht unmöglich, daß er auch geschichtliche Folgen haben wird“, schrieb Herzl in sein Tagebuch. Dieses Datum ist bedeutsam, aber aus einem anderen Grund. Am gleichen Tag, neunzehn Jahre später, schrieb Balfour seinen berühmten Brief an Lord Rothschild. Herzl und seine Freunde waren am Vorabend der Audienz so aufgeregt, daß Dr. Schnirer, gleichfalls Mitglied des inneren Aktionskomitees, ihm ein Beruhigungsmittel verschreiben wollte. Aber Herzl lehnte dies ab. »*Je ne voulais pas pour l'histoire.*« Die Audienz erwies sich als Enttäuschung. Auf Herzls Ersuchen um die deutsche Schirmherrschaft entgegnete der Kaiser, das ganze Problem müsse noch näher geprüft werden. »Er hat nicht ja noch nein gesagt«, bemerkte Herzl, und dies war unter den gegebenen Umständen nicht befriedigend.

Das offizielle deutsche Kommuniqué stellte bloß fest, der Kaiser habe ein wohlwollendes Interesse für die Bemühungen um die Verbesserung der Landwirtschaft in Palästina gezeigt, soweit diese Bemühungen im Einklang mit der Wohlfahrt des türkischen Reiches stünden und die Souveränität des Sultans voll respektierten. Wilhelm II., der einmal Interesse für die zionistischen Pläne bekundet hatte, war nun gar nicht mehr so begeistert. Der deutsche Botschafter in der Türkei und einige Berater des Kaisers, vor allem im Außenministerium, hatten Bedenken, weil sie heftigen Widerstand von seiten des Sultans voraussahen. Man glaubte auch, daß der Kaiser, nachdem er die tristen Verhältnisse der Jerusalemer Juden gesehen hatte, der Förderung des Zionismus keineswegs geneigter war. Aber wie dem auch sei, die Kritiker innerhalb des jüdischen Lagers schienen recht behalten zu haben: Das zionistische Ziel war ein Luftschloß. Niedergeschlagenheit herrschte im Kreise von Herzls Freunden, denn dies war das Ende eines seiner

Lieblingsträume. Diesmal hatte auch Herzl keine Illussionen. »Wir werden unter einem deutschen Protektorat unser Ziel nicht erreichen«, schrieb er an den Großherzog von Baden. »Mehr als ich sagen kann, bedaure ich es[27].«

Die zionistische Bewegung brauchte dringend einen greifbaren Erfolg, wenn sie ihren ursprünglichen Schwung und ihren dynamischen Charakter bewahren wollte. Eine von Herzls größten Befürchtungen war, ein Niedergang könnte einsetzen, sobald der Reiz der Neuheit verflogen war, wenn die Bewegung nicht einige eindrucksvolle Erfolge vorzuweisen hätte. In solchen Augenblicken, wenn alles verloren schien, zeigte er seine Größe. Er war erschöpft, die Anzeichen seines Herzleidens wurden deutlicher. Er durchlebte Augenblicke tiefster Niedergeschlagenheit. Am 1. Mai 1900 schrieb er in sein Tagebuch: »Ich weiß jetzt eine gute Grabinschrift für mich: ›Er hatte eine zu gute Meinung von den Juden‹[28].« Newlinskis Tod war ein weiterer Schlag. Aber Herzl arbeitete weiter, als wäre der Erfolg in greifbarer Nähe; aus den begrenzten Mitteln des Aktionskomitees verteilte er reichlich Bakschisch unter den Beamten des Sultans. Er wandte sich an Hermann Vembéry, den berühmten Reisenden und Freund Abdul Hamids. Vambéry war ein Orientalist und politischer Agent ungarisch-jüdischer Abstammung, der sich im Laufe seines Lebens zu fünf verschiedenen Religionen bekannt hatte, zu zweien davon als Priester. Vambéry enthüllte Herzl, der Sultan sei sowohl verrückt als auch ein Erzlügner, und erklärte, in Konstantinopel sei mit einem Frontalangriff nichts zu erreichen. Im Mai 1901 gelang es Vambéry, ein Gespräche zwischen Herzl und dem Sultan herbeizuführen, außerdem war aber noch die Initiative einer Großmacht erforderlich. Von deutscher Seite erwartete Herzl keine Untersützung mehr, und da seine Mission in Palästina gescheitert war, lenkte er seine Aufmerksamkeit auf England als jene Macht, von der noch am ehesten Hilfe zu erhoffen war. Der damalige Premierminister, Lord Salisbury, war mit dem Burenkrieg beschäftigt und zeigte wenig Interesse, aber Herzl verlor nicht den Mut. Der vierte Zionistenkongreß wurde im August 1900 in London abgehalten, denn »aus Basel sind wir nun herausgewachsen«. England sei das einzige Land, sagte Herzl, in dem das Volk Gottes nicht unter Antisemitismus zu leiden habe: »England, das große England, das freie England, das über alle Meere blickt, wird uns und unsere Bestrebungen verstehen. Von hier aus wird die zionistische Idee ihren Flug noch weiter und höher nehmen, dessen dürfen wir sicher sein[29].«

Herzl hatte beschlossen, alljährlich einen zionistischen Weltkongreß abzuhalten. Er fürchtete, die Bewegung würde an Schwung verlieren, wenn zwischen den einzelnen Tagungen zuviel Abstand wäre. Der dritte Kongreß fand im August 1899 in Basel statt, der vierte genau ein Jahr später in London, der fünfte im Dezember 1901 wiederum in

Basel, der sechste – der letzte, an dem Herzl teilnahm – im August 1903 ebenfalls in Basel. Der erste Kongreß, obwohl klein und improvisiert, hatte tiefe Emotionen geweckt. Die späteren Tagungen hatten wesentlich mehr Teilnehmer, doch mit der Entwicklung der organisatorischen Routine begann sich auch der Charakter der Kongresse zu verändern; sie wurden weniger aufregend, dafür aber sachlicher. Jeder Kongreß wurde von Herzl (der immer großen Beifall erhielt) mit einer verhältnismäßig kurzen programmatischen Rede eröffnet. Nach ihm kam Nordau, der seinen meisterhaften Überblick über die Lage des Weltjudentums vorlegte. Es waren großartige und zutiefst bewegende Reden, aber im Grunde nur Vatiationen über ein und dasselbe Thema: die materiellen Entbehrungen der Juden in Osteuropa, die geistigen und seelischen Nöte der Juden im Westen. Nordau berichtete vom Wiederaufleben der alten Ritualmordlüge und von neuen Judenverfolgungen, die es noch dringlicher machten, für die Verfolgten eine Zuflucht zu finden. Die Berichte des engeren Aktionskomitees enthielten eindrucksvolle Ziffern über das organisatorische Wachstum der Bewegung. So stieg beispielsweise zwischen dem dritten und dem vierten Kongreß die Zahl der zionistischen Ortsorganisationen in Rußland von 877 auf 1034 (100.000 Mitglieder bezahlten den Schekel), in den Vereinigten Staaten von 103 auf 135. Auf dem fünften Kongreß wurde berichtet, der Zionismus sei nun bis Chile und Indien, bis Neuseeland und Sibirien, ja bis in die entferntesten Winkel der Erde gedrungen.

Die Berichte über die finanzielle Lage waren weniger optimistisch: Auf dem vierten Kongraß wurde mit Bedauern bekanntgegeben, daß es noch nicht möglich gewesen sei, den *Colonial Trust* zu etablieren, den Herzl als entscheidende Vorbedingung für künftige politische und wirtschaftliche Aktionen betrachtete. Anstatt der benötigten 250.000 Pfund sei nur etwa die Hälfte dieser Summe gesammelt worden, und auch dies nur mit ungeheuren Anstrengungen. Die reichen Juden waren offensichtlich nicht bereit, ihr Geld auf das zionistische Pferd zu setzen. Es wurden Vorträge über den physischen Verfall der osteuropäischen Judenschaft gehalten (Professor Mandelstam auf dem vierten Kongreß und Nordau, der Arzt war, auf dem fünften) und auf die Dringlichkeit hingewiesen, Abhilfe zu schaffen. Indessen waren alle sich einig, daß unter dem obwaltenden Umständen kaum etwas getan werden konnte; die leibliche und seelische Gesundung würde der ökonomischen und nationalen Normalisierung folgen, aber diese könne erst eintreten, wenn die Juden über ein eigenes Land verfügten. Osteuropäische Sprecher – so etwa Sokolow – legten im Gegensatz zu Herzl und dessen Wiener Freunden besonderes Gewicht auf kulturelle Fragen. Die Reden und Debatten über die »Kulturfrage« beherrschten ganze Sitzungen der ersten Zionistenkongresse und riefen sogar heftige

Zusammenstöße hervor. Denn die Art geistiger Erneuerung, die von Sokolow, Motzkin und Weizmann – zum Teil unter dem Einfluß von Achad Haam – befürwortet wurde, entsprach nicht den Vorstellungen der prozionistischen Rabbiner. Weizmann versuchte Herzl klarzumachen, daß die Bedeutung der Rabbiner für die jüdische Öffentlichkeit und ihre Bereitschaft, die zionistische Bewegung zu unterstützen, wesentlich geringer seien, als Herzl glaube. Motzkin verursachte einen kleinen Tumult, als er sagte, die Rabbiner seien beim ersten Kongreß nicht vertreten gewesen, und man müsse ihren Versuchen, sich nun anzuschließen und der ganzen Bewegung ihre Ansichten aufzuzwingen, Widerstand entgegensetzen[30]. Herzl war ebenfalls der Auffassung, Religion sei Privatsache, doch war er in seiner Politik stets bemüht, die Einheit der Bewegung zu erhalten und Faktoren, die zu Uneinigkeit führen könnten, auszuschalten. Die jungen Russen jedoch verübelten ihm sowohl seine autokratische Manier, die Kongresse zu dirigieren, als auch die Art und Weise, wie er in der Zwischenzeit die Bewegung leitete. Das engere Aktionskomitee in Wien bestand aus Herzls persönlichen Freunden: Marmorek, Schnirer und anderen wohlmeinenden, aber mittelmäßigen Persönlichkeiten.

Die Kongreßprotokolle berichteten immer noch von langanhaltendem Applaus und stürmischen Ovationen, wenn Herzl erschien, aber er war nicht mehr die über jeden Tadel erhabene Gestalt. Motzkin kritisierte ihn auf dem dritten Kongreß, er hätte zuviel versprochen und falsche Hoffnungen geweckt. Die zionistischen Studenten aus Rußland gründeten eine »demokratische Fraktion«, die auf den Kongressen als *pressure group* auftrat. Unter der Führung Syrkins und anderer entstand zu Herzls Entsetzen eine sozialistisch-zionistische Partei, die die Errichtung eines sozialistischen Staates in Palästina und den angrenzenden Gebieten forderte. Syrkin richtete heftige Angriffe gegen die Kräfte, welche die zionistische Bewegung beherrschten, die bürgerlichen und die orthodox-religiösen Elemente, sowie die »verrotteten Intellektuellen«, welche die Bewegung von den hohen Idealen der fortschrittlichen Menschheit loslösen wollten. Solche ketzerischen Ansichten schmerzten nicht nur Herzl, der nie besonderes Interesse oder Sympathie für die sozialistische Bewegung gezeigt hatte; noch heftiger wurden sie vom jungen Weizmann abgelehnt, der diesbezüglich in seiner russischen Umgebung einen ziemlich guten Einblick gewonnen hatte. Im Zusammenhang mit einer der ersten zionistisch-sozialistischen Broschüren schrieb er an seine künftige Frau: »Eine rote Mütze mit blauweißem Band, eine nationale Gruppe, die mit kindischem Geschrei den Internationalismus preist und um große Namen herumtänzelt; Selbstanbetung und jüdische Unverschämtheit. Welch eine abscheuliche Mischung von sinnlosen Phrasen und reiner Dummheit!« Weizmann sollte in späteren Jahren eine freundlichere Haltung gegenüber dem sozialistischen Zionismus einnehmen, zu jener Zeit aber betrachtete er ihn eindeutig als »eine Art Pestilenz[31]«.

Herzl war enttäuscht über den mangelnden Fortschritt und betrübt über die gegen ihn geführten Angriffe. Um 1899 hatte er den größten Teil des eigenen Vermögens und des Vermögens seiner Frau für die Bewegung ausgegeben, weshalb er nun mehr denn je von seiner Tätigkeit als Journalist abhängig war. An seinem einundvierzigsten Geburtstag schrieb er in sein Tagebuch, fast sechs Jahre seien nun vergangen, seit er die Bewegung ins Leben gerufen hatte, sechs Jahre, die ihn alt, müde und arm gemacht hatten. Welche Opfer hätten denn jene mittellosen jungen Zionisten aus dem Osten gebracht, die auf den Kongressen mit Kritik an ihm stets so schnell bei der Hand waren? Ebenso unzufrieden war er mit seinen engeren Mitarbeitern. Herzl war kein guter Menschenkenner, es fehlte ihm jegliche geschäftliche Erfahrung, und er stritt mit seinen nächsten und treuesten Freunden, beispielsweise mit Wolffsohn. Diese wiederum tadelten ihn wegen seiner Unfähigkeit, Männer mit eigenen Meinungen um sich zu ertragen und Verantwortung zu delegieren.

Auf Anfälle von Niedergeschlagenheit folgten Ausbrüche hektischer Aktivität. Im Februar 1901 traten die neuen türkischen Einwanderungsbeschränkungen in Kraft, was Herzl in gewissem Sinn schwerer traf als die russischen Zionisten, denn im Gegensatz zu ihnen hatte er stets an einen Charter und nicht an eine »Infiltration« geglaubt. Kurze Zeit später, im Mai 1901, teilte Vambéry ihm mit, daß der Sultan ihn nun endlich empfangen würde, allerdings nicht als Zionisten, sondern »als Oberhaupt der Juden und einflußreichen Journalisten«. Vambéry warnte Herzl: »Vom Zionismus dürfen Sie ihm nicht sprechen. Das ist eine Phantasmagorie. Jerusalem ist ihnen so heilig wie Mekka. Aber doch ist der Zionismus gut – gegen das Christentum. Ich will, daß der Zionismus fortexistiert, darum habe ich Ihnen die Audienz verschafft – denn sonst hätten Sie nicht vor den Kongreß hintreten können. Sie müssen Zeit gewinnen und den Zionismus fortfristen[32].« Es ist bemerkenswert, daß Herzls türkische Berater ebenfalls die Strategie des indirekten Vorgehens empfahlen: Jahre vorher hatte Nuri zu ihm gesagt, es gebe Fragen, die man nicht direkt anpacken dürfe. Er solle Aleppo nehmen, Land in der Gegend von Beirut kaufen und sich dann weiter ausbreiten. Wenn es der Türkei schlecht gehen und sie Herzls Dienste benötigen werde, dann solle er vortreten und Palästina verlangen.

Am 17. Juni wurde Herzl zu einer Audienz in den Sultanpalast gerufen. Man hieß ihn sich im Schatten niedersetzen (eine seltene Gunst), und er beobachtete die lange Prozession von Soldaten, Eunuchen, Paschas, Diplomaten und anderen Würdenträgern. Plötzlich erschien ein Beamter und trug ihm den Medschidije-Orden zweiter

Klasse an. Nachdem Herzl höflich abgelehnt hatte, wurde ihm das Große Band desselben Ordens verliehen. Dann begann die formale Audienz. Herzl beschrieb den Sultan als kleinen, schmächtigen Mann mit großer Hakennase, vollem, gefärbtem Bart und schwacher, zittriger Stimme; er saß auf einem Diwan, seinen Degen zwischen den Knien. Er stellte sich als regelmäßiger Leser von Herzls Zeitung, der *Neuen Freien Presse,* vor, eine einigermaßen überraschende Behauptung, da er nicht Deutsch verstand. Herzl begann mit seiner Lieblingsanalogie von Androklus und dem Löwen: Die Juden würden der Türkei helfen, ihre Auslandsschulden (den Stachel in ihrem Fleisch) loszuwerden, so daß sie neue Kraft gewinnen könnte. Die Großmächte wollten die Türkei schwach halten, um ihre Gesundung zu verhindern, Herzl aber könnte den Beistand des Weltjudentums gewinnen und die Industrialisierung des Landes fördern. Und im Gegensatz zu den Europäern würden die Juden sich nicht schnell bereichern und mit der Beute verschwinden. Palästina wurde nicht erwähnt, doch der Sultan betonte, er sei ein großer Freund der Juden, würde öffentlich judenfreundliche Erklärungen abgeben und ihnen ständigen Schutz gewähren, wenn sie in seinen Landen Zuflucht suchten.

Die Verhandlungen mit den Vertretern des Sultans gingen noch einige Tage lang weiter. Herzl hatte auf Abdul Hamid einen guten Eindruck gemacht: »Dieser Herzl wirkt wie ein Prophet, wie ein Führer seines Volkes«, sagte der Sultan einige Jahre später zu Vambéry. Herzl erhielt als Geschenk eine diamantenbesetzte Krawattennadel, doch war dies, wie er betrübt in sein Tagebuch schrieb, so ziemlich alles, was er an diesem Tag erreicht hatte. Er hatte an die fünfzigtausend Franken an verschiedene Personen verteilt, die behaupteten, entscheidend zum Zustandekommen der Audienz beigetragen zu haben. Selbst Vambéry nahm dafür Geld, obwohl er sich bei seiner ersten Zusammenkunft mit Herzl als reicher Mann ausgegeben hatte, der eine Viertelmillion besäße.

Die Berater des Sultans formulierten eine Anzahl von Bedingungen, die jedoch für Herzl völlig unannehmbar waren: Die Juden sollten eine Gesellschaft mit einem Kapital von 30 Millionen Pfund bilden, um damit zur Liquidierung der türkischen Staatsschulden beizutragen; sie dürften sich in der Türkei niederlassen, müßten aber türkische Staatsbürger werden; vor allem aber dürfte es keine konzentrierte Masseneinwanderung geben, sondern nur verstreute Ansiedlungen – fünf Familien hier, fünf Familien dort. Herzl hingegen schlug die Gründung einer Landgesellschaft vor, die brachliegende türkische Ländereien in Palästina übernehmen sollte. Vor seiner Abreise gab man ihm zu verstehen, der Sultan erwarte innerhalb eines Monats definitive Finanzierungsvorschläge. Herzl verließ Konstantinopel in vorsichtig optimistischer Stimmung. Er war vom Sultan empfangen worden und hatte

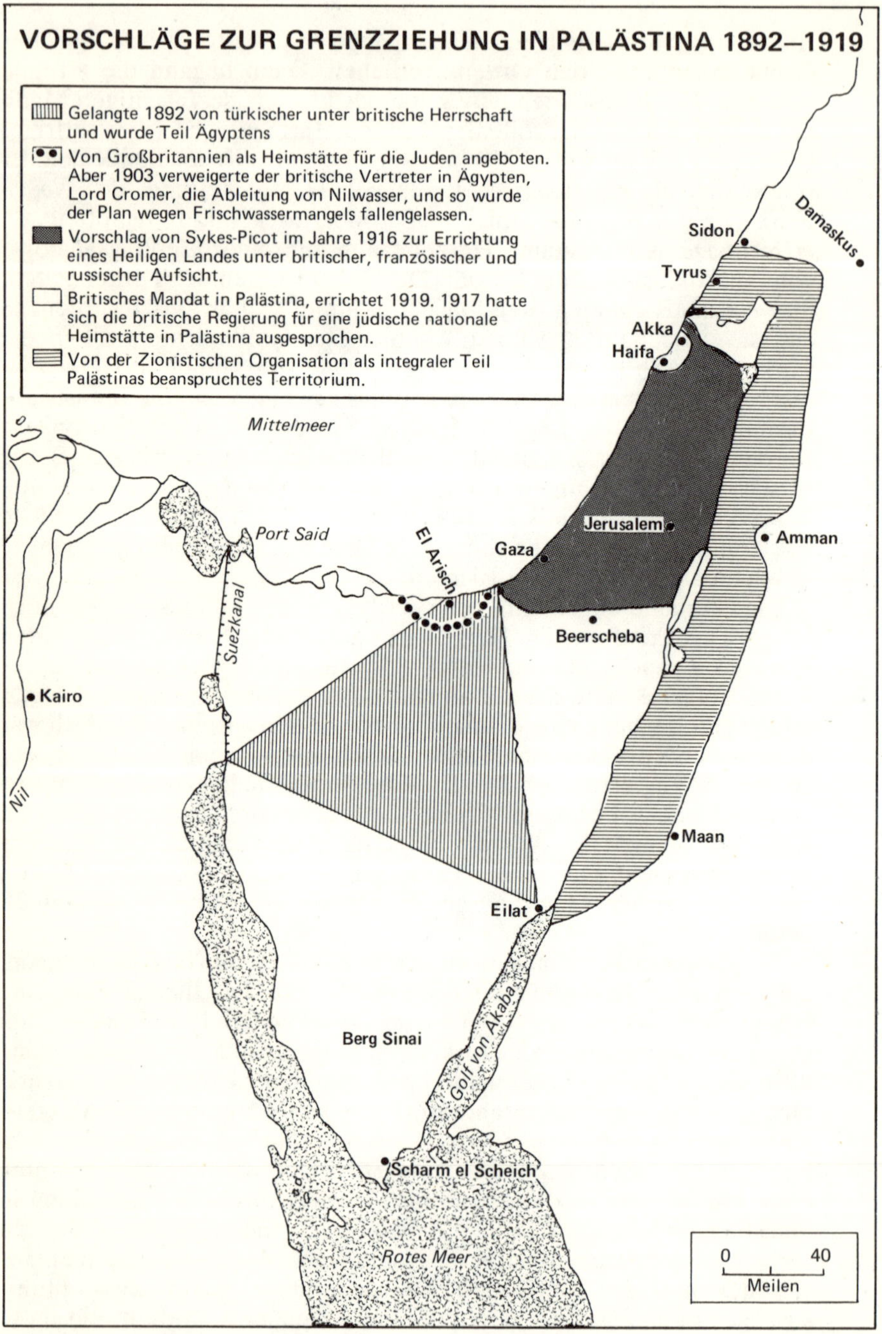
VORSCHLÄGE ZUR GRENZZIEHUNG IN PALÄSTINA 1892–1919
Gelangte 1892 von türkischer unter britische Herrschaft und wurde Teil Ägyptens
Von Großbritannien als Heimstätte für die Juden angeboten. Aber 1903 verweigerte der britische Vertreter in Ägypten, Lord Cromer, die Ableitung von Nilwasser, und so wurde der Plan wegen Frischwassermangels fallengelassen.
Vorschlag von Sykes-Picot im Jahre 1916 zur Errichtung eines Heiligen Landes unter britischer, französischer und russischer Aufsicht.
Britisches Mandat in Palästina, errichtet 1919. 1917 hatte sich die britische Regierung für eine jüdische nationale Heimstätte in Palästina ausgesprochen.
Von der Zionistischen Organisation als integraler Teil Palästinas beanspruchtes Territorium.
Mittelmeer
Damaskus
Sidon
Tyrus
Akka
Haifa
Jerusalem
Amman
Gaza
Port Said
El Arisch
Suezkanal
Beerscheba
Kairo
Nil
Maan
Eilat
Berg Sinai
Golf von Akaba
Scharm el Scheich
Rotes Meer
0
40
Meilen

fast zwei Stunden lang mit ihm gesprochen, eine Gunst, deren nur wenige Botschafter sich rühmen konnten. Der Eindruck, den er vom Sultan gewonnen hatte, war der eines »schwachen, feigen, aber durch und durch gutmütigen Menschen«, umgeben von einer verlumpten Kamarilla[33]. Er hatte den Dialog fortgeführt und war tatsächlich in Verhandlungen über einen Charter eingetreten, was Vambéry für völlig ausgeschlossen gehalten hatte. Herzl war sich bewußt, daß er nichts Greifbares erreicht hatte, dennoch war er überzeugt: »Es wird nur noch Glück, Geschick und Geld notwendig sein, um alles durchzuführen, was ich entworfen habe[34].« Er behauptete noch jahrelang, er hätte bei dieser Gelegenheit Palästina für die Juden bekommen können, wenn bloß das Geld vorhanden gewesen wäre. Zugleich war es ihm nicht unbekannt, daß die Türken ihn bloß als Schachfigur benützten, um eine Anleihe von einem solideren Finanzkonsortium zu erhalten, an dessen Spitze der Franzose Rouvier stand. Herzls Bemühungen, die Unterstützung der wohlhabenden Juden zu gewinnen, auf die er in seinen Verhandlungen so häufig verwies, blieben völlig erfolglos, aber er benahm sich weiterhin so, als stünde es in seiner Macht, den Sultan von dessen auf nominell 85 Millionen Pfund geschätzten Schulden zu befreien und dadurch schließlich doch seinen Charter zu bekommen.

Im Februar 1902 berief der Sultan (der in Herzls Privatkorrespondenz unter dem Pseudonym »Cohn« figurierte) ihn wieder nach Konstantinopel. Er klagte darüber, daß die Gespräche bisher keine konkreten Ergebnisse gezeitigt hätten. Herzl habe einige freundliche öffentliche Erklärungen abgegeben, das sei alles gewesen. Der Sultan war bereit, sein Reich jüdischen Flüchtlingen zu öffnen, doch müßten sie osmanische Untertanen werden; sie dürften sich in allen Provinzen niederlassen, außer – zunächst – in Palästina. Er schlug vor, Herzl solle als Gegenleistung ein Syndikat zur Konsolidierung der osmanischen Staatsschulden bilden und überdies die Konzessionen zur Ausbeutung aller türkischen Bergwerke übernehmen. Dies wäre endlich der Charter gewesen; da er jedoch Palästina und die Masseneinwanderung ausschloß, war er unannehmbar. Als Herzl weiterhin auf Palästina bestand, erklärten ihm seine türkischen Gesprächspartner, der Sultan könnte keinen Plan unterstützen, der bei seinen Untertanen böses Blut machen würde. Herzl schrieb an Vambéry, »Cohn« biete viel zuwenig und verlange zuviel.

Es kam jedoch zu keinem Abbruch der Verhandlungen. Im Juli 1902 wurde Herzl abermals nach Konstantinopel gerufen, um die diesmal entscheidenden Besprechungen zu führen. Wiederum das alte, bereits wohlvertraute Bild: »Schmutz, Staub, Lärm, rote Mützen, blaues Gewässer[35]«, die Bakschisch-Jäger am Palasteingang begrüßten Herzl mit vertraulichem Grinsen. Er wies darauf hin, daß seine Freunde wesentlich bessere Bedingungen bieten könnten als die französische

Konkurrenz, wenn der ihm einige Monate zuvor angebotene Charter zur Kolonisierung Mesopotamiens auch das Gebiet von Haifa einschlösse. Herzl betonte, die jüdischen Einwanderer würden weder ein gefährliches noch ein unruhiges Element darstellen, es wären vielmehr nüchterne, fleißige und loyale Leute, die den Moslems durch rassische Verwandtschaft und religiöse Affinität verbunden seien.

Doch es half alles nichts. Die türkischen Beamten seien wie Meerschaum, schrieb Herzl in sein Tagebuch. Bloß ihre Mienen seien ernsthaft, nicht aber ihre Absichten. Er deutete an, er werde stets ein Freund der Türkei und des judenfreundlichen Sultans bleiben, doch sei das Elend des jüdischen Volkes in Osteuropa so groß, daß er nicht länger warten könne. Er werde die Engländer, mit denen er bereits Verbindung aufgenommen habe, um eine jüdische Kolonie in Afrika ersuchen.

Das war, genaugenommen, der Wendepunkt, das Ende eines Kapitels in der Geschichte der zionistischen Diplomatie. Aber selbst in diesem Augenblick verzweifelte Herzl nicht. Man hatte sich in Konstantinopel daran gewöhnt, daß er am *Wilajet* (Regierungsbezirk) von Beirut interessiert war. Eines Tages, wenn die Türken an den Bettelstab gelangt wären, würden sie ihn vielleicht kommen lassen und ihm alles in den Schoß werfen. Aber dies war eine schwache Hoffnung. Nachdem Herzl mit leeren Händen aus der Türkei zurückgekehrt war, erschienen ihm weitere Fühlungnahmen sinnlos, und es war ihm klar, daß er seine Bemühungen nunmehr auf London konzentrieren mußte und vielleicht auch wieder in Rom und Berlin verhandeln sollte.

Herzls Verhandlungen in Konstantinopel waren ein lehrreiches Experiment gewesen, aber teuer zu stehen gekommen. »Da wäre ich also aus der Mörderhöhle und dem Räuberlande wieder heraus«, schrieb er nach seinem letzten Besuch. Er sei gezwungen gewesen, stundenlang in Vorzimmern zu schwitzen, ein kleines Vermögen an die Hofschranzen zu verteilen, viele Würdenträger zu bestechen, »zu Tode gelangweilt, den kindischen Klatsch der verschiedenen Minister anzuhören«. Dazu gab es »abscheuliche Mahlzeiten mit den zahllosen barbarischen Gerichten, die man nach orientalischer Sitte mit Ausrufen des Entzückens hinunterwürgen muß. Das reine Schlangenfutter[36].« In weitschweifigen Episteln hatte er die große Weisheit des Sultans preisen, seine eigene unerschütterliche Treue betonen müssen, und all das schließlich ohne Erfolg. Noch schlimmer, er hatte immer wieder andeuten müssen, daß er dem Sultan gegen dessen Feinde von Nutzen sein könnte, was als Vorschlag aufgefaßt wurde, die *Neue Freie Presse* als Sprachrohr für die türkische Propaganda zu verwenden. Aber weder hätte die Redaktion des Blattes sich dafür hergegeben, noch hatte Herzl auch nur die geringste Absicht, seine Feder zu prostituieren (trotz seines Stolzes und seiner Unabhängigkeit war seine Haltung in manchen Fragen, die er für nebensächlich hielt, nicht immer über jeden Zweifel erhaben; er war durchaus bereit, seinen Einfluß zu verwenden, um die Verfolgung der Armenier herunterzuspielen, was einige seiner Mitarbeiter, darunter Bernard Lazare, erzürnte).

Herzl, unermüdlich und einfallsreich, wie er war, hatte dem Sultan immer neue Vorschläge und Angebote unterbreitet, um sich einzuschmeicheln und zu zeigen, daß seine Bewegung der Türkei von großem Nutzen sein könnte. Das war peinlich, ja entwürdigend gewesen, aber hätte es einen anderen Weg zur Erreichung seines Ziels gegeben? So hatte er beispielsweise im Mai 1902 die Gründung einer jüdischen Universität in Jerusalem vorgeschlagen. Um es dem Sultan schmackhafter zu machen, hatte er erklärt, eine solche Einrichtung würde für das Osmanische Reich von größtem Nutzen sein. Es würde zur Ausmerzung jeglichen »ungesunden Geistes« beitragen; die Türken müßten dann ihre jungen Leute nicht mehr zum Studium ins Ausland schicken, wo sie mit gefährlichen revolutionären Ideen angesteckt würden.

Herzl war gezwungen gewesen, sich an die im Sultanspalast herrschende byzantinische Atmosphäre, an die Verlogenheit und Doppelzüngigkeit anzupassen. Sein Tagebuch strotzt von Anekdoten, die seinen Abscheu vor dem Menschenschlag, mit dem er verkehren mußte, enthüllen. Mehr als einmal ließ er sich zu Anregungen und Vorschlägen hinreißen, deren volle Tragweite ihm selbst wohl nicht bewußt war. Zum Glück für ihn und seinen Platz in der Geschichte wurden sie nicht angenommen. Seine Vertrauten wußten nur von einem kleinen Teil seiner Aktivitäten, aber selbst das, was sie wußten, bereitete ihnen Unbehagen. Was war der Sinn all dieser Geheimdiplomatie? Würde sie nicht die zionistische Bewegung zutiefst kompromittieren? In dieser Hinsicht war Herzl skrupellos. Wie er seinen engsten Vertrauten gestand, war er fest davon überzeugt, es gebe einfach keinen anderen Weg, auf dem eine kleine, mittellose Schar von Intellektuellen ohne politische oder militärische Unterstützung ihr Ziel erreichen könnte. Diese Haltung stand durchaus im Einklang mit Herzls Ansichten über Propaganda und Öffentlichkeitsarbeit. Ganz am Anfang seiner zionistischen Laufbahn hatte einer seiner Freunde Zweifel geäußert, ob es wohl weise und nützlich sei, solchen Lärm zu schlagen. Lärm sei alles, antwortete Herzl hitzig. Die Weltgeschichte bestehe nur aus Lärm – dem Lärm der Waffen und dem der Ideen. Der Mensch müsse den Lärm nutzen – und ihn dennoch verachten, meinte Herzl. Und eben dies war auch seine Einstellung zur Geheimdiplomatie.

1902, nach dem Scheitern des Vorstoßes in der Türkei, verschob sich der Schwerpunkt der zionistischen diplomatischen Tätigkeit nach London. Obwohl, wie schon früher erwähnt, Lord Salisbury keinerlei Interesse zeigte, gab es ein Problem, das nun in den Vordergrund trat.

Die britische Öffentlichkeit war besorgt wegen der jüdischen Einwanderung aus Osteuropa und der dadurch erwachsenden Konkurrenz billiger Arbeitskräfte. Zur Untersuchung dieser Frage wurde eine königliche Kommission eingesetzt, und dies gab Herzl Gelegenheit, seine Pläne in der englischen Hauptstadt zu propagieren. Sehr zum Leidwesen von Nathaniel Meyer Lord Rothschild, der Mitglied dieser Kommission war, konnten die englischen Zionisten erreichen, daß Herzl als Zeuge geladen wurde. Trotz früherer Enttäuschungen hatte Herzl nicht die Hoffnung aufgegeben, die Unterstüzung der Familie Rothschild zu gewinnen, und während seiner Anwesenheit in London wurde ihm wiederum vor Augen geführt, daß er ohne deren zumindest stillschweigende Unterstüzung bei der britischen Regierung kaum vorankommen würde. Also wurde nochmals der Versuch gemacht, die führende jüdische Familie zu gewinnen. Rothschild sagte zu Herzl, er glaube nicht an den Zionismus, die Juden würden niemals Palästina bekommen, und im Gegensatz zu Frankreich würde es in England nie einen nennenswerten Antisemitismus geben. Herzls Auftreten vor der Kommission, meinte Rothschild, könnte nur zwei Auswirkungen haben: Die Antisemiten könnten dann sagen, sogar Dr. Herzl, der Fachmann, sei der Ansicht, daß ein Jude niemals Engländer werden könnte; und wenn Herzl dauernd von der schlechten Lage der Juden in Osteuropa und der Notwendigkeit der Auswanderung rede, dann könnte dies zur Einführung restriktiver Gesetze führen.

Es gab einen erregten Wortwechsel, ein Bruder Rothschilds wurde herbeigerufen, und nun hatte Herzl endlich die Chance, seine Pläne vorzutragen:

»Ich rückte mir den Stuhl dicht an sein besseres Ohr und sagte: ›Ich will von der englischen Regierung einen Charter für Kolonisation verlangen.‹ ›Sagen Sie nicht Charter. Das Wort klingt jetzt schlecht.‹ ›Nennen wir's, wie Sie wollen. Ich will eine jüdische Kolonie im britischen Besitz gründen.‹ ›Nehmen Sie Uganda!‹ ›Nein. Ich kann nur das brauchen . . .‹ Und weil noch Leute im Zimmer waren, schrieb ich auf einen abgerissenen Zettel: ›Sinai-Halbinsel, Ägyptisch-Palästina, Zypern‹, und fügte hinzu: ›Sind Sie dafür?‹ Er überlegte schmunzelnd und antwortete: ›Sehr!‹ Das war der Sieg[37].«

Am nächsten Tag sprach Herzl von seinem Plan zu Lord James of Hereford, dem Vorsitzenden der *Aliens Commission,* welcher meinte, mit Unterstützung der Rothschilds könnte es Herzl vielleicht gelingen, sein Sinai-Zypern-Projekt zu verwirklichen. Herzls Auftreten vor der Kommission war, nach seiner eigenen Meinung, nicht besonders erfolgreich. Er wollte den Zionismus propagieren und neue Anhänger gewinnen, allerdings ohne etwas zu erwähnen, das als Argument für die Beschränkung der Einwanderung nach Großbritannien benützt werden konnte, denn so grandios die Vision des Zionismus auch sein mochte, gab es im Augenblick nichts, was die zionistische Bewegung zur Linderung des Schicksals der osteuropäischen Juden hätte tun können. Wie Herzl in einem Brief an Rothschild feststellte, konnte er keinen Plan für die Auswanderung und Ansiedlung unberücksichtigt lassen. Er behauptete, einen Organisationsplan für eine *Jewish Eastern Company* entworfen zu haben, weil die Rothschilds (»die größte effektive Macht, die unser Volk seit seiner Zerstreuung hatte«) sich gegen Palästina ausgesprochen hätten. Aber die Idee eines jüdischen Territoriums, wenn nicht eines Judenstaates, in einem Lande außerhalb Palästinas war ihm schon früher mehr als einmal gekommen. Bereits 1898 hatte er in seinem Tagebuch notiert, die jüdischen Massen brauchten sofort Hilfe und könnten nicht warten, bis die Türkei so verzweifelt sei, daß sie den Zionisten gäbe, was sie verlangten.

Wie konnte man sich nun ein unmittelbar greifbares Ziel setzen, ohne historische Rechte preiszugeben? Nach dem dritten Zionistenkongreß, als die Lage der rumänischen Juden sich verschlechterte, dachte Herzl, der Zypern-Plan könnte der britischen Regierung als mögliche Alternative vorgetragen werden, wenn man bezüglich Palästinas bei den Türken keine Fortschritte erzielte. Er wollte den Kongreß zu einem Beschluß veranlassen, das nächste Mal nach Zypern zu gehen. Während jedoch einige von Herzls Mitarbeitern, etwa Davis Trietsch, den Zypern-Plan seit Jahren stark unterstützten, wollte die große Mehrheit, vor allem die russischen Chowewe Zion, nichts davon hören, und Herzl mußte sogar im Hinblick auf seine engsten Mitarbeiter vorsichtig vorgehen.

Im Oktober 1902 wurde er von Kolonialminister Joseph Chamberlain, der berühmten »Schlüsselfigur Englands«, empfangen. Der Zeitpunkt war gut gewählt: die britische Öffentlichkeit meinte, es müßte etwas für die osteuropäische Judenschaft getan werden, wenn man sie schon an der Einwanderung nach England hindern wollte. Chamberlain war im Prinzip nicht gegen die Gründung einer autonomen jüdischen Kolonie am südöstlichen Ende des Mittelmeeres. Herzl beschrieb seine Verhandlungen mit dem Sultan:

»Aber Sie wissen ja, was türkische Verhandlungen sind. Wenn Sie einen Teppich kaufen wollen, müssen Sie zunächst ein halbes Dutzend Tassen Kaffee trinken und hundert Zigaretten rauchen; dann unterhalten Sie sich über Familiengeschichten und von Zeit zu Zeit sprechen Sie wieder ein paar Worte über den Teppich. Nun habe *ich* zwar Zeit zu verhandeln, mein Volk hat es jedoch nicht. Es verhungert an seinen Wohnorten. Ich muß ihm sofort Hilfe bringen[38].«

Chamberlain machte auf Herzl den Eindruck eines tüchtigen Geschäftsmannes, der zwar keine Phantasie, aber einen klaren Kopf hatte. Er könne mit Herzl nur über Zypern reden – das Projekt El Arisch und Sinai müsse Herzl mit dem Außenminister Lord Lansdowne besprechen. Was Zypern betreffe, so würde Großbritannien der Neuankömmlinge wegen nicht die Griechen und Moslems ausweisen.

Chamberlain werde den Gedanken einer jüdischen Ansiedlung im Wadi el Arisch befürworten, wenn der Vizekönig, Lord Cromer, den Plan akzeptierte. Als Chamberlain Ägypten erwähnte, antwortete Herzl sofort: »Nach Ägypten wollen wir nicht gehen, da waren wir schon[39].« Jedoch erwähnte er seine Vorstellungen über das Hinterland Haifas; er hoffte, die Türken dazu zu bringen, den Distrikt von Haifa für eine niedrigere Summe zu verpachten, sobald die Juden in El Arisch erschienen und zeigten, daß es ihnen mit dem Zionismus ernst sei.

Am nächsten Tag traf Herzl wieder mit Chamberlain und etwas länger mit Lord Lansdowne zusammen, der sich durchaus verständnisvoll zeigte. Er bat um ein schriftliches Memorandum für das Kabinett und versprach auch, Lord Cromer zu informieren. Herzl entsandte Leopold Greenberg nach Kairo, einen englischen Zionisten, der später Chefredakteur des *Jewish Chronicle* wurde. Greenberg traf sowohl Cromer als auch den ägyptischen Premierminister, der verschiedene Schwierigkeiten erwähnte, darunter die türkischen Ansprüche auf das fragliche Territorium und das Fehlschlagen eines früheren Versuchs, in der Gegend des antiken Median eine jüdische Kolonie zu gründen. Cromer schlug die Entsendung einer Expertenkommission vor. Herzl akzeptierte diesen Vorschlag, wobei er sagte, da die Juden keine Alternative hätten, würden sie auch ein Land akzeptieren, das von anderen als ungeeignet angesehen werde. Er erkannte bald, daß Cromer von höchster Wichtigkeit war; die britische Regierung würde soweit gehen wie Cromer, nicht weiter.

Die Expedition wurde ausgesandt, und Greenberg setzte seine Gespräche in Kairo fort; aber Herzl, der sich beiseite geschoben fühlte und befürchtete, die Dinge würden sich nicht so schnell und reibungslos entwickeln, wie er es wünschte, beschloß, ebenfalls nach Kairo zu reisen. Sein Zusammentreffen mit Cromer war kein Erfolg. Der Vizekönig sagte zu Herzl, um den türkischen Vertreter in der ägyptischen Hauptstadt brauche er sich nicht zu kümmern. Jedoch die Frage der Wasserversorgung sei von entscheidender Bedeutung. Das für die Bewässerung erforderliche Wasser könne nur dem Nil entnommen werden, und Herzl müsse zuerst das Gutachten der Fachleute abwarten. Damit wurde Herzl entlassen. »Etwas zu viel Arroganz«, schrieb er in sein Tagebuch, »eine Spur von Tropenkoller und unbeschränktem Statthaltertum.« Nach dem Zusammentreffen mit Cromer empfand er Sympathie für den ägyptischen Nationalismus. Er war beeindruckt von den intelligent wirkenden jungen Ägyptern, die er bei einem Vortrag kennengelernt hatte: »Das sind die kommenden Herren. Es ist wunderbar, daß die Engländer das nicht sehen. Sie glauben, sie werden es ewig mit Fellachen zu tun haben[40].« Herzl blieb nur wenige Tage in

Ägypten, aber die Verhandlungen zogen sich viele Monate lang hin. Am Ende war alles wiederum ein Fehlschlag. Die ägyptische Regierung lehnte das Projekt El Arisch ab, weil ihre Experten zu dem Schluß gekommen waren, daß man, um den Plan verwirklichen zu können, fünfmal so viel Wasser benötigen würde, als man ursprünglich angenommen hatte. Die Ableitung einer so großen Wassermenge aus dem Nil wurde für unmöglich gehalten. Am 12. Mai 1903 erhielt Herzl ein Telegramm, der Plan sei nun endgültig abgelehnt worden. Vier Tage später schrieb er in sein Tagebuch, er hätte die Realisierung des Sinai-Planes für so sicher gehalten, daß er keine Familiengruft auf dem Döblinger Friedhof kaufen wollte, wo sein Vater begraben war: »Ich halte die Sache jetzt für so gescheitert, daß ich schon auf dem Bezirksgericht war und die Gruft Nr. 28 erwerbe[41].«

Herzl gab nicht auf. In London war einen Monat zuvor ein neues Projekt erwähnt worden. Chamberlain, der inzwischen in Afrika gewesen war, erzählte Herzl, er hätte Uganda gesehen und sich dabei gedacht: »Das wäre ein Land für Dr. Herzl. Aber der will ja nur nach Palästina oder in dessen Nähe gehen[42].« Chamberlain berichtete, in Uganda sei es wohl an der Küste heiß, im Inneren aber sei das Klima für Europäer sehr gut geeignet. Man könnte dort Zucker und Baumwolle anpflanzen. Herzl verwarf den Gedanken. Die jüdische Basis müsse in der Nähe Palästinas sein. Später könnten die Juden sich auch in Uganda niederlassen, denn eine große Anzahl von ihnen sei zur Auswanderung bereit. Aber einen Monat später, nach dem Fehlschlagen des Projekts El Arisch und nach einer weiteren Zusammenkunft zwischen Greenberg und Chamberlain, war Herzl eher geneigt, den ostafrikanischen Plan ins Auge zu fassen. Die politische Bedeutung des Angebots erschien ihm erheblich. Vielleicht könnte man dort eine jüdische Nationalarmee ausbilden?

Am 30. Mai schrieb er an Rothschild: »Aber ich bin nicht decouragiert. Ich habe schon einen anderen Plan, und ein sehr mächtiger Mann ist bereit, mir zu helfen[43].« Damit begann ein weiteres schicksalhaftes Kapitel in Herzls verzweifeltem Bemühen, eine Heimat für das Volk ohne Land zu finden, und dies sollte die zionistische Bewegung in ihre bis dahin schwerste Krise stürzen.

Ehe die Gespräche über Uganda ein entscheidendes Stadium erreichten, ließ Herzl sich noch auf eine andere politische Mission ein, die in seinen eigenen Reihen schwerste Bedenken und schärfste Kritik auslöste. Im August 1903 begab er sich nach St. Petersburg, um mit führenden Mitgliedern der zaristischen Regierung Möglichkeiten einer Beschleunigung der Auswanderung russischer Juden zu erörtern. Wie konnte Herzl mit Plehwe sprechen, dem Erzreaktionär, der als Innenminister die Verantwortung für die schreckliche Pogromwelle zu tragen hatte, die erst wenige Monate vorher über Rußland hinweggefegt war, jener Mann, »dessen Hände mit dem Blut Tausender jüdischer Opfer befleckt war« (Weizmann)? Erst wenige Monate zuvor, zwischen dem 6. und 8. April, hatte ein Pogrom in Kischinew stattgefunden, in dessen Verlauf an die fünfzig Juden getötet, viele weitere verletzt und viele jüdische Frauen vergewaltigt worden waren. Die jüdische Gemeinde war von Entsetzen erfüllt, aber auch von tiefer Scham darüber, daß die Juden sich wie Schafe hatten schlagen und umbringen lassen, ohne Widerstand zu leisten. »Groß ist die Trauer und groß ist die Schmach«, schrieb Bialik nach dem Massaker, »und welche von den zweien ist größer, antworte uns, oh Menschensohn.« »Die Urenkel der Makkabäer – sie liefen davon wie die Mäuse, sie versteckten sich wie Wanzen und starben den Tod von Hunden, wo immer man sie fand.«

Kischinew war ein Wendepunkt in der Geschichte der Juden Osteuropas, der Beginn der jüdischen Selbstverteidigung. Die Pogrome des Jahres 1903 hatten in Westeuropa eine Welle der Empörung ausgelöst, und Herzl vermutete nicht ohne Grund, daß die zaristische Regierung darauf brenne, ihren Ruf zu verbessern, und daher zu gewissen Konzessionen bereit wäre. Plehwe hatte im Juni Anweisung zu energischen Maßnahmen gegen die zionistische Propaganda gegeben, die, wie er erklärte, von ihrem ursprünglichen Ziel, der jüdischen Auswanderung nach Palästina, abgewichen sei und statt dessen nun auf die Stärkung des jüdischen Nationalbewußtseins und die Schaffung geheimer Gesellschaften gerichtet sei. Vor allem aber waren der Verkauf von Aktien des *Jewish Colonial Trust* und Sammlungen für den *Jewish National Fund* verboten worden, und dies stellte eine ernste Gefahr für die zionistische Bewegung dar.

Herzl hoffte, die zaristische Regierung, die ja zumindest einen Teil der Juden loswerden wollte, veranlassen zu können, ihrerseits Druck auf die Türkei auszuüben, damit diese eine Anzahl von Juden aufnähme. Dieser Gedanke war kaum mehr als ein frommer Wunsch, denn die Türkei war ohnehin wegen der Expansionsgelüste ihres mächtigen nördlichen Nachbarn besorgt, und die russischen Juden waren in den Augen der Türken potentielle zaristische Agenten. Herzl wurde sowohl bei Plehwe als auch bei Finanzminister Witte vorstellig. Plehwe, der ihm als Scheusal geschildert worden war, machte auf ihn einen wesentlich besseren Eindruck als Witte, der den Ruf eines Liberalen, ja sogar eines Judenfreundes genoß. Plehwe sprach mit zynischer Offenheit: Die Juden wohnten im Getto, und ihre wirtschaftliche Lage sei schlecht. »Wir können allerdings die Wohltaten des höheren Unterrichts nur einer beschränkten Anzahl von Juden zuteil werden lassen, weil wir sonst bald keine Ämter mehr für die Christen hätten[44].« In letzter Zeit sei die Lage der Juden noch schlimmer geworden, weil so viele von ihnen sich den revolutionären Parteien angeschlossen hätten. Herzl regte folgende Maßnahmen an: eine russische Intervention beim Sultan zwecks Erlangung eines Charters, die Aufhebung der Beschränkung der zionistischen Tätigkeit und russische Finanzhilfe für die Auswanderung. Plehwe zeigte sich erstaunlich gut über die Tätigkeit der russischen zionistischen Bewegung informiert. Er behauptete, daß sie, besonders seit der Minsker Allrussischen Zionistenkonferenz im September 1902, mehr Interesse an der Förderung der kulturellen und politischen Arbeit zeige als an ihrem ursprünglichen Ziel, der Auswanderung; im übrigen seien die russischen Zionistenführer mit wenigen Ausnahmen gegen Herzl. Herzl entgegnete, indem er seine Lage mit jener des Christoph Kolumbus verglich – eine Meuterei der Matrosen gegen den Kapitän, nachdem Woche um Woche verstrichen und kein Land in Sicht war: »Helfen Sie mir, das Land früher zu erreichen, und die Revolte hört auf. Aber auch der Abfall zu den Sozialisten hört auf.«

Als Herzl Plehwe eine Woche später abermals besuchte, war der Zar bereits über seine Vorschläge informiert, und man war übereingekommen, der zionistischen Bewegung moralische und materielle Hilfe zur Förderung von Maßnahmen zu gewähren, die zu einer Abnahme der jüdischen Bevölkerung in Rußland führen würden; zugleich aber erging die Warnung, der Zionismus würde verboten werden, wenn er zu einer Stärkung des jüdischen Nationalismus führen sollte. Der Zar sagte, es habe ihn sehr gekränkt, daß jemand es gewagt hätte, zu behaupten, die russische Regierung hätte die Pogrome ermutigt. Erstrecke der Zar in seiner großen und wohlbekannten Güte sein Wohlwollen nicht auf alle seine Untertanen? Es schmerze ihn daher besonders, daß man ihn auch nur der geringsten Unmenschlichkeit für fähig halte. Plehwe war ehrlicher als sein Herr und gab neuerlich zu, daß die Lage der Juden im russischen Reich keine glückliche sei. Er meinte: »Ja, wenn ich ein Jude wäre, so wäre ich wahrscheinlich auch ein Feind der Regierung[45].« Aber es gebe zu viele Juden, und die russische Regierung könne ihre Politik nicht ändern. Sie wollte die intelligenten, assimilationsfähigen Juden behalten, müsse jedoch die übrigen loswerden und befürworte darum die Errichtung eines unabhängigen jüdischen Staates, der mehrere Millionen Juden aufnehmen könnte.

Herzls Zusammentreffen mit Witte verlief weniger erfolgreich. Herzls Bericht zufolge sagte Witte, die Juden seien arrogant, arm, schmutzig, abstoßend und betrieben die schändlichsten Geschäfte, wie Zuhälterei und Wucher. Witte war wohl dagegen, ihr Los noch zu verschlimmern, aber es gebe keinen Ausweg – sie würden die bestehenden Zustände eben weiter ertragen müssen. Die Ideen des Zionismus erschienen ihm nicht uninteressant, doch im wesentlichen undurchführbar. Als Herzl von Witte fortging, fragte er sich, wieso der Finanzminister je in den Ruf eines Judenfreundes hatte kommen können, da er doch während seiner dreizehn- oder vierzehnjährigen Amtszeit praktisch nichts getan hatte, um den Juden zu helfen. Vielleicht wollte Witte sich bloß die Schwierigkeiten zunutze machen, in die Plehwe wegen der Kischinew-Affäre geraten war, in der Hoffnung, sie würde zum Sturz des Rivalen führen?

Die Ergebnisse von Herzls Rußlandreise waren heftig umstritten. Herzl berichtet, Plehwe habe ihm gesagt, ohne seine (Herzls) Intervention wäre der Zionismus in Rußland verboten worden. Aber Plehwe wurde im folgenden Jahr von einem Terroristen getötet, und es gab weitere Pogrome, häufig mit stillschweigender Billigung der Regierung, die viel zu sehr mit anderen Problemen beschäftigt war, um in der Judenfrage eine konstruktive Initiative zu ergreifen. Die Kritiker Herzls behaupteten, seine Verhandlungen seien unentschuldbar gewesen, er hätte Plehwe versprochen, dafür zu sorgen, daß die jüdischen Sozialisten die zaristische Regierung nicht mehr angreifen würden, und hätte versucht, den linken Flügel der Zionisten, die Poale Zion, in diesem Sinn zu beeinflussen. Tatsache ist, daß Herzl auf dem sechsten Zionistenkongreß erklärte, die russische Regierung wolle der zionistischen Bewegung kein Hindernis in den Weg legen, wenn deren Tätigkeit im Rahmen der Gesetze bleibe[46].

Diese Erklärung rief nicht nur bei der Linken Empörung hervor. Weizmann war der Ansicht, Herzls Gespräche in Rußland seien völlig sinnlos gewesen: Das Elend der russischen Juden hätte ihn überwältigt, er habe weitere Pogrome befürchtet und eine schnelle Lösung erreichen wollen. Aber seine Annahme, daß Männer vom Schlag eines Plehwe irgendwie helfen würden, sei völlig irreal: »Antisemiten werden die Schaffung einer jüdischen Heimat niemals befürworten, denn ihre Einstellung verbietet ihnen, irgend etwas zu tun, was dem jüdischen Volk wirklich nützen könnte. Zu Pogromen, Repressalien, Vertreibung, zu all dem sagen sie ja, aber zu allem nein, was die Befreiung der Juden herbeiführen könnte[47].«

Dies war das Dilemma, in dem Herzl und die anderen zionistischen Führer sich befanden und das ihnen viele Gewissensqualen verursachte. Dreißig Jahre später wurde Weizmann von Mussolini in Audienz empfangen. Hätten die Zionisten ihre Diplomatie auf liberale und demokratische Staatsmänner beschränken sollen? Die Weigerung, mit Diktatoren und Antisemiten zusammenzutreffen, hätten ihnen sicherlich viele moralische Konflikte erspart, aber auch ihre Aktionsfreiheit eingeschränkt, und sie hätte ihre Bemühungen, jüdische Menschenleben zu retten, behindern können.

Welche Skrupel die Zionisten – Führer und Mitglieder – auch haben mochten, die jüdischen Massen bereiteten Herzl einen Empfang wie noch nie zuvor einem jüdischen Führer. Zehntausende riefen »Hedad« (Heil), als er an ihnen vorbeiging. Über diesen Empfang in Wilna schrieb Herzl in seinem Tagebuch, jener Tag werde ihm für immer unvergeßlich bleiben. Zum erstenmal sei er den jüdischen Massen Osteuropas von Angesicht zu Angesicht gegenübergestanden. Das Unglück dieser unterdrückten Menschen sei nur allzu offenbar: »Es war ein Ton in diesen Begrüßungen, der mich derart rührte, daß ich meine Tränen nur mit dem Gedanken an die Zeitungsberichte zurückhalten konnte[48].«

Man hatte ihn vor der erbitterten Gegnerschaft der *Bundisten,* der antizionistischen jüdischen Sozialisten, gewarnt, und er beobachtete mit einiger Besorgnis das Nahen mehrerer junger Arbeiter mit harten, entschlossenen Mienen, die er für Angehörige dieser Partei hielt. Sehr zu seiner Verwunderung trat einer vor und schlug vor, auf den Tag anzustoßen, an dem »Hamelech Herzl« (König Herzl) herrschen werde. Solcherart war die abgrundtiefe Verzweiflung der jüdischen Massen, solcherart war – um wiederum Weizmann zu zitieren – der ungeheure Ausbruch blinder Hoffnung, grundlos, elementar, instinktiv und hysterisch, der Herzls Besuch begleitete.

Eine Woche nach seiner Rußlandreise war Herzl in Basel, um am sechsten Zionistenkongreß teilzunehmen. Er berichtete dem Aktionskomitee über seine Verhandlungen in St. Petersburg und war erstaunt und verbittert über die Undankbarkeit der russischen Zionisten: »Und es streifte keinen von ihnen auch nur sekundenlang der Gedanke, daß mir für die größten der bisherigen Leistungen ein Wort, ja ein Lächeln des Dankes gebühre[49].« Statt dessen wurde er bloß mit Vorwürfen überhäuft. Am nächsten Tag informierte er seine Kollegen, Greenberg habe soeben eine Botschaft von Sir Clement Hill, dem Leiter der Protektoratsabteilung des britischen Kolonialamtes, erhalten, in welcher der zionistischen Bewegung mitgeteilt wurde, die britische Regierung sei an jedem wohldurchdachten Plan interessiert, der auf eine Verbesserung der Lage des jüdischen Volkes abziele. Was die Gespräche mit Dr. Herzl über jüdisches Siedlungsgebiet in Afrika anlange, so sei die Zeit für die Besprechung von Einzelheiten zu kurz gewesen, und es sei daher unmöglich, eine definitive Meinung zu äußern. Die britische Regierung sei jedoch bereit, einer zionistischen Kommission, die sich dorthin begeben würde, um sich persönlich zu überzeugen, ob geeignete unbewohnte Landstriche vorhanden seien, jede Unterstützung zu gewähren. Wenn die Ergebnisse positiv ausfielen und die Kommission sich an die Regierung wendete, dann bestünde begründete Aussicht für die Errichtung einer jüdischen Kolonie oder Ansiedlung unter einem jüdischen Beamten als Verwaltungsoberhaupt, deren Bewohner ihre nationalen Bräuche pflegen könnten[50].

Dieser in der üblichen vorsichtigen Diplomatensprache abgefaßte Brief machte tiefen Eindruck. Der russische Zionistenführer Tschlenow stand auf und sagte spontan das *Schehechejanu,* den Segensspruch, mit dem man freudige Ereignisse begrüßt. Das Schreiben bedeute sowohl die Anerkennung des jüdischen Volkes durch eine Großmacht als auch deren Bereitschaft zur Hilfeleistung. Andere waren skeptischer. Aber alle waren von dem Vorschlag überrascht. Herzl selber war nicht ganz glücklich darüber. Greenberg hatte geschrieben, Joseph Chamberlain erwäge das Gebiet zwischen Nairobi und den Nan-Höhen. Herzl war nicht sicher, ob dieses Gebiet für Europäer geeignet war, auch war nicht klar, ob die britische Regierung willens war, den Kolonisten die gewünschte Unabhängigkeit zu gewähren. Schließlich und endlich wußte Herzl sehr wohl, daß zur Verwirklichung eines solchen Planes große Begeisterung notwendig war, um die Anfangsschwierigkeiten zu überwinden. Selbst er muß, trotz seines ungeheuren Prestiges und seines großen Einflusses auf die Bewegung, gezweifelt haben, ob er die Zionisten bewegen könnte, ihm nach Uganda zu folgen.

Zuerst schien alles glatt zu verlaufen. Als der Kongreß von der britischen Mitteilung informiert wurde, erhob sich ein Beifallssturm. Schmarja Lewin, einer der Sekretäre, sah auf den Gesichtern der Delegierten »Erstaunen, Bewunderung – aber nicht ein Zeichen des Protestes . . . Die Großmütigkeit des britischen Angebotes verdunkelte im ersten Moment alle anderen Erwägungen[51]«. Erst in den Sitzungen der einzelnen Landsmannschaften, die nach Schluß der Sitzung stattfanden, um die Einzelheiten des Plans zu erörtern, erhoben sich beträchtliche Widerstände; dies trotz der Tatsache, daß der Kongreß keineswegs aufgefordert worden war, zwischen Uganda und Palästina zu wählen, sondern bloß, die Entsendung einer Untersuchungskommission nach Ostafrika zu befürworten. Herzl hatte in der Eröffnungsansprache klar zum Ausdruck gebracht, daß Uganda nicht Zion sei und es niemals werden könne. Es sei und bleibe eine Notlösung, um den zur Auswanderung gezwungenen Juden sofort zu helfen, zu verhindern, daß sie über die ganze Welt verstreut würden, und um die Kolonisation auf nationalstaatlicher Basis voranzutreiben. Nordau, der große Bedenken hatte, sprach von einem *Nachtasyl* – einer zeitweiligen Zuflucht für die Hunderttausende Juden, die noch nicht nach Palästina einwandern könnten, eine Zuflucht, die als politisches Übungsfeld für künftige größere Aufgaben dienen würde. Die Juden seien es England schuldig, das Uganda-Projekt einer gründlichen Prüfung zu unterziehen, aber Zion werde stets das Endziel bleiben. Dazu komme noch eine andere Überlegung: Mit jedem Jahr werde es für die jüdischen Auswanderer schwieriger werden, sich in anderen Ländern niederzulassen. Die Anwesenheit von kaum mehr als hunderttausend Juden in Großbritannien habe genügt, um Restriktionen hervorzurufen. Wie lange würden wohl die Pforten Amerikas offen bleiben?

Nordau wirkte nicht sehr überzeugend, und auch die Unterstützung vieler westeuropäischer Delegierten half ihm nichts. Die meisten russischen Juden waren instinktiv gegen Uganda, und die meisten Auswanderer würden aus Osteuropa kommen. Einer der Delegierten drückte dies so aus: Nachdem sie sich für Palästina begeistert hätten, werde ihnen plötzlich von ihren Führern mitgeteilt, sie seien bloß Träumer gewesen und hätten ihre Zeit mit dem Bau von Luftschlössern verschwendet. Zion sei das große Ideal, aber es könne nicht erreicht werden, und nun solle die Erlösung in Uganda liegen. Dies sei völlig unannehmbar. Wieso könnten die führenden Leute überhaupt mit der britischen Regierung verhandeln, ohne das jüdische Volk zu fragen, den Souverän, in dessen Namen sie handelten? Auch praktische Einwände wurden vorgebracht: Ostafrika sei für eine Masseneinwanderung völlig ungeeignet; sowohl die Arbeitskräfte als auch die finanziellen Mittel der zionistischen Bewegung seien viel zu gering, und jede Zersplitterung würde schwerwiegende Folgen nach sich ziehen. Herzl und Nordau hätten Uganda als Mittel zur Linderung der ständig wachsenden Judennot befürwortet, aber die Juden hätten so lange auf Palästina gewartet, daß sie noch eine Weile länger warten könnten. War es nicht symbolisch, daß gerade die Delegierten aus Kischinew, jener Stadt, die unter den schlimmsten Pogromen gelitten hatte, nirgendwo anders hinziehen wollten als nach Palästina? Weizmann sagte in einer Rede vor den Delegierten: »Wenn die englische Regierung und das englische Volk so sind, wie ich glaube, daß sie sind, werden sie uns ein besseres Angebot machen[2].«

Allen war klar, daß die Bewegung vor der wichtigsten Entscheidung ihrer Geschichte stand. Die Stimmung war gereizt, und die Erregung wuchs von Stunde zu Stunde. Ein Augenzeuge schilderte die Szene am Ende einer der kritischen Sitzungen:

»Etwa eine halbe Stunde lang schrien die Menschen durcheinander; einige sangen russische Lieder, andere kletterten auf die Stühle, streuten Flugblätter von der Galerie in den Saal, klopften mit den Stühlen auf den Boden. Auf der Galerie herrschte ein ungeheurer Lärm. Etwa zwanzig Mädchen waren durch eine Seitentür in den Saal gekommen und verstärkten den Tumult. Zangwill und Greenberg stiegen vom Podium herunter und versuchten das Publikum zu beruhigen, aber die Demonstranten hoben sie einfach auf ihre Schultern; der Tumult hörte nicht einmal auf, nachdem man die Lichter abgedreht hatte . . . Die stürmischen Szenen dauerten bis in die frühen Morgenstunden. Das Kasino, in dem der Kongreß stattfand, wurde von aufgeregten Menschenmassen belagert . . . Nur wenige dachten in jener Nacht an Schlaf[53].«

Herzls gewaltiges Prestige genügte, um die Resolution durchzudrükken. Mit 295 gegen 178 Stimmen wurde die Entsendung einer Kommission nach Uganda beschlossen. Doch eines war klargeworden:

Die osteuropäischen Juden würden nicht nach Ostafrika gehen. Herzl wurde als Verräter beschimpft, und kurze Zeit nach dem Kongreß verübte ein zionistischer Student ein Attentat auf Nordau.

Es bestand die ernste Gefahr einer Spaltung der Bewegung. Die Opposition, die bereits den Saal verlassen hatte, kehrte wieder zurück und erklärte, ihre Vorgangsweise sei keine politische Demonstration gegen die Führung gewesen, sondern spontaner Ausdruck eines tiefen seelischen Schocks. In seiner Schlußrede sagte Herzl, die Hoffnung auf Palästina sei nicht verloren, da die russische Regierung ihre Unterstützung zugesagt habe. Es gebe keinen Bruch und keine Änderung des Basler Programms. Mit erhobener Rechten sprach er die Worte: »*Im eschkachecha Jeruschalajim tischkach jemini* . . . Wenn ich Dein vergesse, o Jerusalem, verdorre meine Rechte[54]!«

Äußerlich war die Ordnung wiederhergestellt, aber Herzl war zutiefst deprimiert, wie auch die meisten Delegierten. Als er den Kongreß nach der Schlußsitzung völlig erschöpft verließ, enthüllte er seinen engsten Freunden, was er am siebenten Kongreß sagen würde, wenn er noch am Leben wäre. Bis dahin würde er entweder Palästina gewonnen oder die völlige Aussichtslosigkeit seiner Bemühungen eingesehen haben. In diesem Fall würde er sagen: »Es war nicht möglich. Das Endziel ist nicht erreicht worden und wird in absehbarer Zeit nicht erreicht werden[55].« Da es aber ein Land gebe, in dem die Massen sich inzwischen auf nationaler Basis ansiedeln könnten, sei die Bewegung nicht berechtigt, ihnen diese Erleichterung um eines schönen Traumes willen vorzuenthalten. Eine solche Entscheidung könnte zu einer Spaltung führen, und da der Riß mitten durch seine Person gehen würde, müsse er zurücktreten. Schließlich würde es zwei Aktionskomitees geben, eines für Palästina und eines für Ostafrika, er aber würde sich in keines wählen lassen.

Herzls Gesundheitszustand verschlechterte sich im Laufe des Jahres 1903. In seinen Tagebüchern tauchten häufig Todesahnungen auf. Aber für ihn gab es keine lange Erholung, und bald begab er sich wieder auf eine neue diplomatische Mission. In Rom traf er mit Viktor Emanuel III. zusammen, dem jungen König, der erst wenige Jahre zuvor den Thron bestiegen hatte, und mit dem neuen Papst Pius X. Der König, der in Palästina gewesen war, bemerkte, das Land sei bereits überwiegend jüdisch und würde zweifellos eines Tages den Juden gehören. Als Herzl feststellte, daß jetzt keine Juden mehr einwandern dürften, antwortete der König: »Ach was, mit Bakschisch geht alles[56].« Der Papst war weniger hilfreich: »Wir können diese Bewegung nicht unterstützen«, sagte er zu Herzl. »Wir können die Juden nicht daran hindern, nach Jerusalem zu gehen, aber wir könnten das niemals begünstigen[57].«

Herzls letzte Lebensmonate wurden durch den Streit mit den

russischen Zionisten getrübt. Deren radikalster Führer, Ussischkin, der zur Zeit des Kongresses in Palästina gewesen war, veröffentlichte nach seiner Rückkehr einen Brief, in dem er seine Wahl ins Aktionskomitee annahm, zugleich aber betonte, daß er sich nicht an die Uganda-Resolution gebunden fühle. Das war offene Rebellion, und Herzl richtete in seiner Antwort einen scharfen Angriff gegen Ussischkin und die von den russischen Chowewe Zion befürwortete Politik, die jener vertrat. Was sollten private Landkäufe in Palästina bezwecken? Ussischkin könnte allen Grund und Boden in seiner Heimatstadt Jekaterinoslaw aufkaufen, aber diese würde weiterhin ein Teil Rußlands bleiben. Auf einer Konferenz in Charkow faßten die russischen Zionisten einen Beschluß, in dem sinngemäß festgestellt wurde, Herzl habe das Basler Programm verletzt. Ferner wurden drei Vertreter ernannt, die Herzl aufsuchen und ultimativ von ihm verlangen sollten, er möge von seiner selbstherrlichen Vorgangsweise ablassen und künftig alle Pläne dem obersten gewählten Gremium, dem Aktionskomitee, vorlegen. Ferner solle er eine bindende schriftliche Erklärung abgeben, daß er keine Unterstützung des Kongresses für Territorial-Projekte außerhalb Palästinas und Syriens verlangen werde. Dieses Ultimatum verletzte Herzl zutiefst und verursachte in der zionistischen Bewegung außerhalb Rußlands große Erregung. Es wurde als ein Versuch angesehen, Herzl zu stürzen. Dieser weigerte sich, die Delegation zu empfangen, sprach aber mit den einzelnen Emissären. Im April 1904 bemühte er sich mit Erfolg um eine Versöhnung. Er stellte fest, er werde weder nach Uganda fahren noch irgendeinen Druck zugunsten Ostafrikas ausüben. Das jüdische Volk solle aufgrund der Tatsachen entscheiden. Er bestand jedoch auf dem Vorrang des politischen Zionismus vor der alten Politik der Chowewe Zion. Die Russen erzählten ihm immerfort, sie seien schon vor zwanzig und fünfundzwanzig Jahren Zionisten gewesen, was aber hätten sie ohne den politischen Zionismus erreicht? Sie hätten sich in kleinen Gruppen zusammengefunden und ein wenig Geld gesammelt. Die Russen akzeptierten Herzls Erklärung, wonach das Aktionskomitee alles Mögliche für Palästina getan habe und weiterhin tun würde, und sprachen Herzl ihr Vertrauen aus. Das Uganda-Projekt trat in den Hintergrund. Widersprüchliche Berichte aus London ließen die Frage offen, ob die britische Regierung es weiterhin unterstützte. Fachleute hatten ungünstige Berichte gegeben, und die weißen Siedler Ostafrikas hatten gegen eine Einwanderung von Juden protestiert.

Herzl war nicht mehr am Leben, als der siebente Zionistenkongreß den Uganda-Plan offiziell aufgab. Sein Gesundheitszustand verschlechterte sich rapide, und am 3. Juli 1904 starb er im Alter von vierundvierzig Jahren. Die Schwere seines Leidens war nicht einmal seinen engsten Freunden bekannt gewesen, sein Tod war für die Bewegung ein ungeheurer Schock. Für Hunderttausende osteuropäische Juden war dies der traurigste Tag ihres Lebens; Herzl hatte die zionistische Bewegung fast allein aus dem Boden gestampft. Er symbolisierte ihre größten Hoffnungen und ihre Sehnsucht nach einer besseren Zukunft. Er war der neue Moses, der sie aus dem Hause der Knechtschaft ins Gelobte Land hätte führen sollen. Es gab einen richtigen Heroenkult, sogar unter seinen mitteleuropäischen Anhängern. Einer von diesen berichtete, wie er sich an dem Tag, an dem die Meldung von Herzls Tod einlangte, vor Herzls Sohn verneigen und ihm seine Reverenz als Kronprinzen erweisen wollte[58]. Herzl hatte in seinem Testament bestimmt, daß er wie der Ärmste der Armen begraben werden sollte. Aber Tausende kamen, um ihm die letzte Ehre zu erweisen, und der Herzl-Kult wurde noch intensiver. Eine solche Anbetung erschien seinen Kritikern merkwürdig und unerklärlich, denn Herzl war nicht nur in ihren, sondern auch in seinen eigenen Augen ein Versager. All seine hektische diplomatische Tätigkeit war vergebens gewesen. Als er starb, waren die Zionisten weiter entfernt von der Gewinnung Palästinas als je zuvor. Die deutsche und die russische Regierung waren weder bereit noch willens, etwas zu ihren Gunsten zu unternehmen, und andere Regierungen standen ihnen noch unfreundlicher gegenüber. Die Zionisten hatten Uganda abgelehnt, und es gab keinen Grund zur Annahme, daß die Engländer ihnen ein günstigeres Angebot machen würden. Herzls diplomatische Tätigkeit war zum Großteil »Schaumschlägerei« gewesen. Es war ihm nur gelungen, das Judenproblem zu dramatisieren. Die Regierungen und Völker Europas hatten endlich Interesse am Judenproblem gewonnen und von einer Lösungsmöglichkeit gehört.

Herzl hatte den brennenden Ehrgeiz, als Schriftsteller und Dramatiker Ruhm zu erlangen, aber gerade auf diesen Gebieten verfügte er über kein überdurchschnittliches Talent. Er war sehr angetan von der Haltung und Lebensweise der nichtjüdischen Aristokratie. Er verachtete Journalisten und mittelmäßige jüdische Intellektuelle, obwohl er selber durchaus einer von ihnen war. In den letzten Jahren seines Lebens erntete er zwar nicht Erfolg, wohl aber Ruhm als Mann der Tat. Er hatte einen stark narzißtischen Zug; er war völlig von seinem Ziel besessen und verlangte von seinen Anhängern blinden Gehorsam.

Die psychologische Erklärung für Herzls Charakter liegt in der übermäßigen Liebe seiner Eltern zum einzigen Sohn, in der grenzenlosen Nachsicht und ungeheuren Bewunderung, die sie – vor allem die Mutter – ihm gegenüber an den Tag legten, was sein Heranreifen verzögerte und seine Urteilsfähigkeit in bezug auf die Welt und sich selbst verkümmern ließ[59]. Er hing sehr an seiner Mutter, die die größten Ambitionen für ihn hatte. Was die Anfänge des politischen Zionismus betrifft, sind solche Erklärungen natürlich völlig bedeutungslos. Auch führt es nicht weiter, Herzls ideologische Entwicklung auf den allgemeinen Niedergang des Liberalismus zurückzuführen, den er während seiner Pariser Jahre miterlebt hat. Herzl war kein schöpferischer politischer Denker. Seine Analyse der Judenfrage ging nicht viel tiefer als jene, die Pinsker zwei Jahrzehnte vorher verfaßt hatte. Es stimmt, daß er vom Liberalismus keine Lösung der Judenfrage erhoffte. Dies hat einige Historiker dazu bewogen, Herzl als Teil jener Tradition zu betrachten, die gegen Ende des neunzehnten Jahrhunderts in ganz Europa zum Aufstieg nationalistischer Bewegungen führte. Er erkannte, daß die Assimilation sich nicht bewährte, und er ahnte, daß die Juden in Ost- und Mitteleuropa in großer Gefahr waren[60]. In jeder anderen Hinsicht aber war Herzl durchaus ein Sohn des liberalen Zeitalters; jedenfalls war er kein engstirniger Nationalist. Sein Drang, eine Lösung der Judenfrage zu finden, war früher da als sein Wunsch, einen Judenstaat in Palästina zu errichten.

Herzl hatte, wie seine osteuropäischen Kritiker wiederholt bemerkten, sehr wenig spezifisch Jüdisches an sich. Dies tritt vielleicht am deutlichsten in seiner Vision des Judenstaates, dem Roman *Altneuland,* zutage, der 1902 erschien. Dieses Buch, teils politische Tendenzschrift, teils utopischer Roman à la Jules Verne, schildert den Besuch der beiden Erzähler in Palästina, das um 1923 ein moderner jüdischer Staat geworden ist. Der Auszug der Juden aus Europa ist abgeschlossen, Palästina blüht und ist mit Hilfe moderner Bewässerungsmethoden zu einem wohlhabenden und modernen Land geworden. Eine neue, fortschrittliche Gesellschaft ist entstanden, die auf gemeinschaftlicher Arbeit beruht, nicht sozialistisch im orthodox-marxistischen Sinne, sondern irgendwo in der Mitte zwischen individualistischem Kapitalismus und Kollektivismus. Der Boden ist nicht persönliches Eigentum. Die offenen Fabriken sind vorbildlich. Die Frauen sind völlig emanzipiert, die Erziehung ist kostenlos, Verbrecher werden nicht bestraft, sondern umerzogen. Es besteht eine klare Trennung zwischen Religion und Staat und volle Gewissensfreiheit. Die Toleranz ist das oberste Prinzip, auf dem der neue Staat beruht. »Der Fremde soll sich bei uns wohlfühlen!«, sind die letzten Worte des sterbenden Staatspräsidenten, der dem alten russischen Zionisten Professor Mandelstam nachgebildet ist. Das Araberproblem ist ohne Schwierigkeit gelöst worden: Reschid Bey, einer der engsten Freunde des Helden, sagt: »Die Juden haben uns bereichert . . . sie leben mit uns wie Brüder . . . warum sollten wir sie nicht lieben?«

Herzls Vision des künftigen Staates ist die eines typischen Liberalen, durchdrungen von Optimismus und den Idealen der Aufklärung, eine Modellgesellschaft nach fortschrittlichem Muster. Damit widerlegt *Altneuland* jeden Versuch, im Zusammenbruch des Liberalismus den Schlüssel zu Herzls politischem Denken zu sehen. Er hatte die

Hoffnung aufgegeben, daß die Juden einen Platz in der europäischen Gesellschaft finden würden, aber seine Vorstellungen vom kommenden Judenstaat waren faktisch so tolerant und kosmopolitisch, daß sie bei Kulturzionisten wie Achad Haam Befremden hervorriefen. Was sei an dem neuen Staat eigentlich spezifisch jüdisch? fragte Achad Haam. Der Name Zion komme überhaupt nicht vor, die Einwohner sprechen nicht Hebräisch, die jüdische Kultur werde kaum erwähnt. Es handle sich also bloß um einen weiteren modernen, weltlichen Staat, und Achad Haam lehnte das Ganze als eine Manifestation des Assimilantentums ab. Wenn es den afrikanischen Negern eines Tages gelänge, sich einen eigenen Staat zu schaffen, meinte er, dann würde er im wesentlichen wohl Herzls Vision nahekommen. Eine solche Kritik war insofern berechtigt, als Herzl ein modernes, technologisch fortgeschrittenes, aufgeklärtes Staatswesen vorschwebte, das wohl von Juden bewohnt, nicht aber ein spezifisch jüdischer Staat sein sollte. Achad Haam suchte in Herzls Vision vergeblich nach spezifisch jüdischen Merkmalen, beziehungsweise, wie Nordau es hämisch und etwas vergröbernd, aber nicht ganz zu Unrecht ausdrückte, er konnte oder wollte aus seinem Getto nicht heraus.

Herzls Vision und seine Politik sind in vielen Punkten kritisiert worden. Seine gesellschaftspolitischen Vorstellungen seien primitiv, er habe die Bedeutung der sozialistischen Bewegung unterschätzt; auch habe er den Konflikt mit den Arabern nicht vorausgesehen. (Aber jene, die ihn in dieser Hinsicht kritisieren, übersehen, daß damals kaum mehr als 500.000 Araber in Palästina lebten und daß es noch keine palästinensisch-arabische Nationalbewegung gab.) In seinen Verhandlungen in den Hauptstädten der Welt benützte Herzl fragwürdige Argumente und Methoden, aber schließlich war er damals gleichsam ein General ohne Armee und verhandelte keineswegs von einer Position der Stärke aus. Sein autokratischer Stil und seine Vorliebe für Geheimdiplomatie wurden gelegentlich zu Recht kritisiert, aber keine andere Art der Diplomatie hätte damals Ergebnisse zeitigen können, und nur ein Autokrat konnte ein Mindestmaß an Disziplin in den widerspenstigen Haufen von Anhängern hineinbringen, deren jeder seine eigenen politischen Vorstellungen hatte. Herzl war in mancher Hinsicht erstaunlich blind, aber dies mag wohl eine notwendige Voraussetzung für einen Mann der Tat sein. Nur völlige Zielbesessenheit konnte Freund und Feind gleichermaßen beeindrucken. Massenbewegungen werden nicht von Männern geschaffen, die kein Selbstvertrauen ausstrahlen und sich ihrer selbst nicht völlig sicher sind. In der Tiefe seines Herzens mag es Herzl an der Überzeugung gefehlt haben, daß er sein Ziel je erreichen würde. Gewiß gab es viele Augenblicke der Verzweiflung. Aber dies beeinflußte keinen Augenblick sein äußeres Auftreten: stolz, völlig sicher seiner selbst und des Erfolgs seiner Sache. Nie ließ er nach in seinen Bemühungen, denn er wußte nur allzu gut, daß ohne greifbare Erfolge in absehbarer Zukunft die von ihm geführte Bewegung zerfallen und die von ihm geweckten Hoffnungen sich in Verzweiflung verwandeln würden.

Als Herzl starb, gab es keine wirkliche Hoffnung mehr, daß die zionistische Bewegung noch vor dem Zerfall des Osmanischen Reiches in Palästina festen Fuß fassen würde. Der politische Zionismus, den Herzl gepredigt hatte, schien bankrott, und wenige Jahre nach Herzls Tod ging die Führung der Bewegung in die Hände der »praktischen Zionisten« über, die immer schon gesagt hatten, es würde nicht plötzlich ein Wunder geschehen, nur eine stetige, notwendigerweise langsame Kolonisation könnte in Palästina die Grundlagen für späteres politisches Handeln schaffen. Dennoch war Herzls Mühe nicht vergebens. Ohne ihn wäre der Zionismus eine ziemlich eng begrenzte Bewegung geblieben, die auf eine kulturelle Wiedergeburt hinzielte und sich nebenbei auch mit philanthropisch gefärbter Kolonisierungsarbeit beschäftigte. Herzl verwandelte eine vorhandene Grundstimmung in eine politische Bewegung und führte sie in die europäische Wirklichkeit als eine jener nationalen Bewegungen ein, die das anstrebten, was eine spätere Zeit »nationale Befreiung« nennen sollte. Dank seinen Bemühungen erhielt das Selbstvertrauen Hunderttausender osteuropäischer Juden, die in ihren Geburtsländern nicht integriert werden konnten, einen ungeheuren Auftrieb, desgleichen das vieler Juden im Westen, die sich des problematischen, marginalen Wesens ihrer Existenz in einer nichtjüdischen Gesellschaft sehr wohl bewußt waren. Schließlich legte Herzl den Grundstein zu den späteren Erfolgen der zionistischen Bewegung und kann daher mit einiger Berechtigung als Architekt der Balfour-Deklaration bezeichnet werden.

Eine genaue Untersuchung von Herzls Beweggründen, seiner geistigen und seelischen Struktur würde den Rahmen dieser Geschichte der zionistischen Bewegung überschreiten. Für seine Freunde und Anhänger war er eine Art Messias, der selbstlos für die Erlösung seines Volkes arbeitete und sich dafür schließlich wie ein Heiliger selbst aufopferte. Spätere Historiker, die nicht im Bann seiner politischen Ideen und seiner persönlichen Ausstrahlung standen, haben mehr das komplexe Wesen seiner Persönlichkeit, die tieferen Gründe seiner Bekehrung zum Zionismus und die Wurzeln seines Verhaltens betont[61].

Daß Männer und Frauen aus den verschiedensten, meist verschlungenen und komplizierten Gründen zur Politik kommen, ist wohlbekannt: Eitelkeit, Streben nach Selbstverwirklichung, Sendungsbewußtsein – all dies und viele andere Faktoren spielen dabei mit. Sie zu zergliedern, ist eine faszinierende, aber meist nicht sehr dankbare Aufgabe, weil eine solche Analyse die wesentlichen Gedanken des

Betreffenden kaum erhellt. Man könnte unschwer auf viele Ähnlichkeiten im Wesen und Denken Herzls und Lassalles hinweisen; ihre Träume, die Juden aus der Knechtschaft herauszuführen, das romantische Element in ihrem Denken, ihre Vorliebe für aristokratische Tradition, Effekthascherei und Duelle, ihr erfolgloser literarischer Ehrgeiz und so weiter. Beide waren gleichermaßen dem Judentum entfremdet, aber während der eine an den Juden völlig verzweifelte, machte der andere die jüdische nationale Wiedergeburt zur zentralen Idee seines Lebens.

Was die Geschichtsschreibung angeht, so zählt nur, daß in den neunziger Jahren des neunzehnten Jahrhunderts ein jüdischer Journalist namens Theodor Herzl die Stimmung einer wachsenden Anzahl von Zeitgenossen in einer berühmten Broschüre zum Ausdruck brachte und später die Führung einer Bewegung übernahm, die sich unter ihnen entwickelte. Sein ursprünglicher Impuls war im Grunde romantischer Art, seine Ideen waren widersprüchlich und häufig verworren. Er schneidet im Vergleich mit den tieferen politischen Denkern seiner Zeit schlecht ab. Aber in einem Punkt, dem wichtigsten seines Lebens, hatte er recht: Er erkannte die Anomalie des jüdischen Lebens in Europa und die Gefahren, denen die Juden in den kommenden Jahren ausgesetzt sein würden, und er suchte verzweifelt nach einer Lösung, ehe es zu spät wäre. Vielleicht hatten jene seiner Kritiker recht, die meinten, der Antisemitismus sei eine vorübergehende und *sub specie aeternitatis* nicht einmal sehr bedeutende Erscheinung. Aber diese Kritiker befaßten sich mit der Menschheit im allgemeinen und nicht mit dem Schicksal der Juden. Herzl aber fühlte – und in dieser Hinsicht war der Hintergrund des österreichisch-ungarischen *Fin-de-siècle* sicherlich bedeutsam –, daß die Juden einfach nicht warten konnten. Er war ein Prophet in Eile.

Interregnum

Nach Herzls Tod wurde vielfach angenommen, die zionistische Bewegung wäre nun am Ende. Die Bewegung war sein Werk; was ihre Mitglieder einte, war vor allem die Treue zu ihrem Führer. Er war Präsident und Prophet in einem gewesen; keine neue Führerpersönlichkeit war in Sicht, die ähnliche Begeisterung und ähnliches Vertrauen hätte erwecken können. Da selbst Herzls Position in seinen zwei letzteren Lebensjahren erschüttert gewesen war und es viele Angriffe und harte Kritik gegeben hatte, war kaum zu erwarten, daß es einem anderen gelingen könnte, die Bewegung zusammenzuhalten. Als Herzl starb, war es nur allzu offensichtlich, daß seine Politik, die diplomatischen Vorstöße in Konstantinopel und in mehreren europäischen Hauptstädten, fehlgeschlagen waren. Die Uganda-Kontroverse war immer noch ungelöst. Dazu kam noch, daß sich innerhalb der zionistischen Bewegung in zunehmendem Maße Gruppen, Fraktionen, ja sogar Parteien zu bilden begannen. Dies war vielleicht ein unvermeidlicher Prozeß, machte aber die Stellung eines Präsidenten, der über keine sichere Basis mehr verfügte, fast unhaltbar. Wenn ein zweiter Herzl erschiene, schrieb einer seiner engsten Mitarbeiter ein Jahr nach Herzls Tod, dann würde er im Kampf der Fraktionen aufgerieben werden[1].

Vor allem war da das Problem des russischen Zionismus. Die russischen Zionisten hatten zweifellos mehr zur Bewegung beigetragen als irgendeine andere Landesgruppe, aber unter dem zaristischen Regime hatte der Zionismus bloß halblegalen Status. Die russischen Juden hatten nicht den geringsten Einfluß auf die russische Regierung, ganz zu schweigen von anderen Regierungen, auch verfügten sie weder über internationale Verbindungen noch über diplomatische Erfahrung. Die Führung der Bewegung mußte in den Händen der Westjuden bleiben, so sehr ihnen die russischen Zionisten auch mißtrauten. Aber die mittel- und westeuropäischen Zionisten hatten keine Vorstellung von der künftigen Richtung der Bewegung. Bis dahin hatte Herzl die meisten Ideen geliefert, aber sogar für seine engsten Mitarbeiter stand es fest, daß der geachtete Führer trotz all seiner Genialität, Kraft und Hingabe versagt hatte. Als sich bald nach Herzls Tod die Frage der Veröffentlichung seiner Tagebücher erhob, sprach sich Nordau höchst eindringlich dagegen aus: Man würde Herzls Namen ruinieren, wenn man seine Tagebücher veröffentlichte. Wer sie lese, müsse glauben, Herzl sei ein Narr und ein Schwindler gewesen[2].

Der siebente Zionistenkongreß, der Ende Juli 1905 in Basel stattfand, mußte eine Entscheidung über den Uganda-Plan fällen. Wie erwartet, wurde das Projekt abgelehnt, was stürmische Szenen und den Exodus der Territorialisten unter Zangwill sowie einiger osteuropäischer Linksgruppen, einschließlich führender Zionisten wie Syrkin, zur Folge hatte. Ferner mußte der Kongreß einen neuen Präsidenten wählen. Es ging dabei nicht nur darum, eine geeignete Persönlichkeit zu finden, sondern auch um die von vielen geforderte politische Neuorientierung. Die russischen Zionisten unter Ussischkin, aber auch einige andere, hatten jahrelang darauf hingewiesen, daß Herzls Geheimdiplomatie nirgends hinführte und daß man bis zu dem Zeitpunkt, da die politischen Verhältnisse für einen Charter reif wären, das Schwergewicht auf die praktische Arbeit legen sollte, auf die Errichtung neuer landwirtschaftlicher Siedlungen und die Stärkung der jüdischen Präsenz in Palästina im allgemeinen. Herzl hatte mehr als zwei Jahrzehnte lang ohne sichtlichen Erfolg gegen diese Einstellung der Zionsfreunde gekämpft. Er hatte eine großangelegte Kolonisierung Palästinas vor Augen, doch erschien ihm dies ohne vorherige politische Einigung mit den Türken unmöglich. Die Investition von Geld und Arbeitskraft in eine Kolonisierung im kleinen bedeutete nicht nur eine Vergeudung der ohnehin knappen Mittel, sie würde außerdem die jüdischen Siedler schutzlos als Faustpfand in den Händen der Türken lassen.

In dieser Hinsicht war Herzl unnachgiebig, und Dr. Bodenheimer faßte Herzls Standpunkt in die Worte zusammen: »Keinen Mann und keinen Groschen für dieses Land, ehe uns das Minimum von Privilegien gewährleistet ist[3].«

Nordau, Marmorek und andere Mitglieder von Herzls innerem Kreis teilten diese Ansicht. Die Bewegung müsse so lange warten, bis sich in der Türkei eine politische Konstellation ergebe, in der Verhandlungen zur Erlangung eines Charters aussichtsreicher wären. Bis dahin müßten alle Pläne einer Kolonisierung in großem Maßstab aufgeschoben werden. Es gab jedoch auch viele andere, die *Gegenwartsarbeit* als Alternative befürworteten. Dieses Schlagwort umfaßte sowohl die Kleinkolonisation in Palästina als auch die Stärkung der Bewegung in der Diaspora. Die »Praktiker« waren nicht prinzipiell gegen diplomatische Aktionen, erwarteten jedoch, daß schrittweise Konzessionen leichter erreicht werden könnten als ein umfassender Charter; je stärker die jüdische Präsenz, desto leichter würden Konzessionen zu erlangen sein.

Schließlich nahm der siebente Kongreß einen Kompromißvorschlag an, demzufolge jede planlose, unsystematische und philanthropische Kleinkolonisation abgelehnt wurde, während die zionistische Bewegung die jüdische Position in Palästina durch Förderung von Landwirtschaft und Industrie (»in möglichst demokratischem Geiste«) stärken sollte. Eine neue Leitung wurde gewählt, die sich aus drei Vertretern des praktischen Zionismus (Professor Warburg, Ussischkin und Dr. Kogan-Bernstein) und drei politischen Zionisten (Leopold Greenberg, Jacobus Kann und Alexander Marmorek) zusammensetzte. Präsident dieses Gremiums, des engeren Aktionskomitees sowie der gesamten Bewegung wurde David Wolffsohn, der in seinem Schlußwort etwas verfrüht erklärte, die Krise sei überwunden[4].

David Wolffsohn war neunundvierzig Jahre alt, als er das Präsidentenamt annahm, ein relativ alter Mann in einer überwiegend aus jungen Leuten bestehenden Bewegung. Er war in Litauen, nahe der deutschen Grenze, geboren, hatte eine traditionelle jüdische Erziehung erhalten, war dann in den Holzhandel eingetreten und hatte mit seiner Firma in Köln großen Erfolg. Da er schon seit früher Jugend Zionsfreund war, hatte sein Interesse an jüdischen Fragen nie nachgelassen, und er war einer von Herzls frühesten Anhängern. Herzl hatte ihn »den Besten« genannt, den einzigen praktischen Menschen unter Hunderten Dilettanten, er hatte ihn zum Nachfolger auserkoren und ihn in seinem Testament gebeten, sich um seine Familie zu kümmern. Herzls Art der Geschäftsführung hatte Wolffsohn häufig zur Verzweiflung getrieben, und es wurde allgemein angenommen, daß Wolffsohns Vergangenheit und Erfahrung ihn allmählich zum »praktischen Zionismus« hinführen würden. Indessen war es gerade Wolffsohns Geschäftssinn – und natürlich seine Treue zu Herzl –, was ihn in der Tradition des politischen Zionismus weiterarbeiten ließ. Das gleiche gilt auch für Jacobus Kann, dem zweiten Geschäftsmann im neuen Aktionskomitee. In seinen Augen waren große Investitionen ohne politische Garantien eine zweifelhafte Angelegenheit.

Wolffsohn wollte wirklich nicht der neue Führer sein. Er fuhr nach Paris, um Nordau zur Annahme der Nachfolge zu überreden, und als er von seinem Gesprächspartner als die »einzig mögliche Wahl« bezeichnet wurde, erwiderte er, Nordau müsse wohl den Verstand verloren haben[5].

Er nahm die Nominierung erst unter dem allgemeinen Druck an, sogar die russischen Zionisten unterstützten ihn. Er wußte sehr wohl, daß es starke Widerstände geben würde. Die Russen meinten, er sei besten Willens, treu, großmütig und fleißig, aber »ohne Persönlichkeit oder Weitblick. Er tat sein Möglichstes, um in die Fußstapfen seines Abgottes Herzl zu treten, doch hatte er nicht Herzls Persönlichkeit und dessen organisatorisches Talent[6]«. »Alle unsere Besucher aus Europa erzählten dieselbe Geschichte über Wolffsohn«, berichtete Louis Lipsky: er sei ungebildet, ohne Tatkraft, ohne Urteilsvermögen, ohne Schwung und Führungsqualitäten und habe kein Verständnis für das Ideal Herzls, als dessen Schüler er sich ausgebe[7].

Eine solche Kritik war höchst unfair; Wolffsohn war keineswegs ein liebenswerter Dummkopf. Als Organisator war er jedenfalls Herzl überlegen. Er war sicherlich kein Intellektueller, er hatte keine großartigen Pläne und keine hochfliegenden Ideen anzubieten. Aber sein gesunder Hausverstand diente häufig als Gegengewicht zu den phantastischen Ideen anderer früher Zionisten. David Frischmann, der hebräische Schriftsteller, der als Beobachter am neunten Zionistenkongreß teilnahm, schrieb, Wolffsohn habe sich wie der einzige Erwachsene in einem undisziplinierten Kindergarten benommen[8]. Die Obstruktionstaktik der russischen Zionisten hätte mehr Sinn gehabt, wenn sie selbst einen Kandidaten für die Führung gehabt hätten. Aber Ussischkin kam mit Tschlenow nicht aus, Weizmann hatte keine hohe Meinung von Motzkin, und Sokolow, ein polnischer Jude, fand unter den Kollegen, die von noch weiter östlich kamen, kaum Unterstützung. Wenn in den ersten Jahren nach Herzls Tod keine politischen Erfolge errungen wurden, so war dies einfach widrigen Umständen zuzuschreiben: »Selbst ein klügerer Mann würde nichts erreicht haben[9].« Herzl hatte den organisatorischen Rahmen geschaffen, er hatte Hunderttausenden Juden neue Hoffnung geschenkt und den Zionismus zu einem Faktor in der europäischen Politik gemacht. Aber abgesehen von dieser Propagandaarbeit, so wichtig sie auch gewesen sein mochte, gab es keine greifbaren Erfolge. Herzl war es weder gelungen, die Türken zu überreden, noch entscheidende Unterstützung von den Großmächten zu erlangen. Es gab kaum etwas, das sein Nachfolger tun konnte, außer die Bewegung zu stärken und auf eine günstigere internationale Konstellation zu warten.

Wolffsohn vernachlässigte keineswegs die von Herzl hergestellten Kontakte. Er besuchte Rothschild in Paris und war insofern ein wenig erfolgreicher als sein Vorgänger, als er zumindest ein bißchen moralische Unterstützung gewinnen konnte. Er traf mit Vambéry zusammen und beschloß 1908, Victor Jacobsohn, einen russischen Zionisten und Schwager Ussischkins, als ständigen Vertreter des Aktionskomitees in die türkische Hauptstadt zu entsenden. Wolffsohn fuhr selber zweimal nach Konstantinopel. Bei seinem ersten Besuch wollte er die türkischen Behörden zur Aufhebung des Verbots der jüdischen Einwanderung veranlassen und ein gemeinsames türkisch-jüdisches Einwanderungskomitee gründen. Damals, im Oktober 1907, befand sich die Türkei eben wieder in einer Finanzkrise. Wolffsohn wurde von der türkischen Regierung indirekt eingeladen.

Den Türken wurde ein Plan vorgelegt, wonach fünfzigtausend jüdische Familien sich in Palästina, aber nicht in Jerusalem, ansiedeln sollten. Sie würden osmanische Untertanen werden und in der Armee dienen, sollten aber fünfundzwanzig Jahre lang steuerfrei sein. Das Land sollte vom zionistischen Aktionskomitee erworben werden und in dessen Besitz bleiben[10]. Die Türken verlangten einen Kredit von 26 Millionen Pfund zur Begleichung ihrer Schulden. Wolffsohn bot zwei Millionen Pfund, aber auch dies war mehr eine tollkühne Geste, von der man nicht annahm, daß sie angenommen würde, denn das damalige Jahresbudget des Aktionskomitees betrug viertausend Pfund, etwa so viel, wie ein wohlhabender englischer oder deutscher Jude jährlich für den Unterhalt seiner Familie ausgab. Wolffsohn erhielt fortwährend Forderungen von Herzls früheren Agenten, beispielsweise von Izzet Bey, der eine Million Franken für geleistete Dienste, wie die Aufhebung des Einwanderungsverbots, forderte. Wolffsohn mißtraute diesen Leuten noch mehr, als es Herzl getan hatte. Als die türkischen Behörden andeuteten, man könnte von ihnen eine Geste des guten Willens erst dann erwarten, wenn die Zionisten den ersten Schritt getan hätten, erwiderte Wolffsohn, er könne nichts tun, solange die Türken nicht die Initiative ergriffen. Während die Verhandlungen noch im Gange waren, brach die Revolution der Jungtürken aus, und der Sultan wurde abgesetzt.

Die Veränderungen in der Türkei verursachten Begeisterung bei den Zionisten. Nordau sagte in einer Versammlung in Paris, wenn Herzl diesen Tag erlebt hätte, wäre er überglücklich gewesen und hätte gesagt: Dies ist mein Charter[11]! Der Sturz des absolutistischen Regimes, die Manifeste der Jungtürken und die Tatsache, daß diese bereit schienen, die Forderungen der Minoritäten im Osmanischen Reich bis zu einem gewissen Grad zu erfüllen, wurde als Beginn einer neuen Ära interpretiert. Viele Zionisten waren in dieser Hinsicht zu optimistisch. Obwohl die Jungtürken im ersten Überschwang eine Dezentralisierung in Aussicht gestellt hatten, dachten sie nicht im geringsten daran, das Reich zu liquidieren. Sie waren nationalistischer als Abdul Hamid, und die Chancen, einen Charter zu erlangen, waren nun geringer als zuvor. Es war daher völlig irrig, zu behaupten, wie einige Zionisten es taten, ihre Führer hätten eine große Gelegenheit versäumt, weil sie in der türkischen Hauptstadt nicht mehr Initiative gezeigt hätten.

Wolffsohn bezweifelte von allem Anfang an, ob es einen Sinn hätte, mit den Jungtürken zu verhandeln. Dies war auch Jacobsohns Einschätzung der Lage: »Es gibt dort keinen, mit dem man sprechen könnte[12]«. Im März 1909 ereignete sich ein neuer Staatsstreich in der türkischen Hauptstadt, was Wolffsohns Glauben an die Richtigkeit seiner ursprünglichen Beurteilung der politischen Lage nur stärkte. Im Juni 1909 sprach er mit dem Großwesir Hussain Hilmi Pascha über die zionistischen Ziele, ohne irgendwelche Fortschritte zu erreichen. Eine großangelegte Kolonisierung in Palästina wurde von den Türken ausgeschlossen, und das Einwanderungsverbot, das inzwischen erneuert worden war, würde nicht aufgehoben werden. Nordau war einige Zeit vorher voll Besorgnis aus Konstantinopel zurückgekehrt, nun aber war die Lage noch viel schlimmer geworden. Die Verhandlungen mit den Türken waren damit völlig ins Stocken geraten und wurden in den folgenden zwei Jahren nicht wieder aufgenommen.

Unter diesen Umständen zögerte Wolffsohn, irgendwelche konkreten Vorschläge zu Papier zu bringen, da er ziemlich sicher war, daß sie abgelehnt würden. Er hatte aber die Hoffnung nicht gänzlich aufgegeben. So wie Jacobsohn war auch er im Grunde ein Anhänger der These, daß die Entscheidung bei der Türkei lag. Jacobsohn sagte einmal, sogar eine sehr schwache Türkei sei immer noch viel stärker als die Juden in Palästina und die hinter ihnen stehende zionistische Bewegung. Zugleich wollte Wolffsohn nicht allzuviel Energie für politische Arbeit in der türkischen Hauptstadt aufwenden. Die Idee, eine Tageszeitung *(Jeune Turc)* zu finanzieren, erschien ihm zunächst nicht besonders anziehend, und das Projekt wurde dann hauptsächlich mit Unterstützung der russischen Zionisten durchgeführt, die seine potentielle Bedeutung klarer erkannten[13].

Jacobsohn war wegen der ungenügenden Koordinierung der in Konstantinopel tätigen jüdischen Organisationen besorgt. Nicht nur die Zionisten verhandelten mit den Türken, sondern auch die *Alliance Israélite,* und später tauchte auch Dr. Nossig häufig dort auf. Nossig, ein früher Zionist, hatte die Bewegung verlassen, als seine Pläne einer jüdischen Kolonie im Osmanischen Reich, aber außerhalb Palästinas, abgelehnt worden waren. Als talentierter, wenngleich sprunghafter Mensch war er gleichzeitig Schriftsteller, Bildhauer, Staatswissenschaftler, Historiker, Statistiker, Philosoph und Dramatiker. Manche betrachteten ihn als wohlmeinenden Dilettanten, andere als gefährlichen Scharlatan[14]. Er war in Galizien geboren, wurde zum deutschen Patrioten und scheint im Ersten Weltkrieg für den deutschen Geheimdienst gearbeitet zu haben. Später wurde er ein führender Pazifist. Im Alter von fast achtzig Jahren wurde er von der jüdischen Widerstandsbewegung im Warschauer Getto hingerichtet, weil man ihn, möglicherweise fälschlich, für einen Gestapoagenten hielt.

Jacobsohn, dem die undankbare Aufgabe zuteil wurde, den Türken zu erklären, daß Nossig niemanden außer sich selbst repräsentierte, war der erste jüdische Diplomat der Neuzeit, ein höchst kultivierter, wenn auch etwas gehemmter Mensch. Trotz starker Anfeindungen gelang es ihm, in der türkischen Hauptstadt viele Freunde zu gewinnen. Er hielt es für nutzlos, die politischen Ziele des Zionismus hervorzukehren, und konzentrierte sich statt dessen auf die Einwanderung, wobei er zugleich die Bedeutung Palästinas als Kulturzentrum für das jüdische Volk unterstrich. Nach seiner Wahl ins zionistische Aktionskomitee im Jahr 1914 konnte er nicht mehr viel Zeit in der Türkei zubringen, und sein Posten wurde von seinem vormaligen Stellvertreter, Richard Lichtheim, eingenommen.

Lichtheim gehörte zu einer Gruppe junger deutscher Zionisten aus assimilierten Familien, die sich ihrer jüdischen Herkunft wieder bewußt geworden waren und sich dann als Redner und Schriftsteller aktiv für die zionistische Bewegung einsetzten. Er war materiell unabhängig, fand seine Tätigkeit in der türkischen Hauptstadt außerordentlich interessant und zeigte in seinen Analysen der internationalen Lage sowie im Umgang mit türkischen und ausländischen Diplomaten besonderes politisches Geschick. Im Gegensatz zu Jacobsohn zweifelte er daran, daß sich das Osmanische Reich noch längere Zeit würde halten können, und erwartete, daß nach dessen Zerfall – als Folge eines Krieges oder aus anderen Ursachen – wahrscheinlich England eine wichtige Rolle in der Zukunft Palästinas spielen würde. Allerdings stimmte Lichtheim mit Jacobsohn darin überein, daß unabhängig von den langfristigen Aussichten noch sehr viel Arbeit in der türkischen Hauptstadt zu leisten war. Wenn es der jüdischen Hochfinanz nicht an Enthusiasmus gemangelt hätte, dann hätte die zionistische Bewegung verschiedene Wirtschaftskonzessionen erwerben können, die damals in und um Palästina zum Verkauf standen und deren Gültigkeit übrigens später von der britischen Mandatsverwaltung anerkannt wurde. Doch befand sich die zionistische Finanzgebarung, auch nach der unter Wolffsohns Leitung eingetretene Besserung, in einem solchen Zustand, daß das Aktionskomitee zum Bau der Hedschas-Bahn nicht mehr als fünfhundert Pfund beitragen konnte oder wollte.

Der türkisch-italienische Krieg von 1911 gab der zionistischen Tätigkeit neuen Auftrieb. Die türkische Regierung wurde durch diesen Konflikt und durch die Balkankriege geschwächt und war daher eher geneigt, den Forderungen der Zionisten Gehör zu schenken. Die Einwanderungsbeschränkungen wurden teilweise aufgehoben, und der Landkauf in Palästina durch ausländische Staatsbürger wurde erleichtert. Zu jener Zeit war die türkische Zentralregierung jedoch nicht mehr völlig Herrin der Lage, und die türkischen Beamten in den Provinzen hatten bei der Auslegung der Weisungen aus Konstantinopel erheblichen Spielraum. Es war für das Aktionskomitee in diesen turbulenten Jahren keineswegs einfach, einen sicheren Kurs zu steuern. Als der *Jeune Turc* Italien angriff, erhob sich in europäischen Zionistenkreisen ein Sturm des Protestes. Aber wie sollte eine türkische Zeitung es vermeiden, in Kriegszeiten den Feind anzugreifen?

Der Gedanke, die jüdische Jugend Palästinas für den Krieg gegen Italien zu mobilisieren, wurde erörtert und fallengelassen. Es hätten sich auch nur wenige Freiwillige gemeldet. Statt dessen wurde beschlossen, eine Gruppe jüdischer Ärzte nach Palästina zu entsenden, und es erschienen einige, wenn auch sehr vage, Sympathieerklärungen in zionistischen Zeitungen und in der europäischen Presse. Die Zionisten mußten behutsam vorgehen, weil allzu viele gegensätzliche Interessen im Spiel waren; auch mußten sie im Hinblick auf die türkische Innenpolitik vorsichtig sein. Klugerweise ergriffen sie im Konflikt zwischen den Jungtürken und der oppositionellen Unionspartei *(Entente Libérale)* nicht Partei. Innerhalb der durch die Umstände bedingten engen Grenzen war die zionistische Diplomatie in Konstantinopel keineswegs erfolglos, und mit zusätzlichen Mitteln hätte sie noch mehr erreichen können. Aber auch ein Einsatz größerer Geldsummen hätte keine grundlegende Änderung der türkischen Politik bewirkt: Palästina stand nicht zum Verkauf. Die Hauptaufgabe der zionistischen Vertreter in Konstantinopel war der Schutz des *Jischuw* in Krieg und Frieden. Wenn man bedenkt, daß sie nicht gerade aus einer Position der Stärke agierten, so gelang ihnen dies bemerkenswert gut.

In den Jahren vor dem Ausbruch des Ersten Weltkrieges hatte der Zionismus keine klare außenpolitische Linie. Er versuchte, Freunde zu gewinnen, wo immer es möglich war. Herzl hatte geglaubt, er könne die Unterstützung des deutschen Kaisers gewinnen, aber diese Illusion schwand schnell: Deutschland war nicht interessiert. Deutsche Zionistenführer, wie Bodenheimer und Friedmann, trafen mehrere Male mit Beamten des deutschen Außenministeriums zusammen, aber im großen und ganzen waren die Verbindungen mit Deutschland schwächer als die mit den anderen Großmächten. Der Sprachenkonflikt im Jahr 1913 machte die Lage der deutschen Zionisten den Berliner Behörden gegenüber auch nicht leichter: Der nichtzionistische *Hilfsverein der deutschen Juden* hatte bei der Errichtung eines Technikums in Haifa unter der Bedingung mitgewirkt, daß Deutsch als Unterrichtssprache verwendet werde. Dies verursachte große Empörung in der Judenschaft Palästinas, die auf dem Vorrang des Hebräischen bestand. Es gab Demonstrationen, und die türkische Polizei mußte einschreiten.

Die Schwäche der zionistischen Position in Deutschland konnte jedoch die Londoner *Times* nicht täuschen. Nach Ansicht dieser einflußreichsten englischen Zeitung war der Zionismus ein Werkzeug des deutschen Außenamtes. Immerhin befand sich der Sitz der Bewegung in Deutschland, die meisten ihrer Führer und Mitglieder seien »jiddisch-sprechende Juden, die allesamt Deutsch verstehen[15]«. Großbritannien, schrieb die *Times* warnend, müsse in seinen Beziehungen zu dieser Bewegung sehr vorsichtig sein, nicht nur wegen ihres »deutschen Charakters«, sondern auch wegen Großbritanniens Interessen bei den muselmanischen Mächten. Die Leitung der zionistischen Bewegung unternahm jedoch vereinzelte Versuche, die britische Politik zu beeinflussen. Weizmann traf Balfour zum erstenmal 1906. Sokolow reiste 1912 in offizieller Mission nach London und sprach dort mit einigen Politikern. Es gab keine greifbaren Resultate, aber diese Versuchsballons waren symptomatisch für eine allmähliche und partielle Umorientierung mancher Zionistenführer auf England. Obwohl sie keine unmittelbaren Erfolge brachten, erlangten diese ersten Gespräche später, im Zusammenhang mit der zionistischen Diplomatie während des Krieges, eine gewisse Bedeutung.

Es wurde kaum etwas unternommen, um die Unterstützung Frankreichs zu gewinnen. Der französische Außenminister äußerte seine Sympathie in einem Gespräch mit Nordau, der vielleicht als erster den kommenden Kampf zwischen London und Paris um Einflußsphären in der Levante voraussah[16]. Wolffsohns persönliche diplomatischen Bemühungen waren hauptsächlich darauf gerichtet, den Druck auf die zionistische Bewegung in Osteuropa zu lindern. Er traf mit dem österreichisch-ungarischen Minister Graf Andrassy zusammen, nachdem er Gerüchte gehört hatte, daß die zionistische Bewegung in Ungarn verboten werden sollte. Dies erwies sich als falscher Alarm, aber in Rußland verschlimmerte sich die Lage von Tag zu Tag: Führende Zionisten wurden verhaftet, ihre Büros durchsucht, ihre Zeitungen eingestellt. Im März 1908 sandte Wolffsohn eine Denkschrift an den russischen Premierminister Stolypin, und im Juli desselben Jahres wurde er von diesem sowie von Außenminister Iswolsky und dem stellvertretenden Innenminister Makarow empfangen[17]. Die Russen waren im Prinzip bereit, die zionistische Bewegung anzuerkennen, aber nur unter der Bedingung, daß sie aufhöre, sich mit innerrussischen Angelegenheiten zu befassen, und sich ausschließlich mit Auswanderungsproblemen beschäftigte. Nach Wolffsohns Abreise hielt der russische Zionistenführer Tschlenow diese Kontakte aufrecht, ohne allerdings wesentliche Ergebnisse zu erzielen. 1910 wurden neuerlich mehrere zionistische Funktionäre verhaftet, die Büros der Bewegung wurden wegen angeblicher illegaler Geldsammelaktionen geschlossen.

Während all dieser Jahre sah sich der russische Zionismus vor die Frage gestellt, ob er in die Innenpolitik eingreifen sollte oder nicht. Vor 1905 hatte es wenig Neigung dazu gegeben, aber nach der ersten Revolution und angesichts der Intensivierung des politischen Lebens sahen die Zionisten ein, daß sie sich keinesfalls heraushalten konnten, denn damit hätten sie den Antizionisten das Feld überlassen. Sie beteiligten sich an der Wahl zur ersten Duma, wobei acht der vierzehn im ersten Wahlgang erfolgreichen jüdischen Kandidaten Zionisten waren. Infolge der Kompliziertheit des Wahlsystems (und der damit verbundenen Diskriminierung jüdischer Wahlmänner) gelang es schließlich nur fünf von ihnen, Sitze in der Duma zu gewinnen.

Die Diskussion über die Ziele des Zionismus wurde nach der türkischen Revolution wieder aufgenommen. Es sollte kein Abrücken vom Basler Programm geben, obzwar Wolffsohn zumindest einmal eine Interpretation äußerte, in welcher die Idee eines Judenstaates, der früher absichtlich unklar gelassen worden war, als etwas völlig Irreales hingestellt wurde. In seiner Eröffnungsrede vor dem neunten Kongreß erklärte Nordau, angesichts des Sturzes der Autokratie in der Türkei sei die Zeit gekommen, den Gedanken eines Charters fallen zu lassen, der zu Herzls wichtigsten Konzepten gehörte, aber im Basler Programm nicht erwähnt wurde[18]. Das Aktionskomitee distanzierte sich auch vom Schlagwort einer Heimstätte, die von den Großmächten zu garantieren wäre. Dies war stets ein heikler Punkt in den Beziehungen zu den Türken gewesen, denn diese waren selbstverständlich gegen jeden Plan, der eine Intervention fremder Mächte vorsah. Diese Vorgänge liefen jedoch mehr auf taktische Änderungen und Akzentverschiebungen hinaus als auf einen Wechsel in der Grundeinstellung der Bewegung.

Die Ära Wolffsohn begann offiziell im Juli 1905, als der siebente Kongreß ein kleines, siebenköpfiges Aktionskomitee wählte. Der Präsident saß in Köln, die anderen Mitglieder befanden sich in London (Greenberg), Den Haag (Kann), Paris (Marmorek), Berlin (Warburg), Odessa (Kogan-Bernstein) und Jekaterinoslaw (Ussischkin). Dies war natürlich ein unmöglicher Zustand, da das Aktionskomitee nie kurzfristig einberufen werden konnte. Es bedeutete somit, daß Wolffsohn die Bewegung allein leiten mußte. Die Übersiedlung des Zentralbüros nach Köln, wo Wolffsohn wohnte, war ebenfalls keine ideale Lösung. Beim nächsten Kongreß in Den Haag wurde auf Wolffsohns Antrag ein kleiner Lenkungsausschuß gewählt, der aus drei Personen bestand, nämlich aus Wolffsohn selbst, einem holländischen Bankier und Vertreter der politischen Richtung, und Professor Warburg, einem führenden Repräsentanten des praktischen Zionismus. Wolffsohn wurde mit 135 gegen 59 Stimmen zum Präsidenten gewählt. Als die Opposition laut protestierte, meinte Wolffsohn, er hoffe, bis zum nächsten Kongreß auch ihr Vertrauen errungen zu haben.

Dies gelang ihm keineswegs, und beim nächsten Kongreß, der Ende Dezember 1909 in Hamburg stattfand, sah Wolffsohn sich einer noch stärkeren und entschlosseneren Opposition gegenüber. Schon Ort und Zeitpunkt des Kongresses riefen den Zorn der Kritiker hervor. Man warf Wolffsohn vor, er hätte diese Wahl deshalb getroffen, um sicher zu gehen, daß möglichst wenige Delegierte teilnähmen. Die Opposition beschuldigte ihn, die Bewegung wie ein Despot zu leiten und sich autokratischer zu gebärden als Herzl, ohne über dessen Begeisterung, politisches Talent und eisernen Willen zu verfügen. Alles, was die Führung erreicht hätte, behaupteten die Kritiker, sei der Umzug der Büroräume vom Hause Karolinger Ring Nr. 6 (Wolffsohns Wohnung) in Köln ins Haus Nr. 31 in derselben Straße gewesen. Wolffsohns diplomatische Missionen wurden als Fehlschläge betrachtet. Professor Warburg war das einzige Mitglied des Aktionskomitees, das in den Augen der Kritiker Gnade fand: Er habe das Gebot der Stunde verstanden – Kolonisation in Palästina. Warburg aber, so hieß es, sei von seinen beiden Kollegen behindert worden, die seine Initiativen mehr oder minder sabotiert hätten[19].

Wolffsohns Entgegnung war sehr wirkungsvoll: Er konnte ohne Schwierigkeit nachweisen, daß jene, die nun seinen Rücktritt verlangten, bereits Herzl mit denselben Argumenten angegriffen hatten. Er belächelte die Forderung nach einer breiteren, demokratischeren Führung. Ein größeres Aktionskomitee habe es bereits gegeben, sagte er, aber viele der Mitglieder hätten nicht an den Sitzungen teilgenommen oder sich nicht einmal die Mühe gemacht, seine Briefe zu beantworten. Und die russische Fraktion hätte stets fünf Präsidenten gehabt, nicht etwa, weil sie ein Vorbild der Demokratie sei, sondern weil sie sich nie auf die Wahl eines einzelnen Führers einigen konnte. Dies sei sicherlich nicht die richtige Art, die zionistische Bewegung zu führen. Wolffsohn lobte Warburgs Initiativen, deutete jedoch an, daß viele davon undurchführbar seien. Er wies ferner darauf hin, daß die finanzielle Lage der Bewegung sich erheblich verbessert hatte. Trotz der Tatsache, daß die russischen Zionisten die zentrale Führung sabotierten, indem sie die gesammelten Gelder nicht abführten, habe die Bewegung zum ersten Mal keine Schulden. Wolffsohn gab ferner bekannt, daß er nicht bereit sei, die Last der Führung weiterhin zu tragen. Er habe seine Zeit und seine Gesundheit geopfert und in all diesen Jahren kein einziges Wort der Ermunterung und schon gar nicht des Dankes erhalten. Er sei nicht in der Lage, die Bewegung gegen den Wunsch einer bedeutenden und lautstarken Minderheit zu leiten.

Es war eine wirksame Rede, die die Opposition entwaffnete, ohne sie zu überzeugen. Weizmann leitete den Gegenangriff ein: Wolffsohn habe von den russischen Zionisten in einer Art und Weise gesprochen, in der ein deutscher Kanzler über nihilistische russische Studenten sprechen würde. Er betone ständig seine geschäftlichen Erfahrungen, und man vertraue ihm in dieser Hinsicht durchaus. Aber warum könne er nicht einsehen, daß man die Bewegung einfach nicht nach denselben Grundsätzen leiten könne wie ein solides Geschäftsunternehmen? Warum sei es so schwierig, einzusehen, daß weder die politischen Probleme noch die kulturellen und kolonisatorischen Aufgaben von ein oder zwei Leuten bewältigt werden könnten, die in Köln, fern vom Hauptstrom des jüdischen Lebens, lebten[20]? Aber so sehr die Opposition sich auch bemühte, es gelang ihr nicht, sich auf einen anderen Führer zu einigen, und so wurde der Präsident schließlich ersucht, weiter im Amt zu bleiben. Wolffsohn fügte sich ohne besondere Begeisterung. Seine Gesundheit war angegriffen, und er mußte oft längere Zeit dem Amt fernbleiben, um sich zu erholen. Nichts war gelöst, die Entscheidung war nur aufgeschoben.

Die Führer der russischen Fraktion betrachteten den Hamburger Kongreß als eine Katastrophe und waren mehr als je zuvor entschlossen, Wolffsohn beim nächsten (zehnten) Kongreß zu stürzen, der im August 1911 in Basel stattfand. Einer der ersten Redner, Adolf Böhm, der Historiker des Zionismus, sagte, er wolle Wolffsohn nicht angreifen, weil der Präsident offensichtlich leidend sei. Das braucht Sie nicht zu bekümmern, rief Wolffsohn dazwischen, ich bin hier krank (wobei er auf sein Herz zeigte) und nicht hier (und er wies auf seinen Kopf)[21]. In seiner Erwiderung auf die gegen ihn gerichteten Angriffe bewies Wolffsohn, daß er immer noch voll von Kampfgeist war, aber er hatte schon lange vor Eröffnung des Kongresses beschlossen, zurückzutreten. Das anschließend neugewählte Aktionskomitee bestand aus zwei Deutschen: Dr. Hantke und Professor Warburg (der Präsident des engeren Aktionskomitees werden sollte) und drei alten russischen Zionisten: Victor Jacobsohn, Schmarja Lewin und Nahum Sokolow. Berlin sollte Sitz der neuen Exekutive sein. Da Wolffsohn freiwillig zurückgetreten war, wurde der Kongreß in einer versöhnlichen Stimmung beendet, Tschlenow lobte den scheidenden Präsidenten, Ussischkin nannte ihn den wahren Helden der Tagung. Damit wurde eine neue und, wie man hoffte, glücklichere Ära eingeleitet.

Wolffsohn hatte die Führung nur unter großen Bedenken angenommen, die sich dann als durchaus berechtigt erwiesen. Die Zionisten, schrieb Harry Sacher, sind ihren Führern gegenüber im allgemeinen nicht großherzig, und von allen wurde Wolffsohn am wenigsten geschätzt. Seine Gegner hatten für ihn nur ein geringschätziges Achselzucken übrig, für sie war er bloß ein Holzhändler, ein mittelmäßiger Mensch. Als er zurücktrat, war seine Gesundheit bereits völlig ruiniert, zwei Jahre später starb er. Doch die Möglichkeiten, die sich für die Bewegung im Ersten Weltkrieg ergaben, hätten von einem in Deutschland ansässigen Zionistenführer nicht genutzt werden können. Die Nachwelt ist mit Wolffsohn weniger streng ins Gericht gegangen als seine Zeitgenossen: »Die Rolle eines Nachfolgers ist keine dramatische: sie erfordert mehr prosaische als heroische Fähigkeiten. Der Schlepperkapitän, der ein im Sturm aufgegebenes Schiff in den sicheren Hafen zieht, leistet einen wichtigen Dienst. Dies war der Dienst, den Wolffsohn dem Zionismus geleistet hatte, und niemand anderer hätte dies angesichts der Zeit und der Umstände so gut leisten können[22].« Der Kampf zwischen dem politischen und dem »künstlichen« Zionismus (ein Terminus, den Weizmann erstmals in einer Rede auf dem achten Kongreß gebrauchte) war vorbei. Zusammen mit Wolffsohn ging auch Nordau.

Die programmatische Rede auf dem neunten Kongreß, dem letzten vor dem Krieg, wurde von Sokolow gehalten, da Nordau sich geweigert hatte, zu kommen. Kann war noch früher ausgeschieden, ebenso Marmorek und andere Mitglieder von Herzls innerem Kreis. Vertreter des osteuropäischen Judentums übernahmen nun die Führung. Es war ein heftiger Konflikt gewesen, doch scheint es im Rückblick, daß seine Wurzeln zumindest ebensosehr in persönlichen Feindseligkeiten und unterschiedlichen Arbeitsweisen zu suchen sind wie in grundsätzlichen politischen Differenzen. Die alte Führung hatte bei all ihrer Vorsicht die praktische Arbeit in Palästina keineswegs völlig vernachlässigt, und das neue Aktionskomitee war auch nicht imstande, viel mehr zu tun. Niemand hatte den diplomatischen Weg heftiger kritisiert als Weizmann, aber schon wenige Jahre später wurde dieser Gegner des politischen Zionismus zum Hauptvertreter der zionistischen Diplomatie und erlangte jenen »Charter«, von dem Herzl und Nordau geträumt hatten. Dies war nicht der einzige Fall von Ironie in der Geschichte der zionistischen Bewegung.

An der Spitze der neuen Führung stand Professor Otto Warburg, ein weltbekannter Botaniker, der einer bekannten Hamburger Bankiersfamilie angehörte. Er war ein Herr vom Scheitel bis zur Sohle und einer der wenigen führenden Männer, die in der ganzen Bewegung keinen einzigen Gegner hatten. Sein Interesse galt fast ausschließlich der Kolonisation und den damit verbundenen Problemen. Die Politik langweilte ihn, und er war gerne bereit, dieses Gebiet seinen Kollegen zu überlassen[23]. Er stammte aus assimilierten Kreisen, sein Interesse an Palästina und der zionistischen Bewegung war von der Familie seiner Frau geweckt worden. Er wurde ständig von Wolffsohn und in noch stärkerem Maße von Kann (der das Vermögen der holländischen Königsfamilie verwaltete) kritisiert, weil er sich mit kostspieligen Experimenten in Palästina befaßte, die sich die Bewegung nicht leisten konnte. Diese Klagen waren durchaus nicht unberechtigt. Aber wie sollte man die landwirtschaftliche Ansiedlung ermutigen, wenn man nicht bereit war, gewisse Risken einzugehen und Rückschläge und Enttäuschungen in Kauf zu nehmen? Ohne Warburgs ansteckende Begeisterung und gelegentliche Tollkühnheit wäre in der landwirtschaftlichen Besiedlung Palästinas zwischen 1905 und dem Ausbruch des Krieges wohl kein besonderer Fortschritt erzielt worden.

Fast ebenso weit entfernt von der praktischen Politik war Schmarja Lewin, der tüchtigste Propagandist der Bewegung, »Lehrer einer ganzen Generation jüdischer Erzieher und zionistischer Funktionäre«. In Rußland gebürtig, war er einer jener Abgeordneten gewesen, die das Manifest gegen die Auflösung der Duma unterzeichnet hatten. Deswegen mußte er 1906 sein Geburtsland verlassen. Wie Weizmann, Motzkin und Victor Jacobsohn studierte auch er in den neunziger Jahren in Berlin und war einer der Gründer des *Russisch-jüdischen wissenschaftlichen Vereins,* dessen Mitglieder später führende Rollen in der zionistischen Bewegung spielten. Er war ein rastloser Mensch, stets erregt und andere anregend, von jüdischer und westlicher Kultur durchdrungen. In späteren Jahren, als sein Interesse sich kulturellen und erzieherischen Problemen zuwandte, zog er sich von der Politik völlig zurück.

Kann Lewin der eindrucksvollste Redner der Bewegung genannt werden, so war Nahum Sokolow ihr fruchtbarster und einflußreichster Autor. Er schrieb gewandt und ausführlich in mehreren Sprachen über viele Themen. Seine Essays waren nicht immer Musterbeispiele profunden Denkens, aber er hat sehr viel dazu beigetragen, die osteuropäische Judenschaft mit der westlichen Kultur bekanntzumachen. Lewin betrachtete sich als Schüler Weizmanns, obwohl er älter als dieser war. Für den 1859 geborenen Sokolow hingegen blieb der 1874 geborene Weizmann stets der aufstrebende Jüngling, der zwar talentiert, aber kaum fähig sei, ernsthafte diplomatische Gespräche mit führenden Staatsmännern zu führen. Sokolow war ein Mann von tadellosen Manieren. Ausgestattet mit Gamaschen und einem Monokel, »genoß er das Leben am meisten, wenn er sich auf diplomatischem Parkett bewegen konnte. Er war der geborene Diplomat und bewährte sich am besten, wenn er es mit französischen und italienischen Diplomaten zu tun hatte[24]«. Sokolow wollte Präsident der Bewegung werden, erreichte aber diese Stellung erst in seinen späten Jahren, und auch da nur für kurze Zeit. Er war zur Führung nicht geeignet; dem Temperament nach vorsichtig, konnte er keine schnellen Entscheidungen fällen und neigte dazu, sich aus dem Kampf herauszuhalten. In der entscheidenden Uganda-Debatte enthielt er sich der Stimme.

Erwähnt wurde Victor Jacobsohn, der erste Vertreter der zionistischen Bewegung in Konstantinopel. 1913 wurde er als Vizepräsident durch Jehiel Tschlenow ersetzt. Tschlenow, ein Arzt aus Moskau und einer der Gründer des russischen Zionismus, wurde seinem südrussischen Rivalen Ussischkin vorgezogen, weil er umgänglicher, diplomatischer und in Verhandlungen geschickter war. Schließlich war da noch Dr. Hantke, weder ein großer Redner noch ein fruchtbarer Autor, aber ein idealer Verwalter, ohne dessen nüchterne Denkweise und straffe Hand das Berliner Aktionskomitee wohl nicht viel erreicht hätte.

Nach Wolffsohns Rücktritt wurde beschlossen, das aus fünf bis sieben Mitgliedern bestehende Engere Aktionskomitee der Kontrolle des fünfundzwanzig Mitglieder umfassenden Großen Aktionskomitees zu unterstellen. Dieses sollte mindestens viermal jährlich zusammentreten. Diese Beschlüsse wurden bis zum Kriegsausbruch eingehalten. Durch den Krieg wurde die zionistische Arbeit stark behindert und internationale Zusammenkünfte praktisch unmöglich gemacht. Die Russische Zionistische Föderation hielt die von ihr gesammelten Gelder nicht mehr zurück. 127.000 Zionisten in der ganzen Welt bezahlten 1912/13 den Schekel, mehr als je zuvor, obwohl die Sammelergebnisse in Rußland in jenem Jahr wegen der Polizeischikanen niedriger waren. Die Einnahmensteigerung wurde dringend benötigt, weil das Aktionskomitee die ständig steigenden Kosten decken mußte – so betrugen allein 1912/13 die Ausgaben für Gehälter und Bürobedarf fünfzehntausend Pfund Sterling.

Der Machtkampf war vorüber, aber die Polemik zwischen den politischen Zionisten und den »Praktikern« ging weiter. Das Aktionskomitee entsandte den Landwirtschaftsexperten Professor Auhagen nach Palästina, der über den Stand der jüdischen Ansiedlung und über die Entwicklung der Pläne Warburgs und Ruppins berichten sollte. Der offizielle Bericht klang beruhigend, aber als Wolffsohn Auhagen unter vier Augen sprach, ergab sich ein weniger rosiges Bild[25]. Nach Wolffsohns Ansicht war es eine jammervolle Geschichte von Fehlplanung und Mißwirtschaft. Er war stolz, die Bewegung auf eine gesunde finanzielle Grundlage gestellt zu haben. Im Gegensatz zu Herzl war es ihm gelungen, genügend Gelder anzusammeln, um nach Erlangung eines Charters wirksam eingreifen zu können, während, wie er meinte, die Befürworter eines »künstlichen Zionismus« diese Mittel verschwenden wollten, da sie der Auffassung waren, das Geld sollte sofort in neuen Plantagen oder Siedlungen angelegt werden; denn wenn der große Tag des Charters käme, würden auch die drei oder vier Millionen Pfund der Kolonialbank völlig unzureichend sein.

Die politischen Zionisten kritisierten die neue Leitung, sie hätte in ihrer Außenpolitik zu wenig Initiative gezeigt und Gelegenheiten versäumt, zionistische Forderungen durchzusetzen – beispielsweise bei den Friedenskonferenzen nach den Balkankriegen von 1912/13 –, und bemängelten vor allem die einseitig pro-türkische Einstellung des Aktionskomitees. Diese Kritik war jedoch weitgehend akademisch, denn solange die Türkei Palästina beherrschte, gab es einfach keine politische Alternative.

Der letzte Kongreß vor dem Krieg verlief im großen und ganzen weniger stürmisch als die vorangegangenen, dennoch gab es genügend Spannungen und Konflikte. Wolffsohn wurde von den neuen Führern geringschätzig behandelt. Den Gepflogenheiten entsprechend, hätte ihm auf dem Kongreß im September 1913 der Vorsitz angeboten werden müssen. Als das Aktionskomitee vorschlug, zwei Präsidenten, Wolffsohn und Tschlenow zu wählen, lehnte Wolffsohn ab. Schließlich zog sich das Aktionskomitee zurück und bot Wolffsohn die Präsidentschaft an, um eine Spaltung zu verhindern. Die »Praktiker« konnten sich nicht völlig durchsetzen. Der belgische Zionistenführer Jean Fischer forderte in einer leidenschaftlichen Rede die Schaffung eines politischen Sonderausschusses, der für die diplomatische Tätigkeit zuständig sein sollte. Er warnte seine Zuhörer, die Festlegung auf eine Kolonisierung im kleinen würde die zionistische Bewegung in eine Art kleinkarierte *Jewish Colonial Association* (das war die nichtzionistische Kolonisationsvereinigung) verwandeln.

Ruppin verteidigte sich gegen seine Kritiker in einer langen Rede, in der er betonte, daß Defizite bei Kolonisierungsexperimenten unvermeidlich seien. Er war wegen des jämmerlich geringen Umfangs der zionistischen Kolonisationstätigkeit besorgt: »Es ist wichtig, daß unsere Anfänge nicht zu klein und die Grundlagen nicht zu schmal sind, denn es ist der Anfang, der die künftigen Expansionsmöglichkeiten bestimmt.« Ruppin, der erstmals 1907 nach Palästina fuhr und sich im folgenden Jahr dort niederließ, gab seinen detaillierten Überblick über die Arbeit, die unter seiner Leitung und auf seine Anregung hin geleistet worden war. Er gab zu, sich geirrt zu haben, als er annahm, die neuerrichteten Farmen würden bereits am Ende des ersten Jahres Gewinn abwerfen. Es habe zuviel unvorhergesehene und unproduktive Kosten gegeben. Doch bestehe ein grundlegender Unterschied zwischen den Maßstäben, die für Privatfirmen gelten, und jenen, die an ein Großunternehmen von nationaler Bedeutung anzulegen seien. Nur jene, die einem reinen Geschäftsdenken verhaftet seien, würden auf sofortigen Profiten bestehen. Die Ausschüttung großer Dividenden dürfe nicht das einzige Kriterium sein. »Mit absoluter Gewißheit kann ich feststellen: Jene Unternehmen in Palästina, die den Geschäftsleuten den meisten Gewinn bringen, sind für unsere nationalen Bemühungen fast wertlos; und umgekehrt, viele Unternehmen, die den Geschäftsleuten nur geringen Gewinn bringen, sind von großem nationalen Wert.« Wenn die Umwandlung von Städtern in Landarbeiter von Gewinnstreben motiviert sein sollte, wäre es dann nicht ebenso richtig, zu fordern, daß Schulen auf Gewinnbasis geführt würden?

Die Ausbildung der Arbeiter war hier ein einleuchtendes Beispiel; sie scheine am Jahresende gewiß nicht als buchmäßiger Gewinn auf, aber wer wollte leugnen, daß es sich dabei um ein Projekt von grundlegender nationaler Wichtigkeit handle? Gegen Ende seiner Ansprache lieferte Ruppin ein weiteres Argument zur Rechtfertigung des »praktischen Zionismus«, das noch nie so klar ausgesprochen worden war: »Unser Fortschritt in Palästina wird noch lange Zeit völlig vom Fortschritt unserer Bewegung in der Diaspora abhängen[26].« Dies war weit entfernt von den frühen Vorstellungen Herzls und Nordaus, von dem Gedanken, eine Massenauswanderung würde zur Errichtung eines Judenstaates führen, der dann in der Lage wäre, die Judenfrage zu lösen.

Ruppin war kein großer Redner, aber seine Argumente überzeugten, und er erhielt starken Beifall. Im Vergleich mit anderen Zionistenführern war seine Herkunft ungewöhnlich. In Ostdeutschland geboren, hatte er sich unter schwierigsten Umständen hochgearbeitet. In seiner Autobiographie schilderte er später eindringlich die furchtbare Armut seiner Kindheit[27]. Nachdem er im Alter von fünfzehn Jahren die Oberschule hatte verlassen müssen, wurde er Lehrling in einer Getreidehandelsfirma, hatte aber bereits beschlossen, in wenigen Jahren die oberste Sprosse der Leiter zu erklimmen und genügend Geld zu verdienen, um weiterstudieren zu können. Ruppin studierte Volkswirtschaft, Philosophie und Rechtswissenschaft, gewann nebenbei einen Preis für eine Arbeit auf dem Gebiet der Genetik und arbeitete nach der Promotion als Jurist. Später begann er sich für die Soziologie und Demographie des Judentums zu interessieren, ein damals kaum behandeltes Gebiet. Er veröffentlichte eine Reihe von Untersuchungen, die viele Jahre lang als Standardwerke galten. Das also war der Mann, der im Alter von einunddreißig Jahren vom Aktionskomitee zu dessen Vertreter in Palästina bestimmt wurde, ein Mann, den man kaum als Träumer, Visionär oder weltfremden Gelehrten bezeichnen konnte. In gewisser Hinsicht war es eine unvermutete Wahl, denn Ruppin war zur Zeit seiner Ernennung nicht einmal ein überzeugter Zionist. Dennoch, einen besseren Mann hätte man kaum finden können. Über einen Zeitraum von mehr als drei Jahrzehnten bewies er in all seinen Aktionen ein erstaunliches Maß an Voraussicht, Tatkraft und Menschlichkeit. Er stand nie im Rampenlicht, aber für die Ansiedlung von Juden in Palästina hat er mehr getan als jeder andere.

Auf dem Kongreß, auf dem Ruppin erstmals in Erscheinung trat, gab es auch eine lange Debatte über Kulturfragen. Weizmann berichtete über die Vorbereitungen zur Errichtung einer jüdischen Universität in Jerusalem, die noch zu Herzls Lebzeiten auf dem fünften Kongreß beschlossen worden war. Für einige Zionisten war dies eine Sache von größter Bedeutung. Achad Haam hatte auf der ersten Konferenz der russischen Zionisten erklärt, eine Universität sei wichtiger als hundert Siedlungen. 1913 wurde ein Grundstück auf dem Berg Skopus erworben, in Jerusalem wurde eine Nationalbibliothek gegründet, und nun wurde die Einsetzung einer Sonderkommission zur Fortführung des Projekts vorgeschlagen. Dies erregte große Begeisterung: Bialik sprach von der großen Perspektive einer kulturellen Erneuerung. Nach den Stürmen der vorangegangenen Jahre war dieser Kongreß verhältnismäßig ruhig und gemächlich. Die Anwesenden erwarteten, daß die nächsten Jahre eine gleichmäßige, friedliche Aufbauarbeit in Palästina bringen würden. »Auf Wiedersehen beim nächsten Kongreß«, sagte Wolffsohn in seiner Schlußrede. Aber im nächsten Sommer brach der Krieg aus, und die Führer des Weltzionismus sahen einander acht Jahre lang nicht wieder. Und als sie das nächste Mal zusammentrafen, war der Charter, an den sie nicht mehr geglaubt hatten, Wirklichkeit geworden. Wolffsohn erlebte diesen Tag nicht mehr; der zweite Präsident der zionistischen Bewegung starb im September 1914, kurz nach Kriegsausbruch.

»Was kann in Palästina getan werden?« fragte Dr. Ruppin nach seinem ersten Besuch und beantwortete die Frage gleich selber: »Wir müssen das *Chalukka*-System, von dem die meisten Juden immer noch leben, abschaffen und durch Arbeit ersetzen[28].«

Die zweite große Einwanderungswelle begann in dem Jahr, in dem Herzl starb. Zwischen 1905 und 1914 kamen Zehntausende Einwanderer nach Palästina. In der Zeit zwischen dem Wiener Zionistenkongreß und dem Ausbruch des Krieges wurden sechstausend Neuankömmlinge gezählt. Dies führte zu bedeutenden Änderungen in der Sozialstruktur der jüdischen Bevölkerung und gab der wirtschaftlichen und politischen Entwicklung neue Impulse. Erst mit der Errichtung des von Dr. Ruppin geleiteten Palästina-Amtes im Jahre 1908 begann die zionistische Bewegung eine systematische Kolonisationspolitik zu entfalten. Bis dahin hatte der Jüdische Nationalfonds aufs Geratewohl Grundstücke bei Tiberias, Lydda und entlang der Bahn Jerusalem–Jaffa erworben. Im großen und ganzen hatte der Zionismus vor allem die früheren Ansiedlungsformen kritisiert, hauptsächlich die der *Jewish Colonisation Association* des Baron Hirsch, anstatt eine klare Alternative vorzuschlagen.

Die Mittel, die dem Jüdischen Nationalfonds zur Verfügung standen, waren äußerst beschränkt – etwa 50.000 Pfund im Jahr 1907 –, aber Ruppin war fest entschlossen, die Erweiterung des Landbesitzes, die Errichtung neuer Siedlungen und die Konsolidierung der bestehenden in Angriff zu nehmen. Er beschloß, seine Bemühungen auf jene Gebiete in Galiläa und Judäa zu konzentrieren, in denen es bereits Städte mit einem bedeutenden jüdischen Bevölkerungsanteil gab[29]. 1908 wurde die *Palestine Land Development Company* (PLDC) gegründet, um jüdische Arbeiter für die Ansiedlung auf Ländereien auszubilden, die in Zusammenarbeit zwischen dem Jüdischen Nationalfonds und der JCA angekauft werden sollten. Die PLDC spielte eine bedeutende Rolle bei der Gründung von Genossenschaften und Gemeinschaftssiedlungen, deren Frühgeschichte an anderer Stelle dieser Arbeit besprochen wird. Zwischen 1908 und 1913 wurden etwa 50.000 Dunam Boden in verschiedenen Teilen des Landes angekauft. Am Tag der Kriegserklärung war das Palästina-Amt nahe daran, 140.000 Dunam fruchtbarsten Bodens im Tal von Jesreel zu erstehen, aber die Ereignisse im August 1914 verhinderten diese und andere größere Erwerbungen[30].

Ländereien wurden an den Hängen des Berges Karmel und nördlich von Jaffa angekauft, wo Tel-Aviv errichtet wurde, und 1914 zählte diese neue Stadt bereits 1500 Einwohner. Versuche, Privatkapital für Betriebsgründungen zu gewinnen, waren nicht besonders erfolgreich, doch konnte in den letzten Vorkriegsjahren eine Anzahl von Klein- und Mittelbetrieben gegründet werden, darunter ein Zement- und Ziegelwerk und eine Zuckerfabrik. Einer der größten Betriebe wurde von der Kunstgwerbeschule *Bezalel* errichtet: er spezialisierte sich auf die Herstellung von Teppichen, Holzschnitzereien und ähnlichen Artikeln. In Jaffa wurde eine hebräische Oberschule gegründet, in Jerusalem eine Lehrerbildungsanstalt, zusätzlich zu der technischen Oberschule und anderen Institutionen, die vom *Hilfsverein der deutschen Juden* unterhalten wurden. Ferner wurden die Voraussetzungen für ein Netz von rein hebräischen Schulen unter der Patronanz der Zionistischen Organisation geschafffen. In Jerusalem gab es zwei hebräische Tageszeitungen, eine Nationalbibliothek, mehrere Verlage, einen Sportverein und einen Theaterklub. Die von Ussischkin gegründete Lehrervereinigung zählte 150 Mitglieder. Im öffentlichen Leben wurde Hebräisch verwendet. Achad Haam, der ewige Pessimist, gab zu, daß ein Wunder geschehen sei, welches er bei seinem ersten Besuch zwanzig Jahre zuvor nicht für möglich gehalten hätte. Für ihn und die anderen Kulturzionisten war die Entstehung eines kulturellen Zentrums die wichtigste von allen Entwicklungen. Die politische Arbeit und die wirtschaftliche Expansion waren für sie bloß Voraussetzungen, nicht aber Ziele an sich. Alle Zionisten betrachteten die Wiedererwekkung der hebräischen Sprache als große Leistung, denn eine gemeinsame Sprache war für ein normales nationales Gemeinwesen offenkundig unerläßlich[31].

Trotz dem späten Beginn der planmäßigen wirtschaftlichen und kulturellen Tätigkeit in Palästina konnte die zionistische Bewegung auch schon vor 1914 mehrere bedeutsame Erfolge verbuchen. In Palästina stellten die Juden einen höheren Prozentsatz der Gesamtbevölkerung als in irgendeinem anderen Land, und ein größerer Teil von ihnen als sonst irgendwo war in produktiven Berufen tätig. Sie hatten bewiesen, daß Juden Bauern sein konnten, und in den Kollektivsiedlungen hatten sie neue und höchst originelle Formen des Gemeinschaftslebens entwickelt. Die Wiedererweckung der hebräischen Sprache war ein geschichtliches Faktum. Sicherlich war Schmarja Lewins Feststellung verfrüht, wonach bereits ein »völlig neuer Judentyp« sich herausgebildet hätte[32]. Die zweite Einwanderungswelle hatte jedoch gezeigt, daß es genügend Juden gab, die trotz der damit verbundenen Härten und Opfer bereit waren, sich in Palästina niederzulassen, und daß, eine Periode friedlicher Entwicklung und guten Willens seitens der türkischen Behörden vorausgesetzt, alle Aussichten bestanden, daß das neue jüdische Gemeinwesen erstarken und eines fernen Tages auch größere politische Bedeutung erlangen würde. Im Augenblick aber war das ganze Unternehmen immer noch sehr klein und fast völlig abhängig von der zionistischen Weltbewegung und den jüdischen Gemeinden im Ausland.

Während die Zahl der Juden in Palästina schnell zunahm, wuchs auch die arabische Bevölkerung, so daß die absolute numerische Differenz sogar größer wurde. Das jüdische Palästina war ein zartes

Pflänzchen, und die Erfolge des letzten Vorkriegsjahrzehnts hätten durch die Deportation einiger Tausend Menschen leicht wieder zunichte gemacht werden können, was während des Krieges auch beinahe geschehen wäre.

Die »politischen Zionisten« hatten nicht ganz unrecht. Es ist zu bezweifeln, ob der Zionismus je auch nur eine Spur von Autonomie erlangt hätte, wenn der Krieg nicht gewesen wäre. Sie hatten jedoch insofern unrecht, als sie dazu neigten, Gelegenheiten zur Stärkung der jüdischen Position in Palästina zu vernachlässigen. Als das britische Mandat nach dem Krieg in Kraft trat, kam es auf jeden von Juden bebauten Dunam Boden an. Die jüdische Ansiedlung war nicht nur ein wichtiger ökonomischer Faktor; sie war auch politisch von großem Gewicht.

Der Zionismus in Ost und West

Mit der Ausbreitung der Bewegung begannen auch die Landesverbände eine größere Rolle in der zionistischen Politik zu spielen. Der russische Landesverband war der weitaus stärkste. Rußland und Polen waren die Kernländer des Zionismus, denn dort war die Judenfrage am akutesten. Der russische Zionismus hatte zwar die stärkste Opposition gegen Herzl und Wolffsohn dargestellt, aber keine seiner numerischen Stärke entsprechende konstruktive Rolle gespielt. Er hatte allerdings unter besonderen Schwierigkeiten zu leiden, seine Legalität war umstritten, fast unaufhörlich war er Angriffen von seiten der Behörden ausgesetzt und verlor viele seiner fähigsten Mitglieder durch Auswanderung nach Palästina und in andere Länder. Nach 1905 wurden die russischen Zionisten, wohl zwangsläufig, in die russische und russisch-jüdische Politik hineingezogen, was einen großen Teil ihrer Kräfte in Anspruch nahm. Die russischen Zionisten hatten schon im Programm von Helsingfors im Dezember 1905 die Forderung nach voller nationaler Gleichberechtigung und Demokratisierung des politischen Lebens in Rußland erhoben.

In den Wahlen zur Duma arbeiteten sie mit anderen jüdischen Gruppen in Verfolgung dieser Ziele zusammen, allerdings ohne nennenswerten Erfolg. In der ersten Duma gab es dreizehn jüdische Abgeordnete, in der zweiten waren sechs und in der dritten nur noch zwei. Für die Behörden war es nicht schwierig, die Wahlresultate zu manipulieren, da die Juden ja sowohl mit den Russen als auch mit den anderen Nationalitäten konkurrieren mußten. Der Wahlkampf in Polen brachte sie in Konflikt mit der polnischen Nationalbewegung. Wenn sie zwischen einem polnischen Nationalisten mit antisemitischen Tendenzen und einem polnischen Sozialdemokraten zu wählen hatten, entschieden sie sich für den letzteren. Dies verursachte wiederum in polnischen Nationalistenkreisen große Empörung und führte zum Boykott jüdischer Geschäfte. Den revolutionären Unruhen von 1905 und 1906 folgten Jahre der Unterdrückung, was sich auch auf die zionistische Tätigkeit stark auswirkte.

In Deutschland stand der Zionismus vor keinen solchen Hindernissen. Der deutsche Zionistenverband wurde im Mai 1897 kurz vor dem I. Kongreß gegründet und anfangs von Wolffsohn und Bodenheimer geleitet. Da die deutschen Zionisten keine eigene Presse besaßen, war es für sie schwierig, eine breitere Öffentlichkeit auf ihre Existenz aufmerksam zu machen. Die Lage änderte sich erst mit der Erwerbung der *Jüdischen Rundschau* im Jahr 1902. Die Anzahl der Schekelzahler stieg von 1300 im Jahr 1901 auf mehr als 8000 im Jahr 1914 und stand damit an dritter Stelle nach den Vereinigten Staaten und Rußland, wo die jüdischen Gemeinden überdies viel größer waren als die in Deutschland[33]. Die Mitglieder waren opferfreudige Männer und Frauen, darunter einige erst kurz zuvor zugewanderte Ostjuden; andere stammten aus assimilierten Familien und empfanden intensiv die Anomalie der jüdischen Existenz, selbst in dem relativ wenig antisemitischen Klima des wilhelminischen Deutschlands.

Unter den Führern des deutschen Zionismus war, außer den bereits erwähnten Männern, auch Kurt Blumenfeld, ein hochgebildeter Mann und überzeugender Redner, der wesentlich dazu beitrug, die Unterstützung bedeutender Persönlichkeiten außerhalb der zionistischen Bewegung, wie Albert Einstein, zu gewinnen[34]. Blumenfeld war von 1909 bis 1911 Sekretär des deutschen zionistischen Landesverbandes, später Sekretär der Weltorganisation und ab 1924 Präsident der deutschen Sektion. Die Bemühungen der Zionisten, in den jüdischen Gemeindeorganisationen festen Fuß zu fassen, waren anfangs nicht erfolgreich. In den inneren Streitigkeiten, die den Weltzionismus erschütterten, unterstützten die deutschen Zionisten zuerst Wolffsohn und die politische Richtung, aber die jüngere Generation wandte sich zunehmend dem praktischen Zionismus Weizmanns und der russischen Zionistenführer zu, und nach dem neunten Kongreß in Hamburg setzte sich ihr Einfluß im deutschen Landesverband durch.

Wie ist die Tatsache zu erklären, daß in Deutschland nur eine verhältnismäßig kleine Minderheit sich der Bewegung anschloß, während die Mehrheit der Juden aktiv gegen sie auftrat? Es wurde gesagt, die deutschen Juden seien mit Blindheit geschlagen und sich ihrer heiklen Lage nicht bewußt gewesen und hätten daher eine Vogel-Strauß-Politik betrieben. Solche nachträglichen Erklärungen tragen wenig zum Verständnis der damaligen Lage bei, die keineswegs verzweifelt war. Obwohl die Juden von bestimmten Berufen ausgeschlossen waren, war die Mehrzahl durchaus zufrieden und fühlte sich in Deutschland zu Hause. Es gab dort weniger Antisemitismus als in Frankreich oder in Österreich, ganz zu schweigen von Osteuropa. Trotz gewissen unerfreulichen Aspekten des politischen Systems war Deutschland immerhin ein Rechtsstaat. Die Verhaftung eines Staatsbürgers ohne gesetzliche Grundlage war undenkbar. Der Staat war auch soweit liberal, daß er sogar eine Minderheit tolerierte, die ihre Treue zu einem anderen, noch zu schaffenden Staat proklamierte. Als Karl Blumenfeld ein radikales Programm propagierte, in dem alle Zionisten aufgerufen wurden, sich auf die Auswanderung nach Palästina vorzubereiten, wurde ihm vorgeworfen, er wolle die deutschen Juden wider ihren Willen entwurzeln. Sein Argument, daß sie in Wirklichkeit bereits entwurzelt seien, wurde auch in Zionistenkreisen keineswegs allgemein akzeptiert[35]. Es bedurfte eines Weltkrieges samt der darauffolgenden allgemeinen Wanderung und schließlich des Nazismus, um größere Gruppen deutscher Juden für den Zionismus zu gewinnen.

Herzl hatte stets Großbritannien besondere Bedeutung beigemessen und große Ermutigung in der moralischen Unterstützung seitens der englischen Judenschaft gefunden. Seine Ideen über einen Judenstaat erwähnte er erstmals öffentlich im September 1895 in einer Versammlung der *Maccabeans,* einer kleinen Vereinigung jüdischer Intellektueller in London. Die große Versammlung in Whitechapel im Juli 1896 war sein erstes Zusammentreffen mit den jüdischen Massen. Diese frühen Hoffnungen wichen später der Enttäuschung. Weder die Rothschilds noch das anglo-jüdische Establishment waren bereit, sich der neuen Lehre anzuschließen. Herzls Nachfolger ließen in ihren Bemühungen jedoch nicht nach, und nach Ausbruch des Weltkrieges wurde der britische Zionismus ein Faktor von entscheidender Bedeutung. Die Zionsfreunde waren schon vor Herzl in Großbritannien aktiv gewesen. Unter den ältesten und angesehensten Familien, wie Montefiore, Montague und D'Avigdor, gab es traditionell eine große, wenn auch eher platonische Sympathie für die Wiederansiedlung von Juden in Palästina. Herbert Bentwich und Israel Zangwill gehörten zu den Organisatoren der »Makkabäer-Pilgerfahrt« nach Palästina im Jahre 1897. Im folgenden Jahr legte die Konferenz von Clerkenwell unter dem Vorsitz von Oberst Albert Edward Goldsmid die Grundlage zur Schaffung eines zionistischen Landesverbandes in Großbritannien[36]. Die meisten Anhänger der Bewegung waren Neuankömmlinge aus Osteuropa, doch gab es auch welche aus alteingesessenen Familien. Sir Francis Montefiore stellte der Bewegung seinen Namen und seine Zeit zur Verfügung. Joseph Cowen (ebenfalls in England geboren) und Leopold Greenberg waren eifrige Parteigänger Herzls und nach dessen Tod Anhänger des politischen Zionismus.

Die Mehrheit der Gemeinde war jedoch ebenso wie in Deutschland dem Zionismus gegenüber indifferent oder sogar feindselig. Der Abfall Zangwills und der »Territorialisten« nach dem Uganda-Kongreß schwächte die Bewegung. Der Territorialismus genoß die Unterstützung Lord Rothschilds, des gesellschaftlichen Oberhaupts der englischen Juden, und Lucien Wolfs, ihres einflußreichsten Ideologen, nicht etwa, weil diese daran dachten, ihre eigene Tätigkeit nach Uganda zu verlegen, sondern weil sie glaubten, dieser Plan würde den Zionisten den Wind aus den Segeln nehmen. Die Bewegung litt unter dem Konflikt zwischen den Herzl-Anhängern und den praktischen Zionisten, auch gab es viele persönliche Gegensätze zwischen den führenden Persönlichkeiten. Die Krise wurde in den Jahren 1909/10 akut, als niemand sich bereit fand, den Vorsitz des Landesverbandes zu übernehmen.

Eine Zeitlang war sogar dessen Bestand gefährdet. Schließlich konnte Joseph Cowen dazu gebracht werdem die undankbare Aufgabe auf sich zu nehmen. Sein Nachfolger war Leopold Kessler, der die El Arisch-Expedition geleitet hatte. Nach 1912 führte das Auftreten einer neuen Generation junger Zionisten, wie Leon Simon, Norman Bentwich, Harry Sacher, Israel Sieff und Simon Marks, wieder zu einer Ausweitung der Tätigkeit. Gemeinsam mit Weizmann, der sich 1904 in Manchester niedergelassen hatte, stellten sie das Rückgrat der erneuerten Bewegung dar. Es war dies die »Manchester-Schule des Zionismus«, in den Worten eines ihrer Mitglieder eine Gemeinschaft von Freunden, die, durch eine gemeinsame Sache zusammengeführt, unter einer inoffiziellen Führung eine gemeinsame Linie verfolgten: »Die alte Kontroverse zwischen ›politischen‹ und ›praktischen‹ Zionisten war, soweit es die jüngere Generation betraf, aus Mangel an Kämpfern und einem Schlachtfeld abgeflaut . . . Sie waren zu allererst Zionisten und erst lange danach – falls überhaupt – Mitglieder einer Sekte[37].« 1914 hatte die *Zionist Federation of Great Britain* bereits an die fünfzig Zweigstellen, und während des Krieges gewann sie viele neue Anhänger. Eine 1915 vorgelegte Resolution für die Errichtung einer vertraglich gesicherten Heimstätte für das jüdische Volk in Palästina wurde von 77.000 Mitgliedern der Gemeinde unterzeichnet.

Herzls Aufruf zum ersten Zionistenkongreß erweckte in Amerika wenig Begeisterung, hingegen eine Menge Kritik, angefangen von Warnungen vor dem ungüstigen Klima in Palästina bis zur erneuten Bekräftigung der Mission Israels, der Förderung von Frieden, Gerechtigkeit und Liebe unter den *Gojim*[38]. Einige wenige Außenseiter schlossen sich dem politischen Zionismus an, darunter eine Gruppe russischer Einwanderer in Chicago, die später als *Knights of Zion* – Zionsritter – bekannt wurden, sowie zwei siebzigjährige Rabbiner deutsch-jüdischer Herkunft, Gustav Gottheil und Bernhard Felsenthal, die Herzls Aufruf begrüßten. Der amerikanische Zionismus war in seiner Anfangszeit keineswegs eine starke Kraft, obwohl der im Juli 1898 in New York gegründete Landesverband auf dem Papier recht eindrucksvoll wirkte. Er bestand allein in New York aus etwa einhundert Vereinen mit insgesamt fünftausend Mitgliedern. Doch handelte es sich hier um eine lockere Gruppierung, die vor allem aus den Mitgliedern von Hebräisch sprechenden Klubs, jüdischen Fortbildungsgesellschaften, Synagogenvereinigungen und Logen bestand, die dem Verband korporativ beigetreten waren[39]. Die *Zionist Organization of America* (ZOA) entstand erst 1917; sie ersetzte die Gruppenmitgliedschaft durch die Einzelmitgliedschaft. Die amerikanischen Zionisten kamen auf ihren Jahresversammlungen zusammen, versicherten einander ihre Treue zur gemeinsamen Sache, verabschiedeten Resolutionen und entsandten Delegationen zu den Zionistenkongressen; einige kauften Land in Palästina. Aber trotz der Ereignisse in Osteuropa und der Pogromwelle, die die zionistischen Einschätzungen und Voraussagen nur allzu genau bestätigten, war der Einfluß der Bewegung im amerikanischen Leben kaum zu merken. Schließlich war Europa fern, und die Lage des amerikanischen Judentums sowie seine Zukunftsaussichten boten keinen Grund zur Besorgnis.

Die Bewegung war wesentlich von der Lebens- und Denkweise der New Yorker *East Side* geprägt. Ihre Führer hingegen waren assimilierte Juden – so Rabbi Stephen Wise, der im Alter von vierundzwanzig Jahren Sekretär des Verbandes wurde; der liberale Rabbi Judah Magnes, einer der wenigen amerikanischen Zionistenführer, die sich später in Jerusalem niederließen; und Richard Gottheil, Rabbi Gottheils Sohn, ein ausgezeichneter Orientalist, der vom Beginn bis 1904 Leiter des Verbandes war. Sein Nachfolger war Harry Friedenwald, ein bekannter Arzt, der diesen Posten bis 1912 innehatte. Aber trotz Stephen Wises eindrucksvoller Redekunst, trotz Magnes' ungeheurer Energie und trotz Lipskys ausgezeichneten Aufsätzen (alle drei standen damals im Alter zwischen zwanzig und dreißig), trotz angestrengter organisatorischer und erzieherischer Arbeit blieb die Bewegung eine Sekte. Der Durchbruch kam während der Kriegsjahre in Europa, als Brandeis ihr Führer wurde. Brandeis war einer der angesehensten amerikanischen Juristen, später Richter am Obersten Gerichtshof. Er wurde von Jacob de Haas gewonnen, einem englischen Zionisten und engen Mitarbeiter Herzls, der sich 1901 in Amerika niedergelassen hatte. Nach Aussage eines anderen Zionistenführers hatte Brandeis keine Beziehung zum jüdischen Leben, er war weder mit der jüdischen Literatur noch mit der jüdischen Tradition vertraut; er mußte das jüdische Volk erst entdecken[40]. Aber nachdem das Ideal des Zionismus von ihm Besitz ergriffen hatte, widmete er einen großen Teil seiner Zeit und seiner Arbeitskraft der Bewegung, deren Präsident er von 1914 bis zu seiner Entsendung in den Obersten Bundesgerichtshof war. Louis

Brandeis' Solidarisierung mit der Bewegung trug mehr als irgendein anderes Ereignis dazu bei, den amerikanischen Zionismus zu einer politischen Kraft zu machen. Zionist zu sein, war plötzlich respektabel geworden.

Doch nicht Brandeis allein hat den amerikanischen Zionismus zu dem gemacht, was er nach dem Ersten Weltkrieg war. Die Bewegung wuchs ständig. In dem Jahr, bevor Brandeis die Führung übernahm, auf dem letzten Zionistenkongreß vor dem Krieg, waren die Amerikaner bereits mit vierzig führenden Mitgliedern vertreten und damit eine der stärksten Delegationen. Schmarja Lewin, der bereits 1906 in Amerika gewesen war, kehrte 1913 dorthin zurück und leistete einen bedeutenden Beitrag zur zionistischen Aufklärungsarbeit. In dem Jahrzehnt vor dem Weltkrieg wurden zionistische Jugendorganisationen gegründet: *Doctor Herzl Zion Clubs* und *Young Judaea.* Unter ihren ersten Mitgliedern waren Abba Hillel Silver, Emanuel Neumann und andere nachmalige Führer des amerikanischen Zionismus. 1912 wurde die zionistische Frauenorganisation *Hadassah* gegründet, mit dem erklärten Ziel, »die jüdischen Institutionen und Unternehmen in Palästina zu fördern sowie die zionistischen Ideale in Amerika zu pflegen«. Im Laufe der Jahre wurde die Hadassah zu einer der größten und aktivsten Zweigorganisationen der Bewegung in Amerika.

Die Hadassah stand viele Jahre lang unter der Leitung von Henrietta Szold, einer Frau von ungewöhnlichem Talent und Charakter, die tief im amerikanischen Leben verwurzelt, aber zugleich schon vor Herzl Zionistin war. Sie wurde berühmt, als sie später im Alter von dreiundsiebzig Jahren die Führung der Jugend-Alija übernahm, der Organisation, die Kinder aus dem von den Nazis besetzten Europa nach Palästina brachte. Diese warmherzige, mitfühlende Frau, die bis an ihr Lebensende hingebungsvoll der Sache diente (sie starb 1945 im Alter von fünfundachtzig Jahren), hat für Tausende Männer, Frauen und Kinder Unvergeßliches getan[41].

So entwickelte sich der amerikanische Zionismus aus kleinen Anfängen, den kleinen Versammlungen der Landsmannschaften, bei denen die *Hatikwa* gesungen und Spenden gesammelt wurden, zu einer starken und einflußreichen Bewegung. Als der Krieg ausbrach, konnte sie die großen politischen Aufgaben, vor die sie sich plötzlich gestellt sah, übernehmen.

Als die erste südafrikanische Zionistenkonferenz im Juli 1905 in Johannesburg stattfand, zählte die kaum zwei Jahrzehnte alte jüdische Gemeinde in jenem Land nur an die vierzigtausend Mitglieder, doch war die zionistische Bewegung mit ihren rund sechzig über ein weites Gebiet verstreuten Lokalorganisationen bereits tief verwurzelt. Sie war in jede Stadt, in jedes Dorf eingedrungen: »Sie hatte sogar das britische Protektorat Betschuanaland erreicht ... Es gab vereinzelte jüdische

Händler, die weit draußen im *Veld,* fern von jeglichem Kontakt mit dem jüdischen Leben, hausten, sich aber dennoch verzweifelt bemühten, die Entwicklung in der Welt des Zionismus zu verfolgen[42].« Der südafrikanische Zionismus war insofern einzigartig, als er in der Gemeinde kaum auf Widerstand stieß, außer bei einer kleinen Gruppe von Bundisten. Die südafrikanischen Juden waren die treuesten Anhänger Herzls und später Wolffsohns. Wolffsohn, litauischer Herkunft wie die meisten südafrikanischen Juden, wurde bei seinem Besuch im Jahr 1906 in Südafrika mit Begeisterung empfangen. Es war nicht bloß Schmeichelei, wenn er seinem Publikum sagte, der südafrikanische Landesverband sei der bestorganisierte aller zionistischen Verbände. Zwischen 1911 und dem Krieg gab es eine Zeit geringerer Tätigkeit, doch trat bald wieder ein Aufschwung ein, und Südafrika ist bis heute eine der Säulen des Weltzionismus geblieben.

Die Bemühungen, Freunde außerhalb der jüdischen Gemeinde zu gewinnen, blieben nicht ohne Erfolg und sollten sich in späteren Jahren als sehr wertvoll erweisen, obwohl dies damals noch kaum jemand voraussehen konnte. Milner wurde zum Sympathisanten, als er Hochkommissar für Südafrika war, und auch General Smuts wurde gewonnen. Zu Anfang des Jahres 1917 versprach er, alles in seinen Kräften Stehende zu tun, um der Sache des Zionismus zu helfen. Einige Monate später war Smuts ebenso wie Milner, Mitglied des inneren Kreises der britischen Regierung, und dies gerade in dem Augenblick, als es um die Zukunft Palästinas ging. Smuts galt als Philosemit, obwohl er in Wirklichkeit die Juden nicht besonders liebte, die, wie er einmal schrieb, sich nicht mit Anstand unterzuordnen wüßten: »Sie stellen Forderungen. Sie sind ein verbittertes, widerspenstiges kleines Volk, wie die Buren, nicht willig, sich führen zu lassen, und untereinander schrecklich streitsüchtig.« Smuts wurde Zionist, weil es in dieser Sache um fundamentale Prinzipien der Menschlichkeit ging. Gleich Balfour und Lloyd George sah auch er im Zionismus die Wiedergutmachung eines großen historischen Unrechts[43].

Der Zionismus war innerhalb der jüdischen Welt immer noch eine Minderheitsbewegung, seine Botschaft aber hatte sich über die ganze Erde verbreitet. Der Bericht des Aktionskomitees an den Elften Zionistenkongreß, dem letzten vor dem Krieg, erwähnt die Tätigkeit von zionistischen Vereinen nicht nur in Kairo und Alexandrien, sondern auch in den meisten anderen ägyptischen Städten: »Die sechs in Mineh lebenden Juden haben alle den Schekel gekauft[44].« Es wurde von zionistischen Aktivitäten auf der Insel Rhodos sowie in Bulgarien berichtet, und sogar auf den Fidschi-Inseln gab es einen zionistischen Vertreter. Diesem Bericht zufolge unterstützten die Rabbiner in Italien fast ausnahmslos den Zionismus. Die beiden jüdischen Zeitungen in Kanada (wo es dreiunddreißig Zionistenvereine gab) waren freundlich gesinnt. Fortschritte wurden aus Tunis gemeldet. Der Prozentsatz der Schekelzahler in der Schweiz gehörte zu den höchsten der Welt. In der Bukowina gab es vier hebräische Schulen. Richard Lichtheims Broschüre über die Ziele des Zionismus wurde ins Kroatische übersetzt, Elias Auerbachs Schrift über Palästina ins Holländische. In mehr als hunderttausend jüdischen Haushalten auf der ganzen Welt konnte man die kleine blaue Sammelbüchse des Jüdischen Nationalfonds finden. Im Pro-Kopf-Ergebnis standen Südafrika, Belgien und Kanada an der Spitze der Spendenlisten. Dies war ein enormer Fortschritt seit den erst fünfzehn Jahre zurückliegenden Anfängen des politischen Zionismus, als Herzl die ganze Bewegung von seiner Wiener Wohnung aus geleitet hatte, anfangs sogar ohne die Hilfe eines Sekretärs. Der Zionismus war zu einer ausgezeichnet organisierten, bedeutsamen Kraft innerhalb der jüdischen Welt geworden. Dennoch schien er 1914, trotz der Spendensammlungen, der kulturellen und propagandistischen Arbeit, der Begeisterung der einfachen Mitglieder und der Ausdauer seiner Führer, seinem Ziel noch so fern zu sein wie eh und je.

Der Kulturzionismus

Die Geschichte des Zionismus vor dem Ersten Weltkrieg findet ihren Niederschlag nicht nur in den Bilanzen des Jüdischen Nationalfonds und in den Protokollen der Zionistenkongresse. Jede Darstellung seiner Entwicklung wäre unvollständig ohne Erwähnung der fortdauernden ideologischen Auseinandersetzungen. So wirkungsvoll die Schriften Pinskers und Herzls waren, hatten sie das Wesen des Zionismus keineswegs ausgeschöpft; sie verursachten innerhalb der Bewegung gelegentlich Meinungsverschiedenheiten, auch gab es verschiedene Interpretationen der Ziele und der Bedeutung einer nationalen Wiedergeburt. Nach Herzls Tod und dem Scheitern des politischen Zionismus trat die Debatte über die Zukunft der Bewegung in ein neues Stadium der Selbstkritik und der Neubetrachtung bis dahin fraglos akzeptierter Werte ein. Diese Diskussionen erfaßten jedoch nur kleine Gruppen junger Intellektueller. Die große Mehrzahl waren »instinktive Zionisten«, die keiner tiefgründigen ideologischen Rechtfertigung bedurften. Das soll nicht heißen, daß die Ideologen keinen Einfluß hatten. So beeinflußte beispielsweise Achad Haam zwei Generationen osteuropäischer Juden, darunter auch Chaim Weizmann.

Achad Haam (Ascher Ginzberg) wurde 1856 in Skwira bei Kiew geboren. Er erhielt eine traditionelle jüdische Erziehung, die ihn aber nicht befriedigte; er studierte in Berlin, Wien und Brüssel. Dann übersiedelte er zunächst nach Odessa und später nach London, wo er den führenden russischen Teekaufmann Wisotzky vertrat. 1922 ließ er sich in Tel Aviv nieder, wo er fünf Jahre später starb. Achad Haam hatte nicht viel übrig für Politik und große Reden; seine Stärke lag in seiner Tätigkeit als Schriftsteller und Erzieher. Sechs Jahre lang war er Redakteur der damals führenden herbräischen Kulturzeitschrift *Haschiloach*. Er schrieb über zahlreiche Themen: seine Essays über Religion, Ethik und allgemeine philosophische Themen liegen außerhalb des Rahmens dieser Untersuchung. Er war schon lange vor Herzl Zionist, obwohl sein Essay *Lo seh haderech! (Nicht dies ist der Weg!)*, der 1899 veröffentlicht wurde und ihn berühmt machte, eine scharfe Kritik an der damals praktizierten Form des Zionismus darstellte. Darin behauptete Achad Haam, die Einwanderung nach Palästina und die dort von den Zionsfreunden organisierte Ansiedlung seien ein Fehlschlag. Die Betroffenen seien für ihre Aufgabe weder praktisch noch auch im tieferen Sinne vorbereitet gewesen. Die erste und wichtigste Aufgabe der jüdischen Nationalbewegung müsse es sein, in ihren Anhängern eine tiefere Bindung an das nationale Leben und einen stärkeren Wunsch nach nationaler Wohlfahrt zu wecken. Dies sei eine schwierige Aufgabe, die nicht in einem Jahr oder einem Jahrzehnt erfüllt werden könnte[45].

Achad Haam stand Herzl und dem politischen Zionismus gleichermaßen kritisch gegenüber; dieser gebe vor, das jüdische Volk zum Judaismus zurückführen zu wollen, lasse aber in Wirklichkeit alle Grundfragen der jüdischen Kultur, ihre Sprache und Literatur, ihre Erziehung und die Verbreitung jüdischen Wissens außer acht. Der politische Zionismus sei ein Schlag ins Wasser. Er müsse versagen, weil die Mehrheit der Juden nicht nach Palästina auswandern wolle und könne. Er werde die Judenfrage nicht lösen und auch keinen Rückgang des Antisemitismus bewirken. Der einzige Nutzen des Herzlschen Zionismus wäre eine zunehmende Achtung seitens anderer Nationen und – vielleicht – die Schaffung eines gesunden Körpers für den jüdischen Volksgeist. Aber Achad Haam bezweifelte, ob jüdisches Nationalbewußtsein und jüdische Selbstachtung für eine Aufgabe dieser Art stark genug seien. Würde dieses Motiv allein, ungetrübt von selbstsüchtigen Erwägungen, ausreichen, um die Juden zu einer so gewaltigen und schwierigen Aufgabe anzuspornen? Achad Haam bezweifelte dies. Der praktische Zionismus mochte eine gute Sache für die westlichen Juden sein, die ihre Traditionen vergessen hatten. Die Idee eines Staates werde sie dazu anregen, ihre Kräfte in den Dienst ihrer Nation zu stellen. Aber in Osteuropa werde die politische Tendenz bloß dem ethischen Ideal eines geistigen Zionismus schaden, den Achad Haam sein ganzes Leben lang verfocht[46].

Nach einem weiteren Besuch in Palästina im Jahr 1912 betrachtete er die Zukunft des Landes etwas optimistischer. Er war überzeugt, daß ein nationales geistiges Zentrum im Entstehen sei. Zwanzig Jahre vorher war es zumindest zweifelhaft erschienen, ob es jemals ein Zentrum der Lehre, der Literatur und des Lernens geben würde, »eine echte Miniaturausgabe des Volkes Israel, wie es sein sollte, ein Zentrum, das alle Juden verbinden würde«. Er sah immer noch viele Mängel, wohin er auch schaute. Aber 1912 erblickte er in Palästina die Anfänge eines nationalen Lebens, das in der Diaspora nicht seinesgleichen hatte[47]. Der politische Zionismus sei im Ausklingen. Der praktische Zionismus, der sowohl die Kolonisation als auch die Kulturarbeit umfasse, habe sich nach Herzls Tod auf der ganzen Front durchgesetzt. Dies, sagte Achad Haam, bedeute nicht die Aufgabe des nationalen Ideals, sondern im Gegenteil die gesunde Reaktion von Menschen, die zum Unterschied von den Führern des politischen Zionismus unbewußt vom nationalen Selbsterhaltungsinstinkt geleitet würden und für die das Judentum der Kern ihrer Existenz sei. Ein Staat nach Herzls Vorstellungen, der nur durch die Angriffe des gemeinsamen Feindes zusammengehalten würde, wäre im besten Fall ein Staat von Juden, aber kein Judenstaat, da seine Bürger nicht von echtem jüdischen Nationalbewußtsein oder von einer gemeinsamen Kulturtradition erfüllt wären.

Nebenbei bemerkt, war Achad Haams Nationalismus keineswegs religiös inspiriert. Achad Haam war Agnostiker, für ihn war Religion bloß eine Form der nationalen Kultur. Wenngleich der Judaismus, die schöpferische nationale Kraft, sich in der Vergangenheit vor allem im Religiösen ausgedrückt habe, sei es keineswegs sicher, daß dies auch in Zukunft so sein müsse[48]. Achad Haams Ansichten über die Zukunft der Diaspora war etwas zwiespältig. Er widersprach Dubnow und anderen, die eine jüdische nationale Wiedergeburt außerhalb Palästinas erwarteten, war aber der Meinung, ein geistiges Zentrum würde die verstreuten Atome des Judentums in einen einheitlichen Körper mit spezifischem Eigenleben verwandeln, es würde das Jüdischsein der Juden verstärken, sowohl im Sinne einer Erweiterung des persönlichen Lebensbereiches, in dem die Unterschiede zwischen ihnen und ihren nichtjüdischen Nachbarn von Bedeutung seien, als auch im Sinne einer Vertiefung des Gefühls der Zugehörigkeit zum jüdischen Volk[49].

Achad Haam wiederholte seine Warnungen vor dem politischen Zionismus sogar dann noch, als diesem der Erfolg der Balfour-Deklaration beschieden war: »Strebt nicht zu schnell dem Ziel zu!« Aber abgesehen von solchen Ermahnungen ist es nicht leicht, aus seinen Lehren ein konkretes Programm herauszulesen. Er befaßte sich nicht mit der politischen Krise, der die Juden gegenüberstanden, sondern mit der kulturellen Krise des jüdischen Volkes in der Diaspora. Er gab zu, kein Allheilmittel zur Erlösung der Juden als Individuen zu haben, es gehe ihm vielmehr um die Rettung des Judentums als einer geistigen Wesenheit. Viele seiner Zeitgenossen, Zionisten ebenso wie Nichtzionisten, schlossen daraus, daß für Achad Haam das Bestehen einer jüdischen Mehrheit in Erez Israel keine entscheidende Voraussetzung für die Schaffung eines solchen Zentrums sei[50]. Der »Achad-Haamismus«, ein jüdischer Vatikan, wurde von einigen als Alternative zu einem jüdischen Staat verstanden. Das hatte Achad Haam aber offensichtlich nicht gemeint. In einem 1903 geschriebenen Brief erklärte er *expressis verbis:* »Palästina wird erst dann unser geistiges Zentrum werden, wenn die Juden die Mehrheit der Bevölkerung darstellen und den größten Teil des Bodens besitzen[51].« Indessen kommen solche Erklärungen in seinen veröffentlichten Schriften nur selten vor, und wenn Achad Haam in dieser Hinsicht mißverstanden worden ist, dann ist dies vor allem seine eigene Schuld. Sein einziges Interesse galt der Schaffung eines kulturellen Zentrums. Alles andere erschien ihm selbstverständlich, und so unterließ er es, zu erklären, wie die politische und wirtschaftliche Infrastruktur dieses Zentrums geschaffen werden sollte.

Es gab noch andere Schwächen und Widersprüche in Achad Haams Denken. Er war keineswegs der Herder des jüdischen Nationalismus, wie seine Schüler glaubten. Seine geistigen Ideale und die von ihm so häufig beschworene Einzigartigkeit der jüdischen Kultur waren nicht klar definiert. Er hielt es für mehr oder weniger selbstverständlich, daß die jüdische Kultur und das Hebräische wiederbelebt werden müßten. Während er auf die seelische Verarmung der Westjuden hinwies, entsprachen seine eigenen Vorstellungen von Nation und Nationalismus nicht der jüdischen Tradition, sondern waren vom westlichen philosophischen und politischen Denken geprägt. Er gründete sein Postulat einer nationalen Existenz auf eine etwas verschwommene Anschauung und schrieb über die Zukunft der jüdischen Kultur losgelöst von politischen, sozialen und ökonomischen Faktoren, als ob man eine Kultur in einem Vakuum aufbauen (oder wiederherstellen) könnte. Er hatte recht mit der Annahme, daß nur ein verhältnismäßig kleiner Teil der Diaspora Zuflucht im Judenstaat finden würde. Am Ende ließen sich mehr Juden in Palästina nieder, als Achad Haam vorausgesehen hatte, aber dennoch war es keineswegs klar, ob dieser Staat jemals zum geistig-seelischen Zentrum des Weltjudentums werden würde. Das neue kulturelle Leben entsprach im großen und ganzen nicht den Hoffnungen Achad Haams. Seine Doktrin beruhte teils auf einer Darwinschen Vorstellung vom Lebenswillen der Volksseele und teils auf der jüdischen Ethik. Seine Auffassung der jüdischen Ethik machte ihn zum Gegner des politischen Zionismus und der Machtpolitik im allgemeinen. Es war ihm nicht klar, daß diese beiden Aspekte seines Denkens miteinander in Konflikt geraten mußten und daß den Juden, die als Gruppe überleben wollten, keine andere Wahl blieb, als Machtpolitik zu betreiben.

Von entscheidendem Einfluß auf das philosophische Denken Achad Haams waren die Positivisten des vorigen Jahrhunderts – Spencer, John Stuart Mill, Renan – und die jüdische *Haskala.* Mit Martin Buber, um fast zwanzig Jahre jünger als Achad Haam, verlassen wir die Tradition des Rationalismus und treten ins Reich der Neuromantik ein. Während Achad Haam einen starken Einfluß auf Teile der osteuropäischen jüdischen Intelligenz ausübte, aber im Westen fast unbekannt blieb, war Bubers Einfluß auf Intellektuellenkreise in Prag, Wien und Berlin sowie auf Teile der deutsch-jüdischen Jugendbewegung beschränkt. Er hatte keine Einwirkung auf das osteuropäische Judentum, während sein Name im intellektuellen Leben Deutschlands und später Amerikas große Bedeutung gewann.

Der in Wien geborene Martin Buber entstammte einer bekannten galizischen Rabbinerfamilie; er verbrachte den größten Teil seines Lebens in Mitteleuropa und wanderte 1928 nach Jerusalem aus, wo er an der Hebräischen Universität lehrte. Als Mann von großer Gelehrsamkeit entwickelte er ein originelles, wenn auch schwer faßliches philosophisch-theologisches System, das wohl eine Rückkehr zu den Ursprüngen des Judaismus befürwortete, aber trotzdem von den meisten seiner Zeitgenossen als unjüdisch abgelehnt wurde. In seinen Jugendjahren wurde Buber vor allem von den zwei großen deutschen Mystikern des Mittelalters, Meister Eckehart und Jakob Böhme, beeinflußt. Von ihnen bezog er sein Konzept des Pantheismus, der Notwendigkeit einer tieferen Verbindung mit der Außenwelt, der Einheit alles Lebendigen in Gott. Die Welt befinde sich in einer von Gott gegebenen Harmonie. Der Mensch habe sich dieser Harmonie entfremdet, könne aber wieder zu ihr zurückfinden, wenn er auf seine innere Stimme, auf seine Intuition lausche. Später entdeckte Buber in den Ekstasen der chassidischen Sekten Osteuropas die echte mystische Erfahrung, die zur Vereinigung mit Gott und der Welt führte[52]. Er machte die vergessenen chassidischen Legenden in Westeuropa bekannt; in einer Reihe von Vorträgen über das Judentum und die Zukunft des jüdischen Volkes lieferte er den jungen Intellektuellen, die sich dem Zionismus anschlossen, eine neue Weltanschauung[53].

Buber war einer der frühen Zionisten. Er war auch einer der ersten, die gemeinsam mit Berthold Feiwel (und im Gegensatz zu Herzl) die Notwendigkeit sofortiger praktischer Arbeit betonten, anstelle des Wartens auf jenen fernen Tag, an dem der erträumte Charter errungen sein würde. Er war ein Bewunderer Achad Haams, ging aber in seiner Suche nach einer neuen Philosophie bald neue Wege. Indem er die damals modische Antinomie von Mythos und Intellekt, Organismus und Mechanismus, Gemeinschaft (das heißt, dem organischen, lebendigen, echten Gemeinwesen) und Gesellschaft (dem mechanischen, künstlichen Gebilde aus gegensätzlichen Interessen) übernahm, näherte er sich auf gefährliche Weise jenen irrationalen, antiliberalen Lehren, die das intellektuelle Leben Europas in den Jahrzehnten vor 1914 verseuchten. Der Eindruck eines solchen ideologischen Nahverhältnisses wird noch durch seine häufigen Hinweise auf die »Blutsgemeinschaft« verstärkt wie auch durch die zentrale Rolle der Begriffe »Volk« und »völkisch« in seinem frühen Denken. Allerdings waren dies für Buber ausschließlich geistige Begriffe, die mit den Ergüssen der Vorläufer des deutschen Rassismus nichts gemein hatten[54].

Buber war beileibe kein aggressiver Nationalist, er sympathisierte mit dem Pazifismus und zählte innerhalb der zionistischen Bewegung zur minimalistischen Gruppe, die einen binationalen Staat befürwortete. Die Sendung Israels als auserwähltes Gottesvolk bedeute keinen jüdischen Nationalismus mit nationalem Egoismus als höchstem Ziel, sondern einen Humanismus, eine wahrhaft übernationale Aufgabe. Israel sei zu einer solchen Rolle ausersehen, weil es eine Nation anderer Art als alle übrigen sei. Seit seinen frühesten Anfängen sei es sowohl eine Nation als auch eine religiöse Gemeinschaft gewesen. »Blut« war für Buber kein biologischer Faktor, sondern Inbegriff der Kontinuität eines Volkes, aus der Vergangenheit ererbte Erfahrung, das von einer Generation zur anderen übertragene schöpferische Geheimnis.

In späteren Jahren beschäftigte sich Buber vor allem mit der Frage nach der Identität des Individuums. Im Gegensatz zu den politischen »instinktiven« Zionisten betrachtete er die jüdische Identität nicht als selbstverständlich, auch die These vom Antisemitismus als einigendem Faktor befriedigte ihn nicht. Buber ging es – um mit Moritz Heinemann zu sprechen – um die geistigen Probleme eines Juden auf einer einsamen Insel. In seinem Bestreben, dem nationalen Gedanken tiefere moralische und (nicht im orthodoxen Sinne) religiöse Bedeutung zu geben, übernahm er Fichtes Diktum, wonach der Nationalismus in der modernen Zeit jene Aufgabe zu übernehmen habe, die früher von der Religion erfüllt worden sei, nämlich die Funktion, das Element des Ewigen, die zeitlosen Werte in den Alltag einzubringen. Gleich Achad Haam lehnte auch Buber die Diaspora ab, der er die Schuld an der Degeneration des jüdischen Schöpfertums gab: Infolge der Diaspora sei das Judentum geistig verdorrt.

Buber glaubte an die große Mission des jüdischen, des heiligen Volkes, das durch die Rückkehr nach Erez Israel seine organische Natur mit der göttlichen Mission vereinigen würde. In einem Leben als Nation hätten die Juden die große Chance, Wahrheit und Gerechtigkeit in einer organischen Einheit zu *verwirklichen* (ein Grundbegriff Bubers). Sie hätten die einzigartige Möglichkeit, eine neue Gesellschaft zu errichten, eine Lebensweise und einen Glauben, vereint durch *Dialog* (ein anderer Grundbegriff Bubers), gegenseitige Beeinflussung, wechselseitige Beziehungen, gemeinsames Land und gemeinsame Arbeit. Unfreundliche Geister haben Bubers Philosophie als abstruse Ideen eines gelehrten Ästheten abgetan, die für den Zionismus irrelevant seien. Was Achad Haam über den politischen Zionismus sagte, gilt gewiß für Bubers Philosophie: Das osteuropäische Judentum bedurfte ihrer nicht, bestenfalls konnte sie den assimilierten Juden des Westens in einer Zeit der geistigen Krise nützlich sein. Das osteuropäische Judentum konnte kaum etwas anfangen mit Bubers Betonung der asiatischen Wesensart des Judaismus, mit seiner Gegenüberstellung von »orientalischer Grenzenlosigkeit« und europäischer Geistestradition, sowie mit seiner Forderung, der Zionismus sollte als Mittler zwischen asiatischen und europäischen Kulturmythen und dem *élan vital* fungieren. Als grundsätzlich aktivistische Bewegung bedurfte der Zionismus keiner Philosophie des Geistes und der Tat, wie sie von Buber geliefert wurde.

Buber zog sich schon früh aus der aktiven Politik zurück und kehrte erst in späteren Lebensjahren als Befürworter einer jüdisch-arabischen Zusammenarbeit wieder zu ihr zurück. Von Zeit zu Zeit stellte er zur Freude seiner Bewunderer und zur Verwirrung aller anderen philosophische Betrachtungen über weltpolitische Ereignisse an. So interpretierte er beispielsweise den Ersten Weltkrieg als eine große »asiatische Krise«, die der Bevölkerung Mitteleuropas die Teilnahme am öffentlichen Leben ermöglichen, Rußland erneuern und den Nahen Osten für eine semitische Renaissance reif machen würde. All dies klingt nicht sehr präzise und ist ein ziemlich typisches Beispiel dessen, was viele Zeitgenossen an Buber irritierte: die dunklen Andeutungen, die geheimnisvollen Wendungen über Themen, die vor allem Genauigkeit und Klarheit erforderten. Bubers Auftritte auf Zionistenkongressen hatten keine große Wirkung. Weizmann, der mehr zur Einfachheit neigte, bezeichnete Buber, vielleicht etwas ungerecht, als eine eher merkwürdige und exotische Gestalt, als einen guten Freund, der ihn häufig durch seine hochtrabenden Reden irritierte, die voll künstlicher Begriffe und umständlicher Vergleiche ohne Klarheit oder Schönheit seien.

Buber fand Anhänger unter den jüdischen Studenten in Mitteleuropa, die gleich ihm der Ansicht waren, der Zionismus sei noch nicht die nationale Wiedererweckung, sondern nur ihr Wegbereiter. Sie teilten Bubers Glauben an die Notwendigkeit, die vom trockenen Rationalismus verkrüppelten jüdischen Seelen wiederzuerwecken. Die Suche nach schöpferischer Geisteskraft war eine jüdische Manifestation des neuromantischen Zeitgeistes, und Buber war ihr eindrucksvollster Prophet. Es war, in den Worten Hans Kohns, eine Bewegung der Jugend gegen die Alten, Müden, Trägen, die nicht mehr von Begeisterung mitgerissen werden konnten. Über einen Zionismus, der

»nicht Wissen, sondern Leben[55]« sei, ließ sich nicht streiten. Es ist leicht, die antiintellektuellen Modeströmungen der Vorkriegszeit mit einem Achselzucken abzutun, doch würde dies nicht zum Verständnis der Geisteshaltung der jungen Generation beitragen. Zion war immerhin ein Mythos, und der Zionismus war wie alle anderen Nationalbewegungen im wesentlichen romantischer Art. Niemand konnte rational beweisen, daß der Zionismus gerechtfertigt sei und Zukunft habe. Was selbst junge Marxisten nach Palästina zog, war nicht wissenschaftliche Analyse, sondern romantischer Idealismus und ein Mythos. Bubers Versuch, eine neue Richtung zu weisen, war in den damaligen Zeiten sicherlich nicht unnatürlich.

Buber formulierte das Ziel der jungen Generation folgendermaßen: »Mensch werden und es jüdisch werden.« Berdyczewski (Micha bin Gurion), der aus einer berühmten Rabbinerfamilie stammte und den Chassidismus nicht erst wiederentdecken mußte, war anderer Ansicht. Er sah keine Diskrepanz zwischen Menschheit und Judentum. Die Wurzel des Übels liege darin, daß die lebenden Juden dem abstrakten Judaismus gegenüber in den Hintergrund getreten seien, eine Anomalie, die zum völligen Verfall geführt habe. Bei der jüdischen Wiedergeburt könne es sich nicht bloß um eine geistige Renaissance handeln (hierin mußte er mit Achad Haam in Konflikt geraten), sie müsse vielmehr sowohl das innere als auch das äußere Leben umfassen. Jüdische Tradition, Gelehrsamkeit und Religion dürften nicht mehr die fundamentalen Werte sein. Eine völlige Umkehr, eine »Umwertung aller Werte« (Anklänge an Nietzsche!) sei notwendig[56]. Die Juden besäßen weder eine lebendige Kultur, noch könne ihnen eine solche von außen künstlich aufgepfropft werden. Jede Kultur sei das Ergebnis eines Prozesses, nicht ein von außen her angeregter Neubeginn. Oder, wie es einer seiner Interpreten formulierte: Die Juden brauchen das lebendige Jerusalem, nicht Jawne, das geistige Zentrum[57].

Die Bilanz der Geschichte der Diaspora sei völlig negativ: nun sei die Wiedergeburt des jüdischen Volkes das Gebot der Stunde. Dies aber könne nur durch eine bewußte Trennung von der Tradition, oder zumindest von einem großen Teil der Tradition, erreicht werden. Die Juden der gegenwärtigen Generation sollten nicht die letzten Juden sein, sondern die ersten einer neuen Nation, der Hebräer, Männer und Frauen mit einem neuen Verhältnis zur Natur und zum Leben. Berdyczewskis Denken hatte einen gewissen Einfluß auf den Arbeiterzionismus, besonders auf die Kibbuzbewegung, reichte aber weit über den Zionismus hinaus. Nach Berdyczewskis Meinung war der Zionismus in seiner Ablehnung der Vergangenheit nicht radikal genug. Er habe nicht erkannt, daß die gesamte Geschichte der Juden in der Diaspora ein Fehler gewesen sei, sondern vielmehr versucht, alte und neue Ideen miteinander in Einklang zu bringen, und sei dabei in eine

Art religiöser Romantik verfallen. Berdyczewskis Bilderstürmerei fand keine besondere Beachtung, als sie um die Jahrhundertwende erstmals geäußert wurde. Aber ein halbes Jahrhundert später, als in Israel eine neue Nation entstand, die sich in vielem vom jüdischen Volk in der Diaspora unterschied, erlangten die von Berdyczewski angeschnittenen Fragen neue Bedeutung und Dringlichkeit.

Andere Kritiker des geistigen Zionismus teilten die Ansicht, daß der Zionismus nicht radikal genug sei, weil er nicht auf eine totale Beendigung der Diaspora abziele. In einer Neuinterpretation der jüdischen Geschichte beschuldigte Jecheskel Kaufman, ein Professor an der Hebräischen Universität in Jerusalem, die jüdische Nationalbewegung, sie weiche von ihrem Ziel ab, wenn sie (gleich dem religiösen Judentum) der jüdischen Existenz in der Diaspora einen besonderen Sinn unterlege. Was man benötige, sei nicht die Wiederbelebung der hebräischen Kultur oder die soziale Regenerierung einer Minderheit, sondern eine Lösung der Existenzfrage des jüdischen Volkes. Diese könne aus historischen und soziologischen Gründen nicht in der Diaspora gefunden werden, und deshalb sei die Wiederansiedlung der großen Mehrheit des jüdischen Volkes in Palästina erforderlich.

Noch radikaler waren die Ansichten Jacob Klatzkins. Er wurde in Rußland geboren, lebte viele Jahre lang in Deutschland, wo auch seine wichtigsten Essays veröffentlicht wurden, und übersiedelte später nach Amerika. Er sah die eigentliche Bedeutung des Zionismus in der Form, nicht im Inhalt; ohne nationales Territorium und Nationalsprache habe ein Nationalismus in der Diaspora keinen Sinn, und so sei die Assimilation der logische Ausweg für den modernen Juden. Für den Zionismus sei der Wunsch, in die Heimat zurückzukehren, Selbstzweck. Die Schaffung einer Grundlage für die geistigen Werte des Judentums sei eine zweitrangige Frage: »Der Inhalt unseres Lebens wird national sein, sobald seine Form national sein wird.« Man benötige eine neue, weltliche Definition der jüdischen Identität, anstelle des Philosophierens über das Wesen des Judentums mit abstrakten Definitionen des jüdischen Geistes und Hinweisen auf messianische Ideen und auf das Ideal der sozialen Gerechtigkeit. Klatzkin war der Ansicht, der Geist des Judentums biete keine Gewähr für das Überleben des Judentums. Sein Überleben in der Diaspora sei keine Garantie, daß es nicht in naher Zukunft verschwinden würde.

Die totale Assimilation ist nach Klatzkins Ansicht nicht nur möglich, sie könnte sich vielleicht sogar als unvermeidlich erweisen[58]. Dies sei nicht notwendigerweise zu bedauern, denn das Judentum in der Diaspora sei nicht wert, zu überleben. Die Diaspora würde die Schmach des an Leib und Seele verstümmelten jüdischen Volkes nur verlängern[59]. Nicht zufällig sei der Zionismus im Westen und nicht im Osten entstanden. Es sei nicht der Jude, sondern der Mensch in Herzl gewesen, was ihn zu seinem Volk zurückgeführt habe; nicht jüdisches, sondern universales Nationalbewußtsein. Im Osten betrachtete man den Zionismus bloß als Fortsetzung der jüdischen Tradition, nicht aber als eine weltzerstörende und weltaufbauende Bewegung. Osteuropa besitze nicht im gleichen Maße die universellen humanen Elemente, das Gefühl für Freiheit und Ehre, den Drang nach Menschenwürde, Wahrheit und Lauterkeit, die für eine nationale Wiedergeburt nötig seien[60]. Klatzkin gab zu, daß man die Diaspora, auch wenn sie eine Anomalie sei, um der Wiedergeburt in Palästina willen erhalten müßte. Sobald aber Palästina ein nationales Zentrum geworden sei, würden allmählich zwei jüdische Nationen entstehen – eine in der Diaspora und die hebräische Nation in Israel, und im Laufe der Zeit würden sie immer weniger miteinander gemeinsam haben[61]. Besonders eindrucksvoll war Klatzkins Kritik an Achad Haam und Buber, den Anwälten des Diaspora-Nationalismus und Aposteln einer geistigen Mission. Klatzkins direkter Einfluß war zu seinen Lebzeiten – er starb 1948 – begrenzt, trotz dem originellen und provokanten Charakter seiner Analyse der jüdischen Problematik.

So wie Achad Haam zeigte auch Klatzkin keine politischen Alternativen auf. Der Apostel des radikalen Zionismus und der Ablehnung der Diaspora billigte keineswegs die Tätigkeit des politischen Zionismus. Er hegte große Zweifel bezüglich Großbritanniens und der Balfour-Deklaration. Wenn er einen anderen Weg zur Errichtung einer nationalen Heimstätte sah, dann hat er dieses Geheimnis für sich behalten. Vielleicht betrachtete er sich in erster Linie als Diagnostiker. Die vielsagenden Sätze über die verkrüppelnden Auswirkungen der Diaspora wurden nicht in Jerusalem geschrieben, sondern in Murnau, einem hübschen kleinen Dorf in Bayern, wohin Klatzkin sich zurückgezogen hatte, und in Heidelberg. Klatzkin ließ sich nicht in Palästina nieder, er starb in der Schweiz. Eine Einheit von Theorie und Praxis findet sich weder in seinem Leben noch in dem der meisten anderen Ideologen und Führer des Zionismus jener Generation. Abgesehen von anderen Gründen, findet man schon allein deshalb stets ein Element des Irrealen in den jahrelangen leidenschaftlichen Diskussionen über ein geistiges Zentrum, die Ablehnung der Diaspora und die Aufgabe – sofern es eine solche gab – eines regenerierten jüdischen Volkes. Die Debatten enthüllten meist eine tiefe Verkennung der Realitäten, und so überrascht es nicht, daß die reale Welt sich rächte, indem sie die Philosophen ignorierte.

Der Zionismus im Ersten Weltkrieg

Als der Erste Weltkrieg ausbrach, waren zwei Mitglieder des damals in Berlin, Sächsische Straße 8, untergebrachten Aktionskomitees deutsche Staatsbürger, drei waren Russen, und einer (Lewin) ein Russe, der gerade die österreichische Staatsbürgerschaft erworben hatte. Überflüssig festzustellen, daß der Weltzionismus ebensowenig auf die Tätigkeit in Kriegszeiten vorbereitet war wie alle anderen internationalen Organisationen. Selbstverständlich wollte die zionistische Weltbewegung sich aus dem Konflikt heraushalten und neutral bleiben, doch war dies leichter gesagt als getan. Denn überall in Europa, mit der offenkundigen Ausnahme Rußlands, hielten es die Zionistenführer für ihre Pflicht, ihr jeweiliges Vaterland nach besten Kräften zu unterstützen. Abgesehen von diesem Loyalitätskonflikt war da noch die Frage des Schutzes der palästinensischen Judenschaft. Und vor allem ging es um das Problem, was nach dem Krieg geschehen sollte. Einige Zionistenführer erkannten frühzeitig, daß die Bewegung die Ziele, die sie im Frieden nicht zu erreichen vermocht hatte, vielleicht im Krieg oder danach erreichen könnte, da der Krieg zwangsläufig zur Revision vieler ungelöster internationaler Fragen führen würde.

Die deutschen Zionisten teilten die allgemeine patriotische Begeisterung vom August 1914. Ihr Landesverband gab bekannt, er erwarte, daß alle seine wehrfähigen Mitglieder sich freiwillig zum Militärdienst melden würden. Deutschland kämpfe für Wahrheit, Recht, Freiheit und Kultur gegen die finsterste Tyrannei, die blutigste und grausamste Reaktion, verkörpert in der zaristischen Despotie. Durch ihr Bündnis mit Rußland seien Frankreich und Großbritannien zu Komplicen des Zarismus geworden. Franz Oppenheimer sagte, für Deutschland sei der Krieg ein heiliger Akt der Selbstverteidigung, und Ludwig Strauss schrieb, die nationalen Juden seien keine schlechteren Patrioten als die nationalen Deutschen. Sie wüßten, daß ihre Interessen ausschließlich auf seiten Deutschlands lägen, hieß es in einem Leitartikel des offiziellen zionistischen Wochenblattes; Deutschland sei stark und würde die Unterdrückten befreien[62]. Zionistische Publikationen gaben den Kriegsanstrengungen ihre volle Unterstützung. Es wäre ungerecht, in diesem Zusammenhang einzelne Zionistenführer hervorzuheben, denn fast alle waren gleichermaßen beeinflußt, zumindest in den ersten Monaten des Krieges[63]. In Österreich verfaßte der Zionist Hugo Zuckermann ein populäres Kriegsgedicht, in dem er sagte, der Tod auf dem Schlachtfeld hätte für ihn keine Schrecken, wenn er, ehe er sterbe, die österreichische Fahne über Belgrad im Winde flattern sähe. Zuckermann fiel bald darauf. Der zionistische Arzt Elias Auerbach, der sich in Haifa niedergelassen hatte, beschloß sofort bei Kriegsausbruch, nach Deutschland zurückzukehren, um seine Pflicht im Sanitätskorps des Heeres zu erfüllen.

Die vaterländische Begeisterung der deutschen und der österreichischen Zionisten erscheint nachträglich besonders widersinnig, doch muß gerechterweise festgestellt werden, daß der Krieg gegen Rußland in Osteuropa und in den Vereinigten Staaten, wo sich die größten Judengemeinden befanden, gleichermaßen populär war. Als Nachrichten über russische Niederlagen eintrafen, schrieb der damals beliebteste jiddische Schriftsteller, Morris Rosenfeld, ein Gedicht, das mit folgenden Worten endete: »Hurra für Deutschland! Lang lebe der Kaiser!« Das zaristische Rußland war das Land der Pogrome, der Greuel von Kischinew und Gomel, der institutionalisierten Unterdrückung. Die Tatsache, daß die Judenverfolgung in Westrußland nach Kriegsausbruch sogar noch zunahm, daß Hunderttausende Juden deportiert wurden, machte Rußland nicht beliebter. Die meisten Führer der russischen und der polnischen Judenschaft glaubten an einen sicheren deutschen Sieg. Weizmann schrieb, für sie ende der Westen am Rhein. Sie kannten Deutschland, sprachen Deutsch und waren von den deutschen Errungenschaften beeindruckt.

Überdies wurden sie von der schmerzlichen Geschichte der Juden in Rußland beeinflußt. Ein russischer Sieg würde die Verfolgung der osteuropäischen Judenschaft verewigen und vielleicht sogar verstärken, während eine Niederlage Rußlands das Tor zur Freiheit öffnen würde. Wohl gab es Ausnahmen, wie Weizmann und Achad Haam, Jabotinsky und Rutenberg. Auch Nordau warnte vor einer einseitig deutschfreundlichen Orientierung, obwohl die Franzosen ihm guten Grund zur Kränkung gegeben hatten. Nachdem er jahrzehntelang in Paris gelebt hatte, wurde er als feindlicher Ausländer nach Spanien abgeschoben, wo er den ganzen Krieg hindurch blieb. Der größte Teil der zionistischen Weltbewegung war jedoch deutschfreundlich, allerdings zeigte sie, nachdem die erste Begeisterung verflogen war, mehr Zurückhaltung.

Von historischen Sympathien und Antipathien einmal völlig abgesehen, war Berlin zweifellos für die Zionisten von großer Bedeutung. Während der ersten drei Kriegsjahre konnte die politische und wirtschaftliche Unterstützung der bedrängten Juden in Palästina nur über die deutsche Hauptstadt erfolgen. Während dieser Zeit stießen die deutschen Armeen tief nach Westrußland vor, und damit kam die Masse der polnischen und der litauischen Juden unter deutsche Herrschaft. Wie man es auch betrachten mochte, Berlin nahm in der zionistischen Politik eine Schlüsselstellung ein.

Wenige Tage nach Kriegsausbruch wandte sich Dr. Bodenheimer, ehemals Präsident und immer noch führendes Mitglied der Deutschen zionistischen Föderation, an das deutsche Außenministerium und schlug die Gründung eines deutschen *Komitees für die Befreiung der russischen Judenschaft* vor. Diese im August 1914 gegründete Körperschaft nahm später den weniger provokanten Namen *Komitee für den Osten* an. Das Komitee wurde zunächst von den Zionisten beherrscht – Professor Oppenheimer war Vorsitzender, Motzkin und Hantke beteiligten sich an der Arbeit, und Sokolow schrieb den Leitartikel für die erste Ausgabe seines in hebräischer Sprache erscheinenden Journals *Kol Mewasser*[64]. Dessen Zweck war, die Ansprüche der osteuropäischen Judenschaft auf nationale Freiheit und Autonomie zu fördern, wobei angenommen wurde, daß Deutschland im Lauf des Krieges Westrußland besetzen würde, wo die meisten Juden lebten. Dies geschah mit dem Segen der deutschen Behörden, die eine einigermaßen übertriebene Vorstellung vom Ausmaß des zionistischen Einflusses im Osten hatten. Einer ihrer Berater verglich die innere Disziplin der Zionisten mit jener der Jesuiten[65].

Diese »Judenoperationen« waren Teil eines allgemeinen Plans zur Revolutionierung der unterdrückten Minderheiten im Zarenreich. Die deutsche Militärverwaltung erfüllte jedoch nicht die Erwartungen der osteuropäischen Judenschaft, die man aufgerufen hatte, sich gegen die russische Unterdrückung zu erheben. Die Forderung nach politischer und kultureller Autonomie wurde größtenteils ignoriert, weil sie mit den Zielen der polnischen und der baltischen Nationalbewegungen in Konflikt gerieten. Vor allem die Polen wurden im Laufe des Krieges immer offener antisemitisch und veranstalteten gegen Kriegsende umfangreiche Pogrome. Die zaristischen antijüdischen Gesetze wurden nur im Abschnitt Ober-Ost, im Norden des besetzten Gebietes, abgeschafft. Im Laufe des Krieges wurden dann auch nichtzionistische Vertreter des deutschen Judentums in das Komitee aufgenommen.

Die Existenz des Komitees wurde zum Zankapfel zwischen den Führern des Weltzionismus und zwang sie zu einer Überprüfung ihrer Stellung zwischen den beiden Lagern. Bodenheimer genoß zunächst die Unterstützung des Aktionskomitees, obwohl seine Tätigkeit offensichtlich eine Verletzung der zionistischen Neutralität darstellte. Die Kritiker einer einseitig prodeutschen Orientierung argumentierten, daß, abgesehen von allen anderen Überlegungen, eine derart enge Zusammenarbeit mit der deutschen politischen Kriegsführung Millionen osteuropäische Juden gefährde, da die Tätigkeit des Komitees natürlich nicht geheim bleiben und als nachträgliche Rechtfertigung für die von der russischen Regierung in den Jahren 1914 und 1915 getroffenen antijüdischen Maßnahmen dienen würde. Bodenheimer wurde von seinen Kollegen veranlaßt, von seinem Posten als Vorsitzender des Jüdischen Nationalfonds zurückzutreten.

Um die Weltbewegung neutral zu halten, beschloß das Große

Aktionskomitee bei seiner ersten Sitzung nach Kriegsausbruch im Dezember 1914 in Kopenhagen, dort eine Verbindungsstelle einzurichten, die von Motzkin und später von Victor Jacobsohn geleitet wurde. Sie sollte den Kontakt mit den Zionistenorganisationen in beiden Lagern aufrechterhalten und deren Arbeit so weit wie möglich koordinieren. Weizmanns Forderung, das immer noch in Berlin sitzende, von Warburg und Hantke geleitete Exekutivbüro aufzulösen und die Führung der zionistischen Angelegenheiten für die Dauer des Krieges nach Amerika zu transferieren, wurde mit der Begründung abgelehnt, daß dies die Lage der Judenschaft in Palästina gefährden könnte. Als Kompromißlösung wurde beschlossen, Sokolow von Berlin nach London zu versetzen und Tschlenow auf eine Reise nach Amerika und England zu senden, von wo er nach Rußland zurückkehrte[66].

Angesichts der Notwendigkeit, die politische Tätigkeit gleichzeitig in mehreren Hauptstädten fortzusetzen, war es nicht zu vermeiden, daß die Mitglieder des Aktionskomitees weit voneinander getrennt waren, und das lähmte die Arbeit des Komitees. Wer war nun bevollmächtigt, Entscheidungen zu treffen oder auch nur im Namen des Komitees Erklärungen abzugeben? Man war übereingekommen, daß die Berliner Mitglieder berechtigt waren, für das ganze Gremium zu sprechen, doch stellten sie eine Minderheit dar, und so mußte es früher oder später zu Meinungsverschiedenheiten kommen. Ferner wurde beschlossen, daß das Aktionskomitee mit keiner Regierung, deren Land sich im Kriegszustand mit der Türkei befand, verhandeln sollte. Weizmann, der so probritisch war wie die deutschen Zionisten prodeutsch, konnte diesem Beschluß nichts abgewinnen. Zwei Monate vorher hatte er an Schmarja Lewin geschrieben: »Sobald sich die Lage einigermaßen geklärt hat, könnten wir mit England und Frankreich offen über die anomale Lage der Juden sprechen ... Es liegt im Interesse der jetzt für die kleinen Nationalitäten kämpfenden Völker, auch für die jüdische Nation die Existenzberechtigung zu gewinnen. Jetzt ist die Zeit gekommen, in der die Völker Großbritanniens, Frankreichs und Amerikas uns verstehen werden ... Die moralische Kraft unserer Ansprüche wird sich als unwiderstehlich erweisen; die politischen Verhältnisse werden die Verwirklichung unseres Ideals begünstigen[67].« Weizmanns Optimismus wurde, ohne daß er es wußte, von Herbert Samuel geteilt, einem einflußreichen britischen Politiker, von dem nicht einmal bekannt war, daß er mit den zionistischen Bestrebungen sympathisierte. Samuel, der dem liberalen Kabinett Asquith angehörte, legte seinen Ministerkollegen ein Memorandum vor, in dem er die Schaffung einer nationalen Heimstätte für die Juden in Palästina befürwortete. Zwar trug dies keine Früchte, da Asquith sich an der Sache völlig uninteressiert zeigte, doch erwies es sich als erster Schritt zur Vorbereitung der dramatischen Entwicklung des Jahres 1917.

In den ersten Phasen des Krieges blieb jedoch Berlin das Zentrum der zionistischen Politik. Das dort ansässige Aktionskomitee hatte die Aufgabe, die Interessen des osteuropäischen Judentums wahrzunehmen, von dem größere Teile unter deutsche Herrschaft geraten waren, und die zionistischen Siedlungen in Palästina zu schützen[68].

Es war Weizmanns historische Leistung, daß Großbritanniens Sieg auch zu einem Triumph des Zionismus wurde. Seine Bemühungen waren gerade deshalb von Erfolg gekrönt, weil er keine offizielle Position in der zionistischen Weltbewegung bekleidete. Man kann sich leicht vorstellen, wie die der zionistischen Tätigkeit stets mißtrauende türkische Regierung reagiert haben würde, wenn das Aktionskomitee Weizmanns Standpunkt eingenommen und sich 1914 für einen Sieg der Alliierten eingesetzt hätte.

Die offizielle deutsche Einstellung zum Zionismus war distanziert, aber durchaus nicht unfreundlich. Herzls Bemühungen, die Unterstützung des Kaisers zu gewinnen, waren erfolglos geblieben, und bis 1914 tat Deutschland nichts zur Unterstützung der zionistischen Bewegung. Nach Kriegsausbruch wurde die Einstellung positiver. Die deutsche Führung wollte sich die Zionisten, angesichts ihres Einflusses unter der osteuropäischen Judenschaft und in den Vereinigten Staaten, nicht zum Feind machen. Reichskanzler Bethmann-Hollweg und der deutsche Botschafter in Konstantinopel, Wangenheim, bemühten sich bei verschiedenen Anlässen, den damaligen türkischen Innenminister Talaat vor Aktionen zu warnen, die das Weltjudentum provozieren könnten. Zwischen 1914 und 1917 setzten sich deutsche Diplomaten häufig, wenn auch inoffiziell, bei den türkischen Behörden für die palästinensische Judenschaft ein[69]. Die meisten Interventionen betrafen Dschemal Pascha, den türkischen Kommandanten in Palästina, der entschlossen war, alle Juden russischer Nationalität, also die Mehrheit der jüdischen Bevölkerung, zu deportieren.

Den ersten Versuch unternahm er im Dezember 1914, kurz nach dem Kriegseintritt der Türkei. Dies konnte vereitelt werden, allerdings nicht zeitgerecht, um sechshundert bereits deportierte Juden zu retten. Es gab weiterhin gelegentlich Verhaftungen und andere Schikanen, und es dauerte noch bis zum März 1915, ehe die Zentralbehörden ihre Vertreter in Jerusalem soweit zu bringen vermochten, daß sie die Juden in Ruhe ließen. Schließlich nahm Dschemal dies zur Kenntnis, zumindest eine Zeitlang. Aber einige Monate später rührte er sich wieder und zwang den Leiter des Palästina-Amtes, den deutschen Staatsbürger Ruppin, von Jaffa in die türkische Hauptstadt zu übersiedeln. Im allgemeinen jedoch waren die Jahre 1915 und 1916 für die Judenschaft Palästinas eine verhältnismäßig ruhige Zeit, was hauptsächlich der Tätigkeit der deutschen zionistischen Vertreter in Konstantinopel und der ihnen von Berlin gewährten Unterstützung zu verdanken war.

Das Aktionskomitee hingegen war bei der Verwirklichung seiner weiterreichenden Pläne weniger erfolgreich. Es gewann die Unterstützung einiger einflußreicher Publizisten, die in der deutschen Presse über die wachsende Bedeutung des Zionismus in der Weltpolitik schrieben. Auf Drängen der Zionisten wurde im November 1915 an alle deutschen konsularischen Vertreter im Osmanischen Reich eine vertrauliche Anweisung versandt, die besagte, die deutsche kaiserliche Regierung sei den jüdischen Bestrebungen in Palästina wohlgesinnt[70]. Jedoch erwies es sich als unmöglich, Berlin zu einer offiziellen Erklärung zugunsten des Zionismus zu veranlassen, obwohl eine unverbindliche Erklärung nicht nur von jüdischen Kreisen, sondern auch von mehreren deutschen Diplomaten befürwortet wurde[71]. 1917 wurde ein aus prominenten Persönlichkeiten des öffentlichen Lebens bestehendes Pro-Palästina-Komitee gegründet, das die öffentliche Meinung beeinflussen und auf die deutsche Regierung Druck ausüben sollte. Zugleich wurde die deutsche Regierung auf Berichte über Kontakte zwischen Dr. Weizmann und britischen Staatsmännern aufmerksam gemacht, desgleichen auf die zunehmend positive Beachtung, die dem Zionismus in englischen und französischen Veröffentlichungen geschenkt wurde. Berlin war jedoch nicht bereit, einen noch größeren Druck auf seinen türkischen Verbündeten auszuüben, und wäre mit einem solchen Versuch wahrscheinlich auch gescheitert.

Als Dschemal Pascha im August 1914 Berlin besuchte, meinte er zu Hantke und Lichtheim, er sei immer noch gegen den Gedanken eines jüdischen Palästinas, da er die Stimmung der arabischen Bevölkerung berücksichtigen müsse. Vielleicht würde er eines Tages seine Haltung revidieren, aber solange der Krieg andauerte, würde es keine Änderung der türkischen Politik geben[72]. Kurz vor der Balfour-Deklaration meinte Dschemal in einem Gespräch mit dem deutschen Botschafter, er wäre durchaus bereit, den Juden eine nationale Heimstätte zuzugestehen, doch hätte dies keinen Zweck, da die Araber sie dann umbringen würden[73]. Die Türken hätten am liebsten überhaupt keine Konzessionen gemacht, aber es gab keinen Zweifel, daß sie sich, wenn sie in Bedrängnis gerieten, für die Araber entscheiden würden. Dies muß auch den Deutschen klar gewesen sein, die zu dem Schluß kamen, daß die Sympathie der Zionisten es nicht wert war, eine ernste Krise in den Beziehungen mit den Türken zu riskieren.

Aus diesen Gründen konnte die zionistische Politik in Deutschland ihr Ziel nicht erreichen. Allerdings hatten die Bemühungen um deutsche Unterstützung beträchtliche indirekte Auswirkungen. Die Berichte über die Gespräche der Zionisten mit deutschen Regierungsvertretern wurden in London und Paris ebenso aufmerksam verfolgt wie das Erscheinen zionistenfreundlicher Artikel in der deutschen Presse. Während Hantke, Blumenfeld und Lichtheim ihren Berliner

Kontaktleuten eindringlich klarmachten, daß England nahe daran war, eine wichtige prozionistische Erklärung abzugeben, benützte Weizmann in seinen Verhandlungen mit dem britischen Kabinett und dem Außenministerium das entgegengesetzte Argument: Wenn die Briten sich nicht beeilten, würden die Mittelmächte die ersten sein und sich einen entscheidenden Vorteil sichern. Es ist nicht mehr mit absoluter Gewißheit festzustellen, ob Weizmann falsch informiert war oder ob er absichtlich die Gefahr einer deutschen Balfour-Deklaration übertrieb, wohl wissend, daß es eine solche nicht geben würde[74]. Anhänger der Konspirationstheorie werden zweifellos dazu neigen, heimliche Machinationen, eine machiavellistische Verschwörung der Zionisten in London und Berlin zu vermuten. In Wirklichkeit gab es keine Koordination. Im Gegenteil, Weizmann behielt seine Gespräche mit den britischen Staatsmännern völlig für sich. Häufig informierte er nicht einmal seine engen Freunde, geschweige denn das Kopenhagener Büro oder gar Berlin. Die deutschen Zionisten hatten weniger erreicht, aber auch sie hatten Weizmann nicht über ihre Aktionen informiert. Kurz gesagt, 1917 war keine Seite über die Erfolge oder Mißerfolge der jeweils anderen Seite informiert.

Die britische Regierung nahm jedenfalls die Berichte ernst, und als die Verhandlungen im Kriegskabinett sich in die Länge zogen, erklärte Balfour am 4. Oktober 1917, es müßte bald eine Entscheidung getroffen werden, da die deutsche Regierung alle Anstrengungen mache, um die Unterstützung der zionistischen Bewegung zu gewinnen[75].

Mit der Veröffentlichung der Balfour-Deklaration wurde London zum Zentrum der zionistischen Weltbewegung, obwohl Teile Palästinas noch bis 1918 in türkischen Händen verblieben. Dem Berliner Aktionskomitee war es völlig klar, daß die Initiative nun auf die andere Seite übergegangen war. Es neidete Weizmann seinen Erfolg nicht und begrüßte die Deklaration als ein Ereignis von ungeheurer historischer Bedeutung[76]. Das Aktionskomitee drängte weiterhin die deutsche und die türkische Regierung, eine ähnliche Erklärung abzugeben, in dem Sinn, daß die Masseneinwanderung nach Palästina gestattet und den Juden dort politische und kulturelle Autonomie gewährt werden würde. Gegen Kriegsende gewannen die deutschen Zionisten die Unterstützung der führenden nichtzionistischen jüdischen Organisationen für einen Plan, der zwar keine nationale Heimstätte vorsah, aber doch mehr enthielt, als irgendeiner von ihnen 1914 zu hoffen gewagt hatte. Aber dies geschah 1918, und die ganze Sache war akademisch geworden, da Jerusalem, Jaffa und ganz Südpalästina damals bereits in britischen Händen waren. Die Besetzung des übrigen Landes war nur noch eine Frage der Zeit. Wenn die deutschen Zionisten dennoch fortfuhren, ihre Forderungen vorzubringen, so taten sie dies zweifellos im Hinblick auf die bevorstehende Friedenskonferenz. Nachdem die Balfour-Deklaration auch den Segen der anderen alliierten Mächte erhalten hatte, wollten sie nun die Unterstützung der Mittelmächte erreichen, damit es hinsichtlich der Zukunft Palästinas zu einer einheitlichen Auffassung käme.

Der Erste Weltkrieg brachte Amerikas Eintritt in die Weltpolitik. Er bedeutete auch den Durchbruch, der das amerikanische Judentum zum entscheidenden Faktor in den Gremien des Weltjudentums machte. Amerikanische Juden hatten schon vor 1914 Interesse am Schicksal ihrer weniger glücklichen Glaubensbrüder in Rußland und Rumänien gezeigt, aber erst während des Krieges erlangten die Juden der Vereinigten Staaten dank der Finanzkräftigkeit ihrer Gemeinden, den neuen Machtpositionen der USA und deren Neutralität in den ersten Kriegsjahren eine führende Rolle. Während des Krieges machte der Zionismus in Amerika aufsehenerregende Fortschritte. 1914 hatte es dort nur 12.000 organisierte Zionisten gegeben. In den folgenden Jahren gewannen sie massenhaft Anhänger, als die Überzeugung wuchs, daß der Krieg eine Lösung der Judenfrage und vielleicht sogar die Errichtung eines Judenstaates zur Folge haben würde. Einzelne und auch ganze Gruppen schlossen sich der Organisation an, und es gab eine Bewegung, die sich das Ziel setzte, die gesamte jüdische Gemeinde zur Unterstützung der zionistischen Forderungen zu gewinnen.

Kurz nach Kriegsausbruch wurde die Gründung einer Körperschaft vorgeschlagen, die die gesamt amerikanische Judenschaft umfassen, deren Interessen (mit besonderer Berücksichtigung Osteuropas) vertreten und die jüdische Sache auf einer Friedenskonferenz vorbringen sollte. Dieser Vorschlag wurde vom jüdischen Establishment, das im *American Jewish Committee* vereinigt war, strikt abgelehnt. Andere antizionistische Gruppen, wie der Bund, versuchten, den Zionisten die Führung der Bewegung zu entreißen. Aber die Massen reagierten mit solcher Begeisterung, daß auch die Opposition sich schließlich der Kampagne anschloß, um nicht in die Isolierung zu geraten. Die öffentliche Meinung neigte sich in zunehmendem Maße dem Zionismus zu. Führende Mitglieder des Establishments, wie Louis Marshall und Jacob Schiff, die sich noch wenige Jahre vorher vom Zionismus distanziert hatten, nahmen nun eine positivere Haltung ein. 1916 wurde eine vorbereitende Konferenz abgehalten, und schließlich wurde es zur erklärten Politik sämtlicher jüdischer Organisationen Amerikas, nicht nur gleiche Rechte für das osteuropäische Judentum zu fordern, sondern auch das Recht der Juden auf Palästina zu erringen[77].

Brandeis, der in dieser Tätigkeit eine entscheidende Rolle spielte, war ein Jahr vor Kriegsausbruch zum erstenmal in einer zionistischen Veranstaltung aufgetreten. Bei dieser Gelegenheit wurde er zum

Präsidenten des *Provisorischen Komitees für allgemeine zionistische Angelegenheiten* gewählt. Man erwartete zunächst, daß das Komitee in die Vereinigten Staaten übersiedeln werde, doch obwohl dies nicht geschah, sollte das neue Gremium eine bedeutende Rolle spielen. Das Provisorische Komitee half, die Hilfsaktionen für die Juden in Palästina, die von Europa abgeschnitten und vom wirtschaftlichen Ruin bedroht waren, zu koordinieren. Die diplomatischen Vertreter Amerikas in der Türkei, traditionsgemäß Juden wie Morgenthau und Elkus, standen als Beschützer des Jischuw nur hinter den Deutschen zurück. Zahllos waren ihre Interventionen bei der Pforte gegen die in Jerusalem und Jaffa erlassenen Deportationsbefehle.

Brandeis war fast sechzig, als er seine neue Rolle als jüdischer Staatsmann übernahm. Er hatte jüdischen Angelegenheiten ferngestanden und unterließ es nie, darauf hinzuweisen, daß er ausschließlich als Amerikaner zum Zionismus gelangt sei. Er sah darin keinen Loyalitätskonflikt. So wie ein irischer Amerikaner, der für die Selbstverwaltung Irlands eintrete, wegen der damit verbundenen Opfer ein besserer Mensch und ein besserer Amerikaner sei, schrieb er einmal, so werde auch jeder amerikanische Jude, der zur Förderung der jüdischen Ansiedlung in Palästina beitrage, ein besserer Mensch und besserer Amerikaner sein[78]. Brandeis war der erste amerikanische Zionistenführer, der zugleich eine im ganzen Land angesehene Persönlichkeit war. Als überaus erfolgreicher und beliebter Anwalt, als Freund und Berater führender Politiker war er für einen wichtigen Regierungsposten ausersehen, als Woodrow Wilson 1913 sein erstes Kabinett bildete, obwohl der Präsident auf Widerstand stieß, weil Brandeis, der »Volksanwalt« sich unter den Reichen viele Feinde gemacht hatte und es auch immer noch erhebliche antijüdische Vorurteile gab. Wilson berief Brandeis statt in die Regierung an den Obersten Gerichtshof. Nachdem die Nominierung bestätigt worden war, schrieb er an Morgenthau, er habe noch nie eine Ernennung mit so großer Befriedigung unterzeichnet[79].

Brandeis' Prestige, sein Ruf als einer der engsten Berater Präsident Wilsons, war ein Aktivum, das »von den Zionistenführern in London bei ihren Verhandlungen mit der britischen Regierung voll eingesetzt wurde«. London beobachtete die Entwicklung der Vereinigten Staaten mit großer Aufmerksamkeit. Man wollte Amerika so bald wie möglich zum Kriegseintritt gegen die Mittelmächte veranlassen. Die Engländer wußten, daß zwar die meisten Führer der amerikanischen Judenschaft (mit wenigen Ausnahmen, wie Magnes und Schmarja Lewin) probritisch, die jüdischen Massen hingegen antirussisch waren und russische Niederlagen begrüßten, ohne sich deshalb unbedingt über deutsche Siege zu freuen. Eine Änderung trat in dieser Hinsicht erst in den Jahren 1916 und 1917 ein. Die Juden deutscher Abstammung, die den

Kaiser unterstützt hatten, wurden durch Ereignisse wie die Versenkung der *Lusitania* vor den Kopf gestoßen, während die Einwanderer aus Osteuropa über die Revolution vom März 1917 frohlockten, die den russischen Juden die Gleichberechtigung brachte.

Während seines Besuches in Washington im April 1917 traf Balfour zweimal mit Brandeis zusammen, der ihm das Interesse der amerikanischen Judenschaft an Palästina nahebrachte.

Im September 1917 beschloß das britische Kriegskabinett, anzufragen, ob Präsident Wilson eine Sympathieerklärung für die zionistische Bewegung für ratsam hielte. Sehr zu Weizmanns Überraschung und Ärger antwortete Wilson, offenbar auf Anraten von Colonel House, die Zeit sei für eine definitive Erklärung nicht günstig, bestenfalls käme eine Sympathieerklärung in Frage, und auch dies nur unter der Bedingung, daß sie unverbindlich wäre[80]. Wilson mag gewisse Bedenken gegen eine einseitige britische Erklärung gehabt haben, anderseits aber hatte er nicht die Absicht, sich für Amerika festzulegen. Colonel House hatte ihm gesagt, die Engländer »wollten natürlich den Weg nach Ägypten und Indien sichern, und Lloyd George verschmähe es nicht, Amerika zur Förderung seiner Pläne zu benützen[81]«. Vom zionistischen Standpunkt aus war Wilsons Antwort eine Katastrophe. Weizmann mobilisierte sofort seine amerikanischen Freunde, und nach weiteren Gesprächen mit Colonel House konnte Brandeis ihm versichern, daß der Präsident eine prozionistische Deklaration unterstützen würde. Etwa Mitte Oktober hatte der Chef des britischen Nachrichtendienstes in den Vereinigten Staaten, Wiseman, das Foreign Office davon informiert, daß Wilson die vom britischen Kriegskabinett beschlossene Formulierung gebilligt hätte. Somit hatten die Zionisten mit Hilfe des amerikanischen Judentums ein weiteres großes Hindernis überwunden.

Weizmann und die Balfour-Deklaration

Der eigentliche Kampfplatz war jedoch London, nicht Washington, und deshalb müssen wir uns nun mit der zionistischen Politik in der britischen Hauptstadt befassen. Weizmann hatte schon zu Kriegsbeginn an einen Sieg der Briten geglaubt, und die deutschen Siege der Anfangszeit hatten ihn in seinem Glauben nicht wanken gemacht. Zwar verabscheute er den Zarismus ebenso, wie seine Kollegen es taten, hielt aber auch von Deutschland nicht viel. Seine eigenen Erfahrungen als Student in Deutschland waren unglücklich gewesen. Er dürfte bereits mit zehn Jahren stark anglophil gewesen sein, als er an seinen Lehrer schrieb: »Alle haben beschlossen: der Jude muß sterben, aber England wird dennoch Erbarmen mit uns haben[82].« Weizmann hielt den

Beschluß, das Aktionskomitee in Berlin zu belassen, für einen schweren Fehler, und als sein Vorschlag, es nach Holland (oder in die Vereinigten Staaten) zu verlegen, abgelehnt wurde, stellte er jeglichen Schriftverkehr mit seinen Kollegen außerhalb der Entente-Staaten und der USA ein. Von diesem Augenblick an bedeutete seine Tätigkeit ebensosehr eine Verletzung des Grundsatzes der zionistischen Neutralität wie die Politik der deutschen Zionisten. Aber im Gegensatz zu diesen hatte Weizmann schließlich Erfolg.

Als der Krieg ausbrach, war Weizmann mit seiner Familie gerade auf Urlaub in der Schweiz. Er kehrte sofort nach England zurück und sprach mit seinen Freunden über die großen Möglichkeiten, die sich plötzlich ergeben hätten, wenngleich damals noch keine konkreten Pläne vorlagen: »Es herrschte eine Atmosphäre der Ungewißheit, und so verschloß ich meine Hoffnungen in mir und wartete auf eine günstige Gelegenheit[83].« Zwei Monate später wurde er dem Chefredakteur des *Manchester Guardian,* C. P. Scott, vorgestellt. Weizmann konnte Scott für den Zionismus gewinnen, indem er ihm von der Tragödie der Juden in Osteuropa und den messianischen Träumen eines jüdischen Palästinas berichtete. Scott, ein eifriger Bibelleser, der früher einmal Kaplan bei den Unitariern hatte werden wollen, fühlte sich von dem leidenschaftlichen Kredo des Zionismus und dessen tiefen Sinn für Kontinuität angezogen[84]. Er schlug eine Zusammenkunft mit dem Schatzkanzler Lloyd George vor, der seinerseits anregte, zuerst eine Zusammenkunft mit Herbert Samuel zu arrangieren. Weizmann begab sich mit einigem Unbehagen zu dieser Begegnung. »Um Gottes willen, Mr. Scott, lassen Sie diesen Mann aus dem Spiel[85]!« hatte er ausgerufen, als der Name Samuel erstmals erwähnt wurde. Er dachte, Samuel stünde gleich anderen führenden Vertretern der englischen Judenschaft dem Zionismus feindlich gegenüber, und war daher höchst erstaunt, als Samuel ihm sagte, seine Forderungen seien viel zu bescheiden. Samuel riet ihm, »großzügig zu denken«, und fügte hinzu, seine Kabinettskollegen beschäftigten sich sehr viel mit dem Zionismus. Weizmann erwiderte, wenn er ein religiöser Jude wäre, dann würde er glauben, die Zeit des Messias sei nahe[86].

Im Januar 1915 traf Weizmann mit Lloyd George zusammen, der mit dem Zionismus schon zu Herzls Zeiten in Berührung gekommen war, als man ihn als Juristen im Zusammenhang mit El Arisch und Uganda konsultiert hatte. In den seither verflossenen Jahren hatte er keinerlei Erklärungen zugunsten des Zionismus abgegeben, aber einige Tage nach der türkischen Kriegserklärung (November 1914) hatte er zu Herbert Samuel gesagt, er würde es sehr gerne sehen, wenn in Palästina ein jüdischer Staat errichtet würde. Asquith sagte von Lloyd George, ihm wären die Juden samt ihrer Vergangenheit oder Zukunft völlig egal. Dies war jedoch eine falsche Einschätzung dieses Mannes und seiner Beweggründe: »Sein schwer durchschaubarer Geist wurde nie vom Zionismus gefesselt, aber er kannte ihn weit besser als seine Kollegen und schätzte ihn sehr[87].« Lloyd George hatte eine instinktive Sympathie für die kleinen Nationen, gehörte er doch selber einer solchen an. Er war, wie Weizmann schrieb, tief religiös. Für ihn und andere seiner Zeitgenossen war die Heimkehr des jüdischen Volkes nach Palästina kein Traum, da sie an die Bibel glaubten, und der Zionismus repräsentierte in ihren Augen eine große Überlieferung, die ihnen ungeheure Achtung einflößte[88].

Lloyd Georges Beweggründe waren natürlich nicht rein idealistisch. Sein aktives Interesse am Zionismus kann nicht allein mit seinen Gefühlen erklärt werden, wie Stein meint. Ehe er sich für den Zionismus einsetzte, überzeugte er sich, daß eine solche Politik im Einklang mit den britischen Interessen stand, so wie er sie sah[89]. Dabei ging es vor allem um die Rolle Palästinas im Verteidigungssystem des Empire in der Nachkriegswelt, ein Konzept, das erstmals von Herbert Sidebotham entwickelt worden war, dem Militärkorrespondenten des *Manchester Guardian,* der ebenfalls für den Zionismus war. Diese Überlegung war Weizmann durchaus nicht entgangen. Seine Pläne beruhten auf der Annahme, daß die Alliierten den Krieg gewinnen würden, wie er Zangwill noch vor dem Kriegseintritt der Türkei geschrieben hatte. In diesem Fall mußte Palästina in die britische Einflußsphäre fallen. Wenn man es entwickelte, dann würde es einen Schutzwall zwischen dem Suezkanal und dem Schwarzen Meer sowie gegen jede von dort her drohende Gefahr darstellen. Wenn man innerhalb der nächsten fünfzig oder sechzig Jahre eine Million Juden dort ansiedelte, dann könnte Palästina zu einem asiatischen Belgien werden. Weizmanns Hinweis auf Belgien war nach dem deutschen Einmarsch von 1914 kein besonders glücklicher historischer Vergleich, doch was er meinte, war klar: »England würde einen wirksamen Sperriegel erhalten, und wir ein Land[90].«

Herbert Samuel spielte bei diesen ersten, hinter den Kulissen vor sich gehenden Aktionen die wichtigste Rolle: »Er beriet uns auch dauernd«, schrieb Weizmann, »und gab uns gelegentlich Hinweise, wie die Dinge aufzufassen seien. Er war diskret, taktvoll und zuverlässig[91].« Nach seinem Gespräch mit Weizmann arbeitete Samuel eine umfangreiche Denkschrift für Premierminister Asquith aus, in der er für die Zeit nach dem Krieg die Errichtung eines britischen Protektorats in Palästina vorschlug, da ein französisches Protektorat unerwünscht und eine Internationalisierung des Landes nicht durchführbar sei. Allerdings war Samuels Annahme, daß der Zionismus im Kabinett starke Unterstützung genieße, allzu optimistisch. Der Außenminister, Sir Edward Grey, teilte ihm mit, er persönlich stehe der Angelegenheit wohlwollend gegenüber, es sei jedoch verfrüht, die Palästinafrage aufs

Tapet zu bringen. Grey wollte keinerlei Verpflichtung eingehen und betonte die Notwendigkeit von Konsultationen mit Frankreich, ehe Beschlüsse über die Aufteilung der Interessensphären im Nahen Osten gefaßt würden[92]. Grey versprach Samuel, daß hinsichtlich der Zukunft Syriens keine Entscheidung ohne Berücksichtigung der Palästinafrage getroffen würde.

Dies war zwar beruhigend, bedeutete aber doch, daß die Zionisten bis dahin nicht weitergekommen waren. Im Augenblick war Lloyd George Samuels einzige Stütze, denn dem Premierminister lag am Zionismus nicht das geringste. Samuels Denkschrift erschien ihm phantastisch. Er konnte einfach nicht begreifen, wie dem »nüchtern und methodisch denkenden Gehirn Herbert Samuels« ein solch lyrischer Ausbruch hatte entspringen können. Von Natur aus vorsichtig, hatte Asquith einfach kein Verständnis für die Überlegungen, die »abenteuerlichen Geistern und romantischen Temperamenten« den Zionismus anziehend erscheinen ließen. Für ihn waren die zionistischen Bestrebungen bloß ein phantastischer Traum und die Pläne für eine britische Herrschaft über Palästina bloß eine Aufforderung an Großbritannien, zusätzlich zu seiner Verantwortung für das Weltreich noch eine weitere unnötige und unerwünschte Verpflichtung zu übernehmen[93].

Der erste Versuch, das Kabinett zur Anerkennung des zionistischen Programms zu bewegen, endete also mit einem Fehlschlag. Die Regierung würde kaum einen Finger rühren, und die Aussichten, vor denen Weizmann und seine Anhänger nun standen, waren bestenfalls die eines langen, harten Kampfes.

Gelegentlich fanden weitere Besprechungen statt, aber weder 1915 noch im folgenden Jahr wurde ein wesentlicher Fortschritt erzielt. Die Zionisten beschlossen deshalb, die Zeit zu nutzen, um von der jüdischen Gemeinde stärkere Unterstützung zu gewinnen. Inzwischen hatte Nahum Sokolow sich Weizmann angeschlossen. Da Sokolow, zum Unterschied von Weizmann, Mitglied des Aktionskomitees war, konnte er mit größerer Autorität im Namen der Weltorganisation sprechen. Die Zionisten wußten, wie wichtig es war, die Unterstützung des *Conjoint Committee* zu erhalten, des Sprachrohrs der englischen Judenschaft in allen Angelegenheiten, die die jüdischen Gemeinden im Ausland betrafen. Das, 1878 vom *Board of Deputies of British Jews* (einem Bund jüdischer Gemeinden) und der *Anglo-Jewish Association* (die aus Einzelmitgliedern bestand) gegründete *Conjoint Committee* hatte keinerlei Sympathie für die zionistischen Bestrebungen und riet dem Außenamt, diese zu ignorieren.

Die Geschichte dieses innerjüdischen Kampfes ist bereits in allen Einzelheiten erörtert worden und soll hier nur kurz zusammengefaßt werden[94]. Weizmanns wichtigste Gegenspieler waren Claude Montefiore (»ein hochherziger Mann, der die Meinung vertrat, jeder Nationalismus sei unter der religiösen Würde der Juden«) und Lucien Wolf, ein ausgezeichneter Journalist und Sekretär des *Conjoint Committee* (»dem es unbegreiflich war, daß englische Nichtjuden seinen Antizionismus nicht als Beweis für seine größere Vaterlandsliebe ansahen«). Die Denkweise der liberalen Gegner des Zionismus wird an anderer Stelle dieses Werkes besprochen. In diesem Zusammenhang genügt die Feststellung, daß für Montefiore und Wolf (um abermals Weizmann zu zitieren) »der Judaismus lediglich eine Sammlung abstrakter religiöser Grundsätze war, die osteuropäischen Juden ein Gegenstand des Mitleids und der Wohltätigkeit und der Zionismus im besten Fall ein verstiegener Traum einiger irregeleiteter Idealisten[95]«. Das *Conjoint Committee* stand in enger Verbindung mit den führenden Körperschaften des französischen Judentums, und angesichts des Prestiges seiner Mitglieder und Lucien Wolfs ausgezeichneter Kontakte zum Außenministerium war es ein mächtiger Gegner.

Der Staatssekretär für Indien, Edwin Montagu, der diese Ansichten völlig teilte, war der heftigste Gegner des Zionismus im Kabinett. In mancher Hinsicht übertraf er seine Kollegen sogar, da er ehrlich überzeugt war, alle Zionisten wären deutsche Agenten, denen es um die Förderung des deutschen Imperialismus und die Schwächung des britischen Einflusses in Asien ginge. Über das Schicksal der russischen Judenschaft schrieb er im Jahr 1916: »Ich betrachte die Behandlung, die den Juden in Rußland zuteil wird, mit völligem Gleichmut. Ich bin überzeugt, daß die Behandlung der Juden in Rußland nicht schlechter oder besser ist, als es dem allgemeinen Kulturniveau der Russen entspricht.« Kurz vor der Balfour-Deklaration vermerkte Montagu in seinem Tagebuch, er sei froh, in Reginald Wingate (dem Hochkommissar für Ägypten) einen heftigen Gegner des Zionismus gefunden zu haben, »der zweifellos zu einer Verstärkung des deutschen Einflusses in Palästina führen würde, da die meisten Zionisten deutscher Herkunft sind[96]«.

Weizmann und seine Kollegen übernahmen die undankbare Aufgabe, einen Kompromiß mit den Mitgliedern des *Conjoint Committee* zu suchen. Die Aufgabe erschien zunächst nicht völlig hoffnungslos. Sacher hatte im November 1914 den Eindruck, daß Wolf sehr wohl eine gemeinsame Basis mit den Zionisten finden wollte. In einem Gespräch mit Samuel im Februar 1915 deutete Wolf an, daß man einer Politik zustimmen würde, die auf freier Einwanderung, Ermöglichung der Kolonisation und Errichtung einer hebräischen Universität beruhte, vorausgesetzt, der Gedanke eines Judenstaates würde fallengelassen. Weizmann hatte ebenfalls einen günstigen Eindruck, als er im Dezember 1914 mit Wolf zusammentraf, aber die Übereinstimmung war wohl mehr scheinbar als real, wie sich bald darauf bei einer offiziellen Zusammenkunft herausstellte. Während die Zionisten, die durch Sokolow und den damals vorübergehend in England weilenden Tschlenow vertreten waren, auf ihrer Forderung nach einem jüdischen Gemeinwesen beharrten, das nach dem Krieg geschaffen werden sollte, wiederholte das *Conjoint Committee* seine Ansicht, der Zionismus könnte mit seinen »nationalistischen Postulaten« keine Lösung der Judenfrage bieten, wo immer eine solche existierte. Das *Committee* kam zu dem Schluß, daß es höchst inopportun wäre, die Palästinafrage während des Krieges anzuschneiden.

So scheiterten die Gespräche, und das *Conjoint Committee* handelte ohne Rücksprache mit den Zionisten, als Wolf im März 1916 dem Foreign Office ein Memorandum überreichte, in dem Großbritannien und die anderen Mächte aufgefordert wurden, nach dem Krieg die traditionellen Interessen der jüdischen Gemeinden in Palästina zu berücksichtigen. Wolf forderte für die Juden Palästinas volle bürgerliche und religiöse Freiheiten, die gleichen religiösen Rechte, wie die übrige Bevölkerung sie genoß, annehmbare Bedingungen für Einwanderung und Kolonisierung sowie bestimmte kommunale Vorrechte in den von Juden bewohnten Städten und Kolonien[97]. Er war darauf bedacht, nicht über diese philanthropischen Forderungen hinauszugehen, und es ist bemerkenswert, daß Grey in seinen Bemerkungen zu dem Memorandum, mit denen er es der französischen und der russischen Regierung zur Kenntnis brachte, weniger zurückhaltend war als Wolf. Grey schlug sinngemäß vor, den Juden in Palästina die Autonomie zu gewähren, sobald ihre Anzahl jene der Araber erreichte.

Versuche wohlmeinender jüdischer Persönlichkeiten, den Dialog zwischen den Zionisten und dem *Conjoint Committee* wieder in Gang zu bringen, blieben vergeblich. Weizmann und seine Kollegen waren der Ansicht, daß die Assimilanten sich nicht überzeugen ließen, und verhärteten daher ihre Haltung. Sie waren der Auffassung, das Komitee widerspiegele nicht die Anschauungen der Gemeinde. Nach Kriegsbeginn hatte Weizmann an Harry Sacher und Leon Simon geschrieben: »Den Herren von der Sorte Lucien Wolf muß man reinen Wein einschenken und klarmachen, daß *wir* und nicht *sie* die Herren der Lage sind[98].« Die Zionisten wußten, daß es ihre Aufgabe sehr erleichtern würde, wenn sie das Wohlwollen des anglo-jüdischen Establishments hätten, doch waren sie keinesfalls bereit, als Gegenleistung weitgehende Konzessionen zu machen. Das *Conjoint Committee* wiederum nahm es übel, daß ehrgeizige Juden aus Osteuropa, die noch nicht sehr lang in England waren, unter Umgehung der führenden Gremien der englischen Judenschaft direkte Kontakte mit der Regierung angeknüpft hatten. Die Leute vom *Committee* befürchteten ernstlich, die Errichtung eines Judenstaates in Palästina und die Anerkennung einer jüdischen Nation würden die Lage der Juden in der

Diaspora entscheidend verschlechtern und die Rechte gefährden, die sie in jahrzehntelangen harten Kämpfen errungen hatten. Das *Committee* stellte wiederholt fest, es sei grundsätzlich nicht gegen jüdische Bestrebungen in Palästina. In einem Gespräch mit Balfour im Januar 1917 sagte Wolf, er und seine Freunde würden keine Einwände erheben, wenn die jüdische Gemeinde Palästinas sich zu einer jüdischen Nation und einem jüdischen Staat entwickelte, vorausgesetzt, sie beanspruchten nicht die Treuepflicht der Juden Westeuropas und gefährdeten nicht deren Status und Rechte[99]. Aber noch früher, im Dezember 1915, hatte Wolf in einem Memorandum an Balfours Vorgänger Grey festgestellt, er bedauere zwar die Existenz der jüdischen Nationalbewegung, doch dürften die Tatsachen nicht ignoriert werden: Da der Zionismus in den letzten Monaten in Amerika so mächtig geworden sei, dürfe diese Bewegung von den alliierten Regierungen in ihrem Bemühen um jüdische Sympathien nicht übersehen werden.

Zu den Männern, die entscheidend zu jener Entwicklung beitrugen, welche zur Balfour-Deklaration führte, zählt natürlich vor allem Chaim Weizmann, der von Manchester nach London übersiedelt war, um für das Rüstungsministerium zu arbeiten. Den viele Jahre später veröffentlichen Memoiren Lloyd Georges zufolge soll Weizmann die Deklaration als Belohnung für seine großen Leistungen in der Azetonerzeugung erhalten haben. »Ich wünschte mir, es wäre so einfach gewesen«, schrieb Weizmann in seiner Biographie, »und ich hätte nicht all den Kummer und die Ungewißheit durchmachen müssen, die der Deklaration vorangingen. Doch der Geschichte steht Aladins Wunderlampe nicht zur Verfügung[100].«

Um es nochmals zusammenzufassen: Die britische Regierung war geteilter Ansicht. Eine Gruppe von Politikern und hohen Beamten war gegen den Gedanken eines jüdischen Palästinas, den sie als absurd, undurchführbar und für Großbritannien wertlos betrachteten. Andere standen der Idee durchaus wohlwollend gegenüber, scheuten aber vor den mit dem Projekt eines britischen Mandats verbundenen Verpflichtungen und Bindungen zurück. Statt dessen schlugen sie ein Kondominium mit Frankreich oder vielleicht mit den Vereinigten Staaten vor. Sie sahen in einem Bündnis mit dem Zionismus gewisse Vorteile, waren sich aber auch der Nachteile bewußt und überdies keineswegs überzeugt, daß der ganze Plan der Mühe wert war. Die Frage war nicht gründlich geprüft worden, und auch manche der wohlwollend Gesinnten fragten sich, ob Palästina nicht zu klein sei, ob die Juden imstande wären, das Land aufzubauen, und vor allem, ob sie überhaupt nach Palästina gehen würden, wenn man es ihnen gäbe. Eine weitere Gruppe führender britischer Politiker stand voll und ganz hinter dem Plan, und ihrer Entschlossenheit war es zu verdanken, daß er angenommen wurde. Man hat gesagt, das Foreign Office und Militärfachleute hätten Palästina als ein Territorium »von höchster Wichtigkeit für die künftige Sicherheit und Wohlfahrt des britischen Empire« betrachtet[101]. Während des Krieges wurden verschiedene Ausschüsse gebildet, um die britischen Wünsche bezüglich der asiatischen Türkei zu präzisieren, doch wurden ihre Berichte nie offiziell bestätigt. Jedenfalls waren die Zukunft Palästinas und die des Zionismus zwei verschiedene Fragen. Wenn ein britischer Staatsmann Palästina hohe politische oder strategische Bedeutung beimaß, so war er deshalb nicht unbedingt ein Anhänger der Pläne Dr. Weizmanns – es konnte sogar, wie bei Curzon, das Gegenteil zutreffen.

Lloyd George ist bereits als einer der wichtigsten Befürworter einer prozionistischen Politik erwähnt worden. Balfour war ein weiterer. Weizmann, der ihn zum erstenmal 1905 in Manchester und im folgenden Jahr nochmals getroffen hatte, berichtet über ihr Gespräch. Im Zusammenhang mit dem Uganda-Plan sagte Weizmann: »›Mr. Balfour, angenommen, man würde Ihnen Paris statt London anbieten, würden Sie es annehmen?‹ Er richtete sich auf, sah mich an und antwortete: ›Aber, Dr. Weizmann, London haben wir.‹ ›Gewiß‹, sagte ich, ›aber wir hatten Jerusalem schon, als London noch ein Sumpfgebiet war.‹ Er lehnte sich zurück, sah mich groß an und sagte dann zwei Sätze, die mir unvergeßlich geblieben sind. Zuerst: ›Gibt es viele Juden, die so denken wie Sie?‹ Darauf antwortete ich ihm: ›Ja, Millionen, von denen Sie nichts wissen und die nicht für sich selbst sprechen können . . .‹ Da erwiderte er: ›Wenn das so ist, dann werden Sie eines Tages Ihr Ziel erreichen[102].‹«

Balfour war von Weizmann und dessen Darstellung des Zionismus sehr beeindruckt. Mehr als zwanzig Jahre später schrieb er an seine Nichte, dieses Gespräch mit Weizmann hätte ihm die Einzigartigkeit des jüdischen Patriotismus klargemacht: »Ihre Liebe zu ihrem Lande ließ es nicht zu, daß sie sich mit dem Uganda-Plan zufrieden gaben. Es war Weizmanns strikte Weigerung, die Sache auch nur in Erwägung zu ziehen, was mich so sehr beeindruckte[103].«

Weizmann traf Balfour erneut in den Jahren 1915 und 1916, als dieser Erster Lord der Admiralität und als solcher Weizmanns Vorgesetzter war, da der Zionistenführer inzwischen wissenschaftlicher Berater der Admiralität geworden war. Balfours Persönlichkeit ist bis heute undurchsichtig geblieben. Manche, die ihn sehr gut kannten, sprechen von seinem »steinernen Herzen« und seinem »angeborenen Zynismus«. Und doch scheint er felsenfest überzeugt gewesen zu sein, daß die Juden das begabteste Volk seien, das die Menschheit seit den Griechen hervorgebracht habe; die Christenheit stehe diesen Exilierten, Verstreuten und Verfolgten gegenüber in einer »ungeheuren Schuld[104]«. Weizmann meinte immer, Großbritannien könnte durch eine Mischung von Idealismus und Eigeninteresse dazu gebracht werden, die Errichtung einer jüdischen nationalen Heimstätte zu unterstützten. Aber Balfour, der angebliche Zyniker, war an strategischen Überlegungen nicht besonders interessiert, und auch die Auswirkung einer prozionistischen Deklaration auf Amerika war für ihn kein entscheidender Faktor. Obwohl er dem Wesen nach zu Kompromissen neigte, war er nicht gewillt, Argumente gegen den Zionismus gelten zu lassen; über dieses Thema war mit ihm nicht mehr zu diskutieren. Lord Vansittart schrieb später, Balfour sei nur eine Sache am Herzen gelegen – der Zionismus[105].

Manche unterstützten den Zionismus, weil es sich um eine Bewegung von der Art des Philhellenismus oder des Risorgimento handelte, die auf frühere Generationen von Engländern so stark gewirkt hatten. Es gab auch einen religiösen Faktor. Für Balfour ebenso wie für Lloyd George, General Smuts und nicht wenige ihrer Zeitgenossen war die Bibel eine lebendige Realität. Lloyd George sagte einmal zu Mrs. Rothschild, die biblischen Namen, die in seinen Gesprächen mit Weizmann erwähnt wurden, seien ihm viel vertrauter als die Namen der Städte und Dörfer in den Berichten von der Westfront. Der Gedanke der Heimkehr, schrieb Weizmann später, entsprach dem Traditionsbewußtsein und dem Glauben dieser britischen Staatsmänner. Ihre Art, an Staatsfragen heranzugehen, unterschied sich von jener einer späteren Zeit: »Der sogenannte Realismus heutiger Politiker ist gar kein Realismus, sondern ein reiner Opportunismus, dem das ethische Vorzeichen fehlt und die große Schau, und der prinzipiell von der Hand in den Mund lebt[106].« England, so meinte Weizmann, war der Ansicht, es habe in Palästina nichts verloren, außer im Zusammenhang mit dem Plan zur Schaffung des jüdischen Heimatlandes. Er wäre erfolglos geblieben, hätte er ausschließlich auf das britische Eigeninteresse gebaut, denn solche Überlegungen waren nicht ausschlaggebend. Den britischen Staatsmännern standen im Nahen Osten mehrere Möglichkeiten zur Wahl. Eine davon war der Zionismus, der weder die wichtigste noch die aussichtsreichste davon war. Ein britisches Protektorat mußte zu Spannungen mit Frankreich führen, die Liberalen waren gegen eine weitere Ausdehnung des Empire; zum Zeipunkt der Balfour-Deklaration hatte Amerika sich bereits den Alliierten angeschlossen, und es bestand keine unmittelbare Notwendigkeit mehr, die amerikanische Judenschaft zu beruhigen. Das Eigeninteresse allein reicht also nicht aus, um die britische Palästinapolitik von 1917 zufriedenstellend zu erklären.

Die Zionisten waren nicht die einzigen, die im Nahen Osten bestimmte Absichten verfolgten. Während Weizmann und seine Kollegen sich in London und Washington um Unterstützung für ihre Sache bemühten, wurden ohne ihr Wissen Verhandlungen geführt, Noten gewechselt und Abkommen unterzeichnet, die die Zukunft Palästinas direkt berühren sollten. Sir Henry McMahon, Kitcheners Nachfolger als Hochkommissar in Ägypten, traf mit Scherif Hussein von Mekka ein Übereinkommen: Der Scherif übernahm es (um einen komplizierten Sachverhalt kurz darzustellen), die Türken aus den arabischen Gebieten zu vertreiben, während die Briten als Gegenleistung die arabische Unabhängigkeit anerkennen sollten. Die in diesem Zusammenhang entscheidende Frage ist, ob Palästina in dem Hussein gegebenen Versprechen inbegriffen war.

Die Diskussion über diesen Punkt hat sich fünfzig Jahre lang hingezogen. Arabische Sprecher vertraten die Ansicht, Palästina hätte Teil des unabhängigen Arabiens sein sollen, während McMahon und die englischen Staatsmänner dies bestritten[107]. Wie dem auch sei, die Briten konnten stets darauf hinweisen, daß sie an dieses Übereinkommen nicht gebunden waren, weil der Scherif seinen Teil nicht erfüllt hatte; ein allgemeiner arabischer Aufstand war vorgesehen, hat aber nie stattgefunden. Lloyd George drückte dies etwas drastisch aus: »Die Araber Palästinas, die uns in vielfacher Weise hätten helfen können, blieben still und geduckt . . . sie kämpften gegen uns.«

Wichtiger und vom zionistischen Standpunkt aus gesehen potentiell gefährlicher war das Sykes-Picot-Abkommen. 1915 arbeiteten Sir Mark Sykes als Vertreter des britischen Foreign Office und Charles Georges Picot im Namen des französischen Außenministeriums den Entwurf eines Abkommens über die Aufteilung der Einflußsphären im Nahen Osten nach dem Krieg aus. Das Abkommen wurde von Rußland im Prinzip gutgeheißen, im Januar 1916 paraphiert und im Mai 1916 durch einen Notenwechsel zwischen Sir Edward Grey und Paul Cambon ratifiziert. Diesem Abkommen zufolge sollte Palästina Teil der britischen Einflußsphäre werden, mit Ausnahme des Landesteils nördlich der Linie von Akko bis zum Nordufer des Tiberias-Sees, der zur französischen Zone kommen sollte. Dazu kamen einige vage Bestimmungen betreffend eine internationale Zone, die die heiligen Stätten einschließen sollte (die Enklave Jerusalem[108]). Das Sykes-PicotAbkommen war deshalb wichtig, weil es der britischen Regierung in ihren Verhandlungen mit den Zionisten die Hände band.

Weizmann erfuhr erst ein Jahr später von der Existenz des Abkommens. Der britische Vertreter, Sykes, Sekretär des Kriegskabinetts, wurde zu einem der eifrigsten Anwälte der zionistischen Sache, was so weit ging, daß er alle antizionisitschen Juden geheimer prodeutscher Neigungen zu verdächtigen begann[109]. Sykes änderte seine Meinung erst, nachdem das Abkommen mit den Franzosen bereits paraphiert worden war, und er fand sich in der unangenehmen Lage, seinen neuen Freunden von dessen Existenz nichts verraten zu dürfen. Es wurde die Ansicht vertreten, Sykes hätte 1917 Bedenken gegen das Abkommen mit den Franzosen gehegt und die zionistische Forderung nach einem britischen Protektorat als »günstige Gelegenheit, sich aus dem Abkommen von 1916 herauszuwinden«, betrachtet[110]. Das hieße aber, Sykes allzuviel Machiavellismus zu unterstellen und seine Begeisterung für die zionistische Sache zu unterschätzen. Weizmann beschrieb ihn als einen großzügigen und warmherzigen Menschen, eine farbige, romantische Gestalt, jedoch nicht sehr konsequent und logisch in seinem Denken. Seine Ratschläge waren für die Zionisten von unschätzbarem Wert. Er half ihnen, den Druck auf die Regierung aufrechtzuerhalten, als die Frage vorübergehend aufs Eis gelegt wurde, und achtete darauf, wie Weizmann berichtet, daß sie keine gefährlichen Fehler begingen. Sykes untersützte mit gleichem Eifer die arabische und die armenische Nationalbewegung und hoffte auf eine enge Zusammenarbeit zwischen diesen und dem Zionismus[111].

Trotz dem höherenorts gezeigten Wohlwollen, trotz Memoranden und Gesprächen hatte der Zionismus bis zum dritten Kriegsjahr keinen merklichen Fortschritt erzielt. Das britische Kabinett war mit ungleich dringlicheren Problemen beschäftigt, als es die Palästinafrage war. Der Krieg ging weiter und verlief nicht sehr günstig. Frankreich zeigte keine Begeisterung für ein jüdisches Gemeinwesen in Palästina unter britischer Herrschaft, und die Amerikaner hatten ihren Einfluß noch nicht spüren lassen. In dieser Situation kam es zur Regierungskrise vom Dezember 1916, die zu Asquiths Rücktritt führte. Lloyd George wurde Premierminister, Balfour Außenminister und Milner Miglied des Kriegskabinetts. Alle drei sympathisierten mit dem Zionismus, und auch der stellvertretende Außenminister, Lord Robert Cecil, befürwortete ihn wärmstens. Anderseits verloren die Zionisten mit Herbert Samuel ihren engsten Verbündeten, während Edwin Montagu, ein scharfer Gegner, nach kurzer Zeit wieder in die Regierung zurückkehrte.

Der Regierungswechsel ereignete sich während einer militärischen Offensive im Nahen Osten. Ein von Ägypten aus operierendes britisches Expeditionskorps hatte gegen Ende 1916 die Sinai-Halbinsel besetzt. Ein Angriff auf Gaza im März 1917 schlug fehl, aber das Kriegskabinett beschloß am 2. April dennoch die Invasion Palästinas. Sykes riet seinen zionistischen Freunden bereits im Januar, dafür zu sorgen, daß ihre Leute an Ort und Stelle wären, sobald die Briten in Jerusalem einmarschierten[112].

Im Februar 1917 fand die erste offizielle Konferenz statt, die zur Balfour-Deklaration führte. Anwesend waren Sykes und Samuel sowie die führenden Zionisten und zwei Mitglieder der Familie Rothschild. Die Versammelten lehnten ein Kondominium und eine Internationalisierung Palästinas ab und entschieden sich für ein britisches Protektorat[113]. Sykes wies die Versammelten auf die Bedeutung der wachsenden arabischen Nationalbewegung hin und meinte, Frankreich sei das Haupthindernis für die Verwirklichung der zionistischen Ziele. Man beschloß, Sokolow nach Paris und Rom zu entsenden, wo er versuchen sollte, die Franzosen und die Italiener zu einer Aufgabe ihres Widerstands zu bewegen und ihnen wenn möglich eine Sympathieerklärung abzuringen. Die Mission war insofern ein Teilerfolg, als Sokolow einen Brief von Cambon erhielt, in dem dieser sich bereit erklärte, die »Renaissancebestrebungen der jüdischen Nation in dem Lande zu fördern, aus welchem das Volk Israel vor so vielen Jahrhunderten verbannt wurde[114].«

In Paris befand sich Sokolow auf schwankendem Boden, denn er wußte von Picot, daß Frankreich Palästina für sich haben wollte und keineswegs bereit war, ein Kondominium mit Großbritannien oder gar mit den Vereinigten Staaten ins Auge zu fassen[115]. Weizmann wiederum legte größten Wert darauf, daß Sokolow in Paris keinen Zweifel daran ließe, daß das Zionistische Aktionskomitee Großbritannien vorzog, und er kritisierte Sokolow, der dies in seinen Zusammenkünften mit französischen Diplomaten offenbar nicht *expressis verbis* gesagt hatte. Weizmann befürchtete, Mißtrauen im Außenministerium hervorzurufen, während Sykes diesbezüglich weniger empfindsam war. Er nahm an – und wie sich zeigen sollte, mit Recht –, daß jede auch noch so vage französische Erklärung zugunsten der zionistischen Bestrebungen der Sache des Zionismus im Foreign Office nur nützen konnte.

Sokolow erhielt dann ähnliche Zusicherungen in Rom und im Vatikan. Man teilte ihm mit, er könne mit dem Wohlwollen der Kirche rechnen, sofern diese Zusicherungen hinsichtlich der heiligen Stätten erhielte. Der päpstliche Staatssekretär, Kardinal Gasparri, sagte im Gespräch, er denke an »reservierte Gebiete«, die nicht nur Jerusalem und Bethlehem umfassen sollten, sondern auch Nazareth und Umgebung sowie Tiberias und sogar Jericho. Sokolow war niedergeschlagen, denn für eine jüdische nationale Heimstätte wäre dann nicht viel übriggeblieben, aber der fromme Katholik Sykes war mit dem Ergebnis dieses Gesprächs sehr zufrieden. In diesem Stadium, meinte er, zählte vor allem die Tatsache, daß Seine Heiligkeit erklärt hatte: »Si, io credo che noi saremo buoni vicini.« (Ich glaube, wir werden gute Nachbarn sein[116].)

Sokolow kehrte Mitte Juni 1917 nach London zurück. Seine Verhandlungen hatten die zionistische Sache vorwärtsgebracht, doch hatte man im Foreign Office immer noch einige Zweifel, ob es klug wäre, die Errichtung eines britischen Protektorats anzustreben. Wäre es nicht sinnvoller, Palästina nach dem Krieg unter eine internationale Mandatsverwaltung zu stellen? Weizmann hatte inzwischen vom Sykes-Picot-Abkommen erfahren und im Außenministerium heftig dagegen protestiert; er meinte, Palästina der Türkei zu überlassen, wäre immer noch besser, als es zu internationalisieren[117]. Aber er war nach wie vor zuversichtlich, daß sein Plan eines britischen Protektorats schließlich verwirklicht werden würde, und sagte in einer Rede in London am 10. Mai 1917, er wisse, daß die britische Regierung bereit sei, die zionistischen Pläne zu unterstützen. Es ist nicht ganz klar, ob er zu einer solchen Erklärung ermächtigt war oder ob er damit das Foreign Office unter Druck setzen wollte.

Dem Rat Sykes' folgend, hielt sich Weizmann bereit, von London nach Ägypten abzureisen, da man annahm, daß im Frühling oder Frühsommer britische Truppen von Ägypten aus Palästina besetzen würden. Es gab jedoch weder eine Frühjahrs- noch eine Sommeroffensive. General Murray zeigte wenig Initiative, und der Chef des britischen Generalstabs maß dem palästinensischen Kriegsschauplatz keine vorrangige Bedeutung zu. Lloyd George wieder sah die Lage in einem völlig anderen Licht. Er bemerkte einmal, die Palästinafront sei die einzige, die er interessant finde. Dem eben zum Befehlshaber ernannten General Allenby wurde mitgeteilt, das Kriegskabinett erwarte die Einnahme Jerusalems noch vor Weihnachten 1917[118].

Weizmann war sowohl mit Lloyd George als auch mit Balfour im März und April 1917 zusammengetroffen und hatte dabei den Eindruck gewonnen, daß die Staatsmänner, auf die es ankam, auch weiterhin für ein britisches Protektorat in Palästina waren. Im Sommer 1917 gab es eine spürbare Änderung des politischen Klimas, die unter anderem auch in den wohlwollenden Kommentaren der *Times* zum Gedanken einer jüdischen nationalen Heimstätte Ausdruck fand. Das *Conjoint Committee* war über die Entwicklung ärgerlicher als je, und seine Führer beschlossen, zur Offensive überzugehen: Wolf hatte Balfour im Januar, kurz nach Amtsantritt der neuen Regierung, aufgesucht und abermals betont, daß seine Vereinigung gegen die zionistischen Bestrebungen sei. Balfour versicherte, das Komitee würde in jüdischen Angelegenheiten konsultiert werden, meinte aber auch, Wolf und seine Freunde sollten weitere Polemiken gegen die Zionisten unterlassen.

Die Antizionisten, die sich über Weizmanns Rede vom 20. Mai ärgerten, in der er sie als »kleine Minderheit« bezeichnet hatte, beschlossen, Balfours Rat zu ignorieren. Vier Tage später erschien ein von David Alexander und Claude Montefiore, den Präsidenten des *Board of Deputies* und der *Anglo-Jewish Association*, unterzeichneter Brief in der *Times* unter der Überschrift: *Palästina und der Zionismus – Die Ansichten der englischen Judenschaft.* Darin wiederholten sie ihren Protest gegen die zionistische Theorie einer heimatlosen Nation, die, wenn man sie allgemein akzeptierte, dazu führen würde, daß man die Juden in ihren Geburtsländern als Fremde abstempeln würde. Eine jüdische politische Nationalität sei ein Anachronismus; die Religion sei das einzige sichere Unterscheidungsmerkmal. Ferner meinten die Unterzeichner, es wäre ein Unglück, wenn die jüdischen Siedler in Palästina Sonderrechte in Form politischer oder wirtschaftlicher Privilegien erhielten. Dies würde dem Prinzip der Gleichberechtigung widersprechen. Es würde die Juden überall dort kompromittieren, wo sie die Gleichberechtigung errungen hatten, und außerdem die Juden Palästinas in bittere Fehden mit ihren Nachbarvölkern verwickeln[119].

Die Pressekampagne erwies sich als Bumerang. Die Tatsache, daß die Führer des *Conjoint Committee* sich für berechtigt hielten, einen internen jüdischen Streit in der *Times* auszutragen, machte in der Gemeinde einen schlechten Eindruck. In einem Antwortschreiben distanzierten sich Oberrabbiner Lord Walter Rothschild und andere prominente jüdische Persönlichkeiten von der Alexander-Montefiore-Erklärung[120]. Kaum einen Monat später sprach der *Board of Deputies* dem *Conjoint Committee* sein Mißtrauen aus. Dies führte zum Rücktritt des Präsidenten des *Board* und im September 1917 zur Auflösung des *Committee*. Die einfachen Juden, schreibt Leonard Stein, neigten sich in wachsendem Maße dem Zionismus zu. Sie hatten zwar keine genaue Vorstellung, was sie in Palästina eigentlich wollten oder erwarteten, »sie hatten einfach das instinktive Gefühl, daß die Zionisten auf dem richtigen Weg waren und nicht behindert werden sollten. Außerdem war der Kampf zwischen Zionisten und Antizionisten mit einem Machtkampf innerhalb der englischen Judenschaft verbunden«. Die Angelegenheiten der Gemeinde wurden immer noch von den Vertretern einiger reicher, gesellschaftlich bedeutender Familien geleitet. Ihre »wohlwollende Oligarchie« hatte keine Kontakte zu den neuen Kräften, die sich innerhalb der Gemeinde herausbildeten und darauf bestanden, im inneren Kreis der anglo-jüdischen Repräsentanz mitreden zu dürfen[121].

Mitte Mai 1917 wurde der ehemalige amerikanische Botschafter in Konstantinopel, Morgenthau, von Präsident Wilson beauftragt, die Möglichkeit eines Separatfriedens mit der Türkei zu sondieren. Dies rief im britischen Außenministerium, vor allem aber unter den Zionisten, Besorgnis hervor, denn diese Mission hätte im Falle ihres Erfolges dazu führen können, daß Palästina beim Osmanischen Reich verblieben wäre. Weizmann wurde nach Gibraltar entsandt, um mit dem amerikanischen Emissär zusammenzutreffen und ihm von seiner Mission abzureden, ohne dabei Morgenthau oder Präsident Wilson zu beleidigen. Genaugenommen war die ganze Idee eines Separatfriedens mit der Türkei nicht genügend durchdacht oder vorbereitet. Auch der Umfang des Unternehmens war nicht klar, und Weizmann fiel es nicht allzu schwer, Morgenthau davon abzubringen.

Die Mobilisierung der jüdischen Öffentlichkeit zur Unterstützung der zionistischen Bestrebungen in den Entente-Ländern spielte in der

Vorgeschichte der Balfour-Deklaration eine wichtige Rolle. Brandeis gab dem Plan eines britischen Protektorates seine volle Unterstützung, wobei ihm völlig klar war, daß die amerikanische Regierung dem Plan eines Kondominiums oder eines Protektorates abgeneigt sein würde. Überraschenderweise fanden Weizmann und Sokolow in Rußland eine viel schwierigere Lage vor. Tschlenow berichtete, die provisorische Regierung, die das zaristische Regime ersetzt hatte, sei der zionistischen Bewegung wohlgesinnt, messe aber der Palästina-Frage keine große Bedeutung bei, und die russischen Zionisten seien von dem ganzen Projekt bei weitem nicht so begeistert wie Weizmann. Ihre frühere Bewunderung für Großbritannien sei dadurch, daß dieses das Zarenregime unterstützt hatte, stark abgekühlt. Außerdem war allgemein bekannt, daß der britische Botschafter und einige prominente britische Journalisten in Petrograd der russischen Judenschaft nicht allzu freundlich gesinnt waren. Es gab Zweifel, ob Weizmanns völlige Übereinstimmung mit den britischen Kriegszielen nicht unklug sei. Großbritannien hatte bislang kein klares Versprechen in bezug auf die Zukunft Palästinas gegeben. Die russischen Zionisten waren nicht bereit, sich in Petrograd für die Unterstützung eines Plans einzusetzen, den die Briten selbst noch nicht bestätigt hatten. War es sicher, daß Großbritannien den Palästinafeldzug durchführen würde? Und was würde geschehen, wenn es den Engländern nicht gelänge, Palästina von den Türken zu befreien[122]? Tschlenow hätte eine von allen Mächten anerkannte jüdische Heimstätte einer ausschließlich auf Großbritannien orientierten vorgezogen. Weizmann war verbittert. Man erwog, Sokolow nach Rußland zu entsenden, aber am Ende mußten die Londoner Zionisten ohne eindeutige Unterstützung seitens der russischen Zionisten auskommen.

In seinen Gesprächen mit Balfour und Lloyd George im März und April 1917 hatte also Weizmann den Eindruck gewonnen, daß der Premierminister und sein Außenminister sich an den Gedanken eines jüdischen Palästinas unter britischem Protektorat gebunden fühlten. Die entscheidende Frage war jedoch, wie eine solche Absicht in praktische Politik umgesetzt werden sollte. Während Weizmann im Juni und Juli in Gibraltar weilte, entwarfen die anderen Zionistenführer in London den Text eines Befürwortungsschreibens, das von der britischen Regierung veröffentlicht werden sollte. Nach diesem von Sacher ausgearbeiteten Entwurf sollte Großbritannien die Schaffung eines jüdischen Staates in Palästina zu einem seiner Kriegsziele erklären. Sokolow hielt dies für zu weitgehend: »Wenn wir zu viel fordern, werden wir überhaupt nichts erhalten.« Anderseits war er überzeugt, daß, sobald einmal eine Befürwortungserklärung abgegeben worden wäre, die Zionisten nach und nach mehr erreichen würden[123].

Seine Warnung scheint berechtigt gewesen zu sein, denn als das

Foreign Office einen eigenen Entwurf ausarbeitete, benützte es Ausdrücke wie »Asyl«, »Zuflucht« und »Errichtung eines Zufluchtsortes für verfolgte Juden«. Dies wurde selbstverständlich von den Zionisten abgelehnt, die darauf hinwiesen, daß diese Erklärung keinerlei Wert haben würde, wenn sie nicht prinzipiell Palästina als nationale Heimstätte des jüdischen Volkes bestätigte. Schließlich legte Rothschild am 18. Juli Balfour eine Kompromißformel vor. Sie sprach nicht von einem Judenstaat, sondern von einer nationalen Heimstätte, und schlug vor, die britische Regierung sollte die Mittel und Wege zur Erreichung dieses Ziels mit der Zionistischen Organisation besprechen. Zwei Tage, bevor Rothschild dieses Schreiben absandte, kam die Meldung, daß Edwin Montagu wieder ins Kabinett eingetreten sei. Rothschild meinte, dies bedeute für den Zionismus einen schweren, wenn nicht tödlichen Schlag. Weizmann war weniger pessimistisch, aber auch er war über die Entwicklung beunruhigt und schrieb später: »Es bestand nicht der leiseste Zweifel, daß ohne Einmischung von außen – und einzig und allein von Juden! – der Entwurf Anfang August angenommen worden wäre, und zwar im wesentlichen so, wie wir ihn vorgelegt hatten[124].«

Der Rothschild-Entwurf wurde dem Kriegskabinett erstmals Anfang August 1917 unterbreitet, doch wurde die Debatte darüber verschoben. Am 3. September stand er abermals auf der Tagesordnung. Sowohl Lloyd George als auch Balfour waren an diesem Tag abwesend, und Montagu sprach sich heftig gegen den Plan aus. Um Zeit zu gewinnen, beschloß man, Präsident Wilson um Rat zu fragen. Dies wirkte wie eine kalte Dusche auf die Zionisten, und Wilsons erste, unverbindliche Antwort verschlimmerte die Lage noch mehr. Aber Weizmann und seine Freunde gaben sich nicht geschlagen. Sie suchten Balfour auf und bereiteten einen neuen Entwurf für die nächste Kabinettssitzung am 4. Oktober vor. Diesmal waren die prozionistischen Kräfte (mit Ausnahme von Smuts) vollzählig anwesend, darunter der Premierminister, der Außenminister und Milner.

Montagu sah, daß er auf verlorenem Posten stand, leistete aber weiterhin Widerstand. Er richtete einen langen, eindringlichen und bewegten Appell an seine Kollegen: Wie könne er bei seiner bevorstehenden Reise nach Indien die britische Regierung repräsentieren, wenn eben diese Regierung erklärte, seine (Montagus) nationale Heimstätte läge auf türkischem Staatsgebiet? Er wurde von Curzon unterstützt, der mehrere praktische Fragen aufwarf: Palästina sei nicht groß genug, um eine Masseneinwanderung aufnehmen zu können; und wie sollte die arabische Frage gelöst werden? Das Kabinett beschloß, Präsident Wilson nochmals zu konsultieren, aber diesmal waren Balfours Argumente eindringlicher. Er gab bekannt, daß die deutsche Regierung sich große Mühe gebe, die Zionisten für sich zu gewinnen, die ihrerseits von der Mehrzahl der Juden unterstützt würden. Und was die amerikanische Haltung betreffe, fügte er hinzu, so sei diese entschieden zustimmend[125].

Trotz Montagus Rückzugsgefechten stand eine Entscheidung offenbar bevor. Die größte Gefahr war, vom zionistischen Standpunkt gesehen, daß sie verwässert würde. Während das Kabinett noch tagte, spielte sich eine kleine Komödie der Irrungen ab. Weizmann war so erregt, daß er nicht imstande war, die Arbeit in seinem Laboratorium fortzusetzen. Er begab sich zu Lloyd Georges Sekretär, Philip Kerr, und fragte, ob er sich zur Verfügung halten sollte, für den Fall, daß das Kabinett ihn befragen wolle. Man sagte ihm, bisher sei noch nie eine Privatperson zu einer Kabinettssitzung zugelassen worden. Trotzdem war Weizmann nicht imstande, ins Laboratorium zurückzukehren, und er begab sich statt dessen in das nahegelegene Büro von Ormsby Gore. Aber gleich nach Montagus Rede beschloß das Kabinett, Weizmann zu rufen, und man sandte Boten nach ihm aus. »Boten wurden ausgeschickt, die mich an allen Ecken und Enden suchten – und ich saß einige Türen entfernt im Büro von Ormsby Gore[126].« Zuerst fürchtete Weizmann, vielleicht eine große Chance versäumt zu haben, aber viele Jahre später wurde ihm klar, daß er sich bei jener Gelegenheit vielleicht hinreißen lassen und damit die Lage verschlimmert hätte.

Die Kampagne erreichte nun ihren Höhepunkt. Diesmal enthielt Wilsons Antwort eine eindeutige Unterstützung. Während die Antizionisten in der jüdischen Gemeinde ihre Anhänger mobilisierten, trat Weizmann ihnen mit einer Liste von 350 jüdischen Gemeinden entgegen, die sich für den Rothschild-Entwurf aussprachen. Doch in der nächsten Sitzung des Kriegskabinetts am 25. Oktober konnte wiederum keine endgültige Entscheidung getroffen werden, weil Curzon bekanntgab, er würde seinerseits ein Memorandum zu dieser Frage vorlegen[127]. Die Zionisten und das Foreign Office betrachteten dies nur noch als Obstruktion. Sie erwarteten keine neuen Argumente, womit sie recht behalten sollten, wie sich einige Tage später herausstellte. Curzon vertrat die Auffassung, Palästina sei zu arm, das Klima zu unwirtlich, die Bevölkerung von Agrarexporten abhängig. Kurz gesagt, Palästina eigne sich nicht als nationale Heimstätte für die Juden. Curzon war durchaus dafür, daß mehr Juden aus Osteuropa einwanderten und daß die Juden die gleichen politischen und religiösen Rechte erhielten wie die anderen Einwohner. Aber dies war natürlich nicht, was die Zionisten wünschten[128]. In der nächsten Kabinettssitzung am 31. Oktober gab Curzon nach.

Leopold Amery war schon vorher von Balfour beauftragt worden, den Entwurf einer Erklärung auszuarbeiten, die sowohl die Ziele der Zionisten als auch bis zu einem gewissen Grade die Einwände ihrer Kritiker berücksichtigen sollte. Dies erklärt das Fehlen jedes Hinweises auf einen Judenstaat in der Balfour-Deklaration. Die Zionistenführer hatten selber verlauten lassen, das Argument, die Juden wünschten einen eigenen Staat, sei »völlig irrig« und auch keineswegs Teil des zionistischen Programms[129].

Der Amery-Entwurf wurde verschiedenen jüdischen Persönlichkeiten zur Kenntnis gebracht, und der Oberrabbiner versicherte, daß die vorgeschlagene Erklärung von der überwältigenden Mehrheit der Juden unterstützt werden würde. Andere waren weniger zuversichtlich. In der entscheidenden Kabinettssitzung am 31. Oktober ließ Balfour die Frage offen, ob die nationale Heimstätte die Form eines britischen oder amerikanischen Protektorats annehmen sollte oder ob es irgendeine andere Lösung geben würde. Am Ende der Debatte wurde er ermächtigt, das folgende Schreiben an Lord Rothschild zu richten, mit der Bitte, diese Erklärung der Zionistischen Föderation zur Kenntnis zu bringen:

»Mein lieber Lord Rothschild!

Es ist mir ein großes Vergnügen, Ihnen namens der Regierung Seiner Majestät die folgende Sympathie-Erklärung für die jüdisch-zionistischen Bestrebungen zu übermitteln, die dem Kabinett unterbreitet und von ihm gebilligt worden ist:

›Die Regierung Seiner Majestät betrachtet die Schaffung einer nationalen Heimstätte in Palästina für das jüdische Volk mit Wohlwollen und wird die größten Anstrengungen machen, um die Erreichung dieses Zieles zu erleichtern, wobei es sich versteht, daß nichts getan werden soll, was die bürgerlichen und religiösen Rechte bestehender nichtjüdischer Gemeinschaften in Palästina oder die Rechte und die politische Stellung der Juden in irgendeinem anderen Lande beeinträchtigen könnte‹[130].«

Während das Kabinett noch tagte, um die Endfassung zu billigen, wartete Weizmann wieder draußen, diesmal in Rufweite. Sykes kam mit dem Dokument heraus und rief: »Dr. Weizmann, es ist ein Junge!« Weizmann sagt, er mochte den Knaben nicht, es war nicht der, den er erwartet hatte. Aber es war ihm klar, daß die neue Formulierung, wie verwässert sie auch sein mochte, ein ungeheures Ereignis in der jüdischen Geschichte, einen neuen Anfang bedeutete[131].

Die Meldung über die Deklaration wurde in der britischen Presse am 8. November 1917 veröffentlicht, Seite an Seite mit den Berichten aus Petersburg über die bolschewistische Revolution. Die Zeitungen hielten es für selbstverständlich, daß dieses »epochemachende« Ereignis den Weg für einen Judenstaat freimachen würde: Der *Daily Express* brachte die Schlagzeile: »Ein Staat für die Juden«; die *Times* und die *Morning Post* wählten den Titel: »Palästina den Juden«. Der *Observer* schrieb, es hätte zu diesem Zeitpunkt keinen gescheiteren und weiseren Akt der Staatskunst geben können[132]. Die jüdische Gemeinde jubelte, und die Begeisterung der amerikanischen und der russischen Judenschaft kam in Hunderten Resolutionen zum Ausdruck. Henri Bergson, George Brandes und andere dem Judentum und dem jüdischen Leben entfremdete Persönlichkeiten des öffentlichen Lebens drückten ihre Befriedigung aus und äußerten ihre Bereitschaft, bei der Errichtung des neuen Palästinas mitzuhelfen.

Sogar die Führer des deutschen Zionismus, die sich insofern in einer schwierigen Lage befanden, als sie sich nicht gut mit den britischen Kriegszielen einverstanden erklären konnten, bezeichneten die Deklaration als Ereignis von weltgeschichtlicher Bedeutung, als den bisher größten Schritt zur Verwirklichung des Basler Programms[133]. Sie verdoppelten ihre Bemühungen, auch von Deutschland und der Türkei eine Erklärung zu erreichen, in der ebenfalls Wohlwollen für die zionistischen Bestrebungen zum Ausdruck kommen sollte. Am 12. November 1917 wurde der Text der Balfour-Deklaration offiziell dem deutschen Außenamt übermittelt und um ein Gespräch mit dem Staatssekretär angesucht. Jedoch Herr von Kühlmann war sehr beschäftigt und konnte die Zionistenführer nicht empfangen. Seine Antwort widerspiegelte die Abneigung der deutschen Regierung gegen ein Arrangement mit den Zionisten. Hingegen empfing der österreichische Außenminister, Graf Czernin, im November 1917 eine zionistische Abordnung und sagte ihr seine Unterstützung zu[134]. Das Zionistische Aktionskomitee stellte diese Erklärung stark heraus, obwohl sie nur von zweifelhaftem Wert war, denn Österreich konnte nicht über Palästina entscheiden und war zu diesem Zeitpunkt bereits so geschwächt, daß es weltpolitisch nicht mehr viel zählte[135].

Als der türkische Botschafter sich in Berlin darüber beklagte, daß das Zionistische Aktionskomitee die Balfour-Deklaration begrüßt hatte, erwiderte Professor Warburg, der nominell immer noch Vorsitzender des Komitees war, das Gegenteil sei der Fall, er selber hätte sich der Abweichung vom Grundsatz der zionistischen Neutralität schuldig gemacht: Der Zionismus sei eine internationale Bewegung, aber er hätte es als Zionist und als Deutscher für seine Pflicht gehalten, auf seinem Posten zu bleiben, da er an die Gleichheit der Interessen Deutschlands, der Türkei und des Zionismus glaubte. Ober hätten es die Türken lieber, wenn die Zentrale der zionistischen Bewegung in ein der Türkei feindlich gesinntes Land verlegt würde[136]?

Im Krieg hielt sich keine Seite strikt an den Grundsatz der zionistischen Neutralität. Beide Seiten waren ehrlich überzeugt, daß der zionistischen Sache am besten mit dem Sieg des eigenen Landes gedient wäre. Das ging so weit, daß die Juden auf der einen Seite ihre Glaubensbrüder auf der anderen angriffen, so beispielsweise, als ein prominenter englischer Jude, der Präsident des *Board of Deputies*, Sir Stuart Samuel, der britischen Regierung 1917 vorschlug, deutsche und österreichische Juden zwanzig Jahre lang strafweise von Palästina auszuschließen. Kurt Blumenfeld mußte beim ersten Treffen zionistischer Führer nach dem Krieg zu seinem Staunen wahrnehmen, daß die Entente-Zionisten auch die Zionisten der Mittelmächte als Verlierer betrachteten.

Weder die Franzosen noch die Italiener reagierten auf die Balfour-Deklaration positiv. In einer nach der Einnahme Jerusalems herausgegebenen Erklärung kündigte der Quai d'Orsay unter Außerachtlassung der Balfour-Deklaration an, daß Palästina internationalisiert werden sollte. Zwei Monate später erklärte Pinchon aufgrund von Anweisungen Clemenceaus, daß in Fragen betreffend *un Etablissment Juif* zwischen Großbritannien und Frankreich völlige Übereinstimmung herrsche[137]. Aber für beide Männer war die ganze Frage ohne besondere Bedeutung, es ging bloß um eine Geste für die Öffentlichkeit, und die französische Diplomatie distanzierte sich bald von dieser Bekundung des guten Willens. Das italienische Außenministerium hätte in Palästina lieber eine internationale Verwaltung als ein britisches Protektorat gesehen. Sokolow brauchte sechs Monate, um von der italienischen Regierung eine Erklärung zu erlangen, in der die Errichtung eines hebräischen Nationalzentrums in Palästina erwähnt, die Frage des Protektorats jedoch offen gelassen wurde.

Präsident Wilson hatte inoffiziell seine Unterstützung der Balfour-Deklaration zum Ausdruck gebracht, aber Außenminister Lansing drängte ihn, sich nicht öffentlich festzulegen. Lansing wies darauf hin, daß Amerika sich mit der Türkei nicht im Kriegszustand befand, daß die Juden selber hinsichtlich der Meriten des Zionismus geteilter Meinung seien, und daß die anderen traditionellen Interessen im Heiligen Land nicht übersehen werden dürften[138]. Es dauerte noch zehn Monate, bis Wilson auf Drängen von Stephen Wise eine weitere Erklärung abgab, in der er den Zionisten seine Unterstützung zusicherte. Überflüssig zu sagen, daß die neue bolschewistische Regierung in Petrograd wenig Begeisterung zeigte. Lenin und Trotzki hatten eben die Macht ergriffen; Palästina war fern und unwichtig. Später, als sie sich über die Balfour-Deklaration Gedanken machten, kamen sie zu dem Schluß, daß es sich um eine imperialistische Intrige handle, um einen Teil der umfassenden sowjetfeindlichen Pläne, dazu bestimmt, die Position des britischen Imperialismus gegen die Weltrevolution zu stärken.

Wir haben in groben Zügen die Entwicklung verfolgt, die letztlich zur Balfour-Deklaration führte. Über die wichtigsten Meilensteine auf diesem Weg besteht kein Zweifel, wohl aber, wie gewöhnlich, über die Gründe. Warum beschloß die britische Regierung, diese Erklärung abzugeben, und was erwartete sie sich davon? Es mag hier angebracht sein, die Frage in einen größeren Rahmen zu stellen: Für die Zionisten war dies das politische Hauptproblem, während es für die britischen Politiker (von den Franzosen und Amerikanern ganz zu schweigen) eine zweitrangige Frage war. Weder die Freunde noch die Feinde des Zionismus hatten Zeit oder Interesse genug, sich mit einer gründlichen Untersuchung seiner verschiedenen Aspekte zu befassen. Dies erklärt auch die Inkonsequenz ihrer Haltung. Es gab keinen enthusiastischeren Zionisten als Sir Mark Sykes, keinen, der antizionistischen Argumenten weniger zugänglich gewesen wäre. Zugleich war Sykes jedoch überzeugt, daß der Zionismus nicht auf einen jüdischen Staat abziele, und er riet den Juden in ihrem eigenen Interesse, das Problem mit den Augen der Araber zu betrachten[139]. Der stellvertretende Außenminister Lord Cecil erklärte im Dezember 1917 auf einer Versammlung: »Es ist unser Wunsch, daß die arabischen Länder den Arabern gehören sollten, Armenien den Armeniern und Judäa den Juden.« Aber nur wenige Wochen später teilte er dem amerikanischen Botschafter mit, die britische Regierung hätte sich nur verpflichtet, die Juden in Palästina auf die gleiche Grundlage zu stellen wie andere Nationalitäten und dafür zu sorgen, daß sie nicht diskriminiert würden[140]. Derartige Widersprüche sind nicht unbedingt Ausdruck machiavellistischer Ränke und heimlicher Hintergedanken. Die Balfour-Deklaration war, wie Leonard Stein aufgezeigt hat, kein juridisches, sondern ein politisches Dokument, und obendrein noch ein eher vages. Sie konnte auf verschiedene Art und Weise interpretiert werden, und die internationale Lage war derart im Fluß, daß die Interpretation sich von Woche zu Woche änderte.

Es ist nicht klar, was für eine Entwicklung Balfour, Lloyd George und andere nach dem Krieg in Palästina erwarteten. Es wurde behauptet, es hätte nie die Absicht bestanden, einen jüdischen Staat zu errichten, aber diese Ansicht war vermutlich von späteren Ereignissen gefärbt, von der Tatsache, daß einflußreiche Kreise innerhalb der britischen Regierung sich nach 1918 schrittweise von dem ursprünglichen Plan distanzierten. Es gibt keinen Grund, an den Worten des Palästina-Fachmannes im britischen Außenministerium, Forbes Adams, zu zweifeln, der schrieb, die britische Regierung hätte vor diesem Klimawechsel beabsichtigt, in Palästina einen Staat zu schaffen und diesen zu einem jüdischen Staat zu machen[141]. Man nahm an, daß eine solche Umwandlung Jahre, vielleicht Jahrzehnte dauern würde. Lloyd George schrieb zwanzig Jahre später, das Kriegskabinett hätte nicht beabsichtigt, sofort einen Judenstaat zu schaffen, sondern man hätte ins Auge gefaßt, daß Palästina ein jüdisches Gemeinwesen werden würde, sobald die Juden von der ihnen gebotenen Möglichkeit Gebrauch gemacht hätten und zur Mehrheit der Einwohnerschaft geworden seien.

Einige der Gründe, die dazu beitrugen, die britische Regierung zur

Übernahme einer Verpflichtung gegenüber der zionistischen Bewegung zu veranlassen, sind bereits erwähnt worden; man war sich dessen bewußt, daß der gute Wille des Weltjudentums ein wichtiger, wenn auch unwägbarer Faktor war. 1917 war für die Alliierten kein glückliches Jahr, und sie benötigten jegliche Unterstützung, die sich ihnen bot. Die Unterstützung der alliierten Sache durch die amerikanische Judenschaft war keine Frage von höchster Dringlichkeit mehr, da Amerika in den Krieg eingetreten war. Rußland hingegen war im Begriff, aus dem Krieg auszuscheiden, und so wurde die russische Judenschaft zu einem Faktor von gewisser Bedeutung. Sir Ronald Graham, der Leiter der Ostabteilung des britischen Außenministeriums, schrieb am 24. Oktober 1917 in einem Memorandum, man würde die Zionisten in die Arme der Deutschen treiben, wenn man ihnen keine Sympathieerklärung gäbe: „Von dem Augenblick an, da eine solche Erklärung abgegeben wird, sind die zionistischen Juden bereit, in der ganzen Welt eine aktive Propaganda zugunsten der Alliierten zu entfalten[142].«

Im Herbst 1917 wurde die Lage in Rußland immer kritischer. Das Land war erschöpft, und es erschien zweifelhaft, ob die Provisorische Regierung imstande sein würde, sich an der Macht zu halten. Man konnte sich unschwer ausrechnen, daß, wenn Rußland aus dem Krieg ausschied, die alliierten Streitkräfte im Westen sofort einem verstärkten deutschen Druck ausgesetzt sein würden: Die große Offensive in Frankreich war gescheitert, und die italienische Armee befand sich in einer kritischen Lage. Noch waren keine bedeutenden amerikanischen Truppenverbände in Europa eingetroffen. In dieser Situation und angesichts der Tatsache, daß Juden in der russischen revolutionären Bewegung eine große Rolle spielten, waren die Versuche der Alliierten, die russische Judenschaft zu gewinnen, nicht überraschend. Es ist jedoch unwahrscheinlich, daß irgendein britischer Staatsmann sich davon einen sofortigen und dramatischen Erfolg versprach. Den Berichten zufolge, die die britische Regierung aus Petrograd erhielt, waren die russischen Juden politisch ohne Bedeutung, und je weniger man sich mit diesem Thema befaßte, desto besser, hatte Botschafter Buchanan zu Beginn des Krieges geschrieben. Gleich seinen Kollegen in Washington meinte auch er, der Einfluß der Juden werde gewöhnlich überschätzt, und es sei kaum der Mühe wert, sich um ihre Unterstützung zu bemühen.

Das britische Kriegskabinett teilte seine Meinung nicht ganz. Es betrachtete sowohl die sich verschlechternde Lage in Rußland als auch die Ausbreitung pazifistischer Strömungen in Rußland und in Amerika mit Besorgnis. Aber, um nochmals Leonard Stein zu zitieren, dies beantwortet nicht die Frage, warum die britische Regierung die Zionisten ernst genug nahm, um sich auf eine langfristige moralische

Verpflichtung gegenüber dem Zionismus einzulassen. Ihre Botschafter in Washington und Petrograd und andere Kritiker des Zionismus gingen schließlich mit ihrer Einschätzung des zionistischen Einflusses nicht weit fehl. Die russische Judenschaft war hinsichtlich des Zionismus und einer jüdischen nationalen Heimstätte geteilter Ansicht und wäre keinesfalls imstande gewesen, Rußland zur weiteren Kriegsteilnahme zu veranlassen. Anderseits hätten die Alliierten, grob gesprochen, den Krieg auch dann gewonnen, wenn man den Zionisten keine Versprechungen gemacht hätte. Auch noch im dritten Kriegsjahr war der Zionismus, weltpolitisch gesehen, nur von geringer Bedeutung.

Wohl forderte Weizmann Anfang Dezember 1917 den russischen Zionistenführer Rosow telegraphisch auf, alles in seiner Macht Stehende zu unternehmen, um probritische Stimmungen innerhalb der russischen Judenschaft zu stärken und gegenteiligen Strömungen entgegenzuwirken. »Denken Sie an die schicksalhafte Übereinstimmung britischer und jüdischer Interessen! Wir verlassen uns darauf, daß Sie in dieser kritischen und ernsten Stunde Ihr Bestes tun. Teilen Sie uns telegraphisch mit, welche Schritte Sie zu unternehmen gedenken[143].«

Indessen waren weder die Schwierigkeiten der Alliierten noch die Stärke der Zionisten so groß, daß diese Erklärung völlig überzeugend wäre. Als Balfour bald nach dem Ereignis in einer privaten Gesellschaft gefragt wurde, ob er damit beabsichtigt hätte, jüdische Unterstützung für den Krieg zu gewinnen, antwortete er: »Gewiß nicht.« Er und Lloyd George wollten den Juden ihren legitimen Platz in der Welt verschaffen. Es sei nicht gerecht, so meinten sie, daß eine große Nation kein Heimatland habe[144]. Balfour glaubte ebenso wie Lloyd George, daß den Juden seit fast zweitausend Jahren vom Christentum Unrecht angetan wurde und daß sie ein Recht auf Wiedergutmachung hätten. Die gesamte europäische Kultur, sagte Balfour in einer Rede im Jahre 1922, hätte sich großer Verbrechen gegen die Juden schuldig gemacht, und die Briten hätten schließlich die Initiative ergriffen und ihnen die Möglichkeit geboten, in Frieden jene großen Talente zu entwickeln, die sie in der Vergangenheit nur in den Ländern der Diaspora hätten entfalten können[145]. Balfour hatte also das Gefühl, völlig unabhängig von der Änderung der Weltlage eine Rolle in der Wiedergutmachung eines Unrechts von weltgeschichtlichem Ausmaß zu spielen. Ein ähnlicher Zug ist in Lloyd Georges Denken zu finden. Zu Mrs. James de Rothschild sagte er einmal über Weizmann: »Wenn Sie und ich vergessen sein werden, wird man diesem Mann in Palästina ein Denkmal errichten[146].«

Solche Hinweise auf moralische Überlegungen und Prinzipienfragen sind von einigen neueren Historikern als naiv, wenn nicht sogar als unehrlich angesehen und von anderen überhaupt abgelehnt worden.

Sicherlich müssen noch handfestere Interessen im Spiel gewesen sein. Gewiß waren die damaligen britischen Staatsmänner überzeugt, daß die Ziele des Zionismus mit den Nahost-Interessen Großbritanniens nicht unvereinbar wären, sonst hätten sie den Zionisten keine Unterstützung gewährt. Aber nach Feststellung dieser offensichtlichen Tatsache wissen wir immer noch sehr wenig über die tieferen Gründe. Man mag versucht sein, sie im Sinne der Denkweise britischer Staatsmänner einer späteren Zeit zu erklären, aber eine solche Vorgangsweise würde die tiefgehenden Veränderungen außer acht lassen, die durch fünf Jahrzehnte des imperialen Niedergangs bewirkt wurden. Grundsätze wurden damals noch höher geachtet, und es gab noch mehr Spielraum für uneigennütziges Handeln. Eine britische Regierung war immer noch in der Lage, von Zeit zu Zeit Entscheidungen zu treffen, die keine offensichtlichen politischen oder wirtschaftlichen Vorteile brachten. Die Balfour-Deklaration mag sehr wohl »der letzte völlig unabhängige imperiale Akt einer britischen Regierung gewesen sein, der ohne jeglichen Zusammenhang mit einem Druck von seiten einer anderen großen Macht oder Mächtegruppierung gesetzt wurde[147]«.

Die Deklaration entsprach in sehr wichtigen Punkten nicht den Wünschen der Zionisten. Sie war so vorsichtig formuliert, daß sie für die Zunkunft Palästinas alle Möglichkeiten offen ließ. Sie stellte fest, daß Großbritannien sich bemühen würde, die Schaffung einer nationalen Heimstätte in Palästina zu »erleichtern«, enthielt jedoch keine Verpflichtung zu einem britischen Protektorat oder Mandat. Sie bot keine Zusage, daß es in Palästina ein jüdisches Staatswesen geben würde, sondern sprach bloß von einer jüdischen Heimstätte, die andere nationale Heimstätten nicht ausschloß. Weder war von jüdischer Autonomie die Rede, noch davon, daß die Juden einen entscheidenden Einfluß auf die Zunkunft Palästinas haben sollten. Sie gab kein Versprechen, wonach die Zionistische Organisation oder irgendeine andere jüdische Körperschaft an der Verwaltung des Landes teilnehmen würde. Vieles davon mag den Verfassern der Deklaration vorgeschwebt sein, doch wurden diese Grundsätze in der verwässerten Version nicht ausdrücklich festgehalten. Daher die geringe Freude Weizmanns und seiner Kollegen, als sie erfuhren, daß man diese vage Formel angenommen hatte, anstatt der konkreten und stärkeren, die sie vorgeschlagen hatten. Aber die Begeisterung über die Deklaration ergriff nicht nur die jüdischen Massen, die nichts von dem vorangegangenen Kampf hinter den Kulissen wußten – sogar Weizmann selber wurde davon erfaßt. Sokolow kommentierte das Ereignis mit biblischen Ausdrücken und Anspielungen: »Inmitten von Sturm und Feuer schienen Volk und Land wiedergeboren. Die großen Ereignisse der Zeiten Serubabels, Esras und Nehemias wiederholten sich. Vor uns ersteht der dritte Tempel der jüdischen Freiheit[148].«

Nach der Veröffentlichung von Herzls *Judenstaat* und dem ersten Zionistenkongreß war die Balfour-Deklaration der zweite große Wendepunkt in der Geschichte des politischen Zionismus. Sie bedeutete jedoch nicht die sofortige Erlösung, sondern nur den Beginn einer neuen Phase in einem schwierigen Kampf, die in mancher Hinsicht noch mühsamer war als die vorangegangenen. Eine führende englische Zeitung schrieb in einem Kommentar zur Balfour-Deklaration, es sei keineswegs ein bloßer Traum, zu erwarten, daß im Lauf eines Menschenalters das neue Zion ein Staat werden könnte, »der zweifellos nur eine Minderheit des gesamten jüdischen Volkes umfassen, aber immerhin ein bis zwei Millionen Einwohner zählen wird; sie werden eine richtige Nation bilden, mit eigener ländlicher und städtischer Kultur, eigenen Zentren der Bildung und der Kunst[149].« Es war dies eine bemerkenswert zutreffende Voraussage, und doch wäre sie niemals Wirklichkeit geworden ohne einen weiteren Weltkrieg, ohne die unsagbaren Leiden und Verluste des jüdischen Volkes und schließlich ohne die Abdankung gerade jener Macht, die 1917 dem Zionismus seine große Chance gegeben hatte.

Zweiter Teil

Die übersehene Frage

Der Zionismus und das Araberproblem

Unter den jüdischen Arbeitern, die anläßlich des Tages der internationalen Solidarität der Arbeiterklasse am 1. Mai 1921 in Tel Aviv demonstrierten, befand sich eine kleine Gruppe von Kommunisten, die Flugblätter in arabischer Sprache verteilten, in denen die unterdrückten und ausgebeuteten Massen aufgerufen wurden, sich gegen den britischen Imperialismus zu erheben. Aus den Reihen des Demonstrationszuges ausgestoßen, wurden sie zuletzt gesehen, wie sie samt ihren Flugblättern in den engen Gassen zwischen Tel Aviv und Jaffa verschwanden. Wenige Stunden später begann eine Welle arabischer Überfälle auf Juden in Jaffa, ausgelöst, wie die Araber behaupteten, durch Provokationen der gottlosen Bolschewisten, deren Propaganda unter der Bevölkerung große Entrüstung hervorgerufen habe. Im Laufe dieser Tumulte und der nachfolgenden Militäroperationen wurden 95 Menschen getötet und 219 schwer verletzt.

Die Unruhen vom Mai 1921, nach den Zusammenstößen in Jerusalem und den Überfällen in Galiläa im vorangegangenen Jahr, schokkierten und verwirrten die Zionisten[1]. Viele von ihnen erkannten zum erstenmal die Gefahr eines ernsten Konfliktes zwischen den beiden Völkern. Es wurde behauptet, schuld daran wären die Zionisten mit ihrer Unwissenheit und Ungeschicklichkeit, denn zur Zeit der Balfour-Deklaration seien die mohammedanischen Araber den Juden durchaus wohlgesinnt gewesen, hätten aber bei ihnen kein Verständnis und keine Kompromißbereitschaft gefunden. Infolgedessen hätten sie mit den christlichen Araberführern gemeinsame Sache gegen die »zionistische Gefahr« gemacht. Was auch die Ursachen der Tumulte von 1921 gewesen sein mögen, welche Erklärungen dafür auch angeboten und akzeptiert wurden, von damals an spielte die arabische Frage eine wachsende Rolle in den Diskussionen der Zionistenkongresse, in internen Streitigkeiten und natürlich in der zionistischen Diplomatie.

Aber fünfzehn Jahre später, als die arabische Frage zum Hauptproblem der zionistischen Politik geworden war, erklärten die Kritiker wieder in fast wörtlicher Übereinstimmung, die Bewegung müsse nun dafür zahlen, daß sie die Existenz der Araber sowie deren Interessen und nationale Bestrebungen so lange ignoriert hätte. Weiters wurde gesagt, ohne dieses Versäumnis hätte ein Konflikt zwischen den beiden Völkern vermieden werden können. Die Zionisten, so meinten die Kritiker, hätten sich benommen, als wäre Palästina ein menschenleeres Land: »Herzl besucht Palästina, scheint aber dort außer seinen jüdischen Freunden niemand vorzufinden; die Araber scheinen vor ihm zu verschwinden wie in ihren eigenen Märchen[2].« »Wenn Sie die zionistische Vorkriegsliteratur lesen«, sagte Dr. Weizmann in einer Rede im Jahre 1931, »so ist darin fast kein Wort über die Araber zu finden[3].« Dies deutete darauf hin, daß den Zionistenführern die Existenz der Araber halb bewußt war, sie sich aber aus bestimmten Gründen so verhielten, als gäbe es sie nicht. Oder hatte es sich um einen Fall echter, wenn auch erstaunlicher Blindheit gehandelt?

In Wahrheit war die Frage erheblich komplizierter. Gewiß schenkten die Zionisten den ersten Regungen der arabischen Nationalbewegung kaum Aufmerksamkeit, und nur wenige sahen die Möglichkeit eines Konflikts der nationalen Interessen voraus. Aber sie wußten natürlich, daß in Palästina mehrere Hunderttausend Araber lebten und die Mehrheit der dortigen Bevölkerung darstellten. Sogar die Zionisten vor Herzl waren sich durchaus der Tatsache bewußt, daß Palästina nicht völlig menschenleer war. Rabbi Kalischer, der niemals im Heiligen Land gewesen war, schrieb 1862 über die Gefahren des arabischen Banditentums und nahm damit die Frage vorweg, ob jüdische Siedler in einem solchen Land sicher sein würden. Die russischen Zionisten äußerten in ihren Schriften der frühen achtziger Jahre die Zuversicht, daß Juden und Araber in Frieden miteinander leben könnten. Lilienblum vermerkte die Existenz einer arabischen Bevölkerung, meinte jedoch, diese sei klein und rückständig, und wenn hunderttausend jüdische Familien einmal zwanzig Jahre dort lebten, dann würden die Juden für die Araber keine Fremden mehr sein. Lewanda war der Ansicht, daß Araber und Juden von einer jüdischen Ansiedlung gleichermaßen profitieren würden. Als Achad Haam 1891 nach Palästina reiste, berichtete er, das Land sei nicht leer, die Araber und vor allem die Stadtbewohner unter ihnen wüßten sehr wohl von den Aktivitäten und Wünschen der Juden, kümmerten sich aber nicht darum, solange sie darin keine wirkliche Gefahr erblickten. Wenn jedoch die Juden eines Tages stärker würden und die arabische Vorherrschaft bedrohten, dann würden die Araber dies kaum ruhig hinnehmen[4].

In Herzls Denken spielten die Araber sicherlich keine große Rolle, doch ignorierte er sie keineswegs völlig. Er traf mit einzelnen Arabern zusammen und korrespondierte mit mehreren. Er wußte von der wachsenden Nationalbewegung in Ägypten und betonte bei verschiedenen Anlässen die nahe Verwandtschaft von Juden und Moslems. In seiner zionistischen Utopie *Altneuland* ließ er Reschid Bey, der die

Araber personifizierte, sagen, die jüdische Einwanderung habe den Arabern ungeheure Vorteile gebracht: die Orangenexporte hätten sich verzehnfacht. Auf die Frage eines nichtjüdischen Besuchers, ob die jüdische Einwanderung nicht die Araber ruiniert und zur Abwanderung gezwungen habe, antwortet er: »Welche Frage! Für uns alle war es ein Segen.« Er fügte jedoch hinzu, die Ladenbesitzer hätten mehr profitiert als die anderen, da sie den Juden Land mit großem Gewinn verkauft hätten[5]. Herzls Vision erschien Achad Haam zu schön, um wahr zu sein. Wie sollten Millionen Juden in einem Land leben, das einigen Hunderttausend Arabern kaum Lebensunterhalt bot? Max Nordau antwortete, er und Herzl dächten an moderne Ackerbaumethoden, die eine Massenansiedlung ermöglichen würden, ohne daß die Araber deshalb abziehen müßten. Sie wollten europäische Zivilisation nach Palästina bringen und eine offene Gesellschaft europäischer Art schaffen, in der es Platz für jedermann geben würde. Zum Gegenangriff auf seine osteuropäischen Kritiker übergehend, sagte Nordau, er und Herzl seien gegen einen engstirnigen, nach innen gekehrten religiösen Nationalismus, dem es in erster Linie um die Wiedererrichtung des Tempels in Jerusalem ginge[6]. Nordau war allerdings hinsichtlich der künftigen arabisch-jüdischen Beziehungen nicht immer so optimistisch. Zumindest einmal faßte er die Möglichkeit einer türkisch-zionistischen Allianz gegen die Gefahr einer arabischen Separatistenbewegung ins Auge[7]. Aber vielleicht war dies bloß ein politisches Manöver, um die Araber, die sich damals um türkische Hilfe gegen die jüdische Einwanderung bemühten, daran zu erinnern, daß auch die Zionisten gewisse Verhandlungspositionen hatten.

Tatsächlich hatte es schon in den frühen Tagen der jüdischen Einwanderung wiederholt blutige Zusammenstöße zwischen den neuen Siedlern und ihren arabischen Nachbarn gegeben. Die Annalen der Siedlungen sind voll von Berichten über Diebstähle, Raubüberfälle und sogar Morde. In einem Bericht über seine Reise nach Palästina im Jahre 1898 stellte Leo Motzkin fest, in den letzten Jahren hätten sich zahllose Zusammenstöße zwischen Juden und den gegen sie aufgehetzten Arabern ereignet[8]. Solche Berichte müssen jedoch im zeitlichen und örtlichen Zusammenhang beurteilt werden. Derartige Zusammenstöße waren auch in anderen Teilen der Welt nicht ungewöhnlich. Sie kamen nicht nur zwischen Arabern und Juden vor, sondern ebenso zwischen einzelnen arabischen Dörfern.

Außerdem entsprachen die Sicherheitsverhältnisse in den Randgebieten des Osmanischen Reiches keineswegs dem westeuropäischen Standard[9]. Anderseits kann man nicht behaupten, daß diese Zwischenfälle frei von politischen Untertönen gewesen wären, daß, mit anderen Worten, Juden und Araber friedlich zusammengelebt hätten, ehe der politische Zionismus in Erscheinung trat, oder noch genauer, ehe die

Balfour-Deklaration die palästinensischen Araber mit der Gefahr, ihr Land zu verlieren, konfrontierte[10].

Schon 1891 sandte eine Gruppe arabischer Würdenträger eine von fünfhundert Personen unterzeichnete Petition nach Konstantinopel, in der sie darüber Klage führten, daß die Juden den Arabern das ganze Land entzögen, ihre Gewerbe übernähmen und Waffen ins Land brächten[11]. Die Kirchen in Palästina verbreiteten antijüdische Stimmung. Elijahu Sapir schrieb 1899, die Hauptschuld läge auf seiten der katholischen Kirche, vor allem der Jesuiten, erwähnte aber auch den Einfluß des französischen antisemitischen Publizisten Drumont auf gewisse arabische Zeitungen[12]. Man war damals allgemein der Ansicht, daß die armen muselmanischen Bevölkerungsschichten, die von der jüdischen Ansiedlung profitierten, den Juden im großen und ganzen wohlgesinnt, die christlichen Araber hingegen feindselig wären. Diese Einschätzung traf insofern zu, als viele vor dem Ersten Weltkrieg herausgegebene arabisch-nationalistische Zeitungen in christlichen Händen waren und daß im allgemeinen der Prozentsatz christlicher Araber unter der Intelligenz, und damit unter den Begründern der arabischen Nationalbewegung in Syrien und Palästina, unverhältnismäßig hoch war. Aber die Einstellung der muselmanischen Ober- und Mittelschichten war nicht wesentlich anders, während die frühen zionistischen Emissäre außerhalb Palästinas bei den christlichen Arabern, die die Vorherrschaft der Moslems fürchteten, auf viel mehr Verständnis stießen. Dem jüdischen Redakteur einer Zeitung in Konstantinopel, Sami Hochberg, versicherten 1913 libanesische Christen, sie hofften, die Juden würden bald in Palästina die Mehrheit bilden und einen autonomen Status erhalten, um als Gegengewicht gegen die Macht der Moslems zu wirken[13]. Die Vorstellung, die christlichen Araber wären grundsätzlich antizionistisch, die Moslems hingegen potentielle Freunde, lebte jedoch nach dem Ersten Weltkrieg noch längere Zeit weiter, obwohl Ruppin und andere Mitglieder des Zionistischen Aktionskomitees in Palästina ihren Kollegen wiederholt zu erklären versuchten, daß die Verhältnisse in Wirklichkeit sehr viel komplizierter waren[14].

Die Gesamtbevölkerung Palästinas betrug vor dem Ausbruch des Ersten Weltkrieges fast 700.000. Die Zahl der Juden war von 23.000 im Jahre 1882 auf etwa 85.000 im Jahr 1914 angestiegen. Mehr als hunderttausend Juden waren in den dazwischenliegenden Jahren eingewandert, aber etwa die Hälfte von ihnen war nicht dortgeblieben. Viele zogen weiter nach Amerika; einer dieser Wanderer zwischen mehreren Welten war der Verfasser der *Hatikwa*, der zionistischen Nationalhymne.

Die Stadt Jaffa hatte um 1905 etwa 30.000 Einwohner, zwei Drittel davon muselmanische Araber. Haifa war mit 12.000 Einwohnern kaum größer als das benachbarte Akko. Jerusalem war bei weitem die größte Stadt des Landes. Von seinen 60.000 Einwohnern waren 40.000 Juden, der Rest muselmanische und christliche Araber. Ein zeitgenössischer Reiseführer berichtet, die Lage der Jerusalemer Juden habe sich in den letzten Jahren etwas gebessert. Sie seien nicht mehr im schmutzigen Judenviertel der Altstadt konzentriert, viele seien in die Wohnviertel außerhalb der Stadtmauern umgezogen. Am Sabbat sei der Markt fast ausgestorben, und der öffentliche Verkehr komme mehr oder weniger zum Stillstand[15]. Die meisten Juden gehörten noch der alteingesessenen Gemeinde an, sie hatten kein Interesse am Zionismus oder bekämpften ihn sogar. Es waren fromme Männer und Frauen, die von den Almosen ihrer Glaubensbrüder im Ausland abhängig waren. Sie hausten in einem Getto, das von den neuen Einwanderern mit Scham und Abscheu betrachtet wurde, weil es sie an das Milieu erinnerte, dem sie eben entkommen waren. Die Lebensbedingungen der sephardischen Juden, von denen die meisten arabisch sprachen, waren völlig anders, da es unter ihnen viele Kaufleute, Gewerbetreibende und Handwerker gab.

Die zionistischen Einwanderer, zum Unterschied von der ursprünglichen jüdischen Gemeinde, zählten bis 1914 nicht mehr als 35.000 bis 40.000, von denen nur ein Drittel in landwirtschaftlichen Siedlungen lebte. Während arabische Sprecher gegen die jüdische Einwanderung protestierten, verzeichneten jüdische Beobachter mit Besorgnis, daß die natürliche jährliche Zunahme der arabischen Bevölkerung etwa der Gesamtzahl der Juden entsprach, die sich in einem Zeitraum von vierzehn Jahren unter so viel Mühen und Opfern im Lande angesiedelt hatten. Führende Zionisten pflegten zu sagen: »Wenn wir uns nicht beeilen, werden andere Palästina in Besitz nehmen.« Ein deutscher zionistischer Arzt, der sich um die Jahrhundertwende in Haifa niedergelassen hatte, vermerkte trocken, niemand würde es nehmen; die Araber hätten es, und sie würden die bei weitem führende Kraft bleiben[16]. Zwanzig Jahre später schrieb Dr. Auerbach, der schwerste Fehler der zionistischen Politik sei es gewesen, daß sie in ihrer Anfangszeit den Arabern nicht genügend Aufmerksamkeit geschenkt hätte. Allerdings war er keineswegs sicher, daß mehr Aufmerksamkeit das Problem gelöst haben würde, »denn die Araber sind unserem Werk feindlich, und sie werden es immer sein, auch wenn wir unsere Bescheidung und Selbstentäußerung noch weiter treiben[17]«.

Die Beziehungen zwischen den jüdischen Siedlern und ihren arabischen Nachbarn waren somit von allem Anfang an nicht ungetrübt. Das Land der ersten jüdischen Siedlungen hatte vorher benachbarten arabischen Dorfbewohnern gehört, die wegen übermäßiger Verschuldung zum Verkauf gezwungen gewesen waren. Es gab Bitterkeit gegenüber den Neuankömmlingen und gelegentlich bewaffnete Überfälle. Die Situation wurde verschärft durch die Weigerung der jüdischen Siedler, ihr Weideland mit den Arabern zu teilen, wie dies vorher üblich gewesen war[18].

In Galiläa war dieses Problem besonders akut, weil die arabischen Bauern dort noch ärmer waren als jene im südlichen Palästina, was auch für die jüdischen Kolonien zutraf, die den Arabern, welche ihr Land verloren hatten, keine Beschäftigung bieten konnten. Die jüdischen Siedler versuchten, den nahe gelegenen arabischen Dörfern zu helfen, indem sie ihnen gelegentlich landwirtschaftliche Maschinen liehen, während jüdische Ärzte arabische Patienten häufig kostenlos behandelten. Aber nicht alle neuen Siedler waren bereit, die örtlichen Sitten anzunehmen, und es war auch nicht zu erwarten, daß jene, die ihr Land verloren hatten, frei von Zorn und Haß gegen die neuen Eigentümer sein würden[19].

Eine hebräische Zeitung veröffentlichte 1909 die Geschichte einer arabischen Frau, die bei Wadi Chanin arbeitete, einem kurz zuvor von Juden erworbenen Stück Land. Plötzlich begann sie zu weinen, und als sie von jenen, die mit ihr arbeiteten, gefragt wurde, warum sie weine, gab sie zur Antwort, sie habe sich eben daran erinnert, daß dieses Stück Land noch vor wenigen Jahren ihrer Familie gehört hatte[20].

Vor dem Sturz Abdul Hamids im Jahre 1908 hatte das arabische Nationalgefühl sich nicht in organisierter Form ausdrücken können, da im Osmanischen Reich keine politische Tätigkeit erlaubt war. Die Statthalter des Sultans herrschten mit eiserner Hand, und niemand wagte es, öffentlich Sympathie für den arabischen Nationalismus zu bekunden. Eine plötzliche, dramatische Wendung trat ein, als die Jungtürken den Sultan stürzten und bekanntgaben, das Osmanische Reich würde künftig konstitutionell regiert werden. Neue arabische Zeitungen wurden gegründet, die in einer bis dahin nie gehörten Sprache radikale Forderungen erhoben. Es wurden Parlamentswahlen abgehalten, und die Atmosphäre war voll politischer Spannungen. Angesichts dieses nationalen Aufbruchs wurde der Kampf gegen den Zionismus fast über Nacht zu einer der Hauptfragen der arabischen Politik in Palästina. Überall wurden Flugblätter verteilt, in denen die Araber aufgefordert wurden, an Juden kein Land mehr zu verkaufen, und verlangt wurde, die Behörden sollten die jüdische Einwanderung völlig unterbinden. Die Haifaer Zeitung *Al Karmel* wurde ausdrücklich zum Zwecke der Bekämpfung des Zionismus gegründet. Schon vorher, im Jahre 1905, hatte Neguib Azoury, ein christlicher Araber und ehemaliger Berater des türkischen Paschas von Jerusalem, geschrieben, es sei das Schicksal der arabischen und der jüdischen Nationalbewegung, so lange kämpfen zu müssen, bis die eine oder die andere Seite sich durchsetzte[21]. Die bewaffneten Überfälle auf jüdische Siedlungen und auf einzelne Juden mehrten sich. Wie ein zeitgenössischer Beobachter vermerkte, erreichte die Zeitungskampagne sogar die Fellachen in ihren Lehmhütten und die Beduinen in ihren Zelten.

Die christlichen Araber standen, wie es hieß, wiederum in der vordersten Front des Kampfes; sie hetzten die muselmanischen Massen auf, einen großen Pogrom zu veranstalten und nicht nur die zionistischen Kolonisten, sondern auch die jüdische Bevölkerung in den Städten auszurotten[22]. Zwar stellte sich bald heraus, daß diese Befürchtungen übertrieben waren, aber die aus Jaffa und Jerusalem einlangenden beunruhigenden Berichte veranlaßten die Zionistenführer zum erstenmal, den Arabern Palästinas mehr als nur flüchtige Beachtung zu schenken.

Was konnte getan werden, um freundliche Beziehungen zu ihnen herzustellen? Die Frage war leichter gestellt als beantwortet. Es hatte vereinzelte Warner gegeben. Jizchak Epstein, ein Lehrer und Agronom, hatte in einer geschlossenen Versammlung zur Zeit des siebenten Zionistenkongresses (1905) erklärt, die arabische Frage sei das wichtigste aller Probleme, vor denen der Zionismus stehe, und er sollte ein Bündnis mit den Arabern eingehen. Die Juden, die in ihr Land zurückkehrten, sollten dies nicht als Eroberer tun; sie sollten nicht die Rechte eines stolzen, selbstbewußten Volkes beschneiden, wie die Araber es seien, deren Haß, einmal geweckt, die gefährlichsten Folgen haben könnte. Epsteins Ansichten und die von seinen Kritikern angeführten Gegenargumente sind von besonderem Interesse und verdienen eine genaue Prüfung. Sie nahmen bis ins einzelne die Debatten vorweg, die später innerhalb der zionistischen Bewegung sowie auch zwischen den Zionisten und deren Kritikern geführt wurden[23].

Epstein stellte fest, es habe nicht wenige Fälle gegeben, in denen arabische und drusische Kleinbauern infolge zionistischer Landkäufe ihren Lebensunterhalt verloren hätten. Formal seien die Juden im Recht, aber der politische und moralische Aspekt sei erheblich komplizierter, und sie hätten den Fellachen gegenüber eine unbestreitbare Verantwortung. Es sei leicht, sich unter den Arabern Feinde zu machen, aber sehr schwierig, Freunde zu gewinnen. Jeder Schritt müsse daher sorgfältig erwogen werden. Es sollten nur solche Grundstücke angekauft werden, die nicht bereits von anderen Menschen bebaut würden. Zugleich müßten die Juden den nationalen Bestrebungen der Araber volle Unterstützung gewähren. Während Herzl sich um eine türkisch-zionistische *Entente* bemüht hatte, dachte Epstein an einen Charter zwischen Juden und Arabern (»diesen beiden alten semitischen Völkern«), der sowohl für beide Seiten als auch für die ganze Menschheit von großem Nutzen sein würde. Die Araber hätten viele Fähigkeiten, benötigten aber die Hilfe der Juden, um wirtschaftliche und kulturelle Fortschritte machen zu können. Die Juden sollten ein solches Übereinkommen aus rein altruistischen Gründen schließen, ohne jegliche Absicht, die Nachbarn zu unterdrücken. Es dürfe zwischen ihnen keine Rivalität geben, die beiden Völker sollten einander helfen. Bisher seien die Zionisten bei ihrer politischen Tätigkeit nicht mit den richtigen Leuten in Kontakt gewesen. Sie hätten mit der osmanischen Regierung verhandelt sowie mit allen anderen, die irgend etwas mit Palästina zu tun hatten. Aber sie hätten nicht mit den Arabern gesprochen, den wahren Besitzern des Landes. Die Zionisten hätten sich verhalten wie ein Heiratsvermittler, der mit allen Familienmitgliedern redet, nur nicht mit dem Bräutigam. Epstein schloß mit mehreren Empfehlungen zur Verbesserung der Beziehungen mit den arabischen Nachbarn: Die wichtigste Aufgabe wäre, den Lebensstandard der arabischen Bauern heben zu helfen. Jüdische Krankenhäuser, Schulen, Kindergärten und Leseräume sollten ihnen offenstehen. Die jüdischen Schulen sollten sich von einem engstirnigen nationalistischen Geist lösen. Man solle nicht danach streben, unter den Arabern Proselyten zu machen, sondern ihnen vielmehr helfen, ihre eigene nationale Identität zu finden. Die Juden müßten die psychologische Situation der Araber berücksichtigen, was in der Vergangenheit völlig verabsäumt worden sei. Sobald einmal Hochschulen errichtet wären, würden Tausende Studenten aus den benachbarten arabischen Staaten dorthinkommen, und dies würde das brüderliche Bündnis zwischen den beiden Völkern stärken.

Epsteins These veranlaßte einen Kollegen[24] zu der Antwort, die arabischen Bauern würden nicht von den Juden ausgebeutet, sondern von arabischen Effendis und Wucherern. Jedermann gebe zu, daß die Araber aus der Anwesenheit der Juden Nutzen zögen. Wenn sie sich dennoch eines Tages gegen die Juden wenden sollten, dann wäre der Grund nicht in den jüdischen Landkäufen zu suchen, sondern in der »ewigen Feindschaft gegen ein Volk, das aus seinem Lande verbannt war«. Die Freundschaft der Araber zu erkaufen, sei äußerst schwierig, wie Epstein ja selbst zugegeben habe. Warum also sich so sehr darum bemühen? Die Geschichte sei voll von Beispielen, die zeigten, daß die Juden, je mehr sie sich bei anderen Völkern beliebt zu machen suchten, nur desto mehr gehaßt wurden. Wäre es jetzt nicht an der Zeit, daß die Juden sich endlich mit ihrer eigenen Existenz und ihrem eigenen Überleben befaßten? Doch abgesehen von diesen Überlegungen seien Epsteins Vorschläge schon deshalb völlig unrealistisch, weil die Juden nicht über das nötige Geld verfügten, um solche großartigen Projekte zu verwirklichen. Sie sähen sich schon bei der Errichtung ihrer eigenen Grundschulen größten Schwierigkeiten gegenüber. Es sei daher absurd, von Universitäten für die Araber zu träumen. Man verstehe selber kaum etwas von der Landwirtschaft – wie könnte man da anderen lehren? Es sei sehr schön, von den

Segnungen der modernen Zivilisation zu reden, die der Zionismus den Arabern bringen könnte, aber im gegenwärtigen Zeitpunkt hätten die Juden praktisch nichts anzubieten. Die Araber hätten nie aufgehört, ein Volk zu sein, und im Gegensatz zu den allerorts verhaßten und verfolgten Juden brauchten sie keine nationale Wiedergeburt. Es sei daher nicht einzusehen, weshalb sie der Freundschaft der Juden bedürften. Epstein hatte gemeint, was die Juden den Arabern geben könnten, das könnten diese sonst nirgends bekommen, und dies war der Punkt, an dem sein Gegner schließlich die Geduld verlor: »Geben – immer wieder geben, dem einen unseren Leib, dem anderen unsere Seele, und wieder einem anderen den Rest unserer Hoffnung, jemals wieder als freies Volk in unserer historischen Heimat leben zu können!«

Die hier kurz zusammengefaßte Debatte enthielt im wesentlichen alle wichtigen zionistischen Argumente zur Araberfrage: Die eine Seite befürwortete einen »gesunden nationalen Egoismus«, während die andere die Forderung erhob, die jüdische Ansiedlung in Palästina sollte auf den höchsten moralischen Grundsätzen beruhen und nur im Einvernehmen mit den Arabern vor sich gehen. Epsteins Kritik war insofern berechtigt, als nicht wenige europäische Zionisten dazu neigten, die Anwesenheit der Araber zu ignorieren. Es ist typisch, daß sich in einigen vor dem Ersten Weltkrieg veröffentlichten zionistischen Nachschlagewerken nicht einmal ein Hinweis auf das findet, was Epstein höchst treffend und sinnvoll die »verborgene Frage« nannte. In einer von den deutschen Zionisten 1910 veröffentlichten Propagandabroschüre hielt es Elias Auerbach, der über die Aussichten der künftigen Entwicklung schrieb, für notwendig, gleich am Anfang seines Artikels die offenkundige Tatsache zu betonen, daß Palästina kein menschenleeres Land sei und daß sein Charakter vom stärksten ethnischen Element seiner Bevölkerung geprägt werde[25].

Manche Neuankömmlinge sahen auf die Araber herab. Ein Beobachter schrieb, er habe bei einigen Gelegenheiten eine Einstellung gegenüber den Arabern bemerkt, die ihn an die Art und Weise erinnere, wie Europäer die Schwarzen behandelten[26]. Indessen konnte niemand den Männern, die damals das Zionistische Aktionskomitee in Palästina vertraten und unter anderem für den Landankauf verantwortlich waren, Mangel an politischer Vorsicht oder moralische Blindheit vorwerfen. Es ist sicherlich kein Zufall, daß gerade diese Männer (Arthur Ruppin, J. Thon, R. Benjamin) zwanzig Jahre später unter den Gründungsmitgliedern des *Brit Schalom* (»Friedensbundes«) waren, jener höchst unpopulären Gruppe, die eine arabisch-jüdische Annäherung als Hauptaufgabe der zionistischen Bewegung betrachtete. Sicherlich kann man das Zionistische Aktionskomitee in Europa kritisieren, weil es seine Bemühungen hauptsächlich auf Konstantinopel und die wichtigsten europäischen Hauptstädte konzentrierte und in seinen Beziehungen zu den Arabern wenig Weitsicht zeigte, auch wenn es von Zeit zu Zeit Resolutionen durchsetzte, in denen die Wichtigkeit von Bemühungen um die Sympathie der arabischen Bevölkerung Palästinas betont wurde. Nach seiner Reise in den Nahen Osten im Jahre 1914 schrieb Sokolow: »Die Frage unserer Beziehungen zur arabischen Bevölkerung ist noch dringlicher geworden[27].« Daraus wurden jedoch keine entsprechenden politischen Konsequenzen gezogen. Nach dem Ersten Weltkrieg gab es keinen Kongreß, auf dem nicht in feierlichen Erklärungen die zionistischen Sympathien für die nationalen Bewegungen im Orient und vor allem für die arabische Nationalbewegung betont wurden. Aber, wie Ussischkin feststellte, die Zionisten hatten in Palästina keine Macht, und somit waren derartige Erklärungen bedeutungslos. Auch war es keineswegs klar, mit wem man hätte sprechen sollen. Es gab einzelne arabische Würdenträger, aber keine arabische politische Führung in Palästina, jedenfalls nicht vor 1908. Die politischen Parteien, die dann entstanden, waren klein, hatten jeweils nur einige Dutzend Mitglieder und waren nicht sehr repräsentativ.

Die Zionisten waren einfach nicht willens, die Existenz einer halben Million Nichtjuden in Palästina als unüberwindliches Hindernis zu betrachten, das sie hätte veranlassen können, ihre Träume von einer Rückkehr des jüdischen Volkes in sein Heimatland aufzugeben. Sie hatten versucht, einige von Epsteins Ideen zu verwirklichen; sie hatten Sümpfe trockengelegt und Wüsteneien bewässert. Aber das Budget des Zionistischen Aktionskomitees war klein, und jene, die für die Förderung der landwirtschaftlichen Ansiedlung verantwortlich waren, wußten sehr wohl, daß eine Beschränkung der Landkäufe auf karge Böden das ganze Unternehmen zum Scheitern verurteilt hätte. Vielleicht glaubten die Araber Herzls Andeutungen über die ihm zur Verfügung stehenden Millionen, die Mitglieder des Zionistischen Aktionskomitees wußten es jedenfalls besser.

Man war der Meinung, daß die jüdischen Arbeiter bei einer Verbesserung der Beziehungen zu den Arabern eine entscheidende Rolle spielen würden. Indessen war es gerade das Einströmen jüdischer Arbeiter nach Palästine im Zuge der zweiten Alija, was den Konflikt verschärfte. Nach einem Zusammenstoß zwischen arabischen und jüdischen Arbeitern in Jaffa im Frühjahr 1908 schrieb Levontin, der Direktor der Anglo-Palestine Bank, an den Vorsitzenden des Aktionskomitees des Weltzionismus, Wolffsohn, vor allem die jungen Männer der *Poale Zion* seien für die wachsenden Spannungen verantwortlich. Sie seien mit großen Knüppeln bewaffnet umhergegangen, einige auch mit Messern und Gewehren, und hätten sich den Arabern gegenüber arrogant und verachtungsvoll benommen[28]. Ein andermal im selben Jahr schrieb Levontin an Wolffsohn, die zionistischen Arbeiterführer säten in den Herzen der arabischen Bevölkerung Haß gegen den Zionismus, indem sie in Wort und Schrift gegen Arbeitsbeschaffung für Araber aufträten. Arthur Ruppin, dem es gewiß nicht an Sympathie für die jüdischen Arbeiter mangelte, berichtete Wolffsohn 1911, auch er bemühe sich ständig, ihnen klarzumachen, daß sie sich in ihren Beziehungen zu den Arabern jeglicher Feindseligkeit enthalten müßten[29].

Was machte eigentlich die »Moskub« – wie die Araber die Pioniere aus Rußland nannten – zu einem besonders störenden Faktor in den arabisch-jüdischen Beziehungen? Sie waren von den russischen Populisten und von Leo Tolstoi beeinflußt; sie kamen nicht als Eroberer nach Palästina, sondern glaubten mit Aaron David Gordon, daß nur eine Rückkehr zur Scholle, zu produktiver Arbeit das jüdische Volk erlösen könnte. Als sie aber in Palästina eintrafen, sahen sie, daß die große Mehrheit der in den bestehenden jüdischen Siedlungen Beschäftigten Araber waren. Diesen Zustand betrachteten sie als Krebsgeschwür im Gemeinschaftskörper des Jischuw. Das Ziel des Zionismus sei es nicht gewesen, in Palästina eine Klasse von Grundbesitzern zu schaffen, deren Weinberge, Orangenhaine und Obstgärten von arabischen Plantagenarbeitern gepflegt würden. Von allem Anfang an kämpften die Pioniere und ihre Gewerkschaften für die Ersetzung arabischer Arbeitskräfte durch jüdische, und zwar gegen den starken Widerstand der jüdischen Farmer, die natürlich die billigeren und erfahreneren arabischen Arbeiter vorzogen. Dazu kam noch, daß die jungen Männer und Frauen der *Poale Zion,* die aus dem zaristischen Rußland kamen, sich immer noch an die Pogrome erinnerten und die Frage der jüdischen Selbstverteidigung als eines der Hauptprobleme ansahen. Sie waren Sozialisten und Internationalisten, und der kleinste arabische Bauer besaß in ihren Augen ebensoviel Menschenwürde wie irgendein prominenter türkischer Pascha. Sie hatten jedoch nicht das geringste Verständnis für Überfälle und Belästigungen und mögen manchmal zu hart darauf reagiert haben. Diese Mitglieder der *Poale Zion* waren nicht wie die Liberalen von heute – sie hatten keine Schuldgefühle gegenüber den Arabern. Ihr Sozialismus stand überwiegend (wenn auch nicht ausschließlich) in der marxistischen Tradition. Im Einklang mit Marx betrachteten sie die Verbreitung westlichen Gedankengutes und westlicher Technik im Osten als a priori fortschrittlich und keiner weiteren ideologischen Rechtfertigung bedürftig. Sie glaubten an die Arbeitersolidarität, doch erstreckten sie diese nur auf Arbeiter, die bereits in der Industrie beschäftigt waren, und nicht unbedingt auf solche, die der organisierten Arbeiterschaft Konkurrenz machten. Da Palästina unter der jahrhundertelangen Moslemherrschaft ein armseliges, unterentwickeltes Land geblieben war, hatten sie keine Bedenken, einige Landbesitzer und Bauern hinauszuwerfen, denen sie die Schuld an der Rückständigkeit und Vernachlässigung des Landes gaben. In der sozialistischen Lehre, so wie sie sie verstanden, gab es nichts, das besagte, die osteuropäische Judenschaft müsse arm und unproduktiv und Palästina rückständig und unfruchtbar bleiben[30].

Es ist eine tragische Ironie in der Geschichte des Zionismus, daß gerade jene, die enge Beziehungen mit den Arabern wünschten, ungewollt zur Verschärfung des Konflikts beitrugen. Zwischen den beiden Weltkriegen setzte niemand sich eifriger für eine Aussöhnung zwischen Juden und Arabern ein als Chaim Margalit-Kalvarisky. Er wurde 1868 in Rußland geboren, studierte Agronomie und kam 1895 nach Palästina. Viele Jahre lang arbeitete er für die Kolonisationsgesellschaft des Barons Hirsch und hatte viele einflußreiche arabische Freunde. Er war fest überzeugt, daß eine arabisch-jüdische Verständigung die *condition sine qua non* einer erfolgreichen zionistischen Politik sei. Und doch waren es gerade Kalvariskys Aktivitäten um die Jahrhundertwende – die Landkäufe im Distrikt Tiberias –, die erstmals einen arabischen Widerstand größeren Ausmaßes hervorriefen. In den Jahren von 1899 bis 1902 wurde etwa die Hälfte dieses Distrikts von jüdischen Landgesellschaften erworben, und damals wurde auch die Gefahr der Entnationalisierung erstmals zu einem politischen Schlagwort der Araber[31]. Unter dem Eindruck dieser Ereignisse wurde Nagib Nasser, der spätere Redakteur der Haifaer Zeitung *Al Karmel*, zum Antizionisten und beschloß, sich künftighin der Aufklärung seiner Mitbürger über die »jüdische Gefahr« zu widmen[32].

Unter den jüdischen Arbeitern gab es keine Gruppe, die ihrem Wesen nach pazifistischer und antimilitaristischer gewesen wären als der *Hapoel Hazair*. Sein Chefideologe, Aaron David Gordon, war grundsätzlich gegen die Anwendung von Gewalt und hielt auch Selbstverteidigung nur in extremen Fällen für gerechtfertigt. Aber er und seine Genossen wünschten, daß jeder Baum und jeder Strauch im jüdischen Heimatland von den Pionieren gepflanzt würde. In dieser Gruppe fand die Idee jüdischer landwirtschaftlicher Gemeinschaftssiedlungen die leidenschaftlichsten Anhänger. Wie bereits erwähnt, waren sie entsetzt, als sie entdeckten, daß die Siedler der ersten Alija zu Plantagenbesitzern geworden waren und daß sich unter den ständigen Bewohnern dieser Kolonien tatsächlich mehr Araber als Juden befanden. Einem zeitgenössischen Bericht zufolge gab jeder jüdische Farmer in Sichron Jaakow drei oder vier arabischen Familien Arbeit, und auch in anderen Orten war die Lage ähnlich[33]. Achad Haam nannte Sichron »keine Kolonie, sondern eine Schande«. Nur wenige jüdische Bauern verrichteten noch manuelle Arbeit. Dieser Zustand hatte natürlich nichts mehr mit den ursprünglichen Zielen des Zionismus oder gar des Sozialismus zu tun. Dennoch erwies er sich paradoxerweise in bezug auf die arabisch-jüdischen Beziehungen als stabilisierender Faktor, während die Tätigkeit der Sozialisten, samt ihrem fanatischen Bestehen auf manueller Arbeit (»Erlösung durch Schweiß«), die arabischen Befürchtungen hinsichtlich eines jüdischen Separatismus und der Verdrängung arabischer Bauern und Arbeiter zu bestätigen schien.

Nach der Revolution gegen das Sultanat im Jahre 1908 verschlechterten sich die allgemeinen Sicherheitsverhältnisse in Palästina rapide. Die jüdischen Siedlungen im südlichen Galiläa wurden häufig angegriffen, außerdem gab es Zusammenstöße zwischen Juden und Arabern in Haifa, Jaffa und Jerusalem. In Galiläa war die Lage noch kritischer. Dies war jedoch größtenteils der allgemeinen Gesetzlosigkeit zuzuschreiben, die sich infolge der Ereignisse in Konstantinopel und der allgemeinen Schwächung der türkischen Autorität immer mehr ausbreitete. Die Juden waren nicht die einzigen Opfer. Die deutschen Siedlungen waren ebenfalls vielen Angriffen ausgesetzt, bis Berlin intervenierte und ein Kriegsschiff nach Haifa entsandte[34]. Aber die Art und Weise, wie die arabischen Zeitungen diese Angriffe kommentierten, gab Anlaß zur Besorgnis. Die Zionisten hatten die Tätigkeit Nagib Nassers zunächst als vereinzelte Erscheinung betrachtet. Aber der Zeitung *Al Karmel* schlossen sich bald andere Blätter ähnlichen Charakters an, wie beispielsweise *Falestin* (gegründet 1911) in Jaffa und *Al Muntada,* das 1912 sein Erscheinen aufnahm, in Jerusalem. Gehässige Broschüren und Bücher wurden veröffentlicht, und auch die arabische Presse außerhalb Palästinas begann Artikel über die zionistische Gefahr zu bringen[35]. Führende jüdische Bürger, etwa David Jellin, äußerten Besorgnis: »Vor fünfzehn Jahren haßten die Moslems die Christen, während ihre Einstellung zu den Juden von Verachtung geprägt war. Nun hat sich ihre Einstellung den Christen gegenüber verbessert und den Juden gegenüber verschlechtert.« Eine Gruppe führender Bürger schrieb aus Haifa an Ruppin: »Wir sehen mit Schrecken, mit welcher Schnelligkeit sich das von unseren Feinden ausgestreute Gift in allen Schichten der Bevölkerung verbreitet. Wir müssen uns auf die größten Kalamitäten gefaßt machen. Es wäre kriminell, weiterhin die Haltung von unbeteiligten Zuschauern einzunehmen[36].«

Zum Teil war diese Verschlechterung die Schuld der Neueinwanderer, die die Sprache der Araber nicht verstanden und sich nicht bemühten, deren Gebräuche zu begreifen und zu achten. Es besteht kein Zweifel, daß ihr Gemeinschaftsleben, ihre radikalen politischen und sozialen Ideen und die von ihnen ostentativ gepflogene Gleichberechtigung der Geschlechter die meisten Araber entsetzte und verwirrte. Diese Lebensweise mußte ihnen anstößig und unmoralisch erscheinen. Es gab aber noch andere Klagen: Die Juden in den neuen Siedlungen weigerten sich, Araber als Wachen anzustellen, und versuchten, sich gegen das Eindringen von Dieben und Räubern selber zu verteidigen. In der Vergangenheit hatten die Juden Palästinas mit derartigen Notfällen fertigzuwerden versucht, indem sie die Hilfe ausländischer Konsuln in Anspruch nahmen oder den türkischen Beamten und den Vorstehern der benachbarten arabischen Dörfer *Bakschisch* zahlten. Die neuen Wächter und ihre Vereinigung *Haschomer* machten viele Fehler, teils, weil nur wenige von ihnen Arabisch konnten, teils, weil sie empört waren über die Feigheit des alten Jischuw, wenn es galt, den Arabern die Stirn zu bieten. Sie wollten ihren Nachbarn zeigen, daß sie aus anderem Holz geschnitzt waren: Im Zweifelsfall wollten sie lieber zu hart als zu weich sein. Sie betrachteten sich nicht als Übermenschen; sie wollten nicht gefürchtet sein; sie verachteten die Araber nicht; sie wollten bloß respektiert werden. Sie schlossen ausdrücklich alle jene aus ihren Reihen aus, die meinten, »der Araber verstehe nur die Sprache der Peitsche[37]«.

Die Verhältnisse in den Städten, dem eigentlichen Brennpunkt der palästinensischen Politik, waren noch unbefriedigender. 1908 fanden die ersten Wahlen zum türkischen Parlament statt. Die Araber befanden sich in einer starken Position und erhielten etwa ein Viertel aller Abgeordnetensitze[38]. Die Juden Palästinas versuchten ebenfalls einen Vertreter ihrer Gemeinde zu wählen, doch war ihre Anzahl zu gering, und die Zahl derer, die die osmanische Staatsbürgerschaft und das Wahlrecht besaßen, war noch kleiner. Sobald sie erkannten, daß sie praktisch keine Chancen hatten, versuchten sie ein Bündnis mit Gruppen muselmanischer Araber einzugehen, in der Annahme, diese würden die jüdische Unterstützung einer christlichen vorziehen, und die gewählten Abgeordneten würden dann eine gewisse Verpflichtung ihren jüdischen Wählern gegenüber empfinden. Palästinensische Juden bildeten gemeinsam mit arabischen Honoratioren das Jerusalemer Komitee der *Partei für Einheit und Fortschritt,* der osmanischen Staatspartei. Die Araber gründeten jedoch bald ihre eigenen politischen Organisationen, beispielsweise die Dezentralisierungspartei, in der für die jüdische Gemeinde als solche kein Platz war, doch wurden einige wenige Juden als Einzelpersonen aufgenommen. Die arabischen Abgeordneten im osmanischen Parlament beschworen in Reden und Zeitungsartikeln häufig die zionistische Gefahr. Sie forderten die Unterbindung der Einwanderung und der Landkäufe und beschuldigten die türkischen Minister und die Regierungspartei, bewußt die separatistische Tätigkeit der zionistischen Siedler zu ignorieren, die eine paramilitärische Organisation gegründet hätten, offen ihre Nationalfahne zeigten, ihre Nationalhymne sängen und sogar ihre eigenen Gerichte hätten[39]. Die türkischen Behörden nahmen die Beschwerden der Araber nicht allzu ernst, aber um sie zu beschwichtigen, wurden in der Folge einige antizionistische Maßnahmen beschlossen[40].

Als 1912 die nächsten Wahlen bevorstanden, empfahlen die Vertreter des Zionistischen Aktionskomitees in der türkischen Hauptstadt den jüdischen Wählern Stimmenthaltung, da kein judenfreundlicher Kandidat Aussicht hatte, gewählt zu werden. Führende Juden in Palästina waren hingegen der Ansicht, eine solche Zurückhaltung sei gefährlich, und rieten statt dessen zu einer Zusammenarbeit mit der regierenden türkischen *Partei für Einheit und Fortschritt*[41]. Zugunsten einer zionistisch-türkischen Zusammenarbeit äußerte sich auch Max Nordau in seiner Rede vor dem Siebenten Zionistenkongreß. Als die Araber merkten, daß sie in ihrer Feindseligkeit gegen die Zionisten zu weit gegangen sein mochten, versuchten sie Dr. Jacobson zu beruhigen und deuteten die Möglichkeit eines arabisch-jüdischen Bündnisses gegen die türkische Herrschaft an.

Es ist zweifelhaft, ob diese unverbindlichen arabischen Sondierungen ernst gemeint waren; vier Jahre später aber wurde der Gedanke eines arabisch-jüdischen Bündnisses von arabischen Sprechern neuerlich vorgebracht, diesmal mit mehr Überzeugung. In diesem Stadium fanden sich die Zionisten in der ungewohnten Position, sowohl von den Jungtürken umworben zu werden, die nach ihren Niederlagen im Krieg gegen Italien und im Balkankrieg dringend Bundesgenossen benötigten, als auch von den arabischen Nationalisten, die mit der Politik der Jungtürken unzufrieden waren. Salim Najar, ein syrischer Araber und einer der Führer der Dezentralisierungspartei, schrieb in einem Brief an Sami Hochberg, da die führenden türkischen Kreise darauf aus seien, die nationalen Bestrebungen sowohl der Araber als auch der Juden zu unterdrücken, sei für diese beiden Völker der Augenblick gekommen, eine gemeinsame Front zu bilden[42].

Hochberg, 1869 in Bessarabien geboren und 1889 nach Palästina ausgewandert, war einer der Gründer von *Nes Ziona;* später war er als Lehrer in Tiberias tätig. Schließlich ließ er sich in Konstantinopel nieder, wo er mit den Jungtürken zusammenarbeitete. Er gründete die Zeitung *Jeune Turc,* die vom Zionistischen Aktionskomitee subventioniert wurde und die zionistische Sache in der türkischen Hauptstadt fördern half[43].

Hochberg berichtete, viele arabische Nationalisten seien trotz ihrer Bedenken gegen die jüdische Einwanderung offenbar geneigt, eine Art Bündnis mit den Zionisten einzugehen[44]. Hochbergs Bericht zufolge war das Kairoer Komitee der Dezentralisierungspartei noch am ehesten geneigt, die jüdische Einwanderung nach Palästina und eine arabisch-zionistische *Entente* grundsätzlich zu akzeptieren. Hochberg und die Führer der Dezentralisierungspartei kamen überein, daß die Araber ihre Angriffe auf den Zionismus mäßigen sollten, während die Zionisten in ihren eigenen Zeitungen sowie in der europäischen Presse verständnisvolle Berichte über die arabische Nationalbewegung veröffentlichen würden. Dieses Übereinkommen wurde als erster Schritt zu einem breiteren und umfassenderen Abkommen betrachtet, das zu einem späteren Zeitpunkt geschlossen werden sollte.

Im Juni 1913 wurde in Paris der erste arabische Kongreß abgehalten. Wieder berichtete Hochberg, der dort die Interessen der Zionisten vertrat, von Anzeichen guten Willens. Es gab jedoch Meinungsverschiedenheiten im arabischen Lager, und man ließ Hochberg wissen, daß man ein informelles Übereinkommen vorzöge, weil ein offenes Bündnis die Türken provozieren und damit sowohl der arabischen als auch der zionistischen Sache schaden würde. Einige arabische Sprecher, etwa Achmed Tabara und Achmed Muchtar Bayhoum, äußerten die Ansicht, es sei in Palästina genügend Raum für Araber und Juden, aber andere zeigten eine reserviertere Haltung. Es wurde gesagt, die Juden unterstützten die arabische Nationalbewegung nicht, und schließlich enthielt sich der Kongreß in seinen Beschlüssen jeglicher Erwähnung der »jüdischen Frage«. Hochbergs Anregung folgend, traf Jacobson mit Sachrawi zusammen, der auf dem Kongreß den Vorsitz geführt hatte, doch wurde keine Einigung erzielt. Inzwischen hatten die Türken den Sekretär der *Partei für Einheit und Fortschritt* nach Paris entsandt, der den Arabern die Erfüllung der meisten ihrer Forderungen versprach. Als direkte Folge dessen schwand das arabische Interesse an einem Pakt mit den Zionisten sehr schnell[45].

Die Verhandlungen wurden jedoch nicht endgültig abgebrochen. Einige Monate später mußten die Araber erkennen, daß sie in ihrer Einschätzung der türkischen Absichten allzu optimistisch gewesen waren, und so zeigten sie erneutes Interesse an Verhandlungen mit den Zionisten. Nach Gesprächen mit führenden Persönlichkeiten in Konstantinopel faßte Dr. Jacobson die arabischen Forderungen folgendermaßen zusammen: Sie wünschten finanzielle Hilfe für arabische Schulen und öffentliche Bauten sowie Garantien gegen die Enteignung der Fellachen. Die Juden wiederum bestanden auf der Einstellung der antizionistischen Pressekampagne und der Petitionen gegen Einwanderung und Landkauf[46]. Die arabischen Führer in Kairo und in Beirut hatten jedoch nur beschränkte Handlungsfreiheit, denn die Mehrheit der palästinensischen Araberführer verlangte eine klarere und festere Haltung gegen die jüdische Einwanderung und war an einer *Entente* nicht interessiert. Hin und her gerissen, erwogen die Araberführer Syriens und Ägyptens verschiedene Möglichkeiten der Politik gegenüber dem Zionismus, ohne sich aber im Augenblick auf eine von ihnen festzulegen. Das Zionistische Aktionskomitee und seine Vertreter in der türkischen Hauptstadt waren gleichermaßen unentschlossen. Sie waren im Prinzip sofort bereit, ein Übereinkommen mit den Arabern zu treffen, wollten aber nicht den Argwohn der Türken hervorrufen. Auch war ihnen nicht klar, was sie den Arabern anbieten sollten[47].

Als Nahum Sokolow im Jahre 1914 Beirut und Damaskus besuchte, wurde er führenden arabischen Nationalisten vorgestellt, die Interesse an einer Konferenz auf hoher Ebene bekundeten. Man beschloß, eine solche Konferenz im Juli 1914 in der Nähe von Beirut abzuhalten. Die Haltung der türkischen Behörden war nicht klar. Der Gouverneur von Beirut scheint direkte jüdisch-arabische Gespräche zunächst befürwortet zu haben, riet aber später den Zionistenführern ab. In Palästina wurden Vorbereitungen für die Zusammenkunft getroffen. Die jüdische Delegation sollte Kalvarisky, Dizengoff, Schabtai Levi, David Jellin und andere führende Persönlichkeiten umfassen. Unter den zehn vorgesehenen arabischen Delegierten waren bloß drei, von denen angenommen wurde, daß sie eine arabisch-jüdische *Entente* befürworten würden. Dagegen standen auf der Liste mehrere führende Antizionisten, wie der Chefredakteur von *Al Karmel.* Den jüdischen Vertretern gefiel auch die von den Arabern vorgeschlagene Tagesordnung nicht, die von den Juden Beweise verlangte, daß ihre Absichten der arabischen Sache nicht schaden würden. Die jüdischen Delegierten beschlossen in ihren Vorbesprechungen in Jaffa und Haifa, das Zusammentreffen mit den Arabern zu verschieben, »aber so, daß dabei nicht alle Kontakte mit ihnen abgebrochen werden[48]«. Einige Wochen später setzte der Kriegsausbruch diesen Gesprächen ein Ende.

War es mangelnde Begeisterung oder Kurzsichtigkeit auf seiten Sokolows und der palästinensischen Zionisten, die sie eine große Chance zur Versöhnung mit den Arabern versäumen ließ? Die Aussichten auf ein Abkommen waren sicherlich nicht besonders günstig, aber eine zeitweilige Übereinkunft hätte erreicht werden können, wenn die zionistische Führung fähig und bereit gewesen wäre, die arabische Nationalbewegung kräftig zu unterstützen. Die Zionisten hätten mit führenden syrischen und ägyptischen Persönlichkeiten sprechen können, aber diese waren nicht in der Lage, gegen die Wünsche der palästinensischen Araber ein bindendes Übereinkommen zu schließen. Selbst wenn man jedoch 1914 zu einem Abkommen gelangt wäre, hätte dieses die Stürme des Krieges sicherlich nicht überlebt. Nach dem Sturz der türkischen Herrschaft wäre der Kampf um Palästina ein Kampf aller gegen alle geworden und der arabisch-zionistische Konflikt mit voller Gewalt wieder aufgeflammt[49].

Dr. Thon, einer der zionistischen Vertreter bei den Verhandlungen von 1914, berichtet, ein arabischer Kontaktmann (Nassif el Chaldi) habe ihm in einem kritischen Stadium ihres Gesprächs gesagt: »Gardez-vous bien, Messieurs les Sionistes, un gouvernment passe, mais un peuple reste[50].« Ein vernünftiger, aber nicht sehr neuer Ratschlag. Vier Jahre vorher, zur Zeit der ersten türkischen Parlamentwahlen, hatte Dr. Thons Vorgesetzter, Arthur Ruppin, haargenau die gleiche Anweisung vom Präsidenten der Zionistischen Weltorganisation, David

Wolffsohn, erhalten, der ihm schrieb, die Bestrebungen der einheimischen Bevölkerung müßten berücksichtigt werden: »Die Regierungspartei in Konstantinopel kommt und geht, aber die arabische Bevölkerung Palästinas bleibt, und so muß es unser erster Grundsatz sein, mit ihr in Frieden zu leben[51].«

Es ist nicht einmal sicher, ob Dr. Ruppin einen solchen Rat benötigte, denn es gab wohl kaum einen anderen führenden Zionisten, dem die Bedeutung der arabischen Frage klarer war. Mehr als einmal hatte er dem Zionistischen Aktionskomitee erklärt, der gute Wille der osmanischen Regierung sei für den Zionismus keineswegs wichtiger als der gute Wille der arabischen Bevölkerung: »Wir dürfen uns nicht den guten Willen der einen erkaufen, indem wir uns die Feindschaft der anderen zuziehen[52].« Wieso war es bei so viel Verständnis und sogar gutem Willen unmöglich, einen *modus vivendi* mit den Arabern zu erreichen?

Der Konflikt hatte verschiedene Ursachen, wobei die damals am häufigsten genannten in Wirklichkeit nicht die wichtigsten waren. Die Anzahl der Fellachen, die ihr Land verloren, war klein. Nur ein winziger Prozentsatz des von den Zionisten erworbenen Landes war Kleinbauern abgekauft worden; das meiste stammte aus Großgrundbesitz. Ein Viertel der gesamten jüdischen Ländereien in Palästina (das Esdraelon-Tal) war einem einzigen Grundeigentümer, der in Beirut lebenden christlich-arabischen Familie Sursuq, abgekauft worden. Verschiedene britische Untersuchungsausschüsse, beispielsweise der Shaw-Ausschuß und der Simpson-Ausschuß, entdeckten in den zwanziger Jahren, daß sich im arabischen Sektor eine große Klasse landloser Bauern herausbildete und daß immer mehr Land in immer weniger Händen konzentriert wurde. Doch war dies im wesentlichen keine Folge der jüdischen Einwanderung. Eine ähnliche Entwicklung war auch in Ägypten und anderen Ländern zu beobachten, die allmählich in den Sog der modernen kapitalistischen Wirtschaft gerieten.

In den frühen Jahren der zionistischen Siedlungstätigkeit zeigten die jüdischen Landkäufer für das Schicksal der vertriebenen Fellachen ebensowenig Interesse wie die arabischen Effendis. Nur nach und nach kam ihnen zu Bewußtsein, daß sie, ganz abgesehen von moralischen Überlegungen, es mit einer politisch explosiven Frage zu tun hatten. Später wurde mehr darauf geachtet, jenen, die ihr Land verloren, Entschädigung zu zahlen oder eine geeignete Beschäftigung zu verschaffen. Aber wie ein statistischer Vergleich zeigt, waren die Auswirkungen der jüdischen Siedlungstätigkeit auf die arabische Wirtschaft minimal: Die Urbanisierung vollzog sich in Palästina nicht schneller als in den benachbarten arabischen Ländern; die arabische Zuwanderung nach Palästina war größer als die Abwanderung; und die Geburtenrate stieg schneller als in den Nachbarländern, desgleichen der Lebensstandard der Araber in der Nachbarschaft der neuen jüdischen Siedlungen. Diese Fakten wurden häufig von zionistischen Autoren zitiert und sind unwiderleglich, sowohl in bezug auf die Vorkriegszeit als auch auf die zwanziger Jahre. Wenngleich manche Araber infolge der jüdischen Siedlungstätigkeit Verluste erlitten, so war doch die Zahl jener, die direkt oder indirekt davon profitierten, zweifellos größer. Sicherlich, wenn der Lebensstandard der Araber auch stieg, waren die jüdischen Siedler immer noch viel besser dran, und das Entstehen wohlhabender Kolonien muß großen Neid erweckt haben.

Vom rein wirtschaftlichen Standpunkt war der arabische Widerstand gegen die jüdische Einwanderung und Ansiedlung unerklärlich und ungerechtfertigt. Allerdings war der wirtschaftliche Aspekt des Konflikts kaum je von entscheidender Bedeutung. Deshalb war die zionistische Hoffnung, die von Marxisten und Nichtmarxisten gleichermaßen geteilt wurde, daß nämlich wirtschaftliche Zusammenarbeit als kräftiger Anreiz zur politischen Versöhnung wirken würde, völlig unrealistisch. Der Konflikt war politischer Natur, ein Zusammenstoß zwischen zwei Nationalbewegungen. Die Araber waren in erster Linie nicht deshalb gegen die jüdische Einwanderung, weil sie eine Proletarisierung befürchteten, sondern weil sie voraussahen, daß die Juden beabsichtigten, eines Tages die Herren im Land zu werden, und die Araber infolgedessen zum Status einer Minderheit herabsinken würden.

Nur wenige Zionisten träumten damals von einem jüdischen Staat. Die Türken hatten nicht die geringste Absicht, irgendeinem Teil des Osmanischen Reiches auch nur ein bescheidenes Maß an Selbständigkeit zu gewähren. Es ist jedoch in diesem Zusammenhang völlig unerheblich, ob der Zionismus damals tatsächlich Eroberungspläne hatte – vielleicht erkannten die Araber die Fähigkeiten und Ambitionen der Juden besser als die Zionisten selber. Einige wenige Verfechter der Idee eines jüdischen Staates hatte es von allem Anfang an gegeben. So schrieb beispielsweise Zeev Dubnow, einer der ersten Bilu-Siedler, im Jahre 1882 an seinen berühmten Bruder, den Historiker, das letzte Ziel sei es, eines Tages die Unabhängigkeit von Erez Israel wiederherzustellen. Zu diesem Zweck müßten Siedlungen entstehen, das Land und die Industrie in jüdische Hände übergehen und die heranwachsende Generation im Gebrauch von Waffen unterwiesen werden[53]. Auch Michael Halpern, einer der ersten *Schomrim,* pflegte gelegentlich von der Eroberung des Landes durch Legionen jüdischer Soldaten zu sprechen. Doch waren dies Phantastereien einiger weniger, die damals von niemandem ernst genommen wurden.

Am anderen Extrem, und ebensowenig repräsentativ, gab es einige Befürworter einer kulturellen Assimilation. Mit ihrer Rückkehr in den Orient sollten die Juden ihre europäischen Wesenszüge ablegen und die orientalischen Sitten und Denkweisen wieder annehmen. Der Gedanke, die gemeinsame semitische Herkunft von Juden und Arabern könnte die Grundlage für eine enge Zusammenarbeit der beiden Völker bilden, tauchte bereits frühzeitig in der Geschichte des Zionismus auf. Man findet ihn in den Schriften von Epstein und R. Benjamin (die für Ruppins Büro in Jaffa tätig waren). In einem Interview für die Zeitung *Al Achram* in Kairo im Jahre 1914 meinte Sokolow, er hoffe, die Juden würden sich in jeder Hinsicht der arabischen Kultur annähern und gemeinsam mit den Arabern eine große palästinensische Zivilisation aufbauen[54]. Nach dem Ersten Weltkrieg, als die Weisheit des Orients in Europa große Mode war, propagierte M. Ben Gavriel (Eugen Höflich), ein Wiener Schriftsteller, der sich in Jerusalem niedergelassen hatte, die gleichen Gedanken in einer Reihe von Büchern und Artikeln[55]. Selbst ein radikaler Sozialist wie Fritz Sternberg, der später als marxistischer Theoretiker bekannt wurde, sah einen entscheidenden Faktor in der gemeinsamen semitischen Herkunft der beiden Völker und in der Tatsache, daß die Juden sich den Arabern geistig verwandt fühlten: »Die Ostjuden sind auch heute noch fast Orientalen«, schrieb er[56]. Sogar nach dem Zweiten Weltkrieg fand der Gedanke einer semitischen Föderation im Nahen Osten noch einige begeisterte Anhänger in Israel.

Es war nicht leicht zu erkennen, was diese Theoretiker eigentlich beweisen wollten, denn selbst wenn ein gemeinsamer rassischer oder ethnischer Ursprung hätte nachgewiesen werden können, so waren sie überoptimistisch, wenn sie meinten, dies würde eine starke politische Auswirkung haben. Blutsverwandtschaft ist nicht notwendigerweise mit Freundschaft gleichzusetzen, und die heftigsten Streitigkeiten sind gewöhnlich die zwischen Familienmitgliedern. Die meisten damaligen Zionistenführer befürworteten den Gedanken einer arabisch-jüdischen Brüderlichkeit, zumindest legten sie ein Lippenbekenntnis dazu ab, doch scheint es, daß sie dies hauptsächlich deshalb taten, weil sie keine andere ideologische Rechtfertigung oder keine greifbare praktische Methode zur Verbesserung der Beziehungen zu den Arabern finden konnten. Einer der Dissidenten war Richard Lichtheim, ein führender deutscher Zionist, der gemeinsam mit Jacobson das Zionistische Aktionskomitee in Konstantinopel vertrat. In den Berichten an seine Vorgesetzten stimmte er der Notwendigkeit zu, alle Anstrengungen zu machen, um sich des Wohlwollens der Araber zu versichern und die jüdische Siedlungstätigkeit so zu organisieren, daß sie auch den arabischen Interessen diene. Allerdings hatte er hinsichtlich der Ergebnisse einer solchen Politik keine Illusionen:

»Die Araber sind und bleiben unsere natürlichen Gegner. Sie haben nicht das geringste Interesse an einem ›gemeinsamen semitischen Geist‹. Ich kann nur dringend vor einer historischen oder kulturellen

Schimäre warnen. Der Orient von heute erstrebt keine anderen Wunder als amerikanische Maschinen und Pariser Toiletten. Selbstverständlich wollen die Araber ihre Nation erhalten und ihre Kultur pflegen. Aber was sie dafür benötigen, ist spezifisch europäisch: Geld, Organisation, Maschinen. Der Jude ist für sie ein Konkurrent, der ihre Vorherrschaft in Palästina bedroht[57].«

Viele Jahre später schrieb Lichtheim, es sei ihm schon vor 1914 klar gewesen, daß die nationalen Bestrebungen der Zionisten mit denen der palästinensischen Araber unvereinbar seien[58].

Ruppin hingegen glaubte weiterhin an einen binationalen Staat. Er würde an der Möglichkeit einer Verwirklichung des zionistischen Gedankens verzweifeln, erklärte er noch 1925 auf dem Zionistenkongreß in Wien, wenn keine Möglichkeit bestünde, den nationalen Interessen der Juden wie denen der Araber gerecht zu werden. Bald aber setzten die Zweifel ein. Ruppin erkannte, daß alle palästinensischen Araber gegen den Zionismus waren, und wenn man die Lösung des Palästinaproblems von einer Einigung mit den Arabern abhängig machte, würde dies letztlich die Einstellung der Einwanderung und der jüdischen wirtschaftlichen Entwicklung bedeuten. Im Dezember 1931 schrieb er betrübt an Victor Jacobson, seinen alten Freund aus den Tagen in Konstantinopel: »Was wir heute von den Arabern bekommen können – das brauchen wir nicht. Und was wir brauchen – das können wir nicht bekommen. Das äußerste, was uns die Araber zugestehen würden, sind Minderheitsrechte wie in Osteuropa. Aber wir haben schon genug von der Lage in Osteuropa[59].«

Abgesehen von der Politik, waren die Beziehungen zwischen Juden und Arabern in Palästina vor 1914 gar nicht so schlecht, vor allem, wenn man die großen kulturellen und sozialen Unterschiede zwischen den Gemeinden bedenkt. Juden und Araber waren Nachbarn, und so wie unter Nachbarn überall in der Welt gab es nicht nur Konflikte, sondern auch Zusammenarbeit. Viele alteingesessene Juden, namentlich die Sepharden, hatten Arabisch als Muttersprache. Jüdische und arabische Kinder wuchsen in derselben Straße auf, Juden und Araber hatten gemeinsame Geschäfte, manche Juden schrieben Gedichte auf arabisch oder Artikel für die arabische Presse. Es gab sogar, wenngleich in beschränktem Maß, gesellschaftliche Kontakte. Auch unter den Neueinwanderern zeigte sich erhebliches Interesse für alles Arabische. Die jüdischen Wächter, die *Schomrim,* trugen häufig die arabische Kopfbedeckung *(Kefija)* und bemühten sich, in den benachbarten Dörfern Freundschaften zu schließen. Arabische Redewendungen drangen in die hebräische Sprache ein, allerdings nicht auf höchstem literarischem Niveau. In Mosche Smilanskys *Hawadja Musa,* lange vor dem Ersten Weltkrieg geschrieben, erschien das Araberthema erstmals in der hebräischen Literatur. In seinen Kurzgeschichten beschrieb

Smilansky die Fellachen und ihre Welt mit großem Einfühlungsvermögen und Verständnis, ja er idealisierte sie und ihre Lebensweise sogar. Die Zionisten respektierten die Araber als Menschen und betrachteten sie als entfernte, ein wenig rückständige und untüchtige Verwandte. Jedenfalls empfanden sie keinerlei Haß. Sie waren zu sehr mit ihrer eigenen Nationalbewegung beschäftigt, um zu erkennen, daß auch ihre Verwandten eine nationale Wiedergeburt erlebten, und manchmal schien es, als sprächen sie ihnen das Recht dazu ab.

In den Beratungen des Zionistischen Aktionskomitees wurden von Zeit zu Zeit verschiedene Aspekte der arabischen Frage diskutiert. In seinem Bericht an den elften Zionistenkongreß erklärte Ruppin, die Zionisten hätten viel Versäumtes nachzuholen und begangene Fehler zu korrigieren. »Es ist natürlich völlig nutzlos, uns damit zufriedenzugeben, den Arabern zu versichern, daß wir als Freunde in ihr Land kommen. Wir müssen das durch unsere Taten beweisen[60].« Am vorangegangenen Kongreß hatte einer der Führer der Arbeiterzionisten, Schlomo Kaplanski, die Notwendigkeit einer Annäherung an die Araber betont. Er glaubte nicht an einen ständigen Konflikt zwischen Zionisten und Arabern und war überzeugt, daß ein Einverständnis mit den demokratischen Kräften in der arabischen Welt – wenn auch vielleicht nicht mit den Effendis – erzielt werden könnte[61].

Aber Ruppin hatte kein Rezept, wie man sich Freunde unter den Arabern schaffen könnte, und mußte auf die alten Argumente zurückgreifen: Die zionistische Kolonisation habe den Arabern große materielle Vorteile gebracht; sie hätten von den Juden moderne landwirtschaftliche Methoden gelernt; jüdische Ärzte hätten mitgeholfen, die unter den Arabern grassierenden Epidemien auszurotten. Ruppin wußte, daß man beim Ankauf arabischen Landes mit äußerstem Takt und größter Vorsicht vorgehen mußte, um nachteilige Folgen zu vermeiden. Im Mai 1911 schlug er in einem Memorandum an das Zionistische Aktionskomitee eine begrenzte Bevölkerungsumsiedlung vor. Die Zionisten sollten bei Aleppo und Homs im nördlichen Syrien Land für die Umsiedlung von arabischen Bauern ankaufen, die in Palästina enteignet worden waren. Dies wurde jedoch abgelehnt, weil es das Mißtrauen der Araber in bezug auf die zionistischen Absichten verstärken würde[62].

Obwohl Dr. Ruppins Plan abgelehnt wurde, befaßten sich auch andere Mitglieder des Zionistischen Aktionskomitees mit dem Gedanken einer Bevölkerungsumsiedlung. Im Gegensatz zu Achad Haam (der damals bereits zu äußerst pessimistischen Schlußfolgerungen hinsichtlich der Araber gekommen war, von denen er glaubte, daß sie eine jüdische Mehrheit niemals akzeptieren würden), schlug Leo Motzkin 1912 vor, das arabisch-jüdische Problem in einem größeren Rahmen zu sehen: Rund um Palästina gebe es ausgedehnte brachliegende Ländereien, die Arabern gehörten; vielleicht wären sie bereit, sich mit Hilfe des Geldes, das sie aus ihren Landverkäufen an die Zionisten erhielten, dort anzusiedeln[63]? 1914 scheinen Motzkin und Sokolow neuerlich mit dem Gedanken einer Bevölkerungsumsiedlung gespielt zu haben. Der konsequenteste Befürworter dieser Idee war der anglo-jüdische Schriftsteller Israel Zangwill, der die Zionisten (von denen er sich zur Zeit des Uganda-Konflikts getrennt hatte) in einer Reihe von Reden und Artikeln während und nach Ende des Ersten Weltkrieges kritisierte, weil sie die Tatsache ignoriert hätten, daß Palästina kein menschenleeres Land sei. Der Gedanke eines »arabischen Trecks« in einen eigenen arabischen Staat spielte in seinem Plan eine zentrale Rolle. Selbstverständlich könnte man die Araber nicht dazu zwingen, man würde sich darüber gütlich und freundschaftlich einigen. Zangwill verwies auf die vielen Wanderungen, die im Laufe der Geschichte stattgefunden hatten, einschließlich der Wanderung der Buren nach Transvaal: Warum sollten die Araber nicht einsehen, daß dies in ihrem eigenen Interesse gelegen wäre? Sie würden von den Zionisten voll entschädigt werden. Später erklärte Zangwill einem Freund, er erwarte, daß nach dem Krieg, in einer auf der Grundlage von Liebe und Vernunft wiederaufgebauten Welt, die arabischen Bewohner Palästinas, für deren Stammesgenossen nach Jahrhunderten der Unterdrückung ein neuer Staat in Arabien gegründet werden würde, sicherlich mit dem Ideal der noch schwerer geprüften Nation Israel sympathisieren und großzügig genug sein würden, diese wenigen Tausend Quadratmeilen jenem Volk zu überlassen, das sich seinen Traum von diesem Land zweitausend Jahre lang bewahrt hatte. Zangwill hoffte, daß zwei Staaten Seite an Seite entstehen würden: »andernfalls würde wohl kaum ein jüdischer Staat, sondern nur Spannung geschaffen werden[64].«

Der Plan einer Bevölkerungsumsiedlung war jedoch niemals Teil der offiziellen zionistischen Politik. Ben Gurion lehnte ihn ausdrücklich ab und sagte, selbst wenn die Juden das Recht erhielten, die Araber auszusiedeln, würden sie davon keinen Gebrauch machen[65]. Die meisten dachten damals, es würde nach der Industrialisierung des Landes und der Einführung intensiver Landwirtschaftsmethoden in Palästina genügend Platz für Juden und Araber geben. Da vor 1914 niemand den Zerfall des türkischen Reiches in naher Zukunft erwartete, stand die Frage der politischen Autonomie nicht zur Diskussion. Man war ehrlich bestürzt, daß die Araber nicht mehr Dankbarkeit für die wirtschaftlichen Vorteile zeigten, die sie infolge der jüdischen Einwanderung und Ansiedlung genossen. Man glaubte, der wachsende arabische Nationalismus und die antizionistischen Angriffe seien das Werk einzelner Bösewichter, der Effendis (die sich ärgerten, weil die Juden die Fellachen durch die Bezahlung höherer Löhne verwöhnt hätten) und der christlichen Araber (die beweisen wollten, daß sie ebenso gute Patrioten waren wie ihre muselmanischen Mitbürger)!

Als sich nach 1908 eine arabische Nationalbewegung in Palästina entwickelte, maßen die Zionisten ihr zunächst keine besondere Bedeutung zu, da sie nur aus sehr wenigen Menschen bestand und außerdem in mehrere Fraktionen und Parteien gespalten war. Man kann unschwer eine längere Liste der von den Zionisten vor 1914 begangenen Unterlassungen und Fehler zusammenstellen. Sie hätten der arabischen Frage viel mehr Aufmerksamkeit schenken und bei den Landkäufen vorsichtiger vorgehen müssen. Eine größere Anzahl von ihnen hätte Sprache und Sitten ihrer arabischen Nachbarn erlernen und sich mehr darum bemühen sollen, deren Gefühle nicht zu verletzen. Sie hätten die osmanische Staatsbürgerschaft annehmen und, dem Beispiel Kalvariskys folgend, versuchen sollen, persönliche Freundschaften mit Arabern zu schließen. Es gab Möglichkeiten, die arabische öffentliche Meinung zu beeinflussen und zu erklären, daß die Juden nicht kämen, um die Araber zu beherrschen. Aber die Mittel, die Dr. Ruppin und seinen Kollegen in Jaffa zu diesem Zweck zur Verfügung standen, waren völlig unzureichend. Beispielsweise hätte man Wolffsohn viel mehr Publizität geben sollen, als er auf dem elften Zionistenkongreß erklärte, die Juden wollten in Palästina keinen eigenen Staat, sondern nur eine nationale Heimstätte. Ob dies die arabischen Befürchtungen zerstreut hätte, bleibt fraglich, denn sie waren weniger über die Gegenwart der Zionisten besorgt als vielmehr über deren Zukunftspläne. In dieser Hinsicht waren die arabischen Besorgnisse nicht grundlos. Anderseits sahen die Zionisten nicht voraus, daß die Zahl der palästinensischen Araber infolge des wachsenden Wohlstandes schnell zunehmen würde. Sie nahmen nicht zur Kenntnis, daß die palästinensischen Araber Angehörige eines viele Millionen umfassenden Volkes waren, dem die Zukunft des Heiligen Landes keineswegs gleichgültig war.

Die palästinensischen Araber, die die ortsansässigen Juden toleriert (und verachtet) hatten[66], fürchteten sich wirklich vor den aggressiven Neueinwandern, die ihnen als völlig andersgeartete Menschen erschienen. Sie lehnten sie aus eben den Gründen ab, die bei Masseneinwanderungen immer und überall zu Spannungen führen: Die Bauern fürchteten sich vor Veränderungen, Ladenbesitzer und Gewerbetreibende fürchteten die Konkurrenz, religiöse Würdenträger, gleichgültig ob Christen oder Moslems, standen aus traditionellen theologischen Gründen den Juden alles andere als freundlich gegenüber. Die arabische antizionistische Propaganda nach 1908 übertrieb natürlich maßlos. Die wirtschaftliche Lage der Araber hatte sich gewiß nicht infolge des Einströmens dieser Fremden verschlechtert, außerdem überschätzte man die Möglichkeiten der Zionisten. Die Juden hatten weder das Geld noch die Absicht, das ganze Land aufzukaufen (wie die arabische Propaganda behauptete), noch alle arabischen Bauern zu enteignen und zu proletarisieren. Ihre politischen Ambitionen reichten gewiß nicht bis zum Nil und zum Euphrat.

Aber in einem wesentlichen Punkt hatten die Araber recht, nämlich darin, daß die Juden durch ihre überlegene Organisation und Wirtschaftskraft in Palästina eine Position der Stärke erreichen und schließlich zur Mehrheit werden wollten. Sie sahen die Folgen der Entwicklung genauer voraus als die Zionisten selber, die nicht an politische Macht dachten und auch keinen Machtinstinkt hatten. Alle frühen Zionisten waren im Grunde Pazifisten. Der Gedanke, es könnte unmöglich sein, einen Staat ohne Blutvergießen zu errichten, scheint ihnen nie gekommen zu sein. Erstmals wurde diese Frage von dem nichtzionistischen Soziologen Gumplowicz in einem Brief an Herzl aufgeworfen: »Sie wollen einen Staat ohne Blutvergießen gründen? Wo haben Sie ja derartiges gesehen? Ohne Gewalt und ohne List, einfach durch Kauf und Verkauf von Anteilen[67]?«

Aber selbst mustergültigstes Verhalten der Zionisten hätte an der wahren Ursache des Konflikts nichts geändert, nämlich daran, daß die Juden in Palästina mehr suchten als bloß ein kulturelles Zentrum. So wirksam ihre Propaganda auch sein mochte, so groß auch die materiellen Vorteile, die den Arabern durch die jüdische Ansiedlung zufielen, die entscheidende Frage wäre dennoch unbeantwortet geblieben: Wem sollte das Land schließlich gehören? Es war mehr als naiv, die Schuld am arabischen Antizionismus den berufsmäßigen Hetzern, den frustrierten arabischen Notabeln und dem üblen Gesindel in den Städten zuzumessen, denn es handelte sich um einen elementaren Zusammenstoß zweier Nationalbewegungen. Hätten die Zionisten frühzeitig die panarabischen Bestrebungen rückhaltslos unterstützt, wäre vielleicht die Schärfe des Konflikts gemildert worden. Aber dies stand natürlich nicht im Einklang mit den Zielen der jüdischen nationalen Wiedergeburt. Auch hätte es keineswegs die Araber dazu veranlaßt, die zionistischen Einwanderer mit offenen Armen aufzunehmen. Die arabische Welt war bereits von der Anwesenheit religiöser und ethnischer Minderheiten und den zwischen ihnen bestehenden Konflikten geplagt. Jede weitere Zunahme von Anzahl und Stärke der Minderheiten hätte die Befürchtungen der Araber nur verstärkt. Angesichts des Charakters der Zionistischen Bewegung und ihrer grundsätzlichen Forderungen (Einwanderung und Ansiedlung) sowie angesichts der natürlichen Befürchtungen der Araber erscheint es auch im Rückblick unmöglich, sich selbst vor der Balfour-Deklaration eine überzeugende Alternativpolitik vorzustellen, die einen Konflikt hätte verhindern können[68].

Juden und Araber während des Krieges

Mit dem Ausbruch des Krieges im Jahre 1914 kam alle politische Aktivität in Palästina zum Stillstand. Junge Juden im wehrpflichtigen Alter traten in die türkische Armee ein, während solche mit der Staatsbürgerschaft von Feindstaaten ausgewiesen wurden. Im späteren Verlauf des Krieges wurden die Bewohner vieler jüdischer Siedlungen von den türkischen Behörden zwangsevakuiert. Ohne die Intervention der deutschen Regierung hätte der türkische Kommandant Dschemal Pascha die Einwohner Jerusalems ans Ostufer des Jordans umgesiedelt und die Juden aus dem südlichen Palästina zur Gänze deportiert. Auch die arabische Nationalbewegung erlitt erhebliche Rückschläge, da viele ihrer Führer von den Türken des Separatismus und des Verrats beschuldigt, verhaftet und zum Teil hingerichtet wurden. Das Schwergewicht der politischen Tätigkeit, der arabischen wie der jüdischen nationalen Bestrebungen, verschob sich während der Kriegsjahre nach London. Einige britische Politiker, wie Kitchener, hatten schon vor dem Krieg einen unabhängigen arabischen Staat befürwortet, und es gab bereits gewisse, wenn auch vage, unverbindliche Absprachen zwischen den Briten und dem Scherif von Mekka, Hussein Ibn Ali.

Da nach Kriegsausbruch die orientalische Frage wieder aktuell wurde, beauftragte man politische Fachleute mit der Ausarbeitung von Denkschriften und Plänen für eine Nachkriegsregelung im Nahen Osten. Britische Diplomaten konferierten mit den Franzosen und den Russen. Das Sykes-Picot-Abkommen sah eine Aufteilung der Einflußsphären zwischen Briten und Franzosen vor. Nach diesem Plan sollte Palästina in die sogenannte *braune Zone* fallen, die einer internationalen Kontrolle unterstellt werden sollte. Sir Henry McMahon, der britische Hauptvertreter in Ägypten, machte den Arabern bestimmte Versprechungen. In einem Brief vom Oktober 1915 wurde die Gründung eines unabhängigen arabischen Staates angeregt, von dem nur das syrische Küstengebiet westlich von Damaskus sowie Homs, Hamma und Aleppo ausgenommen sein sollten. Arabische Sprecher haben seither stets betont, daß man ihnen damit Palästina zugesagt hätte und daß dieses Versprechen dann gebrochen worden sei. McMahon stellte dies ebenso in Abrede wie ein im Jahre 1937 eingesetzter Untersuchungsausschuß. Die Briten stellten sich auf den Standpunkt, das Abkommen beruhte auf einer Vereinbarung, wonach sich die Araber sowohl auf der arabischen Halbinsel als auch in Syrien gegen die Türken erheben sollten; da aber der arabische Aufstand in Syrien nicht zustande gekommen sei, wären sie nicht verpflichtet gewesen, ihren Teil des Übereinkommens einzuhalten. Jedenfalls war die ganze Sache so unklar abgesprochen, daß sie zu Meinungsverschiedenheiten führen mußte, wie ja auch Großbritanniens Versprechen an die Juden, die Balfour-Deklaration, mehr als nur eine Interpretation zuließ.

Wie sah nun der Zionismus sein Verhältnis zu den Arabern im Rahmen der neuen Ordnung, die sich nach dem Krieg in Palästina entwickeln würde? In einer ausführlichen Denkschrift, die 1916 für die neue Verwaltung Palästinas ausgearbeitet wurde, forderten die Zionisten Rechtsgleichheit für alle Nationalitäten, Autonomie in allen rein jüdischen Angelegenheiten, offizielle Anerkennung der jüdischen Bevölkerung als separate Volksgruppe, sowie Anerkennung des Hebräischen als gleichberechtigte Sprache neben dem Arabischen. Die Hauptsorge der Zionisten war es, britische Unterstützung für ihre Bestrebungen zu erhalten. Wie Weizmann in einer Rede in Manchester im Mai 1917 feststellte, waren die Voraussetzungen für einen jüdischen Staat noch nicht gegeben, und die Frage der Beziehungen zu den Arabern erschien den Zionisten daher nicht dringlich. Ein nichtjüdischer Anhänger des Zionismus, Herbert Sidebotham, definierte im Juli 1917 das Ziel des Zionismus folgendermaßen: Errichtung eines jüdischen Staates, dessen dominierender Nationalcharakter ebenso jüdisch sein sollte, wie der dominierende Nationalcharakter Englands englisch sei, eine Formel, die Weizmann auf der Friedenskonferenz von Versailles wiederholte, als er gefragt wurde, was er unter einer jüdischen Heimstätte verstehe. Weizmann sagte zugleich aber auch, die Zionisten dürften nicht »wie Junker« ins Land kommen; sie könnten es sich nicht leisten, andere Menschen zu vertreiben[69]. Der erste Teil seiner Definition wurde in späteren Jahren häufig zitiert und kritisiert. Hatte er die Araber vergessen? Weizmann engste Mitarbeiter erkannten nachweislich sehr wohl, daß die arabische Frage nach dem Krieg von großer Wichtigkeit und Dringlichkeit sein würde. Harry Sacher schrieb im Juni 1917 an Leon Simon: »Im Grunde bin ich mir völlig dessen bewußt, daß selbst dann, wenn sich all unsere politischen Pläne unseren Wünschen gemäß entwickeln, die Araber unser größtes Problem darstellen werden. Ich will nicht, daß wir in Palästina mit den Arabern so verfahren, wie die Polen mit den Juden verfahren . . . Diese Art von Chauvinismus könnte den ganzen Jischuw vergiften[70].«

Die erste arabische Reaktion auf die Balfour-Deklaration war keineswegs ausgesprochen feindselig. Gleich den Zionisten waren auch die Araber sich vielleicht nicht völlig im klaren, was die Deklaration in der Praxis bedeuten würde. Anläßlich der großen zionistischen Kundgebung zur Feier der Balfour-Deklaration in Covent Garden am 2. Dezember 1917 überbrachten zwei arabische Sprecher herzliche Grüße im Namen ihres Volkes. Eine Woche später erklärte Weizmann in einer Rede in Manchester, wenn es in der Vergangenheit Mißverständnisse zwischen Arabern und Juden gegeben habe, so sei dies nun vorbei. Die Spannungen seien durch die harte Hand der Türken verursacht worden, die einen Teil der Bevölkerung gegen den anderen ausgespielt hätten. Die Haltung der führenden arabischen Zeitungen in Kairo, wie *Mukattam* und *Achram,* war überraschend freundlich, wobei die erstere erklärte, die Araber hätten von einem jüdischen Staat nichts zu fürchten; schließlich habe die britische Regierung nur ein historisches Recht anerkannt, das niemand den Juden hätte vorenthalten können[71].

Weizmann und Faisal

König Husseins Zeitung in Mekka begrüßte herzlich die aus dem Exil Heimkehrenden, »die ursprünglichen Söhne des Landes, von denen ihre arabischen Brüder sowohl materiellen als auch geistigen Nutzen haben würden[72]«. Zur Festigung der arabisch-jüdischen Freundschaft begab sich Dr. Weizmann im Mai 1918 nach Akaba, wo er mit Husseins Sohn Faisal zusammentraf, der ihn seines Wohlwollens in bezug auf die zionistischen Bestrebungen versicherte. So wie Weizmann machte auch er für die Mißverständnisse der Vergangenheit die Türken verantwortlich, deren Intrigen, wie er sagte, Mißgunst zwischen den jüdischen Kolonisten und den arabischen Bauern ausgelöst hätten. Bei verschiedenen Anlässen, so bei einem Bankett in London zu Ehren Lord Rothschilds und bei mehreren Zusammenkünften mit führenden jüdischen Persönlichkeiten erklärte Faisal, er teile Weizmanns Vorstellung, daß kein echter Araber sich vor einem jüdischen Nationalismus zu fürchten brauche und daß zwischen den beiden Völkern herzlichstes Einvernehmen herrschen solle. In einem Abkommen mit Weizmann, das am 3. Januar 1919 unterzeichnet wurde, entsagte er allen Ansprüchen auf Palästina, das ein von dem neuen arabischen Staat getrenntes jüdisches Territorium werden sollte. Es gab noch ein Postskriptum, in welchem Faisal feststellte, daß dieses Abkommen nur dann in Kraft treten sollte, wenn die Araber ihre Unabhängigkeit erhielten, wie er es in einem früheren Memorandum formuliert hatte. Das Dokument war somit kein bindender Vertrag, aber es zeigte jedenfalls, daß Faisal die Zionisten auf und nach den Friedenskonferenzen als Verbündete haben wollte und daß er bereit war, die uneingeschränkte jüdische Einwanderung und Ansiedlung zu akzeptieren. Seine Einstellung zu einem jüdischen Staat war widersprüchlich: Wenn die Juden einen Staat errichten und Souveränitätsrecht beanspruchen wollten, schrieb er einmal, dann befürchte er ernste Gefahren und Konflikte[73]. Als jedoch Felix Frankfurter, ein führendes Mitglied der amerikanischen Zionistendelegation in Paris, um eine Erläuterung ersuchte, wiederholte Faisal, die Araber stünden der zionistischen Bewegung mit großer Sympathie gegenüber, und sie erachteten deren Vorschläge für gemäßigt und angemessen. Die Araber würden ihr Bestes tun, um ihnen zur Annahme zu verhelfen: »Wir arbeiten gemeinsam für eine Neugestaltung und Wiederbelebung des Nahen Ostens, und unsere beiden Bewegungen ergänzen einander. Die jüdische Bewegung ist eine nationale, keine imperialistische . . ., und in Syrien ist Platz für uns beide.« Dennoch distanzierte sich Faisal wenige Monate später von seiner zionistenfreundlichen Haltung. Er sagte, er stimme mit einem gemäßigten Funktionär wie Weizmann darin überein, daß eine »geringfügige« Einwanderung von Juden nach Palästina – etwa fünfzehnhundert pro Jahr – stattfinden könnte, und zwar mit der Perspektive, daß die Zionisten eines Tages eine Unterprovinz des neuen arabischen Königreiches bilden würden. Aber er sei keineswegs einer Meinung mit jenen Zionisten, die einen jüdischen Staat schaffen wollten: »Wir Araber können Palästina nicht hergeben.« Sie würden bis zum äußersten gegen jeden Versuch kämpfen, Palästina aus dem arabischen Königreich auszusondern. Sie würden eine jüdische Vorherrschaft im Lande nicht akzeptieren[74].

Was verursachte Faisals Haltungsänderung? Arabische Stellen, denen dieser Zwischenfall selbstverständlich äußerst peinlich war, haben verschiedene Erklärungen geliefert. Der König selber sagte später in bezug auf den Brief an Frankfurter, er könne sich nicht entsinnen, etwas derartiges geschrieben zu haben. Arabische Kommentatoren haben die Ansicht vertreten, diese Papiere seien von den Zionisten gefälscht worden, oder Lawrence, der bei verschiedenen Gelegenheiten als Dolmetscher fungierte, hätte entweder den König absichtlich irregeführt oder das Arabische nicht genügend beherrscht, oder die Zionisten seien mit vorbereiteten Entwürfen zu den Zusammenkünften gekommen und hätten den König durch irgendwelche Tricks veranlaßt, Papiere zu unterschreiben, deren Bedeutung ihm nicht klar gewesen wäre[75].

Es ist wohl wahrscheinlicher, daß Faisal bereit war, mit dem Zionismus zu liebäugeln, weil er glaubte, die Juden könnten seine Ansprüche auf Syrien unterstützen. Er war über die Lage in Palästina, das ihn nur mäßig interessierte, nicht sehr gut informiert. Die Briten wollten, daß er mit Weizmann spreche, und Faisal fügte sich, weil er seinen Beschützern sehr verpflichtet war. Er befand sich, nach den Worten M. Perlmans, in der nicht beneidenswerten Rolle eines gemäßigten Führers in einer Zeit wachsender Unduldsamkeit[76]. Als er erkennen mußte, daß der Widerstand gegen den Zionismus in Palästina erheblich größter war, als er geglaubt hatte, entschloß er sich zu einer schnellen Kehrtwendung. Spätere Kritiker des Zionistischen Aktionskomitees meinten, Weizmann und seine Freunde hätten sich damals nicht intensiv genug um die Freundschaft und das Vertrauen der Araber bemüht. Ein Antizionist hingegen berichtet, König Faisal sei ständig von Weizmann belästigt worden: »Was will dieser Mann? Ich würde alles tun, um ihn loszuwerden. Er ermüdet mich mit seinen langen Reden[77].«

Die Spannungen der Nachkriegszeit

Überall maßen die Zionisten Faisals Erklärung ungeheure Bedeutung bei und betrachteten sie als den Anfang einer neuen Ära in den arabisch-jüdischen Beziehungen. Ruppin bemerkte, man hätte sich seit langem bemüht, Kontakte zu den Arabern herzustellen, sei aber immer wieder enttäuscht und hoffnungslos zurückgekommen. Auf der anderen Seite hätte es keine Bereitschaft gegeben, prinzipielle Angelegenheiten zu besprechen[78]. Nach Faisals feierlicher Erklärung erwartete Ruppin eine grundlegende Wendung. Einige jüdische Kenner der Lage in Palästina konnten dieser optimistischen Einschätzung nicht zustimmen, da sie erkannten, daß die Araber Palästinas über die Balfour-Deklaration keineswegs glücklich waren. Als die Araber merkten, daß viele Angehörige der britischen Militärverwaltung ihre Bedenken teilten, erhoben sie offen Protest gegen »diese schreckliche Ungerechtigkeit, die die ganze Welt noch bedauern wird«. Anfang 1919 wurden in Jerusalem und Jaffa Flugblätter verteilt, in denen alle Araber zum Widerstand gegen die zionistische Gefahr aufgerufen wurden. Die Juden wurden in diesen Manifesten als Giftschlangen bezeichnet. Keine Nation der Welt habe sie geduldet, und die palästinensischen Araber würden ihr Heimatland bis zum letzten Blutstropfen gegen die Zionisten verteidigen[79]. Noch früher war eine kleine arabische Terrororganisation, die *Schwarze Hand,* gegründet worden, und im Februar 1919 fand in Jaffa die erste Versammlung der *Muslim-Christian Association* statt, die zur Speerspitze des antizionistischen Widerstandes wurde.

Im Januar 1919 forderte eine gesamtarabische Palästinakonferenz die Zurücknahme des Versprechens, mit dem den Juden die Errichtung einer nationalen Heimstätte in Palästina zugesagt worden war – eine Forderung, die während der traditionellen Nebi-Mussa-Feierlichkeiten in Jerusalem in den Jahren 1919 und 1920 in den Vordergrund gestellt wurde. Der arabische Bürgermeister von Jerusalem, Mussa Kassem, marschierte im Februar 1920 an der Spitze einer antizionistischen Demonstration. Die Frage wurde auf vier weiteren arabischen Kongressen zwischen Juli 1919 und Mai 1921 behandelt, aus denen das *Oberste Arabische Exekutivkomitee* hervorging. Diese Körperschaft diente bis zum Ende des britischen Mandats als höchstes Vertretungsorgan der Araber. Eine arabische Delegation unter der Führung von

Mussa Kassem begab sich 1921 nach London und protestierte bei dem damaligen Kolonialminister, Winston Churchill, gegen die »jüdische Einwandererflut«, gegen die Anerkennung des Hebräischen als eine der offiziellen Sprachen, gegen die »zionistischen Neigungen« des ersten Hochkommissars, Sir Herbert Samuel, gegen die an Pinchas Rutenberg erteilte Konzession zur Errichtung einer Elektrizitätsgesellschaft und gegen viele andere angebliche Ungerechtigkeiten.

Der arabische Widerstand kam für die Baumeister der jüdischen nationalen Heimstätte nicht völlig überraschend. Balfour schrieb 1919, er glaube nicht, daß der Zionismus den Arabern schaden würde, aber natürlich würden sie niemals sagen, daß sie ihn wünschten. Der Wortlaut der Balfour-Deklaration war ungenau, doch nahm man damals allgemein an, daß irgendeinmal in der Zukunft ein jüdischer Staat in Palästina entstehen würde. Churchill schätzte, daß dieser Staat drei bis vier Millionen Einwohner haben würde. Es herrschte allgemein die Auffassung, daß die Araber Syrien und Arabien, die Juden hingegen Palästina bekommen sollten, und daß die palästinensischen Araber sich damit würden abfinden müssen. Balfour bemerkte: »Der Zionismus, ob recht oder unrecht, gut oder böse, wurzelt in alten Traditionen, in gegenwärtigen Erfordernissen und in Hoffnungen für die Zukunft, die weitaus schwerer wiegen als die Wünsche von 700.000 Arabern.« Aber jene, die diese politischen Direktiven in Kairo und Jerusalem durchführen sollten, konnten sich mit solchen Auffassungen keineswegs befreunden. Beamte an Ort und Stelle bemühten sich sehr, und nicht ohne Erfolg, die Balfour-Deklaration einzuschränken. 1922 beschloß man zunächst, daß die jüdische Einwanderung die wirtschaftlichen Möglichkeiten des Landes zur Aufnahme von Neuankömmlingen niemals überschreiten sollte[80], und in den dreißiger Jahren wurde es zum allgemein anerkannten Prinzip der britischen Politik in Palästina, daß der Aufbau einer jüdischen nationalen Heimstätte die Zustimmung der Araber voraussetze, was letztlich auf die Annulierung der Balfour-Deklaration hinauslief.

Dies waren die Enttäuschungen späterer Jahre. In der ersten Zeit waren die Zionisten im allgemeinen optimistisch hinsichtlich der Beziehungen mit den Arabern und meinten, diese würden sich nach der ersten Aufregung wieder beruhigen und die jüdische nationale Heimstätte akzeptieren. Eine der wenigen Ausnahmen war Achad Haam, der ewig die Kassandra spielte. Er warnte, man solle nicht vorzeitig die messianischen Posaunen erschallen lassen und die Erlösung verkünden. Der Prophet des Kulturzionismus meinte, die Juden Palästinas sollten nicht zu schnell vorgehen, da die Bedingungen für einen Erfolg noch nicht reif seien. Sie sollten nicht vergessen, daß Palästina auch für die Araber eine nationale Heimstätte sei[81]. Wesentlich klarer waren die Ansichten des Realisten Ruppin, der sich des Abgrunds zwischen den

Neueinwanderern und den Arabern völlig bewußt war[82]. Aber Ruppin sah keine Notwendigkeit eines Interessenkonflikts zwischen den beiden Völkern: Zehn Millionen Dunam ungenutzten Landes waren noch verfügbar, doppelt so viel, wie die Zionisten innerhalb der nächsten dreißig Jahre für die Kolonisation benötigen würden. Ruppin erwartete die Einwanderung von ein bis zwei Millionen Juden innerhalb diese Zeitraums; Weizman dachte an sechzig- bis siebzigtausend pro Jahr; Motzkin sprach von hunderttausend, und Sokolow, der am wenigsten mit der praktischen Durchführung zu tun hatte, erwartete »fünf Millionen in fünfundzwanzig Jahren«. In Wirklichkeit kamen in den ersten fünf Jahren nach Kriegsende nur dreißigtausend Juden nach Palästina.

Ruppin meinte, der Zionismus könnte bei der Errichtung einer Union arabischer Staaten eine wichtige Rolle spielen. Er dachte beispielsweise an eine Währungsunion zwischen den neuen arabischen Staaten und Palästina. Wenn die Araber ihr Schulwesen verbesserten, könnten sie innerhalb der nächsten Generation das jüdische Kulturniveau erreichen, was sich vielleicht als ein Vorspiel zur kulturellen Assimilation erweisen würde[83].

David Eder, ein englisch-jüdischer Psychoanalytiker, der von Weizman angeworben wurde, um als erster diplomatischer Vertreter des Zionistischen Aktionskomitees in Jerusalem zu dienen, war ebenso optimistisch und erwartete eine Ära der engen Zusammenarbeit, die zu einer Integration der jüdischen nationalen Heimstätte mit den föderierten Staaten des Nahen Ostens führen würde. Er formulierte einige Regeln für die zionistische Politik: Die Juden dürften sich nicht von den Arabern absondern; Tel Aviv dürfe nicht zu einem Symbol jüdischer Exklusivität werden; die Juden sollten die arabische Welt als Ganzes betrachten und für die arabischen nationalen Bestrebungen die gleiche Achtung zeigen, wie sie für ihre eigenen forderten; und als orientalisches Volk sollten sie den Anspruch aufgeben, Europäer zu sein[84].

Die Unruhen von 1920 und 1921 erschütterten den Jischuw und verursachten in manchen Kreisen eine Versteifung der Haltung, in anderen ein Umdenken. Niemand war bereit, die Ermordung Brenners, des bekannten jüdischen sozialistischen Schriftstellers, und Trumpeldors, des Helden mehrerer Generationen von Chaluzim, zu verzeihen. Vor einer königlichen Kommission, die die Ursachen der Unruhen untersuchte, erklärte Eder, in Palästina könne es nur *eine* nationale Heimstätte geben, keine gleichwertige Partnerschaft, sondern einzig eine Vorherrschaft der Juden, sobald deren Anzahl ein genügendes Ausmaß erreicht habe. Jabotinsky forderte die sofortige Gründung einer jüdischen Streitmacht, um mit allen künftigen Notfällen fertig werden zu können. Es gab aber auch eine größere Bereitschaft, neuerlich zu überlegen, weshalb das Verhältnis zu den arabischen

Nachbarn sich verschlechtert hatte. Dies kam vielleicht am klarsten in den Berichten Chaim Arlosoroffs zum Ausdruck, der schon mit zweiundzwanzig Jahren ein geachteter Zionistenführer war. In seinem Bericht aus Jaffa Ende Mai 1921 kritisierte Arlosoroff jene Kollegen, welche die ganze Verantwortung dem britischen Hochkommissar zuschoben, der gemeint hatte, es bedürfe bloß einer »starken Hand«[85]. Sie hätten nicht erkannt, daß die arabische Nationalbewegung eine bedeutende Kraft sei, die man nicht unterschätzen dürfe, auch wenn sie nicht gerade den europäischen Vorstellungen einer Nationalbewegung entspreche. Arlosoroff warnte vor einer Vogel-Strauß-Politik. Es gebe nur einen Ausweg aus dem Dilemma – eine Politik des Friedens und der Versöhnung, wenn es auch nicht sehr leicht erscheinen mochte, einen solchen Rat zu einer Zeit zu befolgen, in der die Wogen der Leidenschaft hoch gingen. Robert Weltsch, ein enger Vertrauter Weizmanns und Herausgeber der *Jüdischen Rundschau,* wurde in seinen Warnungen an seine zionistischen Kollegen noch deutlicher: Wenn die Ansichten, die viele Zionisten, vor allem in Palästina, über die arabische Frage hegten, sich durchsetzen sollten, dann würden die beiden Nationen einander niemals näherkommen, und dies wäre das Ende der Bewegung. Eine der schrecklichsten Folgen des Weltkrieges sei, daß so viele Menschen die falschen Schlüsse aus den Ereignissen der vergangenen Jahre gezogen hätten, nämlich, daß man sich in der Welt nur mit Gewalt behaupten könnte. Kurzfristig gesehen, sei dies ein leichter Ausweg, doch würde er den Zionismus zwangsläufig in eine Sackgasse führen[86]. Weltsch und einige seiner Freunde schockierten den ersten Zionistenkongreß nach dem Krieg, indem sie offen die Frage stellten: Will die zionistische Bewegung einen Krieg mit den Arabern oder nicht?

Weltschs Kritik wurde von der zionistischen Führung mit Entrüstung zurückgewiesen. Der Karlsbader Kongreß proklamierte feierlich, das jüdische Volk habe den Wunsch, »mit dem arabischen Volk in einem Verhältnis der Eintracht und der gegenseitigen Achtung zu leben und im Bunde mit ihm die gemeinsame Wohnstätte zu einem blühenden Gemeinwesen zu machen, dessen Ausbau jedem seiner Völker eine ungestörte nationale Entwicklung sichert[87]«. Diese Formulierung war nicht so weitgehend wie die von Buber, aber angesichts der nach den Ausschreitungen von 1921 herrschenden Stimmung war nicht mehr zu erwarten gewesen. Buber hatte Weizmann kritisiert, dieser hätte nicht genügend getan und nur mit Faisal verhandelt. Der Präsident der Zionistischen Weltorganisation entgegnete, Faisal sei das Symbol der arabischen Unabhängigkeit. Es wäre ideal, wenn die Bewegung Büros in allen wichtigen arabischen Zentren hätte, um Kontakte mit den arabischen Führern zu pflegen. Aber er wisse im voraus, daß seine Kollegen im Finanzausschuß niemals die erforderlichen Mittel zur

Verfügung stellen würden. Bisher habe die zionistische Bewegung für ihre Araberpolitik achttausend Pfund ausgegeben und dafür erhalten, was man für diese Summe vernünftigerweise erwarten könne. (Weizmann beantwortete die Frage des holländischen Delegierten Nehemia de Lieme, der gefragt hatte: »Als Geschäftsmann frage ich zunächst: Wieviel kostet uns die arabische Politik?«) Auf demselben Kongreß sprach Sokolow vom kulturellen und philosophischen Standpunkt über die gemeinsamen Überlieferungen und historischen Erinnerungen von Arabern und Juden und betonte, wie populär die Freundschaft mit den Arabern in zionistischen Kreisen sei[88].

Der nächste Kongreß, der 1923 in Karlsbad stattfand, bestätigte die zwei Jahre vorher verabschiedete Resolution und fügte hinzu, das Erwachen des Orients sei einer der wichtigsten weltpolitischen Faktoren, und das jüdische Volk würde sich in diesen Prozeß eingliedern[89]. Inzwischen war die Lage in Palästina wesentlich ruhiger geworden. Wiederum zwei Jahre später gab Weizmann am vierzehnten Kongreß in Wien bekannt, die Beziehungen zu den Arabern hätten sich verbessert und Palästina sei nunmehr das ruhigste Gebiet im Nahen Osten. Sokolow sah den Tag kommen, an dem Zionisten und Araber sich auf einem gemeinsamen Palästina-Kongreß zusammenfinden würden. In der Zwischenzeit würde das Aktionskomitee alles vermeiden, was eine Zusammenarbeit zwischen Juden und Arabern unmöglich machen würde (Brodetsky). Ben Gurion meinte, als orientalisches Volk sollten die Juden die nationale Wiedergeburt anderer orientalischer Völker mit tiefer Sympathie verfolgen. Weizmann sagte, der Nahe Osten sollte für jüdische Initiative geöffnet werden, die Juden sollten in der Lage sein, ihren Beitrag zur Entwicklung dieses Gebietes in wahrer Freundschaft und Zusammenarbeit mit den Arabern zu leisten. Unter den Zionisten bestehe nicht der geringste Zweifel, daß ihr Vorhaben in Palästina richtig sei und mit dem jüdischen Gerechtigkeitssinn völlig im Einklang stehe, denn, so sagte Sokolow, wenn es anders wäre, hätten sie es nie unternommen[90].

Es gab aber auch Mißklänge. Die meisten offiziellen Redner auf den Zionistenkongressen betonten die hohen moralischen und geistigen Eigenschaften der Araber (»Bescheidenheit, Fleiß, sauberes Familienleben« – Ruppin) und erklärten wiederholt ihren Wunsch nach arabisch-jüdischer Freundschaft. Aber diese Erklärungen verpflichteten niemand, sie waren rhetorisch und hatten keine praktische Bedeutung. Die gewählte Vertretung der palästinensischen Judenschaft, der Provisorische Rat, zeigte in dieser Hinsicht wenig Initiative: Ein zeitgenössischer Beobachter schrieb, der Rat tue nichts, um eine Atmosphäre gegenseitigen Verständnisses zu schaffen, was die politische Reife der jüdischen Gemeinde beweisen würde[91]. Die jüdische Führung in Palästina war schwach und unwirksam und hätte zweifellos dieses Ziel auch dann nicht erreicht, wenn sie ihm mehr Vorrang eingeräumt hätte. Aber nicht alle Palästinenser waren optimistisch. Einige glaubten gleich Jabotinsky, daß die Araber sich vielleicht eines Tages mit der Existenz eines großen und wachsenden Jischuw abfinden würden, sahen aber keinen Grund zur Annahme, daß dies in naher Zukunft geschehen würde. Der Standpunkt der Palästinenser wurde von Glickson zum Ausdruck gebracht, als er 1923 Weizmann kritisierte, weil dieser erklärt hätte, die Masse der Fellachen stehen den Juden freundlich gegenüber: »Wir sehnen uns nach diesem Tag – aber derzeit sind dies bloß Phrasen und gefährliche Illusionen.« Selbst der außerordentlich geachtete Arbeiterführer Berl Kaznelson war in dieser Hinsicht viel kompromißloser als die europäischen Zionisten, die fern von Palästina und seinen grausamen Realitäten wohlgemeinte Pläne ausarbeiteten. Viele Palästinenser fühlten instinktiv, daß es zwischen ihnen und den Arabern einen grundsätzlichen Interessenkonflikt gab. Damit soll nicht gesagt sein, daß sie völlig an der Möglichkeit verzweifelten, mit den Arabern in Frieden zu leben, oder daß sie einen ewigen Kriegszustand mit ihren Nachbarn erwarteten. Aber sie neigten mehr als die europäischen Zionisten dazu, an die Politik der Stärke, der *faits accomplis* zu glauben. In ihren Augen waren die Araber ein höchst unbeständiges, leicht erregbares Volk, aber sobald der Jischuw stärker und zahlreicher geworden sei, würden die Araber ihn allmählich akzeptieren.

Arabische Klagen

Die Ereignisse der Zeit von 1921 bis 1929 schienen diese Annahmen zu rechtfertigen: Die Araber waren verhältnismäßig ruhig, und es bestanden regelmäßige politische und soziale Kontakte zwischen zionistischen und arabischen Funktionären in Jerusalem, Amman, Kairo und andernorts. Colonel Kisch zufolge gab es zahllose Beweise nicht nur für die ständigen Bemühungen des Zionistischen Aktionskomitees, zu einer Verständigung mit den Arabern zu kommen, sondern auch für die Existenz einer weitverbreiteten gemäßigten Einstellung unter den Arabern, die durchaus bereit waren, auf einen entsprechenden Anstoß der Mandatsverwaltung zu reagieren[92].

Kisch, der sich im Krieg als Offizier ausgezeichnet hatte, war nüchtern, leidenschaftslos, weniger emotionell als seine osteuropäischen Kollegen und weniger geneigt, die Mandatsregierung beim geringsten Anlaß des Verrats und des Vertrauensbruchs zu bezichtigen. Deshalb war seine Kritik an der britischen Politik recht überzeugend: »Ich hege nicht den geringsten Zweifel«, schrieb Kisch »daß ohne den enormen Machtmißbrauch durch den Mufti und die Duldung dieses

Mißbrauchs durch die Regierung über einen Zeitraum von fünfzehn Jahren längst eine arabisch-jüdische Verständigung im Rahmen des Mandats hätte erreicht werden können[93].« Kisch bezog sich auf Hadschi Amin el Hussaini, den Sproß einer der führenden Familien Palästinas, der 1921 von Sir Samuel zum Mufti gemacht worden war, obwohl er an der ersten Welle antijüdischer Ausschreitungen wesentlichen Anteil hatte. Hadschi Amin blieb bis 1937 der geistige Führer der palästinensischen Araber und genoß trotz seiner extremistischen Aktivitäten fast die ganze Zeit hindurch die Gunst der Mandatsregierung. Er trägt einen großen Teil der Verantwortung für die Ausschreitungen von 1929 und den Bürgerkrieg von 1936 bis 1939. Es wäre jedoch allzu optimistisch, anzunehmen, daß es ohne die Ernennung Hadschi Amins ohne dessen Tätigkeit zu einer gänzlich anderen Entwicklung der arabisch-jüdischen Beziehungen gekommen wäre. Früher oder später hätte sich, mit oder ohne Unterstützung des britischen Hochkommissars, das extremistische Element in der arabischen Führung auf jeden Fall durchgesetzt.

Die Liste der arabischen Klagen war lang: Palästina sei ein kleines Lande, sagte ein Scheich aus Beerscheba 1929 vor einer britischen Untersuchungskommission, es könnte unmöglich die große Zahl der eingewanderten Juden aufnehmen[94]. »Es bleibt den Arabern in diesem Lande nichts anderes übrig, als zu sterben oder das Land zu verlassen.« Solche alarmierenden Erklärungen waren nichts Neues. Ähnliche Befürchtungen waren schon vor 1914 gelegentlich geäußert worden. Solange die Türken Palästina beherrschten, waren solche Befürchtungen wahrscheinlich nicht sehr weit verbreitet oder tief verwurzelt, aber in den zwanziger Jahren hatte sich die Lage geändert, und es herrschte allgemeine Besorgnis über die Auswirkungen der zionistischen Ansiedlung. Es gab Klagen, daß die Zionisten die arabischen Arbeiter in den Häfen von Jaffa und Haifa und in den Orangenplantagen verdrängten und daß die jüdischen Gewerkschaften sich stets ausschließlich für jüdische Arbeiter verwendeten (»Eroberung der Arbeit«). Arabische Sprecher verwiesen auf die Tatsache, daß gemäß den Statuten des *Jewish National Fund* einmal erworbenes Land nie wieder an Araber verkauft werden und auch keine Araber auf solchem Land beschäftigt werden durften. Die Araber hätten weder vom Einströmen jüdischen Kapitals noch vom Ausbau der Sozialleistungen und des Schulwesens profitiert.

Die Zionisten taten diese Argumente als unstichhaltig und bedeutungslos ab. Es ist fraglich, ob ein direkter Zusammenhang zwischen der jüdischen Einwanderung und Ansiedlung und der Lage der Araber bestand. Zwischen 1924 und 1929 kamen fast fünfzigtausend Einwanderer ins Land, und doch waren dies in den arabisch-jüdischen Beziehungen friedliche Jahre, während die Unruhen von 1929 auf eine

Periode folgten, in der die Anzahl der jüdischen Auswanderer aus Palästina die Zahl der Einwanderer sogar überstiegen hatte. Aber 1925 und 1926 waren Jahre des Wohlstandes gewesen, auf die dann die Krise und die große Arbeitslosigkeit von 1927 und 1928 folgte. Die Löhne der Araber waren in Palästina zwei- oder dreimal so hoch wie in Syrien oder im Irak, aber die arabischen Arbeiter verglichen ihr Einkommen und ihren Lebensstandard nicht mit dem ihrer Brüder in anderen Ländern, sondern mit den wesentlich höheren Löhnen der jüdischen Arbeiter. »Gemeinsam werden wir aufsteigen oder untergehen«, erklärte Ben Gurion 1924, indem er auf die Diskrepanz zwischen den Löhnen und Arbeitszeiten der arabischen und jenen der jüdischen Arbeiter hinwies. Die Araber arbeiteten zehn bis zwölf Stunden täglich und erhielten fünfzehn Piaster; die jüdischen Arbeiter hatten den Achtstundentag und einen Tageslohn von dreißig Piastern errungen[95]. Es war gewiß eine komplizierte Situation. Weigerten sich jüdische Zitrusplantagenbesitzer, Araber zu beschäftigen, liefen sie Gefahr, des Chauvinismus bezichtigt zu werden, wenn sie aber Araber anstellten, wurden sie beschuldigt, billige Arbeitskräfte auszubeuten. Als die jüdische Gewerkschaftsorganisation Histadrut versuchte, die arabischen Arbeitskräfte zu organisieren, wurde sie wegen Einmischung in arabische Angelegenheiten angegriffen. Wenn sie es unterließ, wurde ihr vorgeworfen, die Interessen der arabischen Arbeiter zu vernachlässigen. Als die arabischsprachige Zeitung der Histadrut die Araber aufrief, mit den Juden gemeinsame Sache gegen den westlichen Imperialismus, die Kanonenbootpolitik und die wirtschaftliche Ausbeutung zu machen, wurde sie von den Arabern bei der Mandatsregierung wegen kommunistischer Hetze denunziert[96]. Wenn sie aber von Angriffen auf den Imperialismus Abstand nahm, wurde dies als Anzeichen interpretiert, daß die Zionisten völlig von den britischen Bajonetten abhängig wären.

Die »kommunistische Gefahr« wurde in den zwanziger und dreißiger Jahren von den arabischen Sprechern häufig an die Wand gemalt. Es hieß, die arabische Gegnerschaft zum Zionismus sei größtenteils durch die »bolschewistischen Prinzipien« der zionistischen Einwanderer hervorgerufen worden. Die offizielle Delegation der palästinensischen Araber, die 1922 nach London fuhr, um die Annullierung der Balfour-Deklaration zu fordern, protestierte besonders gegen das Einströmen ausländischer Juden, »von denen viele den bolschewistisch-revolutionären Typus« repräsentierten. M. E. T. Mogannam schrieb: »Die Araber waren gereizt . . . wegen der bolschewistischen Prinzipien, die die Neuankömmlinge mitbrachten . . . Dies hat sich auf die Bevölkerung ausgewirkt, nicht infolge der Propaganda, sondern infolge des echten Unbehagens, das dies unter den Arabern, vor allem bei den ärmeren Bevölkerungsschichten, hervorrief[97].« Der Sekretär des *Arab Higher Committee,* Dschamal Hussaini, erklärte in seiner Aussage vor der königlichen Kommission im Jahre 1937: »Was die mit der Religion, den Sitten und den ethischen Grundsätzen dieses Landes unvereinbaren kommunistischen Prinzipien und Ideen anlangt, die von den jüdischen Einwanderern importiert und verbreitet werden, so brauche ich mich darüber nicht weiter auszulassen, da allgemein bekannt ist, daß diese Ideen von der jüdischen Gemeinde ins Land gebracht worden sind[98].« Das Argument, die arabische Gegnerschaft zum Zionismus würde durch den rechtsgerichteten, reaktionären und imperialistischen Charakter dieser Bewegung hervorgerufen, ist verhältnismäßig jungen Datums und tauchte erstmals in den späten fünfziger Jahren auf.

Im Grunde waren die Befürchtungen der Araber natürlich politischer Art. Daher auch ihre ständige Forderung nach einer parlamentarischen Regierung. In diesem Punkt war die zionistische Bewegung jedoch keineswegs bereit, Kompromisse zu schließen, denn dies hätte zum Aufhören der Einwanderung und der Ansiedlung geführt. Die in den zwanziger Jahren gebräuchliche offizielle zionistische Formulierung besagte, Palästina gehöre einerseits den dort wohnenden Arabern, anderseits dem gesamten jüdischen Volk, nicht nur dem in Palästina ansässigen Teil. Selbst Linkszionisten wie Kaplanski waren der Ansicht, die Araber seien nicht die ausschließlichen Eigentümer. Er schrieb, vom sozialistischen Standpunkt hätten auch die Juden einen sehr guten Anspruch – nämlich das Recht des einzigen landlosen Volkes der Erde, das Recht der vertriebenen Massen[99]. Kaplanski und die anderen Linkszionisten betrachteten den Konflikt als größtenteils künstlich, denn ihrer Ansicht nach konnten die Massen der arabischen Arbeiter von der jüdischen Einwanderung nur profitieren. Kaplanski meinte, die arabische Nationalbewegung sei in ihrer antizionistischen Haltung einfach irregeleitet. Der Kampf der arabischen herrschenden Klasse um nationale Unabhängigkeit sei ein bequemer Deckmantel, unter dem sie die arabischen werktätigen Massen ausbeuteten. Es bestand kein grundsätzlicher Unterschied zwischen dieser Auffassung und dem offiziellen Standpunkt der Mapai, wie Ideologen vom Schlage Berl Kaznelsons ihn vertraten: Die arabische Nationalbewegung sei nicht wirklich antiimperialistisch, ihr fehlten die tiefen sozialen Wurzeln, sie sei vor allem von Fremdenhaß getragen und entspringe dem Wunsch der einheimischen Mittelschicht und Intelligentsia, die Positionen der Fremden einzunehmen, die die führenden Stellungen in Verwaltung, Wirtschaft und Gesellschaft monopolisierten.

Dies wirft ein Problem von allgemeinerer Bedeutung auf: Die meisten Zionistenführer beurteilten die arabische Nationalbewegung fast immer falsch. Sie waren fest davon überzeugt, daß die breiten Massen der arabischen Bevölkerung kein echtes politisches Interesse hätten und daß ihr Hauptanliegen die Hebung ihres Lebensstandards sei. Angesichts ihrer Rückständigkeit und Unwissenheit seien diese Massen nicht fähig, sich ein eigenes Urteil zu bilden, und würden daher leicht zum Opfer ehrgeiziger Politiker. Die Zionisten vermuteten hinter der antizionistischen Bewegung stets geheime Drahtzieher. In den frühen zwanziger Jahren gab man französischen und britischen Agenten die Schuld, in den dreißiger Jahren dem italienischen und dem deutschen Faschismus. Die Unruhen von 1920 und 1921 wurden als religiöser Fanatismus in der üblichen antisemitischen Tradition interpretiert: Sei es denn Zufall gewesen, daß gerade der alte Jischuw zum Hauptopfer der Ausschreitungen von 1929 wurde, die Männer und Frauen aus Hebron und Safed, die, dort geboren und Seite an Seite mit den Arabern aufgewachsen, sich mit diesen stets gut verstanden hatten? Selbst gründlicher denkende zionistische Ideologen neigten gewöhnlich dazu, die Entwicklung eines arabischen Nationalbewußtseins zu leugnen. Arabische Übergriffe wurden als gewöhnliche Raub- und Mordtaten krimineller Elemente der arabischen Bevölkerung betrachtet oder als Werk des Pöbels, der von skrupellosen Agitatoren aufgehetzt worden sei[100].

In gewissem Sinn wiederholte sich die Geschichte: Europäische Zionisten hatten, nicht zu Unrecht, die »Assimilanten« kritisiert, die unfähig waren, den Antisemitismus objektiv zu analysieren, und statt dessen auf den heimtückischen Charakter und die niedrigen Beweggründe seiner Vertreter hinwiesen. Und wie die assimilierten Juden den Antisemitismus nicht objektiv als politische und gesellschaftliche Erscheinung zu erkennen vermochten, waren nun die Zionisten außerstande, den arabischen Nationalismus realistisch und leidenschaftslos zu verstehen und zu erklären. Es war keineswegs ungewöhnlich, daß zionistische Extremisten die arabischen Aufrührer folgendermaßen beschrieben: Sie seien der Abschaum Hebrons, Päderasten aus Nablus, Gewalttäter, Gauner und Gangster aus Jaffa. Die Omar-Moschee, wo sie sich versammelten, sei zu einer Räuberhöhle geworden[101]. Gewiß gab es Provokation genug: Arabische Zeitungen druckten damals regelmäßig Propagandaartikel aus europäischen antisemitischen Blättern ab. Um nur ein Beispiel zu erwähnen: *Miraat asch Schark* berichtete, die Juden verteilten vergiftete Bonbons, Schokolade und Feigen auf arabischen Märkten, um arabische Kinder zu töten[102].

Unter den wenigen Zionisten, die sich einen verhältnismäßig ungetrübten und objektiven Blick auf den arabischen Nationalismus bewahrten, waren Aaron David Gordon, der Apostel eines Sozialismus Tolstoischer Prägung, und David Ben Gurion. Gordon sah nichts Überraschendes in der Tatsache, daß die arabische Nationalbewegung von den Effendis, der Bourgeoisie und den Intellektuellen geführt wurde. Diese gesellschaftlichen Gruppen hatten schließlich fast überall in den Frühzeiten der nationalen Bewegungen die Führung innegehabt. Aber bedeutete dies, daß die arabische Nationalbewegung nicht legitim sei? Nur doktrinäre Sozialisten könnten erwarten, daß die arabische Arbeiterklasse sich schließlich den Arbeiterzionisten im Kampf gegen die Effendis anschließen würde[103].

Nach Ben Gurions Auffassung war die entscheidende Frage, ob eine Nationalbewegung die Unterstützung der Massen gewinnen konnte oder nicht. Die arabische Nationalbewegung habe die Unterstützung der Massen, und nur darauf komme es an[104].

Ben Gurion hatte sich lange und eingehend mit der arabischen Frage befaßt. Wie bereits erwähnt, lehnte er den Gedanken einer Bevölkerungsumsiedlung ab: Eine solche Vorgangsweise betrachtete er als reaktionär und utopisch, abgesehen davon, daß sie moralisch verwerflich wäre[105]. Frei nach Dostojewski sagte er, der Zionismus habe nicht das moralische Recht, auch nur einem einzigen arabischen Kind Schaden zuzufügen, selbst wenn er um diesen Preis alle seine Bestrebungen verwirklichen könnte[106]. Ben Gurion vertrat die Ansicht, es könne keine gemeinsame Sprache mit den Effendis geben, die im Arbeiterzionismus sowohl den nationalen als auch den Klassenfeind sähen. Indirekt kritisierte er Weizmann und die zionistische Führung: sie hätten versucht, den »kurzen und leichten Weg« einer Übereinkunft mit den Effendis und den Diktatoren zu gehen. Die jüdischen Sozialisten müßten den längeren und schwierigeren Weg nehmen, der sie zu den arabischen Arbeitern führen würde[107]. Doch selbst Ben Gurion war in seiner Einstellung zur arabischen Nationalbewegung nicht konsequent. Er gab zu, daß es sich um eine reale politische Kraft handelte, obwohl es ihr an einem positiven sozialen Inhalt mangle; jedes Volk habe die Nationalbewegung, die es verdiene, bemerkte er einmal.

Ben Gurion hielt also eine politische Einigung mit den damaligen Araberführern für unmöglich. Aber glaubte er, daß eine Verständigung mit Führern, die tatsächlich die Wünsche und Interessen der Massen vertraten, möglich gewesen wäre? Hätte eine progressivere arabische Führung mehr Verständnis für den Zionismus gezeigt? Was die Aussichten auf Verständigung mit den Arabern betraf, war Ben Gurion optimistischer als die meisten seiner Kollegen, und diese seine Einstellung erfuhr während der dreißiger Jahre keine grundsätzliche Änderung. Als Mosche Schertok 1936 erklärte, die Bemühungen um eine Einigung mit den Arabern müßten fortgesetzt werden, doch bestehe Grund zur Skepsis, entgegnete Ben Gurion: »Wir dürfen nicht skeptisch sein. Wir sollten daran glauben, daß es morgen zu einer Einigung mit den Arabern kommen wird – und dementsprechend vorgehen[108].«

Im selben Monat (Juni 1936) schrieb Ben Gurion in einem Privatbrief, die Chancen, zu einer Einigung mit den Arabern zu kommen, stünden vielleicht nur eins zu zehn. Sogar die Ansichten eines Optimisten wie Ben Gurion konnten sich plötzlich und drastisch ändern. Während der ganzen zwanziger Jahre war es die offizielle Politik des Zionistischen Aktionskomitees, sich auf keine politischen Verhandlungen mit den Arabern einzulassen, sondern, wie Colonel Kisch 1923 in seinem Tagebuch vermerkte, »eine starke arabische Partei zur wirtschaftlichen Zusammenarbeit mit uns zu gewinnen und die Frage des politischen Regimes auszuklammern[109]«. Eine solche arabische Partei existierte nicht, und es war unter den gegebenen Umständen auch nicht wahrscheinlich, daß eine entstehen würde. Die meisten Zionisten unterschätzten das politische Bewußtsein der arabischen Bevölkerung. Die Shaw-Kommission war in dieser Hinsicht realistischer, als sie feststellte, die arabischen Dorfbewohner und Fellachen seien wahrscheinlich politisch interessierter als viele Menschen in Europa, und dieses Interesse sei echt und persönlich. Es gab damals nicht weniger als vierzehn arabische Zeitungen, und in jedem Dorf fand sich jemand, der den versammelten Analphabeten daraus vorlas: »Während der Monate, in denen der Boden nicht bearbeitet werden kann, reden die Dorfbewohner mangels anderer Beschäftigung über Politik, und es ist keineswegs ungewöhnlich, wenn sich ein Teil der Freitagspredigten in den Moscheen mit Politik beschäftigt[110].«

Die Zionisten irrten, wenn sie das Ausmaß des politischen Bewußtseins der Araber und dessen politische Wirksamkeit unterschätzten. Sie kamen aus Europa und waren gewohnt, nationale Bewegungen an den Maßstäben des Risorgimento, Masaryks oder zumindest Pilsudskis zu messen. Es gab jedoch keinen Grund zur Annahme, daß Nationalbewegungen in rückständigen Ländern liberal und demokratisch sein würden. Ihr Wesen war eher von religiösem Fanatismus und reaktionären Ideologien geprägt. Trotzdem war eine Bewegung wie das Erwachen der palästinensischen Araber und ihr Widerstand gegen den Zionismus dem Charakter nach national. Es gab den Klassengegensatz zwischen Effendis und Fellachen, aber auch ein Gefühl der nationalen Solidarität, das der Zionismus stets zu unterschätzen neigte.

Die zionistische Bewegung machte in den zwanziger Jahren keine großen Anstrengungen, die arabische Gemeinde zu beeinflussen. Erst nach langer Verzögerung wurde in der Jewish Agency eine arabische Abteilung eingerichtet; die Veröffentlichung von Flugblättern in arabischer Sprache wurde lange Zeit den Kommunisten überlassen. Aber auch im Rückblick ist kaum vorstellbar, daß größere Bemühungen, die arabische Öffentlichkeit über den Zionismus aufzuklären, viel Erfolg gehabt hätten. Es gab kein Mißverständnis zwischen Juden und Arabern, wie Weizmann und andere so oft behauptet hatten. Auch traf es keineswegs zu – was ebenfalls behauptet wurde –, daß die Spannung zwischen den beiden Völkern hauptsächlich die Schuld der Türken und dann der Engländer und ihrer Politik des *divide et impera* gewesen sei. Man kann die Türken und die Engländer in vielfacher Hinsicht kritisieren, aber weder ihre Fehler noch ihre Versäumnisse waren von entscheidender Bedeutung. Da die Briten den arabischen Widerstand gegen die Balfour-Deklaration unterschätzt hatten, hätten sie jede zionistische Initiative zugunsten einer Integration in die arabische Welt nur begrüßt[111].

Brit Schalom

Die Mitglieder der *Brit-Schalom*-Bewegung gehörten zu jenen, die sich am meisten mit dem Araberproblem und seinen möglichen Auswirkungen beschäftigten. Diese Gruppe, die auch außerhalb Palästinas Anhänger hatte, wurde gegen Ende 1925 in Jerusalem ins Leben gerufen, doch können ihre Anfänge noch weiter zurückverfolgt werden. Unter den ersten, die warnend ihre Stimme erhoben, befand sich Judah Magnes, der amerikanische Reformrabbiner, der dann der erste Präsident der Hebräischen Universität wurde. Er war von allem Anfang an über die Balfour-Deklaration unglücklich gewesen. In einer Versammlung in New York im Jahre 1919 sagte er, die Friedenskonferenz hätte kein Recht, irgendein Land irgendeinem Volk zu geben. Er befürchtete, daß die Zionisten von nun an als Eindringlinge und Invasoren betrachtet würden und daß die Unterstützung, die sie von einer imperialistischen Macht erhielten, mit der Zeit zu einer schweren Bürde werden würde[112].

Der Schriftsteller und Historiker Hans Kohn war ebenfalls einer von jenen, die meinten, die Juden hätten kein historisches Recht auf Palästina, und ihre Liebe zu Zion sei die einzige Grundlage ihrer Ansprüche. Schon 1919 verurteilte er den »Chauvinismus der Einwanderer« und ihre Abhängigkeit vom britischen Imperialismus[113]. Ähnliche Ansichten wurden in den frühen zwanziger Jahren vom Herausgeber der *Jüdischen Rundschau,* Robert Weltsch, zum Ausdruck gebracht. Bedenken wegen des Kurses der zionistischen Politik wurden auch von jenen geäußert, die bereits vor dem Ersten Weltkrieg die Notwendigkeit engerer Beziehungen zu den Arabern gepredigt hatten: Kalvarisky, Ruppin, Hugo Bergmann und einigen Mitgliedern des *Hapoel Hazair.* Brit Schalom war ursprünglich als Klub zum Studium der arabisch-jüdischen Beziehungen gedacht; nur eine Minderheit befürwortete politische Aktivität. Die Vereinigung hatte zu keiner Zeit mehr als hundert Mitglieder. Magnes unterstützte sie, trat ihr aber nicht bei. Unter den Mitgliedern befanden sich auch Universitätsprofessoren, hauptsächlich mittel- und westeuropäischer Herkunft. Ein Kritiker des Brit Schalom, der dessen Mitglieder spöttisch »all diese Arturs, Hugos und Hanse« nannten, bezeichnete sie als Kreaturen, die in Palästina nicht verwurzelt seien.

Der Grundgedanke des Brit Schalom war, daß Palästina weder ein jüdischer noch ein arabischer, sondern ein binationaler Staat sein sollte. in dem Juden und Araber gleiche staatsbürgerliche, politische und soziale Rechte ohne Unterschied zwischen Mehrheit oder Minderheit genießen sollten. Beide Völker sollten in der Verwaltung ihrer jeweiligen inneren Angelegenheiten autonom, aber durch gemeinsame Interessen vereinigt sein[114]. Der Brit Schalom hatte keine Massenbasis, und sein politischer Einfluß war unbedeutend. Der Philosoph Hugo Bergmann schrieb rückblickend, der westliche Zionismus sei ein letztes Aufflackern der humanistisch-nationalistischen Flamme gewesen, in einem Augenblick, als auf der ganzen Welt der Antihumanismus triumphierte[115]. Bezeichnenderweise gab es im Brit Schalom keine orientalischen Juden und nur wenige osteuropäischer Herkunft. Der wirkliche Grund für sein Versagen war jedoch der völlige Mangel an Widerhall von arabischer Seite. »Was hat es für einen Sinn, unter uns Einigung zu erzielen, wenn es auf der anderen Seite keine gibt?« schrieb Ruppin an Magnes.

Nach den Ausschreitungen von 1929 forderte Magnes eine Neuorientierung der zionistischen Politik auf pazifistischer Grundlage. Die Juden sollten nicht der Tradition Joschua Ben Nuns folgen und Palästina als Invasoren wiederbetreten, sondern das Land auf friedlichem Weg, durch harte Arbeit, Opfer und Liebe erobern. Magnes war durchaus bereit, den Gedanken einer jüdischen Majorität sowie eines jüdischen Staates aufzugeben, vorausgesetzt, die Araber akzeptierten die drei Hauptpunkte: Einwanderung, Ansiedlung und hebräische Kultur[116]. Er schrieb dies kurz nach den brutalen Angriffen auf die jüdischen Gemeinden von Hebron und Safed, und im Jischuw war kaum jemand bereit, ihn auch nur anzuhören. Öffentliche Mißbilligung hatte Magnes jedoch noch nie geschreckt: »Wir müssen diesem Problem ins Auge sehen«, sagte er in einer Rede an der Hebräischen Universität, »und zwar nicht wegen, sondern trotz der Pogrome; nicht wegen der Gewalt, sondern in dem Bemühen, die Vorwände für Gewaltanwendung auszuschalten; nicht wegen des Drucks von außen, sondern wegen des seelischen Drucks in uns selber[117].« Magnes trat den zu erwartenden Argumenten seiner Kritiker entgegen: »Man sagt uns, sobald wir die Mehrheit sind, werden wir zeigen, wie gerecht und großzügig ein Volk an der Macht sein kann. Das erinnert an den Mann, der sagte, er würde alles und jedes tun, um reich zu werden, damit er dann mit dem angehäuften Geld Gutes tun könnte. Mancher wird niemals reich – er versagt. Und wenn einer unter solchen Umständen reich wird, dann ist seine Fähigkeit, Gutes zu tun, durch Mangel an

Übung längst verkümmert. Mit anderen Worten, nicht nur das Ziel muß für Israel erstrebenswert sein, sondern ebenso wichtig ist es, daß die Mittel in lauterer Weise gewählt und angewandt werden[118].«

Magnes und die Mitglieder des Brit Schalom erkannten die Bedeutung der Araberfrage klarer als die offizielle zionistische Führung. Für die meisten von ihnen war dieses Thema mehr moralischer als politischer Natur, aber ihre Voraussagen über die Folgen einer Politik der Gewalt waren nur allzu prophetisch. Brit Schalom wurde heftig angegriffen. Man sagte, seine Ansichten widerspiegelten die Mentalität der Diaspora, seine Mitglieder wurden als »heimliche Assimilanten« ohne jüdisches Nationalgefühl bezeichnet. Dies war höchst unfair, denn ihr Zionismus war ebenso tief verwurzelt wie der ihrer Gegner. Aber sie befürchteten, daß es ohne eine Eignung zu einem endlosen Kampf zwischen Juden und Arabern kommen würde, der wiederum zu einem Zerfall des Zionismus und schließlich vielleicht zu seinem Untergang führen könnte.

Ihre Analyse war scharfsinnig, ihre Gefühle lobenswert, aber sie konnten keine praktischen politischen Alternativen aufzeigen. Ein anonymer Leser ihrer Zeitschrift schrieb aus Moskau: »Sie sind für eine demokratisch gewählte gesetzgebende Versammlung. Aber woher wollen Sie wissen, daß diese Versammlung mit einer klaren arabischen Mehrheit nicht den Untergang des Zionismus bedeuten wird? Sie befürworten Verhandlungen mit den Arabern, aber Sie wissen auch, daß der Mufti und seine Partei nicht verhandlungsbereit sind, sondern jegliches Gespräch auf der Grundlage wechselseitiger Konzessionen als einen Akt nationalen Verrats betrachten[119].«

Oder, wie Kaznelson es ausdrückte, der binationale Staat sei eine Tarnung für einen arabischen Staat. Die Vertreter des Brit Schalom tadelten Colonel Kisch und Arlosoroff (Kischs Nachfolger als Sekretär für auswärtige Angelegenheiten der Jewish Agency) wegen ihrer Untätigkeit auf dem Gebiet der Araberpolitik, doch waren sie völlig außerstande, irgendeine Alternative vorzuschlagen. Im arabischen Lager gab es keine politische Kraft, die bereit gewesen wäre, auf der Grundlage der von Magnes und seinen Freunden gestellten Minimalbedingungen zu kooperieren. Die Ideologie des Brit Schalom bot der Kritik auch noch andere Ansatzpunkte. Einige seiner Mitglieder gingen viel zu weit in ihrer verschwommenen Begeisterung für den Geist des wiedererstehenden Orients, den sie dem »dekadenten Europa« gegenüberstellten. Die »geistige Wiedereingliederung des jüdischen Volkes in den Orient« war eine höchst zweifelhafte Sache, die vielleicht psychologisch als Reaktion auf die Schrecken des Ersten Weltkrieges zu erklären war. Aber ihre Befürworter idealisierten »die Weisheit des Orients« über alle Maßen – und dies zu einer Zeit, als die asiatische Intelligentsia mit großer Schnelligkeit europäische Ideen übernahm.

Es war die Hauptschwäche des Brit Schalom, daß er seine Diagnose nicht in praktische Politik umsetzen konnte. Aus diesem Grund mußten die fortwährenden Bemühungen der unermüdlichen Magnes und Kalvarisky vergeblich bleiben. Magnes konferierte mit Mussa Alami, einem einflußreichen palästinensischen Araber, und mit Philby, der zuerst bei Abdulla von Jordanien und später bei König Saud als Berater fungierte und zum Islam übergetreten war. Kalvarisky begab sich mehrmals nach Beirut und nach Damaskus und hatte viele Kontakte mit palästinensischen Arabern, aber immer, wenn seine arabischen Gesprächspartner ermutigende Äußerungen taten, stellte sich bald danach heraus, daß sie nicht berechtigt waren, im Namen irgendeiner arabischen Organisation zu sprechen. Die Araber wiederum erklärten, sie hätten bei den Zionisten stets viel guten Willen und Verständnis gefunden, wenn allgemeine Fragen diskutiert wurden, doch hätte sich dies regelmäßig verflüchtigt, sobald die Diskussionen sich praktisch politischen Fragen zuwandte. Die Araber waren nicht bereit, die sowohl von Kalvarisky als auch von der offiziellen zionistischen Führung in dieser Periode verwendete Formel zu akzeptieren, wonach keines der beiden Völker das andere beherrschen oder von ihm beherrscht werden sollte[120].

Die zionistischen Führer beobachteten die Tätigkeit Magnes' und des Brit Schalom mit Unbehagen, aber es besteht kein Zweifel, daß sie sich verpflichtet gefühlt hätten, sich mit ihnen zu befassen, wenn sie sich das geringste davon versprochen hätten. Magnes und Kalvarisky behaupteten wiederholt, ihre Bemühungen seien von der Jewish Agency sabotiert worden, doch gab es für die meisten Fälle eine harmlosere Erklärung. Die Jewish Agency war der Ansicht, die vom Brit Schalom hergestellten Kontakte seien nicht so bedeutsam, daß sich eine ernsthafte Beschäftigung mit ihnen gelohnt hätte. Aber selbst unter den »Falken« innerhalb der zionistischen Führung gab es Besorgnisse über die Beziehungen zu den Arabern. Als es 1922 hieß, König Abdulla (damals Emir) wäre bereit, die Balfour-Deklaration unter nationaler, das heißt arabischer Führung zu akzeptieren, war sogar Jabotinsky dafür, diesen Vorschlag aufzugreifen. Sowohl Ben Gurion als auch der siebente Kongreß gaben der Formel »Nicht beherrschen – nicht beherrscht werden« ihre volle Zustimmung. Eliahu Golomb, einer der Gründer und Führer der Hagana, traf 1931 mit Colonel Kisch zusammen, um die Möglichkeit zu erörtern, den Konflikt durch Assoziierung Palästinas mit einer arabischen Föderation zu lösen[121]. Weizmanns Einstellung zum Brit Schalom war keineswegs unfreundlich. Im Juli 1927 leistete er einen, wenn auch bescheidenen, Beitrag zu dessen Budget[22]. Kurz vor der Gründung des Brit Schalom erklärte Weizmann in einem Brief an Robert Weltsch, einen der Gründer, seine Ansichten über die arabische Frage deckten sich mit denen von Weltsch, »aber wir beide wissen, daß es einer langen Periode der Aufklärung bedürfen wird, bis sich die Zionisten mit den Realitäten abfinden werden[123]«. Er hat seinen Zionismus niemals verwässert, war aber zugleich überzeugt, daß der damalige Zionismus bis zu einem gewissen Grad intellektuell unaufrichtig war. Während Weizmann kundtat, daß er den Binationalismus akzeptiere und sich vom Brit Schalom nur in der Vorgangsweise unterscheide, kritisierte er dennoch Weltsch nach den Unruhen von 1929, weil dieser Verhandlungen mit den Arabern empfohlen hatte, in einem Augenblick, da ein solcher Schritt verhängnisvoll gewesen wäre: »Die arabische Mentalität ist noch nicht reif für Verhandlungen, sie kommen nicht mit Argumenten, sondern nur mit Tricks[124].«

Die Unruhen von 1929

Der Brit Schalom war in einer verhältnismäßig ruhigen Periode gegründet worden, zu einer Zeit, da nur wenige Menschen die Araberfrage als Hauptproblem der zionistischen Politik betrachteten. Das Jahr 1929 brachte jedoch eine radikale Änderung; das Problem wurde dringlicher als je, die Aussichten auf eine Versöhnung aber erschienen noch ungünstiger. Das auslösende Moment der Unruhen von 1929 war an sich unbedeutend: ein Streit über die Rechte der Juden und der Araber an der Klagemauer. Beim Versöhnungsfest im Jahre 1925 hatte man für alte und körperbehinderte jüdische Gläubige Sitze und Bänke herbeigeschafft, doch wurden diese prompt mitten im Gottesdienst von der Polizei entfernt. Dies führte zu einem scharfen jüdischen Protest; aber 1928 spielten sich beim Versöhnungsfest ähnliche Szenen ab, als die Araber sich beschwerten, die Juden hätten eine Trennwand auf dem Pflaster vor der Mauer aufgestellt, um die Männer von den Frauen zu separieren, und in Verletzung aller Tradition mehrere Öllampen und Matten hingebracht. Auf Drängen der Araber wurde die Trennwand von der Polizei entfernt, sehr zur Entrüstung der Juden, die behaupteten, die Klagemauer sei ausschließlich ihnen heilig. Die Araber wiederum stellten sich auf den Standpunkt, die Stätte sei Teil der Mauer des Haram-asch-Scharif, einer der heiligsten Stätten des Islam, sie gehöre zum Mutawil des Wafq Abu Madian, und die Juden seien dort nur geduldet; sie hätten lediglich ein Zugangsrecht durch eine 28 Meter lange und 3,6 Meter breite Gasse[125].

Die Araber weigerten sich kategorisch, den Juden unter irgendwelchen Umständen eine Änderung des Status quo zu gestatten. Einige Monate später begannen sie bei der Mauer mit einer Bautätigkeit, die unter der jüdischen Bevölkerung große Erregung hervorrief. Die revisionistische Zeitung *Doar Hajom* rief alle jüdischen Patrioten auf, »zu erwachen und sich zu vereinigen«, diese schreckliche Katastrophe nicht ungerührt hinzunehmen, sondern »Himmel und Erde in Bewegung zu setzen, um gegen diese beispiellose und unaussprechliche Ungerechtigkeit zu protestieren[126]«. »Die Mauer gehört uns«, lautete die Losung. Einige hundert junge Juden marschierten zur Mauer, hißten die blauweiße Fahne, hielten zwei Schweigeminuten und zerstreuten sich dann nach Absingen der *Hatikwa.* Am 15. August veranstalteten zweitausend Araber eine Gegendemonstration, verprügelten einen jüdischen Tempeldiener an der Mauer und verbrannten einige Gebetsbücher. Zwei Tage später kam es in den Straßen Jerusalems zu einem Streit, als ein jüdischer Fußball in einen arabischen Tomatengarten fiel. Ein junger Jude wurde durch einen Messerstich verletzt und starb einige Tage später. Dies war der Beginn einer Reihe von Überfällen. Am 23. August begannen ausgedehnte Gewalttätigkeiten, die etwa eine Woche andauerten. In Hebron wurden sechzig Juden getötet, in Safed vierundvierzig teils getötet, teils verletzt. An der Verantwortlichkeit des Mufti und seiner Partei bestand kein Zweifel. Der Hochkommissar, Sir John Chancellor, der durchaus kein großer Freund des Zionismus war, verurteilte in einer Rede am 1. September die »grausamen und blutdürstigen Übeltäter« und deren Verbrechen, die an »hilflosen Angehörigen der jüdischen Bevölkerung, ohne Rücksicht auf Alter und Geschlecht, und in Hebron begleitet von Akten unaussprechlicher Brutalität« begangen worden waren.

Die Ausschreitungen von 1929 bedeuteten einen Wendepunkt in den arabisch-jüdischen Beziehungen in Palästina. Im Lauf der Jahrhunderte war es in der Altstadt von Jerusalem zwischen Angehörigen der verschiedenen Konfessionen immer wieder zu manchmal auch blutigen Zusammenstößen um die Rechte an den heiligen Stätten gekommen, aber die Ereignisse von 1929 brachten ein neues Element mit sich. Auf arabischer Seite wurde der religiöse Fanatismus aus politischen Gründen absichtlich angeheizt. Diese Propaganda war Teil des Kampfes zwischen der Partei des Mufti und deren Rivalen, wobei jene versuchte, diese durch extremistische Losungen zu übertrumpfen. Auf der anderen Seite gab es eine ähnliche Entwicklung. Bei den Juden kam der größte Proteststurm nicht von den unmittelbar Betroffenen, den orthodoxen und ultra-orthodoxen Juden, die in ihren Beziehungen zu den Arabern stets größte Vorsicht hatten walten lassen, sondern von den Revisionisten, für die die Klagemauer mehr ein nationales als ein religiöses Symbol war.

Die revisionistische Haltung in der Araberfrage ermangelte weder einer gewissen Logik noch der Konsequenz. Jabotinsky war schon frühzeitig zu dem Schluß gelangt, daß der Zionismus ohne eine jüdische Mehrheit in Palästina sinnlos wäre, da die wirkliche Ursache des

Antisemitismus in der Tatsache liege, daß die Juden überall in der Minderheit waren. Andere Zionistenführer wüßten dies sehr wohl, meinte er, aber sie zögen es vor, nicht offen darüber zu sprechen, da sie irrigerweise glaubten, die Araber würden sich durch eine gemäßigtere Formulierung der zionistischen Absichten hinters Licht führen lassen[127]. Aber die Araber liebten ihr Land ebensosehr, wie die Juden dies täten. Instinktiv erfaßten sie die zionistischen Bestrebungen sehr wohl, und ihr Wille, sich dagegen zu wehren, sei nur natürlich. Jedes Volk bekämpfe die Einwanderung und Ansiedlung von Fremden, wie edel die Motive für diese Ansiedlung auch sein mochten. Zwischen Juden und Arabern herrschte kein Mißverständnis, sondern ein natürlicher Konflikt. Eine Verständigung mit den Arabern Palästinas sei unmöglich, sie würden den Zionismus erst akzeptieren, wenn sie gegen eine »eiserne Mauer« stießen und einsähen, daß ihnen keine andere Wahl bliebe, als sich mit der jüdischen Ansiedlung abzufinden. Auch hinsichtlich der Chancen einer Einigung mit den Arabern außerhalb Palästinas war Jabotinsky nicht optimistisch. Die Juden könnten nicht den Irak und den Hedschas finanzieren, und die Araber in ihrem Kampf gegen die europäischen Mächte zu unterstützen, wäre sowohl unehrenhaft als auch nationaler Selbstmord.

Der Zionismus, meinte Jabotinsky, sei entweder a priori moralisch oder unmoralisch. Wenn das Grundprinzip moralisch sei, dann würde es dies auch bleiben, selbst wenn manche Leute dagegen seien[128]. Es gebe auf dieser Welt keine leeren Gebiete. Sogar in Uganda wären die Juden auf die Gegnerschaft einer eingeborenen Bevölkerung gestoßen. Jabotinsky brandmarkte die »kannibalistische Ethik« der Antizionisten. Wie konnte irgendwer die moralische Berechtigung des zionistischen Anspruchs leugnen, angesichts der Tatsache, daß die Araber so viel Land und die Juden überhaupt keines hatten? Seine gefühlsmäßige Einstellung gegenüber den Arabern war, wie er einmal schrieb, die gleiche wie gegenüber allen anderen Nationen, nämlich höfliche Uninteressiertheit. Er meinte, es sei unmöglich, die Araber zu vertreiben, und Palästina würde immer ein multinationaler Staat bleiben. Der schwächste Teil in Jabotinskys Doktrin war zweifellos seine Annahme, daß der Zionismus immer moralisch unangreifbar bleiben würde, gleichgültig, welche Mittel er anwandte. In Palästina verloren Jabotinskys Ansichten viel von ihrer Subtilität und Mäßigung und dienten als ideologische Rechtfertigung für primitive chauvinistische Schlagworte, die in den dreißiger und vierziger Jahren nicht wenig zur Vergiftung der arabisch-jüdischen Beziehung beitrugen.

Die zionistische Bewegung war über die Ausschreitungen des Jahres 1929 zutiefst bestürzt, tröstete sich jedoch mit dem Gedanken, daß diese Gewaltakte nicht der Beginn eines nationalen Aufstandes seien, sondern ihre Ursache »in Religion und Blut« hätten. Aufgestachelt von ihren Führern, die bewußt falsche Gerüchte verbreitet hätten, seien die Araber aufgestanden, um ihre religiöse Ehre zu verteidigen (die nicht verletzt worden war) und arabisches Blut zu rächen (das nicht vergossen worden war). Nach offizieller zionistischer Einschätzung hatten die Ausschreitungen weder eine klare politische oder soziale Zielsetzung, noch hatten sie das ganze Land erfaßt, und sobald die Regierung die Anführer von dem Glauben abbrächte, daß sie offizielle Unterstützung genössen, würde die Bewegung zusammenbrechen, und wahrscheinlich nicht wiederstehen.

Zunächst betrachteten die Zionisten die Aufstände als einfache Pogrome und die arabischen Klagen als gänzlich unbegründet, und sie forderten strenge Maßnahmen seitens der Mandatsbehörden. Aber es gab auch einige weiterblickende Zionistenführer, die erneute und verstärkte Bemühungen zur Verbesserung der arabisch-jüdischen Beziehungen empfahlen. Sie wußten sehr wohl, daß eine wohlwollende Artikelserie in einer führenden Zeitung Kairos mehr Bedeutung hatte als ein wohlmeinender Leitartikel in der polnischen oder der italienischen Presse. Die Histadrut hatte 1927 beschlossen, die arabischen Arbeiter in gemeinsamen Gewerkschaften zu organisieren *(Irgun meschutaf)*, aber die praktischen Ergebnisse waren, abgesehen von der Errichtung eines kleinen arabischen Arbeiterklubs in Haifa, gering. Immer noch gab es in der Jewish Agency und im *Waad Leumi* keine Sektion für Araberfragen, und es existierte auch keine jüdische Zeitung in arabischer Sprache. Vor allem aber hatte die zionistische Führung immer noch keine klare Vorstellung, was sie tun sollte, und es war daher nicht überraschend, daß es nach den Ausschreitungen von 1929 zu großen Diskussionen kam. Während die Revisionisten sich bemühten, die zionistische Bewegung zu einer eindeutigen Entschließung über das Endziel, nämlich die Errichtung eines jüdischen Staates, zu veranlassen, bekräftigte Weizmann den Grundsatz der Parität in der künftigen palästinensischen Verfassungsgebenden Versammlung, der natürlich von den Arabern abgelehnt wurde. Ben Gurion umriß einen Plan für eine parlamentarische Vertretung, der im Laufe vieler Jahre schrittweise verwirklicht werden sollte; von einer jüdischen Mehrheit oder gar einem jüdischen Staat war darin überhaupt nicht die Rede.

Am bezeichnendsten waren vielleicht die Schwankungen Chaim Arlosoroffs, der als einer der ersten die politische Bedeutung der arabischen Nationalbewegung erkannt hatte. Nach 1929 betonte er zwar immer noch die Notwendigkeit einer politischen Einigung mit den Arabern, erklärte aber, die arabische Nationalbewegung werde von den Kräften der Reaktion und der politischen Tyrannei beherrscht, und warf ihr vor, keine Führer wie Sun Yat-sen oder Gandhi hervorgebracht zu haben. Arlosoroff befürwortete Zusammenarbeit im kommunalen Bereich, wirtschaftliches Zusammenwirken, die Entsendung jüdischer Studenten an die Al-Azhar-Universität und andere arabische Hochschulen sowie die Unterstützung der ägyptischen und irakischen Unabhängigkeitsbestrebungen. Doch war er pessimistisch in bezug auf eine Einigung mit den palästinensischen Arabern, und zwar einfach deshalb, weil die Araber immer noch überzeugt seien, sie könnten den Zionismus mit Gewalt besiegen [29]. Sein Pessimismus vertiefte sich in den frühen dreißiger Jahren. In einem Brief an Weizmann sprach er davon, die zionistischen Bemühungen auf einen Teil Palästinas zu beschränken, das heißt, er dachte an eine Teilung oder Kantonisierung des Landes. Falls dies fehlschlüge, faßte er die Möglichkeit ins Auge, daß die jüdische Minderheit durch eine organisierte Revolution die Macht ergreifen könnte [130].

Solche verzweifelten Einfälle waren das Ergebnis von Arlosoroffs negativen persönlichen Erfahrungen. Anfang des Jahres waren er und Mosche Schertok mit Auni Bey Abdul Hadi, einem Führer der Istiqlal-Partei, zusammengetroffen, um eine gemeinsame Basis zu finden und einen Dialog zu eröffnen. Aber Auni Bey hatte seinen Besuchern ganz offen gesagt, Diskussionen über grundsätzliche Fragen wären sinnlos. Es gebe keine Mißverständnisse zwischen Arabern und Juden. Er verstehe den jüdischen Nationalismus nur allzugut, aber leider gebe es einen grundsätzlichen Interessengegensatz, der durch Reden nicht zu lösen sei [31]. Dies war jedoch nicht das Ende der Angelegenheit. Anfang der dreißiger Jahre gelangten die zionistischen Führer zu dem Schluß, daß die Istiqlal trotz ihrer starker Gegnerschaft zum Zionismus doch diejenige der drei arabischen Parteien sei, auf die man noch am ehesten setzen könne, sowohl was ihre politischen Erfolgsaussichten als auch was die Chancen einer arabisch-jüdischen Annäherung betraf. Eine Zusammenarbeit mit der Mufti-Partei kam nach all dem, was geschehen war, nicht in Frage. Die Naschaschibis waren von den Zionisten bei verschiedenen Anlässen unterstützt worden, so zum Beispiel bei den Kommunalwahlen von 1926: Der Streit zwischen diesem Klan und den Hussainis, zu denen der Mufti gehörte, beherrschten das politische Leben der palästinensischen Araber viele Jahre lang. Die Naschaschibis waren jedoch eng mit der britischen Mandatspolitik verbunden und hatten keinerlei Absicht, sich durch eine Zusammenarbeit mit den Juden in den Augen der arabischen Öffentlichkeit zu kompromittieren. So blieb also die Istiqlal, eine moderne, laizistische nationalistische Gruppe, die für die arabische Einheit eintrat und unter der jüngeren Generation viele Anhänger hatte.

Die Istiqlal-Partei erschien in mehrfacher Hinsicht als idealer politischer Partner für die Zionisten. Im Juli 1934 kam Ben Gurion im Hause von Dr. Magnes mit Auni Abdul Hadi zusammen und versuchte diesen zu überzeugen, daß es trotz allem möglich sein könnte, die Ziele der jüdischen und der arabischen Nationalbewegung zu koordinieren. Was wäre, wenn die Juden mit ihrem politischen Einfluß und ihren finanziellen Hilfsquellen sich dem Kampf für die arabische Einheit anschlössen? Darauf verfiel, nach Ben Gurions Schilderung, Auni in helle Begeisterung und versprach, er würde die Einwanderung von fünf oder sechs Millionen Juden akzeptieren, er selber würde auf die Straße gehen und diesen Gedanken bei seinen Freunden in Palästina und in anderen arabischen Ländern propagieren[132]. Aber nach einigen Augenblicken wurde Auni wieder kühl: »Glauben Sie, daß wir uns auf eure Versprechungen und eure Erklärungen verlassen können?« Mussa Alami, ein anderer prominenter Araber und Befürworter einer gemäßigten Politik, sagte zu Ben Gurion, die Araber seien nicht besonders begierig, jüdische Geldmittel und Aufbauhilfe zu erhalten, und er würde es eher vorziehen, daß Palästina noch weitere hundert Jahre arm und öde bliebe, bis die Araber imstande wären, ihr Land aus eigenen Kräften zu entwickeln.

Die grundsätzlichen Positionen waren soweit voneinander entfernt, daß eine Verständigung von allem Anfang an illusorisch war. Es waren die Jahre nach Hitlers Machtergreifung, und jedes Nachgeben in der Frage der jüdischen Einwanderung war für die Zionisten undenkbar. Nach dem Ausbruch des dritten Araberaufstandes im Juni 1936 schrieb Ben Gurion in einem privaten Brief, er bezweifle, daß die Chancen für ein Übereinkommen auch nur eins zu zehn stünden. Selbstverständlich sollte man weiter verhandeln, doch gebe es auf seiten der Araber keinerlei Bereitschaft, den Jischuw zu akzeptieren; vielleicht aber würden sie schließlich aus reiner Verzweiflung die jüdische Präsenz in Palästina hinnehmen, nämlich nach dem Scheitern ihres Aufstandes und vor allem angesichts des Wachstums des Jischuw. Dies war wiederum Jabotinskys »eiserne Mauer«.

Ruppin, der sowohl vor als auch nach dem Ersten Weltkrieg in der vordersten Front des Kampfes für arabisch-jüdische Verständigung gestanden war und zu den Gründern des Brit Schalom zählte, zog zu jener Zeit ähnlich pessimistische Schlußfolgerungen. Es sei nur natürlich, daß es zu sporadischen Ausbrüchen komme, wenn die Zionisten ihre Tätigkeit gegen die Interessen der Araber fortsetzten: »Es ist unser Los, in permanentem Kriegszustand mit den Arabern zu leben, und es gibt wohl keine andere Möglichkeit, als daß Menschenleben verlorengehen.«

Nur der unermüdliche Magnes und einige seiner engsten Freunde glaubten weiterhin, daß man mit noch etwas mehr gutem Willen seitens der Juden zu einer Verständigung mit den Arabern kommen könnte. Gelegentlich hatte jedoch sogar Magnes Zweifel an der Verläßlichkeit und Ehrlichkeit seiner arabischen Gesprächspartner. In einem Schreiben an Harold MacMichael, den britischen Hochkommissar, stellte er die Frage, ob weitere Verhandlungen überhaupt einen Sinn hätten: »Diese Leute sind ebensowenig echte Araber, wie ich ein Südseeinsulaner bin. Diese Leute hier und in Beirut sind echte Levantiner[133].«

Der arabische Aufstand

Die dritte und größte Welle arabischer Überfälle begann im April 1936. Es war eine Zeit fieberhafter politischer und diplomatischer Tätigkeit. Die zionistischen Führer setzten ihre Kontakte mit den Arabern fort, und in dem Bemühen, eine Lösung des Konflikts zu finden, wurden viele Pläne und Denkschriften ausgearbeitet. Die Unruhen erreichten ein wesentlich größeres Ausmaß als 1921 und 1929 und forderten weit mehr Opfer an Menschenleben und Sachwerten. Sie dauerten mit kurzen Unterbrechungen drei Jahre lang an und klangen erst im Sommer 1939, in den Monaten vor Kriegsausbruch, allmählich aus. Es bedurfte eines starken militärischen Einsatzes der Mandatsbehörden, um die bewaffneten Banden niederzuschlagen, die sich in verschiedenen Landesteilen festgesetzt hatten. Im Unterschied zu den Unruhen von 1920 und 1929 wurde diese Revolte nicht durch einen einzelnen Zwischenfall ausgelöst, sofern man nicht die Ermordung eines Juden durch einen arabischen Straßenräuber, dessen Motive zum Teil politisch gewesen sein mögen, als solchen betrachtet. Die Spannung war allmählich angewachsen. Nach Hitlers Machtergreifung erreichte die Zahl der Einwanderer Rekordhöhe – 1933 waren es 30.000, im folgenden Jahr 42.000 und 1935 61.000. Mitte der dreißiger Jahre stellten die Juden bereits 30 Prozent der Gesamtbevölkerung Palästinas.

Im Oktober 1933 kam es zu einem kurzen Ausbruch von Unruhen, die von der Istiqlal angestiftet worden waren. Sie waren hauptsächlich gegen die Briten gerichtet und brachen schnell zusammen, als ein Aufruf zu einem arabischen Generalstreik unbeachtet blieb. Drei Jahre später erwies sich der Aufruf der arabischen Führung, zu den Waffen zu greifen, als wesentlich erfolgreicher. Die internationale Lage schien für die Araber günstiger zu sein. Die Achse Berlin–Rom bewirkte eine merkliche Verschiebung des Kräftegewichtes. Der britische Einfluß schien überall zurückzugehen: Der Irak hatte 1932/33 die Unabhängigkeit erhalten, in Ägypten und in Syrien hatte die arabische Unabhängigkeitsbewegung bedeutende Fortschritte erzielt. Die Führer der palästinensischen Arbeiter waren wohl zu dem Schluß gelangt, nun sei die Zeit reif für die Verwirklichung ihrer Forderungen: Bildung einer (arabischen) Nationalregierung und sofortiges Verbot der jüdischen Einwanderung und der Landkäufe. Der bewaffnete Aufstand blieb erfolglos, und die Forderung nach Unabhängigkeit wurde nicht erfüllt.

Er war jedoch insofern kein völliger Fehlschlag, als die jüdische Einwanderung und der Ankauf von Land stark eingeschränkt wurden und das britische Weißbuch von 1939 praktisch auf die Zurücknahme der Balfour-Deklaration hinauslief. Nach einigen Jahren sollte die jüdische Einwanderung völlig unterbunden werden.

Der arabische Kleinkrieg stellte den Jischuw vor große Probleme. Das schmerzhafteste Dilemma betraf die Frage der Nichtvergeltung *(hawlaga)*. In den ersten Unruhejahren sah die offizielle zionistische Politik die Unterlassung jeglicher Vergeltungsaktionen vor, und sogar Jabotinskys extremistische paramilitärische Organisation hielt sich, wenngleich unter Protest, an diese Weisung[134]. Es war keine leichte Entscheidung. Sie bewies die politische Reife des Jischuw und verhalf den Zionisten in Europa zu einer guten Presse, wirkte aber demoralisierend auf die jüdische Gemeinde. Als der Araberaufstand 1937/38 in sein zweites, intensiveres Stadium trat, wurde die Politik der Nichtvergeltung sowohl von der Hagana aufgegeben, die gezielte Vergeltungsaktionen durchführte, als auch von der revisionistischen Irgun Zwai Leumi (ILZ), die weniger selektiv vorging.

Die Wogen der nationalistischen Leidenschaften schlugen in diesen Jahren höher als je zuvor. Angesichts der sich rapide verschlechternden Situation der mittel- und osteuropäischen Judenschaft bestanden alle Teile der jüdischen Gemeinde, mit Ausnahme der Kommunisten, darauf, daß die Tore Palästinas offengehalten werden sollten. Man glaubte noch weniger als früher, daß die Araber in einem binationalen Staat die Rechte der Juden respektieren würden. Die Ermordung Hunderter Nestorianer, gleich nachdem der Irak die Unabhängigkeit erhalten hatte, wirkte ebenfalls als abschreckendes Beispiel und wurde damals in vielen zionistischen Reden und Artikeln erwähnt.

Der arabische Angriff war eine Prüfung für den gesamten Jischuw. Für die linken Zionisten, die traditionell eine enge arabisch-jüdische Zusammenarbeit befürwortet hatten, war es außerdem noch ein großes ideologisches Problem. Dies gilt nicht für die Kommunisten, die den Zionismus immer schon als eine reaktionäre Bewegung und ein Werkzeug des Weltimperialismus abgelehnt und seit 1929 den arabischen Nationalismus aktiv unterstützt hatten. Für einen jüdischen Kommunisten in Palästina war das Dilemma unlösbar: Er war »objektiv« dazu verurteilt, eine reaktionäre Rolle zu spielen, da er kein Araber werden konnte. Der logische und folgerichtige Ausweg aus diesem Dilemma, der auch tatsächlich von einigen jüdischen Kommunisten eingeschlagen wurde, war die Auswanderung in ein anderes Land, in dem sie einen positiveren Beitrag zum Kampf für die Weltrevolution leisten konnten. Aber der Haschomer Hazair und die linke Poale Zion waren beide marxistisch *und* zionistisch. Sie konnten die arabischen Angriffe auf jüdische Siedlungen nicht als dem Wesen nach progressiv beurteilen. Sie hatten stets den gemeinsamen Kampf von Juden und Arabern für den Sieg des revolutionären Sozialismus in Palästina befürwortet, und nachdem es ihnen schon vorher nie gelungen war, Bundesgenossen außerhalb des jüdischen Lagers zu finden, waren sie nun völlig isoliert. Als Gegner des britischen Imperialismus mußten sie nun dessen Hilfe bei der Niederschlagung des arabischen Aufstands annehmen. Aber dies war immer schon das Dilemma aller Zionisten gewesen, die den »britischen Imperialismus« verwarfen, einschließlich einiger, die keineswegs Marxisten waren.

Jacob Klatzkin, ein eher unorthodoxer zionistischer Denker, schrieb 1921, die Bewegung müsse nun wählen zwischen einer Orientierung auf den britischen Imperialismus, was zwangsläufig zu bewaffneten Konflikten und Pogromen führen würde, und einem Bündnis mit den ausgebeuteten arabischen Fellachen gegen die arabischen und jüdischen Effendis und letztlich (obwohl dies damals nicht ausgesprochen wurde) gegen den britischen Imperialismus[135]. Der Gedanke, die Juden sollten als Freunde kommen und der Bestand des Jischuw nicht auf britischer Unterstützung beruhen, hatte zweifellos viel für sich. Aber wäre es möglich gewesen, Einwanderung und Ansiedlung ohne britische Hilfe aufrechtzuerhalten? Die Araber hätten nicht einmal Magnes gestattet, sich in Jerusalem niederzulassen, sagte Ben Gurion einmal zum Präsidenten der Hebräischen Universität. Die marxistischen Zionisten behaupteten auch weiterhin, die jüdische Nationalbewegung habe mit dem britischen Imperialismus nichts gemein, sie vertrete dem Wesen nach vor allem die Arbeiterklasse und hätte die ersten Samen einer arabisch-jüdischen proletarischen Einheit gesät. Die arabische Nationalbewegung hingegen sei reaktionär, denn sie habe dem ganzen Gemeinwesen ein despotisches, faschistisches Regime aufgezwungen[136]. Sie argumentierten, jede Einschränkung der jüdischen Einwanderung wäre für die jüdischen Massen verhängnisvoll und zugleich objektiv schädlich, weil sie das Anwachsen der einzigen revolutionären Kraft behinderte, die fähig sei, die faschistischen Tendenzen in Palästina zu bekämpfen.

Die Poale Zion erinnerte ihre revolutionären Freunde im Ausland daran, daß mehrere Kongresse der Sozialistischen Internationale die Auffassung vertreten hatten, jede Beschränkung der Einwanderung sei reaktionär, außer wenn die Einwanderer bereit wären, für niedrigere Löhne zu arbeiten, und damit den Lebensstandard der ansässigen Arbeiterklasse gefährdeten – was in Palästina offensichtlich nicht der Fall sei. Die unter feudaler und klerikaler Führung stehende arabische Nationalbewegung werde vom Imperialismus (und vom Faschismus) ausgenützt; sie stehe außerdem den sozialen und wirtschaftlichen Bedürfnissen des Volkes gleichgültig gegenüber und sei dem Wesen nach reaktionär[137]. In dieser Interpretation war der arabische Aufstand sowohl durch die britische Politik des Teilens und Herrschens provoziert worden als auch durch die klerikal-faschistischen arabischen Ausbeuter, die die Einwanderung jüdischer Arbeiter fürchteten, weil dies soziale und ökonomische Veränderungen bedeuten würde. Die Sprecher der zionistischen Linken erklärten, die jüdische revolutionäre Arbeiterbewegung sei das einzige Bollwerk des Fortschritts und des Sozialismus im Nahen Osten, und versprachen, mit ihrer Hilfe werde eine starke arabische Proletarierbewegung und schließlich ein jüdisch-arabischer Arbeiterstaat in Palästina entstehen.

Diese Versuche der marxistischen Zionisten, ihre Ideologie einer unvorhergesehenen politischen Lage anzupassen, waren weder überzeugend noch erfolgreich. Psychologisch waren sie jedoch verständlich, denn die Rechtfertigung des arabischen Terrors hätte ihre eigene Sache, ja ihre Existenz in Palästina negiert. Es war bereits schwierig genug, eine realistische Einschätzung der arabischen Nationalbewegung vom Standpunkt der zionistischen Ideologie zu liefern, und der Marxismus war in diesem Zusammenhang eine Quelle weiterer Mißdeutungen. Dem britischen Imperialismus und den Effendis die Schuld zuzuschieben, war nicht einmal eine Halbwahrheit. Die arabische Bewegung von 1936 hatte die Unterstützung breiter Bevölkerungskreise: den »feudalistischen« und »bürgerlichen« nationalen Führern wäre es ohne den allgemeinen Haß der arabischen Bevölkerung gegen den Zionismus niemals gelungen, einen großen Aufstand zu entfesseln.

Mosche Scharett (damals Schertok) war in seiner Einschätzung der arabischen Bewegung realistischer und gerechter als jene, die links von ihm standen. Am 22. Juli 1936 schrieb er in sein Tagebuch, die Teilnahme junger arabischer Frauen an der Bewegung beweise deren revolutionären Charakter, und die arabische Intelligentsia unterstützte die »Banden« ebenso, wie die Juden mit der Hagana sympathisierten[138]. Was den gesellschaftlichen Aspekt betraf, so war die zweite Phase der Rebellion (1937/38) alles andere als »feudalistisch« und »bürgerlich«. In Wirklichkeit flohen die führenden arabischen Familien Hals über Kopf aus Palästina, und von denen, die geblieben waren, wurden viele getötet. Die Marxisten glaubten irrigerweise, sie könnten durch die Organisierung gemeinsamer arabisch-jüdischer Streiks die Grundlagen für eine Verständigung zwischen den Werktätigen beider Völker schaffen. In Wirklichkeit aber waren die arabischen Fellachen und Arbeiter viel weniger geneigt, mit den Juden zusammenzuarbeiten, als die arabischen Kaufleute in Haifa oder die arabischen Zitruspflanzer im Süden[139]. Das Problem der zionistischen revolutionären Linken bestand, kurz gesagt, darin, daß nach ihrer Doktrin jede nationale revolutionäre Bewegung a priori fortschrittlich war, da ja Arbeiter und Bauern nichts Falsches tun konnten – zumindest nicht für längere Zeit. Die Tatsache, daß die arabischen werktätigen Massen den Borochowismus nicht akzeptierten und sich nicht gemäß den Lehrsätzen des proletarischen Internationalismus (wie ihn die zionistische Linke damals interpretierte) verhalten wollten, versetzte sie in eine verzwickte Lage, aus der es keinen ideologischen Ausweg gab. Der von den Kommunisten beherrschten revolutionären Weltbewegung gegenüber befanden sich der Haschomer Hazair und die linke Poale Zion in einer schwachen Position: Das Argument, die jüdischen Massen müßten angesichts der drohenden physischen Ausrottung Europa verlassen, beeindruckte die Komintern nicht. Die Kommunisten sagten den jüdischen Arbeitern – sofern sie ihnen überhaupt etwas zu sagen hatten –, sie sollten sich, wo immer sie lebten, dem revolutionären Kampf anschließen und die Weltrevolution abwarten, die den Antisemitismus beseitigen und die Judenfrage ein für allemal lösen würde. So wie der Brit Schalom erkannte auch die zionistische Linke, daß der Jischuw ohne arabisch-jüdische Verständigung in permanentem Kriegszustand mit seinen Nachbarn würde leben müssen. Da sie aber noch weniger als der Brit Schalom geneigt war, in der Frage, die den Arabern am wichtigsten war – Einwanderung und Ansiedlung – Konzessionen zu machen, waren die Aussichten auf eine Einigung mit repräsentativen arabischen Kreisen praktisch gleich Null. In den Augen der Araber, der »reaktionären« ebenso wie der »fortschrittlichen«, gehörte die zionistische Linke ebenso zum Lager des Feindes wie Ben Gurion und Jabotinsky. Die Araber sahen ja schon in der Existenz der Juden und in deren Beharren auf weiterer Einwanderung die Wurzel allen Übels.

Während der ganzen späteren dreißiger Jahre wurden die Gespräche zwischen einzelnen Zionisten und arabischen Führern fortgesetzt, und nach Ausbruch des Zweiten Weltkrieges verbesserte sich das Klima für eine Annäherung wieder. Unter den Persönlichkeiten, mit denen Kontakte gepflogen wurden, befanden sich im Ausland lebende arabische Führer, wie Schekib Arslan, der alte syrische Nationalheld, Dr. Schahbander (1940 von politischen Gegnern ermordet), Emir Abdulla von Jordanien und mehrere palästinensische Araberführer. In einem bestimmten Stadium wurde Verbindung mit dem irakischen Ministerpräsidenten Nuri Said und mit Philby aufgenommen. Die Ägypter, die Syrer und die Jordanier zeigten sich im großen und ganzen etwas versöhnlicher, und sogar vom Mufti hieß es einmal, er hätte angedeutet, daß er unter bestimmten Bedingungen eine jüdische Einwanderung bis zum Ausmaß von 80 Prozent der arabischen Bevölkerung zulassen würde. Jedenfalls gab es, wie Magnes 1941 widerstrebend einräumte, »keine Möglichkeit, innerhalb der nächsten zehn bis fünfzehn Jahre mit irgendeinem verantwortlichen Araber auf irgendeiner Basis zu einer Übereinkunft zu gelangen, außer auf der Basis einer Minorität in diesem Lande[140]«.

Magnes machte diese Äußerung in einer Rede vor einer Versammlung des Bundes für jüdisch-arabische Aussöhnung, der Ende der dreißiger Jahre gegründet worden und in gewisser Hinsicht als Nachfolger des Brit Schalom anzusehen war, welcher sich 1933 aufgelöst hatte. Seine politische Basis war breiter und sein Programm weniger spezifisch. Die Versammlungsteilnehmer sahen sich den alten, vertrauten Problemen gegenüber: Kalvarisky war überzeugt, daß ein für beide Seiten annehmbarer Kompromiß ausgearbeitet werden und daß man Araber finden könnte, die ihn unterstützen würden. Am Rande sei erwähnt, daß Kalvarisky auf *Bakschisch* schwor – eine in der orientalischen Politik übliche Praxis. Ein Teil des Geldes kam aus Kalvariskys eigener Tasche, das meiste aus Subventionen der Jewish Agency, die aufhörten, als die Agency beschloß, einige dieser Zahlungen einzustellen und andere direkt durchzuführen. Dann allerdings zerstörte Michael Assaf, einer der führenden Mapai-Fachleute, alle derartigen Hoffnungen. Er sagte, Magnes lebe in einer Welt des Liberalismus und des Humanismus, die nun der Vergangenheit angehöre. Die Behandlung der Minoritäten in den arabischen Ländern reiche aus, um einen jeden abzuschrecken. Könne man erwarten, daß die Araber sich ihren Minoritäten gegenüber besser verhalten würden als beispielsweise die Polen? Assaf beschuldigte Kalvarisky und dessen Freunde, die Araber im Grunde zu verachten, wenn sie glaubten, sie könnten sie durch Schmeichelei herumkriegen. Die Araber seien nicht dumm; in ihren Augen sei Jabotinsky ein ehrlicher Mann, Weizmann hingegen ein Lügner. Es war wieder die alte Konfrontation von »Idealisten« und »Realisten«, wobei beide gleichermaßen unfähig waren, die weitere Verschärfung des Konflikts zu verhindern.

Viele Pläne für eine Teilung oder Kantonisierung wurden nach 1936 von der zionistischen Führung diskutiert, wobei ein binationaler Staat nicht mehr als praktikabel angesehen wurde. Während des Zweiten Weltkrieges wurde das sogenannte Biltmore-Programm, das die Errichtung eines jüdischen Staates vorsah, zum offiziellen Ziel der Bewegung. Der Widerstand gegen eine Teilung wurde von der *Ichud* (Vereinigung) unterstützt, in der sich einige der führenden Mitglieder des alten Brit Schalom sowie, wenn auch mit anderer Begründung, solche des Haschomer Hazair zusammengefunden hatten. Magnes war grundsätzlich gegen eine Teilung. Er schloß die Möglichkeit nicht aus, daß die Juden in einem Krieg »die Araber verdreschen« könnten, prophezeite aber, dies würde so viel Haß erzeugen, daß damit die Zukunft der Juden im Nahen Osten überhaupt in Frage gestellt werden würde. »Wenn es das Ziel ist, den Frieden zu fördern, dann ist eine zufriedenstellende Grenzziehung nicht möglich«, schrieb er. »Wo man diese Grenzen auch zieht, man wird auf beiden Seiten der Grenze eine Irredenta schaffen. Eine Irredenta führt aber fast immer zum

Krieg[141].« Der Haschomer Hazair sagte in einem Memorandum, eine Teilung Palästinas und somit die Schaffung eines jüdischen Staates würde den Konflikt zwischen Juden und Arabern nicht beseitigen, sondern verewigen, »ihn durch Zementierung und Erweiterung seiner Ursachen in die Zukunft projizieren[142]«.

Sehr zur Bestürzung der offiziellen zionistischen Führung legten Magnes und einige seiner Freunde ihren Standpunkt 1946 der anglo-amerikanischen Untersuchungskommission und ein Jahr später der Sonderkommission der Vereinten Nationen vor. Angesichts der sich verhärtenden Haltung der jüdischen Gemeinde und der völligen Interesselosigkeit der Araber gehörte viel Mut dazu, den Plan eines Zweivölkerstaates zu verteidigen. Magnes blieb bis zum Schluß dabei, daß die Gründung eines jüdischen Staates ein Akt der Verzweiflung wäre (»Eine Teilung wird zum Krieg führen«), und daß ein binationaler Staat auf lange Sicht nicht nur die ideale, sondern auch die einzig praktische Lösung wäre.

Magnes neigte zur Phantasterei. Seine Naivität schien ihn für praktische politische Tätigkeit überhaupt zu disqualifizieren, und Ben Gurion nannte ihn, nicht zu Unrecht, ein politisches Kind. Aber gerade weil er den politischen Realitäten so fern stand, sah er manche Gefahren, die den Jischuw auf lange Sicht bedrohten, genauer voraus als die Berufspolitiker. Doch auch er wußte keine Lösung für die Probleme, denen der Jischuw gegenüberstand, als der Zweite Weltkrieg zu Ende ging. Der Status quo konnte nicht andauern, die Reste der europäischen Judenschaft klopften an die Pforten Palästinas, das gesamte Problem hatte eine neue, verzweifelte Dringlichkeit angenommen.

Die Suche nach »vernünftigen arabischen Führern« wurde fortgesetzt. Während des Krieges war ein »Fünferkomitee« geschaffen worden, dem einige der angesehensten Mitglieder der jüdischen Gemeinde angehörten. Mit Billigung der Jewish Agency stellten sie Kontakte zu führenden arabischen Persönlichkeiten her, um nochmals zu versuchen, eine gemeinsame Grundlage zu finden. Man kam zusammen, redete, arbeitete wiederum Pläne aus und mußte zuletzt doch einsehen, daß es trotz aller äußerlichen Höflichkeiten keine gemeinsame Grundlage gab. Gelegentlich zeigte sich ein Hoffnungsschimmer: Einmal fand die Ichud den Vetter des Mufti, Fausi Darwisch Hussaini, eine angesehene arabische Persönlichkeit, bereit, mit seinen jüdischen Freunden ein Abkommen zu unterzeichnen, das einen binationalen Staat vorsah, und zwar nach dem Grundsatz, daß keine Nation über die andere herrschen sollte. Er schlug die sofortige Gründung politischer Klubs und einer Tageszeitung vor, die den Einfluß der arabischen Kriegspartei bekämpfen sollte. Am 11. November 1946 unterzeichneten fünf Mitglieder des *Jungen Palä-*

stina, der Gruppe Fausis, mit Vertretern der Ichud ein Abkommen über gemeinsames politisches Vorgehen; aber diese vielversprechende Initiative fand ein plötzliches und tragisches Ende: Zwölf Tage darauf wurde Fausi von arabischen Terroristen getötet, und seine Gruppe löste sich auf. »Mein Vetter stolperte und erhielt die gebührende Strafe«, erklärte einige Tage später Dschamal Hussaini, einer der Führer der Extremistenpartei [43]. Im September 1947 wurde Sami Taha, ein prominenter Gewerkschaftsführer aus Haifa, ermordet. Sein Verband hatte sich für einen palästinensischen Staat, nicht für einen arabischen, ausgesprochen und damit eingeräumt, daß auch die Juden bestimmte Rechte hatten. Er hatte diesen Punkt nie besonders herausgestrichen, aber schon der Verdacht des mangelnden Patriotismus reichte aus, um ihn zur Zielscheibe der Extremisten zu machen. Angesichts dieser und anderer Morde wurden die geringen Hoffnungen auf einen zionistisch-arabischen Dialog zu Grabe getragen und die Szene für eine direkte militärische Konfrontation vorbereitet.

Die wenigen Juden, die den Beziehungen zu ihren arabischen Nachbarn so viele Gedanken und Mühen widmeten, waren für ihre weniger rücksichtsvollen Brüder eine Quelle der Verwirrung und des Ärgers. Berl Kaznelson, Gewissen und graue Eminenz der zionistischen Arbeiterbewegung, berichtet, wie entsetzt er war, als er entdeckte, daß die Frage, die die deutschen Chaluzim beschäftigte, nicht etwa das Leid ihrer zurückgelassenen Brüder war, nicht die drohende Ausrottung der Juden in Hitlers expandierendem Reich, sondern das Problem der arabischen Arbeiter. Nachdem sie den Fuß auf den Boden Palästinas gesetzt hatten, stellten sie die Frage, ob es wohl richtig sei, auf jüdischen Arbeitskräften zu bestehen. Eine solche Verkümmerung des Lebenswillens, eine solche Negierung der Existenzberechtigung des jüdischen Volkes durch dessen eigene Söhne und Töchter erschien Menschen wie Kaznelson ungeheuerlich.

Die Männer und Frauen der zweiten und der dritten Alija waren von solchen moralischen und intellektuellen Skrupeln weniger geplagt [44]. Die Frage nach der Existenzberechtigung des jüdischen Volkes kam ihnen nicht in den Sinn. Die bitteren Erfahrungen in Osteuropa hatten sie gelehrt, daß die entscheidenden Fragen in der Geschichte der Völker nicht aufgrund abstrakter Rechtsgrundsätze gelöst wurden und daß die Juden, solange sie eine Minderheit darstellten, stets verfolgt und dauernd von der Ausrottung bedroht sein würden. Vor 1933 hatte sich dieses Problem nicht so kraß dargestellt. Man hatte allgemein angenommen, daß es in Palästina genügend Platz für Juden und Araber gebe. Aber mit dem Anwachsen des arabischen Widerstandes und der gleichzeitigen Zunahme des Drucks der Einwanderung gelangten die Zionisten zu der Überzeugung, daß, wenn die nationalen Bestrebungen der Araber und der Juden nicht in Einklang gebracht werden konnten, ihr eigener Anspruch der stärkere wäre, und sei es nur deshalb, weil dem europäischen Judentum die Vernichtung drohte. Die Juden konnten nirgendwo anders hingehen als nach Palästina. Die Araber konnten nötigenfalls von den Nachbarländern aufgenommen werden.

Dies war die politische und psychologische Situation, in der die Bemühungen um eine arabisch-jüdische Annäherung fehlschlagen mußten. Die meisten Juden hätten eine Einigung mit den Arabern vorgezogen. Die ständigen Unruhen forderten viele Menschenleben und beanspruchten Kräfte und Mittel, die der produktiven Arbeit entzogen wurden. Die Chaluzim waren nicht nach Erez Israel gekommen, um zu erobern, sondern um eine neue, gerechte, sozialistische Gesellschaft zu errichten. Nur wenige erkannten, daß die Araber sich nicht mit vollendeten Tatsachen abfinden würden und daß die fortdauernde Einwanderung den Jischuw in einen Konflikt verwickeln würde, der noch mehrere Menschenalter lang dauern konnte. Die wiederholten Angriffe auf jüdische Siedlungen und die grauenhaften Massaker bewirkten eine allmähliche Wandlung der öffentlichen Meinung. Das Bild des ehrlichen, tapferen und gastfreundlichen Arabers wich der Verachtung für die »ehrlosen Levantiner«.

Eine Minderheit von Zionisten und palästinensischen Juden war sich von Anfang an der entscheidenden Bedeutung der Beziehungen zu den Arabern bewußt. Manche glaubten, die nationalen Bestrebungen der beiden Völker könnten miteinander in Einklang gebracht werden, während die Pessimisten schon frühzeitig zu dem Schluß gelangten, daß der Konflikt grundsätzlicher Natur und unvermeidbar sei. Die meisten Zionisten kümmerte die Araberfrage weniger. Nur langsam erkannten sie deren Bedeutung und nahmen zunächst an, daß die Araber, wenn sie einmal wirtschaftlich bessergestellt und verhältnismäßig zufrieden wären, schließlich den Minderheitsstatus in einem künftigen jüdischen Staat akzeptieren würden. Dies war eine irrige Annahme, doch erschien dies angesichts der Notwendigkeit, die europäischen Juden zu retten, fast bedeutungslos.

Errichtung einer neuen Gesellschaft: Die Entwicklung des Linkszionismus

Als 1897 der erste Zionistenkongreß in Basel tagte, wurde der Sozialismus nicht erwähnt. Die meisten der Anwesenden hätten jeden Versuch, den Zionismus mit sozialistischen Ideen zu vermischen, entrüstet zurückgewiesen. Aber schon wenige Jahre später waren zionistisch-sozialistische Parteien zu einem integralen Bestandteil der Bewegung für eine jüdische nationale Wiedergeburt geworden, und binnen weniger als drei Jahrzehnten entwickelte sich der Arbeiterzionismus zu ihrer stärksten politischen Kraft. Sein Wachstum und der Einfluß seiner Ideen waren von entscheidender Bedeutung, denn er bestimmte den Charakter der zionistischen Bewegung und später des Staates Israel in größerem Maße als jede andere Gruppe. Das Jahrzehnt, in dem der politische Zionismus geboren wurde, sah auch die Verbreitung sozialistischer Ideen unter den Juden Osteuropas: Der *Bund,* die weitaus größte jüdisch-sozialistische Organisation, wurde einen Monat nach dem ersten Zionistenkongreß gegründet, und Nachman Syrkins Aufruf für einen jüdischen sozialistischen Staat wurde ein Jahr nach Herzls *Judenstaat* veröffentlicht. Die Anfänge einer jüdischen Arbeiterbewegung können jedoch noch weiter zurückverfolgt werden. Aron Liebermans Kreis in Wilna predigte bereits um 1870 sozialistische Ideen. Wohl war damals noch keineswegs klar, ob die jüdischen Arbeiter eigene, unabhängige Organisationen gründen oder in einer einheitlichen Bewegung gemeinsam mit ihren russischen Genossen für die Verteidigung ihrer Rechte und die Verwirklichung ihrer Ideale kämpfen sollten. Die frühen jüdischen Sozialisten fühlten sich stark vom russischen Sozialismus und dessen Führern angezogen. Tschernyschewskis Roman *Was tun?,* ein Loblied auf den utopischen Sozialismus, beeinflußte nicht nur das Denken mehrerer Generationen russischer und europäischer Sozialisten bis zur Zeit Lenins und Georgi Dimitroffs, er war auch in den Augen vieler junger Juden »zusammen mit der Bibel und dem Koran eine der heiligen Schriften der Menschheit[1]«. Der Einfluß des russischen Sozialismus auf die zionistische Arbeiterbewegung, nicht nur auf ihre Ideologie, sondern mehr noch auf ihre politische Haltung, kann gar nicht überschätzt werden. Die jüdischen Sozialisten erbten von ihren russischen Lehrmeistern sowohl die endlosen ideologischen Streitereien als auch den Glauben an das Axiom, die erste Pflicht eines jeden wahren Sozialisten sei es, sein Leben im Einklang mit seinen Ansichten zu gestalten. Die Einheit von Theorie und Praxis stand außer Diskussion. Von den Populisten übernahmen sie die feste Überzeugung, daß manuelle Arbeit fast alle Übel kurieren könne. Die zweite Alija war in mancher Hinsicht eine Wiederholung des »Ins-Volk-Gehens«, wie die Narodniki es praktiziert hatten.

Zugleich aber fühlten sich die jungen jüdischen Sozialisten von der Haltung eines Teils ihrer russischen Genossen abgestoßen, einer Haltung, die sie als krasse Gleichgültigkeit gegenüber den spezifischen Nöten des jüdischen Volkes empfanden. Den russischen Populisten ging es vor allem um das Schicksal der Bauern, während die Sozialdemokraten ihre Bemühungen auf die Industriearbeiter konzentrierten. Die meisten Juden waren jedoch weder Bauern noch Arbeiter, sondern einfach arme Leute, von denen viele keinerlei Aussicht hatten, jemals eine produktive Arbeit zu finden. Die russischen Sozialisten hatten durchaus Mitgefühl mit den Leiden der in Armut lebenden Juden, aber von ihrem Standpunkt aus war dies eine nebensächliche Frage. Sie konnten den Juden keinen Rat geben, wie sie ihre traurige Lage noch vor der großen sozialistischen Revolution verbessern könnten, die dieses Problem und alle anderen lösen würde. Dazu kam die bedauerliche Tatsache, daß der Antisemitismus auch unter den russischen Arbeitern und Bauern Anhänger hatte. Als Axelrod und Deutsch, zwei später berühmt gewordene jüdische Sozialisten, sich an den damals sehr angesehenen radikalen Führer Lawrow mit der Frage wandten, wie dieses schwierige Problem zu lösen sei, erhielten sie zur Antwort, die antijüdischen Ausschreitungen seien zwar höchst bedauerlich, aber die Frage sei mit taktischen Schwierigkeiten verbunden. Wollten sie sich gegen die Massen wenden, nur weil diese zum Antisemitismus verführt worden waren? Viele junge jüdische Revolutionäre folgten dem Beispiel von Axelrod und Deutsch und akzeptierten Lawrows Erklärung; sie schlossen sich den russischen sozialistischen Parteien an und spielten in diesen eine bedeutende Rolle. Es gab aber auch Männer, die irgendwie das Gefühl hatten, daß die jüdische Existenz als solche innerhalb der russischen Gesellschaft eine grundsätzliche Anomalie darstellte und daß deshalb eine selbständige jüdische Arbeiterbewegung erforderlich sei. Manche, wie Syrkin, gingen noch weiter und behaupteten, die Juden würden auch nach Erringung der vollen Bürgerrechte nicht von Landwirtschaft und Industrie absorbiert werden, sondern die meisten, wenn nicht gar alle, würden zum Mittelstand zählen und sich damit im sozialen Kampf wiederum auf der falschen Seite befinden.

Syrkin und Borochow

Dies war der Ausgangspunkt des sozialistisch-zionistischen Denkens. Die Revolution würde keine Lösung der Judenfrage bringen, daher war eine noch radikalere Haltung erforderlich. Deren erster Prophet und Vorkämpfer, Nachman Syrkin, verursachte bei mehreren Zionistenkongressen Empörung mit seinen – nach Ansicht der meisten Delegierten maßlosen und radikalen – Vorschlägen, mit seinen häufigen Zwischenrufen und seiner ständigen Kritik an der »bürgerlichen Führung«. Syrkin, der in Mogilew geboren wurde und seinen Doktor der Philosophie in Berlin gemacht hatte, war ein kleiner, bärtiger Mann, der sich mehr durch seine Polemiken als durch politische Führungsqualitäten auszeichnete. Damit soll keineswegs seine Originalität oder sein großer Einfluß auf die Entwicklung der zionistischen Arbeiterbewegung verkleinert werden. Mit der wirklichen Situation in Palästina war er ebensowenig vertraut wie Ber Borochow, aber er sah viele der anstehenden Probleme instinktiv genauer als der zweite führende Ideologe des Arbeiterzionismus, dessen Theorien in marxistischer Hinsicht scharfsinniger waren und auf viele seiner linksgerichteten Zeitgenossen bedeutenden Einfluß hatten. Syrkin betrachtete den Internationalismus als letztes Ziel der Menschheit und bezweifelte nicht, daß die Geschichte sich in diese Richtung entwickelte. Sie entwickelte sich aber mit quälender Langsamkeit, und während die Nation (oder der Nationalstaat) kein Selbstzweck, keine absolute ethische Kategorie sei, so sei sie auch kein Stadium, das übersprungen werden könne. Ein autonomer Staat sei ein notwendiger historischer Schritt auf dem Weg zur Lösung der Judenfrage. Syrkin teilte jedoch nicht die stillschweigende Auffassung der bürgerlichen Zionisten, daß ein solcher Staat als Ergebnis von Geldspenden reicher Juden entstehen würde. Er war immer der Meinung, daß ein jüdischer Staat nur durch eine echte Massenbewegung ins Leben gerufen werden könnte[2]. Aus diesem Grund forderte er einen repräsentativeren Kongreß und wandte sich scharf gegen den Kulturzionismus, wie er von Achad Haam befürwortet wurde. Ein Zionismus ohne Massenauswanderung und Umsiedlung sei entweder Betrug oder Verrat. Der sozialistische Judenstaat, wie Syrkin ihn sah, erinnerte sehr an Tschernyschewski (Werotschkas Traum in *Was tun?*) und an Fouriers Phalansterien. Der Boden sollte dem Staat gehören, riesige Kommunen mit je zehntausend Mitgliedern sollten geschaffen werden und sowohl industrielle als auch landwirtschaftliche Tätigkeit entfalten[3]. Im künftigen jüdischen Staat sollte es weder kleine Dörfer noch große Städte geben, nur kulturelle Zentren. Die langweiligsten und unangenehmsten Arbeiten sollten am besten bezahlt werden. Syrkin war kein hundertprozentiger Marxist, aber er betrachtete den Klassenkampf, der sowohl im Pentateuch als auch bei den Propheten zum Ausdruck komme, als eines der zentralen Themen der jüdischen Geschichte. Die Geschichte des antiken Judentums wurde von ihm als Kampf der jüdischen werktätigen Massen für eine sozialistische Lebensform interpretiert.

Anfangs hatte Syrkin nicht viele Anhänger; auf jeden Juden, der sich der sozialistischen zionistischen Bewegung anschloß, entfielen viele andere, die in den *Bund* eintraten, und zwar aus naheliegenden Gründen: Im Gegensatz zum *Bund* konnten die Zionisten keine Lösung für die unmittelbaren Probleme der jüdischen Arbeiter in Osteuropa anbieten. Es stimmt, daß der *Bund* in den ersten Jahren seines Bestehens kein klares nationales Programm besaß. Er war als Partei des jüdischen Proletariats gedacht und sollte dessen politische und ökonomische Interessen verteidigen. Nur langsam entwickelte er eine spezifische Ideologie eines nicht an ein bestimmtes Territorium gebundenen Diaspora-Nationalismus und wandte sich damit scharf gegen den Zionismus. Dies war der Beginn eines heftigen Kampfes, der viele Jahre lang andauern sollte. Nach Auffassung des *Bund* war der Zionismus und besonders der sozialistische Zionismus utopisch. Wie wollte man in der rückständigen Türkei eine sozialistische und demokratische Gesellschaftsordnung errichten, für welche die Bedingungen nicht einmal in Europa reif waren? Der *Bund* war militant antiklerikal. Er verspottete die traditionellen religiösen Tabus und übertrat absichtlich manche, wie das Verbot der Arbeit am Sabbat. Der Sozialismus der Linkszionisten war dem *Bund* verdächtig, weil jene ihr Land unter der Leitung von Rabbinern und im Einklang mit den Vorschriften des *Schulchan Aruch* aufbauen wollten. Den Linkszionisten fiel es keineswegs leicht, auf diese Anwürfe zu entgegnen. Viele von ihnen, sowohl aus der älteren Generation (beispielsweise Lilienblum) als auch aus der jüngeren, fürchteten ebenfalls eine Vorherrschaft der klerikalen Kräfte. »Ihr mögt anständige und wohlmeinende Leute sein«, apostrophierte der *Bund* die Linkszionisten, »aber ihr arbeitet mit der Bourgeoisie zusammen.« Außerdem sei die jüdische Bourgeoisie an einem Judenstaat hauptsächlich deshalb interessiert, weil sie sich von ihm einen Markt und ein Gebiet für gewinnbringende Investitionen und Spekulation verspreche. Wenn die Führer des *Bund* sich weniger verständnisvoll zeigten, was nicht selten geschah, dann behaupteten sie, der Sozialismus der Linkszionisten sei ein vorsätzlicher Betrug, sie trügen eine rote Maske, um ihre wahren Absichten zu verbergen und sich dem radikalen Zeitgeist anzupassen[4]. Der *Bund* propagierte das Jiddische, die Sprache der jüdischen Massen, und verspottete das Hebräische, die Sprache der Rabbiner und einer Handvoll von Ästheten und Träumern. Der Zionismus wiederum lehnte das Jiddische ab als Karikatur einer Sprache, die den Geist des Gettos verkörpere.

Dies schockierte den *Bund* und seine Freunde: »Wer das Jiddische verhöhnt, der verhöhnt damit das jüdische Volk, er ist nur zur Hälfte ein Jude«, schrieb einer von ihnen.

Die Linkszionisten gaben widerstrebend zu, daß der *Bund* wertvolle erzieherische Pionierarbeit unter den rückständigen jüdischen Massen leistete. Die revolutionären Schriften des *Bund* wurden von vielen Menschen gelesen und auch in Kreisen der Linkszionisten benützt. Jedoch wehrten sich die Zionisten schärfstens gegen die in ihren Augen »nihilistische« Haltung des *Bund* in der nationalen Frage, gegen die Annahme, die nationalen und sozialen Probleme der jüdischen Werktätigen könnten in dem jeweiligen Land, in dem sie lebten, gelöst oder oder zumindest normalisiert werden. Das vom *Bund* vertretene komplizierte Konzept einer politisch-kulturellen Autonomie für die russischen Juden war größtenteils aus den Schriften austromarxistischer Theoretiker wie Karl Renner und Otto Bauer abgeleitet. Nach diesem Konzept könnten die einzelnen Juden, wo immer sie lebten, sich als Teil eines Volkes betrachten und hätten das Recht, ihre eigene Sprache zu benutzen und ihre eigene Bildung und Kultur zu entwickeln. In einer Reihe von Resolutionen lehnte der *Bund* sowohl die Assimilation als auch den Zionismus ab. Er behauptete, sofern es dem Zionismus nur um die Ansiedlung einiger Juden in Palästina gehe, sei er für die Lösung der Judenfrage ohne Belang. Wenn sein Ehrgeiz aber weiter ziele und er eine Umsiedlung des ganzen oder eines Großteils des Volkes nach Palästina anstrebe, dann müsse er als eine gefährliche Utopie bekämpft werden, die die Massen von ihrem Kampf um politische und ökonomische Rechte ablenke und ihr Klassenbewußtsein schwäche[5].

Jedes der beiden Lager warf dem anderen nicht nur Mangel an politischem Realismus, sondern auch Feigheit vor. Die Zionisten stellten fest, der *Bund* habe nicht den Mut, die letzte Konsequenz aus einer eigenen Analyse der Anomalie der jüdischen Existenz zu ziehen. Der *Bund* bezichtigte die Linkszionisten, sie führten die Massen in die Irre und versuchten sie vom politischen Kampf abzulenken, indem sie ihnen ein nebuloses Ideal vorspiegelten, das eines fernen Tages in einem fernen Land verwirklicht werden sollte.

Angesichts der ersten russischen Revolution von 1905, der Massenstreiks, der Pogrome und der Wahlen zur Duma wurde die Frage, ob man sich am politischen Kampf beteiligen sollte oder nicht, für die Zionisten zu einem dringlichen Problem, das zu großen Meinungsverschiedenheiten und schließlich zu einer Spaltung in ihren Reihen führte. Borochow, der Gründer und führende Theoretiker der Poale Zion, der ersten sozialistisch-zionistischen Massenorganisation, war ursprünglich gegen eine aktive Beteiligung am russischen politischen Leben gewesen, doch änderte er nach der ersten russischen Revolution seine Einstellung. Er wurde 1881 in Poltawa geboren, und seine frühen Schriften sind die eines typischen russisch-zionistischen Intellektuellen jener Zeit. Lenin vorwegnehmend, unternahm er eine kritische Analyse der Philosophie von Avenarius und des Empiriokritizismus. Soweit es um jüdische Politik ging, war er ein ziemlich othodoxer Zionist und arbeitete eng mit Ussischkin zusammen, dem Führer der Bewegung in Südrußland, der alles andere als ein Sozialist war. Als Mann von großer Gelehrsamkeit und scharfem Geist versuchte er nachzuweisen, daß Zionismus und Marxismus keineswegs unvereinbar seien, sondern daß im Gegenteil eine Synthese der beiden völlig folgerichtig sei. Er hatte keine leichte Stellung, denn die Zionisten waren damals überwiegend Antimarxisten, während die Marxisten wiederum fast ausnahmslos antizionistisch eingestellt waren, und seine Bemühungen stießen zunächst bei keiner Seite auf Sympathien.

Borochow verwendete viel analytisches Geschick auf eine marxistische Rechtfertigung des Zionismus. Alle anderen Lösungen schieden aus: Die anomale Sozialstruktur der jüdischen Bevölkerung mache es auf lange Sicht unmöglich, daß die Masse der Juden in Osteuropa bleibe. Auch eine Auswanderung nach Amerika oder in irgendein anderes Land wäre keine Lösung, denn in den wichtigsten Wirtschaftszweigen dieser sich schnell entwickelnden Länder gebe es bereits keinen Platz mehr für die Juden, die Einwanderer würden wiederum in den wirtschaftlichen Randbereichen landen und somit auch in ihrer neuen Heimat eine höchst unsichere Existenz fristen. Die vom *Bund* und von den russischen Sozialdemokraten, von Plechanow bis Lenin, vorgeschlagenen Lösungen waren völlig unzulänglich. Der *Bund* schlug vor, soziale und wirtschaftliche Probleme mit geistigen und kulturellen Mitteln zu lösen. Borochow war überzeugt, durch eine korrekte marxistische Analyse die einzig praktische Lösung gefunden zu haben: Das jüdische Bürgertum würde sich aus eigenem Antrieb nach Palästina begeben und dort allmählich die Produktionsmittel aufbauen. Die expandierende Industrie würde die jüdischen werktätigen Massen nach Palästina locken, und das Industrieproletariat würde, in Verfolgung einer korrekten Klassenkampfpolitik, sich als Vorhut der nationalen Befreiungsbewegung etablieren. Borochows Schriften sind voll von Hinweisen auf den Widerspruch zwischen Produktivkräften und Produktionsverhältnissen und anderen Begriffen aus der orthodoxen marxistischen Wirtschaftslehre. Er war ein Meister in der Handhabung des marxistischen Instrumentariums, sehr zum Ärger seiner ideologischen Gegner, die gewohnt waren, über den Zionismus mit Schwärmern zu diskutieren, die sich romantischer und utopischer Argumente bedienten.

Als Borochow 1906 von seinem ursprünglichen Standpunkt abging und zu dem Schluß kam, daß die Anhänger des proletarischen

Zionismus sich nun doch aktiv an den politischen Kämpfen der Diaspora beteiligen sollten, war seine Bewegung noch besser gewappnet gegen Angriffe seiner Rivalen auf der Linken. Er verließ seine russische Heimat im Jahre 1907, emigrierte nach Amerika und kehrte 1917 nach Rußland zurück, wo er kurz darauf starb. Nach seinem Tod wurde er zum Schutzheiligen der linkssozialistischen Gruppen innerhalb der zionistischen Bewegung; er galt als Entdecker der »Synthese«.

Allerdings war diese »Synthese« nicht ganz so unangreifbar, wie seine Anhänger glaubten. Der Borochowismus enthielt innere Widersprüche und entsprach in einigen entscheidenden Punkten einfach nicht der Realität. Borochow war viel zu klug, um eine vulgärmarxistische Interpretation des Antisemitismus auf rein ökonomischer Basis zu versuchen. Seine Analyse ähnelte in bemerkenswerter Weise der von Pinsker, denn er betrachtete den Antisemitismus als ein sozialpsychologisches Phänomen. Was die Zukunftsaussichten des jüdischen Volkes anlangte, war Borochow nicht so pessimistisch wie der Verfasser der *Autoemanzipation.* Die Inquisition und die Massenvertreibungen würden wahrscheinlich nicht wieder kommen, erklärte er. Vielleicht gebe es doch so etwas wie einen Fortschritt in der Geschichte. Allerdings dürften die Juden nicht in Passivität verharren und die Pogrome, den Haß und die Verachtung ihrer Nachbarn als etwas Selbstverständliches und Unvermeidliches hinnehmen. Sie dürften sich nicht auf den Fortschritt verlassen, denn wenn der Engel im Menschen Fortschritte gemacht habe, dann gelte dies auch für den Teufel[6]. Borochow hat das romantische, mystische Element im Zionismus stets unterschätzt. Seine Doktrin besagte im wesentlichen, daß Besiedlung und Aufbau Palästinas völlig unabhängig von den Hoffnungen und Wünschen der Zionisten erfolgen würden. Dies war jedoch einer der schwächsten Punkte in seiner Argumentation: Der Zionismus war ohne sein mystisches Element undenkbar, und der Gedanke, Palästina könnte ohne die Begeisterung und die selbstlose Hingabe Tausender junger Idealisten aufgebaut werden, war von der Wirklichkeit ebensoweit entfernt wie der Glaube, daß die Revolution in Rußland unabhängig vom subjektiven Faktor, das heißt von der Existenz einer revolutionären Partei, ausbrechen würde. Sowohl Borochow als auch Lenin benötigten zum Ausbruch aus der Orthodoxie ihrer eigenen Konstruktionen einen *deus ex machina.* Sosehr sie prinzipiell gegen jeden Romantizismus waren, brauchten sie doch einen Mythos und auch eine Avantgarde, denn es war weder vom russischen Proletariat noch von den jüdischen Massen zu erwarten, daß sie aus eigenem, ohne Hilfe, jenes entscheidende Maß an politischem Bewußtsein hervorbringen würden, das erforderlich war, um sie auf den richtigen Weg zu führen.

Der Borochowismus war ein interessanter Versuch, die beiden Ideologien, die mehr als alle anderen die junge jüdische Intelligentsia jener Tage inspirierten, miteinander zu verbinden. Er war eine Art Vernunftreligion, geistiger Trost und Hoffnung für Tausende junger Männer, die beunruhigt waren durch die Behauptung der orthodoxen Marxisten, Zionismus und revolutionärer Sozialismus seien unvereinbar. Jene Generation fühlte sich gleichsam verpflichtet, sozialistisch und revolutionär zu sein, an den historischen Materialismus und die revolutionäre Mission des Industrieproletariats zu glauben. Kautskys Schriften wurden von russischen und jüdischen Sozialdemokraten viele Jahre lang mit der gleichen Ehrfurcht betrachtet, die Gläubige für heilige Schriften empfinden. Nur einige wenige unverzagte Geister außerhalb des marxistischen Lagers, wie Idelson, der Herausgeber von *Rasswet,* wagten es, Zweifel zu äußern und die Frage zu stellen, ob Kautsky tatsächlich eine Lösung der nationalen Frage gefunden habe. Würde eine Änderung der gesellschaftlichen Struktur zwangsläufig die nationale Frage lösen, oder bedeutete eine solche Annahme, die überdies keineswegs auf dem Materialismus beruhte, die Einführung eines subjektiven, romantischen Elements? Erinnerten Kautskys *obiter dicta* nicht sehr an die bürgerliche Argumentation gegen den Sozialismus[7]?

Es gab aber noch andere schwerwiegende Gründe gegen eine mechanische Übertragung von anderswo geltenden Begriffen auf die russisch-jüdische Situation. *Proletariat, Klassenkampf* und *Klassenbewußtsein* hatten in Bialystok und in Berlin verschiedene Bedeutungen. Jüdische Industriearbeiter waren nicht Söhne und Töchter von Bauern, die in die Stadt gezogen waren. Sie kamen gewöhnlich aus kleinbürgerlichen Familien, deren wirtschaftliche Situation sich verschlechtert hatte. Sie zeigten lebhaftes Interesse an ihrer Arbeit und erwarteten, von den Fabrikseigentümern – die noch dazu häufig gleichfalls Juden waren – wie Verwandte, zumindest wie arme Verwandte, behandelt zu werden. Viele betrachteten ihr proletarisches Leben nur als vorübergehend. Sie waren bestrebt, sich so bald wie möglich selbständig zu machen, eine eigene kleine Werkstätte zu errichten oder eine Prüfung abzulegen, die sie für Büroarbeit oder gar für den Lehrerberuf qualifizieren würde. Sie waren vom traditionellen jüdischen Bildungshunger erfüllt, und Eltern aus der Arbeiterklasse wünschten, ihre Kinder sollten die Chance haben, ihre Stellung in der Gesellschaft zu verbessern. Den jüdischen Arbeitern mangelte es weder an Solidarität noch an Kampfgeist, doch unterschieden sie sich in ihrer ganzen Denkweise von den durchschnittlichen Werktätigen anderer Nationalität.

Die zweite Alija

Die jungen Männer und Frauen, die zwischen 1904 und 1906 aus Rußland kommend in Palästina eintrafen und die »zweite Alija« (Einwandererwelle) bildeten, waren keine »echten Arbeiter«, sondern Idealisten und fühlten sich eben aus diesem Grund manchmal minderwertig. Aber »echte Arbeiter«, hauptsächlich an höheren Löhnen und besseren Arbeitsbedingungen interessiert, hätten sich kaum für das entschieden, was die Kritiker des Zionismus »*dos gepeigerte Land*« – das abgestorbene Land – zu nennen pflegten. Die Neuankömmlinge waren Söhne und Töchter aus kleinbürgerlichen Familien des Mittelstandes in Rußland und Polen, viele von ihnen noch keine zwanzig Jahre alt, voll Begeisterung für die Errichtung einer neuen sozialistischen Gesellschaft, aber zugleich noch sehr unsicher. Würden sie der großen Aufgabe gewachsen sein, die ihrer harrte, in einem fremden Land und unter schwierigen Arbeitsbedingungen? Josef Baratz, später eines der Gründungsmitglieder von Degania, der ersten *Kwuza*, berichtet, er habe bitterlich geweint, als er als Siebzehnjähriger nach einem harten Arbeitstag heimkehrte: Die physische Arbeit war unter diesen Bedingungen ungeheuer schwer, würde er es je schaffen, ein echter Arbeiter zu werden[8]? Das Beispiel der *Biluim*, die sich in den achtziger und neunziger Jahren des vorigen Jahrhunderts in Palästina niederließen, war nicht gerade ermutigend. Auch sie waren gekommen, um das Land zu erschließen, auch sie hatten radikale politische Ansichten vertreten. Ussischkin und Tschlenow, die späteren Führer des russischen Zionismus, waren wegen ihrer »bürgerlichen Herkunft« nicht akzeptiert worden. Ihre Siedlungen hatten sich jedoch seit den romantisch-heroischen Anfangszeiten bis zur Unkenntlichkeit verändert. Nun waren die Biluim nach palästinensischen Maßstäben kleine *Hacienderos*, verhältnismäßig wohlhabende Farmer. Vom Standpunkt der Neuankömmlinge waren sie die Arbeitgeber, also der Klassenfeind. Vor der zweiten Einwandererwelle hatte es einige wenige kurzlebige Arbeiterorganisationen und vereinzelte Streiks gegeben, aber die eigentliche Geschichte der Arbeiterbewegung in Palästina beginnt erst mit der Ankunft der Gomel-Pioniergruppe im Januar 1904, des Vorboten einer neuen Ära in der Geschichte der Besiedlung Palästinas: 1230 Auswanderer verließen 1905 Odessa, um nach Palästina zu ziehen, im folgenden Jahr waren es 3459 und 1907 insgesamt 1750. Von Anfang 1904 bis zum Ausbruch des Ersten Weltkrieges kamen etwa 35.000 bis 40.000 Einwanderer dieser Kategorie nach Palästina.

Wenn ein Reporter oder Soziologe die Neuankömmlinge im Hafen von Jaffa nach den Gründen ihres Kommens gefragt hätte, dann hätte er zweifellos viele einander widersprechende Erklärungen erhalten.

Doch gab es gewisse gemeinsame Faktoren. Es waren dies die Jahre des russisch-japanischen Krieges, der ersten russischen Revolution und einer neuen Pogromwelle. Viele glaubten, die revolutionäre Bewegung würde Rußland die Freiheit bringen und endlich zur Befreiung der verfolgten jüdischen Minderheit führen. Aber andere, wie der junge David Grin (Ben Gurion), fühlten instinktiv, daß die Revolution, was sie auch sonst für Rußland erreichen mochte, höchstwahrscheinlich nicht das Ende der Drangsalierung des jüdischen Volkes bedeuten würde. Sie kamen, um nochmals David Grin zu zitieren, aus Verzweiflung nach Palästina. Sie verzweifelten an der jüdischen Diaspora, am Sozialismus, aber auch am Zionismus, wie er von seinen offiziellen Vertretern in der Diaspora gepredigt und praktiziert wurde. Sie betrachteten Erez Israel als das Ende des Weges, als letzte Zuflucht.

Es gab einen starken romantisch-mystischen Zug bei den jungen Pionieren, trotz der Tatsache, daß viele sich zum historischen Materialismus bekannten. Es war ein Linkssozialist, der schrieb, ein geheimnisvolles Band verbinde Modiin (die Heimat der Makkabäer) mit Sejera (einer neuen landwirtschaftlichen Siedlung in Untergaliläa[9]). Massada, wo die Juden zur Römerzeit lieber bis zum letzten Mann gekämpft hatten, als sich zu ergeben, wurde wieder zu einem großen Symbol. Damit soll nicht gesagt sein, das Denken der Pioniere wäre von apokalyptischen Ahnungen überschattet gewesen. Im Gegenteil, sie waren voll Tatkraft und, zumindest anfänglich, voll Optimismus. Sie ergriffen wieder Besitz von dem Heimatland, das den Juden durch eine Reihe historischer Mißgeschicke verlorengegangen war. Sie wollten so schnell wie möglich und so tief wie möglich Wurzeln schlagen. In zahllosen Streifzügen zu Pferde, noch häufiger auf Eselsrücken oder zu Fuß, erforschten sie ihre neue Heimat. Für viele von ihnen war es eine Wiederentdeckung der alten Heimat, von der sie so oft gehört hatten[10].

Die zweite Einwandererwelle war durchaus keine homogene Gruppe, wenngleich fast alle Immigranten jung und unverheiratet waren und aus Rußland kamen. Sie hatten nicht einmal eine gemeinsame Sprache. Die größten Gruppen kamen aus Weißrußland, Ostpolen und Litauen. Sie waren alle in einem traditionell jüdischen Milieu aufgewachsen und sprachen Jiddisch, doch verstanden alle ein wenig Hebräisch. Sie waren mehr von der Bibel und der jüdischen Literatur geprägt als von der sozialistischen Lehre. Es gab aber auch eine größere Anzahl von Einwanderern aus Südrußland, Söhne und Töchter aus assimilierten Familien höherer Gesellschaftsschichten, die nur Russisch sprachen. Ihre Großväter hatten in der russischen Armee gedient, und ihre Familien hatten die Erlaubnis erhalten, sich in Gebieten außerhalb des Ansiedlungsrayons niederzulassen. Diese jungen Männer und Frauen waren durch die russische Revolution und die Pogrome zu Zionisten geworden, und vielen von ihnen war die jüdische Tradition fremd. Die Sprache war das erste große Hindernis. In den Versammlungen der Anfangszeit waren Übersetzungen aus dem Hebräischen ins Jiddische und Russische und *vice versa* erforderlich. Trumpeldor, der einarmige Held des russisch-japanischen Krieges, verstand kein Wort Hebräisch, als er in Jaffa ankam; das gleiche galt für Rahel, die später als Dichterin zu Ehren kommen sollte. Berl Kaznelson hatte nur geringe Kenntnisse der Sprache, aber er schwor, keine andere mehr zu sprechen, und wenn dies wochenlanges Schweigen bedeutete. Ben Gurions Aufstieg begann wenige Tage nach seiner Ankunft, als er in einer Arbeiterversammlung eine Ansprache in flüssigem und eindrucksvollem Hebräisch hielt – ein ungewöhnliches Ereignis in Kreisen der Poale Zion, in der man damals noch hauptsächlich Jiddisch sprach.

Es gab einen krassen Unterschied zwischen dem, was die Pioniere erwarteten, und dem, was sie bei ihrer Ankunft im Gästehaus von Chaim Bloch in Jaffa vorfanden, das für die meisten von ihnen die erste Station war. Es gab natürlich die üblichen Schwierigkeiten, denen sich Neueinwanderer auf der ganzen Welt gegenübersehen. Aber es gab auch noch andere, besondere Probleme. Für Alexander Said, der in Sibirien geboren wurde und einer der berühmtesten *Schomrim* (Wächter) werden sollte, begannen die Schwierigkeiten bereits auf dem Schiff. Er hatte kein gültiges Einreisevisum und wurde von den türkischen Behörden verhaftet. Glücklicherweise besaß er eine silberne Uhr, das einzige Erbstück von seinem Vater, mit dem er sich freikaufen konnte[11]. Am Tage seiner Ankunft in Jaffa traf Berl Kaznelson einen guten Freund, der gerade im Begriff war, das Land zu verlassen, was nicht gerade zur Verbesserung seiner Laune beitrug. Alles war seltsam und fremd – die Menschen, die Landschaft, die ganze Atmosphäre. Selbst begeisterte Zionisten wie Aaron David Gordon und Mosche Smilansky gaben später zu, daß sie Jahre gebraucht hatten, bis sie sich an ihre neue Umgebung gewöhnten. Innerlich fühlten sie sich immer noch der russischen Landschaft mit ihren Flüssen, Feldern und Wäldern verbunden. Nicht, daß ihnen die Landschaft Palästinas mißfallen hätte; sie waren nur nicht mit ihr verwachsen und fühlten sich immer noch wie Besucher in einem fremden Land. Frei nach Jehuda Halevi, dem mittelalterlichen Dichter, konnten sie sagen, ihr Leib sei in Erez Israel, aber ihre Seele in mancher Hinsicht immer noch in Rußland.

Die Lebensbedingungen waren selbst nach osteuropäischen Maßstäben unvorstellbar primitiv. Die Einwanderer mußten sich mit Malaria, Schlangen, Skorpionen und allerlei Ungeziefer abfinden, mit Vorarbeitern, die ihnen die Arbeit zur Hölle machten, und mit einem Kulturmilieu, das entweder levantinisch war oder sie an das *Schtetl* in der alten Heimat erinnerte. Es gab nicht genügend Arbeit. Die jüdischen Farmer von Petach Tikwa, Rischon le-Zion und Sichron Jaakow beschäftigten lieber arabische als jüdische Arbeitskräfte, weil die arabischen Arbeiter billiger und erfahrener waren und überdies weniger zu Widerspruch neigten. Häufig wurde den Nauankömmlingen mitgeteilt, sie befänden sich in einem großen Irrtum, wenn sie meinten, daß man sie in Erez Israel benötigte, sie wären besser beraten, wenn sie so schnell wie möglich wieder heimkehrten. War es klug, unter diesen Umständen eine weitere Einwanderung zu ermutigen? Während Josef Witkin, ein Lehrer und einer der frühen Siedler, einen Appell an die jüdische Jugend Osteuropas veröffentlichte, in dem diese aufgerufen wurde, ihrem Volk zu Hilfe zu kommen und ihm zu dienen, bezweifelte die Poale Zion die Zweckmäßigkeit solcher Manifeste. Sollte man die Einwanderung künstlich fördern, anstatt die natürliche, unvermeidliche Entwicklung abzuwarten, die Borochow vorausgesagt hatte und die sowohl Kapitalisten als auch Arbeiter nach Palästina führen würde?

Die Pioniere von 1905 waren die seltsamsten Arbeiter, die die Welt je gesehen hatte. Manuelle Arbeit war für sie nicht ein notwendiges Übel, sondern ein ethischer Wert an sich, ein Mittel zur Heilung des jüdischen Volkes von seinen sozialen und nationalen Leiden. Sie teilten die Bewunderung der russischen Populisten für den *Muschik*, während sie zugleich im Einklang mit den Marxisten den klassenbewußten Industriearbeiter als Idealgestalt betrachteten. Jene, die aus verschiedenen Gründen keine manuelle Arbeit verrichten konnten, fühlten sich ihren Genossen unterlegen und auch diskriminiert[12]. Sie waren ungeheuer stolz auf ihre Unabhängigkeit. Jegliche Hilfe von zu Hause wurde zurückgewiesen, und selbst die Annahme einer Mahlzeit von einem jüdischen Farmer wurde nicht gerne gesehen. Wenn ein solcher Farmer seinen jüdischen Arbeitskräften anstatt des abgemachten Tageslohns von sieben Piastern acht Piaster auszahlte, sandten sie ihre Lohntüten wütend zurück und nahmen sie widerstrebend erst dann wieder an, nachdem man ihnen versichert hatte, daß sie nicht deshalb besser bezahlt würden, weil sie Juden seien, sondern weil sie ausgezeichnete Arbeit geleistet hätten. Auch bestanden sie darauf, Lohnarbeiter zu sein. Die Errichtung eigener landwirtschaftlicher Siedlungen kam für sie nicht in Betracht, weil sie keine Farmer werden wollten, um sich nicht auf diese Weise von der Arbeiterklasse abzusondern. Die Entwicklung der Biluim wirkte abschreckend.

Die Anforderungen, die sie an sich selber stellten, waren viel zu hoch, und auf die anfängliche Begeisterung der Jahre 1904 bis 1906 folgte zwangsläufig eine schwere Krise. Die zweite Einwandererwelle bestand weniger aus Gruppen denn aus einzelnen. Viele von ihnen waren bloß zufällig ins Land gekommen, um Freunde oder Verwandte zu begleiten, ohne genau zu wissen, warum und wohin sie gingen. Einige, die »Japaner«, hatten sich dem Exodus angeschlossen, weil sie Palästina dem russischen Kriegsdienst vorzogen. Nicht wenige waren vom Schlag der halbgebildeten, wurzellosen Existenzen, wie Brenner sie in seinen Romanen beschrieben hat: die ersten, die ins Land kamen, und die ersten, die es wieder verließen, immer rastlos und unzufrieden, Enkel Ahasvers. Entmutigung griff um sich, weil das Ausmaß der Einwanderung weit hinter den Erwartungen zurückblieb. Die Einwanderer aus Gomel beispielsweise, die 1904 als erste gekommen waren, hatten fest geglaubt, sie wären nur die Vorhut einer Massenbewegung, und viele Hunderte, wenn nicht Tausende zionistische Brüder aus ihrer Heimatstadt würden ihnen bald folgen[13]. Sie fühlten sich betrogen und isoliert, als sie nach ein bis zwei Jahren erkennen mußten, daß ihnen das Gros der Armee nicht nachkam. Die überwiegende Mehrheit, 80 Prozent oder noch mehr von jenen, die in den Jahren 1904 bis 1906 eingewandert waren, um Erez Israel aufzubauen, verließen das Land innerhalb weniger Monate wieder, kehrten nach Rußland zurück oder zogen nach Amerika weiter. Aber jene, die im Land blieben, bildeten später den Kern des Arbeiterzionismus. Sie waren es, die in den folgenden Jahrzehnten die Führung der sozialistischen Parteien, der zionistischen Bewegung und des Staates Israel bilden sollten.

Die Arbeiter waren in zwei rivalisierenden Gruppen organisiert, die beide im Winter 1905 gegründet worden waren: Poale Zion und Hapoel Hazair. Die Poale Zion begann mit sechzig Mitgliedern, der Hapoel Hazair mit neunzig[14]. Selbst fünf Jahre später hatten beide zusammen nicht mehr als etwa fünfhundert Mitglieder. Die Anzahl der Arbeiter in irgendeiner größeren Fabrik in Europa oder Amerika war damals erheblich größer als die gesamte Mitgliederschaft dieser beiden sozialistischen Parteien. Sie waren Klans, Brüderschaften, eher Familien als politische Massenbewegungen, und ihre Zeitschriften waren kaum mehr als einfache Rundschreiben. Angesichts dieses Sachverhalts muten die feierlichen Reden und Schriften über die historische Mission der Arbeiterklasse und die Notwendigkeit des Klassenkampfes seltsam an. Aber trotz ihrer Winzigkeit betrachteten sich sowohl die Poale Zion als auch der Hapoel Hazair von Anfang an als politische Parteien, obwohl sie zusätzlich noch viele andere Aufgaben erfüllten. Damals gab es weder Gewerkschaften noch eine staatliche Sozialfürsorge. Die Arbeiterverbände bildeten daher auch Arbeitsvermittlungen, Hilfsorganisationen, Kultur- und Geselligkeitsklubs sowie Krankenkassen. Ursprünglich hatte man die Schaffung einer einzigen einheitlichen Organisation beabsichtigt, als es aber um die Formulierung einer gemeinsamen ideologischen Grundlage ging, kam es zu Meinungsverschiedenheiten. Auch konnten sich die Beteiligten nicht über den Namen ihrer Organisation einigen. Jene, die in Rußland der Poale Zion angehört hatten, bestanden auf der Beibehaltung dieses Namens, wahrscheinlich vor allem als Demonstration gegen den damals von vielen palästinensischen Zionisten unterstützten Uganda-Plan. Die

Mehrheit lehnte diese Forderung jedoch ab. Daher wurden im Oktober und November 1905 zwei Arbeiterparteien gegründet; die eine hatte ihre Zentrale in Chaim Blochs Gästehaus in Jaffa, die andere bei Spektor, einem Konkurrenzunternehmen.

Der wahre Grund für die Spaltung lag viel tiefer. Die jüdischen Sozialisten aus Osteuropa waren für ihre Diskutierfreudigkeit bekannt, aber das allein hätte in diesem frühen Stadium die »Einheit der Arbeiterklasse« nicht notwendigerweise verhindern müssen. Der Hapoel Hazair war jedoch nach osteuropäischen Begriffen eine Gruppe ohne klare, genau formulierte Doktrin, während die Poale Zion durch eine strenge Ideologie charakterisiert war. Der Hapoel Hazair war unabhängig, ohne Bindung an irgendeine andere zionistische oder sozialistische Organisation, die Poale Zion hingegen ein Teil – wenn auch nicht der wichtigste – des Weltbundes der Poale Zion sowie der Zweiten Internationale[15]. Das politische Programm der palästinensischen Poale Zion, das 1906 von weniger als einem Dutzend Mitgliedern in einer Geheimversammlung in einem jüdischen Gasthaus in der arabischen Stadt Ramle beschlossen wurde, war eine fast wörtliche Kopie des Programms der russischen Poale Zion. Das Dokument begann mit der Feststellung, die Geschichte der Menschheit sei eine Reihe von Klassenkämpfen und nationalen Kämpfen – eine kleine Abweichung vom *Kommunistischen Manifest.* Es wiederholte Borochows These, die Kapitalisten würden früher oder später ihr Geld in Palästina investieren, und im Zuge dieser Entwicklung würde auch eine jüdische Arbeiterklasse entstehen. Das später vom ersten Parteitag angenommene Programm war bereits etwas genauer: Die Poale Zion wollte die politische Unabhängigkeit für die Juden in Palästina und eine sozialistische Gesellschaftsordnung. Der Begriff des Klassenkampfes als politische Hauptwaffe spielte in ihren Schriften immer noch eine bedeutende Rolle. Es dauerte jedoch nicht lange, bis die palästinensische Poale Zion erkannte, daß die in Rußland ausgearbeiteten Analysen und Prognosen in der neuen Umgebung kaum Gültigkeit hatten. Was sollte geschehen, wenn die jüdischen Kapitalisten Palästina nicht aufbauten? Würde dies für die Poale Zion das unvermeidliche Ende ihrer Träume bedeuten, oder wäre sie dann berechtigt, ihre Doktrin zu ändern und aktiv am Aufbau des Landes mitzuarbeiten? Wie konnte sie überhaupt für den Klassenkampf sein, wenn die »strategische Basis des jüdischen Arbeiters«, wie Borochow sie vorausgesagt hatte, noch nicht existierte, wenn die Arbeitgeber überhaupt keine jüdischen Arbeiter benötigten und sie bloß aus Herzensgüte einstellten?

Anfangs noch zögernd, später aber kühner, entwickelte die palästinensische Poale Zion unter der Führung von Ben Zwi, Ben Gurion und Israel Schochat einen unabhängigen Weg, der sie zunehmend in

Konflikt mit ihren ideologischen Lehrern in Rußland brachte. Die Palästinenser kamen zu dem Schluß, der Aufbau Palästinas dürfte nicht dem historischen Zufall überlassen werden, und es läge nun an ihnen, der Geschichte nachzuhelfen. Sie beobachteten mit Besorgnis, daß die russische Poale Zion sich mehr und mehr mit anderen Problemen als denen Palästinas befaßten. Wer brauchte noch einen zweiten *Bund?* Als der Weltbund der Poale Zion, der die ihm angeschlossenen Parteien durch Zusammenarbeit mit bürgerlichen Elementen in Verlegenheit gebracht hatte, den Zionistenkongreß verließ, schloß sich die palästinensische Poale Zion diesem Schritt nicht an. Während der Weltbund auch weiterhin seine Versammlungen in jiddischer Sprache abhielt und seine Schriften in Jiddisch, der Sprache der »jüdischen werktätigen Massen«, herausgab, wechselten die Palästinenser zum Hebräischen über. Als die Palästinenser mit der Gründung landwirtschaftlicher Genossenschaften begannen, stießen sie auf erbitterten Widerstand bei Teilen der Weltbewegung, die den Standpunkt vertraten, gemäß den Lehren des Marxismus sollten Arbeiter für ihre Klasseninteressen kämpfen und nicht im Rahmen des kapitalistischen Systems Wirtschaftsunternehmen errichten. Die palästinensische Poale Zion weigerte sich, Argumente zu akzeptieren, die ideologisch fest verankert sein mochten, aber von der Wirklichkeit Palästinas himmelweit entfernt waren. Ihre Mitglieder gingen sogar noch weiter und erwähnten gelegentlich in ihren Reden und Schriften den Gedanken eines sozialistischen jüdischen Staates in Palästina. Aber keiner von ihnen dachte dabei an die nahe Zukunft. Einstweilen konzentrierten sie ihre Kräfte auf realistischere Projekte, wie die Schaffung einer Organisation jüdischer Wachen *(Haschomer)* und die Herstellung von Verbindungen zu Arbeiterorganisationen in anderen Teilen des Osmanischen Reiches.

Die Poale Zion war eine durch und durch ideologische Partei, wie es der sozialdemokratischen Tradition vor dem Ersten Weltkrieg entsprach. Ihr Programm definierte in allen Einzelheiten ihren Standpunkt zu einer Anzahl aktueller Probleme und künftiger Möglichkeiten. Der Hapoel Hazair hingegen war pragmatisch und nahm sozusagen prinzipiell von allen theoretischen Diskussionen Abstand. Der einzige konstante Faktor in seiner Orientierung war die Wertung der manuellen Arbeit als geistige, absolute Kategorie und als Therapie im Prozeß der nationalen Befreiung des jüdischen Volkes. Jede Ausgabe der Parteizeitschrift verkündete die Parole: »Die notwendige Voraussetzung für die Verwirklichung des Zionismus ist die Eroberung aller Berufszweige im Lande durch jüdische Arbeit.« Der Hapoel Hazair erkannte früher als die Poale Zion, daß die jüdische Arbeiterschaft sich in Erez Israel in einer völlig anderen Situation befand als irgendeine andere Arbeiterbewegung; deshalb war er gegen die Übernahme von

Begriffen und Methoden aus anderen Teilen der Welt, obwohl seine Ideen Spuren ausländischer Ideologien enthielten, beispielsweise solche des russischen Populismus. Vor allem aber war der Hapoel Hazair auf den »Aufbau« orientiert und daher gegen die klassenkämpferischen Parolen der Poale Zion. Nach Ansicht des Hapoel Hazair war die (jüdische) Nationalidee der höchste Wert, die allumfassende Kategorie, und der jüdische Arbeiter war dazu bestimmt, Vorkämpfer der jüdischen nationalen Wiedergeburt zu sein. Aus diesem Grund müßten alle Anstrengungen auf die Verwirklichung dieses Ziels und nicht auf die Betonung der Klassenunterschiede gelegt werden. Der Hapoel Hazair lehnte den Sozialismus nicht ab, betrachtete ihn aber nicht als inhärenten Bestandteil der Nationalbewegung. Der Gedanke der »Eroberung der Arbeit« stand im Mittelpunkt der politischen Linie des Hapoel Hazair: Es sei unumgänglich notwendig, die Anzahl der jüdischen Arbeiter so schnell wie möglich zu vermehren und ihre Arbeits- und Lebensbedingungen zu verbessern. Außerdem sei es von größter Wichtigkeit, daß die Neueinwanderer in der Landwirtschaft festen Fuß faßten. Die Erkenntnis der parasitären Existenz der Juden hatte die Mitglieder des Hapoel Hazair veranlaßt, sich dem Zionismus anzuschließen, und sie fürchteten, daß jeder Rückfall, jeder Kompromiß in dieser Hinsicht die Zukunft der jüdischen nationalen Wiedergeburt entscheidend beeinträchtigen würde. Aber mit der »Eroberung der Arbeit«, wie sie sie verstanden, sollte niemandem Schaden zugefügt werden. Man kann sich auch kaum weniger kriegerische Männer vorstellen als Aaron David Gordon, Josef Ahronowitz, Josef Sprinzak und die anderen Führer des Hapoel Hazair. Im Gegensatz zur Poale Zion weigerten sie sich, an der Gründung der Verteidigungsorganisation Haschomer teilzunehmen, weil diese einen, wenn auch schwachen militaristischen Beigeschmack hatte.

Die pazifistische Einstellung kam am klarsten in der Philosophie Aaron David Gordons zum Ausdruck, der einen bedeutenden Einfluß auf die Männer und Frauen der zweiten Alija ausübte. Gordon wurde 1856 in Podolien geboren. Als er nach Erez Israel kam, war er fast fünfzig und hatte keinerlei Erfahrung in schwerer manueller Arbeit. Er wurde Landarbeiter, zuerst in den jüdischen Kolonien bei Jaffa, später in Degania, der ersten Kollektivsiedlung. Während der folgenden achtzehn Jahre – Gordon starb 1922 – arbeitete er tagsüber mit tiefer, fast religiöser Hingabe auf den Feldern und in den Zitruspflanzungen und schrieb nachts seine Essays. Gordon glaubte nicht, daß der Klassenkampf und eine sozialistische Revolution eine bessere und gerechtere Gesellschaftsordnung hervorbringen würden. Auch nahm er nicht an, daß der Mensch durch einen radikalen Umsturz der Institutionen wesentlich gebessert werden könnte. Die Gesellschaft würde sich nicht ändern, wenn der einzelne sich nicht änderte, und da der Mensch sich um so mehr verschlechterte, je mehr er sich der Natur entfremdete, und da die Juden von diesem Übel stärker befallen waren als irgendein anderes Volk, kam Gordon zu dem Schluß, daß eine echte nationale Wiedergeburt die Rückkehr zu einem normalen Leben voraussetzte, wobei Arbeit das Allheilmittel gegen alle Übelstände des jüdischen Lebens in der Diaspora darstellte. Mensch, Natur, Arbeit – dies waren die Schlüsselbegriffe in Gordons Denken. Auch betonte er die Bedeutung der landwirtschaftlichen Arbeit als ein Mittel, mit dessen Hilfe der Mensch geistig genesen und wieder eins mit dem Kosmos werden könnte, von dem er ein Teil sei. Gordons Einfluß auf seine Zeitgenossen beruhte nicht ausschließlich auf seinen Schriften. Der alte Mann mit dem riesigen Bart und der Russenbluse wirkte durch sein persönliches Beispiel, seine Bescheidenheit und seine fanatische Arbeitsliebe ebensosehr wie durch seine Theorien: Er verwirklichte in seinem eigenen Leben, was Tolstoi bloß gepredigt hatte. Der schwache Greis, der sich weder durch schwere Arbeit noch durch Krankheit oder die vielen anderen Leiden, die den schmerzvollen Prozeß der Eingewöhnung begleiteten, unterkriegen ließ, war für die Jüngeren, physisch Kräftigeren in Stunden des Zweifels und der Verzweiflung eine Quelle der Inspiration und der Ermutigung.

Die Einwanderer der zweiten Alija konnten kaum ähnlich Trost aus den Romanen und Essays von Joseph Chaim Brenner schöpfen, denn dieser einflußreichste Schriftsteller jener Generation litt selber häufig an Anfällen tiefer Verzweiflung. Auch waren von ihm keine ideologischen Leitlinien zu erwarten; Zeit seines Lebens wanderte er von einer linken Zionistengruppe zur anderen und gehörte auch einigen Gruppen an, die überhaupt nicht zionistisch waren. Seine Bedeutung lag darin, daß er ein getreuer Chronist seiner Zeit war, ein unerschütterlicher Wahrheitssucher. Kein anderer jüdischer Schriftsteller hat je seine jüdischen Volksgenossen so drastisch geschildert, die Narren und die Schurken, die schmutzigen *Schnorrer* und den Verfall eines Volkes, das alle Merkmale einer normalen Existenz verloren hatte. Die idyllischen Bilder, die Mendele vom jüdischen Leben im *Schtetl* und Israel Zangwill von den Gettos des Westens zeichneten, hatten nicht die geringste Ähnlichkeit mit Brenners Schilderungen. Gleichermaßen ätzend waren seine Bemerkungen über die »verbalen Zionisten« in der Diaspora, und sosehr er sich auch mit den Pionieren in Erez Israel solidarisierte, war er doch keineswegs sicher, daß diese letzte Flamme der Hoffnung noch zur rechten Zeit gekommen oder stark genug wäre, um das Volk vor dem endgültigen Untergang zu retten. Brenners Werk enthielt nichts von dem Optimismus und dem Pathos der Aufbauarbeit, die ihn zum beliebtesten Schriftsteller seiner Generation hätten machen können. Die Lage war schlimm genug, und die jungen zionistischen Sozialisten brauchten keinen, der sie darauf aufmerksam machte, daß die Situation fast hoffnungslos war. Aber gerade Brenners Weigerung, die Dinge zu verschönern oder Kompromisse zu schließen, machte ihn sowohl dem Hapoel Hazair als auch der Poale Zion sympathisch, und sie fuhren fort, seine Arbeiten zu veröffentlichen, obwohl dies den Zorn fast aller anderen Gemeindemitglieder hervorrief.

Die Rivalität zwischen den beiden Arbeiterparteien äußerte sich auf vielfache Weise: Die Poale Zion bezeichnete den Hapoel Hazair als vergnüglichen Kindergarten für die Söhne und Töchter des Kleinbürgertums (obwohl ihre eigene soziale Basis keine andere war), die sich mehr mit kulturellen Fragen beschäftigten, als gut für sie war, allzuviel Gewicht auf den Zionismus und die hebräische Sprache legten und sich, allgemein gesprochen, von den »Massen« isolierten. Die Poale Zion kritisierte den Hapoel Hazair, weil er sich nicht an den Feiern zum 1. Mai, dem Tag der internationalen proletarischen Solidarität, beteiligen wollte. Die ständige Forderung des Hapoel Hazair nach »Eroberung der Arbeit« betrachtete die Poale Zion als irrelevant, da es sowieso nicht genug jüdische Arbeiter gebe. Trotz all dieser Polemiken führte die Realität in Palästina nach einigen Jahren zu einer Annäherung der beiden Organisationen. Die Poale Zion erkannte, daß die in Rußland entwickelten orthodoxen marxistischen Begriffe in Palästina nicht anwendbar waren, während der Hapoel Hazair einige seiner übertrieben idealistischen Vorstellungen fallen ließ und sich mehr mit politischen Fragen befaßte. Um 1914 war die Zahl der jüdischen Arbeiter auf etwa 1600 gestiegen. Zu dieser Zeit war auch eine dritte Partei auf den Plan getreten, die »Parteilosen« (darunter Berl Kaznelson, Jizchak Tabenkin und David Remes), die sich keiner der bestehenden Gruppen anschließen wollten. Es gab auch einige Hundert Arbeiter jemenitischer Herkunft, die sich von den heftigen, ihnen unverständlichen Streitigkeiten ihrer europäischen Brüder fernhielten.

Am Vorabend des Ersten Weltkrieges gab es keine grundsätzlichen Meinungsverschiedenheiten mehr, was die Errichtung landwirtschaftlicher Genossenschaftssiedlungen betraf. Ursprünglich hatte die Poale Zion sie abgelehnt, weil sie nicht im Einklang mit den Lehren Borochows standen. 1909, auf der zweiten Weltkonferenz der Poale Zion, bekräftigte Borochow seine ablehnende Haltung, während Kaplanski und einige andere diesem traditionellen Standpunkt widersprachen[16]. Abgesehen von ideologischen Überlegungen, wurde festgestellt, das klassenbewußte Proletariat in Palästina sei immer noch äußerst schwach, und eine Ablenkung seiner Kräfte von den nächstliegenden, höchst wichtigen Aufgaben könnte es noch weiter schwächen. Dies entsprach jedoch nicht dem Standpunkt der Palästinenser: Zwei Jahre später akzeptierte die palästinensische Poale Zion im Prinzip, wenn auch mit einigen Einschränkungen, die landwirtschaftlichen

Genossenschaftssiedlungen[17]. Aber auch im Hapoel Hazair gab es ursprünglich Widerstand gegen den Vorschlag, daß die jüdischen Arbeiter eigene landwirtschaftliche Siedlungen gründen sollten. In Diskussionen mit Witkin meinte Josef Ahronowitz, die Eroberung der Arbeit sei dringlicher und wichtiger als die Eroberung des Bodens[18]. Indessen machte die Eroberung der Arbeit in den Kolonien nur geringe Fortschritte. Josef Wilkansky, Josef Bussel (einer der Gründer von Degania) und Schmuel Dayan (der Vater Mosche Dayans) widersprachen der Ansicht von Ahronowitz, wonach das jüdische Kapital das Problem der landwirtschaftlichen Kolonisation schon irgendwie lösen würde. Die Ereignisse entwickelten sich jedoch nach ihren eigenen Gesetzen. Während die Diskussionen weitergingen, ergriffen einige Landarbeiter aus beiden Parteien die Initiative, zogen von Petach Tikwa nach Galiläa und gründeten dort die ersten landwirtschaftlichen Produktionsgemeinschaften.

Die Kwuza

Diese sporadischen und unsicheren Anfänge, die Entstehung kleiner Arbeitsgemeinschaften in Sejera und Kineret, in Degania und Merchawia, stellten den Ursprung der *Kwuza* dar, jener Besonderheit der jüdischen Arbeiterbewegung in Palästina, die in den folgenden Jahren größte Aufmerksamkeit erregen sollte. Die Idee der Gemeinschaftssiedlungen war natürlich nicht ganz neu. Sie hatte eine bedeutende Rolle im Denken der »utopischen Sozialisten« gespielt, und die Siedlungen, die Robert Owen und seine amerikanischen Jünger errichtet hatten, waren lange Zeit bestehen geblieben. Aber mit dem Aufstieg des »wissenschaftlichen Sozialismus« hatte das Interesse an solchen Unternehmungen aufgehört, nur in Rußland hatte der Gedanke der »Kommune« noch einige Anhänger. Die russischen Pioniere führten gelegentlich vor ihrer Auswanderung ein Gemeinschaftsleben, sie teilten sowohl ihr Einkommen als auch die Ausgaben und natürlich ihr geringes Eigentum. Der Gedanke permanenter Siedlungen nach kommunistischem Muster ohne jegliches Privateigentum wurde jedoch für Phantasterei gehalten. Als Manja Wilbuschewitz, eine der frühen Pioniersfrauen, in Paris mit Max Nordau darüber sprach, sagte ihr dieser, sie leide an Fieberwahn und solle einen Psychiater aufsuchen.

Die ersten Gemeinschaftssiedlungen entstanden nicht nach einem festen, vorgezeichneten Plan, sondern nach der Methode von Versuch und Irrtum. Nach Herzls Tod, während der Periode des »praktischen Zionismus«, wurde neuerlich besonderes Gewicht auf den Ankauf und die Kolonisierung von Land außerhalb der traditionellen jüdischen

Siedlungsgebiete gelegt. Wer aber sollte das neuerworbene Land bebauen? Es gab keine Fonds zur Unterstützung von Einzelsiedlern, und da die Farmer von Petach Tikwa und Rischon le-Zion weder fähig noch willens waren, an der weiteren Entwicklung der palästinensischen Landwirtschaft mitzuwirken, entschied man, daß das vom Nationalfonds erworbene Land Nationalbesitz bleiben, aber an Arbeiterkollektive verpachtet werden sollte. Sie sollten je nach Arbeitsleistung der Gruppe entlohnt werden. Die ersten Vorsteher wurden von der Zionistischen Organisation ernannt, später übernahmen die Arbeiter selber die Leitung. Ruppin und seine Anhänger im Zionistischen Aktionskomitee waren von den Ideen des deutsch-jüdischen Ökonomen Franz Oppenheimer beeinflußt, der auf die Vorteile der großräumigen Kollektivlandwirtschaft gegenüber der Einzelfarm hingewiesen hatte. Oppenheimer hatte jedoch empfohlen, jedes Mitglied nach Leistung und Produktion zu entlohnen, während die Arbeiter gleichen Lohn für alle verlangten[19]. Dr. Ruppins Bereitschaft, ein Vorhaben zu unterstützen, das den meisten seiner Kollegen bestenfalls als interessantes Experiment erschien, fiel mit dem Wunsch einer wachsenden Anzahl jüdischer Landarbeiter zusammen, der drückenden Atmosphäre Petach Tikwas und der anderen Kolonien zu entgehen und eine echte Pionieraufgabe in Angriff zu nehmen. Ihre Beziehungen zu den jüdischen Farmern waren nicht recht glücklich gewesen, es hatte Streiks und sogar Handgreiflichkeiten gegeben. In Petach Tikwa beschlossen die Arbeitgeber einmal sogar, die jüdischen Arbeiter überhaupt zu boykottieren, nachdem eine Arbeiterversammlung zum Gedenken der in den russischen Pogromen getöteten Genossen ihren Zorn erregt hatte. Die Tatsache, daß Angehörige beiderlei Geschlechts daran teilgenommen hatten, wurde als erschwerender Umstand angesehen.

In Sejera in Untergaliläa fanden Neuankömmlinge wie Ben Gurion eine andere Atmosphäre vor: weniger monotone Arbeit, ausschließlich jüdische Arbeiter, keine Ladenbesitzer, Vertreter oder Vermittler. Praktisch alle Menschen arbeiteten auf den Feldern. Sejera wurde zum Zentrum der Landarbeiter dieses Gebiets. Diese idyllischen Verhältnisse waren jedoch nicht von Dauer. In Kineret streikten die Arbeiter gegen einen selbstherrlichen Vorsteher, der ihnen nicht erlaubt hatte, einen schwerkranken Genossen im Spital von Tiberias zu besuchen. Man sandte eine dringliche Anfrage an Dr. Ruppin in Jaffa. Seine Entscheidung war salomonisch: Er entließ sowohl den Vorsteher als auch die Arbeiter, doch war ihm klargeworden, daß das traditionelle Aufsehersystem für jüdische Arbeiter nicht geeignet war – sie waren viel zu unabhängig, um sich herumkommandieren zu lassen. Vielleicht sollte man jenen eine Chance geben, die behaupteten, sie könnten ohne ständige Einmischung und Kontrolle das Land viel besser bestellen. Es war dies keineswegs eine leichte Entscheidung, und die Bedenken Dr. Ruppins und seiner Kollegen waren nicht unbegründet. Den neuen Arbeitern mangelte es an Berufserfahrung, und es bestanden berechtigte Zweifel, ob sie über die erforderliche Selbstdisziplin verfügten, um ihr Unternehmen zum Erfolg zu führen.

Das erste dieser Experimente einer Selbstverwaltung begann 1905, als fünf Arbeiter aus Kineret mit dem Palästinaamt in Jaffa einen Vertrag schlossen, der sie berechtigte, das Land bei Um Juni in eigener Regie zu bearbeiten. Im November 1910 siedelten sich zehn Männer und zwei Frauen an jener Stelle an, die dann Degania, die »Mutter der *Kwuzot*«, werden sollte. Viel hing von dem Ergebnis ab. Ein Fehlschlag in diesem Stadium hätte für die Entwicklung solcher Siedlungen tödliche Folgen haben können. Zwei Winter und zwei Sommer vergingen, und es zeigte sich, daß die neue Siedlungsform trotz des ungünstigen Klimas und anderer widriger Umstände ein Erfolg werden würde[20]. Aber die Direktoren des Jüdischen Nationalfonds hatten immer noch ihre Zweifel. Degania hatte sein Budget um 40 Prozent überschritten, und sie kritisierten das Buchhaltungssystem, nach dem die Kwuza angeblich von allem Anfang an mit Gewinn gearbeitet hatte. Aber Ruppin hielt seinen Glauben an die Siedler selbst einem Fachmann wie Oppenheimer gegenüber aufrecht, der erklärte, eine kapitalistische Bank könne nicht die Verantwortung für die Schulden und Verpflichtungen eines Betriebes übernehmen, auf dessen Leitung sie nicht den geringsten Einfluß habe. Einige der wagemutigeren Mitglieder des Kollektivs spielten bereits mit dem Gedanken, an einen anderen Ort zu übersiedeln, wieder von vorn zu beginnen und Degania einer anderen, weniger erfahrenen Gruppe zu übergeben, die ihrerseits darauf brannte, in einer Gemeinschaftssiedlung zu arbeiten. Die Mehrheit war jedoch dafür, an Ort und Stelle zu bleiben und Degania als ständigen Wohnsitz zu betrachten, als erste einer Reihe von Siedlungen, die in ihrem Gefolge entstehen sollten. Der volle Kommunismus wurde in diesem Stadium in der Kwuza noch nicht praktiziert. Jedes Mitglied erhielt vom Palästinaamt einen Monatslohn von fünfzig Franken. Einige übergaben die ganze Summe der Gemeinschaftskasse, während andere einen Teil zum Ankauf von Kleidung und Schuhen und für andere Zwecke zurückbehielten. Schmuel Dayans Vorschlag, daß während der ersten fünf Jahre niemand heiraten sollte, war nach wenigen Wochen vergessen, und die Geburt des ersten Kindes war Anlaß für eine ernste ideologische Krise: Sollte die Mutter ihr Kind selber pflegen und aufziehen, oder sollte es jemandem anderen in Pflege gegeben werden? Sollten die Kinder bei ihren Eltern oder in einem eigenen Häuschen wohnen? Sollten die weiblichen Mitglieder des Kollektivs in allen Zweigen der Landwirtschaft arbeiten, oder war ihr Platz in der Küche, in der Wäscherei und im Kinderhaus? Waren die

Kinder – wie Josef Bussel es ausdrückte – Privatbesitz oder gehörten sie der Kommune? Die Mitglieder von Degania entschlossen sich zu einem Kompromiß. Radikalere Lösungen und die Abschaffung des Privateigentums in den Gemeinschaftssiedlungen setzten sich erst mit der Ankunft einer neuen Generation von Pionieren nach dem Ende des Ersten Weltkrieges durch.

Die Nachricht vom Erfolg der ersten Gemeinschaftssiedlung verbreitete sich schnell in Palästina und unter den zionistisch-sozialistischen Jugendorganisationen im Ausland, und es erging der Ruf zur Errichtung weiterer Kommunen. Es bestand jedoch eine Tendenz, sich allzusehr an das Vorbild von Degania zu halten. Die mehr oder weniger zufällige Tatsache, daß die erste Siedlergruppe zwölf Mitglieder umfaßt hatte, wurde fast zum Dogma, das Muster von Degania verwandelte sich in einen ideologischen Imperativ: Es wurde allgemein angenommen, daß dies die optimale, ja die einzig mögliche Größe wäre und daß eine Mitgliederschaft von mehr als zwölf oder fünfzehn Menschen der in der Kwuza herrschenden vertraulichen Atmosphäre abträglich sein würde. Diese Ansicht hielt sich bis nach 1919, als mit der Ankunft vieler Neueinwanderer der Gedanke der großen Kuwza sich durchzusetzen begann.

Die erste Kommune wurde gegründet, weil eine wachsende Anzahl jüdischer Landarbeiter aus dem traditionellen System von Vorstehern, Aufsehern und Tagelöhnern ausbrechen wollte. Im Laufe der Jahre entwickelte sich eine Kwuza-Ideologie: Die Kommune war nicht bloß ein Mittel zur Erreichung eines bestimmten Zieles, sondern wurde zum Selbstzweck. Man sah in ihr die organische Zelle der künftigen Gesellschaftsordnung. Angesichts des Zerfalls der Familie in der modernen Gesellschaft benötigte man eine neue, fortschrittlichere Form des menschlichen Zusammenlebens, eine Großfamilie, die nicht auf Blutsverwandtschaft beruhte, sondern auf einer gemeinsamen Geisteshaltung und gemeinsamen Werten. Nicht alle Anhänger der Kwuza hatten so weitreichende Ziele. Manche betrachteten sie auch weiterhin bloß als die rationellste und sinnvollste Form der landwirtschaftlichen Siedlung in Erez Israel. Doch stimmten alle darin überein, daß das Projekt in größerem Maßstab betrieben werden sollte. Man kam auch zunehmend zur Erkenntnis, daß es nicht nur im Rahmen Palästinas von Bedeutung sei, sondern einen spezifisch jüdisch-sozialistischen Beitrag zur Suche nach einer neuen Gesellschaftsform darstellte.

Während die Führer der sozialistischen Grüppchen in Palästina über die Mission der jüdischen Arbeitermassen redeten, waren diese Massen immer noch in Osteuropa konzentriert. Die Ereignisse in Sejera und Degania hatten keine direkten Auswirkungen auf ihr Leben. Die Poale Zion war immer noch eine überwiegend russisch-jüdische Partei, wenn auch 1904 in Österreich (Galizien), 1905 in den Vereinigten Staaten und 1906 in Großbritannien Landesorganisationen entstanden waren. Die Feindseligkeit des *Bund* gegen zionistische Initiativen ist bereits erwähnt worden; sie hatte sich im Laufe der Zeit keineswegs gemildert. Die zionistischen Auffassungen der Poale Zion hingegen wurden durch deren wachsende Beteiligung am russischen politischen Leben einer schweren Probe unterzogen. In der Theorie gab es keine Trennung zwischen dem Zionismus und dem Sozialismus der Poale Zion; da aber die große Mehrzahl der Parteimitglieder außerhalb Palästinas blieben, wurde ihre Beteiligung an der russischen Innenpolitik nach den revolutionären Ereignissen und den Pogromen von 1904–1905 fast unvermeidlich. Die Angriffe von Kritikern wie Schitlowsky spielten im Prozeß der »Entzionisierung« wahrscheinlich eine gewisse Rolle. Wie konnte eine Partei, die die Wiedergeburt der Nation auf ihre Fahnen geschrieben hatte, die typische Mentalität der Diaspora *(Galut)* hervorkehren und nicht den Mut zeigen, für die Rechte der Juden zu kämpfen, wo immer sie auch lebten? Nachdem aber die Poale Zion einmal beschlossen hatte, sich aktiver am russischen politischen Leben zu beteiligen, verlor für sie die zionistische Idee zwangsläufig ihre zentrale Bedeutung.

Es war die Zeit des Uganda-Konflikts, die Verwirklichung des zionistischen Traums schien ferner als je zuvor. Es gab erhebliche Unterstützung für die Politik einer neuen Partei, der Sejmisten, die 1905 aus den Reihen der sozialistischen Zionisten ausschieden[21]. Eine Zeitlang betrachteten sie sich als Zionisten, und der offizielle Name der Partei lautete *Zionistische Sozialisten.* Da sie aber in ihren Forderungen das Schwergewicht auf die nationale politische Selbständigkeit für die Juden der jeweiligen Länder legten, war kaum festzustellen, wodurch sie sich grundsätzlich vom *Bund* unterschieden. Die Sejmisten glaubten zwar immer noch, daß die jüdische Frage letztlich in der Diaspora nicht gelöst werden könnte. Da sie aber, im Gegensatz zu den Zionisten, kein Territorium im Auge hatten, das den jüdischen Massen als Zufluchtsort dienen könnte, erschien der Unterschied zwischen ihnen und dem *Bund* eher akademisch. Mehrere Jahre lang übten die Territorialisten einen erheblichen Einfluß auf den jüdischen Sozialismus aus. Sie hatten tüchtige Führer wie Schitlowsky und Nachman Syrkin (der später zum Zionismus zurückkehrte). Borochows scharfsinnige »Synthese« konnte die meisten Juden des linken Flügels nicht überzeugen: Wenn man zugab, daß die Juden ein eigenes Land brauchten, wie konnte man dann durch eine marxistische Analyse beweisen, daß dieses Land unbedingt Palästina sein mußte?

Die Zeire Zion, eine Jugendbewegung in Rußland und Polen, die vor dem Ersten Weltkrieg entstand, war ideologisch weniger angreifbar, weil ihr Zionismus auf keiner wissenschaftlichen Theorie beruhte und sie auch nicht glaubten, daß das Industrieproletariat die Vorhut des jüdischen Volkes bilden würde, und sei es nur wegen seiner zahlenmäßigen Schwäche. Josef Witkins Appell (1905) an die Jugend, dem jüdischen Volk in Palästina zu dienen, hatte einen tiefen Eindruck auf sie gemacht, und so riefen sie ihre Mitarbeiter auf, sich einer landwirtschaftlichen Ausbildung zu unterziehen, um sich auf die ihrer in Palästina harrenden Pionieraufgaben vorzubereiten. Sie meinten, der Zionismus würde nicht als Folge »objektiver Kräfte« verwirklicht werden, sondern nur dann, wenn eine genügende Anzahl von ihnen bereit wäre, der Sache ihr Leben zu widmen. Ihre Ideologie ähnelte jener des Hapoel Hazair insofern, als sie nicht so klar definiert war wie die der Poale Zion; auch sie waren Sozialisten, aber ihr Sozialismus beruhte größtenteils auf ethischen Überlegungen. Später erhielt sie eine theoretische Grundlage – den »Volkssozialismus« – durch die Schriften von Chaim Arlosoroff, als sich die Zeire-Zion-Bewegung am Ende des Ersten Weltkrieges über ganz Osteuropa verbreitete und eine der Hauptquellen der *Chaluz*-Auswanderung nach Palästina wurde.

Bei Ausbruch des Ersten Weltkrieges betrug die Anzahl der jüdischen Landarbeiter in Palästina insgesamt zwölfhundert, während die Zahl der in verschiedenen Gewerbe- und Industriezweigen tätigen städtischen Arbeiter auch nicht viel größer war. Der Krieg drohte alle in den vorangegangenen drei Jahrzehnten erzielten Fortschritte zunichte zu machen. Die ärmeren Teile der jüdischen Bevölkerung waren besonders stark betroffen. Nach dem Kriegseintritt der Türkei konnten die Zitrusfrüchte und Weine von Rischon le-Zion und Sichron Jaakow nicht mehr exportiert werden, die Aufbaukassen waren leer, die Zionistische Bank wurde geschlossen, die Preise für Lebensmittel und andere wichtige Waren stiegen, während die Löhne infolge der Massenarbeitslosigkeit fielen[22]. Außer den politischen Gefahren, denen der Jischuw sich gegenüber sah, den Verhaftungen und den Verfolgungen durch die türkischen Militärbehörden, war die Arbeiterklasse samt ihren Einrichtungen auch von wirtschaftlichem Ruin und Hungersnot bedroht. Die Stagnation war jedoch nicht total: Vier neue landwirtschaftliche Gemeinschaftssiedlungen wurden errichtet, darunter Kfar Giladi und Ayelet Haschachar.

Um dem Kriegsnotstand zu begegnen, wurde die Konsumgenossenschaft *Hamaschbir* gegründet, die später in der Entwicklung der Gewerkschaftsbewegung und der landwirtschaftlichen Siedlungen eine entscheidende Rolle spielen sollte. Die Stimmung der Chaluzim war jedoch gedrückt, und viele Führer der Arbeiterorganisationen, darunter Ben Gurion und Ben Zwi, wurden von den türkischen Behörden des Landes verwiesen. Der Umstand, daß die Arbeiter von Jehuda und Galiläa gleichsam eine große Familie waren, in der buchstäblich jeder jeden persönlich kannte, war eine Quelle der Stärke und der Solidarität gewesen und hatte es ihnen erleichtert, die Entbehrungen der frühen Jahre zu ertragen. Nun aber förderte eben dieser Umstand die Ausbreitung von Defätismus und Verzweiflung. Jene, die sich als Vorkämpfer der nationalen und sozialen Wiedererweckung betrachtet hatten, begannen nun an Klaustrophobie zu leiden. Sie sehnten sich nach dem Tag, an dem es endlich wieder neue Gesichter in ihrer Mitte geben würde. Aber angesichts der völligen Unterbindung der Einwanderung im Jahre 1914 verblaßte auch diese Hoffnung. Niemals war so deutlich gewesen, daß Kleinheit ein Fluch sein kann. Die Nachteile zeigten sich auf fast allen Gebieten. Viel ist über die Vorteile der familiären Atmosphäre und der Kameradschaft in den Kwuzot geschrieben worden, aber wie so oft gab es auch hierin einen großen Unterschied zwischen Theorie und Praxis. Die Tatsache, daß die zwölf oder fünfzehn Mitglieder fast den ganzen Tag lang beisammen waren und es daher praktisch kein Privatleben gab, führte keineswegs zu einer Bereicherung ihrer Persönlichkeit (wie die Theoretiker prophezeit hatten), sondern verursachte vielmehr eine geistige Verarmung: Die Hypertrophie des Kollektiven weckte in den einzelnen Gemeinschaftsmitgliedern nicht unbedingt die besten Eigenschaften. Nicht wenige wurden dadurch veranlaßt, sich von einer Lebensform abzuwenden, die sie noch wenige Jahre zuvor als ideal angesehen hatten[23]. So vielversprechend die Anfänge der Gemeinschaftssiedlungen waren, ist es doch unwahrscheinlich, daß sie ohne die Ankunft neuer Einwanderer aus Europa überlebt hätten. Die russische Revolution vom März 1917 war der erste Hoffnungsstrahl. Acht Monate später wurde die Balfour-Deklaration veröffentlicht, und noch einen Monat später marschierten die Truppen General Allenbys in Jerusalem ein.

Am späten Nachmittag an einem der Tage des Chanukka-Festes 1919 traf das Schiff *Ruslan* mit 671 Einwanderern in Jaffa ein. Vielleicht war es symbolisch, daß die Neuankömmlinge bei schwerem Seegang an Land gehen mußten. Damit begann ein neuer Abschnitt in der Geschichte der palästinensischen Arbeiterbewegung. Die dritte Einwandererwelle, die sich über die folgenden vier Jahre erstreckte, brachte 37.000 Menschen ins Land, darunter viele Mitglieder zionistisch-sozialistischer Jugendorganisationen. Eine kleinere Anzahl von Einwanderern war schon früher eingetroffen. Die allerersten, eine Gruppe von Pionieren aus Bendzin in Polen, kamen bereits vier Wochen nach der Unterzeichnung des Waffenstillstands. Sie hatten sich auf den eisigen Straßen eines von Krieg und Bürgerkrieg verwüsteten Kontinents durchgeschlagen, auf dem die öffentlichen Verkehrsmittel ihren Dienst noch nicht wiederaufgenommen hatten. Die meisten kamen über die Türkei, einige wenige über Japan[24]. Nur fünf Jahre trennte diese Neuankömmlinge von den Nachzüglern der zweiten Alija, doch lagen Welten zwischen ihrer Lebensauffassung und jener der vorangegangenen Einwanderergenerationen. Die Pioniere der Nachkriegszeit waren in mancher Hinsicht auf das Leben in Palästina besser vorbereitet. Viele hatten ein wenig landwirtschaftliche Ausbildung genossen und sprachen besser Hebräisch als ihre Vorgänger, außerdem kamen sie nicht als einzelne, sondern in organisierten Gruppen. Allerdings waren sie, wie ein Alteingesessener mit Bedauern feststellte, auf die palästinensische Wirklichkeit nicht gefaßt[25].

Die Erwartungen des Einwanderers von 1905 waren an sich gering gewesen: Er wußte, daß er sich in ein fernes, rückständiges Land begab und daß sein Ideal einer sozialistisch-zionistischen Gemeinschaft in ferner Zukunft lag. Der Einwanderer von 1919 war ein Kind des revolutionären Zeitalters und daher wahrscheinlich ungeduldiger, außerdem hatte die Balfour-Deklaration die Verwirklichung des Traumes viel näher gerückt. Er war im Denken radikaler und neigte weniger zu Kompromissen. Er träumte von der Umwandlung Palästinas in eine große Gemeinschaft, und zwar nicht in ferner Zukunft, sondern binnen wenigen Jahren. Wenn er einer der zionistischen Jugendorganisationen angehörte, dann stellte er sich das Leben in Palästina als eine Fortsetzung der Sommerlager in Galizien oder der Ukraine vor, mit ihren Tänzen, Fahnen, Freudenfeuern und den anderen Symbolen und Traditionen der europäischen Jugendbewegungen. Einige der Neuankömmlinge traten in bestehende Kwuzot ein, aber nur wenige blieben, da zu vieles sie von den Männern und Frauen der zweiten Alija trennte und sie daher keine Befriedigung fanden. Sie wollten lieber auf ihre eigene Weise leben, als sich bestehenden Gruppen anschließen. Der Sprung aus dem Reich der Träume in die Welt der Wirklichkeit kam schnell, und das Erwachen war gewöhnlich schmerzlich. Die Neuankömmlinge waren nicht vorbereitet auf die politischen Rückschläge, auf die Angriffe der Araber und am wenigsten auf die durch die Wirtschaftskrise der Nachkriegszeit hervorgerufene Arbeitslosigkeit. Als die Masseneinwanderung verebbte und die russische jüdische Gemeinde, die bis dahin das Hauptkontingent der Einwanderung gestellt hatte, völlig abgeschnitten wurde, gab es eine neue Welle der »großen Verzweiflung«, ähnlich jener, die es nach der zweiten Alija gegeben hatte.

Die Arbeitslegion

Waren Petach Tikwa, Sejera und Degania gleichsam die Universitäten der zweiten Alija gewesen, so bildeten die Zelte und die kümmerlichen Hütten der »Arbeitslegion« *(Gdud Haawoda)* an den Wegen zwischen Haifa und Nazareth sowie zwischen Zemach, Tiberias und

Tabha in Untergaliläa, wo die jungen Einwanderer Straßen bauten, die Schule der dritten Alija. Die Legion wurde 1920 in einer Gedenkversammlung für Josef Trumpeldor gegründet, der einige Monate vorher bei der Verteidigung von Tel-Hai gegen arabische Angreifer gefallen war. Trumpeldor hatte an die Gründung von Arbeitslegionen gedacht, die die Pionierarbeit in Palästina leisten und der Masseneinwanderung den Weg bahnen sollten. Die Legion umfaßte anfangs achtzig Mitglieder, wuchs aber schließlich auf siebenhundert an. Sie bestand bloß sechs Jahre, aber sie war die Vorhut der Pionierbewegung, besiedelte das Jesreel-Tal und gründete die ersten Kibbuzim. Ohne ihre Initiative hätten die jüdischen Arbeiter nicht im Baugewerbe und in anderen städtischen und ländlichen Berufen Fuß fassen können. Die Legion bestand hauptsächlich aus jungen Männern und einigen jungen Frauen, von denen viele die russische Revolution und den Bürgerkrieg mitgemacht hatten und nun, vom Feuer der Jugend beflügelt, zu jeder Arbeit und jedem Opfer bereit waren. In ihren Reihen gab es mystische Gottsucher, romantische Schwärmer, die durch die Leibes- und Geisteszucht zu sich selbst finden wollten, sozusagen Enkel Dostojewskis und Neffen Brenners. Unter ihnen waren Mitglieder jener Jugendorganisationen, die stark von Martin Buber beeinflußt worden waren, und auch abgebrühte Veteranen, die jahrelang kein Buch zur Hand genommen hatten[26].

Die Legion war in kleinen Gruppen von je zwölf bis fünfzehn Mitgliedern organisiert und über das ganze Land verteilt. Ihre Mitarbeit am Straßenbau ist bereits erwähnt worden. Manche arbeiteten an Neubauten in Haifa, Jerusalem oder in Galiläa, andere raparierten Automobile in Beerscheba. Es gab zwei größere Zentren: eines in Migdal, dem Hauptstützpunkt der Legion in Untergaliläa, ein anderes in Rosch Haajin, wo mehrere hundert Mitglieder an einer neuen Bahnlinie bauten. Fast von allem Anfang an wandte die Legion das Prinzip der totalen Gütergemeinschaft an. Ihre Mitglieder erhielten keine Löhne oder Gehälter, der gesamte Verdienst wurde in eine Gemeinschaftskasse gelegt, und die Lebensbedürfnisse wurden nach dem Grundsatz völliger Gleichheit befriedigt. Die Legion hatte keine einheitliche Auffassung in bezug auf landwirtschaftliche Organisationsformen. Einige ihrer Mitglieder befürworteten die Errichtung großer Landwirtschaftskollektive. Die äußeren Verhältnisse hätten nicht ungünstiger sein können, denn jenes Gebiet, das später einer der fruchtbarsten Landstriche werden sollte, der *Emek*, war damals überwiegend malariaverseuchtes Sumpfland. Es gab keine Straßen, wenig Vegetation, kein Wasser, keine Elektrizität. Manche Mitglieder der Legion bezweifelten die Erfolgsaussichten eines Unternehmens, das ihrer Ansicht nach weit über die Kräfte einer Gruppe hinausging, die bei allem Eifer für eine Aufgabe dieser Größe ungenügend gerüstet war und überdies nicht die nötige Berufserfahrung hatte. Aber die Enthusiasten setzten sich durch. Im September 1921 wurde das erste Zeltlager im Jesreel-Tal errichtet, ein weiteres folgte ein Jahr später. Was den jungen Leuten an beruflicher Erfahrung fehlte, machten sie durch hingebungsvolle Arbeit wett. Entgegen allen Erwartungen wurde dieser Versuch ein bescheidener Erfolg, oder zumindest kein Fehlschlag.

Es wurde der Vorschlag gemacht, die Legion in einen großen Kibbuz oder in mehrere solche Siedlungen umzuwandeln, und diese Frage führte zur ersten großen Spaltung in ihren Reihen. Die städtische Arbeiterkommune habe keine Zukunft, meinten einige, sie sei bestenfalls eine provisorische Lösung. Die Bewegung der Werktätigen in Palästina sollte ihre wahre Aufgabe und Erfüllung in der landwirtschaftlichen Siedlung finden. Die Mehrheit lehnte diese Ansicht aus verschiedenen Gründen ab: Der ursprüngliche Grundgedanke der Legion sei die Errichtung von Konsumgenossenschaften, nicht von Produktionsgenossenschaften gewesen. Ihre Aufgabe sei es, in allen Berufssparten sowohl in den Städten als auch auf dem Land Fuß zu fassen. Sich auf die Landwirtschaft konzentrieren zu wollen, erinnere an den Romantizismus der zweiten Alija und stehe überdies nicht im Einklang mit dem Prinzip des Klassenkampfes. Die Legion spaltete sich 1923; einige Mitglieder schlossen sich zu einer Gemeinschaft zusammen, aus der später der Kibbuz Ein Harod wurde, während die Mehrheit weiterhin in kleinen, über das ganze Land verstreuten Gruppen arbeitete.

Drei Jahre danach umfaßte die Legion mehr Mitglieder als je zuvor, aber der ursprüngliche Schwung war verschwunden. Ihre Bestrebungen, die Mehrheit der jüdischen Arbeiter in ihren Reihen zu erfassen und sie für ihre Lebensweise zu gewinnen, waren offensichtlich gescheitert. Die wachsende Enttäuschung äußerte sich in politischer Radikalisierung. Eine lautstarke und einflußreiche Minderheit kam zu dem Schluß, die Hauptaufgabe sei der Klassenkampf, darum müsse die Legion das Schwergewicht ihrer Tätigkeit in die Städte verlegen. Sie gerieten in einen erbitterten Streit mit der Histadrut, dem Allgemeinen Gewerkschaftsbund, der 1920 gegründet worden war. Einige Mitglieder der Legion begannen sich vom Zionismus loszulösen. Da der Versuch, in einer nichtsozialistischen Umgebung eine sozialistische Gemeinschaft zu bilden, fehlgeschlagen war und da in ihrer Prioritätenskala die Weltrevolution vor den zionistischen Idealen stand, erschien diese antizionistische Entwicklung durchaus folgerichtig. Im Dezember 1926 spaltete sich die Legion, hauptsächlich aus politischen Gründen. Die größere Gruppe schloß sich später den bereits bestehenden zionistisch-sozialistischen Parteien an, während sich die Minderheitsfraktion 1928 selbst auflöste. Einige Dutzend ihrer Mitglieder emigrierten in die Sowjetunion, wo sie auf der Krim eine landwirtschaftliche Siedlung errichteten. Mit der Verhaftung ihrer meisten Mitglieder im Zuge der Säuberungen der dreißiger Jahre hörte sie zu bestehen auf.

Haschomer Hazair

Unter den Neuankömmlingen der Jahre 1919 und 1920 befanden sich die ersten Mitglieder des Haschomer Hazair (Junger Wächter), einer Gruppe, die in der weiteren Entwicklung des Zionismus eine bemerkenswerte Rolle spielen sollte. Diese Bewegung war in den Kriegsjahren in Galizien entstanden. Viele ihrer auch als *Schomrim* bekannten Mitglieder stammten aus bürgerlichen Familien, die nach den Maßstäben des osteuropäischen Judentums verhältnismäßig wohlhabend waren. Die meisten von ihnen waren durchaus assimiliert, hatten polnische oder deutsch-österreichische Bildung genossen, und die jiddische Volkskultur, von der die zweite Alija durchdrungen gewesen war, gehörte nicht zu ihrem Kulturerbe. Sie waren nicht als Folge einer sozioökonomischen Analyse der Lage der jüdischen Massen Zionisten geworden, sondern hatten ihren langen Weg von einem völlig anderen Ausgangspunkt aus angetreten: Sie waren zu dem Schluß gekommen, daß sie als einzelne und auch als Gruppe ihre kulturelle und geistige Erfüllung nur finden könnten, wenn sie sich am Aufbau einer neuen Gesellschaft in Erez Israel beteiligten. Die Ideen und Symbole der deutschen Jugendbewegung beeinflußten sie ebenso stark wie Martin Buber, der gegen Kriegsende in einer aufsehenerregenden Rede in Wien erklärt hatte, die Jugend sei die »ewige Glückschance« der Menschheit, eine Chance, die sich in jeder Generation von neuem böte und die immer wieder versäumt würde. Gleich Wyneken, dem Theoretiker der deutschen Jugenbewegung, glaubten die Schomrim, daß Jugend ein Wert an sich sei und daß nur junge Menschen, frei von Bindungen an Familie, Klasse und gesellschaftlichen Status, Revolutionäre sein könnten. Sie glaubten an eine spezifische Jugendkultur, die echter und harmonischer sei als die der Erwachsenenwelt mit ihren Kompromissen und verlogenen Konventionen.

Eine solche Denkweise war keineswegs so neu, revolutionär oder unjüdisch, wie manche Zeitgenossen glaubten. Der Zionismus, und vor allem sein linker Flügel, die Biluim und die sozialistischen Pioniere von 1905–1906, waren ebenfalls eine Art Jugendbewegung gewesen. Die Rebellion gegen das liberale und assimilierte Establishment im Westen und gegen die zerfallende, parasitäre Welt des *Schtetl* in Osteuropa war von allem Anfang im Mittelpunkt des zionistischen Denkens gestanden. Aber der Haschomer Hazair war in mancher Hinsicht einzigartig. Die romantische Begeisterung, die die junge Generation ganz Europas beflügelte, war auch an den jungen bürgerlichen Juden Osteuropas nicht vorbeigegangen. Ihre geistigen Lehrer waren Marx und Freud, Nietzsche und Buber, Gustav Landauer und Wyneken. Ihre frühen Veröffentlichungen sind voller Hinweise auf die heiligen Riten und Symbole der Jugendbewegung: »Bekenntnis«, Reinigungsfeuer, Seelenerlösung. Ihre Mahlzeiten sollten ein Akt der heiligen Vereinigung sein: »Die volle Verwirklichung der erotischen Kraft in unserer Gemeinschaft« (schrieb damals einer von ihnen) »geschieht nicht in unserem Gespräch, nicht einmal in unseren Tänzen, sondern in unserem Gemeinschaftsmahl; ohne einen Altartisch kann es keine wirkliche Gemeinschaft geben[27].« In den frühen Tagen war die Atmosphäre in den Kibbuzim des Haschomer Hazair nicht viel anders als in den einstigen Sommerlagern in Polen. Der Straßenbau war schwer, die ganze Umgebung fremdartig, aber es gab einen Ausgleich: die langen Nächte, die Tänze, die endlosen *Sichot* (Gespräche, an denen alle Mitglieder der Gemeinschaft teilnahmen und in denen sie ihre innersten Gedanken preisgaben), Vorträge über Themen wie »Eros und unsere Gesellschaft«. In einem Bericht über eine solche Zusammenkunft wird erzählt, wie einmal um Mitternacht, als alle bereits schliefen, die Mitglieder der Gruppe plötzlich zu einer dringenden Versammlung zusammengerufen wurden. Sie eilten zu dem Zelt, in dem die Gruppenzusammenkünfte stattfanden. Ein Mitglied des Kibbuz sprach feierlich und langsam (»wie ein Hohepriester im Tempel«) mit zu Boden gesenktem Blick: »Ich habe diese Versammlung einberufen, weil ich, das heißt Genossin X und ich, soeben eine Familie geworden sind.« Leider schlief der Chronist in diesem Augenblick ein, aber man berichtete ihm am Morgen, die Sicha habe noch lange gedauert und sei eine der schönsten gewesen, die man je erlebt habe[28].

Die Vorstellungen des Haschomer Hazair vom Kollektiv waren bei weitem radikaler als das Leben in den Kwuzot, wie es die vorangegangene Pioniergeneration eingeführt hatte. Die Kinder sollten gemeinsam erzogen werden und nicht bei ihren Eltern, sondern in einem eigenen Kinderhaus schlafen. Der Kibbuz beschloß, »die Familie als gesellschaftliche Einheit zu liquidieren und sie bloß als Ausdruck des erotischen Lebens anzuerkennen«. Schon der Gedanke, daß zwei junge Menschen lieber miteinander allein als im Kollektiv sein wollten, wurde als asozial und reaktionär, als Überrest der kleinbürgerlichen Gesellschaft angesehen. Die ganze Atmosphäre war die einer großen Familie: Wenn ein Mitglied des Kollektivs eine zweiwöchige Wanderung durch das Land machen wollte, pflegte es eine allgemeine Versammlung einzuberufen, sein Vorhaben bekanntzugeben und allen zu sagen, wie sehr er sie vermissen werde. Die Tänze nach der Arbeit waren ein wichtiger Teil des Gemeinschaftslebens, nicht bloß Ausdruck jungendlicher Freude, sondern eine Manifestation mystischer innerer Erfahrungen. In jenen frühen Jahren interessierte man sich nur wenig für Politik. Warum (schrieb einer von ihnen) sollte man die leeren Phrasen in den Zeitungen lesen? Warum an politischen Versammlungen teilnehmen, in denen Demagogen große Worte ohne jeglichen Sinn von sich gaben? Die Schomrim glaubten noch an die geistige Revolution. Durch ihren Eintritt ins Kollektiv, durch ihre Einwanderung nach Palästina, wo eine neue Heimstätte für das jüdische Volk aufgebaut wurde, hatten sie, ein Häuflein Auserwählter, ihre Seelen erlöst. Da sie fast völlig in ihren persönlichen Problemen aufgingen, betrachteten sie die Politik weder als wichtig noch als dringlich[29].

Allmählich begann sich jedoch die grausame Wirklichkeit auszuwirken. »Wo ist unsere Begeisterung von einst geblieben?« fragte 1924 ein Mitglied eines der frühen Kibbuzim. Die Versammlungen waren nicht mehr gut besucht. Sie fanden nicht mehr im Halbdunkel statt, sondern (vielleicht war dies symbolisch) im hellen Licht der Paraffinlampen. Die alten Symbole der deutschen Jugendbewegung schienen nicht mehr so recht am Platze zu sein und wurden nach und nach abgelegt. Die verzückte Romantik, die Gläubigkeit und der Ästhetizismus schwanden dahin. Die Mitglieder der Kibbuzim begannen einzusehen, daß Jugend kein zeitloser Wert ist und daß kleine Gruppen junger Menschen, so idealistisch sie auch sein mögen, die Weltrevolution nicht herbeiführen werden[30]. In späteren Jahren wandten sie sich mit einiger Bitterkeit gegen die falschen Götter und gegen den unheilvollen Einfluß der deutschen Jugendbewegung. Aber diese übertriebene Selbstkritik übersah einige entscheidende Punkte: Hätten sie sich ohne die romantischen Impulse, die sie vom *Wandervogel* und von der *Freien Deutschen Jugend* erhalten hatten, überhaupt dazu entschlossen, die Bequemlichkeit und Sicherheit ihrer bürgerlichen Existenz in Europa aufzugeben? Es ist eine Ironie der Geschichte, daß die deutsche Jugendbewegung zwar eine Subkultur hervorbrachte, aber in ihren weiterreichenden Bestrebungen scheiterte, während es der jüdischen Jugendbewegung dank ihrer Zähigkeit und günstigen historischen Umständen gelang, eine neue, originelle Lebensform zu entwickeln und damit Geschichte zu machen.

Der Prozeß des Erwachsenwerdens, der Übergang von der Jugendbewegung zum Leben im Kibbuz dauerte Jahre und war keineswegs leicht. Der Traum von der Schaffung einer geistigen Familie, die, ihrem Wesen nach nomadisch, die Erlösung des Individuums anstrebte und messianische Ideale predigte, verblaßte. Es gab keine neuen, vorfabrizierten Ideale, die die alten hätten ersetzen können, und die Anpassung an ein Leben in Armut forderte ihren Preis. Die Schomrim waren isoliert, sie wurden kritisiert wegen ihrer elitären Einstellung und wegen ihrer Absonderung von der Arbeiterklasse und deren realen Alltagsproblemen. Vor allem wurden sie angegriffen, weil es in ihrem Kulturleben nichts spezifisch Jüdisches gab. Sie wiederum fanden nichts besonders Bewundernswertes an der Lebensweise jener, die ihnen auf dem Weg nach Palästina vorangegangen waren. Außerdem gab es den traditionellen Antagonismus zwischen dem russischen und dem polnischen Judentum. Ursprünglich fühlten sich die Mitglieder des Haschomer Hazair zur Philosophie Aaron David Gordons und zur Gedankenwelt des Hapoel Hazair hingezogen, und Gordon wiederum war von der Ehrlichkeit und dem Idealismus der jungen Pioniere aus Galizien ebenso beeindruckt wie von dem großen Wert, den sie der Selbsterziehung des einzelnen beimaßen. Die Schomrim hatten jedoch schon von Anfang an gewisse Vorbehalte, die dann im Laufe der Zeit noch stärker wurden. Für ihren Geschmack enthielten Gordons Lehren allzuviel Tolstoi und Vegetariertum. Seine Vorstellungen vom Sozialismus und von der Errichtung einer neuen sozialistischen Gesellschaft in Palästina erschienen ihnen bei näherer Betrachtung ebenso vage und unpraktisch wie ihre eigenen, die aufzugeben sie eben im Begriff waren.

Langsam entfernten sie sich vom Hapoel Hazair, ohne sich jedoch einer anderen politischen Partei zuzuwenden. Nach der »lyrischen Frühzeit« (wie einer von ihnen es nannte) kam ein philosophisches Zwischenspiel, ein Versuch, sich selbst und die sie umgebende Welt in einem objektiveren Licht zu sehen. Sie suchten nach einer neuen Weltanschauung ohne Zuhilfenahme eines ideologischen Kompasses. Der erste Kibbuz (Bet Alfa) wurde in dieser Zeit gegründet, doch gab es auch größere Rückschläge. Viele verließen damals die Bewegung, und nicht wenige kehrten nach Europa zurück. Die geblieben waren, gründeten neue Kibbuzim, wie Mischmar Haemek, Merhavia, Gan Schmuel und Ein Schemer. 1927 schlossen sich die ersten fünf Kibbuzim, mit insgesamt nicht ganz dreihundert Mitgliedern, zu einer das ganze Land umfassenden Vereinigung zusammen, die Kibbuz Arzi genannt wurde. In ihren Kibbuzim entwickelten sie aus der Praxis heraus eine spezifische Lebensweise, die wesentlich wirklichkeitsnäher war als die Exaltiertheit der Anfangszeit. Ihre Erziehungstheorien, nunmehr der Realität Palästinas angepaßt, spielten in ihrer Tätigkeit auch weiterhin eine wichtige Rolle, und die Jugendbewegung in der Diaspora, aus welcher der Haschomer Hazair hervorgegangen war, diente als Reservoir, aus dem die Kibbuzim Palästinas Jahr für Jahr neuen Zustrom erhielten. Der Haschomer Hazair zog es vor, neue Kibbuzim zu gründen, statt sich auf einige wenige große zu konzentrieren. Man war damals der Ansicht, die optimale Mitgliederzahl eines Kibbuz sei weniger als hundert.

Der Radikalismus, der sich früher im Glauben an eine geistige Revolution geäußert hatte, fand nun neuen politischen Ausdruck, als die Bewegung sich dem revolutionären Linkssozialismus zuwandte. Sie betonte die Notwendigkeit einer militanteren Haltung und geriet damit in Gegensatz zu den anderen sozialistischen Gruppen in Palästina, die sich auf die Zweite (Sozialistische) Internationale orientierten. 1927 schlug der galizische Haschomer Hazair unter der Führung von Mordechai Oren einen neuen Kurs ein, der nach Ansicht der meisten Kritiker eine Abwendung vom Zionismus und eine Annäherung an die Kommunistische Internationale bedeutete. Diese ideologischen Auseinandersetzungen und Kämpfe gehören jedoch einer späteren Periode an. In jenem Stadium aber bestanden die Kubbuzim des Haschomer Hazair auf einem für alle Mitglieder verbindlichen politischen Programm, worin sie sich von allen anderen Siedlungen unterschieden. Diese innere Geschlossenheit führte zwar zur Stärkung des Haschomer Hazair, verhinderte aber zugleich eine engere Zusammenarbeit mit anderen Kibbuz-Bewegungen, da sich die übrigen Gemeinschaftssiedlungen nicht um die persönlichen Ansichten ihrer Mitglieder kümmerten. In späteren Jahren wurde der Haschomer Hazair zu einer politischen Partei, doch war seine Politik weder ungewöhnlich noch besonders erfolgreich. Im Rückblick erscheinen die Gemeinschaftssiedlungen mit ihrem spezifischen Aufbau und Lebensstil als seine wichtigste Leistung. Aus der kleinen Gruppe von Schwärmern im oberen Betanien und ihren Träumen von Selbstverwirklichung und geistiger Revolution entwickelten sich innerhalb von fünf Jahrzehnten mehr als siebzig Kibbuzim mit über dreißigtausend Männern, Frauen und Kindern – Gemeinschaften, die sich in einigen wichtigen Aspekten von allen anderen bekannten Gesellschaftsformen unterscheiden.

Nach dem Ersten Weltkrieg sahen sich die jüdische Arbeiterklasse und ihre in Osteuropa konzentrierten politischen Parteien neuen Problemen und Aufgaben gegenüber. Die Revolution von 1917, die Entstehung eines unabhängigen Polens und anderer neuer Staaten sowie die Forderung nach national-kultureller Autonomie hatten eine neue Lage geschaffen. Die Bolschewiki waren grundsätzlich gegen den Zionismus in jeglicher Form wie auch gegen die Existenz nichtzionistischer jüdischer Linksgruppen, wie nahe sie ihnen ideologisch auch stehen mochten, und betrachteten die »Judenfrage« weder während des Bürgerkrieges noch in der NEP-Zeit als ein dringliches Problem. Die Poale Zion in Rußland, die in ihrer marxistischen Ausrichtung stets orthodoxer gewesen war als ihre Bruderparteien in anderen Ländern, befand sich in einem Dilemma: Ihre Mitglieder brannten darauf, Teil der großen Bewegung der Zukunft zu sein und sich der Komministischen Internationale anzuschließen, und waren durchaus bereit, sich offiziell von der zionistischen Weltorganisation loszusagen. Immerhin hatte auch Borochow jahrelang einen Boykott der Zionistenkongresse befürwortet, obwohl er sich selbst als Zionist betrachtete und weiterhin den Schekel zahlte. Aber dies hätte den Kommunisten nicht genügt. Die Poale Zion hätte auch die Balfour-Deklaration ablehnen sollen, weil diese von einer imperialistischen Großmacht abgegeben wurde. Schließlich und endlich hätte sie dem Zionismus völlig abschwören und sich selbst auflösen müssen.

Der Linkszionismus hatte auf der Annahme beruht, daß die Judenfrage in einer kapitalistischen Gesellschaft unlösbar sei. Der Aufstieg des Bolschewismus schuf eine völlig neue Lage. Das neue, internationalistisch gesinnte Regime beseitigte offiziell jede Minderheitendiskriminierung, versprach, die Sozialstruktur der jüdischen Massen zu verändern, diesen produktive Arbeit zu geben, und erklärte eine Art national-kultureller Autonomie für nicht ausgeschlossen. Das Ende des Antisemitismus schien in Sicht, und wenn dem so war, dann mußte es völlig sinnlos erscheinen, ein sozialistisches Land zu verlassen und sich in ein Land zu begeben, das in seiner politischen und sozialen Entwicklung noch weit von diesem fortgeschrittenen Stadium entfernt war. Bei der Diskussion dieser Probleme spalteten sich die Poale-Zion-Parteien in folgende Richtungen: Die Poale Zion Palästinas hatte den orthodoxen Borochowismus längst aufgegeben und betrachtete einen Beitritt zur Kommunistischen Internationale als völlig unmöglich. Die russische Poale Zion, die ihren »reformistischen Ballast« abgeworfen hatte, nahm direkte Verhandlungen mit der Komintern auf, die ein Jahr lang dauerten und zu weiteren Unstimmigkeiten in den Reihen der Poale Zion führten. Einige ihrer Mitglieder (die JKP – *Jiddische Kommunistische Partei*) waren bereit, den Zionismus völlig über Bord zu werfen, während andere eine kommunistisch-zionistische Synthese befürworteten. Die JKP schloß sich schließlich der Kommunistischen Partei der Sowjetunion an, und zwar auf dem Umweg über deren jüdische Sektion *(Jewsektsia)*, die zur Zeit, als Stalin Kommissar für Nationalitätenfragen war, geschaffen wurde, um sich mit den besonderen Problemen der nichtassimilierten jüdischen Kommunisten zu befassen. Die *Jewsektsia* bestand noch längere Zeit, aber die meisten ihrer führenden Persönlichkeiten verschwanden im Zuge der Säuberungen in den dreißiger Jahren.

Jener Teil der Poale Zion, der seine Unabhängigkeit nicht aufgeben wollte, überlebte in der Sowjetunion noch bis 1928, dann wurde diese kleine, schrumpfende Gruppe, die den Machthabern kaum Kopfzerbrechen bereitete, schließlich aufgelöst. Ihre führenden Persönlichkeiten wanderten im Laufe der Zeit nach Palästina aus. Männer wie Erem, Abramowitsch, Nir, Jischaki und Serubawel hatten in Osteuropa einige Bedeutung gehabt, aber in Palästina waren sie Generale ohne Armee. Ihre dogmatische Haltung sowohl in ideologischen Fragen als auch in

Fragen des politischen Alltags, ihre Ablehnung der landwirtschaftlichen Ansiedlung und ihre Bevorzugung des Jiddischen gegenüber dem Hebräischen minderten von Anfang an ihre politische Anziehungskraft. Es lag etwas Rührendes in ihrer Hingabe an ihre Partei, in ihren unaufhörlichen Bemühungen, die alten Ideen in einer dafür ungünstigen Umgebung zu propagieren, in ihren internen Streitigkeiten über abstruse Einzelheiten des Marxismus-Borochowismus, in ihren leidenschaftlichen Debatten über die »korrekte Beurteilung« von Ereignissen in fernen Ländern, auf die sie keinerlei Einfluß haben konnten. Sie diskutierten fortwährend über revolutionäre Strategie und proletarische Einheit, sie debattierten, ob man eine Volksfront bilden sollte oder nicht, und dies zu einer Zeit, da ihre »Massenbasis« nur aus einigen hundert Menschen bestand. Die Ansichten des Haschomer Hazair waren häufig ebenso abstrus, doch konnte er sich zumindest auf eine Jugendbewegung und auf seine landwirtschaftlichen Siedlungen stützen und gehörte damit wirklich zur politischen Landschaft Palästinas, während die Poale Zion, bildlich gesprochen, zwar Rußland verlassen hatte, aber nicht wirklich in Erez Israel eingetroffen war. So wie die exilierten Menschewiken verschwanden die Poale Zion allmählich von der Bildfläche, als vergehender Überrest einer stolzen sozialistischen Tradition[31].

Es wäre ungerecht, die Kapitulation der Mehrheit der russischen Poale Zion als Ausdruck der Schwäche oder einer besonderen Anfälligkeit für den Bolschewismus zu interpretieren. Die Versuchung, ihre Zukunft mit dieser wesentlich größeren und stärkeren Bewegung zu verknüpfen, muß für viele jüdischen Sozialisten überwältigend gewesen sein, denn die Alternative waren völlige Isolierung, zunehmende polizeiliche Unterdrückung, Hausdurchsuchungen, wirtschaftliche und politische Sanktionen und schließlich Verhaftung. Nach sowjetischer Auffassung waren die Zionisten nicht nur nationalistische Abweichler, sondern »objektiv« Agenten des britischen Imperialismus, auch wenn sie die sowjetische Außenpolitik voll und ganz unterstützten. Der antizionistische *Bund* gab noch früher auf als die Poale Zion; im April 1920 beschloß er, seinen Namen in *Kommunistischer Bund* zu ändern und sein ideologisches Programm zu modifizieren. Kaum ein Jahr später tat er den letzten, entscheidenden Schritt und schloß sich der *Jewsektsia* an. Sogar nichtmarxistische Gruppen wie die ZS (Zionisten-Sozialisten) fühlten sich vom dynamischen Charakter des jungen Sowjetregimes stark angezogen: »Wir waren von der Kühnheit der Bolschewiki fasziniert, die entschlossen waren, ihre Ideen in die Wirklichkeit umzusetzen«, schrieb einer von ihnen viele Jahre später[32].

Die Neueinwanderer, die mit der dritten Immigrationswelle nach Palästina kamen, hatten die Wahl zwischen zwei Arbeiterorganisationen, dem Hapoel Hazair und der Poale Zion. Diese Parteien waren jedoch von einer früheren Pioniergeneration gegründet worden, und ihr Fortbestand war nicht unbedingt sinnvoll. Selbst einige der Vorkriegseinwanderer, darunter Berl Kaznelson, hatten es unmöglich gefunden, sich einer der beiden Gruppen anzuschließen. Nach dem Krieg erhielten die Bestrebungen, eine vereinigte sozialistische Partei zu gründen, neuen Auftrieb, und zu diesem Zweck wurde in einer Versammlung in Petach Tikwa im Frühjahr 1919 eine neue Organisation geschaffen, die *Arbeitervereinigung (Achdud Haawoda)*. Die neue Organisation war als Gewerkschaftsbund gedacht, in dem die bestehenden Gruppen aufgehen sollten; da aber der Hapoel Hazair nicht beitreten wollte, verwandelte sie sich bald in eine neue Partei. Zu jener Zeit waren die ideologischen Unterschiede zwischen den beiden Parteien zur Bedeutungslosigkeit zusammengeschrumpft. Die Achdud Haawoda befürwortete ebenso wie der Hapoel Hazair eine pragmatische Aufbaupolitik. Die Tatsache, daß die eine Gruppe weiterhin der Sozialistischen Internationale angehörte, während die andere sich von allen internationalen Organisationen fernhielt, wurde kaum als eine Frage von besonderer Wichtigkeit angesehen. Im Gegensatz zur Achdud Haawoda betrachtete der Hapoel Hazair die jüdischen Arbeiter nicht als ein Proletariat, dessen Interessen in striktem Gegensatz zu anderen Klassen standen, sondern als aktive Kraft in der Errichtung einer nationalen Heimstätte auf der Basis sozialer Gerechtigkeit.

Vergleicht man jedoch die Führungen der beiden Parteien, so findet man sicherlich Unterschiede in bezug auf Persönlichkeiten und Charaktere. Die führenden Leute der Achdud Haawoda neigten sowohl in ihrem Sozialismus als auch in ihrem Nationalismus zu einer härteren, aggressiveren und radikaleren Gangart. Der Hapoel Hazair hingegen tendierte mehr zur Mäßigung, war gegen Pathos und weniger politisch gesinnt[33]. Er war gegen eine Verschmelzung, denn er befürchtete, die künftige Einheitsbewegung würde bald von der Achdud Haawoda und deren starken politischen Ambitionen beherrscht werden. Keiner war in seiner Ablehnung so entschieden wie der alte Aaron David Gordon. Indessen mußte der Hapoel Hazair für die Verhinderung der »Vereinigung um jeden Preis« selbst einen hohen Preis zahlen. Um mit seinen Rivalen im Kampf um Einfluß konkurrieren zu können, mußte er notgedrungen zu einer gewöhnlichen politischen Partei werden, die Aktivitäten der anderen Seite kopieren und duplizieren, und damit verlor er weitgehend seinen spezifischen Charakter. Die beiden Gruppen wetteiferten in der Gründung von Gewerkschaften, wobei eine Anzahl von Näherinnen und Schuhmachern den Hapoel-Hazair-Gewerkschaften beitraten, während andere sich der Achdud Haawoda anschlossen. Manche frequentierten das Speisehaus der einen Gruppe, während andere das Essen (oder die Ideologie) der anderen bevorzugten. Ursprünglich war der Hapoel Hazair an der Organisierung der städtischen Arbeiter nicht interessiert gewesen, aber der Konkurrenzkampf mit der Achdud Haawoda veranlaßte ihn, auch in diesem Bereich tätig zu werden.

Vor allem aber lagen die beiden Parteien im Wettstreit um die Gewinnung der Neuankömmlinge aus Osteuropa. Die Zeire Zion war damals die stärkste Jugendbewegung Osteuropas. Vormals war sie eng mit dem Hapoel Hazair verbunden gewesen, der sie auch nach ihrer Ankunft in Palästina zu gewinnen hoffte. Diese Erwartungen wurden jedoch nur zum Teil erfüllt, da viele Mitglieder der Zeire Zion sich der Achdud anschlossen. Die beiden Gruppen bekämpften einander nicht bloß mit literarischen Mitteln: sie warben um jeden einzelnen Neuankömmling, und im Hafen von Jaffa kam es zu unerfreulichen Szenen. Jedesmal, wenn ein Schiff vor Anker ging, versuchten Vertreter der rivalisierenden Gruppen an Ort und Stelle neue Mitglieder zu werben, wobei sie miteinander stritten wie Träger um das Gepäck von Touristen. Die eben aus Osteuropa eingetroffenen jungen Zionisten waren zuerst verblüfft, dann aber entsetzt und enttäuscht. Diese Zustände schadeten dem Hapoel Hazair mehr als der Achdud, denn er hatte sich stets als das Gewissen der Arbeiterbewegung betrachtet und nicht bloß als eine im politischen Kleinkrieg engagierte Partei. Er wollte seine Zeit nicht mit der Ausarbeitung neuer Programme verschwenden. Der eigentliche Sinn und Zweck seiner Existenz sollte es sein, über die grundlegenden Werte der Bewegung zu wachen, die zu einer Zeit der Masseneinwanderung gefährdet erschienen.

Der Hapoel Hazair hatte vor allem bei den Landarbeitern Einfluß, aber nur verhältnismäßig wenige Anhänger in den Städten. Anderseits wurde er von vielen Schriftstellern, Lehrern und anderen Intellektuellen unterstützt. Politisch fiel diese Unterstützung wenig ins Gewicht, doch hob sie das Ansehen der Bewegung. Während die Achdud Haawoda mehr Mitglieder in Palästina gewann, verfügte der Hapoel Hazair zusammen mit seinen ausländischen Anhängern über die stärkere Fraktion auf den Zionistenkongressen. 1921 wurde eines seiner Mitglieder, Josef Sprinzak, ins Zionistische Aktionskomitee gewählt, womit erstmals ein Vertreter einer Arbeiterorganisation in das Spitzengremium der Weltbewegung gelangte. Während der erbitterte Kampf zwischen den beiden Parteien weiterging, wurde deren Mitgliedern allmählich klar, daß die Duplizierung der Tätigkeit in fast allen Bereichen eine sinnlose Kraftvergeudung darstellte. Vor allem die Gründung rivalisierender Gewerkschaften war eindeutig zweckwidrig. Im Juli 1920 wurde eine von allen Parteien beschickte Kommission gegründet, um die Möglichkeit der Errichtung einheitlicher Gewerkschaften zu prüfen, die alle nichtpolitischen Aufgaben wie Konsumgenossenschaft, Krankenkassa und Arbeitsvermittlung übernehmen sollten. Nach vielen Diskussionen wurde im Dezember 1920 der Allgemeine Jüdische Gewerkschaftsbund *(Histadrut)* gegründet; von den 87 Delegierten, die von insgesamt 4433 Mitgliedern in den Rat gewählt wurden, entfielen 37 auf die Achdud Haawoda, 26 auf den Hapoel Hazair, 16 auf den Haschomer Hazair und 6 auf die linke Poale Zion.

Die wirtschaftlichen Interessen der jüdischen Arbeiter wurden nunmehr von einer neutralen, überparteilichen Organisation wahrgenommen, die später auch ein Einwanderungsamt, eine Arbeiterbank und eine Anzahl von Wirtschaftsunternehmen leitete. Innerhalb der folgenden drei Jahre verdoppelte sich die Anzahl der gewerkschaftlich organisierten Arbeiter, und 1923 war bereits jeder zweite jüdische Arbeiter Mitglied der Histadrut, obwohl die Bedingungen zur Zeit ihrer Gründung keineswegs günstig gewesen waren: Jeder vierte Arbeiter war beschäftigungslos, und die zionistische Weltorganisation verfügte nicht über die erforderlichen Mittel, um einer plötzlichen Krise gewachsen zu sein. Die palästinensische Regierung war bereit, für Beschäftigung bei öffentlichen Bauten zu sorgen, aber es gab nur wenige jüdische Bauarbeiter, und die Neuankömmlinge mußten erst ausgebildet werden. Die Histadrut war in diesen frühen Jahren sehr arm. Die sieben Mitglieder ihrer ersten Exekutive (vier von der Achdud Haawoda, drei vom Hapoel Hazair) mußten in einem einzigen Raum arbeiten. Der Sitz der Exekutive befand sich zunächst in Tel Aviv, 1922 wurde er nach Jerusalem verlegt. 1925 kehrte die Exekutive wieder nach Tel Aviv zurück, nachdem sich herausgestellt hatte, daß sie in Jerusalem von der Hauptmasse der jüdischen Arbeiterschaft abgeschnitten war. Die Führer der Histadrut brauchten alle Begeisterung, um die vor ihnen liegenden Hindernisse zu überwinden: »Das Arbeits- und Einwanderungsbüro (beide in einem einzigen Raum untergebracht) war die reine Hölle«, berichtete ein Augenzeuge. »Man hatte allgemein den Eindruck, daß die Histadrut versagen und verschwinden würde, wenn die Krise nicht bald überwunden würde. Jeden Tag mußten wir Hunderte von hungernden Genossen registrieren; es gab weder Arbeit noch einen Reservefonds zur Unterstützung der Arbeitslosen[34].«

Gleich den früheren und den späteren Einwanderungswellen machte auch die dritte Alija eine Periode der »großen Verzweiflung« durch. Eine Zeitlang schien es, als würde ein bedeutender Teil der städtischen Arbeiterschaft dem Zionismus den Rücken kehren und sich den Kommunisten anschließen, die unter der Bezeichnung *MPS* auftraten *(Mifleget Poalim Sozialistit,* Sozialistische Arbeiterpartei). Die Auswanderung aus Palästina wurde ebenfalls zu einem ernsten Problem. Sicherlich bildeten jene, die nach Europa zurückkehrten, bei weitem keinen so großen Prozentsatz, wie dies vor 1914 der Fall gewesen war; nach verläßlichen Statistiken verließen nur etwa 25 Prozent der Nachkriegseinwanderer das Land innerhalb weniger Jahre wieder.

Aber 1923, als die Einwanderung bereits im Abnehmen war, stieg die Rückwanderung auf 43 Prozent. Dieser Trend hielt an bis 1924, als die Wirtschaftskrise von einer neuen Konjunktur abgelöst wurde und ein unerwarteter Einwanderungsstrom eine neue Periode lebhafter wirtschaftlicher Tätigkeit einleitete.

Genaugenommen beginnt die Geschichte der jüdischen Arbeiterbewegung in Palästina erst nach dem Ersten Weltkrieg. Alles, was vorher geschah, erweist sich im Rückblick als bloßes Vorspiel, als Vorgeschichte. Wohl hatte die zweite Alija den Grundstein gelegt, aber ohne die dritte Einwanderungswelle hätte der Bau nicht errichtet werden können. Die Anzahl der jüdischen Arbeiter, sowohl in den Städten als auch auf dem Land, war vor 1914 sehr gering. Sogar die Kwuza, die vielleicht die Hauptleistung der zweiten Alija darstellte, war nicht mehr gewesen als ein Vorläufer des Kibbuz, der nach 1918 die Ära der kollektiven Großwirtschaft einleitete. Als Degania, die erste Kwuza, gegründet wurde, hatte sie ein Dutzend Mitglieder. Zehn Jahre später zählte Ein Harod, der erste Kibbuz, bereits bei der Gründung 215 Mitglieder.

Der Kibbuz überschattete lange Zeit die Entwicklung einer anderen, ebenfalls nach dem Ersten Weltkrieg entstandenen Form der Agrarsiedlung – die des *Moschaw* (wörtlich: Siedlung). Der Moschaw war ein Versuch, individuelle Initiative und kollektives Wirtschaften miteinander zu verbinden: Jedes Mitglied bearbeitete seinen eigenen Grund und Boden, doch gab es strenge Regeln, wonach Verkauf und Einkauf gemeinschaftlich abgewickelt wurden. Der Erfolg des Moschaw war von Fleiß und Erfahrung des einzelnen abhängig. Diese Siedlungsform zog jene Menschen an, denen an den Kibbuzim entweder der Mangel an persönlichem Anreiz oder die Intensität des Gemeinschaftslebens mißfiel. Die ersten Moschawim, wie Nahala und Kfar Jeheskel, wurden etwa zur gleichen Zeit gegründet wie die ersten Kibbuzim, aber sie entwickelten sich nur langsam, weil sie, im Gegensatz zu den Kibbuzim, keine besondere Anziehung auf die zionistischen Jugendorganisationen in der Diaspora ausübten. Der Kibbuz war eine neue Lebensform, der Moschaw erschien, von außen gesehen, bestenfalls als ein Schritt zur Normalisierung der jüdischen Sozialstruktur. 1930 gab es insgesamt neun Moschawim mit einer Gesamtzahl von neunhundert Mitgliedern. Die großen Einwandererwellen der dreißiger, vierziger und fünfziger Jahre führten jedoch zu einer schnellen Entwicklung der Moschawim. 1963 gab es bereits mehr als dreihundert mit insgesamt 110.000 Mitgliedern, also mehr als die gesamte Mitgliederschaft der Kibbuzim. Der Moschaw hat die Aufmerksamkeit außenstehender Beobachter weniger auf sich gezogen, weil ihm der Zauber des Kibbuz fehlt und seine soziale und ökonomische Struktur weniger revolutionär und neuartig ist. Im Gegensatz zum Kibbuz hat er nie einen nennenswerten politischen Einfluß ausgeübt. Außerdem trat das kollektive Element in der wirtschaftlichen und sozialen Struktur des Moschaw im Laufe der Zeit immer mehr zurück, während die private Sphäre sich im gleichen Maß ausdehnte. Er war in gewisser Hinsicht ein Stiefkind der zionistischen Bewegung, hat aber bei der Eingliederung neuer Einwanderer und der Entwicklung der Landwirtschaft keine geringe Rolle gespielt.

Die dritte Alija

Die Einwanderer der dritten Welle bildeten bei weitem die Mehrheit der jüdischen Arbeiterschaft in Palästina. Um die Mitte der zwanziger Jahre waren etwa 65 Prozent aller Arbeiter in Stadt und Land Nachkriegseinwanderer, und nur 16 Prozent waren in Palästina geboren. In ihrer Zusammensetzung war diese neue Arbeiterklasse immer noch keine »normale« Gruppe: etwa 60 Prozent waren jung und unverheiratet, und die Männer überwogen die Frauen im Verhältnis von 72:28. Obwohl zwei Drittel der Neuankömmlinge ursprünglich in Kwuzot oder Kibbuzim eintreten wollten, waren nur 20 Prozent tatsächlich in der Landwirtschaft beschäftigt, während etwa 25 Prozent auf Baustellen und bei öffentlichen Arbeiten tätig waren. Viele der letzteren betrachteten dies jedoch bloß als vorübergehend, etwa die Hälfte der Bauarbeiter in den Städten wollte später in die Landwirtschaft überwechseln. Das Gewicht der Arbeiter in den Körperschaften der jüdischen Gemeinde Palästinas nahm zu. Vor 1914 war ihr Einfluß unbedeutend gewesen, aber infolge der Einwanderung der frühen zwanziger Jahre wurde die Arbeiterschaft allmählich zu einem bedeutenden sozialen und politischen Faktor, und ihre Vertreter erhielten ihren Platz in den Leitungsgremien der Judenschaft Palästinas.

Das Verhältnis zwischen der zweiten und der dritten Alija war nicht frei von Spannungen und Konflikten. Es bestanden erhebliche Unterschiede in Herkunft, Einstellung und politischer Orientierung. Der Generationsunterschied widerspiegelte sich im größeren Radikalismus der Neuankömmlinge. Aber die selbstsicheren und von ihren Ideen überzeugten Führer der zweiten Alija behielten die Zügel fest in der Hand. Außerdem hatten sie den Vorteil der größeren Erfahrung. Im Gründungsjahr der Histadrut war Golda Meir erst zweiundzwanzig Jahre alt, Meir Jaari und Mordechai Namir dreiundzwanzig, Bar Jehuda fünfundzwanzig, Aran und Chasan einundzwanzig, Aharon Zisling neunzehn, und Elieser Kaplan, einer der ältesten der Gruppe, neunundzwanzig, um nur einige wenige prominente Angehörige der dritten Alija zu nennen. Alle diese Männer und Frauen erlangten später in der zionistischen Bewegung und im Staat Israel führende Stellungen, meist aber erst dann, als die führenden Leute der zweiten

Alija sich nach und nach vom politischen Leben zurückzogen. Es gab einige wenige Ausnahmen: Chaim Arlosoroff wurde noch in jungen Jahren Leiter der politischen Abteilung der Jewish Agency, und Elieser Kaplan, gleich Arlosoroff ehemaliges Mitglied des Hapoel Hazair (der nicht so viele prominente Persönlichkeiten hervorbrachte wie die Achdud Haawoda), wurde in den dreißiger Jahren Finanzdirektor der Jewish Agency. Im großen und ganzen blieb aber die Führung in den Händen der älteren Gruppe.

Die Führer der zweiten Alija standen alle mehr oder weniger im gleichen Alter und waren bemerkenswert ähnlicher Herkunft: Ben Zwi, David Bloch-Blumenfeld, Kaplanski und Jawneeli waren 1884 geboren, Sprinzak 1885, Ben Gurion, Serubawel, Israel Schochat und David Remes 1886, Tabenkin, Berl Locker und Berl Kaznelson 1887[35]. Obwohl diese Aufzählung keineswegs vollständig ist, umfaßt sie die meisten Persönlichkeiten, die fast fünf Jahrzehnte lang die Arbeiterschaft repräsentierten. Die meisten stammten aus Weißrußland und der nördlichen Ukraine. Sprinzak wurde in Moskau geboren und arbeitete später in Warschau, war aber einer der wenigen aus jener Generation, die aus einer Großstadt kamen. Es gab kaum jemanden aus Polen oder Galizien. Kaplanski, der in Wien arbeitete, war in Bialystok geboren, und Josef Ahronowitz, einer der Gründer des Hapoel Hazair, der nach jahrelanger Lehrtätigkeit in Galizien nach Palästina auswanderte, stammte aus der Ukraine. Innerhalb des Gebietes, in dem der Arbeiterzionismus blühte, gab es eine weitere Konzentration: die Mehrzahl kam aus Kleinstädten. Syrkin und Witkin waren in Mogilew geboren, wo Remes und David Sakai später arbeiteten. Bobruisk, der Geburtsort von Berl Kaznelson und Tabenkin, hat noch viele andere Prominente der zweiten Alija hervorgebracht. Aus dem kleinen Flecken Plonsk stammten David Ben Gurion, Schlomo Zemach und Schlomo Lawi, die bei der Besiedlung des Jesreel-Tals und der Errichtung der ersten Kibuzim eine entscheidende Rolle spielten. Die Familie Schochat kam aus dem Gebiet von Welkowisk, desgleichen die Familie Golomb. Hingegen sucht man vergebens nach führenden Arbeiterzionisten aus Warschau oder Odessa, Riga oder Moskau, Lwow oder Wilna[36].

Fast alle hatten das Hebräische in einer traditionellen Religionsschule *(Cheder)* gelernt, oder von Privatlehrern, sofern sie aus wohlhabenden Familien stammten. Alle lehnten im Privatleben das orthodoxe Judentum ab, bewahrten sich aber eine starke Bindung an die jüdische Tradition, und keiner von ihnen war radikal antireligiös, wie dies bei vielen Bundisten der Fall war. Unter den Führern der zweiten Alija ragt eine kleine Gruppe besonders hervor: die jungen Palästinenser – Mosche Scharett, Dow Hos (geboren 1894) und Elijahu Golomb (geboren 1893). In der Vorkriegszeit waren sie noch zu jung, um eine bedeutende Rolle zu spielen, aber in den zwanziger und dreißiger Jahren erlangten sie wichtige Positionen in der Verteidigung (Golomb) und in der zionistischen Diplomatie (Scharett und Hos). Auch sie waren in Rußland geboren. Scharetts Familie stammte aus der Gegend von Cherson, Hos aus Orscha und Golomb aus Welkowisk. Noch im Schulalter waren sie von ihren Familien nach Palästina gesandt oder mitgenommen worden, und sie beendeten ihre Schulbildung am Herzl-Gymnasium in Jaffa-Tel Aviv. In der Schule gründeten sie eine zionistische Jugendorganisation und gingen, sobald sie ihr Studium beendet hatten, nach Kineret und Degania, um in landwirtschaftlichen Kollektiven zu arbeiten. Sie kamen aus wohlhabenden Familien – so besaß beispielsweise Golombs Familie eine Mühle –, schlossen sich jedoch unter dem Einfluß sozialistischer Ideen der Arbeiterbewegung an. Sie wurden schließlich, trotz der beträchtlichen psychologischen Unterschiede, von den Älteren als gleichwertig akzeptiert, denn der Umstand, daß die Jüngeren einen Teil ihrer Entwicklungsjahre in Palästina und nicht in Osteuropa verbracht hatten, machte sie zu einer Kategorie für sich.

Bei den Führern der zweiten Alija widerspiegelte sich die Ähnlichkeit ihrer Herkunft auch in gemeinsamen Interessen und Zielen[37]. Fast alle hatten großes Interesse an kulturellen Dingen, die meisten veröffentlichten hin und wieder Bücher, viele waren Amateurphilologen. Schasar (Rubaschow) schrieb Essays und Lyrik, Berl Kaznelson wurde ein vollendeter Meister des Hebräischen, Ben Gurion studierte noch im Alter von mehr als sechzig Jahren Philosophie. Golomb, der die jüdische Verteidigungsorganisation Hagana befehligte, war auch eine Zeitlang Redakteur der Wochenschrift seiner Partei. Sie alle begannen ihre politische Laufbahn als landwirtschaftliche Arbeiter in Petach Tikwa oder einer der nahe gelegenen Kolonien. Remes arbeitete in Kastina, Eschkol in einer landwirtschaftlichen Siedlung bei Jerusalem, aber nur wenige blieben länger als einige Jahre in der Landwirtschaft[38]. Dies erscheint ein wenig überraschend, angesichts des besonderen Wertes, den die sozialistisch-zionistische Bewegung in Osteuropa auf manuelle Arbeit legte, und ihrer Geringschätzung nicht nur der höheren Schulbildung, sondern auch des Spezialistentums. Ihr Idealtyp war der tüchtige Arbeiter, der Fachmann für die Bewässerung von Orangenhainen, der darüber hinaus keinen beruflichen Ehrgeiz entwickelte. Ihre Lebensumstände liefen diesen Idealen jedoch zuwider. Im Bewußtsein der Tatsache, daß ihre Ausbildung unzulänglich war, beschlossen Ben Gurion und Ben Zwi, an der Universität von Konstantinopel zu studieren, wo sie David Remes kennenlernten. Später gingen auch Scharett und Dow Hos in die türkische Hauptstadt. Schlomo Zemach zog nach Paris und Salman Schasar nach Deutschland, um Philosophie und Geschichte zu studieren. Beide kehrten nach dem Ende des Ersten Weltkrieges wieder zurück. In den frühen zwanziger Jahren, zehn Jahre nach ihrer Ankunft in Palästina, waren fast alle von ihnen Partei- oder Gewerkschaftsfunktionäre geworden. Das eherne Gesetz der Elitenbildung und Bürokratisierung in politischen Bewegungen hatte sich wieder einmal durchgesetzt.

Zusammen mit ihrer traditionell jüdischen Erziehung und dem besonderen Gewicht, das sie auf ihr Judentum legten, war es ihre Herkunft aus osteuropäischen Kleinstädten, die der zweiten Alija den besonderen Charakter gab. Die osteuropäischen Juden, die in halber Isolierung lebten, waren immer schon, bewußt oder unbewußt, stark von ihrer Umgebung beeinflußt worden. Diese Einflüsse zeigten sich in ihren Liedern, in ihrer traditionellen Kleidung und sogar in ihrer Sprache. Denkweise, Gewohnheiten, Sitten und Interessen der russischen und osteuropäischen jüdischen Studenten waren um die Jahrhundertwende bemerkenswert gleichartig. Viele waren sich dieser Beeinflussung durch ihre Umgebung nicht voll bewußt, und vor allem jene, die auf ihr jüdisches Erbe besonders stolz waren, hätten entrüstet protestiert, wenn man ihnen gesagt hätte, sie stünden unter fremden Einflüssen. Aber die Lebensfreude, der Idealismus, die *schirokaja natura,* die Freude an leidenschaftlichen Debatten, das Vergnügen an langen Reden, die Neigung zum Pathos und zur eleganten Formulierung – diese und andere Wesenszüge waren den russischen und den russisch-jüdischen Intellektuellen gemeinsam.

Die Führer der zweiten Alija waren Männer und Frauen von hervorragender Intelligenz, und die meisten von ihnen zeigten in späteren Lebensjahren eine eindrucksvolle Fähigkeit, mit den ihnen auferlegten Verpflichtungen zu wachsen. Im Alter von fünfundvierzig Jahren war Ben Gurion ein Gewerkschaftsfunktionär mit nur rudimentärem Wissen von der internationalen Politik und fast keiner Erfahrung im politischen Handwerk. Er erreichte seine volle Größe im Alter von mehr als sechzig Jahren. Aber selbst unter den Begabtesten gelang es nur wenigen, die Begriffe, den Geschmack sowie die ethischen und kulturellen Maßstäbe der Kleinstädte Weißrußlands und der Ukraine völlig zu überwinden: Pinsk und Mogilew wirkten in ihrem Unterbewußtsein irgendwie weiter. Sie bewiesen, gleich ihren nach Amerika ausgewanderten Verwandten, eine erstaunliche Fähigkeit, zu lernen und sich neuen Verhältnissen anzupassen. Aber selbst die Anpassungsfähigsten konnten den engen Horizont des russisch-jüdischen *Schtetl* nicht völlig übersteigen. Sie waren rechtschaffene Männer und Frauen, von ihrer Sache absolut überzeugt und daher einfach außerstande, die Auffassungen ihrer Gegner zu begreifen. Diese Beschränktheit erleichterte ihnen den Erfolg im politischen Leben, denn es war gerade die unerschütterliche Gewißheit, die ihnen die Kraft gab. Hamlet-Naturen wäre es wohl kaum gelungen, mit den ungeheuren Problemen in

Palästina fertig zu werden. In mancher Hinsicht ähnelten sie ihren Gegenstücken auf der russischen politischen Szene, den Menschewiken und den Sozialrevolutionären, aber als Gruppe waren sie zäher und entschlossener.

Der Sinn für *Savoir-vivre* war bei diesen Männern und Frauen eher unterentwickelt. Im Privatleben waren sie bescheiden, Dandies und Gourmets gab es unter ihnen keine. Sie konnten nicht begreifen, wie Menschen Zeit und Geld für Oberflächlichkeiten aufwenden konnten, anstatt sich auf die wirklich wichtigen Dinge des Lebens zu konzentrieren. Der erste amerikanische Botschafter beschrieb die äußerst primitiven Verhältnisse, in denen Ben Gurion in Tel Aviv auch nach seiner Ernennung zum Ministerpräsidenten lebte. Dieses egalitäre Denken war in der russisch-jüdischen sozialistischen Tradition tief verwurzelt. Auf den ersten Histadrut-Kongressen bestanden manche Redner darauf, daß Angestellte unter keinen Umständen mehr verdienen dürften als manuelle Arbeiter, und betonten, daß es unziemlich wäre, wenn Gewerkschafts- und Parteiführer einen höheren Lebensstandard hätten als die von ihnen vertretenen Arbeiter. Die Einkommensunterschiede blieben in der palästinensischen Arbeiterbewegung noch jahrzehntelang wesentlich geringer als in der Sowjetunion oder in anderen kommunistischen Ländern. Noch in den vierziger Jahren bezog der Portier der Histadrut-Zentrale, ein Vater von sieben Kindern, vermutlich ein höheres Einkommen als der Generalsekretär dieser Organisation.

Die Männer und Frauen der zweiten Alija glaubten fest an die Demokratie und betrachteten jeden Versuch, diese einzuschränken, gleichgültig, ob er von der extremen Linken oder von der äußersten Rechten kam, nicht bloß als eine politische Abweichung, sondern als eine kriminelle Handlung. Noch fanatischer waren sie in ihrem Zionismus: das Ärgste, was man über irgend jemanden sagen konnte, war wohl, er sei ein Feind Zions *(Sone Zion)*. Weder den Kommunisten noch den Revisionisten wurden ihre Missetaten jemals vergeben. Die Ausdrücke *Jewsek* und *Fraktsioner,* mit denen man jüdische Kommunisten bezeichnete, wurden stets so ausgesprochen, daß sie Ekel und Abscheu zum Ausdruck brachten, denn diese Leute wurden nicht nur als Renegaten, sondern als moralisch verkommene Subjekte, als Abschaum betrachtet. Nichts konnte Berl Kaznelson zorniger und trauriger stimmen als junge Juden, die hinter falschen Göttern herliefen und den revolutionären Kampf für alle Völker führten, nur nicht für ihr eigenes[39]. Die Leute der zweiten Alija waren keine Liberalen, sondern Sozialisten, und demokratische Rechte für die Feinde der Demokratie waren ein Luxus, den sie sich nicht leisten konnten. Es bestand nie die Gefahr, daß ein Autokrat sich zu ihrem Führer aufschwingen könnte. Dazu waren sie viel zu kritisch, und das

Zentralkomitee der Partei bot einen wirksamen Schutz gegen alle diktatorischen Aspirationen. Sie waren jedoch in anderer Hinsicht anfällig: Mit ihrem Hang zum Reden und Disputieren liefen sie stets Gefahr, sich in endlose Diskussionen zu verwickeln, die sich hinzogen, ohne zu irgendeiner Entscheidung oder Tat zu führen.

Trotz der Tendenz zur kollektiven Führung gab es zwei hervorragende Männer unter ihnen, die häufig ihre Ansichten den anderen aufzwangen: Ben Gurion und Berl Kaznelson. Ben Gurion war weniger leichtherzig als manche seiner Zeitgenossen. Er zeichnete sich durch eine unter den Männern und Frauen seiner Generation ungewöhnliche Zähigkeit, Entschlossenheit und Zielstrebigkeit aus, er war ein durch und durch politischer Mensch, der manchmal des Machiavellismus verdächtigt wurde. In mancher Hinsicht sah er weiter als seine Mitstreiter, aber er konnte in seinen Entschlüssen unglaublich dickköpfig und voreingenommen sein, und diese Eigenschaft trat im Laufe der Jahre immer stärker hervor. Berl Kaznelson, der 1944 verhältnismäßig jung starb, war der geistige und moralische Erzieher der Bewegung, das Gewissen seiner Generation. Er war ein Selfmademan von ungeheurer Belesenheit, ein vollendeter Redner, der sein Publikum durch die Kraft seiner Persönlichkeit, die Tiefe seiner Überzeugung (oder seines Fanatismus, wie seine Kritiker meinten) und seine Lauterkeit mitriß. Er wurde als Lehrer seiner Generation anerkannt und übte auch auf die nachfolgende großen Einfluß aus. Während Ben Gurion zurückhaltend war und nur wenige Freunde oder auch nur Vertraute hatte, liebte Berl Kaznelson die Menschen aufrichtig und bemühte sich stets, neue Freunde zu gewinnen, vor allem unter den jungen Chaluzim. Er war die treibende Kraft der Achdud Haawoda in den zwanziger Jahren und in der ersten Zeit der Mapai deren wichtigste Persönlichkeit, ein unermüdlicher Kämpfer für die Wiederherstellung der Einheit in den Reihen der jüdischen Arbeiterschaft.

Die zweite Alija beherrschte die palästinensische Arbeiterschaft, dann die zionistische Bewegung und schließlich den Staat Israel[40]. Ihr direkter Einfluß ging mit Ben Gurions Rücktritt als Ministerpräsident zu Ende, aber ihr indirekter Einfluß reichte weit über dieses Datum hinaus. Die dritte Alija, deren Erfolge als Gruppe jene der zweiten übertrafen, mußte das Abtreten der alten Garde abwarten, deren Repräsentanten damals bereits in ihren Fünfzigern und Sechzigern waren. Die dritte Alija brachte führende Persönlichkeiten hervor, die sich in mancher Hinsicht von ihren Vorgängern stark unterschieden, wie Mordechai Namir und Abba Huschi, Elieser Kaplan und Golda Meir, besser bewandert in Fragen der Verwaltung und der Wirtschaft, keine so hervorragenden Hebraisten, als Redner nicht so eindringlich und frei von dem Verlangen, Bücher zu schreiben. Die künftige Opposition innerhalb der Mapai kam aus den Kibbuzim: Tabenkin gehörte zur zweiten Alija, Zisling und Galili waren kurz vor dem Ersten Weltkrieg als Kinder mit ihren Familien nach Palästina gekommen.

Die Führer des Haschomer Hazair waren nicht russisch-jüdischer Herkunft. Meir Jaari und Mordechai Oren stammten aus Galizien, Jaakow Chasan aus Litauen, Bentow und Riftin aus Polen. Die meisten kamen aus wohlhabenden Familien: Bentows Vater war ein alter Maskil, Jaaris Vater ein führender Zionsfreund. Da sie sich praktisch vom Tage ihrer Ankunft an in bewußtem Gegensatz zum Establishment der zweiten Alija befanden, hatten sie im Wettlauf um die Führung der palästinensichen Arbeiterbewegung keine Chance. Der Haschomer Hazair brachte eine große Zahl begabter und anziehender Persönlichkeiten hervor, die ihren Zeitgenossen von der Mapai keineswegs unterlegen waren. Ihr doktrinäres Verhalten führte sie jedoch immer mehr in die Isolierung, was wiederum zu einer Überspitzung ihrer Eigenheiten führte: Je weniger Verantwortung sie außerhalb der eigenen Fraktion zu tragen hatten, desto mehr neigten sie zu radikalen Lösungen, desto mehr entfernten sie sich von der Wirklichkeit. In späteren Jahren untersützten sie weitgehend die sowjetische Außenpolitik, und es bedurfte einer langen Zeit und vieler schmerzlicher Erfahrungen, um sie von ihren Illusionen zu befreien.

Wie alle Verallgemeinerungen sind auch die über die gemeinsamen Charakteristika der zweiten Alija bestenfalls unvollständig. Viele dieser Leute paßten in keine Kategorie. Trotz aller Betonung des Gemeinschaftslebens gab es auch einen starken Hang zum Individualismus unter diesen jungen jüdischen Sozialisten, die sich unwissentlich auf viel größere Aufgaben vorbereiteten, während sie noch als Kibbuz-Sekretäre und Gewerkschaftsfunktionäre wirkten, Versammlungen organisierten, über Streiks und Krankenkassen berieten und als Kulturkommissare Reden hielten über das beliebteste aller Themen, »unsere gegenwärtige Lage«. Sie waren die künftigen Führer des jüdischen Staates.

Der Kampf um die Macht

Die Wirtschaftskrise von 1923 wurde im folgenden Jahr überwunden, das auch den Beginn der vierten Alija brachte: Vierzehntausend Juden kamen 1924 nach Palästina, 1925 waren es vierunddreißigtausend, 1926 nochmals vierzehntausend. Etwa die Hälfte der Neueinwanderer kam aus Polen, wo die Auswanderung durch die antijüdische Gesetzgebung der Regierung Grabski ausgelöst wurde, die darauf abzielte, die Juden aus vielen Zweigen der polnischen Wirtschaft hinauszudrängen. Unter denen, die in den Jahren nach dem Ersten

Weltkrieg nach Palästina gekommen waren, war das russische Element am stärksten vertreten. Die vierte Alija unterschied sich jedoch von der früheren Einwandererwelle auch durch ihre soziale Zusammensetzung. Etwa ein Drittel der Ankömmlinge in der Mitte der zwanziger Jahre waren Chaluzim, die manuelle Arbeiter werden wollten. In der Mehrzahl waren es jedoch Klein- und Zwischenhändler, »das Proletariat des Kleinbürgertums«, wie Arlosoroff sie nannte, der Überschuß der Judenviertel von Warschau und Lodz. Plötzlich schossen überall in Tel Aviv kleine Läden aus dem Boden, auf je fünf Familien entfiel ein neues Geschäft. Die vierte Alija brachte die neueste Warschauer Mode, höhere Häuser und höhere Preise nach Tel Aviv, sie gab aber auch den Anstoß zu einer neuen Woge des Optimismus und der Tatkraft[41]. Es war vor allem eine städtische Alija. Die meisten dieser Einwanderer ließen sich in Tel Aviv und Haifa nieder; zwischen 1923 und 1926 stieg die Einwohnerzahl Tel Avivs von 16.000 auf 40.000. Hunderte neue Häuser wurden errichtet, und es entstanden zahlreiche kleine und mittelgroße Unternehmen. Eine Zeitlang schien es, als bewahrheitete sich Borochows Voraussage über das »belebende« Einströmen jüdischen Kapitals, das die Entwicklung Palästinas vorantreiben würde.

Die Arbeiterbewegung betrachtete die vierte Alija (»Kapitalisten ohne Kapital«) mit großer Besorgnis, denn man meinte, die Verpflanzung der ungesunden osteuropäischen Sozialstruktur nach Palästina würde kaum zur Stärkung der zionistischen Bestrebungen beitragen[42]. Selbst jenen, die etwas Geld mitbrachten, mangelte es häufig an Phantasie und Initiative zur Gründung von Industrien, die dem Land als Ganzem genützt hätten. Statt dessen floß ein großer Teil dieses Kapitals in Bodenspekulation und Häuser und nur zum geringen Teil in Fabriken und den Ausbau der Landwirtschaft. Ende 1926 hatten sich die Befürchtungen der Arbeiterbewegung bewahrheitet: Die Konjunktur brach zusammen, und die Bautätigkeit kam zum Stillstand. 1927 waren bereits achttausend Arbeiter beschäftigungslos, und wenn Ben Gurion auf öffentlichen Versammlungen erschien, wurde er mit dem Ruf »Führer, gib uns Brot« empfangen. In jenem Jahr verließen fast doppelt so viele Menschen Palästina wie neu einwanderten. Im ganzen Land bildeten sich Gruppen polnischer und russischer Rückwanderer. Einige Zionisten schlugen vor, zur Vermeidung einer Panik sollte die Auswanderung aus Palästina von den offiziellen jüdischen Körperschaften geregelt werden. In den Jahren 1927 und 1928 waren die Aussichten des Zionismus geringer und seine Anhänger verzweifelter als je zuvor. Nur wenige Optimisten glaubten, daß die Bewegung sich in naher Zukunft erholen würde. Aber wenn man von der Spekulation und anderen ungesunden Erscheinungen absieht, so war der Beitrag der vierten Alija zum Wachstum eines jüdischen Palästinas keineswegs negativ, so augenfällig jener Aspekt damals auch war. Nach dem Zusammenbruch der künstlichen Baukonjunktur strömte das Kapital in produktivere Zweige der Volkswirtschaft. Die Zitruspflanzungen erhielten neue, kräftige Impulse, und die Ebene nördlich und südlich von Tel Aviv wurde durch die Errichtung neuer Mittelstandssiedlungen schnell erschlossen. Auch die Arbeiterbewegung wuchs weiter und gewann viele neue Anhänger. 1920 hatte der Allgemeine Jüdische Gewerkschaftsbund, die Histadrut, 4400 Mitglieder gezählt; 1927 waren es bereits mehr als 22.000. Während dieser Zeit gründete die Histadrut viele neue Wirtschaftsunternehmen – von denen noch die Rede sein wird – und auch auf kulturellem Gebiet konnte sich ihre Tätigkeit ausweiten. Die Tageszeitung der Histadrut, *Davar,* nahm 1925 ihr Erscheinen auf, und im selben Jahr wurde auch ein Arbeitertheater gegründet (*Ohel* – das Zelt).

In politischer Hinsicht waren es schwierige Jahre für die Arbeiterbewegung. Die vierte Alija hatte den rechts von der Mitte stehenden zionistischen Parteien, die die Interessen der besitzenden Klassen vertraten, zu einem neuen Aufschwung verholfen. Sie hatten sich seit jeher dem wachsenden Einfluß der Linken entgegengestemmt. Jabotinsky war einer der ersten, die zur Offensive übergingen[43], aber auch zionistische Vereinigungen in Europa (vor allem in Polen) und in Amerika teilten die Auffassung, daß die Arbeiter samt ihren Institutionen und Unternehmungen lange genug verhätschelt worden seien. Das Bürgertum hatte in den Jahren 1925 und 1926 gezeigt, daß es zur Entwicklung des Landes und seiner Wirtschaft beitragen konnte, und zwar ohne wie die Arbeiterschaft ständiger finanzieller Unterstützung durch das Zionistische Aktionskomitee zu bedürfen. Dieser Auffassung zufolge hatten die Arbeiter in ihren landwirtschaftlichen Siedlungen sich als unfähig erwiesen, mit den Geldmitteln auszukommen, und in ihren Baugenossenschaften und Wirtschaftsunternehmen noch weniger Geschick bewiesen. Die Sozialisten leugneten nicht, daß es erhebliche Defizite gegeben hatte, doch stellten sie sich auf den Standpunkt, sie hätten Pionierarbeit geleistet und die Grundlagen einer neuen Wirtschaft geschaffen, daher wären noch für längere Zeit keine Gewinne zu erwarten. Privatunternehmer wären niemals bereit gewesen, in Projekte zu investieren, die zwar von größter nationaler Bedeutung seien, aber kaum baldige Gewinne abwerfen könnten.

Diese Argumente wurden vom vierzehnten und vom fünfzehnten Zionistenkongreß zurückgewiesen. Es wurde beschlossen, die Bewegung nunmehr nach normalen wirtschaftlichen Grundsätzen zu leiten. Fortan sollten Einwanderer mit eigenen Geldmitteln Vorrang erhalten, desgleichen die Ansiedlung in den Städten vor jener in der Landwirtschaft. Die Arbeitslosigkeit sollte durch die Einstellung der Arbeitslosenunterstützung bekämpft werden, was die Unbeschäftigten und andere notleidende Personen zur Auswanderung veranlassen würde[44]. »Sozialistische Experimente« sollten eingestellt werden. Die Arbeitersiedlungen würden zeigen müssen, daß sie auf eigenen Beinen stehen könnten, andernfalls würden sie die Folgen zu tragen haben. Der Zionistische Kongreß beschloß, die palästinensische Wirtschaft nach den vielen Jahren der Geldverschwendung endlich auf eine normale Basis zu stellen. Die Vertreter der sozialistischen Parteien wurden 1927 gezwungen, aus dem Aktionskomitee auszuscheiden, und die neue Linie, das »Sacher-Regime« (Sacher war einer der Führer des britischen Zionismus), wurde nun zur offiziellen Politik der zionistischen Bewegung.

Die Kritik der Rechten an den sozialistischen Wirtschaftsmethoden in Palästina war nicht ganz aus der Luft gegriffen. Die Führer der jüdischen Arbeiterbewegung waren keine Finanz- oder Managementgenies. Es mangelte ihnen an wirtschaftlicher und organisatorischer Erfahrung: Fehler waren geschehen, und gelegentlich war Geld verschwendet worden. Dies war jedoch hauptsächlich die Folge der Deflation und der sinkenden Preise für landwirtschaftliche Produkte. Die Fehler waren verhältnismäßig gering und unter den gegebenen Umständen vielleicht unvermeidlich. Anderseits war die Leistungsbilanz des Privatunternehmertums, wie die vierte Alija es praktizierte, auch nicht gerade überwältigend, und das »Sacher-Regime« führte zu keiner Wiederbelebung der jüdischen Wirtschaft in Palästina, sondern nur zu Stagnation und Niedergang. Die zionistische Linke reagierte erbittert: »Der bürgerliche Zionismus ist bankrott«, erklärte Ben Gurion; die Arbeiterklasse vertrete objektiv die Interessen des Landes; sie sei mehr als bloß eine Fraktion innerhalb des Zionismus, sie sei dessen Hauptstütze. Andere Gruppen verfolgten ihre engen Klasseninteressen, nur der Arbeiterschaft liege das Interesse der ganzen Nation am Herzen[45]. Berl Kaznelson kam zu dem Schluß, die Arbeiterschaft hätte nun keine andere Wahl, als die zionistische Bewegung von innen her zu erobern.

Dies muß damals eher utopisch geklungen haben, denn da die Sozialisten 1927 gezwungen worden waren, ihre Positionen im Zionistischen Aktionskomitee zu räumen, waren die Chancen, die Macht zu erringen, wohl geringer als je zuvor. Der Arbeiterzionismus war jedoch keine *quantité negligible* mehr. In den Wahlen zum Zionistenkongreß von 1927 hatte er 22 Prozent aller Stimmen auf sich vereinigt, und sein Einfluß auf die Bewegung nahm weiter zu. In den Wahlen von 1931 stieg sein Anteil auf 29 Prozent, und 1933 wurde er mit 44 Prozent die bei weitem stärkste Fraktion, wobei sein Stimmenanteil in Palästina 71 Prozent betrug. Im Juni 1929 kamen neuerlich zwei Vertreter der Linken ins Aktionskomitee, 1931 wurde Chaim Arlosoroff Leiter der politischen Abteilung der Jewish Agency, und Berl Locker wurde

Direktor der Organisationsabteilung. Zwei Jahre später gelangten auch Ben Gurion und Elieser Kaplan in die Leitung der Jewish Agency, und Mosche Schertok (Scharett) wurde zum Nachfolger Arlosoroffs gewählt, der einige Zeit vorher ermordet worden war. Auf diese Weise erlangten die Sozialisten nur wenige Jahre nach ihrer Niederlage die Vorherrschaft im zionistischen Lager.

Rückblickend lassen sich viele Gründe finden, die den triumphalen Aufstieg des Arbeiterzionismus erklären. Er war ein wichtiger Faktor, sowohl in Palästina als auch in der Diaspora, und dies nicht nur unter der jüngeren Generation. Der »bürgerliche Zionismus« hätte sich darüber im klaren sein müssen, daß er die Bewegung nicht für längere Zeit ohne den Arbeiterzionismus – und schon gar nicht gegen ihn – würde leiten können. Es lag auf der Hand, daß die Chaluzim, die Pioniere, die fast alle Sozialisten waren, in den kommenden Jahren eine Hauptrolle beim Aufbau des Landes spielen würden und daher nicht vor den Kopf gestoßen werden durften. Die Arbeiterschaft verfügte über mehrere fähige Führer, während es bei der Rechten kaum hervorragende Persönlichkeiten gab, außer Jabotinsky und dem alternden Ussischkin. Die Fraktionen der Linken schlossen sich in dieser Zeit zusammen. 1930 wurde die Mapai gegründet, und auf den Zionistenkongressen traten die Arbeiterzionisten als einheitliche Gruppe auf. Das Zentrum und die Rechte waren jedoch zersplittert. Die Allgemeinen Zionisten spalteten sich in zwei Fraktionen, deren eine zur Rechten neigte, während die andere links von der Mitte stand und im Arbeiterzionismus einen möglichen Verbündeten sah. In gewissem Maße begünstigte auch die internationale Situation den Arbeiterzionismus. Die Weltwirtschaftskrise und ihre politischen Folgen führten in ganz Europa zu einer Stärkung der Linken (und der extremen Rechten) und zu einer Schwächung der Zentrumsparteien.

Im zionistischen Lager profitierte die Arbeiterschaft von dieser allgemeinen Radikalisierung, ebenso aber die Revisionisten. Im Jahre 1931 war jeder vierte Delegierte zum Zionistenkongreß ein Vertreter von Jabotinskys Bewegung. Es entwickelte sich ein erbitterter Kampf zwischen den Arbeiterzionisten und den Revisionisten, deren Einfluß sich keineswegs auf das polnisch-jüdische Bürgertum beschränkte, sondern auch eine ziemlich starke Unterstützung in der Arbeiterklasse genoß und eine starke Jugendbewegung besaß. In Tel Aviv kam es zu Zusammenstößen zwischen Mitgliedern der Histadrut und den Revisionisten, und die Tatsache, daß Jabotinskys Jünger Braunhemden trugen, die an die deutsche SA erinnerten, machte sie bei der Linken nicht beliebter. Die Revisionisten hatten inzwischen ihre eigene (»nationale«) Gewerkschaft gegründet, mit Unterstützung einiger Fabrikanten und führender Orangenplantagenbesitzer, die das Arbeitsvermittlungsmonopol der Histadrut brechen wollten. In Petach Tikwa, Kfar Saba und an anderen Orten verhandelten sie unter Umgehung der Histadrut direkt mit den Revisionisten, um Arbeitskräfte für ihre Betriebe zu erhalten. In einigen Fällen, wie beim Streik in der Frumin-Keksfabrik, fungierten die Revisionisten als Streikbrecher[46]. Sie stellten sich auf den Standpunkt, ihr Kampf richte sich nicht gegen die jüdischen Arbeiter, bloß gegen die Histadrut, die keineswegs unpolitisch, sondern vielmehr ein Werkzeug der sozialistischen Parteien sei und die revisionistischen Arbeiter diskriminiere. Die Arbeiterführer wiederum betrachteten dies als einen bewußten Versuch, die Macht der Gewerkschaften im Interesse des »Klassenfeindes« zu brechen und schließlich eine halbfaschistische Diktatur zu errichten.

Die Spannung erreichte den Höhepunkt, als Chaim Arlosoroff, der Leiter der politischen Abteilung der Jewish Agency, sozusagen der zionistische Außenminister, ermordet wurde. Am Abend des 16. Juni 1933 wurde er während eines Spaziergangs am Strand von Tel Aviv erschossen. Die Umstände dieses Mordes wurden nie geklärt, und auch die Identität des Mörders konnte bis zum heutigen Tag nicht festgestellt werden. Aber kaum einer auf der Linken zweifelte auch nur einen Augenblick daran, daß die Revisionisten hinter diesem Verbrechen steckten, obwohl diese selbst es entschieden bestritten. Dem Mord war in der revisionistischen Presse eine Haßkampagne gegen die Arbeiterführer vorangegangen. Weizmann, Arlosoroff und andere Führer der zionistischen Bewegung wurden als »Verräter« und »erbärmliche Britenknechte« beschimpft. Eine Zeitlang schien das jüdische Palästina am Rand eines Bürgerkrieges zu stehen. Vielleicht waren es nur den äußeren Gefahren zuzuschreiben, die dem jüdischen Volk gerade damals drohten, daß ein allgemeines Blutvergießen vermieden wurde, denn dies waren die Wochen nach Hitlers Machtergreifung. Von da an ging der Einfluß der Revisionisten allmählich zurück. In den Wahlen zum Zionistenkongreß von 1933 erlitt Jabotinskys Partei eine Niederlage, ihr Stimmenanteil fiel von 25 auf 14 Prozent. Nach diesem Rückschlag beschloß Jabotinsky, aus dem Zionistischen Kongreß auszuscheiden und eine unabhängige Weltorganisation zu gründen. Der Kampf zwischen dem Revisionismus und der Arbeiterbewegung ging weiter, aber Jabotinsky hatte sich in die politische Isolierung hineinmanövriert und sah sich nun der Gegnerschaft der gesamten zionistischen Bewegung gegenüber. Eine Abmachung zwischen Ben Gurion und Jabotinsky, betreffend die Beziehungen zu den revisionistischen Gewerkschaften, wurde 1935 von der Mehrheit der Histadrutmitglieder abgelehnt. Es hatte sich dabei bloß um einen Versuch gehandelt, die Kompetenzstreitigkeiten zwischen den rivalisierenden Gewerkschaften zu verringern; Ben Gurion stand dem Revisionismus keineswegs freundlicher gegenüber als seine Partei. Er weigerte sich vielmehr bis zum Ende seiner politischen Laufbahn, mit den Revisionisten zusammenzuarbeiten, sowohl in der Leitung der Jewish Agency als auch in der Regierung des Staates Israel.

Die Wirtschaftskrise in Palästina wurde 1929 überwunden, im selben Jahr, in dem die Weltwirtschaftskrise ausbrach. Die Zahl der Einwanderer war in den Jahren 1929 bis 1931 gering, stieg aber 1932 an und erreichte 1933, dem Jahr der Machtergreifung Hitlers, die Rekordhöhe von 38.000. 1934 und 1935 nahm die Einwanderung weiter zu. Der Kapitalzustrom war größer als je zuvor: von 1932 bis 1935 waren es einunddreißig Millionen palästinensische Pfund, im Vergleich zu zwanzig Millionen palästinensischen Pfund in den vorangegangenen elf Jahren. Die neue Einwandererwelle, die fünfte, bestand nicht mehr überwiegend aus Pionieren. Im Spitzenjahr 1935 kamen nur noch 45 Prozent der Einwanderer aufgrund von Arbeitspermits. Die fünfte Alija war dem Wesen nach anders und viel produktiver als die vierte. Jene, die aufgrund »kapitalistischer« Einwanderungszertifikate kamen, das heißt, mindestens eintausend palästinensische Pfund pro Person besaßen, gründeten neue Wirtschaftsunternehmen und landwirtschaftliche Siedlungen. Die meisten waren keine Sozialisten, standen aber politisch im großen und ganzen links von der Mitte. Die organisierte Arbeiterschaft erfuhr in dieser Periode eine bedeutende Stärkung. Zwischen 1932 und dem Ausbruch des Zweiten Weltkrieges gewann die Histadrut 73.000 neue Mitglieder. Die Einwanderer der fünften Welle unterschieden sich von den vorangegangenen auch hinsichtlich ihrer Ursprungsländer: Ein bedeutender Teil der Arbeiter (etwa 37 Prozent) kam aus Mittel- und Westeuropa, vor allem aus Deutschland und Österreich. Viele Neueinwanderer waren in der Diaspora Mitglieder sozialistisch-zionistischer Jugendbewegungen gewesen und wollten nun den bestehenden Kibbuzim beitreten oder neue gründen.

Der Aufstieg des Kibbuz

Die paar Hundert jungen Männer und Frauen, die in der Frühzeit den Kibbuz ins Leben gerufen hatten, besaßen kein klares Konzept für die Zukunft ihrer Kollektive. Es war keineswegs ausgemacht, ob sie in Degania und Kineret bleiben oder ob sie anderswo neue Siedlungen gründen sollten. Es gab kein eigentliches Kibbuz-System, sondern nur eine Reihe von lose verbundenen Siedlungen. 1922 bestand zwischen den siebenhundert Mitgliedern der Kibbuzim kaum eine technische Zusammenarbeit. Fünf Jahre später war die Gesamtbevölkerung der Kibbuzim bereits auf viertausend gestiegen. Im Laufe des folgenden Jahrzehnts vervierfachte sich die Zahl der Kibbuz-Mitglieder, und beim Ausbruch des Zweiten Weltkrieges umfaßte die Kibbuz-Bewegung an die 25.000 Menschen, fünf Prozent der gesamten jüdischen Bevölkerung Palästinas. Nach zwei Jahrzehnten hatte der Kibbuz das Experimentalstadium überwunden und war volljährig geworden. Die kollektive Lebensform war durch Statuten geregelt, wenngleich weiterhin von Kibbuz zu Kibbuz wesentliche Unterschiede bestanden, die in manchen Fällen auf die unterschiedliche soziale und kulturelle Herkunft der Siedler zurückzuführen war. Es gab keine einheitliche Meinung darüber, wie das Gemeinschaftsleben im einzelnen zu gestalten sei, und es bestanden auch wesentliche Meinungsverschiedenheiten über die Rolle des Kibbuz in der jüdisch-palästinensischen Politik. Aus diesem Grund scheiterte auch Ende der zwanziger Jahre der Versuch, alle Kibbuzim in einem organisatorischen Rahmen zusammenzufassen. Statt dessen entstanden drei getrennte Organisationen: der Vereinigte Kibbuz *(Kibbuz Hameuhad)* bildete sich 1927, die Landesorganisation des Haschomer Hazair gründete ebenfalls 1927 den *Kibbuz Artzi,* und schließlich entstand 1928 die Kwuzot-Vereinigung, *Chewer Hakwuzot,* der die ältesten Gemeinschaftssiedlungen, wie Degania und Kineret, angehörten.

Der Vereinigte Kibbuz hatte zunächst seine Basis in Ein Harod, dem ursprünglichen »Großkibbuz«, der sich von der Arbeitslegion abgespalten und sich dann im Jesreel-Tal angesiedelt hatte. Von Ein Harod zogen kleinere Gruppen in andere Teile des Landes, um dort neue Gemeinschaftssiedlungen zu errichten. Anfangs betrachteten sie sich als Zweigstellen von Ein Harod. Nur nach und nach nahmen sie eine eigene Identität und einen eigenen Namen an. Der *Kibbuz Meuhad* kritisierte die beiden anderen Verbände wegen der Exklusivität ihrer Siedlungen und bekannte sich zum Prinzip der Großgemeinschaft. Seine 1927 beschlossenen Statuten betonten die Notwendigkeit der Errichtung »großer Gemeinschaftssiedlungen«, denen Außenstehende sich anschließen könnten. Die Mitglieder sollten sich mit Landwirtschaft, Industrie und Handwerk befassen, und die Kibbuzim sollten sich so schnell wie möglich ausdehnen, um Neueinwanderer aufnehmen zu können. Dies sollte durch intensivere Arbeitsmethoden, Errichtung neuer Betriebe und Vergrößerung der landwirtschaftlichen Nutzfläche erreicht werden. In den zwanziger und dreißiger Jahren gab es eine Tendenz zur wirtschaftlichen Autarkie, die jedoch später aufgegeben wurde. Die Kibbuzim pflegten ihr eigenes Brot zu backen, ihre eigene Kleidung zu nähen und sogar selber Schuhe herzustellen. Allmählich kam man jedoch zu der Einsicht, daß dieses System unrationell war und es besser wäre, mit benachbarten Kibbuzim, unabhängig von deren politischer Einstellung, eine zweckmäßige Arbeitsteilung zu arrangieren oder die benötigten Güter in nahen Städten einzukaufen.

In der Frühzeit gab es nicht wenig Streit über die Rechte des einzelnen Kibbuz innerhalb seiner Gruppe, so zum Beispiel, ob eine Siedlung gezwungen werden dürfe, sich mit einem anderen Kollektiv zu vereinigen. Allmählich ergab sich aus der Praxis heraus ein *modus vivendi.* Wie erwähnt, hielt der *Kibbuz Meuhad* nichts von elitären Grundsätzen und war daher bei der Aufnahme neuer Mitglieder weniger wählerisch als seine Rivalen. In der Regel wurde jeder, der beitreten wollte, arbeitsfähig war und die Lebensform des Kibbuz akzeptierte, nach einer kurzen Probezeit aufgenommen, und zwar unabhängig von Herkunftsland, kultureller Bildung oder sozialem Hintergrund: je größer die Gemeinschaft, um so weniger spielten solche Überlegungen eine Rolle. Die größten Kibbuzim, wie Jagur bei Haifa und Giwat Brenner südlich von Tel Aviv, hatten gegen Ende der dreißiger Jahre etwa 400 bis 450 Mitglieder, und der Tag schien nicht fern, an dem tausend Menschen in einem Kibbuz leben würden, was von den Vorstellungen der Gründer Deganias wohl weit entfernt war[47]. Die Geschichte von den zwei Leuten aus Jagur, die einander in der Stadt kennenlernten und dabei entdeckten, daß sie Mitglieder desselben Kibbuz waren, wurde zu einem weitverbreiteten Witz.

Die Kibbuzim des Haschomer Hazair paßten sich sehr schnell den neuen Bedingungen an. 1927 waren es vier gewesen, bei Ausbruch des Zweiten Weltkrieges war ihre Anzahl bereits auf neununddreißig gestiegen. Im Zuge der großen Einwandererwelle der dreißiger Jahre kamen auch Tausende Mitglieder europäischer Jugendbewegungen aus Mittel- und Osteuropa und errichteten überall im Land neue Siedlungen. Die einzelnen Kibbuzim nahmen ebenfalls an Größe zu. In den Anfangszeiten hatte die durchschnittliche Siedlung etwa sechzig Mitglieder umfaßt, aber mit der Ausweitung der Kibbuz-Wirtschaft wurden zusätzliche Arbeitskräfte benötigt, und man nahm nun an, daß sechzig Familien, also etwa 120 Mitglieder, die optimale Anzahl seien. Aber auch diese Schätzung, die von manchen als ehernes Gesetz angesehen wurde, sollte sich als viel zu niedrig erweisen. Drei Jahrzehnte später hatten manche Siedlungen des Haschomer Hazair dreihundert Mitglieder, bei einer Gesamtbevölkerung von sechshundert oder mehr.

Neu eingewanderte Gruppen von Chaluzim ließen sich gewöhnlich in provisorischen Behausungen, meist Zelten oder manchmal auch Baracken, in der Nähe einer Stadt oder eines Dorfes nieder. Sie arbeiteten dann auf Baustellen oder benachbarten Orangenplantagen. Nach einigen Jahren der Akklimatisierung, Anpassung und Erfahrung schlossen sie sich entweder einem bereits bestehenden älteren Kibbuz an oder gründeten, was häufiger vorkam, eine neue Siedlung, für die ihnen der Nationalfonds Land zur Verfügung stellte. Die meisten männlichen Kibbuz-Mitglieder arbeiteten in der Landwirtschaft. Viel schwieriger war es, eine »produktive« Arbeit für die Frauen zu finden, die überwiegend in der Küche, in der Wäscherei und natürlich im Kinderhaus beschäftigt waren. Während alle die völlige Gleichstellung der Geschlechter in jeder Hinsicht befürworteten, erwies es sich als unmöglich, eine zufriedenstellende Lösung zu finden, solange die Kibbuzim ihr Einkommen fast ausschließlich aus der Landwirtschaft bezogen. Dieser Zustand änderte sich mit der allmählichen Ausbreitung der Leichtindustrie in den späten dreißiger Jahren und vor allem nach dem Zweiten Weltkrieg. Die ersten Kibbuz-Fabriken produzierten Sperrholz, Baustoffe, Marmelade und Lebensmittelkonserven. Später wurde die Erzeugung auf einen weiten Bereich von Produkten ausgebreitet, von denen einige hochkomplizierte Verfahren erforderten. In den sechziger Jahren bezogen die Kibbuzim etwa die Hälfte ihres Einkommens aus industrieller Tätigkeit, während sie zugleich etwa ein Drittel der gesamten Agrarproduktion des Staates Israel beisteuerten.

Es wurde bereits erwähnt, daß der Haschomer Hazair 1927 einen Linksruck vollzog. Der Anstoß zu einer Annäherung an die sowjetische Politik kam aus Polen, ergriff aber auch die Bewegung in Palästina und führte zu wachsenden Meinungsverschiedenheiten zwischen dem Haschomer Hazair und den anderen Kibbuzim, die die prosowjetische Orientierung nicht akzeptierten. Nachdem der Haschomer Hazair bei den Histadrut-Wahlen mit einer eigenen Kandidatenliste aufgetreten war, begann er 1930 die Gründung einer eigenen Partei ins Auge zu fassen. 1936 gründeten Sympathisanten des Haschomer Hazair außerhalb der Kibbuzim eine Organisation, die Sozialistische Liga. Diese Organisation erlangte keine politische Bedeutung und wurde schließlich wieder aufgelöst, diente jedoch als Zwischenstadium auf dem Weg zur Bildung einer regulären politischen Partei (der Mapam) nach dem Zweiten Weltkrieg.

Der Kibbuz Meuhad, dem Wesen nach weniger elitär und mehr »proletarisch« gesinnt, verfolgte die Entwicklung des Haschomer Hazair mit wachsender Besorgnis. Sein Programm betonte ebenfalls ausdrücklich die kommunistische Lebensform als gesellschaftliche Grundlage des Kollektivs, und seine Mitglieder mußten der Histadrut angehören. Abgesehen von diesen Grundsätzen stand es jedoch jedem Mitglied frei, jede beliebige politische Partei zu unterstützen, im Gegensatz zum Haschomer Hazair, für den der »ideologische Kollektivismus« eine unabdingbare Voraussetzung war. Die Mitglieder seiner Kibbuzim mußten nicht nur die Lebensweise, sondern auch die Weltanschauung teilen.

Die vielleicht unvermeidliche Politisierung der Kibbuzbewegung hatte schwerwiegende Folgen. Die Fälle Bet Alfa und Ramat Jochanan in den dreißiger Jahren waren die ersten in einer langen Reihe von Spaltungen, die die Kibbuzbewegung in ihren Grundfesten erschütterten. Bet Alfa war der erste Kibbuz des Haschomer Hazair gewesen, umfaßte jedoch eine beträchtliche Anzahl von Mitgliedern, die sich nicht zur Ideologie des Haschomer Hazair bekannten. Der politische Konflikt wirkte sich schließlich auch im gesellschaftlichen Bereich aus und vergiftete persönliche Beziehungen, so daß manchmal alte Freunde und Genossen sich außerstande fühlten, noch länger miteinander zu leben. Nach einer langen Periode wachsender Spannungen beschloß man einen Einwohneraustausch. Da im Kibbuz Ramat Jochanan eine ähnliche Lage herrschte, wurde beschlossen, alle Mitglieder des Haschomer Hazair in Bet Alfa zu konzentrieren und Ramat Jochanan zu einem Mapai-Kibbuz zu machen.

Es war dies ein schmerzlicher Vorgang, aber nicht ärger als die unglaubliche Situation, die sich im Kibbuz Meuhad nach der Spaltung der Mapai im Jahre 1944 und vor allem nach der zweiten Spaltung im Jahre 1951 entwickelte. Getrennte Speisehallen und Kindergärten wurden für die Mitglieder der rivalisierenden Fraktionen und ihre Angehörigen geschaffen und als dies die Lage auch nicht besserte, wurden lang bestehende, blühende Kibbuzim wie Giwat Haim, Aschdot Jaakow und Ein Harod geteilt und neue Siedlungen gegründet, die in manchen Fällen kaum eine Meile von den alten entfernt waren. Nach ein bis zwei Jahrzehnten war eine neue Generation herangewachsen, und die Gründe, die zu diesen Spaltungen geführt hatten, waren entweder völlig in Vergessenheit geraten oder erschienen nun bedeutungslos. Zu dieser Zeit hatten die neuen Siedlungen sich jedoch schon selbständig entwickelt, und eine Wiedervereinigung war daher nicht mehr möglich.

Der Chewer Kwuzot bestand aus den ältesten Gemeinschaftssiedlungen im Land, war aber jahrelang der am wenigsten dynamische Zweig der Bewegung. Während die anderen Gruppen wuchsen, stagnierten Degania und Kineret, Gewa und Ginegar. Allmählich erkannten die Mitglieder, daß sie sich durch ein weiteres Beharren auf der ursprünglichen Siedlungsform, der kleinen Kwuza, vom Hauptstrom der Kibbuzbewegung abgeschnitten hatten. Sie waren nicht imstande, sich wirtschaftlich zu entwickeln und neue Einwanderer aufzunehmen. Sie befürchteten, bei einem zu schnellen Wachstum könnte die menschliche Wärme ihrer Kollektive verlorengehen. Sie verabscheuten die radikale politische Phraseologie des Haschomer Hazair und die unpersönliche Atmosphäre in Siedlungen wie Jagur. Dies waren gewiß nicht die neuen Gemeinschaften, von denen Gordon geträumt hatte. Aber trotz all ihrer Bedenken wären auch sie für eine Politik der vorsichtigen Expansion gewesen, wenn es bloß geeignete Bewerber um Aufnahme in ihre Siedlungen gegeben hätte. Statt dessen verloren sie Mitglieder, vor allem an die Moschawim. Von 57 Mitgliedern in Degania und 68 in Kineret im Jahre 1922 waren acht Jahre später nur noch 32 beziehungsweise 27 übrig[48].

Im Gegensatz zu seinen Konkurrenten hatte der Chewer Kwuzot

seine Verbindungen zur jungen Generation sozialistischer Pioniere, die sich in Europa auf das Leben im Kibbuz vorbereiteten, vernachlässigt. Die Jugendbewegung des Haschomer Hazair verbreitete sich von Polen aus in viele andere Länder und hatte Tausende Mitglieder. Der Kibbuz Meuhad konnte mit Nachwuchs aus einem halben Dutzend jüdischer Jugendbewegungen in Europa und aus der palästinensischen *Werktätigen Jugend (Noar Owed)* rechnen. 1930 wurde Naan gegründet, der erste Kibbuz der palästinensischen Jugend. Degania und Kineret hingegen verfügten über keine solche Reservearmee. Angesichts ihrer inneren Krisen und wirtschaftlichen Stagnation waren sie vom Zerfall bedroht. Die Rettung kam aus einer unerwarteten Richtung: In den zwanziger Jahren hatte sich in Polen die Jugendbewegung *Gordonia* entwickelt, ohne Unterstützung von seiten des Chewer Kwuzot, ja fast ohne dessen Wissen. Ihre Mitglieder teilten die Ideale der Gründer von Degania, und nach ihrer Ankunft in Palästina in den dreißiger Jahren schlossen sie sich den Siedlungen des Chewer Kwuzot an und lieferten diesem damit einen dringend benötigten Impuls. Bestehende Siedlungen nahmen die neuen Einwanderer auf, neue Siedlungen wurden gegründet. Mitte der dreißiger Jahre hatte Degania 130 arbeitende Mitglieder, 1939 zählte der Chewer bereits einundzwanzig Siedlungen sowie ein Dutzend Gruppen in temporären Quartieren, die auf Landzuweisung warteten. Er blieb die kleinste der drei Bewegungen, aber die Krise, die seine Existenz bedroht hatte, war überwunden.

Die Gewerkschaften

Der Allgemeine Gewerkschaftsverband, die Histadrut, entwickelte sich unter völlig anderen Bedingungen als die Gewerkschaftsbewegungen in anderen Ländern. Die normale Aufgabe einer Gewerkschaft ist die Wahrnehmung der Interessen ihrer Mitglieder gegenüber den Arbeitgebern und gelegentlich die Beistellung sozialer Dienstleistungen, die der Staat nicht bietet. Die Probleme, vor denen die jüdischen Arbeiter in den zwanziger und dreißiger Jahren in Palästina standen, waren völlig anderer Art. Da die Industrie damals noch kaum entwickelt war und die Privatunternehmer wenig Neigung zur Pioniertätigkeit zeigten, mußte die Histadrut die Initiative ergreifen und sowohl für ihre Mitglieder als auch für jene, die noch kommen sollten, Arbeitsplätze schaffen. Die Logik der Entwicklung führte dazu, daß die Histadrut nicht nur die Interessen der Arbeitnehmer wahrnahm, sondern selber zum größten Arbeitgeber im Land wurde. Dies war zweifellos eine anomale Situation. Niemand hatte es gewollt, und aus dieser Doppelfunktion ergaben sich viele Probleme. Was sollte zum

Beispiel geschehen, wenn die Arbeiter in einem Histadrut-Unternehmen mit der Betriebsleitung in Konflikt gerieten?

Die Histadrut betätigte sich als Unternehmer in der Landwirtschaft (ihre Organisation *Tnuwa* besorgte den Verkauf der landwirtschaftlichen Produkte aller Gemeinschafts- und Genossenschaftssiedlungen) und in der Bauindustrie (die Organisation *Solel Boneh* baute Straßen, Häuser und Fabriken und erwarb Steinbrüche und Ziegeleien). Die Histadrut betrieb als erste in Palästina Hochseefischerei, Handelsschiffahrt und sogar Zivilluftfahrt. Sie gründete Konsumläden, städtische Wohnungsvermittlungsbüros, eine Arbeiterbank, eine große Versicherungsgesellschaft *(Hasneh)* und viele Mittelbetriebe in Industrie, Verkehr und Landwirtschaft. Solel Boneh nahm nach der Depression von 1926/27 einen schnellen Aufschwung. Aus bescheidenen Anfängen entwickelte sich das Unternehmen zu einem auch nach internationalen Maßstäben großen Konzern, der schließlich bis zu fünfzigtausend Häuser im Jahr baute. Die Industrieabteilung von Solel Boneh, *Koor,* umfaßte Stahlwalzwerke, Chemiebetriebe, Zement- und Glasfabriken und besaß erhebliche Anteile an der Holz- und der Lebensmittelindustrie. Vierzig Jahre nach Gründung der Histadrut lieferten ihre Betriebe nicht weniger als 35 Prozent des Bruttonationalprodukts (53 Prozent in der Landwirtschaft, 44 Prozent in der Bauwirtschaft, 39 Prozent im Transportwesen und 25 Prozent in der Industrie).

Der Anteil des sozialistischen Wirtschaftssektors war höchst eindrucksvoll, aber wie weit unterstand er noch einer demokratischen Kontrolle? In der Theorie war jedes Mitglied der Histadrut automatisch auch Mitglied des Allgemeinen Genossenschaftsverbandes *(Chewrat Owedim),* der als Zentralorganisation aller Histadrutunternehmen und zugleich als deren Eigentümer fungierte. Theoretisch hatte somit jedes Mitglied ein Mitspracherecht in der Leitung der Histadrutbetriebe. Mit der Zunahme der Mitgliederzahl und der Vermehrung der Wirtschaftsunternehmen wurde dieses Mitbestimmungsrecht zum toten Buchstaben. Nach den ursprünglichen Statuten war den Genossenschaften die Einstellung von Lohnarbeitern und Personen, die nicht der Genossenschaft angehörten, untersagt. Aber auch diese goldene Regel blieb fast von Anfang an unbeachtet, und zwar sowohl in den Produktions- als auch in den Transportgenossenschaften und später auch in vielen Moschawim und Kibbuzim, denn diese Unternehmen waren bedeutenden saisonbedingten Schwankungen unterworfen und benötigten zu bestimmten Zeiten zusätzliche Arbeitskräfte, zu anderen Zeiten wieder nur wenige. Dieses Dilemma war unlösbar. Von Zeit zu Zeit wurden Resolutionen verabschiedet, mit der Forderung, Arbeitern und Verwaltungsangestellten Sitze in den Leitungsausschüssen und einen Anteil an der Geschäftsführung sowie an den finanziellen Erträgen zu gewähren. Aber so wie in anderen

Ländern stießen diese Forderungen auch hier auf den Widerstand des Managements, das eifersüchtig über seine Vorrechte wachte. Auch gab es unter den Arbeitern kein besonderes Bedürfnis, solche Verantwortung zu übernehmen. Auch in dieser Hinsicht entwickelte sich eine erhebliche Divergenz zwischen sozialistischer Theorie und sozialistischer Praxis, wobei sich letztlich die Erfordernisse rationellen, gewinnbringenden Wirtschaftens gegen die altehrwürdigen Doktrinen durchsetzten.

Als der Arbeiterzionismus zum dominierenden Faktor in der zionistischen Bewegung wurde, verschmolz seine Geschichte mit jener der jüdischen Gemeinde in Palästina und kann daher nicht mehr klar von ihr unterschieden werden. In den frühen dreißiger Jahren traten die Führer der Mapai an die Spitze der zionistischen Politik, und ein Bericht über ihre Ideen und Taten kann daher nicht mehr getrennt von den allgemeineren Problemen jener Zeit behandelt werden, als da sind: das Verhältnis zu den Arabern und zur Mandatsmacht sowie die Entwicklung des gesamten Jischuw. Indessen erfreute sich die Arbeiterbewegung gerade in dieser Periode eines schnellen Wachstums. Viele neue Initiativen wurden gefördert, und die bestehenden Wirtschaftsunternehmen wuchsen gewaltig an. Einige dieser Aktivitäten außerhalb der herkömmlichen parteipolitischen und gewerkschaftlichen Sphäre sollen im folgenden behandelt werden.

Die Pioniere

Die Geschichte des Arbeiterzionismus kann nicht geschrieben werden ohne Hinweis auf den *Hechaluz,* die Organisation der jungen jüdischen Pioniere, die eine ganze Generation in der Diaspora auf ein Leben manueller Arbeit in Palästina vorbereitete. Die ursprüngliche Idee war erstmals um 1908 von Trumpeldor formuliert worden. Seine Erfahrungen in Palästina in den Tagen der zweiten Alija hatten ihn in der Überzeugung bestärkt, daß künftige Einwanderer in ihren Ursprungsländern eine gründliche Ausbildung erhalten sollten, um für ihr neues Leben in Palästina gerüstet zu sein. Sie sollten gemeinsam auf einem Bauernhof oder, in seltenen Fällen, in einer städtischen Kommune leben, um Erfahrungen in der Landwirtschaft und einigen anderen wichtigen Berufen zu sammeln. In einem Gespräch mit Jabotinsky im Ersten Weltkrieg bezeichnete Trumpeldor den Hechaluz, wie er ihn sah, als eine Armee namenloser Diener Zions, die weder private Interessen noch Neigungen hätten, namenlose Arbeiter, die sich ausschließlich der höchsten Aufgabe widmeten, dem Aufbau des jüdischen Palästinas, und die bereit seien, jede von ihnen verlangte

Arbeit zu leisten. Ähnliche Gedanken wurden von Ben Gurion und Ben Zwi während ihres Aufenthaltes in Amerika 1917/18 entwickelt.

Der Hechaluz entstand gegen Ende des Ersten Weltkrieges und hatte damals seine stärkste Basis in Rußland. Infolge der Auswanderung vieler seiner Mitglieder nach Palästina und seiner späteren Unterdrückung durch das Sowjetregime[49] verlagerte sich das Zentrum des Hechaluz in der Folge nach dem Westen. Die meisten jüdischen Jugendbewegungen in der Diaspora beschlossen, ihre Mitglieder auf ein Pionierleben in Palästina vorzubereiten. Das Bild des Chaluz in blauem Hemd und khakifarbener Hose, mit Spaten oder Harke in einem Orangenhain arbeitend, fand sich in Tausenden jüdischen Wohnungen, wo es neben den Photographien von Herzl und dem Panorama von Jerusalem hing und den Wunschtraum von einer neuen Gesellschaft in der nationalen Heimstätte symbolisierte. Sämtliche Parteien des Arbeiterzionismus unterstützten den Hechaluz und warben um seine Mitglieder, so wie sie versucht hatten, die Angehörigen der dritten Alija zu gewinnen. Ben Gurion und einige wenige andere zweifelten jedoch an der Zweckmäßigkeit der *Hachschara* (Vorbereitung) außerhalb Palästinas. Sie hielten diese Bestrebung für durchaus lobenswert, meinten aber, die Verhältnisse in Europa seien so verschieden von denen, die die Chaluzim dann in Palästina vorfanden, daß eine sinnvolle Ausbildung in Europa fast unmöglich erschien.

Das Zentralbüro des Hechaluz befand sich in den frühen zwanziger Jahren in Berlin und übersiedelte später nach Warschau. Seine erste Weltkonferenz wurde 1921 in Karlsbad abgehalten. Der Mitgliederstand stieg von 5400 im Jahre 1923 auf 33.000 im Jahre 1925, ging aber 1928 wieder auf 8000 zurück; dies widerspiegelte genau das Auf und Nieder der gesamten zionistischen Bewegung. Erst in den dreißiger Jahren wurde der Hechaluz zu einer echten Massenbewegung, seine Mitgliederzahl stieg 1933 auf 83.000. Etwa ein Viertel der Chaluzim arbeitete auf Bauernhöfen in Polen und Deutschland. Die Bewegung verbreitete sich sogar in so ferne Länder wie Kuba, Irak und Südafrika. Mancher europäische Bauer oder amerikanische Farmer war verblüfft angesichts der jüdischen Stadtkinder, die sich, nicht immer mit Erfolg, verzweifelt bemühten, Kühe zu melken, Mist zu schaufeln und andere anstrengende und ungewohnte Arbeiten zu verrichten, für die sie offensichtlich nicht gerüstet waren. Insgesamt kamen in den dreißiger Jahren etwa 34.000 Chaluzim nach Palästina, fast die Hälfte jener, die mit Arbeitspermits einwanderten. (Innerhalb der jährlichen Einwandererquoten hatten die Mandatsbehörden verschiedene Kategorien geschaffen, wie »Kapitalisten«, Arbeiter, Studenten und andere.)

Als 1935 die Einwanderer drastisch eingeschränkt wurde, begann auch der Hechaluz wieder zu schrumpfen. Seine Mitglieder sahen sich nun gezwungen, nicht bloß ein oder zwei Jahre in den Ausbildungszentren zu bleiben, wie dies vorher der Fall gewesen war. Unter den achttausend, die am Vorabend des Zweiten Weltkrieges noch in den Ausbildungszentren waren, hatten einige bereits vier oder mehr Jahre auf ihr Einwanderungsvisum nach Palästina gewartet. Das Leben in diesen Zentren war bewußt spartanisch und primitiv gehalten. Es gab einen wahren Kult der Härte und der Selbstverleugnung, alles wurde dem Erlernen schwerer manueller Arbeit untergeordnet, eine schwierige Aufgabe für junge Menschen, die weder durch ihre Herkunft noch durch ihre Erziehung darauf vorbereitet waren. Dies geschah unter Außerachtlassung anderer, scheinbar unwichtiger Aspekte des Lebens. Häufig mangelte es an den primitivsten Einrichtungen; Hygiene und kulturelles Leben wurden vernachlässigt. Dieser übertriebene Fanatismus entsetzte gelegentlich sogar die Emissäre aus Palästina, die selber abgehärtete Veteranen der zweiten und dritten Alija waren[50].

Verteidigung

Einigen Chaluzim, die 1938 und 1939 immer noch in Europa festsaßen, gelang es schließlich, Palästina zu erreichen. Sie kamen als illegale Einwanderer und verdankten ihr Leben den systematischen Bemühungen, die zur Rettung einer größtmöglichen Anzahl unternommen wurden, und zwar in Verletzung der verschärften Einwanderungsgesetze, die von den Mandatsbehörden nach Ausbruch der Araberunruhen erlassen worden waren. Ein früherer Versuch, die 1934 von einem Mitglied der Siedlung Degania organisierte Fahrt der *Velos*, endete mit einem Fehlschlag. Aber nach 1937, als Zehntausende von Einwanderungswilligen ungeduldig auf ihre Visa warteten, die Kriegsgefahr in Europa ständig zunahm und die Mandatsregierung keinerlei Gesinnungswandel zeigte, wurde die illegale Einwanderung in großem Maßstab wieder aufgenommen. Winzige, uralte, seeuntüchtige Schiffe, kaum größer als Motorbarkassen, nur zur Aufnahme von einigen Dutzend Passagieren geeignet, trafen mit Hunderten Menschen an Bord ein, unter Bedingungen, wie man sie in der Neuzeit noch nirgends gesehen hatte. Einigen gelang es, die Blockade zu brechen, andere wurden entdeckt und festgehalten. 1939 kamen etwa 11.000 illegale Einwanderer, und sogar nach Kriegsausbruch trafen noch einige Schiffe ein: 1940 brachten sie 3900 Männer, Frauen und Kinder, 1941 nur noch 2135. Nach diesem Datum kam sowohl die legale als auch die illegale Einwanderung fast ganz zum Erliegen. Viele Organisatoren illegaler Transporte waren Arbeiterzionisten, meist Kibbuz-Mitglieder. Die Menschen, die auf diesen Schiffen eintrafen, waren in der Mehrzahl Mitglieder des Hechaluz und linksgerichteter Jugendbewegungen. Das ganze Unternehmen ist ein weiteres Beispiel für die unorthodoxen Aktivitäten der Erben Borochows und Syrkins, fern vom Bereich des politischen und wirtschaftlichen Kampfes. Die illegale Einwanderung war jedoch bloß ein Aspekt der Tätigkeit der jüdischen Verteidigungsorganisation *Hagana,* die von Männern und Frauen der Arbeiterbewegung beherrscht wurde, obwohl große Anstrengungen unternommen wurden, um nichtsozialistische Gruppen zur Teilnahme an der Tätigkeit der Hagana zu gewinnen.

Die Anfänge der Verteidigungsorganisation gehen auf den Haschomer zurück, der vor dem Ersten Weltkrieg gegründeten Vereinigung jüdischer Wächter. Die Hagana entstand nach 1918 im Gefolge der arabischen Überfälle in Galiläa und Jaffa. Überall im Land wurden geheime Waffenlager angelegt und improvisierte Ausbildungszentren für junge Juden beiderlei Geschlechts gegründet. Diese Bemühungen waren von geringem Umfang und häufig dilettantisch. Erst nach dem Ausbruch des arabischen Aufstandes von 1936 wurde die Hagana notgedrungen zu einem straff organisierten und verhältnismäßig schlagkräftigen Selbstschutz, der Tausende Teilzeitsoldaten umfaßte. Obwohl ein ungeschriebenes Gesetz verlangte, daß jedes junge Mitglied der jüdischen Gemeinde in der Hagana diente, bestand sowohl das Kommando als auch die überwiegende Mehrzahl der Mannschaften aus Mitgliedern der Arbeiterbewegung. Die Hagana war faktisch eine Arbeitermiliz, mit allen Vor- und Nachteilen einer solchen. In ihren Reihen herrschte kein militärischer Geist, da sie ausschließlich aus Freiwilligen bestand. Anderseits war die Disziplin manchmal mangelhaft, und der Kampfwert der Truppe war begrenzt. Ihre politische Linksorientierung war so markant, daß die Gegner des Arbeiterzionismus sich lieber der IZL *(Irgun Zwai Leumi* – Nationale Militärorganisation) anschlossen, deren Mitglieder, Anhänger Jabotinskys, sich in den frühen dreißiger Jahren von der Hagana abgespalten hatten. Die Rechtsparteien befürchteten die Entstehung einer Arbeiterarmee, was zwar übertrieben, aber nicht ganz unbegründet war, denn die Miliz wurde zwangsläufig von der Linken beherrscht, weil nur diese mit ihren Jugendorganisationen und den Kibbuzim über eine genügend breite Massenbasis verfügte, um eine illegale Organisation solcher Größe aufzuziehen. Die Kibbuzim spielten in der Hagana eine besonders große Rolle, als strategische Stützpunkte in Krisenzeiten und als militärische Ausbildungszentren und Waffenarsenale, die außerhalb des Zugriffs der Mandatspolizei lagen.

Sowohl die von Wingate aufgestellten Nachtkampfgruppen als auch der während des Zweiten Weltkrieges gegründete *Palmach* hatten ihre Basen in den Kibbuzim. Da nicht genügend Geldmittel zur Verfügung standen, um den Kern eines auch noch so kleinen stehenden Heeres, wie der Palmach es sein sollte, zu finanzieren, teilten seine Angehörigen, um die Kosten zu decken, ihre Zeit mehr oder weniger gleichmäßig zwischen militärischer Ausbildung und landwirtschaftlicher Arbeit, ein in der Geschichte der modernen Kriegführung zweifellos einmaliges Experiment. Auch die Moral dieser Kampfgruppen unterschied sich grundsätzlich von der aller anderen bekannten Streitkräfte und widerspiegelte den Geist der Pionierjugend. Es gab keine Uniformen und keine Rangabzeichen. Die Indoktrinierung war linkssozialistisch, die höheren Kommandoposten waren von Mitgliedern des Kibbuz Meuhad besetzt: Israel Galili diente als Stabschef der Hagana, Jigal Allon als Kommandeur des Palmach, und ein Veteran des russischen Bürgerkrieges (Jizchak Sade) figurierte als Vatergestalt für die junge Generation von Kommandeuren. Ben Gurion hatte nicht unrecht, als er 1948 den Palmach als eine Privatarmee des Kibbuz Meuhad bezeichnete. Der Palmach war eine Eliteeinheit und mußte bei der Gründung der regulären Armee aufgelöst werden, aber seine Tradition übte auch weiterhin einen bedeutenden Einfluß aus, und viele seiner jüngeren Offiziere erreichten in späteren Jahren Spitzenpositionen in der Armee.

Die Mitglieder der Kibbuzbewegung waren Krieger wider Willen. Sie übernahmen eine führende Rolle in den Verteidigungsorganisationen, weil ihre Siedlungen 1929 und abermals in den Jahren 1936 bis 1939 häufig angegriffen wurden. Der Araberaufstand von 1936 konnte die weitere jüdische Ansiedlung nicht aufhalten. In dieser Periode wurden neue Kibbuzim gegründet, die unter dem Namen »Wall und Wachtturm« *(Homa wemigdal)* in die Geschichte Palästinas eingingen, darunter Hanita und Ein Gew, Schaar Hagolan und Rewiwim. Ihre Errichtung mußte wie eine militärische Operation mit größter Präzision geplant werden und fand gewöhnlich in der Nacht oder in den frühen Morgenstunden statt. Ein Konvoi erschien auf einem Stück Land, das sich in jüdischem Besitz befand, aber aus Sicherheitsgründen nicht bebaut worden war. Innerhalb weniger Stunden wurde dann eine Anzahl von Blockhäusern und Wachttürmen samt Verteidigungsposten und Stacheldrahtverhauen errichtet, um die Siedlung gegen Angriffe zu schützen. Dies war weit entfernt von der friedlichen Kolonisierung, wie die Väter des Arbeiterzionismus sie sich erträumt hatten, und erinnerte eher an die Art und Weise, in welcher der amerikanische Westen, Zentralasien und der Kaukasus besiedelt worden waren. Die Lehre vom proletarischen Internationalismus geriet in Konflikt mit der grausamen Wirklichkeit, als die junge Generation sich der lebenswichtigen Bedeutung der Verteidigung bewußt wurde, auf die sie ideologisch überhaupt nicht vorbereitet war.

Die Liste der außerplanmäßigen Aktivitäten der palästinensischen Arbeiterparteien, der Kibbuzim und der Gewerkschaften ist damit noch keineswegs erschöpft. Ihre Initiativen auf kulturellem Gebiet sollen ebenfalls kurz gestreift werden. Die Histadrut verfügte über ein

Netz von Schulen; 1953, als das israelische Erziehungswesen »nationalisiert« wurde, waren es neunhundert. Im ganzen Land gab es Lehrerseminare, Bibliotheken und Kulturklubs. Die Arbeiterräte in den Städten und den Kibbuzim führten eindrucksvolle Kulturprogramme durch, unterstützten Sportklubs *(Hapoel)* und gründeten schließlich blühende Verlage. Die von der Histadrut beziehungsweise vom Haschomer Hazair gegründeten Verlage *Am Owed* und *Sifriat Poalim* veröffentlichten mehr als zweitausend Titel. Zusätzlich zu *Davar,* der Zeitung der Histadrut, gaben auch die großen sozialistischen Parteien eigene Zeitungen heraus (das Blatt des Haschomer Hazair, *Al Hamischmar,* erschien erstmals im Zweiten Weltkrieg, *Lamerhaw* wurde von der Achdud Haawoda am Vorabend der Spaltung der Mapam gegründet). Dies war keine geringe Leistung: größere und mächtigere sozialistische Parteien, wie die in Großbritannien und Frankreich, waren nicht imstande, ihre Tageszeitungen zu halten. Es ist dies ein weiteres Beispiel für die Entschlossenheit und den Einfallsreichtum der jüdischen Arbeiterbewegung, die ihren Mitgliedern und Sympathisanten außerdem eine besondere Lebensweise bot.

Als geschlossene Gesellschaft stellte der Kibbuz selbstverständlich eine einzigartige Lebensform dar, aber auch in den Städten brauchte ein Gewerkschaftsmitglied den Bereich des Histadrut-Sektors nicht zu verlassen, selbst wenn er nicht in einem ihrer Unternehmen arbeitete. Er konnte seine Einkäufe in einem Genossenschaftsladen tätigen, sein Geld in einer Arbeiterbank einlegen, seine Kinder in einen Kindergarten oder eine Schule der Histadrut senden, einen Arzt der *Kupat Cholim* (Histadrut-Krankenkasse) konstultieren, die schließlich den Gesundheitsdienst für 65 Prozent der Gesamtbevölkerung besorgte und faktisch ein halboffizieller nationaler Gesundheitsdienst war. Abgesehen davon, daß die Histadrut keine Friedhöfe besaß, kann man sagen, daß sie die überwältigende Mehrheit der Bevölkerung von der Wiege bis zum Grabe mit allem Notwendigen versorgte. Kritiker sprachen beunruhigt von der Gefahr einer totalen Vorherrschaft, aber der Expansion der Histadrut waren natürliche Grenzen gesetzt; einige der Aufgaben, die sie unter der Mandatsherrschaft erfüllte, erübrigten sich nach Errichtung des jüdischen Staates.

Diese Leistungen sind um so bemerkenswerter, als die jüdische Arbeiterschaft keineswegs geeint war. Die Teilung in verschiedene Fraktionen vor und nach dem Ersten Weltkrieg ist bereits erwähnt worden. Die beiden größten Gruppen, die Achdud Haawoda und der Hapoel Hazair, schlossen sich im Januar 1930 zur Mapai zusammen. Dies war ein Wendepunkt, aber kein Ende der Spaltung. Die Mapai sollte noch viele Jahre lang von inneren Zwistigkeiten geplagt werden.

Der Weg zur Arbeitereinheit

Die palästinensische Arbeiterpartei wurde unter dem Eindruck der Unruhen von 1929 gegründet, als die jüdische Gemeinde in Palästina und die Sache des Zionismus schweren Angriffen ausgesetzt waren. Die Notwendigkeit der Einheit war schon lange vorher erkannt worden. Seit dem fehlgeschlagenen Versuch von 1919, die beiden Hauptgruppen der jüdischen Arbeiterschaft zu vereinigen, hatten viele führende Persönlichkeiten in beiden Lagern weiterhin eine solche Vereinigung gefordert. Als die Bewegung nach 1925 von rechts angegriffen wurde, kam es zu einer Annäherung von Achdud Haawoda und Hapoel Hazair. Die Fortdauer der Trennung erschien anachronistisch, denn die ideologischen Differenzen waren fast völlig verschwunden. Eine linksmarxistische Minderheit innerhalb der Achdud Haawoda befürchtete, deren sozialistische Werte und Ziele würden noch mehr kompromittiert und verwässert werden, wenn es zu einem Zusammenschluß mit Leuten käme, die grundsätzlich gegen den Klassenkampf seien und sich nicht auf die Arbeiterklasse, sondern auf das ganze Volk, vor allem auf die junge Generation, orientierten. Analog gab es im Hapoel Hazair noch eine Gruppe, die – ebenso wie Gordon zehn Jahre vorher – besorgt war, die spezifisch humanistischen Werte ihrer Bewegungen würden untergehen bei der Vereinigung mit einer Gruppe, der es hauptsächlich um Parteipolitik ging, obgleich das gemeinsame ideologische Programm absichtlich vage formuliert war, um niemand abzuschrecken. Aber die von Arlosoroff geführte Mehrheit des Hapoel Hazair setzte sich durch. Sie hatte mit Ben Gurion, Berl Kaznelson und den anderen Führern der Achdud Haawoda jahrelang in den Gewerkschaften und in der zionistischen Bewegung zusammengearbeitet und wußte aus Erfahrung, wie wenig sie eigentlich trennte. Sie alle bekannten sich nun zum Konstruktivismus oder »Reformismus«, wie ihre marxistischen Kritiker es nannten[51]. Schließlich stimmten 85 Prozent der Mitglieder des Hapoel Hazair und 82 Prozent der Mitglieder der Achdud Haawoda für die Vereinigung, die am 5. Januar 1939 vollzogen wurde, als die Vertreter der 5650 Mitglieder beider Gruppen sich in Tel Aviv versammelten, um die Mapai zu gründen. Zwei Jahre später schlossen sich die Anhänger der beiden Fraktionen außerhalb Palästinas, die Weltorganisation der Poale Zion und die Hitachdut, auf einer Konferenz in Danzig zu einer Körperschaft namens *Ichud Olami* (Weltvereinigung) zusammen.

Dies war ein wichtiger Schritt zur Einheit, aber er erfaßte nicht die ganze Arbeiterbewegung, denn zwei kleinere Gruppen, der Haschomer Hazair und die linke Poale Zion, verweigerten ihren Beitritt. Die Mapai verdoppelte in den ersten fünf Jahren ihres Bestehens ihre

Mitgliederzahl. Sie beherrschte die Gewerkschaften und war die weitaus stärkste Partei sowohl in der zionistischen Weltbewegung als auch in den gewählten Körperschaften der palästinensischen Judenschaft. Allerdings vertraten ihre Führer keinen einheitlichen Standpunkt. Die innere Opposition, angeführt von Kibbuz Meuhad, klagte darüber, daß die neue Partei auf dem Weg zu Macht und Respektabilität ihren radikalen Schwung verliere und daß der Pioniergeist im Schwinden begriffen sei. Der Führer der *Sia Bet* (der »zweiten Fraktion«), Tabenkin, fand Verbündete unter den städtischen Mapai-Mitgliedern, vor allem in der Sektion Tel Aviv. In den Wahlen zur Parteiexekutive im Dezember 1938 konnte die Opposition etwa ein Drittel der Stimmen auf sich vereinigen. Zu den Problemen, die den Konflikt verstärkten, gehörten auch ideologische Fragen, beispielsweise die Frage, welche Haltung man gegenüber der Sowjetunion und dem Weltkommunismus einnehmen sollte. Unter den Kibbuz-Mitgliedern entstand auch zunehmend der Eindruck, daß ihre ehemaligen Genossen aus Sejera und der Arbeitslegion, die ihre Tätigkeit nun nach Jerusalem und Tel Aviv verlegt hatten, die Kollektivsiedlungen nicht mehr mit der alten Begeisterung betrachteten. Daran war etwas Wahres, denn als Ben Gurion sein Denken und Planen in zunehmendem Maße auf einen jüdischen Staat ausrichtete, geriet seine Vorstellung von Eigenstaatlichkeit *(mamlachtiut)* mit all ihren theoretischen und praktischen Folgerungen manchmal in Gegensatz zu den spezifischen Interessen der Arbeiterklasse, und der Kibbuz hatte nicht mehr den gleichen absoluten Vorrang. Abgesehen von diesen Überlegungen, spielten auch einige persönliche Faktoren eine Rolle, Rivalitäten und Feindschaften, die bis auf die Tage der zweiten und dritten Alija zurückreichten.

Mehrere Jahre lang hatte es den Anschein, man könnte den Konflikt innerhalb der Mapai austragen, da die beiden Hauptfraktionen in allen wichtigen politischen Gremien proportional vertreten waren. Auch verhinderten der Ausbruch des Zweiten Weltkrieges und die Gefahren, die dem Judentum drohten, eine Zeitlang eine Vertiefung der Kluft. Die Mehrheit der Mapai kam jedoch zu dem Schluß, daß die innere Spaltung nicht länger geduldet werden dürfe, da sie die Partei lähmte. Die Mitglieder und vor allem die gewählten Funktionäre hätten sich der Parteidisziplin zu unterwerfen. Die Mapai-Konferenz, die 1942 in Kfar Witkin stattfand, beschloß daher, keine Fraktionen mehr anzuerkennen. Dies führte zum Exodus der Sia Bet, die sich im Mai 1944 unter dem Namen Achdud Haawoda als unabhängige Partei konstituierte. Im April 1946 vereinigte sie sich mit der linken Poale Zion, die 1937 wieder in den Zionistischen Kongreß zurückgekehrt war, nachdem sie ihn mehrere Jahrzehnte lang boykottiert hatte.

Im Januar 1948, am Vorabend der Gründung des Staates Israel, wurde ein weiterer Schritt zur Vereinigung der Linken unternommen, als die Achdud Haawoda und der Haschomer Hazair beschlossen, die Mapam *(Mifleget Poalim Meuhedet* – Vereinigte Arbeiterpartei) zu gründen. Die traditionellen Differenzen zwischen den Befürwortern eines binationalen Staates (Haschomer Hazair) und jenen, die für den bewaffneten Kampf gegen die Mandatsmacht eingetreten waren und die Errichtung eines ganz Palästina umfassenden jüdischen Staates gefordert hatten (Achdud Haawoda), wurden bedeutungslos, als der neue Staat sich in einen Kampf um seine Existenz verwickelt sah. Vertreter der Mapam beteiligten sich an der israelischen Regierung, in der die beiden sozialistischen Parteien zusammen die Mehrheit hatten.

Die Mapam schien jedoch unter keinem glücklichen Stern zu stehen, denn sobald die unmittelbare äußere Gefahr vorbei war, fiel die Partei schnell wieder auseinander. Als die sowjetische Politik in Stalins letzten Tagen zunehmend antiisraelisch (und antijüdisch) wurde und eine Säuberung die andere ablöste, fiel es auch der Achdud Haawoda immer schwerer, die Begeisterung des Haschomer Hazair für das Land, das einige Haschomer-Führer als ihre »zweite Heimat« bezeichneten, zu akzeptieren. Als Folge des Prager Prozesses von 1952, in dem einer der führenden Männer des Haschomer Hazair, Mordechai Oren, aufgrund absurder Beschuldigungen zu einer langjährigen Gefängnisstrafe verurteilt wurde, und mehrerer ähnlicher Schocks geriet die Partei in eine tiefe innere Krise, die nach langem Ringen 1954 zur endgültigen Spaltung führte. Die Achdud Haawoda hatte sich nie zu der spezifischen Spielart des Marxismus-Leninismus bekannt, die für den Haschomer Hazair einen wesentlichen Teil seiner Doktrin bedeutete. Solche ideologischen Fragen waren 1948 nicht besonders wichtig erschienen, fünf Jahre später aber gewannen sie erheblich an Gewicht.

Diese Ereignisse fanden jedoch nach der Gründung des Staates Israel statt und führen somit über den Rahmen unserer Untersuchung hinaus. Das gleiche gilt für die Spaltungen, zu denen es in der Mapai kam, als Ben Gurion sich mit Lavon und später mit Eschkol zerstritt, was schließlich 1965 zur Gründung der *Rafi* führte. Paradoxerweise hatten alle diese Spaltungen letztlich eine größere Einheit zur Folge: Die Achdud Haawoda vereinigte sich 1965 mit der Mapai; 1968 kehrten die meisten Rafi-Mitglieder wieder zur Mapai zurück; auch der Haschomer Hazair schloß sich nach jahrelangen Diskussionen und nicht ohne Widerstand aus den eigenen Reihen 1969 der »Arbeiterföderation« *(Maarach)* an. Die Bildung der Maarach, die mehr war als eine Koalition, aber doch keine einheitliche Partei, war ein Meilenstein in der Entwicklung der jüdischen Arbeiterbewegung. Nach mehr als sechzig Jahren war das große Ziel erreicht, als die Bewegung sich zum erstenmal in ihrer Geschichte mit überwältigender Mehrheit unter einem gemeinsamen Dach zusammenfand.

Von einer höheren Warte gesehen, zeigt die Geschichte des Arbeiterzionismus Parallelen mit den sozialistischen Bewegungen in anderen Teilen der Welt. Wie die anderen Parteien war auch er stets in einen linken und einen rechten Flügel geteilt, oder genauer gesagt, in eine »radikale« und eine »reformistische« Fraktion. Allerdings war der Spielraum für revolutionäres Handeln schon von allem Anfang an durch objektive Bedingungen eingeschränkt. Es gab in Palästina kein jüdisches Proletariat, dieses mußte erst geschaffen werden. Die »Linke« verfolgte, ebenso wie die »Reformisten«, eine Politik des »Konstruktivismus«, obwohl dies grundlegende Änderungen in ihren ideologischen Auffassungen bedeutete. Die Linke war hauptsächlich in den Kibbuzim konzentriert. In den Städten konnte sie keine starken Positionen erringen, was zusammen mit ihrer doktrinären Haltung, ihre Wirksamkeit als politische Kraft verminderte. Der »Reformismus« war im wesentlichen pragmatisch. Er wollte eine halbwegs gerechte Gesellschaft, unter der politischen Vorherrschaft des Arbeiterzionismus. In diesem Sinn war er erfolgreich. Die jüdische Bevölkerung Palästinas war äußerst egalitär gesinnt, und zur Zeit der Staatsgründung war das Verhältnis zwischen den höchsten und den niedrigsten Löhnen bloß 1 : 2,5. Der Zug zum sozialen Aufstieg und zur Entproletarisierung war beträchtlich. Nur ein kleiner Teil der mit der zweiten, dritten und vierten Alija ins Land gekommenen Pioniere war zwanzig oder dreißig Jahre später noch in manuellen Berufen tätig. Die Mehrzahl war aufgestiegen und bildete nun ein Establishment, das die führenden Positionen im politischen, wirtschaftlichen und gesellschaftlichen Leben innehatte. Dies war ein natürlicher Vorgang, und die Klagen über das Verschwinden des Pioniergeistes waren unangebracht, da das Land der Pionierphase entwachsen war. Mehrere Jahrzehnte lang war die Priorität, die den landwirtschaftlichen Siedlungen eingeräumt wurde, eine politische und wirtschaftliche Notwendigkeit; als aber die landwirtschaftliche Technik schnelle Fortschritte machte und, ebenso wie auch in anderen entwickelten Ländern, eine relativ kleine Agrarbevölkerung zur Deckung des Bedarfs an landwirtschaftlichen Produkten ausreichte, begann auch die Bedeutung der Kibbuzim abzunehmen. 1930 lebten 2,5 Prozent der jüdischen Bevölkerung Palästinas in Kibbuzim, 1947 war der Prozentsatz auf 7,3 gestiegen, aber zwanzig Jahre später wieder auf 3,9 Prozent zurückgegangen. Die Bedeutung der Jugendbewegungen ging ebenfalls zurück. Der Hechaluz hörte zu bestehen auf, und es gab nicht mehr viele neue Kandidaten für ein Leben im Kibbuz. Die Landwirtschaft wäre auch nicht in der Lage gewesen, den großen Einwandererstrom der frühen fünfziger Jahre aufzunehmen.

Während die Alteinwanderer gesellschaftlich aufstiegen, dienten die späteren Immigranten, bildlich gesprochen, als Holzfäller und Wasserträger. Wie Anzahl und Heftigkeit der Streiks zeigten, waren die jüdischen Arbeiter in der Verteidigung ihrer Interessen nicht weniger kämpferisch als die Arbeiter in anderen Ländern. Zugleich aber waren viele von ihnen bestrebt, sich zu verbessern, aufzusteigen oder zumindest ihren Kindern eine bessere Zukunft zu sichern. Objektive Tendenzen beschleunigten den Entproletarisierungsprozeß: steigende Produktivität und neue Technik führten zu einer relativen Abnahme der Industriearbeiterschaft.

In der außenpolitischen Orientierung nahm die Linke auch weiterhin eine andere Haltung ein als die Reformisten, obwohl es ihr angesichts der Feindseligkeit der Sowjetunion und des Weltkommunismus gegenüber dem Zionismus nicht leicht gemacht wurde. Ideologisch bekannten sich die Radikalen zum proletarischen Internationalismus und betrachteten die Araber als Verbündete im Klassenkampf für ein sozialistisches, binationales Palästina. Da aber die extreme Linke von der Sowjetunion desavouiert wurde und auch unter den Arabern keine Bundesgenossen finden konnte, war ihr Aktionsspielraum innerhalb des zionistischen Lagers sehr eng begrenzt. Wenn ihre Siedlungen angegriffen wurden, mußten sie sich verteidigen, ohne Rücksicht auf die Klassenzugehörigkeit der Angreifer. Borochow bot keine Lösungen mehr für die Probleme, denen die Linken sich in den dreißiger Jahren und später gegenübersahen.

Auch in Syrkins Schriften gab es nichts, das der Mapai als Richtschnur hätte dienen können, nachdem sie zur führenden Partei innerhalb der zionistischen Bewegung und der palästinensischen Judenschaft geworden war. Die radikalen Losungen der Poale Zion wurden nach und nach fallengelassen. Wie bei den europäischen Sozialdemokraten war auch bei der Mehrheit der jüdischen Sozialisten im Laufe der Jahre eine fortschreitende Entideologisierung festzustellen. So wie der Doppelcharakter der Histadrut als Gewerkschaft und als Arbeitgeber viele Probleme schuf, erzeugte auch der Doppelcharakter der Mapai als staatstragende Partei (oder Staatspartei, wie sie häufig genannt wurde) und als Vertreterin der Arbeiterklasse ernste Widersprüche. Die Mitgliederzahl der Mapai verhundertfachte sich zwar nicht, wie dies bei der Histadrut zwischen 1920 und 1960 der Fall war, doch wuchs sie sehr schnell und änderte zwangsläufig ihr Profil. Es gab viel Bürokratie und Patronanz (aber keine direkte Korruption), und viele traten der Partei bloß bei, um ihre beruflichen Aufstiegschancen zu verbessern. Aber im Gegensatz zu den sozialdemokratischen Parteien Frankreichs und Italiens verfügte die Mapai über genügend innere Kraft und Beweglichkeit, um sich den veränderten Bedingungen anzupassen. Es gelang ihr, zu einer Bewegung zu werden, deren politische Anziehungskraft weit über die Arbeiterklasse hinausging. Sie profilierte sich als eine moderne Partei mit einer Massenbasis und einer tüchtigen Leitung, der man die Führung der Angelegenheiten der neuen Nation ruhig anvertrauen konnte.

Eine solche Wandlung, die zwangsläufig eine Absage an den Geist der zweiten und der dritten Alija bedeutete, mußte zu einer inneren Krise führen. Was war der eigentliche Zweck der Mapai? Worauf orientierte sie sich? Worin unterschied sie sich von anderen politischen Parteien? Womit wollte sie auf junge Männer und Frauen anziehend wirken? Obwohl auch sie eine doktrinäre sozialistische Einstellung ablehnten, hätten die Mitglieder des Hapoel Hazair und Männer wie Berl Kaznelson es äußerst schwer gefunden, die Gesellschaftsform zu akzeptieren, welche unter der Führung jener Partei entstanden war, an deren Gründung sie mitgewirkt hatten. Und sie wären mit vielem nicht einverstanden gewesen. Es war dies nicht so sehr eine Frage der politischen Einstellung als vielmehr der Werte, des ganzen Lebensstils. Die Versuche, eine Gesellschaft nach dem Ebenbild jugendlicher Träume zu schaffen, waren bestenfalls teilweise erfolgreich gewesen. Das gleiche gilt aber für alle sozialistischen Bewegungen. Dennoch ist es bemerkenswert, in welch hohem Maße es der Arbeiterbewegung gelang, der israelischen Gesellschaft ihren Stempel aufzudrücken.

Letztlich wurde die Mapai weniger als andere sozialistische Parteien von der Entideologisierung betroffen, weil sie von allem Anfang an pragmatischer war. Der seit 1948 herrschende Belagerungszustand hat kein Klima geschaffen, das einer doktrinärer Prinzipienreiterei förderlich wäre. So wie dies auch in anderen demokratischen Gesellschaften der Fall ist, hat die Partei, unabhängig von politisch-theoretischen Überlegungen, eine Eigendynamik gewonnen und ist gleichsam zu einem Förderband für Ideen aus beiden Richtungen geworden. Nach Erreichung ihrer ursprünglichen Ziele mag sie vielleicht ihre historische Aufgabe überlebt haben, aber in Ermangelung anderer Kräfte, die ihre Stelle einnehmen könnten, spielt sie weiterhin eine entscheidende Rolle in der israelischen Politik.

In Blut und Feuer: Jabotinsky und der Revisionismus

Zwischen den beiden Weltkriegen war die Existenz der zionistischen Bewegung durch erbitterte innere Streitigkeiten gefährdet. Die Bewegung hat sich nie durch besondere Einigkeit ausgezeichnet. Selbst wenn die Dinge gut liefen, gab es viele Meinungsverschiedenheiten, und in Krisenzeiten wurde der ohnehin durch Konflikte geschwächte Zionismus von Richtungskämpfen zerrissen. Zur Zeit der Balfour-Deklaration und in den darauffolgenden Jahren herrschte ein Zustand der Euphorie. Es gab nur wenige Zionisten, die nicht überzeugt waren, daß das messianische Zeitalter gekommen sei und daß in naher Zukunft ein jüdisches Gemeinwesen in Palästina entstehen würde, in dem Hunderttausende, wenn nicht Millionen Juden eine Heimat finden würden. *Altneuland,* die idyllische moderne Gesellschaft, die Herzl vorgeschwebt war, schien in greifbare Nähe gerückt. Nur eine Handvoll weitblickender Führer wußte, daß der schwerste Kampf noch bevorstand. Alle anderen brauchten Jahre, bis sie erkannten, daß der Fortschritt qualvoll langsam vor sich gehen würde.

Die britische Verwaltung in Palästina stand dem Zionismus keineswegs mit ungeteilter Sympathie gegenüber, und die Araber waren ausgesprochen feindselig. Die Balfour-Deklaration wurde immer mehr eingeschränkt. Einwanderer kamen verhältnismäßig wenige, landwirtschaftliche Besiedlung und Industrialisierung schritten nur langsam voran, da die Zionistische Organisation über keine Reserven zur Finanzierung großer Projekte verfügte. Die 200.000 Juden Berlins spendeten für die soziale Fürsorge in ihrer eigenen Gemeinde mehr Geld als das gesamte jüdische Volk für den Aufbau Palästinas. Der von Herzl erträumte Charter war endlich errungen, aber die Zukunft des ganzen Unternehmens erschien fast ebenso unsicher wie vorher. Es kam zu einer Stagnation und in mancher Hinsicht zu einem Niedergang, und überall in Europa gab es bedrohliche Anzeichen dafür, daß die Lage der jüdischen Gemeinden immer prekärer wurde. Der Antisemitismus war virulenter und weiter verbreitet als vor dem Ersten Weltkrieg, und als die Wirtschaftskrise der dreißiger Jahre ein Land nach dem anderen erfaßte, zogen sich dunkle Gewitterwolken am politischen Horizont zusammen.

Unter diesen Umständen wuchs zwangsläufig die Unzufriedenheit mit der offiziellen zionistischen Politik. Dem Aktionskomitee wurden

Schwäche und mangelnde Initiative vorgeworfen, und Weizmann wurde persönlich für die Rückschläge verantwortlich gemacht. Man beschimpfte ihn, er sei unentschlossen, neige allzusehr zu den Briten, befürworte einen neuen »Minizionismus« und verrate das Erbe Herzls und Nordaus. Diese Stimmung herrschte vor allem in Polen, wo die Lage der Juden äußerst kritisch war, aber der Ruf nach einer aktiveren Politik breitete sich schnell aus und fand lautstarken Widerhall in anderen Teilen der Welt. Diese Opposition verfügte über einen hochbegabten Führer; sie wurde in der Tat von Wladimir (Zeev) Jabotinsky so sehr beherrscht, daß es unmöglich ist, ihre Geschichte zu schreiben, ohne ständig auf die Persönlichkeit jenes Mannes hinzuweisen, der zwei Jahrzehnte lang ihr Geschick bestimmte.

Jabotinsky, das Wunderkind des russischen Zionismus, war schon in jungen Jahren als ausgezeichneter Essayist und glänzender Redner weithin bekannt und bewundert, vielleicht als der beste in einer Bewegung, der es an ausgezeichneten Rednern keineswegs mangelte. 1880 als Sohn einer bürgerlichen Familie geboren, die nach dem Tod seines Vaters verarmte, wuchs der junge Jabotinsky in der lebendigen Atmosphäre seiner Heimatstadt Odessa auf, eines bedeutenden Kulturzentrums, dessen Einwohner ein Gemisch aus verschiedenen Völkern und Religionen waren, kosmopolitisch, farbenreich, neuen Tendenzen und Ideen aufgeschlossen. In seiner Jugend hatte er kaum Interesse für das Judentum und schloß sich, im Gegensatz zu vielen seiner Zeitgenossen, auch nicht der revolutionären Bewegung an[1]. Seine große Liebe galt der russischen Literatur. Er schrieb Lyrik in russischer Sprache, und im Alter von sechzehn Jahren begann er in Zeitungen Essays zu veröffentlichen. Sein erster Beitrag befaßte sich mit einem Thema, das ihn noch viele Jahre lang beschäftigen sollte – Kritik am System der Notengebung in der Schule. Er studierte zuerst in der Schweiz, dann längere Zeit in Italien, das ihm zur zweiten geistigen Heimat wurde. Dort verschlang er die Schriften der Führer des *Risorgimento.* Auch zeitlich nähere Autoren, etwa Benedetto Croce, beeinflußten ihn nachhaltig, und er begann italienische Gedichte zu schreiben. Sein Interesse an jüdischen Angelegenheiten wurde nur langsam geweckt. Die Pogrome der Jahre 1904 und 1905 bedeuteten für ihn, wie auch für viele andere seiner Generation, ein rauhes Erwachen. Jabotinsky nahm aktiv an der Organisierung des jüdischen Selbstschutzes teil, übersetzte Bialiks Gedicht über das Massaker von Kischinew ins Russische und fuhr im Alter von zweiundzwanzig Jahren als Delegierter zum sechsten Zionistenkongreß, wo er – wie er später schrieb – von Herzl ungeheuer beeindruckt war. Nachdem er sich zu dem neuen Glauben bekehrt hatte, gab es keinen, der die Frohbotschaft mit größerer Begeisterung verbreitet hätte als er. Innerhalb weniger Jahre wurde er zum professionellen Zionisten, zum reisenden Agitator, der in ganz Rußland als Redner sehr begehrt war. Gorki, Kuprin und anderen führenden Schriftstellern jener Zeit zufolge war sein völliges Aufgehen in jüdischen Angelegenheiten und im Zionismus ein großer Verlust für die russische Literatur. Jabotinsky hatte plötzlich nicht nur erkannt, daß die Juden in den Werken seiner geliebten russischen Schriftsteller in höchst ungünstigem Licht dargestellt waren; er fühlte auch, daß die Lage eines Juden, der den Ehrgeiz hatte, ein russischer Schriftsteller zu werden, in höchstem Maße problematisch war[2]. Es ist etwas Unnatürliches und Würdeloses daran, schrieb er, wenn Juden eine führende Rolle bei den Zentenarfeiern für einen Schriftsteller wie Gogol spielen, in dessen Erzählungen es von antisemitischen Bemerkungen nur so wimmelt.

Jabotinsky war zu einem begeisterten Zionisten geworden, aber in seiner politischen Orientierung war er keineswegs radikaler als seine Zeitgenossen. Zwar stellte er sich gegen den Uganda-Plan, gab aber später zu, daß die Probleme weniger klar gewesen seien, als er es damals geglaubt hatte. Er half beim Zustandekommen der Konferenz von Helsingfors im November 1906, die in einer Resolution gleiche Rechte für die Juden und alle anderen Nationalitäten des russischen Reiches forderte. Dies mag verhältnismäßig harmlos klingen, stellte jedoch in Wahrheit ein bedeutendes neues Element im Zionismus dar. Warum bestand Jabotinsky auf voller Gleichberechtigung für die Juden, wenn er gleich Pinsker und Herzl überzeugt war, daß der Antisemitismus in Europa endemisch und das osteuropäische Judentum zum Untergang verurteilt war? Er glaubte nicht, daß eine nationale Wiedergeburt außerhalb Palästinas möglich wäre, aber er war nicht mehr gewillt, die zionistische »Gegenwartsarbeit« in der Diaspora zu boykottieren. Jabotinskys Tätigkeit in Konstantinopel als Mitarbeiter des Repräsentanten des Zionistischen Aktionskomitees in der türkischen Hauptstadt, Jacobson, fand bald ein Ende wegen eines Streits über ein Buch, betreffend die Ziele des Zionismus und verfaßt von dem holländischen Zionistenführer Jacobus Kann, das, wie man befürchtete, die Lage des Zionismus im Osmanischen Reich schwer kompromittieren würde. Merkwürdigerweise war Jabotinsky mehr für Zurückhaltung als für »Maximalismus«.

1914 befand er sich in einer Krise. »Was hätte ich getan, wenn die Welt nicht zu brennen begonnen hätte?« schrieb Jabotinsky in seiner Autobiographie in einem seltenen Anfall von Selbstmitleid. »Ich hatte meine Jugend und die ersten Mannesjahre sinnlos vertan. Vielleicht wäre ich nach Erez Israel gegangen, vielleicht wäre ich nach Rom geflüchtet, vielleicht hätte ich eine politische Partei gegründet.« Solche Anfälle von Niedergeschlagenheit dauerten jedoch nie lange, denn Jabotinsky war ein unerschütterlicher Optimist. Der Krieg entwurzelte ihn, seine Familie und seine Freunde. Er ruinierte das russische

Judentum, aber er bot auch der zionistischen Bewegung die historische Chance zur Verwirklichung ihrer Ziele, und er katapulierte Jabotinsky in ihre vordersten Reihen. Der Sturmvogel von 1914 ging aus dem Krieg als führender Politiker hervor.

Der Plan einer jüdischen Legion, die von nun an eine entscheidende Rolle in Jabotinskys Denken spielte, entstand gegen Ende 1914, als er während seiner Tätigkeit als Kriegskorrespondent in Ägypten erfuhr, daß Hunderte junger Juden von den türkischen Behörden deportiert worden waren. Er half bei der Aufstellung des aus jüdischen Soldaten bestehenden *Mule Corps,* das später bei Gallipoli zum Einsatz kam. Aber Jabotinsky dachte an ein weit ehrgeizigeres Unternehmen; es bedurfte mehrjähriger Bemühungen, und es gab viele Rückschläge, ehe im August 1917 in London die Bildung eines jüdischen Regiments *(The Judaeans)* offiziell bekanntgegeben wurde. Die Legion traf im darauffolgenden März in Palästina ein und spielte in der letzten Kriegsphase eine gewisse, wenn auch militärisch nicht sehr bedeutende Rolle.

In seinem Kampf um die Aufstellung einer jüdischen Legion stand Jabotinsky »fast allein und wurde überall entmutigt und verlacht«, wie Weizmann sagte, einer der wenigen, die Jabotinskys Bemühungen mit einigem Wohlwollen verfolgten. Die Nichtzionisten waren selbstverständlich gegen Jabotinsky. Sowohl das liberale assimilierte Establishment als auch die linksgerichteten Pazifisten bekämpften ihn wütend[3]. Aber auch unter Jabotinskys Kollegen gab es starke Widerstände. Schließlich kämpften in diesem Krieg Zionisten auf beiden Seiten, und es bestand die Gefahr, daß die Türken scharf reagieren würden. Hatte es einen Sinn, die Existenz der kleinen jüdischen Gemeinde in Palästina wegen eines Projektes von zweifelhaftem militärischen oder politischen Wert aufs Spiel zu setzen? Während Weizmann überzeugt war, daß die Alliierten den Krieg gewinnen würden, waren viele russische Zionisten sich dessen nicht so sicher; und was Rußland, das Bollwerk des Antisemitismus betraf, so meinten sie nicht, daß die wahrscheinliche Folge eines alliierten Sieges, nämlich die Fortdauer des zaristischen Regimes, wünschenswert wäre.

Für Jabotinsky bedeutete die Aufstellung einer jüdischen Legion mehr als nur einen taktischen Schachzug. Er war kein geborener Militarist, als junger Mann hatte er sogar ein pazifistisches Theaterstück geschrieben. Er hatte jedoch einen starken Hang zur Romantik, ja zum Abenteuer und fand im Soldatenleben trotz aller Enttäuschungen und Entbehrungen eine gewisse persönliche Befriedigung. Vielleicht sah er sich als einen jüdischen Garibaldi, der an der Spitze einer jüdischen Armee Palästina befreien würde. Vor allem aber waren es zwei grundsätzliche Überlegungen, die ihn mit solch fanatischer Ausdauer für die Gründung der Legion kämpfen ließen: Er war völlig überzeugt, daß eine jüdische Armee, so klein sie auch sein mochte, eine historische Notwendigkeit war. Wie viele landwirtschaftliche Siedlungen man auch errichtete, ohne jüdische Militäreinheiten würden sie schutzlos sein.

Die Legion wurde trotz starker Opposition gegründet. In späteren Jahren übertrieb Jabotinsky ihre politische Bedeutung während des Krieges sehr stark. Seine Behauptung, die Balfour-Deklaration wäre zur Hälfte der Legion zu verdanken, war einfach unwahr[4]. Jabotinsky war zutiefst vom Wert militärischer Ausbildung und militärischer Disziplin überzeugt, die seiner Meinung nach von besonderer Wichtigkeit für ein Volk waren, das viele Jahrhunderte lang sich nicht hatte wehren können. Diese Ideale spielten nunmehr in Jabotinskys Denken eine entscheidende Rolle. Über »Militarismus« schrieb er: »Wir sollten uns von einem lateinischen Wort nicht abschrecken lassen.« Es gebe zwei Arten von Militarismus: die eine sei agressiv und ziele auf territoriale Eroberungen ab, die andere sei die natürliche Verteidigung eines Volkes, das keine Heimat habe und von Ausrottung bedroht sei. Wenn das Militarismus ist, schrieb er, dann sollten wir stolz darauf sein[5].

Die Legion, in der Jabotinsky als Leutnant diente, wurde zu seinem großen Kummer bald nach Kriegsende demobilisiert. Er hatte gehofft, sie würde zum Kern einer jüdischen Armee werden – nötigenfalls unter britischem Kommando. Jabotinsky wurde zum politischen Vertreter der zionistischen Kommission ernannt, die in der Zeit zwischen dem Waffenstillstand und dem Beginn des Mandats als Verbindungsstelle zu den britischen Militärbehörden fungierte. Von allem Anfang an war er wegen der Feindseligkeit der Verwaltungsbehörden in Palästina besorgt und kritisierte Weizmann, dem er zu große Nachgiebigkeit in den Verhandlungen mit der britischen Regierung vorwarf. Er meinte, man müsse, ohne auch nur einen einzigen Tag zu verlieren, vollendete Tatsachen schaffen. Damit meinte er vor allem eine sofortige Einwanderung in großem Maßstab und eine jüdische Streitmacht, fand aber bei den anderen Zionistenführern wenig Verständnis. Weizmann sagte, er hätte nicht gewagt, dem jüdischen Volk ein weitreichendes Programm vorzulegen, von dem er im voraus wußte, daß es nicht realisierbar war: »Der Zionismus kann nicht die Antwort auf eine Katastrophe sein.« Ussischkin, der kein Anglophiler war und politisch Jabotinsky viel näherstand, bemerkte dazu, das Land könne nicht in Eile aufgebaut werden, wie nach dem Auszug aus Ägypten, sondern nur durch langsame Einwanderung, wie nach dem babylonischen Exil[6].

Zur Zeit der ersten arabischen Überfälle im April 1920 in Jerusalem war Jabotinsky dort Chef der Hagana. Als Adjutanten hatte er Jeremiah Halpern gewählt, den Sohn Michael Halperns, der dreißig Jahre vorher als erster die Gründung einer jüdischen Legion vorgeschlagen hatte. Nach dem Abflauen der Unruhen wurde Jabotinsky verhaftet und wenige Tage später zu fünfzehn Jahren Zuchthaus verurteilt. Das Verfahren war ein Skandal, denn Jabotinsky und seine Männer hatten ja gerade deshalb zur Selbstverteidigung greifen müssen, weil die britischen Behörden nicht imstande gewesen waren, die öffentliche Ordnung zu gewährleisten und das Leben der Juden in Jerusalem zu schützen. Kurz nach seiner Ankunft in Palästina erließ Herbert Samuel, der erste Hochkommissar, eine Amnestie für Jabotinsky und die anderen im selben Prozeß verurteilten jüdischen Gefangenen. Jabotinsky war nur wenige Monate im Gefängnis gewesen und als politischer Gefangener bevorzugt behandelt worden. Nach seiner Entlassung wurde er als Held begrüßt, aber er war zutiefst verbittert und sehr unglücklich darüber, daß er seine Freilassung einer Amnestie verdankte, die auch den Arabern zugute kam, welche an den Überfällen auf Juden teilgenommen hatten. Später unternahm er rechtliche Schritte und erreichte die Aufhebung seines Urteils durch den Oberkommandierenden in Ägypten. Stärker als je zuvor empfand er die Notwendigkeit einer Selbstschutz-Armee. Es sollte keine illegale Truppe sein; ohne Selbstschutz wäre die Kolonisation einfach nicht zu verwirklichen.

In dieser Frage unterschied er sich von den Arbeiterzionisten, die in anderen Punkten seine Kritik an Weizmanns Politik unterstützten. Jabotinsky wies das Argument zurück, daß eine jüdische Streitmacht die Araber provozieren würde. Im Gegenteil, meinte er, zweitausend reguläre Soldaten unter britischem Kommando wären eine geringere Provokation als zehntausend illegal organisierte jüdische Kämpfer. Ben Gurion, Golomb und die anderen führenden Sozialisten waren im Prinzip keineswegs gegen eine Legion, aber sie stellten zwei Fragen, auf die Jabotinsky keine überzeugende Antworten geben konnte: Woher sollten sie die Gewißheit nehmen, daß eine jüdische Legion dem Jischuw Schutz bieten würde, wenn sie nicht unter jüdischem Kommando stünde? Und da es selbst im günstigsten Fall längere Zeit dauern würde, bis die Legion einsatzbereit wäre, wer würde bis dahin die Gemeinde schützen?

Jabotinsky trat im März 1921 gemeinsam mit zwei Gesinnungsgenossen, Richard Lichtheim und Joseph Cowen, ins Zionistische Aktionskomitee ein. Fast zwei Jahre lang spielte er dort eine führende Rolle – als politischer Berater, Geldspendensammler und Propagandist der zionistischen Idee. Er verbrachte mehrere Monate in den Vereinigten Staaten, wo er mit den amerikanischen Zionistenführern Brandeis und Mack in Konflikt geriet, weil deren »Minimalismus« in krassem Gegensatz zu seinen Auffassungen stand. Während sie glaubten, die politische Phase des Zionismus sei mehr oder minder zu Ende, war er der festen Überzeugung, daß der wirkliche Kampf erst bevorstehe. Jabotinsky war wegen der Ereignisse in Palästina äußerst besorgt, vor allem wegen der offen zutage tretenden Feindseligkeit gegenüber dem Zionismus im Haycraft-Bericht von 1921, der den Juden die Hauptverantwortung für die Ausschreitungen in Jaffa im Mai 1921 in die Schuhe schob. Im November 1922 schrieb Jabotinsky an das Zionistische Aktionskomitee, die »schwankende Haltung« der britischen Regierung sei eine logische Folge von Herbert Samuels Politik »und unserer eigenen Schüchternheit im Umgang mit dieser Verwaltung«. »Unsere eigene Schüchternheit« – dies war in den folgenden Jahren das Leitmotiv all seiner Reden und Artikel[7]. Er war äußerst unglücklich über Churchills Weißbuch, das eine einschränkende Interpretation der Balfour-Deklaration ermöglichte. Eine Schlacht war verloren worden, aber, so erklärte Jabotinsky auf einem späteren Zionistenkongreß, er könne seine Kollegen in einer verzweifelten Notlage nicht im Stich lassen und halte es für seine moralische Pflicht, die Schande der Niederlage mit seinen Kollegen zu teilen[8].

Jabotinskys Stellung im Aktionskomitee wurde durch seine Gespräche mit Slawinsky, einem Minister in Petljuras ukrainischer Exilregierung, kompromittiert. Jabotinsky schlug vor, im Rahmen des Petljura-Regimes eine jüdische Gendarmerie aufzustellen, die die ukrainischen Juden vor Pogromen schützen sollte. Slawinsky war ein ukrainischer liberaler Intellektueller von ziemlich gutem Ruf, doch waren unter Petljuras Herrschaft Tausende Juden ermordet worden. Die Tatsache, daß Jabotinsky bereit war, wenn auch nur indirekt mit jenem Mann zu verhandeln, der für diese Massaker verantwortlich war, rief in der jüdischen Welt einen Sturm der Entrüstung hervor. (Petljura wurde einige Jahre später von einem jüdischen Studenten in Paris ermordert.) In Anerkennung an seinen alten Helden Mazzini verteidigte sich Jabotinsky mit den Worten, im Interesse Palästinas und der Juden würde er sich auch mit dem Teufel verbünden. Ob solch ein Bündnis nun wünschenswert und nutzbringend war oder nicht, in diesem Fall war es jedenfalls völlig überflüssig. Der »Pakt« war nicht nur in taktischer Hinsicht völlig verfehlt, sondern auch ohne jegliche praktische Bedeutung, da der Einmarsch in der Sowjetukraine, der von Polen her hätte erfolgen sollen, nicht stattfand und die ukrainische Exilregierung bald darauf zusammenbrach. Dieser Zwischenfall schadete Jabotinsky politisch und trug ihm den Ruf eines extremen Reaktionärs und Pogromisten-Kallaborateurs ein. Dies war ungerecht, aber Jabotinsky war selber schuld daran. Sein politisches Urteilsvermögen hatte versagt, und er hatte sich auf politische Aktivität um ihrer selbst willen eingelassen – ein Vorgang, der sich in späteren Jahren wiederholen sollte.

Jabotinsky trat im Januar 1923 aus dem Aktionskomitee aus, als Protest gegen Weizmann, der seiner Meinung nach eine verhängnisvolle Verzichts- und Kompromißpolitik verfolgte. »Weizmann glaubt, mein Weg sei der eines hartnäckigen Phantasten«, berichtet er einem Freund nach seinem Gespräch mit Weizmann, »während ich meine, daß er den Weg des Verzichts, des unbewußten Marranentums verfolgt.« Sein eigener Weg war schwierig und stürmisch, aber er sollte zu einem jüdischen Staat führen[9]. Jabotinsky glaubte, Großbritannien und der Zionismus hätten gemeinsame Interessen in östlichem Mittelmeer, und keine britische Regierung würde sich von der Balfour-Deklaration distanzieren. Daher hielt er es nicht für gefährlich, in London peinliche Fragen zu stellen und die Briten zur Erfüllung ihrer Verpflichtungen im Rahmen des Mandats zu drängen. Wenn aber, wie manche seiner Freunde meinten, diese Interessengemeinschaft fragwürdig war, das Mandat keine feste Interessengrundlage hatte und das Versprechen jederzeit gebrochen werden konnte, wenn alles nur ein Mißverständnis gewesen war – was hatte es dann noch für einen Sinn, den Schein noch einige Monate lang aufrechtzuerhalten? Jabotinsky war der Ansicht, daß, abgesehen von allen anderen Überlegungen, die Fortdauer einer antizionistischen Politik in Palästina die Bewegung finanziell ruinieren würde. Wer wäre schon bereit, eine Sache zu unterstützen, die keinerlei Fortschritt vorweisen konnte? Die Politik der Palästinaverwaltung blockierte jedenfalls jeglichen Fortschritt.

Jabotinskys Ausscheiden aus dem Aktionskomitee wurde ohne Bedauern zur Kenntnis genommen. Seine Kollegen waren irritiert wegen seiner Neigung, politische Fragen zu dramatisieren, und wegen seiner häufigen Reden und Erklärungen, in denen er ihre Politik kritisierte. Sie stimmten mit ihm darin überein, daß die britische Regierung und vor allem die Mandatsbehörden ihre aus dem Mandat erwachsenden Verpflichtungen nicht erfüllten, glaubten aber nicht, daß die Alternative so leicht und eindeutig sei, wie Jabotinsky es darstellte. »Entweder besteht eine Interessengemeinschaft, dann wird man schließlich das tun, was wir wollen, oder sie besteht nicht, dann haben wir nichts zu verlieren, weil das Mandat auf jeden Fall aufgehoben werden wird.« Weizmann, der die Briten besser verstand als Jabotinsky, wußte, daß manche britische Politiker eher für eine Zusammenarbeit mit dem Zionismus waren als andere und daß der Zionismus in der britischen Nahostpolitik nur ein Faktor unter vielen war. Mit anderen Worten, Jabotinsky hätte nichts tun können, was Weizmann nicht ohnehin tat. Er hätte häufiger und lauter protestieren können, aber was hätte dies bewirkt? Die einzige wirkliche Alternative wäre eine grundsätzliche Umorientierung gewesen, eine Abkehr von Großbritannien und eine Hinwendung zu einer anderen Macht oder Mächtegruppe. Aber Jabotinsky war keineswegs für eine Umorientierung, obwohl er später, in den dreißiger Jahren, halben Herzens mit dem Gedanken eines Bündnisses mit Warschau spielte, was jedoch keine reale Alternative darstellte.

Die grundsätzliche Schwäche von Jabotinskys Politik kam in dem Auganblick deutlich zum Vorschein, als er in Opposition zur offiziellen zionistischen Politik trat. Seine Analyse der Schwächen der Politik seiner Kollegen, vor allem auf außenpolitischem Gebiet, war eindrucksvoll, wenn auch gewöhnlich etwas übertrieben. Aber er hatte keine Alternative anzubieten, nur das Versprechen, er würde bessere Ergebnisse erzielen, wenn man ihm eine Chance gäbe. Auf dem Vierzehnten Zionistenkongreß wurde er von seinen Kritikern aufgefordert, zu sagen, welche Mittel er anwenden würde, um England unter Druck zu setzen. Er antwortete, er sei weder ein Freund noch ein Feind Großbritanniens, wisse aber, daß kein Druck erforderlich sei, um ein zivilisiertes Volk wie die Engländer zu überzeugen. Er könne nicht im voraus sagen, auf welche Weise er sie überzeugen würde, und auch Herzl wäre nicht imstande gewesen, dem Kongreß eine solche Information zu geben. Die Hauptsache sei, daß die Forderungen der Zionisten logisch und folgerichtig seien und mit Nachdruck verfolgt würden[10].

Die Ursprünge des Revisionismus

Als Jabotinsky aus dem Aktionskomitee austrat, wollte er sich zunächst für einige Zeit völlig von der Politik zurückziehen, doch täuschte er sich darin selbst. Seinem Temperament nach war er für ein Leben außerhalb der Politik völlig ungeeignet. Er fühlte sich ständig dazu gedrängt, in Wort und Schrift zu Fragen der aktuellen zionistischen Politik Stellung zu nehmen. Er brauchte den direkten Kontakt mit seinen Lesern und Zuhörern. Man schlug ihm vor, in die Redaktion der Zeitschrift *Rasswet* einzutreten, die vielen als das führende Organ des russischen Zionismus galt und nun zu Jabotinskys Sprachrohr wurde. Die Wirkung seiner stets aggressiven und ausgezeichnet geschriebenen Artikel war jedoch begrenzt. *Rasswet* war nicht das ideale Instrument, um die jüdischen Massen zu erreichen, gewiß nicht die jüngere Generation. Der Gedanke, eine politische Partei und eine Jugendbewegung zu gründen, kam ihm gegen Ende 1923, auf einer Reise nach Lettland und Litauen. Einen Tag, nachdem er in Riga eine Rede über zionistischen Aktivismus gehalten hatte, wurde er eingeladen, vor der dortigen jüdischen Studentenvereinigung zu sprechen, wo man ihm sagte, er hätte kein Recht, solche Ansichten zu äußern und junge Menschen aufzurütteln, wenn er nicht beabsichtigte, sie zum Handeln aufzurufen: »Sie sollten entweder schweigen oder eine Partei gründen[11].« Nach seiner Rückkehr schrieb Jabotinsky an einen Freund, er habe eine junge Generation kennengelernt, an die zu glauben sich lohne, und er sei zu dem Entschluß gelangt, sie für die Sache des zionistischen Aktivismus zu gewinnen. Riga wurde zum Geburtsort der revisionistischen Jugendorganisation *Betar*.

Jabotinsky mußte nun die Grundsätze des Revisionismus formulieren, wie die neue Bewegung nach dem Vorschlag eines seiner Mitarbeiter genannt werden sollte. Sie war nicht als radikaler Neubeginn gedacht. Nicht der Zionismus sollte revidiert werden, sondern nur seine damalige Politik. Der Revisionismus betrachtete sich als einzigen wahren Erben der von Herzl und Nordau ausgehenden Tradition des politischen Zionismus, im Gegensatz zur offiziellen zionistischen Führung, die durch fortwährende Konzessionen davon abgewichen sei. Jabotinsky und seine Anhänger waren Maximalisten, sie forderten nicht nur Palästina für die Juden, sondern »die allmähliche Umwandlung Palästinas (einschließlich Transjordaniens) in ein souveränes Gemeinwesen unter den Auspizien einer etablierten jüdischen Mehrheit[12]«. Sie betrachteten dies als die einzig zulässige Interpretation des Terminus *nationale Heimstätte* in der Balfour-Deklaration und im Mandat. Transjordanien sei ein untrennbarer Teil des Territoriums von Palästina und müsse daher in den Bereich der jüdischen Kolonisation einbezogen werden. Das britische Weißbuch von 1922, das die Interpretation der Balfour-Deklaration eingeengt hatte, sei von der zionistischen Bewegung unter Zwang angenommen worden und in der Hoffnung, dies würde zu einer Anerkennung der Deklaration durch die palästinensischen Araber führen. Da die Araber die Anerkennung der Deklaration abgelehnt hatten, sei das Weißbuch von 1922 nicht mehr gültig.

Im Jahre 1926 bezeichnete Jabotinsky in seinen Schriften die Schaffung einer jüdischen Minorität in Palästina westlich und östlich des Jordans als erstes Etappenziel des Zionismus. Eine normale politische Entwicklung auf einer parlamentarisch-demokratischen Basis könne erst nach Erreichung dieses Zieles ins Aug gefaßt werden[13]. Das Endziel sei die Lösung der Judenfrage und die Schaffung einer jüdischen Kultur. Jabotinsky lehnte nachdrücklich die Auffassung ab, daß die zionistischen Ziele nicht allzu offen proklamiert werden sollten. Es sei zu spät, einen Minimalismus zu predigen, denn auch den Arabern sei Herzls *Judenstaat* bekannt. Verheimlichung der wahren Ziele würde bloß die Freunde verwirren, nicht aber die Feinde. Zur Erreichung der Mehrheit schlug Jabotinsky eine jährliche Einwanderung von vierzigtausend Menschen über einen Zeitraum von fünfundzwanzig Jahren vor. Wenn Transjordanien einbezogen würde, dann müßten es fünfzig- bis sechzigtausend Einwanderer jährlich sein. Transjordanien, so meinte er, sei immer schon ein Teil des jüdischen Palästinas gewesen; überdies sei es weniger dicht bevölkert und daher für die Kolonisierung noch besser geeignet.

Diese Haltung war insofern revolutionär, als Jabotinsky die Errichtung eines jüdischen Staates zu einer Zeit forderte, als dies noch keine andere führende zionistische Persönlichkeit oder Organisation offen tat. In jenem frühen Stadium dachte Jabotinsky vielleicht noch nicht an volle Unabhängigkeit. Der Begriff »Staat«, so sagte er einmal, habe im politischen Gebrauch verschiedene Bedeutungen – Frankreich sei ein Staat, aber ebenso Nebraska oder Kentucky. »Staat« müsse nicht unbedingt völlige Unabhängigkeit bedeuten, doch während man über das Ausmaß der Selbstverwaltung diskutieren könne, bestehe keinerlei Verhandlungsspielraum in bezug auf einen grundsätzlichen Faktor: Entweder es gebe eine jüdische Mehrheit, oder es gebe keine[14]. In diesem Punkt war keine Verständigung mit Weizmann möglich, der zur Zeit jenes Zionistenkongresses, auf dem Jabotinsky die Diskussion über das »Endziel« eröffnete, in einem Interview mit einem Journalisten erklärte: »Meines Wissens gibt es keine jüdische Mehrheit in Palästina, und ich wünsche auch keine.« Diese Feststellung rief heftigen Widerspruch hervor und war wenige Tage später einer der Faktoren, die zu Weizmanns Niederlage führten. Aber auch das machte Jabotinskys Politik für die Mehrheit der Kongreßteilnehmer nicht akzeptabler.

Jabotinsky wich dem Araberproblem nicht aus. Er betrachtete die arabische Gegnerschaft zum Zionismus und zur jüdischen Einwanderung als natürlich und unvermeidlich. Da aber die Juden in Europa vor einer Katastrophe standen, während die Lage der Araber im Nahen Osten sicher war, glaubte er, das moralische Recht der Juden wiege unendlich schwerer. Die Revisionisten erkannten, daß es in Palästina auch nach Erringung der jüdischen Mehrheit eine bedeutende arabische Minderheit geben würde. Jabotinsky schrieb in seinem Programm, im jüdischen Staat würde völlige Gleichberechtigung von Juden und Arabern herrschen, denn wenn ein Teil der Bevölkerung arm wäre, dann würde das ganze Land leiden[15]. Inzwischen würden die Araber den Zionismus weiter bekämpfen, solange, bis der »eherne Wall« errichtet sei. Erst dann, und nur dann, würden sie einsehen, daß sie den Zionismus nicht zerstören könnten, daß sie ihn akzeptieren und mit ihm würden leben müssen. Wenn die Umwandlung Palästinas in einen jüdischen Staat moralisch gerechtfertigt war, dann war der Widerstand dagegen ungerechtfertigt. Darum lehnte Jabotinsky jeden Kompromiß mit den seiner Meinung nach unberechtigten Forderungen der arabischen Seite ab, um so mehr, als es in der Frage der Majorität keinen Spielraum gab. Das »Entweder – Oder« war kennzeichnend für Jabotinskys politische Haltung in der Araberfrage wie auch für seine Einstellung zu den Briten und seine Forderung nach einer jüdischen Armee: Entweder hatten die Juden ein Recht auf ihren Staat, dann war der arabische Widerstand unmoralisch, oder sie hatten kein solches Recht, dann verlor der Zionismus seine Grundlage. Eine solche

Dramatisierung komplizierter Fragen war immer rhetorisch wirkungsvoll, aber die Probleme waren sowohl in moralischer als auch in politischer Hinsicht viel zu verwickelt, um durch kategorische Erklärungen dieser Art aufgehellt oder gar gelöst zu werden.

Jabotinsky ging niemals von seiner Forderung nach einer wenn auch noch so kleinen jüdischen Armee ab. Warum sollten die britischen Steuerzahler für die Verteidigung der Juden in Palästina aufkommen? Früher oder später würden sie nicht mehr willens sein, diese Last zu tragen; auch war Großbritannien nicht moralisch verpflichtet, für die Sicherheit der Juden zu sorgen. Der Zionismus hingegen habe die Pflicht, entweder die notwendigen Männer und Geldmittel aufzubringen oder seine politischen Forderungen fallenzulassen. Eine kleine jüdische Legion in der Stärke von drei Bataillonen (etwa dreitausend Mann) würde nicht mehr als 120.000 Pfund im Jahr kosten. Das wäre keineswegs eine unproduktive Ausgabe, wie die Kritiker meinten, sondern im Gegenteil die Voraussetzung für jeden Kolonisierungsplan.

Als die Beziehungen zu Großbritannien sich veschlechterten, machten Jabotinsky und seine Freunde vor allem die britischen Vertreter an Ort und Stelle dafür verantwortlich: Allenby sei gegen den Zionismus gewesen, und Herbert Samuel sei zu schwach, um sich durchzusetzen. Anstatt den ersten Hochkommissar und seine Verwaltung zu kritisieren, meinte Jabotinsky weiter, habe die jüdische Öffentlichkeit ihn nie offen angegriffen. Die Rückschläge der zionistischen Politik und die erlittenen Enttäuschungen waren nicht unvermeidlich, nicht die Folge von Zuständen, die niemand beeinflussen konnte, sondern das Resultat menschlicher Unzulänglichkeit, der feindseligen Politik der Palästina-Verwaltung sowie »der Kurzsichtigkeit, des Leichtsinns und der Schwäche unserer Leitung[16]«. Trotz seiner eigenen unglücklichen Erfahrungen lehnte Jabotinsky den Gedanken eines Bündnisses mit Großbritannien keineswegs ab, vorausgesetzt, die Mandatsmacht bekräftigte den ursprünglichen Geist des Mandats. Als der prozionistische Politiker Sir Josiah Wedgwood vorschlug, Palästina zu einem siebenten Dominium im britischen Commonwealth zu machen, begrüßten dies die Revisionisten 1928 auf ihrer dritten Weltkonferenz in Wien, aber nach 1930 begann diese Hoffnung zu verblassen. Jabotinsky sagte, er wünsche noch einen »letzten Versuch«, um zu einer Verständigung mit Großbritannien zu gelangen. Ein anderer führender Revisionist, Schechtman, schrieb 1922, es könnte zu einer Situation kommen, in der das jüdische Volk an einer Fortsetzung des Mandates nicht mehr interessiert wäre.

1934 begannen die Revisionisten die Einstellung der Zusammenarbeit mit den Mandatsbehörden zu propagieren, was ihnen von ihren Kritikern den Vorwurf der Inkonsequenz einbrachte. Wie konnte man eine jüdische Legion unter britischem Kommando fordern und zugleich gegen die Zusammenarbeit sein? Waren lärmende Demonstrationen ein geeignetes Mittel, die Briten zu überzeugen, daß der Zionismus die sicherste Säule der britischen Politik im Orient sei? Trotz all ihrer Kritik an der britischen Politik waren die Revisionisten in ihren Prämissen damals letztlich ebenso probritisch wie Weizmann. Die Revisionisten glaubten, die britische Regierung sei im Grunde dem Zionismus günstig gesinnt und würde ihren Verpflichtungen sowohl aus Eigeninteresse als auch aus moralischen Erwägungen nachkommen. Es war ihnen weniger klar als Weizmann, daß die neue Generation britischer Politiker, angesichts ihrer zahlreichen Interessen und Verpflichtungen in der muselmanischen Welt, die Balfour-Deklaration zunahmend als lästige Bürde, wenn nicht gar als krassen Irrtum betrachtete. In ihren Augen war der Zionismus mehr ein Hindernis denn ein potentieller Bundesgenosse.

Ein Großteil der revisionistischen Kritik an der zionistischen Führung bezog sich auf die Wirtschafts- und Gesellschaftspolitik. Jabotinsky hatte sich als Student für Volkswirtschaft interessiert und unter dem Einfluß seiner italienischen sozialistischen Lehrer 1906 geschrieben, Klassengegensätze zwischen Arbeitgebern und Arbeitnehmern könnten nicht überwunden werden, daher sei die Nationalisierung der Produktionsmittel die einzige Lösung[18]. Er hatte zwar keiner sozialistischen Partei angehört, zweifellos aber an sozialistische Ideale geglaubt. Noch zwanzig Jahre später schrieb er in einer Erläuterung des revisionistischen Programms, der Klassenkampf in Palästina sei eine unvermeidliche, ja sogar gesunde Erscheinung. Die Revisionisten stimmten weder in den Chor jener Stimmen ein, die von einem Bankrott der Gemeinschaftssiedlungen sprachen, noch richteten sie Angriffe gegen die (»bürgerliche«) vierte Alija. Jede Siedlungsform sei legitim und mit dem Revisionismus vereinbar[19]. Richard Lichtheim hingegen meinte, wenn der Revisionismus eine jüdische Mehrheit in Palästina in kürzestmöglicher Zeit schaffen wolle, dann sei der Klassenkampf offensichtlich ein Luxus, den das Land sich kaum leisten könne. Aber die Bewegung sei nicht gegen die Arbeiterklasse. Im Gegensatz zum (italienischen) Faschismus suche sie kein Bündnis mit dem Großkapital; sie sei weder sozialistisch noch kapitalistisch[20].

Schrittweise distanzierte sich Jabotinsky von seinen frühen Ansichten über Sozialismus und Verstaatlichung: Der Klassenkampf sei vielleicht in anderen Ländern gerechtfertigt; wie scharf der Konflikt zwischen Arbeitern und Unternehmern in Deutschland auch sei, er würde die deutsche Wirtschaft nicht zerstören, aber der Aufbau Palästinas befinde sich erst im Anfangsstadium, und größere Klassenkämpfe würden irreparablen Schaden anrichten[21]. Jabotinsky machte keinen grundsätzlichen Unterschied zwischen Sozialismus und Kommunismus und schrieb, eine Verstaatlichung der Produktionsmittel würde zu einer Gesellschaftsordnung führen, in der es noch weniger Freiheit und Gleichheit geben würde als in der gegenwärtigen. Eine Zeitlang stand er unter dem Einfluß von Josef Popper-Lynkeus, der originelle Theorien über ein ideales Wirtschaftssystem entwickelt hatte, in Wien literarisches Ansehen genoß und mit Robert Stricker in Verbindung stand, der Jabotinskys wichtigster Mitarbeiter in Österreich war. Dauerhafteren Einfluß auf ihn hatten einige seiner Anhänger in Palästina, ehemalige Sozialisten, die sich später scharf gegen den Arbeiterzionismus wandten. Für sie waren Mapai und Histadrut der Hauptfeind, gefährlicher als die Mandatsregierung oder die Araber.

Obwohl Jabotinsky sich der Gefahren dieses offen antisozialistischen Trends bewußt war und die »Hitzköpfe« in Privatgesprächen zurechtwies, distanzierte er sich nicht öffentlich von ihnen. Dies hatte zur Folge, daß der Revisionismus in zunehmendem Maße antisozialistische Züge annahm. Ursprünglich war es das Bestreben der Revisionisten gewesen, über dem sozialen Kampf zu stehen und dessen Auswirkungen zu lindern, also weder der Rechten noch der Linken anzugehören. Durch ihre Beteiligung am politischen Kampf wurden sie immer mehr als Gegner der organisierten Arbeiterschaft angesehen. Die Revisionisten griffen das Wirtschaftsprogramm des Zionistischen Aktionskomitees gleichzeitig aus entgegengesetzten Richtungen an: Es sei zu liberal, da es von der Annahme ausgehe, der Aufbau des Landes könne ausschließlich mit freiwilligen Beiträgen finanziert werden, und zugleich nicht liberal genug, da es die Privatinitiative in Landwirtschaft und Industrie diskriminiere.

Das revisionistische Programm forderte eine »systematisch vorgehende Kolonisationskörperschaft, der die positive Aufgabe übertragen werden soll, die für eine jüdische Massenkolonisation notwendigen Bedingungen zu schaffen[22]«. Keine andere zionistische Partei hätte der Forderung widersprochen, die Zuständigkeit für den gesamten Komplex der jüdischen Einwanderung ausschließlich der zionistischen Organisation anzuvertrauen. Eine weitere Forderung betraf die Durchführung einer umfassenden Bodenreform, um für die Kolonisierung eine Landreserve zu schaffen, die alle nicht ständig genutzten Flächen westlich und östlich des Jordans umfassen sollte, bei gerechter Entschädigung der derzeitigen Eigentümer. Die Revisionisten schlugen vor, zur Finanzierung der Masseneinwanderung und -ansiedlung eine große internationale Anleihe aufzulegen. Sie warfen dem Zionistischen Aktionskomitee vor, der bürgerlichen Initiative in Industrie und Landwirtschaft kaum Unterstützung gewährt zu haben.

Die Kritik war zum Teil durchaus begründet. Soskin, ein erfahrener Agrarfachmann, forderte eine Intensivierung der Landwirtschaft mit allen vorhandenen Mitteln und wandte sich gegen die damals herrschenden Autarkietendenzen mancher Kreise, denen zufolge die landwirtschaftlichen Siedlungen alles, was sie benötigten, selber produzieren sollten. Häufig verrieten die revisionistischen Vorschläge einen gutgemeinten Dilettantismus. Der Ratschlag an das Zionistische Aktionskomitee, »großzügig zu denken«, für die Zukunft zu planen und eine große Anleihe aufzulegen, wäre kaum auf Widerspruch gestoßen, erinnerte aber an die alte jüdische Redensart: Besser jung, gesund und reich als alt, krank und arm. Wer hätte das Geld für die Projekte aufbringen sollen? Selbst unabhängigen Ländern, die den Investoren mehr Sicherheit und bessere wirtschaftliche Aussichten bieten konnten, gelang es in den zwanziger Jahren nicht, Anleihen zu bekommen, und nach Beginn der großen Wirtschaftskrise war es praktisch unmöglich, große Geldmittel zu borgen.

Jabotinskys Einstellung erinnerte an Herzls überschwenglichen Glauben, daß sich irgendwie irgend etwas ergeben würde, wenn man sich nur intensiv genug bemühte; aber man schrieb nicht mehr 1897. Als Herzl sich erfolglos um die Hilfe potentieller Wohltäter bemühte und geheimnisvolle Andeutungen machte, ihm stünden enorme Summen zur Verfügung, konnte die zionistische Bewegung sich eine gewisse Unverantwortlichkeit leisten – sie hatte weder Besitz noch Verpflichtungen. Drei Jahrzehnte später trug sie die Verantwortung für die wachsende jüdische Gemeinde in Palästina. In die Enge getrieben, hätte Jabotinsky zweifellos zugegeben, daß auch er weder auf wirtschaftlichem noch auf politischem Gebiet Alternativlösungen anzubieten hatte, daß aber ein kräftiger Anstoß der Bewegung neue Begeisterung und Dynamik verliehen und zur Überwindung aller Hindernisse beitragen würde. Dann würde es Geld und Einwanderer ebenso geben wie politische Unterstützung.

Sein Hauptstreben aber war es, die Bewegung mit neuer Hoffnung zu erfüllen, in einer Zeit, da sie immer mehr an Schwung verlor, was, wie er fürchtete, zum Niedergang und letztlich zum Zerfall führen würde. Dies erschien vor allem deshalb entscheidend, weil die Krise des Zionismus zeitlich mit der Verschlechterung der Lage des europäischen Judentums zusammenfiel und die Auswanderung zu einer Angelegenheit von höchster Dringlichkeit wurde. Kurze Zeit vor Hitlers Machtergreifung sagte Jabotinsky zu einer Gruppe von Freunden, er hege keinen Zweifel, daß ein Punkt des Nazi-Programms, und wahrscheinlich nur dieser eine, restlos verwirklicht werden würde – jener, der die Juden betraf. Als Politiker und Führer einer Massenbewegung konnte Jabotinsky den jüdischen Massen nicht sagen, daß es keine einfachen Lösungen, kein Allheilmittel gab. Er mußte Schlagworte und Forderungen formulieren, die eindeutig, eindringlich und leicht verständlich waren, aber den Vorwurf des Dilettantismus und der Demagogie provozieren mußten, weil sie so offensichtlich unrealistisch waren. Allzuhäufig spielte er die Rolle des *terrible simplificateur*. Nach seiner

Reise durch die baltischen Staaten im Februar 1924 faßte er seine Politik in einer einfachen Formel zusammen:

»Das Programm ist nicht kompliziert. Das Ziel des Zionismus ist ein jüdischer Staat. Das Territorium – beide Seiten des Jordans. Die Methode – Massenkolonisation. Die Lösung des Finanzierungsproblems – eine Nationalanleihe. Diese vier Grundsätze können ohne internationale Zustimmung nicht verwirklicht werden. Daher ist das Gebot der Stunde – eine neue politische Kampagne und die Militarisierung der jüdischen Jugend in Erez Israel und in der Diaspora[23].«

Die neue Partei

Kaum ein Jahr nach seinem Austritt aus dem Aktionskomitee im Jahre 1923 stand Jabotinsky wieder mitten im politischen Kampf. Es war dies keineswegs bloß eine Sache unbefriedigten Ehrgeizes. Welche Fehler Jabotinsky auch haben mochte, an persönlichen Frustrationen hat er nie gelitten. Damals herrschte in den Reihen der zionistischen Bewegung weitverbreitete Unzufriedenheit, die größtenteils inartikuliert war, aber im großen und ganzen Jabotinskys Gedankengängen entsprach. Wo immer er auftauchte, überall stieß er auf die begeisterte Zustimmung der Zionisten. Seine ersten Anhänger waren seine alten Kameraden, die russischen Zionisten im Exil. Im Mai 1917 wurde in Petrograd eine Gruppe aktiver Legionäre gegründet, unter denen sich zwei künftige führende Jabotinsky-Anhänger befanden, Meir Grossman und Joseph Schechtmann. Es kam daher nicht überraschend, als *Rasswet* 1924 von Jabotinsky und einigen seiner engsten Mitarbeiter (Julius Brutzkus, J. Klinow, J. Trivus) übernommen wurde. Im März 1924 wurde in Berlin ein kleines Büro eröffnet, das die Tätigkeit der Jabotinsky-Leute in den einzelnen Ländern koordinieren sollte. Im September 1924 schrieb Jabotinsky an einen Freund, es gebe nunmehr bereits fünfzig solche Gruppen, von Kanada bis nach Charbin in der Mandschurei. Aber sie waren nur lose miteinander verbunden und besaßen noch kein organisatorisches Zentrum.

Erst im April 1925 wurde mit der ersten Konferenz des *Zohar* (Zionim-Revisionistim) der erste Schritt zur Gründung einer Partei getan. Die Konferenz, die in der *Taverne du Panthéon* im Herzen des Pariser Quartier Latin zusammentrat, übernahm die bereits erwähnte Formel von der allmählichen Umwandlung Palästinas in ein selbstverwaltetes Gemeinwesen unter den Auspizien einer etablierten jüdischen Mehrheit. Sie lehnte nachdrücklich Weizmanns Plan ab, der eine Erweiterung der Jewish Agency durch Aufnahme von Nichtzionisten vorsah. Alle Mitglieder des Leitungsausschusses der Jewish Agency müßten vom Zionistischen Kongreß gewählt und diesem verantwortlich sein. Die Revisionisten waren nicht bereit, in entscheidenden politischen Fragen Nichtzionisten das volle Stimmrecht zu gewähren. Eine Zusammenarbeit mit Nichtzionisten war für sie nur auf wirtschaftlichem Gebiet möglich. Schließlich wählte die Konferenz Wladimir Tjomkin zum Vorsitzenden der Union der Zionisten-Revisionisten (UZR).

Die Bedeutung dieser ersten Konferenz lag nicht (wie ein Historiker der Bewegung später schrieb) im Inhalt des neuen Programms und auch nicht in den ideologischen Diskussionen, die dort stattfanden, sondern in der ganzen Atmosphäre, der begeisterten Stimmung, die die Intellektuellen und die jungen Menschen anzog[24]. Zahlenmäßig war die Bewegung immer noch klein. Auf dem vierzehnten Zionistenkongreß stellte sie bloß vierzehn Delegierte, Jabotinsky selbst inbegriffen. Unter ihren Führern befanden sich keine bekannten Altzionisten, mit Aufnahme von Meir Grossman, einem russisch-jüdischen Journalisten und Agitator, den Jabotinsky noch aus der Zeit vor dem Ersten Weltkrieg kannte. Seine Freunde unter den russisch-jüdischen Emigranten in Paris und Berlin hatten wenig Einfluß in zionistischen Kreisen, und Schechtmann, Jabotinskys künftiger Biograph, hatte nicht das Zeug zum politischen Führer. Ein prominenter Anhänger in der Frühzeit war Wolfgang von Weisl, ein österreichischer Journalist, der für eine führende Berliner Zeitung den Nahen Osten bereiste; auch er war kein zweiter Herzl. Unter den ersten, die sich zum Revisionismus bekehrten, war ein junger Wiener Student ungarischer Herkunft, Arthur Koestler. Einige Jahre später verließ er die Partei und die zionistische Bewegung, blieb aber ein Bewunderer Jabotinskys.

Als sich die Malaise in der zionistischen Bewegung und die Unzufriedenheit mit Weizmanns Politik vertieften, gelang es Jabotinsky, die Unterstützung Richard Lichtheims und Robert Strickers zu erhalten, beides geachtete Persönlichkeiten in der mitteleuropäischen Zionistenbewegung. Lichtheim hatte vor dem Krieg das Aktionskomitee in Konstantinopel vertreten. Neben Kurt Blumenfeld war er einer der erfolgreichsten Propagandisten des deutschen Zionismus. Als unabhängig denkender (und auch materiell unabhängiger) Mann stimmte er mit Jabotinsky darin überein, daß die Zeit für eine Revision der zionistischen Politik reif sei. Aber weder er noch der in Wien geborene Ingenieur Stricker waren volkstümliche Führer, die großen Anklang unter den Massen gefunden hätten. Die Revisionisten bemühten sich sehr und nicht ohne Erfolg, Einfluß unter den sephardischen Juden in den Mittelmeerländern und vor allem in Palästina zu gewinnen, die von der zionistischen Bewegung lange Zeit vernachlässigt worden waren. Aber es fand sich keine einzige bedeutende sephardische Persönlichkeit, die einen führenden Platz im inneren Kreis der Revisionisten eingenommen hätte.

Mehr als jede andere zionistische Partei blieb der Revisionismus stets eine Bewegung, die mit einem einzigen Mann identifiziert wurde. Obwohl Jabotinskys Kollegen oft anderer Meinung waren als er, wußten sie doch, daß die Bewegung ohne ihn nichts war. Als Grossman einmal Meinungsverschiedenheiten mit Jabotinsky hatte, sagte ein anderer Revisionist zu ihm: »Mit ihm sind Sie ein Grossman, aber ohne ihn ein Kleinmann.« Jabotinskys treueste Anhänger waren die jungen Menschen aus Polen und Lettland, die er auf seinen Reisen in Osteuropa kennengelernt hatte – Propes, Lubotzky und Dissentschik in Riga, Remba und Klarman in Polen, sowie Weinschal, der den Revisionismus in Palästina vertrat. Sie und Tausende namenlose *Betarim* bildeten das Rückgrat der Bewegung, eine neue Zionistengeneration, die sich in Charakter und Denkweise wesentlich von den Berufszionisten unterschied, welche alljährlich bei den Kongressen zusammenkamen.

Die Jahre nach der Gründung des *Zohar,* 1925 bis 1929, waren der Konsolidierung der Bewegung gewidmet. Jabotinsky ließ sich eine Zeitlang in Palästina nieder. Er unternahm eine Werbefahrt nach Südafrika, wo er bedeutende Erfolge erzielte, und in die Vereinigten Staaten, wo er weniger Anklang fand. Die palästinensische Regierung, die von der »extremistischen« Tätigkeit der Revisionisten nicht begeistert war, beschloß, Jabotinsky die Wiedereinreise zu verweigern, weil er die »öffentliche Sicherheit bedrohe«. Er war daher gezwungen, sich wieder in Paris, später in London und in der letzten Zeit seines Lebens in New York niederzulassen. Die Bewegung aber wuchs sprunghaft an. Binnen wenig mehr als sechs Jahren erhöhte sich die Zahl ihrer Vertreter im Zionistenkongreß von neun auf einundzwanzig und dann auf zweiundfünfzig. Die UZR-Konferenzen im Dezember 1926 und im Dezember 1928 befaßten sich hauptsächlich mit organisatorischen Fragen, mit der Lage der zionistischen Bewegung sowie mit der Ausarbeitung eines revisionistischen Sozial- und Wirtschaftsprogramms. Die Frage, ob die Revisionisten künftig innerhalb oder außerhalb der zionistischen Bewegung wirken sollten, war heftig umstritten. In seiner Rede auf der dritten Weltkonferenz des Zohar brachte Lichtheim die Ansicht der Mehrheit zum Ausdruck, als er feststellte, die Organisation hätte außerhalb des zionistischen Lagers keinerlei Erfolgschance und müßte daher versuchen, es von innen her zu erobern[25]. Zu jener Zeit hatte der Zohar keinerlei Einfluß, weder Großbritannien noch sonst ein Land war bereit, ihn ernst zu nehmen. Auch die zionistische Bewegung hatte unter Herzl viele Jahre gebraucht, bis ihr die Anerkennung zuteil wurde, und ohne den Krieg wäre ihr das wohl auch nicht so bald gelungen[26]. Die palästinensischen Revisionisten hingegen drangen bereits 1928 auf Loslösung, und Jabotinsky war im großen und ganzen entschlossen, sie zu unterstützen.

Er wollte auf der dritten Konferenz keine Entscheidung erzwingen und sagte, er beuge sich der Mehrheit, machte zugleich aber klar, daß er wenig Hoffnung habe, die Führung der zionistischen Bewegung erobern zu können. Er machte kein Hehl aus seiner Überzeugung, daß die Entwicklung seine Bewegung zwangsläufig zur Loslösung und zur völligen Unabhängigkeit treiben würde.

Zwei Jahre später, in der vierten Konferenz in Prag (August 1930), gelangte er zu dem Schluß, daß die Zeit nunmehr reif sei. In einer geschlossenen Sitzung vertrat er die Ansicht, der Revisionismus sei weniger eine politische Partei oder eine Weltanschauung, als vielmehr eine »psychologische Rasse«, eine bestimmte angeborene Geisteshaltung, die niemandem mitgeteilt werden könne, der sie nicht von vornherein besitze. Es sei daher die Aufgabe der Bewegung, nach Menschen ihrer eigenen »Rasse« Ausschau zu halten, sie zu organisieren und ihre Kräfte nicht mit Versuchen zu vergeuden, eine zionistische Masse mit völlig anderen Anschauungen zu »erobern«[27]. Jabotinsky bestand auf der Sezession, trotz dem ständigen Wachstum der UZR, die beim achtzehnten Kongreß bereits zur drittgrößten Fraktion des Weltzionismus geworden war. Aber er fühlte, vermutlich zu Recht, daß die alte Garde zu fest saß und die zionistische Bewegung nicht von innen her revolutioniert werden konnte. Kurz vor Beginn des Kongresses hatte Weizmann in einer Sitzung des Zionistischen Aktionskomitees erklärt, der jüdische Staat sei niemals Selbstzweck, sondern nur ein Mittel zu einem bestimmten Zweck: »Weder im Basler Programm noch in der Balfour-Deklaration ist die Rede vom Judenstaat. Der Sinn des Zionismus ist die Schaffung einer Anzahl wichtiger materieller Grundlagen, auf denen eine autonome, geschlossene und produktive Gemeinschaft errichtet werden kann.«

Diese Erklärung, die genaue Antithese zum Revisionismus, bestärkte Jabotinsky in seiner Überzeugung, daß der Augenblick der endgültigen Entscheidung gekommen war. In seiner Ansprache vor dem Kongreß, die stets eines der wichtigsten Ereignisse war, erklärte er, daß er immer noch an die Aufrichtigkeit der Welt und die Macht einer gerechten Sache glaube: »Ich glaube, daß die großen Probleme durch starken moralischen Druck gelöst werden und daß das jüdische Volk einen gewaltigen moralischen Druckfaktor darstellt.« Wenn der Schwung des Zionismus abgenommen und dieser seinen Einfluß auf die jüdische Seele verloren habe, dann sei dies die Folge »unserer eigenen Fehler«. Methoden und System müßten geändert werden: »Eine Reinigung der Atmosphäre ist zu einer politischen Notwendigkeit geworden, und dies kann nur erreicht werden, indem man die Wahrheit sagt. Warum soll man es zulassen, daß der Ausdruck *Judenstaat* als extremistisch bezeichnet wird? Die Albaner haben ihren Staat, die Bulgaren haben ihren Staat. Ein Staat ist schließlich der Normalzustand eines Volkes. Wenn der Judenstaat heute existierte, würde keiner ihn als anomal bezeichnen. Und wenn wir unser Dasein normalisieren wollen, wer wollte es wagen, dies Extremismus zu nennen – und von uns selbst erwartet man das?«

Die Spaltung

Jabotinskys Versuch, den Kongreß zur Abgabe einer klaren und eindeutigen Stellungnahme in bezug auf das »Endziel« zu bewegen, schlug fehl. Weizmann erlitt auf dem Kongreß eine Niederlage, doch gab es keine grundlegende Änderung der politischen Linie. Die Präsidentschaft wurde nicht Jabotinsky angeboten, wie manche erwartet hatten, sondern Sokolow. Durch einen Mehrheitsbeschluß wurde eine Abstimmung über Jabotinskys Resolution überhaupt verhindert, was einen Tumult zur Folge hatte. Grossman, der im Namen der Revisionisten eine Erklärung abgeben wollte, wurde niedergeschrien. Jabotinsky kletterte auf einen Sessel, rief: »Das ist kein Zionistenkongreß mehr«, zerriß seine Delegiertenkarte und nahm an den weiteren Sitzungen nicht mehr teil.

Es war eine beispiellose Szene. Die Wogen der Leidenschaft gingen höher als je zuvor, aber immer noch gab es unter den Revisionisten keine Mehrheit für eine Sezession. Wohl hatte man in einer Versammlung in Boulogne kurz vor dem Kongreß beschlossen, eine eigene Weltorganisation zu gründen, falls der Kongreß die Resolution der Revisionisten über den jüdischen Staat ablehnen sollte. Aber selbst nach den stürmischen Szenen auf dem Kongreß zögerte man im Zentralbüro in London immer noch, den letzten entscheidenden Schritt zu tun. Aus Protest zog sich Jabotinsky mehrere Monate lang von der Führung zurück und nahm erst im September 1931 seinen Posten wieder ein. Inzwischen ging die Debatte über die Vor- und Nachteile einer Sezession in der revisionistischen Presse weiter. Gegen Ende September 1931 wurde in einer Versammlung in Calais eine Kompromißresolution angenommen: Die Revisionisten betrachteten sich nicht mehr als Teil der zionistischen Bewegung, aber die Frage der Gründung einer neuen, unabhängigen Organisation sollte einstweilen zurückgestellt werden. Den einzelnen Revisionisten wurde es freigestellt, ob sie der zionistischen Bewegung angehören wollten oder nicht, und in der fünften Revisionistenkonferenz im August 1932 wurde der Kompromiß von Calais gegen die Stimme Jabotinskys bestätigt.

Jabotinskys Haltung zu Großbritannien verhärtete sich 1931. »Die Balfour-Deklaration entartet zu einem antizionistischen Dokument«, erklärte er. »In jüdischen Augen hat England sich durch seine Politik des Rechtes begeben, weiterhin als Mandatsmacht zu fungieren ...

Einige Leute hoffen immer noch, daß England zu einer radikalen Änderung seiner Politik veranlaßt werden kann. Andere hingegen sind überzeugt, daß unser Bündnis mit England am Ende ist.« Wiederum nahm Jabotinsky eine »zentristische« Haltung ein. Die meisten Mitglieder der revisionistischen Leitung meinten, das Bündnis mit Großbritannien sei nicht am Ende, während unter den Palästinensern und der revisionistischen Jugendbewegung die antibritische Stimmung sich immer schneller ausbreitete und Jabotinskys Unentschlossenheit wachsende Ungeduld hervorrief. Jabotinsky hingegen wollte eine Spaltung unter seinen Anhängern um jeden Preis vermeiden. Er hatte zugestimmt, daß vier von den fünf Sitzen im neuen Leitungsausschuß an Leute (Grossman, Machower, Stricker und Soskin) gehen sollten, die seiner Politik nicht zustimmten. Da es jedoch bei den Meinungsverschiedenheiten um grundlegende Fragen ging, war die mühevoll zusammengeflickte Einheit der Partei nicht von langer Dauer. Anfang 1933 war die Spaltung unvermeidlich geworden. Jabotinskys Kollegen teilten nicht seine Auffassung, daß die revisionistische Parteidisziplin Vorrang vor der zionistischen Disziplin habe. Dies war für Jabotinsky unannehmbar. Eine Unterwerfung unter die zionistische Disziplin war gleichbedeutend mit einem Verzicht auf unabhängiges Handeln, was seiner Meinung nach politischem Selbstmord gleichkäme. Damit war eine Pattstellung erreicht worden, und als im März 1933 die Frage dem Parteitag in Kattowitz vorgelegt wurde, waren beide Seiten auf einen Bruch gefaßt. Aber wiederum endete die Zusammenkunft mit einem völligen Durcheinander: Die Mehrheit war gegen Jabotinskys Auffassung, wollte ihn aber nicht ausschließen[28].

Jabotinskys brauchte für seinen Entschluß, den Rubikon zu überschreiten, noch mehrere Tage. Am 23. März gab er bekannt, er habe persönlich die Führung der Bewegung übernommen, deren gewählte Leitungsgremien suspendiert und einen neuen, provisorischen Leitungsausschuß eingesetzt. Gleichzeitig rief er alle Parteimitglieder auf, sich an den Wahlen zum achtzehnten Zionistenkongreß zu beteiligen. Dies war, nach den Worten seines Biographen, ein taktischer Meisterstreich. Jabotinsky hatte seine Gegner besiegt und ihnen zugleich den Wind aus den Segeln genommen, indem er, zumindest für den Augenblick, nicht mehr auf eine Sezession drang. Unter den abgesetzten Führern herrschte wegen Jabotinskys arroganter und undemokratischer Vorgangsweise große Empörung. Grossman verglich ihn mit einer orientalischen Bauchtänzerin: »Ich kann nur schwer verstehen, wie demokratische Grundsätze mit der Diktatur eines einzelnen in Einklang zu bringen sind, der sein Mäntelchen vor den Augen der Welt herumschwenkt wie eine Nackttänzerin . . .[29]«. Mochte die Führung gegen Jabotinsky sein, er genoß jedenfalls die begeisterte Unterstützung der einfachen Parteimitglieder. Es bestand nicht der geringste

Zweifel, daß die revisionistische Bewegung ihn seinen farblosen Kollegen vorzog, und zwar nicht nur in der Wahlkampagne, sondern auch in den bevorstehenden größeren politischen Kämpfen. Jabotinskys Optimismus wurde durch die Ergebnisse der Wahlen zum Kongreß bestätigt: Seine Liste gewann 46 Sitze, die seiner Gegner nur sieben. In der revisionistischen Jugendbewegung *Betar* war die Unterstützung für ihn überwältigend: 93 Prozent der Mitglieder sprachen ihrem Führer das Vertrauen aus. Die von Grossman geleitete Fraktion gründete die *Judenstaatspartei,* doch mangelte es ihr sowohl an einer Massenbasis als auch an einer klaren Politik[30]. Sie vegetierte noch einige Jahre lang dahin, und als die Revisionisten nach dem Zweiten Weltkrieg wieder der Zionistischen Weltorganisation beitraten, schloß sich die Staatspartei ihnen an.

1933 war Jabotinskys Stellung als Führer unangreifbar. Nun schien er endlich politisch völlig freie Hand zu haben. Der neue Leitungsausschuß war mit seinen Anhängern besetzt. Weniger klar war, auf welche Weise er seine uneingeschränkte Vollmacht einsetzen würde. Der Revisionismus war nach dem Auszug seiner großen Alten nicht mehr derselbe. Der Einfluß neuer Kräfte, der *Betar* und der Palästinenser, nahm unvermeidlich zu. Mit dem Auftreten jüngerer Funktionäre in den folgenden Jahren kam es zu einer allmählichen Radikalisierung der Bewegung, die nicht immer in die von Jabotinsky gewünschte Richtung ging.

Die Betar

Die Wiege der revisionistischen Jugendbewegung stand in Riga. Die dortige aktivistische Jugend verstand sich als »Teil jener Legion, die in Erez Israel entstehen wird[31]«. Die Betar brauchte mehrere Jahre, bis sie in Polen Wurzeln schlug, wo sie schließlich ihre größte Stärke erlangte. Ihr Hauptrivale, der Haschomer Hazair, war in Polen fest verankert, aber als er sich politisch festlegte und sich von der Pfadfinderei ab- und der extremen Linken zuwandte, nahm die Betar mit ihrer Betonung des »Monismus« (das heißt des kompromißlosen Zionismus) an Stärke zu. Im Gegensatz zum Haschomer Hazair war sie nicht elitär gesinnt, sondern wollte stets eine Massenorganisation sein, die sich nicht nur an Mittelschüler, sondern an junge Menschen aus allen Schichten wandte[32]. Von Polen aus verbreitete sie sich über viele europäische Länder und gründete auch Zweigorganisationen in Übersee und natürlich in Palästina.

Die Betar unterstützte vorbehaltlos Jabotinskys politische Doktrin. Aber auch sie wollte Autonomie; sie hatte keine Lust, im Schatten des Zohar zustehen und sich blindlings der Parteidisziplin zu unterwerfen.

Sie beharrte stets darauf, daß ihre Treue Jabotinsky, dem Chef der Betar, gelte, und widersetzte sich allen Versuchen anderer Politiker, sich in ihre inneren Angelegenheiten einzumischen oder gar ihr Vorschriften zu machen. In späteren Jahren, nach dem der Irgun ins Leben gerufen worden war, kam es immer wieder zu Meinungsverschiedenheiten zwischen den beiden Organisationen. Die Betar hatte in den dreißiger Jahren in Palästina Tausende Anhänger, ihr Hauptzentrum war jedoch die osteuropäische Diaspora, aber nach der Vernichtung des osteuropäischen Judentums verkümmerte sie auch in Palästina. Trotz ihrer Ablehnung jeder Elitegesinnung waren die erzieherischen Werte, die sie ihren Mitgliedern einzupflanzen suchte, aristokratisch und ähnelten in mancher Hinsicht den ritterlichen Idealen, die in den zwanziger Jahren in manchen Teilen der deutschen Jugendbünde gepflegt wurden[33]. So wie andere zionistische Jugendbewegungen bereitete auch die Betar ihre Mitglieder auf das Leben in Erez Israel vor, unterhielt Ausbildungsfarmen und legte besonderes Gewicht auf das Studium des Hebräischen. Sie unterschied sich von den anderen Organisationen durch die obligatorische paramilitärische Ausbildung mit Uniformen und feierlichen Aufmärschen, durch militärische Organisationsform, Disziplin und Übungen im Gebrauch leichter Waffen.

Die Ideologie der Betar war durch und durch militaristisch. Jabotisky sah keinen Widerspruch zwischen seinen alten liberalen Ideen und einer Erziehung, die alles andere als liberal war. Er wollte einer verzweifelten Generation neue Hoffnung geben und glaubte, dies ginge nur durch Berufung auf Mythen – Blut und Eisen und das Königtum Israel *(Malkut Israel)*. Im Geiste Sorels, den er vielleicht nie gelesen hat, entwickelte er seine Ideen sowohl in seinen Schriften für die Betar als auch besonders einprägsam in seinem Roman *Simson:* Alle großen Staatswesen, die eine zivilisatorische Aufgabe erfüllten, seien mit dem Schwert gegründet worden. Simson, der Held des Romans, teilt seinem Volk durch einen Boten mit, es müsse alles geben, um Eisen zu erhalten: »Es gibt nichts Wertvolleres auf der Welt als Eisen.« Simsons Volk bedurfte auch eines Königs, der es mit fester Hand regierte, ihm Disziplin beibrachte und aus einem ungeordneten Haufen eine schlagkräftige Armee machte.

Einer der wichtigsten Begriffe der Betar-Ideologie war »Hadar«. Dieses Erziehungsideal (um Jabotinsky zu zitieren) läßt sich nur schwer in andere Sprachen übersetzen. Es umfaßt äußere Schönheit, Respekt, Selbstachtung, Höflichkeit und Treue ebenso wie Sauberkeit, Takt und beherrschtes Sprechen, kurz, es war das Ideal des Gentlemans[34]. Disziplin und die ganze Ideologie des »Siegens oder Sterbens« verliehen der Betar eine gewisse Ähnlichkeit mit den faschistischen Jugendbewegungen der zwanziger und dreißiger Jahre. Solche Tendenzen existierten tatsächlich, und die Betar wurde deshalb auch häufig von ihren Gegnern angegriffen. Gerechterweise muß jedoch hinzugefügt werden, daß Jabotinskys Vorbild nicht die italienische Jugendorganisation *Ballila* war, sondern die tschechische Organisation *Sokol*, eine demokratische Massenbewegung der nationalen Befreiung[35]. Er war fest überzeugt, daß ohne eine systematische Einprägung bestimmter männlicher Tugenden, an denen es dem jüdischen Leben beklagenswerterweise mangele, eine nationale Wiedergeburt unmöglich sei.

Die Betar praktizierte mehr als andere Jugendbewegungen einen Führerkult. Dies war jedoch eine spontane Erscheinung und nicht, wie im Faschismus, Teil der offiziellen Ideologie. Jabotinsky hatte nicht die Absicht, ein Diktator zu werden, und wies bei verschiedenen Anlässen den »krankhaften Traum vom Diktator« mit Verachtung und Abscheu zurück. Er sagte seinen palästinensischen Bewunderern, die ihn zu einem »Führer« machen wollten, er glaube an die großen Ideen des neunzehnten Jahrhunderts, die Ideen Garibaldis und Lincolns, Gladstones und Victor Hugos. Die neue Ideologie, die die Ansicht vertrete, daß die Freiheit zur Verderbnis führe und daß die Gesellschaft Führer, Ordnung und eine harte Hand brauche, sei nicht die seine: »Ich will diese Art von Weltanschauung nicht«, schrieb er. »Lieber überhaupt nicht leben als unter einem solchen System[36].« Im Zusammenhang mit der fünften Weltkonferenz der Betar in Wien schrieb er, in der Bewegung sei kein Platz für Leute, für die eine faschistische Diktatur zu einem integralen Teil ihrer Weltanschauung geworden sei[37]. Er äußerte, nur eine Handvoll seiner Anhänger sei von dieser Seuche befallen, und außerdem sei es bei ihnen nicht sosehr echter Glaube wie vielmehr eine Sache der Mode und der Phraseologie.

Jüdischer Faschismus?

Diese Interpretation war jedoch allzu nachsichtig und optimistisch, denn unter einigen seiner Anhänger in Palästina hatten gefährliche Doktrinen und Praktiken tiefer Wurzeln geschlagen, als Jabotinsky es wahrhaben wollte. Aba Achimeir, der führende Theoretiker des palästinensischen Neorevisionismus, machte aus dem Kredo seiner Gruppe kein Hehl; sie wollte mit dem Geist des Liberalismus und der Demokratie brechen, der, wie er behauptete, den Zionismus ruiniert hätte. Die palästinensische Richtung der revisionistischen Bewegung, die diese Abweichung hervorbrachte, wurde 1924 gegründet. Nicht wenige ihrer Führer und Theoretiker hatten vormals sozialistischen Parteien angehört: Achimeir, Jewin, Uri Zwi Grinberg, Altman, Weinstein und andere waren Mitglieder des Hapoel Hazair oder der Achdud Haawoda gewesen. Wahrscheinlich war es eine Revolte gegen ihre eigenen früheren Auffassungen, die zu einer derart heftigen

Reaktion führte. Das Organ dieser palästinensischen Extremisten äußerte die Ansicht, der deutsche Nationalsozialismus wäre bis auf den Antisemitismus durchaus akzeptabel, und Hitler hätte immerhin Deutschland gerettet[38]. Schon vorher, 1932, hatten sie die »große nationale Bewegung« begrüßt, die »Europa von machtlosen Parlamenten befreit und vor allem vor der Diktatur der sowjetischen Geheimpolizei und einem Bürgerkrieg bewahrt« hätte[39]. Achimeir sah in Mussolini das größte politische Genie des Jahrhunderts. Als Jabotinsky in Palästina eintraf, beschwor Achimeir ihn, er solle ein »Duce« und nicht bloß ein Parteiführer sein[40]. Jabotinsky war zutiefst bestürzt und wies dieses Ansinnen unmißverständlich zurück.

Der hervorragende Lyriker Uri Zwi Grinberg, ein anderer Ideologe dieser Gruppe, hatte seine Laufbahn mit Gedichten und Essays (erst auf Jiddisch, dann auf Hebräisch) begonnen, in denen er die Pioniere verherrlichte; gelegentlich hatte er auch Trotzki und Lenin gepriesen. Später begann er in der sozialistischen Bewegung einen äußerst gefährlichen Feind zu sehen und kam immer mehr zu der Überzeugung, daß man zur Führung der Massen einen Diktator brauche. Er vertrat die Ansicht, die Wahrheit allein reiche zur Beeinflussung der öffentlichen Meinung nicht aus. Angeblich gab er Jewin, einem Gesinnungsfreund, der die Zeitschrift *Chasit Ha'am* herausgab, den Rat, die Führer der Histadrut der Unterschlagung zu bezichtigen, weil dies wahrscheinlich die Juden im Ausland beeinflussen würde. Jewin bedurfte keiner besonderen Ermutigung. In seinem Roman *Jerusalem wartet* träumt Barescha, ein Führer der palästinensischen Arbeiterbewegung, von Konzentrationslagern nach sowjetischem Muster und von der Hinrichtung seiner Feinde[41]. In Schriften dieser Art wurden Zionistenführer als Geheimagenten und britische Spione dargestellt und aller möglichen Verbrechen bezichtigt.

Es war daher nicht überraschend, daß nach einer solchen Rufmordkampagne der Verdacht aufkam, die Gruppe hätte etwas mit der Ermordung Arlosoroffs zu tun. Wie sich beim Prozeß herausstellte, hatte Achimeir für seine Gruppe *(Megilat Hasikarikin)* eine ideologische Broschüre verfaßt, in der er die Ansicht vertrat, die Beurteilung eines politischen Verbrechens sei eine subjektive Angelegenheit. Im Zusammenhang mit den Taten der *Sikarikin* (einer radikalen Sekte zur Zeit des Jüdischen Krieges gegen die Römer, deren Mitglieder ein Kurzschwert – *Sika* – unter ihren Gewändern verborgen trugen und bei Massenversammlungen ihre politischen Feinde töteten, wonach sie im allgemeinen Durcheinander häufig entkommen konnten) schrieb Achimeir, jede neue Ordnung gründe sich auf die Gebeine ihrer Gegner. Die *Sikarikin,* wie er sie sah, waren namenlose Helden, die ihre Opfer unter den führenden Persönlichkeiten der etablierten Ordnung suchten. Sie seien keine Mörder gewesen, da es ihnen nicht um persönlichen

Gewinn ging. Das Entscheidende sei nicht die Tat als solche, sondern der dahinter liegende Zweck. Bei anderer Gelegenheit schrieb er, der einzige Maßstab einer Revolution sei die Menge des vergossenen Blutes[42]. Es gab auch die üblichen Redensarten, wonach Großes nur durch Feuer und Blut erreicht werden könne und Mäßigung im Augenblick äußerster Krise eine schwere Gefahr darstelle.

Achimeir war der Führer einer kleinen Aktivistengruppe namens *Brit Habirjonim,* deren Taten (wiederum mit Beziehung auf eine extremistische Sekte aus der altjüdischen Geschichte) zwar viel Aufsehen erregten, aber politisch ohne besondere Bedeutung waren. Die Birjonim störten die Vorlesungen pazifistischer Professoren an der Hebräischen Universität (beispielsweise die von Norman Bentwich) und organisierten einen Boykott gegen die damals von der Mandatsregierung durchgeführte Volkszählung[43]. Ihre Tätigkeit und ihre ausgefallenen Ansichten sind hauptsächlich deshalb von Interesse, weil sie eine Inspirationsquelle für einige führende Persönlichkeiten des Irgun und der Stern-Gruppe bildeten; die Birjonim waren in gewisser Hinsicht die Vorläufer jener Organisation. Es führt jedoch kein gerader Weg von Achimeir zu Raziel, Stern und Begin. Während die Birjonim den Hauptfeind in der Arbeiterbewegung sahen und sich auf Kämpfe an drei oder vier verschiedenen Fronten zugleich einließen, wollten die Irgun-Leute und die Stern-Anhänger nur den äußeren Feind bekämpfen. Außerdem glaubte die Stern-Gruppe, im Gegensatz zu Achimeir, an eine Art Sozialismus.

Im politischen Denken Achimeirs (wie auch Sterns) kehren Tod und Opfer als Leitmotive mit ermüdender Regelmäßigkeit wieder. Am eindrucksvollsten waren noch Achimeirs Angriffe auf die »Marxisten«, eine Bezeichnung, die er praktisch auf jeden anwandte, der links von ihm stand. Aber er war im Grunde ein Literat, kein Politiker und noch weniger ein militärischer Führer. Er hatte einige wenige Bewunderer, doch sein Einfluß auf die jüngere Generation war sehr gering. In der Welt, wie er sie sah, gab es wenig, auf das man hoffen und für das man leben konnte: Die Menschen seien schlecht, die Politik ein Dschungel, insgesamt ein düsteres Bild voll Verbrechen, Verrat und Zerstörung. Solche Ansichten waren kaum geeignet, die Phantasie einer im Grunde romantisch gesinnten jungen Generation aufzurütteln. Achimeir bekannte sich zu seiner Überzeugung und verbrachte lange Zeiträume in den Gefängnissen der Mandatsmacht, bis er dann Mitte der dreißiger Jahre aus persönlichen Gründen dem aktiven politischen Kampf den Rücken kehrte. Die anderen Ideologen der Gruppe waren ihrem Wesen nach keine Aktivisten. Nach Hitlers Machtergreifung veranstalteten die Birjonim einige Antinazi-Demonstrationen – so rissen sie beispielsweise vom deutschen Konsulat in Jerusalem die Hakenkreuzflagge herunter.

Jabotinskys Haltung zu den palästinensischen Zeloten war zwiespältig. Wiederholt äußerte er seine Bewunderung für ihren Kampfgeist und bezeichnete Achimeir sogar – wenn auch nur im Scherz – als *rabenu wemorenu* (unseren geistigen Führer und Lehrer). Zu anderen Zeiten erschienen die politischen und psychologischen Differenzen unüberbrückbar. Der aristokratisch denkende Jabotinsky war gegen den Stil der palästinensischen Sansculotten, gegen ihre giftigen persönlichen Attacken. Auch er konnte sarkastisch über »Ben Bouillon«, den prahlerischen Mapai-Führer, schreiben, aber er war dem Wesen nach nicht rachsüchtig, während die Palästinenser nichts vergaßen und nichts vergaben. 1932 hatte er an die Führer der Birjonim geschrieben, für sie und ihn sei nicht Platz in der Bewegung, und wenn ihre Ansichten sich durchsetzten, dann würde er gehen[44]. Die Ansichten Achimeirs und seiner Freunde über Nazideutschland lehnte Jabotinsky schärfstens ab und stellte in einem Brief an einen Redakteur ihrer Zeitung fest: »Die Artikel und Berichte über Hitler und die Hitlerbewegung sind für mich und uns alle wie ein Messerstich in den Rücken. Ich fordere die bedingungslose Einstellung dieser Ungeheuerlichkeit. Im Hitlerismus irgendwelche Merkmale einer ›nationalen Befreiungsbewegung‹ zu sehen, kommt blanker Unwissenheit gleich. Dazu kommt noch, daß all dieses Gestammel unter den gegenwärtigen Umständen meine Arbeit diskreditiert und lähmt . . . Ich fordere, daß sich das Blatt bedingungslos und eindeutig nicht nur unserer Kampagne gegen Hitlerdeutschland anschließt, sondern auch unserer Jagd auf den Hitlerismus im vollsten Sinne des Wortes[45].«

Die Redakteure behaupteten später, Jabotinsky hätte die Zeitung nicht regelmäßig gelesen und sich auf Berichte aus zweiter Hand verlassen. Sie hatten starke Bedenken gegen Jabotinskys Stil und Politik, kritisierten die »allgemein-zionistische« Mentalität in der revisionistischen Bewegung, verspotteten die Petitionsinitiative (mehr darüber später) und äußerten sich geringschätzig über Jabotinskys Mangel an Entschlossenheit und Mut und sogar über seine angebliche Senilität. Mehrmals rebellierten sie ganz offen und drohten mit ihren Austritt aus der revisionistischen Bewegung. Später verringerte sich diese Feindseligkeit, zum Teil, weil Jabotinsky in den dreißiger Jahren selber in einen Dauerkonflikt mit dem linken Flügel des Zionismus geriet, zum Teil, weil auch er der Ansicht war, er könne sich nicht von den Birjonim distanzieren, solange sie wegen Zugehörigkeit zu einer illegalen Terrororganisation in Haft waren. Achimeir war 1933 abermals verhaftet worden, und zwar unter dem Verdacht, der geistige Urheber der Verschwörung zur Ermordung Arlosoroffs gewesen zu sein. Einer viele Jahre später veröffentlichten offiziellen revisionistischen Quelle zufolge hat Jabotinsky alle Aktionen der Birjonim gutgeheißen[46]. Er war bereit, Entschuldigungen für die »Hitzköpfe« zu finden: »Impulsive maximalistische Bestrebungen innerhalb unserer Bewegung sind verständlich und legitim«, schrieb er in einem Privatbrief. Er sei bloß gegen jede organisierte Opposition, die die Partei innerlich zersetzen und auch ihren legalen Status gefährden würde[47].

Seine Einstellung zu den faschistischen Verirrungen einiger seiner Anhänger und seine Neigung, Unverzeihliches zu bagatellisieren, zeigten, daß Jabotinsky nicht völlig frei von Opportunismus war. Seine Wendung in der Frage der Religion weist ebenfalls in diese Richtung. Aufgewachsen in der Tradition des Liberalismus und des Rationalismus, war er ein glühender Anhänger der Gedankenfreiheit. Der höchste Wert war für ihn stets die weltliche europäische Kultur, an deren Entwicklung, wie er einmal schrieb, die Juden mitgewirkt hatten. Er übte scharfe Kritik an dem verhängnisvollen Einfluß der organisierten Religion auf die neuere jüdische Geschichte: Sie habe die wissenschaftliche Forschung behindert, die Stellung der Frau in der Gesellschaft negativ beeinflußt und mische sich überhaupt viel zu viel ins tägliche Leben ein[48]. 1931 schrieb er an einen Kollegen, die Bewegung würde nie auch nur die kleinste Dosis (religiösen) Traditionalismus schlucken.

Aber 1935 beschloß er, ein quasi-religiöses Element in die Statuten der revisionistischen Bewegung einzubauen. Er hatte sozusagen die geheiligten Schätze der jüdischen Tradition wiederentdeckt. Indifferente Toleranz sei nicht länger ausreichend; er sprach sogar von der Notwendigkeit einer Synthese von Nationalismus und Religion. Seine Erklärungen für diese plötzliche Kehrtwendung sind nicht überzeugend; es war kein Fall einer plötzlichen Bekehrung. Obwohl Jabotinsky dies entschieden bestritt, wollte er in Wirklichkeit die Untersützung orthodox-religiöser Kreise in Osteuropa gewinnen. Vielleicht beeinflußte ihn die Haltung des geistigen Führers der aschkenasischen Gemeinde in Palästina, Rabbi Kooks, der die zur Zeit der Arlosoroff-Krise unter Beschuß stehenden Birjonim verteidigte. Oder er fühlte, wie sein Biograph meint, daß weltliche Impulse nicht ausreichten, um die sittliche Integrität einer Nation zu fördern und zu erhalten[49].

Wie dem auch sei, es war im Grunde ein taktischer Schachzug, den er ohne innere Überzeugung vornahm. Die Öffnung zur organisierten Religion war in der revisionistischen Bewegung durchaus populär, aber sie unterhöhlte deren ideologische Basis; die Revisionisten konnten den Sozialismus nicht länger im Namen eines »Monismus« glaubwürdig ablehnen, wenn sie sich zugleich auf einen Kompromiß mit dem religiösen Establishment einließen.

Die Petition

Als die revisionistische Bewegung sich spaltete, wurde Jabotinsky verpflichtet, am achtzehnten Zionistischen Kongreß teilzunehmen. Er scheint sogar erwartet zu haben, daß man dort sein politisches Programm annehmen würde, das vordem abgelehnt worden war. Zu solcher Hoffnung bestand jedoch in Wirklichkeit kaum ein Anlaß. Der Kongreß fand kurz nach der Ermordung Arlosoroffs statt. Er wurde von den Arbeitszionisten beherrscht, und die Revisionisten wurden von allen anderen geschnitten. Die Linken weigerten sich, mit ihnen im Aktionskomitee zu sitzen, und jedesmal, wenn ein revisionistischer Redner das Podium bestieg, verließ die gesamte Delegation der Linken den Saal. Es war dies ein demütigendes Erlebnis, über das Jabotinsky sich später mit großer Erbitterung äußerte: Es hätte gezeigt, daß der offizielle Zionismus am Ende sei und auch von innen her nicht mehr erneuert werden könnte. Allerdings drang Jabotinsky nicht sofort auf die Gründung einer unabhängigen Organisation. Das Jahr 1934 stand im Zeichen einer großen, von den Revisionisten organisierten Unterschriftenaktion: Etwa 600.000 Menschen unterschrieben einen Appell an die Regierungen aller zivilisierten Staaten, in dem die Aufmerksamkeit auf die Not der Juden in Europa gelenkt und die Forderung erhoben wurde, die Pforten Palästinas für eine Masseneinwanderung zu öffnen. Die Unterzeichner erklärten, sie könnten ihr Leben und das ihrer Familien nur durch eine Auswanderung nach Palästina sichern. Das Zionistische Aktionskomitee richtete einen scharfen Angriff gegen diese Petition, bezeichnete sie als einen neuen revisionistischen Reklametrick ohne jegliche politische Bedeutung, mit dem die Revisionisten ihre Popularität bei den jüdischen Gemeinden Osteuropas heben wollten und falsche Hoffnungen erweckten. Man warf Jabotinsky – nicht zum erstenmal – einen flagranten Bruch der zionistischen Disziplin vor.

Es war jedoch nicht diese Petition allein, welche die Kettenrektion auslöste, die zum endgültigen Bruch und zur Gründung der Neuen Zionistischen Organisation führte. Im Oktober 1933 sandte die Führung der Betar ein Rundschreiben (»Nr. 60«) an ihre Mitglieder, in dem sie jenen, die auswandern wollten, riet, dies nicht mit Hilfe der Jewish Agency zu tun, weil diese sie diskriminiert hätte. Die Betar werde direkt mit Arbeitgebern in Palästina verhandeln, die aufgrund bestehender Einwanderungsvorschriften berechtigt seien, Arbeitskräfte aus dem Ausland anzufordern. Die offizielle Erklärung der Revisionisten besagte, dies sei ein Protest gegen die Mandatsverwaltung, die der Jewish Agency im Oktober 1933 nur 5000 Einwanderungszertifikate für sechs Monate zugewiesen habe, anstatt der geforderten 24.700. Als jedoch das Rundschreiben »Nr. 60« bekannt wurde, interpretierte die Jewish Agency die Vorgangsweise der Betar in völlig anderem Licht, nämlich als Sabotage und als Versuch, die zionistische Solidarität zu brechen. Im März 1934 ergingen Anweisungen an alle Einwanderungsbüros der Jewish Agency, den Mitgliedern der Betar keine Zertifikate im Rahmen der Arbeitsvermittlung auszustellen. Die Revisionisten reagierten mit einem Boykott des Jüdischen Nationalfonds und gründeten statt dessen einen eigenen Fonds, »Tel Chai«[50]. Aus vielen jüdischen Gemeinden wurden heftige Zusammenstöße zwischen Mitgliedern der Betar und solchen sozialistischer Jugendorganisationen gemeldet. Ein größerer Zwischenfall hatte sich am letzten Tag des Pessach-Festes 1933 in Tel Aviv ereignet, als der Aufmarsch der Betar angegriffen wurde. In den folgenden Jahren gab es noch viele solche Zusammenstöße.

Die Lage verschärfte sich weiter, als die Revisionisten auf ihrem fünften Weltkongreß im August 1932 die Gründung eines eigenen Nationalen Gewerkschaftsbundes beschlossen. In einem häufig zitierten Artikel (»Ja – zum Bruch!«) rechtfertigte Jabotinsky diese Entscheidung[51]. Er wolle die Rolle der Arbeiterschaft in Erez Israel nicht herabsetzen, auch habe er nichts gegen das sozialistische Ideal, aber das Monopol der Histadrut und ihr privilegierter Status müßten gebrochen werden. Der Klassenkampf, den der Zionismus sich nicht leisten könne, müsse durch ein nationales Schlichtungssystem ersetzt werden.

Der revisionistische Gewerkschaftsbund wurde im Frühjahr 1934 gegründet. Seine Aktivitäten wurden von der Histadrut scharf angegriffen: Es handle sich um systematische und gefährliche Streikbrecherei in großem Maßstab, die mit Zähnen und Klauen bekämpft werden müsse. Jabotinskys Entscheidung erregte das Mißfallen einiger seiner Anhänger, die den daraus sich zwangsläufig ergebenden Konflikt als überflüssig und als schädlich für die revisionistische Bewegung wie auch für den Zionismus im allgemeinen betrachteten. Sie sagten völlig richtig voraus, die Gründung eines separaten Gewerkschaftsbundes werde zur Folge haben, daß der Revisionismus in den Augen der Öffentlichkeit mit den Unternehmern und deren Interessen gleichgesetzt werden und damit viel von seiner Popularität verlieren würde.

Jabotinsky ließ sich von diesen Argumenten nicht beeindrucken. Was immer er auch in der Öffentlichkeit sagen mochte, er machte sich jedenfalls nicht die Illusion, daß er bei der Linken viele Anhänger gewinnen könnte. »Machen Sie sich nichts vor«, sagte er in einem Privatgespräch zu Schechtman. »Wenn auch viele Arbeiter versucht sein mögen, unser Programm zu akzeptieren, so ist unser wirkliches Hoffnungsgebiet das Bürgertum. Niemals werden wir uns mit Leuten einigen können, die zusätzlich zum Zionismus noch ein Ideal haben, nämlich den Sozialismus[52].« Er hatte seine Meinung in dieser Hinsicht grundsätzlich geändert: er war nun ein Bourgeois und stolz darauf. 1927 schrieb er: »Wir brauchen uns nicht zu schämen, meine bürgerlichen Genossen.« Der Proletarierkult als ausschließlicher Bannenträger des Fortschritts sei fehl am Platze. Die Zukunft gehöre dem Bürgertum, wenn es sein rückgratloses Verhalten und seinen Minderwertigkeitskomplex ablege. Die erhabenen Grundsätze von Freiheit, Gleichheit und Brüderlichkeit, »derzeit vor allem von der klassenlosen Intelligentsia hochgehalten«, seien erstmals von der Bourgeoisie proklamiert worden, die gegenwärtig sogar der Hauptgarant gegen die Errichtung eines Superpolizeistaates sei[53]. Jabotinsky pries die Tugenden des Bürgertums und versicherte zugleich, der Klassenkampf hätte im Zionismus keine Daseinsberechtigung. Die Linke reagierte, indem sie Jabotinsky als jüdischen Faschisten bezeichnete. Das störte ihn nicht besonders, denn Kampf machte ihm Spaß. Auch störte es ihn nicht sehr, als Ben Gurion ihn »Wladimir Hitler« nannte. Bezeichnungen wie »Faschismus« und »Hitler« hatten damals noch nicht die ganze schreckliche Bedeutung, die sie in späteren Jahren erhielten. Aber nach der Gründung der revisionistischen Gewerkschaft im Jahre 1934 schien der Konflikt jeder Kontrolle zu entgleiten. Alle waren über die vielen Gewaltakte besorgt. Auf Initiative von Pinchas Rutenberg, dem Gründer und Direktor der *Palestine Electric Corporation,* traf Jabotinsky im Oktober mit Ben Gurion in London zusammen. Trotz ihrer gegensätzlichen politischen Ansichten empfanden die beiden Männer eine gewisse Bewunderung füreinander. Als Folge ihrer Zusammenkünfte begannen sie einander zu verstehen, ja sogar zu schätzen. Ben Gurion redete Jabotinsky in einem Brief als »Freund« an, und Jabotinsky schrieb in seiner Antwort, er sei von diesen freundlichen Worten tief bewegt, und es sei vielleicht seine Schuld, daß er diesen Ton schon lange vergessen habe[54]. Man entwarf und paraphierte ein Übereinkommen, das einen Modus vivendi zwischen den sechzigtausend Mitgliedern der Histadrut und den siebentausend Mitgliedern des revisionistischen Gewerkschaftsbundes vorsah. Gewaltakte sollten ebenso untersagt sein wie Verleumdungen und Schmähungen. Die Revisionisten sollten ihren Boykott des Nationalfonds beenden, und die Betar sollte wiederum Einwanderungszertifikate durch die Jewish Agency erhalten. Das Übereinkommen sah sogar eine Rückkehr der Revisionisten in die Zionistische Organisation und zu einem späteren Zeitpunkt eine revisionistische Vertretung im Aktionskomitee vor.

Nun hatten zwar die beiden Führer eine gemeinsame Sprache gefunden, nicht aber ihre Organisationen. Es gab starken Widerstand bei den Revisionisten, vor allem, wie zu erwarten, bei den Palästinensern und der Betar. In einer Versammlung in Krakau im Februar 1935 erklärten die Revisionisten, sie würden ungeachtet der Beschlüsse der Zionistischen Organisation auf ihrer politischen Unabhängigkeit beharren. Die Mitglieder der Histadrut lehnten das Abkommen in einer Abstimmung im März 1935 mit knapper Mehrheit ab. Im selben Monat fällte das Zionistische Aktionskomitee eine weitere Entscheidung, mit der die Revisionisten vor den Kopf gestoßen wurden. Die innere Disziplin sollte gestärkt werden: Die jährliche Zahlung des Schekels und die Anerkennung des Basler Programms würden nicht mehr ausreichen. Jeder Zionist müsse die Entscheidungen der führenden Gremien der zionistischen Bewegung als bindend anerkennen.

Nach dem Fehlschlagen der Gespräche zwischen Jabotinsky und Ben Gurion war die Sezession eine ausgemachte Sache, und es regte kaum noch jemanden auf, als die revisionistische Leitung im April 1935 die Gründung einer eigenen Weltorganisation beschloß. Innerhalb der Führung gab es noch einigen Widerstand, aber in einer im Juni desselben Jahres durchgeführten Urabstimmung votierten 167.000 Revisionisten für und nur 3000 gegen den Beschluß. Jabotinsky nahm diese Entscheidung mit ruhigem Gewissen zur Kenntnis. Für ihn war der alte Herzlsche Zionismus tot, und die sozialistisch beherrschte Jewish Agency würde künftig mit ihm und seiner Bewegung auf gleicher Stufe verhandeln müssen. Der Gründungskongreß der Neuen Zionistischen Organisation fand im September 1935 statt; 713.000 Stimmberechtigte in zweiunddreißig Ländern, mehr, als an den Wahlen zum Zionistischen Kongreß teilgenommen hatten, entsandten Delegierte. Wohl waren diese Zahlenangaben unüberprüfbar, außerdem hatte Jabotinsky seinen Anhängern das Sammeln von Unterschriften leicht gemacht; es wurde nicht einmal ein nomineller Mitgliedsbeitrag, etwa ein Schekel, verlangt, eine kurze Sympathieerklärung genügte. Aber selbst wenn die offiziellen Zahlenangaben zu hoch gewesen sein sollten – Jabotinsky hatte ursprünglich eine Million angestrebt –, so gab es doch keinen Zweifel, daß er über eine eindrucksvolle Anhängerschaft verfügte, vor allem in Polen und anderen osteuropäischen Ländern, und zwar nicht bloß unter einfachen, ungebildeten Menschen, die jedermann zu segnen bereit waren, der ihnen Rettung verhieß, sondern in besonderem Maße unter der jungen Generation und der Intelligentsia[55]. Angesichts der sich verschlechternden Weltlage zeigte sich in allen Teilen der jüdischen Gemeinden eine wachsende Unzufriedenheit, und da Weizmanns Geheimdiplomatie keinen Erfolg gebracht hatte, wollte man nun Jabotinsky eine Chance geben.

Jabotinskys Außenpolitik

Somit verfügte Jabotinsky 1935 endlich über seine eigene Neue Zionistische Organisation und war ihr unbestrittener Führer. Die Zentrale wurde in London eingerichtet. Jabotinsky reiste im Auftrag der Bewegung in viele Länder, sprach vor begeisterten Zuhörern, gab Interviews, nahm Fühlung mit der Mandatskommission des Völkerbundes. Er führte Besprechungen mit Präsidenten, Ministern und Parlamentsabgeordneten, und in einigen Hauptstädten, vor allem in Osteuropa, kam man der revisionistischen Bewegung mit großen Verständnis entgegen, aus Gründen, auf die wir bald zurückkommen werden. Es war jedoch keineswegs klar, wohin all diese Bemühungen führen sollten. Jahrelang hatte Jabotinsky geklagt, daß seine Hände gebunden seien. Nun besaß er volle Handlungsfreiheit, und seine Bewegung fand sogar internationale Anerkennung. Als Oppositionsführer hatte Jabotinsky nicht mehr zu tun brauchen, als der zionistischen Führung Mangel an Ideen und Erfolgen vorzuwerfen. Nun genügte bloße Kritik nicht mehr. Man erwartete von ihm, daß er reale Alternativen aufzeigte und dort Erfolge erzielte, wo die offizielle zionistische Führung versagt hatte. Nun hieß es für ihn: *Hic Rhodus, hic salta* – zeige, was du kannst!

Es waren dies die Jahre der *Royal Commission* und des Teilungsplans. Als Jabotinsky im Februar 1937 von der Royal Commission vorgeladen wurde, um seine Aussage zu machen, erläuterte er seine Politik in eindrucksvoller Weise. Die Situation des osteuropäischen Judentums, sagte er, sei eine Katastrophe historischen Ausmaßes. Millionen, viele Millionen Juden müßten gerettet werden. Sie wollten einen Staat, weil dies der Normalzustand für ein Volk sei. Selbst die kleinsten und bescheidensten Nationen, die keine Verdienste und keinerlei Rolle in der Entwicklung der Menschheit beanspruchten, hätten ihren eigenen Staat. Wenn aber der Zionismus im Namen des unglücklichsten aller Völker das gleiche verlange, dann sage man, dies sei zu viel. Man sage auch, die Araber würden in einem jüdischen Staat zur Minderheit werden. Aber warum sollte dies als eine Härte angesehen werden? Die Araber hätten bereits mehrere Nationalstaaten: »Ein Teil, ein Zweig dieses Volkes, und keineswegs ein großer, wird in einem fremden Staat leben müssen. Nun, das ist auch bei den mächtigsten Nationen der Welt der Fall. Ich weiß kaum eine der großen Nationen, alle mit mächtigen, starken Staaten, von der nicht ein Teil in einem fremden Staat lebt . . . Es ist durchaus verständlich, daß die palästinensischen Araber es vorziehen würden, wenn Palästina zum Araberstaat Nr. 4, Nr. 5 oder Nr. 6 würde . . . Aber wenn man den arabischen Anspruch unserem jüdischen Verlangen nach Rettung gegenüberstellt, dann ist es, wie wenn man den Appetit mit dem Hunger vergleicht[56].«

Jabotinsky sagte, er glaube an Großbritannien, wie er dies schon vor zwanzig Jahren getan habe. Wenn jedoch Großbritannien seine Mandatsverpflichtungen nicht erfüllen könne, dann »werden wir uns gemeinsam hinsetzen und nachdenken, was zu tun ist«. Er erklärte, die

Jewish Agency vertrete weder die Gesamtheit der Zionisten noch auch nur deren Mehrheit, enthielt sich aber jeder Aussage über interne zionistische Differenzen, bis er von Mitgliedern der Kommission danach gefragt wurde. Es war ein eindrucksvoller Auftritt, aber Jabotinskys Schilderung der Sachlage unterschied sich kaum von den Ansichten, die andere Zionistenführer zum Ausdruck brachten. Er warf Weizmann vor, »neun Zehntel des jüdischen Nationalterritoriums« opfern zu wollen. Der Mehrheitsbeschluß des zwanzigsten Zionistischen Kongresses war in seinen Augen »Verrat«, obwohl dieser Beschluß bloß das Aktionskomitee ermächtigte, mit der britischen Regierung Verhandlungen aufzunehmen, um die genauen Bedingungen für die vorgeschlagene Errichtung eines jüdischen Staates zu erkunden. Jabotinsky war überzeugt, daß aus dem Teilungsplan nichts werden würde, eine Voraussage, die sich als richtig erwies, denn die britische Regierung ließ den Plan im November 1937 endgültig fallen. Aber politisch gesehen hatte die revisionistische Kampagne gegen die Teilung kaum etwas gebracht. Die Revisionisten standen mit ihrer Ablehnung nicht allein. Viele Mitglieder anderer zionistischer Parteien, darunter – wenn auch aus völlig anderen Gründen – die extreme Linke, waren ebenfalls dagegen und verdammten den Plan nicht weniger lautstark. Die Ablehnung dieses Plans führte jedoch zu keiner Lösung. Was die Zukunft Palästinas betraf, zeigte sich kein Weg aus der Sackgasse, zugleich aber verschlechterte sich die Lage des osteuropäischen Judentums durch den Machtzuwachs der Nazis noch weiter.

Einige Jahre vorher hatte Jabotinsky eine »Änderung der Orientierung« gefordert, und einige Zeit scheint er mit dem Gedanken gespielt zu haben, engere Kontakte zu anderen Staaten herzustellen. Aber sein hauptsächliches Bestreben war, wie er in einem Brief schrieb, »in England Besorgnis hinsichtlich der jüdischen Bindungen hervorzurufen[57]«. Es gibt keinen Hinweis, daß er 1932 beabsichtigt hätte, Mussolini das Mandat anzubieten, oder daß Mussolini dafür Interesse gezeigt hätte. Später engagierte sich Italien stärker in der Mittelmeerpolitik, und es bestand nicht die geringste Aussicht, daß irgendwelche Sondierungen seitens revisionistischer Kreise zu Erfolgen führen würden. Jabotinsky warnte vielmehr eindringlich vor Kontakten mit Rom, die einige seiner Anhänger 1937 vorgeschlagen hatten. Im vorangegangenen Jahr hatte die Neue Zionistische Organisation einen Plan ausgearbeitet, der die Ansiedlung von anderthalb Millionen Juden in Palästina innerhalb von zehn Jahren vorsah[58]. Dieser Plan ähnelte Max Nordaus altem Projekt (aus der Zeit von 1918/19) zur Ansiedlung von sechshunderttausend Juden innerhalb kürzester Zeit. Der revisionistische Plan wurde mehrmals abgeändert. Nach Ausbruch des Zweiten Weltkrieges entwickelte Jabotinsky folgende Neuformulierung des Plans: Der ganze Exodus sollte etwa zehn Jahre in Anspruch nehmen;

eine Million Siedler sollten innerhalb des ersten Jahres oder in noch kürzerer Zeit ins Land gebracht werden; die gesamte Planung sollte während des Krieges ausgearbeitet werden, so daß man am ersten Tag der Friedenskonferenz ans Werk gehen könnte[59].

Diesem Plan lagen folgende Überlegungen zugrunde: Der Antisemitismus sei in Osteuropa endemisch und unheilbar. Abgesehen vom »Antisemitismus der Menschen« gebe es auch einen »Antisemitismus der Dinge«; die objektiven Umstände in Mittel- und Osteuropa seien für eine verstreute Minorität von vornherein ungünstig. Die Politik der Regierungen könnte diese Tendenz beeinflussen, das heißt, die Not bis zu einem gewissen Grad verschärfen, aber die Gettos im östlichen Mitteleuropa seien grundsätzlich zum Untergang verurteilt: »Keine Regierung, kein Regime, kein Engel oder Teufel hätte es in irgend etwas umwandeln können, das einem normalen Heimatland auch nur entfernt ähnlich wäre[60].« Zum erstenmal äußerte Jabotinsky seinen Evakuierungsplan im Jahre 1935. Im folgenden Sommer erregte er damit in Zeitungsartikeln und Pressekonferenzen Interesse und verursachte Aufregung in der jüdischen Öffentlichkeit. Manchen Juden gab der Plan neue Hoffnung. Im November 1936 brachen einige Hundert polnische Juden ohne Pässe, Visa und Geld zu Fuß von Warschau nach Palästina auf. Ihre ganze Ausrüstung für diese Pilgerfahrt bestand aus einem Oberbefehlshaber, Uniformen, Fahnen und dem Feldruf »Israel, erwache«. Der Marsch fand wenige Kilometer von Warschau sein Ende.

Jabotinsky wurde vorgeworfen, er spiele den Antisemiten in die Hände und strebe ein Geschäft mit der polnischen Regierung an, um ihr behilflich zu sein, ihre »überzähligen Juden« loszuwerden[61]. Er wurde beschuldigt, den rechtlichen Status der Juden in Osteuropa zu gefährden und antisemitische Regierungen reinwaschen zu wollen, ohne zugleich eine praktische Lösung anzubieten. Denn selbst wenn es ihm auf wunderbare Weise gelingen sollte, eine Million Juden von Polen nach Palästina zu bringen, würden immer noch fast drei Millionen in Polen übrig bleiben (unter Berücksichtigung des natürlichen Zuwachses in den zehn Jahren), im Vergleich zu den dreieinhalb Millionen des Jahres 1936, und das jüdische Problem bliebe somit im wesentlichen unverändert. Jabotinsky ließ sich jedoch von den Beschuldigungen nicht beeindrucken. Auch Herzl war für den Auszug gewesen und deshalb verlacht worden. Jabotinsky verglich die Lage der Juden mit der eines Dorfes am Fuße eines ausbrechenden Vulkans. Der Lavastrom nähere sich immer schneller, man müsse sofort handeln. Es sei nicht beabsichtigt, die Juden mit Gewalt zu vertreiben, sie würden aus eigenem Antrieb gehen. Den Redakteuren einer jüdischen Zeitung in Warschau, die seine Artikel viele Jahre lang veröffentlicht hatten, nun aber seinen Plan in Leitartikeln angriffen, sagte Jabotinsky in einer

Abschiedsbotschaft: »Ich bedauere es, daß Sie die dunklen Wolken nicht sehen, die sich über den Häuptern der Juden Europas zusammenziehen[62].«

Jabotinsky machte sich mit großer Energie an die Propagierung seines Plans. Er wurde vom polnischen Premierminister, Slawoy-Skladkowsky, empfangen, ebenso von Außenminister Oberst Beck und von Polens starkem Mann, Marschall Rydz-Smigly. Alle versprachen ihm Unterstützung. König Carol von Rumänien empfing ihn, ebenso der Präsident der Tschechoslowakei, Beneš, der Präsident von Litauen, Smetona, und der lettische Außenminister, Munters. Er sprach mit dem irischen Präsidenten, de Valera, und dem amerikanischen Botschafter, Francis Biddle. Alle versicherten ihn ihres guten Willens, aber leider hatte keiner von ihnen irgendeinen Einfluß, was die Zukunft Palästinas betraf. Trotz aller Rückschläge glaubte Jabotinsky, die Strategie des indirekten Vorgehens würde schließlich zum Erfolg führen. Bald würde über den Häuptern der gesamten osteuropäischen Judenschaft eine gewaltige Sintflut zusammenschlagen, die sogar die deutsche Katastrophe in den Schatten stellen würde. Als Folge würde über Nacht eine jüdische Mehrheit in Palästina entstehen. Die Entwicklung der Ereignisse sei von Gott selbst so vorausbestimmt, daß sie zu einem jüdischen Staat führen würde, »unabhängig davon, was wir Juden tun oder nicht tun[63]«. Noch bis September 1939 war Jabotinsky überzeugt, daß es nicht zum Krieg kommen würde: Die Krise würde sich wieder legen, die Italiener würden sich mit Großbritannien aussöhnen, und in fünf Jahren würde es einen jüdischen Staat geben. Als dann der Krieg doch ausbrach, nahm Jabotinsky seine Bemühungen zur Gründung einer jüdischen Armee wieder auf, aber der Plan war von allem Anfang an zum Scheitern verurteilt. Das osteuropäische Judentum, das einzige potentielle Menschenreservoir, befand sich unter nazistischer Okkupation, und von den »Gettos« in Mayfair und im Faubourg St. Honoré (wie Jabotinsky schrieb) war wenig zu erwarten.

Jabotinskys letzte Jahre waren gezeichnet von tragischer Fruchtlosigkeit und Niederlage. Die Lage des osteuropäischen Judentums verschlechterte sich ständig, und Jabotinsky war dagegen so machtlos wie alle anderen jüdischen Führer. Er hatte große Versprechungen gemacht, und nun zeigte sich, daß auch er keine brauchbare Alternative anzubieten hatte. Es gab noch einige halbherzige Bemühungen um eine Aussöhnung mit der zionistischen Bewegung. Mit Weizmann, Berl Kaznelson und Golomb fanden Besprechungen statt, die jedoch keine greifbaren Ergebnisse zeigten. In der revisionistischen Bewegung zeigten sich bedrohliche Zerfallserscheinungen; da sie keine Fortschritte machte, breitete sich Zwietracht in ihren Reihen aus. Im Januar 1939 wandten sich führende Funktionäre der Betar gegen Mitglieder ihrer eigenen Leitung und beschuldigten sie, immer noch eine probritische Orientierung zu vertreten. Auf dem Revisionistenkongreß in Prag im März 1938 kam es zu einem heftigen Konflikt zwischen der palästinensischen Delegation und Abordnungen aus anderen Ländern. Schechtman, der Verhandlungen mit der zionistischen Bewegung geführt hatte, wurde nicht wiedergewählt. Der Irgun, der anfangs kaum mehr als ein Ableger des Revisionismus gewesen war, machte sich sowohl in seinen Aktionen als auch in seiner Politik zunehmend selbständig. Einige seiner Führer fühlten sich nicht mehr an die Weisungen der Parteiführer oder sogar Jabotinskys gebunden. Jabotinsky hatte in Gesprächen mit Außenstehenden aus taktischen Gründen stets die Unabhängigkeit des Irgun unterstrichen. Wenn es sich um bestimmte militärische Aktionen handelte, wollte er nicht einmal konsultiert werden: »Man fragt den Vater nicht« *(Man fregt nit den Taten),* sagte er einmal zu Begin, als der künftige Irgun-Führer Instruktionen einholen wollte. Nun begannen die Irgun-Führer solche Ratschläge wörtlich zu nehmen: der »Vater« sollte nicht belästigt werden. Ende der dreißiger Jahre hatte der Revisionismus den größten Teil seiner Kraft eingebüßt und viel an Bedeutung verloren. Der Irgun hingegen wurde unter den Juden Palästinas zu einem bedeutenden Faktor.

Bewaffneter Kampf

Der Irgun (IZL – *Irgun Zwai Leumi* – Nationale Militärorganisation) war 1931 unter der Bezeichnung *Hagana B* gebildet worden, als die Mehrzahl der Jerusalemer Hagana – Kommandeure und Mitglieder – aus der jüdischen Selbstschutzorganisation austraten und einen eigenen, unabhängigen Wehrverband gründeten. Ihnen schlossen sich Zweigstellen in Safed, Haifa und Tel Aviv an, und es gab ein informelles Abkommen mit der Betar und dem Sportverein Makkabi über die Werbung neuer Mitglieder[64]. Politische und persönliche Differenzen spielten bei dieser Spaltung eine Rolle, doch gab es auch andere Ursachen. Die arabischen Angriffe von 1929 hatten ernsthafte Mängel im jüdischen Selbstschutz zutage treten lassen, und dies war Anlaß zu erbitterten Auseinandersetzungen. Die Hagana B war kein Teil der revisionistischen Bewegung; in ihrer Leitung waren mehrere rechts der Mitte stehende Parteien vertreten, darunter die nichtzionistische Agudat Israel. Faktisch aber lag die Macht in Händen der Revisionisten, die nicht nur die meisten Offiziere stellten, sondern auch die Mehrheit der einfachen Mitglieder. Der Kommandeur des Irgun, Abraham Tehomi, war jedoch kein Parteimann und verdankte seine Ernennung nicht Jabotinsky. In den ersten Jahren seines Bestehens war der Irgun ziemlich klein, besaß nur wenig Waffen und fast kein Geld. In den Jahren 1933 und 1934, nach der Ermordung Arlosoroffs, brachte die Polarisierung der palästinensischen Judengemeinde dem Irgun viele neue Mitglieder. Junge Männer bürgerlicher Herkunft traten bei, weitere Zweigstellen wurden in den ländlichen Siedlungen gegründet, und auch neue Einwanderer stärkten die Reihen des Irgun.

Nach dem Ausbruch der Unruhen von 1936 riet die Hagana von Vergeltungsaktionen ab. Im Irgun war man diesbezüglich geteilter Meinung. Tehomi (und Jabotinsky) waren ebenfalls gegen den Gegenterror, aber viele jüngere Kommandeure waren anderer Ansicht und führten Vergeltungsaktionen ohne Genehmigung des Zentralkommandos durch[65]. Außerdem war Tehomi zu jener Zeit bereits zu der Einsicht gelangt, daß in einem nationalen Notstand zwei getrennte jüdische Selbstschutzorganisationen nicht sinnvoll seien. Als die Hagana eine Wiedervereinigung vorschlug, stimmte er zu und wurde darin von den meisten seiner nichtrevisionistischen Anhänger unterstützt. Jabotinsky und seine Gefolgsleute waren jedoch gegen den Plan. Nach einer Abstimmung im April 1937 über die Frage, ob man sich wieder der Hagana anschließen sollte, spaltete sich die Organisation. Etwa die Hälfte der dreitausend Mitglieder kehrten mit Tehomi in die Hagana zurück, der Rest blieb als separate paramilitärische Einheit unter dem Kommando Robert Bitkers, später unter Mosche Rosenberg und David Raziel bestehen. Im Irgun wurde, zumindest theoretisch, größeres Gewicht auf militärische Disziplin gelegt als in der Hagana, die, wie es einer Miliztruppe entsprach, etwas weniger straff organisiert war. In Wirklichkeit aber gab es innerhalb des Irgun fortwährend Konflikte, sowie Druck und Gegendruck auf das Oberkommando seitens der Ortsgruppen. Die Lage spitzte sich zu, als der Widerstand gegen die offizielle Politik der Nichtvergeltung *(hawlaga)* wuchs. Als Vergeltung für die Ermordung von Juden begannen einzelne Irgun-Einheiten Araber anzugreifen, die jüdische Wohngebiete durchqueren. Es kam auch zu wahllosen Bombenattentaten auf arabische Märkte und Bushaltestellen. Solche Vergeltungsakte waren nicht besonders riskant, aber völlig wirkungslos. Sie trafen nicht jene, die für die Ermordung von Juden verantwortlich waren, und setzten dem arabischen Terror kein Ende.

Jabotinsky war über die Ermordung arabischer Frauen und Kinder bestürzt und ersuchte die Irgun-Führer, die Araber zeitgerecht zu warnen, damit sie die Gebiete, die angegriffen werden sollten, räumen könnten. Die Irgun-Führer entgegneten, solche Vorwarnungen würden den Erfolg der Angriffe und die Ausführungen gefährden[66]. Nach der Hinrichtung Ben Josefs, eines jungen Irgun-Kämpfers, der von einem britischen Militärgericht zu Tode verurteilt worden war, stieg die Anzahl der Angriffe des Irgun auf arabische Zivilisten. Als der Irgun in

Haifa einem Juden, den man irrtümlich für einen Araber hielt, auflauerte und ihn tötete, wurde der Attentäter von der Hagana verhaftet. Als Vergeltung entführte der Irgun ein Mitglied der Hagana. Angesicht der Gefahr eines jüdischen Bürgerkrieges wurden sofort Verhandlungen zwischen den Kommandeuren der rivalisierenden Kampfgruppen eingeleitet, aber Ben Gurion lehnte jeden Kompromiß ab. Er vertrat die Ansicht, es könne so lange kein Teilabkommen über den Selbstschutz geben, als die Revisionisten sich weigerten, in wichtigen politischen Entscheidungen die zionistische Disziplin anzuerkennen. Die Verhandlungen wurden nach Jabotinskys Tod wieder aufgenommen, führten aber ebensowenig zum Erfolg. Viele Hagana-Mitglieder waren strikt gegen jede Art von Zusammenarbeit mit dem Irgun, den sie als abenteuerliche, rein destruktive Kampfgruppe betrachteten; eben deswegen hätten sie jedoch versuchen sollen, den Irgun unter ihre Kontrolle zu bringen, indem sie ihn entweder absorbierten oder aber zerschlugen. Doch das Hagana-Kommando, das sich auf keinen Kompromiß einlassen wollte und für einen Entscheidungskampf wahrscheinlich zu schwach war, setzte seine unentschlossene Politik fort[67].

Nach dem Ausbruch des Zweiten Weltkrieges wurden Raziel und andere führende Irgun-Offiziere, die kurz vorher verhaftet worden waren, dank einer Intervention Jabotinskys freigelassen. Der Revisionistenführer hatte erklärt, das Weltjudentum wolle für die Dauer des Krieges seinen Groll gegen die britische Verwaltung vergessen und sich an dem Kampf gegen die Achsenmächte beteiligen. Diese Erklärung löste im Irgun eine Krise aus, die bereits seit einiger Zeit geschwelt hatte. Während die meisten Mitglieder Jabotinskys Linie, wenn auch zögernd, akzeptierten und sich zur britischen Armee meldeten oder zumindest die Aktionen gegen die Engländer einstellten, lehnte eine Minderheit dies ab. Diese Gruppe stand unter der Führung von Abraham Stern, der seit Jahren einer der wichtigsten Männer des Irgun war und die Ansicht vertrat, der Hauptfeind sei nicht Deutschland oder Italien, sondern Großbritannien. Aus diesem Grund weigerte er sich, den Kampf gegen die Mandatsmacht einzustellen[68]. Im Gegensatz zum Irgun betrachteten die Mitglieder der »Stern-Gruppe« die Araber nicht als Gefahr für die zionistischen Bestrebungen, ja manche sahen sie sogar als mögliche Bundesgenossen im internationalen Befreiungskampf an.

Die Spaltung des Irgun ereignete sich in der ersten Hälfte 1940. Sie kam nicht völlig überraschend, denn die Haltung gegenüber Großbritannien war nicht der einzige Zankapfel. Stern hatte schon seit Jahren eine Politik verfolgt, die darauf abzielte, den Irgun vom Revisionismus zu lösen. 1938/39 hatte er seine Organisation in Polen vertreten und mit Hilfe der polnischen Armee die Ausbildung ausgewählter Mitglieder organisiert. Stern hatte Waffen für seine Gruppe gekauft und bei der Gründung von Zeitungen in jiddischer und polnischer Sprache mitgewirkt, die seine Linie vertreten sollten, und zwar unabhängig von revisionistischer Politik und Parteidisziplin. Er hatte auch versucht, die Organisierung der illegalen Einwanderung zu übernehmen, die bis dahin in anderen Händen gelegen war. Stern machte kein Geheimnis daraus, daß er von Jabotinsky sehr wenig hielt. In einer von ihm und seiner Gruppe einberufenen Pressekonferenz wurde Jabotinsky als »Ex-Aktivistenführer« bezeichnet, der weich und selbstzufrieden geworden sei[69]. Stern und seine Freunde hatten den Glauben an diplomatische Aktionen verloren. Ihr Radikalismus beruhte einerseits auf dem inbrünstigen Glauben an die »direkte Aktion«, anderseits auf ihrer völligen politischen Ignoranz, eine Kombination, die dazu führte, daß die Stern-Leute eine offenkundig selbstmörderische Politik einschlugen. In mancher Hinsicht glich Sterns Haltung der Achimeirs, nur daß für Achimeir 1939 der Hauptfeind immer noch die Mapai war, für Stern aber Großbritannien[70]. Sterns Strategie verrät, ebenso wie seine Gedichte, starke Todessehnsucht.

Jabotinsky war über diese Entwicklungen zutiefst beunruhigt. Er betrachtete Sterns Ablehnung der politischen Aktion als einen schwerwiegenden Fehler, als »umgekehrten Weizmannismus«. Wenige Tage vor seinem Tod im August 1940 telegraphierte Jabotinsky an Raziel, er solle die Führung des Irgun wieder übernehmen, von der er wegen des Drucks von unten zurückgetreten war. Stern verweigerte den Gehorsam und machte sich selbständig. Gemeinsam mit einigen Anhängern gründete er die *Nationale Militärorganisation in Israel* (der Name wurde später in *Israelische Freiheitskämpfer – Lechi* – umgewandelt). Die Tätigkeit des Irgun wurde im November 1940 eingestellt und unterblieb bis Anfang 1944, als die Angriffe gegen die Briten wieder aufgenommen wurden, nachdem Menachem Begin das Kommando übernommen hatte. Stern und seine paar Anhänger setzten ihren bewaffneten Kampf den ganzen Krieg hindurch fort. Ihre Aktionen bereiteten den Engländern kaum Sorgen, da die Ziele gewöhnlich jüdische Banken und die Opfer dieser und anderer Zwischenfälle hauptsächlich Juden waren. Im Februar 1942 wurde Stern nach seiner Festnahme erschossen; angeblich hatte er einen Fluchtversuch unternommen. Die meisten seiner Anhänger wurden ebenfalls verhaftet, und die Lechi blieb zwei Jahre lang untätig. Sie machte erst im November 1944 durch die Ermordung Lord Moynes, des britischen Ministerresidenten in Kairo, wieder Schlagzeilen.

Eine detaillierte Schilderung der Geschichte des Irgun und der Lechi nach diesem Zeitpunkt würde den Rahmen dieser Untersuchung überschreiten, aber gewisse ideologische Unterschiede zwischen diesen beiden aus dem Revisionismus hervorgegangenen Gruppen sollen doch erwähnt werden. Während der Irgun der Tradition Jabotinskys treu blieb, entwickelte die Lechi eine eigene Doktrin, die insofern höchst originell war, als sie versuchte, verschiedene unvereinbare Elemente miteinander zu versöhnen. Sie verband einen mystischen Glauben an ein Groß-Israel mit der Unterstützung des arabischen Befreiungskampfes. Ihre Feindschaft gegen Großbritannien war der einzige konstante Faktor in ihrer außenpolitischen Orientierung; nach 1942 zeigte sie eine prosowjetische Neigung. Im Gegensatz zum Irgun betrachteten sich die Mitglieder der Stern-Gruppe als »revolutionäre Sozialisten«; sie glaubten, die beste Methode, die Unterstützung der Sowjetunion zu erlangen, sei die aktive Teilnehme an der Befreiung des gesamten Nahen Ostens vom imperialistischen Joch[71]. Sie befürworteten die Planwirtschaft, bekämpften Streikbrecher und prägten das Schlagwort vom »sozialistischen hebräischen Staat[72]«. Diese ideologische Wandlung war keineswegs ein Einzelfall. In den benachbarten arabischen Ländern, vor allem in Ägypten und in Syrien, gab es Gruppen junger Intellektueller und Offiziere, die bis 1942/43 zum Faschismus tendiert und an einen Sieg der Achse geglaubt hatten, später aber ihre Sympathien auf die Sowjetunion übertrugen und sich zu einer Art Sozialismus bekannten.

Sowohl der Irgun als auch die Lechi wurden nach der Gründung des Staates Israel aufgelöst. Die meisten Mitglieder des Irgun stießen zur Revisionistischen Partei, die weiterhin existierte, obwohl sie nach Jabotinskys Tod viel von ihrem Schwung verloren hatte. Die Revisionistische Partei wurde zur Cherut, die sich später mit anderen Gruppen der Rechten zusammenschloß, in ihrer außenpolitischen Haltung immer noch »aktivistisch«, sonst aber eine konservative Kraft, die die Interessen der Privatwirtschaft gegen den Histadrut-Sektor vertrat. Die späteren Schicksale der Lechi-Mitglieder waren unterschiedlich. Manche steuerten eine Zeitlang auf einen »Nationalkommunismus« hin, andere propagierten weiterhin den Gedanken eines »Groß-Israels«. Einige wenige kamen zu der Schlußfolgerung, daß eine Versöhnung mit den Arabern die wichtigste politische Aufgabe sei, selbst wenn dies die Preisgabe der Grundsätze und Ziele des traditionellen Zionismus bedeute.

Der Anarchist aus Odessa

Die Geschichte des Revisionismus endet, genaugenommen, mit dem Tod seines Führers, denn Jabotinsky verkörperte, nach Auffassung seines Biographen, die revisionistische Bewegung schlechthin. Sie verfügte über keine andere Persönlichkeit von vergleichbarem Format, und Jabotinsky hat sich offenbar niemals Gedanken darüber gemacht, was nach seinem Tod geschehen sollte. Man sagt, er habe besonders in seinen späteren Jahren keinerlei Widerspruch vertragen und sei von einer Schar mittelmäßiger Bewunderer umgeben gewesen. Andere meinen, eine solche Beurteilung sei ungerecht, denn Jabotinsky habe gerade bei seinen engsten Mitarbeitern jene Fähigkeiten am meisten geschätzt, an denen es ihm selber mangelte: Organisationstalent und die Gabe zur Beschaffung von Geldmitteln. Er zog »praktische Männer« vor – an Rednern, Agitatoren und »Wald-und-Wiesen«-Politikern bestand kein Mangel.

Weizmann hat eine scharfsinnige, wenn auch etwas unfreundliche und herablassende Beschreibung Jabotinskys gegeben, den er bereits auf einem der frühen Zionistenkongresse kennengelernt hatte:

»Jabotinsky, der leidenschaftliche Zionist, war denkbar unjüdisch in Aussehen, Haltung und Benehmen. Er kam aus Odessa, der Heimatstadt Achad Haams, aber das jüdische Milieu hatte nicht auf ihn abgefärbt. Als wir in späteren Jahren enger befreundet waren, erkannte ich deutlicher, wodurch dieser zwiespältige Eindruck hervorgerufen wurde. Er war ziemlich häßlich, aber außerordentlich anziehend, redegewandt, warmherzig, großzügig und jederzeit bereit, einem notleidenden Kameraden zu helfen; doch all diese Eigenschaften wurden verdeckt durch eine gewisse theatralische Ritterlichkeit, durch eine etwas merkwürdige, unangebrachte Vornehmheit, die ganz unjüdisch war[73].«

Ben Gurion, der viele erbitterte Kämpfe mit Jabotinsky ausfocht, war vom »gesunden Wesen« seines Gegners beeindruckt. »Er besaß die völlige innere geistige Freiheit; er hatte nichts vom Galutjuden an sich und war in Gegenwart eines Nichtjuden niemals verlegen[74].«

Es ist nicht zu bestreiten, daß Jabotinsky gewisse für jüdisch geltende Eigenschaften fehlten, während er andere besonders hervorkehrte. Das Ergebnis muß jenen Zeitgenossen, die in einem jiddisch sprechenden Kleinstadtmilieu aufgewachsen waren, widerspruchsvoll erschienen sein. In dieser Hinsicht ähnelte Jabotinsky Herzl und Nordau, die im Verhältnis zum osteuropäischen Judentum ihr Leben lang Außenseiter geblieben waren. Ihm fehlte Herzls Statur und würdevolle Haltung, doch legte er wie jener großen Wert auf Umgangsformen und Zeremoniell. Gleich Herzl war auch er ein eingefleischter Individualist und Anhänger eines aristokratischen Liberalismus. Er verstand besser als Herzl die Notwendigkeit einer Massenbewegung; wie jener glaubte auch er an die Wichtigkeit der Führung und natürlich an seine eigene Mission, die Massen zu führen. Man hat in mancher Hinsicht eine auffallende Ähnlichkeit zwischen Herzl und Lassalle, dem deutschen Sozialistenführer jüdischer Herkunft, festgestellt. Auch Jabotinsky scheint von Lassalle fasziniert gewesen zu sein. Es ist kaum ein Zufall, daß er Lassalles literarische Schriften auswendig konnte. Man hatte diese nie für besonders wertvoll gehalten, und außer einigen wenigen deutschen Fachleuten für Geschichte des Sozialismus kannte sie niemand. In einem Gespräch mit einem Beamten des polnischen Außenministeriums in den dreißiger Jahren erhob sich einmal die Frage, ob des Menschen Schicksal von der Vernunft oder vom Schwert bestimmt werde. Jabotinsky zitierte eine Stelle aus Lassalles *Franz von Sickingen,* wonach alles Große seinen Triumph letztlich dem Schwerte verdanke[75].

Es war wohl der schillernde, romantische, sentimentale Zug bei Lassalle und bei Jabotinsky, der ihren politischen Stil beeinflußte und sie über den Liberalismus hinausführte: den einen zum Sozialismus, den anderen zum zionistischen Aktivismus. Zugleich aber waren beide zutiefst in den Traditionen des Liberalismus und des Rationalismus verwurzelt: Jabotinskys Zionismus war nämlich alles andere als romantisch. Als junger Mann hatte er geschrieben, sein Glaube an Palästina sei kein blindes, halb mystisches Gefühl, sondern das Ergebnis einer leidenschaftlosen Untersuchung des Wesens der jüdischen Geschichte und der zionistischen Bewegung. Seine Bindung an Zion beruhe auf mehr als bloß einem mächtigen Instinkt; sie sei das legitime Ergebnis rationaler Analyse. Bis zu diesem Punkt ähnelte Jabotinskys Bekehrung zum Zionismus jener Herzls und Nordaus, die ja auch zu dem Schluß, daß die Juden eine Nationalbewegung brauchten, nicht dadurch gelangt waren, daß sie plötzlich den Ruf einer inneren, vorher unterdrückten Stimme vernahmen, sondern weil sie mit der Lage der Juden in der modernen Welt konfrontiert wurden und die Notwendigkeit sofortiger Abhilfe erkannten. In einer Rede in Paris im Jahre 1914 distanzierte sich Nordau entschieden von zionistischem Mystizismus und fügte hinzu, er hoffe, eines Tages ein neues jüdisches nationales Leben in Palästina zu sehen; andernfalls hätte er an diesem Land bloß ein archäologisches Interesse[76]. Zur Zeit der Uganda-Debatte stellte Herzl klar, daß seiner Ansicht nach die Lösung der sozialen und politischen Fragen, die Normalisierung des jüdischen Lebens in einem unabhängigen Staat, viel wichtiger sei als der ganze Zionismus.

In einer ähnlichen Situation hätte Jabotinsky zweifellos auch nicht anders reagiert. Dabei wäre es ihm in einem solchen Dilemma wohl ebenso schwergefallen wie Herzl, seinen Zeitgenossen dies klarzumachen. Denn für die meisten von ihnen war der Zionismus weniger eine logische Einsicht als vielmehr eine emotionelle Notwendigkeit. Gleich Herzl fühlte auch Jabotinsky, daß die unterdrückten und verfolgten Massen des Ostjudentums eine Botschaft brauchten, um ihren Glauben zu stärken. Daher sein Bestehen auf nationalen Symbolen und feierlichen Zeremonien. Er mußte wohl an Garibaldi gedacht haben, als er, einem Bericht zufolge, im August 1939 mit dem Gedanken einer illegalen Landung in Palästina spielte. Er stellte sich vor, dies könnte zum Signal für einen bewaffneten Aufstand werden, in dessen Verlauf das Regierungsgebäude in Jerusalem besetzt werden würde. Er erwartete, daß ein solcher Aufstand schnell unterdrückt werden würde, doch könnte während seiner kurzen Dauer ein jüdischer Staat proklamiert und eine provisorische Regierung gebildet werden, die dann im Exil weiterbestehen würde.

Jabotinskys Bewunderer und Freunde haben ihn stets mit Garibaldi verglichen[77]. Jabotinskys Zionismus war vom *Risorgimento* beeinflußt, einer nationalen Befreiungsbewegung, die, ihrem Wesen nach demokratisch und populistisch, Waffengewalt nicht ablehnte, da sie wußte, daß sie ihre Ziele durch schrittweise friedliche Veränderung nicht erreichen würde. Garibaldi hatte verschiedene Nachahmer, die nicht alle rühmenswert waren – es wäre wohl interessant, zu wissen, was Jabotinsky von d'Annunzio und dessen Heldentaten hielt. Jabotinskys Romantizismus war jedoch keineswegs allumfassend; seine politischen Grundsätze, wie irrig auch immer, enthielten gewöhnlich einen rationalen Kern, doch beging er häufig Fehler in der Beurteilung von Situationen und Menschen. Im Rückblick erscheint es unklar, warum er die Zionistische Organisation verlassen hat, wenn er doch glaubte, daß letztlich die diplomatische und nicht die militärische Aktion entscheidend sein würde. Der Kampf gegen den Arbeiterzionismus, in den er hineingezogen wurde, erscheint nachträglich unnötig, ja sogar zweckwidrig. War es unvermeidlich, daß Jabotinsky den Antisozialismus in sein ideologisches Programm aufnahm? Als junger Mann stand er dem Sozialismus viel näher als beispielsweise Weizmann, der sich darüber höchst abfällig, mit der ganzen Verachtung eines jungen, von Nietzsche beeinflußten Intellektuellen äußerte.

Dieser Bruch in Jabotinskys Denken ist kaum zu erklären ohne Hinweis auf seine russische Herkunft, von der er viel stärker geprägt war als Weizmann, und auf das Erlebnis der Revolution von 1917. Jabotinsky und seine Freunde betrachteten die russische Revolution als eine Katastrophe, als Ursache fast aller seither in der Menschheitsgeschichte aufgetretenen Übel, vor allem im Hinblick auf das Schicksal des jüdischen Volkes. Nicht, daß sie persönlich davon betroffen gewesen wären; Jabotinsky verfügte nur über geringen irdischen Besitz, und als er 1914 Rußland verließ, hatte er wahrscheinlich ohnehin nicht die Absicht, wieder dorthin zurückzukehren. Doch infolge der Revolution war das russische Judentum vom Weltjudentum abgeschnitten und spielte in der zionistischen Bewegung keine Rolle mehr. Vor allem aber löste der russische Bolschewismus überall in Europa Gegenbewegungen aus. Um es ganz einfach auszudrücken: Ohne den Bolschewismus hätte es keinen Hitler gegeben – und ohne Hitler keinen Zweiten Weltkrieg und keine Massenvernichtung. Der russische Umsturz und die Gegnerschaft zum Bolschewismus erklären auch Jabotinskys

Ablehnung des Sozialismus. Jeder radikale Sozialismus führe zwangsläufig zu einer Diktatur und damit zu ähnlichen Zuständen wie in Rußland.

Teile der revisionistischen Bewegung wurden durch das Auftreten autoritärer Bewegungen in den zwanziger und dreißiger Jahren stark beeinflußt. Die Tatsache, daß Juden häufig zu Opfern des Faschismus wurden, machte sie nicht unbedingt immun gegen faschistische Einflüsse. Der Revisionismus glaubte an die Macht – in einer sündigen Welt, in der nur die Starken Aussicht hatten, zu ihrem Recht zu gelangen. Dies manifestierte sich in der Ideologie der Betar, vor allem im Kult des Militärischen mit allem Drum und Dran – Paraden, Uniformen, Fahnen und Rangabzeichen. Bis zu einem gewissen Grade wurden alle politischen Bewegungen der zwanziger und dreißiger Jahre vom Zeitgeist beeinflußt. Dies führte nur allzu oft zu einer Relativierung der Werte, zur Verhöhnung der Demokratie, zu Aggression und Brutalität sowie zum Glauben an einen allmächtigen, allwissenden Führer. Bei Jabotinsky waren die Anklänge an den Faschismus mehr scheinbar als wirklich. Das Grundprinzip des Faschismus war die Negation des Liberalismus, während Jabotinsky bis an sein Lebensende ein eingefleischter Liberaler blieb, genauer gesagt, ein liberaler Anarchist. Einer seiner Anhänger sagte ihm einmal direkt ins Gesicht, die Bewegung werde solange nichts taugen, als an ihrer Spitze »ein Anarchist aus Odessa« stehe[78]. Jabotinsky hatte nichts übrig für einen totalitären Staat, für Diktatur und Unterdrückung politischer Gegner, und obwohl er nicht frei von Eitelkeit war, glaubte er keineswegs an das Führerprinzip. Gewiß, er war Chef des Zohar und der Betar und, zumindest theoretisch, auch Oberkommandierender des Irgun in einer Person. Aber er drückte seine aufrichtige Überzeugung aus, als er über sich selbst schrieb: »Ich bin das genaue Gegenteil (eines Faschisten): ein instinktiver Hasser aller Formen des Polizeistaates, höchst skeptisch in bezug auf den Wert von Disziplin und Macht und Bestrafung und so weiter, bis hin zur Planwirtschaft.« Der Vergleich mag weit hergeholt erscheinen, aber Jabotinsky ähnelte der Neuen Linken insofern, als er ein Liberaler war, der die Geduld verloren hatte, teils, weil er an sich ein ungeduldiger Mensch war, teils, weil er fühlte, daß das jüdische Volk vor einer Katastrophe stand (wobei auch er deren Ausmaß unterschätzte) und keine Zeit zu verlieren hatte.

So sehr man auch manche Ideen und Taten Jabotinskys ablehnen mag, er war jedenfalls kein Faschist, und da eine faschistische Bewegung unter der Führung eines Nichtfaschisten ein Ding der Unmöglichkeit ist, kann auch die revisionistische Bewegung schon allein aus diesem Grund nicht als faschistisch bezeichnet werden. Innerhalb der Bewegung gab es jedoch einige Gruppen, manche davon nicht ohne Einfluß, die nicht so tief von den altmodischen Grundsätzen des Liberalismus durchdrungen waren wie Jabotinsky oder sie sogar bekämpften. Unter ihnen hatten faschistische Ideen erheblich an Boden gewonnen und wären sicherlich noch stärker hervorgetreten, wenn nicht Hitler und der Nazismus gekommen wären. Der revisionistische Evakuierungsplan der dreißiger Jahre war völlig unrealistisch und wurde damals als ein Beispiel krasser, verantwortungsloser Demagogie angegriffen. Aber was damals widersinnig wirkte, sollte zehn Jahre später in einem anderen Licht erscheinen. Man hätte nichts unversucht lassen dürfen, um das europäische Judentum zu retten. Heute wird wohl niemand Jabotinsky vorwerfen, er hätte das Problem dramatisiert. In dieser Hinsicht sollten die Historiker seine Politik weniger hart beurteilen, als viele seiner Zeitgenossen es taten. Aus ähnlichen Überlegungen hätte er 1937 nicht gegen den Teilungsplan auftreten sollen, denn ein unabhängiger jüdischer Staat, gleichgültig wie klein, hätte wenigstens einige Zehntausende Juden retten können, die später umkamen. Jabotinsky aber spürte instinktiv, daß in der spezifischen historischen Situation, in der sein Volk sich damals befand, Mäßigung keine Tugend war und daß jedes erdenkliche Mittel, und wäre es noch so verzweifelt, versucht werden müßte, um möglichst viele Menschen zu retten.

Es ist nicht leicht, ein endgültiges Urteil über Jabotinsky und den Revisionismus mit ihren vielen widersprüchlichen Elementen zu fällen. Kein anderer Zionistenführer hat so starke Leidenschaften entfesselt, kein anderer hatte so fanatische Anhänger und so erbitterte Gegner. Der Revisionismus wirkte nicht in erster Linie als politische Doktrin, denn ideologisch war er schwach und widersprüchlich. Aber er war der vollendete Ausdruck einer Stimmung, die unter den Zionisten, vor allem unter der jungen Generation, weit verbreitet war. Gerade weil er sich nicht mit Spitzfindigkeiten aufhielt, erkannte er vielleicht gewisse Grundtatsachen früher und klarer als andere zionistische Parteien: daß es ohne jüdische Mehrheit keinen jüdischen Staat geben würde und daß es angesichts des arabischen Widerstands gegen die jüdische Einwanderung selbst im kleinen Maßstab keine andere politische Lösung gab als einen jüdischen Staat. Die anderen zionistischen Führer zogen es vor, darüber nicht zu sprechen, da sie es für verfrüht hielten. Ihre Haltung in den zwanziger und dreißiger Jahren war: »Gehen wir über die Brücke erst, wenn wir dort sind.«

Jabotinsky war fast der einzige, der bereit war, die Dinge beim Namen zu nennen. Er träumte von einem jüdischen Staat, aber als er starb, schien das Ziel ferner als je. Ohne die Ermordung von Millionen Juden und ohne die besondere internationale Konstellation nach Kriegsende wäre der jüdische Staat nicht entstanden. Jabotinsky war zu optimistisch, wenn er annahm, die Araber würden sich mit der Anwesenheit der Juden abfinden. Die »eiserne Wand« existiert nun schon seit langem, doch die Araber haben sich damit noch nicht ausgesöhnt. Die Logik der Entwicklung, von der Jabotinsky gelegentlich sprach, hat tatsächlich zum jüdischen Staat geführt, wenn auch unter völlig anderen Umständen, als er es sich vorgestellt hatte. Die Bewegung, die er geschaffen und inspiriert hat, versandete nach der Staatsgründung, oder, genauer gesagt, sie erfuhr eine wesentliche Wandlung. So wie Trotzki, der im selben Jahr starb, hinterließ auch Jabotinsky keine klare Botschaft, die in der Welt der siebziger Jahre sinnvoll angewandt werden könnte. Ein Vierteljahrhundert nach seinem Tod wurde Jabotinskys Sarg nach Jerusalem gebracht, wo er ein Staatsbegräbnis erhielt. Zusammen mit Herzl, Weizmann und den Führern des Arbeiterzionismus war er einer der Architekten der Bewegung, die schließlich zur Gründung jenes Staates führte, der ihm so viele Jahre vorgeschwebt war. Was Schiller über Wallenstein sagte, gilt erst recht für Jabotinsky: *Von der Parteien Haß und Gunst verworren schwankt sein Charakterbild in der Geschichte.*

Der Zionismus und seine Kritiker

Die Opposition gegen den Zionismus ist so alt wie der Zionismus selbst. Sie kam aus vielen Richtungen, von Juden und Nichtjuden, von Linken und Rechten, von Religiösen und Atheisten. Einerseits behauptete man, das Ziel des Zionismus sei unmöglich zu erreichen, anderseits, es sei unerwünscht, während manche meinten, es sei sowohl illusorisch als auch unerwünscht. Die arabische Gegnerschaft ist nicht überraschend, aber Angriffe erfolgten auch aus anderen Richtungen, darunter von der katholischen Kirche, von asiatischen Nationalisten, die das Eindringen der Europäer befürchteten, von araberfreundlichen europäischen Politikern und Orientalisten und von den Kommunisten. Pazifisten verurteilten den Zionismus als gewalttätige Bewegung. Gandhi schrieb, er schätze den Zionismus als geistiges Ideal, doch hätten die Juden ihr Ideal durch Gewaltanwendung beschmutzt und erniedrigt. Tolstoi meinte, der Zionismus sei keine progressive, sondern eine im Grunde militaristische Bewegung; die jüdische Idee würde in einem territorial begrenzten Vaterland nicht ihre Erfüllung finden. Wollten die Juden wirklich einen Staat von der Art Serbiens, Rumäniens oder Montenegros[1]?

Manche Antisemiten begrüßten den Zionismus, andere verurteilten ihn aufs schärfste; beide betrachteten die Juden und das Judentum als destruktive Elemente, und ihre Politik zielte daher darauf ab, den jüdischen Einfluß zu vermindern und möglichst viele Juden loszuwerden. Man möchte annehmen, sie hätten eine Bewegung, die genau dies beabsichtigte, nämlich die Anzahl der in den europäischen Ländern lebenden Juden zu verringern, begrüßen müssen, in Wirklichkeit aber haben sie sich häufig gegen sie gewandt. Palästina, so meinte man, wäre zu gut oder zu wichtig, als daß man es den Juden überlassen könnte, die zudem die Fähigkeit verloren hätten, einen eigenen Staat aufzubauen. Sie würden immer Parasiten bleiben, und darum sei der Zionismus ein Schwindel. Es handle sich nicht um eine konstruktive Bestrebung, sondern im Gegenteil bloß um eine List, um einen Teil der Verschwörung zur Errichtung der jüdischen Weltherrschaft. Der Nazi-Ideologe Alfred Rosenberg schrieb 1922:

»Ein Teil des Heuschreckenschwarms, der seit Jahrhunderten am Marke Europas frißt, kehrt ins gelobte Land zurück, um nach neuen fetten Wiesen Umschau zu halten. Zionismus ist, bestenfalls, der ohnmächtige Versuch eines unfähigen Volkes zu produktiver Leistung, meistens ein Mittel für ehrgeizige Spekulanten, sich ein neues Aufmarschgebiet für Weltbewucherung zu schaffen[2].«

Rosenberg forderte, der Zionismus solle als Feind des deutschen Staates verboten und die Zionisten sollten als Hochverräter angeklagt werden.

Hier wird nicht versucht, sämtliche Manifestationen der Feindseligkeit gegen den Zionismus während seiner gesamten Geschichte festzuhalten. Wir beschränken uns auf den Widerstand, der sich innerhalb der jüdischen Gemeinde erhob. Grob gesprochen, gab es und gibt es immer noch drei grundsätzlich antizionistische Positionen: die der Assimilanten, die der Orthodox-Religiösen und die der Linksrevolutionäre. Alle drei bestanden seit den Anfängen des Zionismus und existieren heute noch. Andere Kritiker, wie die Territorialisten, die eine jüdische nationale Wiedergeburt außerhalb Palästinas befürworteten, sind entstanden und wieder verschwunden. Schließlich muß noch erwähnt werden, daß der jüdische Widerstand gegen den Zionismus vor sechzig oder siebzig Jahren im allgemeinen stärker war als heute, während die Gegnerschaft von außen in dem Maße lautstärker und schärfer wurde, als der Zionismus seinen utopischen Charakter verlor und zu einer politischen Realität wurde.

Die liberale Kritik

Die einleuchtendste Argumentation gegen den Zionismus, die auch bis zur Errichtung des Staates Israel am häufigsten vorgebracht wurde, richtete sich gegen seinen utopischen Charakter. Sowohl jene, die die Zerstreuung der Juden begrüßten, als auch jene, die sie bedauerten, waren der Ansicht, daß man diese historische Entwicklung nicht rückgängig machen könne. Es sei zu spät, um Millionen Juden in einem Teil der Welt zu konzentrieren, der bereits besiedelt sei und eine wichtige Rolle in der Weltpolitik spiele. Die Menschheit entwickle sich auf Assimilation, Weltbürgertum und Weltkultur hin. Überall führten die wirtschaftlichen und sozialen Entwicklungen zu einer Verringerung der nationalen Unterschiede. Der Versuch, den Gang der Geschichte aufzuhalten, dieser Entwicklung zu widerstreben, sei utopisch und reaktionär. Unter den westeuropäischen Juden sei die Assimilation bereits zu weit fortgeschritten, als daß eine Rückkehr zum jüdischen Nationalismus möglich erschiene. In Osteuropa hingegen gebe es immer noch sowohl ein jüdisches Nationalbewußtsein als auch ein soziales Problem, aber beides in so gewaltigem Ausmaß, daß auch der Zionismus keine Lösung bringen könne. Vor dem Ersten Weltkrieg glaubten sogar führende Zionisten, innerhalb der nächsten zwanzig bis dreißig Jahre würden nur hunderttausend bis höchstens eine Million

Juden sich in Palästina niederlassen (Lichtheim); Ruppin erwähnte die Zahl von 120.000 Familien. Die »Judenfrage« betraf jedoch in Osteuropa nicht Hunderttausende, sondern Millionen. Die Kritiker des Zionismus lehnten die Bewegung als utopisch ab, nicht, weil es so etwas noch nie gegeben hätte oder weil man ein gewisses Maß an Phantasie brauchte, um sich eine solche Lösung vorzustellen, sondern aus dem einfachen Grund, daß selbst die Ansiedlung von mehreren hunderttausend Menschen und die Erreichung der kulturellen Autonomie für die übrigen die Frage nicht lösen würde. Landauer und Weil, die nüchternsten und bestinformierten unter den frühen Kritikern des Zionismus, meinten, der Glaube, das westeuropäische Judentum könnte vor Assimilation bewahrt werden, sei utopisch, selbst wenn in Palästina ein Judenstaat entstehen sollte. Im Westen würde die Judenfrage letztlich durch die Assimilation gelöst werden, was aber die Lage in Osteuropa betreffe, so wisse niemand eine Lösung[3].

Das waren gewichtige Argumente. Die Zionisten hatten nichts anzubieten als die Hoffnung, daß ein *deus ex machina* irgendwie den Judenstaat herbeiführen würde; vernünftige Gründe für diese Annahme gab es keine oder so gut wie keine. Inzwischen machte die Assimilation weitere Fortschritte. Herzl dachte darüber etwa so, wie Marx über die Möglichkeit einer gewaltlosen Revolution gedacht hatte, nämlich, daß sie in einigen Ländern vielleicht möglich sei, in anderen aber nicht. Von einigen bemerkenswerten Ausnahmen, wie Jakob Klatzkin, abgesehen, war die Haltung der nächsten Zionistengeneration radikaler: Sie betrachteten die Assimilation nicht nur als unerwünscht und würdelos, sondern auch als praktisch unmöglich. Einigen wenigen mochte es vielleicht gelingen, »durchzurutschen« und schließlich in der nichtjüdischen Gesellschaft aufzugehen, aber die große Mehrheit könnte dies nicht. Denn jenseits der Wünsche und Bestrebungen einzelner gebe es die »objektive Judenfrage«.

Dies bezog sich auf soziologische Faktoren und auch auf den spezifischen Charakter der Juden als Rasse. Einige westliche Zionisten standen unter dem Einfluß der Schriften zur Rassentheorie, die in den letzten zwanzig Jahren vor dem Ersten Weltkrieg veröffentlicht wurden, und einige (darunter Ruppin und Elias Auerbach) stellten auf diesem Gebiet eigene Untersuchungen an. Die Theorie der Rassenkonstanz lehrte, daß bestimmte spezifische Eigenschaften erblich seien, unabhängig von sozialen, kulturellen und geographischen Umständen. Diese Ideen wurden vor allem in Deutschland, aber nicht nur dort, von nationalistischen Ideologen aufgegriffen, entwickelt und »modernisiert«; sie errichteten auf schwankender wissenschaftlicher Basis imposante Konstruktionen, welche die Überlegenheit bestimmter Rassen und die Minderwertigkeit anderer beweisen sollten. Sie behaupteten ferner, für jedes Volk sei Rassenreinheit der größte Segen und

Rassenmischung das größte Unglück. Diese Auffassungen wurden später von den Nazis übernommen und lieferten die Rechtfertigung für Hitlers Rassenpolitik, die auf die Ausrottung der Juden und die Versklavung anderer »rassisch minderwertiger Elemente« abzielte. Infolgedessen geriet die gesamte Rassenforschung in schlechten Geruch, denn betonte sie nicht die Unterschiede und verschärfte damit zwangsläufig die Spannungen? Aber die Unterdrückung von Untersuchungen über die Bedeutung rassischer Unterschiede, wenngleich in bester Absicht, hat nicht zur Lösung rassischer Konflikte beigetragen. Es existieren in der Tat Unterschiede zwischen den Rassen, wenn es auch keine reine Rassen gibt. Es ist eine unwiderlegbare Tatsache, daß die Juden in Österreich, in Polen und in Rußland häufig leicht zu erkennen waren. Nach Auffassung der Zionisten war dies, ob gut oder schlecht, ein durchaus bedeutsamer Faktor, während die Liberalen diese Unterschiede entweder verkleinerten oder ihnen keinerlei Bedeutung beimessen wollten. Sie betrachteten den rassistischen Antisemitismus als einen groben Unfug, der aber historisch bedeutungslos sei und bloß ein Rückzugsgefecht der reaktionären Kräfte darstelle. Die liberalen Kritiker des Zionismus konnten auf die unbestreitbare Tatsache verweisen, daß trotz den Warnungen der Antisemiten die Zahl der Mischehen zwischen Juden und Nichtjuden in ganz Mittel- und Westeuropa und in den Vereinigten Staaten im Zunehmen begriffen war. Nach mehreren Generationen einer friedlichen Entwicklung würde die Judenfrage wahrscheinlich von selbst verschwinden. Die Zionisten hingegen leugneten zwar nicht, daß die Assimilation theoretisch möglich sei, meinten aber mit Herzl: Man wird uns nicht in Frieden lassen.

Sie verwiesen auf die soziologische Erklärung des Antisemitismus: Die Erfahrung habe gezeigt, daß es überall dort, wo Juden in größerer Anzahl konzentriert sind, Antisemitismus gibt – zweifellos als Folge ihrer anomalen Sozialstruktur. Aus historischen Gründen seien die Juden selten in Landwirtschaft und Industrie tätig, doch wirkten viele von ihnen im Handel, in verschiedenen kleinen Gewerben und in neuerer Zeit in den freien Berufen. Infolgedessen seien sie regelmäßig in jeder Krise die ersten Opfer, litten mehr als andere unter der Konkurrenz und würden leicht aus ihren Stellungen verdrängt, ohne neue finden zu können. Da eine Normalisierung der jüdischen Sozialstruktur unter den in Osteuropa herrschenden Verhältnissen höchst unwahrscheinlich sei, wäre der Zionismus die einzige Lösung. Auch gebe es keinerlei Sicherheit, daß der Emanzipationsprozeß, der in Mittel- und Westeuropa nach der französischen Revolution eingesetzt habe, nicht aufgehalten oder rückgängig gemacht würde. In einer Rede in Amsterdam sagte Nordau, die jüdischen Millionäre, bei all ihrem Snobismus und all ihrer Arroganz, seien von einer atavistischen Angst erfüllt: sie wüßten vielleicht nicht viel von Geschichte, aber sie spürten in ihren Knochen, daß ihre Stellung in der Welt möglicherweise nicht so sicher war, wie sie es gerne wahrhaben wollten. Vielleicht war ihnen zu Ohren gekommen, daß es auch unter Richard Löwenherz jüdische Millionäre gegeben hatte, desgleichen wie unter Philipp dem Schönen in Frankreich und unter Ferdinand und Isabella in Spanien, und daß eines schrecklichen Tages und ohne Warnung viele von ihnen getötet, viele andere über Nacht zu Bettlern geworden waren und ihre Nachfahren nun in polnischen und rumänischen Gettos hungerten[4].

Die Liberalen betrachteten dies als eine bewußte Fehlinterpretation der Geschichte, als einen unverantwortlichen Versuch, Panik zu stiften. Sicherlich sei in der Vergangenheit die jüdische Emanzipation vom guten Willen der Herrschenden abhängig gewesen, und was gewährt worden sei, könne auch wieder genommen werden. Auch sei es sicherlich zutreffend, daß der moderne Antisemitismus die Assimilation erschweren könne, beispielsweise indem er den Juden bestimmte Berufe verschließe; er könne sie erschweren, aber nicht unmöglich machen, denn die Emanzipation der Juden beruhe nicht mehr auf subjektiven Faktoren, sondern auf welthistorischen sozioökonomischen Tendenzen und auf dem unaufhaltsamen Fortschritt der Zivilisation. Die Liberalen pflegten den Antisemitismus mit der Rückständigkeit bestimmter Bevölkerungsteile zu erklären, während die Sozialisten in ihm einen Versuch der herrschenden Klassen sahen, einen Blitzableiter zu finden, um sich vor der Unzufriedenheit der Massen zu schützen. Ferner verwiesen die Sozialisten auf die Neigung eines Teiles des Bürgertums, für seine wirtschaftlichen und sozialen Probleme die jüdische Konkurrenz verantwortlich zu machen. Aber mit zunehmender Stärke und wachsendem Klassenbewußtsein der Arbeiterbewegung würden die Arbeiter die wahre Ursache ihres Elends erkennen, und dann würde der Blitzableiter nicht mehr funktionieren[5].

Die Zionisten sahen keinen Grund zu solchem Optimismus. Die Lehren der Vergangenheit waren nicht ermutigend: die Reformation habe einige Ketten zerbrochen, aber nicht die der Juden. Die Aufklärung habe den Geist befreit, aber der Haß gegen die Juden sei nicht kleiner geworden. Die Prinzipien der französischen Revolution hätten die Welt erobert, aber die Liberalen hätten den Juden mehr oder minder höflich zu verstehen gegeben, daß ihre Mitwirkung im Kampf um politische Freiheit nicht erwünscht sei:

»Der Sozialismus wird Ihnen dieselbe Enttäuschung bereiten wie die Reformation, wie die Aufklärung, wie die politische Freiheitsbewegung. Sollten wir es erleben, daß die sozialistische Theorie Praxis wird, so werden Sie erstaunt sein, in der neuen Ordnung Ihren alten Bekannten wiederzufinden: den Antisemitismus. Und daß Marx und Lassalle Juden waren, wird dabei überhaupt nichts nützen. Der Stifter der christlichen Religion war auch ein Jude; es ist mir aber nicht bekannt, daß die Christenheit sich den Juden dafür zu Dank verpflichtet glaubte. Ich zweifle nicht daran, daß die Theoretiker des Sozialismus immer ihren Lehren treu bleiben, nie eine Rassenfrage aufwerfen werden. Aber die praktischen Führer werden mit der Wirklichkeit zu rechnen haben, und die Gefühle der Menge werden auch ihnen eine antisemitische Politik aufnötigen[6].«

Solche Befürchtungen scheinen damals ziemlich weit verbreitet gewesen zu sein. Ehrenberg, der alte Geschäftsmann in Schnitzlers Roman *Der Weg ins Freie*, sagt zu einem jungen Bekannten, einem jüdischen Sozialisten, es werde ihm nicht besser ergehen als den jüdischen Liberalen und Deutschnationalen vor ihm:

»Wer hat die liberale Bewegung in Österreich geschaffen? ... Die Juden! ... Von wem sind die Juden verraten und verlassen worden? Von den Liberalen. Wer hat die deutschnationale Bewegung in Österreich geschaffen? Die Juden. Von wem sind die Juden im Stich gelassen ... was sag ich im Stich gelassen ... bespuckt worden wie die Hund'? ... Und geradeso wirds ihnen jetzt ergehen mit dem Sozialismus und dem Kommunismus. Wenn die Suppe erst aufgetragen ist, so jagen sie euch vom Tisch. Das war immer so und wird immer so sein[7].«

Solche düsteren Prophezeiungen konnten mehrere Generationen junger Juden in Mittel- und Westeuropa nicht im mindesten davon abhalten, sich weiterhin zu Tausenden den radikalen Linksparteien anzuschließen. Für sie war der messianische Aufruf des Sozialismus unwiderstehlich und unvergleichlich anziehender als irgendeine andere politische Tätigkeit im engen Rahmen der jüdischen Gemeinde. Sie leugneten nicht die Existenz eines Judenproblems, aber sie waren fest davon überzeugt, daß die Lösung erst dann gefunden würde, wenn die Ideale des Humanismus und des Internationalismus gesiegt hätten, am Morgen nach der Revolution. Der Nationalismus, so meinten diese Sozialisten, sei eine Sache der Vergangenheit, und da sie keine besonderen Bindungen an die jüdische Gemeinde empfanden, fiel jeder Appell an ihr Nationalbewußtsein und ihren Nationalstolz zwangsläufig auf taube Ohren. An dieser Stelle wurde die Debatte meist abgebrochen, und den Zionisten blieb bloß die Hoffnung, die antizionistischen jüdischen Sozialisten würden aus bitterer Erfahrung lernen, daß sie im Kampf um die soziale Befreiung anderer Völker nicht erwünscht seien und daß sie mehr Schaden als Nutzen stifteten, wenn sie sich in führende Positionen drängten.

Nordau kehrte immer wieder zum Thema des wurzellosen westlichen Juden und seiner Probleme in der nichtjüdischen Gesellschaft zurück. In seiner Rede auf dem ersten Zionistenkongreß zeichnete er ein düsteres Bild vom geistigen Elend der Juden in Westeuropa, das schmerzlicher sei als physisches Leid, weil es Menschen von hohem

Rang treffe, stolze, empfindsame Menschen. Der Westjude habe zwar das Stimmrecht, aber er würde mehr oder weniger höflich von den Klubs und Versammlungen seiner christlichen Landsleute ausgeschlossen. Wohl dürfe er gehen, wohin er wolle, doch er finde überall die Aufschrift: Für Juden Eintritt verboten. Er habe sein spezifisch jüdisches Wesen aufgegeben, und dennoch akzeptierten ihn die Völker nicht als Angehörigen ihrer nationalen Gemeinschaft. Er habe sich von den anderen Juden distanziert, weil der Antisemitismus ihn gelehrt habe, sie zu verachten, aber seine nichtjüdischen Mitbürger stießen ihn zurück. Er habe die Heimat des Gettos verloren, und das Land seiner Geburt verwehre ihm das Heimatrecht. Er habe keinen Boden unter den Füßen, keine Gemeinschaft, der er angehöre. Er sei unsicher in seinen Beziehungen zu den Mitmenschen, schüchtern im Umgang mit Fremden, argwöhnisch sogar in bezug auf die verborgenen Gefühle seiner Freunde. Er verzettle seine besten Kräfte mit Unterdrückung und Zerstörung oder zumindest Verheimlichung seines wahren Wesens, seiner wahren Identität. Er sei innerlich zum Krüppel und äußerlich zu einer Imitation geworden, die, wie alles Unechte, Menschen von Niveau lächerlich und verabscheuenswert erscheine. Er sei ein neuer Marrane ohne einen Glauben, der ihn aufrechterhalten könnte. Voll Zorn und Verbitterung habe er das Judentum verlassen, aber wenn er es sich auch nicht eingestehe, trage er in seinem Christentum doch seine persönliche Erniedrigung, seine Unehrlichkeit und all das mit sich, was ihn zu einem Leben in Lüge zwinge[8].

Das Thema des wurzellosen Kosmopoliten, des Wanderers zwischen zwei Welten, der in keiner zu Hause ist, tauchte in vielen zionistischen Schriften und Reden auf. Es war ein allgemeines Problem, aber niemand empfand dies deutlicher als die jüdischen Intellektuellen. Sie waren Teil des intellektuellen Establishments und zugleich doch in einigen wesentlichen Aspekten völlige Außenseiter. In Deutschland hatten sie einen enormen Beitrag zum kulturellen Leben geleistet, sie waren sich ihrer Stellung in der Gesellschaft sicher, und dann wurde ihnen plötzlich zu verstehen gegeben, daß sie nicht dazugehörten. Jakob Klatzkin zeichnete ein scharfes Porträt des »typischen« jüdischen Intellektuellen, der fast völlig assimiliert zu sein schien und es dennoch so schwierig fand, vom Wirtsvolk akzeptiert zu werden, gerade weil er aus einer geistigen Aristokratie mit spezifischen, nicht assimilierbaren Eigenschaften stammte. Er sei intellektuell hoch entwickelt, reich an kreativen und destruktiven Anlagen, dynamisch und allzu aktiv in seinem Bestreben, sich zu assimilieren, und somit letztlich ein Ärgernis. Seine Stärke seien Spott und Ironie, ein unfruchtbarer Intellektualismus. Er agiere als Vermittler zwischen verschiedenen Nationalkulturen, berühre aber allzuoft nur die Oberfläche der Dinge und habe kein Empfinden für die tieferen Wurzeln des Volksgeistes. Er versuche Unvereinbares zu vermischen, sei überall und nirgends zu Hause. Er suche den deutschen Geist neu zu interpretieren, entdecke darin Toleranz, Gerechtigkeit, ja sogar Messianismus, bis er schließlich halb deutsch und halb jüdisch sei. Diese Intellektuellen hätten einen starken Hang zum Radikalismus, zur Negation und zur Zersetzung. Als intellektuelle Proletarier kämen sie nicht zur Ruhe, weil sie ihre eigene geschichtliche Verankerung verloren hätten. Selber wurzellos, sähen sie sich genötigt, die Welt verändern zu wollen und den Umsturz der bestehenden Ordnung zu predigen[9].

Es war kein schmeichelhaftes Bild, und es übertrieb gewisse Merkmale, die für eine verhältnismäßig kleine Gruppe von Literaten galten. Die große Mehrzahl der deutsch-jüdischen Intellektuellen war in ihrer politischen Haltung liberal, aber nicht zu sehr. Sie waren in der deutschen Kultur tief verwurzelt und mit ihrem Schicksal verhältnismäßig zufrieden; sie wollten Veränderungen, aber gewiß nicht Anarchie oder Revolution. Die geistigen Nöte der jüdischen literarischen Intelligentsia zogen deshalb so viel Aufmerksamkeit auf sich, weil es sich um den lautstärksten Teil der Gemeinde handelte, um jenen also, der am meisten im Licht der Öffentlichkeit stand. Womit nicht gesagt sein soll, daß ihre Probleme nicht echt und wichtig gewesen wären.

Die damit zusammenhängende Problematik trat besonders deutlich zutage, als Moritz Goldstein im März 1913 in der Zeitschrift *Der Kunstwart* einen Artikel mit dem Titel »Deutsch-jüdischer Parnaß« veröffentlichte, der einen kleinen Skandal hervorrief. Er hatte an die neunzig Leserbriefe zur Folge und wurde in der deutschen Presse noch jahrelang diskutiert. Kurz zusammengefaßt behauptete Goldstein, die Juden beherrschten das Kulturleben eines Volkes, das ihnen sowohl das Recht als auch die Fähigkeit dazu absprach. Die Zeitungen der Hauptstadt würden bald ein jüdisches Monopol werden. Fast alle Berliner Theaterdirektoren seien Juden, desgleichen viele Schauspieler. Das deutsche Musikleben sei ohne die Juden fast undenkbar, und die deutsche Literaturwissenschaft sei ebenfalls zum großen Teil in jüdischen Händen. Jeder wisse dies, nur die Juden täten so, als wäre es nicht der Rede wert. Sie behaupteten, das einzige, worauf es ankomme, seien ihre Leistungen, ihre kulturelle und humanistische Tätigkeit. Dies, so meinte Goldstein, sei ein gefährlicher Irrtum, denn »die anderen haben nicht das Gefühl, daß wir Deutsche sind«. Die Juden könnten den anderen zeigen, daß sie nicht minderwertig seien, aber wäre es nicht naiv, anzunehmen, daß sie deren Abneigung und Antipathie auch nur im mindesten verringern würden? Es sei etwas grundlegend Anomales an der jüdischen Situation. Die liberalen jüdischen Intellektuellen seien gute Europäer, aber auch gespaltene Persönlichkeiten, abgetrennt von dem Volk, in dessen Mitte sie leben. Sie könnten einen großen Beitrag zur Wissenschaft leisten, denn die

Wissenschaft kenne keine nationalen Grenzen. Doch in der Literatur und in den Künsten (er hätte hinzufügen können: und in der Politik) müsse jede große Bewegung in einem volkhaften, nationalen Rahmen verwurzelt sein. Von Homer bis Tolstoi hätten alle wahrhaft großen Werke ihren Ursprung im Mutterboden, im Heimatland, im Volke gehabt. Und diese »Verwurzelung« fehle den Juden, trotz all ihren intellektuellen und emotionellen Bemühungen.

Unter denen, die Goldstein antworteten, war auch der Dichter Ernst Lissauer, der im Ersten Weltkrieg im Zusammenhang mit seinem *Haßgesang gegen England* zu einer gewissen Berühmtheit gelangt war. Er wandte sich schärfstens dagegen, daß man auf deutschem Boden wieder ein Getto oder eine »palästinensische Enklave« errichten wollte. Seiner Ansicht nach sollte im Gegenteil der Prozeß der Assimilation bis zum erfolgreichen Ende weitergeführt werden. Wenn so viele jüdische Intellektuelle Radikale seien und immer noch kein Gefühl für den Geist des deutschen Volkes hätten, dann sei dies zweifellos darauf zurückzuführen, daß sie immer noch auf vielfache Weise diskriminiert würden. Wenn aber einmal diese Barrieren gefallen seien, dann würden auch die Juden völlig mit dem deutschen Leben verschmelzen.

Im Rückblick erscheint Lissauers Optimismus fast unglaublich naiv, doch ist es keineswegs ausgeschlossen, daß seine Voraussagen eingetroffen wären, wenn es nicht den Ersten Weltkrieg samt seinen Folgen gegeben hätte. Damals gelang es dem Antisemitismus nicht, den Fortschritt der Juden in Mitteleuropa aufzuhalten. So paradox es nach der Hitlerzeit auch klingen mag, schrieb Nahum Goldmann, die Geschichte der Juden in Deutschland von 1870 bis 1930 stellte den sensationellsten Fortschritt dar, den irgendein Zweig des Judentums jemals erzielt hat[10]. Die große Mehrzahl der mitteleuropäischen Juden schrieb keine Bücher oder Theaterstücke, besaß keine Zeitungen und leitete keine Theater. Es gab Spannungen und Konflikte, die ihre Stellung in der Gesellschaft bedrohten, doch wurden sie als unvermeidliche Begleiterscheinungen der Assimilation angesehen. Die Tatsache, daß die Assimilation schwieriger war als erwartet, mußte nicht unbedingt bedeuten, daß sie zum Scheitern verurteilt war. Der westeuropäische Zionismus war die Reaktion auf diese Schwierigkeiten. Alle Juden sahen sich vor diese Herausforderung gestellt, aber nur wenige hielten es für nötig, sich dem neuen Glauben anzuschließen. Die einzigen, die überhaupt nicht reagierten, waren jene, die bereits mit dem Judentum gebrochen hatten. Sie hatten die jüdische Gemeinde entweder bereits verlassen oder waren nahe daran und befanden es daher nicht mehr für notwendig, sich Gedanken über ihre besondere Position als Juden zu machen. Sie hatten keinerlei Bindungen mehr zur jüdischen Religion oder zu irgendeinem anderen Symbol der nationalen Solidarität. Sie fühlten nicht mehr jüdisch, und daher berührte sie der ganze Disput zwischen den Zionisten und deren Gegnern nicht. Sie pflegten sich über den Zionismus so zu äußern wie über andere politische oder kulturelle Kuriositäten: »Es ist kaum anzunehmen, daß die Juden diesmal trockenen Fußes in das gelobte Land einziehen; ein anderes rotes Meer, die Sozialdemokratie, wird ihnen den Weg dahin versperren[11].« Meist aber pflegten sie den Zionismus einfach zu ignorieren. Die eigentliche Auseinandersetzung spielte sich zwischen den Zionisten und der großen Mehrzahl jener ab, die ihr Judentum nicht aufgegeben hatten, sondern es nur anders interpretierten.

Mitteleuropa, vor allem Deutschland und Österreich, war die Geburtsstätte des modernen Zionismus. Es war auch die Geburtsstätte des liberalen Antizionismus. Aber in England, in den Vereinigten Staaten und in anderen westlichen Ländern war die Reaktion nicht wesentlich anders, wie noch zu zeigen sein wird. Herzl hatte sich sehr bemüht, den Wiener Oberrabbiner Moritz Güdemann zu gewinnen, jedoch ohne nachhaltigen Erfolg. Auf Herzls *Judenstaat* folgte Güdemanns Schrift *Nationaljudentum,* ein ausgesprochen antizionistischer Traktat. Güdemann erklärte den Zionismus als Reaktion auf den wachsenden Antisemitismus, der unter vielen Juden Empörung und Trotz hervorgerufen habe: »Wenn man uns als Fremde betrachtet, dann sollten wir die Herausforderung annehmen.« Aber diese psychologisch verständliche Reaktion machte den jüdischen Nationalismus in Güdemanns Augen nicht annehmbarer; er widerspreche dem Wesen der jüdischen Religion. Nach Zitierung Grillparzers (»Von Humanität – durch Nationalität – zur Bestialität«) gelangte der Rabbi zu dem Schluß, die Juden dürften nicht kapitulieren, sondern müßten um ihre Rechte kämpfen[12].

Ähnliche Ansichten wurden vom Rat der deutschen Rabbiner geäußert, bald nachdem Herzl den ersten Zionistenkongreß einberufen hatte. Die Erklärung der »Protestrabbis«, wie die Zionisten sie verächtlich nannten, stellte fest, die Bestrebungen der »sogenannten Zionisten, einen jüdischen Nationalstaat zu errichten«, stünden im Widerspruch zur messianischen Verheißung der Bibel und zu den anderen Quellen der jüdischen Religion. Der Judaismus verpflichte jene, die sich zu ihm bekennen, dem Land, dem sie angehören, zu dienen und dessen nationale Interessen aus vollem Herzen zu fördern. Die »Protestrabbis« betonten, ihre Opposition gelte dem politischen Zionismus. Sie seien nicht gegen die jüdische landwirtschaftliche Ansiedlung in Palästina an sich, da diese edlen Bestrebungen nicht auf die Gründung eines Nationalstaates abzielten[13].

Vogelstein, einer der offensten Gegner des Zionismus, bekämpfte die neue Bewegung völlig im Geist Gabriel Rießers, des großen Befürworters der jüdischen Emanzipation in Deutschland: »Deutschland ist unser Vaterland; wir haben und brauchen kein anderes.« Die deutschen Juden, meinte Vogelstein, seien auf vielfache Weise mit Deutschland verbunden. Seit den Tagen der Emanzipation seien sie deutsche Patrioten und hätten im Laufe von Generationen ein ausgesprochen deutsches Nationalbewußtsein entwickelt. Eine nationale Wiedergeburt im zionistischen Sinne sei mit den Zielen des Judaismus, wie sie es sähen, nicht vereinbar. Nach Auffassung der Liberalen mochte ein Nationalstaat in alten Zeiten erforderlich gewesen sein, um den reinen Monotheismus zu begründen und zu erhalten. Aber nachdem dies erreicht, nachdem dieser Glaube von den Israeliten angenommen worden war, sei ein territoriales Zentrum nicht mehr notwendig. Im Gegenteil, die göttliche Vorsehung habe die Juden in die Zerstreuung geschickt, damit sie überall Zeugenschaft für die Allmacht der Gottesidee ablegten. Der liberale Judaismus stimme mit der religiösen Orthodoxie darin überein, daß es Israels Aufgabe sei, die Verwirklichung des prophetischen Ideals in der Diaspora zu fördern[14].

Es gab keine wesentlichen Unterschiede in den Auffassungen der Vertreter des liberalen Judentums in den einzelnen Ländern des Westens. Nach Meinung des führenden französisch-jüdischen Politikers Joseph Reinach war der Zionismus eine Falle, die die Antisemiten den Naiven oder Gedankenlosen gestellt hatten. Während Dr. Vogelstein die Bindung der deutschen Juden an Deutschland herausstrich, betonten seine liberalen Zeitgenossen in London, da der Judaismus eine Religion sei, könnten sich die englischen Juden völlig mit den Engländern identifizieren. Isaac Wise, ein führender amerikanischer Rabbiner, erklärte in einer Rede am Ende des ersten Zionistenkongresses: »Wir weisen die ganze Frage eines Judenstaates zurück, da sie dem Geist des modernen Juden in diesem Land fremd ist, der Amerika als sein Palästina betrachtet und dessen Interessen sich auf dieses Land konzentrieren[15].«

»Die liberalen Juden wünschen sich keine Rückkehr der Juden nach Palästina und beten auch nicht dafür«, schrieb Claude Montefiore, der Sprecher der liberalen Juden in Großbritannien. Die Errichtung eines Judenstaates würde den Anachronismus eines jüdischen Gottes wiederbeleben. Das Judentum sei keine Nationalreligion; ein Teil davon sei universalistisch und gehöre der ganzen Menschheit, der andere Teil sei spezifisch. Jedoch gebe es im nationalen Teil nichts, was die Juden daran hindern könnte, perfekte Engländer zu sein. Die Enthaltung von Hasen- und Kaninchenfleisch mache sie schließlich nicht weniger englisch[16]. Nach Ansicht seines ähnlich denkenden Zeitgenossen Laurie Magnus waren die Zionisten zum Teil an jenem Antisemitismus schuld, den sie zu zerstören beabsichtigten. Er schlug vor, sie sollten aus dem Parlament und von öffentlichen Ämtern ausgeschlossen werden, da sie den Status der Juden ändern und sie zu ausländischen

Gästen machen wollten. Magnus leugnete die jüdische Nationalität nicht gänzlich, doch sei diese, wie ein unfreundlicher Kritiker die Auffassung Magnus' umschrieb, derart sublim, das man sie erst erkenne, wenn man sie aufgebe[17].

Sorgten sich die amerikanischen und die britischen Liberalen vor allem wegen der politischen Folgen des Zionismus, so nahmen die Deutschen ihn wesentlich ernster und versuchten, seine philosophischen Wurzeln zu analysieren und zu widerlegen. Der antizionistische Rabbiner Felix Goldmann betrachtete den jüdischen Nationalismus als einen Sprößling der allgemeinen chauvinistischen Strömung, die die zeitgenössische Geschichte vergifte, aber in einer neuen Ära des Universalismus hinweggefegt werden würde. Der Zionismus wolle die Religion opfern, um einen unbedeutenden Kleinstaat zu errichten[18]. Die Zionisten, gering an Zahl, aber angriffslustig und ihrer Sache gewiß, antworteten auf jedes Argument der Liberalen und gingen bei jeder Gelegenheit zur Offensive über. Zwischen 1900 und dem Ende des Ersten Weltkrieges ging die Debatte ständig weiter, über Zionismus und Religion, über den Liberalismus als Zwischenstation auf dem Weg vom Judentum zum völligen Abfall, über geteilte Loyalität[19].

Da es nur eine begrenzte Anzahl von Argumenten und Gegenargumenten gab, strotzten diese Schriften von Wiederholungen. Selbst die Debatte zwischen dem neukantianischen Philosophen Hermann Cohen und dem nicht einmal halb so alten Martin Buber war mehr als Ausdruck zweier persönlicher Stellungnahmen interessant denn wegen irgendwelcher neuen philosophischen Erkenntnisse. Cohen war der Ansicht, der Zionismus lehne den messianischen Gedanken ab, ohne diesen gebe es aber keine jüdische Religion. Er und andere seiner Generation hätten im deutschen Denken jenen Geist des Humanismus und des wahren Weltbürgertums gefunden, der mit der jüdischen messianischen Religiosität völlig im Einklang sei. Er lese den *Faust* nicht bloß als wunderbare Dichtung; er liebe ihn als eine Offenbarung des deutschen Geistes. Ähnliche Gefühle hege er auch in bezug auf Luther, Mozart, Beethoven, Stein und Bismarck[20]. Cohen meinte, die Zionisten seien in der nationalen Frage verwirrt. Die Juden seien Mitglieder der deutschen Nation, auch wenn sie einer anderen Nationalität angehörten. Als er schrieb, eine Nation werde durch einen Staat geschaffen, dachte er zweifellos an die Juden und das Fehlen eines jüdischen Staates. Dies war jedoch eine fragwürdige Behauptung, die die Zionisten zu der naheliegenden Frage veranlaßte: Hat es vor 1870 keine deutsche Nation gegeben?

Während die liberalen Rabbiner in ihren Angriffen gegen den Zionismus im großen und ganzen gemäßigt waren und beispielsweise einräumten, daß er viel dazu beitrug, das Interesse am Judentum und an der hebräischen Sprache wiederzuerwecken, gingen einige Laien in ihrer Gegnerschaft viel weiter. Professor Ludwig Geiger, Sohn eines der Begründer des liberalen Judaismus und Vertreter dieser Richtung im Rat der Berliner jüdischen Gemeinde, machte den gleichen Vorschlag wie Magnus in Großbritannien, nämlich, man möge den Zionisten die Bürgerrechte entziehen, und verurteilte die »blasphemischen Gebete« im jüdischen Ritual, die die Gläubigen an Zion erinnerten. Bei anderer Gelegenheit schrieb er, der Zionismus sei für den deutschen Geist ebenso gefährlich wie die Sozialdemokratie und der Ultramontanismus[21]. Die Zukunft der deutschen Nation müsse auch weiterhin die einzige bleiben, auf welche die deutschen Juden ihre Hoffnungen setzten. Jeder Wunsch, gemeinsam mit ihren Glaubensgenossen ein Volk außerhalb Deutschlands zu bilden, stelle eine krasse Undankbarkeit gegenüber der Nation dar, in deren Mitte die Juden lebten. Denn die deutschen Juden seien in ihren nationalen Eigenschaften Deutsche, und Zion sei für sie das Land der Vergangenheit, nicht der Zukunft.

Zionisten in Deutschland und in den Vereinigten Staaten klagten, daß ihre Anhänger systematisch benachteiligt würden, daß jüdische Gemeinden sich weigerten, Zionisten als Rabbiner, als Lehrer oder auch nur als Bibliothekare anzustellen. Die Antizionisten wiederum behaupteten, jeder, der den Zionismus kritisierte, werde sofort in schmählicher Weise angegriffen und unlauterer Motive verdächtigt. Der *Centralverein deutscher Staatsbürger jüdischen Glaubens,* die wichtigste Organisation des nichtorthodoxen deutschen Judentums, nahm eine zwiespältige Haltung zum Zionismus ein. Bei verschiedenen Anlässen wurden Resolutionen angenommen, wonach ein Zionist nur dann Mitglied des Vereins sein dürfe, wenn sein Zionismus den Sinn habe, eine neue Heimat für die unterdrückten Juden Osteuropas zu finden oder den Stolz seiner Glaubensbrüder auf ihre Geschichte und Religion zu stärken. Es sei jedoch kein Platz für jene, die das Deutschtum verleugneten und sich in ihrem Vaterland nur als Gäste fühlten. Diese Erklärungen verursachten große Empörung unter den Zionisten. Aber den extremen Gegnern, die den Zionismus für das größte Unglück der deutschen Judenschaft hielten, weil er den Antisemiten in die Hände spiele, gingen sie noch lange nicht weit genug. Zu wiederholten Malen beschuldigten sie die Vereinsleitung, aus opportunistischen Gründen zu nachsichtig mit den Zionisten zu sein[22]. Nach dem Ersten Weltkrieg nahm der Widerstand gegen den Zionismus allgemein ab, bis auf die heftigen Anklagen einer kleinen Gruppe ultranationaler deutscher Juden. Obgleich aber die Polemiken nachließen, blieb die Haltung des *Centralvereins* gegenüber dem palästinensischen Unternehmen skeptisch, und er fuhr fort, den Zionismus zu bekämpfen, insoweit dieser behauptete, die deutschen Juden lebten in einem fremden Land[23].

In der Debatte mit den Assimilanten fiel es den zionistischen Sprechern nicht schwer, sich gegen jene Anhänger des liberalen Judaismus durchzusetzen, die sich in ihrer Argumentation auf die messianische Aufgabe der Juden beriefen und erklärten, ein Staat sei vor zweitausend Jahren eine historische Notwendigkeit gewesen, jetzt aber nicht mehr, da das Judentum so tief in den Herzen seiner Gläubigen verwurzelt sei. Diese Behauptung entsprach jedoch nicht den Tatsachen, denn in den letzten Jahrzehnten waren zweifellos mehr Juden vom Judentum abgefallen als in vergangenen Zeiten. Die Zionisten sprachen offener und erklärten, das Gerede über die weltweite geistige Mission der Juden sei bloß ein Vorwand, denn in der modernen Welt hätten sie keine solche Mission. Wenn deutsche, französische und englische Juden dennoch lieber in ihren jeweiligen Ländern blieben, dann deshalb, weil sie sich mehr nach den Fleischtöpfen als nach dem Messias sehnten. Die Zionisten befanden sich in der stärkeren Position, denn es war schon vor dem Ersten Weltkrieg klar geworden, daß die Strömung nun gegen den Liberalismus ging. Die Menschheit wurde nicht zivilisierter, das Weltbürgertum machte keine merklichen Fortschritte, und überall in Europa gewannen Nationalismus und antiliberale Ideen neue Anhänger. Der antiliberale Zug der Zeit war jedoch kein Anlaß zu ungetrübter Freude. Er bestätigte zwar die zionistische These von der gefährdeten Situation des europäischen Judentums, brachte aber den Zionismus in eine unerwünschte ideologische Nähe zu rechtsgerichteten und reaktionären Bewegungen und Ideen.

Nationalismus und Religion sowie das Verhältnis zwischen diesen beiden Begriffen blieben auch weiterhin für die Zionisten heikle ideologische Fragen. Viele Zionisten waren überhaupt nicht religiös, und manche wollten grundsätzlich nicht die Möglichkeit der Aufnahme von Mitgliedern ausschließen, die nicht der jüdischen Religionsgemeinschaft angehörten. Die einzelnen zionistischen Organisationen lösten dieses Problem auf verschiedene Weise: Die holländischen Zionisten beschlossen einmal, keine Personen mit nichtjüdischen Ehepartnern aufzunehmen. Nordau hätte somit nicht Mitglied werden können. Anderseits war Lewis (später Sir Lewis) Namier, der bedeutende englische Historiker, der mehrere Jahre lang als politischer Sekretär der Jewish Agency in London wirkte, ein getaufter Jude. Einige der frühen deutschen Zionisten nahmen die Rassentheorie allzu ernst, andere stützten sich auf die Ideologen des deutschen Nationalismus, wie Fichte oder sogar Lagarde. Dies machte es ihren Gegnern in Westeuropa vor dem und im Ersten Weltkrieg leicht, den Zionismus als eine von Deutschland beherrschte und deutschen Interessen dienende Bewegung anzugreifen. »Der *Judenstaat* ist eine Zeitbombe, vom deutschen Volksgeist zur Vernichtung der Welt Abrahams erfunden;

der Staat Israel ist Deutschland«, schrieb ein französisch-jüdischer Autor im Jahre 1969[24]. Dies ist, milde ausgedrückt, eine Verzerrung, denn die Ideen Herders und Fichtes dienten nicht nur in Deutschland als ideologische Grundlage des Nationalismus, sondern auch in vielen anderen Ländern. Essays, die zur Zeit ihrer Entstehung durchaus harmlos waren, erhielten einige Jahrzehnte später angesichts der Entwicklung des deutschen Nationalismus einen düsteren Aspekt und ließen Martin Buber als frühen Vertreter von Blut und Boden und andere zionistische Ideologen als Anwälte der völkischen Idee erscheinen. Aus dem historischen Zusammenhang gerissen, wirkten sie nun peinlich, und die Kritiker des Zionismus schlachteten dies auch weidlich aus.

Aber die wirkliche Schwäche des Zionismus zeigte sich in der Praxis[25]. Nachdem der Zionismus die liberale Position zerstört sowie die Inkonsequenz und Irrigkeit des Assimilantentums aufgezeigt hatte, welche Alternative hatte er dafür anzubieten? Die Auswanderung nach Palästina war vor 1914 gering. Einige Wagemutige besuchten Palästina als Touristen, aber nur eine Handvoll deutscher und noch weniger österreichische Zionisten entschlossen sich, dortzubleiben. Auch nach 1918 zählten die jüdischen Auswanderer aus Mitteleuropa nur nach Hunderten, nicht nach Tausenden, während aus Westeuropa und den Vereinigten Staaten praktisch niemand kam. Dies war die Lage, trotz aller feierlichen Vorsätze und Versprechen, wie die von der deutschen Zionistenkonferenz in Posen angenommene Resolution, wonach es die Pflicht jedes Zionisten sei, sich auf ein Leben in Palästina vorzubereiten. Was bedeutete es unter diesen Umständen nun tatsächlich, Zionist zu sein? In den meisten Fällen bedeutete es nicht mehr, als Geld für den Nationalfonds zu spenden, zionistische Schriften zu lesen, an verschiedenen politischen Aktivitäten teilzunehmen und vielleicht Hebräisch zu lernen. Aber 99 Prozent der west- und osteuropäischen Zionisten, die Mitglieder ebenso wie die Führer, betonten zwar, daß sie ein Volk im Aufbruch wären, lebten aber weiterhin mehr oder weniger zufrieden in den Ländern der Diaspora, um dort Medizin und Jurisprudenz zu praktizieren, in Handel und Industrie zu wirken oder Bücher und Artikel zu veröffentlichen. Die Antizionisten, denen ihre Gegner vorwarfen, »in Lüge zu leben«, konnten sich leicht verteidigen, indem sie auf die noch krassere Diskrepanz zwischen zionistischer Theorie und zionistischer Praxis hinwiesen.

Von ihrem Standpunkt konnten die Zionisten durchaus überzeugend erklären, warum sie auf vollen Bürgerrechten in ihrem Geburtsland bestanden, trotz der Tatsache, daß sie sich einer anderen Nation zugehörig fühlten. Viel schwieriger war es, die aktive Beteiligung von Zionisten an der deutschen, der englischen oder der französischen Politik zu rechtfertigen. Unter ihnen befanden sich hohe Staatsbeamte dieser Länder, Abgeordnete zum britischen und zum französischen Parlament, ja sogar Führer politischer Parteien. Das war ein nicht leicht zu lösender Widerspruch: Entweder ging die zionistische Überzeugung dieser Leute nicht sehr tief, oder sie litten unter permanenten Gewissenskonflikten.

Auch war es keineswegs leicht, die assimilierten Kritiker des Zionismus auf kulturellem Gebiet zu widerlegen. Sie vertraten die Ansicht, der Zionismus bedeute keineswegs eine Wiedergeburt der jüdischen Tradition, sondern sei vielmehr von der allgemeinen nationalistischen Entwicklung in Europa angeregt worden. Jene, die für eine national-kulturelle Wiedergeburt einträten, könnten nur unter beträchtlichen Schwierigkeiten spezifisch jüdische Werte außerhalb der Religion geltend machen. Was hätten die Juden nach den Jahrhunderten des Lebens in der Diaspora noch an eigener kultureller Substanz vorzuweisen? Die religiösen Feiertage hätte man von anderen Völkern übernommen, die Sprachen der jüdischen Massen sowohl in Europa (Jiddisch) und im Mittelmeergebiet (Ladino) seien aus dem Deutschen beziehungsweise dem Italienischen entlehnt worden. Es gebe keine jüdische Schule der Malerei oder der Musik, der Philosophie oder der Geschichtsschreibung. Zwar gebe es viele jüdische Schriftsteller, aber keine jüdische Literatur. Überall seien die Juden eine kulturelle Symbiose mit den Wirtsvölkern eingegangen. Die Zionisten mochten behaupten, das daraus resultierende »kulturelle Chaos« sei steril und unwürdig, letztlich aber könnten sie keine klare Alternative aufzeigen. Ihre Lieder und Zeichnungen, die sie in den frühen Jahren der nationalen Wiedergeburt mit großer Begeisterung geschaffen hätten, seien kaum der Beginn einer neuen Kultur. Die meisten Zionisten gäben zu, daß eine kulturelle Erneuerung erst in Palästina stattfinden könnte, doch sei dies gleichbedeutend mit dem Eingeständnis, daß es in der Diaspora kein spezifisch jüdisches Leben gebe. Wenn dies zutreffe, dann sei der Diaspora-Zionismus nicht mehr als eine Stimmung, eine vage Sehnsucht, ein Gefühl der Nostalgie. Die orthodoxen Juden hätten immer noch ihren Glauben, aber jene, die einen weltlichen Nationalismus verträten, hätten ihren Anhängern wenig zu bieten. Dies war für viele westliche Zionisten eine Quelle der Besorgnis; aber in Osteuropa, wo es noch eine jüdische Volkskultur gab, war die Lage völlig anders.

In anderen Teilen Westeuropas waren die Gegner des Zionismus nicht weniger stark und laut als in Deutschland und Österreich. Die Zionsfreunde hatten in England schon vor Herzl einige Anhänger, und Weizmann fand in späteren Jahren Freunde, die sich zur entscheidenden Zeit als Quelle der Stärke erwiesen. Aber die Vertreter der anglo-jüdischen Körperschaften, vor allem des *Board of Deputies* und der *Anglo-Jewish Association,* hielten den Zionismus nicht bloß für belanglos, sondern für ausgesprochen schädlich und meinten, er gefährde die von den Juden im Laufe vieler Jahrzehnte errungenen Rechte und jüdischer Patriotismus sei unvereinbar mit Loyalität zum britischen Staat. Die führende Persönlichkeit in der antizionistischen Kampagne war der Präsident der *Anglo-Jewish Association,* Lucien Wolf. Herzls Ideen, schrieb er, seien schlimmer als eine Satire, sie seien Verrat: »Dr. Herzl und seine Gesinnungsgenossen sind Verräter an der Geschichte der Juden, die sie falsch verstehen und falsch interpretieren.« Die Zionisten provozierten den Antisemitismus, ihr Plan sei zum Scheitern verurteilt, sie hätten eine geistige Idee kommerzialisiert und aus der Prophezeiung ein Geschäft gemacht. Herzl hätte mit genialer Unverschämtheit seinen Plan, der Mission des Exils und den Verpflichtungen gegen die Länder der Diaspora auszuweichen, als Erfüllung der alten Prophezeiungen hingestellt. Einen anderen zeitgenössischen Kritiker Herzls zitierend, bezeichnete Wolf das zionistische Programm als die verächtlichste, lächerlichste Abart des Idealismus, die jemals den Nachfahren einer großen Nation vorgelegt worden sei[26]. Es gebe wohl ein Judenproblem, aber die Juden müßten in jedem Lande für Emanzipation und religiöse Freiheit kämpfen.

Selbst dort, wo sie verfolgt würden, wie es gerade zur Zeit, als Wolf dies schrieb, in Rumänien der Fall war, seien die Juden verpflichtet, zu bleiben, damit sie mithelfen könnten, aus dem Land einen zivilisierten Staat zu machen. »Dies ist die Mission Israels im Exil, die Mission, die das britische Israel erfüllt hat[27].« In den verhältnismäßig wenigen Jahren seit ihrer Emanzipation hätten die Juden Großbritanniens sich mit der Nation, der sie angehörten, solidarisiert. Es gebe keine spezifisch jüdischen Interessen, durch die sich die Juden von den anderen Untertanen des Königs unterschieden. Der Zionismus könne nicht verwirklicht werden, da diese »Travestie des Judaismus« vom guten Willen eines muselmanischen Fürsten abhängig sei. Wolf sagte voraus, die westlichen Regierungen würden nicht das geringste Interesse daran haben, Ausbrüche von Antisemitismus hervorzurufen, indem sie ihre Juden als Fremde behandelten; außerdem wollten sie sicherlich nicht die orientalische Frage durch die Errichtung eines weiteren schwachen Staates im ohnehin unruhigen Nahen Osten weiter komplizieren. Diese Auffassungen wurden von den meisten Führern der englischen Judenschaft bis zum Ersten Weltkrieg geteilt, und wenngleich sie nach der Balfour-Deklaration den Zionismus nicht mehr als utopisch bezeichneten, so betrachteten sie Palästina weiterhin bestenfalls als Zufluchtsort für ihre unglücklichen Glaubensbrüder aus Osteuropa. Nach dem Krieg wurde die These von der zivilisatorischen Aufgabe des osteuropäischen Judentums unhaltbar. Da die Assimilation in Großbritannien keine wesentlichen Rückschläge erlitt, konnte die mangelnde Begeisterung für den Zionismus nicht wundernehmen.

In Wien, Prag und Berlin hatte der Zionismus einige Anhänger unter den Intellektuellen, während es in Frankreich und Großbritannien in der Zeit vor Hitler fast keine gab. Die vorhandene Anhängerschaft stammte aus anderen Teilen der jüdischen Gemeinde, meist waren es Neuankömmlinge aus Osteuropa. Eine der wenigen Ausnahmen in Frankreich war Bernard Lazare, eine andere Edmond Fleg, aber keiner der beiden dachte auch nur einen Augenblick lang daran, sich in Palästina niederzulassen. Nachdem er an einem Zionistischen Kongreß teilgenommen hatte, schrieb Fleg, er habe sich unter all diesen fremden Gesichtern sehr jüdisch gefühlt, aber auch sehr französisch; die jüdische Heimstätte gehe nur jene an, die keine andere hätten[28]. Léon Blum, ebenfalls ein Sympathisant, brachte in einer Botschaft an eine Zionistenversammlung die gleiche Ansicht zum Ausdruck: Die jüdische Heimstätte sei eine wunderbare Sache für alle, die im Gegensatz zu ihm nicht das Glück hätten, freie und gleichberechtigte Bürger ihrer Geburtsländer zu sein[29]. Andere, weniger wohlwollende französische Intellektuelle verurteilten den zionistischen »Rassismus«. Herzl war infolge des Dreyfus-Prozesses zum Zionisten geworden, aber die meisten französischen Juden reagierten anders. Die kleinen Gruppen osteuropäischer Juden in Paris, die für den Zionismus waren, wurden mit einem gewissen Mißtrauen betrachtet; die zionistischen Träume wurden mit den Aufreizungen des Kommunismus und des Nihilismus verglichen[30]. Julien Benda verspottete die *»adorateurs de leur sang«*, die einen semitischen Nationalismus erzeugen wollten[31].

In Rußland war vor 1917 die Gegnerschaft zum Zionismus keineswegs auf jüdische und nichtjüdische Sozialisten beschränkt. Obwohl die Hoffnungen auf Assimilation durch die Pogrome einen Schlag erhielten, von dem sie sich nicht mehr erholten, war die Gegnerschaft zur jüdischen Nationalbewegung in liberalen Kreisen nach wie vor weit verbreitet und lautstark, vor allem aus ideologischen Gründen. Es gab jedoch auch praktische Einwände: Juschakow – um nur einen zu nennen – meinte 1897, Palästina sei unsicher, die Türken würden die Juden umbringen[32]. Einer der interessantesten Vertreter eines geistigen Antizionismus war Michail Gerschenson, ein russischer Emigrant in Westeuropa, der in bezug auf das Schicksal des jüdischen Volkes eine sehr persönliche, mystische Geschichtsphilosophie entwickelte. Er war kein Feind des Zionismus, sondern fühlte sich im Gegenteil von ihm angesprochen. Der Zionismus sei, schrieb er, von großer psychologischer Schönheit. Aber er beruhe auf dem Gedanken des Nationalstaates, einem falschen europäischen Konzept des neunzehnten Jahrhunderts. Mit der Verwerfung der Idee des auserwählten Volkes lehne der Zionismus die jüdische Geschichte insgesamt ab und verkaufe sie für ein nationalistisches Linsengericht. Nachdem Israel so viel unter dem Nationalismus, in dessen Namen die größten Verbrechen verübt wurden, zu leiden hatte, sei es wohl unvermeidlich, daß dieser blutrünstige Moloch nunmehr auch von Israel seinen Tribut fordere. Gerschenson war fest überzeugt, daß die Juden ewige Wanderer bleiben müßten und daß ihre schreckliche Lehrzeit fortdauern würde, »denn das Reich Israel ist nicht von dieser Welt[33]«. Es sei ein glorreiches und furchtbares Schicksal, kein Zufall der Geschichte, sondern tief in der Seele des Volkes verwurzelt. Er behauptete nicht, Zweck und Sinn der Prüfungen, denen das jüdische Volk ausgesetzt war, zu kennen, denn dies übersteige das menschliche Begriffsvermögen. Gerschensons Theorie des Leidens stand der Slawophilie näher als dem Judaismus, doch ähnelte sie in mancher Hinsicht den Auffassungen der ultraorthodoxen Juden, die behaupteten, Israel werde wegen seiner Sünden von Gott bestraft. Unnötig zu sagen, daß all dies für die Zionisten Anathema war: Wenn einige wenige assimilierte Intellektuelle Leiden auf sich nehmen wollten, so wollte die überwältigende Mehrheit der Juden jedenfalls der Unterdrückung entkommen und ein normales Leben führen. Immer wieder lehnten die Zionisten es ab, Theorien über eine angebliche geistige Mission des Judentums in der Diaspora für bare Münze zu nehmen. Wenn Intellektuelle sich gegen den Zionismus wandten, dann wohl, weil Palästina ihnen nicht die gleichen Möglichkeiten bieten konnte wie Mittel- und Westeuropa.

Als der Zionismus Amerika erreichte, reagierte das dortige jüdische Establishment genauso wie die liberalen Juden in Westeuropa. Es handle sich um einen »vorübergehenden Rausch morbider Geister« (Isaac Wise), um eine Bewegung, die die Verbreitung des Fortschrittes und der Toleranz aufhalte. Rabbinern ebenso wie Laien erschien der Zionismus als Störung ihres Seelenfriedens, als Angriff auf ihr Amerikanertum, als Behinderung der Anpassung der Juden an eine demokratische Umwelt. Er weckte Erinnerungen, die sie vergessen wollten[34]. Ein Jahrzehnt, bevor Herzl seinen *Judenstaat* veröffentlichte, hatte die Tagung der Reformrabbiner in Pittsburg erklärt: »Wir betrachten uns nicht mehr als Nation, sondern als Religionsgemeinschaft. Wir erwarten daher weder eine Rückkehr nach Palästina . . . noch die Wiederherstellung irgendwelcher Gesetze in bezug auf den jüdischen Staat.« Nach dem ersten Zionistenkongreß mißbilligten sie in einer weiteren Resolution alle Versuche, einen jüdischen Staat zu errichten, die ein völliges Mißverstehen der Mission Israels bedeuteten. Die »Ziomanie«, wie die Bewegung von ihren Gegnern genannt wurde, galt diesen nicht nur als dem Wesen nach reaktionär, sondern auch als eine Bedrohung der jüdischen Sicherheit. So wie in Deutschland ging es auch in Amerika hitzig zu, und die wenigen frühen Zionisten hatten in den jüdischen Organisationen einen schweren Stand. Die Entfernung der zionistischen Sympathisanten aus dem *Hebrew Union College* war bloß ein Beispiel für die Diskriminierung, der sie ausgesetzt waren.

Die Gegnerschaft beschränkte sich keineswegs auf den Mittelstand und die Oberschicht des jüdischen Establishments mit seinen Rabbinern. Auch unter den Massen der Neueinwanderer aus Osteuropa fand der Zionismus wenig Unterstützung. Soweit sie sich überhaupt für Politik interessierten, neigten sie den verschiedenen Spielarten des Sozialismus zu. Nach der Balfour-Deklaration und der russischen Revolution verringerte sich die Opposition zum Zionismus in Amerika und auch in Europa. Als David Philipson 1918 versuchte, eine Konferenz zur Bekämpfung des Zionismus zu organisieren, verweigerten einige der führenden jüdischen Persönlichkeiten, wie Oscar Strauss und Jacob Schiff, die Mitarbeit. Louis Marshall schrieb in seiner Antwort, der Zionismus spreche die Phantasie und die Poesie an und sei eine affirmative Richtung[35]. Das *American Jewish Committee* begrüßte in einer vorsichtig formulierenden Resolution die Balfour-Deklaration, machte jedoch klar, daß sich wohl nur ein Teil des jüdischen Volkes in Palästina niederlassen würde. Was die amerikanische Judenschaft betreffe, so stehe es außer Zweifel, daß ihre uneingeschränkte Treue ihrem Land gehöre, von dem sie ein integraler Teil sei. Die Reformrabbiner verabschiedeten eine weitere Resolution, die besagte, Israel sei keine Nation und Palästina nicht die Heimat des jüdischen Volkes – seine Heimat sei die ganze Welt[36].

Dennoch gewann der Zionismus in den zwanziger und dreißiger Jahren viele neue Freunde. Das Reformjudentum gab, nach den Worten eines seiner Kritiker, dem synthetischen Zionismus in einer 1937 beschlossenen Resolution, die das Pittsburger Programm ersetzen sollte, seine stillschweigende Billigung[37]. Dies verursachte große Bestürzung unter den eingefleischten Antizionisten, die 1942 in einer Versammlung in Atlantic City beschlossen, ein Programm auszuarbeiten, um ihre Sache zu reaktivieren. Darin wurde wohl der Beitrag »der Erschließung Palästinas zur Linderung der dringlichen Probleme unseres unglücklichen Volkes« anerkannt, zugleich aber festgestellt, daß der politische Inhalt des zionistischen Programms im Gegensatz zu »unserer universalistischen Interpretation der jüdischen Geschichte und Bestimmung« stehe[38].

Die Argumente gegen den Zionismus waren kurz zusammengefaßt die folgenden: Als säkularistische Bewegung sei er unvereinbar mit dem religiösen Wesen des Judentums; als politische Bewegung stehe er im Gegensatz zum geistigen Gehalt des Judentums; als nationalistische Bewegung entspreche er nicht dem universalistischen Wesen des Judentums; er stelle eine Bedrohung der Wohlfahrt der Juden dar, da er die Vorstellungen der Nichtjuden über die Juden verwirre und damit deren Status gefährde. Im wesentlichen waren diese Argumente identisch mit jenen, die von den deutschen Liberalen vierzig Jahre vorher formuliert worden waren, doch gab es verschiedene Nuancen in der Betrachtungsweise. So sprachen die radikalen Antizionisten stets vom »Mythos eines jüdischen Volkes«, während die gemäßigten Elemente (wie Rabbi Lazaron) gelegentlich vom jüdischen Volk und seinem »religiös-kulturellen Erbe« sprachen und damit andeuteten, daß das Judentum mehr sei als nur eine Religion. 1943 wurde der *American Council for Judaism* gegründet, der in seiner Grundsatzerklärung feststellte: »Wir bekämpfen die Bestrebungen zur Errichtung eines jüdischen Nationalstaates in Palästina oder anderswo als eine Philosophie des Defätismus . . . Wir distanzieren uns von allen damit verwandten Doktrinen, die die rassische Besonderheit sowie die nationale und die geistige Heimatlosigkeit der Juden betonen. Wir bekämpfen solche Doktrinen als schädlich für das Wohlergehen der Juden in Palästina, in Amerika und überall, wo Juden leben[39].« Der *Council* hatte bloß einige tausend Mitglieder, doch spielten manche von ihnen eine bedeutende Rolle im öffentlichen Leben. Er setzte seine Tätigkeit auch nach der Gründung des Staates Israel fort, und einige seiner extremen Sprecher, wie Alfred Lilienthal und Elmer Berger, unterstützten die arabischen Argumente gegen den Zionismus. Es gab auch eine gemäßigte Opposition, die Artikel in *The Menorah Journal* veröffentlichte, einer sehr angesehenen Zeitschrift jener Periode. Unter dem Einfluß der Bundisten lehnte das *American Jewish Labor Committee* den politischen Zionismus auch weiterhin ab. Kurz vor der Gründung des Staates Israel schrieb Hannah Arendt, Herzls Auffassung von der Rolle der Juden in der Welt sei nun noch gefährlicher als früher: »Die Parallelen zur Sabbatai-Zwi-Episode sind beängstigend geworden[40].« Ähnliche Einwände gab es in den Schriften von Solow, Hans Kohn, William Zukerman, Koppel Pinson und anderen, aber die Mehrheit der amerikanischen Juden (nach einer Roper-Meinungsumfrage im Jahre 1945 90 Prozent) war für die Gründung eines jüdischen Staates, ohne sich deshalb der zionistischen Bewegung anzuschließen.

Die Debatte hörte auch nach der Gründung des Staates Israel nicht auf. Die Kritiker akzeptierten Israel als *Fait accompli*, jedoch nicht ohne erhebliche Bedenken und Vorbehalte. Die Arbeit der zionistischen Politiker sei nun von Erfolg gekrönt worden, schrieb Ignaz Maybaum, aber die Geschichte sei nicht die Ewigkeit, und der Staat Israel sei keineswegs der sicherste Teil der jüdischen Diaspora. In der nachzionistischen Ära sei er bloß Teil der Diaspora; man solle ihm nicht die utopische Aufgabe aufbürden, der Diaspora ein Ende zu setzen[41]. Rabbi Jacob Petuchovski veröffentlichte eine systematische Kritik der zionistischen Ambitionen. Es sei eine reine Täuschung, schrieb er, wenn man behaupte, Israel sei das geistige Zentrum des Weltjudentums oder würde es noch werden. Bestenfalls würde es ein geistiges Zentrum unter mehreren sein[42]; die Errichtung des Staates sei nicht die Erfüllung der tausendjährigen Sehnsucht des Judentums. Die jüdische Kultur sei größer als der Staat Israel, und es sei nicht wahr, daß nur dort ein erfülltes jüdisches Leben möglich sei. Die jüdische Überlieferung, das Judentum selbst sei von Assimilation durchsetzt – die jüdischen Feiertage, wie Pessach, Schawuot und Sukkot, seien von den Kaanitern übernommen worden, die in der Mischna, der Midrasch und dem Talmud enthaltenen rechtlichen Begriffe entstammten einer nichtjüdischen Umwelt, und so sei es seit jeher gewesen. Es gebe keinen Grund, anzunehmen, daß eine israelische Kultur in irgendeinem tieferen Sinne spezifisch jüdisch oder der jüdischen Kultur andernorts überlegen sein würde.

Die Kontroverse zwischen den Zionisten und ihren liberalen Kritikern dauert seit langem an, und ein Ende ist nicht abzusehen. Die grundsätzlichen Argumente beider Seiten haben sich im Laufe der Jahre kaum geändert. Die optimistischen Erwartungen der Liberalen erfüllten sich nicht, da die europäische Geschichte nach dem Ersten Weltkrieg eine andere Wendung nahm. Die Realität der Massenausrottung übertraf bei weitem die ärgsten Befürchtungen der Zionisten. Indessen war diese Tragödie, wie ein Antizionist nach dem Zweiten Weltkrieg bemerkte, nicht die Folge des Fehlens eines jüdischen Staates. Die Vernichtung hätte auch in Israel stattfinden können, wäre Hitler nicht bei El Alamein aufgehalten worden. Zweimal in der Geschichte erlitten die Juden, eine nationale Katastrophe, obwohl sie einen eigenen Staat besaßen[43].

Die Kritik der Liberalen am Zionismus war nicht ganz unzutreffend. Mit ihrer Betonung der universalen geistigen Mission Israels in der Diaspora befanden sie sich zwar auf schwankendem Boden, aber sie wiesen mit Recht darauf hin, daß die Assimilation in Mittel- und Westeuropa große Fortschritte gemacht hatte und daß die Mehrzahl der Juden sich in ihren jeweiligen Ländern verwurzelt fühlte. Sie hätten mit ihren nichtjüdischen Landsleuten mehr gemeinsam als mit den osteuropäischen Juden, ganz zu schweigen von denen in Marokko oder im Jemen. Sie hatten recht mit der Behauptung, daß der Zionismus unter den gegebenen politischen Verhältnissen den Massen des osteuropäischen Judentums keine Lösung bieten konnte. Was die geistigen Probleme betraf, so wurde das Identitätsproblem der Juden West- und Mitteleuropas, das Nordau so eindringlich beschrieben hatte, von den Liberalen nicht völlig zu Unrecht als übermäßig pessimistisch und übertrieben erachtet. Sicherlich gab es gefährliche Anomalien, wie die dominierende Stellung jüdischer Intellektueller in Deutschland und Österreich, doch war die Lage in Frankreich anders. In bestimmten Berufen standen die Juden im Licht der Öffentlichkeit und mußten somit besondere Aufmerksamkeit erregen und Feindseligkeit hervorrufen, aber selbst unter den Intellektuellen betätigte sich die Mehrzahl in zunehmendem Maße auf Gebieten wie Wissenschaft oder

Medizin, die »ideologisch« weniger exponiert waren und wo niemand viel nach der Herkunft fragte.

Die Assimilation sei ein natürlicher Vorgang. Es sei nichts Ehrenrühriges daran, trotz des fragwürdigen Verhaltens einzelner Juden, die allzueifrig bemüht waren, ihre Vergangenheit zu vergessen und sich von ihrem Volk zu distanzieren. Es sei nicht das erstemal in der jüdischen Geschichte, daß ganze Gemeinden sich assimilierten und verschwanden. Die Tatsache, daß in manchen Ländern die Assimilierung kaum möglich sei, bedeute nicht, daß sie in anderen Ländern nicht erfolgreich sein könne. Wenn die meisten Juden in Mittel- und Westeuropa kein inneres Verlangen nach einer nationalen Existenz und einer nationalen Kultur verspürten, dann werde auch der Zionismus dies nicht ändern können. Es sei keine Frage von »guten« oder »schlechten« Juden, von Patrioten und Renegaten. Da es seit vielen Jahrhunderten kein territoriales Zentrum mehr gegeben habe und das Bedürfnis nach einem solchen kein allgemein akzeptierter Glaubensartikel mehr sei, liege es nun bei jedem einzelnen, seine Wahl zu treffen. Da die gemeinsamen Bande der Juden seit den Tagen der Emanzipation so viel schwächer geworden waren, sei es keineswegs überraschend, daß die große Mehrheit in Mittel- und Westeuropa lieber in ihrem jeweils gegebenen Vaterland bleibe, als sich den Ungewißheiten einer nationalen Heimstätte auszusetzen.

Dies sind, kurz zusammengefaßt, die Argumente für den Liberalismus und die Assimilation, wie sie sich nachträglich darstellen. Trotz Nazismus und der Ermordung von Millionen Juden ist er nicht leicht zu widerlegen. Erst die Katastrophe nie dagewesenen Ausmaßes ermöglichte es dem Zionismus, sein Ziel, die Schaffung eines jüdischen Staates, zu erreichen. Das osteuropäische Judentum hätte er keinesfalls retten können. Er hatte einen Lösungsvorschlag, aber die Voraussetzungen für die Umsiedlung von Millionen Juden waren ganz einfach nicht gegeben. Die Debatte zwischen Zionisten und Assimilanten ist in gewissem Sinne nun zu Ende; nur wenige befürworten heute die Assimilation, wie es die Liberalen und die Protestrabbiner um die Jahrhundertwende getan hatten. Da sich aber die Mehrheit der Juden nicht entschlossen hat, Bürger des jüdischen Staates zu werden, besteht das Dilemma weiterhin, und der Zionismus hat die Schlacht nicht gewonnen. Da eine nationale oder auch nur kulturelle Wiedergeburt in der Diaspora unwahrscheinlich ist, wird die Assimilation in künftigen Jahren mit oder ohne den Vorteil einer ideologischen Rechtfertigung ihren Lauf nehmen.

Der Zionismus und die jüdische Orthodoxie

Während die Liberalen sich von Anfang an über den Zionismus mokierten, nahmen die Orthodoxen ihn ernster; von einigen bemerkenswerten Ausnahmen abgesehen, betrachteten sie ihn als ihren Todfeind. Die Liberalen anerkannten, wenn auch widerwillig, daß der Zionismus befreiende Elemente enthielt, die führenden osteuropäischen Rabbiner jedoch hielten ihn für eine ausgesprochene Katastrophe, eine giftige Pflanze, gefährlicher noch als das Reformjudentum, das sie bis dahin als die Hauptgefahr angesehen hatten[44]. Einige wenige orthodoxe Rabbiner, beispielsweise Raines, gaben dem Zionismus ihren Segen und gründeten eine religiöse Fraktion innerhalb der zionistischen Bewegung. In Deutschland, in Ungarn und in den osteuropäischen Ländern aber vereinigte sich die Orthodoxie, um die Nationalbewegung wirksamer bekämpfen zu können. Zur Förderung dieser Bestrebungen wurde 1912 die *Agudat Israel* gegründet, der führende Rabbiner und orthodoxe Laien aus verschiedenen Ländern angehörten. Von der Doktrin her gesehen, war die Lage der Orthodoxen kompliziert, denn in der Thora heißt es unmißverständlich, es sei die Pflicht jedes Gläubigen, sich im Heiligen Land niederzulassen *(Mizwat Jischuw Erez Israel)*. Manche Ultraorthodoxen meinten jedoch, dies sei bloß eine von 248 religiösen Vorschriften, die möglicherweise zu anderen, nicht weniger wichtigen im Widerspruch stehe. Indessen wiesen andere führende Orthodoxe darauf hin, daß dies eine unhaltbare Auffassung sei. »Du sollst nicht töten« sei ebenfalls eines von vielen Geboten, doch gelte es uneingeschränkt. Wie also sollte die Gegnerschaft zum Zionismus begründet werden?

Samson Raphael Hirsch, der geistige Führer des deutschen orthodoxen Judentums im neunzehnten Jahrhundert, hatte schon lange vor der Entstehung des Zionismus erklärt, die Juden müßten auf ihre Heimkehr nach Zion hoffen und dafür beten, aber die Erlösung aktiv zu beschleunigen, sei Sünde und daher streng verboten. Dementsprechend wurde der Zionismus als die jüngste und gefährlichste Phase in der andauernden satanischen Verschwörung gegen das Haus Israel interpretiert, als der neueste und ruchloseste in einer langen Reihe von unheilvollen pseudomessianischen Versuchen, die Erlösung durch menschliches Eingreifen vorwegzunehmen[45]. Die religiösen Weisen Osteuropas vereinigten sich zu einem Chor der Verdammung. Zadok von Lublin schrieb, er hoffe beim Herrn, daß der Tag der Erlösung kommen werde, sei aber nicht bereit, sich in Jerusalem niederzulassen, damit ein solcher Schritt nicht als Billigung des verfluchten Zionismus interpretiert würde. Oder, wie ein Vertreter der ultraorthodoxen Richtung in Großbritannien in neuerer Zeit formulierte, der Zionismus sei eine Häresie, die den gesamten Wesensinhalt des Judentums leugne: »Wir sind wegen unserer Sünden im Golus (in der Diaspora). Wir sind von der göttlichen Vorsehung auserwählt worden und müssen unsere Strafe dankbar hinnehmen[46].« (Es sei hier angemerkt, daß diese Interpretation der jüdischen Überlieferung den Ansichten eines liberalen Kritikers wie Gerschenson ähnelt, der vom Judentum abgefallen war.)

Trotz alledem bestand immer noch das biblische Gebot der Niederlassung in Palästina, und diese Frage bereitete dem orthodoxen Lager auch weiterhin Sorgen. Seine Wortführer meinten, es bestehe ein Unterschied zwischen dem Gebot, in Erez Israel zu leben, und der Verpflichtung, sich dort niederzulassen. Orthodoxe Juden seien aus verschiedenen Gründen davon ausgenommen, wie beispielsweise wegen der physischen Gefahr, der wirtschaftlichen Hindernisse, der Schwierigkeit, ihren Kindern eine orthodoxe religiöse Erziehung zuteil werden zu lassen, oder der Unmöglichkeit, in Erez Israel die Thora zu studieren[47]. Außerdem wurde der Zionismus nicht als Bewegung zum Wiederaufbau Palästinas angesehen, sondern im Gegenteil als ein ketzerischer Versuch, einen Staat zu errichten, ein jüdisches Reich, was nach der Tradition das Vorrecht des Messias sei. Die Ideologen des ultraorthodoxen Flügels, wie Isaac Breuer, betrachteten die Juden als eine religiöse Nation, das heißt, als eine Nation, die sich von allen anderen insofern unterscheide, als die Religion ihr einziger Sinngehalt sei. Der Zionismus wolle die Religion aus der nationalen Wiedergeburt ausklammern, und dadurch würde die Nation zu einer leeren Hülse werden. Denn ohne die Religion hätte die gesamte jahrtausendlange jüdische Geschichte keinerlei Sinn. Die jüdische Nation habe sich geweigert, unterzugehen, weil sie ihre Religion bewahren wollte, und die Religion wiederum habe die jüdische Nation gerettet. Nachdem diese Nation seit zweitausend Jahren so viel gelitten habe, wäre es ein Wahnsinn, nun die Juden in eine Nation wie alle anderen umwandeln zu wollen, sie zu politisieren und einen Staat zu errichten, der in religiösen Dingen neutral wäre[48]. Der Zionismus beraube die jüdische Nation ihres wahren Kulturerbes, indem er den modernen westeuropäischen Nationalismus übernehme. Damit habe der Zionismus sich auf die schlimmste Form des Assimilantentums eingelassen. Dem Argument, das jüdische Volk hätte Genies wie Spinoza und Marx hervorgebracht und sogar in der Diaspora enorme Beiträge zur westlichen Zivilisation geleistet, es würde daher noch größere Fähigkeiten beweisen, sobald die Anomalie und die Einseitigkeit der Diaspora durch einen jüdischen Staat ersetzt würden, hielt Breuer entgegen, daß derartige Spekulationen weder auf historischer Erfahrung beruhten, noch den jüdischen nationalen Ansprüchen Legitimität verleihen würden. Ein Volk könne seine Forderungen nur auf der

Grundlage dessen vorbringen, was es erreicht habe, und nicht auf Grund dessen, was es wahrscheinlich in der Zukunft leisten würde[49].

Dies war, kurz zusammengefaßt, der Standpunkt der antizionistischen Orthodoxen. Die *Agudat Israel* brachte ihre scharfe Verurteilung des Zionismus in ihrer Propaganda und ihrer Erziehungsarbeit zum Ausdruck. In der osteuropäischen Kommunalpolitik arbeitete sie sogar mit den Assimilanten zusammen, weil sie den Zionismus als den gefährlicheren Feind betrachtete. Anderseits weigerte sich die *Agudat Israel* lange Zeit, mit religiösen zionistischen Parteien (wie dem *Misrachi*) zu kooperieren, weil diese der zionistischen Weltbewegung angehörten, die sich in religiösen Fragen als neutral erklärt hatte. Gelegentlich wurden Konzessionen gemacht. In einer Versammlung in Wien im Jahre 1923 wurde entschieden, daß die Besiedlung von Erez Israel im Geiste der orthodox-religiösen Tradition eines der Ziele der *Agudat Israel* sei. Doch sei dies ein Ziel unter vielen und keineswegs eines der wichtigsten. Nach der Balfour-Deklaration wurde der Widerstand der Orthodoxen sogar noch stärker, weil die Zionisten die Gelegenheit nicht nutzten, um die wirtschaftliche Entwicklung des Landes voranzutreiben, sondern um es auf weltlicher Basis aufzubauen, ohne auf die religiösen Gefühle der Orthodoxen Rücksicht zu nehmen[50]. Die Orthodoxen dachten dabei vor allem an so »schändliche« Dinge wie das Frauenwahlrecht und die Zurückweisung der Ratschläge der orthodoxen Rabbiner hinsichtlich der Beachtung der religiösen Vorschriften im täglichen Leben.

Die extrem orthodoxen Juden in Palästina, die hauptsächlich in Jerusalem konzentriert waren, fanden in der *Aguda* einen Bundesgenossen im Kampf gegen den Zionismus. Ihre Führer protestierten regelmäßig bei der britischen Regierung und dem Völkerbund gegen ihre Unterdrückung durch die Zionisten und deren Bemühen, die nationale Heimstätte zu einer zionistischen Heimstätte zu machen. Gelegentlich versuchten sie sogar, die Unterstützung arabischer Führer gegen die »zionistische Vorherrschaft« zu gewinnen. Der Konflikt spitzte sich zu, als ein Mitglied des Exekutivkomitees der *Aguda* ermordet wurde. De Han, ein holländischer Jude, war ein begabter Lyriker mit einer schmerzgequälten Seele. (»Wen erwarte ich in dieser Nacht, da ich an der Mauer des Tempels sitze – Gott oder Mohammed, den Stallburschen?« fragte er in einem seiner Gedichte[51].) Bei anderer Gelegenheit nannte er sich selbst einen »Gotthasser« oder das »Schwein Gottes«. Als ehemaliger Sozialist und Freidenker, verheiratet mit einer christlichen Frau, von der er sich nicht scheiden lassen wollte, fühlte er sich nach seiner Konversion zutiefst gedrängt, Buße zu tun. In Telegrammen an britische Zeitungen griff er den Zionismus scharf an und attackierte den Hochkommissar und andere britische Beamte wegen ihrer angeblich prozionistischen Politik.

Einige seiner Schriften waren eindeutig antisemitisch: Die Juden seien für die Weltrevolution und für eine jüdische Weltregierung. Überall bildeten sie ein Element der Zerstörung und Zersetzung. Sie hätten das Zarentum in Rußland gestürzt und seien für die Niederlage Deutschlands und Österreichs im Ersten Weltkrieg verantwortlich[52]. Wenn Rußland und Polen die Juden nicht absorbieren könnten, so könnte Palästina sie noch weniger ertragen. De Han kleidete sich wie ein Araber und pflegte Juden auf arabisch anzusprechen, obwohl er wußte, daß sie diese Sprache nicht verstanden. De Han wurde am 30. Juni 1924 in Jerusalem auf der Straße ermordet. Viele Jahre später wurde bekannt, daß er von Angehörigen der Hagana ohne Wissen ihres Oberkommandos getötet worden war. Für die extrem orthodoxen Juden Jerusalems wurde er zu einem Helden, der wie ein mittelalterlicher Märtyrer für die größere Ehre Gottes gestorben sei. De Han war keineswegs ein typischer Aguda-Führer, aber diese Affäre enthüllte die ganze Tiefe des aufgestauten Hasses. Rabbi Sonnenfeld pflegte die Zionisten als »üble Gesellen und Raufbolde« zu bezeichnen; mit Herzl habe die Hölle ihren Einzug in Erez Israel gehalten. Rosenheim, der politische Kopf der mitteleuropäischen Orthodoxen, der sich gewöhnlich einer viel gemäßigteren Sprache befleißigte, warnte dennoch die religiösen Zionisten vor der »tödlichen Gefahr«, der sie sich durch ihre Zusammenarbeit mit jenen aussetzten, die das göttliche Gesetz nicht befolgten[53].

Die neuen Realitäten in Palästina zwangen die Führer der antizionistischen Orthodoxie, ihre Haltung zu modifizieren. Zwar akzeptierten sie den Zionismus auch weiterhin nicht, begannen aber eine aktivere Rolle in der Besiedlung Palästinas zu spielen. Diese Haltungsänderung wurde vor allem von den Jugendorganisationen der Aguda und von der 1922 in Polen gegründeten Arbeitersektion herbeigeführt. Eine Anzahl von Mitgliedern der Arbeitersektion wanderte in den zwanziger und dreißiger Jahren nach Palästina aus und errichtete Siedlungen in verschiedenen Teilen des Landes. Es zeigte sich auch eine Änderung in der Einstellung zur hebräischen Sprache, die vordem tabu gewesen war; nur eine extreme Randgruppe bestand weiterhin auf dem ausschließlichen Gebrauch des Jiddischen. Die Ermordung orthodoxer antizionistischer Juden in Hebron, Safed und Jerusalem während der Unruhen von 1929 wirkte auf die Mitglieder der Aguda als ein Schock und machte sie geneigter, auf einigen Gebieten mit den Zionisten zusammenzuarbeiten, doch weigerten sie sich aus grundsätzlichen Erwägungen, dem Jüdischen Nationalrat in Palästina *(Waad Leumi)* beizutreten, der in den zwanziger Jahren gegründet worden war. Sie stellten Bedingungen, die für die nichtreligiöse Mehrheit völlig unannehmbar waren: Der Nationalrat solle die Autorität der Thora anerkennen; keine Person, die offen den Sabbat entheilige, dürfe als

Mitglied aufgenommen werden, Frauen sollten kein Stimmrecht haben und der Rat solle keine Institutionen subventionieren, die, wie die Arbeiterküchen, verbotene Speisen servierten[54].

Dann aber bewirkten die Naziherrschaft und die Massenvernichtung Verwirrung und schließlich eine tiefe Spaltung in den Reihen der Aguda. Isaac Breuer beschuldigte seine eigene Organisation, sie hätte Palästina vernachlässigt, obwohl »konstruktive Arbeit in Palästina« theoretisch seit langem Teil ihres Programms sei: »Überlaßt die jüdische Geschichte nicht den Zionisten«, sagte Breuer 1934 in einer Rede. Wenn die Aguda wirklich den Zionismus bekämpfen wolle, dann müsse sie wieder Teil der jüdischen Geschichte werden, müsse das jüdische Heimatland und das jüdische Volk auf die Wiedervereinigung unter der Herrschaft der Thora vorbereiten. Dies sei der Wille der göttlichen Vorsehung, den das orthodoxe Judentum nicht ignorieren dürfe, wenn es nicht seine Existenz aufs Spiel setzen wolle[55]. Während die Zionisten das Übergeschichtliche zugunsten des Geschichtlichen preisgegeben hätten, um ein Volk wie alle anderen zu werden, habe die Orthodoxie sich derart in den Kampf gegen den Zionismus verwickelt, daß sie ihre Pflichten dem Heiligen Land gegenüber vernachlässigt habe. Sie habe nicht erkannt, daß die Balfour-Deklaration und die Wiederbesiedlung Palästinas ein historisch-metahistorisches Wunder sei, ein Zusammentreffen dieser beiden Elemente der Religion, wie es sich einst in der Offenbarung auf dem Berge Sinai ereignet habe[56].

1937 forderte Breuer die Generalversammlung der Aguda auf, sich zu entscheiden, ob sie die Balfour-Deklaration für einen gottgesandten Auftrag oder für einen Trick des Satans halte, doch erhielt er keine Antwort. Einige der geistigen Führer der Orthodoxie in Palästina sympathisierten mit ihm, während Rosenheim und andere führende Mitglieder Zweifel äußerten. Sei die Aguda stark genug, um dem zionistischen Einfluß in Palästina entgegenzuwirken, wo die Zionisten einen so großen Vorsprung hätten? Der Aufbau Palästinas wäre verdienstvoll, aber nur, wenn dabei das Gesetz der Thora beachtet würde; andernfalls wäre die ganze Mühe vergebens. Das bedeutete, daß es nach Rosenheims Ansicht (1934) keineswegs sicher war, ob das orthodoxe Judentum richtig handelte, wenn es sein Schicksal mit dem eines weltlichen Erez Israel verknüpfte. Rosenheim und seine antizionistischen Freunde änderten ihre Ansichten im wesentlichen nicht einmal nach der Katastrophe. Sie erklärten, das zionistische Schlagwort von der Räumung Europas und der Heimholung der Exilierten sei falsch, denn wer wisse schon, in welchem Teil der Diaspora das geheimnisvolle Schicksal des Hauses Jakob sich noch entfalten werde, ehe der Messias erscheine[57]? Die orthodoxen Reste des europäischen Judentums erhielten somit gegensätzliche Ratschläge: Abgesandte aus Palästina versuchten, sie zur Emigration nach Erez Israel zu veranlassen, um dort die orthodoxen Kräfte zu stärken, während Sprecher der Aguda aus dem Westen ihnen rieten, nach Amerika auszuwandern.

In den Jahren zwischen Kriegsende und der Gründung des Staates Israel gab es in Palästina eine kleine, aber äußerst aktive und lautstarke ultraextreme Gruppe, die der Aguda vorwarf, dem zionistischen Einfluß zu unterliegen. Es handelte sich um die »Hüter der Stadt« *(Neture Karta)* in Jerusalem, die von Amram Blau und Aharon Katzenellenbogen geführt wurden. Sie genossen die Unterstützung der Anhänger der Rabbiner von Brisk (Polen) und Szatmar (Ungarn), die nach Amerika und in andere westliche Länder gegangen waren, und den Segen mehrerer Talmudgelehrter wie Hazon Isch[58]. Ihren Lehren zufolge war jeder, der den Staat Israel akzeptierte, ein Abtrünniger, denn es sei das Ziel dieses Staates, die Juden von der Religion wegzuführen. In ihren Augen bestand kein wesentlicher Unterschied mehr zwischen der Aguda, die Kompromisse mit den Zionisten einging, und dem Misrachi, der von Anfang an prozionistisch gewesen war. Den Rabbinern, die die Aguda unterstützten, wurde von den Ultra-Extremisten vorgeworfen, sie vergifteten die neue Generation und seien für die Blasphemien verantwortlich, die im Staate Israel täglich und öffentlich begangen würden[59]. Die *Hüter* weigerten sich, am Unabhängigkeitskrieg von 1948 teilzunehmen, und forderten die Internationalisierung Jerusalems unter Aufsicht der Vereinten Nationen. Sie wiesen die israelischen Personalausweise zurück, weil sie meinten, daß auch das geringste Zugeständnis an den Säkularismus und das moderne Leben früher oder später den Untergang des traditionellen Judaismus, wie sie ihn verstanden, bedeuten würde. In ihrem hartnäckigen Kampf um die Bewahrung ihrer besonderen Art waren sie bereit, jeden Staat der Erde anzuerkennen außer jenem, der von ihren eigenen Glaubensgenossen errichtet worden war. Ihre Angriffe auf die Aguda waren insofern berechtigt, als diese Partei seit dem Ende des Zweiten Weltkrieges tatsächlich einem Kompromiß mit dem Zionismus zustrebte. Nachdem die Bastionen der religiösen Orthodoxie in Osteuropa vernichtet worden waren, erkannten deren Häupter, daß die Zukunft des Judaismus in Erez Israel davon abhing, daß die Aguda die dortige jüdische Gemeinde unterstützte und durch Solidaritätsbeweise größtmögliche Vorteile für den Glauben einhandelte[60]. Etwa ein Jahr vor der Staatsgründung kam es zwischen ihnen und den palästinensischen Zionistenführern zu einer Verständigung über bestimmte Fragen von besonderer Bedeutung, wie Einhaltung des Sabbats und der Speisevorschriften sowie Respektierung der Gesetze über Erziehung und Eheschließung. Damit wurde die Basis gelegt für eine Beteiligung der Aguda an der israelischen Politik als Teil der Vereinigten Front der Religiösen. Später, 1961, war die Arbeitersektion der Agudat Israel erstmals in einem israelischen Kabinett vertreten.

Die Konflikte im orthodoxen Lager nach der Staatsgründung sowie die Auseinandersetzungen mit der nichtreligiösen Mehrheit liegen außerhalb des Rahmens unserer Untersuchung. Es ist vielleicht ungerecht, die Haltungsänderung der Aguda dem Zionismus gegenüber ausschließlich auf praktisch-politische Überlegungen zurückzuführen. Immerhin hatte die Neuorientierung sich bereits lange vor 1948 angebahnt. 1936 wandte sich Breuer von Jerusalem aus, wo er sich niedergelassen hatte, an die Mitglieder der Aguda und erklärte, es könne keine Zweifel an der Kontinuität der Verbindung zwischen dem jüdischen Volk und Erez Israel während all der Jahrhunderte geben. Das jüdische Volk habe daher keinen Grund, in seinem Konflikt mit den Arabern das Urteil des Gottes der Geschichte zu fürchten[61]. Zehn Jahre später verteidigten Vertreter der Aguda, wenn auch aus religiösen Gründen, den jüdischen Anspruch auf Erez Israel in ihren Aussagen vor dem anglo-amerikanischen Untersuchungskomitee. In der Entstehung des Staates erblickten sie die Hand Gottes, ein Geschenk des Himmels für die schwergeprüften Juden. Die Staatsgründung bedeute zwar noch nicht die Erlösung, wohl aber den Beginn der Erlösung. Damit bekannte sich die Mehrheit der Orthodoxen nach fast einem Jahrhundert des Widerstandes zum jüdischen Staat. Von ihrem Standpunkt gesehen, war der Staat Israel nicht als Ergebnis der Bemühungen der Zionisten entstanden, sondern als ein Geschenk des Himmels. Dies sei eine »heilige Gelegenheit und Aufgabe« und erfordere nicht unbedingt die Anerkennung des Zionismus[62]. Trotz ihrem doktrinären Extremismus haben die meisten Orthodoxen stets großen Realismus bewiesen. In Befolgung der Gebote von S. R. Hirsch und anderen Weisen hatten sie sich jeglicher Mithilfe bei der Gründung des Staates enthalten. Aber nachdem er einmal entstanden war, betrachteten sie ihn als ein Faktum, das sie nicht ignorieren konnten.

Der Territorialismus

Während die Kritik am Zionismus vom Standpunkt des liberalen Assimilantentums und der religiösen Orthodoxie in abgewandelter Form bis heute fortdauert, ist die Gegnerschaft der Bundisten und der Territorialisten heute mehr oder weniger eine Sache der Vergangenheit. Die Territorialisten trennten sich von der zionistischen Bewegung, nachdem der Plan zur Ansiedlung in Uganda verworfen worden war. 1905 wurde in London die *Jewish Territorial Organisation* (JTO) gegründet. Sie stand unter der Leitung von Israel Zangwill und einigen seiner anglo-jüdischen Freunde und genoß die Unterstützung verschiedener exzionistischer Linksgruppen in Osteuropa. Sie waren der Ansicht, die lebenswichtigen Interessen des jüdischen Volkes lägen nicht in Palästina: »Wir legen keinen besonderen Wert auf unsere angeblichen ›historischen Rechte‹ auf dieses Land.« Sie weigerten sich auch, irgendeinen organischen Zusammenhang zwischen dem Zionismus und Palästina anzuerkennen[63]. Die JTO organisierte eine Expedition nach Angola und untersuchte die Siedlungsmöglichkeiten in Tripolitanien, Texas, Mexiko, Australien und Kanada. Aus all diesen Plänen wurde schließlich nichts, und 1925 löste sich die JTO auf. Zehn Jahre später entstand eine neoterritorialistische Bewegung, die *Freeland League,* Freilandbewegung. Sie bestand nicht auf politischer Unabhängigkeit, sondern war bereit, sich mit kultureller und religiöser Autonomie zu begnügen. Sie entwickelte Pläne für eine Massenansiedlung in Westaustralien, Surinam und anderen Teilen der Welt, doch erwiesen sich diese Pläne als ebenso fruchtlos wie jene der JTO. Die *Freeland League* begrüßte die Errichtung des Staates Israel, erklärte jedoch, dieses Land könnte wegen seiner Kleinheit das Problem der jüdischen Heimatlosigkeit nicht lösen. Mit der Auflösung der Vertriebenenlager nach dem Zweiten Weltkrieg und der Eingliederung dieser Menschen in verschiedene Länder der Welt verschwand auch die Freilandbewegung.

Wesentlich stärker war der Einfluß des *Bund,* der stärksten jüdischen Partei in Polen während der Zwischenkriegszeit. Als militant-sozialistische Partei war er gleichermaßen gegen jede Zusammenarbeit mit der jüdischen Bourgeoisie, mit den Orthodoxen und mit den Kommunisten. Im Gegensatz zu Lenin vertraten die Führer des *Bund* die Auffassung, die Juden seien eine Nation, wenngleich über viele Länder verstreut. Ihre Losung war »Nationalität ohne Eigenstaatlichkeit«, und sie lehnten mit Nachdruck die Meinung ab, die Juden hätten kein Vaterland, sie wären überall Fremde, außer in Palästina[64]. Sie erklärten, die Errichtung eines jüdischen Staates in Palästina würde den Konflikt zwischen Juden und Arabern verewigen, und außerdem sei Palästina zu klein, um die jüdische Frage zu lösen. Sie kritisierten den Arbeiterzionismus wegen seiner Bereitschaft, mit den Kapitalisten zusammenzuarbeiten, und die Orthodoxie wegen ihrer Unvereinbarkeit mit sozialistischen Grundsätzen.

Der *Bund* hörte nach der Ausrottung des polnischen Judentums und der Errichtung eines kommunistischen Regimes in Polen zu bestehen auf. Einige seiner Führer konnten nach Amerika entkommen, wo sie in ihren Publikationen weiterhin den Standpunkt vertraten, ihre Gegnerschaft zum Zionismus sei durchaus richtig gewesen. Israel würde nie mehr als nur eine Minderheit des jüdischen Volkes umfassen. Überdies sei die Existenz Israels von der Wohlfahrt und Prosperität des westlichen Judentums abhängig. Sollten die amerikanischen Juden einmal ihre Heimat verlassen müssen, dann wäre dies eine Katastrophe für Israel. Wofür der Zionismus gekämpft und was er erreicht habe, seien zwei verschiedene Dinge. Er habe die Befreiung aller Juden angestrebt, erreicht aber habe er bestenfalls die prekäre Befreiung einer Minderheit. Er habe das jüdische Volk in zwei verschiedene Nationalitäten gespalten[65].

Der *Bund* war ein spezifisch osteuropäisches Phänomen; seine Ideologie konnte nicht auf die westliche Hemisphäre übertragen werden. In den Jahren vor und nach dem Ersten Weltkrieg hatte er einen gewissen Einfluß auf die amerikanisch-jüdische Arbeiterbewegung, aber im Zuge der zunehmenden Amerikanisierung dieser Bewegung und des Wandels der Sozialstruktur des amerikanischen Judentums verschwand der Einfluß des *Bund*. Die Söhne und Töchter der bundistischen Arbeiter wurden Ärzte, Anwälte und Lehrerinnen, die völlig im kulturellen und politischen Leben Amerikas aufgingen.

S. M. Dubnow, der größte jüdische Historiker seiner Zeit, nahm eine Mittelstellung zwischen Bundismus und Zionismus ein. Niemand hätte ihm vorwerfen können, er predigte Assimilation; diese verurteilte er als Verrat und moralische Kapitulation. Aber im Gegensatz zu den frühen Zionisten betrachtete er die Juden als eine »geistesgeschichtliche Nation«. Dies stehe nicht unbedingt im Widerspruch zu ihren staatsbürgerlichen Pflichten in ihren Geburtsländern. Ebenfalls im Gegensatz zu den Zionisten betrachtete er das Judentum keineswegs als eine anomale Nationalität. In seinen Augen war der Zionismus eine erneuerte Form des Messianismus, ein überschwenglicher Götzendienst an der nationalen Idee. Viel Idealismus sei darin zu finden, aber vom praktischen Standpunkt gesehen erschien er ihm als Hirngespinst. Die Zionsfreunde hätten innerhalb von siebzehn Jahren 3600 Juden zur Niederlassung in Palästina verholfen – das waren 212 pro Jahr! Selbst wenn es den Zionisten gelänge, innerhalb der nächsten hundert Jahre eine halbe Million Menschen in Palästina anzusiedeln, dann wären dies nicht mehr, als damals im Distrikt Kiew lebten. Deshalb, so meinte er, sei es unverantwortlich von Lilienblum und Achad Haam, von einer Ablehnung der Diaspora zu sprechen. Zum Unterschied von den Bundisten fand er keinen Gefallen an einem Diaspora-Nationalismus: »Wenn es in unserer Macht stünde, die gesamte Diaspora in einen jüdischen Staat überzuführen, dann würden wir dies mit größter Freude tun. Wir nehmen die Diaspora bloß als historische Gegebenheit hin und sind bestrebt, die nationale Existenz des größeren Teils der Nation, der übrig bleiben wird, zu erhalten und zu entwickeln!« Bei anderer Gelegenheit, im Jahre 1901, fragte er sich, ob es nicht doch möglich sein könnte, eine schrittweise Kolonisierung Palästinas zu bewerkstelligen, dergestalt, daß es dort schließlich eine jüdische Bevölkerung von etwa einer Million geben würde. In diesem Fall wären dann die Voraussetzungen für die Gewinnung einer nationalen Autonomie, wie er sie sah, gegeben. Dubnow emigrierte 1917 aus seiner russischen

Heimat, ließ sich in Berlin nieder und war weit über achtzig, als er 1941 im Getto von Riga ermordet wurde. Kurz vor seinem Tod notierte er in einem seiner Bücher, das jüdische Palästina habe sich schneller entwickelt, als er es in seinen »Tagen der Kleingläubigkeit« vorausgesehen habe, in jener Zeit, da er den Zionisten Mangel an Realismus vorgeworfen hatte[66].

Der Marxismus und die Judenfrage

Während der Sozialismus unter den Zionisten viele Anhänger hatte, stand die sozialistische Theorie, vor allem ihre marxistische Variante, der jüdischen Nationalbewegung feindselig gegenüber. Marx, Engels und ihre unmittelbaren Schüler waren vor allem mit den Problemen der Klassen und des Klassenkampfes beschäftigt. Eine systematische Untersuchung der Nationalbewegungen wurde erst später, um die Jahrhundertwende, unternommen, vor allem in jenen Ländern, wo diese Frage sich als besonders wichtig und dringlich erwies, wie in der österreichisch-ungarischen Monarchie. Marx und Engels teilten die Auffassung ihrer liberalen Zeitgenossen, wonach der kulturelle, wirtschaftliche und soziale Fortschritt im Begriff sei, die nationale Exklusivität zu überwinden, und daß die Welt, oder zumindest Europa, sich auf dem Weg zum Internationalismus befinde. Zum Unterschied von den Liberalen glaubten sie nicht, daß alle Nationalbewegungen gleich seien; manche seien ausgesprochen reaktionär. Alles hänge davon ab, ob eine bestimmte Nationalbewegung der Sache der Revolution förderlich oder hinderlich sei. Vom osteuropäischen Judentum wußten sie nichts, und was die Juden des Westens betraf, so teilten sie auch hier die Ansicht der Liberalen, daß die Assimilation dieses Problem lösen würde. Der junge Marx veröffentlichte einen Essay über die Judenfrage, doch ist dieser eher für Metaphysiker als für Historiker von Interesse. Keinen Augenblick lang glaubte Marx an die Existenz eines jüdischen Volkes; für den Zionismus des Moses Hess empfand er nichts als Verachtung. Der Gedanke, daß das Judentum und die Juden als Gemeinschaft eine Zukunft haben könnten, muß ihm als eine Verirrung erschienen sein, typisch für das verschwommene Denken von Leuten, die zu dumm waren, die Folgerungen ihrer eigenen Doktrin zu verstehen. Marx betrachtete den Judaismus als völlig negatives Phänomen, als etwas, das man so schnell und so radikal wie möglich loswerden sollte. Was ihn persönlich betraf, so muß seine jüdische Herkunft ihm als unglücklicher Zufall und ziemlich peinliche Angelegenheit erschienen sein. Dies war jedoch keineswegs eine ursprüngliche oder spezifisch »marxistische« Haltung. Viele seiner antisozialistischen Zeitgenossen reagierten genauso. Sie waren Anhänger der Assimilation und meinten, die nationale Herkunft eines Menschen spiele keine besondere Rolle. Sie betrachteten sich in erster Linie als Weltbürger und erst in zweiter als deutsche, österreichische oder russische Staatsangehörige. Spätere Sozialisten hatten die gleiche Auffassung, und es gab in dieser Hinsicht keinen wesentlichen Unterschied zwischen Revolutionären und Reformisten. Léon Blum und Eduard Bernstein, Rosa Luxemburg und Leo Trotzki betrachteten sich vor allem als Mitglieder der internationalen sozialistischen Bewegung.

Erst gegen Ende des neunzehnten Jahrhunderts gewann die jüdische Frage im Denken und in der Politik der Sozialisten größere Bedeutung, zum Teil infolge der Ausbreitung des Antisemitismus. In den Führungsgremien der europäischen und der amerikanischen sozialistischen Parteien gab es viele Juden; einige Delegationen bei den Tagungen der Sozialistischen Internationale vor 1914 bestanden sogar fast ausschließlich aus Juden. Mit dem Erstarken nationalistischer und antisemitischer Strömungen wurde ihre Lage immer schwieriger, und sie wurden sich ihrer jüdischen Herkunft in zunehmendem Maße bewußt. Dies berührte jedoch keineswegs ihre grundsätzliche Überzeugung, daß die bevorstehende sozialistische Revolution die jüdische Frage überall lösen würde und daß bis dahin jeder in seinem Heimatland aktiv am Kampf zur Befreiung der Arbeiterklasse teilnehmen sollte. In Westeuropa wurde der frühe Zionismus von den Sozialisten als eine romantische, utopische und reaktionäre Verirrung betrachtet. Bernard Lazare war fast der einzige Sozialist, der mit der neuen Bewegung sympathisierte. Aber auch in Osteuropa wurden nicht nur der Zionismus, sondern auch die weniger ehrgeizigen Formen des jüdischen Nationalismus, wie der Bundismus mit seiner Forderung nach nationalkultureller Autonomie, von den führenden Sozialisten nachdrücklich abgelehnt. Für Plechanow und die Männer seiner Generation waren die Bundisten bloß »seekranke Zionisten«. Die ideologische Rechtfertigung für den sozialistischen Antizionismus wurde von Karl Kautsky geliefert, der den west- und den osteuropäischen Sozialisten viele Jahre lang als der authentische Interpret der marxistischen Lehre galt.

Kautsky zufolge verschwinden die aus primitiven Zeiten stammenden rassischen Merkmale mit dem Fortschreiten der ökonomischen Entwicklung allmählich; die Juden seien eine Mischrasse, ebenso aber die Nichtjuden[67]. In der Vergangenheit seien die Juden eine exklusive, erbliche Kaste von städtischen Kaufleuten, Geldverleihern, Intellektuellen und – in geringerer Zahl – von Handwerkern gewesen, die bestimmte schichtspezifische Wesensmerkmale von Generation zu Generation weitergegeben hätten. Mit der Entwicklung des Industriekapitals seien diese Barrieren nach und nach gefallen, die Juden hätten gleiche Rechte erhalten, und viele seien von den Völkern absorbiert worden, unter denen sie lebten. Der Antisemitismus habe durch die

Reaktion des Kleinbürgertums gegen den Liberalismus neuen Auftrieb bekommen. Gegen diesen Druck gebe es zwei Formen der Verteidigung: proletarische Solidarität und jüdische Solidarität. Unter den Juden Osteuropas habe der Aufruf zur nationalen Solidarität, das heißt zum Zionismus, aus besonderen ökonomischen und sozialen Gründen starken Widerhall gefunden, doch habe er keine Zukunft. Wo sollte Platz sein für einen jüdischen Staat, da doch alle Gebiete der zivilisierten Welt bereits besetzt seien? Wie sollte man die Juden zur Arbeit in der Landwirtschaft bewegen? Wie sollte in Palästina eine starke Industrie entwickelt werden? Neben allen theoretischen Überlegungen sah Kautsky also im Jahre 1914 den Weg zum Ziel des Zionismus durch unüberwindliche Hindernisse versperrt.

Als er nach dem Krieg zu diesem Thema zurückkehrte, hatten seine Ansichten sich nicht grundlegend geändert. Aber Kautsky war vom Idealismus und von den Leistungen der jüdischen Pioniere in Palästina beeindruckt, die, wie er meinte, jeden überzeugen müßten, der an der Energie und der Entschlossenheit der Juden gezweifelt hatte. Indessen würde die zionistische Begeisterung wahrscheinlich nicht anhalten. Er sagte voraus, daß die jüdischen *Luftmenschen* und Intellektuellen sich wiederum in den Städten zusammenballen und das palästinensische Proletariat zunehmend klassenbewußt werden würde. Infolgedessen würden die jüdischen Kapitalisten das Interesse verlieren, und ohne Kapital würde der Wiederaufbau zum Stillstand kommen. Bestenfalls würden die Juden Palästinas schließlich die Araber zahlenmäßig überflügeln, und der neue jüdische Staat würde zwar nicht die große Masse des Weltjudentums umfassen, aber dennoch überwiegend jüdisch sein. Dies wäre indessen kaum wahrscheinlich, da die politischen Verhältnisse sich schnell verschlechterten: »Was der Zionismus in den nächsten Jahren nicht erreicht, wird ihm nie wieder gelingen[68].«

Nach Kautskys Auffassung war der Zionismus keine fortschrittliche, sondern eine reaktionäre Bewegung. Der Zionismus wolle nicht in der Richtung der notwendigen Entwicklung wirken, sondern dem Rad des Fortschritts in die Speichen fallen. Er leugne das Selbstbestimmungsrecht der Nationen und proklamiere statt dessen die Doktrin der historischen Rechte.

An diesem Punkt trennte sich Kautsky von den Auffassungen von Marx und Engels, die der nationalen Selbstbestimmung nur geringe Bedeutung beigemessen hatten; sie sprachen häufig mit Verachtung von den »jämmerlichen kleinen Völkern«, deren Ansprüche im höheren Interesse der Geschichte ignoriert werden müßten. Somit war Amerikas Krieg gegen Mexiko fortschrittlich, weil er im Interesse der Geschichte geführt worden sei, die Annexion Schleswigs durch Deutschland sei gerechtfertigt im Namen der Zivilisation gegen die Barbarei, im Namen des Fortschritts gegen den *status quo*. Die

Tatsache, daß Herzl und Nordau beabsichtigten, dem Osten die westliche Zivilisation zu bringen, hätte Marx und Engels nicht unbedingt schockiert, wie sie die Liberalen einer späteren Zeit schockierte. Sie hätten den Zionismus aus realpolitischen Gründen abgelehnt, weil er die Bühne der Weltgeschichte zu spät betreten habe und nicht stark genug sei, um seine selbstgestellte Aufgabe zu erfüllen.

Kautsky war überzeugt, daß das palästinensische Abenteuer mit einer Tragödie enden würde. Die Juden würden nie zahlreicher werden als die Araber, und es würde ihnen auch nicht gelingen, die Araber davon zu überzeugen, daß eine jüdische Regierung sich für sie vorteilhaft auswirken könnte. »Die jüdische Kolonisation in Palästina muß zusammenbrechen, sobald die englisch-französische Vorherrschaft über Vorderasien (mit Ägypten) zusammenbricht. Und das ist nur eine Frage der Zeit und wahrscheinlich schon sehr naher Zeit[69].«

Am letztlichen Sieg des Arabertums sei nicht zu zweifeln, es frage sich bloß noch, ob dieser Sieg auf friedlichem Weg, durch schrittweise Erlangung von Konzessionen oder durch eine Periode wilden Kleinkriegs und blutiger Insurrektionen errungen würde. Die armen, schwachen jüdischen Siedler in Palästina wären in diesem Kampf die Hauptleidtragenden, »sie würden sich am wenigsten wehren und am schwersten flüchten können[70]«. Man könne daher nur hoffen, daß es nicht allzu viele Opfer geben würde: »Doch mit der Gefährdung der Juden, die messianische Sehnsucht nach Palästina lockt, sind die unheilvollen Wirkungen des Zionismus nicht abgetan. Vielleicht noch schlimmer ist es, daß durch ihn die Kräfte und Mittel der Judenschaft in falscher Richtung verschwendet werden in einem Augenblick, in dem ihre wirklichen Schicksale in einer ganz anderen Richtung entschieden werden und sie dazu ihre ganze Macht zu konzentrieren haben[71].«

Kautsky bezog sich auf Osteuropa, wo es um das Schicksal von acht bis zehn Millionen Juden ging, und da Auswanderung ihnen nicht helfen könne, sei ihr Los eng mit der Revolution verbunden. Der Zionismus schwäche sie in diesen Bestrebungen, da er Ziele fördere, die einer Fahnenflucht gleichkämen.

Was nun die ferneren Zukunftsaussichten betreffe, so könne nicht der Liberalismus, sondern nur das siegreiche Proletariat die völlige Emanzipation bringen. Die Juden würden dann absorbiert werden und als Juden zu bestehen aufhören. Dies wäre nicht zu bedauern. Das Verschwinden des Gettos sei kein Anlaß für melancholische Sehnsüchte. Als Stadtbewohner besäßen die Juden gerade jene Eigenschaften, die für den Fortschritt der Menschheit am nötigsten seien. In Westeuropa hätten sie trotz ihrer kleinen Zahl Männer wie Spinoza, Heine, Lassalle und Marx hervorgebracht, doch konnten diese Geistesriesen erst wirksam werden, nachdem sie die Fesseln des Judaismus abgeworfen hatten. Ihr Werk liege außerhalb der Sphäre des Judentums, im Rahmen der modernen Kultur, häufig sogar in bewußtem Gegensatz zum Judaismus. »Die Juden sind ein eminent revolutionärer Faktor geworden«, schrieb Kautsky, »das Judentum aber ein reaktionärer. Es ist ein Bleigewicht am Fuße der vorwärtsdrängenden Juden selbst . . . je eher (dieses soziale Getto) verschwindet, desto besser für die Gesellschaft und die Juden selbst[72].«

Das Verschwinden der Juden wäre keine Tragödie, wie etwa das Aussterben der Indianer oder der Tasmanier, denn es bedeute keinen Untergang in Stumpfsinn und Verkommenheit, sondern ein Aufsteigen zu höherer Kraft, die Erschließung eines ungeheuren Feldes der Betätigung, die Schaffung eines neuen, höheren Menschen. »Ahasver wird dabei endlich zur Ruhe kommen. Er wird fortleben in der Erinnerung als der größte Dulder der Menschheit, der am meisten von ihr gelitten, der ihr am meisten geschenkt.«

Den Ansichten Kautskys wurde hier deshalb breiterer Raum gegeben, weil sie die marxistischen Argumente gegen Zionismus in folgerichtiger und systematischer Weise darstellen. Die Argumente späterer Kritiker, ob Kommunisten, Trotzkisten oder Neue Linke, beruhen in allen wesentlichen Punkten, wenn auch gelegentlich mit Unterschieden in den Einzelheiten oder in der Betonung, auf den Argumenten Kautskys. Die zionistische Antwort auf die marxistische Kritik kann folgendermaßen zusammengefaßt werden: Der Marxismus irrte, indem er die Bedeutung des Nationalismus in der neueren Geschichte unterschätzte. Die Bedeutung der nationalen Gegensätze habe sich nicht verringert, nicht einmal in jenen Ländern, in denen der Kommunismus sich durchgesetzt hat. Die marxistische Kritik mag ebenso wie die liberale Analyse *sub specie aeternatis* richtig sein, vielleicht entwikkelt sich die Geschichte in Richtung auf eine Welt, in der es die Gleichheit aller Rassen, Nationen und Völker geben wird. Aber dem Zionismus gehe es nicht um diese ferne Zukunft. Er sei vielmehr gerade deshalb entstanden, weil er, im Gegensatz zur liberalen und zur marxistischen Auffassung, davon ausging, daß die jüdische Frage in absehbarer Zukunft nicht verschwinden würde. Sie würde im Gegenteil wahrscheinlich noch dringlicher werden. Der Aufruf an die Juden, sie sollten sich am revolutionären Kampf in ihren Heimatländern beteiligen, sei zweifellos gut gemeint, stehe aber, selbst unter der Annahme, daß die Interessen der Juden mit denen der Revolution zusammenfielen, nicht im Einklang mit der praktischen Politik.

Die polnische, die deutsche oder die österreichische Arbeiterklasse brauche und wolle die Juden nicht als Bundesgenossen. Sie wolle sie vielmehr loswerden oder betrachtete sie bestenfalls als eine Belastung in ihrem politischen Kampf. Die Juden hatten in den Anfangsphasen aller sozialistischen und kommunistischen Parteien eine führende Rolle gespielt, doch waren sie inzwischen überall an den Rand gedrängt worden. Unter den Gründern und ersten Führern der Kommunistischen Partei Deutschlands waren nicht wenige Juden. Ein Jahr vor Hitlers Machtergreifung gab es unter den hundert kommunistischen Abgeordneten im deutschen Reichstag keinen einzigen Juden mehr. In der Sowjetunion nahm die Entwicklung einen ähnlichen Verlauf. In den Augen der Zionisten war dies nicht unbedingt eine Katastrophe, bestätigte aber gewiß das Argument, daß die Position der Juden in der revolutionären Bewegung höchst problematisch sei. Ein aus den Reihen der Neuen Linken stammender Kritiker des Zionismus schrieb 1970, die späteren Ereignisse hätten gezeigt, daß nicht die Zionisten, sondern Trotzki und Sinowjew sowie Kamenew und Radek recht gehabt hätten. Da aber alle diese bolschewistischen Führer dem Stalinismus zum Opfer gefallen sind, ist dieses Argument nicht sehr überzeugend[73]. Angesichts des wachsenden Antisemitismus waren die Juden in Europa dazu verurteilt, passive Zuschauer zu sein, anstatt aktiv am revolutionären Kampf teilzunehmen.

Die marxistischen Kritiker haben den Sieg des Faschismus und die Ausrottung der Mehrheit des europäischen Judentums nicht vorausgesehen. Es wurde behauptet, der zeitweilige Sieg der Konterrevolution widerlege trotz seiner schrecklichen Folgen nicht unbedingt die sozialistische These von der letztlichen Absorbierung und Assimilation der Juden in ihren Geburtsländern. Da jedoch die marxistische Auffassung und Voraussage von der neueren Geschichte Lügen gestraft wurde, gebe es keine Gewißheit, daß sie von künftigen Entwicklungen bestätigt werden würde. Die marxistisch-leninistische These beruhte auf der Annahme, die kommunistischen Staaten würden dem jüdischen Problem erfolgreich zu Leibe rücken, und die Juden würden als besondere Gruppe verschwinden. Wenn es jedoch 1970 im kommunistischen Polen keine Juden mehr gab, dann war dies nicht die Folge des Erscheinens eines »neuen und höheren Menschentyps«, wie Kautsky voraussagte, sondern das Resultat einer Entwicklung, die an den Exodus der spanischen Juden im fünfzehnten Jahrhundert erinnert. In kapitalistischen und in kommunistischen Gesellschaften hat die Eingliederung der Juden sich als gleichermaßen schwierig erwiesen. Lag dies am »reaktionären Charakter des Judentums« oder daran, daß die Juden einen »äußerst revolutionären Faktor« darstellten und somit dazu neigten, den Frieden nachrevolutionärer Regimes zu stören? Die Möglichkeit einer Assimilation der Juden in einer wahrhaft internationalistischen Gesellschaft, wie Lenin sie vorhersah, sei nicht auszuschließen, aber eine solche Gesellschaft habe es nie gegeben, und die Entwicklung in der Sowjetunion und den anderen kommunistischen Ländern entferne sich immer weiter vom Ideal des Internationalismus. Unter diesen Verhältnissen sei eine völlige Assimilierung schwierig, wenn nicht unmöglich geworden.

Ganz abgesehen von den gegenwärtigen Schwierigkeiten behaupten die Zionisten, die moderne Geschichte habe gezeigt, daß die marxistische Vorstellung vom Nationalismus, vom Nationalstaat im allgemeinen und vom Antisemitismus im besonderen, bestenfalls eine krasse Vereinfachung sei. Marx und seinen Schülern, wie Kautsky, zufolge war der Jude ein Vertreter des modernen Kapitalismus, oder genauer gesagt, des Kommerzkapitalismus und würde daher mit dem Verlust seiner Funktion verschwinden. Diese Vorstellung traf jedoch auf Osteuropa, wo die Mehrheit des Judentums konzentriert war, nicht zu und liefert auch keine Erklärung für den vor- und nachkapitalistischen Antisemitismus.

Die österreichischen Marxisten, die es mit besonders akuten Nationalitätenproblemen zu tun hatten, waren sich der Schwächen dieses Aspekts der marxistischen Theorie bewußt; Otto Bauer und Karl Renner boten in ihren Werken eine tiefgründigere Analyse. Während Kautsky ursprünglich die gemeinsame Sprache als das entscheidende Merkmal einer Nation betrachtet hatte (später fügte er ein zweites Merkmal hinzu: das gemeinsame Territorium), definierte Otto Bauer die Nation als »eine aus Schicksalsgemeinschaft erwachsene Charaktergemeinschaft«. Die Juden seien immer noch eine Nation, vor allem die Juden in Osteuropa, aber sonst überall hörten sie auf, eine Nation zu sein. Als »absolute Minderheit«, die kein geschlossenes Siedlungsgebiet besitze, seien sie, im Gegensatz zu den Tschechen, als Nation zum Untergang verurteilt und würden zwangsläufig von der Kulturgemeinschaft der europäischen Nationen absorbiert werden[74]. Obwohl Bauer die Existenz einer jüdischen Nationalkultur nicht leugnete und auch gegen eine zwangsweise Assimilierung war, hielt er es doch für falsch, wenn die Juden auf einer nationalen Autonomie bestünden, da dies den unvermeidlichen Gang der Geschichte hemmen würde.

Dies blieb weiterhin die Einstellung der jüdischen Führer und Theoretiker des Austromarxismus, und auch der Aufstieg des Faschismus bewog sie nicht dazu, ihre Meinung zu ändern. Friedrich Adler schrieb 1949, er und sein Vater (Victor Adler, einer der Gründer der österreichischen Sozialdemokratie) hätten die völlige Assimilierung der Juden stets für wünschenswert und möglich gehalten. Selbst die Bestialitäten Hitlers hätten ihn nie in seiner Überzeugung wankend gemacht, daß der jüdische Nationalismus zwangsläufig reaktionäre Tendenzen hervorbringe, nämlich die Wiedererweckung einer seit fast zwei Jahrtausenden toten Sprache und die Wiedergeburt einer antiquierten Religion[75]. Die nichtjüdischen Führer des Austromarxismus sahen den Zionismus manchmal in milderem Licht. Karl Renner entwickelte einen äußerst komplizierten Begriff einer nicht territorial gebundenen Autonomie als einzig praktischen Weg zur Sicherung der Minderheiteninteressen in einem multinationalen Staat. Die Juden bezog er in seinen Plan zwar nicht ein, schloß sie aber, im Gegensatz zu Bauer, auch nicht *expressis verbis* aus. Sowohl Bundisten als auch Zionisten begrüßten Renners Plan und paßten ihn ihren eigenen Zwecken an. Ein anderer führender österreichischer Sozialist, Pernerstorfer, meinte, es sei Sache der Juden, sich zu entschließen, ob sie eine Nation seien oder nicht. Sie hätten zweifellos das Recht auf nationale Existenz, ob aber die praktischen Hindernisse auf dem Weg zu einer nationalen Autonomie überwunden werden könnten, sei eine andere Frage. Pernerstorfer meinte, die Juden Osteuropas würden auf lange Sicht nur dann überleben, wenn sie einen unabhängigen Staat erhielten[76].

Abgesehen von solchen vereinzelten Stimmen blieb die Haltung der internationalen Sozialdemokratie bis zum Ersten Weltkrieg ablehnend. Das theoretische Organ der deutschen Sozialisten, *Neue Zeit,* bezeichnete Herzls *Judenstaat* als eine Utopie, die keiner ernsthaften Überlegung wert sei, als prächtigen Mantel, in dem eine nicht mehr lebende Nation zum letztenmal auf der Bühne der Geschichte auftreten sollte, um dann für immer zu verschwinden[77]. Einige Jahre später definierte ein anderer (jüdischer) Mitarbeiter den Zionismus als Reaktion der jüdischen Bourgeosie auf den modernen Antisemitismus. Die Sozialdemokratie sei nicht grundsätzlich gegen den Zionismus, meinte er, da aber die (bürgerlichen) Zionisten ihr Ziel nicht durch einen Befreiungskampf, sondern durch Verhandlungen mit der Türkei zu erreichen suchten und überdies Klassensolidarität und nationalen Separatismus predigten und die Religion nicht ablehnten, könne der internationale Sozialismus sie nicht unterstützen[78]. In englischen Sozialistenkreisen wurde der Zionismus als durch und durch reaktionär verurteilt, wobei russisch-jüdische Einwanderer wie Theodore Rothstein eine führende Rolle spielten[79]. Manchmal aber wurden auch verständnisvolle Stimmen laut. Ein englisches Sozialistenblatt versprach, sobald der Klassenkampf gewonnen sei, würden auch die Juden einen Platz an der Sonne finden, um ihr eigenes nationales Schicksal bestimmen zu können. Im großen und ganzen widmeten die englischen Sozialisten dieser Frage jedoch nicht viel Aufmerksamkeit. Die französischen Sozialisten zeigten noch weniger Interesse, waren aber jedenfalls nicht wohlwollend eingestellt. Einem zionistenfreundlichen Artikel in der *Revue Socialiste,* über das Massaker von Kischinew folgte eine redaktionelle Anmerkung, in welcher der Glaube, Palästina könnte die Heimstätte aller Juden werden, als Wahn abgetan wurde. Als Reaktion auf grausame Verfolgungen sei der Zionismus psychologisch verständlich, doch sei er aus Verzweiflung geboren und beruhe auf einem Mythos. Wie alle anderen Formen des Nationalismus sei auch er reaktionär und verabscheuungswürdig[80]. Vor 1914 war die einzige Ausnahme von dieser pauschalen Ablehnung des Zionismus seitens der Linken der

Kreis um die *Sozialistischen Monatshefte,* eine von Josef Bloch in Berlin herausgegebene revisionistische Zeitschrift, die in dieser wie auch in anderen Fragen eine unabhängige Linie verfolgte.

Nach dem Ersten Weltkrieg änderten viele Sozialisten ihre Einstellung zum Zionismus. Kautsky und die orthodoxen Marxisten verharrten in ihrer Gegnerschaft, und die aus diesen Kreisen kommenden Angriffe waren sowohl der Form als auch dem Inhalt nach äußerst scharf. So schrieb beispielsweise Alexander Szanto in einer Broschüre, der Zionismus sei eine schädliche Illusion, und je früher sie zerstört würde, desto besser wäre es für die Juden. Es gebe nicht die geringste Chance, daß sie in Palästina jemals die Mehrheit erreichen würden. Der Zionismus sei reaktionär und chauvinistisch; er trage keineswegs zur Lösung der jüdischen Frage bei, sondern versuche vielmehr, die Eingliederung der Juden in ihren Geburtsländern zu sabotieren. 1930 schrieb Szanto, in Mittel- und Westeuropa sei die Assimilierung fast vollendet, und der Antisemitismus führe nur noch Rückzugsgefechte[81]. Die Zeit arbeite gegen den Zionismus, aber solange er noch Unheil stifte, sei es die Pflicht jedes Sozialisten, nicht neutral zu bleiben, sondern ihn zu bekämpfen. Der Zionismus sei keine Randerscheinung, sondern ein Krebsgeschwür, und wer nicht dagegen sei, der sei dafür.

Indessen gab es in dieser Hinsicht in den sozialistischen Reihen keinen Konsens mehr. Vandervelde, eine der geachtesten Persönlichkeiten und langjähriger Vorsitzende der Zweiten Internationale, bereiste in den zwanziger Jahren Palästina und schrieb dann mit großem Verständnis über die Tätigkeit der Arbeiterzionisten. Andere führende Sozialdemokraten, darunter Louis de Brouckère, Vincent Auriol, Camille Huysmans, George Lansbury, Arthur Henderson und Rudolf Breitscheid, schlossen sich im Jahre 1928 einem *Sozialistischen Komitee für das arbeitende Palästina* an. Das Recht des jüdischen Volkes auf eine nationale Heimstätte in Palästina wurde in verschiedenen Resolutionen internationaler Sozialistenkongresse zwischen 1917 und 1920 anerkannt. Jean Longuet, ein Enkel von Marx und führender französischer Sozialist, erklärte 1918, der Gedanke einer jüdischen nationalen Heimstätte in Palästina verdiene die Unterstützung der internationalen Sozialdemokratie. Sein Kollege Léon Blum wurde 1929 sogar eines der nichtzionistischen Mitglieder der Jewish Agency.

Bemerkenswert war auch die Haltungsänderung führender Sozialisten der älteren Generation wie Axelrods und Eduard Bernsteins, die sich vormals scharf gegen den Zionismus gewandt hatten. Axelrod erklärte 1917, er sei nun für die Ziele des Zionismus. Bernstein, der Vater der reformistischen Strömung in der deutschen Sozialdemokratie, schloß sich 1928 ebenfalls dem Sozialistischen Komitee für Palästina an. Vor 1914 war auch er für die Entnationalisierung der Juden eingetreten, die, wie er sagte, keine spezifische Mission mehr hätten. Er räumte ein, daß die osteuropäischen Juden möglicherweise auswandern müßten, daß aber eine Rettungsaktion zu ihren Gunsten nicht mit dem Plan eines jüdischen Staates verbunden werden dürfe, der jedenfalls auf unüberwindliche Hindernisse stoßen würde. Daß die Assimilation wünschenswert sei, stand für Bernstein ebenso außer Frage wie für seinen größten Gegenspieler, Kautsky. Ihrer Ansicht nach gab es keine Rechtfertigung für eine spezifisch jüdische Solidarität oder jüdisch-nationalen Separatismus. Der Zionismus sei tadelnswert und reaktionär, weil er die Assimilation behindere[82]. Nach dem Krieg gab Bernstein zu, Ausmaß und Zähigkeit des Antisemitismus unterschätzt zu haben. Er erklärte, er fühle sich zu sehr als Deutscher, als daß er Zionist werden könnte, fügte jedoch hinzu, daß er die Tätigkeit der Zionisten mit Sympathie verfolge; der Zionismus habe seine Anhänger zu großen schöpferischen Leistungen inspiriert.

Die Poale Zion war ein aktives Mitglied der Zweiten Internationale, allerdings sehr zum Verdruß von Antizionisten wie Szanto. Im großen und ganzen blieb der Zionismus für die europäische Sozialdemokratie eine nebensächliche Frage. Die meisten sozialdemokratischen Führer glaubten aus ideologischen wie aus praktischen Gründen nicht an einen Erfolg des Palästina-Experiments, doch war ihre Haltung nach 1918 im allgemeinen mehr von Besorgnis als von Ärger geprägt. Jene, die persönliche Erfahrungen mit dem jüdischen Problem hatten, waren sich nun mehr als zuvor der Tatsache bewußt, daß die damit zusammenhängenden Fragen weitaus komplizierter waren, als sie vorher angenommen hatten. Gegen Ende der zwanziger Jahre hatten die meisten Sozialisten eingesehen, daß, selbst wenn der Zionismus ein Irrweg sein sollte, die Zweite Internationale und die ihr angeschlossenen Parteien für das Jugendproblem keine Alternativlösung anzubieten hatten.

Lenin, Stalin, Trotzki

Der Kommunismus war von keinen solchen Zweifeln geplagt, da er eine Lösung zu besitzen glaubte. Lenins Ablehnung des jüdischen Nationalismus beruhte auf den Schriften von Kautsky und Otto Bauer, die er häufig zitierte. In mancher Hinsicht ging er über sie hinaus, indem er behauptete, der Nationalismus, und wäre er noch so berechtigt oder harmlos, sei mit dem Marxismus unvereinbar. Selbst die Forderung nach nationaler Kulturautonomie (»die raffinierteste und daher verderblichste Spielart des Nationalismus«) sei überaus schädlich; sie befriedige die Ideale des nationalistischen Kleinbürgertums und stehe in absolutem Widerspruch zum proletarischen Internationalismus[83]. Marxisten müßten gegen jede Form der nationalen

Unterdrückung kämpfen, doch folge daraus nicht, daß das Proletariat die nationale Entwicklung jeder Nation unterstützen müsse. Es müsse im Gegenteil die Massen vor allen nationalistischen Illusionen warnen und jede Art der Assimilation begrüßen, die nicht auf Zwang beruhe. Die Juden des Westens hätten in den zivilisierten Ländern bereits den höchsten Grad der Assimilation erreicht. In Galizien und in Rußland seien sie ebenfalls keine Nation geworden, sondern eine Kaste geblieben, nicht durch eigene Schuld, sondern infolge des Antisemitismus[84]. Die jüdische Nationalkultur sei die Losung der Rabbiner und der jüdischen Bourgeoisie, und ihre Befürworter seien daher Feinde des Proletariats.

1913 entwickelte Stalin in einer Arbeit Lenins Auffassung weiter und definierte die Nation als geschichtlich entstandene stabile Gemeinschaft der Sprache, des Territoriums, des Wirtschaftslebens und der in der Kultur zum Ausdruck kommenden Geistesart. Aufgrund dieser Definition seien die Juden selbstverständlich keine Nation. Sie hätten kein eigenes zusammenhängendes Territorium, das als politischer Rahmen und als nationaler Markt dienen könnte. Nur drei oder vier Prozent seien mit der Landwirtschaft verbunden, die übrigen seien über ganz Rußland verstreute Stadtbewohner, die in keiner einzigen Provinz die Mehrheit bildeten. Was sollte das für eine Nation sein, fragte Stalin, die aus georgischen, daghestanischen, russischen, amerikanischen, und anderen Juden bestehe? Was sollte das für eine Rasse sein, deren Angehörige in verschiedenen Teilen der Welt lebten, verschiedene Sprachen benützten, einander niemals sahen und niemals gemeinsam handelten? Dies sei keine wirkliche, lebendige Nation, sondern etwas Mystisches, Amorphes, Nebuloses, Außerweltliches. Die Forderung nach nationaler Kulturautonomie sei daher lächerlich. Es würde hier eine Autonomie für eine Nation gefordert, deren Existenz erst bewiesen werden müßte und deren Zukunft ungewiß sei. Alles, was die Juden gemeinsam hätten, seien ihre Religion, ihre Abstammung und einige wenige übriggebliebene nationale Merkmale. Doch könne niemand ernstlich behaupten, daß versteinerte religiöse Riten und schwindende psychologische Züge stärker wären als die sozioökonomischen und kulturellen Umweltverhältnisse, die unvermeidlich zur Assimilation führen müßten[85]. Die Bolschewiki hatten die ehrliche Absicht, die Judenfrage in Rußland zu lösen, indem sie allen Juden volle Freiheit gaben; sie wollten die Assimilation aktiv fördern. Die unterdrückten Juden Rußlands und Galiziens sollten gleichberechtigte Bürger der neuen sozialistischen Gesellschaft werden.

Eine ausführliche Untersuchung der Judenpolitik der Kommunistischen Partei der Sowjetunion liegt außerhalb des Rahmens dieser Arbeit. In aller Kürze die wichtigsten Fakten: Nach der Revolution wurde ein »Judenkommissariat« errichtet, das sich mit den besonderen

Problemen der jüdischen Bevölkerung befassen sollte. Der Leiter dieses Kommissariats, Dimanschtein, versprach, man werde in Moskau ein Palästina errichten, indem man die Massen produktiv machen und jüdische landwirtschaftliche Kommunen bilden würde. Später wurde mehr Gewicht auf die Industrialisierung der jüdischen Bevölkerung gelegt. Sie erhielten eigene kulturelle Einrichtungen, wie Schulen, Klubs, Zeitungen und Theater. Das Hebräische wurde verboten, aber das Jiddische konnte in den zwanziger und dreißiger Jahren frei verwendet werden. In der Ukraine und auf der Krim wurde überwiegend jüdischen Gebieten sogar regionale Autonomie gewährt, und im März 1928 wurde beschlossen, ein besonderes Gebiet im Fernen Osten, Birobidschan, für die jüdische Ansiedlung bereitzustellen. Es wurde verkündet, daß bis 1937 mindestens 150.000 Juden dort leben würden. Unter den jüdischen Kommunisten im Ausland herrschte ungeheure Begeisterung: »Die Juden sind in die sibirischen Wälder gezogen«, schrieb Otto Heller. »Wenn man sie nach Palästina fragt, lachen sie nur. Der Traum von Palästina wird längst in der Versenkung der Geschichte verschwunden sein, wenn es in Birobidschan Automobile, Eisenbahnen und Dampfschiffe geben wird, wenn riesige Fabriken ihren Rauch ausstoßen werden . . . Diese Siedler begründen in der sibirischen Taiga nicht nur eine Heimstätte für sich selbst, sondern auch für Millionen Angehörige ihres Volkes[86].« Der Präsident der Sowjetunion, Kalinin, sagte voraus, in zehn Jahren würde Birobidschan das kulturelle Zentrum der jüdischen Massen sein. Sogar eingefleischte Antikommunisten wie Chaim Schitlowsky, einer der Theoretiker des jüdischen Sozialismus, und der Soziologe Lestschinsky waren tief beeindruckt. Birobidschan würde eine jüdische Republik sein, ein Mittelpunkt echter jüdisch-sozialistischer Kultur.

Der Traum von einem sibirischen Palästina währte nicht lange. Nur wenige tausend Juden kamen, und auch von diesen zogen die meisten nach wenigen Monaten wieder fort. Vierzig Jahre nach der Gründung war Birobidschan eine trübselige, provinzielle Region mit etwa 25.000 jüdischen Einwohnern, die bloß einen kleinen Prozentsatz der Gesamtbevölkerung ausmachten. Niemand, vor allem nicht die Sowjetbehörden und die jüdischen Kommunisten, wollten an diese Sache erinnert werden. Es war dies zum Teil die Folge ungenügender und unzweckmäßiger Planung, aber im Grunde war es nicht die Schuld der Behörden: Die Sowjetjuden hatten nicht den Wunsch, an den Ufern des Amurs ein zweites Zion zu gründen.

Trotz des Fehlschlags von Birobidschan gab es im Westen viel Sympathie für die Sowjetunion, das einzige Land, in dem man die Juden gesichert glaubte und wo die jüdische Frage angeblich gelöst war. Es waren dies die Jahre der Weltwirtschaftskrise und des Aufstiegs faschistischer und antisemitischer Bewegungen in ganz Europa. Was konnte da der Zionismus Vergleichbares bieten? Sein Bankrott sei »endgültig und unwiderruflich«, schrieb Otto Heller 1931 in einem vieldiskutierten Buch. Im Westeuropa sei die Assimilierung der jüdischen Bourgeoisie, des Kleinbürgertums und der Arbeiter ein unaufhaltsamer Prozeß. Im Osten sei die jüdische Frage im Rahmen des Sozialismus ein für allemal gelöst: »Nächstes Jahr in Jerusalem? Diese Frage hat die Geschichte längst beantwortet. Die jüdischen Proletarier und hungernden Handwerker in Osteuropa stellen eine ganz andere Frage: Nächstes Jahr im Sozialismus? Was ist Jerusalem dem jüdischen Proletarier? Nächstes Jahr in Jerusalem? – Nächstes Jahr in der Krim! Nächstes Jahr in Birobidschan[87]!«

Hellers *Untergang des Judentums* gab die stalinistische Auffassung wieder. Seine Argumente stammten im großen und ganzen von Kautsky, wenngleich der »Renegat« Kautsky damals, allerdings aus anderen Gründen, von den Kommunisten nicht mehr anerkannt wurde. Heller unterschied sich von Kautsky durch einen schärferen Ton: Der Zionismus sei ein Phänomen, das man häufig bei absterbenden Völkern finde; kurz vor ihrem Hinscheiden fühlten sie plötzlich neuen Lebensmut, nur um dann desto schneller abzusterben. Der Zionismus sei ein Produkt der kleinbürgerlichen Schicht des europäischen Judentums, eine konterrevolutionäre Bewegung. Der Zionismus stelle einen historischen Irrtum, eine Unmöglichkeit dar, da er versuche, die Judenfrage vom Problem der Warenproduktion zu trennen, mit der das Schicksal des Judentums untrennbar verbunden sei. Es handle sich hier um einen Anachronismus, der nicht nur den Gesetzen der historischen Entwicklung, sondern auch dem gesunden Menschenverstand widerspreche[88]. Heller benützte weitgehend Kautskys Vergleiche, ohne aber deren Herkunft zu erwähnen: Der Zionismus sei das letzte Auftreten Ahasvers, des Ewigen Juden, auf der Bühne der Geschichte. Er habe nun das Ende seines Weges erreicht. Das Judentum sei zum Untergang verurteilt, da es seine privilegierte, monopolistische Stellung in einer kapitalistischen Gesellschaft verloren habe. Gleichzeitig seien die gesellschaftlichen Bedingungen für ein Wiederaufleben des Antisemitismus verschwunden. »Und kläglich verhaucht der letzte verzweifeltste und seltsamste Nationalismus seine dürftige Seele: der Zionismus.«

Es war dies eine überzeugende Darstellung, und sie war, wenn man ihre ideologischen Prämissen akzeptierte, trotz ihrer schrillen und arroganten Art logisch und widerspruchsfrei. Das Buch hatte jedoch einen entscheidenden Fehler: Es übersah die drohenden Wolken am Horizont. Als es in den Buchhandlungen erschien, marschierten Hitlers Braunhemden bereits durch die Städte Deutschlands. Zwei Jahre später hatte der Antisemitismus in seiner übelsten Art ganz Deutschland erfaßt und breitete sich weiter über Europa aus, trotz der zuversichtlichen Erklärung, der Antisemitismus hätte seine »gesellschaftliche Grundlage« verloren. Wenige Jahre später verloren Heller und viele andere jüdische Kommunisten ihr Leben in den Vernichtungslagern der Nazis oder in einem der Sowjetgefängnisse, aus denen es keine Wiederkehr gab.

Der Fall Otto Heller ist deshalb von Interesse, weil die von ihm geäußerten Ansichten von Tausenden jungen jüdischen Kommunisten in ganz Europa geteilt wurden, die zutiefst überzeugt waren, daß keine andere Bewegung als nur der Kommunismus imstande wäre, die jüdische Frage zu lösen. Dieser Glaube war keineswegs auf ergebene Parteimitglieder beschränkt; eine wachsende Zahl von Mitläufern wurde ebenfalls davon beeinflußt, und Hitlers Machtergreifung bestärkte sie in dieser Überzeugung.

Als Hellers Buch 1931 erschien, war es in Europa noch verhältnismäßig ruhig, die Lage des europäischen Judentums schien sicher. Sechs Jahre später, als William Zukerman das Buch *The Jew in Revolt* veröffentlichte, konnte es in bezug auf die bevorstehende Katastrophe keinen Zweifel mehr geben. *The Jew in Revolt* enthält eine anspruchsvolle Analyse der jüdischen Situation in einer Zeit der Krise und bringt zugleich Lösungsvorschläge. Der Verfasser verurteilt entschieden die Pläne einer Auswanderung aus Deutschland, da die deutschen Juden zutiefst in der deutschen Scholle verwurzelt und durch tausend geistige Bande mit ihrem Land verbunden seien:

»Es ist eine krasse Verleumdung der deutschen Juden, deren Vaterlandsliebe sprichwörtlich ist, wenn man ihnen unterstellt, sie alle seien beim ersten Auftauchen von Unglück bereit, in panischer Hast in Form eines Massenexodus zu fliehen . . . Immerhin sind die Juden heute in Deutschland nicht die einzigen Opfer der Verfolgung. Warum also keine Massenflucht deutscher Kommunisten, Sozialisten, Pazifisten, Liberaler und Katholiken? . . . Ein jüdisches Ja zur Auswanderung aus Deutschland kommt einer freiwilligen Billigung des ganzen nazistischen Standpunktes in bezug auf die Juden gleich. Sie bedeutet die völlige jüdische Kapitulation vor der Rassentheorie des Hitlerismus . . . Es bedeutet, den Nazis in einer Weise in die Hände zu spielen, wie es Hitler selbst von den Juden wohl nie zu hoffen gewagt hätte[89].«

Zukerman glaubte, verantwortlich für den schmählichen Auswanderungsplan sie vor allem die zionistische Bourgeoisie:

»Fanatische zionistische Theoretiker sind bei der Ausarbeitung von Entwürfen und Plänen noch eifriger gewesen als die Nazis selber . . . Zionistische Financiers haben tatsächlich gewaltige Summen für die Durchführung aufgebracht und die erfolgreiche Verwirklichung eingeleitet. Insofern der Plan für einen Exodus nun zu einer populären Lösung des jüdischen Problems geworden ist, muß man dies faktisch eher einer Anzahl zionistischer Zeloten und einigen großen zionistischen Financiers zuschreiben als den Faschisten. Von allen Paradoxa unserer Zeit wird dieses wahrscheinlich als das Allerseltsamste in die Geschichte eingehen[90].«

Der Verfasser hegte indessen keinen Zweifel, daß das Komplott einer Massenauswanderung fehlschlagen würde:

»Trotz der brutalen Verfolgung durch die Nazis wird die Masse der deutschen Juden in Deutschland bleiben, und sie werden noch dort sein, wenn Hitler schon lange verschwunden und selbst sein Name nur noch eine Legende der deutschen Geschichte sein wird . . . Sie tragen das Kreuz ihres Leidens mit Würde und Seelenstärke, wie es einem uralten Volk geziemt, welches das Märtyrertum kennengelernt hat und weiß, daß keine Tyrannei, wie mächtig sie zeitweilig auch sei, auf die Dauer das Rad der Geschichte zurückzudrehen vermag . . . Sie wissen, daß, selbst wenn Hitler jetzt allmächtig und sein Regime für die kommenden Jahre erfolgreich etabliert zu sein scheint, dies noch kein Grund ist, warum Juden freiwillig sein Evangelium des Gettos und des Exils akzeptieren sollten.«

Das Bild, wie Zukerman es sah, war nicht völlig schwarz, denn es gab ja ein Land, in dem das jüdische Problem gelöst war und das den Juden überall den Weg zur Erlösung zeigte. Was Zukerman in Rußland besonders auffiel, war sowohl die wirtschaftliche Verwandlung des russischen Judentums als auch die dadurch bewirkte geistige Wandlung:

»Verschwunden ist der fast pathologische Drang aller jüdischen Eltern, ihre Sprößlinge Ärzte und Anwälte werden zu lassen. Obwohl die Universitäten und Hochschulen den Juden wie in keinem anderen Land offenstehen, sieht man nicht, daß sich ein undisziplinierter Haufen jüdischer Jugendlicher hineindrängt . . . Die Juden sind jedenfalls die besten Fabrikarbeiter in Rußland und in jedem Großbetrieb sehr gesucht.«

Die Sowjetunion sei praktisch von der Geißel des Judenhasses befreit worden, ja die Bedeutung des Wortes Antisemitismus gerate schnell in Vergessenheit. Die Sowjetunion habe das jüdische Problem »wirtschaftlich, politisch und sogar psychologisch gelöst. Welche größeren Erfolge das Sowjetregime nun erzielt oder nicht erzielt haben mag, es hat auf alle Fälle eine vollkommene Lösung des jüdischen Problems entwickelt[91]«. Zukerman schloß seine beredte Schilderung mit der Erklärung, das goldene Zeitalter des Liberalismus sei nun zu Ende, und den Juden stehe nunmehr nur ein Weg offen, ob er nun alle Vorgänge in der Sowjetuinion billige oder nicht; als Jude könne er nichts anderes tun, als den Weg beschreiten, den Moskau zur Lösung des jüdischen Problems gezeigt habe. Dies sei eine moralische Notwendigkeit. Die große Rebellion der Juden, nicht nur gegen den Kapitalismus, sondern auch gegen sich selbst, sei eine moralische Läuterung. Welche gesellschaftliche oder politische Gefahr damit für die Juden auch verbunden sein mochte, in moralischer Hinsicht bedeute es eine Wiedergutmachung für alles. In geistiger Hinsicht bewirke die sozialrevolutionäre Bewegung die Rettung der Juden für die Welt[92].

Diese umfangreichen Zitate sind notwendig, um die volle Bedeutung der Auffassung Zukermans zu verdeutlichen, und es muß nochmals festgestellt werden, daß solche Ansichten keineswegs auf Außenseiter beschränkt waren. Sie wurden von verzweifelten Liberalen geteilt, ja sogar von manchen jüdischen Gemeindevorstehern und Rabbinern, denn es war die Zeit, da der Glaube an die Sowjetunion im Zenith stand: Stalin hatte Arbeitslosigkeit und Analphabetentum beseitigt, er hatte Neurosen, Verbrechen, Jugendkriminalität und Alkoholismus liquidiert. Er hatte einen neuen Menschentyp geschaffen, und im Zuge dieser Entwicklung war auch der Antisemitismus in schnellem Verschwinden begriffen. Der Appell an die Juden Deutschlands, sich nicht von den Sirenenklängen der Zionisten verführen zu lassen, sondern in ihrem Heimatland zu bleiben, kam auch nicht ausschließlich von den Kommunisten. In ihn stimmten beispielsweise auch die Bundisten ein, von denen vielleicht Zukerman seine erste Anregung erhalten hat.

Die kommunistische Zionismus-Kritik erreichte ihren Höhepunkt in den dreißiger Jahren, verlor aber später viel von ihrer Anziehungskraft, und zwar nicht nur deshalb, weil Birobidschan sich nicht als ernsthafte Alternative zu Palästina erwiesen hatte. Der kommunistische Standpunkt verlor vor allem wegen der wachsenden Diskrepanz zwischen Theorie und Praxis an Glaubwürdigkeit. Lenin hatte zweifellos ehrlich geglaubt, daß die Menschheit sich unaufhaltsam zum Internationalismus hin entwickle. Man hätte argumentieren können, so sehr die Juden sich auch gegen die Aufgabe ihrer nationalen Identität sträubten, sei der geforderte Preis nicht zu hoch, wenn sie dafür die völlige Gleichheit vor dem Gesetz erhielten und letztlich alle Nationen kulturell assimiliert werden würden. Indessen nahm die Entwicklung in der Sowjetunion eine völlig andere Richtung, als Lenin erwartet hatte. In den dreißiger Jahren lebte der Patriotismus mit verstärkter Kraft wieder auf, die Nationalhelden der russischen Geschichte kehrten auf ihre Ehrenplätze zurück, und der Nationalismus wurde in der sowjetischen Innenpolitik neuerlich zu einem Faktor von wachsender Bedeutung. Die Juden gerieten somit in eine schwierige Lage: Man erwartete immer noch von ihnen, daß sie ihre nationale Identität aufgäben und sich assimilierten, aber es war nicht klar, ob sie nun Russen, Ukrainer und Turkmenen oder aber einfach Sowjetbürger werden sollten. In diesem Fall wären sie zu allererst und ausschließlich Sowjetbürger im gleichen Sinne, in dem die deutschen Juden in der Weimarer Zeit fast die einzigen Liberalen und Republikaner gewesen waren, eine Position, die weder beneidenswert noch auf die Dauer zu halten war. Vielleicht wäre die Assimilation im Laufe mehrerer Generationen durch Mischehen und das Fehlen eines jüdischen Schulwesens gelungen, wenn man die Juden in Frieden gelassen hätte. Indessen wurden sie während der letzten Jahre Stalins und dann unter seinen Nachfolgern zur Zielscheibe von Angriffen, und auch in der Tschechoslowakei und in Polen war ihr Schicksal nicht glücklicher. Sie wurden gleichzeitig als Kosmopoliten und als Nationalisten verurteilt. Dies trug nicht zur Lösung des jüdischen Problems bei, sondern förderten sein Weiterbestehen.

Die sowjetische Einstellung zum Zionismus ist konsequent feindselig geblieben. Ursprünglich wurde er als Werkzeug des britischen Imperialismus abgelehnt. Später machte Moskaus Bündnis mit den Arabern eine entschieden antiisraelische Politik unausweichlich. Es gibt jedoch allen Grund zu der Annahme, daß die sowjetische Haltung auch dann negativ gewesen wäre, wenn es keine solchen außenpolitischen Erwägungen gegeben hätte. Es war undenkbar, mehreren Millionen sowjetischer Juden die Auswanderung nach Palästina zu gestatten, da dies einem offenen Eingeständnis des Scheiterns der sowjetischen Nationalitätenpolitik gleichgekommen wäre. Somit ist das jüdische Problem in der Sowjetunion ungelöst geblieben. Wohl ist die Assimilation immer noch das Ziel, doch gibt es keine Voraussetzungen für eine erfolgreiche Verwirklichung dieser Politik. Daher ist die Anziehungskraft des Sowjetkommunismus unter den Juden sowohl innerhalb als auch außerhalb Rußlands zurückgegangen. Von den vielen jüdischen Kommunisten im Westen, die die Sowjetunion in den zwanziger und dreißiger Jahren begeistert unterstützten, sind die meisten enttäuscht aus der Partei ausgetreten. Die offiziellen kommunistischen Argumente gegen den Zionismus, die einst mit so viel Eifer und Überzeugung vorgetragen wurden, stellen heute keine ernsthafte ideologische Herausforderung mehr dar.

Worüber Trotzki auch mit der alten Garde der Bolschewiki gestritten haben mag, ihrer Judenpolitik widersprach er keineswegs. Wie sie betrachtete auch er den Zionismus als durch und durch reaktionäre Erscheinung. Er zeigte für dieses Problem wenig Interesse, und während er sich zu verschiedenen Zeiten mit vielen weltpolitischen Fragen beschäftigte, befaßte er sich kaum jemals mit jüdischen Angelegenheiten. Eine der wenigen Ausnahmen war ein Artikel in *Iskra* im Jahre 1904, in dem er Herzl einen schamlosen Abenteurer nannte und vom »hysterischen Gezeter« des Zionismus sprach. Gegen Ende seines Lebens modifizierte er seine Einstellung ein wenig. Die neuesten Erfahrungen hätten ihn gelehrt, sagte er in einem Interview im Jahre 1937, daß seine früheren Hoffnungen auf eine Assimilation zu optimistisch gewesen seien. Vielleicht benötigten die Juden doch ein eigenes Territorium, selbst im Sozialismus. Wahrscheinlich aber würde es nicht Palästina sein, und jedenfalls würde das ganze Problem im Rahmen des Kapitalismus kaum eine Lösung erfahren[93].

Einige von Trotzkis Anhängern zeigten mehr Interesse, und wenn sie keine bedeutsamen theoretischen Beiträge leisteten, da auch ihre Ansichten auf Kautsky beruhten, so sind ihre Ansichten doch von einer gewissen historischen Relevanz, weil sie später die antizionistische Haltung der Neuen Linken beeinflußten[94]. Der wichtigste trotzkistische Ideologe in bezug auf den Zionismus und die Judenfrage war der Belgier Léon, ein ehemaliges Mitglied einer sozialistisch-zionistischen Jugendbewegung. Im Gegensatz zu den meisten anderen Marxisten, die sich mit diesem Problem befaßten, kannte er die Schriften der Theoretiker des Arbeiterzionismus. Nachdem Léon zu dem Schluß gekommen war, daß der Zionismus, einschließlich seines linksextremen Flügels, seinem Wesen nach unheilbar reaktionär sei, bemühte er sich nach Kräften, ihn zu widerlegen: Andere europäische Nationalbewegungen seien eng mit der Aufstiegsphase des Kapitalismus verbunden gewesen, während die jüdische Nationalbewegung erst auf den Plan getreten sei, als die Herausbildung der Nationen sich ihrem Ende näherte. Der Zionismus sei keineswegs ein Ergebnis der Entfaltung der Produktivkräfte, sondern widerspiegle vielmehr die Versteinerung des Kapitalismus. Der Niedergang des Kapitalismus sei die Grundlage für das Wachstum des Zionismus, aber zugleich auch der Grund für die Unmöglichkeit seiner Verwirklichung[95]. Das Judentum sei in der vorkapitalistischen Gesellschaft unentbehrlich gewesen, doch habe der Kapitalismus die gesellschaftliche Basis zerstört, auf der die Juden sich jahrhundertelang gehalten hatten.

An diesen Gedanken ist kaum etwas, das nicht schon bei früheren marxistischen Autoren zu finden wäre, nicht einmal die weithergeholte These, wonach die wirtschaftliche Entwicklung in Europa die jüdische Bourgeoisie gezwungen hätte, einen Nationalstaat zu schaffen, um ihre Produktivkräfte entwickeln zu können. Denn dies hatte im wesentlichen Borochow vorausgesagt, nur daß Léon es im Gegensatz zu Borochow als eine rückschrittliche Entwicklung betrachtete, weil die jüdische Frage erst nach dem Sieg der Weltrevolution gelöst werden könne. Sobald die Weltrevolution gesiegt habe und der Kapitalismus gestürzt worden sei, würde die nationale Frage ihre Dringlichkeit verlieren, denn die nationalen, kulturellen und sprachlichen Gegensätze seien bloß Manifestationen der vom Kapitalismus geschaffenen ökonomischen Widersprüche. Léon scheint wegen des Faschismus nicht besonders besorgt gewesen zu sein, denn »gerade die Verschlimmerung des Antisemitismus bereitet den Weg für sein Verschwinden«. Der Faschismus, prophezeite er, würde die Proletarisierung des Mittelstandes beschleunigen[96]. Ein oder zwei Jahre nach Niederschrift dieser Zeilen wurde Léon von den Deutschen verhaftet und starb, wie Millionen anderer Juden, in einem Vernichtungslager der Nazis.

Die Zionisten schenkten den Ansichten Léons und anderer trotzkistischer Ideologen kaum Beachtung, denn selbst dort, wo deren Auffassungen sich von denen Kautskys und der Bolschewiki unterschieden, boten sie keine überraschenden neuen Erkenntnisse. Auch die Neue Linke in Westdeutschland, die auf Untersuchung und Kritik des Zionismus viel Zeit verwandte, ging kaum über die traditionellen Argumente des Antizionismus hinaus, wie sie vor dem Ersten Weltkrieg vom (»bürgerlichen«) Antizionistischen Komitee geäußert worden waren[97]. Der ideologischen Verkleidung (Kautsky, Lenin, Horkheimer, Adorno) beraubt, liefen sie stets auf die Beweisführung hinaus, daß der arabische Nationalismus fortschrittlich, der jüdische Nationalismus hingegen schädlich sei. Mehr Aufmerksamkeit schenkten die Zionisten der scharfen Kritik Isaac Deutschers, vielleicht deshalb, weil er, im Gegensatz zu den trotzkistischen und neu-linken Autoren, eine bekannte literarische Persönlichkeit war, die ein großes Publikum erreichte, und schon kraft seiner eigenen Entwicklung erheblich mehr von diesem Thema wissen mußte als jene. Auch Deutscher betrachtete den Zionismus als zutiefst reaktionäre Bewegung, gab aber zu, daß die Ansichten der Bolschewiki in bezug auf die Chancen einer Lösung der Judenfrage zu optimistisch gewesen waren. In einem Abschnitt seiner Laufbahn übte er öffentlich Selbstkritik: 1954 schrieb er, er habe seinen Antizionismus aufgegeben, der auf seinem Vertrauen in die europäische Arbeiterbewegung beruht hätte: »Wenn ich in den zwanziger und dreißiger Jahren, anstatt gegen den Zionismus aufzutreten, die europäischen Juden aufgefordert hätte, nach Palästina zu gehen, dann hätte ich vielleicht mitgeholfen, einige Leben zu retten, die später in Hitlers Gaskammern ausgelöscht wurden[98]!« Der jüdische Staat, schrieb er in diesem schwachen Augenblick, sei eine »historische Notwendigkeit und eine lebendige Wirklichkeit« geworden. Aber Deutscher glaubte immer noch, daß der Zionismus im Grunde eine reaktionäre Kraft sei, und es kam daher nicht überraschend, als er nach dem Sechstagekrieg und kurz vor seinem Tod einen scharfen Angriff gegen Israel richtete, in dem er behauptete (wie er dies schon vierzig Jahre vorher getan hatte), der arabische Nationalismus sei fortschrittlich, der jüdische Nationalismus aber reaktionär, Israel repräsentiere den Neo-Imperialismus im Nahen Osten, es predige den Chauvinismus und so weiter[99]. Der Zionismus habe von allem Anfang an auf einen rein jüdischen Staat hingearbeitet. Die Marxisten sollten sich nicht durch ihre Emotionen und die Erinnerung an Auschwitz zur Unterstützung der falschen Sache hinreißen lassen.

Deutschers instinktive Ablehnung der jüdischen Nationalbewegung ging tiefer und hatte in gewisser Hinsicht überhaupt nichts mit dem Konflikt zwischen Israel und den Arabern zu tun. In seinem Glaubensbekenntnis schrieb Deutscher, alle jüdischen Genies der letzten Jahrhunderte, die großen Revolutionäre des modernen Denkens, wie

Spinoza, Heine, Marx, Rosa Luxemburg, Trotzki und Freud, seien Häretiker gewesen. Sie alle hätten das Judentum als zu beschränkt, zu archaisch, zu eng empfunden. Es ist interessant, diese Liste nichtjüdischer Juden mit der Kautskys (Spinoza, Heine, Lassalle, Marx) und mit jener Otto Bauers (Spinoza, Ricardo, Disraeli, Marx, Lassalle, Heine) zu vergleichen. Sie alle suchten Ideale und Erfüllung außerhalb des Judentums. Allen gemeinsam war ihre Wurzellosigkeit und Verletzlichkeit. Sie waren die natürlichen Vorkämpfer des Weltbürgertums, keine Anwälte des Nationalstaates, sondern solche des Internationalismus. Es sei die paradoxe Erfüllung der jüdischen Tragödie, daß der Zerfall des bürgerlichen Europas die Juden veranlaßt habe, die Idee des Nationalstaates anzunehmen[100].

Die Zusammenstellung der Persönlichkeiten in Deutschers Ruhmeshalle ist fragwürdig, und eine Gleichsetzung der Haltung Freuds und Heines mit jener Trotzkis und Rosa Luxemburgs erscheint etwas weit hergeholt. Diese beiden scheiterten gerade deshalb, weil sie »wurzellose Juden« waren und die Tiefe des Nationalgefühls in Deutschland und in Rußland nicht erkannten, das eine internationalistische Politik völlig illusorisch machte. Trotzki schrieb in seiner Autobiographie, nationale Leidenschaften und Vorurteile seien ihm schon seit seiner frühesten Kindheit unverständlich gewesen und hätten in ihm bloß Empfindungen des Abscheus und des moralischen Ekels hervorgerufen. Rosa Luxemburg sagte 1917 zu ihrer Freundin Mathilde Wurm: »Was kommen Sie mir mit Ihren besonderen jüdischen Sorgen? Mir tun die unglücklichen indianischen Opfer in Putamayo, die Neger in Afrika genauso leid . . . Ich kann in meinem Herzen keinen besonderen Platz für das Getto finden.« Dies war in gewisser Weise eine Untertreibung ihrer Haltung, denn so wie manche anderen jüdischen Revolutionäre zeigte auch sie Symptome jenes bekannten Phänomens, des jüdischen Selbsthasses. Man kann sich schwer vorstellen, daß Lenin, der Internationalist war wie kein zweiter, mit solcher Verachtung von »besonderen russischen Sorgen« gesprochen hätte. Deutscher war sich, zumindest theoretisch, dieses Dilemmas bewußt; immerhin erwähnt er die Verletzlichkeit des kosmopolitischen Juden. Doch konnte auch er den verwirrten jüdischen Revolutionären seiner Zeit keine klare Antwort geben. Deutschers Gegnerschaft zum Zionismus basierte letztlich auf der liberalen Kritik an der jüdischen Nationalbewegung. Der ehemalige Anhänger des galizischen Rabbis von Ger erweist sich als ein moderner sozialistischer Protestrabbiner, unerschütterlich in seinem Glauben, daß die Welt sich von nationaler Souveränität und Nationalstaat zum Internationalismus hin entwickle und daß die Juden sich die Botschaft der Welt von morgen, die Botschaft der allgemeinen Befreiung des Menschen zu eigen machen sollten, anstatt sich für einen engstirnigen Nationalismus zu begeistern. Der Glaube an eine spezifisch jüdische geistige Mission wird durch ein rein weltliches Kredo ersetzt. Indessen wird die Botschaft des Internationalismus nicht mit dem gleichen Maß an Überzeugung vertreten, wie es in den Werken der Sozialisten vor 1914 der Fall war. In dieser Hinsicht optimistisch zu sein, war damals leichter als nach 1945. Deutscher muß gefühlt haben, daß seine Warnungen vor dem Übel des Nationalismus vielleicht einige Juden beeinflussen könnten, aber er konnte kaum annehmen, daß sie gleichermaßen auf Russen, Chinesen oder andere Nationen, »sozialistische« oder nichtsozialistische, wirken würden. Es war leichter, den Zionismus zu verurteilen, als eine Alternative aufzuzeigen, denn die Aussichten eines nichtjüdischen Juden, der in einer intensiv nationalistisch gesinnten Welt als Pionier und Apostel des Internationalismus wirkte, waren offensichtlich nicht vielversprechend.

Was in bezug auf die liberal-assimilationistische Kritik des Zionismus gesagt wurde, gilt noch mehr für den sozialistisch-kommunistischen Standpunkt. Marxisten legten in ihrer Erklärung des Antisemitismus besonderes Gewicht auf ökonomische Faktoren, doch stimmten sie mit den Liberalen in der Befürwortung der Assimilation überein und lehnten den Zionismus ab, weil er diesen unabwendbaren Prozeß behindere. Dieser Auffassung mangelte es nicht an Folgerichtigkeit; sie hatte jedenfalls weniger Komplikationen zur Folge als die zionistischen Bestrebungen. Ihre Hauptschwäche lag darin, daß sie eine hoffnungsvolle Vision einer fernen Zukunft bot, aber keine klare Antwort für die Gegenwart. Der marxistische Appell an die jüdischen Werktätigen und Intellektuellen, sich in ihren Heimatländern am Klassenkampf zu beteiligen, war im Deutschland des Jahres 1933 keine praktikable Politik und ist auch anderwärts auf größere oder kleinere Hindernisse gestoßen. Die Zionisten bedauern ebenso wie die Marxisten und die Liberalen, daß die Emanzipation der Juden auf so viele unvorhergesehene Schwierigkeiten gestoßen ist. Sie mögen ferner zugeben, es sei ein historisches Unglück, daß die jüdische Nationalbewegung so spät auf den Plan getreten ist; im neunzehnten Jahrhundert hätte die Entstehung eines Judenstaates weniger Probleme mit sich gebracht. Sie stimmen der Ansicht zu, daß der Nationalstaat nicht das Endziel der menschlichen Geschichte, sondern bloß ein Übergangsstadium ist. Aber solange dieses dauerte, was sollen die Juden in jenen Staaten tun, in denen eine Assimilierung einfach nicht möglich ist?

Auf diese entscheidende Frage konnten die linken Kritiker des Zionismus keine überzeugende Antwort geben. Sie mochten, wie einige es taten, argumentieren, die Probleme der einzelnen Nationen müßten den höheren Interessen der Weltrevolution untergeordnet werden, und von dieser Warte gesehen gehöre das jüdische Problem nicht zu den wichtigsten. Die Juden könnten geopfert werden. Auch andere Nationen seien im Laufe der Geschichte entstanden und wieder verschwunden. Die Verfolgung, die Abschlachtung der Juden sei eine bedauerliche Episode, aber dem revolutionären Sozialisten gehe es um die Zukunft der ganzen Menschheit. Welche Rolle spiele schon die Zukunft eines kleinen Volkes im globalen Rahmen?

Zionisten werden sich von diesem Argument aus mehr als einem Grund kaum beeindrucken lassen. Wer abstrakte internationalistische Grundsätze befürwortet, ist gewöhnlich von den Interessen der Nation beeinflußt, der er angehört. Außerdem hält der Zionismus es für widersinnig, zu fordern, die Juden sollten ihre nationalen Aspirationen dem höheren Interesse eines künftigen idealen Weltstaates unterordnen – eines Weltstaates, der vielleicht eines Tages entstehen wird (oder auch nicht) und der gegenwärtigen Ordnung vielleicht überlegen sein wird (oder auch nicht).

Der Zionismus kann von verschiedenen Standpunkten aus einer strengen Kritik unterzogen werden. Aber seine Gültigkeit als Nationalbewegung und als Weltanschauung kann weder bewiesen noch widerlegt werden. Was den Antisemitismus betrifft, ist der Zionismus in einer starken Position. Seine Analyse des Antisemitismus ist von der neuesten Geschichte in weit höherem Maße bestätigt worden als die Voraussagen der Antizionisten. Die Geschichte wird im Laufe der Zeit die Antwort auf die Frage liefern, ob der Zionismus in politischer Hinsicht ein Erfolg oder ein Fehlschlag gewesen ist. Die Weltgeschichte ist nicht das Weltgericht. Das Überleben und Gedeihen des Staates an sich wird ebensowenig die Gerechtigkeit der zionistischen Sache beweisen können, wie sein Untergang ihre Ungerechtigkeit beweisen würde.

Dritter Teil

Die Weizmann-Ära

Der Erste Weltkrieg hatte für Millionen osteuropäischer Juden verheerende Folgen. Der russische Bürgerkrieg und die Unruhen in anderen Teilen Osteuropas waren von Pogromen begleitet, in denen Tausende den Tod fanden. 1921 herrschte wieder Friede, doch welche Vorteile die neue Ordnung in Polen und Rumänien auch bieten mochte, sie brachte jedenfalls keine Verbesserung der politischen, sozialen und ökonomischen Situation der Juden. Die Anomalie ihrer Lebensverhältnisse wurde nicht geringer. Im Gegenteil, sie wurde noch verschärft, da die Auswanderung nun erheblich schwieriger war als vor dem Krieg. Die starke Anziehungskraft des Zionismus in Osteuropa in den zwanziger und dreißiger Jahren ist nur verständlich in Anbetracht der Pauperisierung, der sowohl offiziell angeheizten als auch spontanen Verfolgung, des allgemeinen Verfalls und der wachsenden Verzweiflung.

Die schrecklichsten Pogrome ereigneten sich zwischen 1918 und 1920 in der Ukraine und in Weißrußland. Die Hauptschuldigen waren die ukrainischen Nationalistentruppen unter Petljura, eine wichtige Rolle spielten aber auch Denikins Freiwilligenarmee und gewisse Kosakenregimenter, wie beispielsweise das unter Ataman Grigorijew, das zu den Weißen überlief, nachdem es zuerst bei den Roten gedient hatte. Auch andere Privatarmeen taten mit, manche waren rechtsgerichtet, andere »populistisch«. Die ersten großen Pogrome ereigneten sich in Schitomir und Berditschew, beides alte Zentren des Judentums, und griffen dann auf Proskurow (wo 1500 Juden getötet wurden) und benachbarte Orte über. Im Zuge dieser Ausschreitungen wurden etwa fünfzehntausend Menschen getötet und noch viel mehr verletzt. Eine große Menge jüdischen Eigentums wurde zerstört. Die Zahl der Getöteten war bei weitem größer als in den Vorkriegspogromen. Menschenleben waren nach 1914 sehr billig geworden, und während der Tod einiger Dutzend Opfer in Kischinew in der zivilisierten Welt einen Sturm des Protestes hervorgerufen hatte, verursachte die Ermordung Tausender in den Jahren 1919 und 1920 kaum Aufsehen.

Mit der Errichtung des Sowjetregimes fanden auch die Pogrome ein Ende. Die Juden in der gesamten Sowjetunion erhielten Gleichberechtigung, und der Antisemitismus wurde gesetzlich verboten. Unter den führenden Bolschewiki gab es viele Juden, was von den Propagandisten der extremen Rechten weidlich ausgeschlachtet wurde. Daß diese

Bolschewiki jüdischer Abkunft nicht den geringsten Anteil am Schicksal der Gemeinschaft nahmen, in die sie sozusagen zufällig hineingeboren worden waren, daß sie sich selber als Vertreter des russischen Proletariats und nicht der jüdischen Arbeiterklasse betrachteten, wurde selbstverständlich ignoriert. Juden standen in beiden Lagern an prominenter Stelle: ihr Prozentsatz unter den Emigranten war ebenfalls höher als der im Land selbst. Von den in Rußland Gebliebenen verloren viele infolge der wirtschaftlichen und sozialen Umwälzung ihre Existenzgrundlage, doch half ihnen die Sowjetregierung, andere, produktivere Beschäftigungen zu finden. Zwar erhielten die Sowjetjuden keine volle Anerkennung als nationale Minderheit, aber man gab ihnen eigene Schulen, Theater, Verlage und da und dort sogar örtliche Verwaltungsautonomie. Die Religion wurde verfolgt, der Zionismus verboten, doch die persönliche Sicherheit der Juden war mehr oder weniger gewährleistet.

Soweit die sowjetischen Führer sich überhaupt Gedanken über die Zukunft der russischen Judenschaft machten (ein Problem, das nicht als vorrangig angesehen wurde), nahmen sie an, daß die Juden sich allmählich völlig assimilieren, ihre spezifischen Merkmale verlieren und schließlich vom Rest der Bevölkerung nicht mehr zu unterscheiden sein würden. Dies war die stillschweigende Voraussetzung während er frühen, internationalistischen Phase der Sowjetherrschaft. Später, als Stalin die ganze Macht an sich riß und der (russische) Nationalismus wiedererstarkte, verloren die Juden die kulturelle Autonomie. Viele führende jüdische Kommunisten wurden aus ihren Positionen entfernt. Die jüdische Frage wurde neuerlich akut[1].

Die Lage der Juden in Polen war von allem Anfang an, seit der Errichtung des polnischen Staates, prekär. Wähend der Übergangszeit, 1918–1919, wurden bei spontanen Pogromen in Lwow, Wilna und anderen Städten Hunderte Juden getötet. Zwar genossen die Juden als Minderheit gesetzlichen Schutz, aber die polnischen Nationalisten hatten stets einen Nationalstaat, keinen Nationalitätenstaat, gewollt und waren in der Regel antisemitisch. Die Juden wurden beschuldigt, entweder russenfreundlich oder deutschfreundlich zu sein. Katholische Würdenträger behaupteten, die Juden kämpften gegen die Kirche und übten allgemein einen »üblen Einfluß« aus. Es war die erklärte Politik der *Endeks* und später der *Ozon,* die Polonisierung voranzutreiben und den jüdischen Einfluß auf wirtschaftlichem und politischem Gebiet einzuschränken. Jüdische Kaufleute und Intellektuelle wurden boykottiert, an den Universitäten wurde ein *numerus clausus* eingeführt, die Anzahl der jüdischen Anwälte und Ärzte wurde systematisch verringert. Häufig ereigneten sich kleine Pogrome, die zur Verbreitung eines Klimas der Angst beitrugen. Die Errichtung eines staatlichen Monopols auf gewisse Erzeugnisse, wie Tabakwaren, beraubte Tausende jüdischer Familien ihres Lebensunterhalts, und die Einführung von Konzessionsgebühren für den Straßenhandel traf viele andere schwer, die diese Zahlungen nicht leisten konnten. Solche und ähnliche Maßnahmen sowie die Auswirkungen der Weltwirtschaftskrise hatten zur Folge, daß die polnische Judenschaft, die ohnehin nie besonders wohlhabend gewesen war, rapide verarmte. Anfang der dreißiger Jahre waren die meisten nicht mehr imstande, die (nominale) Gemeindesteuer zu entrichten. Mehr als ein Drittel war mittellos, am Rande des Verhungerns und abhängig von der Gemeindefürsorge.

Keine größeren Pogrome gab es in Rumänien, wo die Judenverfolgung vor 1914 krasser gewesen war als in irgendeinem anderen europäischen Land. 1920 erhielten auch die rumänischen Juden die vollen staatsbürgerlichen Rechte. Aber abgesehen von der rechtlichen Situation gab es in Rumänien etwas, das zionistische Theoretiker manchmal als »objektive jüdische Frage« bezeichneten. Nur wenige Juden lebten auf dem Lande, doch in Städten wie Czernowitz, Jassy, Radaut und Oradea-Mare waren sie in der Mehrheit. In noch größerem Maße als in Polen bildeten sie dort das Bürgertum und die intellektuelle Elite. Führende Bankhäuser, Versicherungsgesellschaften und Transportunternehmen waren in jüdischen Händen. Viele Journalisten sowie ein hoher Prozentsatz der Rechtsanwälte und der Ärzte waren Juden. Nur wenige Rumänen betrachteten dies als einen normalen Zustand, und die Entstehung eines autochthonen Bürgertums hatte für die Juden zwangsläufig unangenehme Folgen. Gleichzeitig sahen sich die jüdischen Handwerker der Moldau und Bessarabiens (wo sie die Mehrheit darstellten) wachsender Konkurrenz gegenüber.

Es bildete sich eine starke judenfeindliche Bewegung, die Nationale Christliche Verteidigungsliga, deren erklärtes Ziel es war, die Juden aus Großrumänien zu vertreiben. Noch extremer war die Eiserne Garde, eine faschistische Organisation, die in den Juden den Hauptfeind des rumänischen Volkes sah. Sogar die gemäßigten Parteien Rumäniens betrachteten die Juden als unassimilierbar. Vor dem Ersten Weltkrieg hatten rumänische Liberale, Schüler Mazzinis und Garibaldis wie Bratianu, nicht gezögert, antijüdische Gesetze zu verabschieden.

In Rumänien gab es ebenso wie in Polen ein Element eingefleischten Judenhasses. Einige Regierungen benutzten die Juden als Sündenböcke für ihr eigenes Versagen, und der Antisemitismus war im Volk weit verbreitet. Es wäre eine große Vereinfachung, wollte man die Schuld dafür nur den herrschenden Klassen zuschreiben. Die Sozialstruktur der jüdischen Bevölkerung in Polen und Rumänien war so beschaffen, daß sie zu Spannungen und Konflikten zwischen der Minderheit und dem Wirtsvolk führen mußte. Ein großer Teil der polnischen Juden war erwerbslos, und die Warschauer Regierung fühlte sich nicht verpflichtet, Ausbildungsmöglichkeiten und Arbeitsplätze beizustellen, während die jüdischen Gemeinden zu arm waren, um helfen zu können. Diese objektiv gefährliche Lage wurde zusätzlich verschärft durch den überhitzten Nationalismus der eben erst unabhängig gewordenen Nationen, ihre Intoleranz gegenüber den Minderheiten und die Auswirkungen der Wirtschaftskrise. Anstatt im Laufe der Zeit eine Verbesserung zu erfahren, verschlimmerte sich das Problem immer mehr. Jede neue Regierung war ein wenig antisemitischer als die vorangegangene.

Die antijüdischen Maßnahmen ermangelten manchmal nicht einer gewissen Originalität. In Rumänien durften jüdische Medizinstudenten nur jüdische Leichen sezieren. In Litauen mußten Lastwagenfahrer und Dienstboten eine schwierige Sprachprüfung bestehen, um eine Arbeitsgenehmigung zu erhalten. In der Stadt Plotsk wurde der dortige *Zadik*, Rabbi Schapira, von einem polnischen Gericht zum Tode verurteilt und 1919 hingerichtet, weil er angeblich der vorrückenden Roten Armee Lichtsignale gegeben hatte.

Die eigentliche Todsünde der Juden war indessen, daß es zu viele von ihnen gab. So schrieb ein Redakteur der halbamtlichen *Gazeta Polska* einmal: »Ich schätze die Dänen außerordentlich, aber wenn es bei uns drei Millionen von ihnen gäbe, dann würde ich zu Gott beten, sie hinwegzuraffen. Vielleicht würden wir auch die Juden sehr schätzen, wenn es ihrer in Polen bloß fünfzigtausend gäbe[2].« Vierzig Jahre später waren nur noch vierzigtausend Juden übriggeblieben, aber die Polen mochten sie immer noch nicht.

In anderen Teilen Osteuropas war die Situation weniger kritisch. In Litauen befand sich die jüdische Minderheit nach Kriegsende in einer besseren Lage als irgendwann vorher oder nachher. Die litauischen Juden genossen volle Minderheitsrechte, und es gab einen Minister für jüdische Angelegenheiten. Dann aber verstärkte sich in Litauen ebenso wie in Lettland die Tendenz, die Rolle der Juden in den Hauptzweigen der Volkswirtschaft und im Kulturleben einzuschränken, und verursachte viele Härten. Die wirtschaftliche Lage der ungarischen und der tschechoslowakischen Juden war im allgemeinen nicht schlecht, außer in einigen Notstandsgebieten wie der Karpatho-Ukraine. Aber der politische Status der ungarischen Juden war prekär. Einige Juden hatten in der kurzlebigen Räterepublik von 1918–1919 eine prominente Rolle gespielt; nach dem Sieg der antikommunistischen Kräfte wurde die jüdische Gemeinde als Ganzes für die Taten Béla Kuns, Tibor Szamuelys und ihrer Genossen verantwortlich gemacht.

In Österreich und Deutschland gab es nach dem Ersten Weltkrieg keine offizielle Diskriminierung der Juden. Otto Bauer und Julius Deutsch wurden Minister, wenn auch nur für kurze Zeit. Die republikanische Verfassung Deutschlands wurde von einem Juden (Hugo

Preuss) geschaffen, und jüdische Sozialdemokraten wie Hilferding und Landsberg waren Mitglieder der Reichsregierung. Juden erreichten auf fast allen Gebieten hervorragende Stellungen, und in einigen Bereichen, wie in der Presse und im Film, übten sie einen bedeutenden Einfluß aus. Zugleich mit der Zunahme ihrer Chancen wuchs auch der Antisemitismus. Das Schicksal Walter Rathenaus, des deutschen Außenministers von 1921–1922, eines großen Patrioten, war in vielfacher Hinsicht symbolisch: Er wurde auf einer Berliner Straße von jugendlichen Angehörigen einer rechtsextremen Gruppe erschossen. Der latente Antisemitismus in Deutschland und Österreich erhielt während des Ersten Weltkrieges neuen Auftrieb. Nach der Überwindung der Wirtschaftskrise von 1921–1923 schien er abzuflauen. Diese Abnahme war jedoch nur vorübergehend und jedenfalls mehr scheinbar als wirklich. Als der Antisemitismus sich auf Westeuropa ausbreitete, sahen manche weiterblickende Beobachter auch inmitten der Hochkonjunktur das Zeichen an der Wand.

Was waren die Gründe für diesen neuen Ausbruch des Antisemitismus? Nach vielen Jahren des Friedens und des Wohlstandes war der allgemeine Optimismus Europas schwer erschüttert worden. Für viele war der Krieg wie ein Blitz aus heiterem Himmel gekommen. Millionen Menschen waren sinnlos hingeschlachtet worden, die materiellen Zerstörungen waren beispiellos. Viele Europäer standen bei Kriegsende mittellos und ohne viel Hoffnung für die Zukunft da. Fast überall gab es nach dem Krieg Unruhen, Revolution, Bürgerkrieg, Inflation und Massenarbeitslosigkeit. Angesichts dieser Verhältnisse suchten viele Menschen nach einer klaren und leicht verständlichen Antwort auf ihre Fragen nach den Ursachen dieser Katastrophen und der allgemeinen Unruhe in der Welt. Sie fanden eine Antwort in Schriften vom Schlag der *Protokolle der Weisen von Zion,* der neuen Bibel der Antisemiten, einer Zusammenstellung phantastischer Lügen, die, bereits lange vor dem Krieg erstmals in Rußland veröffentlicht, um 1919–1920 nach Mittel- und Westeuropa gelangte. Im Anschluß an diese und ähnliche Veröffentlichungen fanden Pamphlete über eine angebliche jüdische Weltverschwörung viele begierige Leser in England und in den Vereinigten Staaten, selbst unter Politikern und ansonsten vernünftigen Persönlichkeiten des öffentlichen Lebens. In Großbritannien und Amerika hielt sich das Schreckgespenst der »verborgenen Hand« nicht lange, aber in manchen Ländern Europas fiel es auf fruchtbaren Boden und wurde zu einem Teil der Ideologie des Antisemitismus. Dies war, kurz zusammengefaßt, die Situation, der die europäische Judenschaft nach 1918 gegenüberstand. Angesichts dieser Lage, der Verarmung, der sozialen Unruhe und der zunehmenden politischen Verfolgung sah die zionistische Bewegung sich genötigt, ihre künftige Politik zu überprüfen.

Palästina in den Kriegsjahren

Die kleine jüdische Gemeinde in Palästina hatte während des Krieges schwer zu leiden. Als die Türkei in den Krieg eintrat, wurden die jüdischen Führer ständig von türkischen Beamten schikaniert, die eine Politik der gründlichen Osmanisierung verfolgten. Die *Anglo-Palestine Bank* wurde geschlossen, die meisten führenden Zionisten wurden vor Gericht gestellt, wobei eine der Hauptanklagen lautete, sie hätten sieben Jahre vorher die Ausgabe von Marken des Nationalfonds genehmigt. Das *American Relief Committee,* das Tausenden Notleidenden lebenswichtige Hilfe geleistet hatte, wurde auf Befehl des türkischen Befehlshabers in Palästina aufgelöst. Alle jungen Juden wurden unter Militärdienstpflicht gestellt, jedoch überwiegend nicht zum aktiven Militärdienst einberufen, sondern, gleichsam als Parias der Armee, in Arbeitsbataillone gesteckt. Viele von ihnen kehrten nicht mehr zurück, sondern fielen Krankheiten oder dem Hunger zum Opfer[3].

Eine neue Welle von Spionageprozessen begann, nachdem man in Sichron Jaakow eine für die Alliierten tätige und von Angehörigen der Familie Aaronson geleitete Organisation (NILI) aufgedeckt hatte, die Informationen sammelte und nach Ägypten weiterleitete. Ohne die Intervention der deutschen Regierung durch ihre Vertreter in der türkischen Hauptstadt und den deutschen Befehlshaber, General Kress von Kressenstein, hätten die palästinensischen Juden wohl ein ähnliches Schicksal erlitten wie die Armenier. Im Winter 1916–1917 brach die türkische Währung zusammen, und zu allem Überfluß tauchten im folgenden Frühjahr riesige Heuschreckenschwärme auf. Die gesamte Bevölkerung wurde zur Rettung der Ernte eingesetzt. Die Schulen wurden geschlossen, die Kinder mit Blechdosen und Stöcken ausgerüstet und zur Bekämpfung der Heuschrecken eingesetzt. Der Schaden war jedoch bereits sehr groß, die Gemüseernte war vernichtet, und auch viele Orangenplantagen hatten Schaden gelitten. Kurz vor dem Eintreffen der britischen Truppen wurde Jaffa auf Befehl der türkischen Behörden geräumt. Massenrazzien wurden durchgeführt, um Deserteure festzunehmen, deren Zahl in die Zehntausende ging; hauptsächlich waren es Türken und Araber, aber es war auch eine gewisse Anzahl von Juden darunter.

Als die britischen Truppen am ersten Tag des Chanukka-Festes 1917 in Jerusalem einmarschierten, wurden sie von einer dezimierten und verarmten jüdischen Gemeinde begrüßt. Die Zahl der Juden war von 85.000 im Jahre 1914 auf 56.000 gesunken, das waren nur noch acht Prozent der Gesamtbevölkerung Palästinas. Bloß in Jerusalem und in Tiberias bildeten sie noch die Mehrheit. Diese Städte waren die

Zentren des alten, nichtzionistischen Jischuw. Die später Gekommenen, die Zionisten, waren in Tel Aviv konzentriert, das 6000 Einwohner zählte, und in Haifa, wo es damals nur 2500 Juden gab. Die größten landwirtschaftlichen Kolonien waren Petach Tikwa mit 3000 Einwohnern, Rischon le-Zion (1500) und Rechowot (1000). Die anderen, insgesamt siebenundfünfzig jüdischen Landsiedlungen, mit zusammen etwa 12.000 Seelen, waren kleine Inseln inmitten der rund achthundert arabischen Dörfer.

Die jüdische Gemeinde erholte sich nur langsam von den Verheerungen des Krieges. 1920 war sie auf 64.000 Personen angewachsen, erst 1922 erreichte sie wieder den Vorkriegsstand[4]. Sie wäre nicht imstande gewesen, sich gegen einen Angriff von außen zu verteidigen, und die Ankunft der Legionäre, der 4500 jüdischen Freiwilligen aus England und Amerika, im Jahre 1918 war ein bedeutsames Ereignis. Von diesen Tausenden Freiwilligen blieben jedoch nur 260 in Palästina. Erst mit dem Beginn der Einwanderungswelle im Dezember 1918 kam neues Blut ins Land, und die zionistische Tätigkeit erwachte zu neuem Leben.

Als die britischen Truppen in Jerusalem einzogen, wurden sie von der jüdischen Bevölkerung mit Jubel empfangen. Der Beginn der Befreiung, die Tage des Messias schienen gekommen. Die Rückkehr zu normalen Verhältnissen dauerte jedoch wesentlich länger als erwartet. Man hörte nichts vom Zionistischen Aktionskomitee in London, und es gab kein Geld. Galiläa, der nördliche Teil des Landes, blieb fast bis Kriegsende in türkischen Händen. Gleich nach dem Einmarsch der Briten war ein provisorischer Ausschuß *(Waad Zemani)* gegründet worden, der die Vorbereitungen zur Errichtung eines Repräsentativrates der palästinensischen Judenschaft *(Asefat Hanivharim)* treffen sollte. Diese Körperschaft, in der es keine hervorragende Persönlichkeit gab, hatte wenig Autorität, und selbst wenn es eine Führung gegeben hätte, wäre doch ohne finanzielle Mittel kaum etwas zu erreichen gewesen. Versammlungen wurden abgehalten, Pläne geschmiedet, Resolutionen verabschiedet, aber alles gleichsam in einem Vakuum. Die orthodoxen Juden, die gegen das Frauenstimmrecht und die Schaffung eines gemeinsamen Rabbinats waren, lehnten den bloßen Gedanken an eine allgemeine jüdische Vertretungskörperschaft ab. Es war, nach den Worten eines zeitgenössischen Beobachters, eine Ära des Tohuwabohu, der völligen Konfusion und Anarchie[5].

Palästina wurde von Dezember 1917 bis Juli 1920 von der Verwaltung für besetztes Feindgebiet, OETA *(Occupied Enemy Territory Administration)*, einer Abteilung der britischen Armee, verwaltet. Die Offiziere errichteten ein unmittelbares Militärregime unter der Befehlsgewalt des Oberkommandierenden, General Allenby. Von Anfang an gab es Reibereien zwischen der jüdischen Bevölkerung und der Militärverwaltung. Während die Zionisten erwarteten, die neuen Herren würden sich vor allem um die Durchführung der Balfour-Deklaration kümmern, stimmten die meisten Offiziere, soweit ihnen das Versprechen Whitehalls überhaupt bekannt war, mit der offiziellen Politik keineswegs überein. Einige wenige, wie Wyndham Deedes, waren zionistenfreundlich, die meisten aber zogen die Araber den Juden vor, deren hartnäckige Forderungen sie bestenfalls als Belästigung betrachteten. Ihrer Ansicht nach war es ihre Hauptaufgabe, den status quo zu bewahren und die Verwaltung mit möglichst geringer Beeinträchtigung der bestehenden Ordnung aufrechtzuerhalten. Aber selbst wenn sie der zionistischen Sache gewogener gewesen wären, ist es zweifelhaft, ob sie zu deren Unterstützung viel hätten beitragen können; denn der Krieg dauerte nach der Besetzung Jerusalems noch ein Jahr lang an, und die militärischen Erfordernisse hatten in jener Zeit Vorrang. Außerdem hatten sie wenig oder gar keine Erfahrung in Verwaltungsangelegenheiten, und als sie zum erstenmal mit dem Widerstand der Araber gegen den Zionismus zu tun bekamen, war ihre erste Reaktion, sich jedes Schrittes zu enthalten, der die Araber noch mehr hätte verärgern können, denn diese bildeten schließlich die überwältigende Mehrheit der Bevölkerung.

Die Balfour-Deklaration hatte in allgemeinen Worten versprochen, die Errichtung einer nationalen Heimstätte für das jüdische Volk zu erleichtern, doch war es zunächst keineswegs klar, was dies in der Praxis bedeuten würde. Als die Zionisten die Aufstellung eigener Selbstschutztruppen forderten, wurde dies vom britischen Kommando als verfrüht abgelehnt. Dies erregte große Verbitterung unter den Juden, da die britischen Streitkräfte (wie sich bald herausstellte) nicht fähig oder, wie manche behaupteten, nicht willens waren, die jüdische Bevölkerung vor arabischen Überfällen zu schützen. So begann die Enttäuschung schon wenige Monate nach der Ankunft der britischen Truppen. Kleine Zwischenfälle vergifteten die Atmosphäre, beispielsweise der Fall eines höheren Offiziers, der nicht aufstand, als bei einem Konzert die jüdische Hymne *Hatikwa* gespielt wurde. Die OETA lehnte es ab, das Hebräische neben dem Arabischen und dem Englischen als Amtssprache auf Eisenbahnfahrkarten, Steuerformularen und anderen amtlichen Dokumenten zu verwenden. Das Rote Kreuz erhielt Vorrechte, die der Hadassah verweigert wurden. Das Grundbuchamt blieb geschlossen, und es gab keine Möglichkeit, auf legale Weise Boden zu kaufen; nicht einmal private Grundstücktransaktionen waren erlaubt.

Angesichts dessen wurden die palästinensischen Juden verbittert und mißtrauisch: »Die Engel wurden in ihren Augen zu Teufeln. Sie hielten sich für die Opfer einer Verschwörung[6]!« Es verbreiteten sich Gerüchte, wonach gewisse OETA-Berater nicht nur mit der Behauptung der Araber, die Balfour-Deklaration laufe auf eine Leugnung des Selbstbestimmungsrechtes hinaus, sympathisierten, sondern die arabische Protestbewegung sogar ermutigten. Dieser Verdacht war vielleicht übertrieben, doch kann nicht geleugnet werden, daß die meisten britischen Orientexperten tatsächlich überzeugt waren, ihre Regierung hätte einen Fehler gemacht, als sie sich statt mit den Arabern mit den Zionisten verbündete. Was die anderen, wahrscheinlich die Mehrheit, betraf, so wollten sie einfach ihre Ruhe haben. Es bestand eine Tendenz, »ihre Schützlinge als eine lästige Horde von *Jids* und *Wogs* anzusehen«, wie ein Beobachter es formulierte, und da die *Jids* noch lauter schrien als die *Wogs,* Gleichberechtigung forderten und fortwährend über die Arroganz, wenn nicht gar über den Antisemitismus der Briten klagten, zogen sie den kürzeren. So entstand ein unglückseliges Verhältnis zwischen Zionisten und Engländern, ehe noch das Mandat in Kraft trat. Weizmann und andere britische Zionisten konnten kaum etwas tun, um die Lage zu bessern.

Weizmann fuhr im März 1918 nach Palästina und blieb fünf Monate dort. Er war Mitglied einer zionistischen Kommission *(Waad Hazirim),* die auf Anregung der britischen Regierung ausgesandt worden war, um die Lage zu prüfen und Pläne für die Zukunft auszuarbeiten. Dieser Kommission gehörten auch ein französischer Jude, Professor Sylvain Levi (ein Antizionist), und ein Italiener (Levi Bianchini) an, die Mehrheit bestand jedoch aus Freunden und Mitarbeitern Weizmanns (David Eder, Joseph Cowen, Leon Simon und Israel Sieff). Weizmann hatte ein Empfehlungsschreiben von Lloyd George, das jedoch wenig Eindruck auf Allenby machte, der seinem Gast sofort mitteilte, im Augenblick ließe sich nichts machen. Weizmann schrieb betrübt: »Die messianischen Hoffnungen, die wir mit der Balfour-Deklaration verknüpft hatten, erfuhren eine merkliche Abschwächung, als wir mit der rauhen Wirklichkeit des Hauptquartiers in Berührung kamen[7].« Später kam er mit Allenby verhältnismäßig gut zurecht, obwohl der Oberkommandierende wahrscheinlich im Grunde nie seine grundsätzliche Auffassung änderte, daß es für die Juden in Palästina keine Zukunft gäbe.

Während seines Aufenthaltes in Palästina kam Weizmann mit Emir Faisal zusammen. Einzelheiten dieses ergebnislosen Treffens wurden an anderer Stelle geschildert. Im Juli 1918, während der Krieg noch im Gange war, legte Weizmann auf dem Mount Scopus den Grundstein für die Hebräische Universität, die sechs Jahre später eröffnet werden sollte. Da damals kaum viel mehr getan werden konnte, beschloß Weizmann, nach London zurückzukehren, um die politische Arbeit in den europäischen Hauptstädten fortzusetzen, die noch keineswegs abgeschlossen war. Die Zionistische Kommission übernahm das Palästina-Amt in Jaffa, das vor dem Krieg von der Zionistischen Weltorganisation gegründet worden war. Diese Körperschaft leitete die gesamte politische Tätigkeit und diente als Verbindungsstelle zwischen der jüdischen Bevölkerung und der britischen Verwaltung. Es wurden eigene Abteilungen für Landwirtschaft, Technik und Erziehung eingerichtet, doch litt die Kommission unter häufigem Führungswechsel. Nach Weizmanns Abreise nahm David Eder dessen Platz ein und wurde dann selber durch Lewin Epstein ersetzt, dem später zwei amerikanische Zionisten folgten, Friedenwald und Robert Szold. Nach ihnen kam wiederum Eder, dann der russische Zionist Ussischkin, und nach diesem schließlich Kisch – all dies innerhalb von drei Jahren.

Dieser häufige Wechsel verhinderte jegliche zielstrebige Tätigkeit, aber es bleibt zweifelhaft, ob man angesichts der unsicheren Situation von 1918–1920 überhaupt viel hätte erreichen können. Die Beziehungen zu den britischen Behörden verschlechterten sich. Der Gouverneur von Jerusalem, Ronald Storrs, schrieb über den »Zar Menachem« (Ussischkin): »Wenn er zu einer Unterredung angemeldet wurde, wappnete ich mich, um das Kommende mannhaft einzustecken, und betete nur, daß meine Untergebenen ihr Temperament gleichermaßen zügeln würden[8].« Storrs war sichtlich verzweifelt über die Zionisten und zitierte Drydens Verse: »Dies Volk, von Gott gehätschelt, von Üppigkeit geschwächt, kein König kann's regieren, kein Gott macht es ihm recht.« In Augenblicken milderer Stimmung mochten die Zionisten wohl sagen, Gott hätte sie keineswegs gehätschelt und Storrs sich jedenfalls nicht besonders bemüht, es ihnen recht zu machen. Es war Storrs, der 1920 seinen Freund Ernest Richmond zum politischen Sekretär der Palästinaregierung bestellte. Bald zeigte sich, daß Richmond ein fanatischer Gegner des Gedankens einer jüdischen nationalen Heimstätte in Palästina war[9].

Der Kampf um das Mandat

Der diplomatische Kampf in den Hauptstädten der Welt um ein jüdisches Palästina trat am Morgen nach der Balfour-Deklaration in ein neues Stadium und dauerte bis zur Konferenz von San Remo im Frühjahr 1920, die beschloß, die Deklaration in den Friedensvertrag mit der Türkei aufzunehmen. Genauer gesagt, es dauerte noch bis August 1924, als der Vertrag von Lausanne in Kraft trat, der den Status Palästinas als Völkerbundmandat legalisierte[10]. Aber de facto wurde das Mandat bereits im Juli 1920 wirksam, als Herbert Samuel sein Amt als erster Hochkommissar antrat. Die zionistischen Führer hatten viele Schwierigkeiten zu überwinden: Die amerikanische Politik schwankte zwischen aktiver Mitwirkung an der Weltpolitik und Isolationismus. Dies brachte einen weiteren Unsicherheitsfaktor in die Situation, denn die Balfour-Deklaration enthielt keine klare Aussage darüber, wer die

Schutzmacht sein sollte. Die amerikanische King-Crane-Kommission berichtete 1919, daß die arabischen Moslems, die große Mehrheit der Bevölkerung, für die Unabhängigkeit Syriens seien, und daß ein Mandat über ein vereinigtes Syrien, unter Einschluß Palästinas, den Amerikanern oder, in zweiter Wahl, den Engländern zugesprochen werden sollte. Dieser Empfehlung wurde nicht entsprochen, aber auch in London gab es keine besondere Begeisterung für ein britisches Mandat, und der Vorschlag eines amerikanischen oder eines gemeinsamen Mandats wurde von einflußreichen Kreisen wiederbelebt. Nach langen Beratungen gelangte das Ostkomitee des Kriegskabinetts zu der Entscheidung, daß die Verwaltung Palästinas bloß *einem* Staat übertragen werden und daß weder Italien noch Frankreich dieser Staat sein sollte. Es standen daher nur die Vereinigten Staaten und Großbritannien zur Wahl, und so hieß es abschließend: »Wir würden gegen die Wahl der Vereinigten Staaten von Amerika keine Einwände erheben, falls aber Großbritannien das Angebot erhielte, sollten wir es nicht ablehnen.« Diese Entscheidung beruhte vor allem auf strategischen Erwägungen; der Zionismus und die Balfour-Deklaration spielten dabei kaum eine Rolle[11].

Der Schauplatz verlagerte sich sodann nach Paris, wo im Januar 1919 die Friedenskonferenz eröffnet wurde. Am 18. Januar beschloß die Konferenz die Schaffung eines Völkerbundes, in dessen Rahmen ein Mandatssystem errichtet werden sollte. Die Großmächte sollten als Treuhandmächte für die neuen Staaten fungieren, die in Europa und im Nahen Osten entstanden. Es bestand jedoch ein offensichtlicher Widerspruch zwischen den wohlklingenden Erklärungen der Kriegszeit gegen imperialistische Annexionen und den Geheimverträgen über die Aufteilung der Einflußsphären. Im großen und ganzen spielte die orientalische Frage auf der Friedenskonferenz eine weniger bedeutende Rolle, als man allgemein erwartet hatte; die europäischen Fragen genossen absoluten Vorrang. Entscheidungen über den Nahen Osten wurden immer wieder verschoben, was vor allem der britisch-französischen Rivalität zuzuschreiben war. London informierte Paris, England wolle Palästina und Mesopotamien »sowie eine gute Verbindung zwischen beiden« haben, erhebe jedoch keine Ansprüche auf Syrien und den Libanon. Die Briten unterstützten aber gleichzeitig Emir Faisals Bestrebungen zur Errichtung eines unabhängigen, vereinigten syrischen Staates, einen Plan, der für die Franzosen natürlich unannehmbar war. Ein Übereinkommen zwischen London und Paris wurde erst möglich, nachdem Großbritannien sich entschlossen hatte, Faisal fallenzulassen. Präsident Wilson forderte, die Wünsche der Bevölkerung sollten berücksichtigt werden, während die Zionisten in ihren ersten Programmentwürfen für die Friedenskonferenz Mehrheitsrechte für die bestehende jüdische Gemeinde in Palästina forderten, und zwar unabhängig von deren tatsächlicher Zahl. Das offizielle zionistische Memorandum, das schließlich vorgelegt wurde, war dann etwas vorsichtiger formuliert.

Als eine zionistische Delegation am 27. Februar 1919 vor dem Obersten Alliierten Rat erschien, wurde Weizmann vom amerikanischen Außenminister Lansing gefragt, was mit den Worten »jüdische nationale Heimstätte« eigentlich gemeint sei. Weizmann antwortete, im Augenblick verlange man keine autonome jüdische Regierung, doch erwarte er, daß jährlich siebzig- bis achtzigtausend Juden nach Palästina einwandern würden. Nach und nach würde eine Nation entstehen, die so jüdisch sein würde, wie die französische Nation französisch und die britische britisch sei. Später, wenn einmal die Juden die große Mehrheit darstellten, würden sie sich eine Regierung geben, wie sie dem Entwicklungsstand des Landes und ihren Idealen angemessen sei. Sylvain Levi benützte die Gelegenheit, um eine antizionistische Rede zu halten, die Weizmann und Sokolow in größte Verlegenheit brachte, da sie andauernd die seit urdenklichen Zeiten bestehende Verbundenheit des jüdischen Volkes mit Erez Israel betont hatten. Levis Auftritt machte jedoch auf die Anwesenden keinen bleibenden Eindruck, wie auch die Sache des Zionismus nicht von der Tatsache beeinträchtigt wurde, daß die Verhandlungen zwischen Faisal und Weizmann ergebnislos verlaufen waren.

Es wurden noch andere Versuche gemacht, die zionistische Politik zu torpedieren: General Money, der Chef der britischen Militärverwaltung in Palästina, sandte ein Telegramm nach London, in dem er riet, die Balfour-Deklaration fallenzulassen. Das Volk Palästinas sei gegen das zionistische Programm, schrieb er, und wenn Großbritannien das Mandat wolle, dann sei es erforderlich, »eine bindende Erklärung abzugeben, daß das zionistische Programm nicht gegen die Wünsche der Mehrheit durchgesetzt werden wird[12]«. Die OETA forderte mehrmals die Auflösung der Zionistischen Kommission, aber Balfour und Lloyd George waren nicht geneigt, diese Ratschläge anzunehmen, und beauftragten die Generale Money und Bols, allen zuständigen Stellen mitzuteilen, daß die Politik der britischen Regierung sich nicht geändert habe. Die Generale taten, wie geheißen, aber so halbherzig und mit so vielen Vorbehalten, daß unter den Arabern der Eindruck entstand (um einen zeitgenössischen Beobachter, Lord Samuel, zu zitieren), daß die Verwaltung proarabisch sei und daß das Kabinett in London durch entsprechende Energie und Entschlossenheit von seiner Politik abgebracht werden könnte.

Was auch in London beschlossen wurde, das Armeekommando in Kairo war jedenfalls über die Einmischung von ziviler Seite keineswegs erfreut. Als Weizmann 1919 zum zweitenmal eintraf, wollte ihm Allenbys Stellvertreter, General Congreve, keine Einreiseerlaubnis erteilen, da man ihn informiert hatte, der Zionistenführer würde wahrscheinlich »Unruhe stiften«. Er hatte noch nie von Weizmann gehört, wußte nichts vom Zionismus, und es war ihm auch gleichgültig. Der General änderte seinen Entschluß erst nach einer Intervention des Kriegsministeriums und des Außenministeriums.

Dieser Vorfall beleuchtete die prekäre Lage, in der das ganze zionistische Unternehmen sich ein Jahr nach Kriegsende befand. Keine Anerkennung in Jerusalem, kein Fortschritt in Paris. Nachdem im Juni 1919 der Friedensvertrag mit Deutschland unterzeichnet worden war, kümmerten sich die Regierungschefs nicht mehr um die Einzelheiten der Verhandlungen. Der zunehmende Isolationismus in Amerika und die Rivalität zwischen England und Frankreich verzögerten die Friedensregelungen mit der Türkei. Erst gegen Ende 1919 wurde ein kleiner Fortschritt in bezug auf die Zukunft Syriens und Palästinas erzielt. Die Franzosen waren nicht mehr grundsätzlich gegen ein britisches Mandat in Palästina, doch wollten sie nicht völlig ausgeschlossen werden. Sie forderten ein Mitspracherecht bezüglich der Heiligen Stätten und widersetzten sich der Aufnahme der Balfour-Deklaration in die Mandatsbestimmungen. Auf der Konferenz von San Remo im April 1920 ließen die Franzosen schließlich ihre extremen Forderungen fallen. Man einigte sich auf eine Kompromißformel, die zwar im wesentlichen die britische Auffassung übernahm, aber den Franzosen einen Rückzug ohne Gesichtsverlust ermöglichte. So wurde Großbritannien schließlich zur Mandatsmacht.

Die Ausarbeitung einer Mandatsverfassung wurde der Mandatsmacht überlassen. Der erste Entwurf war, vom zionistischen Standpunkt gesehen, enttäuschend, da darin unter anderem jeder Hinweis auf ein jüdisches Gemeinwesen fehlte. Nach einigen Interventionen wurde ein neuer Entwurf ausgearbeitet, der zwar nicht alle Wünsche der Zionisten erfüllte, aber doch dem Geist der Balfour-Deklaration besser zu entsprechen schien. Er definierte die Verantwortlichkeit Großbritanniens für die Errichtung einer jüdischen nationalen Heimstätte, doch wurde weder festgehalten, welche Art von nationaler Heimstätte angestrebt wurde, noch wurde ein jüdisches Gemeinwesen ausdrücklich versprochen. Anderseits enthielt der Entwurf keine eigenen Schutzbestimmungen für die politischen Rechte der Araber. Das Wort »Araber« kam in dem Dokument überhaupt nicht vor.

Vom arabischen Standpunkt war dies selbstverständlich völlig unbefriedigend, und das Dokument wurde von den Wortführern der Araber abgelehnt, allerdings ohne Erfolg. Sie erklärten, während die anderen Mandatsgebiete, Syrien und der Irak, zeitweilig unter die Aufsicht der Großmächte gestellt würden und mit der Zeit die volle Unabhängigkeit erhalten sollten, werde die Palästina-Verwaltung (in der die Araber keine Mitsprache hätten) verpflichtet, eine Politik durchzuführen, die von der Mehrheit der Bevölkerung verabscheut würde[13]. Von besonderer Bedeutung für die Zionisten war der Artikel vier des Mandats, der bestimmte, daß eine »angemessene jüdische Vertretung« als öffentliche Körperschaft anerkannt werden solle, »zum Zwecke der Beratung und Zusammenarbeit mit der Verwaltung Palästinas in jenen wirtschaftlichen, sozialen und anderen Angelegenheiten, welche die Errichtung einer jüdischen nationalen Heimstätte und die Interessen der jüdischen Bevölkerung Palästinas berühren, und, unter ständiger Aufsicht der Verwaltung, zum Zwecke der Mithilfe und Teilnahme an der Entwicklung des Landes«.

Es wurde behauptet, das Mandat sei »im jüdischen Interesse« und mit dem Hauptzweck formuliert worden, die Errichtung einer jüdischen nationalen Heimstätte zu fördern[14]. Die Zionisten nahmen das Mandat daher mit großer Befriedigung auf, wie auch die Ernennung Herbert Samuels, während die Araber es als schwere Niederlage betrachteten. Es erschien durchaus angebracht, daß der erste Gouverneur des Heiligen Landes ein Jude war, und dies wurde als Bekräftigung des Versprechens aufgefaßt, das den Juden zuvor in der Balfour-Deklaration gegeben worden war. Aber bereits wenige Monate später zeigte sich, daß das Mandat einige der wichtigsten Fragen unbeantwortet ließ und daß Samuel in seinem Bemühen, alle Bevölkerungsteile fair und gerecht zu behandeln, alles tat, um das Vertrauen der Araber zu gewinnen, auch auf Kosten der zionistischen Bestrebungen.

Ein Hinweis auf diese Tendenz war die Veröffentlichung eines Weißbuches im Juli 1922, in dem der Begriff »nationale Heimstätte« definiert wurde. Der damalige Kolonialminister, Winston Churchill, war in Palästina gewesen und hatte nach Unterredungen mit arabischen und jüdischen Führern eine Erklärung abgegeben, die damals von einigen Beobachtern irrigerweise als neuerlicher Sieg des Zionismus interpretiert wurde. Churchill hatte den arabischen Vertretern mitgeteilt, die britische Regierung beabsichtige keineswegs, die Einwanderung zu stoppen, wie sie es gefordert hatten, und hinzugefügt, die Errichtung eines jüdischen nationalen Zentrums sei eine gute Sache – nicht nur für die Juden, sondern auch für die Briten und die Araber.

Das Weißbuch von 1922 hatte jedoch noch einen anderen Aspekt. Während es dem Gedanken eines jüdischen Staates nicht ausdrücklich entgegentrat, »löste es das Versprechen Balfours mit entwerteter Währung ein«, um einen zeitgenössischen britischen Kommentar zu zitieren. Das Weißbuch sollte sowohl die Araber als auch die Opposition in Westminster beruhigen, die hauptsächlich aus dem rechten Flügel der Tories bestand. Das Weißbuch stellte fest, die Regierung Seiner Majestät beabsichtige nicht, Palästina »so jüdisch werden zu lassen, wie England englisch ist«, und die besondere Stellung des Zionistischen Aktionskomitees gebe diesem kein Recht, sich in irgendeiner Weise an der Regierung des Landes zu beteiligen. Außerdem solle die Einwanderung die zur Zeit bestehende ökonomische Aufnahmekapazität Palästinas nicht übersteigen. Churchill versprach, die Mandatsverwaltung werde die Errichtung von Vertretungskörperschaften und einer autonomen Regierung anstreben. Ein mehrheitlich aus gewählten Vertretern zusammengesetzter Legislativrat solle sofort geschaffen werden, aber die volle Autonomie sei noch ferne; »Unsere Kindeskinder werden verblichen sein, ehe das erreicht ist.« Schließlich wurde damals, von der Öffentlichkeit kaum bemerkt, Transjordanien von Palästina abgetrennt und zu einem halbselbständigen Staat unter Emir Abdullah gemacht.

Das Weißbuch besänftigte die Opposition in Großbritannien, aber die Araber wurden damit nicht beschwichtigt, sondern verweigerten weiterhin die Zusammenarbeit mit den Mandatsbehörden. Ein Jahr später ging London einen Schritt weiter und schlug die Errichtung einer *Arab Agency,* analog zur Jewish Agency, vor. Das Ziel der Araber war jedoch die Unabhängigkeit, ein arabischer Staat, in dem die Juden eine Minderheit ohne Sonderrechte sein sollten, und sie lehnten darum das Angebot sogleich ab. Höchst ungern und unter starkem Druck akzeptierten die Zionisten die neue Politik als Grundlage für die Zusammenarbeit mit der britischen Regierung. Sogar Jabotinsky, der damals Mitglied des Zionistischen Aktionskomitees war, wandte sich nicht dagegen.

Einige Zionistenführer äußerten scharfe Kritik an Samuel, als im Mai 1921 im Anschluß an die arabischen Ausschreitungen die Einwanderung zeitweilig eingestellt wurde. Die Tatsache, daß Juden, die sich am Selbstschutz beteiligt hatten, eingesperrt wurden, während die arabischen Angreifer bald wieder freikamen, rief einen Sturm der Entrüstung hervor. Später gewannen die Juden eine bessere Meinung vom ersten Hochkommissar. Nach 1921 ereigneten sich keine größeren Unruhen mehr, in Palästina wurden »Friede und Ordnung und eine gute Verwaltung« hergestellt, wie es in einer offiziellen zionistischen Erklärung hieß. Das erste und schwierigste Stadium der jüdischen Heimstätte wurde erfolgreich abgeschlossen, und der Hochkommissar erfüllte seine Aufgaben »nach allgemeiner Auffassung würdevoll und ausgezeichnet und genoß im Ruhestand die bleibende Dankbarkeit der Zionistischen Organisation[15]«. Samuel hatte das Glück, im richtigen Augenblick in Pension zu gehen: 1925 war für den Zionismus ein ausgezeichnetes Jahr, ein Jahr beispiellos hoher Einwanderungsziffern und eines bedeutenden Wirtschaftsaufschwungs.

Mit der britischen Mandatsübernahme und der Errichtung einer Mandatsverwaltung beginnt ein neues Kapitel in den Annalen der zionistischen Geschichte. Zwischen 1918 und 1921 war die Zukunft Palästinas noch völlig offen, waren die Entscheidungen noch nicht endgültig. Eine allgemeine politische Grundsatzerklärung war 1917 erfolgt, aber es war noch keineswegs gewiß, ob und auf welche Weise sie verwirklicht werden würde. 1921 waren die Weichen für viele Jahre gestellt. Die Erosion des Mandats begann schon früh, ging jedoch nur langsam vonstatten. Immer noch glaubte man in London, daß die Bestrebungen der Juden mit denen der Araber nicht unvereinbar seien. Die Araber verfolgten eine Politik der Nichtzusammenarbeit, gelegentlich mit Erfolg, aber langfristig mit Ergebnissen, die ihrer Sache schadeten. Die zionistische Bewegung arbeitete verhältnismäßig erfolgreich und konnte ihre früheren politischen Erfolge ausbauen. Sie beging keine schweren Fehler, und selbst im Rückblick erscheint es zweifelhaft, ob sie bessere Ergebnisse hätte erzielen können. Die Zionisten waren hinsichtlich ihrer langfristigen Aussichten allzu optimistisch. Damals glaubten die meisten an eine bevorstehende lange Periode des friedlichen Aufbaus, der allmählich zur Entstehung eines jüdischen Gemeinwesens führen würde. Sie meinten, es nicht besonders eilig zu haben, und überschätzten auch die Bereitschaft der Briten, sich angesichts des wachsenden arabischen Widerstands an die Bestimmungen des Mandats zu halten. Aber die Hunderttausende Einwanderer, die in vielen Reden erwähnt worden waren, kamen nicht, und dies erwies sich in den folgenden Jahren als die große Schwäche des Zionismus. Hätten die Einwanderer tatsächlich kommen können, wenn sie es gewollt hätten? In der ersten Nachkriegszeit waren die Grenzen noch nicht endgültig festgelegt, und die politische Zukunft des Nahen Ostens war noch ungewiß. Es ist nicht sicher, ob die Araber während dieser Übergangszeit eine Masseneinwanderung geduldet hätten. Tatsächlich trafen nur einige Tausend Einwanderer ein, nicht genügend, um die Machtverhältnisse in Palästina zu verändern, aber mehr als genug, um die Araber zu irritieren und bei ihnen Befürchtungen zu wecken. Eine Masseneinwanderung von Juden nach Palästina zwei oder drei Jahre nach der Balfour-Erklärung wäre wohl an den gewaltigen praktischen Schwierigkeiten, die einem solchen Unternehmen im Wege standen, gescheitert. Aber es gab diese Chance, wie klein sie auch gewesen sein mag, und sie sollte nicht wieder kommen.

Neue Aufgaben des Zionismus

Nach dem Krieg nahm die zionistische Weltbewegung ihre politische Arbeit unter den Juden wieder auf. Während des Krieges war ihre Tätigkeit fast zum Stillstand gekommen, sei es, weil sie verboten gewesen war (wie in Rußland vor dem Sturz des Zaren), oder weil viele ihrer Mitglieder eingerückt waren. Als erste traten die deutschen Zionisten wieder auf den Plan und hielten kaum zwei Monate nach

Kriegsende eine Konferenz ab, auf der sie ausführlich und bis ins Detail die künftige Besiedlung Palästinas erörterten, einschließlich solcher Fragen wie der Nationalisierung des Bodens[16].

Zu den Hauptthemen der Diskussion zählten Form und Tempo der Ansiedlung. Ruppin dachte an eine jährliche Einwanderung von zwanzigtausend Familien, von denen die Hälfte in der Landwirtschaft tätig sein sollte. Dies war damals die niedrigste Schätzung und, wie sich später zeigen sollte, die wirklichkeitsnächste. Ruppins Hauptgegner war Davis Trietsch, der auf den Zionistenkongressen vor dem Krieg verschiedene sehr originelle, manchmal recht ausgefallene Kolonisierungspläne entwickelt hatte. Viele Jahre lang legte er weiterhin detaillierte Programme für eine Masseneinwanderung vor, die allesamt von den Fachleuten ignoriert oder mit Geringschätzung behandelt wurden. Im Rückblick erscheinen Trietschs Argumente jedoch gewichtiger, als die meisten seiner Zeitgenossen zugeben wollten: Im Gegensatz zu den Ratschlägen der meisten damaligen Fachleute befürwortete er eine intensive Landwirtschaft. In Anbetracht der mangelnden landwirtschaftlichen Erfahrungen der Juden und anderer Hindernisse bestand er außerdem auf der überragenden Bedeutung der Industrie für die Absorption einer Masseneinwanderung. Während Ruppin und andere Fachleute der Ansicht waren, daß für die Eingliederung einer Familie Investitionen in der Höhe von 1000 bis 1500 Pfund erforderlich seien, meinte Trietsch, da Mittel in solchem Ausmaß nie verfügbar sein würden, sollten billigere Ansiedlungsmethoden entwickelt werden. Der schwache Punkt in Trietschs Argument war natürlich, daß die Industrie zweifellos mehr Einwanderer absorbiert hätte, aber gleichfalls erhebliche Investitionen erforderte, während er ebensowenig wie die anderen wußte, woher das Geld kommen sollte[17].

Nach 1918 war der deutsche Zionismus nicht mehr die Kraft, die er einst in der Weltbewegung gewesen war. Das Berliner Zentralbüro und das Kopenhagener Büro stellten bei Kriegsende ihre Arbeit ein, und auch die Agentur in Konstantinopel schloß im Oktober 1918 ihre Pforten. Im Dezember 1917 wurde in London ein Provisorisches Büro errichtet, das unter der Leitung von Sokolow und Tschlenow stand, der später durch Weizmann ersetzt wurde. Zwar wurde London damit zum Zentrum der Organisation, aber die statutarische Lage war verworren. Es war das Londoner Büro, das im Februar 1919 die erste Konferenz des Aktionskomitees einberief. Darauf folgten mehrere Konferenzen und, ebenfalls in London, die Jahreskonferenz vom Juli 1920, der sogenannte »kleine Kongreß«. All dies mag nicht ganz den Statuten entsprochen haben, aber irgend jemand mußte die Initiative ergreifen, und niemand bestritt ernstlich die Rechtsmäßigkeit dieser Tagungen.

Die Nachkriegsleitung bestand zunächst aus Weizmann, Sokolow, Jacobson, S. Levin (alle in London) sowie Warburg und Handtke aus

Berlin. 1920 wurden Ussischkin, Julius Simon und de Lieme in die Leitung kooptiert. Weizmann, zum Präsidenten der Organisation gewählt, leitete die politische Abteilung gemeinsam mit Sokolow, der Vorsitzender des Leitungsausschusses wurde. Später kam für eine Zeitlang Jabotinsky hinzu. Die Organisationsabteilung wurde zuerst von Jacobson geleitet, später von Handtke und dann von Lichtheim; die Palästina-Abteilung (auch Palästina-Büro genannt) stand unter der Leitung von Julius Simon. Die Zusammensetzung des Leitungsausschusses wechselte in den ersten Nachkriegsjahren häufig, er blieb aber das oberste Entscheidungsgremium, da das Aktionskomitee, in dem alle Ortsgruppen und Parteien vertreten waren, mehr als achtzig Mitglieder umfaßte und viel zu schwerfällig war, um als wirksames politisches Instrument dienen zu können[18].

Die Londoner Konferenz von 1920 repräsentierte nicht alle Landesverbände und Strömungen, aus denen die Weltbewegung bestand. Die rechtsgerichteten und die religiösen Parteien waren viel stärker vertreten als die Linke. Die amerikanischen und die deutschen Zionisten waren nur durch verhältnismäßig kleine Delegationen repräsentiert. Da es sich um die erste größere Zionistentagung seit sieben Jahren handelte, wurde sie fast automatisch zum Kampfplatz der Führungsanwärter, der amerikanischen Zionisten unter Brandeis und der Europäer unter Weizmann. Was Brandeis betraf, so ging es ihm nicht um persönliche Macht, denn als Mitglied des Obersten Gerichtshofes der Vereinigten Staaten wollte er keine andere Stellung als die eines Ehrenpräsidenten bekleiden.

Es war in erster Linie ein Zusammenstoß zwischen zwei verschiedenen Auffassungen über die Zukunft der zionistischen Bewegung, doch gab es auch Divergenzen in Stil und Methode. Das Schlagwort »Washington gegen Pinsk«, unter dem dieser Kampf ausgefochten wurde, war eine Vereinfachung einer äußerst komplizierten Situation, doch lag darin ein Körnchen Wahrheit. Die amerikanischen Zionisten, die seit Kriegsbeginn die finanzielle Hauptlast trugen und vor wie nach der Balfour-Deklaration eine wichtige Rolle im politischen Kampf spielten, übten schärfste Kritik an der politischen Führung in London, in der sie im übrigen nicht vertreten waren. Brandeis meinte, seit der Balfour-Deklaration oder spätestens seit der Ernennung Samuels zum Hochkommissar sei die politische Hauptaufgabe der Bewegung erfüllt, und von nun ab müßten alle Kräfte auf den Aufbau Palästinas konzentriert werden.

Die amerikanischen Zionisten waren gegen die Errichtung eines großen Exekutivbüros in London, da ihrer Ansicht nach die Arbeit für Palästina von Jerusalem aus getan werden müßte. Sie befürworteten eine Dezentralisierung und die Einführung moderner Managementmethoden. Die amerikanischen Juden, so hieß es, verfügten über größere

Verwaltungserfahrung als ihre europäischen Brüder. Die Amerikaner standen Ussischkins Kolonisierungsmethoden kritisch gegenüber. Er habe ein neues Chalukka-System eingeführt, anstatt sich an privates Unternehmertum und private Initiative zu halten. Sie waren bereit, sich voll und ganz für die zionistische Sache einzusetzen, forderten jedoch, daß ihre Beiträge ausschließlich für Vorhaben in Palästina verwendet werden sollten. Sie betrachteten es als einen Skandal, daß die vielen wohlhabenden Juden Europas nicht bereit waren, solche Belastungen auf sich zu nehmen, und vertraten die Auffassung, daß der Maaser-Plan, wonach reiche Juden ein Zehntel ihres Besitzes an die zionistischen Fonds abführen sollten, völlig unrealistisch sei. Sie verlangten eine klare Trennung zwischen kommerziellen Investitionen in Palästina und freiwilligen Spenden. Sie waren gegen den Diaspora-Nationalismus und weigerten sich, Zahlungen für zionistische Aktivitäten außerhalb Palästinas zu leisten. Außerdem war Brandeis über Weizmann verstimmt, der, nachdem er eine Übereinkunft mit Brandeis getroffen hatte, hinter dessen Rücken gegen diese Übereinkunft verstieß[19]. Brandeis war verärgert über das Vorgehen der Londoner Konferenz, über den Mangel an Vorbereitung, Ordnung und Zielstrebigkeit, über das Fehlen jeder wirklichen Autorität und die ewigen Reden. Kurz gesagt, Brandeis war vom Weltzionismus, wie er sich ihm darbot, nicht begeistert. Weizmann und die europäischen Zionisten wiederum brandmarkten Brandeis' Politik als »Zionismus ohne Zion«. Die amerikanischen Zionisten hätten kein »jüdisches Herz«. Sie hätten den Kerngedanken des politischen Zionismus, die Revolutionierung des jüdischen Lebens, nie verstanden. Statt dessen wollten sie einen künstlichen Zionismus. Die Europäer waren der Auffassung, Palästina könne nicht auf die gleiche Art und Weise kolonisiert werden wie einst Amerika, nämlich durch Privatinitiative, sondern nur durch zentral gelenkte gemeinsame Anstrengungen. Effizienz und geschäftliches Management seien nicht die einzigen Kriterien einer im wesentlichen idealistischen Bewegung. Dies bezog sich unter anderem auf den Widerstand der Amerikaner gegen die landwirtschaftlichen Kollektivsiedlungen, die, nach amerikanischer Auffassung, bloß zu weiteren Defiziten im zionistischen Budget führen würden.

Während die Londoner Konferenz zum Bruch zwischen Brandeis und Weizmann und deren jeweiligen Anhängern führte, ging der Kampf um die Leitung der amerikanischen Zionistischen Organisation noch ein Jahr lang weiter und endete erst in der Konferenz von Cleveland im Juni 1921 mit der Niederlage von Brandeis und Mack. Brandeis demissionierte als Ehrenpräsident und zog sich zusammen mit seinen führenden Anhängern – Felix Frankfurter, Stephen Wise, Nathan Strauss, Abba Hillel Silver und Julian Mack – von der Mitarbeit in der Organisation zurück. Während Brandeis' Entschluß sich als endgültig erwies, traten die meisten seiner Anhänger in späteren Jahren der Organisation wieder bei[20].

Die Krise um Brandeis hatte auch in Europa Auswirkungen, als zwei Mitglieder der Exekutive, Julius Simon und Nehemia de Lieme, im Januar 1921 zurücktraten, aus ähnlichen Gründen wie denen, die zum Ausscheiden der Amerikaner geführt hatten. Eine der wichtigsten Streitfragen war der Charakter des *Keren Hajessod* (Stiftungsfonds), der 1920 auf Vorschlag zweier russischer Zionistenführer geschaffen worden war. Es sollten 25 Millionen Pfund für die Kolonisierung aufgebracht werden. Die Debatten über den Charakter des Fonds (ob die politische Führung in seiner Verwaltung ein Mitspracherecht haben sollte oder nicht) beschäftigte die Zionistenkonferenzen mehrere Jahre lang, und die für diese hitzigen Diskussionen aufgewendete Zeit stand oft im umgekehrten Verhältnis zu den tatsächlich aufgebrachten Summen. Gleich der Gruppe um Brandeis meinten auch Simon und de Lieme, es wäre möglich, Palästina aufzubauen und dabei die Investitionen in wirtschaftlich unproduktive Tätigkeiten (zum Beispiel Erziehung, Sozialhilfe und ähnliches) auf ein Minimum zu beschränken[21]. Nach ihren Vorstellungen sollte das Geld hauptsächlich zur Förderung der Einwanderung und Ansiedlung benutzt werden. Damals wurden nur zehn Prozent der vorhandenen Mittel für die Einwanderung verwendet, während dreißig Prozent für die Erhaltung des jüdischen Schulwesens in Palästina bestimmt waren. Simon und de Lieme wünschten eine strenge Aufgabenteilung zwischen der zionistischen Exekutive und den jüdischen Organisationen in Palästina, wobei die letzteren für die spezifisch örtlichen und kommunalen Angelegenheiten, einschließlich des Unterrichtswesens, zuständig sein sollten. Viele ihrer Vorschläge waren durchaus realistisch und wurden in späteren Jahren tatsächlich verwirklicht. Damals wurden sie jedoch als verfrüht angesehen und von der Mehrheit abgelehnt. Deshalb traten die beiden Funktionäre aus der Exekutive aus.

Die Kritik der Brandeis-Gruppe an der Londoner Führung war zum Großteil nur allzu berechtigt. Die osteuropäischen Vertreter waren immer noch der Tradition endloser sentimentaler Reden verhaftet, wie auch dem Glauben, eine Rede sei an sich bereits ein politischer Akt. In organisatorischen und finanziellen Dingen waren sie Dilettanten, die vielleicht die Geschäfte einer Kleinstadtgemeinde in Polen leiten konnten, aber völlig außerstande waren, ein neues Land mit modernen Methoden aufzubauen. Die Hauptschwäche der Brandeis-Doktrin lag darin, daß sie die Exekutive in einen in Palästina tätigen Wirtschaftsausschuß umgewandelt hätte, mit einer Zweigstelle in London, die für politische Fragen zuständig gewesen wäre. Die Amerikaner überschätzten die Bereitschaft der britischen Mandatsbehörden, der zionistischen Bewegung zu helfen, und sie unterschätzten das Ausmaß, in dem der Zionismus in Osteuropa – eine Volksbewegung, die auf die Umwandlung aller Aspekte des jüdischen Lebens abzielte – der Organisation und Führung bedurfte. Durch eine Entideologisierung des Zionismus hätten sie ihn seiner Seele beraubt und durch die Vernachlässigung der zionistischen Organisation den Zustrom der Einwanderer verringert. Für die osteuropäischen Funktionäre war der Zionismus das Um und Auf ihres Lebens. Für Brandeis und Mack war er bloß eines von mehreren Anliegen, wenn auch ein wichtiges. Allein schon aus diesem Grund mußte die Brandeis-Fraktion im Kampf um den Charakter und die künftige Politik der Bewegung unterliegen.

Weizmanns Sieg war jedoch keineswegs vollständig. Gleich nach der Balfour-Deklaration war er als Führer seines Volkes, als neuer Messias gepriesen worden. Aber in der Londoner Konferenz und auf den nachfolgenden Zionistenkongressen gab es zunehmende Kritik. Als die anderen Zionistenführer wegen Weizmanns Politik der kleinen Schritte immer ungeduldiger wurden, warfen sie ihm alle Irrtümer, Fehler und Unterlassungen vor, während sie seine Erfolge bagatellisierten. Weizmann sagte, er sei tatsächlich ein Zauderer, wie Jabotinsky behauptet habe, aber nur, weil dies die einzig durchführbare Politik sei[22]. Er versuchte seine Kollegen zu bewegen, sich über das Auf und Ab der britischen Politik weniger aufzuregen. Er trachtete ihnen klarzumachen, daß ohne Geld nicht viel zu erreichen war (das Palästina-Budget der Exekutive betrug 1923 weniger als 400.000 Pfund). Sokolow pflichtete ihm bei; auf politischem Gebiet sei zur Zeit nicht viel zu erreichen, der Schwerpunkt habe sich auf die Wirtschaft verlagert. Diese Mahnungen erwiesen sich jedoch als nicht sehr wirksam. Schon 1920 mußte Weizmann mit seinem Rücktritt drohen. Dies wäre nach Ansicht Ussischkins kein besonderes Unglück gewesen. 1923 erklärte Ussischkin, das ganze System Weizmanns hätte versagt. Diese Attacke endete mit einer Niederlage Ussischkins, aber ein bedeutender (und zunehmender) Teil der zionistischen Bewegung verharrte in Opposition zu Weizmann, und nur die Unfähigkeit seiner Gegner, sich auf eine andere Führung zu einigen, verhinderte eine große Krise.

Der zwölfte Zionistenkongreß, der erste nach dem Krieg, wurde am 1. September 1921 in Karlsbad eröffnet, wobei die polnischen Delegierten erstmals die stärkste Gruppe stellten. Der Misrachi, die religiöse Partei, war die stärkste Einzelfraktion, da die Zentrumsgruppe, die Allgemeinen Zionisten, keinen rechten inneren Zusammenhalt hatte. Ein großer Teil der Debatten war finanziellen Problemen gewidmet. Die Brandeis-Gruppe boykottierte den Kongreß, aber Simon und de Lieme erschienen und verteidigten ihren Standpunkt gegen die Mehrheit. Der Kongreß wählte eine neue Exekutive: die Hälfte ihrer Mitglieder (Ruppin, Eder, Ussischkin, Pick, Sprinzak, Rosenblatt) sollte ihren Sitz in Palästina haben. Die Tagung endete mit einer aufrüttelnden Rede Bialiks, des größten hebräischen Lyrikers seiner Generation, der ausrief: »Die Stunde der Tat hat geschlagen. Wir sind überdrüssig der Träume, der Phantasien und Pläne, und wollen Taten sehen[23].« Sobald einmal die praktische Arbeit in Gang sei, meinte Bialik, würden die endlosen Streitigkeiten und theoretischen Dispute, die den Zionismus heimsuchten, allmählich aufhören.

Wie der nächste Zionistenkongreß (Karlsbad, 1923) zeigte, war Bialik allzu optimistisch gewesen. Es gab viele Klagen über die Leitung und viele düstere Prophezeiungen. Der Misrachi und mehrere Allgemeine Zionisten hätten gerne Weizmann abgesetzt. Es war ein in mehrfacher Hinsicht typischer Kongreß: Fast jeder Sprecher behauptete, er und seine Gruppe seien zu kurz gekommen. Blumenfeld erklärte, der Zionismus habe seinen kämpferischen Charakter eingebüßt, eine Entwicklung, die schon vor dem Krieg eingesetzt und sich nach 1918 verstärkt fortgesetzt habe. Der junge Arlosoroff, der sich als eine der stärksten Persönlichkeiten der Bewegung entpuppte, ging noch weiter und sprach von der Gefahr, daß der Zionismus zerstört werden und gänzlich verschwinden könnte[24]. Ein Sprecher kommentierte die Mitteilung, daß seit dem vorangegangenen Kongreß 70.000 Dunam Land angekauft worden seien, mit der Bemerkung, dies entspreche etwa dem Umfang des Besitzes eines einzigen polnischen Gutsherrn, und nicht einmal eines der größten.

Der polnische Zionist Jitzak Grünbaum, einer von Weizmanns Hauptgegnern während der ganzen zwanziger Jahre, meinte, das jüdische Volk könnte durchaus noch warten, wenn die Verhältnisse in Palästina für die praktische Arbeit zu schwierig seien. Gleich Nahum Goldmann und einigen anderen »radikalen« Zionisten warf er Weizmann vor, die Bewegung zu vernachlässigen und sich nur auf Palästina zu konzentrieren. Vor allem aber waren die »Radikalen« gegen die Aufnahme von Nichtzionisten in die Jewish Agency, deren Statut im vorangegangenen Jahr zum erstenmal diskutiert worden war.

Diese Frage plagte die Zionistische Bewegung ganz unnötigerweise noch weitere sieben Jahre lang. Weizmann war der Hauptbefürworter einer Zusammenarbeit mit Nichtzionisten, nicht nur und nicht hauptsächlich deshalb, weil die Errichtung der Agency im Mandat erwähnt wurde, sondern weil er schon früher und klarer als die meisten seiner Kollegen erkannt hatte, daß die Mittel für den Aufbau Palästinas nicht von den Zionisten allein aufgebracht werden konnten. Er sah voraus, daß Nichtzionisten kaum bereit sein würden, sich zu beteiligen, wenn man ihnen keine Vertretung in den führenden Gremien der Bewegung einräumte. Die »Radikalen« wiederum behaupteten, dies bedeute eine Verwässerung der zionistischen Ideologie, es würde die Bewegung ihres spezifisch nationalen Charakters berauben und überhaupt eine Katastrophe bedeuten. Diese Diskussionen verursachten viel Aufregung, waren aber, wie sich später herausstellte, völlig irrelevant, denn die erweiterte Jewish Agency, wie sie 1929 gegründet wurde, spielte nicht die Rolle, die man sich vorgestellt hatte, und der Primat der Zionistischen Bewegung sowie ihr Charakter wurden nicht im mindesten berührt.

Die Rolle der Jewish Agency war nicht der einzige Streitpunkt zwischen Weizmann und seinen Kritikern. Mit großem Mißtrauen beobachteten die europäischen Zionisten die Tätigkeit der englischen Juden, mit denen Weizmann sich umgeben hatte – Kisch, Eder, Leonard Stein – und die während seiner Abwesenheit von London für die politische Arbeit der Exekutive zuständig waren. Diese Männer litten unter dem Unglück, nicht in Osteuropa geboren zu sein. Sie konnten nicht Jiddisch und kaum etwas Hebräisch. Sie hatten nicht an den Vorkriegskongressen teilgenommen und keine Lehrzeit in der Bewegung absolviert. Sie waren, mit anderen Worten, fremde Typen. Wie weit konnte man ihnen vertrauen? Weizmann wurde wegen seiner »diktatorischen Neigungen« angegriffen. So hatte er es beispielsweise unterlassen, eine vom Aktionskomitee angenommene (und seiner Meinung nach überflüssige) Resolution gegen die Bildung einer *Arab Agency* der britischen Regierung zur Kenntnis zu bringen. Es wurde ihm ständig vorgeworfen, die zionistischen Forderungen nicht mit dem nötigen Nachdruck der britischen Regierung zu unterbreiten. Als er fragte, was Ussischkin und dessen Freunde an seiner Stelle getan hätten (schrieb Weizmann später), lautete die Antwort: »›Protestieren! Fordern! Insistieren!‹ Dies schien der Weisheit letzter Schluß. Mehr konnten wir aus unseren Kritikern nicht herausbekommen. Sie schienen nicht zu wissen, daß dauernd wiederholte Proteste, Forderungen und Mahnungen unwirksam werden und ebenso nutzlos wie unwürdig sind[25].«

Auf dem dreizehnten Kongreß gab Ruppin ein düsteres Bild vom Zustand der Aufbauarbeit in Palästina: Einige seiner Kollegen hätten von etwa hunderttausend Einwanderern jährlich gesprochen, während er selber dreißigtausend für eine realistischere Zahl gehalten hätte. Tatsächlich seien jedoch bloß acht- bis zehntausend gekommen. Der Kongreß habe ein Budget von anderhalb Millionen Pfund vorgesehen, in Wirklichkeit aber sei bloß ein Drittel dieser Summe hereingekommen, und das Palästina-Budget sei auf 300.000 Pfund gesunken, eine Summe, mit der nicht einmal die Kosten für die Schulen und den Gesundheitsdienst bestritten werden könnten, von Einwanderung und Ansiedlung ganz zu schweigen.

Auf diesem Kongreß traten drei Anhänger Weizmanns (Kisch, Lipsky und Van Vriesland) in die Exekutive ein. Aber Weizmann mußte immer noch die Hauptlast tragen, und bei seinen verzweifelten Versuchen, in Amerika und anderswo Geld aufzutreiben, leisteten ihm weder Freund noch Feind besondere Hilfe. 1923 war die Weltlage nicht günstig für Anleihen oder Spenden. Kurz nach dem Kongreß sagte Weizmann in Baltimore: Noch ein solches Jahr, und wir sind verloren. Es bestand die Gefahr, daß der Zionistische Kongreß zu einer Art Parlament werden könnte, in dem professionelle kleinstädtische Würdenträger endlose rituelle Reden hielten, ohne jeden Zusammenhang mit der realen Situation des jüdischen Volkes. Es gab keine finanziellen Mittel und auch keine Ausweitung der wirtschaftlichen Tätigkeit, und ohne diese klangen alle Reden über die großartigen Zukunftsaussichten sehr hohl.

Der Parlamentarismus geriet in den zwanziger Jahren in vielen europäischen Ländern in Mißkredit, und die zionistische Bewegung bildete darin keine Ausnahme. Ihre Kongresse wühlten Leidenschaften auf und brachten einige rhetorische Glanzleistungen, im großen und ganzen aber waren sie wirkungslose Veranstaltungen, denn sie befaßten sich hauptsächlich mit Ereignissen und Entwicklungen, auf welche die Zionisten keinen Einfluß hatten. Die Gegner Weizmanns waren in zwei Gruppen gespalten: die eine gab in allen Dingen Palästina den Vorrang und forderte von der Leitung eine radikalere Haltung den Briten gegenüber (Jabotinsky, Ussischkin), die andere bestand aus den Anhängern Grünbaums, die sich vor allem für die Arbeit in der Diaspora, die sogenannte Gegenwartsarbeit, interessierten.

Als die Tätigkeit auf allen Gebieten durch die finanziellen Schwierigkeiten gelähmt wurde, wuchs die Ungeduld sowohl in der Führung als auch in den Reihen der Opposition. Bei der Gründung des *Keren Hajessod* hatte man verkündet, innerhalb von fünf Jahren würden 25 Millionen Pfund aufgebracht werden. In Wirklichkeit brauchte man sechs Jahre, um bloß drei Millionen Pfund zu sammeln. Mit solchen lächerlichen Summen war kaum etwas zu erreichen. Die Zionistische Organisation hatte jahrelang mehr ausgegeben als eingenommen, und 1927 betrug ihr Defizit dreißig- bis vierzigtausend Pfund. Das war, absolut gesehen, gar nicht so viel für eine Bewegung, die ein neues Land aufzubauen versuchte, aber nach zionistischen Maßstäben handelte es sich um eine riesige Schuld, und es erwies sich lange Zeit als unmöglich, jemanden zu finden, der bereit war, für dieses Defizit aufzukommen. In zahllosen Sitzungen mußte man sich mit der Lösung dieser Notlage beschäftigen. Ein weiteres Beispiel: Die Hadassah, die zionistische Frauenorganisation Amerikas, war sehr eifrig im Sammeln von Geldspenden und stellte nur die Bedingung, jährlich 110.000 Pfund, rund 20 Prozent des damaligen zionistischen Gesamtbudgets, für ihre eigenen Projekte behalten zu dürfen. Auch dieses Problem wurde vom zionistischen Landesverband in Amerika und vom Zionistischen Weltkongreß erörtert.

Die Zionisten waren schon vor dem Ersten Weltkrieg nicht imstande gewesen, die Hilfe wohlhabender Juden zu gewinnen, und Professor Weizmann war in seinem Bemühen, hier einen radikalen Wandel zu schaffen, auch nicht erfolgreicher als Dr. Herzl. Dies war um so ärgerlicher, als andere Institutionen im Beschaffen der nötigen Mittel viel erfolgreicher zu sein schienen. Als die Sowjetregierung sich Mitte der zwanziger Jahre an die amerikanische Judenschaft um Beiträge für ihren Plan, Juden auf der Krim anzusiedeln, wandte, fand sie eine freundlichere Aufnahme als die Zionisten. Und als die Naziregierung in den dreißiger Jahren der deutschen Judenschaft eine »Buße« von einer Milliarde Reichsmark auferlegte, wurde dieser Betrag in kürzester Zeit aufgebracht. Ein Bruchteil dieser Summe hätte in den zwanziger Jahren für den Aufbau Palästinas ausgereicht.

Der vierzehnte Zionistenkongreß, der 1925 in Wien abgehalten wurde, war in mehrfacher Hinsicht eine Neuauflage der vorangegangenen. Der rechte Flügel der Allgemeinen Zionisten warf den sozialistischen Siedlern vor, sie führten eine mehr oder weniger parasitäre Existenz, indem sie sich von der Bewegung unterstützen ließen. Ben Gurion und seine Genossen hielten dem entgegen, in Palästina entfalle auf je zweiundvierzig jüdische Einwohner bloß ein jüdischer Farmer und es sei daher klar, daß der landwirtschaftliche Sektor gestärkt werden müsse. Grünbaum beschuldigte Weizmann, die zionistische Bewegung zu ruinieren, worauf Weizmann wütend erwiderte, er habe sich niemals vom wahren Zionismus entfernt. Er sei ein jüdischer Staatsmann, Grünbaum aber ein assimilierter Jude. In einer langen, glänzend vorgetragenen Rede warf Jabotinsky der Exekutive vor, auf allen Linien versagt zu haben. In seiner Antwort lobte Weizmann Jabotinskys Redekunst, meinte aber, Jabotinskys Argumentation gehe von der Annahme aus, daß zweimal zwei fünf sei; seine ganze Kolonisierungsphilosophie beruhe auf dem Glauben, die zionistische Bewegung sollte, anstatt für Landkäufe zu bezahlen, darauf bestehen, das Land von der Mandatsregierung kostenlos zu erhalten. Eine solche Politik, sagte Weizmann, wäre vielleicht in einem menschenleeren Land wie Rhodesien durchführbar, aber für Palästina sei sie unrealistisch.

Zwei Jahre später, auf dem fünfzehnten Kongreß in Basel, hielt Jabotinsky wiederum eine lange, wohldurchdachte Rede in ziemlich gemäßigtem Ton, in der er auf den griechischen Präzedenzfall verwies: Wieso sei es der griechischen Regierung gelungen, die Umsiedlung von anderthalb Millionen Griechen aus der Türkei mit einem Kostenaufwand von nur 15 Millionen Pfund zu bewerkstelligen? Wieso könnte also die zionistische Exekutive behaupten, daß sie für eine viel geringere Anzahl von Einwanderern viel mehr Geld benötige? Weizmann fiel es nicht schwer, dieses Argument zu widerlegen: Die griechischen Umsiedler hätten das Land kostenlos erhalten, und die griechische Regierung hätte ihnen außerdem siebzigtausend Häuser zur Verfügung gestellt – Griechenland und Palästina könnten daher nicht miteinander verglichen werden[26]. Es führe keine glatte Straße zum Aufbau Palästinas, Wunder würden sich kaum ereignen. Nur geduldige Arbeit könne zur Entwicklung des Landes führen. Auf dem Basler Kongreß kam es abermals zu einem Zusammenstoß zwischen Rechten und Linken und zu einem neuerlichen Angriff Grünbaums gegen Weizmann. Dieser meinte unfreundlich, Grünbaum hätte sich viel Zeit ersparen können, wenn er die Delegierten aufgefordert hätte, seine zwei Jahre zuvor gehaltene Rede nochmals zu lesen.

Die einzige größere Veränderung ergab sich in der Zusammensetzung der Exekutive:

1925	1927	1929
Weizmann	Weizmann	Weizmann
Sokolow	Sokolow	Sokolow
Cowen	Rosenblüth	Barth
Lipsky	Lipsky	Brodetsky
Kisch	Kisch	Kaplanski
Ruppin	Sacher	Rosenblüth
Pick	Szold	Sacher
Sprinzak	Eder	Meir Berlin
van Vriesland		Kisch
		Ruppin
		Sprinzak
		Szold
		Lipsky

Diese Veränderungen hatten jedoch keine größere Auswirkung auf die Politik der Exekutive. Von den 1925 gewählten Leitungsmitgliedern mußte Lipsky in seiner Eigenschaft als Präsident des amerikanischen Landesverbandes sich fast das ganze Jahr in den Vereinigten Staaten aufhalten. Die in Palästina lebenden Mitglieder waren mit besonderen Aufgaben betraut (Ruppin war für die Kolonisierung zuständig, Sprinzak für Fragen der Arbeiterschaft, und so weiter). Die politische Arbeit wurde von Weizmann und Sokolow und ihren Mitarbeitern in London geleistet. Leonard Stein fungierte als Leiter der politischen Abteilung; 1929 wurde er durch Professor Lewis Namier ersetzt.

Eine detaillierte Schilderung der Vorgänge auf den Zionistenkongressen der Jahre 1925, 1927 und 1929 wäre langweilig. Über die Hauptprobleme wurde wenig gesprochen, die Aktionsfreiheit der Bewegung war begrenzt, die Reden waren gewöhnlich Variationen über ein und dasselbe Thema. Die Leitung wurde von ihren Kritikern unablässig aufgefordert, den Briten gegenüber eine härtere Haltung einzunehmen, mehr Geld zu sammeln, die Mittel nicht zu verschwenden und niemand zu benachteiligen. Die Exekutive ihrerseits gab Losungen aus, die nicht weniger platt waren, wie »Konsolidierung« oder »Konzentration aller Kräfte«. Die Errichtung eines Zionistischen Büros in Genf war eine der wenigen Neuerungen. Es wurde von Victor Jacobson geleitet; er sollte die Verbindung zur Mandatskommission des Völkerbundes wahrnehmen, der die Palästinaverwaltung alljährlich Bericht zu erstatten hatte. Jacobson und seine Mitarbeiter knüpften zwar einige nützliche Kontakte an, waren aber keineswegs in der Lage, wie manche Zionisten sich vorstellten, Genf gegen Jerusalem und London auszuspielen oder umgekehrt. Die Zionistische Organisation handelte nicht von einer Position der Stärke aus. Außerdem waren einige Mitglieder der Mandatskommission, darunter deren Präsident, der italienische Marquis Theodoli, eingefleischte Antizionisten. In Jerusalem war die Exekutive durch Colonel Kisch vertreten, der 1931 durch Arlosoroff ersetzt wurde. Als Arlosoroff 1933 ermordet wurde, übernahm sein Mitarbeiter Mosche Schertok das Amt.

Die Jewish Agency

Nach jahrelangen Kämpfen gegen zähen Widerstand von verschiedenen Seiten wurde die konstituierende Sitzung des Rates der Jewish Agency am 11. August 1921 eröffnet. Als Weizmann das Wort ergriff, erhoben sich alle Anwesenden und spendeten ihm stürmischen Beifall. Er hatte das scheinbar Unmögliche erreicht: »Mit Geduld, Weitblick, Überzeugungskraft und Geschick hatte er eine beispiellose Einheit Israels geschaffen. Es war die Stunde seines Triumphs[27].«

Seit den frühen zwanziger Jahren hatte Weizmann sich systematisch um die Mitarbeit von Nichtzionisten bemüht, vor allem in den Vereinigten Staaten. Sein wichtigster Partner bei diesem Unternehmen war Louis Marshall, der Leiter des *American Jewish Committee,* den Weizmann 1919 auf der Pariser Friedenskonferenz kennengelernt hatte. Er war besonders beeindruckt von Marshalls überragender Persönlichkeit, seiner Hingabe an die jüdische Sache und seiner Klugheit. Marshall, ein assimilierter Jude, im Staate New York geboren, hatte Jiddisch gelernt, um jüdische Fragen verfolgen zu können. Unter den Zionisten lautete der Haupteinwand gegen Männer wie Marshall (oder gegen den Bankier Felix Warburg), sie seien nicht demokratisch gewählt worden und repräsentierten nicht die Gesamtheit der amerikanischen Judenschaft, sondern nur deren Oberschicht. Man befürchtete, die Millionäre könnten einen entscheidenden Einfluß auf die Politik der Bewegung gewinnen. Wenn sie mitarbeiten wollten, meinten Weizmanns Kritiker, dann stünden ihnen die Tore der Zionistischen Organisation offen[28]. Aber genau dies wollten sie nicht, denn bei all ihrer Sympathie für die Arbeit in Palästina betrachteten sie die Zionisten als Ideologen, die sich mehr für den jüdischen Nationalismus als für die Rettung der Juden interessierten. Außerdem war es seit jeher Weizmanns Absicht gewesen, eine Agentur zur Vertretung des ganzen jüdischen Volkes zu errichten; eine diesbezügliche Resolution war 1922 vom Aktionskomitee verabschiedet worden.

Weizmann und Marshall beriefen ihre erste Konferenz im Februar 1924 ein und brachten dort nichtzionistische amerikanische Juden zusammen, die bereit waren, die Arbeit in Palästina zu unterstützen. Weitere Konferenzen fanden 1925 und 1928 statt; es wurde eine Palästinensische Wirtschaftskörperschaft gegründet und eine Kommission von Wirtschaftsfachleuten eingesetzt, die einen Entwicklungsbericht ausarbeiten sollte. Man einigte sich grundsätzlich darüber, den Nichtzionisten die Hälfte der Sitze im Rat der Jewish Agency zu überlassen. Der Zionistenkongreß von 1925 akzeptierte diese Bedingung, bestand jedoch darauf, daß alles neuerworbene Land öffentliches Eigentum bleibe, die Kolonisierung von jüdischen Arbeitskräften durchgeführt und die hebräische Sprache und Kultur gefördert würden. Es dauerte noch weitere drei Jahre, ehe das Aktionskomitee im Dezember 1928 das Abkommen mit neununddreißig gegen fünf Stimmen (zwei Revisionisten, zwei radikale Allgemeine Zionisten und Stephen Wise) ratifizierte. Im folgenden Jahr gab der sechzehnte Kongreß mit 231 gegen 20 Stimmen ebenfalls seine Zustimmung.

Das Tauziehen ging jedoch weiter, wobei führende Persönlichkeiten der Bewegung wie Ussischkin unter den Zweiflern waren. Es gab jedoch auch Widerstand seitens nichtzionistischer Organisationen. In Großbritannien beispielsweise weigerten sich führende jüdische Organisationen, mit den Zionisten zusammenzuarbeiten. Nachdem aber die führenden Vertreter der amerikanischen Judenschaft dem Unternehmen ihren Segen gegeben hatten, war die Bahn frei. Weizmann erschien gemeinsam mit Léon Blum, Albert Einstein, Herbert Samuel, Louis Marshall, Felix Warburg, Cyrus Adler und Lee K. Frankel auf dem Podium der Gründerversammlung der Jewish Agency. Der Präsident der zionistischen Bewegung sollte *ex officio* Präsident der Jewish Agency sein, das Hauptbüro sollte in Jerusalem und eine Zweigstelle in London eingerichtet werden. Die Statuten der Agency sahen einen aus etwa zweihundert Mitgliedern bestehenden Generalrat vor sowie einen vierzigköpfigen Verwaltungsausschuß und eine achtköpfige Exekutive.

Es war ein denkwürdiges Ereignis und Weizmanns größter Erfolg sei die Balfour-Deklaration. Nach der Sitzung hatte Weizmann ein langes Gespräch mit Marshall und Warburg, die ihm versicherten, daß die finanziellen Sorgen nun aufhören würden, daß er nicht länger kreuz und quer durch die Vereinigten Staaten reisen müßte, um durch Bittgänge und Aufrufe seine Bewegung vor dem Bankrott zu bewahren. Endlich war die Bewegung auf eine breite und solide Grundlage gestellt worden. Wenige Tage nach der Konferenz starb Louis Marschall. Mit dem New Yorker Börsenkrach begann die große Wirtschaftskrise, und aus Palästina kamen die Nachrichten über die schwersten Unruhen seit Errichtung des Mandats. Die Unruhen führten zu einer Verhärtung der britischen Politik gegenüber dem Zionismus, und dies wiederum hatte Weizmanns Rücktritt von der Präsidentschaft zur Folge. Wenige Wochen nach Gründung der Jewish Agency sah sich die zionistische Bewegung einer der schwersten Krisen seit ihrem Bestehen gegenüber.

Chaim Weizmann

An diesem Wendepunkt erscheint es angebracht, etwas über die führende Strömung des Zionismus in den zwanziger Jahren und deren Repräsentanten zu sagen. Weizmann beherrschte natürlich die Szene wie keine führende Persönlichkeit seit Herzl. Vor dem Ersten Weltkrieg war er außerhalb der Reihen der russischen Zionisten praktisch unbekannt. Er wurde 1874 in Motol, nahe der Grenze zwischen Weißrußland, Litauen und Polen, als Sohn eines kleinen Holzhändlers geboren, studierte später in Berlin und in der Schweiz Chemie und ließ sich 1904 in England nieder. Er hatte an mehreren Zionistenkongressen teilgenommen, doch obwohl er im Widerstand gegen den Uganda-Plan und später in der Bewegung zum Sturz Wolffsohns eine gewisse Rolle spielte, gehörte er nicht zu den führenden Männern der Bewegung. Ein Beobachter auf dem Wiener Kongreß von 1913 beschrieb ihn als einen »müden jungen Mann«. Dies war ein falscher Eindruck, denn unermüdliche Energie im Dienste des Zionismus war sicherlich Weizmanns hervorstehendste Eigenschaft. Im Gegensatz zu den meisten Kollegen war er ein großer Bewunderer Großbritanniens, überzeugt von der Identität der britischen und der zionistischen Interessen im Nahen Osten und seit seinen ersten Tagen in England bemüht, Anhänger für seine Idee zu werben. Er stand dem britischen Leben keineswegs unkritisch gegenüber. Bald nachdem er sich in Manchester niedergelassen hatte, berichtete er einem Freund von den sozialen Gegensätzen in seiner Umwelt, von der Dummheit in allen Schichten, von dem schrecklichen und grausamen Materialismus und von dem äußeren Glanz, der die innere Häßlichkeit übertünchte. Jedoch konnte nichts sein Vertrauen zu Großbritannien als jener Großmacht erschüttern, die willens und fähig war, bei der Verwirklichung des zionistischen Traums mitzuhelfen. Weizmann spielte die wichtigste Rolle bei der Vorbereitung der Balfour-Deklaration und den späteren Verhandlungen im Zusammenhang mit dem Mandat. Sicherlich neigte er dazu, die Rolle, die andere in diesen Entwicklungen gespielt hatten, zu verkleinern (Aron Aaronsons Beitrag war keineswegs gering gewesen), doch ist nicht zu bezweifeln, daß er der Hauptarchitekt dessen war, was »die größte diplomatische und staatsmännische Leistung des Ersten Weltkriegs« genannt wurde: »Wenn es in den kritischen Jahren zwischen 1917 und 1920 eine jüdische Geschlossenheit gab, dann war dies vor allem das Ergebnis von Weizmanns Energie, Geduld, psychologischer Einsicht und umfassender Kenntnis aller Aspekte des europäischen Judentums[29].«

Innerhalb des jüdischen Lagers wurde Weizmann nur langsam anerkannt. Die russischen Zionisten hielten ihn für oberflächlich, und die Amerikaner kritisierten von allem Anfang an seine ihrer Ansicht nach einseitige Orientierung auf Großbritannien. Weizmanns treueste Anhänger kamen aus der jüngeren Generation der britischen und später auch der deutschen Zionisten. Seine osteuropäischen Landsleute betrachteten ihn stets mit ein wenig Mißtrauen. An kollektive Führung gewöhnt, bezichtigten sie ihn häufig diktatorischer Ambitionen. Es hieß, er kümmere sich weder um Lob noch um Tadel[30], aber diese Meinung wurde von seinen engsten Vertrauten nicht geteilt. Im Januar 1919 klagte Harry Sacher in einem Brief an Leon Simon über Weizmanns Eitelkeit; Weizmann sei sich seines Urteils immer völlig gewiß, und Achad Haam sei der einzige, mit dem er sich von Zeit zu Zeit berate[31].

Weizmann hatte während des Krieges ohne formellen Auftrag der Zionistischen Organisation mit den Briten und den Amerikanern verhandelt. In die Exekutive wurde er erst 1918, nach Tschlenows Tod, kooptiert. Aber sogar dann mußte er, sehr zu seinem Ärger, die Verantwortung mit Sokolow teilen, und zum Präsidenten der Zionistischen Weltorganisation wurde er erst auf der Londoner Konferenz von 1920 gewählt. Einige von denen, die ihn gewählt hatten, hegten von Anfang an starke Bedenken gegen seine Führung. Als er 1920 seinen Tätigkeitsbericht mit den Worten schloß: »Das also haben wir geleistet, jüdisches Volk. Was hast du geleistet?«, erschien dies einigen seiner Zuhörer sowohl ungerecht als auch anmaßend. Weizmann war überzeugt, daß es keinen kurzen Weg zu einem jüdischen Palästina gab und daß er »die Briten Tag für Tag davon überzeugen müsse, daß die Verwirklichung der Balfour-Deklaration im britischen Interesse gelegen und eine moralische Notwendigkeit sei[32]«. In seinem Bericht auf dem Karlsbader Kongreß im Jahre 1923 sagte er: »Ich schäme mich nicht, festzustellen, daß ich keine Erfolge vorweisen kann. Nach dem Mandat wird es noch jahrelang keine politischen

Erfolge geben. Jene politischen Erfolge, die Sie sich wünschen, werden Sie durch Ihre eigenen Anstrengungen im Emeq, in den Sümpfen und Bergen erringen müssen, nicht in den Büros der Downing Street.« Weizmann war überzeugt, daß die Zionisten bestenfalls Handlungsfreiheit für ihre praktische Arbeit erringen könnten, und verlor daher nach und nach die Geduld mit jenen, die ihm Minimalismus (wenn nicht gar Defätismus) vorwarfen und glaubten, pathetische Appelle und laute Proteste würden die britische Regierung zu einer Änderung ihrer Haltung bewegen. Weizmann spottete stets über solche Vorstellungen. Auf dem Kongreß im Jahre 1931 meinte er, die Mauern von Jericho seien beim Schall der Posaunen eingestürzt, »doch habe ich nie gehört, daß man Mauern auf diese Weise auch wieder aufbauen kann[33]«.

Die zwiespältige Haltung der zionistischen Bewegung gegenüber Weizmanns Führung trat noch stärker hervor, als die Beziehungen zu Großbritannien sich verschlechterten. Wie Robert Weltsch notierte (und Weizmanns Kritiker nur ungern zugaben), war Weizmann der einzige Zionistenführer, der mit britischen Ministern als Gleicher unter Gleichen verkehren konnte. Es gab keinen anderen, der so mutig und so wirkungsvoll für die jüdische Sache zu sprechen vermochte. »Seine außergewöhnlichen Geistesgaben und seine Schlagfertigkeit machten ihn zu einem gewaltigen Gegenspieler; das moralische Gewicht und die magische Kraft seiner Persönlichkeit verhalfen ihm dort zum Erfolg, wo weniger bedeutende Männer nicht einmal vorgelassen wurden[34].« Indessen wurde sein zionistischer Patriotismus zunehmend in Zweifel gezogen, er wurde sogar des Verrats bezichtigt, weil er sich weigerte, die extremen Forderungen zu vertreten, die in der zionistischen Bewegung immer mehr an Boden gewannen. Diese wachsende Kluft führte schließlich 1931 zu Weizmanns Sturz. Erst vier Jahre später, zur Zeit der größten Krise, übernahm er wieder die Führung.

Die ungeheure Wirkung von Weizmanns Persönlichkeit wird allgemein anerkannt. Ein nichtjüdischer Beobachter schrieb einmal, Weizmanns Überzeugungskraft sei unwiderstehlich, ja sogar erschreckend. Er habe bei den jüdischen Massen (und im übrigen auch bei Nichtjuden) stets mehr Erfolg als bei seinen eigenen Kollegen innerhalb der zionistischen Führung. Isaiah Berlin beschreibt Weizmanns Persönlichkeit mit bewegten Worten:

»Er war einer jener Menschen, die ... nahe am Wesen ihres Volkes und nicht an dessen Rand standen; seine Ideen und seine Gefühle waren sozusagen ganz natürlich auf die oft unausgesprochenen, aber stets im Mittelpunkt stehenden Hoffnungen, Sorgen und Gefühle der großen Mehrheit der jüdischen Massen ausgerichtet, mit denen er sich das ganze Leben lang in tiefem und völlig natürlichem Einklang empfand. Seine geniale Begabung bestand vor allem darin, daß er diese Ziele und Sehnsüchte artikulieren und Wege zu ihrer Verwirklichung finden konnte . . . Er war ein Mann von immenser natürlicher Autorität, Würde und Kraft. Er war ruhig, väterlich, unerschütterlich und selbstbewußt. Er ließ sich nie vom Strom treiben. Er beherrschte stets die Lage. Er übernahm die volle Verantwortung. Lob oder Tadel berührten ihn nicht. Er besaß Takt und Charme in einem Maße, das von keinem Staatsmann der Neuzeit übertroffen wurde. Was aber die jüdischen Massen bis zur allerletzten Phase seines langen Lebens an ihn band, waren nicht bloß diese an sich großartigen Charaktereigenschaften, sondern die Tatsache, daß er zwar äußerlich ein hervorragender westlicher Wissenschaftler geworden war (was ihn finanziell und damit auch politisch unabhängig machte) und mit Leichtigkeit mit den hochstehenden, unnahbaren Herren der westlichen Welt verkehrte, aber in seiner Persönlichkeit und seiner Weltanschauung unverändert blieb. Seine Sprache, seine Bilder, seine Redewendungen waren in jüdischer Tradition, Frömmigkeit und Weisheit verwurzelt. Sein Geschmack, seine Bewegungen, die Art, wie er ging und stand, sich erhob und sich setzte, seine Gesten, die Züge seines höchst ausdrucksvollen Gesichts und vor allem sein Tonfall, sein Akzent, seine Modulation, die außerordentliche Vielfalt seines Humors, waren gleich denen der jüdischen Massen – waren die ihren[35].«

Und doch wäre das Bild des größten jüdischen Staatsmannes seiner Zeit unvollständig, erwähnte man nicht, wenigstens am Rande, einige seiner Mängel und Schwächen. Seine politischen Ansichten waren die eines demokratischen Nationalisten, nicht unähnlich denen Masaryks. Er hatte sie instinktiv aufgenommen und blieb stets und vor allem Empiriker. Seine einmal gefaßten politischen Ansichten änderten sich im Laufe der Jahre kaum. Er las wenig und hatte neben der zionistischen Politik und der Chemie kaum andere Interessen. Wie Herzl war auch er kein origineller politischer Denker. Die großen, meist negativen Veränderungen, die in den zwanziger und dreißiger Jahren eintraten, kamen ihm nur teilweise zu Bewußtsein. Er hatte leicht eine gemeinsame Sprache mit Balfour, Lloyd George und den Männern ihrer Generation gefunden, aber das Gespräch mit ihren Nachfolgern fiel ihm immer schwerer. Sein demokratischer Humanismus stand im Widerspruch zum Zeitgeist und zur neuen Realpolitik, im Widerspruch zu einer zunehmend von Gewalt geprägten Welt, in der Humanismus und moralische Gebote wenig galten und physische Gewalt fast das einzige Kriterium war. Unter solchen Bedingungen mußte Weizmanns Wirksamkeit als politischer Führer zwangsläufig abnehmen.

Seine Einstellung zu seinem eigenen Volk, zur zionistischen Bewegung, ja sogar zu seinen engsten Mitarbeitern war höchst widerspruchsvoll und häufig zweideutig. Er versäumte es nie, zu betonen, daß er ein Mann des Volkes sei: »Wenn ich irgend etwas erreicht habe, dann gerade deshalb, weil ich kein Diplomat bin. Wenn Sie mich kränken wollen, dann nennen Sie mich einen Diplomaten[36].« »Herzl kam aus dem Westen«, sagte er bei anderer Gelegenheit, »und arbeitete mit westlichen Begriffen und Anschauungen. Ich komme unglücklicherweise aus Litauen. Ich kenne das jüdische Volk nur zu gut, und noch besser kennt es mich. Und deshalb fehlen mir die Flügel, die Herzl gegeben waren . . . Wäre Herzl durch einen *Cheder* gegangen, nie wären ihm die Juden gefolgt[37].« Sein Gemeinsinn war jedoch mit Elementen einer an Nietzsche gemahnenden Verachtung der Massen gemischt. Weizmann kannte sehr wohl die Schwächen des jüdischen Volkes, die mangelnde Bereitschaft der reichen Juden Europas und Amerikas, finanzielle Beiträge zu leisten, und die mangelnde Bereitschaft der jüdischen Massen, nach Palästina auszuwandern. Die Undankbarkeit, auf die er oft stieß, verstärkte solche Empfindungen. Manchmal scheint er gezweifelt zu haben, ob es ihm je gelingen würde, die Bewegung davon zu überzeugen, daß zur Verwirklichung des zionistischen Traums eine gewaltige Anstrengung des ganzen Volkes erforderlich sei. Seine Haltung gegenüber seinen Zeitgenossen in der zionistischen Führung war, mit wenigen Ausnahmen, von kaum verhüllter Verachtung geprägt. So wie Ben Gurion nach ihm verstand er sich gut mit der jüngeren Generation, die zu ihm aufblickte, doch fiel es ihm sehr schwer, mit anderen auf gleicher Stufe zusammenzuarbeiten. »Er war als Kollege nie glücklich«, schrieb Harry Sacher. »Er suchte ungern Rat und hatte kein Talent zur Berichterstattung[38].« Er war launenhaft und konnte seinen Charme ganz plötzlich ein- und wieder abschalten. Mehr als einmal benützte er Menschen, um sie sogleich fallenzulassen, wenn er sie nicht mehr benötigte, und an einigen seiner engsten Vertrauten beging er Handlungen krassester Illoyalität. Er erwartete kaum Dankbarkeit von anderen und erwies sie auch selber nur selten. Doch sind die Eigenschaften, die jemanden zu einem beliebten Führer und großen Staatsmann machen, zu einem Menschen also, der, wie Isaiah Berlin sagt, durch sein aktives Eingreifen das scheinbar Unmögliche Wirklichkeit werden läßt, nicht gerade die eines Heiligen. Für einen Mann, der sein Leben lang in der Politik wirkte, waren seine Schwächen überraschend gering und seine Sünden verzeihlich.

Andere Zionistenführer

Einer der ersten, die sich gegen Weizmanns Regiment wandten, war Menachem Ussischkin, der bereits zu den Führern des russsischen Zionismus zählte, als Weizmann noch Student war. Ussischkin wurde 1863 bei Mogilew als Sohn eines wohlhabenden chassidischen Kaufmanns geboren. Er studierte in Moskau Maschinenbau, hat diesen Beruf aber nie ausgeübt. Er war ein wichtiger Man bei den Zionsfreunden und verbrachte 1891 seine Flitterwochen in Palästina, zu einer Zeit, als dies, gelinde gesagt, noch keineswegs üblich war[39]. Er war untersetzt, mit kräftigen Schultern und blauen Augen, und galt als unnachgiebig und steinhart. Sein Charakter zeigte tatsächlich einen solchen Zug, aber es gibt Gründe für die Annahme, daß er bewußt das Bild eines harten, abweisenden Mannes pflegte und daß hinter dieser Fassade ein Romantiker steckte, der von der Wiedergewinnung der Erde Palästinas träumte. Seine politischen Ambitionen mußten jedoch unerfüllt bleiben. Er hatte begeisterte Anhänger unter den russischen Juden, war aber wegen seines Temperaments völlig ungeeignet zur Führung der zionistischen Bewegung, die an ihrer Spitze keinen Diktator, sondern einen Meister der behutsamen Überredungskunst brauchte. Er hatte das Naturell eines Zaren, wie ein Zeitgenosse schrieb, und tat seine Ansichten in Form von Edikten kund. Er war völlig überzeugt, daß er stets recht hätte und niemand anderer als er recht haben könnte. Es waren nicht nur seine mangelnden Sprachkenntnisse, die ihn von der Höhe der zionistischen Diplomatie ausschlossen.

Nachdem er sich in Palästina niedergelassen hatte, wurde er zum Direktor des *Keren Hajessod* ernannt. Er war entscheidend am Ankauf von Landstrichen beteiligt, die später zu den wichtigsten Gebieten der jüdischen landwirtschaftlichen Ansiedlung wurden (im Jesreel-Tal, im Beisan-Tal und in Emeq Hefer). Obwohl er in der Politik ein Mann der Rechten war, unterstützte er doch nach Kräften die Bestrebungen der sozialistischen Pioniere, selbst wenn diese Bestrebungen seinen eigenen Anschauungen zuwiderliefen; denn die Besiedlung des Landes bedeutete ihm stets den entscheidenden Prüfstein für die Treue zur zionistischen Idee. Er hatte den Glauben der russischen Populisten an die Einheit von Theorie und Praxis übernommen und empfand nur Verachtung für die Diaspora-Zionisten, die ihre eigene Zukunft mehr in Europa als in Palästina sahen. Ussischkin starb während des Zweiten Weltkrieges in Jerusalem, der Stadt, die er am meisten liebte; seine Vorurteile und Leidenschaften waren bis zuletzt ungebrochen, sein Geist ungetrübt. Mit all seinen Schwächen war er ein allgemein geachteter Mann, eine starke Säule der zionistischen Bewegung.

Nahum Sokolow leitete die zionistische Bewegung nach 1917 gemeinsam mit Weizmann. Auch er hatte in der Entwicklung, die zur Balfour-Deklaration führte, eine bedeutende Rolle gespielt. Sokolow verfügte über eine umfassendere Bildung als Weizmann, aber es fehlte ihm das Volkstümliche, das Charisma und die Zähigkeit des geborenen Führers. Er war vielleicht der fähigste zionistische Diplomat, verfügte aber nicht über den Weitblick und die Phantasie, die den großen Staatsmann ausmachen. Er war tolerant, verständnisvoll und großzügig in der Beurteilung anderer, bescheiden in der Beurteilung seiner selbst[40], doch mangelte es ihm keineswegs an politischem Ehrgeiz, was sich auf dem Zionistenkongreß im Jahre 1931 zeigte, auf dem Weizmann abgesetzt und Sokolow zum Oberhaupt der Bewegung gewählt wurde. Er war ein gutaussehender Mann von erlesenen Umgangsformen, redegewandt, geistreich und sehr belesen. Aber ihm fehlten der dämonische Zug und die Leidenschaft, die für Weizmann kennzeichnend waren. Er war zu sehr Intellektueller, um ein Mann der Tat werden zu können, zu höflich und in wichtigen politischen Fragen zu unentschlossen. Er war keine starke Persönlichkeit und versuchte auch nicht, diesen Eindruck zu erwecken. Sokolow machte sich ungern Feinde; er verfügte nicht über genügend Härte, um eine dynamische Volksbewegung zu leiten. In verhältnismäßig jungen Jahren schon wurde er zu einer Repräsentationsfigur, war jedoch als Vorsitzender und Vermittler stets sehr gefragt. Aber er war nicht der Mann, der in Krisenzeiten der richtige Führer gewesen wäre.

Der in Litauen geborene Leo Motzkin spielte in der Frühzeit der zionistischen Bewegung eine bedeutende Rolle. In den Berliner Tagen war er Weizmanns Mentor, später führte er bei vielen Zionistenkongressen den Vorsitz. Wie Sokolow war auch er ein Mann der Mitte, ein ausgezeichneter Vorsitzender, doch hatte er nur wenig Einfluß in den inneren Kreisen der Bewegung. Es fehlte ihm an Disziplin und Zielstrebigkeit, und die meisten seiner Aktionen hatten, wie ein Zeitgenosse es ausdrückte, etwas Unausgegorenes an sich. Er galt als talentierter Mathematiker, beendete aber im Gegensatz zu Weizmann sein Studium nicht. Er wurde zu einem Fachmann für die Lage der Juden in Rußland und später auch in anderen Teilen der Welt. Die Dokumente, die er darüber veröffentlichte, waren von großem Wert, doch gibt es von ihm nur wenige eigene Schriften[41]. In späteren Jahren wandte er sein Interesse vor allem der Diasporapolitik zu – der Jüdische Weltkongreß war seine Idee, doch erlebte er deren Verwirklichung nicht mehr, da er bereits 1934 starb. Er besaß nicht die Zielstrebigkeit Ussischkins oder Weizmanns. Vielleicht genoß er das Leben mehr als jene. Jedenfalls liebte er Paris mit seinen Boulevards, Restaurants und Cafés: dort konnte er Juden aus allen Herren Länder treffen. Wenn man an einem Nachmittag im Café de la Paix saß, sah man ein Panorama jüdischen Lebens vorbeiziehen . . . Er verbrachte mehr Zeit beim Teetrinken als an seinem Schreibtisch. Er schätzte angenehme Gesellschaft und war ein guter Zuhörer. Er las schwierige Literatur, niemals etwas Leichtes oder Oberflächliches. Für ein Privatleben schien er nie Zeit zu haben, und man konnte sich darauf verlassen, daß er jederzeit bereit war, seinen Koffer zu packen und nach London, Wien oder New York zu reisen – wo immer die jüdische Sache seine Anwesenheit erforderte. Er mochte weder Streitigkeiten noch Partnerschaften[42].

Er war ein anständiger Mann mit vielen Kenntnissen, aber nicht zur Führung geschaffen.

Von allen führenden Gestalten der Bewegung war Jabotinsky die Interessanteste, doch stand er seit den frühen zwanziger Jahren in Opposition und hatte daher wenig Einfluß auf die offizielle zionistische Politik. Seine politische Laufbahn ist an anderer Stelle beschrieben worden. Die Mitarbeiter Weizmanns waren keine vielseitigen Persönlichkeiten wie er, sondern Spezialisten; sie spielten in der inneren zionistischen Politik keine zentrale Rolle, auch wenn sie dem Aktionskomitee angehörten. Kisch, Eder, Harry Sacher, ja sogar Professor Brodetsky waren in den Augen der osteuropäischen Zionisten halb Juden, halb Engländer; ihre Reden wurden nicht immer verstanden. Da sie an der osteuropäischen Kulturtradition keinen Anteil hatten, fühlten sie sich in der volkstümlichen Atmosphäre der Zionistenkongresse nicht ganz zu Hause. Die Revisionisten verfügten, abgesehen von Jabotinsky, über keine hervorragende Persönlichkeit. Robert Stricker, der Jabotinsky in den zwanziger Jahren unterstützte, hatte außerhalb Wiens keinen Anhang und keinen Einfluß. Gleich Lichtheim blieb er nicht lange bei den Revisionisten.

Die Arbeiterbewegung war in der Leitung durch Kaplanski vertreten, der jedoch in Palästina nicht sehr bekannt war, da er sich erst in späteren Jahren in Haifa niederließ, als er Leiter der dortigen technischen Hochschule wurde. Ben Gurion, Sprinzak, Remes, Ben Zwi und Kaznelson traten auf den Zionistenkongressen der zwanziger Jahre in Erscheinung, doch erregten ihre Reden kaum Aufsehen. Sie waren immer noch hauptsächlich mit ihren eigenen Sonderproblemen beschäftigt, und auch die Rhetorik Berl Kaznelsons kam nicht besonders gut an. Das große Wunderkind der Linken war Victor (Chaim) Arlosoroff. Er wurde in Romny in der Ukraine geboren, studierte in Berlin, kam auf dem zwölften Kongreß in die zionistische Politik und wurde 1924 im Alter von fünfundzwanzig Jahren Mitglied des Aktionskomitees.

Arlosoroff besaß bemerkenswerte Gaben; er vereinigte das Taktgefühl, den politischen Instinkt und die Intuition Weizmanns mit einem hervorragenden Organisations- und Rednertalent. Er war der beste Redner der Bewegung, weniger großspurig, aber überzeugender als Jabotinsky. Er verstand von Volkswirtschaft und Soziologie mehr als jeder andere Zionistenführer und verkörperte die seltene Verbindung eines Intellektuellen und eines Mannes der Tat. Politisch gehörte er dem Hapoel Hazair an und war einer der Hauptarchitekten der Verschmelzung mit der Achdud Haawoda, aus der 1930 die Mapai hervorging. Er entwickelte eine eigene sozialistische Doktrin, den Volkssozialismus, war aber dabei nichts weniger als ein Dogmatiker, sondern vielmehr stets bereit, angesichts neuer Entwicklungen und Erfahrungen seine Ansichten zu ändern[43]. Schon frühzeitig wurde er vom Aktionskomitee mit diplomatischen Aufträgen nach Genf, nach London und in die Vereinigten Staaten entsandt. Es war eine Ironie der Geschichte, daß nach Weizmanns Sturz Arlosoroff, ein leidenschaftlicher Weizmannianer, zu dessen Nachfolger als Außenminister der Bewegung gewählt wurde.

Als Arlosoroff sein Amt übernahm, war die politische Konstellation alles andere als günstig: Die Bewegung stand vor dem finanziellen Bankrott. Der Hochkommissar in Palästina, Sir John Chancellor, war nicht gerade ein Freund des Zionismus. Die Regierung in London entfernte sich immer mehr vom Buchstaben und vom Geist der Balfour-Deklaration. Die Meinungsverschiedenheiten innerhalb der Bewegung wuchsen stetig an. Einige der neugewählten Leitungsmitglieder hätten es nicht ungern gesehen, wenn Arlosoroff gescheitert wäre. In dieser schwierigen Situation bewies er enormen Fleiß, endlose Geduld und, trotz andauernder Entmutigung von allen Seiten, ein Bedürfnis, sich mit den Engländern wie auch mit den Arabern anzufreunden. Vor allem aber wollte er der zionistischen Arbeit neuen Auftrieb geben. Gegen Ende 1932 gab es Anzeichen einer langsamen Besserung, aber Arlosoroff sollte die Wende nicht mehr erleben. Am Abend des 16. Juni 1933 wurde er auf einem Strandspaziergang in Tel Aviv erschossen. Sein Mörder ist bis heute nicht ausgeforscht worden, und die genauen Umstände bilden immer noch eine Streitfrage. Man verdächtigte allgemein Mitglieder einer extremistischen Revisionistengruppe dieses Verbrechens, doch gab es keine hinreichenden Beweise, und so wurden sie in einem Prozeß freigesprochen, der eine tiefe Kluft in der jüdischen Gemeinde aufgerissen hatte.

Unter Weizmanns Anhängern in Deutschland war Kurt Blumenfeld einer der einflußreichsten. Er war ein sehr guter Redner; in kleinem Kreis wirkte er noch überzeugender, und es gelang ihm, die Unterstützung vieler führender Nichtzionisten, Juden wie Nichtjuden, für die Kolonisierungsarbeit in Palästina zu gewinnen. Der in Prag geborene Robert Weltsch war Redakteur des einflußreichsten zionistischen Organs jener Zeit, der *Jüdischen Rundschau,* und hat übrigens viele der Reden Weizmanns geschrieben. Die *Jüdische Rundschau* wurde oft kritisiert, weil sie in der Unterstützung Weizmanns päpstlicher war als der Papst (in der Araberfrage, in der Frage des jüdischen Staates), doch bestritt niemand ihr hohes kulturelles Niveau. Die Zeitschrift genoß großes Ansehen und hatte einen bedeutenden erzieherischen Einfluß, der weit über die Grenzen Deutschlands hinausreichte. Nahum Goldmann, der in Osteuropa geboren und in Deutschland erzogen wurde, begann schon in jungen Jahren eine führende Rolle in der zionistischen Politik zu spielen. Er gehörte zu jenen radikalen Zionisten, die in Opposition zu Weizmann standen, aber wie Motzkin und Grün interessierte auch er sich mehr für die Diasporapolitik als für Palästina. Wenngleich er an Arlosoroff nicht heranreichte, war er ein ausgezeichneter Redner und ein gewandter Diplomat. In der zionistischen Bewegung erlangte er erst in den dreißiger Jahren eine führende Stellung.

Louis Lipsky war der begabteste und bedeutendste Anhänger Weizmanns in Amerika. Er verfügte über beträchtliche intellektuelle und künstlerische Fähigkeiten, war ein ausgezeichneter Organisator und hat zwei Generationen amerikanischer Zionisten herangebildet. Schon frühzeitig wurde er Generalsekretär der *American Zionist Federation* und übernahm nach der Niederlage der Brandeis-Mack-Fraktion deren Führung. Der amerikanische Zionismus hatte noch andere hervorragende Führer, beispielsweise Rabbi Stephen Wise, der ein fulminanter Redner war, aber neben dem Zionismus noch viele andere Interessen pflegte: jedes humanitäre Anliegen fand in diesem radikalen Demokraten einen herzlichen Befürworter. Da war ferner Rabbi Abba Hillel Silver, ebenfalls ein feuriger Redner und ein früher Zionist, der in den vierziger Jahren eine führende Rolle übernahm. Der in England geborene Jacob de Haas, der Brandeis für den Zionismus gewonnen hatte, stand eine Zeitlang im Vordergrund, schied jedoch nach Brandeis' Rücktritt aus der Leitung aus. Nur wenige führende Zionisten Amerikas widmeten sich ausschließlich dem Zionismus, und keiner von ihnen, ausgenommen Henrietta Szold, Magnes und in späteren Jahren Israel Goldstein, ließ sich in Jerusalem nieder.

Die Liste hervorragender Zionisten ist nicht nur unvollständig, sie ist auch in gewisser Hinsicht irreführend. Die wirkungsvollsten Redner, die am meisten im Rampenlicht stehenden Führer waren nicht unbedingt jene, die das Rückgrat der Bewegung bildeten. Manche führende Theoretiker der Frühzeit wie Idelson, Jacob Klatzkin oder Pasmanik, die heute vergessen sind, hatten zu ihrer Zeit bedeutenden Einfluß, wenn auch ihre Ideen oft umstritten waren. Arthur Ruppin, dessen Rolle in der Geschichte des Zionismus bereits erwähnt wurde, war viele Jahre lang im Aktionskomitee der Experte für alle Fragen der jüdischen Siedlungstätigkeit. In den Berichten über die dramatischen Debatten und die denkwürdigen Entscheidungen taucht sein Name nicht oft auf. Er war der Mann der praktischen Arbeit, erfüllte seine

Aufgabe unauffällig und mit ungewöhnlicher Hingabe und mied so weit wie möglich das Rampenlicht. Aber im Rückblick erweist sich, daß seine Arbeit in den Annalen des Zionismus an Bedeutung nicht ihresgleichen hat. Es gab noch mehr solche Männer, unbesungene Helden der Bewegung, ohne die der Zionismus ein Debattierklub geblieben wäre, ein Parlament ohne Land, zweifellos interessant, aber ohne praktische Folgen.

Zionistische Parteien

Die Zionistische Weltorganisation bestand sowohl aus separaten Vereinigungen, wie dem Misrachi und den zionistischen Arbeiterparteien, als auch aus Landesverbänden, deren Mitglieder das Basler Programm unterstützten, aber an keine Parteidisziplin gebunden waren. Vor dem Zweiten Weltkrieg gab es fünfzig solche Verbände, und ihre Mitglieder galten als Allgemeine Zionisten. Der Allgemeine Zionismus war also faktisch die erste zionistische Partei, aber die letzte, die sich als solche konstituierte. Sie stellte die Hauptströmung dar, denn die Bewegung selbst war allgemein zionistisch. Der Begriff *Allgemeiner Zionismus* wurde erst 1907 geprägt, als innerhalb der Bewegung andere Parteien auftraten[44].

Der Allgemeine Zionismus war amorph, »eine Verbindung vieler Ansichten, ohne gemeinsame Ideologie[45]«. Da zwischen den Landesverbänden keine festen Verbindungen bestanden, kamen sie stark an Zahl, aber gespalten und ohne einheitliches Aktionsprogramm zu den Kongressen. Auf dem elften Kongreß in Karlsbad stellten sie 73 Prozent aller Delegierten; später gingen sie zurück, während sowohl die Rechte als auch die Linke wesentlich stärker wurden. In den Jahren 1923 bis 1925 betrug der Anteil der *Allgemeinen Zionisten* 50 bis 60 Prozent; 1931 hatten sie nur noch 36 Prozent und waren überdies in drei Richtungen gespalten. Auf der ersten Allgemeinen Zionistischen Weltkonferenz in Basel im Jahre 1931 wurde versucht, die drei Fraktionen zusammenzuführen, aber dies gelang nur zum Teil. Auch der Versuch, ein eigenes Programm des Allgemeinen Zionismus auszuarbeiten, war nicht sehr überzeugend. Felix Weltsch erklärte, der Allgemeine Zionismus sei nicht bloß gleichbedeutend mit Äquidistanz zwischen Links und Rechts, zwischen Kapitalismus und Sozialismus, zwischen religiöser Orthodoxie und Atheismus; zwischen einer aggressiven und einer nüchtern-realistischen Politik; er bedeute weder eine Politik des passiven Kompromisses noch den Weg des geringsten Widerstandes, sondern eine positive, bewußte und durchdachte Entscheidung zugunsten der Mitte und der Einheit der Bewegung[46]. Solche Überlegungen mögen Felix Weltsch und einige seiner intellektuellen

Freunde bewogen haben, den Allgemeinen Zionismus zu unterstützen, aber die meisten seiner Funktionäre und Mitglieder fühlten sich gerade deshalb zu ihm hingezogen, weil er keine Bewegung der Extreme war.

Der Allgemeine Zionismus wurde von innerer Zwietracht geplagt. 1923 spalteten sich die *Demokratischen Zionisten* ab und gründeten eine Fraktion, die in Opposition zu Weizmann stand. Sie lehnten unter anderem den Plan einer erweiterten Jewish Agency ab und behaupteten außerdem, Weizmann lege nicht genügend Gewicht auf die Stärkung der zionistischen Organisationen in der Diaspora. Außerdem, hieß es, sei er in seiner Außenpolitik zu probritisch[47]. Der Hauptsprecher dieser Fraktion war J. Grünbaum, dessen polnische Gruppe *(Al Hamischmar)* den Kern der Opposition bildete. Sie wurde von Nahum Goldmann und einigen seiner Berliner Freunde unterstützt sowie von einer rumänischen Gruppe *(Renastrerea)* und mehreren kleinen Fraktionen in Österreich und der Tschechoslowakei. 1927 wurde die Opposition in *Radikaler Zionismus* umbenannt. In ihrem Programm versuchte sie die Weizmann-Gruppe sowohl von rechts als auch von links zu überholen. Im Gegensatz zu Weizmann betonte sie die Notwendigkeit, in Palästina eine jüdische Mehrheit zu erreichen und einen jüdischen Staat als Endziel des Zionismus zu proklamieren. Zugleich forderten sie ein demokratisches jüdisches Leben in der Diaspora, was vermutlich als Anspielung auf Weizmanns »Diktatur« gemeint war. Obgleich die meisten Juden dem Aufbau Palästinas wohlwollend gegenüberstanden, waren sie doch noch nicht für den Zionismus gewonnen, und dies zu erreichen war nach Ansicht der Radikalen eine der dringlichsten Aufgaben der Bewegung. Kurz gesagt, sie forderten eine militantere und dynamischere Politik, ohne jedoch immer im einzelnen sagen zu können, welchen Kurs sie zum Unterschied von Weizmann einschlagen wollten. Außerdem waren einige ihrer Forderungen miteinander unvereinbar[48].

Der Radikale Zionismus war ebenso wie der Allgemeine Zionismus mehr eine Strömung als eine politische Partei. Seine frühen Manifeste wurden nicht nur von Grünbaum und Goldmann unterzeichnet, sondern auch von Jabotinsky, Schechtman, Stricker und anderen Revisionisten, die bald darauf ihre eigene Organisation gründeten. Die Radikalen Zionisten gewannen zu keiner Zeit die Unterstützung eines wesentlichen Teils der Bewegung. In den Wahlen von 1927 erhielten sie nur sechs Prozent aller Stimmen, und zwei Jahre später sank ihr Anteil auf vier Prozent. Daraufhin kehrten Grünbaum, Goldmann und die meisten ihrer Anhänger wieder in den Schoß des Allgemeinen Zionismus zurück, wo sie gemeinsam mit den deutschen, den englischen und den amerikanischen Führern die »A-Fraktion« bildeten, im Gegensatz zu deren Rivalen, der »B-Fraktion«, die von Ussischkin, Mossinson, Bograschow, Schwarzbart, Rottenstreich, Schmorak,

Suprasky und F. Bernstein geleitet wurde. Auf dem Kongreß von 1935 hatte die A-Fraktion 81 Vertreter, die B-Fraktion 47.

Alle Allgemeinen Zionisten stimmten darin überein, daß das nationale Interesse stets Vorrang vor Parteiinteressen haben sollte. Da jedoch die beiden Flügel sich sowohl in der Interpretation der nationalen Interessen und in der Einstellung zu Weizmanns Außenpolitik als auch in ihren sozialen und ökonomischen Auffassungen unterschieden, konnte eine solche bloß verbale Übereinstimmung auf lange Sicht die Einheit nicht gewährleisten. Die »A-Fraktion« befürworte eine enge Zusammenarbeit mit dem Arbeiterzionismus und empfahl die Einbeziehung der allgemein-zionistischen Arbeiter in den Rahmen der Histadrut, während die »B-Fraktion« (der *Weltverband*) nach rechts tendierte und die Gründung separater Gewerkschaften außerhalb der von den Sozialisten beherrschten Histadrut bevorzugte. Die »B-Fraktion« erklärte sich schon 1931 für einen jüdischen Staat, während die Anhänger Weizmanns dagegen auftraten, weil sie es für verfrüht hielten. Die »B-Fraktion« wollte den Allgemeinen Zionismus in eine politische Partei umwandeln, deren Entscheidungen für alle bindend sein sollten, während die Weizmannianer eine lockere Konföderation bevorzugten. Nach der Spaltung von 1935 schlossen sich die meisten Allgemeinen Zionisten der »A-Fraktion« an, die auf dem letzten Vorkriegskongreß über 143 Delegierte verfügte, während die »B-Fraktion« bloß 28 Vertreter stellte. Nach dem Krieg, im Dezember 1946, entstand eine neue Weltkonföderation der Allgemeinen Zionisten; die Rivalität dauerte jedoch an, und bei den ersten Parlamentswahlen im Staate Israel spalteten sich die Allgemeinen Zionisten in nicht weniger als sieben Listen. Die meisten Mitglieder der »A-Fraktion« schlossen sich schließlich der Fortschrittspartei an, während die Mitglieder der »B-Fraktion« eine Allgemeine Zionistische Partei gründeten, die sich später mit den Revisionisten (Cherut) vereinigten. Außerhalb Israels spielten amerikanische Führer wie Abba Hillel Silver und später Israel Goldstein eine prominente Rolle im Allgemeinen Zionismus, soweit er noch weiterbestand.

Der religiöse Zionismus

Die Entstehung des Arbeiterzionismus und des Revisionismus sowie deren Entwicklung wurden an anderer Stelle geschildert. Der religiöse Zionismus, wie der Misrachi ihn repräsentiert, war weniger bedeutend, doch wäre keine Untersuchung über die zionistische Bewegung vollständig, welche die Rolle dieser Gruppe – einer der ältesten in der jüdischen Nationalbewegung – außer acht ließe.

Die orthodoxen Zionisten führen ihre Wurzeln auf den mittelalterlichen Weisen Ramban zurück, welcher der Überlieferung zufolge vor etwa 650 Jahren nach Jerusalem kam, dort nur zwei Juden vorfand und daraufhin beschloß, für die Verstärkung der jüdischen Ansiedlung in Palästina zu wirken. Als ihre Vorläufer betrachten sie Rabbi Israel Baal Schem Tow aus dem achtzehnten und die Rabbis Kalischer und Gutmacher (einen führenden Kabbalisten) aus dem neunzehnten Jahrhundert, in deren Denken der Wiederaufbau Palästinas eine bedeutende Rolle spielte. Unter den Zionsfreunden gab es mehrere hervorragende Rabbiner, wie Eisberg und Mohilewer, aber die Organisation der orthodoxen Judenschaft, der Misrachi, entstand erst mehrere Jahre, nachdem Herzl dem Zionismus einen neuen Anstoß gegeben hatte. Treibende Kraft der Konferenz von Wilna (1902) und Gründer des Misrachi war Isaac Jacob Raines, Rabbiner von Lida. Nach den Worten seines Biographen kannte er keine andere Sprache als Hebräisch, verfügte über keine Allgemeinbildung, war aber »ein Mann mit viel Weisheit und Wissen, ein Talmudgelehrter, ein Genie, ein Prediger der seltensten Art, der auf dem Gebiet der Schriften der Haggada bahnbrechend wirkte[49]«. Raines hatte mit den Zionsfreunden sympathisiert, beschloß aber nach langem Überlegen, sich dem Herzlschen Zionismus anzuschließen. Nachdem er die Argumente der ultraorthodoxen Rabbiner gegen den Zionismus erwogen und verworfen hatte, gelangte er zu folgender Ansicht: Wer behauptete, das zionistische Ideal habe irgend etwas mit Freidenkertum zu tun, der setze sich dem Verdacht aus, selber ein Lästerer heiliger Dinge zu sein[50].

In der Konferenz von Wilna und auf einer späteren Tagung in Minsk kam es zu keiner Einigung zwischen denen, die meinten, der Misrachi sollte innerhalb der zionistischen Bewegung als Aufpasser fungieren, das heißt, dafür sorgen, daß die Bewegung nicht in die Hände der »Freidenker« gerate, und jenen, die der Ansicht waren, eine völlig negative Haltung würde auf lange Sicht wirkungslos bleiben, weshalb der Misrachi sich auch an konstruktiver Arbeit, wie Erziehung und Ansiedlung, beteiligen sollte. Dies waren jedoch mehr taktische als prinzipielle Differenzen. Die Mitglieder des Misrachi haben stets darin übereingestimmt, daß die Organisation grundsätzlich darauf abziele, »die zionistischen Institutionen in die Hand zu bekommen« und unter den Juden Palästinas eine religiöse Mehrheit zu schaffen[51]. Die Konstruktivisten gewannen die Oberhand, und es wurde beschlossen, daß der Misrachi Mittel zur Errichtung einer modernen Jeschiwa in Lida, einer Schule in Tel Aviv und eines Lehrerseminars in Jerusalem aufbringen solle. Wegen der Schwierigkeiten, denen die Bewegung im zaristischen Rußland gegenüberstand, wurde der Sitz der Leitung des Misrachi von Lida nach Frankfurt und später nach Hamburg-Altona verlegt.

Zuerst wurde wenig geleistet. Der Misrachi war damals eine lose

Föderation örtlicher Gruppen, zusammengehalten von ihrem religiösen und nationalen Glauben und dem Wunsch, Druck auf die »demokratische Fraktion« (Sokolow, Weizmann, Motzkin) auszuüben, die danach strebte, die Bewegung sowohl für kulturelle und erzieherische als auch für politische und kolonisatorische Ziele einzusetzen. Da es für den Misrachi a priori unannehmbar war, Nichtorthodoxen Erziehungsarbeit anzuvertrauen, kam es zu einer Krise, als auf dem zehnten Zionistenkongreß beschlossen wurde, das Programm der »demokratischen Fraktion« zu akzeptieren. Die streng orthodoxen Elemente, vor allem in Deutschland und Ungarn, beschlossen daraufhin, aus der zionistischen Bewegung auszutreten, doch die große Mehrheit verblieb darin[52].

Während seiner ganzen Geschichte wurde der Misrachi von den Zwistigkeiten zwischen jenen zerrissen, die sich in erster Linie als Zionisten betrachteten, und jenen, welche die Orthodoxie über den Zionismus stellten. Die Ideologie des Misrachi ist ein Kompromiß zwischen zwei Extremen: Sie lehnt den Zionismus als eine rein weltliche Bewegung ab und behauptet, die geistigen und moralischen Werte Europas hätten nur begrenzten Wert, eine jüdische Nation ohne Religion wäre nur ein Leib ohne Seele, und Religion und Nation bildeten eine unauflösliche Einheit[53]. Mit anderen Worten, die Religion müsse der Kern des Zionismus sein und die religiöse Tradition müsse wieder das Gesetz des Landes Israel werden. Doch vertrat der Misrachi, im Gegensatz zur Agudat Israel, stets die Ansicht, religiöser Glaube ohne nationalen Geist sei bloß ein »halber Judaismus«, und bestand, wiederum im Gegensatz zu den Ultra-Orthodoxen, darauf, daß das Hebräische die Sprache sowohl des geistlichen als auch des weltlichen Lebens sein müsse. Auf dem Kongreß von Antwerpen (1926) wurde die Misrachi-Ideologie in einer kurzen Formel zusammengefaßt: »Der Misrachi ist eine zionistische, nationale und religiöse Föderation, die im Einklang mit den geschriebenen und überlieferten Gesetzen die Errichtung einer nationalen Heimstätte des jüdischen Volkes in Palästina anstrebt.«

Zwei der jüngeren und aktivsten Führer, die Rabbiner Meir Berlin und Y. L. Fishman, hielten sich während des Ersten Weltkrieges in Amerika auf, wo sie beim Aufbau der Organisation mitwirkten. Das Jahr 1922 war ein Meilenstein in der Geschichte der Bewegung: Der Sitz der Leitung wurde nach Jerusalem verlegt und eine Arbeitersektion, *Hapoel Hamisrachi,* gegründet. In ihrer Frühzeit war die Bewegung von Rabbinern beherrscht, doch langsam gewannen auch Laien einen größeren Anteil an der Führung. Einer von ihnen, Professor Hermann Pick, wurde als erster Misrachi-Vertreter ins Zionistische Aktionskomitee gewählt. In den zwanziger und dreißiger Jahren legte man besonderes Gewicht auf die erzieherische Tätigkeit, sowohl in

Palästina als auch in Osteuropa. Eine Frauengruppe wurde gegründet, und die Jugendsektion gewann viele Mitglieder. In Palästina gründete der Misrachi eine eigene Bank und eine Bauarbeitergenossenschaft. Später, nach der Ankunft der ersten Mitglieder des Hapoel Hamisrachi, wurden mehrere Kibbuzim und Vorortesiedlungen gegründet, beispielsweise Sanhedria in Jerusalem. Die zehn Kibbuzim des Hapoel Hamisrachi umfaßten 1967 etwa viertausend Mitglieder.

In der zionistischen Politik unterstützte der Misrachi zunächst Weizmann, wandte sich aber später gegen ihn, um sich der rechten Opposition gegen die Arbeiterparteien anzuschließen. Der Misrachi war im Grunde eine bürgerliche Partei und protestierte daher 1931 gegen die Übernahme der zionistischen Leitung durch die Linke. Dieser Kurs führte zu Zwistigkeiten. Die orthodoxe Arbeitersektion, die sich später der Histadrut anschloß, stellte sich gegen diese Wendung nach rechts. Sie befürwortete einen »jüdischen Sozialismus« und erklärte, Sozialismus müsse nicht unbedingt materialistisch und atheistisch sein; im Gegenteil, ein Sozialismus, der auf der biblischen Auffassung von sozialer Gerechtigkeit beruhe, sei sowohl legitim als auch wünschenswert. Die Misrachi-Führung war von diesen kritischen Stimmen zunächst nicht besonders beeindruckt. Ihr Unvermögen, die palästinensische und die zionistische Politik im Sinne der jüdischen Orthodoxie zu beeinflussen, führte sogar zu einer weiteren Verhärtung ihrer Haltung.

Auf der Krakauer Konferenz im Jahre 1933 beschloß der Misrachi, seinen Kampf gegen die Nichtorthodoxen sowohl in der zionistischen Bewegung als auch in den gewählten Gremien der palästinensischen Judenschaft zu intensivieren[54]. Dies verursachte weitere Reibungen in seinen Reihen. Der deutsche Misrachi trat 1931 aus dem Weltbund aus (zum Teil aus Protest gegen die Anti-Weizmann-Linie), und auch in Großbritannien, in Österreich und in der Schweiz sowie in Palästina erhob sich Widerstand gegen den neuen Kurs. Der Hapoel Hamisrachi wies nicht ohne guten Grund darauf hin, daß die Bewegung sich durch Verfolgung engstirniger Klasseninteressen gerade von jenen Massen abscheiden würde, die sie im Geiste der jüdischen Tradition beeinflussen wollte. Die Einheit wurde nach mehrjährigem Streit wiederhergestellt, der Hapoel Hamisrachi ging jedoch aus diesem Konflikt erheblich gestärkt hervor und war nun in seiner Haltung und Politik selbständiger.

Jugendbewegungen

Als der Zionismus erstmals die europäische Szene betrat, wurde er vor allem von der jungen Generation unterstützt, und seither haben die Jugendbewegungen stets eine bedeutende Rolle in seiner Geschichte gespielt. Die *Biluim* waren junge Männer und Mädchen um die zwanzig, und die zweite und die dritte Einwandererwelle bestanden zum Großteil aus Angehörigen dieser Altersgruppe. Die ersten Zionisten in Mittel- und Westeuropa waren Studenten, die Verbindungen bildeten wie die *Kadima* in Wien. Eine weitere *Kadima* wurde lange vor Herzl 1887 in London gegründet. Ähnliche Verbindungen entstanden 1886 in Breslau, 1890 in Heidelberg *(Badenia)*, 1892 in Berlin *(Jung Israel)*, in Czernowitz *(Hasmonea)* und an mehreren anderen Universitäten. Es war dies eine Form der Reaktion auf die zunehmende antisemitische Bewegung, die ihre Bastionen an den Hochschulen hatte. Manche dieser Verbindungen betrachteten die kulturelle Arbeit unter ihren Mitgliedern als ihre Hauptaufgabe, andere legten das Schwergewicht auf physische Leistungen. Es war nicht ungewöhnlich, daß sie Duelle mit antisemitischen Studenten provozierten, um sich selbst und anderen zu beweisen, daß Juden keine Feiglinge seien. Diese Studentenverbindungen akzeptierten den Zionismus nur allmählich, aber nachdem dies einmal geschehen war, wurden sie zum Rückgrat der Bewegung in Deutschland und Österreich und stellten in späteren Jahren deren Führung.

In den Jahren 1913–1914 organisierten Studenten in Deutschland Gruppenreisen nach Palästina. Am Vorabend des Ersten Weltkrieges vereinigten sich die örtlichen Verbindungen zum KJV *(Kartell Jüdischer Verbindungen)*, das im mitteleuropäischen Zionismus nach 1918 eine wichtige Rolle spielen sollte. Während die Studentenbewegung vor dem politischen Zionismus existierte, wurde der Gedanke, die körperliche Ertüchtigung zu fördern, erstmals auf dem zweiten Zionistenkongreß von Max Nordau und Professor Mandelstam zur Diskussion gestellt. Er erhielt einen neuerlichen Anstoß auf dem fünften Kongreß, als Nordau den Begriff des *Muskeljudentums* prägte. *Bar Kochba*, der erste große jüdische Sportverein, wurde 1898 in Berlin gegründet. Diese Bewegung breitete sich schnell auf andere Länder aus, und auf dem sechsten Kongreß wurde die Bildung einer internationalen Vereinigung zionistischer Sportverbände beschlossen. Auf dem Karlsbader Kongreß 1921 wurde daraus die Makkabi-Weltvereinigung, die 1930 rund 40.000 Mitglieder in vierundzwanzig Ländern zählte. 1932 wurde in Tel Aviv die erste jüdische Olympiade *(Makkabia)* abgehalten. Einige der teilnehmenden Vereine erzielten hervorragende Leistungen, vor allem im Turnen und im Boxen (Deutschland), sowie im Schwimmen, im Skifahren und in der Leichtathletik (Österreich und Tschechoslowakei). Viele Burschen und Mädchen gelangten durch diese Vereine zum Zionismus. Es wäre falsch, anzunehmen, daß die zionistische Bewegung zur Gänze nur aus intensiven ideologischen Diskussionen und aus dem Studium der Werke Borochows und Bubers hervorgegangen ist. Die besondere Betonung der körperlichen Ertüchtigung, die in den jüdischen Gemeinden traditionell vernachlässigt worden war, bildete einen Teil der zionistischen Kampagne zur Normalisierung des jüdischen Lebens und wurde möglicherweise von der tschechischen Sokol-Bewegung beeinflußt.

Eine unabhängige jüdische Jugendbewegung, die nicht von Erwachsenen geleitet wurde und ihre eigene Jugendkultur entwickelte, entstand in den Jahren 1912–1913 mit der Gründung des Jugendbundes *Blau-Weiß* in Breslau und Berlin. Der Einfluß der deutschen Jugendbewegung *Wandervogel* war dabei erheblich: *Blau-Weiß* wählte die gleichen Organisationsformen. Seine Mitglieder sangen dieselben Lieder wie die Wandervögel, gingen gleich diesen auf Wanderungen und Fahrten. Sie waren vom gleichen neuromantischen Geist durchdrungen, vom Protest gegen den vulgären Materialismus und die künstlichen Konventionen der Gesellschaft, vom Wunsch nach Rückkehr zu einer natürlicheren, ehrlicheren und spontaneren Lebensweise. Die Eingliederung der jungen Juden in den deutschen *Wandervogel* wurde zum Teil durch das Auftauchen antisemitischer Tendenzen in dieser ursprünglich unpolitischen Bewegung verhindert: Einige deutsche Gruppen führten einen *numerus clausus* ein, andere verweigerten die Aufnahme von Juden, und 1913 erhob sich im ganzen Land eine Diskussion, ob Juden überhaupt Mitglieder werden könnten und sollten[55]. Außerdem fühlten viele sonst völlig assimilierte Juden, daß für sie kein Platz in einer Bewegung sein konnte, die sich so oft auf den mystischen Volksgeist berief, der zutiefst von Teutschtümelei und Christentum geprägt war.

Bei Kriegsausbruch meldeten sich die Mitglieder der jüdischen Judendbewegungen in Deutschland und Österreich freiwillig zum Wehrdienst. Während das Kriegserlebnis viele ihrer Zeitgenossen zu noch größerem Patriotismus anspornte, mußten viele junge Juden entdecken, daß sie, ungeachtet ihres rechtlichen Status, von ihren Kameraden und Offizieren nicht als vollwertige Deutsche betrachtet wurden. Bei manchen führte die erste Berührung mit dem osteuropäischen Judentum zu einer Wiederentdeckung ihrer jüdischen Identität. Die Vereinigung *Blau-Weiß,* die von allem Anfang an mit dem Zionismus sympathisiert hatte, wurde während des Krieges vollends dazu bekehrt, wenngleich die Diskussion über die Frage »Was ist jüdisch?« weiterging. Trotz all ihrer Bindungen an den Zionismus war die Bewegung völlig von deutscher Kultur geprägt. Einer ihrer Führer bekannte, daß seine »Träume unter den Fichten des Nordens« und nicht unter den Palmen des Orients gereift seien. Andere gaben zu, daß ihnen die alten deutschen Lieder besser gefielen als die künstlichen hebräischen, deren Bedeutung sie nicht verstanden. Auf einer Jugendversammlung in Berlin im Oktober 1918 erklärte ein Sprecher von *Blau-Weiß,* der Zionismus müsse vom toten Ballast der Tradition befreit werden; zu einer nationalen Wiedergeburt gehöre nicht unbedingt die wahllose Übernahme abgenützter religiöser Dogmen und kultureller Auffassungen[56].

Solche ketzerischen Ansichten verursachten einen Sturm der Entrüstung, aber Entrüstung allein war keine ausreichende Antwort auf die Fragen nach dem jüdischen Inhalt; die deutsche Jugendbewegung diente der zionistischen Jugend auch weiterhin als organisatorisches Vorbild und geistige Anregung. In einer entscheidenden Hinsicht ging die zionistische Jugend jedoch weit über den *Wandervogel* hinaus: Auf einer Versammlung des *Blau-Weiß* in Brünn im Jahre 1922 wurde eine Entschließung angenommen, in der die Mitglieder verpflichtet wurden, nach Palästina auszuwandern und dort gemeinsam zu arbeiten und zu leben. Es war stets die große Schwäche der deutschen Jugendbewegung, daß sie trotz aller feierlichen Verpflichtungserklärungen ihrer Mitglieder stets nur ein Durchgangsstadium war: Die meisten Mitglieder fielen ab, sobald sie die Mittelschule absolviert hatten.

Die jüdische Jugendbewegung wollte erreichen, was der deutschen Jugendbewegung nicht gelungen war, nämlich einen Lebensbund zu stiften, nicht bloß ein Sommerlager, sondern eine Gemeinschaft fürs Leben. Die ersten Mitglieder des *Blau-Weiß* fuhren 1921 und 1922 nach Palästina, andere folgten in den Jahren 1923 und 1924 und errichteten eine kleine landwirtschaftliche Siedlung sowie eine Werkstätte in der Stadt. Diese Versuche schlugen fehl, teils, weil die Mitglieder für die Arbeit in Palästina nicht genügend vorbereitet waren, teils wegen der Wirtschaftskrise von 1925–1926. *Blau-Weiß* hörte 1927 zu bestehen auf, doch bedeutete dies keineswegs das Ende der zionistischen Jugendbewegung in Deutschland; viele ihrer Mitglieder gelangten später nach Palästina.

In den zwanziger und frühen dreißiger Jahren entstanden mehrere neue zionistische Jugendbewegungen *(JJWB, Brit Haolim, Kadima, Habonim, Werkleute).* Manche von ihnen errichteten später in Palästina ihre eigenen Kibbuzim (die *Werkleute* in Hazorea), während Mitglieder anderer Bünde, wie die des religiösen *Bachad,* sich Kollektiv- oder Genossenschaftssiedlungen anschlossen. Vom ideologischen Standpunkt betrachtet, waren diese Gruppen mit ihren endlosen Diskussionen über kulturelle und politische Fragen eine faszinierende, ständig wechselnde Mischung von sozialistischen oder zumindest antikapitalistischen Elementen (wobei Marx und Gustav Landauer den stärksten Einfluß darstellten), Kulturzionismus (Buber), deutscher Jugendbewegung und in zunehmendem Maße von *Chaluziut,* der Verpflichtung zu einem Arbeitsleben in Palästina. Nicht alle, die sich zum Eintritt in einen Kibbuz verpflichtet hatten, traten dann auch wirklich in einen solchen ein, und von jenen, die es taten, blieben nicht alle. Am Ende aber war der Prozentsatz der deutschen Juden, die in die Landwirtschaft gingen, höher als jener der Einwanderer aus allen anderen Ländern.

Die Machtergreifung Hitlers gab der zionistischen Jugendbewegung neuen Auftrieb. Die Mitgliederzahl des *Hechaluz,* der in Deutschland in den frühen zwanziger Jahren auf Anregung Arlosoroffs und anderer gegründet worden war, stieg nach 1933 auf 15.000, von denen innerhalb der folgenden drei Jahre 7000 nach Palästina gingen, wo die meisten bereits bestehenden Kibbuzim beitraten. Von den sechzehnjährigen und noch jüngeren Mitgliedern gelangten mehrere Tausend mit der Jugend-Alija nach Palästina, einem Unternehmen, das von der amerikanischen Zionistenführerin Herietta Szold geleitet wurde. Dort wurden sie in Kinderdörfern (wie Ben Schemen) und in Kibbuzim aufgenommen, wo sie in zweijährigen Ausbildungskursen die Grundlagen der Landwirtschaft und die hebräische Sprache erlernten und auch eine gewisse Allgemeinbildung erhielten.

Der Einfluß der deutschen Jugendbewegung beschränkte sich nicht auf die deutschsprachigen Länder Mitteleuropas, sondern war auch in Osteuropa erheblich. Der bereits erwähnte Haschomer Hazair entstand als ein Jugendverband, der sich zu den Grundsätzen der Pfadfinder bekannte[57]. Seine Wiege war Galizien. Während der Kriegsjahre kamen einige seiner Führer in Kontakt mit Mitgliedern der deutschen und der österreichischen jüdischen Jugendbewegung und den Pionieren einer neuen, freien Erziehung (S. Bernfeld). Ihre Vorhut erreichte in den Jahren 1920 und 1921 Palästina. Gleich den *Blau-Weißen* waren auch sie zunächst noch keineswegs überzeugte Zionisten. Nietzsches Gedanken von der Verwirklichung des einzelnen spielten in ihrer Weltanschauung eine wichtige Rolle. Später verbreitete sich die Bewegung von Galizien aus nach Polen, Rumänien, Litauen und in viele andere Länder.

1930 zählte der Haschomer Hazair 34.000 Mitglieder und war die weitaus stärkste jüdische Jugendbewegung. Er war inzwischen uneingeschränkt zionistisch und radikal sozialistisch geworden und bekannte sich zur Kibbuz-Idee. Nicht alle Mitglieder bestanden die Prüfung: Viele schieden aus persönlichen Gründen aus, andere, weil sie die ideologische Ausrichtung der Bewegung nicht mehr akzeptierten. Linke Kritiker behaupteten, es könne keine Synthese zwischen den Zielen des Zionismus und denen des revolutionären Sozialismus geben. Sie sahen einen »tragischen Konflikt« zwischen diesen beiden und entschieden sich angesichts des Vorrangs der Weltrevolution für den Kommunismus, in einigen Fällen auch für den Trotzkismus. Der rechte Flügel (hauptsächlich in Lettland und in der Tschechoslowakei) war hingegen der Auffassung, in der Bewegung werde bereits viel zu viel Politik betrieben. Zur Abspaltung kam es auf der dritten Weltkonferenz des Haschomer Hazair im Jahre 1930. Die meisten Mitglieder dieser Gruppe stießen später zur Mapai.

Am Vorabend des Zweiten Weltkrieges zählte die Weltbewegung des Haschomer Hazair etwa 70.000 Mitglieder. Während des Krieges spielten jene, die in den besetzten Ländern Osteuropas lebten, sowie die Mitglieder anderer zionistischer Jugendorganisationen eine führende Rolle im Kampf gegen den Nazismus. Viele kamen ums Leben. Von den wenigen Überlebenden gingen die meisten nach dem Krieg nach Israel. Die größten jüdischen Gemeinden in Europa hatten zu bestehen aufgehört, und mit ihnen ihre Jugendverbände, aber Zweige des Haschomer Hazair (wie die *Habonim* und die religiösen Jugendbewegungen) wirkten weiter in Westeuropa, Nord- und Südamerika, Nord- und Südafrika, Australien sowie in den meisten jüdischen Gemeinden der ganzen Welt.

Der Haschomer Hazair war viele Jahre lang die stärkste Jugendbewegung, doch war er keineswegs allein auf dem Feld, nicht einmal bei der Linken, ganz abgesehen von der bereits erwähnten revisionistischen Organisation *Betar*. 1923–1924 wurde in Polen die *Gordonia* gegründet, eine Jugendbewegung, die im allgemeinen zur zionistischen Linken tendierte. Sie wurde stark vom Gedankengut Gordons und der deutschen Jugendbewegung beeinflußt, bekannte sich aber im Gegensatz zum Haschomer Hazair eher zu einem humanistischen Sozialismus als zum Marxismus[58]. Sie orientierte sich auf das Leben in der Kwuza, doch wollte sie in ihren Anfangszeiten auch andere Formen der landwirtschaftlichen Ansiedlung in Palästina nicht ausschließen. In den dreißiger Jahren vereinigte sich die *Gordonia* mit dem *Makkabi Hazair;* ihre Hauptstützpunkte befanden sich in Osteuropa. 1929 kamen die ersten Gordonia-Mitglieder nach Palästina und gründeten eine Gemeinschaftssiedlung.

Zusätzlich zu den erwähnten entstanden zwischen den beiden Weltkriegen noch Dutzende zionistische Jugendverbände, manche bestanden auch nach 1945 weiter. In Polen gab es die Jugendbewegung *Dror-Freihait,* in den Vereinigten Staaten *Young Judaea* und später *Avuka,* eine Studentenverbindung mit Organisationen an mehr als zwanzig Universitäten. Die *Habonim* entstanden in den frühen dreißiger Jahren im Londoner East End und breiteten sich dann auf andere englischsprachige Länder sowie auf Schweden und Holland aus. Im Laufe der Jahre beteiligten sich die Mitglieder an der Gründung von vier Kibbuzim (Kfar Blum, Kfar Hanassi, Amiad und Beth Haemeq).

1951 wurde ein Habonim-Weltbund gegründet, dessen Zentrale sich in Tel Aviv befindet.

Manche dieser Bewegungen waren nur von kurzer Dauer. Ihre ideologischen Diskussionen, wie auch die anderer Jugendgruppen, wirken im Rückblick oft merkwürdig. Aber gleich anderen Jugendbewegungen sollten auch sie nicht nach dem Grad ihrer politischen Reife beurteilt werden. Vor allem ging es bei ihnen um das Gemeinschaftserlebnis und das Zusammengehörigkeitsgefühl ihrer Mitglieder, und so gesehen spielten diese Bewegungen in der Geschichte des Zionismus eine wichtige Rolle. Unter den heutigen führenden Persönlichkeiten des Staates Israel gibt es wohl kaum welche, die nicht irgendeinmal einer dieser Organisationen angehört hatten.

Zu einer Zeit, in der die Familienbindungen sich lockerten und der Protest gegen die Schule und andere Formen der Autorität sich ausbreitete, boten diese Jugendbewegungen neue Ideale und Werte, die Aussicht auf eine nationale Wiedergeburt und auf eine neue, bessere Lebensweise. In gemeinsamen Aktivitäten, wie Diskussionen, Seminaren, Sporttreffen, Lagern und Ausflügen, entwickelte sich ein Gemeinschaftsgeist. Die Mitglieder dieser Bewegungen lernten Hebräisch und die wesentlichen Fakten aus der jüdischen Geschichte und Kultur. Sie betrachteten das Leben in Palästina und insbesondere in den Gemeinschaftssiedlungen nicht bloß als einen Teil der schon lange überfälligen Lösung der Judenfrage, sondern als die beste Lebensweise für idealistische junge Männer und Frauen. In dieser Hinsicht unterschied sich die zionistische Jugendbewegung von allen anderen damaligen Jugendorganisationen, von denen in den europäischen Diktaturen, die als Reservearmeen zur Auffüllung der Reihen der jeweiligen Staatspartei dienten, oder von jenen in den Demokratien, denen es nicht gelang, die Idee einer lebendigen Gemeinschaft über die Träume der Jugendzeit hinaus zu erhalten.

Die Krisenjahre

Die zwanziger Jahre waren in der Geschichte des Palästinamandats eine verhältnismäßig ruhige Periode. Die überoptimistischen Erwartungen der Zionisten waren begraben, und es herrschte Verstimmung über den mangelnden Beistand seitens der britischen Verwaltung. Aber, so fragte Weizmann den Zionistenkongreß, war es wirklich die Schuld der Briten, wenn die Zionisten bloß eine Million Dunam Land anstatt zwei Millionen gekauft hatten und ihre Position daher verhältnismäßig schwach war? Es sei schließlich nicht verwunderlich, daß die Mandatsbehörden nicht geneigt seien, den Zionisten bei der Errichtung ihrer in der Balfour-Deklaration vorgesehenen nationalen Heimstätte zu helfen: Die Beamten hätten den Eindruck, daß die ihnen auferlegte Aufgabe einen inneren Widerspruch enthalte. Sie seien sich darüber im klaren, daß jede ihrer Handlungen entweder einen arabischen oder einen jüdischen Protest hervorrufen würde, und so kämen sie zu dem naheliegenden Schluß, je weniger sie täten, desto besser.

Samuel, der erste Hochkommissar, wurde durch Feldmarschall Plumer ersetzt, auf den Chancellor folgte. Die Zionisten mißtrauten Plumer. Sie hatten gehofft, daß wieder ein Jude zum Hochkommissar ernannt werden würde, und befürchteten, ein Berufssoldat werde kaum Verständnis und sicherlich keine Sympathie für die Sache des Zionismus aufbringen. Diese Befürchtungen waren jedoch übertrieben. Plumer erklärte, er habe keine eigene Politik, sondern befolge nur die Anweisungen aus London[59]. Die jüdischen Führer waren von der Festigkeit beeindruckt, mit denen er arabischen Drohungen entgegentrat. Als die Leiter einer arabischen Abordnung ihm mitteilten, daß sie, falls ein geplanter jüdischer Aufmarsch nicht verboten würde, keine Verantwortung für die Aufrechterhaltung der öffentlichen Ordnung in Jerusalem übernehmen könnten, entgegnete der Hochkommissar, er erwarte auch nichts derartiges von ihnen, da die Wahrung von Gesetz und Ordnung seine Sache sei. Die Beziehungen zwischen den Zionisten und Chancellor waren jedoch wesentlich kühler. Chancellor war sogar äußerst unbeliebt. Er genoß weder den Ruf eines Staatsmannes noch das Prestige eines militärischen Führers. Außerdem fanden während seiner Amtszeit die Ausschreitungen des Jahres 1929 statt, die für die Beziehungen zwischen Briten und Zionisten eine schwere Belastungsprobe darstellten.

Der Ablauf der Ereignisse, bei denen 133 Juden getötet und mehrere hundert verletzt wurden, wurde an anderer Stelle geschildert. Bald nach dem Ende der Unruhen ernannte der Kolonialminister der Labourregierung, Lord Passfield (Sidney Webb), eine Kommission, welche die Ursachen der Ausschreitungen untersuchen sollte. Die Kommission kam Ende Oktober nach Palästina, wo sie bis gegen Ende Dezember tätig war. Im März 1930 veröffentlichte sie das Ergebnis ihrer Untersuchungen, den sogenannten Shaw-Bericht[60]. Zwar legte sie die Verantwortung für das Blutvergießen ausschließlich den Arabern zur Last, betonte aber, daß die eigentliche Ursache in der Feindseligkeit der Araber gegen die Juden liege, einer Folge ihrer enttäuschten nationalen Aspirationen und ihrer Befürchtungen hinsichtlich ihrer wirtschaftlichen Zukunft. Im einzelnen erwähnte der Bericht die Befürchtung der Araber, infolge der jüdischen Einwanderung und der Landkäufe ihrer Existenzgrundlage beraubt zu werden und mit der Zeit unter die Herrschaft der Juden zu geraten. Araber seien von ihrem Besitz vertrieben worden, was zur Entstehung einer landlosen, unzufriedenen Klasse geführt habe. Die Krise der Jahre 1927–1928 war, dem Bericht zufolge, der Tatsache zuzuschreiben, daß in den vorangegangenen Jahren die Einwanderung die Aufnahmefähigkeit des Landes überstiegen hätte, ein Fehler, der nicht wiederholt werden dürfte.

Die Shaw-Kommission stellte fest, die Araber seien enttäuscht, weil kein Fortschritt in Richtung einer Selbstverwaltung erzielt worden sei, und sie nähmen es übel, daß sie im Gegensatz zu den Juden (die die Jewish Agency hatten) über keine direkte Verbindung mit der Verwaltung verfügten. Vor allem aber schlug die Kommission vor, die Regierung Seiner Majestät solle eine eindeutige Erklärung abgeben, welche Politik sie zu verfolgen gedenke. Diese Richtlinien sollten eine klare und ausdrückliche Interpretation jener Passagen des Mandats enthalten, die die Sicherung der Rechte der Araber vorsahen. Während die Zionisten erklärten, die Palästina-Verwaltung hätte keine Sympathie für die jüdische nationale Heimstätte gezeigt und damit Verhältnisse geschaffen, die einen arabischen Angriff begünstigten, sprach die Kommission die Verwaltung von jeglicher Schuld frei und betonte, die Juden hätten kein Verständnis für die zweiseitige Verantwortlichkeit der Verwaltung und (ebenso wie die Araber) »wenig Kompromißbereitschaft« bewiesen.

Der Shaw-Bericht wurde von den Arabern mit Jubel aufgenommen, während die Juden empört waren[61]. Die Zionisten hatten von allem Anfang an den Verdacht gehegt, daß die Kommission ihren Auftrag, die unmittelbaren Ursachen der Unruhen zu erkunden, überschreiten würde, und ihre ärgsten Befürchtungen hatten sich bewahrheitet. Ihre Reaktion wurde von Sokolow in einer Rede vor dem Zionistenkongreß 1931 zusammengefaßt, worin er einen Kischinewer Juden zitierte, der gesagt hatte: »Gott schütze mich vor Kommissionen – vor Pogromen kann ich mich selber schützen.«

Die Jewish Agency beantwortete den Bericht in einem ausführlichen Memorandum. Lord Passfield, der wahrscheinlich Zeit für die Ausarbeitung seiner eigenen Politik gewinnen wollte, reagierte seinerseits, indem er Sir John Hope Simpson, einen pensionierten Beamten der indischen Kolonialverwaltung, mit der Abfassung eines Berichts über die wirtschaftlichen Verhältnisse in Palästina beauftragte. Dieser Bericht wurde im August 1930 geliefert und versetzte den Hoffnungen der Zionisten einen weiteren Schlag, denn darin hieß es, angesichts der praktizierten Anbaumethoden stehe für die Ansiedlung neuer Einwanderer kein Boden mehr zur Verfügung, mit Ausnahme der unbebauten Gründe, die sich bereits im Besitz der Jewish Agency befänden[62]. In bezug auf die künftige Einwanderung wurde im Bericht festgestellt, nach einer intensiven Aufschließung würde es Platz für nicht weniger als zwanzigtausend Siedlerfamilien geben. Hope Simpson hatte Bedenken in bezug auf die Aussichten einer Industrialisierung. Die Zionisten wandten gegen den Bericht ein, er beruhe auf unzureichenden Informationen, auf alle Fälle werde darin das Ausmaß des bebaubaren Landes unterschätzt, wie die spektakuläre landwirtschaftliche Entwicklung Palästinas seit 1930 bewiesen habe.

Der Bericht wurde am 20. Oktober 1930 in London veröffentlicht. Gleichzeitig gab die britische Regierung eine Absichtserklärung in Form des Passfield-Weißbuches heraus. Darin wurde ausführlich dargelegt, daß Großbritanniens Verpflichtungen den Juden und den Arabern gegenüber gleiches Gewicht hätten und daß der Jewish Agency kein spezieller politischer Status zukomme[63]. Obwohl dies nicht wörtlich ausgesprochen wurde, vermittelte das Weißbuch doch den allgemeinen Eindruck, daß die Errichtung der jüdischen nationalen Heimstätte, was Großbritannien betreffe, mehr oder weniger abgeschlossen sei und daß ihr weiteres Wachstum von der arabischen Zustimmung abhängen solle. Das Zionistische Aktionskomitee erklärte mit bemerkenswerter Zurückhaltung, das Weißbuch stelle eine für die jüdischen Interessen höchst nachteilige Neuinterpretation des Mandats dar, es rücke nicht nur von der Churchill-Erklärung des Jahres 1922 ab (die bereits ein Abrücken vom Mandat gewesen sei), sondern akzeptiere nicht einmal die im Hope-Simpson-Bericht enthaltenen positiven Empfehlungen für eine wirtschaftliche Entwicklung[64]. Das Weißbuch, schrieb Weizmann später, zielte darauf ab, »unsere Arbeit in Palästina unmöglich zu machen«.

Die Veröffentlichung von Lord Passfields politischer Erklärung verursachte in der gesamten jüdischen Welt ungeheure Empörung. Weizmann erklärte seinen Rücktritt von der Jewish Agency, Felix Warburg und Lord Melchett taten das gleiche. Zum erstenmal waren die jüdischen Führer über die Pläne Londons nicht informiert worden, und obgleich bekannt gewesen war, daß Passfield keinerlei Sympathie für den Zionismus hegte, hatte man doch geglaubt, daß zumindest einige seiner Kollegen ein gewisses Maß an gutem Willen zeigen würden. Das einzige Mitglied der Shaw-Kommission, das gegen deren Schlußfolgerungen starke Bedenken erhob, war der Labourabgeordnete Henry Snell gewesen, doch kamen von mehreren anderen Seiten Proteste. Als am 18. November im Parlament eine Debatte über das Weißbuch stattfand, sah sich Passfield in einer schwierigen Lage. Sprecher der Konservativen und der Liberalen attackierten das Dokument als Vertrauens- und Vertragsbruch. Auch innerhalb der Labour Party gab es viele Bedenken gegen die darin enthaltenen Behauptungen. Passfield trat einen taktischen Rückzug an, indem er zugab, daß gewisse Passagen zweifelhaft seien. Er versicherte Weizmann, die Zionisten hätten das Weißbuch mißverstanden, zugleich aber widersetzte er sich weiterhin ihren grundsätzlichen Forderungen (zum Beispiel der Masseneinwanderung); er war, wie Weizmann es ausdrückte, »der führende Kopf des Widerstandes gegen unsere Forderungen«. Unter dem Druck von allen Seiten beschloß die Regierung, ihren Kurs zu modifizieren. Aus naheliegenden Gründen konnte sie das Weißbuch nicht zurückziehen, aber die Bürokraten wußten einen Ausweg aus dem Dilemma: So wie das Weißbuch eine Interpretation der Churchill-Erklärung von 1922 gewesen war, beschloß man nun die Herausgabe eines neuen Dokuments, das als bindende Interpretation des Passfield-Weißbuches gelten sollte. Ein Komitee, bestehend aus Regierungsmitgliedern und Vertretern der Jewish Agency, erzielte nach langen Beratungen eine Einigung über die wesentlichen Punkte und veröffentlichte das Ergebnis in Form eines Briefes Ramsay MacDonalds an Weizmann. Der Premierminister wies alle verletzenden Anschuldigungen gegen das jüdische Volk zurück, bestätigte die Absicht seiner Regierung, die Bestimmungen des Mandats zu erfüllen, und anerkannte, daß die Regierung nicht nur den in Palästina lebenden Juden, sondern dem ganzen jüdischen Volk gegenüber eine Verpflichtung übernommen habe. Es sei nicht beabsichtigt, die bestehenden Verhältnisse zu verewigen. Was die Einwanderung betreffe, gedenke man nicht vom Churchill-Weißbuch abzugehen. Die Kriterien, die bei der Feststellung der Aufnahmefähigkeit des Landes angewandt würden, sollten ausschließlich wirtschaftlicher und nicht politischer Natur sein.

Das Passfield-Weißbuch war ein erfolgloser Versuch, die von Balfour und Lloyd George eingeleitete Politik rückgängig zu machen. Dies schlug fehl, und die positive Änderung der Haltung der britischen Regierung ermöglichte es den Zionisten, wie Weizmann sagte, in den dreißiger Jahren großartige Erfolge zu erzielen. Es war jedoch insofern ein Warnsignal, als es den Arabern zeigte, daß es in Großbritannien Kräfte gab, die nur allzu bereit waren, dem arabischen Druck nachzugeben. Wenn es ihnen im Augenblick nicht gelungen war, sich durchzusetzen, würde dann vielleicht neuerliche Gewaltanwendung zu einem späteren Zeitpunkt mehr Erfolg bringen? Die von Passfield vorgeschlagenen Beschränkungen der Einwanderung und des Landerwerbs wurden in das Weißbuch von 1939 aufgenommen, das die Politik Balfours und Lloyd Georges endgültig desavouierte[65].

Der MacDonald-Brief brachte eine siebenjährige Atempause, die in eine kritische Periode der jüdischen Geschichte fiel und es Hunderttausenden Flüchtlingen ermöglichte, in Palästina eine neue Heimat zu finden. Viele Zionisten griffen Weizmann an, weil er sich mit einem Brief des Premierministers begnügt hatte, statt ein neues Weißbuch zu verlangen, und wollten das Dokument als Grundlage für die künftige Zusammenarbeit mit Großbritannien zurückweisen. Es war jedoch nicht die Form der Antwort, auf die es hier ankam, sondern der Inhalt, und der Pragmatiker Weizmann handelte völlig richtig, wenn er sich auf das wesentliche Ergebnis konzentrierte und die Form ignorierte.

Der MacDonald-Brief blieb auf Jahre hinaus Weizmanns letzter größerer politischer Erfolg. Seine Stellung in der zionistischen Bewegung wurde immer schwächer. Nachdem er im Oktober 1930 vom Aktionskomitee zurückgetreten war, baten ihn seine Kollegen, bis zum nächsten Kongreß als Vorsitzender die Geschäfte zu führen. Doch rieten ihm sogar einige seiner Freunde, nicht wieder zu kandidieren. Er galt zu sehr als Anwalt einer Zusammenarbeit mit Großbritannien um jeden Preis, und als die Schwierigkeiten mit der Mandatsmacht zunahmen, wurde er zur Hauptzielscheibe der Opposition. Sogar unter den Allgemeinen Zionisten sank die Zahl seiner Anhänger; auf dem Kongreß von 1931 waren nur noch fünfundzwanzig von vierundachtzig Delegierten für ihn – die Engländer, die Deutschen, die Tschechen und einige Amerikaner von der Lipsky-Fishman-Fraktion. Weizmann hatte jedoch die Unterstützung der palästinensischen Arbeiterschaft. In einer Rede in Nahalal im März 1931 erklärte er: »Mein Schicksal ist mit dem euren verbunden.« Er klagte erbittert über die zunehmenden Angriffe, über die Reden und Artikel, in denen er als Verräter bezeichnet wurde[66]. Er wollte nicht wirklich zurücktreten, aber nach mehr als zwölfjähriger Tätigkeit als wichtigster Diplomat, Propagandist und Steuereinnehmer begann sein Kampfgeist nachzulassen.

In dieser Atmosphäre wachsender Spannung und gegenseitiger Vorwürfe wurde am 30. Juni 1931 der siebzehnte Zionistenkongreß in Basel eröffnet. Die Revisionisten hatten beschlossen, die Gelegenheit wahrzunehmen und auf eine bindende Erklärung bezüglich des zionistischen Endziels zu dringen. Sie erklärten, es habe viel zuviel Gerede über die Gleichberechtigung von Juden und Arabern gegeben, ja sogar über ein binationales Palästina, und eine solche defätistische Haltung sei mit dem politischen Zionismus, wie er von Herzl und Nordau verkündet worden sei, völlig unvereinbar. Sie bestanden darauf, daß es nun an der Zeit sei, eine Entscheidung zu treffen und eine radikale Neuorientierung der zionistischen Politik herbeizuführen.

Die Tagung wurde von Sokolow eröffnet, der von »einem Kongreß des Realismus« sprach. Er sah offenbar keinen Widerspruch zwischen dieser Feststellung und der dann im Verlauf seiner Rede geäußerten Behauptung, es gebe keinen Zusammenhang zwischen den arabischen Ausschreitungen von 1929 und der Balfour-Deklaration: Die Unruhen seien von religiösen Fanatikern verursacht worden. Nach ihm sprach Weizmann und gab einen Überblick über die neuere Entwicklung des Zionismus; er analysierte die Ursprünge und Beweggründe der Balfour-Deklaration und die verschiedenen Interpretationen, die sie seither erfahren hatte[67]. Er sprach von den übertriebenen Erwartungen, die damals daran geknüpft worden waren, und gab einen Überblick über die Faktoren, die die Errichtung der nationalen Heimstätte behindert hatten – einerseits der stärkere Einfluß der proarabischen Kreise, anderseits die Verarmung der osteuropäischen Juden und der Ausfall der russischen Juden für den Zionismus. Seine Politik sei es gewesen, einen mittleren Kurs zu verfolgen zwischen jenen, die meinten, daß nach der Balfour-Deklaration keine Notwendigkeit für politische Tätigkeit mehr bestünde, und denen am anderen Extrem, die sich ausschließlich politisch betätigen wollten. Kritiker hätten voll Verachtung über die Einstellung der alten Zionsfreunde gesprochen, denen es um noch ein Dunam, noch einige Bäume, noch eine Kuh, noch eine Ziege und noch zwei neue Häuser in Hadera gegangen war. Aber wenn es noch eine andere Art des Hausbaues gebe, als Ziegel auf Ziegel zu schichten, dann habe er davon noch nichts gehört, sagte Weizmann. Und wenn es eine andere Methode zum Aufbau eines Landes gebe, als Dunam an Dunam, Mensch an Mensch und Farm an Farm zu fügen, dann habe er auch davon noch nichts gehört. Ein Mensch müsse zum anderen kommen, ein Dunam nach längerer oder kürzerer Pause zum anderen hinzugefügt werden; es sei eine Frage der schrittweisen Entwicklung und nicht allein der Politik.

Es war eine eindrucksvolle Rede, aber viele Kritiker ließen sich nicht überzeugen. Sie hatten derlei bereits zu oft gehört und wünschten einen Führungswechsel. Jabotinsky erklärte, wirtschaftliche Leistungen reichten nicht aus, um starke politische Positionen zu schaffen. Der Mac-Donald-Brief sei keine befriedigende Grundlage für eine Zusammenarbeit mit der Mandatsmacht, da er den Arabern das Vetorecht gegen jegliche Maßnahme zur Durchführung des Mandats einräume. Es genüge nicht, bloß ein jüdisches Übergewicht in Palästina in einer unbestimmten Zukunft anzustreben. Die Bewegung müsse ihre Position klarstellen und erklären, daß sie eine jüdische Mehrheit zu beiden Seiten des Jordans und einen jüdischen Staat anstrebe. Es sei nicht allein die Schuld Großbritanniens, wenn es zu einem Abrücken vom Geist der Balfour-Deklaration gekommen sei. Es sei dies die Schuld der zionistischen Bewegung oder zumindest ihrer Führung, die den Briten versichert habe, die politische Situation sei zufriedenstellend.

Jabotinsky interpretierte den MacDonald-Brief in der ungünstigsten Weise, aber im großen und ganzen war seine Rede maßvoll und frei von persönlichen Angriffen. Andere Redner waren weniger zurückhaltend: Grünbaum lobte Weizmanns soziale und wirtschaftliche Leistungen, übte jedoch scharfe Kritik an dessen Außenpolitik. Weizmanns Minimalismus sei in den ersten Jahren nach der Deklaration berechtigt gewesen, als es notwendig war, Konflikte zu vermeiden. Nun aber habe dieses System seine Zweckmäßigkeit überlebt, es sei 1929 gescheitert. Man habe kein Vertrauen zu England mehr. Farbstein, der Vertreter des Misrachi, forderte Weizmanns Rücktritt, weil dieser ein Jahr zuvor in einer Rede vor dem Aktionskomitee die Forderung nach einer jüdischen Mehrheit fallengelassen habe.

Der schärfste Angriff kam jedoch von Rabbi Stephen Wise, der viele hervorragende Eigenschaften besaß, nicht aber politischen Instinkt und Weitblick. Wise rief Weizmann zu, er habe allzulange an den Festtafeln der Engländer gesessen[68]. Nur solche Männer könnten mit den Briten reden, die an ihre Sache glaubten, nicht aber eine Führung, die im Grunde nur sagte: Ihr seid groß, wir sind klein, ihr seid allmächtig, und wir sind nichts. Es folgten weitere scharfe Angriffe von den Revisionisten: Der Dichter Uri Zwi Grinberg erklärte, das Leben in Palästina sei zur »Hölle« geworden, und Stricker sagte, die zionistische Bewegung müsse entweder im Geiste Herzls oder im Geiste Weizmanns geleitet werden – einen Kompromiß könne es nicht geben.

Ben Gurion und Arlosoroff führten den Gegenangriff. Ben Gurion bezichtigte die Revisionisten eines »billigen Zionismus«, der Verbreitung von Schlagworten und der Demagogie, mit der sie die Führung für jeden Rückschlag verantwortlich machten. Die Revisionisten hätten sinngemäß erklärt: »Wir werden zu beiden Seiten des Jordans eine jüdische Mehrheit schaffen, wenn ihr uns auf dem Kongreß die Mehrheit gebt.« Naive junge Männer in Polen würden vielleicht auf solche Worte hereinfallen, aber keiner, der mit den Realitäten Palästinas vertraut sei. Arlosoroff warf Weizmanns Kritikern mangelnden politischen Realismus vor. Sie seien sich offenbar nicht der Tatsache bewußt, daß sich der Zionismus seit mehreren Jahren in einer keineswegs erfreulichen Isolierung befinde und daß die weltpolitische Lage sich entscheidend verschlechtert habe. Am Ende der Debatte, der dramatischsten seit der Uganda-Kontroverse, zeigte sich, daß die Bewegung zu mehr oder weniger gleichen Teilen in Anhänger und Gegner der Politik Weizmanns gespalten war.

In dieser heiklen Situation war Weizmann so unklug, einem Korrespondenten der *Jewish Telegraphic Agency* ein Interview zu gewähren, in dem er sagte, er habe keinerlei Sympathie und Verständnis für das Schlagwort von einer jüdischen Mehrheit in Palästina, das von der Welt bloß als Wunsch nach Vertreibung der Araber aufgefaßt werden würde. Sogar Arlosoroff bezeichnete dieses Interview als politisch schädlich. Auch eine persönliche Erklärung Weizmanns half nicht viel. Der Schaden war schon geschehen. Nahum Goldmann, der als radikaler Zionist seit langem zu jenen gehörte, die auf Weizmanns Sturz hinarbeiteten, trat als Sprecher der politischen Kommission auf und beschloß, Weizmanns Fehler zu nutzen. Er erklärte, er betrachte Weizmanns Interview als eine »Kriegserklärung« an die zionistische Bewegung, und forderte eine Vertrauensabstimmung, die Weizmann dann mit 106 gegen 123 Stimmen verlor.

Es war ein im richtigen Augenblick durchgeführtes Manöver, der einzige Weg, Weizmann zu schlagen, denn bald zeigte sich, daß die Mehrheit, die den alten Führer abgelehnt hatte, nunmehr in der Frage des Nachfolgers völlig uneins war. Der Antrag der Revisionisten, das Endziel des Zionismus nun ein für allemal zu definieren, fiel durch und die neue, gegen den Widerstand der Revisionisten gewählte Exekutive (Sokolow, Arlosoroff, Brodetsky, Farbstein, Locker, Neumann) vertrat mehrheitlich einen Weizmannismus ohne Weizmann. Weizmanns Gegner mögen geglaubt haben, schrieb dieser später, daß Sokolows Flexibilität es ihnen erleichtern würde, der Bewegung die von ihnen gewünschte Richtung zu geben. Wenn dem so war, dann war es ein Irrtum, denn Jabotinsky erhielt keine Chance. Ironischerweise fand sich Nahum Goldmann, der beim Sturz Weizmanns mitgewirkt hatte, viele Jahre später in einer Lage, die der Weizmanns im Jahre 1931 nicht unähnlich war: Er wurde wegen seines Eintretens für ein »schrittweises Vorgehen« und einen »Minimalismus« aus der Führung entfernt.

Der Kongreß von 1931 erschien den meisten Teilnehmern als ein großer Wendepunkt in der Geschichte des Zionismus. Dies war eine Fehleinschätzung, denn die zionistische Politik erfuhr keine wesentliche Änderung, und Weizmann übernahm vier Jahre später wieder die Führung. Es zeugte von einem Mangel an Perspektive, wenn man Konflikten innerhalb des Zionismus historische Bedeutung beimaß. Der wirkliche Wendepunkt war natürlich das Jahr 1933, und er kam als Folge von Ereignissen, auf welche die Bewegung nicht den geringsten Einfluß hatte.

Die neue Leitung begann ihre Tätigkeit in einem ungünstigen Augenblick. Wohl hatten die Beziehungen zur Mandatsmacht sich nach der Veröffentlichung des MacDonald-Briefes etwas gebessert, was die Voraussetzung für jede konstruktive Arbeit in Palästina war, aber die Zionistische Weltorganisation war finanziell schwächer als je zuvor. Der Leiter der Politischen Abteilung, der sich ungeheuren Aufgaben gegenübersah, klagte, ihm stünden für seine Tätigkeit weniger Mittel zur Verfügung als zehn Jahre zuvor. Aus Amerika erhielt er, so wie Weizmann vor ihm, viele gute Ratschläge, aber wenig Geld. Die Zahl der Neueinwanderer betrug 1931 insgesamt 4075, das waren weniger als in jedem anderen Jahr seit dem Ersten Weltkrieg, außer 1927/28. Der neue Hochkommissar, General Sir Arthur Wauchope, war dem Zionismus wohlgesinnt, aber fest davon überzeugt, daß die schrittweise Einführung eines parlamentarischen Systems, einer verfassungsgebenden Versammlung, schon längst fällig wäre. Dies hätte für die Zionisten eine Katastrophe bedeutet, denn es hätte die Einwanderung und die Ansiedlung vom guten Willen der arabischen Mehrheit abhängig gemacht. Diese Gefahr wurde nur durch die hartnäckigen Forderungen der arabischen Führer abgewandt, die auf einem völligen Verbot der Einwanderung und der Landkäufe als Voraussetzung für ihre Mitarbeit an jedwedem politischen Plan bestanden.

Die Exekutive in London setzte ihre Tätigkeit im großen und ganzen fort wie bisher. Sokolow wurde in jenem Jahr von König Fuad von Ägypten, vom französischen Staatspräsidenten Lebrun, von Mussolini, von de Valera und vom Vizepräsidenten der Vereinigten Staaten empfangen, ja sogar von Mahatma Gandhi, von dem er eine »befriedigende Erklärung« erhielt[69]. (Sieben Jahre später, nach den Novemberpogromen in Deutschland, schrieb Gandhi an Martin Buber, die deutschen Juden wären eher verpflichtet, in Deutschland auszuharren und *satyagraha,* passive Resistenz, zu üben, als nach Palästina auszuwandern.) Was war nun das Ergebnis dieser und anderer politischer Aktionen? Die weiterblickenden Zionistenführer, wie Arlosoroff, die nun die Politische Abteilung leiteten, waren der Verzweiflung nahe. Arlosoroff kam mehrmals mit arabischen Führern zusammen, mußte jedoch bald einsehen, daß es keine reale Hoffnung auf Einigung gab. Er hatte einige persönliche Aussprachen mit dem Hochkommissar, den er überredete, Pinskers *Autoemanzipation* zu lesen. (Sir Arthur war beeindruckt, meinte aber, in Großbritannien gebe es keinen Antisemitismus.) Arlosoroff verurteilte erbittert die »leeren Phrasen« der Revisionisten über ein Kolonialregime, das in Palästina eingeführt werden sollte. Sie wollten, daß die Briten für sie die Kastanien aus dem Feuer holten, während sie sich um politische Unterstützung in Paris, Rom und Warschau bemühten[70]. Gleichzeitig kam er aber bei Prüfung des politischen Horizonts zu Schlußfolgerungen, die sich von der Auffassung der Revisionisten nicht sehr unterschieden. Im Juni 1932 schrieb er an Weizmann, es könnte sich eines Tages sehr wohl herausstellen, daß die zionistische Analyse der jüdischen Frage richtig gewesen sei, daß die Zionisten aber nicht imstande wären, ihr Ziel zu erreichen. Überall zeigte sich eine Rückkehr zum altbekannten jüdischen Fatalismus, zu der illusorischen Hoffnung, daß schon irgend etwas geschehen würde. Der evolutionäre Zionismus war nur begrenzt tauglich: Er vermochte weder Begeisterung hervorzurufen noch Geld zu beschaffen. Arlosoroff war alles andere als optimistisch. Er erwartete »innerhalb der nächsten fünf bis zehn Jahre« einen neuen Weltkrieg. In der Frage des Verhältnisses zu den Arabern war man einer Lösung auch nicht näher gekommen: »Vielleicht müssen wir weiter auf unserem Weg dahinstolpern, ohne genau zu wissen, wohin wir gehen.« Er schloß die Möglichkeit einer (zeitweiligen) revolutionären Diktatur zur Verhinderung einer arabischen Vorherrschaft nicht aus, auch wenn dies »gewissen populären Vorstellungen gefährlich nahe käme[71]«.

1932 besserte sich die Wirtschaftslage in Palästina, und die Zahl der Einwanderer war doppelt so hoch wie im vorangegangenen Jahr. 1933 kamen dreißigtausend, die höchste bis dahin verzeichnete Zahl, und ihre Ankunft bewirkte eine kleine Konjunktur. Während die jüdische Position in Palästina stärker wurde, verschlechterte sich die Lage der

Juden in Mitteleuropa dramatisch. Die Zionisten hatten ihre Glaubensgenossen stets vor dem leichtfertigen Glauben an den angeblich unaufhaltsamen Fortschritt der Toleranz und des Liberalismus gewarnt. Aber nicht einmal die größten Pessimisten waren auf das gefaßt, was noch kommen sollte. Als Weizmann im November 1932 sagte, Palästina würde auf den Trümmern des Diasporajudentums errichtet werden müssen, dachte er zweifellos an wirtschaftlichen Ruin und nicht an physische Ausrottung[72].

Im Dezember 1932 trat die Deutsche Zionistische Föderation in Frankfurt zu ihrer letzten Tagung vor Hitlers Machtergreifung zusammen. Ihr Vorsitzender, Kurt Blumenfeld, hatte lange die Kassandra gespielt. 1932 war er zur Einsicht gekommen, daß die deutschen Juden bald zu Bürgern zweiter Klasse degradiert werden würden. Weizmann warnte ihn, die Lage der deutschen Juden durch solche düsteren Prophezeiungen zu gefährden, und es wurde beschlossen, daß in Frankfurt zwei politische Ansprachen gehalten werden sollten, wobei die zweite Blumenfelds »ultrapessimistische« Ansichten ausgleichen sollte. Nahum Goldmann, der direkt aus Genf kam und mit der Stimmung der Regierungen und Staatsmänner der Welt vertraut war, versicherte seinen Zuhörern, Frankreich und England würden eine von Hitler geführte Regierung niemals zulassen, Rußland betrachte die Nazis als seine Todfeinde und werde nicht untätig zusehen, kurz, es gebe keinen Grund zur Beunruhigung[73]. Drei Monate später war Hitler Reichskanzler und noch einige Wochen später war Deutschland eine regelrechte Diktatur geworden.

Die Juden reagierten darauf zunächst nur mit Besorgnis, doch hatte man noch nicht das Gefühl einer akuten Gefahr. Man glaubte, Hitler würde es doch nicht wagen, sich durch die Verwirklichung seines irrsinnigen Programms die Feindschaft der Umwelt zuzuziehen. Es sei eine Sache, Führer einer extremistischen politischen Bewegung, und eine ganz andere, Chef einer Regierung zu sein. Würde seine neu übernommene Verantwortung Hitler nicht dazu bewegen, die fanatischen Antisemiten unter seinen Anhängern zu zügeln? Im April, nach dem antijüdischen Boykott und der Errichtung der ersten Konzentrationslager, konnte es keine Illusionen mehr geben. Die Ära der Emanzipation und der Gleichberechtigung sei für die Juden nun vorbei, schrieb das Zentralorgan der deutschen Zionisten[74].

Die Zionisten waren innerhalb der jüdischen Gemeinde in Deutschland stets eine verhältnismäßig kleine Minderheit gewesen. Nach Hitlers Machtergreifung stieg ihr Einfluß bei den deutschen Juden sprunghaft an. Plötzlich zeigte sich allenthalben großes Interesse an allem, was mit Palästina zu tun hatte. Viele Hunderte besuchten zionistische Versammlungen, die in der Vergangenheit bloß von einigen Dutzend besucht worden waren, die Auflagen zionistischer

Zeitungen stiegen, überall wurden Hebräischkurse abgehalten[75]. Sicherlich war diese Entwicklung nicht auf Deutschland beschränkt, und genau genommen hatte sie bereits vor dem Januar 1933 eingesetzt. Gegen Ende 1932 waren die Zionisten bei den Wahlen der jüdischen Gemeinde in Wien erstmals zur stärksten Partei geworden. Die deutsche Krise hatte Auswirkungen in ganz Europa, überall spürten die jüdischen Gemeinden die Gefahr.

Die Ausbreitung des Zionismus ärgerte dessen jüdischen Kritiker, und manche von ihnen verstiegen sich sogar zu der Behauptung, Nazismus und Zionismus spielten einander in die Hände. Traf es nicht zu, daß die zionistischen Schlagworte über die Einheit des jüdischen Volkes sowie das Betonen der Natürlichkeit und Unvermeidlichkeit des Antisemitismus Wasser auf die Mühlen der Nazipropaganda waren und daß die Naziführer in ihren Reden und Schriften immer wieder aus zionistischen Quellen zitierten, um zu beweisen, daß die Juden andersartig seien und nicht assimiliert werden könnten? Einer dieser Kritiker schrieb viele Jahre später: »Haben das zionistische Programm und die zionistische Philosophie nicht entscheidend zu der gewaltigen Katastrophe der Ausrottung von sechs Millionen Juden durch die Nazis beigetragen, indem sie die Auffassung verbreiteten, die Juden in Europa würden ewig Fremde bleiben? Mit unserem heutigen Wissen ist diese Frage nicht zu beantworten[76].«

Einige Zionisten nutzten die Gelegenheit, um ihre liberalen, orthodoxen und kommunistischen Kritiker daran zu erinnern, wie falsch ihre Beurteilung der Lage der deutschen Juden gewesen war. Manchmal wurde allzuviel vom vorhersehbaren Bankrott des Liberalismus gesprochen, aber die Unterstellung einer Zusammenarbeit oder eines Einverständnisses mit den Nazis ist ein bösartiger Unsinn. Nie wurde ein jüdischer Molotow in Berlin empfangen und bewirtet. Wenn die Nazis in ihrer Propaganda gelegentlich zionistische Sprecher zitierten, so zitierten sie ebenso oft Juden anderer politischer Richtungen, um zu beweisen, was immer sie beweisen wollten.

Die Zionisten genossen keinerlei Sonderstellung in Nazideutschland. Ihre Führer und ihre Publikationen wurden denselben Beschränkungen und Verfolgungen unterworfen wie die anderen. So durften die deutschen Zionisten beispielsweise nicht am Zionistenkongreß von 1933 teilnehmen. Gelegentlich ermutigten die Nazis Bemühungen, die Auswanderung nach Palästina zu beschleunigen, doch wurden ähnliche Erleichterungen auch nichtzionistischen Institutionen gewährt, die eine Auswanderung in andere Teile der Welt förderten. Vom Standpunkt der Nazis war der Zionismus Teil der jüdischen Weltverschwörung gegen die Arier, anders, aber keineswegs besser als der Liberalismus oder der Bolschewismus, jedenfalls ein geschworener Feind des deutschen Volkes. Ja, es gab unter den Naziführern sogar eine

Richtung – Hitler scheint ihr gelegentlich zugeneigt zu haben –, die meinte, es wäre besser, die deutschen Juden als Geiseln zurückzuhalten, als sie auswandern zu lassen.

So wie alle jüdischen Organisationen außerhalb Deutschlands sah sich auch die Zionistische Weltorganisation in ihren Beziehungen zum Dritten Reich großen Schwierigkeiten gegenüber. Sie protestierte selbstverständlich gegen die Entrechtung der deutschen Juden. Sokolow erklärte in seiner Eröffnungsrede auf dem achtzehnten Zionistenkongreß in Prag (21. August bis 4. September): »Es ist eine Gefahr, zu reden, aber eine viel größere, zu schweigen[77].« Eine von diesem Kongreß angenommene Resolution appellierte an die zivilisierte Welt, dem jüdischen Volk in seinem Kampf um die Wiedererlangung der Menschenrechte in Deutschland zu helfen. Allerdings riefen diese und ähnliche Proklamationen kaum jemals zu bestimmten Aktionen auf. Einzelne Zionisten, wie Rabbi Wise, waren führend an der Organisierung des Boykotts gegen deutsche Waren im Jahre 1933 und anderen antinazistischen Aktionen beteiligt. Aber die Bewegung als solche mußte Zurückhaltung üben, da mehr als eine halbe Million Juden sich als Geiseln in den Händen der Nazis befanden, die somit für jede feindselige Handlung einer jüdischen Organisation außerhalb Deutschlands Vergeltung üben konnten. Außerdem mußten im Zusammenhang mit der Auswanderung gewisse Kontakte mit den deutschen Behörden aufrechterhalten werden. Dies alles begrenzte die Aktionsfreiheit des Weltjudentums in seinem Kampf gegen Nazideutschland.

»Noch nie stand das jüdische Volk wie jetzt im Jammer des Leidens in großen Teilen der Diaspora«, erklärte Sokolow in seiner Eröffnungsrede auf dem Prager Kongreß. Eine solche Entwicklung hätte man sich vor zwanzig oder auch nur vor fünf Jahren überhaupt nicht vorstellen können. Noch nie habe sich der Zionismus als so notwendig erwiesen. An dieser Stelle erhob sich Beifall auf der Galerie, aber Sokolow winkte mit der Bemerkung ab, er wünschte, man hätte vor dreißig Jahren so applaudiert. Nach ihm sprach Ruppin über Pläne zur Soforthilfe für die deutschen Juden. Der beste Protest gegen die antijüdische Politik der Nazis, sagte er, sei es, die Juden zu retten. Er prophezeite, daß etwa zweihunderttausend, fast die Hälfte der Gesamtzahl, ihre Existenz verlieren würden. Palästina könnte innerhalb der nächsten fünf bis zehn Jahre ein Viertel bis zur Hälfte dieser Zahl aufnehmen. Diese Prophezeiung sollte sich bewahrheiten: Bis Kriegsausbruch gelang es der Hälfte der deutschen Juden, das Land zu verlassen, und viele von ihnen gingen nach Palästina. Indessen dauerte es bloß sechs und nicht zehn Jahre, ehe die Tore sich schlossen, und 1938–1939 gerieten durch die Annexion Österreichs und der Tschechoslowakei weitere Hunderttausende Juden in Lebensgefahr.

Ruppin verwies kurz auf die Aktion Sam Cohens, des Leiters einer

Zitrusgesellschaft in Palästina, der 1933 ein Abkommen mit dem deutschen Wirtschaftsministerium unterzeichnet hatte, worin die Lieferung von landwirtschaftlichen Geräten im Wert von einer Million Mark von Deutschland nach Palästina vorgesehen war[78]. Dies war der Vorläufer eines noch weit größeren Transferabkommens *(Ha'avara)* zwischen der zionistischen Bewegung (die durch eine palästinensische Bank vertreten wurde) und den Deutschen. Dieses Abkommen wurde von jüdischen Kreisen innerhalb und außerhalb der Bewegung schärfstens angegriffen, als Verrat, der die Boykottbemühungen gegen den deutschen Export sabotierte. Diese Anschuldigung war insoweit zutreffend, als die Naziregierung dieser Transaktion genau in der Absicht zugestimmt hatte, »eine Bresche in die Mauer des antideutschen Boykotts zu schlagen«, wie einer ihrer Beamten damals schrieb[79].

Jene, die das Abkommen unterstützten, nahmen jedoch an, der Boykott würde wegen mangelnder Unterstützung seitens nichtjüdischer Kreise auf jeden Fall nur von kurzer Dauer sein. Weder die Westmächte noch die Sowjetunion dachten auch nur einen Augenblick daran, die Handelsbeziehungen zu Deutschland einzuschränken oder gar abzubrechen. Anderseits gab es eine Chance, daß das Abkommen die Ansiedlung Tausender Juden ermöglichen und damit die jüdische Position in Palästina sowie die Aufnahmefähigkeit des Landes stärken würde. Die Nazis erkannten später, daß das Transferabkommen der Entwicklung der jüdischen Industrie in Palästina diente und damit die Bestrebungen zur Errichtung eines jüdischen Staates förderte, wie Eichmann es in einem Aktenvermerk formulierte. Dies war selbstverständlich höchst unerwünscht, denn die Politik der Nazis zielte eher darauf ab, die Juden in aller Welt zerstreut zu halten, als die Errichtung eines auch noch so winzigen Staates zu begünstigen[80]. Dementsprechend beschloß Berlin, das Transferabkommen auslaufen zu lassen. 1937 hatte es sich dabei noch um eine Summe von siebenunddreißig Millionen Mark gehandelt; 1938 wurde sie auf neunzehn Millionen und 1939 auf acht Millionen Mark verringert.

Mit Hitlers Machtergreifung war für die zionistische Bewegung die Stunden der Wahrheit gekommen. Wie wenig hatte man doch in drei Jahrzehnten erreicht! Das Wort vom Scheitern, ja von der Machtlosigkeit war ein in den Reden auf dem Prager Kongreß immer wiederkehrendes Leitmotiv: Wir haben unter den Juden versagt, wir haben uns in der Hilfeleistung für die deutsche Judenschaft nicht an die Spitze gestellt, wir haben die jüdischen Massen nicht für den zionistischen Gedanken gewonnen[81]. Die Bewegung war in jeder Hinsicht schwach: Von vier Millionen amerikanischen Juden hatten sich bloß achtundachtzigtausend an den Wahlen zum Prager Kongreß beteiligt, und die Mitgliederzahl der *American Zionist Federation* war seit den späten zwanziger Jahren sogar zurückgegangen. In Rumänien hatten bloß vierzigtausend ihre Stimme abgegeben und in Ungarn nur fünftausend von einer jüdischen Gemeinde, die eine halbe Million umfaßte.

Die Bewegung war nicht nur klein, sie war auch innerlich gespalten. Die Revisionisten waren im Begriff, auszuscheiden, und die anderen Parteien lagen sich ebenfalls in den Haaren. Der Kongreß war ein getreuliches Abbild der inneren Uneinigkeit. Der Sprecher des Misrachi klagte über die Entweihung des Sabbats in Palästina und andernorts und auch darüber, daß seine Partei im zionistischen Apparat nicht vertreten sei. Ussischkin berichtete, daß in den vorangegangenen zwanzig Monaten bloß 44.000 Dunam Land erworben worden waren, eine Fläche, die nicht einmal für die Ansiedlung eines Bruchteils der Neueinwanderer ausreichte. Die zionistische Organisation hatte jedoch kein Geld; das vom Kongreß genehmigte Budget für Palästina – 175.000 Pfund – war das niedrigste, das es je gegeben hatte. Gluska, der für die jemenitischen Juden sprach, klagte darüber, daß die Mitglieder seiner Gemeinde in Palästina immer noch als Bürger zweiter Klasse behandelt würden, ähnlich wie die »Nichtarier« in Deutschland (ein etwas weithergeholter Vergleich). Die Rechte behauptete, das private Unternehmertum werde weiterhin diskriminiert. Die Arbeitersprecher wiederum lenkten die Aufmerksamkeit auf die äußerst niedrigen Löhne der jüdischen Arbeiter in Tel Aviv und Haifa. Selbst Motzkin mußte in seiner Schlußrede zugeben, daß der achtzehnte Kongreß kein Erfolg war.

Der Kongreß beschloß die Errichtung eines Zentralbüros für die Ansiedlung deutscher Juden in Palästina unter der Leitung Weizmanns, der zu dieser Zeit kein Amt bekleidete und nicht einmal am Kongreß teilgenommen hatte. Weizmann dachte daran zurück, wie er als junger Student in Berlin zum Bahnhof gegangen war, wo die Emigranten aus Rußland ankamen, um einige Worte in ihrer Sprache mit ihnen zu sprechen. Er erinnerte sich, wie sie freundlich – und etwas gönnerhaft – von den deutsch-jüdischen Komitees empfangen, von der Grenze zu den Häfen geleitet und dort verabschiedet worden waren: »Damals dachte ich nicht daran, daß dem gesicherten und mächtigen deutschen Judentum ein ähnliches Schicksal widerfahren könnte; daß auch die deutschen Juden einst aus ihrer Heimat vertrieben würden[82].«

Die zionistische Bewegung war schwach und uneinig, dennoch mußte sie die Führung übernehmen in den Bemühungen um Hilfe für die wachsende Zahl europäischer Juden, die von Verfolgung, wirtschaftlichem Ruin und schließlich physischer Vernichtung bedroht waren. Das Ausmaß der Katastrophe übertraf die ärgsten Befürchtungen, während die Hilfsbereitschaft anderer sich als äußerst gering erwies. Als Ruppin von der jüdischen Auswanderung aus Deutschland sprach, nahm er als selbstverständlich an, daß die Länder Westeuropas ebenso wie die Vereinigten Staaten bereit sein würden, Zehntausende aufzunehmen. Die Zahl der Betroffenen war nach internationalen Maßstäben verhältnismäßig klein, und es schien außer Zweifel zu stehen, daß die Neuankömmlinge mit ihren vielen Fähigkeiten und Talenten überall dort, wo man ihnen die Niederlassung gestattete, einen bedeutenden Beitrag leisten würden.

Ruppins Irrtum hätte nicht größer sein können. Kein einziges Land, ob groß oder klein, zeigte sich gerne bereit, jüdische Flüchtlinge aufzunehmen. Sicherlich gab es viele Argumente dagegen. Immer noch herrschte überall große Arbeitslosigkeit, da die Folgen der Depression noch nicht überwunden waren. Es gab auch politische und psychologische Hindernisse. Leider konnten aber die mitteleuropäischen Juden nicht warten, bis die Wirtschaftslage sich besserte und die weniger aufgeklärten Mitglieder der nichtjüdischen Gesellschaft ihre Konkurrenzangst oder ihre Vorurteile überwunden hatten. In dieser Notlage wurde das kleine, unterentwickelte Palästina zum Zufluchtsort für mehr Juden, als in allen anderen Ländern aufgenommen wurden.

Die europäische Katastrophe

Die Lage der europäischen Juden verschlechterte sich im Laufe der dreißiger Jahre immer mehr. Die Nürnberger Gesetze von 1935 kodifizierten und erweiterten die antijüdische Gesetzgebung in Deutschland. Ein Jahr später wurde der offizielle Antisemitismus ein wenig gemildert: In Berlin sollten die Olympischen Spiele abgehalten werden, und die Reichsregierung wollte den Schein der Ehrbarkeit wahren. Es handelte sich jedoch bloß um ein kurzes Zwischenspiel, und nachdem die ausländischen Besucher abgereist waren, wurde die Unterdrückung noch stärker. Am 10. Februar 1938 erschien im *Schwarzen Korps,* dem offiziellen Organ der SS, ein Leitartikel mit dem Titel: »Wohin mit den Juden?« Der Verfasser klagte darüber, daß die Juden offenbar noch nicht vom Auswanderungsfieber angesteckt seien. Sie benähmen sich nicht so, als säßen sie schon auf ihren Koffern, um jederzeit das Land verlassen zu können. Um sie anzuspornen, wurden neue, drakonische Maßnahmen getroffen, die in der »Kristallnacht« vom November 1938 im Niederbrennen von Synagogen, in Massenverhaftungen und enormen Geldbußen gipfelten.

Während die Juden in den ersten fünf Jahren der Naziherrschaft bloß ihre Existenzgrundlage eingebüßt hatten und zu Bürgern zweiter Klasse erniedrigt worden waren, so wurden sie nach dem November 1938 praktisch vogelfrei. Und doch war das Vorgehen der Nazis in Deutschland geradezu ein Muster an Mäßigung im Vergleich zu ihrem Verhalten in Österreich und in der Tschechoslowakei. Der Prozeß der Eliminierung der Juden aus der Gesellschaft und dem Wirtschaftsleben, der im Reich fünf Jahre gedauert hatte, wurde in Wien und in Prag auf ebensoviele Wochen konzentriert. Das Stadium der systematischen Ausrottung wurde erst nach der Besetzung Polens und dem Überfall auf die Sowjetunion erreicht. Bis 1939 konnten Tausende Juden auswandern, aber mit der Ausweitung des Krieges schnappte die Falle zu. Bei einer Besprechung, der sogenannten Wannseekonferenz, die am 20. Januar 1942 bei Berlin stattfand, wurde die »Endlösung«, die Ausrottung der europäischen Juden, beschlossen.

Der Aufstieg des Nazismus, zunächst auf Deutschland beschränkt, erwies sich als ansteckend. Faschistische und antisemitische Bewegungen schossen überall in Europa wie Pilze aus dem Boden. Sogar Italien, das stets stolz darauf gewesen war, seinen eigenen, den einzig wahren Weg zum Faschismus zu gehen, und den Antisemitismus als dem italienischen Geist fremd abgelehnt hatte, erließ 1938 unter deutschem Einfluß antijüdische Gesetze. In Bukarest gab die Regierung Goga-Cuza im Januar 1938 bekannt, daß die Staatsbürgerschaft aller rumänischen Juden überprüft würde und daß die Hälfte von ihnen verschwinden müßte. Ob sie auswandern oder im Schwarzen Meer ersaufen wollten, das könne jeder sich nach Belieben aussuchen, meinte ein Regierungssprecher. Nach der Teleki-Vorlage, die 1938 im ungarischen Parlament eingebracht wurde, sollten dreihunderttausend ungarische Juden innerhalb der folgenden fünf Jahre ihre Posten verlieren. Sie sollten künftig keine Anstellung im Staat oder in den Gemeinden, in den Gewerkschaften oder in öffentlichen Körperschaften bekleiden, und alle Gewerbescheine sollten eingezogen werden. Ein *numerus clausus* von sechs Prozent sollte in allen freien Berufen eingeführt werden, mit Ausnahme des Handels, wo er mit zwölf Prozent festgesetzt wurde. Die Lage der polnischen Juden verschlechterte sich in den dreißiger Jahren ebenfalls. Sie zählten drei Millionen, etwa zehn Prozent der Gesamtbevölkerung, und waren in den fünf größten Städten konzentriert, wo sie dreißig Prozent der Einwohnerschaft ausmachten. In mehreren polnischen Städten fanden Pogrome statt sowie Boykotte größeren oder kleineren Ausmaßes. Die jüdischen Studenten waren einem ständigen Druck ausgesetzt. Es war die erklärte Politik der polnischen Regierung, die Lage für die Juden unerträglich zu machen und sie dadurch zur Auswanderung zu zwingen.

Wer diese Periode nicht selber erlebt hat, kann kaum ermessen, welch tiefe Verzweiflung in jenen finsteren Jahren herrschte. Der Wille der westlichen Demokratien war gelähmt. Sie versuchten Hitler zu ignorieren, und wenn sie mit offener Aggression konfrontiert wurden, versuchten sie, ihn zu bestechen. Das *Appeasement* war teuer, erniedrigend und letztlich wirkungslos. 1938 hatte es den Anschein, als ob Hitler nach und nach ganz Europa erobern würde, ohne auf Widerstand zu stoßen. War die Politik der westlichen Demokratien kurzsichtig und unehrenhaft, so erübrigt sich hinsichtlich der Rolle Stalins und Rußlands jedes Wort. Amerika war mit seinen eigenen Problemen beschäftigt und hatte keine Lust, sich in europäische Angelegenheiten einzumischen.

Die Juden Mittel- und Westeuropas sahen sich einem wachsenden Druck zum Verlassen ihrer Geburtsländer ausgesetzt und wußten nicht, wohin sie sich wenden sollten. In toleranteren Zeiten waren Staaten und Regierungen bereit gewesen, heimatlosen Fremden Hilfe zu gewähren. Großbritannien hatte 1685, nach der Aufhebung des Edikts von Nantes, 120.000 französische Protestanten aufgenommen. Bis März 1939 hatte Großbritannien nicht mehr als neunzehntausend jüdischen Flüchtlingen Einreisevisa erteilt. Man konnte sagen, England sei nicht mehr imstande gewesen, Einwanderer in großem Umfang aufzunehmen. Wie aber stand es mit den weniger dicht besiedelten Ländern in Übersee? »Gebt mir eure müden, eure armen, eure zusammengedrängten Massen, die sich nach der Freiheit sehnen« lautet die Inschrift auf der Freiheitsstatue, aber seit dieser Vers von Emma Lazarus dort angebracht wurde, hatte die Einstellung sich geändert. 1935 ließen die Vereinigten Staaten 6252 jüdische Einwanderer ins Land, Argentinien 3159, Brasilien 1758, Südafrika 1078, Kanada 624. Im selben Jahr erreichte die Zahl der legalen jüdischen Einwanderer, die nach Palästina kamen, 61.854.

Diese Zahlen sprechen für sich selbst: Die europäischen Länder gewährten, wenn auch zögernd, mehr Flüchtlingen Zuflucht als die Überseeländer, mit Ausnahme Palästinas, das mehr aufnahm als alle anderen Länder zusammengenommen. Bei Kriegsausbruch hatten 35.000 Juden zeitweilig Zuflucht in Frankreich gefunden, 25.000 in Belgien und 20.000 in Holland. Doch gab es für die Juden in Europa keine wirkliche Sicherheit, denn viele, die entkommen waren, wurden von den vorrückenden deutschen Armeen eingeholt. Im Oktober 1938 wurden 28.000 Juden polnischer Nationalität in Deutschland zusammengetrieben und an verschiedenen Stellen über die deutsch-polnische Grenze abgeschoben. Einige Monate später wurden Tausende Juden ungarischer Herkunft aus der Slowakei ausgewiesen[1]. Neue, große jüdische Gemeinden entstanden in Ortschaften wie Zbonszyn, von denen noch niemand je gehört hatte. Sie befanden sich in einem Niemandsland, ohne Unterkünfte und Lebensmittel, sie litten an Kälte, Krankheiten und Hunger. Es gab schwimmende jüdische Gemeinden wie jene auf den Schiffen *Königstein, Caribia* und *St. Louis.* Diese Schiffe waren 1938 mit vielen Hunderten Passagieren an Bord von Hamburg nach Südamerika ausgelaufen, erhielten aber in ihren Bestimmungsländern keine Landeerlaubnis. Die Nazis waren bereit, die Auswanderer wieder aufzunehmen – und in Konzentrationslager zu stecken. Und so setzten diese Geisterschiffe ihre makabre Fahrt fort, pendelten zwischen Europa und Südamerika, zwischen dem Balkan und Palästina und wurden behandelt, als hätten sie die Pest an Bord.

Um etwas Ordnung in die völlig verworrene Situation zu bringen und die Hilfe für die Flüchtlinge aus Deutschland zu koordinieren, lud Präsident Roosevelt im Juli 1938 Vertreter von zweiunddreißig Staaten zu einer Konferenz in Evian in Frankreich ein. Die Briten bestanden darauf, daß über Palästina, das wichtigste Einwanderungsland für die Juden, nicht diskutiert werde. Als Weizmann ersuchte, auf der Konferenz erscheinen zu dürfen, wurde seine Bitte von dem Amerikaner, der den Vorsitz führte, glatt abgelehnt[2]. Das Ergebnis war vorauszusehen. Ein Redner nach dem anderen betrat das Podium und erklärte, es gebe in seinem Land kein geeignetes Territorium für jüdische Siedler. Manche stellten dies mit Bedauern fest. Andere, wie zum Beispiel der australische Delegierte, erklärten, sie hätten in ihrem Land kein Rassenproblem und dächten nicht daran, ein solches zu importieren. Die einzige Überraschung war die Erklärung des dominikanischen Delegierten, sein Land sei bereit, Flüchtlinge aufzunehmen. Es war eine großzügige Geste, obzwar nicht klar war, ob das für Flüchtlinge bereitgestellte Gebiet sich überhaupt für irgendeine Form der Besiedlung eignete.

Die Konferenz endete mit der Errichtung eines ständigen zwischenstaatlichen Komitees für Flüchtlingsfragen unter dem Vorsitz Lord Wintertons, eines führenden britischen Antizionisten. Die Delegierten waren keine gefühllosen Menschen. Sie führten bloß die Anweisungen ihrer Regierungen aus, und die Haltung dieser Regierungen widerspiegelte die vorherrschende öffentliche Meinung. Am Vorabend der Konferenz von Evian verabschiedeten die *American Veterans of Foreign Wars,* die Vereinigung ehemaliger Kriegsteilnehmer, eine Resolution, in der die Einstellung jeglicher Einwanderung für die Dauer von zehn Jahren gefordert wurde. In London klagte die *Socialist Medical Association* in ihrer Jahresversammlung über die »Unterwanderung unserer Industrie durch nicht gewerkschaftlich organisierte und nichtsozialistische Arbeitskräfte«; der konservative *Sunday Express* erklärte in einem Leitartikel: »Gerade jetzt strömen viele ausländische Juden nach Großbritannien ein. Sie überschwemmen das Land[3]. . .«

Das Ergebnis der Konferenz von Evian war gleich Null. Da die Tore Palästinas praktisch verschlossen waren, konnten Juden aus Mitteleuropa, sofern sie keine nahen Verwandten in anderen Ländern oder besondere Kenntnisse hatten, sich ohne Einschränkungen nur an einen einzigen Ort auf der ganzen Erde begeben – in das *International Settlement* in Schanghai. Aber im August 1939 schritten auch die japanischen Behörden gegen die jüdische Einwanderung ein. In ihrem »Jahresüberblick 1938« bemerkte die Londoner *Times* kurz und prägnant: »Der große jüdische Bevölkerungsüberschuß ist weiterhin ein akutes Problem.« Mit anderen Worten, es gab zu viele Juden.

Als Herzl zum erstenmal an einen jüdischen Staat gedacht hatte, war ihm eine allmähliche Umsiedlung nach Palästina vorgeschwebt; die Möglichkeit einer Katastrophe war ihm nicht in den Sinn gekommen. Weder er noch irgendein anderer jüdischer Führer nach ihm, nicht einmal Jabotinsky, hatte je behauptet, daß Palästina alle Juden aufnehmen könnte. Aber in den zwanziger Jahren waren in Palästina die Voraussetzungen für die Ansiedlung von Hunderttausenden geschaffen worden. Mitte der dreißiger Jahre, als »es nicht mehr eine Frage war, ob der Zionismus eine gute oder eine schlechte Idee, ob er wünschenswert sei oder nicht«, war die Gemeinde auf vierhunderttausend Menschen angewachsen; sie war keine politische Theorie mehr, sondern eine Tatsache[4]. Britische Fachleute, die sich noch wenige Jahre zuvor Sorgen wegen der Aufnahmefähigkeit des Landes gemacht hatten, gaben nun zu, daß die große Einwanderungswelle der Jahre 1933 bis 1935 (134.000 legale Einwanderer) die Aufnahmefähigkeit nicht nur nicht verringert, sondern vielmehr vergrößert hatte: Je mehr Einwanderer kamen, desto mehr Arbeit schufen sie für die Wirtschaft des Landes[5]. Die Einfuhren und Ausfuhren Palästinas stiegen zwischen 1933 und 1935 um mehr als 50 Prozent. Der Verbrauch an elektrischer Energie, der stets ein genauer Gradmesser des Wirtschaftswachstums ist, verdreifachte sich in dieser Zeit. Während andere Regierungen zu jener Zeit Defizite von mehreren Milliarden Dollar hatten, konnte die Palästinaregierung auf einen wachsenden Überschuß hinweisen. 1300 Firmen waren 1932 auf der Levante-Messe in Tel Aviv, einer schnell wachsenden Stadt, vertreten. 1935 hatte Tel Aviv bereits 135.000 Einwohner. Damals gab es 160 jüdische landwirtschaftliche Siedlungen, und jeden Monat wurden neue gegründet.

Ohne die von der Mandatsregierung eingeführten Beschränkungen hätte die Einwanderung erheblich schneller zugenommen. In einer 1933 erlassenen Verordnung waren verschiedene Einwandererkategorien festgelegt worden; die beiden wichtigsten waren die Kategorie A (»Kapitalisten«) und das »Verzeichnis der Arbeitskräfte«. Nach den damaligen Maßstäben war ein Kapitalist eine Person, die 500 Pfund besaß; später wurde diese Summe auf 1000 Pfund erhöht. Das »Verzeichnis der Arbeitskräfte« wurde zum wichtigsten Zankapfel zwischen der Palästinaregierung und der Jewish Agency. 1934 forderte die Jewish Agency 20.000 Einwanderungszertifikate für Arbeiter, erhielt aber nur 5600. Für das mit April 1935 beginnende Jahr verlangte sie 30.000 Zertifikate und bekam 11.200. Nach dem Ausbruch der Araberunruhen im Jahre 1936 schränkte die Regierung die Einwanderung rigoros ein. Von den 22.000 von der *Agency* geforderten Zertifikaten wurden nur wenig mehr als zehn Prozent, nämlich 2500, genehmigt. Kurz gesagt, gerade in jenen Jahren, in denen die europäischen Juden Palästina besonders dringend benötigten, wurden die Tore nach und nach geschlossen.

Jahr	Einwanderer
1935	61.800
1936	29.700
1937	10.500
1938	12.800
1939	16.400

Schließlich wurde im Weißbuch von 1939 bekanntgegeben, daß die jüdische Einwanderung in fünf Jahren völlig eingestellt werden würde. Die Gründe dafür waren nicht wirtschaftlicher, sondern politischer

Natur und hatten nichts mit der Aufnahmefähigkeit des Landes zu tun. Die arabische Nationalbewegung wurde immer stärker. Nach dem gescheiterten Generalstreik vom Oktober 1933 herrschte zwei Jahre lang Friede, aber im April 1936 kam es zum Ausbruch einer Rebellion, die erst 1939 verlosch. Niemand zweifelte daran, daß die Araber von der jüdischen Einwanderung profitierten. Ihre Anzahl hatte sich von 1917 bis 1940 fast verdoppelt, die Löhne waren gestiegen, und der Lebensstandard war höher als in irgendeinem anderen Land des Nahen Ostens. Die Juden hatten jedenfalls die Araber nicht enteignet. »Ein großer Teil des Bodens, der heute Orangenhaine trägt, war mit Sanddünen oder Sumpf bedeckt oder lag einfach brach, als er gekauft wurde«, berichtete die Peel-Kommission. Kolonialminister Malcolm MacDonald, der kein Freund des Zionismus war, schrieb: »Ich glaube, wenn nach 1918 kein einziger Jude nach Palästina gekommen wäre, dann würde die arabische Bevölkerung heute immer noch bloß 600.000 Menschen zählen, also den Stand haben, auf dem sie unter der türkischen Herrschaft stagnierte.« Die jüdischen Einwanderer waren aber gekommen, und sie hatten damit zur Entstehung einer arabischen Nationalbewegung in Palästina beigetragen.

Die Araber befürchteten, in Palästina zur Minderheit zu werden. Zwar waren sie in ein halbes Dutzend politischer Parteien aufgespalten, doch im Widerstand gegen den Zionismus waren sie alle einig. Der arabische Charakter Palästinas sollte erhalten und die Errichtung einer jüdischen Heimstätte verhindert werden. Die militanten Araber griffen zur Gewalt und rissen die gemäßigten mit. Diese Bewegung fand Ermutigung in den Erfolgen des Nazismus und des italienischen Faschismus und in der Unfähigkeit der Westmächte, die Aggressoren aufzuhalten. Die Wirkungslosigkeit der Völkerbund-Sanktionen gegen Mussolinis Überfall auf Abessinien hatte merkliche Auswirkungen auf den Nahen Osten. Ägypten hatte mit dem anglo-ägyptischen Vertrag von 1936 einen großen Schritt zur Unabhängigkeit getan, auch die Syrer und die Iraker hatten beträchtliche Fortschritte erzielt. Die Palästinenser wollten nicht hinter ihren arabischen Brüdern nachhinken.

Großbritannien hatte keine Lust, dagegen anzukämpfen. Die Aufstände mußten natürlich niedergeschlagen werden, aber zugleich wurde beschlossen, das zionistische Experiment zu liquidieren oder, genauer gesagt, es im gegebenen Stand einzufrieren. In Europa waren dies die Jahre des *Appeasement.* Als die Wolken des Krieges sich zusammenzogen, brauchte Großbritannien die Freundschaft der Araber mehr als das Wohlwollen der Juden, das ihnen ohnehin sicher war. Denn im Gegensatz zu den Arabern konnten die Juden sich nicht für Hitler oder Mussolini und auch nicht für Stalin entscheiden. Die Mehrheit jener Generation britischer Politiker, welche die Balfour-Deklaration unterstützt hatten, war von der politischen Szene abgetreten, und die wenigen noch aktiven hatten dringendere Aufgaben zu bewältigen.

Winston Churchill, einer der letztgenannten, billigte diese Wendung der britischen Politik keineswegs: »Ich kann nicht begreifen, warum dieser Kurs eingeschlagen worden ist«, sagte er in der Parlamentsdebatte über das Weißbuch am 23. Mai 1939. »Ich suche nach einer Antwort ... Ist unsere Lage so gefährlich und unser Zustand so kläglich, daß wir in unserer Schwäche dieses unser erklärtes Ziel opfern müssen? Noch nie waren Treue und Festigkeit dringender erforderlich als heute.« Er wandte sich der Regierungsbank zu und sagte: »Wenn wir uns auf diesen bedauerlichen Akt der Nichterfüllung einlassen, dann werden wir unser Land und alles, was es bedeutet, wiederum einen Schritt abwärts in seinem Schicksal führen. Vor nunmehr zwanzig Jahren hat mein ehrenwerter Freund (Neville Chamberlain) die aufrüttelnden Worte gesprochen: ›Eine große Verantwortung wird den Zionisten zufallen, die sich bald freudigen Herzens im alten Stammsitz ihres Volkes niederlassen werden. Ihre Aufgabe wird es sein, einen neuen Wohlstand und eine neue Zivilisation im alten Palästina zu schaffen, das so lange vernachlässigt und schlecht verwaltet worden ist.‹ Diesem Ruf haben sie Folge geleistet. Sie haben sich seiner Hoffnung angeschlossen. Wie könnten wir es übers Herz bringen, ihnen diesen tödlichen Schlag zu versetzen?« Dies waren eindrucksvolle Worte, aber sie hatten keine politische Tat zur Folge. Churchill war damals ein Hinterbänkler und stand in Opposition zur Politik der Regierung. Ein Jahr später war er wieder an der Macht, tat jedoch kaum etwas, um die britische Palästina-Politik zu ändern. Die internationale Machtkonstellation hätte für die Zionisten nicht schlechter sein können. Nie hatte die Bewegung weniger Geltung gehabt.

Die Lage in Palästina 1933–1937

Die Jahre der Konjunktur in Palästina (1933 bis 1935) waren politisch ruhig. Die Jewish Agency erhielt zwar keine besondere Hilfe von der britischen Regierung, hatte aber – innerhalb gewisser Grenzen – Handlungsfreiheit. Weizmann, Ben Gurion und Schertok konferierten von Zeit zu Zeit mit dem Kolonialminister und mit dem Hochkommissar, doch hatten diese Gespräche bloß Routinecharakter. Gelegentlich wurde gegen die Razzien und gegen die Verhaftung illegaler Einwanderer protestiert, aber im großen und ganzen hatte die Leitung der Jewish Agency wenig Grund zur Klage. In einer Sitzung des Aktionskomitees in Jerusalem im März 1934 klagte Ussischkin, wie schon oft, daß nicht genügend für den Landkauf getan werde. Es seien vierzigtausend neue Einwanderer eingetroffen, aber bloß sechzehntausend Dunam Land angekauft worden. Diese Sitzung war hauptsächlich deshalb denkwürdig, weil die Verhandlungssprache erstmals Hebräisch war.

Auf dem Zionistenkongreß von 1935 gab es keine größeren Überraschungen. Im Laufe der Jahre hatte sich eine gewisse Routine entwickelt: Mitglieder der Leitung erstatteten lange Berichte über die politische Entwicklung, organisatorische Probleme und die wirtschaftliche Lage. Darauf folgte die allgemeine Debatte, die von den Wortführern der einzelnen Parteien eingeleitet und von den zweit- und drittrangigen Mitgliedern ergänzt wurden. Die Redezeit wurde nach einem komplizierten System bemessen, und die Aufgabe des Vorsitzenden bestand hauptsächlich darin, die Redner zur Einhaltung der ihnen zugebilligten Redezeit anzuhalten. Am Schluß der Versammlung wurden Resolutionen zu vielen Themen verlesen und darüber abgestimmt. Dieses System war höchst unbefriedigend, und da die wichtige Arbeit hauptsächlich in den Ausschüssen erledigt wurde, schlug man die Abschaffung der »allgemeinen Debatte« vor. Es erschien ziemlich fruchtlos, alle wichtigen Themen in einem Parlament behandeln zu wollen, das bloß alle zwei Jahre zwei Wochen lang tagte. Wie mangelhaft dieses System auch sein mochte, es hatte bereits Wurzeln geschlagen. Eine ganze Generation zionistischer Politiker hatte sich daran gewöhnt, und so stieß jeder Versuch, es zu ändern, auf starken Widerstand.

In seiner Eröffnungsansprache auf dem Kongreß erklärte Sokolow, die Bewegung habe auf allen Gebieten Fortschritte erzielt. Diese Behauptung war keineswegs ungerechtfertigt, denn der Zionismus hatte, abgesehen von den Fortschritten in Palästina, viele neue Anhänger gewonnen. Fast eine Million Juden hatten in jenem Jahr den Schekel gekauft und damit das Stimmrecht erworben. Dies trotz des Ausscheidens der Revisionisten und der Gründung der Neuen Zionistischen Organisation durch Jabotinskys Anhänger. Dennoch waren die Zionisten nur eine Minderheit innerhalb des Weltjudentums. Ihr gefährlichster Feind war, wie Ben Gurion damals erklärte, die Indifferenz der jüdischen Gemeinden[6]. In Palästina hatte etwa ein Drittel der Gemeinde den Schekel erworben, und in Litauen, Westgalizien und Lettland hatten die Zionisten ebenfalls starke Positionen, wobei ihre Anhängerschaft 20 bis 30 Prozent der Gemeinden umfaßte. Noch mehr Menschen hatten ihre Sympathie bekundet, ohne sich in die Listen der Zionisten eintragen zu lassen. In zwei der größten Gemeinden war die Situation jedoch erheblich weniger günstig: In Polen hatte nur einer von zehn Juden den Schekel gekauft, und in den Vereinigten Staaten bloß einer von dreißig.

Um wieder zu den Vorgängen auf dem Luzerner Kongreß zurückzukehren: Weizmann wurde zum Präsidenten gewählt, Ben Gurion erklärte in einer programmatischen Rede (auf Jiddisch), die gegenwärtige Generation könne zwar die Arbeit des Zionismus nicht vollenden, habe aber eine dringliche und leicht zu definierende Aufgabe: die Ansiedlung einer Million Familien in Palästina[7]. Ruppin gab einen Überblick über fünfundzwanzig Jahre Kolonisierungsarbeit, verteidigte die Gemeinschaftssiedlungen gegen ihre Verleumder und stellte fest, daß die Landwirtschaft immer noch hinter der allgemeinen Entwicklung des Landes nachhinke. Grossman, der sich zugleich mit einigen Freunden von Jabotinsky getrennt hatte, beschuldigte die Mapai, die Privatinitiative in Palästina zu unterdrücken, und verurteilte das Transferabkommen mit Deutschland. Die allgemeine Debatte spielte sich vor allem zwischen den Mapai-Vertretern und den Allgemeinen Zionisten ab. Der Misrachi boykottierte sie, weil seine Forderung, der Bewegung und vor allem dem Leben in Palästina mehr religiösen Inhalt zu geben, nicht abgenommen worden war. Die Misrachi-Delegierten waren einigermaßen versöhnt, als einer ihrer Führer, Rabbi Fishmann, in die neue Leitung gewählt wurde, der außerdem Weizmann, Ben Gurion, Brodetsky, Grünbaum, Kaplan, Rottenstreich und Schertok angehörten; es war also eine Koalition, in der alle Hauptströmungen der Bewegung vertreten waren. Sokolow wurde zum Ehrenpräsidenten der Weltorganisation gewählt.

Weizmanns Rückkehr nach vierjähriger Abwesenheit war das hervorstechendste Ergebnis. Er schrieb später, er habe diese Aufgabe nur zögernd angenommen, da es in der Bewegung keine echte Meinungsänderung gegeben habe. Viele wären einfach zur Ansicht gelangt, »daß sie keinen hatten, der es besser machen konnte[8]«. Die amerikanischen Zionisten, die bei früheren Anlässen gegen Weizmann gestimmt hatten, wurden nun seine entschiedensten Anhänger. Die Weltlage hatte sich verschlechtert, innerhalb der Bewegung zeigte sich zunehmende Ungeduld, aber immer weniger Neigung, der Realität ins Auge zu blicken: »Diese Ungeduld, dieser Mangel an Glauben, drängte die Bewegung immer wieder an den Rand des Abgrunds.« Weizmann, der im Gegensatz zu den Mapai-Führern über keine organiniserte Machtbasis innerhalb der Bewegung verfügte, mußte sich auf das »stillschweigende Einverständnis« zwischen einer kleinen Gruppe von Freunden in den Reihen der Allgemeinen Zionisten und der »großen Masse der Arbeiter in den Siedlungen und Fabriken Palästinas stützen, die den eigentlichen Kern der Bewegung bildeten. Dadurch war eine gesunde politische Entwicklung der Bewegung gewährleistet[9].«

Weniger als ein Jahr nach dem neunzehnten Kongreß sah sich der Zionismus an drei Fronten in einen Kampf auf Leben und Tod verwickelt: gegen die Welle des Antisemitismus in Europa, gegen die arabischen Angriffe auf jüdische Siedlungen und gegen die Entscheidung der Briten, die zionistische Tätigkeit zu unterbinden.

Die Unruhen begannen mit wahrscheinlich nicht koordinierten bewaffneten Angriffen auf einzelne Juden. Sie breiteten sich schnell aus, und innerhalb weniger Tage kam es zu einer ganzen Reihe mörderischer Attacken. Nachdem das *Arab Higher Committee* unter der Führung des Muftis einen sechsmonatigen Generalstreik ausgerufen hatte, nahmen bewaffnete Banden in verschiedenen Teilen Palästinas den Partisanenkrieg auf. Die Indizien sprechen für ein geheimes Einverständnis zwischen der arabischen politischen Führung und Fausi Kaukji, dem Anführer der größten Privatarmee, sowie für eine gewisse Koordination mit anderen Banden[10]. Die Zionisten neigten dazu, die ganze Angelegenheit herunterzuspielen, der Regierung mangelnde Festigkeit vorzuwerfen und die Unruhen als das Werk einiger weniger professioneller Demagogen zu betrachten, die den Abschaum der arabischen Gesellschaft mobilisiert hatten. Solche Erklärungen zeigten jedoch nur einen Teil des Bildes: Sicherlich war die Mandatsregierung unentschlossen, und gewiß hatten kriminelle Elemente Anteil am Aufstand; von den Insurgenten wurden mehr Araber als Juden getötet, entweder weil diese ihre Mitwirkung verweigerten, oder weil sie sich gegen die Erpresser zur Wehr setzten. Trotz allem aber handelte es sich um eine Nationalbewegung mit einer breiten Basis sowohl in der städtischen als auch in der ländlichen Bevölkerung. Außerdem genoß sie nicht nur die Sympathie, sondern auch die aktive Unterstützung anderer arabischer Länder, die in der Vergangenheit kein direktes Interesse an der Zukunft Palästinas gezeigt hatten.

Der Hochkommissar forderte Verstärkung an, und als schließlich etwa 20.000 britische Soldaten in Palästina konzentriert waren, empfand das *Arab Higher Committee* das Bedürfnis, eine Atempause einzulegen. Im Oktober 1936 folgte es den Empfehlungen der Oberhäupter der arabischen Staaten, sich auf die guten Absichten der Briten zu verlassen und den Generalstreik zu beenden; es weigerte sich jedoch, vor der Königlichen Untersuchungskommission auszusagen, deren Einsetzung eben in London bekanntgegeben worden war, solange die jüdische Einwanderung nicht völlig eingestellt würde. Die Kommission wurde von Lord Peel geleitet, einem Enkel Robert Peels, einem Juristen und erfahrenen Kolonialbeamten. Er war, was niemand wußte, bereits schwer krank und starb kurze Zeit später an Krebs. Sein Stellvertreter war Horace Rumbold, der als Botschafter in Berlin den Nazismus aus nächster Nähe kennengelernt hatte und mit dessen Ideen, Praktiken und Bestrebungen vertraut war. Die Kommission traf am 11. November 1936 in Palästina ein und hielt sich dort zwei Monate lang auf. In dieser Zeit hielt die Kommission sechsundsechzig Sitzungen ab. Als die Arbeit der Kommission sich dem Ende näherte, änderten die Araber ihre Haltung und beschlossen, ihren Standpunkt zu unterbreiten. Die Kommission hielt auch in London Sitzungen ab, und einige ihrer Mitglieder trafen in Amman mit Emir Abdulla zusammen.

Es war dies die tüchtigste aller Untersuchungskommissionen, die Palästina besuchten, und ihr Bericht, der im Juli 1937 veröffentlicht wurde, war ein Muster an Einsicht, Genauigkeit und Klarheit[11]. Selten war ein so kniffliges politisches Problem so klar und verständlich von Männern vorgelegt und analysiert worden, die vorher nur wenig von den betreffenden Fragen gewußt hatten. Der zionistische Standpunkt, wie er in dem der Kommission vorgelegten Memorandum sowie in den mündlichen Aussagen Weizmanns und Ben Gurions zum Ausdruck kam, besagte, daß Juden und Araber, trotz der Unruhen, zu einem *modus vivendi* gelangen könnten[12]. Es wurde abermals der Grundsatz betont, daß keine der beiden Volksgruppen, unabhängig von ihrer numerischen Stärke, die andere beherrschen oder von ihr beherrscht werden sollte. Weizmann wiederholte, die zionistische Bewegung sei durchaus bereit, den Gleichheitsgrundsatz zu akzeptieren; wenn ein Legislativrat errichtet würde, dann würden die Juden nie mehr als die gleiche Abgeordnetenzahl beanspruchen, wie immer das Zahlenverhältnis zwischen der arabischen und der jüdischen Bevölkerung sich künftig entwickeln sollte[13]. Ben Gurion betonte in seiner Aussage, es sei nicht das Ziel des Zionismus, Palästina zu einem jüdischen Staat zu machen. Palästina sei kein leeres Land. Es gebe dort auch andere Einwohner, und diese wollten nicht den Juden ausgeliefert sein, so wie auch die Juden ihnen nicht ausgeliefert sein wollten: »Vielleicht würden die Juden sich besser verhalten, aber sie (die Araber) sind nicht verpflichtet, unserem guten Willen zu vertrauen. Ein Staat mag die Herrschaft über andere implizieren, die Herrschaft einer jüdischen Mehrheit über eine Minderheit, aber dies war nicht unser Ziel (zur Zeit der Balfour-Deklaration) und ist es auch heute nicht[14].«

Der Mufti, der als Hauptsprecher der Araber auftrat, stellte sich auf den Standpunkt, daß das Experiment einer jüdischen nationalen Heimstätte abgebrochen und die Einwanderung sowie die Landkäufe eingestellt werden müßten. Das Hebräische dürfe nicht mehr als Amtssprache anerkannt werden, und Palästina müsse ein unabhängiger arabischer Staat werden. Es gab auch einige antisemitische Untertöne: Auni Abdul Hadi, der Führer der links von der Mitte stehenden Istiqlal-Partei, erklärte, die Juden seien das wucherischste aller Völker, und wenn sechzig Millionen kultivierte und zivilisierte Deutsche die Anwesenheit von sechshunderttausend Juden nicht ertragen könnten, wie könnte man da von den Arabern erwarten, daß sie sich in einem viel kleineren Land mit der Anwesenheit von vierhunderttausend Juden abfinden sollten? Als der Mufti gefragt wurde, ob Palästina die vierhunderttausend bereits dort lebenden Juden eingliedern und assimilieren könnte, sagte er klar und deutlich: »Nein[15].« Sollten diese

Juden also ausgewiesen oder »irgendwie entfernt« werden? »Das müssen wir alles der Zukunft überlassen«, sagte der Mufti. »Dies ist keine Frage, die hier entschieden werden kann«, sagte Auni Abdul Hadi.

Am 25. November gab Weizmann eine meisterhafte Darstellung der jüdischen Sache. Es war dies einer der Höhepunkte seiner Laufbahn. Später beschrieb er, welche Gefühle ihn erfüllten, als er zwischen den Reihen der Zuschauer im Speisesaal des Palace Hotels in Jerusalem hinauf zum Rednerpult schritt: »Und ich fühlte: ich trug nicht nur die Last dieser Menschen hier, die mir Glück wünschten, und der zahllosen Juden in anderen Ländern, auch für all die Generationen würde ich sprechen müssen, die lange tot waren, für jene, die auf den alten Friedhöfen auf dem Mount Scopus Grab an Grab lagen, und auch für jene, deren letzte Ruhestätten über die ganze Welt zerstreut waren. Und ich wußte: jeder falsche Schritt von mir, jeder Irrtum, auch noch so unverschuldet, würde nicht nur mir zur Last fallen, er würde auf mein Volk zurückfallen und es in Mißkredit bringen. Kaum je zuvor oder nachher war ich mir der Schwere der Verantwortung, die auf mir lastete, so bewußt[16].«

Weizmann gab einen Überblick über die jüdische Geschichte der Neuzeit und die Entwicklung des Zionismus als Antwort auf die Heimatlosigkeit der Juden. Er sprach davon, wie der Antisemitismus sich über ganz Europa verbreitet hatte und wie den Juden nach und nach alle Tore verschlossen worden waren. Er sprach von den sechs Millionen Juden in Ost- und Mitteleuropa, »die an Orten zusammengepfercht lebten, wo sie unerwünscht waren, und für welche die Welt in Orte zerfiel, wo sie nicht leben konnten, und in solche, wohin sie nicht durften[17]«.

Sieben Jahre vorher hatte ihm Lord Passfield gesagt, in Palästina gebe es praktisch keinen Platz, aber inzwischen sei wohl viel Platz entstanden, denn die jüdische Bevölkerung habe sich inzwischen verdoppelt. Am Ende seiner Rede sagte er, die Kommission sei zu einer Zeit eingetroffen, in der die Lage der Juden schlimmer sei als je zuvor, und er bete, daß die Kommission einen Ausweg finden möge.

Anfang Januar erschien Weizmann nochmals vor der Kommission, diesmal in einer geschlossenen Sitzung. Nachdem die Kommissionsmitglieder die Sprecher beider Seiten angehört hatten, neigten sie dem Gedanken einer Kantonisierung zu. Die Araber wandten sich kompromißlos gegen jede weitere jüdische Einwanderung. Ein Kommissionsmitglied, Professor Coupland aus Oxford, ein alter Kenner der indischen Geschichte, kam schließlich zur Schlußfolgerung, eine Kantonisierung gehe nicht weit genug, es sei eine radikalere Lösung erforderlich. Eine Einigung zwischen Juden und Arabern in absehbarer Zukunft sei unwahrscheinlich. In diesem Fall gebe es keinen anderen

Weg zum Frieden als eine einvernehmliche Beendigung des Mandats. Dies bedeute die Zweiteilung Palästinas und folglich die Bildung zweier unabhängiger Staaten, eines jüdischen und eines arabischen.

Teilungspläne

Weizmann berichtet, damals sei zum erstenmal der Plan einer Teilung ihm gegenüber erwähnt worden. Als guter Diplomat antwortete er darauf nicht sofort, sondern bat um Bedenkzeit, um sich mit seinen Kollegen beraten zu können. Je mehr er den Gedanken erwog, desto besser gefiel er ihm. Es wurde eine private Zusammenkunft mit Professor Coupland arrangiert. Zum Zweck der Geheimhaltung wurde sie in einer Hütte abgehalten, die zur landwirtschaftlichen Ausbildungsfarm in Nahalal gehörte[18]. Coupland war fest davon überzeugt, daß zwei Völker, die ein Nationalbewußtsein entwickelt hatten, nicht als gleichberechtigte Partner in einem Staat leben könnten. Von dieser Regel wollte er nur die Briten ausnehmen, die in Südafrika verhältnismäßig gute Beziehungen mit den Afrikanern hergestellt hätten[19]. Er sagte zu Weizmann, angesichts der herrschenden Weltlage sei es völlig unrealistisch, von Großbritannien eine Unterstützung für die künftige Entwicklung der jüdischen nationalen Heimstätte zu erwarten. Eine drastische Operation sei notwendig, kein ehrlicher Arzt könne hier bloß Aspirin und eine Wärmflasche als Kur empfehlen[20]. Neun Jahre später meinte Coupland in einem Gespräch mit dem künftigen israelischen Außenminister Abba Eban, seine Entscheidung sei die richtige gewesen, die einzige Lösung, die mit Gerechtigkeit und Logik im Einklang stand oder zumindest die geringste Ungerechtigkeit bedeutete. Coupland übernahm es, seinen Kollegen klarzumachen, daß eine Kantonisierung, wie sie von der Mandatsregierung empfohlen wurde, sich nicht bewähren würde, und daß eine Teilung der einzige Ausweg sei. Weizmann war mehr als befriedigt. Als er am Abend die Hütte verließ, sagte er zu den draußen versammelten Farmern: »*Chevra* (Genossen), heute haben wir die Grundlagen für den jüdischen Staat gelegt!«

Der Peel-Bericht wurde im Juli 1937 veröffentlicht. Da seine wichtigsten Empfehlungen von der britischen Regierung nicht angenommen wurden, genügt hier eine kurze Zusammenfassung. Im Gegensatz zu früheren Kommissionen hatte die Peel-Kommission erkannt, daß zwischen den beiden Volksgruppen ein unüberwindlicher Konflikt entstanden war und daß es für sie keine gemeinsame Basis gab. Großbritannien wäre wohl kaum daran interessiert, das Land ohne Zustimmung seiner Bewohner weiterhin zu verwalten, auch könne das Problem nicht dadurch gelöst werden, daß man einer der beiden Seiten alles gab, was sie verlangte. Nachdem sie eine Kantonisierung als nicht zielführend bezeichnet hatte, empfahl die Kommission die Beendigung des Mandats auf der Basis eines Teilungsplanes, der drei wesentliche Bedingungen erfüllen müßte: Er müsse durchführbar sein, im Einklang mit den britischen Verpflichtungen stehen und sowohl den Arabern als auch den Juden Gerechtigkeit widerfahren lassen. Die Kommission legte einen Plan (und eine Karte) vor, wonach Palästina in drei Zonen geteilt werden sollte: einen jüdischen Staat, einschließlich der Küstenregion von einem Punkt südlich Tel Avivs bis nördlich von Akko, das Esdraelon-Tal und Galiläa; einen arabischen Staat, einschließlich des Rests von Palästina sowie Transjordaniens; und eine britische Enklave unter einem ständigen Mandat, die Jerusalem, Bethlehem und einen schmalen Korridor zum Mittelmeer mit Lydda und Ramle umfassen sollte.

Ganz abgesehen von der Frage Jerusalems machten einige Punkte es den Zionisten sehr schwer, diesen Plan zu akzeptieren: Haifa, Akko, Safed und Tiberias lagen zwar innerhalb der Grenzen des vorgesehenen jüdischen Staates, sollten aber zeitweilig unter britischem Mandat verbleiben, Nazareth sollte Teil der britischen Enklave werden und Jaffa zum arabischen Staat gehören. Die offiziellen britischen Reaktionen waren zunächst günstig: In dem Weißbuch, das dem Bericht angeschlossen war, wurde festgestellt, die Regierung habe die Empfehlungen angenommen, da eine Teilung im vorgeschlagenen Sinne die aussichtsreichste Lösung der verfahrenen Situation darstelle[21]. Bis zur Fertigstellung der Einzelheiten des Plans sollte die Einwanderung drastisch eingeschränkt werden. In den folgenden sieben Monaten sollten nur achttausend Einwanderungszertifikate ausgegeben werden.

Die Araber lehnten den Teilungsplan voll Verachtung ab, die meisten Zionisten kritisierten ihn scharf, während in Großbritannien nachträglich erhebliche Zweifel auftauchten. In einer eindrucksvollen Rede vor dem Oberhaus verwies Viscount Samuel, der erste Hochkommissar, auf die vielen Widersprüche im Plan: In dem vorgeschlagenen jüdischen Staat würde es neben 258.000 Juden 225.000 Araber geben. Einen Bevölkerungsaustausch schloß er aus, weil dies zu viele Härten mit sich bringen würde. Der Plan würde in einem Land von der Größe von Wales de facto ein Saargebiet, einen polnischen Korridor und ein halbes Dutzend Danzigs und Memels schaffen.

Am 3. August 1937, kaum einen Monat nach Veröffentlichung des Berichtes, wurde in Zürich der zwanzigste Zionistenkongreß eröffnet. Die Delegierten hatten kaum Zeit, das umfangreiche Dokument zu studieren und seine Bedeutung zu erwägen, aber die Erregung schlug hohe Wellen, weil jedermann – fälschlich, wie sich bald herausstellen sollte –, glaubte, die zionistische Bewegung stehe vor einer ähnlich schicksalschweren Entscheidung wie zur Zeit der Uganda-Debatte.

Weizmann war der Hauptbefürworter des Teilungsplanes oder, genauer gesagt, des Teilungsprinzips, obwohl auch seine Begeisterung nach dem Studium der Karte der Kommission abgekühlt war. Er betrachtete die Teilung jedoch als das kleinere Übel. Von den sechs Millionen in Europa wartenden Juden, so meinte er, könnten zwei Millionen gerettet werden, wenn es einen Staat gäbe, der sie aufnähme. Durch eine intensive Bebauung der fruchtbaren Gebiete würde es möglich sein, alljährlich einhunderttausend Einwanderer ins Land zu bringen. Den Plan zu kritisieren, sei leicht, aber welche Alternative gebe es? Die Einwanderungsbeschränkung, die die Juden zu einer ewigen Minderheit machen würde. Noch nie zuvor war die zionistische Bewegung vor einer derart verantwortungsvollen Entscheidung gestanden[22].

Gegen Weizmann wandten sich viele seiner Kollegen aus den Reihen der Allgemeinen Zionisten, ferner Ussischkin und seine Anhänger, der Misrachi, Grossmans Jüdische Staatspartei und der linksgerichtete Haschomer Hazair. Gleich den meisten anderen Opponenten kritisierte Ussischkin den Plan sowohl aus grundsätzlichen als auch aus praktischen Erwägungen: Der vorgeschlagene jüdische Staat wäre einfach nicht lebensfähig. Ohne Jerusalem wäre er ein Rumpf ohne Kopf, sagte Berl Kaznelson, der ebenso wie Golda Meirson zu den Teilungsgegnern in der Mapai zählte. Der Misrachi war dagegen, weil er die Bibel als Grundlage des jüdischen Anspruchs auf Palästina betrachtete und darin einen Bund sah, der nicht willkürlich geändert werden könne. Der Haschomer Hazair war gegen den Plan, weil er den Gedanken eines binationalen Staates noch nicht aufgegeben hatte. Was sei denn die Alternative zur Teilung? fragte ein junger polnischer Zionist, Mosche Kleinbaum (Sneh). Die Teilungsgegner antworteten, wenn die zionistische Bewegung sich dem britischen Versuch, das Mandat aufzuheben, entschieden widersetzte, wären die Briten gezwungen, sich an die ursprünglichen Bestimmungen des Mandats zu halten. Rabbi Wise verkündete in einer dramatischen Rede sein »*non possumus*«: Es gebe einige Dinge, die ein Volk einfach nicht tun könne. Ein Delegierter verlas einen Brief von Feldmarschall Smuts, einem der Architekten der Balfour-Deklaration, in dem dieser seine Ablehnung bekundete. Sogar Brodetsky, sonst einer von Weizmanns getreuesten Anhängern, hatte Zweifel: Die Aufnahme von zwei Millionen Einwanderern sei eine Illusion. Weizmann warf ein, früher oder später würden die Dinge sich jedenfalls auf eine Teilung hin entwickeln, »selbst wenn wir zehn bis zwölf Jahre lang sechzigtausend Einwanderer jährlich bekämen und die Mehrheit erreicht hätten«.

Jene, die für die Teilung waren, beispielsweise Ben Gurion, betonten, daß der wichtigste Faktor, nämlich die Zeit, gegen die Juden arbeite. Die internationale Lage verschlechterte sich ständig, desgleichen die Lage der Juden in Europa. Die anderen »A-Mandate« seien abgeschafft worden. Die Frage sei jetzt nur noch, wann Palästina an die Reihe käme. Ein jüdischer Staat, wie klein er auch wäre, würde neuen Glauben erwecken und zugleich die Möglichkeit zur Rettung vieler Hunderttausender Juden schaffen. Es handle sich nicht um ein Ende, sondern um einen Neubeginn[23]. Grünbaum, der in der Vergangenheit oft im Lager der Gegner Weizmanns gestanden war, stimmte ihm diesmal zu. Die Alternative zu einer jüdischen Mehrheit in einem jüdischen Staat wäre eine jüdische Minderheit in einem arabischen Palästina. Schertok gab zu, daß eine Teilung eine grausame Operation darstellen würde, aber sollte man eine historische Chance versäumen, bloß weil jemand festgestellt habe, daß Modiin und Massada, jene beiden historischen Symbole des jüdischen Widerstandes, nicht innerhalb der Staatsgrenzen liegen würden? Historische Chancen müsse man so gut wie möglich nutzen[24]. Eine Teilung sei eine riskante Sache, räumte Goldmann ein, aber es gebe keine andere Lösung. Er erinnerte daran, daß einige führende Zionisten, darunter Victor Jacobson, schon vor Jahren daran gedacht hätten.

In seinem Schlußwort wies Ussischkin nochmals darauf hin, daß ein Staat ohne Land auf die Dauer nicht existieren könnte: die Beispiele Karthago und Venedig sollten als Warnung dienen. Oder man würde eines Tages aus Mangel an Land genötigt sein, in Tel Aviv Wolkenkratzer zu errichten. »Wir müssen aus dem Gegebenen das Beste machen«, erwiderte Weizmann. Man hätte achttausend Zertifikate für sieben Monate. Wieso könnten die Kritiker behaupten, die Aussicht auf zwei Millionen Einwanderer zähle nicht? Grünbaum meinte, die arabisch-jüdischen Beziehungen würden sich nach einer Teilung bessern; die Alternative wäre »permanenter Terror«. Jeder Delegierte stand vor einer Gewissensfrage, wie Rubaschow (Schasar) meinte. Alte Freunde fanden sich in gegnerischen Lagern; sogar die Hagana in Palästina war geteilter Meinung, wobei Eliahu Golomb für die Teilung und Schaul Meirow (Awigur) dagegen war.

Schließlich stimmten 300 Delegierte für die Weizmann-Resolution und 158 dagegen. Die Mehrheit war zwar groß, aber nur deshalb, weil die Resolution ziemlich vage formuliert war und einer klaren Stellungnahme zu den meisten kritischen Fragen auswich. Sie wies die Behauptung der Königlichen Kommission zurück, daß sich das Mandat als undurchführbar erwiesen habe, und forderte dessen Erfüllung. Die Delegierten weigerten sich, die Schlußfolgerung zu akzeptieren, daß die nationalen Bestrebungen der Juden mit denen der Araber unvereinbar seien, und verurteilten die von der Kommission vorgelegten »beschwichtigenden Vorschläge«. Der stärkste Protest richtete sich gegen den Beschluß der britischen Regierung, eine politisch motivierte Höchstgrenze für die jüdische Einwanderung festzusetzen. Somit wurde der Teilungsplan, wie die Kommission ihn vorgeschlagen hatte, als unannehmbar abgelehnt, doch wurde das Aktionskomitee gleichzeitig ermächtigt, in Verhandlungen einzutreten, um Londons genaue Bedingungen für die Errichtung eines jüdischen Staates zu erkunden.

Nach dem Kongreß tagte, wie üblich, der Rat der *Jewish Agency*. Auch dort gab es starken Widerstand gegen die Teilung, wenn auch aus anderen Gründen. Die nichtzionistischen Vertreter waren keine Anhänger der Idee eines jüdischen Staates. Der Punkt, der auf dem Kongreß die meiste Aufmerksamkeit erregt hatte, nämlich daß der vorgesehene Staat zu klein sein würde, war nicht ihr Hauptproblem. Sie schlugen vor, die britische Regierung sollte eine arabisch-jüdische Konferenz einberufen, welche ihrerseits eine Lösung im Rahmen der Mandatsbestimmungen suchen sollte.

Was als vielversprechendes Projekt begonnen hatte, endete in einem Wirrwar gegenseitiger Beschuldigungen, und Weizmanns Geduld näherte sich ihrem Ende. Seine britischen Freunde hatten sich nicht einmal die Mühe gemacht, ihm ein Vorausexemplar des Peel-Berichts zukommen zu lassen. Nach einem unfreundlichen Wortwechsel mit seinem Freund, dem Kolonialminister Ormsby-Gore, wurde Weizmann ermahnt, »seine Boote nicht zu verbrennen oder zum Kentern zu bringen«. Darauf antwortete er erbittert: »Ich habe keine Boote zu verbrennen. Das meiste habe ich stillschweigend ertragen. Ich habe die britische Verwaltung verteidigt vor meinem eigenen Volk, in der Öffentlichkeit, auf Kongressen, in allen Teilen der Welt, oft gegen mein besseres Wissen und fast regelmäßig zu meinem eigenen Schaden. Und warum tat ich das? Weil für mich die enge Zusammenarbeit mit Großbritannien der Eckpfeiler unserer Politik in Palästina war. Doch diese Zusammenarbeit blieb einseitig – es war eine unerwiderte Liebe[25].«

Das britische Parlament, der Völkerbund und der Zionistenkongreß hatten, wenn auch mit großen Vorbehalten, einer Teilung im Prinzip zugestimmt, aber die palästinensischen Araber mobilisierten die Oberhäupter der arabischen Staaten gegen den Plan. Auf einem panarabischen Kongreß in Bludan (Syrien) im September 1937 wurde beschlossen, Palästina als arabisches Land zu erhalten, sei die heilige Pflicht jedes Arabers. Inzwischen brachen in Palästina neue Unruhen aus, die immer heftiger wurden. Im Oktober wurde der britische Distriktskommissar für Galiläa samt seiner Begleitung vor einer Kirche in Nazareth erschossen. Die Briten verhafteten fünf Mitglieder des *Arab Higher Committee,* doch der Mufti konnte entkommen. Die arabischen Überfälle gingen weiter, und die Behörden brauchten acht Monate, um den Aufstand niederzuschlagen. Dieses Versagen war für viele Beobachter ein Rätsel, und man meinte, dies sei eher mangelnder Entschlossenheit als einem Mangel an Mitteln zuzuschreiben. Fausi Kaukji, der Guerillaführer, der in den Jahren 1936 bis 1938 Tausende britischer Soldaten gebunden hatte, wurde zehn Jahre später von den schwachen, schlecht ausgebildeten und schlecht ausgerüsteten Truppen der Hagana in wenigen Tagen in die Flucht geschlagen. Gerechterweise muß jedoch angemerkt werden, daß damals sowohl die Briten als auch die Juden keinerlei Erfahrung im Guerillakampf hatten. Panzer und Flugzeuge waren völlig ungeeignet, um mit irregulären, von der örtlichen Bevölkerung unterstützten Kampfgruppen fertigzuwerden.

Im Februar 1938 wurde neuerlich eine Kommission eingesetzt, die neue Grenzen für den arabischen und den jüdischen Staat ausarbeiten sollte. Sie stand unter der Leitung von Sir Charles Woodhead, der wie auch die meisten seiner Mitarbeiter ein erfahrener ehemaliger Beamter der indischen Kolonialverwaltung war. Gemäß ihren Richtlinien stand es der Kommission völlig frei, Änderungen vorzuschlagen. Sie blieb von Ende April bis Juli 1938 in Palästina, wurde jedoch von den Arabern boykottiert. Überdies muß es ihren Mitgliedern klar gewesen sein, daß London bereits vom Teilungsplan abzurücken begann. Die Einsetzung einer neuen Kommission war vielleicht ein Versuch, Zeit zu gewinnen, während man eine neue Politik ausarbeitete.

Der Bericht der Kommission wurde im November veröffentlicht, doch war es, nach den Worten eines Kommentators, nicht leicht, genau festzustellen, was darin eigentlich vorgeschlagen wurde und was nicht[26]. Der Bericht behandelte drei verschiedene Projekte. »Plan A« sah einen jüdischen Staat vor, der mehr oder weniger innerhalb der von der Peel-Kommission vorgeschlagenen Grenzen liegen sollte; seine Bevölkerung würde zu 49 Prozent aus Arabern bestehen, die etwa 75 Prozent des Bodens besaßen. Nach »Plan B« sollten das hauptsächlich von Arabern bewohnte Galiläa und einige andere Gebiete vom jüdischen Staat abgetrennt werden. »Plan C« sah einen noch kleineren jüdischen Staat vor, bestehend aus der Küstenebene von Rechowot im Süden bis Sichron Jaakow im Norden, mit einer Fläche von tausend Quadratkilometern und insgesamt 280.000 Einwohnern. Es war sozusagen ein jüdischer Vatikan, der Tel Aviv und Umgebung umfaßte. Aber selbst dieser Zwergstaat war durch den Jaffa-Jerusalem-Korridor in zwei Teile zerschnitten. Die Mitglieder der Woodhead-Kommission konnten sich untereinander nicht einigen: Eines zog »Plan B« vor, zwei andere hatten gegen »Plan B« starke Bedenken, »Plan A« wurde von allen abgelehnt.

Die Kommission kam im wesentlichen zu dem Schluß, daß kein jüdischer Staat geschaffen werden könne, der nur eine geringe Zahl von Arabern einschließen, aber zugleich groß genug sein würde, um weiteren Einwanderern Platz zu bieten[27]. Anstatt ihr Versagen offen zuzugeben, fühlte die Kommission sich verpflichtet, einen eigenen Plan auszuarbeiten, wie halbschlächtig und verworren auch immer. Mehrere

Wochen nach Veröffentlichung dieses Berichtes lehnte die britische Regierung in einem neuerlichen Weißbuch die Teilung in Anbetracht der damit verbundenen politischen, administrativen und finanziellen Schwierigkeiten als undurchführbar ab und erklärte, in Palästina könnten Friede und Wohlstand nur durch eine Verständigung zwischen Juden und Arabern hergestellt werden[28]. Ferner wurde die baldige Abhaltung einer Konferenz in London bekanntgegeben, zu der sowohl Vertreter der Jewish Agency als auch der Araber Palästinas und der benachbarten Staaten eingeladen werden sollten. Wenn innerhalb einer vernünftigen Zeitspanne keine Einigung erzielt würde, dann sähe sich die Regierung genötigt, selber eine Regelung zu treffen.

Verschiedene Persönlichkeiten machten sich erbötig, zwischen Arabern und Juden zu vermitteln. Unter den wohlmeinenden Friedensstiftern, die sich an der Suche nach einer Lösung beteiligten, waren: A. H. Hyamson, der ehemalige Leiter der Einwanderungsabteilung der Mandatsregierung; Colonel Newcombe, ein bekannter Anwalt der arabischen Sache; Dr. Magnes, Rektor der Hebräischen Universität, und der irakische Außenminister Nuri Said. Manche ihrer Vorschläge beruhten auf dem Kantonisierungsplan, andere auf dem Gedanken eines souveränen palästinensischen Staates, in dem die maximale jüdische Bevölkerung weniger als die Hälfte der Gesamteinwohnerschaft ausmachen sollte und der somit eine jüdische nationale Heimstätte, aber keinen jüdischen Staat darstellen würde. Indessen stießen diese Pläne weder bei den Arabern noch bei den Juden auf Interesse. Die Zionisten waren schon über Lord Peels Vorschlag unglücklich gewesen, um so mehr lehnten sie den Gedanken eines permanenten Minderheitsstatus ab. Die Araber waren nicht nur gegen eine Teilung, sondern auch gegen einen paritätischen Zweivölkerstaat. Außerdem waren sie nicht bereit, einer weiteren jüdischen Einwanderung zuzustimmen.

Die Londoner Konferenz am runden Tisch wurde am 7. Februar 1939 mit einer Rede des Premierministers Neville Chamberlain eröffnet. Die Stimmung unter den Juden war zutiefst pessimistisch. Im Oktober 1938 hatte Hitler die Sudeten besetzt, und just an dem Tag, an dem das Parlament über den Woodhead-Bericht debattierte, ereignete sich in Deutschland der große Pogrom, die »Kristallnacht«. Hitler und Mussolini unterstützten offen die Araber. Das faschistische Italien hatte ein jüdisches Palästina schon immer als eine Gefahr für das italienische Imperium betrachtet, weil es zweifellos ein Stützpunkt des britischen Imperiums, ein weiteres Gibraltar oder Malta werden würde. Von Frankreich oder den Vereinigten Staaten konnte der Zionismus keine Hilfe erwarten. Soweit die Sowjetunion und die ihrem Kurs folgenden kommunistischen Parteien an der Lage im Nahen Osten überhaupt interessiert waren, unterstützten sie den arabischen Aufstand.

Der Zionismus war somit völlig isoliert und vom guten Willen Großbritanniens abhängig. Die deutsche Judenschaft richtete bewegende Appelle an Großbritannien. So schrieb die *Jüdische Weltrundschau* am 20. März 1939, es gehe um Leben oder Tod, und es sei unvorstellbar, daß Großbritannien die deutschen Juden opfern würde. Doch die Angst, der Schmerz und der Todeskampf eines verfolgten Volkes zählten in der Weltpolitik wenig. Und so schrieb Namier damals: »Alle Opfer wurden von uns verlangt, und alle Vorteile wurden den Arabern angeboten[29].«

Drei Jahre vorher hatte Namier vergeblich versucht, den Briten klarzumachen, daß ihre Interessen mit denen der Juden verbunden seien; die Juden seien zwar zahlreich genug, um einen Störfaktor darzustellen, im Augenblick aber nicht stark genug, um als Verteidigungsschild zu dienen; die Araber würden in einem künftigen Weltkonflikt jedenfalls gegen Großbritannien sein, und es liege daher im britischen Interesse, die Juden so schnell wie möglich ans andere Ufer zu schaffen. Dies war allerdings nicht die Meinung der britischen Politiker, und ihre Einstellung zum Zionismus änderte sich auch dann nicht, als sich die *Appeasement*-Politik in Europa bereits als Fehlschlag herausstellte. Araber gab es viele, Juden aber nur wenige, und gerade wegen des drohenden Krieges wollte man die Freundschaft der Araber gewinnen.

Die Frage, ob die britische Politik als Realpolitik zweckmäßig war, wird zweifellos noch lange umstritten sein. Wenn – so wurde argumentiert – der Versuch der achsenfreundlichen Elemente in der arabischen Welt, 1941 zur Macht zu gelangen, ebenso fehlschlug wie Raschid Alis Aufstand im Irak, wenn Ägypten sogar ruhig blieb, als Rommel El Alamein erreichte, dann sei dies die Folge der weitreichenden Zugeständnisse Londons an die palästinensischen Araber gewesen. Viel wahrscheinlicher ist jedoch, daß der Aufstand im Irak auf jeden Fall niedergeschlagen worden wäre und daß die Araber (ähnlich wie General Franco), unabhängig von ihrer Einstellung zu Großbritannien, nicht bereit waren, sich offen für die Achsenmächte zu deklarieren, solange der Sieg Hitlers und Mussolinis nicht feststand.

In seiner Eröffnungserklärung auf der Londoner Konferenz unterstrich Weizmann abermals das Vertrauen des Weltjudentums in den guten Willen Großbritanniens. Die Zusammenarbeit mit der britischen Regierung sei stets ein Eckpfeiler der zionistischen Politik gewesen, und die Bewegung gehe im gleichen Geist an ihre gegenwärtige Aufgabe heran. Die jüdische Delegation war die repräsentativste, die je an einer internationalen Konferenz teilgenommen hatte. Alle führenden Zionisten waren anwesend, auch einige der bekanntesten nichtzionistischen jüdischen Führer. Der Delegation der palästinensischen Araber gehörte Dschamal Hussaini als geschäftsführender Vorsitzender an, nicht aber der Mufti. Unter den Delegierten aus den anderen arabischen Ländern befanden sich führende Persönlichkeiten wie Ali Maher, Nuri Said, der jordanische Premierminister und Emir Feisal, Ibn Sauds Sohn. Die Araber weigerten sich, mit den Juden an einem Tisch zu sitzen, und es wurde arrangiert, daß sie den Sitzungssaal im St.-James-Palast durch einen anderen Eingang betreten konnten. Es gab praktisch zwei separate Konferenzen. Nur zweimal kam es zu einem formlosen Zusammentreffen zwischen jüdischen Führern und den Vertretern Ägyptens, des Iraks und Saudi-Arabiens. Die palästinensischen Araber lehnten jeglichen Kontakt mit den Juden ab.

Die Zionisten hatten sich mit sehr unguten Gefühlen zu dieser Konferenz begeben. Auf einer Sitzung des Inneren Zionistischen Rates im Dezember 1938 hatten sich elf Mitglieder für eine Teilnahme und elf dagegen ausgesprochen. Daraufhin war beschlossen worden, die letzte Entscheidung dem Aktionskomitee zu überlassen, das der Teilnahme zustimmte, als ein Schreiben Ben Gurions eintraf, mit der Nachricht, Kolonialminister Malcolm MacDonald habe versichert, daß die Briten sich weiterhin an die Balfour-Deklaration und an das Mandat gebunden fühlten, daß sie einen arabischen Staat ablehnten und daß die jüdische Einwanderung nicht eingestellt werden sollte[30]. Sowohl Weizmann als auch Ben Gurion waren überzeugt, daß London die jüdische Sache nicht völlig fallenlassen würde. Außerdem wollten sie die Gelegenheit zu direkten Gesprächen mit den arabischen Führern nutzen. Ben Gurion soll bei einer Gelegenheit geäußert haben, er wäre bereit, von den Arabern weniger günstige Bedingungen anzunehmen, als die Briten sie boten. Er habe damals zwei historisch unvermeidliche Tendenzen vorausgesehen: die eine zu einer arabischen Föderation, die andere zu einem Judenstaat. Wenn die Araber bereit wären, das jüdische Recht auf Einwandung zu akzeptieren, dann wären fruchtbringende Verhandlungen möglich, vielleicht sogar ein Abkommen über einen jüdischen Staat innerhalb einer arabischen Föderation[31].

In den Sitzungen zeigte sich, daß auch die bescheidenen Hoffnungen der Zionisten übertrieben gewesen waren. Die Briten hatten die arabische Forderung, das Mandat zu beenden und einen mit Großbritannien verbündeten palästinensischen Staat zu errichten, mehr oder weniger akzeptiert. Nach diesem Plan sollten die Briten das Land noch einige Jahre lang verwalten, und in dieser Übergangszeit sollten besondere Minderheitsrechte für die Juden in einem arabischen Staat ausgehandelt werden. Die Ägypter, die Iraker und die Jordanier zeigten eine versöhnlichere Haltung als die palästinensischen Araber. Sie waren bereit, die Existenz einer jüdischen Gemeinde von vierhunderttausend Personen zu dulden, betonten aber ebenso wie die palästinensischen Araber, daß sie Palästina als ein arabisches Land betrachteten, auf das die Juden keinen Anspruch besäßen. Was Weizmann über den Grundsatz, wonach kein Volk das andere beherrschen sollte, gesagt habe, sei für sie ohne jegliches Interesse, da sie für eine arabische Herrschaft seien und nicht für einen binationalen Staat, wie immer ein solcher beschaffen sein mochte.

Die Zusammenkünfte zwischen der jüdischen Delegation und dem Kolonialminister fanden in einer gespannten, unfreundlichen Atmosphäre statt. Ein Großteil der Gespräche drehte sich um die Lage, die sich im Kriegsfall ergeben könnte. Die Zionisten betonten mehrmals, daß sie ein nicht zu unterschätzendes militärisches Element darstellten, während die Briten in einem Krieg gegen Hitler mit keiner Unterstützung seitens der Araber rechnen könnten. Die britischen Vertreter ließen sich davon jedoch nicht beeindrucken; die Gefahr eines arabischen Aufstandes erschien ihnen wesentlich größer als der mögliche Nutzen einer jüdischen Unterstützung. Gelegentliche verhüllte Drohungen, daß es Schwierigkeiten geben könnte, wenn die illegalen Einwanderer zurückgewiesen würden, beeindruckte die Briten ebensowenig: Welche Alternative hätten die Juden zu einer Unterstützung Großbritanniens? MacDonald sagte ihnen, wenn sie nicht mitarbeiten wollten, dann sei es ziemlich sicher, daß die Regierung Seiner Majestät sie ihrem Schicksal überlassen würde, und die Folgen wären leicht vorherzusehen[32]. Den Arabern war eine solche Haltung äußerst willkommen. Sie hatten MacDonald wissen lassen, daß die Juden im Fall eines Abzugs der Briten kein Problem darstellen würden. Die Briten hatten jedoch keineswegs die Absicht, Palästina am Vorabend eines Weltkriegs, in dem das Land ein wichtiger strategischer Stützpunkt sein würde, zu räumen. Sie hatten die arabische Forderung akzeptiert, daß die Juden eine Minderheit bleiben sollten, bestanden jedoch auf gewissen Rechten für die Juden und auf der Fortsetzung einer begrenzten Einwanderung. Bei einer Zusammenkunft erklärte Weizmann, er wäre bereit, Einwanderungsbeschränkungen zu akzeptieren, wenn dies ein Übereinkommen mit den Arabern näher brächte. Die anderen Zionistenführer waren über diese Konzession nicht sehr glücklich, doch kam es nicht dazu, weil die Araber den Vorschlag nicht aufgriffen. MacDonald betonte immer wieder, die Juden müßten für die Einwanderung die Zustimmung der Araber erlangen, was Weizmann zu der Feststellung veranlaßte, daß auch die Briten nicht mit Zustimmung der Araber in Palästina seien[33].

Die jüdischen Delegierten waren äußerst unglücklich über die völlige Annullierung der Balfour-Deklaration. Sie hatten den Eindruck, daß die Haltung der Briten fast tagtäglich unfreundlicher wurde: Erst hatten sie Parität vorgeschlagen und die Verhandlungen auf der Grundlage des Mandats geführt. Später wurde gesagt, der Bevölkerungsanteil der Juden dürfe höchstens 40 Prozent erreichen, eine Zahl, die später auf 35 Prozent und dann auf 33 1/3 Prozent gesenkt wurde. In einem späteren Stadium der Konferenz wurde sogar die Aufhebung des Mandats vorgeschlagen. In ihren Gegenvorschlägen Anfang März erwähnten Weizmann und Ben Gurion verschiedene Möglichkeiten: die Errichtung eines jüdischen Staates in einem Teil Palästinas oder die Errichtung einer föderativen arabisch-jüdischen Verwaltung auf paritätischer Grundlage, unter der Bedingung, daß die Einwanderung nicht eingestellt würde. Als letzten Ausweg schlugen sie die vorläufige Beibehaltung des status quo vor: Die Einwanderungsquote sollte für die nächsten fünf Jahre festgesetzt werden, und während dieser Frist sollten alle anderen offenen Probleme diskutiert werden.

MacDonald war mit der Reaktion der Zionisten unzufrieden. Ursprünglich hatte er, wie er sagte, sich dem arabischen Veto gegen die Einwanderung widersetzt, aber die unnachgiebige Haltung einiger Mitglieder der jüdischen Delegation habe ihn einsehen lassen, daß die Juden den Arabern niemals auf halbem Weg entgegenkommen würden, solange sie die britische Regierung hinter sich wüßten[34]. Die endgültigen britischen Vorschläge vom 15. März sahen die Errichtung eines palästinensischen Staates nach einer Übergangsperiode von zehn Jahren vor. Während dieser Zeit sollten schrittweise selbständige Verwaltungsorgane geschaffen, eine Nationalversammlung einberufen und eine Verfassung ausgearbeitet werden. Es würde Garantien für die jüdische Minderheit geben, vielleicht sogar ein föderatives Gebilde aus arabischen und jüdischen Kantonen. Während der nächsten fünf Jahre sollten maximal 75.000 Juden nach Palästina einwandern dürfen, so daß die jüdische Bevölkerung ein Drittel der Gesamtbevölkerung bilden würde.

Dieser Plan wurde von der jüdischen Delegation abgelehnt, und auch die Araber fanden ihn unannehmbar. Sie hatten auf Unabhängigkeit in naher Zukunft gehofft, waren mit weiteren zehn Jahren britischer Herrschaft nicht einverstanden und bestanden vor allem auf völliger Einstellung der jüdischen Einwanderung. Es gab nichts mehr zu besprechen, und so ging die Konferenz am 17. März zu Ende. Zwei Monate später, am 17. Mai, gab die britische Regierung bekannt, daß sie, wie sie schon früher angedeutet hatte, in Anbetracht der Unfähigkeit beider Seiten, zu einer Einigung zu gelangen, ihren eigenen Plan durchführen würde. London scheint von Anfang an mit dem Scheitern der Konferenz gerechnet zu haben, ließ sie jedoch ablaufen, um Zeit zur Ausarbeitung seines eigenen Plans zu gewinnen.

Alle Zionistenführer ohne Ausnahme betrachteten diese Wendung in der britischen Politik als wahre Katastrophe, als »Todesurteil«, wie Weizmann, der Gemäßigteste von ihnen, es nannte. Selbst die größten Pessimisten unter ihnen hatten geglaubt, das britische Verhalten sei Teil der allgemeinen *Appeasement*-Politik. Da aber bereits zweifelsfrei feststand, daß die *Appeasement*-Politik in Europa versagt hatte, bestand dann nicht die Aussicht, daß im Zuge einer politischen Haltungsänderung der westlichen Demokratien auch die britische Einstellung zum Zionismus sich verbessern würde? Wie die Ereignisse bald zeigen sollten, war dieser Optimismus verfehlt, denn der Zionismus war für die Briten, unabhängig von den Ereignissen in Europa, zu einer Belastung geworden.

Die Zionistenführer unternahmen in letzter Minute mehrere Versuche, die Veröffentlichung des Weißbuches zu verhindern. Weizmann ersuchte um eine Unterredung mit Neville Chamberlain, konnte aber nichts erreichen: »Der Premierminister von England saß vor mir wie eine Marmorstatue; seine ausdruckslosen Augen waren auf mich geheftet, aber er sagte kein Wort ... ich erhielt keine Antwort[35].« Weizmann begab sich nach Kairo, wo er mit dem ägyptischen Premierminister zusammenkam, ohne natürlich ein sofortiges Ergebnis zu erwarten. Eine jüdische Delegation suchte Anfang April Präsident Roosevelt auf und wurde freundlich empfangen. Die Briten befänden sich in einer schlimmen Verfassung, sagte Roosevelt. Die Balfour-Deklaration und der Jischuw sollten offenbar auf dem Altar des *Appeasement* geopfert werden[36]. Roosevelt versprach, auf eine Verschiebung des Weißbuchs zu drängen. In Wirklichkeit tat er nichts dergleichen.

Das Weißbuch

Das Weißbuch, das am 17. Mai 1939 veröffentlicht wurde, bestand aus einer Einleitung und drei Hauptabschnitten, von denen je einer sich mit Verfassungsfragen, mit der Einwanderung und mit Bodenfragen befaßte[37]. Nochmals wurde festgestellt, es sei das Ziel der Regierung Seiner Majestät, innerhalb der nächsten zehn Jahre einen unabhängigen Staat zu schaffen. In den folgenden fünf Jahren sollten 75.000 Einwanderer ins Land gelassen werden. Danach, ab 1. März 1944, sollte die Einwanderung nur mit Zustimmung der Araber gestattet sein. Außerdem sollte die jüdische Ansiedlung in bestimmten Teilen Palästinas verboten und in anderen eingeschränkt werden. Damit entsprach das Weißbuch in allen wesentlichen Punkten dem britischen Plan, der den Zionisten während der St.-James-Konferenz mitgeteilt worden war. Die Jewish Agency reagierte sofort mit der Feststellung, das Weißbuch bedeute eine Leugnung des Rechtes der Juden, im Land ihrer Väter eine nationale Heimstätte zu errichten, es sei ein Vertrauensbruch, eine Kapitulation vor dem arabischen Nationalismus. Dieser Schlag in der dunkelsten Stunde der jüdischen Geschichte würde jedoch das jüdische Volk nicht niederwerfen: Niemals würde es sich damit abfinden, daß ihm die Pforten Palästinas verschlossen würden oder daß seine nationale Heimstätte in ein Getto verwandelt würde. Weizmann äußerte sich in einem Schreiben an den Hochkommissar nicht weniger drastisch, desgleichen Ben Gurion in einer Analyse des Weißbuches[38]. Weizmann meldete »schärfsten Protest« gegen die Nichterfüllung des Mandats an. Ben Gurion schrieb: »Der größte Verrat, den die Regierung eines zivilisierten Volkes in unserer Generation begangen hat, ist mit der Kunstfertigkeit von Experten für Hinterlist und vorgetäuschte Rechtschaffenheit fomuliert und erläutert worden.«

Die Zionisten waren über die Sophistik der britischen Gesprächspartner zutiefst verärgert: Wenn man ihnen offen erklärt hätte, die Regierung Seiner Majestät habe eingesehen, daß die Balfour-Deklaration ein Fehler gewesen und nicht im Interesse Großbritanniens gelegen sei, und daß die derzeitige britische Regierung jedenfalls nicht stark genug sei, um diese Politik durchzuführen, dann wäre dies natürlich immer noch ein harter Schlag gewesen. Aber solch ein offenes Eingeständnis des Versagens hätte weniger Empörung hervorgerufen als der Zynismus des Weißbuches. In bezug auf MacDonalds Verhalten bei einer anderen Gelegenheit schrieb Namier: »Er beruhigte schlechte Gewissen. Er erntete Dankbarkeit, die Atmosphäre erinnerte an die Tage von Godesberg und München[39].«

Die britischen Gegner des Weißbuches äußerten sich ähnlich. Herbert Morrison, später Minister im Kabinett Churchill, erklärte in der Parlamentsdebatte am 23. Mai: »Ich hätte vor der Rede des ehrenwerten Gentlemans (Malcolm MacDonald) mehr Achtung empfunden, wenn er offen eingestanden hätte, daß die Juden der Unfähigkeit der Regierung geopfert werden sollen.« Morrison bezeichnete das Weißbuch als »Entehrung unseres guten Namens«, als »zynischen Wortbruch«. Es gab noch weitere Reden mit ähnlich scharfen Formulierungen: Leopold Amery erklärte, er würde weder den Juden noch den Arabern je wieder ins Gesicht blicken können, wenn die britische Regierung ihren Verpflichtungen nicht nachkäme. Noel Baker nannte das Weißbuch feige und falsch und erklärte, das britische Volk würde sich damit nicht abfinden. Archibald Sinclair, ein führender Liberaler, erklärte einige Monate später in der Debatte über die Bodenordnung: »Wie kann man nur gerade jetzt dem gequälten, erniedrigten, leidenden jüdischen Volk, das alles tut, um uns in diesem Krieg zu helfen, neues Unrecht zufügen?« Die Regierung Chamberlain verfügte jedoch in beiden Häusern über eine sichere Mehrheit, und obwohl ihre Mehrheit in diesem Fall um hundert Abgeordnete kleiner war als sonst, machte sie sich keine besonderen Sorgen. Mit Ausnahme des *Manchester Guardian* billigte die britische Presse die Entscheidung der Regierung oder berichtete darüber nur in kleinster Aufmachung. Man hatte in dieser Angelegenheit kein gutes Gefühl.

Die britische Regierung machte sich auch keine großen Sorgen über die Reaktion der Ständigen Mandatskommission des Völkerbundes. Alle sieben Mitglieder, die bei der Debatte über diese Frage anwesend waren, äußerten die Meinung, das Weißbuch entspreche nicht der Art und Weise, wie die Kommission das Mandat stets interpretiert habe. Drei von ihnen, darunter der britische Delegierte, erklärten jedoch, gewisse Umstände könnten eine Änderung der Politik rechtfertigen, wenn der Völkerbundsrat sich nicht dagegen stelle. Die vier anderen Vertreter brachten einfach ihre Ansicht zum Ausdruck, das Weißbuch stehe nicht im Einklang mit dem Mandat. Nach Kriegsausbruch trat der Völkerbundsrat nicht mehr zusammen. Daher wurde das Weißbuch nicht ratifiziert und erlangte, genaugenommen, keine internationale Gültigkeit. Aber nach dem 1. September 1939 kümmerte sich niemand mehr um juristische Feinheiten.

Die zionistischen Führer standen vor einer unmöglichen Aufgabe: eine wirksame Politik gegen den neuen britischen Kurs zu finden. In geschlossenen Sitzungen wurden verschiedene Vorschläge diskutiert. Es gab Stimmen für eine Kampagne des zivilen Ungehorsams nach indischem Vorbild, einschließlich einer systematischen Verletzung jener Gesetze, die dazu dienen sollten, die weitere Entwicklung der nationalen Heimstätte zu verhindern. Die illegale Einwanderung sollte intensiviert, neue Siedlungen sollten errichtet und mehr Gewicht auf die militärische Ausbildung junger Leute gelegt werden. Zum erstenmal unternahm die Hagana mehrere Sabotageakte gegen die Mandatsbehörden; sie versenkte ein Patrouillenboot, das gegen illegale Einwanderer eingesetzt worden war. Diese Aktionen waren jedoch unkoordiniert und von geringem Umfang und wurden noch vor Kriegsausbruch wieder eingestellt.

Man kam zu keiner Einigung über die anzuwendende Strategie. Ben Gurion erklärte, das Weißbuch habe ein Vakuum geschaffen, das von der jüdischen Gemeinde ausgefüllt werden müßte: Sie sollte sich so verhalten, als gäbe es einen palästinensischen Staat, und dies solange tun, bis ein jüdischer Staat entstanden sei. In einer anderen Sitzung sagte er, man sollte nicht mehr vom Mandat als einer möglichen oder wünschenswerten Lösung sprechen, sondern die Errichtung eines jüdischen Staates fordern. Aber trotz allem scheint es doch, daß Ben Gurion damals immer noch lieber eine Änderung der britischen Politik als die Vertreibung der Briten aus Palästina herbeiführen wollte.

Es ist viel von politischen Differenzen zwischen Ben Gurion und Weizmann im Jahre 1939 und danach gesprochen worden. Zum Unterschied von Weizmann schloß Ben Gurion die Möglichkeit eines bewaffneten Konflikts in Palästina nicht aus. In einem Telegramm an Chamberlain im April 1939 erklärte er, die Juden seien entschlossen, lieber das Letzte zu opfern, als sich den Bestimmungen des Weißbuches zu unterwerfen. Wenn es London um eine Befriedung gehe, dann würde es sicherlich enttäuscht werden, denn die Regierung werde gezwungen sein, mit Gewalt gegen die Juden vorzugehen[40]. Weizmann hingegen war immer noch für Zusammenarbeit mit Großbritannien. Seiner Auffassung nach benötigte die jüdische Gemeinde in Palästina die Hilfe einer Großmacht, und wie gering der gute Wille Großbritanniens auch sein mochte, so könnte sie sich auf jede andere Macht noch weniger verlassen. Ben Gurion scheint zu dem Schluß gelangt zu sein, daß keine Aussicht bestand, die Briten zu einer Änderung ihrer Politik zu bewegen, wenn man ihnen nicht bewies, daß der Zionismus sehr wohl ein Störfaktor sein konnte. Wenn der arabische Widerstand den Behörden unangenehm war, dann konnte der Jischuw ihnen zumindest ebensolche Schwierigkeiten bereiten.

Eines der Hauptprobleme war die illegale Einwanderung. Zwischen 1936 und 1939 war die Zahl der illegalen Einwanderer stark angestiegen; sie kamen hauptsächlich in kleinen Schiffen vom Balkan, die entweder von der Hagana, von politischen Parteien oder in einigen Fällen von privater Seite gechartert wurden. Die übliche Vorgangsweise der Behörden war es, die »Illegalen« zu verhaften, einige in Palästina in Anhaltelager zu stecken und andere zurückzuschicken. Ben Gurion trat 1939 einmal für offene Landungen ein, die zwangsläufig zu bewaffneten Zusammenstößen zwischen der Hagana und den Briten geführt hätten. Er glaubte, solche Demonstrationen würden die Weltöffentlichkeit beeindrucken und vielleicht die Briten zwingen, ihre Politik zu ändern. Die meisten Mitglieder der Exekutive der Jewish Agency in Palästina waren jedoch gegen eine solche Vorgangsweise. Sie waren der Ansicht, das oberste Ziel müsse die Rettung von möglichst vielen Juden sein, und die illegale Einwanderung sollte daher so durchgeführt werden, daß die größtmögliche Anzahl gerettet, nicht die größtmögliche Publizität erzielt werde[41]. Die illegale Einwanderung wurde in zionistischen Konferenzen ganz offen besprochen: Rabbi A. H. Silver, der später ein führender Aktivist wurde, sprach sich auf dem Kongreß im Jahre 1939 dagegen aus, während der palästinensische Arbeiterführer Berl Kaznelson vehement dafür eintrat[42].

Der einundzwanzigste Zionistenkongreß in Genf, der vom 16. bis zum 25. August 1939 dauerte, war der kürzeste und tristeste von allen. Zum erstenmal war Deutsch nicht mehr die offizielle Konferenzsprache. »Es war der Schatten des Weißbuches, der über unserer Versammlung lag«, schrieb Weizmann später, »und der Schatten des Krieges, der alle menschliche Freiheit, ja vielleicht die Menschheit zu vernichten drohte[43].« Bis zum 22. August, dem Tag, an dem der Pakt zwischen Deutschland und Rußland unterzeichnet wurde, bestand noch eine schwache Hoffnung, daß das Weltunheil noch irgendwie abgewendet werden könnte, aber an diesem Tag, an dem der Kongreß noch tagte,

»tauchte das jüdische Elend unter und wurde verschlungen vom Elend der Welt«, wie Weizmann sagte. Die üblichen kleinlichen Intrigen, die Warnungen und Manöver erschienen nun fehl am Platz. Der rechte Flügel der Allgemeinen Zionisten drohte, den Kongreß zu verlassen und sich den Revisionisten anzuschließen, falls die allgemeine Debatte, wie vorgeschlagen, abgeschafft werden sollte.

Die Weltlage war jedoch viel zu ernst für die üblichen parteipolitischen Machtkämpfe. Weizmann sagte in seiner Eröffnungsrede, dem jüdischen Volk sei bitteres Unrecht geschehen: »Wir haben nicht versagt, wir haben auf Großbritannien vertraut.« Er gab einen Überblick über die Ereignisse des abgelaufenen Jahres und meinte, wiederum stehe die zionistische Bewegung vor der fast unlösbaren Aufgabe, in einer verworrenen Welt den archimedischen Punkt zu finden. Trotz des Weißbuches würden die Juden die britische Demokratie in ihrer schwersten Stunde unterstützen. Die Aufbauarbeit in Palästina werde unter allen Umständen fortgesetzt werden. Sogar in der Zwangsjacke des Weißbuches gebe es noch gewisse Möglichkeiten[44]. Dem widersprachen andere Redner: »Für uns existiert das Weißbuch nicht«, erklärte Ben Gurion. Weizmann meinte erläuternd, er denke unter anderem an die Einwanderung. Es würde doch niemand die vom Weißbuch vorgesehenen Einwanderungszertifikate ablehnen?

Die Oppositionsredner konnten keine reale Alternative aufzeigen: Grossman erklärte, Weizmanns Treue zu Großbritannien habe Schiffbruch erlitten, ebenso seine Politik, einem Konflikt mit den Arabern um jeden Preis auszuweichen. Serubawel, der die Poale Zion vertrat und zum erstenmal seit dreißig Jahren auf einem Zionistenkongreß erschien, sagte zu den Delegierten, sie hätten ihr Schicksal niemals mit dem einer imperialistischen Macht verknüpfen dürfen. Aber wie hätten sie Palästina aufbauen können, wenn sicht auf der Basis der Balfour-Deklaration und des Mandats? Sie hätten sich statt dessen auf die sozialistische Revolution verlassen sollen. Rabbi Berlin, der für den Misrachi sprach, meinte, man solle auf Gott vertrauen. Abgesehen von solchen gutgemeinten Ermahnungen wurden keine praktischen Vorschläge vorgebracht. Sogar solch ein offener Kritiker Weizmanns wie Rabbi Silver mußte zugeben: Nicht Weizmann, sondern Großbritannien habe versagt, doch gebe es immer noch Hoffnung, daß der Weißbuchkurs annulliert werden könnte. Es sollten daher keine extremen Maßnahmen getroffen werden. Es wäre zu riskant, einen offenen Konflikt mit Großbritannien zu provozieren. Der Zionismus sollte nicht aus Verzweiflung seinen Feinden Waffen liefern. Es wäre gefährlich, so zu tun, als wäre der Jischuw ein Staat, wenn er doch keiner sei[45].

Unter den Teilnehmern waren Delegationen aus Deutschland sowie aus der von den Nazis besetzten Tschechoslowakei und aus Österreich.

Die kurze Rede Dr. Franz Kahns aus der Tschechoslowakei erschütterte die Delegierten am meisten: »In diesen Tagen der Not ist Palästina unser einziger Rettungsanker. Wenn die Pforten Palästinas geschlossen werden, dann gibt es keine Hoffnung mehr.« In einem Überblick über die politische Lage verurteilte Schertok den Terror der Revisionisten auf das schärfste, da dieser zwecklos, selbstmörderisch, vom militärischen Standpunkt schädlich und sittlich verwerflich sei. Der Kongreß endete, früher als vorgesehen, mit einem kurzen Schlußwort Weizmanns, dessen Leitmotiv war: »Finsternis umgibt uns.« Weizmann sagte, er verabschiede sich schweren Herzens: »Wenn wir, wie ich hoffe, überleben und unsere Arbeit fortsetzen können, wer weiß, vielleicht wird ein neues Licht aus der Finsternis kommen . . . Es gibt einige Dinge, die gewiß eintreten werden, Dinge, ohne die man sich die Welt nicht vorstellen kann. Die übrigen werden weiterarbeiten, weiterkämpfen, weiterleben bis zur Morgenröte einer besseren Zeit. Diese Morgenröte vor Augen, entbiete ich Ihnen meinen Gruß. Mögen wir in Frieden wieder zusammenkommen.«

Die Protokolle der Zionistenkongresse vermerkten in dieser Schlußphase der Tagungen stets freudige Szenen und lang anhaltenden Beifall. Das Protokoll des einundzwanzigsten Kongresses spricht jedoch eine andere Sprache: »Tiefe Bewegung erfaßt den Kongreß. Dr. Weizmann umarmt seine Kollegen auf dem Podium. Viele haben Tränen in den Augen. Hunderte Hände strecken sich Weizmann entgegen, als er den Saal verläßt.« Alte Rivalitäten waren zumindest für diesen Augenblick vergessen. Weizmann ging das Herz über, er umarmte Ben Gurion und Ussischkin, als wollte er sie nicht mehr gehen lassen, notierte Balfours Nichte Dugdale in ihrem Tagebuch.

Kaum eine Woche später fielen die Deutschen in Polen ein. Die meisten Delegierten hatten große Schwierigkeiten, über einen Kontinent hinweg, der innerhalb weniger Tage zum Heerlager geworden war, ihre Heimatländer zu erreichen. Als die Delegierten aus Palästina nach Hause kamen, war der Krieg bereits ausgebrochen. In einem Brief an Chamberlain vom 29. August 1939 hatte Weizmann Großbritannien volle Unterstützung im Krieg gegen Deutschland zugesagt und Sofortmaßnahmen zum Einsatz jüdischer Arbeitskräfte, technischer Kenntnisse und Hilfsmittel angeboten. Wenige Tage später stellte die Exekutive der Jewish Agency in Jerusalem fest: »Dieser Krieg ist auch unser Kampf.« Ben Gurion erklärte in einer Pressekonferenz: »Wir haben kein Recht, im Widerstand gegen das Weißbuch nachzulassen«, aber Schertok fügte hinzu, das jüdische Palästina befinde sich mit Großbritannien im Zustand der Waffenruhe, und das jüdische Hilfsangebot beschränke sich nicht unbedingt auf Aktionen innerhalb Palästinas[46]. Am 11. September verkündete der Irgun Zwai Leumi in Flugblättern, die auf den Straßen Tel Avivs verteilt wurden, daß er seine Terrorkampagne einstelle, um sich Großbritannien im Kampf gegen Hitler anzuschließen. Die Bedingungen waren jedoch nicht günstig: zwei illegale jüdische Einwanderer an Bord der *Tigerhill* wurden am 4. September getötet, als ein Kutter der Küstenwache das Feuer eröffnete. Das Schiff hatte als Blockadebrecher im spanischen Bürgerkrieg Ruhm erlangt. Es wurde südlich von Jaffa entdeckt, als es eben seine Passagiere an Land brachte, und entfernte sich beim Nahen des Küstenwachtschiffes mit etwa zweihundert noch an Bord befindlichen Einwanderern. Die bereits an Land gegangenen Flüchtlinge wurden ins Anhaltelager Sarafend gebracht.

Zwei Wochen nach Kriegsausbruch war der größte Teil Polens von der Wehrmacht besetzt. Dies war der Anfang vom Ende der größten jüdischen Gemeinde Europas. Alle jüdischen Gemeinden in Europa, und schließlich auch jene Palästinas, waren von der Ausrottung bedroht. Der Erste Weltkrieg hatte der zionistischen Bewegung die große Chance gebracht, den Charter, um den sie sich so lange bemüht hatte. Als der Zweite Weltkrieg ausbrach, ging es nicht um den weiteren Fortschritt, sondern ums Überleben.

Der Zweite Weltkrieg

Im ersten Kriegsjahr war der Schlachtenlärm aus Europa in Palästina nur schwach vernehmbar. Der arabische Aufstand war langsam abgeklungen und hatte nach dem September 1939 überhaupt aufgehört. Juden und Araber lebten wieder friedlich nebeneinander, obwohl der Konflikt zwischen den nationalen Bestrebungen der beiden Völker weiterhin ungelöst blieb. Die Auswirkungen der Niederlage Frankreichs wurden jedoch bald fühlbar: 1941 und 1942 waren Krisenjahre. In einer gigantischen Zangenbewegung erreichten die deutschen Armeen die westliche Wüste und rückten auf den Kaukasus vor. In Syrien hatte die Vichy-Regierung die Verwaltung übernommen, und im Irak bedrohte der Putsch des achsenfreundlichen Raschid Ali die britischen Basen. Das Blatt wendete sich gegen Ende 1942. Da die deutschen Armeen sich sowohl in der Sowjetunion als auch in Nordafrika in vollem Rückzug befanden, war die Gefahr einer Invasion abgewendet. Von vereinzelten Luftangriffen abgesehen, war Palästina von den militärischen Operationen der Achsenmächte nicht direkt betroffen. Das Land wurde zu einer wichtigen Militärbasis der Alliierten, und seine wirtschaftliche Entwicklung nahm einen mächtigen Aufschwung.

In den ersten Kriegsjahren hatte der Jischuw unter schweren wirtschaftlichen Erschütterungen zu leiden. Die Zitrusexporte hörten auf, wodurch der wichtigste Zweig der Volkswirtschaft praktisch gelähmt war. Nach amtlichen Schätzungen betrug die Zahl der jüdischen Arbeitslosen 1939–1940 fünfzigtausend, was bei einer Bevölkerung von wenig mehr als einer halben Million eine enorme Zahl darstellte. Die Beschäftigung in der Industrie und bei öffentlichen Bauten nahm jedoch rapide zu. 1936 waren etwa 30.000 Männer und Frauen in Industrie und Gewerbe beschäftigt gewesen, 1943 hatte diese Zahl sich mehr als verdoppelt. Die neue Raffinerie in Haifa war für den Kraftstoffnachschub der Alliierten von besonderer Bedeutung; eine neue Diamantenindustrie wurde ins Leben gerufen, und auch die Textilindustrie erfuhr eine schnelle Ausweitung.

Das Verhältnis zwischen der jüdischen Gemeinde und den Mandatsbehörden verbesserte sich jedoch nicht. Der Hochkommissar und seine Mitarbeiter führten weiterhin die Politik des Weißbuchs durch und zeigten keinerlei Bereitschaft, sie angesichts des tragischen Schicksals der europäischen Judenschaft zu modifizieren. In den ersten sechs Monaten nach Kriegsausbruch, als die Einwanderungsfrage dringlicher wurde als je zuvor, wurden überhaupt keine Zertifikate ausgestellt. Die Bodentransfer-Bestimmungen des Jahres 1940 beschränkte die Juden praktisch auf einen neuen Ansiedlungsrayon, nämlich auf fünf Prozent des Gesamtterritoriums von Westpalästina. Von diesem Verbot waren nicht einmal jene Ländereien ausgenommen, die offiziell als »unkultivierbar« eingestuft waren. Die Jewish Agency erklärte, es handle sich hier um eine eindeutige Diskriminierung aus rassischen und religiösen Gründen, »eine Diskriminierung, die im Rahmen des Mandats ausdrücklich verboten ist[47]«.

In ganz Palästina fanden stürmische Demonstrationen gegen die Regierung statt; die Spannung wurde durch den unablässigen Kampf der Regierung gegen die illegale Einwanderung weiter verschärft. Kleinen Schiffen, randvoll mit Flüchtlingen, gelang es sogar noch nach Kriegsausbruch, die Küsten Palästinas zu erreichen. So erreichten im November 1940 zwei Schiffe mit insgesamt 1770 Juden Haifa, aber während die Briten bis dahin die illegalen Einwanderer in Palästina interniert hatten, wurde nunmehr beschlossen, die Neuankömmlinge auf die Insel Mauritius im Indischen Ozean zu deportieren. Es kam zu blutigen Zusammenstößen, und schließlich beschloß die Hagana, einen Sabotageakt gegen die *Patria* durchzuführen, auf der die Flüchtlinge nach Mauritius geschafft werden sollten. Infolge falscher Berechnung der Sprengstoffmenge und der unzureichenden Anzahl von Rettungsbooten auf dem Schiff wurden mehr als 250 Einwanderer getötet[48]. In diesem Stadium intervenierte die britische Regierung und gab bekannt, die Geretteten der *Patria* dürften bleiben, aber die siebzehnhundert Flüchtlinge auf der *Atlantic,* die gleichzeitig eingetroffen waren, würden deportiert werden und »dürften niemals nach Palästina zurückkehren«.

Es war dies nicht die letzte einer ganzen Reihe von Tragödien. Anfang 1941 sank die *Salvador* im Marmara-Meer, wobei zweihundert Menschen umkamen. Da war der tragische Fall der *Struma,* die im Oktober 1941 den Schwarzmeerhafen Konstanza verließ und im Dezember Istanbul erreichte. Da die britischen Behörden bekanntgaben, daß die 769 Passagiere keine Landeerlaubnis in Palästina erhalten würden, beschloß die türkische Regierung, das Schiff abzuweisen. Es wurde im Schwarzen Meer torpediert und versenkt, und von den Passagieren überlebten nur ein oder zwei. Die Bereitschaft der Mandatsbehörden, weitere Einwanderer ins Land zu lassen, war so gering, daß 1944, als die vom Weißbuch vorgesehene Übergangsperiode zu Ende ging, nur etwa zwei Drittel der vorgesehenen 75.000 Zertifikate benützt worden waren. Auch zeigte man kein besonderes Interesse an einem jüdischen Kriegsbeitrag, obwohl gleich nach Kriegsausbruch 136.000 junge Juden sich freiwillig den britischen Militärbehörden zur Verfügung gestellt hatten. Anderseits wurde die jüdische Selbstschutzorganisation Hagana angegriffen. Gegen Ende 1939 wurden dreiundvierzig Offiziere der Hagana, darunter Mosche Dayan, verhaftet und zu langen Gefängnisstrafen verurteilt. In den landwirtschaftlichen Siedlungen wurden Durchsuchungen und Verhaftungen vorgenommen, sogar im Kinderdorf Ben Schemen. Alle vorgefundenen Waffen wurden beschlagnahmt, trotz aller Beteuerungen, daß sie für den Selbstschutz benötigt würden. Diese Durchsuchungen und Verhaftungen dauerten, wenn auch mit Unterbrechungen, während des ganzen Krieges an. Im Juli 1943 wurde Weizmanns Leibwächter Saharov wegen illegalen Besitzes von zwei Gewehrpatronen zu sieben Jahren Gefängnis verurteilt. Im November desselben Jahres wurde ein Mitglied des Kibbuz Ramat Hakowesch während einer Durchsuchung der Siedlung getötet.

Die Mandatsbehörden behaupteten, es wäre gefährlich, Fremde aus dem von den Nazis besetzten Europa ins Land zu lassen, denn es könnten Spione und Saboteure unter ihnen sein. (Dasselbe Argument wurde übrigens in den Vereinigten Staaten von jenen vorgebracht, die, wie Breckinridge Long, gegen die Erteilung von Einreisegenehmigungen an jüdische Flüchtlinge waren[49].) Was die Durchsuchungen und Verhaftungen in den jüdischen Siedlungen betraf, so meinten die Behörden, die Jewish Agency maße sich die Rechte einer unabhängigen Regierung an und stelle sich damit offen gegen die Regierung. Dieses Argument war kaum zu widerlegen, außer man betrachtete den Wunsch der jüdischen Gemeinde, sich im Fall einer deutschen Invasion zu verteidigen, als legitim und über dem Gesetz stehend, das einen solchen Notstand nicht vorsah. Die Reaktion der Mandatsbehörden war, in den Worten eines britischen Historikers, dumm und kleinlich und machte Menschen zu Feinden, die keinen anderen Wunsch hatten, als den Alliierten behilflich zu sein[50]. Diese Abneigung, die sich allmählich in Haß verwandelte, kam kaum offen zum Ausdruck, solange der Krieg sich in einer kritischen Phase befand, wurde aber in den späteren Stadien des Krieges zum Nährboden des antibritischen Terrors.

Der Zionismus zur Kriegszeit

Gegenstand dieser Untersuchung ist die Geschichte der zionistischen Bewegung und nicht die Palästinas, darum wollen wir uns nun der Tätigkeit der führenden Zionisten zuwenden. Weizmann, abermals zum Präsidenten gewählt, war auch für das Londoner Büro zuständig und leitete gemeinsam mit Professor Selig Brodetsky die politische Abteilung. David Ben Gurion war Leiter des Jerusalemer Büros der Jewish Agency und gemeinsam mit Mosche Schertok für die dortige politische Abteilung verantwortlich. Isaac Grünbaum leitete die Arbeiterabteilung, Rabbi Fishman die Abteilung für Handwerk und Kleingewerbe und Emil Schmorak die Abteilung für Handel und Industrie. Ussischkin und Ruppin – die beide während des Krieges starben – waren als Berater des Jerusalemer Exekutivbüros tätig, während Lipsky, später zusammen mit Nahum Goldmann, die Jewish Agency in Amerika vertrat; er gehörte, ebenfalls in beratender Funktion, der Exekutive an. In der Jewish Agency befanden sich auch vier Vertreter nichtzionistischer Organisationen (Senator, Hexter, Karpf und Rose Jacobs), von denen jedoch drei in New York lebten und keiner in den Kriegsjahren eine führende politische Rolle spielte.

Der Zionistenkongreß 1939 hatte einen Generalrat aus zweiundsiebzig Personen gewählt, von denen zwanzig im Laufe des Krieges starben oder getötet wurden. Dieser Rat trat das erste und einzige Mal am Tag nach Beendigung des Kongresses, dem 25. August 1939, zusammen. Er wählte (»zum Zwecke der Durchführung besonderer und dringlicher Aufgaben«) einen Inneren Rat von achtundzwanzig Mitgliedern, nicht eingerechnet den Vorsitzenden des Generalrats und zwei Vertreter des Waad Leumi (Ben Zwi und E. Berligne), der Zentralorganisation der palästinensischen Judenschaft. Dreizehn seiner Mitglieder gehörten der Mapai an, elf den Allgemeinen Zionisten, der Rest kleineren Parteien. Der Innere Rat tagte während des Krieges mehr als fünfzigmal und entwickelte sich gemeinsam mit der Exekutive zur zentralen, entscheidenden Körperschaft der Bewegung. Er erörterte alle wichtigen politischen Fragen und stimmte darüber ab, er erfüllte legislative Aufgaben, befaßte sich mit verschiedenen organisatorischen Tätigkeiten und bestätigte die Budgets der Jewish Agency. Das Budget der Jewish Agency stieg im Laufe des Krieges fast auf das

Zehnfache, von 720.000 Pfund im Geschäftsjahr 1939/40 auf 6,500.000 Pfund im Geschäftsjahr 1945/46. Die beiden größten Ausgabenposten waren Einwanderung und landwirtschaftliche Ansiedlung, auf die in jener Zeit 53 Prozent entfielen. Der Anteil der politischen Abteilung betrug bloß 20 Prozent, obwohl darin Mittel für besondere Zwecke wie Rekrutierung und Soldatenbetreuung inbegriffen waren[51].

Bald nach Kriegsausbruch verschob sich das Zentrum der Tätigkeit von London nach Jerusalem. Im Dezember 1939 hatte Churchill Weizmann mitgeteilt, er stimme seiner Ansicht zu, daß nach dem Krieg ein jüdischer Staat mit drei bis vier Millionen Einwohnern in Palästina aufgebaut werden sollte[52]. Aber Weizmann hatte wenig Illusionen: Solange der Krieg noch unentschieden war, würde weder die britische Regierung noch die öffentliche Meinung geneigt sein, sich in wichtigen politischen Fragen festzulegen oder die Verhandlungen über die Zukunft Palästinas wieder aufzunehmen[53].

Die Verbindung zwischen New York, London und Jerusalem war schwierig und gefährlich, doch reisten die Zionistenführer weiterhin viel zwischen diesen drei Hauptzentren hin und her. Weizmann fuhr 1940 und dann wieder im März 1942 nach Amerika, wo er mehr als ein Jahr lang blieb. Beide Male traf er mit Präsident Roosevelt zusammen. 1940 fuhr Ben Gurion nach London und dann nach Amerika, wo er bis zum Frühsommer 1941 verweilte. Er verbrachte auch fast das ganze Jahr 1942 in den Vereinigten Staaten. Es kam zwischen den führenden Mitgliedern der Exekutive zu wachsenden Spannungen, die nicht ausschließlich durch Kommunikationsschwierigkeiten zu erklären waren. Weizmann beklagte sich häufig, Ben Gurion halte ihn über wichtige politische Entscheidungen und Entwicklungen in Palästina und anderwärts nicht auf dem laufenden. Nicht weniger bitter äußerte sich Ben Gurion über den Arbeitsstil des Präsidenten der Weltbewegung. Weizmann war es nie gewohnt gewesen, irgend jemanden außer seinen engsten Kollegen in London ins Vertrauen zu ziehen, und er gehörte nicht zu Ben Gurions Bewunderern. Es ist wohl bezeichnend, daß in Weizmanns Autobiographie der Name des palästinensischen Arbeiterführers erst gegen Ende erwähnt wird, im Zusammenhang damit, daß Ben Gurion auf dem Kongreß von 1946 Weizmanns Rücktritt forderte. Weizmann war launenhaft, neigte zu plötzlichem Stimmungswechsel, zu hektischer Betriebsamkeit, auf die wieder Zeiten der Passivität folgten. Als er älter wurde und persönliche Schicksalsschläge erlitt (sein ältester Sohn fiel im Krieg als Angehöriger der Royal Air Force), war der Umgang mit ihm gewiß nicht leicht.

Das Mißtrauen zwischen den beiden Führern beruhte auf Gegenseitigkeit. Ben Gurions Arbeitsstil war nicht weniger eigenwillig. Zwar neigte er nicht so sehr zu Stimmungsschwankungen, aber in seinem politischen Urteil war er durchaus nicht immer konsequent. Vor 1939 besaß er noch wenig Erfahrung in internationalen Angelegenheiten und auch nicht Weizmanns Takt im Umgang mit Nichtjuden. In späteren Jahren entwickelte er staatsmännische Fähigkeiten, aber 1941 war er noch ein Anfänger auf der weltpolitischen Bühne, wohl von zunehmender Bedeutung, doch noch nicht gewohnt, Macht und Verantwortung zu teilen, und in den Ausschüssen unsicher. Weizmann gegenüber hatte er einen entscheidenden Vorteil: eine Hausmacht in Palästina. Je länger Weizmann Palästina fernblieb (sein erster Besuch nach Kriegsbeginn fand im Jahre 1944 statt), desto schwächer wurde seine Position. Weizmann dachte zweifellos an Ben Gurion, als er sich in einem Brief an Stephen Wise über die fortwährenden Einmischungen und Sticheleien einiger Kollegen in anderen Ländern beklagte, die glaubten, ein »bloßes Bekenntnis zu unseren Zielen sei bereits eine Tat zur Verwirklichung unserer Bestrebungen[54]«. Einstmals hatte er, nicht zu Unrecht, in ähnlicher Weise Ussischkin und Grünbaum der »maximalistischen Demagogie« beschuldigt, und Ben Gurions Fanatismus erinnerte ihn wohl an vergangene Streitigkeiten in der Bewegung. Als Weizmann nach dem Krieg nach Palästina kam, bemerkte er gewisse Erscheinungen, die ihm Sorge bereiteten: »Ein Rückgang der alten, traditionellen zionistischen Sauberkeit, ein Anflug von Militarismus und eine Schwäche für dessen Äußerlichkeiten; hier und da noch etwas Schlimmeres – die tragische, nutzlose, unjüdische Zuflucht zum Terrorismus . . . und das Schlimmste: in gewissen Kreisen eine Bereitschaft, mit dem Bösen zu paktieren, es politisch zu benutzen[55].« Er muß schon früher gefühlt haben, daß er den Kontakt mit dem Jischuw verlor, und vielleicht hat er Ben Gurion für diese Entfremdung verantwortlich gemacht.

Ben Gurions Streitigkeiten mit Weizmann und einigen anderen Kollegen bewogen ihn zweimal zum Rücktritt: im Februar 1940 und neuerlich im Oktober 1943. Aber jedesmal kehrte Ben Gurion wieder in sein Amt zurück, das zweitemal erst nach fünf Monaten. Die Streitigkeiten sind nicht leicht zu rekonstruieren, denn die Fragen, um die es ging, waren keineswegs klar. Ben Gurion und Weizmann vertraten durchaus nicht immer diametral entgegengesetzte Auffassungen. So schrieb Ben Gurion beispielsweise im Mai 1940 aus London: »Die Distanz zwischen uns beiden ist wesentlich geringer als zwischen mir und einigen Zionisten in Jerusalem und Tel Aviv[56].« In weiten Kreisen dachte man einst, Ben Gurion sei schon frühzeitig zu der Schlußfolgerung gelangt, die zionistische Bewegung müsse einen jüdischen Staat anstreben, während Weizmann weiterhin an andere Lösungen geglaubt habe. Dies war jedoch nicht der Fall, im Gegenteil, schon in den ersten Kriegstagen erwähnte Weizmann die dringende Notwendigkeit eines jüdischen Staates im westlichen Palästina, was eine

Umsiedlung zumindest eines Teiles der Araber bedeutet hätte. Ben Gurion betrachtete damals sowohl eine Teilung als auch einen binationalen Staat, mit völliger Gleichberechtigung von Juden und Arabern, als mögliche Lösungen. Noch im Juli 1940 hegte er Zweifel, ob es die richtige Zeit für endgültige Pläne sei. Die Differenzen zwischen den beiden Führern waren nicht unüberbrückbar, aber sie kamen selten zur gleichen Zeit zu ähnlichen Schlußfolgerungen.

In den ersten Kriegsmonaten gelang es ihnen nicht, sich über den Kurs des Zionismus gegenüber Berlin zu einigen. Trotz allen Enttäuschungen und Frustrationen glaubte Weizmann weiterhin, daß noch nicht alle Hoffnung verloren sei, während Ben Gurion pessimistisch war. Er wollte dem Kampf gegen das Weißbuch Vorrang vor allen anderen Problemen einräumen und dachte an einen »Aktivismus«, der zu ernsten und lang andauernden Unruhen führen würde. Mehrere Sitzungen der Exekutive in der Zeit von Februar bis Mai 1940 befaßten sich mit Vorschlägen zur Verstärkung des Widerstandes gegen das Weißbuch, aber Ben Gurion, der nur von Ussischkin und Rabbi Fishman Unterstützung erhielt, wurde überstimmt. Es war dies die Zeit des »Sitzkrieges«. Der Überfall auf Holland und Belgien, die Niederlage Frankreichs und die Schlacht um England setzten diesen Überlegungen ein Ende. Die Ernennung Churchills zum Premierminister war für Weizmann eine Ermutigung, und auch Ben Gurion war eine Zeitlang optimistischer. Er berichtete aus London, drei der fünf Mitglieder des neuen Kriegskabinetts seien dem Zionismus wohlgesinnt. In einem Brief an Lord Lloyd (»der für seine proarabische Einstellung bekannt, aber dennoch ein ehrlicher und sympathischer Mann ist«) schrieb er, er glaube zutiefst an die geistige Mission des britischen Empires; es repräsentiere eine Sache, die viel größer sei als es selber und weit über seine Grenzen hinausgehe. Dieses Zwischenspiel war jedoch nicht von Dauer. Zwei Jahre später richtete Ben Gurion einen erbitterten Angriff gegen Weizmann wegen dessen einseitig probritischer Haltung, die ihn als Führer der zionistischen Bewegung disqualifiziere.

Ben Gurions wachsende Enttäuschung hing sicherlich damit zusammen, daß es nicht gelungen war, britische Unterstützung für die Bildung einer jüdischen Streitmacht im Rahmen der britischen Armee zu gewinnen. Die Verhandlungen zogen sich in die Länge. General Sir Edmund Ironside, der britische Generalstabschef, schrieb an Weizmann gegen Ende Dezember 1939, er stimme der Aufstellung einer jüdischen Division grundsätzlich zu, doch gab es weitere Fortschritte erst nach der Ernennung Churchills zum Premierminister, als Weizmann von Lord Lloyd die Mitteilung erhielt, daß jüdische Einheiten im Rahmen der britischen Armee aufgestellt werden sollten. »Ein großer Tag«, schrieb Blanche Dugdale, Balfours Nichte und eine eifrige

Zionistin, in ihr Tagebuch. »Die Mauern Jerichos sind gefallen. Chaim kam eben von dieser Unterredung, voll Stolz und Begeisterung. Er sagte: Es ist fast ein so großes Ereignis wie die Balfour-Deklaration.«

Das Kriegsministerium ernannte einen Brigadier zum Verbindungsoffizier bei der *Jewish Agency* und einen anderen zum Kommandeur der jüdischen Division. Rekrutierung, Besoldung und Familienbeihilfen waren bereits besprochen worden, als Weizmann plötzlich von Lord Moyne, dem Nachfolger Lord Lloyds, verständigt wurde, Churchill hätte entschieden, den Plan wegen mangelnder Ausrüstung um sechs Monate zurückzustellen. Das wirkliche Hindernis war jedoch der Widerstand der Mandatsbeamten sowie General Wavells, des Oberbefehlshabers in Kairo. Nachdem die sechs Monate vergangen waren, wurde Weizmann informiert, es seien neue technische Schwierigkeiten aufgetreten, die es nötig machten, den Plan vorläufig aufs Eis zu legen. Am 23. Oktober 1941 kam eine weitere Nachricht von Lord Moyne: Da die britische Regierung Rußland jegliche nur mögliche Hilfe geben müsse, könne kein Schiffsraum zur Verfügung gestellt werden, und die Aufstellung einer jüdischen Division sei daher nicht möglich.

1942 und 1943 wurde keinerlei Fortschritt erzielt. Aber im November 1943 kamen Weizmann und Namier mit Verteidigungsminister Grigg zusammen, der dem Kabinett den Vorschlag unterbreitete, eine jüdische Kampftruppe aufzustellen. Im August 1944 teilte Churchill Weizmann mit, das Kriegsministerium werde bald in der Lage sein, konkrete Vorschläge zu diskutieren. Wenige Tage später wurde eine positive Entscheidung getroffen, und die palästinensischen Juden wurden aufgerufen, bei der Mobilisierung von 3500 Mann und 150 Offizieren für eine jüdische Einheit mitzuhelfen.

Die Brigade wurde aufgestellt und kam gegen Kriegsende in Italien zum Einsatz. Eine Erklärung der Exekutive der Jewish Agency vermerkte zwar, daß die Aufstellung der Brigade sich lange verzögert hatte, wertete sie aber als eine Bestätigung der geleisteten Dienste und des jüdischen Wunsches nach nationaler Anerkennung.

Die Aufstellung der jüdischen Brigade ist als bedeutsame Leistung, als »größter politischer Erfolg« der zionistischen Diplomatie während des Krieges bezeichnet worden[57]. Es war jedoch ein bescheidener Erfolg und kam viel zu spät. Auch hatte die Existenz einer jüdischen Kampfeinheit keine große politische Bedeutung; sie garantierte keineswegs, daß die zionistische Bewegung bei den Nachkriegsverhandlungen über die Zukunft des Nahen Ostens vertreten sein würde. Selbst die bescheidene Hoffnung, daß diese Brigade eines Tages zum Kern einer jüdischen Armee werden würde, erfüllte sich nur zum Teil. Inzwischen war nämlich der *Palmach* entstanden, die strategische Reserve der Hagana, die sich auf die Kibbuzim stützte und im Unabhängigkeitskrieg eine entscheidende Rolle spielen sollte.

Obwohl die Mehrheit der Mitglieder des Kriegskabinetts mit dem Zionismus sympathisierte, wurde diese Frage nicht als so wichtig angesehen, daß man mitten im Krieg besondere Maßnahmen zur Überwindung der administrativen Routine und der Befürchtungen der Behörden in Palästina um die innere Ruhe des Landes getroffen hätte. Diesen Faktoren wurde mehr Gewicht beigemessen als den möglichen Vorteilen einer Handlungsweise, die geeignet gewesen wäre, »die Lage entweder durch Einberufungen oder durch Begünstigung der nationalistischen Ambitionen einer der beiden rivalisierenden Volksgruppen aus dem Gleichgewicht zu bringen[58]«. Damit soll nicht gesagt sein, daß der Beschluß, eine jüdische Kampftruppe aufzustellen, gerade weil sie von untergeordneter Bedeutung war, nach Churchills Amtsantritt im Jahre 1940 nicht auch anders hätte ausfallen können. Es ist jedoch unwahrscheinlich, daß dies sich auf die zionistische Nachkriegspolitik besonders ausgewirkt hätte.

Das allgemeine Bild der Beziehungen zwischen London und den Zionisten war jedoch nicht schwarz in schwarz. Als Weizmann im Oktober 1943 mit Churchill und dem stellvertretenden Premierminister Attlee speiste, erklärte jener in einem seiner berühmten Monologe, nach der Niederwerfung Hitlers würde man die Juden dort ansässig machen, »wo sie hingehörten . . . Mir wurde von Balfour ein Erbe hinterlassen, und ich werde nichts daran ändern[59]«. Churchill scheint an eine Teilung und die Errichtung eines jüdischen Staates gedacht zu haben. Im Juli 1943 setzte das Kabinett einen Unterausschuß ein, der sich mit der Zukunft Palästinas befassen sollte. In seinem Bericht an das Kabinett im Dezember 1943 empfahl der Unterausschuß eine Teilung mit einer Grenzziehung, die für die Juden günstiger war als in allen früheren britischen Plänen.

Wie die britische Politik nach dem Krieg auch aussehen würde, es schien jedenfalls beschlossene Sache zu sein, daß es keine Rückkehr zum Weißbuch geben sollte. Im Januar 1944 schrieb Churchill in einem Memorandum an Lord Ismay: »Es kann kaum sehr gefährlich sein, wenn wir uns mit den Juden zusammentun, um jene Vorschläge durchzusetzen, die im Ministerialpapier vorgeschlagen wurden . . . Natürlich werden wir keinen Teilungsplan verfolgen, den die Juden nicht unterstützen.« Im April 1944 empfahl die Exekutive der Labour Party, die der Koalitionsregierung angehörte, Maßnahmen zur Errichtung eines jüdischen Staates, die sogar noch weiter gingen als die Forderungen der Zionisten. Bereits vor dem Krieg habe es starke Argumente für die Schaffung einer jüdischen Mehrheit in Palästina gegeben, erklärte die Exekutive, nun aber, angesichts der Greueltaten der Nazis, seien diese Argumente unwiderleglich geworden: »Man soll die Araber zum Auszug ermutigen, während die Juden einziehen. Man soll sie für ihr Land entsprechend entschädigen, ihre Ansiedlung andernorts sorgfältig organisieren und großzügig finanzieren[60].« Diese Resolution wurde, wie in solchen Fällen üblich, von einer kleinen, aber aktiven Minderheit durchgesetzt, die jedoch, und das ist bedeutsam, auf keinerlei Widerstand stieß.

Als Weizmann am 4. November 1944 wiederum mit Churchill zusammentraf, war der Premierminister offenbar gerne bereit, über Palästina zu sprechen, und sagte, er sei für die Einbeziehung des Negevs in den jüdischen Staat: »Wenn Sie ganz Palästina bekommen könnten, dann wäre das eine gute Sache, aber ich meine, wenn es auf eine Wahl zwischen dem Weißbuch und einer Teilung hinausläuft, dann sollten Sie die Teilung nehmen[61].« Churchill betonte, daß eine aktive Mitwirkung Amerikas erforderlich sei, während Weizmann Besorgnis äußerte wegen der Gerüchte über einen Teilungsplan, der einen Staat schaffen würde, welcher zu klein wäre, um lebensfähig zu sein. Um Weizmann zu beruhigen, verriet ihm Churchill, daß ein Regierungsausschuß sich mit dieser Frage befaßte, und deutete an, daß der Ministerresident im Nahen Osten, Lord Moyne, einen Standpunkt vertrete, den die Zionisten annehmbar finden würden. Ohne daß Weizmann davon wußte, hatte Moyne, den man für einen Gegner des Zionismus gehalten hatte, dem Kabinett schon einige Zeit vorher eine Teilung empfohlen.

Zwei Tage nach diesem Gespräch wurde Lord Moyne von zwei Mitgliedern der Stern-Bande in Kairo ermordet. Alle Gespräche zwischen der zionistischen Exekutive und der britischen Regierung wurden eingestellt. Das ausführliche Memorandum, das die Jewish Agency in diesen Tagen vorlegte, wurde ebenso ignoriert wie ein Appell, durch konsequente Erfüllung der Balfour-Deklaration eine »neue Ära« einzuleiten, und die Forderung, als Voraussetzung für einen jüdischen Staat die jüdische Bevölkerung so schnell wie möglich anwachsen zu lassen. Weizmann sandte Churchill ein langes Memorandum mit der Bitte um die sofortige Entscheidung, Palästina zu einem jüdischen Staat zu machen und der Jewish Agency die erforderlichen Vollmachten zu erteilen, damit diese so viele Juden nach Palästina schaffen könnte, wie sie für notwendig und möglich erachte. Im Juni 1945 erhielt er eine kurze und fast feindselige Antwort: »Zu meinem Bedauern sehe ich keine Möglichkeit einer effektiven Behandlung dieser Frage, solange die siegreichen Alliierten nicht zu Friedensverhandlungen an einem Tisch zusammengekommen sind.« Von einer Verpflichtung war ebensowenig die Rede wie von den vielen Versprechungen, die man vor dem Krieg und während des Krieges abgegeben hatte. Es schien das endgültige Scheitern aller Bemühungen Weizmanns zu bedeuten, und dieser hatte die Absicht, aus Protest zurückzutreten. Der Sieg der Labour Party in den bald danach abgehaltenen Wahlen bewog ihn jedoch zu einer Sinnesänderung.

Die Forderung nach einem jüdischen Staat, die zu Kriegsende von den meisten Juden allgemein akzeptiert wurde, hatte nur allmählich Boden gewonnen. Weizmann war der erste, wenn auch nicht der konsequenteste Verfechter eines Staates gewesen, der etwas weniger als ganz Westpalästina umfassen sollte, und hatte bereits 1937 für eine Teilung gestimmt. »Wir werden es (bei Kriegsende) mit einem Problem von mindestens drei Millionen Menschen zu tun haben«, hatte er 1941 geschrieben. »Schon aus rein finanziellen Gründen ist ein jüdischer Staat zur Bewältigung einer Aufgabe von dieser Größenordnung erforderlich[62].« 1942 schrieb er in einem langen programmatischen Artikel in der Zeitschrift *Foreign Affairs,* ein jüdischer Staat sei mehr als nur ein notwendiges Instrument zur Sicherung der weiteren Einwanderung und Entwicklung, er sei ein »moralisches Erfordernis und Postulat, ein entscheidender Schritt zur Normalität und wahren Emanzipation«. Was die Araber betreffe, »so muß man ihnen offen sagen, daß die Juden ermutigt werden, sich in Palästina niederzulassen und ihre Einwanderung selbst in die Hand zu nehmen[63]«. Lewis Namier, Weizmanns getreuer Freund und Mitarbeiter in London, schloß sich dieser Forderung mit einem Hinweis auf die Lage an, die sich nach Kriegsende in Europa wahrscheinlich ergeben werde. Die meisten überlebenden Juden würden auswandern wollen, und auch in den muselmanischen Ländern seien sie durch virulenten Nationalismus bedroht. Die Umsiedlung von zwei oder drei Millionen sei eine gewaltige Aufgabe, könne aber bewältigt werden, wenn die Flüchtlinge ein eigenes Land hätten, in das sie ziehen könnten[64].

Weizmann betrachtete jedoch die Entstehung eines jüdischen Staates nicht isoliert von den anderen Entwicklungen im Nahen Osten. Wie Ben Gurion sagte auch er wiederholt voraus, daß nach Kriegsende eine arabische Föderation und ein jüdisches Staatswesen entstehen würden, und betonte seine Hoffnung, daß es zwischen ihnen zu einer engen Zusammenarbeit kommen werde. Auch betrachtete er den Staat keineswegs als Selbstzweck: »Ich glaube nicht, daß irgend jemand von uns einen jüdischen Staat wegen des Drum und Dran will, das mit einem Staat zusammenhängt«, erklärte er 1944 auf der Jahresversammlung der *British Zionist Federation.* »Wir fordern den Staat, weil wir glauben, daß wir durch diesen Staat ein Maximum an Gutem für eine maximale Zahl von Menschen tun können[65].«

Ben Gurions Meinungsumschwung vollzog sich langsamer, aber nachdem er einmal den Gedanken eines jüdischen Staatswesens akzeptiert hatte, war er dessen radikalster Vorkämpfer. Auch er war 1937 für eine Teilung gewesen, doch hatte er, wie erwähnt, in der ersten Phase des Krieges gemeint, die Bedingungen seien für eine Diskussion über das Endziel nicht günstig. Erst nach seiner ersten Amerikareise während des Krieges sagte er zu seinen Kollegen, Palästina sollte in einen jüdischen Staat umgewandelt werden, »nicht als Endziel, aber als Mittel, um nach dem Krieg Millionen Juden auf schnellstem Weg nach Palästina zu bringen«. Seiner Auffassung nach war dies die einzig mögliche Lösung für das jüdische Nachkriegselend, »und wir sind entschlossen, sie durchzusetzen[66]«.

Ben Gurion und seine Kollegen sprachen in ihren Reden gewöhnlich von einem jüdischen Gemeinwesen oder einer jüdischen Verwaltung in Palästina, aber sie meinten zweifellos einen Staat. Was die Mittel und Wege betraf, war Ben Gurion nicht dogmatisch. Einmal dachte er an einen Dominionstatus im Rahmen des britischen Commonwealth, ein andermal befürwortete er den bewaffneten Kampf, wenn es nicht gelingen sollte, britische Unterstützung für ein jüdisches Staatswesen zu erhalten. Er scheint den arabischen Widerstand vorausgesehen zu haben und schlug einen freiwilligen Bevölkerungsaustausch vor. Er versprach jedoch, daß jenen Arabern, die nicht wegziehen wollten, völlige staatsbürgerliche, politische und nationale Gleichberechtigung gewährt werden würde. Die Juden würden sich bemühen, den Lebensstandard der Araber in jeder Hinsicht auf die Höhe des jüdischen zu heben[67].

Ben Gurions Ansichten unterschieden sich in zwei entscheidenden Punkten von denen Weizmanns: Er betonte immer stärker Amerikas zunehmende Bedeutung für die Zukunft des Zionismus. Weizmann war durch seine Aufenthalte in Amerika nicht ermutigt worden; zwar hatte er unter den führenden politischen Persönlichkeiten wirkliches Verständnis für den Zionismus vorgefunden, aber das Außenministerium war feindselig: »Die Schwierigkeiten wurden uns nicht von den Politikern höchsten Ranges gemacht ... Nur hinter den Kulissen und in den unteren Regionen stießen wir auf einen beharrlichen, nicht zu fassenden geheimen Widerstand ... In unseren Bemühungen, dem Einfluß dieser geheimen Mächte entgegenzuwirken, waren wir sehr behindert, weil wir keinen Rückhalt hatten[68].« Präsident Roosevelt hatte sich freundlich, aber unverbindlich gezeigt, und Weizmann kannte die diplomatischen Gepflogenheiten viel zu gut, als daß er weitgehenden, aber vagen Sympathiebezeugungen großes Gewicht beigemessen hätte. Ben Gurion hingegen war von Amerikas wachsender Stärke und Selbstsicherheit tief beeindruckt. Er war überzeugt, daß die Vereinigten Staaten sich nach dem Krieg in einer sehr starken Position befinden würden und daß die amerikanische Judenschaft angesichts ihrer zahlenmäßigen Stärke und ihres Einflusses imstande sein würde, in der Zukunft des Zionismus eine entscheidende Rolle zu spielen, wenn ihre Kräfte nur in die richtige Richtung gelenkt würden. Allmählich kam er zu dem Schluß, daß eine Änderung der britischen Palästina-Politik nur durch amerikanischen Druck herbeigeführt werden könnte.

Der andere Punkt, in dem Ben Gurion mit Weizmann nicht übereinstimmte, betraf mehr die Vorgangsweise und die Akzente als die Substanz. In seinem Artikel in *Foreign Affairs* hatte Weizmann geschrieben, nach dem Krieg würde man zwei Millionen Juden nach Palästina umsiedeln müssen, und bei anderer Gelegenheit erwähnte er die Zahl von fünf Millionen[69]. Während Weizmann diese Zahlen offenbar als politische Schlagworte benützte, glaubte Ben Gurion an die Möglichkeit einer sofortigen Übersiedlung von Millionen Juden nach Palästina. Dies erschien Weizmann als reine Phantasterei; Palästina könne nicht mehr als etwa hunderttausend Einwanderer jährlich aufnehmen. Er meinte, die Erwähnung solch riesiger Zahlen könnte potentielle Freunde abschrecken. Im Rückblick scheint Ben Gurion die Psychologie der Amerikaner besser verstanden zu haben als Weizmann, dessen Denkweise mehr auf England ausgerichtet war. Ben Gurion fühlte instinktiv, daß man auf die öffentliche Meinung Amerikas keinen besonderen Eindruck machen würde, wenn man keine große Vision zu bieten hätte und die Zionisten nicht bereit wären, in »großen Maßstäben zu denken«.

Die Biltmore-Konferenz

Ben Gurions neues Programm wurde zwischen dem 6. und dem 11. Mai 1942 auf der Biltmore-Konferenz in New York formuliert, einer Tagung von etwa sechshundert Delegierten der wichtigsten zionistischen Gruppen, die zusammentraten, um unter anderem die Ziele ihrer Bewegung zu diskutieren und neu zu formulieren. Das dort angenommene Achtpunktprogramm widerspiegelte das neue, kämpferische Denken des amerikanischen Zionismus. Die Forderungen waren erheblich radikaler als alle früher erhobenen, wenn man von denen der Revisionisten absieht; sie sollten in den zionistischen Debatten noch jahrelang eine zentrale Rolle spielen. Das Programm forderte die Erfüllung der »ursprünglichen Zielsetzung« der Balfour-Deklaration und des Mandats und betonte nochmals die eindeutige Ablehnung des Weißbuches durch die Zionisten. Das Programm forderte die Anerkennung des Rechtes der Juden Palästinas, ihren vollen Beitrag zum Krieg zu leisten und ihr Land mit einer jüdischen Kampftruppe unter eigener Flagge zu verteidigen. Am wichtigsten war jedoch der letzte Abschnitt:

»Die Konferenz erklärt, daß die nach dem Sieg zu erwartende neue Weltordnung auf der Grundlage von Frieden, Gerechtigkeit und Gleichheit nicht errichtet werden kann, wenn das Problem der jüdischen Heimatlosigkeit nicht vollständig gelöst wird. Die Konferenz verlangt, daß die Tore Palästinas geöffnet werden; daß der Jewish Agency die Aufsicht über die Einwanderung nach Palästina sowie die erforderlichen Vollmachten für den Aufbau des Landes, einschließlich seiner nicht genutzten und brachliegenden Gebiete, übertragen und daß Palästina als ein jüdisches Staatswesen in die Struktur den neuen demokratischen Welt eingegliedert werde[70].«

Diese offenen Worte erfreuten nicht nur die amerikanischen Zionisten, sondern beflügelten auch die Phantasie der amerikanischen Juden im allgemeinen. Die Mehrzahl der amerikanischen Zionisten hatte schon seit 1937 einen jüdischen Staat befürwortet; die drei führenden jiddischen Zeitungen waren bereits vor Kriegsausbruch dafür eingetreten. Es wurde behauptet, die Biltmore-Konferenz sei eine schwere Niederlage für Weizmann gewesen, der die plötzliche Bekehrung der amerikanischen Zionisten zum Revisionismus als Rückschlag für seine Politik betrachtet habe. Ein Historiker meinte, Weizmanns Haltung erschien den Delegierten wie eine Stimme aus der Vergangenheit, die »unannehmbare Predigten hielt, wie sie vielleicht einem Vertreter des State Department angemessen sind, nicht aber dem Präsidenten der Zionistischen Weltorganisation«. Man sagte, Weizmann sei der Ansicht gewesen, es sollte nichts getan werden, was die Araber noch mehr verärgern und damit den britischen Kriegsanstrengungen schaden könnte[71]. Der britischen Botschaft in Washington entging es keineswegs, daß die Biltmore-Formel mit der von den Revisionisten seit langem geforderten Souveränität fast identisch war, und so stellte sie in einem *aide mémoire* an das amerikanische Außenministerium mit einiger Besorgnis fest, daß die zionistische Politik maximalistisch geworden sei und daß eine Annäherung an die Revisionisten stattfinde[72].

In Wirklichkeit war der Hintergrund der Biltmore-Konferenz weit komplizierter. Das Protokoll zeigt, daß die Biltmore-Formel von Meyer Weisgal, einem von Weizmanns engsten politischen Mitarbeitern, ausgearbeitet worden war und daß Weizmann sich keine übermäßigen Sorgen wegen der Reaktionen der Briten wie auch der Araber machte. In einer Rede im Dezember 1942 bekräftigte er seine volle Übereinstimmung mit dem Programm und forderte zur Unterstützung der darin enthaltenen Forderungen eine »Neubelebung der zionistischen Zielsetzungen«. Die Resolution war insofern unklar, als sie viele verschiedene Interpretationen zuließ. Für Weizmann war sie kein Anlaß zu sofortigem politischen Handeln, da sie die Frage der Durchführung völlig offen ließ. Es handelte sich bloß um eine Feststellung der Maximalforderungen. Ben Gurion hingegen betrachtete die Formel als das neue Programm der zionistischen Bewegung. Die Biltmore-Konferenz war für Weizmann keine Niederlage: Als Ben Gurion den Präsidenten der Zionistischen Weltorganisation kurz nach dieser Zusammenkunft stürzen wollte und ihm vorwarf, extrem probritisch, schwach und unverläßlich zu sein, wiesen die amerikanischen Zionistenführer diese Anschuldigungen als grundlos zurück[73].

In Jerusalem hatte Ben Gurion im Kampf für seine Interpretation des neuen Programms mehr Erfolg; dort erwiesen sich seine Kollegen als empfänglicher. Das Programm war nicht bloß eine emotionelle Reaktion auf die Forderung nach Befreiung und Unabhängigkeit der Juden, wie Yehuda Bauer bemerkt. Es schien auch einen Ausweg aus der Verwirrung zu weisen, die seit Kriegsbeginn in den Reihen der Zionisten herrschte. Einige Mitglieder der Jerusalemer Leitung hegten gewisse Zweifel bezüglich der Durchführbarkeit des Programms. Für Kaplan war es nicht mehr als ein Schlagwort, und auch Schertok betrachtete es als utopisch. Alle stimmten jedoch darin überein, daß das jüdische Volk nicht schweigen durfte, wenn die anderen Nationen ihre Ansprüche anmeldeten. Unter diesen Umständen war es zweifellos besser, zuviel zu verlangen als zuwenig. Wenn das ganze westliche Palästina ein jüdischer Staat werden könnte, dann wäre es gut; wenn nicht, dann würde man die Lage noch einmal überdenken müssen. Sie waren mit Ben Gurion einer Meinung, daß das zionistische Maximalprogramm nunmehr zum zionistischen Minimalprogramm geworden war, und selbst wenn Biltmore bloß ein politisches Schlagwort wäre, dann jedenfalls ein aktuelles und starkes.

Das Zionistische Aktionskomitee nahm in seiner Sitzung am 19. November 1942 das Biltmore-Programm mit einundzwanzig gegen drei Stimmen bei drei Stimmenenthaltungen an. Dagegen war hauptsächlich der Haschomer Hazair, dessen Vertreter meinten, die neue Politik würde von den Mächten wahrscheinlich als Entlassung aus ihrer Verantwortlichkeit interpretiert werden, und die Mandatsregierung würde dem Jischuw jedenfalls keine wahre Unabhängigkeit zubilligen. Dies war ein triftiges Argument, denn da Großbritannien nicht zur Durchführung des Mandats bereit gewesen war, erschien es völlig unvorstellbar, daß es die Errichtung eines jüdischen Staates unterstützen würde. Der Haschomer Hazair meinte weiter, das Biltmore-Programm beruhe auf der Annahme, daß für die arabische Frage keine befriedigende Lösung möglich sei; er wies diese Auffassung scharf zurück und schlug als Alternative einen binationalen Staat vor. Da jedoch der Haschomer Hazair zugleich darauf bestand, daß die jüdische Einwanderung nicht vom guten Willen der Araber abhängen dürfe, da ein solcher guter Wille nicht existierte, war sein Vorschlag zwar theoretisch attraktiv, aber politisch völlig belanglos.

Die Debatte ging noch nach 1942 lange weiter, wurde aber angesichts der Vernichtung der europäischen Judenschaft immer wirklichkeitsferner. Auf der Biltmore-Konferenz hatte Weizmann geschätzt, daß 25 Prozent der europäischen Judenschaft unter deutscher Herrschaft physisch vernichtet werden würden[74]. Im November 1942 kam die Kunde nach Palästina, daß auf die vereinzelten Pogrome und Vertreibungen nunmehr die systematische physische Ausrottung der europäischen Juden folgte. Im Dezember desselben Jahres bestätigte das State Department, daß bereits zwei Millionen Juden zugrunde gegangen und weitere fünf Millionen von der Vernichtung bedroht waren. Das Biltmore-Programm beruhte auf der Annahme, daß es bei Kriegsende Millionen Flüchtlinge geben würde. Nach dem November 1942 wurde klar, daß es keine Millionen mehr sein würden. »Aber gleichzeitig wurde die emotionelle Unterstützung für den Plan immer stärker. Es stand außer Frage, daß dem jüdischen Volk Gerechtigkeit zuteil werden muß, daß es nicht ohne Heimat, ohne Staat bleiben darf . . . Gerade in dem Augenblick, als der politisch-diplomatische Wert des Biltmore-Programms sich auflöste, wurde der herzbewegende Aufruf, auf dem das Programm beruhte, immer mächtiger[75].«

Sowohl die Anhänger als auch die Gegner des Biltmore-Programms irrten, wenn sie glaubten, es stelle einen entscheidenden Wendepunkt in der Geschichte des Zionismus dar. Es konnte nicht verwirklicht werden, weil es auf unrealistischen Voraussetzungen beruhte. Im Gegensatz zur Auffassung damaliger Kritiker verursachte es aber auch keinen besonderen Schaden. Churchill zum Beispiel hat sich davon offenbar nicht abschrecken lassen. Im April 1943 schrieb er an den Kolonialminister, daß er das Weißbuch stets als einen krassen Vertrauensbruch betrachtet habe und daß die Mehrheit des Kriegskabinetts dieser Politik niemals zustimmen würde. Die Araber waren jedenfalls auf das Schlimmste gefaßt, was die Absichten der Zionisten betraf, und brauchten zur Bestätigung ihrer Befürchtungen kein Biltmore-Programm. Im Grunde war Biltmore kein politisches Programm, sondern ein Symbol, eine Losung, in der die Radikalisierung der zionistischen Bewegung durch den Krieg und die Leiden des jüdischen Volkes zum Ausdruck kamen. Es war der Vorbote des schweren Konflikts mit der britischen Regierung nach dem Krieg.

Der Aufstieg des amerikanischen Zionismus

Kurz nach der Biltmore-Konferenz erklärte Ben Gurion in einer Rede in Jerusalem, während die zionistische Bewegung Amerikas sich bis vor kurzem auf die Beistellung finanzieller Mittel für Palästina konzentriert habe, sei die Lage durch den Krieg radikal verändert worden. Eine Betrachtung der zionistischen Politik während des Krieges, die sich auf London und Jerusalem beschränkte, wäre unvollständig, denn nach der Vernichtung des europäischen Judentums sei der amerikanische Zionismus der wichtigste Einzelfaktor innerhalb der Weltbewegung geworden. Mit der ständigen Zunahme des amerikanischen Einflusses sei Washington nunmehr das wichtigste Zentrum nicht nur der Weltpolitik, sondern auch der jüdischen Politik.

Der amerikanische Zionismus hatte, wie erinnerlich, in den späten zwanziger Jahren eine schwere Krise durchgemacht, und erst von 1932 an hatte seine Lage sich gebessert. Die Mitgliederzahl der Zionistischen Organisation Amerikas (ZOA) stieg von 8400 im Jahre 1932 auf 43.000 im Jahre 1939. Bei Kriegsende betrug sie mehr als 200.000. Die vom *United Palestine Appeal* nach Palästina überwiesenen Geldmittel wuchsen von 1932 bis 1939 fast auf das Siebenfache[76] an. Die Einnahmen des *United Jewish Appeal* erhöhten sich von 3,5 Millionen Dollar im Jahre 1940 auf rund 50 Millionen Dollar im Jahre 1947. Gegner des Zionismus haben dem amerikanischen Zionismus wegen seiner angeblichen Verbindungen zur Wallstreet stets ungeheure Macht und unbeschränkte finanzielle Mittel zugeschrieben. Wäre dies richtig, dann hätten die amerikanischen Zionisten es wesentlich leichter gehabt. In Wirklichkeit kümmerten sich die Multimillionäre, wenn überhaupt, nur wenig um Palästina. Auch war die Reaktion der Öffentlichkeit nicht ermutigend: Als die ZOA 1935 alle ihre 250.000 eingetragenen Sympathisanten im ganzen Land aufrief, ihre Unterschrift und je einen Dollar zu geben, war das Ergebnis kläglich; nur etwa zwanzigtausend, also weniger als ein Zehntel, reagierten auf den Aufruf.

Der eigentliche Aufschwung des amerikanischen Zionismus setzte erst nach 1936 ein, als führende jüdische Organisationen wie der *Bnai Brith* und einige der wichtigsten Reformsynagogen Interesse an Palästina zu zeigen begannen. Die Verfolgung der deutschen Juden durch die Nazis hatte eine deutliche Hinwendung zum Zionismus zur Folge. Die Ereignisse in Europa nach Kriegsausbruch und die geringe Bereitschaft der Vereinigten Staaten, jüdische Einwanderer aufzunehmen, gaben dieser Entwicklung einen zusätzlichen Impuls. Die Sympathie für den Zionismus und für Palästina wuchs sogar schneller und allgemeiner, als dies im Wachstum der ZOA zum Ausdruck kam. Die amerikanischen Juden wurden in ihrer Mehrheit prozionistisch, während sie früher entweder indifferent oder sogar feindselig gewesen waren. In den ersten Kriegsjahren stellte dieser gute Wille noch keine politische Kraft dar. Der Chef der Hagana, Eliyahu Golomb, schrieb an Ben Gurion: »Wenn ich Ihnen alles berichten wollte, was ich in jüdischen und zionistischen Kreisen in Amerika gesehen habe, dann müßte ich ein eher trauriges Bild malen ... Man kann aus der amerikanischen Judenschaft eine Kraft für politische Aktionen und praktische Hilfe zugunsten unserer Sache herauskristallisieren. Aber im Augenblick existiert sie eigentlich nicht – es ist bloß eine potentielle Kraft[77].«

Zur Zeit des Genfer Kongresses, kurz vor Kriegsausbruch, hatte man in Amerika gegen das Weißbuch einen zionistischen Krisenrat gegründet, dessen Vorsitzende die Rabbiner Stephen Wise und Abba Hillel Silver waren. In den ersten achtzehn Monaten seines Bestehens leistete der Krisenrat jedoch sehr wenig. Bis Ende 1940 verfügte er nicht einmal über einen hauptamtlichen Sekretär oder ein eigenes Büro in New York[78]. Die Verhältnisse waren keineswegs günstig; die Vereinigten Staaten befanden sich noch nicht im Kriegszustand, und in der amerikanischen Öffentlichkeit herrschte eine starke isolationistische Strömung. Die Vereinigten Staaten waren, wie Weizmann es nach einem Amerikabesuch im Jahre 1940 ausdrückte, »sozusagen leidenschaftlich neutral und machten verzweifelte Anstrengungen, das Leben im normalen Geist fortzusetzen«. Jede Erwähnung der jüdischen Tragödie wurde als Kriegshetze angesehen. »Es war wie ein Alp, der um so schwerer drückte, als man schweigen mußte. Von solchen Dingen in der Öffentlichkeit zu sprechen, war ›Propaganda‹[79].«

Die Wendung kam Anfang 1941. Immer mehr Amerikaner mußten sich mit dem Gedanken abfinden, daß ihr Land nicht auf unbegrenzte Zeit würde neutral bleiben können. Rabbi Silver, der Sturmvogel des amerikanischen Zionismus, entschloß sich anläßlich eines Spenden-Dinners in New York im Januar 1941, die Dinge beim Namen zu nennen: Das jüdische Problem könne auf die Dauer nur durch eine umfangreiche Ansiedlung vertriebener Juden in Palästina mit dem Ziel der Errichtung eines jüdischen Staatswesens gelöst werden. Am Schluß seiner flammenden Rede zitierte er den Helden des irischen nationalen Befreiungskampfes, Daniel O'Connell: »Agitiert! Agitiert! Agitiert!«, und Dantons »L'audace, l'audace, toujours l'audace!«

Im selben Monat übernahm Emanuel Neumann im Krisenkomitee die Abteilung für Öffentlichkeitsarbeit und politische Aktion und verlieh der Tätigkeit des Komitees neuen Schwung. Es kam zu einer Wiederbelebung des *American Palestine Committee,* einer Gruppe prozionistischer christlicher Persönlichkeiten des öffentlichen Lebens, die wesentlich zur Werbung für die zionistische Sache beitrug. Eine Erklärung, die am 2. November 1942, dem 25. Jahrestag der Balfour-Deklaration, veröffentlicht wurde und die Errichtung einer jüdischen nationalen Heimstätte forderte, wurde von 68 Senatoren und 194 Kongreßabgeordneten sowie von Hunderten Kommunalpolitikern und Persönlichkeiten des öffentlichen Lebens unterzeichnet[80]. Diese und andere Initiativen verursachten große Besorgnis im State Department und noch mehr bei den britischen Diplomaten: Hatte man die Zionisten vor Pearl Harbour angegriffen, weil sie versuchten, Amerika in den Krieg gegen Hitler zu verwickeln, so warf man ihnen nach dem Dezember 1941 vor, die Kriegsanstrengungen der Alliierten durch ihre einseitigen Aktionen zu beeinträchtigen.

Als inoffizielle Nachrichten über das Schicksal der europäischen Juden eintrafen und sowohl die Regierung als auch die Massenmedien einen Vorhang des Schweigens über dieses Thema senkten, wurden die amerikanischen Juden von einem Gefühl der Ungeduld und der Bitterkeit erfaßt. Weizmann, der sonst nicht zu Übertreibungen oder Gefühlsausbrüchen neigte, sagte in einer Rede im Madison Square Garden am 1. März 1943:

»Wenn ein künftiger Historiker die düstere Chronik unserer Tage schreibt, dann werden ihm zwei Dinge unglaublich erscheinen ... Er wird verblüfft sein über die Teilnahmslosigkeit der zivilisierten Welt angesichts dieser ungeheuerlichen, systematischen Abschlachtung menschlicher Wesen ... Er wird nicht verstehen, wieso das Weltgewissen aufgerüttelt werden mußte. Vor allem aber wird er nicht verstehen, wieso die freien Nationen, die gerade gegen einen Ausbruch der organisierten Barberei kämpfen, gebeten werden mußten, den ersten und hauptsächlichen Opfern dieser Barberei Zuflucht zu gewähren. Zwei Millionen Juden sind bereits ausgerottet worden. Die Welt kann nicht länger behaupten, daß diese grausigen Tatsachen unbekannt oder unbestätigt seien.«

In jüdischen Kreisen herrschte Empörung über die gleichgültige Welt, die den Massenmord ignorierte. Es zeigte sich auch wachsender Zorn gegen jüdische Führer, die sich weigerten, offen zu sprechen, wohl aus Angst, ihr amerikanischer Patriotismus könnte angezweifelt werden. Diese Stimmungen wurden von einem jungen palästinensischen Revisionistenführer namens Peter Bergson (Hillel Kook) ausgenützt, der einen wertvollen Bundesgenossen in Ben Hecht fand, einem in Hollywood wohlbekannten erfolgreichen Bühnenschriftsteller, mit guten Verbindungen am Broadway und in Hollywood wie auch in der Madison Avenue. Mit Unterstützung einiger gleichgesinnter Kollegen organisierten diese beiden zunächst mit ganz geringen Mitteln eine Werbekampagne für die sofortige Aufstellung einer jüdischen Armee, die die Tätigkeit der offiziellen zionistischen Bewegung fast in den Schatten stellte. Bergson und Hecht erhielten die Unterstützung des Heeres- und des Marineministers, des Präsidenten des Obersten Gerichtshofes und vieler Kongreßabgeordneter. Sie veranstalteten gewaltige Schauspiele (»Wir werden nie sterben – Ein Denkmal für die zwei Millionen toten Juden Europas«), und erregten allgemein großes Aufsehen. Die unmittelbaren politischen Ergebnisse dieser Aktionen waren gleich Null, aber trotz aller Selbstdramatisierung, aller schrillen Töne und Verzerrungen trug das *Palestine Liberation Committee,* das Komitee zur Befreiung Palästinas (das sich gelegentlich auch »Komitee für eine jüdische Armee« und »Notstandskomitee für die Rettung des jüdischen Volkes in Europa« nannte), in diesem Stadium dazu bei, das amerikanisch-jüdische Bewußtsein auf das Ausmaß der Katastrophe aufmerksam zu machen.

Es bestand die Gefahr, daß die zionistische Organisation von den Revisionisten überholt werden würde, aber die noch größere Gefahr, vor die der amerikanische Zionismus sich gestellt sah, war die mangelnde Einigkeit unter den verschiedenen jüdischen Körperschaften. Die Zionisten hatten sich auf die Biltmore-Formel geeinigt, doch begriffen sie, vor allem Weizmann und Ben Gurion, daß sie in Washington einen wirklichen politischen Einfluß nur dann ausüben konnten, wenn es ihnen gelang, Bundesgenossen zu finden. Es war nicht schwierig, die Unterstützung des mächtigen *Bnai Brith* zu erhalten, der damals von Henry Monsky, einem Zionisten, geleitet wurde; das *American Jewish Committee* hingegen war viel weniger geneigt, den Zionisten politische Unterstützung zu gewähren. Ben Gurion hatte sich mit dem damaligen Präsidenten des *American Jewish Committee,* Maurice Wertheim, darauf geeinigt, gemeinsam für die Erhaltung der jüdischen Rechte in Palästina einzutreten. Das AJC war jedoch unter keinen Umständen bereit, die Biltmore-Formel anzuerkennen, und Wertheims Nachfolger, der Richter Proskauer, zeigte keinerlei Begeisterung für irgendeine gemeinsame Aktion.

Nach vielen Streitereien und langen Verhandlungen einigten sich die verschiedenen jüdischen Körperschaften, im Jahre 1943 eine repräsentative amerikanisch-jüdische Konferenz nach New York einzuberufen. Unter den 502 Delegierten dieser Versammlung besaßen die Zionisten eine starke Mehrheit; sie hatten sich jedoch schon vorher bereit erklärt, eine gemäßigte Haltung einzunehmen und das Schwergewicht mehr auf jene Dinge zu legen, die alle jüdischen Gruppen einigten, als auf die trennenden Aspekte. Es wurde daher beschlossen, die Frage des jüdischen Staates nicht aufs Tapet zu bringen, sondern sich auf Rettungsmaßnahmen zu konzentrieren. Dieses Übereinkommen wurde von Rabbi Silver gebrochen, der nicht als Sprecher vorgesehen war, aber trotzdem beschloß, die Gelegenheit zu nutzen. In einer flammenden Rede erklärte er, wer seine Überzeugung nicht offen äußere, der zeige damit weder staatsmännische Weisheit noch Weitblick, weder Mut noch Glauben: »Wir können die Juden Europas nicht wirklich retten, wenn es keine freie Einwanderung nach Palästina gibt. Wir können keine freie Einwanderung nach Palästina erreichen, solange unsere politischen Rechte dort nicht anerkannt werden. Unsere politischen Rechte werden nicht geachtet, solange unsere historische Bindung an dieses Land nicht anerkannt und unser Recht auf Wiedererrichtung unserer nationalen Heimstätte nicht bestätigt sind. Dies sind untrennbare Glieder einer Kette. Wenn eines dieser Glieder fehlt, dann reißt die ganze Kette[81].«

Mit dieser Rede meldete Rabbi Silver seinen Anspruch auf die Führung des amerikanischen Zionismus an. Sie wurde mit donnerndem Beifall aufgenommen. Viele der Anwesenden weinten, und am Schluß der Konferenz wurde eine von Silver eingebrachte Resolution mit 497 gegen vier Stimmen angenommen. Die politische Auswirkung dieses Auftritts war problematisch, denn er hatte das Ausscheiden des AJC aus der gemeinsamen Front zur Folge, und es mußte in späteren Jahren viel Mühe aufgewandt werden, um die Aktionseinheit wiederherzustellen.

Rabbi Silvers kämpferische Taktik verursachte sogar innerhalb der zionistischen Reihen Zwistigkeiten. Er hatte kein gutes Verhältnis zu dem von Nahum Goldmann und Louis Lipsky geleiteten Washingtoner Büro der Jewish Agency, das im Mai 1943 errichtet worden war. Es gab ständig Meinungsverschiedenheiten über Vorrechte und Kompetenzen. Rabbi Silver zerstritt sich 1944 mit Stephen Wise und wurde gegen Ende 1944 zum Rücktritt gezwungen, weil er durch sein stürmisches Verhalten der zionistischen Sache eine schwere diplomatische Schlappe eingebracht hatte. Silver war Republikaner, während der Demokrat Wise der zionistischen Bewegung geraten hatte, auf Roosevelts guten Willen zu vertrauen. Silver war dagegen, eine der beiden Parteien vorzuziehen, hielt nichts von »Geheimdiplomatie« und glaubte fest an die Maxime: »Traue keinem Fürsten.« Er drang auf Einbringung einer prozionistischen Resolution im Kongreß, die jedoch nicht die Billigung des Präsidenten und des State Departments hatte. Die Resolution fiel durch, und Silver mußte zurücktreten. Da er aber im zionistischen Fußvolk über eine starke Anhängerschaft verfügte, war er schon im Juli 1945 wieder im Amt.

Trotz der Aktionen der amerikanischen Zionisten und trotz der lautstarken Kampagnen von Bergson und Hecht waren die in den Kriegsjahren erzielten Ergebnisse mager. Roosevelt und seine Regierung genossen das Vertrauen und die freundliche Unterstützung der überwältigenden Mehrheit der amerikanischen Juden. Er war der Vorkämpfer der kleinen Leute, viele Juden wurden unter seiner Präsidentschaft in öffentliche Ämter bestellt. Nach seinem Tod erschien in der zionistischen Zeitschrift *New Palestine* folgendes Gedicht:

> Er war uns Freund, als wenige es waren,
> Er sprach für uns, als alle andern schwiegen,
> Er rüttelte die Herzen auf und rief
> Nach Freiheit und nach Recht für unser Volk.[82]

In bezug auf die zwei wichtigsten Probleme, Palästina und die Aufnahme von Flüchtigen, sagte Roosevelt jedoch wenig und tat noch weniger. Seine Haltung war alles andere als eindeutig. Im Vergleich mit der amerikanischen Palästinapolitik war die britische Haltung, wie ein Historiker es formulierte, geradezu von exemplarischer Ehrlichkeit und Geradlinigkeit. David Niles, der als Berater Roosevelts und später Trumans wirkte, schrieb, er zweifle, ob Israel überhaupt entstanden wäre, wenn Roosevelt noch gelebt hätte. Roosevelt war ein guter Rechner. Er wußte, daß ihm ein entschlossenes Eintreten für die Juden kaum greifbaren Gewinn gebracht hätte, denn die jüdischen Wählerstimmen waren ihm auf jeden Fall sicher; aber es hätte ihm viele Schwierigkeiten und Komplikationen im In- und Ausland eingetragen. Roosevelt war den Juden gewiß nicht unfreundlich gesinnt, aber er war nicht bereit, eine besondere Anstrengung zu machen, um ihnen zu helfen. Er besaß eben nicht den Weitblick und die moralische Überzeugung, die Männer wie Balfour oder Lloyd George erfüllt hatten. Wenn sogar ein ausgesprochener Zionistenfreund wie Churchill erklärte, im Krieg könne für den Zionismus nichts getan werden, dann war von einem amerikanischen Präsidenten, der in dieser Sache keine feste Überzeugung hatte, kaum Unterstützung zu erwarten.

Roosevelt zeigte sich von seiner besten Seite, als er im Juni 1943 mit Weizmann zusammenkam und eine jüdisch-arabische Konferenz zu einem künftigen Zeitpunkt vorschlug, vielleicht sogar in seiner und Churchills Anwesenheit – als ob eine solche Konferenz irgendeinen praktischen Sinn gehabt hätte. Im März 1944 ermächtigte er Wise und Silver, öffentlich zu erklären, daß die amerikanische Regierung das Weißbuch nie gebilligt habe. Er sagte, wenn einmal eine Entscheidung gefällt werde, dann würde jenen Gerechtigkeit werden, die eine jüdische nationale Heimstätte anstrebten, wofür die amerikanische Regierung und das amerikanische Volk stets die größte Sympathie empfunden hätten. Gleichzeitig aber ließ er den arabischen Herrschern versichern, daß der Präsident nicht wirklich meinte, was er sagte. Als Sir John Singleton, ein Mitglied der anglo-amerikanischen Untersuchungskommission des Jahres 1946, Einsicht in die Akten des amerikanischen Außenministeriums nahm, bemerkte er, Großbritannien sei nicht die einzige Macht gewesen, die zwei verschiedenen Gruppen das gleiche versprochen habe[83].

Man gab sich viel Mühe mit der Abfassung einer Resolution, die von beiden Parteien im Kongreß eingebracht werden und eine klare Unterstützung der zionistischen Bestrebungen zum Ausdruck bringen sollte. Sie wurde von den Abgeordneten Wright und Compton und von den Senatoren Wagner und Taft vorgelegt. Die Resolution verlangte die Öffnung der Tore Palästinas und volle Freiheit für die Kolonisierung, »damit das jüdische Volk eines Tages imstande ist, Palästina als ein freies und demokratisches jüdisches Gemeinwesen wiederherzustellen«. Diese Initiative stieß jedoch bald auf Schwierigkeiten: antizionistische jüdische Gruppen sprachen sich ebenso dagegen aus wie arabische Vertreter. Vor allem das Außenministerium und die Armee erhoben Einwände. Der Generalstabschef, General Marshall, erklärte, wenn diese Resolution angenommen werde, könne er für militärische Komplikationen in der muselmanischen Welt keine Verantwortung übernehmen. Außenminister Cordell Hull meinte, es könnte zum Abbruch der Verhandlungen mit Saudiarabien über den Bau einer Ölleitung führen. Wenn wirklich die Gefahr bestände, daß diese Resolution angenommen würde, dann sollte der Präsident eingreifen[84].

Der Kongreß beschloß, die Verhandlungen über die Resolution aus Gründen militärischer Zweckmäßigkeit zu verschieben. Sieben Monate später teilte der Verteidigungsminister dem Senator Taft mit, die militärischen Überlegungen, die zum Einspruch seines Ministeriums geführt hatten, seien nun nicht mehr so schwerwiegend, die Frage könne nunmehr nach ihren politischen Meriten beurteilt werden. Der Präsident und das Außenministerium waren jedoch immer noch dagegen, und Rabbi Silvers Versuch, sie zu umgehen, schlug fehl. Im Oktober 1945 versuchte man zum drittenmal, die Resolution durchzubringen, und hatte auch Erfolg, soweit dies noch etwas bedeutete. Präsident Truman, der die Resolution ursprünglich befürwortet hatte, zog seine Unterstützung zurück, als die anglo-amerikanische Untersuchungskommission eingesetzt wurde und man befürchtete, die Resolution könnte die Arbeit der Kommission beeinträchtigen.

1944 gelang es den Zionisten, durchzusetzen, daß beide Parteien prozionistische Punkte in ihre Wahlprogramme aufnahmen. Präsident Roosevelt war davon nicht besonders beeindruckt: Als Senator Wagner ihm vorschlug, die jüdischen Vertriebenen nicht in ihre Ursprungsländer zurückzuführen, sondern ihnen die Weiterreise nach Palästina zu gestatten, entgegnete der Präsident, etwa eine Million Juden wollten nach Palästina gehen, aber siebzig Millionen Moslems warteten nur darauf, ihnen die Hälse abzuschneiden, und er wolle ein solches Massaker verhindern.

Roosevelts Widerstand verstärkte sich nach der Zusammenkunft des Präsidenten mit König Ibn Saud. Roosevelt erklärte, er hätte im Gespräch mit dem Wüstenkönig in fünf Minuten mehr über das jüdisch-arabische Problem erfahren als in einem langen Briefwechsel. Stephen Wise, der ebenso wie die anderen jüdischen Führer über das Fehlen jedes Hinweises auf die jüdische Tragödie in Präsident Roosevelts Stellungnahme bestürzt war, legte Protest ein. Darauf versicherte ihm der Präsident, er sei nach wie vor für die uneingeschränkte Einwanderung nach Palästina. Aber wiederum wurden den arabischen Führern Botschaften übermittelt, daß die Vereinigten Staaten keine Änderung des Status von Palästina gutheißen würden, mit der die Araber nicht einverstanden wären.

Die Zionisten waren in ihren Bemühungen, Roosevelt für ihre Sache zu gewinnen, nicht sehr erfolgreich, und man fragt sich, wie es der Präsident, wäre er nicht so früh gestorben, wohl angestellt hätte, sich die Freundschaft sowohl der Juden als auch der Araber zu erhalten. Den Zionisten gelang es, unter Kongreßabgeordneten, kirchlichen Würdenträgern, Journalisten und in der Öffentlichkeit ein für den Zionismus günstiges Meinungsklima zu schaffen. Das Schicksal der europäischen Juden weckte Mitgefühl unter den Nichtjuden, die Pionierarbeit der Gemeinde in Palästina imponierte vielen Amerikanern. Aber wenn die Zionisten mit dem State Department, dem Pentagon und dem Weißen Haus zu tun hatten, sahen sie sich weitaus mächtigeren Interessen und Kräften gegenüber, und die Hinweise auf die Tragödie des jüdischen Volkes hatten keine besondere Wirkung. Der Präsident, eine seltsame Mischung von Patrizier und Volkstribun, Naivität und Raffiniertheit, Aufrichtigkeit und Hinterlist, betrachtete das ganze Problem offenbar als eine unerfreuliche, aber nicht sehr wichtige Sache.

Das letzte Stadium

In Palästina wurden die Zustände im letzten Abschnitt des Krieges immer schlechter. Zwanzig Mitglieder der Stern-Bande, deren Anführer bei einer Razzia im Februar 1942 von der britischen Polizei erschossen worden war, entkamen aus dem Gefangenenlager Latrun. Sie raubten Banken aus und begingen kleinere Terrorakte. Die Höhepunkte ihrer Tätigkeit waren der Mordanschlag auf den Hochkommissar Sir Harold MacMichael, wobei dessen Adjutant schwer verletzt wurde, und die Ermordung Lord Moynes in Kairo. Die zionistischen Behörden unterstützten die britische Polizei bei der Fahndung nach den Terroristen, die sie als eine Gefahr ansahen, weniger für die britische Herrschaft als für die jüdische Gemeinde. Der Ultra-Patriotismus der Stern-Bande hatte sich schon früher in völlig unvertretbaren Aktionen manifestiert, wie beispielsweise in ihren Versuchen, 1941 Kontakte mit deutschen Emissären in Beirut aufzunehmen, um eine gemeinsame antibritische Befreiungsfront zu errichten.

Der Irgun Zwai Leumi, der im Winter 1943/44 beschloß, seine antibritischen Aktionen wieder aufzunehmen, stellte ein völlig anderes Problem dar. In der ersten Zeit des Krieges hatte er sich an den Kriegsanstrengungen beteiligt. Mehrere seiner führenden Mitglieder waren im Laufe von Sonderoperationen für das britische Armeekommando gefallen. Gegen Ende 1943 hielt die neue IZL-Führung die Zeit für reif, die Angriffe gegen die Briten zu erneuern. Die Gefahr einer deutschen Invasion war geschwunden, und die britischen Behörden fuhren fort, die Weißbuch-Politik durchzuführen. Im Laufe des Jahres 1944 griff der Irgun den Sender Ramalla sowie mehrere Polizeistationen im Gebiet von Tel Aviv und von Haifa an. Mehr als zweihundert seiner Mitglieder wurden verhaftet und nach Eritrea verbannt. Die britischen Behörden verlangten von der Jewish Agency die volle Unterstützung bei der Ausmerzung des Terrorismus. Diese Hilfe wurde, wenn auch zögernd, gewährt. Der Irgun wurde nicht nur von den Revisionisten unterstützt, sondern in gewissem Maß auch von Mitgliedern der religiösen Parteien und des rechten Flügels der Allgemeinen Zionisten. Selbst Teile der zionistischen Linken waren über das Ausbleiben britischer Hilfe für die europäischen Juden so verzweifelt, daß sie die Terrorakte für verständlich, wenn schon nicht für berechtigt hielten. Die Zionistenführer waren aus politischen Erwägungen gegen die Terroristen: Diese Dissidenten fügten der zionistischen Politik schweren, vielleicht irreparablen Schaden zu. Wie sollte man eine zionistische Außenpolitik formulieren und durchführen, wenn die Terroristen sich an keine Disziplin halten, sondern der gewählten Führung des Jischuw ihren eigenen Kurs aufzwingen wollten?

Manche Leute verteidigten die Terrorakte als verzweifelte Versuche, die Aufmerksamkeit auf die Not des jüdischen Volkes zu lenken. Die Welt hatte zahllose zionistische Denkschriften und Erklärungen ignoriert. Vielleicht würde sie auf Kugeln und Bomben eher reagieren? Diese Annahme war jedoch falsch: Solange der Krieg andauerte, würde wohl kaum jemand durch die Ermordung einiger britischer Polizisten günstig beeindruckt.

Frustration und Verzweiflung breiteten sich jedoch nicht nur unter einigen jungen Heißspornen aus. Als Weizmann im November 1944 nach Palästina kam, spürte er die wachsende Verbitterung des Jischuw, die in offiziellen politischen Erklärungen zum Ausdruck kam: Ben Gurion erklärte, er sei im Gegensatz zu Weizmann und dem Haschomer Hazair fest überzeugt, daß eine politische Lösung nicht länger aufgeschoben werden könne und daß die schnelle Übersiedlung der Vertriebenen nach Palästina von höchster Dringlichkeit sei[85]. Weizmann erachtete es als notwendig, seinen Glauben an einen künftigen jüdischen Staat zu unterstreichen: »Ich weiß nicht, wann der jüdische Staat kommen wird«, sagte er am 30. November in Tel Aviv, »aber es wird nicht mehr lange dauern.« Wenige Tage später äußerte er sich in warnenden Worten gegen gewaltsame Lösungsversuche; man benötige eine Übergangsperiode; in einer Zeit, wie sie die Welt eben durchmache, bedeuteten fünf oder sechs Jahre gar nichts. Dies war jedoch genau das, was der Jischuw nicht mehr hören wollte. Leuten, die auch in besten Zeiten ungeduldig waren, erschienen fünf oder sechs Jahre nun als eine Ewigkeit. Weizmann erklärte abermals, er glaube nicht an plötzliche »Sprünge«. Wie aber, so fragten seine Kritiker, sollte man eine grundlegende Veränderung erzielen, wenn nicht durch einen plötzlichen Sprung? Glaube er denn wirklich, daß ein jüdischer Staat als Ergebnis geduldiger Verhandlungen, geheimer Diplomatie, harter Arbeit, guten Zuredens und politischen Drucks schon irgendwie entstehen würde?

Der psychologische Hintergrund dieser Stimmung war das tiefe Entsetzen, hervorgerufen durch die Ermordung von Millionen europäischer Juden und das Ausbleiben einer wirksamen Reaktion seitens der zivilisierten Welt. Das liberale Element im Zionismus, der Glaube an die Menschheit, erlitt einen Schlag, von dem es sich nicht mehr völlig erholen sollte. Die Appelle an die brüderliche Hilfe, an die menschliche Solidarität, die eine frühere Generation von Zionisten gewohnt gewesen war, fanden keinen Widerhall mehr. In der Stunde der höchsten Gefahr hatten nur wenige zu ihnen gehalten, es hatte fromme Platitüden und viel Händeringen gegeben, aber nur wenig wirkliche Hilfe. Sie hatten ihre Lektion gelernt: Man durfte niemandem trauen, man konnte sich nur auf sich selbst verlassen.

Die Geschichte der Vernichtung ist in allen ihren schrecklichen Einzelheiten erzählt worden. Die ersten verläßlichen Berichte über den Massenmord langten gegen Ende 1942 bei den Vertretern der Jewish Agency in der Schweiz ein. Das State Department reagierte, indem es die Verwendung diplomatischer Kanäle zur Übermittlung solcher Nachrichten aus der Schweiz untersagte. Eine Konferenz über das Flüchtlingsproblem, die Anfang 1943 nach Bermuda einbrufen wurde, erwies sich als völliger Fehlschlag. Noch im Juli 1944, als das Kriegsglück sich endgültig gewendet hatte und eine echte Chance zur Rettung vieler Tausender ungarischer Juden zu bestehen schien, zeigte der Westen keinerlei Bereitschaft, zu helfen. Himmler und Eichmann hatten vorgeschlagen, die Judentransporte nach Auschwitz im Austausch gegen zehntausend Lastwagen einzustellen. Als Weizmann und Schertok mit dem britischen Außenminister Anthony Eden darüber sprachen, wurde ihnen mitgeteilt, mit dem Feind werde nicht verhandelt. Alles, was sie von Churchill bekamen, war das Versprechen, daß alle an dem Massenmord Beteiligten nach dem Krieg hingerichtet werden würden.

Die Jewish Agency verlangte die Bombardierung der Todeslager von Auschwitz, und sei es nur, wie Weizmann sagte, »um die oft wiederholten Behauptungen der Nazisprecher Lügen zu strafen, wonach die Alliierten in Wirklichkeit gar nicht so böse darüber seien, daß die Nazis Europa von den Juden säuberten[86]«. Aber wiederum lautete die Antwort, dies sei unmöglich. Am 1. September 1944 erfuhr Weizmann von Eden, die Royal Air Force hätte diese Bitte aus technischen

Gründen abgelehnt. Ähnliche Bemühungen Dr. Goldmanns und amerikanischer Beamter (wie John Pehles vom *War Refugee Board)* in Washington blieben ebenfalls erfolglos. Die Antwort des Stellvertretenden Verteidigungsministers John McCloy verdient es, zitiert zu werden:

»Nach eingehenden Untersuchungen wurde festgestellt, daß eine solche Operation nur durch eine Umdisponierung erheblicher Luftstreitkräfte, die für den Erfolg unserer anderwärts in entscheidenden Operationen begriffenen Bodenstreitkräfte notwendig sind, durchgeführt werden könnte und jedenfalls von so zweifelhafter Wirksamkeit wäre, daß es den Einsatz unserer Mittel nicht lohnen würde. Es bestand weitgehend die Auffassung, daß eine solche Aktion, wenn überhaupt praktikabel, noch schlimmere Vergeltungsaktionen der Deutschen hervorrufen könnte.«

Es blieb das Geheimnis des Kriegsministeriums, welche Vergeltungsaktionen schlimmer hätten sein können als Auschwitz[87].

Was die Juden so erschütterte, war nicht bloß, daß die Rettungsoperationen wirkungslos waren. Es wäre durchaus möglich gewesen, durch direkte Luftangriffe mehr ungarische Juden zu retten und den Fortgang der Ausrottung hinauszuzögern. Die von London ebenso weit entfernten Ölfelder von Ploesti waren trotz technischer Schwierigkeiten bombardiert worden. Ob diese Maßnahmen ihren Zweck erfüllten, ist keineswegs sicher. Nachdem Hitler einmal beschlossen hatte, die europäischen Juden auszurotten, nachdem die Nazimaschinerie einmal in Gang gesetzt war, konnten Rettungsbemühungen die Lage nicht mehr grundlegend ändern. Der einzig wirksame Weg zur Rettung der Juden war, den Nazismus so schnell wie möglich niederzuwerfen. Hätten die Alliierten nicht gesiegt, wäre auch die palästinensische Judenschaft zum Untergang verurteilt gewesen. Der Zionismus besaß gegen eine Drohung solchen Ausmaßes kein Allheilmittel. All dies stimmt gewiß, kann aber das Ausbleiben aller ernsthaften Versuche, den Juden in der Stunde der Todesgefahr zu helfen, weder erklären und noch gar rechtfertigen. Es gab eine Mauer der Gleichgültigkeit, die auch den schmalsten Fluchtweg versperrte. Die Überlebenden meinten, wenn die Nazis gesiegt hätten, dann wären sie in ihrem Land lieber kämpfend untergegangen, als sich wie Vieh zur Schlachtbank führen zu lassen. Diese weitverbreitete Stimmung gab dem Zionismus bei Kriegsende einen gewaltigen Auftrieb.

Das volle Ausmaß der jüdischen Katastrophe wurde 1944 bekannt. Aber erst in den letzten Kriegsmonaten, als die ersten Vernichtungslager in die Hände der Alliierten fielen, erkannte man das Desaster in seiner ganzen Größe. Bis dahin hatte man immer noch geglaubt, die

Berichte über den Genozid wären vielleicht übertrieben, es würden mehr Juden überlebt haben, als man ursprünglich angenommen hatte. Im April 1945 gab es keine Zweifel mehr. Von den mehr als drei Millionen polnischen Juden hatten weniger als hunderttausend überlebt; von den 500.000 deutschen Juden nur 12.000. In der Tschechoslowakei hatte es eine jüdische Gemeinde von mehr als 300.000 Menschen gegeben, nur 40.000 davon waren noch am Leben. Von 130.000 holländischen Juden lebten noch etwa 20.000, von 90.000 belgischen Juden 25.000 und von 75.000 griechischen Juden 10.000. Die einzigen Länder mit verhältnismäßig niedrigen Verlusten waren Rumänien (320.000) und Ungarn (200.000), aber auch dort waren die jüdischen Gemeinden vor dem Krieg doppelt so groß gewesen. Obwohl keine genauen Zahlen zu erhalten waren, wird geschätzt, daß die jüdische Bevölkerung der Sowjetunion durch die Massenvernichtung halbiert wurde. In einigen wenigen Staaten, wie Bulgarien, Italien und Dänemark, hatte die Mehrzahl überlebt, teils weil die Juden von den örtlichen Behörden geschützt wurden, teils infolge gewisser günstiger Umstände. Doch handelte es sich hier um Länder mit kleinen jüdischen Gemeinden, die großen jüdischen Volksgruppen waren verschwunden. Grob gesprochen, waren sechs von je sieben europäischen Juden während des Krieges getötet worden.

In den zwanziger Jahren waren einige viel gelesene Romane erschienen, die den Exodus der Juden aus Wien und Berlin schilderten. Die Verfasser dieser politischen Utopien waren unabhängig voneinander zu dem Schluß gekommen, daß diese beiden Metropolen ohne die Juden nicht auskommen könnten und sie schließlich bitten würden, wieder zurückzukehren. Der erste Teil dieser Prophezeiung war eingetroffen. In Wien, wo es einst 180.000 Juden gegeben hatte, waren nur zweihundert davon mit Wissen der Nazis am Leben geblieben. Wie sich später herausstellte, hatten achthundert sich versteckt gehalten und den Tag der Befreiung erlebt; 2500 ältere Menschen kehrten aus dem Lager Terezin (Theresienstadt) zurück. Das war alles, was von einer Gemeinde übriggeblieben war, die einst mitgeholfen hatte, Wien zu einer der großen Metropolen der Welt zu machen. Hitler hatte als junger Mann in Wien gelebt, dort war er zum Antisemiten geworden, und die Wiener Juden wurden mit besonderer Grausamkeit verfolgt. Auch nahm es nicht Wunder, daß in der Reichshauptstadt kaum ein Jude überlebte. Der bürokratische Apparat der Nazis wütete jedoch überall ohne Gnade. Hitler war nie in Griechenland gewesen und hegte keinen besonderen Haß gegen die Juden von Saloniki; dennoch waren von den 56.000 Juden dieser Stadt bei Kriegsende nur noch 2000 am Leben.

Die überlebenden europäischen Juden waren zum Großteil solche, die aus ihren Heimatländern geflohen waren. Zehntausende polnischer

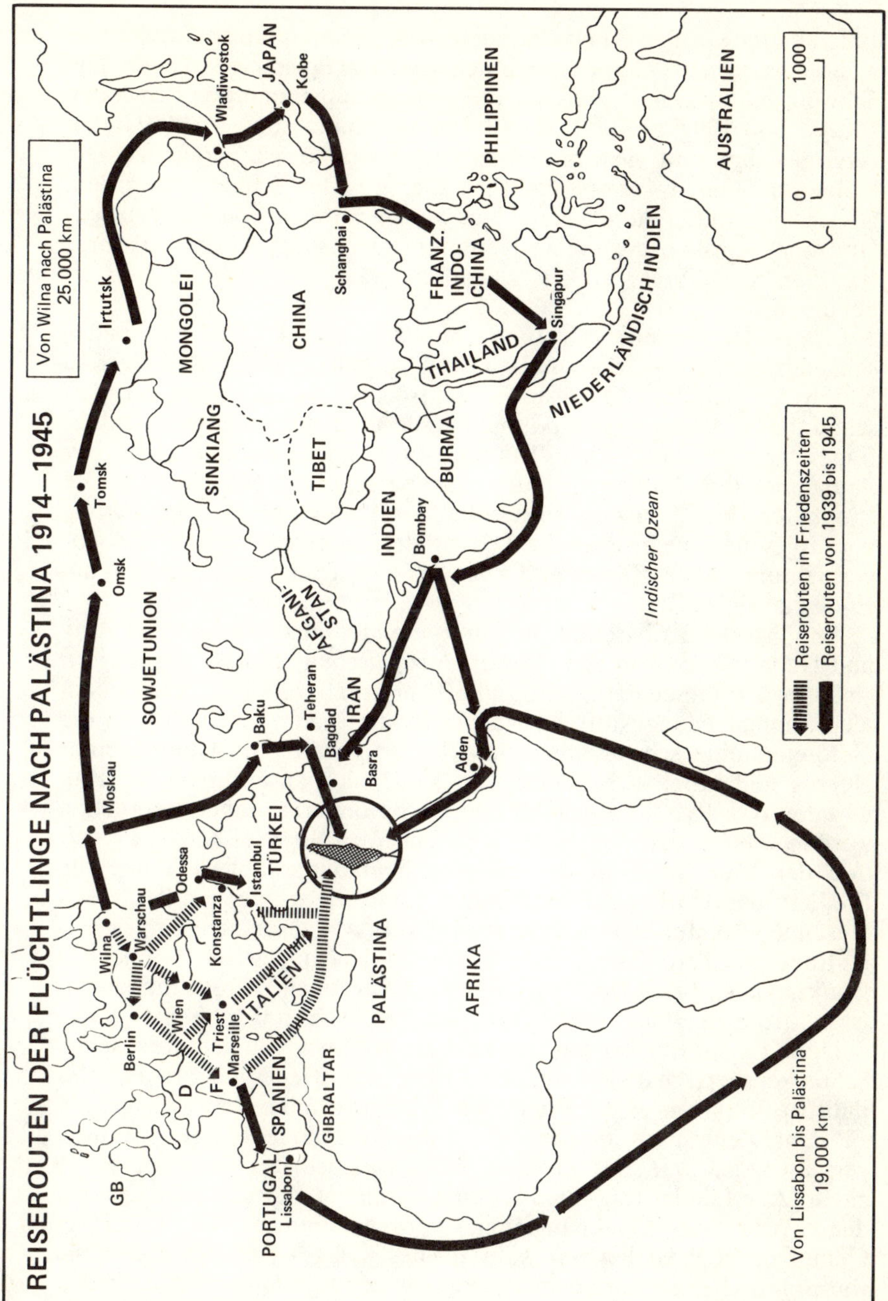
REISEROUTEN DER FLÜCHTLINGE NACH PALÄSTINA 1914—1945
Von Wilna nach Palästina
25.000 km
Von Lissabon bis Palästina
19.000 km
Reiserouten in Friedenszeiten
Reiserouten von 1939 bis 1945
0
1000
GB
D
F
PORTUGAL
Lissabon
SPANIEN
GIBRALTAR
Marseille
Triest
Berlin
Wien
Wilna
Warschau
ITALIEN
Konstanza
Odessa
Istanbul
TÜRKEI
PALÄSTINA
AFRIKA
Moskau
Baku
Teheran
Bagdad
Basra
IRAN
Aden
SOWJETUNION
Omsk
Tomsk
Irtutsk
AFGANISTAN
SINKIANG
MONGOLEI
TIBET
CHINA
INDIEN
Bombay
BURMA
THAILAND
FRANZ. INDO-CHINA
Schanghai
Singapur
Wladiwostok
JAPAN
Kobe
PHILIPPINEN
NIEDERLÄNDISCH INDIEN
AUSTRALIEN
Indischer Ozean

Juden hatten vorübergehend Zuflucht in der Sowjetunion gefunden; sie wollten weder dort bleiben, noch sich wieder in Polen niederlassen. Die Schweiz hatte 26.000 jüdische Flüchtlinge aufgenommen, Schweden 13.000 und Belgien 8000. Großbritannien hatte rund 50.000 Juden Asyl gewährt, und viele hatten sich nach Frankreich geflüchtet. Die kleineren Staaten Europas wollten die Fremden schnell loswerden, aber wohin sollten diese gehen? Nur wenige waren willens, in Deutschland oder sonstwo auf einem Kontinent, der zum Schlachthaus ihrer Familien und ihres Volkes geworden war, ein neues Leben zu beginnen.

Infolge der Massenvernichtung schien der Gedanke des Judenstaates seine historische Begründung verloren zu haben. Herzl und Nordau hatten den jüdischen Staat als Zufluchtsort für die verfolgten europäischen Juden konzipiert; Jabotinsky hatte über die »objektive Judenfrage« geschrieben; das Biltmore-Programm beruhte auf der Annahme, daß Millionen Juden den Krieg überleben würden. Die Propheten des Zionismus hatten die Verfolgung und die Vertreibung vorausgesehen, nicht aber die Lösung der Judenfrage durch Massenvernichtung. Als der Krieg zu Ende war, schien auch der Zionismus am Ende zu sein.

Am Tag des Kriegsendes in Europa fanden in Jerusalem, Tel Aviv und Haifa wie auch in den meisten europäischen Städten Siegesfeiern statt. In den Geschäften waren alle Flaggen ausverkauft, man bekam nicht einmal Fahnenstoff. In Tel Aviv wurde zum Gedenken an die Getöteten eine schwarzumrandete Fahne gehißt. Die Oberrabbiner Herzog und Uziel riefen einen Tag des Dankes aus, an dem der 100. und der 108. Psalm vorgelesen und ein besonderes Gebet gesprochen werden sollten, daß den Herrschern der Welt die Weisheit, die Kraft und der Mut zuteil werden mögen, dem auserwählten Volke die Freiheit und den Frieden im Heiligen Land wiederzugeben. Hunderttausende strömten in den Straßen von Tel Aviv zusammen und riefen: »Öffnet die Tore Palästinas!« In dieser Nacht des Jubels und der Danksagung schrieb Ben Gurion in sein Tagebuch: »Freue dich nicht, Israel, frohlocke nicht gleich den Völkern« (Hosea 9,1)[88].

Der Krieg in Europa war zu Ende, die Welt war von der nazistischen Schreckensherrschaft befreit, der Friede war wiedergekehrt. Für das jüdische Volk war es der Friede des Friedhofs. Indessen wurde gerade zu dem Zeitpunkt, an dem die »objektive Judenfrage« praktisch verschwunden war, das Problem eines Judenstaates aktueller als je zuvor. Alle Länder rings um Palästina waren bereits ein gutes Stück auf dem Weg zur Unabhängigkeit vorangekommen. Die jüdische Gemeinde in Palästina war während des Krieges groß geworden; sie war praktisch ein Staat im Staate, mit eigenen Schulen und öffentlichen Ämtern, ja sogar mit einer eigenen Armee. Die Sieger in diesem Krieg, denen sich nun die furchtbare Tragödie des jüdischen Volkes in all ihrem Grauen darbot, hatten Gewissensbisse. Erst jetzt wurde die Frage gestellt, ob sie genug getan hätten, um den Juden zu helfen, und was nun für die Überlebenden getan werden könnte.

Vor dem Krieg war der Zionismus die Bewegung einer Minderheit – manchmal einer sehr kleinen Minderheit – der jüdischen Gemeinde gewesen. 1945 aber sammelten sich sogar seine ehemaligen Gegner unter der blauweißen Flagge. Typisch für diesen Gesinnungswandel war die Ansprache des neuen Vorsitzenden der britischen Labour Party, Harold Laski, auf einer 1.-Mai-Feier in Manchester. Er fühle sich wie der verlorene Sohn, sagte Professor Laski; er glaube nicht an die jüdische Religion und sei immer noch Marxist; vor dem Krieg sei er für die Assimilation gewesen und habe gemeint, der beste Dienst, den die Juden der Menschheit leisten könnten, sei die Aufgabe ihrer Identität. Nun aber sei er voll und ganz von der Notwendigkeit des Wiedererstehens der jüdischen Nation in Palästina überzeugt. Sie waren alle Zionisten geworden.

Der Kampf um den jüdischen Staat

Drei Jahre nach Kriegsende entstand der Staat Israel. Es waren Jahre der wachsenden Spannung zwischen der jüdischen Gemeinde Palästinas und der britischen Regierung, die schließlich erkennen mußte, daß ihr nur noch ein Weg offenblieb: die Aufgabe des Mandats. In der Zwischenzeit gab es noch weitere Untersuchungskommissionen, weitere komplizierte Lösungsvorschläge, weitere Verhaftungen und Terrorakte, und am Ende den Abzug der Briten und die erbitterten Kämpfe zwischen Juden und Arabern. Die Geburt des jüdischen Staates war die Erfüllung des zionistischen Traums. Aber die europäische Judenschaft war vernichtet worden, ehe dieses Ziel erreicht werden konnte. Der Zionismus hatte die Katastrophe nicht verhindern können. Im Gegenteil, der Staat Israel verdankte ihr seine Entstehung. Die Jewish Agency bestand weiter, zionistische Konferenzen wurden abgehalten, ja sogar ein regelrechter Zionistischer Kongreß. Die eigentliche Bedeutung dieser Jahre liegt jedoch darin, daß sie die Geburt des Staates Israel brachten. Es war dies die kritischeste Periode in der Geschichte der zionistischen Bewegung.

Unmittelbar nach Kriegsende, am 27. Mai 1945, richtete die Exekutive der Jewish Agency eine Petition an die britische Regierung, sie möge Palästina zum jüdischen Staat erklären. Sie legte auch der Konferenz der Vereinten Nationen in San Francisco ein Programm für ein freies, demokratisches jüdisches Staatswesen vor. Der Appell an Großbritannien hatte wohl bloß formalen Wert, denn es bestand nicht die geringste Aussicht auf eine positive Antwort. Die Beziehungen zwischen den Zionisten und Großbritannien hatten einen Tiefpunkt erreicht. Wie bereits erwähnt, dachte Weizmann damals an Rücktritt. Die Bildung der Labour-Regierung wurde von einem zionistischen Blatt als ein epochales Ereignis von weltweiter Bedeutung gepriesen, das dem Zionismus neue hoffnungsvolle Perspektiven eröffne[1]. Frühere Erfahrungen mit britischen Regierungen hätten den Zionisten zur Warnung dienen sollen; immer schon war zwischen Versprechen und Halten ein großer Unterschied gewesen. Dieser Unterschied sprang bei der Labour-Regierung schon deshalb mehr ins Auge, weil die Tories von vornherein weniger versprochen hatten.

In Washington waren die Aussichten gleichermaßen unsicher: Rabbi Wise besuchte Harry Truman am 20. April 1945, als dieser erst eine Woche lang Präsident war. Truman war bereits von seinem Außenminister Stettinius gewarnt worden, daß die Zionisten versuchen würden, ihm irgendein Versprechen abzulocken. Mit unbewußter Ironie versicherte Truman, er werde Roosevelts Politik fortführen. Er wußte überhaupt nichts von dem Paket unzusammenhängender und widersprüchlicher Versprechungen, die er geerbt hatte. Truman war ganz gewiß kein Zionist. Anfang August erklärte er in einer Pressekonferenz, er denke nicht daran, eine halbe Million amerikanischer Soldaten nach Palästina zu entsenden, um dort Frieden zu stiften. Einige Wochen später erhielt er den Bericht Earl Harrisons, den er nach Europa entsandt hatte, um die Lage der Flüchtlinge zu untersuchen. In dem Bericht hieß es, die Lage sei unerträglich, die jüdischen Flüchtlinge in den Lagern wollten nach Palästina gebracht werden. Eine Woche später sandte Truman eine Kopie dieses Berichts an Premierminister Attlee, mit dem Vorschlag, unverzüglich einhunderttausend Einwanderungszertifikate auszugeben.

Dies verursachte bei einigen führenden Mitgliedern der Labour-Regierung große Empörung, vor allem aber bei dem neuen Außenminister, Ernest Bevin. Bevin war ebenso wie sein Chef Attlee weder pro- noch antijüdisch. Er glaubte einfach, daß die Juden, im Gegensatz zu den Arabern, keine Nation seien. Die Juden, so meinten er und Attlee aufgrund der Informationen des Außenministeriums, seien undankbar, verschlagen und rechthaberisch. Die Araber hingegen seien ein einfaches, aufrichtiges Volk mit großer Zuneigung zu Großbritannien[2]. Als Weizmann am 10. Oktober 1945 Bevin aufsuchte, wurde ihm ein frostiger Empfang zuteil, und am 13. November gab der Außenminister bekannt, die Politik des Weißbuches werde fortgesetzt. Er hatte nicht die geringste Absicht, den im Programm der Labour Party enthaltenen Plan für Palästina zu verwirklichen; sogar die Forderung nach hunderttausend Einwanderungszertifikaten erregte seinen Ärger. Er deutete an, daß Truman aus wahltaktischen Gründen (wegen der jüdischen Wählerstimmen in New York) die zionistischen Forderungen unterstützt hätte. Bevins Hartnäckigkeit, seine Weigerung, auch nur in bezug auf die Vertriebenen einen Kompromiß zu schließen, brachte ihn nicht nur zur jüdischen Gemeinde Palästinas in Gegensatz, sondern auch zu den Amerikanern und anderen, denen ein solches Verhalten unvernünftig erschien.

Es ist im Zusammenhang mit der Entstehung Israels eine Ironie der Geschichte, daß Bevins starrsinniges Festhalten an der von seinen Ratgebern im Außenministerium (besonders von Harold Beely) empfohlenen Politik eine wichtige, vielleicht entscheidende Rolle spielte. Wäre das Außenministerium Hugh Dalton oder sonst einem weniger halsstarrigen Politiker anvertraut worden, dann wären wahrscheinlich die hunderttausend Zertifikate erteilt und auch manche andere dringliche Forderungen der Zionisten erfüllt worden. Dann hätte das Problem vielleicht seinen akuten Charakter verloren, die unerträgliche Spannung hätte nachgelassen und damit auch das Bedürfnis nach einem jüdischen Staat sich verringert[3]. Die Mittelostpolitik Bevins und seiner Berater beruhte auf der Annahme, die arabischen Staaten seien im wesentlichen prowestlich eingestellt und würden bei richtiger Behandlung Stabilitätsfaktoren im Nahen Osten darstellen, während der Zionismus das Eindringen eines fremden, zersetzenden Elements bedeutete, das zu einer Schwächung der Positionen des Westens führen würde.

Die Juden in Palästina hatten keinen Grund, auf imperiale Interessen und Globalstrategie Rücksicht zu nehmen. Sie hatten diese Argumente schon allzu oft gehört und wußten, daß dergleichen stets auf ihre Kosten ging. Mit Berufung auf den Krieg hatte man erklärt, es wäre nicht möglich, Mittel zur Rettung von Juden bereitzustellen. Nun aber war der Krieg vorbei, und schon vor Bevins Erklärung vom November 1945 hatte man in Jerusalem über bewaffneten Widerstand gesprochen – und nicht nur gesprochen. In einer Sitzung des Inneren Zionistischen Rates im Oktober hatte der damalige Befehlshaber der Hagana, Dr. Sneh (früher Kleinbaum), erklärt, die zionistische Bewegung sei noch nie vor einer ernsteren Krise gestanden; man müsse den Briten zeigen, daß sie für die Durchführung der Weißbuch-Politik einen hohen Preis würden zahlen müssen. In derselben Sitzung sagte Rabbi Berlin: »Vielleicht werden wir alle bald in den Untergrund gehen müssen[4].« Man kann sich eine so auffallende Persönlichkeit wie Rabbi Berlin nur schwer in der Illegalität vorstellen. Ebenfalls im Oktober versenkte der Palmach, die während des Krieges gegründete Elitetruppe der Hagana, drei kleine Kriegsschiffe, die gegen Schiffe mit illegalen Einwanderer eingesetzt waren, und sprengte Eisenbahnstrekken an fünfzig verschiedenen Stellen. Im gleichen Monat nahm auch der Geheimsender *Stimme Israels* seine Sendungen auf.

Es hatte schon vorher Andeutungen in bezug auf einen bewaffneten Widerstand gegeben, nämlich im September 1945 auf der Zionistischen Weltkonferenz in London, dem ersten internationalen Zionistentreffen nach dem Krieg. Während Weizmann neuerlich prophezeite, der Weg würde lang und mühevoll sein, erklärten die Amerikaner, es sei eine Frage von »jetzt oder nie«. »Wenn man uns unsere Rechte vorenthält«, sagte Rabbi Silver, »dann werden wir mit allen uns zur Verfügung stehenden Mitteln darum kämpfen.« Er sagte zu Weizmann, er möge nicht Einwanderungszertifikate, sondern einen jüdischen Staat fordern, und meinte, manchmal könne unstaatsmännisches Verhalten den Gipfel der Staatskunst darstellen. Auch Ben Gurion befürwortete stärkeren Druck, um einen jüdischen Staat durchzusetzen. In den Ausschüssen gab es das übliche Tauziehen – der Misrachi verlangte wieder einmal mehr Macht und gab bekannt, daß er ausscheiden werde, zog diese Drohung aber im letzten Augenblick wieder zurück. Die Plenarsitzungen zeigten jedoch einen breiten Konsens; man verabschiedete Resolutionen mit der Forderung nach einem jüdischen Staat »auf der Grundlage völliger Rechtsgleichheit aller Einwohner ohne Unterschied der Religion oder Rasse im politischen, religiösen und nationalen Bereich, ohne Beherrschung oder Unterwerfung[5]«.

Die Statutenmäßigkeit der Konferenz und die Rechtsgültigkeit ihrer Resolutionen waren zweifelhaft; da jedoch zur Einberufung eines Kongresses keine Zeit gewesen war, nahm sie einfach die Rechte eines ordentlichen Kongresses in Anspruch. Es wurde eine neue Exekutive gewählt, bestehend aus Weizmann, Ben Gurion, Schertok, Kaplan, Berl Locker, Dobkin, Nahum Goldmann, Lipsky; den Rabbinern Wise, Silver und Goldstein; Rose Halprin, Chaim Greenberg sowie Rabbi Fishman und Moshe Shapira vom Misrachi.

Die neue Exekutive nahm sofort Verhandlungen mit den Briten auf, doch waren die Ergebnisse enttäuschend. Man bot den Zionisten eine monatliche Einwanderungsquote von 1500 Personen an, von der jedoch die illegalen Einwanderer abgezogen werden sollten. Infolge dieser Restriktionen war die Zahl der Einwanderer 1945 mit 13.100 sogar kleiner als im vorangegangenen Jahr (14.500). Dies war für die Zionisten selbstverständlich völlig unannehmbar. Als Bevin den Juden vorwarf, sie versuchten zusehr, sich vorzudrängen, fragte Weizmann, ob es zuviel sei, wenn nach der Abschlachtung von sechs Millionen Juden die Überlebenden Zuflucht in einer jüdischen Heimat suchten und hunderttausend Zertifikate verlangten[6].

Mochten die Briten Einwanderungszertifikate verweigern – die Juden waren entschlossen, trotzdem zu kommen. Zehntausende von ihnen lebten in Lagern. Bei Kriegsende befanden sich an die fünfzigtausend Juden, Vertriebene und Ortsansässige, in Deutschland und Österreich. Der Zustrom aus dem Osten, vor allem aus Polen, hielt jedoch an. Diese ständige Wanderung war bald stärker, bald schwächer. Nach dem Pogrom in Kielce (Polen), in dem einundvierzig Juden getötet wurden, nahm der Zustrom erheblich zu. Schätzungsweise 300.000 Juden sind durch die Lager in Österreich, Deutschland und Italien hindurchgegangen[7].

Der erste Anstoß zur Auswanderung nach Palästina war spontan, oder genauer gesagt, er kam aus den Reihen der überlebenden ehemaligen Mitglieder zionistischer Jugendverbände Osteuropas, die nun die Hauptorganisatoren in den Flüchtlingslagern waren. Später stießen Emissäre aus Palästina und der Jüdischen Brigade zu ihnen. Die britische Regierung behauptete, der Wunsch, nach Israel zu gehen, sei das Ergebnis der Tätigkeit zionistischer Propagandisten. Der Labour-Abgeordnete Richard Crossman, der Anfang 1946 als Mitglied er anglo-amerikanischen Kommission die Lager besucht hatte, schrieb,

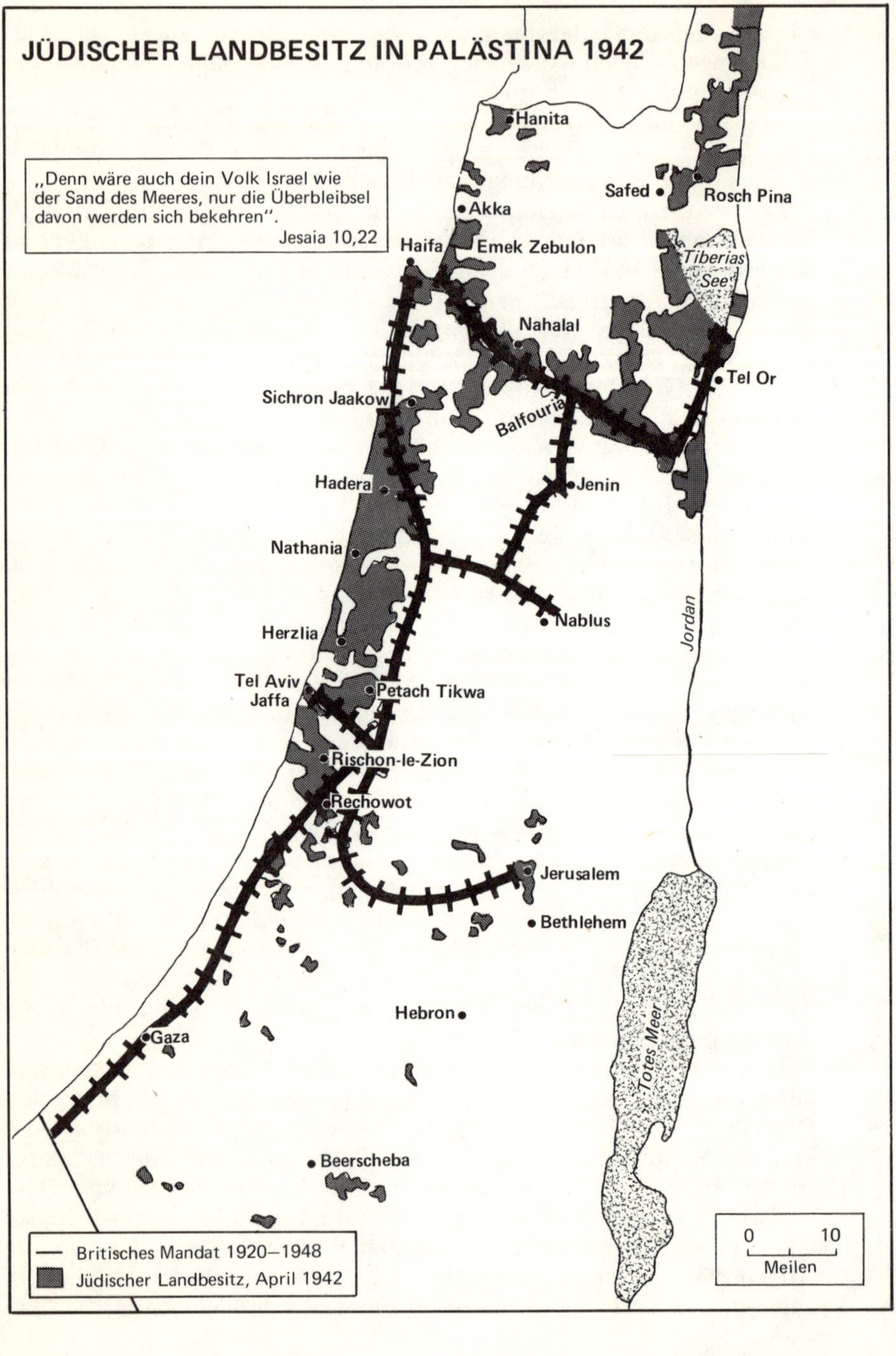
JÜDISCHER LANDBESITZ IN PALÄSTINA 1942
„Denn wäre auch dein Volk Israel wie der Sand des Meeres, nur die Überbleibsel davon werden sich bekehren".
Jesaia 10,22
Hanita
Safed
Rosch Pina
Akka
Haifa
Emek Zebulon
Tiberias See
Nahalal
Tel Or
Sichron Jaakow
Balfouria
Hadera
Jenin
Nathania
Nablus
Jordan
Herzlia
Tel Aviv
Jaffa
Petach Tikwa
Rischon-le-Zion
Rechowot
Jerusalem
Bethlehem
Totes Meer
Hebron
Gaza
Beerscheba
Britisches Mandat 1920–1948
Jüdischer Landbesitz, April 1942
0
10
Meilen

die Juden hätten sich auch dann für Palästina entschieden, wenn kein einziger ausländischer Emissär und keinerlei zionistische Propaganda in die Lager gekommen wäre. Dies war zweifellos eine zutreffende Schilderung der Lage während der ersten ein bis zwei Jahre. Später begann sich die Stimmung zu ändern, zum Teil infolge der Demoralisierung, die sich zwangsläufig aus dem unfreiwilligen Lageraufenthalt ergab. Gewiß wollten viele Überlebende nach allem, was sie durchgemacht hatten, einfach ein ruhiges Leben führen, und das war 1947 in Palästina kaum zu erhoffen. Ein amerikanisch-jüdischer Berater der Militärregierung schrieb gegen Ende 1947, die Aussicht auf einen jüdischen Staat beeinflusse den »Drang nach Amerika« nicht wesentlich. Bei gleicher Möglichkeit, entweder nach Palästina oder in die Vereinigten Staaten zu gehen, würden 50 Prozent sich den unglücklichen *Galut*-Juden in Amerika anschließen[8].

Die illegale Einwanderung hatte nie gänzlich aufgehört, und nach Kriegsende begann die Hagana sie in noch viel größerem Maßstab zu organisieren. Flüchtlingsschiffe tauchten regelmäßig vor den Küsten Palästinas auf. Einigen wenigen gelang es, die Blockade zu durchbrechen, die meisten wurden jedoch aufgehalten, und die Passagiere wurden interniert, zunächst in Palästina, vom Sommer 1946 an in Lagern auf Zypern. Die Geschichte der illegalen Einwanderung erreichte ihren Höhepunkt mit dem Fall der *President Garfield,* eines alten 4000-Tonnen-Dampfers, der von der Hagana erworben und in *Exodus 1947* umbenannt worden war und etwa 4200 illegale Einwanderer an Bord hatte. Um weiteren Aktionen vorzubeugen, beschloß London, das Schiff in den Hafen Port de Bove bei Marseille zurückzuschicken. Da die Passagiere sich weigerten, dort von Bord zu gehen, wurden sie in Hamburg gewaltsam ausgeschifft. Es kam dabei, wie auch früher bei ähnlichen Anlässen, zu Gewalttätigkeiten und Verlusten. Die britische Regierung erklärte, zweifellos zu Recht, die Juden verletzten durch die Organisierung der illegalen Einwanderung die Gesetze Palästinas und der Länder, von denen die Transporte ausgingen: »Dies kann nicht mit der Behauptung entschuldigt werden, das Gesetz sei unannehmbar oder rechtswidrig[9].« Rechtliche Argumente waren jedoch kaum geeignet, jene zu überzeugen, die eine zwangsweise Rückführung jüdischer Flüchtlinge nach Deutschland als Ungeheuerlichkeit betrachten.

Als Reaktion auf Trumans wiederholte Forderung, hunderttausend Einwanderungszertifikate auszustellen, und zweifellos auch, um Zeit zu gewinnen, schlug die Labour-Regierung am 19. Oktober 1945 die Einsetzung eines anglo-amerikanischen Komitees vor, das die Frage der jüdischen Flüchtlinge im allgemeinen untersuchen und Empfehlungen sowohl für eine vorläufige wie auch für eine endgültige Lösung ausarbeiten sollte. Dieses Angebot erregte wenig Begeisterung bei

Juden und Arabern, die übereinstimmend meinten, Kommissionen hätten sie nun genug gesehen, und die Probleme seien bereits klar genug. Truman hingegen akzeptierte den Vorschlag, nachdem es ihm gelungen war, Aufgabe und Terminplan der Kommission genauer zu fixieren: Sie sollte die Eignung Palästinas als Aufenthaltsort für die Flüchtlinge prüfen und innerhalb von vier Monaten Bericht erstatten.

Truman war des ständigen Druckes von seiten der amerikanischen Zionisten müde geworden. Wir können nicht über Palästina verfügen, schrieb er damals; dem Nahen Osten eine politische Struktur aufzuzwingen, würde nur zu Konflikten führen. Am Vorabend der Abstimmung über die Taft-Wagner-Vorlage im Kongreß gab Truman bekannt, er glaube nicht mehr an Resolutionen, die auf die Schaffung eines jüdischen Staates abzielten. Dies war ein schwerer Schlag für die amerikanischen Zionisten, die glaubten, sie hätten nun endlich einen Durchbruch erzielt. Bevin hingegen war hocherfreut und versprach dem Komitee, falls es einen einstimmigen Bericht liefere, werde er alles in seiner Macht Stehende tun, um ihn in die Tat umzusetzen. Dieses übereilte Versprechen sollte er bald bereuen.

Die Mitglieder des Komitees begaben sich erst in die Lager Deutschlands und dann in den Nahen Osten. Sie befragten viele Zeugen; der eindrucksvollste war wie immer Weizmann, sowohl wegen seiner Rednergabe als auch wegen seiner Offenheit. Es gibt keine absolute Gerechtigkeit, meinte er, nur unvollkommene menschliche Gerechtigkeit. Ungerechtigkeiten würde es auf jeden Fall geben. Die Araber aber hätten bereits zwei Königreiche und vier Republiken. Wie hoch seien ihre Verluste im Zweiten Weltkrieg gewesen? Außerdem hätten sie, was das Schicksal ihrer palästinensischen Brüder in einem jüdischen Staat betreffe, eine sichere Garantie, denn Israel würde auf jeden Fall eine Insel im Meer der Araber sein[10].

Der Bericht des Komitees wurde am 1. Mai 1946 veröffentlicht. Er enthielt zehn Vorschläge, eine kurze Übersicht über die Lage der Juden in Europa und eine Bemerkung über die Lage in Palästina. Darin hieß es, jeder Versuch, einen palästinensischen Staat oder einen arabischen und einen jüdischen Staat in Palästina zu errichten, hätte innere Unruhen zur Folge, die den Weltfrieden gefährden könnten; darum sei die einzig praktikable Lösung die Fortführung des Mandats, vorerst durch die Briten und später durch die Vereinten Nationen. Die Juden sollten ihre hunderttausend Zertifikate erhalten, das Weißbuch und die Bodentransferbestimmungen sollten aufgehoben werden[11].

Die Araber lehnten den Bericht glatt ab und riefen einen Generalstreik aus. Die Juden waren über einige Punkte erfreut, über andere erbittert. Ben Gurion betrachtete den Bericht als kaum verhüllte, bloß raffinierter zusammengestellte Neuauflage des Weißbuches, und die amerikanischen Zionistenführer lehnten ihn ab, weil er die jüdischen

Rechte und Ansprüche leugnete[12]. Andere Zionistenführer nahmen eine versöhnlichere Haltung ein, denn sie meinten, der Bericht könne trotz aller Schwächen als Diskussions- und Verhandlungsgrundlage dienen. Truman erklärte unter anderem, er sei froh, daß die Bitte um die hunderttausend Zertifikate bekräftigt und die Aufhebung des Weißbuches vorgeschlagen worden sei.

Die britische Regierung war mit dem Ergebnis jedoch höchst unzufrieden. Crossman wurde von seinen Parteiführern vorgeworfen, er hätte sie enttäuscht. Am 1. Mai 1946 stellte Attlee in einer Erklärung fest: »Der Bericht muß als Ganzes mit all seinen Folgerungen betrachtet werden«, was in weniger diplomatischen Worten hieß, daß ihm kein Teil davon zusagte. Die Ausführung der Empfehlungen würde zu schwerwiegenden kurz- und langfristigen Verpflichtungen führen. Bevin, dringlich nach Einzelheiten befragt, antwortete einige Wochen später, die Zulassung von hunderttausend Einwanderern würde die Entsendung einer weiteren Division und Ausgaben von zweihundert Millionen Pfund erfordern. Dann kehrte er zu seinem Lieblingstheama zurück: Die Amerikaner übten so starken Druck auf London aus, weil sie nicht so viele Juden in New York haben wollten. Truman war bereits über den zionistischen Druck verärgert, und Bevins Anzüglichkeiten trugen auch nicht gerade zur Besserung seiner Stimmung bei, vor allem, weil er sich damals gerade um eine Lockerung der amerikanischen Einwanderungsgesetze bemühte. Der Präsident fuhr fort, die Briten wegen der hunderttausend Zertifikate zu drängen, und die Labour-Regierung fuhr fort, die Angelegenheit hinauszuschieben.

In Jerusalem war man geteilter Meinung. Weizmann sagte in einer Sitzung des Inneren Zionistischen Rates, es sei vielleicht ein Fehler gewesen, einen jüdischen Staat zu fordern: »Wir versuchen immer, die Dinge zu schnell voranzutreiben[13].« Die Aktivisten hatten jedoch die Oberhand: Am 16. Juni 1946 kam es zu einer weiteren großen Aktion der Hagana, in deren Verlauf neun Brücken, darunter die Allenby-Brücke über den Jordan, in die Luft gesprengt und die Eisenbahnwerkstätten von Haifa beschädigt wurden. Am 29. Juni schlugen die Briten zurück, indem sie die Verhaftung aller Mitglieder der zionistischen Exekutive sowie vieler anderer öffentlicher Funktionäre anordneten. Die Büros der Jewish Agency wurden versiegelt, öffentliche Gebäude und Siedlungen wurden durchsucht.

Die Beziehungen zwischen Briten und Zionisten erreichten den tiefsten Punkt, als der Irgun das King-David-Hotel in Jerusalem in die Luft sprengte, wobei fast einhundert Menschen – Briten, Juden und Araber – ums Leben kamen. Die Briten verhängten eine dreitägige Ausgangssperre über Tel Aviv und verhafteten während dieser Zeit 787 Männer und Frauen. Die Terroristenführer waren nicht darunter. Der Kommandeur der britischen Streitkräfte, General Barker, erklärte in einem Tagesbefehl an seine Offiziere, er werde die Juden auf eine Art und Weise bestrafen, die ihnen am meisten weh tue, »durch einen Schlag gegen ihre Brieftaschen, und indem wir ihnen unsere Verachtung zeigen«. Diese Erklärung verursachte wiederum einen großen Aufschrei, und es kam zu weiteren Gewalttaten.

Die Zionisten warfen den Briten vor, Nazimethoden anzuwenden und die jüdische nationale Heimstätte zerschlagen zu wollen. Es kam zu Folterungen und sogar zu Morden, aber im allgemeinen verhielten sich die britischen Truppen angesichts der häufigen Gewalttätigkeiten und Beschimpfungen mit bemerkenswerter Zurückhaltung. Man kann sich unschwer vorstellen, wie amerikanische, russische oder andere fremde Truppen sich in einer ähnlichen Lage verhalten hätten. Es war nicht die Schuld des einzelnen britischen Offiziers oder Soldaten, daß er die widersprüchlichen Befehle einer Regierung ausführen mußte, die angesichts einer unlösbaren Aufgabe keine politische Linie mehr hatte. Sie hegte nur die vage Hoffnung, durch Verzögerungstaktik und Ausdauer einer Lösung näherzukommen. Während in Palästina eine Kampagne für Nichtzusammenarbeit anlief, appellierte Weizmann am 9. Juli an London, schnell zu handeln. Kurze Zeit später wurde das Gebäude der Jewish Agency zurückgegeben, und mehrere hundert Verhaftete, darunter der alte Rabbi Fishman von der Jewish Agency, wurden freigelassen. Schertok und die anderen Mitglieder der Exekutive der Jewish Agency blieben jedoch noch mehrere Monate in Haft.

Ben Gurion und Sneh, die der Verhaftung entgangen waren, beriefen am 1. August 1946 in Paris eine Sitzung der Exekutive ein. Weizmann war damals krank und konnte nicht teilnehmen, auch Rabbi Silver war nicht anwesend. Die Stimmung war äußerst gedrückt. Den Rabbinern Wise und Fishman waren nachträglich Zweifel in bezug auf das Biltmore-Programm und den Teilungsplan gekommen. Vielleicht hätten sie damals doch den Peel-Bericht akzeptieren sollen? Sogar der unbeugsame Rabbi Silver schrieb, die Lage sei schrecklich, die Amerikaner seien untätig, und »alles hat sich gegen uns verschworen[14]«.

In einer Abstimmung am 5. August, in der Ben Gurion und Sneh sich der Stimme enthielten, wurde eine Entschließung angenommen, die eine deutliche Abkehr vom Biltmore-Programm darstellte: Die Jewish Agency sei bereit, über einen lebensfähigen jüdischen Staat in einem angemessenen Teil Palästinas anstatt in ganz Westpalästina zu verhandeln. Goldmann kehrte sofort nach Washington zurück und nahm auf der Grundlage dieser Resolution Verhandlungen mit der amerikanischen Regierung auf.

Inszwischen war ein neuer Plan aufgetaucht; er wurde in Rekordzeit diskutiert und verworfen. Einzelheiten des Morrison-Grady-Plans wurden in einer Unterhausdebatte am 31. Juli und am 1. August enthüllt. Kaum zwei Wochen später wurde Attlee von Truman informiert, dieser Plan sei unannehmbar. Es handelte sich im wesentlichen um ein Dokument des Foreign Office, dem Herbert Morrison, eine der führenden Persönlichkeiten im Labour-Kabinett, seinen Namen gegeben hatte. Es war in London mit einer kleinen amerikanischen Arbeitsgruppe unter der Leitung von Botschafter Grady besprochen worden. Der Plan sah eine Teilung Palästinas in vier Gebiete vor (eine arabische und eine jüdische Provinz, den Distrikt Jerusalem und den Negev-Distrikt), wobei die (britische) Zentralregierung für Verteidigung und Außenpolitik verantwortlich sein und der Hochkommissar als oberster Schiedsrichter über das Ausmaß der Einwanderung entscheiden sollte. Dieser Plan war nicht neu; er war den Mitgliedern des anglo-amerikanischen Komitees vorgelegt worden, die Anfang 1946 Palästina bereist hatten, und die Mehrheit hatte ihn abgelehnt.

Der Teilungsplan, den die Zionisten in ihrer Pariser Sitzung ausgearbeitet hatten, scheint der amerikanischen Regierung gefallen zu haben, aber Goldmann erzielte bei seinen Gesprächen in Washington keinen nennenswerten Fortschritt. Auch Weizmann kam nicht viel weiter, als er in Paris seine Kontakte mit Bevin wieder aufnahm. Am Vorabend des Versöhnungsfestes (kurz vor den New Yorker Wahlen) wiederholte Präsident Truman in einer öffentlichen Erklärung sein Verlangen nach Ausstellung von hunderttausend Zertifikaten und Lockerung der amerikanischen Einwanderungsgesetze; zum erstenmal sprach er von einem »lebensfähigen jüdischen Staat in einem geeigneten Gebiet Palästinas« (die Pariser Formel) als einem Projekt, das die amerikanische Regierung unterstützen könnte.

Diese Äußerung wurde allgemein als die weitestgehende prozionistische Aussage gewertet, die je von einem amerikanischen Präsidenten gemacht worden war. Sie verärgerte jedoch Bevin, der damit seine Lieblingstheorie über den Einfluß der New Yorker Juden bestätigt sah; sie empörte die Araber und rief den Zorn der Antizionisten in der amerikanischen Regierung hervor. Aber auch die Zionisten zeigten wenig Begeisterung, da diese Erklärung widersprüchliche Auslegungen zuließ. Der Präsident habe den Begriff »lebensfähig« nicht klar definiert, meine aber wahrscheinlich einen sehr kleinen jüdischen Staat, was für die Zionisten unannehmbar wäre. Rabbi Silver dachte vermutlich an diese Gefahr, als er auf dem ZOA-Kongreß am 26. Oktober seine alten politischen Gegner, Weizmann und Goldmann, angriff. Er erklärte, die Exekutive habe kein Recht, ohne Billigung des Zionistischen Kongresses über eine Teilung zu verhandeln[15]. Es wurde eine Resolution angenommen, die neuerlich den Anspruch auf das ganze Mandatsgebiet Palästina bekräftigte.

Diese Erklärungen hatten keine praktischen Folgen, und die nächste Phase im Kampf um die Zukunft Palästinas begann am 9. Dezember 1946 mit der Eröffnung des zwanzigsten Zionistenkongresses in Basel.

Die Anzahl der Personen, die sich an den Wahlen beteiligt hatten – 2,159.850 –, war weit größer als je zuvor[16]. Der Kongreß war in seiner Art völlig verschieden von seinen Vorgängern; er war, wie Tabenkin traurig vermerkte, ein »englischer«, kein »jüdischer« Kongreß. Mehr als vierzig Prozent der Stimmen kamen aus den Vereinigten Staaten, und die Amerikaner stellten die weitaus größte Delegation. Die drei Linksparteien – die damals noch nicht vereinigt waren – verfügten zusammen über 125 Mandate; die ebenfalls von internen Streitigkeiten zerrissenen Allgemeinen Zionisten hatten 106 Mandate, der Misrachi 48 und die Revisionisten 36. Der Kongreß hätte eigentlich in Palästina tagen sollen, und Weizmann war einer der wenigen gewesen, die Zweifel geäußert hatten, ob dies angesichts der politischen Verhältnisse ratsam sei. Die Ereignisse bewiesen, wie schon so oft, daß er damit recht gehabt hatte, aber dies machte ihn auch nicht beliebter. Er wurde von allem Anfang an wegen des Versagens seiner »probritischen Orientierung« unter Beschuß genommen, war aber entschlossen, zurückzuschlagen. In seiner Eröffnungsrede erklärte er, der Zionismus sei eine moderne Ausdrucksform des liberalen Ideals. Ohne dieses würde er allen Zweck und alle Hoffnung verlieren. Auch er, Weizmann, sei für die sofortige Errichtung eines jüdischen Staates. Die Terrorakte seien jedoch abscheulich und sinnlos. Statt dieser selbstmörderischen Heldentaten empfahl er den »Mut, auszuharren, und den Heroismus der übermenschlichen Zurückhaltung[17]«. Massada sei trotz allen Heldentums eine der großen Niederlagen der jüdischen Geschichte gewesen.

Der Gegenangriff wurde von einem der Vizepräsidenten der Zionistischen Organisation Amerikas, Emanuel Neumann, geführt, der erklärte, die versöhnliche Linie sei ein kostspieliges Experiment, das bereits mißlungen sei. Er war gegen eine Teilnahme der Zionisten an der neuen Londoner Konferenz, welche die britische Regierung eben vorbereiten wollte. (Am Rande sei vermerkt, daß einige der heftigsten Konflikte in der Geschichte des Zionismus Konferenzen oder Pläne betrafen, die entweder nie aus dem Planungsstadium herauskamen oder doch zum baldigen Scheitern verurteilt waren.) Neumann forderte einen aktiveren Kampf gegen die Mandatsmacht. Die Diplomatie könne nur Erfolg haben, meinte er, wenn sie durch Gewalt, durch eine Widerstandsbewegung unterstützt werde[18]. Goldmann verteidigte die Politik, zu deren Hauptarchitekten er zählte, und erklärte, wenn die Pariser Initiative nicht die Pattstellung überwunden hätte, dann hätte Amerika sich von der ganzen Angelegenheit distanziert, und die Dinge wären noch schlechter geworden: »Es ist uns mit unseren Vorschlägen gelungen, Amerika wieder ins Spiel zu bringen[19].«

Der Konflikt zwischen »Aktivisten« und »Gemäßigten« erreichte seinen Höhepunkt, als Weizmann seinen Kritikern antwortete. In der siebzehnten Sitzung verurteilte er auf Jiddisch mit schärfsten Worten den Terror, das »Krebsübel am politischen Leib des Jischuw«, das den Jischuw zerstören würde, wenn man es nicht herausschneide. Er kritisierte Dr. Sneh, der sowohl den bewaffneten Kampf als auch eine politische Neuorientierung befürwortet hatte. »Snehs Argumente erfüllen mich mit Angst«, rief Weizmann und zitierte, auf das Herzl-Bild an der Wand weisend, Achad Haams bekannten Ausspruch: »Dies ist nicht der Weg[20].« Vor allem nahm Weizmann die amerikanischen Zionisten aufs Korn: Die elf neuen, kürzlich im Negev gegründeten Siedlungen hätten weitaus mehr Gewicht als hundert Reden über den Widerstand, besonders wenn diese Reden in Washington und New York gehalten würden, während der Widerstand in Jerusalem und Tel Aviv geleistet werden müsse. Neumann unterbrach ihn und schrie: »Demagoge!«, worauf der zutiefst gekränkte Weizmann seinem Zorn freien Lauf ließ:

»Ich – ein Demagoge! Ich, der ich alle Mühen und Plagen dieser Bewegung auf mich genommen habe! Die Person, die mir dieses Wort ins Gesicht geschleudert hat, sollte wissen, daß an jedem Haus und an jedem Stall in Nahalal, an jeder Werkstatt in Tel Aviv oder Haifa ein Tropfen meines Blutes klebt. (Die meisten Delegierten erhoben sich.) Sie wissen, daß ich Ihnen die Wahrheit sage. Manche Leute hören das nicht gerne – aber Sie werden mich anhören. Ich warne Sie vor trügerischen Beruhigungsmitteln, vor Abkürzungen, vor falschen Propheten, vor allzu simplen Verallgemeinerungen, vor der Verzerrung historischer Fakten . . . Wenn Sie glauben, die Erlösung mit unjüdischen Methoden beschleunigen zu können, wenn Sie den Glauben an harte Arbeit und bessere Tage verlieren, dann begehen Sie Abgötterei und gefährden alles, was wir aufgebaut haben. Ich wünschte, ich hätte eine flammende Zunge, die Kraft der Propheten, um Sie vor den Wegen Babylons und Ägyptens zu warnen. Zion wird durch göttlichen Ratschluß erlöst werden – und nicht durch irgendwelche andere Mittel[21].«

Es war dies eine der dramatischsten Szenen auf einem Zionistenkongreß, aber in politischer Hinsicht blieb Weizmanns leidenschaftlicher Appell wirkungslos. Er erhielt starken Beifall, doch die Abstimmung fiel für ihn ungünstig aus. Mit knapper Mehrheit (171 : 154) lehnte der Kongreß den Antrag auf Teilnahme an den Londoner Verhandlungen ab, was einem Mißtrauensvotum gleichkam. Weizmann wurde nicht wieder zum Präsidenten gewählt, und gleichsam aus Achtung vor ihm wurde der Posten nicht besetzt. Dies war das Ende seiner Karriere in der zionistischen Bewegung, der er mehr als fünfzig Jahre lang gedient hatte. In seiner Autobiographie bemerkt Weizmann bitter, man habe ihn so wie schon früher abermals zum Sündenbock für die Missetaten der britischen Regierung gemacht; da seine Kritiker wußten, daß ihre Angriffe auf Westminster wirkungslos bleiben müßten, hätten sie ihre Pfeile gegen ihn gerichtet.

Es ist leicht, seinen Kritikern Inkonsequenz, ja sogar Demagogie vorzuwerfen. Der Gipfel der Ironie war, daß die Zionistenführer vier Wochen später doch zu den Londoner Verhandlungen fuhren und daß bei diesen nichts Nennenswertes herauskam. Weizmanns Position war jedoch ganz unabhängig von dem Mißtrauensvotum unhaltbar geworden. Immer mehr Zionisten waren zu der Überzeugung gelangt, daß ihre Sache nur gegen und nicht mit Großbritannien vorangetrieben werden könne und daß Weizmann nicht mehr der geeignete Mann sei, in dieser Phase die Bewegung zu führen. Der bewaffnete Widerstand war sowohl in außenpolitischer als auch in innenpolitischer Hinsicht gefährlich, doch kann man ihn rückblickend als wesentliches Element im Kampf um die Unabhängigkeit ansehen. Die Großmächte betrachteten das Palästinaproblem nicht deshalb als dringlich, weil Reden gehalten und Resolutionen angenommen wurden, sondern weil es eine Gefahr für den Frieden darstellte. Der bewaffnete Widerstand und die illegale Einwanderung trugen viel wirkungsvoller zur Dramatisierung des Notstandes bei als die geduldige und konstruktive Arbeit (»noch eine Siedlung, noch einen Stall, noch eine Kuh in Hadera«), die viele Jahre lang die zionistische Politik unter Weizmanns Führung gekennzeichnet hatte.

Der Kongreß markiert etwa die halbe Wegstrecke zwischen dem Zweiten Weltkrieg und der Gründung des Staates Israel. In politischer Hinsicht war der Kongreß ein Mißerfolg. Eine englische Zeitung schrieb, Weizmann sei von einer »Koalition der Unvereinbaren« gestürzt worden, welche auf der einen Seite die Revisionisten und den Misrachi, auf der anderen die linken Arbeiterparteien umfaßte[22]. Der Jischuw war enttäuscht: dreiundfünfzig lange Reden und zahllose kürzere Diskussionsbeiträge, und doch keine klare, konkrete politische Entscheidung. Im amerikanischen Zionismus entstand dadurch eine tiefe Kluft. Stephen Wise legte sein Amt in der Zionistischen Organisation Amerikas nieder, die, wie er sagte, zu einer »Sammlung persönlicher Ressentiments und privater Ambitionen« geworden war.

Abgesehen von Weizmanns Ausscheiden unterschied sich die neugewählte Exekutive jedoch kaum von der vorangegangenen. Die Allgemeinen Zionisten waren etwas stärker vertreten; Eliahu Dobkin von der Mapai wurde Leiter der Organisationsabteilung; Moshe Shapira wurde zum Direktor der Einwanderungsabteilung ernannt, und Fritz Bernstein, ein alter holländischer Zionist, wurde als Vollmitglied kooptiert. In der Leitung der politischen Angelegenheiten gab es keine Veränderung.

Die von Bevin Anfang 1947 einberufene Konferenz war für jene, die acht Jahre vorher an der Beratung im St.-James-Palast teilgenommen hatten, ein zweiter Aufguß. Neue Vorschläge standen nicht zur Diskussion, und so wie 1939 kam es auch diesmal zu keinen direkten Kontakten zwischen Juden und Arabern. Die Araber erklärten sowohl in Privatgesprächen als auch gelegentlich in der Öffentlichkeit, daß ihrer Ansicht nach historische Konflikte stets durch Waffengewalt gelöst würden und daß man den Kampf genausogut gleich auskämpfen und die Sache somit hinter sich bekommen sollte. Der zionistische Plan (die Teilung) war für die Briten und selbstverständlich auch für die Araber unannehmbar. Bevins Versuch, die Konferenz mit einer abgeänderten Fassung des Morrison-Grady-Plans zu retten, wurde von beiden Seiten abgelehnt. Es war offenbar der Hauptzweck der Londoner Konferenz, Bevin eine letzte Gelegenheit zur Ausarbeitung einer Kompromißformel zu bieten. Als es klar wurde, daß die arabische Delegation nicht nur grundsätzlich gegen einen jüdischen Staat war, sondern auch die jüdische Einwanderung und die Landkäufe unter allen Umständen ablehnte, verloren Bevin und seine Berater das Interesse an den Verhandlungen. Am 18. Februar 1947 wurde im Unterhaus bekanntgegeben, es bleibe nur noch die Möglichkeit, das Problem den Vereinten Nationen zur Entscheidung vorzulegen, da Großbritannien nach den Bestimmungen des Mandats nicht ermächtigt sei, das Land den Juden oder den Arabern zu überlassen oder es zwischen diesen beiden Gruppen aufzuteilen. Am 2. April wurde der Generalsekretär der Vereinten Nationen ersucht, die Generalversammlung zu einer Sondersitzung über Palästina einzuberufen. Diese Sitzung fand noch im selben Monat statt.

Die Möglichkeit, daß die Palästinafrage an die Vereinten Nationen überwiesen werden könnte, war von den Zionisten verschiedentlich in Erwägung gezogen worden. Churchill hatte in einer Rede am 1. August 1946 erklärt: »Der einzig rechtmäßige, vernünftige, einfache und wirksame Hebel, den wir in der Hand hatten, war und ist die aufrichtige Bereitschaft, unser Mandat den Vereinten Nationen zu übergeben und anschließend das Land zu räumen.« Als jedoch die Entscheidung bekanntgegeben wurde, reagierten die Zionisten mit »Skepsis und Unbehagen[23]«. Ihre Skepsis rührte daher, daß sie den Verdacht hegten, Großbritannien baue auf das Ost-West-Patt in den Vereinten Nationen und rechne damit, daß es in New York zu keiner Entscheidung kommen und das Mandat daher weiterbestehen würde. Vielleicht ließen einige britische Berater sich von solchen Überlegungen leiten, doch war dies wohl kaum der entscheidende Faktor. Sowohl die britische Regierung als auch die öffentliche Meinung in Großbritannien hatten genug von Palästina und waren bereit, praktisch jede Lösung zu akzeptieren, die sie von dieser Last befreite. Die Zionisten betrachteten die Überweisung des Problems an die Vereinten Nationen nicht ohne Sorge, weil sie fürchteten, daß ihre Sache in Flushing Meadows und Lake Success nicht viel besser, wahrscheinlich sogar schlechter abschneiden würde als in Whitehall.

Damit verschob sich das Schwergewicht der politischen Szene wiederum nach New York, und die zionistische Exekutive ging unter Zeitdruck daran, um die Unterstützung der großen und der kleinen Staaten zu werben, die bald über das künftige Schicksal Palästinas entscheiden sollten. Es war dies eine schwere Aufgabe, vor allem deshalb, weil die amerikanische Haltung in dieser Phase keineswegs hilfreich war. Präsident Truman und seine Berater waren fest entschlossen, bei den Vereinten Nationen nicht die Initiative zu ergreifen, sondern abzuwarten, bis ein Konsens sich herauskristallisierte. Zur Überraschung der Zionisten nahm die Sowjetunion eine wesentlich positivere Haltung ein. Dies zeigte sich erstmals, als die Jewish Agency um die Erlaubnis ansuchte (»einfach um der Gerechtigkeit willen«), vor den Vereinten Nationen für das jüdische Volk sprechen zu dürfen, da die Araber dort ja bereits vertreten seien. Sie erhielten sofort die Unterstützung der sowjetischen Delegation, und am 15. Mai sprach Gromyko nicht ohne Verständnis über das »Streben eines erheblichen Teils des jüdischen Volkes nach Palästina«, über die »unbeschreiblichen« Leiden und Nöte, die sie während des letzten Krieges erdulden mußten, und die schwierigen Umstände, in denen die Massen des jüdischen Volkes sich nach dem Krieg befanden. Er erwähnte die Teilung Palästinas als eine von mehreren möglichen Lösungen[24].

Diese unerwartete Unterstützung dauerte während des ganzen Jahres 1947 an und führte gegen Ende des Jahres zu dem Beschluß der Sowjetunion, für die Teilung zu stimmen. Die sowjetische Einstellung zum Zionismus war früher stets äußerst feindselig gewesen, und da Moskau bald nach der Gründung des Staates Israel wieder zu seiner ursprünglichen Haltung zurückkehrte, kann man nur feststellen, daß die kurzlebige Annäherung für die Zionisten genau im richtigen Augenblick kam, denn ohne diese hätten sie keine Chance gehabt. Was waren die Beweggründe der Sowjetunion? Sie strebte nach einer Verringerung des westlichen Einflusses im östlichen Mittelmeer und womöglich nach einer Förderung ihrer eigenen Interessen in dem Machtvakuum, das durch einen Rückzug der Westmächte entstehen würde. Zehn Jahre später verfolgten Stalins Erben diese Politik in enger Zusammenarbeit mit den radikalen Kräften, die inzwischen in der arabischen Welt an die Macht gekommen waren. 1947 wurde Ägypten jedoch noch von König Faruk regiert, der Irak und Jordanien von den Haschemiten, alle eng mit Großbritannien verbunden. Unter diesen Umständen erschien die Zustimmung zur Teilung Palästinas den führenden sowjetischen Politikern als der vernünftigste Kurs.

Am 15. Mai 1947 beschloß die Generalversammlung die Einsetzung eines elfköpfigen Ausschusses, der die Palästinafrage untersuchen, Vorschläge für eine Lösung ausarbeiten und im September einen Bericht vorlegen sollte. Keine der Großmächte war in diesem Ausschuß vertreten, der unter der Bezeichnung UNSCOP in die Geschichte eingegangen ist. Er bestand aus Vertretern Australiens, Kanadas, der Tschechoslowakei, Guatemalas, Indiens, der Niederlande, Persiens, Uruguays und Jugoslawiens. Vorsitzender war der schwedische Richter Sandström, während Ralph Bunche die Vereinten Nationen repräsentierte.

UNSCOP sammelte dreieinhalb Monate lang Zeugenaussagen in Amerika, Europa und Palästina, besuchte Vertriebenenlager, arabische und jüdische Städte und ländliche Siedlungen. Der erfolgreichste zionistische Vertreter war wiederum Weizmann, der diesmal in inoffizieller Eigenschaft auftrat. Er hielt vor dem Ausschuß einen kurzen Vortrag über das Wesen des Antisemitismus: Was ist ein Pole? Was ist ein Franzose? Die Antwort ist offensichtlich, sagte Weizmann, aber wenn jemand fragt, was ein Jude ist, dann erfordert dies lange Erklärungen, und solche sind immer verdächtig. Warum beständen die Juden so hartnäckig auf Palästina und keinem anderen Land? Dies sei zweifellos Moses zuzuschreiben, der sie nach Palästina geführt habe. Anstelle des Jordan hätten sie vielleicht den Mississippi haben können: »Aber er beschloß, dort zu halten. Wir sind ein altes Volk mit einer langen Geschichte, und man kann nicht die eigene Geschichte verleugnen und neu beginnen.«

Als Mosche Schertok über die Aussichten einer binationalen Lösung gefragt wurde, wies er darauf hin, daß die Bereitschaft zur Zusammenarbeit die Vorbedingung für die Existenz eines Zweivölkerstaates sei; eine solche Bereitschaft bestehe jedoch leider nicht. Ein jüdischer Staat sei notwendig, weil die palästinensische Judenschaft nun mündig geworden sei, sowie um die Reste der europäischen Judenschaft zu retten und die Zukunft des jüdischen Volkes zu sichern[25]. Ben Gurion, von Sandström befragt, erklärte, nach der Gründung eines jüdischen Staates sollte eine Million Juden in der kürzest möglichen Zeit – in drei bis vier Jahren – dort angesiedelt werden. Für die Übergangszeit denke er an eine gemeinsame Regierung mit der Mandatsmacht, ähnlich wie in Indien. Ben Gurion lehnte die Parität ab, weil diese in allen entscheidenden Fragen – beispielsweise in der Einwanderungsfrage – zu einem permanenten Patt führen würde. Anstelle einer arabisch-jüdischen Föderation schlug er eine Konföderation zweier Staaten vor.

Als die UNSCOP-Mitglieder erkannten, wie komplex die Lage war, bildeten sich zwei gegensätzliche Standpunkte heraus: Indien, der Iran und Jugoslawien befürworteten eine Föderation, nicht unähnlich dem Morrison-Grady-Plan. Es sollte eine gemeinsame Staatsbürgerschaft geben sowie eine Bundesbehörde, die für Außenpolitik, Verteidigung, Einwanderung und den Großteil der Volkswirtschaft zuständig sein sollte. Während einer dreijährigen Übergangsperiode sollte die Verwaltung in den Händen einer von den Vereinten Nationen eingesetzten Behörde liegen.

Die Mehrheit der UNSCOP-Mitglieder war für die Teilung, empfahl jedoch zugleich eine Wirtschaftsunion, ohne die ihrer Auffassung nach der vorgeschlagene arabische Staat nicht lebensfähig sein würde. Alle Kommissionsmitglieder waren sich darin einig, daß die Übergangsperiode möglichst kurz sein sollte. Auch war man sich einig, daß die heiligen Stätten allen zugänglich sein sollten, und man appellierte an Araber und Juden, sich aller Gewaltakte zu enthalten. Hingegen konnte in wichtigen politischen Angelegenheiten kein gemeinsamer Nenner für Mehrheit und Minderheit gefunden werden, und es gab daher zwei separate Berichte.

Die Ergebnisse des UNSCOP wurden am 31. August 1947 veröffentlicht. Sowohl der Mehrheitsbericht als auch der Minderheitsbericht waren von demselben Mann verfaßt worden – von Ralph Bunche. Der Mehrheitsplan sah einen jüdischen und einen arabischen Staat vor (die beide bis September 1949 entstehen sollten), wobei die Stadt Jerusalem unter internationaler Treuhandschaft bleiben sollte. Der jüdische Staat sollte aus drei Teilen bestehen: aus Obergaliläa, dem oberen Jordan- und dem Beisan-Tal; aus der Küstenebene von einem Punkt südlich von Akko bis zu einem Punkt nördlich von Isdud; und schließlich aus dem größten Teil des Negevs. Der arabische Staat sollte Westgaliläa, den größten Teil des Westjordanlandes bis Lydda und den Gaza-Streifen von der ägyptischen Grenze bis zu einem Punkt rund dreißig Kilometer südlich von Tel Aviv umfassen.

Die Zionistenführer hatten während der UNSCOP-Untersuchung hart um die Einbeziehung Westgaliläas und des Negevs in den jüdischen Staat gekämpft, um dünnbesiedelte Gebiete für die künftige Entwicklung zur Verfügung zu haben. Was Westgaliläa betraf, war ihnen kein Erfolg beschieden, und das Schicksal des Negevs blieb ungewiß, denn als der UNSCOP-Mehrheitsplan gegen Ende des Jahres zur Abstimmung kam, wollte die amerikanische Delegation den Negev den Arabern überlassen, um ihnen den Plan schmackhafter zu machen. Weizmann begab sich zu dem höchst reservierten Präsidenten Truman, um eine Änderung der vorgeschlagenen Grenzen zu verhindern.

Der Minderheitsbericht wurde von den Zionisten ohne viel Federlesens abgelehnt. Über den Mehrheitsbericht waren die Meinungen geteilt. Ben Gurion, der sich ein Jahr zuvor in Paris bei der Abstimmung über eine Teilung der Stimme enthalten hatte, war nun deutlich vom Biltmore-Programm abgerückt. Im Oktober 1946 hatte er in einem Brief an Weizmann erklärt: »Wir sollten uns zu einem vernünftigen Kompromiß bereit finden, auch wenn er uns in der Praxis weniger bringt, als uns theoretisch zusteht, aber nur so lange, als das, was uns zugestanden wird, wirklich in unsere Hände gelangt[26].« Rabbi Silver meinte, die vom UNSCOP gezogenen Grenzen seien ein schwerer Schlag und müßten bekämpft werden[27]. Aber nach dieser ersten negativen Reaktion gab auch Silver nach, weil er einsah, daß der Mehrheitsbericht das Äußerste war, was die Zionisten erhoffen konnten. Er begriff, daß es nun nicht darum ging, mehr zu fordern, was unrealistisch gewesen wäre, sondern darum, für die Annahme des Berichts durch die Vereinten Nationen zu wirken.

Die Aussichten waren keineswegs rosig: Großbritannien war eindeutig gegen die Teilung, ebenso die arabischen Länder und die meisten asiatischen Staaten. Die Standpunkte der anderen Staaten waren nicht klar, und die amerikanische Haltung würde aller Wahrscheinlichkeit nach einen Faktor von höchster Bedeutung darstellen. Das State Department in Washington (General Marshall, Dean Acheson, Robert Lovett, Loy Henderson) war gegen einen jüdischen Staat, ebenso Verteidigungsminister Forrestal. Truman schrieb in seinem Tagebuch, die führenden Militärs des Landes dächten vor allem an das Öl des Nahen Ostens und auf längere Sicht an die Gefahr, daß die Palästinapolitik des Westens die Araber zu Feinden machen und den Russen in die Arme treiben könnte. Dies waren gewichtige Argumente, und sie wurden von Forrestal und anderen mit großem Nachdruck vertreten. Forrestal meinte, wenn die Regierung die Zionisten nicht unterstütze, könnten die Demokraten die Bundesstaaten New York und Kalifornien verlieren, doch wäre es höchste Zeit, zu überlegen, ob man, wenn man dem jüdischen Druck nachgäbe, »nicht vielleicht die Vereinigten Staaten verlieren würde«. Da die Sowjetunion für die Teilung eintrat und Forrestal ihre Kehrtwendung nicht hatte vorhersehen können, waren seine Befürchtungen übertrieben. Da der Westen der einzige große Markt für das arabische Erdöl war, gab es keinen Grund zur Befürchtung, daß die Araber versuchen würden, ihre beste Kundschaft zu boykottieren.

Die spätere Entwicklung scheint Forrestals Warnungen zum Teil bestätigt zu haben, denn Palästina war zweifellos einer der Hauptgründe für die zunehmend amerikafeindliche Haltung der radikalen arabischen Länder. Die Indizien sind jedoch keineswegs schlüssig, denn ähnliche Entwicklungen fanden überall in der Dritten Welt statt, mit Ausnahme einiger Länder, die unmittelbar von der Sowjetunion bedroht waren. Ohne die Entstehung des jüdischen Staates hätte König Faruk sich vielleicht noch einige Jahre gehalten, doch ist kaum zu bezweifeln, daß die politischen und sozialen Veränderungen durch die inneren Verhältnisse im Niltal bewirkt wurden. Anderseits kann man natürlich argumentieren, daß ohne die Existenz Israels, das als

Blitzableiter fungierte, die »Gemäßigten« allerorten von den »Radikalen« gestürzt worden wären, oder daß die arabische Welt in Ermangelung eines gemeinsamen Feindes in völlige Anarchie verfallen wäre. All dies ist natürlich reine Spekulation; niemand kann sagen, was geschehen wäre, wenn der Staat Israel nicht entstanden wäre.

Am 9. Oktober 1947 gab Präsident Truman widerstrebend seine Zustimmung zum Teilungsplan. Er stieß innerhalb seiner Regierung auf starken Widerstand und war auch verärgert über den heftigen Ton der zionistischen Propaganda in Amerika und den Druck, der ständig auf ihn ausgeübt wurde. Trotzdem hat er offenbar im November Anweisung gegeben, die zionistischen Vertreter in New York zu unterstützen, die sich mit allen Kräften um die erforderliche Mehrheit für den UNSCOP-Bericht bemühten. Es kam zu Verzögerungen, und bis zum letzten Augenblick war es nicht sicher, ob der Vorschlag angenommen werden würde. Die Abstimmung fand am Samstag, dem 29. November 1947 statt; der Antrag wurde mit dreiunddreißig gegen dreizehn Stimmen angenommen. Dagegen stimmten die arabischen und einige asiatische Staaten sowie Griechenland und Kuba, der Stimme enthielten sich Argentinien, Chile, China, Äthiopien, Großbritannien, Jugoslawien und mehrere lateinamerikanische Republiken.

In New York, in Palästina und überall, wo Juden lebten, wurde an diesem Tag gefeiert. In Tel Aviv und Jerusalem kam der Verkehr zum Stillstand, während die Menschen bis in die frühen Morgenstunden auf den Straßen tanzten. Die Entscheidung legte dem Jischuw und dem gesamten jüdischen Volk eine schwere Verantwortung auf, erklärte Ben Gurion in einem Interview. »Nach zwei Jahrtausenden Finsternis ist endlich die Morgenröte der Erlösung angebrochen«, sagte der Oberrabbiner Isaac Herzog. »Es wird Schwierigkeiten geben«, meinte Dr. Magnes, der viele Jahre lang tapfer, aber vergeblich für einen binationalen Staat gekämpft hatte[28].

Am nächsten Morgen riefen die Araber einen dreitägigen Proteststreik aus; in allen Teilen des Landes wurden Juden angegriffen. Am ersten Tag der Ausschreitungen wurden sieben Menschen getötet und eine größere Anzahl verletzt; die Kämpfe dauerten bis zur Beendigung des Mandats an. Die folgenden Monate, als Palästina in Chaos versank, waren für die jüdische Gemeinde eine Zeit der Krise. Großbritannien gab bekannt, daß es bis zum 16. Mai 1948 das Land räumen werde, aber die Administration traf keinerlei Vorbereitungen, um den Juden und den Arabern die Macht zu übergeben, ja nicht einmal dem fünfköpfigen Ausschuß, den die Vereinten Nationen mit der Verwaltung Jerusalems betraut hatten. Für die jüdische Bevölkerung ging es jetzt vor allem um die Stärkung der Selbstverteidigung, denn die arabischen Staaten hatten bereits verlauten lassen, daß ihre Armeen in Palästina einmarschieren würden, sobald die Briten abzögen. Syrien

TEILUNGSPLAN DER VEREINTEN NATIONEN VOM 29. NOVEMBER 1947

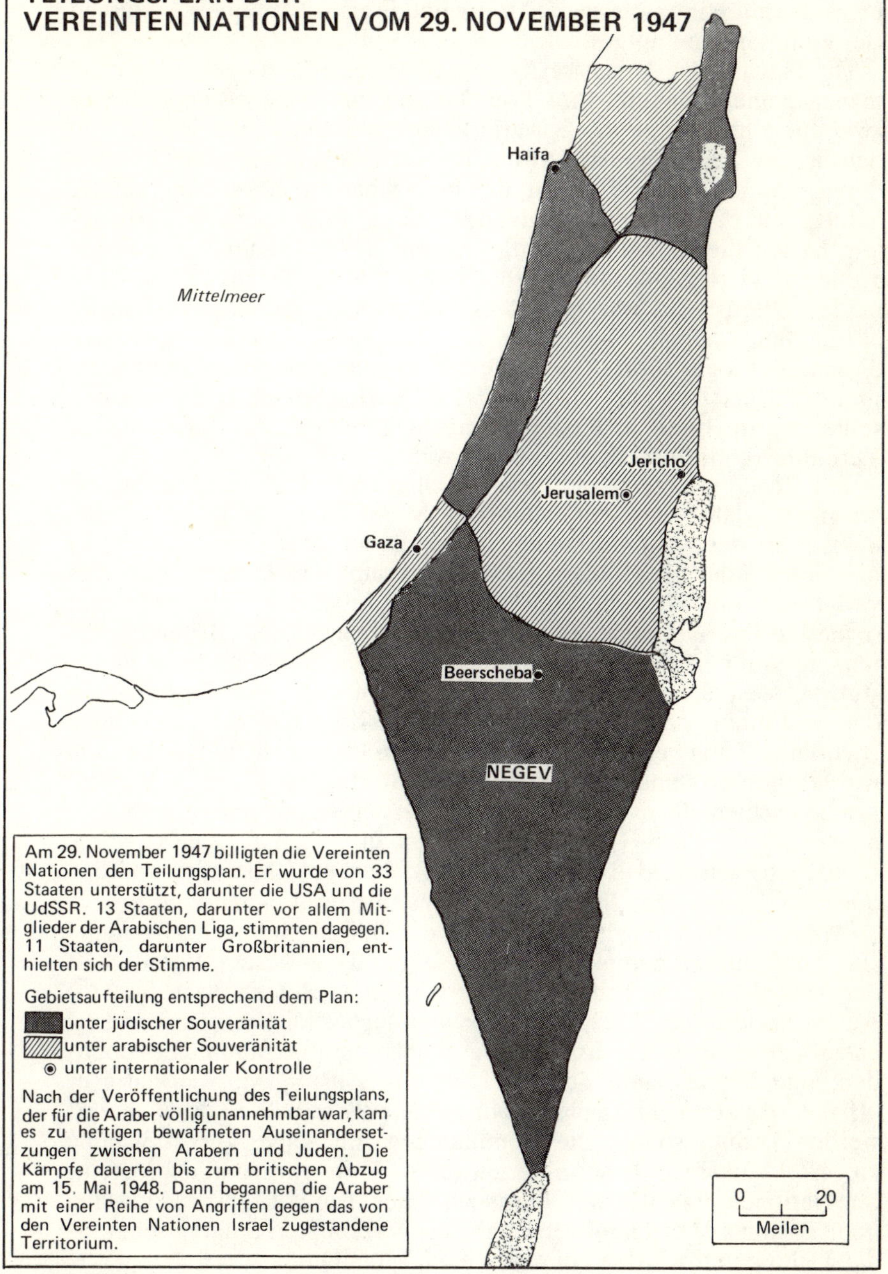

Am 29. November 1947 billigten die Vereinten Nationen den Teilungsplan. Er wurde von 33 Staaten unterstützt, darunter die USA und die UdSSR. 13 Staaten, darunter vor allem Mitglieder der Arabischen Liga, stimmten dagegen. 11 Staaten, darunter Großbritannien, enthielten sich der Stimme.

Gebietsaufteilung entsprechend dem Plan:

- unter jüdischer Souveränität
- unter arabischer Souveränität
- ⊙ unter internationaler Kontrolle

Nach der Veröffentlichung des Teilungsplans, der für die Araber völlig unannehmbar war, kam es zu heftigen bewaffneten Auseinandersetzungen zwischen Arabern und Juden. Die Kämpfe dauerten bis zum britischen Abzug am 15. Mai 1948. Dann begannen die Araber mit einer Reihe von Angriffen gegen das von den Vereinten Nationen Israel zugestandene Territorium.

wollte nicht einmal so lange warten: schon im Februar 1948 wurde in Palästina mit Hilfe syrischer Offiziere und Freischärler eine »Arabische Befreiungsarmee« aufgestellt.

Die Hagana war keineswegs so gut ausgerüstet und ausgebildet, wie man allgemein glaubte. Ihre Truppen und ihre Ausrüstung genügten zwar für einen Bürgerkrieg, waren aber wohl kaum ausreichend, um den Jischuw gegen reguläre Armeen zu verteidigen. Während Großbritannien weiterhin Waffen an die benachbarten arabischen Länder lieferte und die Amerikaner ein allgemeines Waffenembargo verhängten, hatten die jüdischen Streitkräfte mit der Nachschubbeschaffung große Schwierigkeiten. Im Februar waren die Araber im ganzen Land in der Offensive. Zwar gelang es ihnen nicht, jüdische Siedlungen einzunehmen, doch lähmten sie fast den ganzen Verkehr zwischen diesen, und sogar Jerusalem wurde fast zu einer belagerten Stadt. Eine jüdische Entsatztruppe, die den Ezion-Siedlungen zu Hilfe kommen sollte, wurde bis zum letzten Mann aufgerieben, was für damalige Verhältnisse ein furchtbarer Verlust war.

Bei den Vereinten Nationen berichtete die Palästinakommission resigniert, daß vor Beendigung des Mandats nichts getan werden könne. Sie sei nicht imstande, im arabischen Staat die Grenzen zu markieren oder eine provisorische Regierung einzusetzen, und dies verhindere die Wirtschaftsunion und gefährde den jüdischen Staat sowie die internationale Verwaltung Jerusalems[29]. Die Briten erklärten, sie könnten die Resolution der Vereinten Nationen nicht unterstützen, weil diese den Sicherheitsrat verpflichte, den Teilungsplan durchzuführen oder der Palästinakommission die entsprechenden Richtlinien zu geben. Die palästinensischen Pfundguthaben in London wurden gesperrt und das Land aus dem Sterlingblock ausgeschlossen. London schien alle noch bestehenden Aussichten auf eine ordnungsgemäße und friedliche Übergabe zerstören zu wollen. Vielleicht wollte London beweisen, daß das Palästinaproblem unlösbar wäre und daß dort, wo England gescheitert war, niemand Erfolg haben könnte.

Als die Entwicklung in Palästina für die jüdische Seite eine Wendung zum Schlechteren nahm, ließ die nie sehr stark gewesene Bereitschaft der Amerikaner, die Teilung zu unterstützen, noch mehr nach. Senator Austin erklärte am 24. Februar vor dem Sicherheitsrat, sein Land sei eigentlich nicht an die Empfehlung der Generalversammlung gebunden, und leitete damit den Rückzug ein. Am 18. März erklärte er offiziell, da der Teilungsplan nicht auf friedlichem Weg durchgeführt werden könne, sollten die Bemühungen um seine Verwirklichung eingestellt und statt dessen eine zeitweilige Treuhandschaft der Vereinten Nationen errichtet werden. Noch einen Tag vor dieser Erklärung hatte Truman Weizmann versichert, die Vereinigten Staaten seien für die Teilung und würden bei dieser Politik bleiben.

Die Änderung der amerikanischen Haltung entsprang offensichtlich keiner sorgfältigen politischen Überlegung; sie widerspiegelte ganz einfach die Lässigkeit, den Mangel an Entschlossenheit und Koordination in der amerikanischen Hauptstadt sowie die gegensätzlichen Auffassungen innerhalb der Regierung. Der Treuhandschaftsvorschlag war unrealistisch, denn wenn die Vereinten Nationen keine Befugnis hatten, eine Polizeitruppe zur Überwachung der Teilung zu entsenden, wer sollte dann die Treuhandschaft durchsetzen? Die Ereignisse in Palästina folgten jedoch ihren eigenen Gesetzen, und das Land ging der Teilung entgegen. Im April 1948 teilte Truman Weizmann mit, daß es keine Änderung in der langfristigen Politik der Vereinigten Staaten geben würde. Wenn die Generalversammlung den Teilungsbeschluß nicht rückgängig mache und nach dem 15. Mai ein jüdischer Staat entstehe, dann werde Washington ihn anerkennen.

Im März und April veränderte sich die militärische Lage in Palästina plötzlich zugunsten der Juden. Noch war es zweifelhaft, ob die Hagana einem Angriff regulärer arabischer Armeen würde standhalten können, aber die stärksten arabischen Guerillakräfte bei Jerusalem und Haifa wurden geschlagen. Die Kämpfe wurden heftiger und grausamer, ein Vergeltungsakt folgte dem anderen. Am 8. April tötete eine aus Mitgliedern des Irgun und der Stern-Bande bestehende Kampfgruppe die meisten Bewohner des arabischen Dorfes Dir Yassin bei Jerusalem, insgesamt 254 Personen. Drei Tage später geriet ein jüdischer Verwundetentransport auf dem Weg zum Hadassah-Spital auf dem Mount Scopus in einen Hinterhalt, wobei neunundsiebzig Menschen – Ärzte, Krankenschwestern und Studenten – umkamen. Eine nur zweihundert Meter davon stationierte britische Einheit griff nicht ein.

In dem immer härter werdenden Kampf standen die Juden mit dem Rücken zur Wand, während die Araber in benachbarte Länder flüchten konnten. Bis Ende April hatten etwa 15.000 Araber Palästina verlassen. Was sie dazu bewogen hat, ist immer noch umstritten. Die Araber behaupten, die Juden vertrieben sie durch Massaker und die Androhung von Massakern, und dies sei Teil einer systematischen Politik. Die Juden erklärten, die palästinensischen Araber seien dem Ruf ihrer Führer gefolgt und hätten geglaubt, sie würden im Gefolge der siegreichen arabischen Armeen bald wieder zurückkehren.

Als das Ende des Mandats näher kam, bereiteten sich die jüdischen Organisationen auf die Staatsgründung vor. Menschen wurden mobilisiert, Notanleihen aufgelegt; der Name des neuen Staates, seine Verfassung, seine Flagge, sein Wappen, der Sitz der Regierung wurden diskutiert, und es gab Hunderte weiterer Fragen, die entschieden werden mußten. Als Antwort auf Washingtons Treuhandschaftsvorschlag beschloß die Exekutive der Jewish Agency am 23. März 1948, unmittelbar nach Ablauf des Mandats eine jüdische Regierung zu bilden. Die Jewish Agency hielt am 30. März eine Sitzung ab, der Zionistische Rat tagte vom 6. bis 12. April; beide Körperschaften beschlossen die Einsetzung einer provisorischen Regierung, genannt *Minhelet Haam* (Nationale Verwaltung) und eines provisorischen Parlaments *(Moezet Haam,* Nationalrat[30]). Am 20. April wurden diese Termini erstmals in der palästinensischen Presse verwendet. Die Regierung sollte aus dreizehn und der Rat aus siebenunddreißig Mitgliedern bestehen; sie sollten ihren Sitz vorläufig im Gebiet von Tel Aviv haben. Damit endete die Ära der zionistischen Institutionen in der Geschichte Palästinas.

Das Mandat sollte am 14. Mai um Mitternacht ablaufen, aber die neue jüdische Verwaltung begann bereits einige Wochen früher zu arbeiten. Die blauweiße Fahne wurde auf öffentlichen Gebäuden Tel Avivs gehißt, neue Briefmarken wurden ausgegeben, das Steuerwesen wurde reorganisiert. (Eines der Hauptprobleme der neuen Verwaltung war es, eine ausreichende Anzahl von Schreibmaschinen mit hebräischen Lettern zu finden[31].) Als die Stunde Null nahte, befaßten sich die Amerikaner und die Vereinten Nationen in New York und Washington mit der Bestellung einer Übergangsverwaltung. Ein Bericht der konsularischen Waffenstillstandskommission in Jerusalem besagte jedoch, daß in der Hauptstadt die Teilung bereits eine vollendete Tatsache sei. Beamte in Washington glaubten, die Überlebenschancen eines jüdischen Staates, falls er ausgerufen werden sollte, stünden nicht sehr gut. Mosche Schertok wurde von General Marshall gewarnt, daß der jüdische Staat im Falle eines Angriffs nicht mit amerikanischer Militärhilfe rechnen dürfe. Dean Rusk und andere schlugen vor, die Ausrufung des Staates um zehn Tage oder vielleicht noch länger zu verschieben und inzwischen den Waffenstillstand wiederherzustellen.

Schertok traf am 12. Mai in Tel Aviv ein und kam gerade zurecht zu der Sitzung der provisorischen Regierung, in der die Ausrufung des Staates beschlossen werden sollte. Er unterstützte den Antrag, einen Waffenstillstand zu erklären und bei Ablauf des Mandats zwar eine Regierung zu ernennen, die Ausrufung des Staates aber noch aufzuschieben. Ben Gurion gab jedoch nicht nach. Der Antrag wurde mit sechs gegen vier Stimmen abgelehnt, ebenso ein Vorschlag, wonach in der Proklamierung des Staates auch die von den Vereinten Nationen festgelegten Grenzen erwähnt werden sollten[32].

Der Staat Israel wurde Freitag, dem 14. Mai 1948 (5. Igar 5708) um vier Uhr nachmittags in einer Sitzung des Nationalrates im Museum von Tel Aviv am Rothschild-Boulevard ausgerufen. Erst wurde die *Hatikwa* gesungen, und dann verlas Ben Gurion die Unabhängigkeitserklärung: »Kraft des natürlichen und historischen Rechts des jüdischen Volkes und der Entschließung der Generalversammlung der Vereinten Nationen erklären wir hiermit die Errichtung des jüdischen

Staates in Palästina, der Israel genannt wird.« Dies dauerte kaum mehr als fünfzehn Minuten; dann unterzeichneten die Mitglieder des Rates in alphabetischer Reihenfolge das Dokument. Rabbi Fishman sprach den traditionellen Segen *Schehechejanu* (»... daß wir diesen Tag erleben durften ...«). Das erste Dekret, das der Nationalrat als oberste gesetzgebende Körperschaft beschloß, war die rückwirkende Annullierung des Weißbuches. Die Feier war lange vor Sabbatbeginn zu Ende. Ben Gurion sagte zu einem seiner Mitarbeiter: »Ich empfinde keine Fröhlichkeit, nur tiefe Besorgnis, so wie am 29. November, als ich mich wie ein Trauergast auf einem Fest fühlte.« Eine halbe Stunde vor Mitternacht verließ der letzte britische Hochkommissar Haifa, und am folgenden Sonntag wurde Dr. Weizmann zum Präsidenten des neuen Staates gewählt.

Das erste Land, das den neuen Staat anerkannte, waren die Vereinigten Staaten. Präsident Truman gab am Freitag, kurz nach sechs Uhr nachmittags Washingtoner Zeit, eine kurze Erklärung dieses Sinnes ab. An den nächsten Tagen folgten die Sowjetunion, Polen, die Tschechoslowakei, Guatemala, Uruguay und andere Staaten. Der Vorsitzende des Sicherheitsrates erhielt ein Telegramm des ägyptischen Außenministers: Die ägyptische Armee überschreite soeben die Grenze Palästinas, um den dort wütenden Massakern ein Ende zu bereiten und um für die Wahrung des Rechtes und der von den Vereinten Nationen anerkannten Grundsätze zu sorgen; die militärischen Operationen seien nicht gegen die palästinensische Judenschaft, sondern nur gegen die zionistischen Terrorbanden gerichtet. Freitag nachts begann die Invasion Palästinas. Am Samstagmorgen wurden das Kraftwerk von Tel Aviv und der Flughafen Aquir aus der Luft angegriffen. Dies war der Beginn einer Reihe von Kriegen, die noch viele Jahre kein Ende finden sollten.

Schlußbetrachtung: Dreizehn Thesen über den Zionismus

Der politische Zionismus erschien vor rund achtzig Jahren auf der europäischen Szene. Seine geistigen Wurzeln reichen zurück bis zur Französischen Revolution und der darauf folgenden romantischen Welle des nationalen Erwachens. Als politische Bewegung stand er in der liberal-humanistischen Tradition des *Risorgimento,* der Tradition Kossuths und Masaryks. Er unterschied sich von anderen zeitgenössischen Nationalbewegungen insofern, als die Juden ein landloses Volk waren, das bis zu einem bestimmten Grad seinen spezifischen Nationalcharakter verloren hatte. Damals erschien den Juden die Idee einer nationalen Wiedergeburt als eine Schimäre. Doch so geschwächt die Kohäsion auch schon war, die Verfolgungen, denen einzelne Juden wie auch die Gemeinde als Ganzes ausgesetzt waren, trugen zur Wiederbelebung und Festigung des schwindenden Nationalbewußtseins bei.

Der Zionismus ist der Glaube an die gemeinsame Zukunft des jüdischen Volkes. Ein solcher Glaube kann akzeptiert oder abgelehnt werden, einer rationalen Beweisführung ist er jedoch nur in sehr beschränktem Maß zugänglich. Gleich anderen nationalen und sozialen Bewegungen hat auch der Zionismus eine Ideologie entwickelt, aber deren »Wissenschaftlichkeit« steht zwangsläufig auf schwachen Füßen. Der Zionismus mag den Antisemitismus richtig erklärt und eine richtige Lösung gezeigt haben, wäre aber trotzdem ein Fehlschlag gewesen, wenn sein Ruf ungehört verhallt wäre und sein Lösungsvorschlag mangels Unterstützung von seiten der Juden oder wegen ungünstiger internationaler Verhältnisse nicht hätte verwirklicht werden können. Anderseits ist der Erfolg des Zionismus nicht unbedingt ein Beweis dafür, daß er auf einer richtigen Analyse des »Judenproblems« beruht. Bei Nationalbewegungen sind Mythen stets eine stärkere Triebkraft als Vernunftgründe.

Es ist noch zu früh, um zu sagen, ob der Zionismus ein Erfolg oder ein Mißerfolg war. Auch ist es keineswegs sicher, was Erfolg und Mißerfolg in diesem Zusammenhang bedeuten. Ein militärischer Sieg kann in der Geschichte einer Nation eine bloße Episode sein. Bis zu einem gewissen Grad ist der Zionismus unvermeidlich eine Enttäuschung; nur solche politischen Bewegungen, die nicht über das utopische Stadium hinausgelangen, bewahren ihre ursprüngliche Reinheit und verursachen keine Enttäuschung. Alle anderen geraten früher oder später in Konflikt mit der Realität, und das Ergebnis kann keinesfalls den Erwartungen entsprechen. Das Syndrom des *comme la République était belle sous l'Empire* gilt für alle politischen Bewegungen. Der Zionismus stand vor gigantischen Hindernissen, er mußte unter ungünstigsten Verhältnissen für die Verwirklichung seiner Ziele kämpfen, und dies konnte nicht ohne Auswirkungen auf das Endergebnis bleiben. Die Anfänge des Zionismus und seine spätere Entwicklung sind voll von Widersprüchen; manche davon erscheinen jedoch angesichts der Einzigartigkeit der jüdischen Geschichte und der Lage der Juden in der europäischen Gesellschaft des neunzehnten Jahrhunderts nicht ganz unerklärlich.

1. Der Zionismus ist eine Antwort auf den Antisemitismus. Diese Feststellung soll keine Herabsetzung der ursprünglichen Impulse und des Wesens der Bewegung sein. Alle Nationalbewegungen entstanden und entwickelten ihren spezifischen Charakter im Widerspruch und meist auch im Kampf gegen äußere Kräfte. Die jüdische Religion, das Symbol Zion, die Sehnsucht nach der verlorenen Heimat und andere mystische Faktoren spielten in der Entwicklung des Zionismus eine Rolle. Aber der politische Zionismus, zum Unterschied von der mystischen Sehnsucht, wäre nicht entstanden ohne die prekäre Lage des mittel- und osteuropäischen Judentums in der zweiten Hälfte des neunzehnten Jahrhunderts. Er wurde für die mitteleuropäischen Intellektuellen zu einer psychologischen Notwendigkeit, da sie erkannten, daß die Emanzipation der Juden eine mächtige Reaktion ausgelöst hatte und daß der Weg zur völligen Emanzipation durch starke, feindselige Kräfte versperrt war. Für die jüdischen Massen Osteuropas war der Zionismus der Traum von der Erlösung aus ihrem Elend. Doch konnte dies damals nicht mehr als ein Traum sein. Solange das Osmanische Reich bestand, war eine Massenauswanderung nach Palästina ausgeschlossen. Bis zur Balfour-Deklaration war die Hauptfunktion des Zionismus kulturpsychologischer Art: Er nährte den Glauben seiner Anhänger, war jedoch politisch bedeutungslos. Nach dem Ersten Weltkrieg verstärkte sich der Zug zum Zionismus infolge des Anwachsens antisemitischer Bewegungen, die schließlich im Aufstieg des Nazismus gipfelten. Ohne diese Zunahme der Spannungen und der Judenverfolgungen wäre der Zionismus wohl eine kleine literarisch-politische Sekte idealistischer Reformer geblieben. Er wurde zu einer politischen Kraft infolge äußeren Drucks, nicht dank den aufwühlenden Appellen exzentrischer jüdischer Literaten. Gewiß hätte die Verfolgung an sich noch zu keiner nationalen Wiedergeburt geführt, doch kann man die Macht der Umstände gar nicht hoch genug einschätzen: In einer Welt ohne Antisemitismus hätte der Zionismus nicht gedeihen können. Kritiker des Zionismus haben jedoch aus dieser

unbestreitbaren Tatsache häufig den falschen Schluß gezogen. Politische Bewegungen entwickeln sich niemals in einem Vakuum. Ohne das *Ancien régime* hätte es keine Französische Revolution gegeben, ohne den Zarismus kein 1917.

2. Der Antisemitismus in seiner wütendsten und mörderischsten Form herrschte nicht in Osteuropa, wo die »objektive« Judenfrage am akutesten war. Er kam vielmehr in Mitteleuropa zur Macht, wo die verhältnismäßig kleinen jüdischen Gemeinden auf dem Weg zur Assimilation schon weit fortgeschritten waren und die jüdische Frage kein großes sozioökonomisches Problem mehr darstellte. Dies ist eines der vielen Paradoxa der modernen jüdischen Geschichte, die allen Versuchen, den Antisemitismus sozioökonomisch zu erklären, Hohn sprechen. Dies kam für die jüdischen Kritiker des Zionismus völlig überraschend, aber auch die Zionisten selber waren auf eine Katastrophe dieses Ausmaßes nicht gefaßt.

Wenngleich der Aufstieg des Nazismus und die jüdische Katastrophe in Europa nicht unvermeidlich waren, so gab es doch auf jeden Fall eine jüdische Frage, da die Juden nirgends in Europa allgemein als vollwertige Mitglieder der Gesellschaft akzeptiert wurden. Sie wurden und werden innerhalb der liberalen Gesellschaftsordnung Westeuropas toleriert. Anderswo konnten sie bestenfalls den Status einer nationalen Minderheit anstreben. Im Lauf ihrer Geschichte sind die Juden zu einer im großen und ganzen erkennbaren Gruppe mit bestimmten spezifischen Merkmalen geworden oder eine solche geblieben. Aus historischen Gründen und auch deshalb, weil einzelne Juden freiwillig aus der Gemeinschaft ausscheiden konnten, waren viele von ihnen sich des besonderen Charakters ihres gesellschaftlichen Seins nur zum Teil bewußt, und dies verursachte unter ihnen eine gewisse Verwirrung. Sie übersahen leicht, daß in der Praxis ihr Status nicht von ihrem Willen abhängt, sondern von Nichtjuden entschieden wird. Diese Entscheidung ist keineswegs nur vom Grad ihrer Assimiliertheit, von ihrer staatsbürgerlichen Loyalität oder von ihren Beiträgen zu Wohlstand, Kultur und Verteidigung ihres Geburtslandes bedingt. Die Zionisten glaubten gleich Mazzini, daß die Juden ohne eigenes Land Stiefkinder der Menschheit bleiben würden. Andere wieder waren nicht bereit, den Nationalstaat als historische Notwendigkeit anzuerkennen.

3. Der Zionismus betrachtete die Assimilation stets als seinen Hauptgegner, ohne klar zwischen Emanzipation und Assimilation zu unterscheiden. Der Zionismus bezeichnete das Leben in der Diaspora als physisch unsicher und moralisch entwürdigend, als unerträglich für stolze, selbstbewußte Juden. Er predigte die mehr oder minder unvermeidliche »Heimholung der Verbannten«. Dies bedeutete

jedoch, den Hintergrund der Emanzipation zu übersehen und die Assimilation als Charakterschwäche zu betrachten, nicht als historischen Prozeß mit eigener Logik und Schwungkraft. Der Zionismus, die weltliche Form religiöser Mystik, ist nämlich ein Kind der Assimilation; ohne die tiefgehende und langwährende Berührung mit der europäischen Kultur wäre es zu keiner nationalen Wiedergeburt unter den Juden gekommen. Der Zionismus ist, kurz gesagt, ein Produkt Europas, nicht des Gettos. Angesichts der allgemeinen Lage und der Stellung der Juden in der europäischen Gesellschaft war die Assimilation in Mittel- und Westeuropa sowie in geringem Umfang auch anderswo unvermeidlich. Während sie in Polen und Rumänien wahrscheinlich zum Scheitern verurteilt war, machte sie in anderen Ländern große Fortschritte. Die jüdische Geschichte ist kein Beweis für die Unmöglichkeit der Assimilation, auch Herzl schloß sie nicht aus (»Wenn man uns bloß zwei Generationen lang in Ruhe ließe . . .«). Er schrieb aber auch: »Wenn ganze Äste des Judentums verdorren und abfallen, so wird der Baum doch weiterleben.« Der Hauptast – die osteuropäische Judenschaft – verschwand in den Massenvernichtungslagern. In der westlichen Welt wurde die Assimilation durch die antisemitische Welle der dreißiger Jahre und durch die Katastrophe, die das jüdische Bewußtsein stärkte, gebremst. Es scheint jedoch nur ein zeitweiliger Rückschlag gewesen zu sein, und mit dem Verklingen des Schocks kam auch die Assimilation wieder zu ihrem Recht. Der Antisemitismus trat in der einen oder anderen Form in allen Ländern auf, in denen Juden lebten (und auch in einigen, in denen keine lebten). Der schwelende Antisemitismus hat jedoch die Assimilation nicht unmöglich gemacht und gewiß nicht als Agens für den Zionismus gewirkt. Die Geschichte hat stets gezeigt, daß Männer und Frauen sich nur dann in größerer Zahl zum Verlassen ihres Geburtslandes entschließen, wenn sie unter unerträglichem Druck stehen. Die zionistische Doktrin sprach oft von den wurzellosen Kosmopoliten, die keinen Boden unter ihren Füßen hätten, persönliche Demütigungen erlitten und gezwungen seien, ihre Persönlichkeit zu unterdrücken und zu verfälschen. Doch hat man das Bild der neuen Marranen und ihres geistigen Elends sogar in bezug auf die Welt vor 1914 stark überzeichnet. Es paßt kaum auf die Welt von heute. Die Juden hatten Schwierigkeiten, als einzelne und als Gruppen, es stimmt jedoch keineswegs, daß »alle besseren Juden Westeuropas (oder Amerikas) unter diesem Elend stöhnen und nach Erlösung suchen«. Nordau, der dies schrieb, hat nie seinen Fuß auf palästinensischen Boden gesetzt, sondern stets nur von Paris aus für sein europäisches Publikum geschrieben. Dabei war Nordau bloß eine halbe Generation von der jüdischen Tradition entfernt. Spätere Generationen sind in einem vom Judentum noch weiter entfernten Milieu aufgewachsen. Viele sind nicht mehr religiös, und die jüdische Tradition bedeutet ihnen kaum noch etwas. Die neuen Assimilanten sind keine bewußten Verräter an ihrem Volk, auch ist ihr Charakter nicht notwendigerweise verkrampft oder von Selbsthaß durchdrungen. Die Bande haben sich gelockert: diese Menschen sind der jüdischen Tradition entwachsen und ihr gegenüber gleichgültig geworden. Nur eine Katastrophe könnte diesen Prozeß aufhalten. Im neunzehnten Jahrhundert, als die Gesellschaft von Traditionen getränkt und von allgemein anerkannten Werten und starren Normen geprägt war, bedeutete die Assimilation eine bewußte Anstrengung. Um voll akzeptiert zu werden, mußte der assimilationswillige Jude sich den Formen und Werten dieser Gesellschaft anpassen und alles aufgeben, was ihn von ihr unterschied. Die heutige pluralistische Gesellschaft des Westens ist ihrem Wesen nach anders: nicht nur haben die Juden selber viel weniger eigene Substanz, auch die Gesellschaft hat ihre Verankerung verloren. Überlieferte Werte wurden über Bord geworfen, und gleich dem Juden wird die Gesellschaft wurzellos. Diese Kulturkrise, die möglicherweise lange andauern wird, mag der Assimilation förderlich sein, solange sie währt. Doch obgleich sie zur Niederreißung einiger Barrieren zwischen Juden und Nichtjuden beiträgt, untergräbt sie anderseits den Geist der liberalen Toleranz, auf dem die jüdische Existenz in der westlichen Welt beruht.

4. So wie die Polen und die Tschechen erhielten auch die Zionisten ihre historische Chance erst nach dem Ersten Weltkrieg. Überdies gerieten sie zwangsläufig mit anderen Völkern in Konflikt, da die Juden kein eigenes Heimatland hatten. Im frühen neunzehnten Jahrhundert wäre eine jüdische Masseneinwanderung nach Palästina (sofern die osmanische Regierung sie zugelassen hätte) vielleicht ohne besonderen Widerstand der ansässigen Bevölkerung möglich gewesen, da der Nationalismus außerhalb Europas noch keine Wurzeln geschlagen hatte. Aber auch unter den Juden gab es damals noch keine Nationalbewegung: Die osteuropäische Judenschaft war noch nicht aus dem Getto heraus, die mittel- und westeuropäischen Juden hatten noch nicht den neuen Antisemitismus erlebt.

5. Als Spätling unter den Nationalbewegungen hatte der Zionismus es von allem Anfang an sehr eilig und befand sich in ständigem Wettlauf mit der Zeit. Sowohl die Balfour-Deklaration als auch die Resolution der Vereinten Nationen vom November 1947 kamen im letzten Augenblick. Nur wenige Jahre später wäre die Entscheidung höchstwahrscheinlich gegen den Zionismus ausgefallen. Herzl schrieb, der Erfolg der Idee hänge ab von der Anzahl ihrer Anhänger und davon, daß »jene Juden, die dies wollten, ihren Staat erhalten«. Die meisten Juden blieben jedoch gleichgültig, und der Erfolg hing auch

nicht von ihnen allein ab, selbst wenn die Zahl derer, die den Staat wollten, größer gewesen wäre. Die vier Jahre nach der Balfour-Deklaration waren vielleicht die letzte Gelegenheit, um Hunderttausende Juden nach Palästina zu bringen und somit vollendete Tatsachen zu schaffen, ohne einen größeren politischen Umsturz hervorzurufen.

In seiner ganzen Geschichte gelang es dem Zionismus nicht, bedeutende finanzielle Unterstützung zu mobilisieren. Trotz aller Bemühen konnte Herzl nicht die Hilfe der jüdischen Millionäre gewinnen, die, wie er meinte, eine große Anleihe für die Türkei zeichnen und ihm damit die Erlangung eines Charter ermöglichen sollten. Bis in die späten dreißiger Jahre war das Budget der Zionistischen Weltorganisation erheblich kleiner als das einer größeren jüdischen Gemeinde in Europa oder Amerika. Die Handlungsfreiheit der zionistischen Bewegung war durch deren extreme Mittellosigkeit stark eingeschränkt: Man konnte kein Land kaufen, konnte den Einwanderern nicht genügend Unterstützung gewähren, und die Mittel für die politische Arbeit in Palästina und in der Diaspora waren völlig unzureichend.

6. Der Zionismus hatte weder Geld noch militärische Macht, selbst als politischer Störfaktor besaß er nur wenig Gewicht. Er konnte sich bloß auf moralische Überzeugungskraft stützen, die in der Weltpolitik vor 1918 nicht gerade zu den stärksten Waffen zählte und später fast völlig wirkungslos war. Während andere Männer wichtige Pionierarbeit geleistet hatten, war die Balfour-Deklaration im wesentlichen das Werk eines einzigen – Chaim Weizmanns. Ohne seine Führung und sein unermüdliches Drängen hätte die zionistische Bewegung nicht den Charakter erhalten, auf dem ihre weitere Tätigkeit beruhte. Es war dies, nach den Worten Charles Websters, die bedeutendste staatsmännische Leistung im Ersten Weltkrieg. Es gab gewisse politische Überlegungen, die Weizmanns Aufgabe erleichterten, doch brauchte Großbritannien damals die Juden weniger, als die Juden Großbritannien brauchten. Für Großbritannien waren die Vorteile, die es aus der Deklaration ziehen konnte, gering, die Risken jedoch erheblich. Letztlich ließen sich Lloyd George und Balfour nicht deshalb von Weizmann zu der Deklaration bewegen, weil diese vom britischen Standpunkt aus vorteilhaft oder nützlich erschien, sondern weil sie die Erklärung als moralisch richtig erachteten. Daß Weizmann und seine Anhänger den alliierten Kriegsanstrengungen von großem Nutzen sein konnten, war sicherlich ein zusätzlicher Faktor, aber nicht der ausschlaggebende Grund. Es war im wesentlichen eine selbstlose Tat und vielleicht das letztemal, daß es einem einzelnen gelang, die Regierung einer Großmacht zu einer die Staatsinteressen nicht unmittelbar berührenden Entscheidung zu bewegen. Palästina war keine Frage von

überragender Bedeutung, und dies machte die Entscheidung leichter. Auch erwarteten die Staatsmänner nicht die Komplikationen, die dann eintraten und spätere britische Regierungen veranlaßten, die Balfour-Deklaration nach und nach rückgängig zu machen.

7. Der jüdische Staat entstand gerade in dem Augenblick, als der Zionismus seine ursprüngliche *raison d'être* verloren hatte: die osteuropäischen Juden aus ihrer Not zu erlösen. Die Entscheidung der Vereinten Nationen vom November 1947 war für die zionistische Bewegung wahrscheinlich die letzte Gelegenheit, einen Durchbruch zu erzielen. In vielen Ländern empfand die Öffentlichkeit Unbehagen über die jüdische Tragödie und vor allem über die Tatsache, daß nicht mehr zur Rettung der Juden getan worden war. Die Vereinigten Staaten und die Sowjetunion, erstere mit großen Vorbehalten, kamen zu dem Schluß, daß eine Teilung Palästinas die einzig praktikable Lösung sei. Ein oder zwei Jahre später hätte die Weltlage eine Resolution, die die Wünsche der Zionisten erfüllte, nicht mehr begünstigt. Die britische Regierung hätte sich wahrscheinlich auf jeden Fall aus Palästina zurückgezogen, und dann wäre es zu einem Bürgerkrieg gekommen. Der jüdische Staat wäre vielleicht trotzdem entstanden – aber ohne Billigung der Vereinten Nationen, ohne internationale Anerkennung und unter allgemein sehr ungünstigen Umständen.

8. Bis zu den dreißiger Jahren hatte die zionistische Bewegung keine klare Vorstellung von ihrem Endziel. Herzl erklärte, ein jüdischer Staat sei eine Notwendigkeit für die Welt, später aber sprachen er und seine Nachfolger nur selten von einem Staat, teils aus taktischen Gründen, hauptsächlich jedoch, weil sie keine klare Vorstellung hatten, wie ein solcher Staat entstehen sollte. Zwei Generationen zionistischer Führer, von Herzl bis Weizmann, glaubten, daß Palästina irgendwann einmal jüdisch werden würde, ohne Anwendung von Gewalt oder List, als Ergebnis fortdauernder Einwanderung und Ansiedlung sowie stiller und geduldiger Arbeit. Daß ein Staat die normale Existenzform eines Volkes und daher eine sofortige Notwendigkeit sei, predigte Jabotinsky in den dreißiger Jahren. Aber mit dieser Forderung stand er damals fast völlig allein. Es bedurfte des Nazismus, der Massenvernichtung und der Unversöhnlichkeit der Araber, um die zionistische Bewegung zum Glauben an die Notwendigkeit eines eigenen Staates zu bekehren. Ein paritätisch regierter Zweivölkerstaat, wie er in den zwanziger Jahren von der zionistischen Bewegung halben Herzens und von einigen Minderheitsgruppen mit etwas mehr Enthusiasmus befürwortet wurde, wäre in jeder Hinsicht eine bessere Lösung des Palästinaproblems gewesen. Dies hätte eine friedliche Entwicklung des Landes gewährleistet, doch beruhte der Plan auf der unrealistischen Annahme, man

könnte die Zustimmung der Araber erhalten. Die Araber lehnten einen paritätisch regierten Zweivölkerstaat entschieden ab, weil sie keinen Grund sahen, in bezug auf den arabischen Charakter Palästinas einen Kompromiß einzugehen. Sie waren nicht bereit, den Jischuw der zwanziger und dreißiger Jahre zu akzeptieren, und schon gar nicht eine fortgesetzte jüdische Einwanderung und Ansiedlung. Sie fürchteten, ein weiterer Zustrom von Juden würde die Araber in Palästina schließlich zu einer Minderheit machen.

9. Da der Zionismus in Palästina mehr als bloß ein kulturelles Zentrum aufbauen wollte, war der arabisch-jüdische Konflikt unvermeidlich. Außerdem ist es keineswegs gewiß, daß ein kulturelles Zentrum keinen Widerstand der Araber hervorgerufen hätte. Der Zionismus, die Ansiedlung Hunderttausender Juden, führte in Palästina unvermeidlich zu radikalen Veränderungen, worunter die palästinensischen Araber zwangsläufig zu leiden hatten. Es war nicht die Schuld der Araber, daß die Juden in Europa verfolgt wurden, daß sie erwacht waren und wieder eine Nation sein wollten, mit einem Staat in jenem Lande, in dem sie vor zweitausend Jahren gelebt hatten.

Die Auswirkungen des Zionismus auf die Araber sollen nicht unterschätzt werden. Daß ihnen aus der jüdischen Einwanderung wirtschaftliche und andere Vorteile erwuchsen, ist in diesem Zusammenhang unerheblich. Damit soll nicht gesagt sein, daß der Zionismus unbedingt zur Aussiedlung oder Vertreibung einer großen Zahl palästinensischer Araber führen mußte. Hätten die Araber 1937 den Peel-Plan akzeptiert, dann wäre der jüdische Staat auf die Küstenebene zwischen Tel Aviv und Haifa beschränkt gewesen. Hätten sie den Teilungsplan der Vereinten Nationen von 1947 nicht abgelehnt, dann wäre der größte Teil Palästinas in ihren Händen verblieben. Es war gerade die arabische These von der unvermeidlichen zionistischen Expansion, die diese zur Folge hatte: Die Araber taten alles in ihrer Macht Stehende, um diese Prophezeiung Wahrheit werden zu lassen, indem sie den Weg des bewaffneten Widerstandes wählten – und dabei verloren. Die zionistische Bewegung und der Jischuw reiften im Kampf gegen die arabische Nationalbewegung heran und kamen schließlich zu der Schlußfolgerung, daß es fruchtlos sei, eine Einigung mit den Arabern zu suchen, und daß sie ihre Ziele nur gegen die Araber erreichen könnten.

Der arabische Starrsinn war die natürliche Reaktion eines Volkes, das nicht bereit war, sein Land mit einem anderen Volk zu teilen. Für die europäischen Juden ging es nicht nur um die Wahrung historischer Kontinuität, religiöser und nationaler Bindungen. Mit dem Aufstieg Hitlers wurde es für sie zu einer Frage von Leben und Tod, und daher empfanden sie keine Gewissensbisse; denn die Gefahr, die ihnen drohte, war die der physischen Ausrottung. Das Schlimmste, das den Arabern passieren konnte, war die Teilung Palästinas und Minderheitsstatus in einem jüdischen Staat für einen Teil von ihnen. Der Zionismus hat in seiner Politik gegenüber den Arabern sicherlich viele Fehler und Unterlassungssünden begangen, doch wie immer man die Dinge betrachten mag, der Konflikt über die Frage der Einwanderung und Ansiedlung hätte sich nicht vermeiden lassen, da für einen Kompromiß keine Grundlage vorhanden war. Der Zionismus hätte den arabischen Klagen und Wünschen mehr Aufmerksamkeit schenken können und sollen. Aber trotz aller Konzessionen auf kulturellem oder wirtschaftlichem Gebiet wären die Araber wegen der unvermeidlichen Folgen dennoch gegen die Einwanderung gewesen.

10. Vom arabischen Standpunkt war der Zionismus eine aggressive Bewegung und die jüdische Einwanderung eine Invasion. Die Zionisten sind schuldig, sich so verhalten zu haben wie alle anderen Völker – nur mit einer gewissen historisch bedingten Verspätung. Nationalstaaten sind niemals als Folge friedlicher Entwicklung und juristischer Verträge entstanden. Sie sind vielmehr aus Invasion, Kolonisation, Gewalt und bewaffneten Kämpfen hervorgegangen. Es war die historische Tragik des Zionismus, daß er auf der internationalen Szene erschien, als es auf der Weltkarte keine weißen Flecken mehr gab. Wo immer sich die Juden angesiedelt hätten, sie wären früher oder später mit der bodenständigen Bevölkerung in Konflikt geraten. Die Bildung von Nationalstaaten war stets mit Ungerechtigkeiten verbunden. Nationale Minderheiten wurden absorbiert und assimiliert oder dezimiert oder vertrieben. Die Vertreibung von zehn Millionen Deutschen aus Osteuropa wurde von der Umwelt fast sofort als vollendete Tatsache hingenommen, und jene, die sich nicht damit abfinden wollten, wurden als Revanchisten und Kriegshetzer bezeichnet. Angesichts der Realität der Sowjetmacht war es klar, daß die neue Ordnung in Osteuropa nicht in Frage gestellt werden konnte, außer durch einen neuen Weltkrieg. Der Zionismus befand sich jedoch in keiner solchen Position der Stärke, auch bestand keine Gefahr eines Weltkrieges. Deshalb wurden die territorialen Veränderungen in Osteuropa als irreversibel akzeptiert, während jene im Nahen Osten weiterhin von vielen in Frage gestellt werden.

Der Zionismus wurde auch mit Argumenten der abstrakten Gerechtigkeit angegriffen: Die Juden, hieß es, hätten kein Recht auf einen eigenen Staat, weil sie ihren Anspruch zu spät erhoben hätten und weil sie ihren Staat auf Kosten eines anderen Volkes haben wollten. Es wurde die Ansicht vertreten, die Juden hätten unter diesen Umständen kein Recht, als Gruppe zu überleben. Aber Argumente betreffend die Daseinsberechtigung von Nationen und Staaten sind zweischneidig, abgesehen davon, daß die Juden nicht nur als Gruppe, sondern als einzelne vor der Vernichtung standen. Außerdem ist im Sinn der abstrakten Gerechtigkeit die Tatsache, daß ein Staat lange Zeit bestanden hat, an sich noch kein gültiges Argument für sein Weiterbestehen, sofern er nicht einen wesentlichen Beitrag zum Fortschritt der Menschheit geleistet hat. Nur wenige Nationen und Staaten können diesen Anspruch erheben. Wenn man eine gerechte Verteilung des Eigentums unter den einzelnen Menschen fordert, so kann man dies (wiederum im Sinn der abstrakten Gerechtigkeit) auch für die Völker und Nationen verlangen.

11. Abgesehen von den Arabern, wurde der Zionismus auch von verschiedenen anderen Standpunkten abgelehnt. Die Opposition der Ultraorthodoxen beruht auf einem völlig andersgearteten Glaubens- und Wertsystem, und es gibt zwischen ihnen und den Zionisten keine Gesprächsbasis. Die nichtreligiöse Kritik am Zionismus äußert sich in verschiedenen Varianten, beruht aber letztlich auf denselben ideologischen Prämissen. Die Kritik der extremen Linken und die Doktrin der liberalen Assimilanten basieren auf dem Argument, der Zionismus sei eine anachronistische Bewegung, die Assimilation sei ein unvermeidlicher geschichtlicher Prozeß und überdies schon zu weit fortgeschritten, um wieder rückgängig gemacht zu werden. Daher die Schlußfolgerung, der Wunsch der Juden, als nationale Gemeinschaft zu überleben, laufe der weltgeschichtlichen Entwicklung zuwider. Da die sozialen und ökonomischen Entwicklungen zum allmählichen Verschwinden der nationalen Besonderheiten führten, sei jeder Versuch, diesen Prozeß umzukehren, notwendigerweise reaktionär. Während die Nationalstaaten in früheren Zeiten eine fortschrittliche Rolle gespielt hätten, sei der Nationalismus nunmehr zu einem Hemmnis für den weiteren Fortschritt geworden. Die Juden seien als erste entnationalisiert worden, aber die anderen Nationen würden nach und nach denselben Weg gehen. Anstatt auf den Nationalstaat zurückzugreifen, sollten die Juden sich bemühen, die Rolle zu erfüllen, die ihnen von der Geschichte zugewiesen wurde: Avantgarde einer neuen Weltordnung zu sein. Nach Ansicht der Liberalen wird der Antisemitismus mit der Ausbreitung der Zivilisation und der Aufklärung verschwinden. Nach Ansicht der radikalen Linken wird er mit dem Sturz des Kapitalismus absterben.

Die frühen Zionisten teilten weitgehend diesen Glauben an den menschlichen Fortschritt. Sie befürchteten jedoch, daß die neue Weltordnung nicht so bald kommen und inzwischen die Verfolgung und Unterdrückung der Juden weiter andauern würde. Der Verlauf der Weltgeschichte hat die Voraussagen der Optimisten nicht bestätigt. Wenn die Zivilisation einen Fortschritt gemacht hat, dann mit quälender Langsamkeit. Die Nationalbewegungen und die Nationalstaaten befinden sich nirgends im Abstieg. Die internationale Solidarität der Arbeiterklasse wird immer seltener angerufen, selbst als Schlagwort ist sie nicht mehr aktuell. Der Antisemitismus bestand vor dem Kapitalismus und besteht in den nachkapitalistischen Gesellschaften weiter. Da der Kommunismus sich vom proletarischen Internationalismus zu einer nationalistischen Spielart des Sozialismus entwickelt hat, wird die Stellung der Juden unter diesen Regimen und in den kommunistischen Bewegungen noch lange Zeit gefährdet bleiben; die Nachfrage nach Internationalisten ist sehr gering. Die starke Beteiligung von Juden an radikalen politischen Bewegungen hat im Gegenteil zu einer Zunahme des Antisemitismus geführt, unabhängig davon, ob diese Bewegungen zur Macht gelangt sind oder nicht. Der nichtjüdische Jude wirkt damit indirekt als Agens des wiederauflebenden jüdischen Nationalismus.

12. Die Hauptschwäche des Zionismus war der Umstand, daß die Bedingungen für die Verwirklichung des zionistischen Traums zu keiner Zeit günstig waren. Der Zionismus konnte die Trägheit der Juden nie gänzlich überwinden, es mangelte ihm stets an Mitteln. Die Errichtung einer nationalen Heimstätte in einer der Hauptgefahrenzonen der Welt, gegen den Widerstand der Araber und ohne mächtige Bundesgenossen, bedeutete, daß die Zukunft des Staates noch lange Zeit zwangsläufig ungewiß bleiben würde. Von allem Anfang an begrenzte die Kleinheit des Territoriums seine Aufnahmefähigkeit: Es ist heute die nationale Heimstätte für weniger als ein Fünftel aller Juden der Welt. Selbst von denen, die mit dem Zionismus sympathisierten, gingen nur wenige nach Palästina. Bloß ein winziger Teil der amerikanischen, der britischen, der französischen und (vor 1933) der deutschen Judenschaft ließ sich in der jüdischen nationalen Heimstätte nieder. In diesen Staaten gibt es keine »objektive« sozioökonomische Judenfrage, wenngleich die Konzentration von Juden in bestimmten Berufen immer noch Spannungen und gelegentlich sogar politische Probleme verursachen mag. Der von den Nazis unterbrochene Prozeß der Assimilierung hat jedoch neuen Auftrieb bekommen. Der Prozentsatz der Mischehen ist erheblich gestiegen. Unter diesen Umständen werden Juden als einzelne sich kaum aus politischen und ökonomischen Motiven für den Zionismus entscheiden. Eher fühlen sie sich angesprochen von der israelischen Lebensart, vom Idealismus der Israelis und von der Tatsache, daß Israel von manchen Übeln der westlichen Welt verschont geblieben ist.

13. Der Zionismus verfolgte zwei Hauptziele: den Juden die Selbstachtung und die Achtung der Nichtjuden wiederzugewinnen und eine jüdische nationale Heimstätte zu errichten, wo die Juden »als freie Männer auf ihrer eigenen Erde leben und friedlich in ihren eigenen

Häusern sterben können« (Herzl). Dem Zionismus ist es gewiß gelungen, einen Teil seiner Aufgaben zu erfüllen. Die Errichtung des jüdischen Staates war der größte Wendepunkt in zweitausend Jahren jüdischer Geschichte und hat tiefe Auswirkungen auf das jüdische Leben in der ganzen Welt gehabt. Während aber die nationale Heimstätte viele Sympathien gewann, sind ihre Möglichkeiten als kulturelles Zentrum beschränkt. Mit dem Fortschreiten der Normalisierung treten die erhabeneren Ansprüche (Zion als neuer geistiger Leitstern, als Modell für die Erlösung der Menschheit, als Zentrum des Humanismus) in den Hintergrund. Während die Bewunderung für jüdische Entschlossenheit und Tüchtigkeit infolge der Schaffung des Staates zunahm, ist die Lage der Juden, im Gegensatz zu den weitverbreiteten Hoffnungen, nicht sicherer geworden. Zwar hat der Antisemitismus in der Diaspora etwas nachgelassen, teils als Reaktion auf die Greuel des Hitlerregimes, teils als Folge der Geburt Israels, doch hat die Feindschaft der Nachbarn gegen den neuen Staat zugenommen. Der vom Zionismus geschaffene Staat hat daher in seinem Bemühen, die Nachbarn zur Anerkennung seiner Existenzberechtigung zu bewegen, einen harten Kampf zu bestehen. Solange dieser Kampf andauert, sind Existenz und Unabhängigkeit des Staates Israel nicht besser gesichert als die anderer Kleinstaaten, deren geopolitische Lage sie den Expansionsplänen einer Supermacht aussetzt.

Anmerkungen

Auszug aus dem Getto

1 J. Feiner, *Gabriel Rießers Leben und Wirken,* Leipzig, 1911, S. 19.
2 A. a. O., S. 21.
3 N. M. Gelber, *Zur Vorgeschichte des Zionismus,* Wien 1927, S. 305.
4 *Juden und Judentum in deutschen Briefen aus drei Jahrhunderten,* Wien 1935, S. 223.
5 A. a. O., S. 243.
6 Franz Kobler, *Jüdische Geschichte in Briefen aus Ost und West,* Wien 1938, S. 60.
7 Aufgrund vorhandener Unterlagen gab es im 19. Jahrhundert in Deutschland weniger Judentaufen ais in England und wesentlich weniger als in Rußland und Österreich-Ungarn. De la Roi, *Judentaufen im 19. Jahrhundert,* Berlin 1900.
8 Franz Kobler, *Jüdische Geschichte in Briefen aus Ost und West,* Wien 1938, S. 128.
9 Gerschom Scholem, *Judaica,* Frankfurt 1968, S. 153.
10 *Juden und Judentum in deutschen Briefen aus drei Jahrhunderten,* Wien 1935, S. 223.
11 Eine solche Feststellung wirkt heute, nach den Erfahrungen mit Hitler, seltsam. Dennoch war sie damals im wesentlichen zutreffend. Die Affinität zwischen Deutschtum und Judentum wurde nicht nur von Assimilationsanhängern empfunden und ausgedrückt, sondern auch von vielen eifrigen Zionisten. »Keine Kultur hat auf das moderne Judentum so stark und entscheidend eingewirkt wie die deutsche«, schrieb Nahum Goldmann 1916 in einer Broschüre, in der er den Standpunkt vertrat, daß die Zionisten in vielfacher Hinsicht dem deutschen Nationalgefühl näher stünden als die Befürworter der Assimilation, die ihre Anregungen von den liberalen Denkern Großbritanniens und Frankreichs erhalten hätten. »Das junge, nationale Judentum hingegen, das den nationalen Gedanken zur zentralen Idee seiner Lebensanschauung erhoben hat, ist gedanklich fundiert auf der Basis der deutschen Philosophie; Fichte, Hegel, Lagarde und wie immer die Klassiker des deutschen Nationalgedankens heißen, sie sind auch seine philosophischen Lehrmeister. Kein Zweifel, daß die zionistische Bewegung und ihr genialer Begründer, Theodor Herzl, von der deutschen Kultur zum jüdischen Nationalgedanken gekommen ist.« (Nahum Goldmann, *Von der weltkundlichen Bedeutung und Aufgabe des Judentums,* München 1916.) Goldmann schrieb im Ersten Weltkrieg eine Reihe von Propagandabroschüren, in denen er seinen Standpunkt übertrieben formulierte, und es ist daher leicht, Feststellungen dieser Art falsch zu interpretieren. Es ist jedoch nicht zu leugnen, daß die deutsche Philosophie des 19. Jahrhunderts den modernen politischen Ideologien von der extremen Linken bis zur extremen Rechten in ganz Europa als Quelle der Inspiration diente, und der Zionismus war darin keine Ausnahme.
12 Während er im Zweiten Weltkrieg für die Deutschen tätig war, schrieb dieser *homme de lettres* im September 1943 aus Hamburg an einen Freund, daß er Deutschland und dessen Nationalcharakter bewundere, sowie auch die Menschen dort, die ein Lächeln in ihren Gesichtern hätten, wie man es im Westen sonst nirgends sehen könnte.

Die Vorläufer

1 Eine ausführliche Besprechung der frühesten Verwendung der Begriffe *Zionismus* und *Zionisten* findet sich bei Alex Bein, *Von der Zionssehnsucht*, etc., in *Robert Weltsch zum 70. Geburtstag,* Tel Aviv, 1961, S. 33 ff.

2 *Allgemeine Zeitung des Judentums,* 1840, S. 542.

3 *Neujudäa – Entwurf zum Wiederaufbau eines selbständigen jüdischen Staates, von C. L. K.* Neuausgabe von Heinrich Löwe, Berlin, 1903.

4 *Orient,* 27. Juni 1840. Ein Überblick über die durch diesen Plan ausgelöste Diskussion findet sich bei Gelber, *Vorgeschichte des Zionismus,* Wien 1927, XI. Kapitel.

5 Moses Hess, *Rom und Jerusalem,* in *Ausgewählte Schriften,* Köln 1962, S. 227.

6 Edmund Silberner, *Moses Hess – Die Geschichte seines Lebens,* Leiden 1966, S. 23–24.

7 Theodor Zlocisti, *Moses Hess,* Berlin 1921, S. 257.

8 Moses Hess, *Rom und Jerusalem,* in *Ausgewählte Schriften,* Köln 1962, S. 240.

9 Laharanne, ein junger, nichtjüdischer französischer Staatsbeamter, hatte eine hohe Meinung von den Juden und ihrer geschichtlichen Aufgabe: »Euer ist ein mächtiger Genius. Ihr wart stark in den Zeiten des Altertums und stark im Mittelalter. Ihr habt die schwere Bürde von achtzehn Jahrhunderten der Verfolgung getragen.« Aber die Übriggebliebenen seien immer noch stark genug, um die Tore Jerusalems wieder zu errichten. Joseph Salvador, ein Philosoph jüdischer Herkunft väterlicherseits, der einer berühmten sephardischen Familie in Südfrankreich angehörte, beschäftigte sich mehr mit den zeitlosen Elementen des Judentums als mit dessen gegenwärtigen Schwierigkeiten. Seine Philosophie, die er in einer Reihe von Büchern, beginnend mit *Loi de Moïse et du peuple hébreu,* entwickelte, bestand darin, daß die Grundprinzipien des Judentums einerseits die Einheit des Menschengeschlechts, die Gleichheit und Brüderlichkeit der Menschen umfaßte, anderseits einen neuen und höheren Messianismus, der zur Errichtung einer neuen Ordnung berufen sei, die Cäsaren und Päpste ersetzen würde. Zu diesem Zweck befürwortete er die Errichtung eines neuen Staates zwischen Orient und Okzident, an der Küste von Galiläa und Kanaan. Nach Ansicht Salvadors gab es in Kleinasien nur zwei der Zivilisation und des Fortschritts fähige Rassen, die Griechen und die Juden, und trotz ihrer tiefen Erniedrigung seien die Juden immer noch in der Lage, neues Leben in die Berge Judäas zu tragen. Salvadors Schriften waren von einem innigen Glauben an die Zukunft der jüdischen Nation durchdrungen und sehr stark von der Tradition der spekulativen Geschichtsphilosophie aus der Mitte des 19. Jahrhunderts geprägt, die sich mit der Bestimmung der europäischen Nationen, Rußlands und Amerikas befaßte.

10 Moses Hess, *Rom und Jerusalem,* in *Ausgewählte Schriften,* Köln 1962, S. 235.

11 A. a. O., S. 242–243.

12 Am Rande sei hier vermerkt, daß Laharanne auch das Entstehen eines großen arabischen Staates vorsah, der Syrien und Mesopotamien sowie Anatolien umfassen sollte. Dem Sultan sollten bloß seine europäischen Besitzungen belassen werden, um zu verhindern, daß sie in die Hände Rußlands fielen. Was die Einwohner des Neuen Judäa betraf, so war ihnen eine große Aufgabe zugedacht: Sie sollten den noch unerfahrenen Völkern die Zivilisation bringen und als Vermittler zwischen Europa und Asien dienen. Mit der Krone des jahrhundertealten Märtyrertums auf dem Haupt würden sie ins Land ihrer Väter kommen und dort endlich von ihren Leiden erlöst werden.

13 *Das Jahrhundert,* 1857, S. 363, zitiert in Silberner, *Moses Hess,* S. 420.

14 Theodor Herzl, *Tagebücher,* Berlin 1923, Bd. II., S. 599.
15 *Kitwe Rabbi Jehuda Alkalay,* Jerusalem 1954, Bd. I.
16 A. Herzen, *Byloje i Dumy,* Bd. I., S. 189.
17 *Reports of the commissioners of immigration upon the causes which incite immigration to the United States,* Washington 1892.
18 Harold Frederic, *The New Exodus,* London 1881, S. 79–80.
19 A. a. O., London 1892, S. 32.
20 Zitiert in Jacob S. Raisin, *The Haskalah Movement in Russia,* New York 1913, S. 231–232.
21 *Am Haruach* (Ein Volk des Geistes); *Et Lata'at* (Zeit zur Aussaat); *Et La'assot* (Zeit zur Tat).
22 *Nemuschot* und *Erachim,* 1899 (Berdyczewsky).
23 *Haschiloach,* VII, 1904 (Hurwicz).
24 *Revivim,* V., Jerusalem 1914, S. 111, zitiert bei A. Herzberg, *The Zionist Idea,* New York 1959, S. 307.
25 *Die jüdische Frage in der orientalischen Frage,* Wien 1877. Lange Zeit glaubte man, die Broschüre sei von Disraeli verfaßt worden. Historiker der neueren Zeit schreiben sie Jalag zu. Siehe Alkoshi, in *Kiryat Sefer,* Jerusalem 1959.
26 *Rasswet* 1881, S. 41–42.
27 König Alfons XII. hatte einigen Opfern der russischen Unruhen Asyl angeboten.
28 Über die Schriften Lilienblums nach den Unruhen von 1881 siehe *Baderech Teschuwa,* Warschau 1889.
29 Siehe die Zusammenfassung dieser Debatten bei Israel Klausner, *Behitorer Am,* Jersusalem 1962, S. 104–117.
30 Dieser Vorfall wurde Jahre später vom M. Lilienblum in *Woschod,* 6, 1902, beschrieben.
31 Leo Pinsker, *Autoemanzipation, ein Mahnruf an seine Stammgenossen, von einem russischen Juden,* Berlin 1882.
32 Bernard Lazare, *Antisemitism. Its History and Causes,* New York 1903, S. 373–375.
33 Leo Pinsker, *Autoemanzipation,* S. 13.
34 A. a. O., S. 22.
35 M. Gelber (Herausg.), *Die Kattowitzer Konferenz 1884. Protokolle,* Wien 1919, S. 24.
36 Autor von *Land of Gilead,* 1879; Oliphant ließ sich in Haifa nieder.
37 Siehe u. a. *Die Jüdische Moderne,* in Nathan Birnbaum, *Ausgewählte Schriften,* Czernowitz 1910.
38 Leon Simon, *Ahad Ha'am,* Philadelphia 1960, S. 81.
39 Chaim Weizmann, *Memoiren – Das Werden des Staates Israel,* Zürich 1953, S. 62.
40 Richard Lichtheim, *Die Geschichte des deutschen Zionismus,* Jerusalem 1954, S. 122.

Theodor Herzl

1 Theodor Herzl, *Tagebücher,* Berlin 1922, Bd. I., S. 344.
2 *Der Judenstaat,* Wien 1896, S. 11.
3 Theodor Herzl, *Tagebücher,* Berlin 1922, Bd. I., S. 344.
4 Alex Bein, *Theodor Herzl,* Wien 1934, S. 86.

5 Nordau glaubte auch nicht an die Möglichkeit eines Massenmordes. In einer Rede vor einem der ersten Zionistenkongresse sagte er, er glaube nicht, daß die grauenvollen Verfolgungen der Vergangenheit sich wiederholen würden, obwohl Ereignisse der jüngsten Zeit gezeigt hätten, daß die Ermordung eines ganzen Volkes immer noch möglich sei. Es sei unwahrscheinlich, daß Zehntausende Juden getötet und der Rest aus einem Lande vertrieben werden würde. »Es gibt heute ein europäisches Gewissen, ein Menschheitsgewissen, das zwar immer noch weit genug ist, aber dennoch wenigstens eine gewisse äußere Ehrbarkeit vorschreibt und nicht leicht tobende Massenverbrechen duldet.« (Max Nordau, *Zionistische Schriften,* S. 84.) Aber er fügte hinzu: »Andererseits bin ich überzeugt, daß unsere Eiszeit noch sehr lange dauern wird . . . Man stirbt unter dem Mordstahl und auf dem Scheiterhaufen, doch wer erfriert, ist gleichfalls tot.« Es sei angemerkt, daß frühe russische Zionisten, wie Lilienblum und Smolenskin, gelegentlich pessimistischer geurteilt und die physische Vernichtung der Juden in der Diaspora nicht ausgeschlossen hatten.

6 Siehe G. Kressel (Herausgeber), *Hisione Medina,* Tel Aviv 1954, S. 64. Die Schrift sagte sogar einen Angriff der Nachbarstaaten auf Jehuda (so sollte der neue Staat heißen) voraus, aus dem der jüdische Staat siegreich hervorgehen würde.

7 Theodor Herzl, *Der Judenstaat,* Wien 1896, S. 29.

8 Moritz Güdemann, *Nationaljudentum,* Leipzig und Wien 1897, S. 42.

9 Carl E. Schorske, *Politics in a New Key: An Austrian Triptych,* in *Journal of Modern History,* Dezember 1967, S. 343 ff.

10 *The Diaries,* S. 304–310.

11 Theodor Herzl, *Tagebücher,* Bd. I., S. 485.

12 A. a. O., S. 553–554.

13 Theodor Herzl, *Tagebücher,* Bd. II., S. 20.

14 Theodor Herzl, *Zionistische Schriften,* Berlin 1905, S. 175.

15 A. a. O., S. 176.

16 A. a. O., S. 177.

17 Theodor Herzl, *Tagebücher,* Bd. III., S. 25.

18 A. a. O., S. 25.

19 Adolf Böhm, *Die Zionistische Bewegung,* Tel Aviv 1935, Bd. I., S. 181–182.

20 *Protokoll des ersten Zionisten-Kongresses in Basel* (2. Auflage), Prag 1911, S. 131–134.

21 Alex Bein, *Theodor Herzl,* Wien 1934, S. 355.

22 Chaim Weizmann, *Memoiren,* S. 71.

23 Adolf Böhm, *Die Zionistische Bewegung,* Tel Aviv 1935, Bd. I., S. 183.

24 Theodor Herzl, *Tagebücher,* Bd. II., S. 24.

25 A. a. O., S. 190.

26 A. a. O., S. 239.

27 A. a. O., S. 278.

28 A. a. O., S. 436.

29 Theodor Herzl, *Zionistische Schriften,* Berlin 1905, S. 427.

30 *Stenographisches Protokoll des IV. Zionisten-Kongresses in London,* Wien 1900, S. 100.

31 *The Letters and Papers of Chaim Weizmann,* Bd. I., London 1968, S. 137; Dr. I. Klausner, *Oppositzia le Herzl,* Jerusalem 1958, S. 80; Ben Elieser, *Die Judenfrage und der sozialistische Judenstaat,* Bern, 1898; *Manifesto to Jewish Youth,* London 1901, S. 16.

32 Theodor Herzl, *Tagebücher,* Berlin 1922, Bd. II., S. 602.

33 A. a. O., Bd. III., S. 31.

34 A. a. O., Bd. III., S. 41.

35 A. a. O., Bd. III., S. 241.
36 A. a. O., Bd. III., S. 272–273.
37 Alex Bein, *Theodor Herzl,* Wien 1934, S. 535.
38 A. a. O., S. 578.
39 A. a. O., S. 579.
40 Theodor Herzl, *Tagebücher,* Bd. III., S. 429.
41 Alex Bein, *Theodor Herzl,* Wien 1934, S. 602.
42 Theodor Herzl, *Tagebücher,* Bd. III., S. 412.
43 A. a. O., S. 440.
44 A. a. O., S. 466.
45 Theodor Herzl, *Tagebücher,* Bd. III., S. 557.
46 Adolf Böhm, *Die Zionistische Bewegung,* Bd. I., S. 256; *Protokolle des sechsten Kongresses,* S. 82.
47 Chaim Weizmann, Memoiren, S. 129–130.
48 Alex Bein, *Theodor Herzl,* Wien 1934, S. 617.
49 Theodor Herzl, *Tagebücher,* Bd. III., S. 492.
50 Dieses Schreiben wurde erstmals in *Die Welt,* 29. August 1903, veröffentlicht. Ferner im Protokoll des VI. Zionistenkongresses, S. 215.
51 Alex Bein, *Theodor Herzl,* Wien 1934, S. 625.
52 Chaim Weizmann, *Memoiren,* S. 136.
53 *Jüdische Rundschau,* Nr. 33, 1905, S. 412.
54 *Stenographisches Protokoll der Verhandlungen des VI. Zionistenkongresses,* Wien 1903, S. 340.
55 Alex Bein, *Theodor Herzl,* Wien 1934, S. 643.
56 Theodor Herzl, *Tagebücher,* Bd. III., S. 549.
57 A. a. O., S. 556.
58 *Theodor Herzl Jahrbuch,* Wien 1937, S. 283.
59 Ludwig Lewisohn, in *Herzl Yearbook,* Bd. III., New York 1960, S. 274.
60 Henry J. Cohn, *Theodor Herzl's conversion to Zionism,* in *Jewish Social Studies,* April 1970, S. 101.
61 »Von seiner Ehe enttäuscht, seiner besten Freunde beraubt, war Herzls Gefühlsleben in den Pariser Jahren besonders verarmt. Dies mag zum Verständnis seiner Bereitschaft beitragen, seine gesellschaftliche Zurückhaltung aufzugeben und sich mit Leib und Seele einer größeren Sache hinzugeben. Der jüdische Volkskörper wurde für ihn zum Gegenstand der Liebe, zu dem er zurückkehrte wie zu einer Ziehmutter, die er zuvor nicht richtig geschätzt hatte.« Soweit Professor Schorske aufgrund einer Anregung von Norman O. Brown (*Journal of Modern History,* Dezember 1967, S. 375). Derselbe Autor meint, Herzl habe seinen Traum einer jüdischen Sezession von Europa nach dem Besuch einer Aufführung von *Tannhäuser* skizziert, »verzückt, in einem der Besessenheit ähnlichen Fieber der Begeisterung«, wobei ihm Wagner als »Verteidiger des Herzens gegenüber dem Verstand« erschien. (A. a. O., S. 377–378.)

Interregnum

1 H. York Steiner, in L. Schön (Herausg.), *Die Stimme der Wahrheit,* Würzburg 1905, S. 57.
2 P. A. Alsberg, *Mediniut hahanhala hazionit memoto shel Herzl ve'ad milchmet haolam harischona,* Dissertation, Jerusalem.

3 A. Böhm, *Die Zionistische Bewegung,* Tel Aviv 1935, Bd. I., S. 316.
4 *Stenographisches Protokoll des VI. Kongresses,* Berlin 1905, S. 316.
5 E. B. Cohn, *David Wolffsohn,* Amsterdam 1939, S. 167.
6 Weizmann, *Memoiren,* S. 172.
7 L. Lipsky, *A Gallery of Zionist Profiles,* New York 1956.
8 D. Frischman, in *Parzufim,* zitiert bei A. Robinsohn, a. a. O., S. 91.
9 R. Lichtheim, *Rückkehr,* Stuttgart 1970, S. 116.
10 P. A. Alsberg, *Mediniut hahanhala hazionit memoto shel Herzl ve'ad milchmet haolam harischona,* Dissertation, Jerusalem, S. 24.
11 *Die Welt,* I. 1909.
12 P. A. Alsberg, *Mediniut hahanhala hazionit memoto shel Herzl ve'ad milchmet haolam harischona,* Dissertation, Jerusalem, S. 32.
13 A. a. O., S. 34.
14 Lichtheim, *Rückkehr,* Stuttgart 1970, S. 119.
15 *The Times,* 28. November 1911
16 P. A. Alsberg, *Mediniut hahanhala hazionit memoto shel Herzl ve'ad milchmet haolam harischona,* Dissertation, Jerusalem, S. 105.
17 Y. Gruenbaum, *Hatnua hazionit,* Bd. III., Jerusalem 1957, S. 146.
18 *Stenographisches Protokoll des IX. Kongresses,* Köln und Leipzig 1910, S. 20.
19 A. a. O., S. 38.
20 A. a. O., S. 102/103.
21 *Stenographisches Protokoll des X. Zionistenkongresses,* Berlin und Leipzig, 1911, S. 65.
22 H. Sacher, *Zionist Portraits and Other Essays,* London 1959, S. 34–35.
23 R. Lichtheim, *Rückkehr,* Stuttgart 1970, S. 198.
24 L. Lipsky, *A Gallery of Zionist Profiles,* New York 1956, S. 66.
25 E. B. Cohn, *David Wolffsohn,* Amsterdam 1939, S. 304–305.
26 A. Ruppin, *Building Israel,* New York 1949, S. 47–49, 65.
27 A. Ruppin, *Pirke Khayai,* Tel Aviv 1944, Bd. I.
28 A. Ruppin, *Building Israel,* New York 1949, S. 10.
29 Alex Bein, *The Return to the Soil,* Jerusalem 1952, S. 47.
30 *Bericht des Aktionskomitees der Zionistischen Organisation an den XI. Kongreß,* 1913, S. 111; *Palestine during the War,* London 1921, S. 7.
31 S. Brodetzky, in H. Sacher (Herausgeber), *Zionism and the Jewish Future,* London 1916, S. 171 ff.
32 A. Böhm, *Die Zionistische Bewegung,* Bd. I., S. 478.
33 R. Lichtheim, *Die Geschichte des deutschen Zionismus,* Jerusalem 1954, S. 152.
34 K. Blumenfeld, *Erlebte Judenfrage,* Stuttgart 1962, S. 162–167.
35 A. a. O., S. 85 ff.
36 Zur Frühgeschichte des Zionismus in Großbritannien siehe P. Goodman, *Zionism in England 1899–1949,* London o. D.
37 Sacher, *Zionist Portraits,* S. 18–19.
38 J. Tabachnik, *American-Jewish Reaction to the First Zionist Congress,* in R. Patai (Herausgeber), *Herzl Year Book,* V., New York 1963, S. 57 ff.
39 R. Learsi, *Fulfillment,* New York 1951, S. 145; H. Parzen, *The Federation of American Zionists (1897–1914),* in I. S. Meyer (Herausgeber), *Early History of Zionism in America,* New York 1958, S. 245 ff. Der ausführlichste Bericht über den frühen Zionismus in Amerika findet sich bei Avyatar Friesel, *Hatnua hazionit bearazot habrit,* Tel Aviv 1970.
40 L. Lipsky, *A Gallery of Zionist Profiles,* New York 1956, S. 154–155.
41 A. a. O., S. 142.

42 M. Gitlin, *The Vision Amazing,* Johannesburg 1950, S. 119.
43 A. a. O., S. 119.
44 Bericht des Aktionskomitees, S. 32.
45 L. Simon (Herausgeber), *Ten Essays on Zionism and Judaism by Achad Haam,* London 1922, S. 12.
46 Siehe Achad Haams Aufsätze *The Jewish State and the Jewish Problem* (1897) und *Pinsker and Political Zionism* (1902), in *Nationalism and the Jewish Ethic,* New York 1962.
47 *Summa Summarum,* in *Nationalism and the Jewish Ethic,* New York 1962, S. 148.
48 L. Simon, *Ahad Ha'am,* Philadelphia 1960, S. 229.
49 A. a. O., S. 229.
50 I. Kolat, *Theories on Israeli Nationalism,* in *In the Dispersion,* 7, 1967.
51 L. Simon (Herausgeber), *Ahad Ha'am: Essays, Letters, Memoirs,* Oxford 1946, S. 282.
52 M. Buber, *Mein Weg zum Chassidismus,* Frankfurt 1918.
53 Siehe M. Buber, *Die jüdische Bewegung* (2 Bde.), Berlin 1920; H. Kohn, *Martin Buber: Sein Werk und seine Zeit,* Hellerau 1930.
54 G. Mosse, *Germans and Jews,* New York 1969, S. 85–89.
55 *Vom Judentum. Ein Sammelbuch,* Leipzig 1914, S. VIII.
56 M. J. Berdyczewski, *Baderech,* Warschau 1922, Bd. I. ff.
57 H. Bergmann, *Jawne und Jerusalem,* Berlin 1919, S. 34.
58 J. Klatzkin, *Krisis und Entscheidung im Judentum,* Berlin 1921, S. 35 ff.
59 J. Klatzkin, *Techumim.*
60 A. a. O.
61 J. Klatzkin, *Krisis und Entscheidung im Judentum,* Berlin 1921, S. 83.
62 *Jüdische Rundschau,* 7, 28. August, 16. Oktober 1914.
63 *Jüdische Rundschau,* August bis November 1914; Nahum Goldmann, *Der Geist des Militarismus,* Stuttgart 1915.
64 Bodenheimer, *So wurde Israel,* Frankfurt 1958, S. 187.
65 E. Zechlin, *Die deutsche Politik und die Juden im Ersten Weltkrieg,* Göttingen 1969, S. 119.
66 Protokoll der Kopenhagener Versammlung (3.–6. Dezember 1917); Lichtheim, *Rückkehr,* Stuttgart 1970, S. 255.
67 Zitiert in L. Stein, *The Balfour Declaration,* London 1961, S. 99.
68 Lichtheim, *Rückkehr,* Stuttgart 1970, S. 259; N. M. Gelber, *Hazharat Balfour vetoldoteha,* Jerusalem 1939.
69 E. Zechlin, *Die deutsche Politik und die Juden im Ersten Weltkrieg,* Göttingen 1969, S. 318. Der maßgeblichste Bericht über die deutsch-zionistischen Beziehungen während des Ersten Weltkrieges ist eine bisher nicht veröffentlichte Untersuchung von Isaiah Friedmann, der dem Autor freundlicherweise Teile davon zur Verfügung stellte.
70 Lichtheim, *Rückkehr,* Stuttgart 1970, S. 333.
71 E. Zechlin, *Die deutsche Politik und die Juden im Ersten Weltkrieg,* Göttingen 1969, S. 366 ff.
72 A. a. O., S. 370.
73 J. H. Bernstorff, *Erinnerungen und Briefe,* Zürich 1936, S. 148.
74 E. Zechlin, *Die deutsche Politik und die Juden im Ersten Weltkrieg,* Göttingen 1969, S. 399.
75 Public Record Office, London, Cab. 23–4, 245. zitiert in Zechlin, a. a. O.
76 *Jüdische Rundschau,* 16. November 1917.
77 O. Janowsky, *The Jews and Minority Rights,* New York 1933, S. 184.

78 J. de Haas, *Louis Dembitz Brandeis,* New York 1929.
79 R. S. Baker, *Woodrow Wilson,* London 1937, VI., S. 116, zitiert in Stein, *The Balfour Declaration,* S. 196.
80 Stein, *The Balfour Declaration,* S. 504–508; siehe auch Gelber, *Hazharat Balfour vetoldoteha,* Jerusalem 1939, S. 135 ff.
81 Zitiert in Stein, *The Balfour Declaration,* S. 529.
82 L. Stein (Herausgeber), *Letters and Papers of Chaim Weizmann,* London 1968, Bd. I., S. 37.
83 Weizmann, *Memoiren,* S. 223.
84 C. Sykes, *Two Studies in Virtue,* London 1953, S. 170.
85 Weizmann, *Memoiren,* S. 224.
86 Stein, *The Balfour Declaration,* S. 138.
87 Sykes, *Two Studies in Virtue,* London 1953, S. 190.
88 Weizmann, *Memoiren,* S. 236.
89 Stein, *The Balfour Declaration,* S. 144–145.
90 A. a. O., S. 127.
91 Weizmann, *Memoiren,* S. 239.
92 H. Samuel, *Memoirs,* London 1945, S. 143.
93 Stein, *The Balfour Declaration,* S. 113.
94 A. a. O., S. 166 ff.; Weizmann, *Memoiren,* S. 235 ff.
95 Weizmann, *Memoiren,* S. 235.
96 Zitiert in Sykes, *Two Studies in Virtue,* London 1953, S. 213, 216.
97 Stein, *The Balfour Declaration,* S. 222.
98 Weizmann, *Memoiren,* S. 244.
99 Stein, *The Balfour Declaration,* S. 144.
100 Weizmann, *Memoiren,* S. 225.
101 D. Z. Gillon, *The Antecedents of the Balfour Declaration,* in *Middle Eastern Studies,* Mai 1969, S. 132–133; siehe auch Aaron S. Klieman, *Britain's War Aims in the Middle East in 1915, Journal of Contemporary History,* Juli 1968, S. 237 ff.
102 Weizmann, *Memoiren,* S. 170.
103 Stein, *The Balfour Declaration,* S. 152.
104 A. a. O., S. 157.
105 A. a. O., S. 158; Sykes, *Two Studies in Virtue,* London 1953, S. 193.
106 Weizmann, *Memoiren,* S. 265.
107 Eine Analyse dieser Debatte findet sich in I. Friedman, *The McMahon-Hussein Correspondence and the Question of Palestine,* in *Journal of Contemporary History,* April 1970. Siehe auch Arnold Toynbees Antwort, a. a. O., Oktober 1970.
108 Zur Entstehung des Sykes-Picot-Abkommens siehe E. Kedourie, *England and the Middle East,* London 1956, S. 29–66.
109 Stein, *The Balfour Declaration,* S. 276.
110 Gillon, *The Antecedents of the Balfour Declaration,* S. 133; siehe auch B. Halpern, *The Idea of the Jewish State,* Cambridge 1961, S. 276.
111 Kedourie, *England and the Middle East,* London 1956, S. 86.
112 Stein, *The Balfour Declaration,* S. 331.
113 N. Gelber, *Hazharat Balfour vetoldoteha,* Jerusalem 1939, S. 59–61.
114 N. Sokolow, *Geschichte des Zionismus,* Berlin 1921, Bd. II., S. 386.
115 Stein, *The Balfour Declaration,* S. 399.
116 Sykes, *Two Studies in Virtue,* London 1953, S. 202; siehe auch Gelber, *Hazharat Balfour vetoldoteha,* Jerusalem 1939, S. 85 ff.
117 Stein, *The Balfour Declaration,* S. 391–392.
118 D. Lloyd George, *War Memoirs,* London 1936, Bd. IV, S. 1835.

119 *The Times,* 24. Mai 1917.
120 N. Sokolow, *Geschichte des Zionismus,* Berlin 1921, Bd. II., S. 391–398.
121 Stein, *The Balfour Declaration,* S. 446–448.
122 A. a. O., S. 441.
123 A. a. O., S. 446.
124 Weizmann, *Memoiren,* S. 303.
125 Sitzung des Kriegskabinetts, 4. Oktober 1917; PRO London, Cab. 23–4, 245. Zitiert in Zechlin, *Die deutsche Politik und die Juden im Ersten Weltkrieg,* Göttingen 1969, S. 407.
126 Weizmann, *Memoiren,* S. 306.
127 PRO, 25. Oktober 1917, Cab. 23–4. Zitiert in Zechlin, *Die deutsche Politik und die Juden im Ersten Weltkrieg,* Göttingen 1969, S. 409.
128 D. Lloyd George, *The Truth about the Peace Treaties,* London 1938, Bd. II., S. 1123 ff.
129 N. Sokolow, *History of Zionism,* London 1919, Bd. I., S. XXV.
130 A. Böhm, *Die Zionistische Bewegung,* Tel Aviv 1935, Bd. I., S. 668.
131 Weizmann, *Memoiren,* S. 309.
132 Stein, *The Balfour Declaration,* S. 560–562.
133 *Jüdische Rundschau,* 16. November 1917.
134 Zechlin, *Die deutsche Politik und die Juden im Ersten Weltkrieg,* Göttingen 1969, S. 420.
135 *Jüdische Rundschau,* 30. November 1917.
136 Zechlin, *Die deutsche Politik und die Juden im Ersten Weltkrieg,* Göttingen 1969, S. 422.
137 Stein, *The Balfour Declaration,* S. 590.
138 A. a. O., S. 593.
139 A. a. O., S. 284.
140 A. a. O., S. 554.
141 A. a. O., S. 554.
142 Zitiert in Gillon, *The Antecedents of the Balfour Declaration,* S. 147.
143 Jon Kimche, *The Unromantics: The Great Powers and the Balfour Declaration,* London 1968, S. 45.
144 Zitiert in Stein, *The Balfour Declaration,* S. 552.
145 A. a. O., S. 552.
146 Weizmann, *Memoiren,* S. 229.
147 Sykes, *Two Studies in Virtue,* London 1953, S. 233–234.
148 N. Sokolow, *History of Zionism,* London 1919, Bd. II., S. 84.
149 *Observer,* zitiert in Sokolow, *History of Zionism,* London 1919, Bd. II., S. 86.

Die übersehene Frage

1 Jakob Klatzkin, *Die Araberfrage in Palästina,* Heidelberg 1921, S. 21; Dr. M. Lewite, *Zur Orientierung in der arabischen Frage,* in *Jüdische Rundschau,* 5. August 1921.
2 J. N. Jeffries, *Palestine,* London 1939, S. 40.
3 *Jüdische Rundschau,* 27. November 1931.
4 *Truth from Eretz Israel,* in *Hamelitz,* Juni 1891.
5 Theodor Herzl, *Altneuland,* S. 137.

6 *Die Welt,* 13. März 1903.
7 Max Nordau, *Zionistische Schriften,* Berlin 1909, S. 172.
8 *Stenographisches Protokoll der Verhandlungen des II. Zionistenkongresses,* Wien 1899, S. 125.
9 H. M. Kalvarisky, *She'ifotenu,* Bd. II., S. 50.
10 N. Mandel, *Turks, Arabs and Jewish Immigration into Palestine 1882–1914,* in Albert Hourani (Herausgeber), *Middle Eastern Affairs,* 4, London 1965, S. 84–86. Siehe auch Mandels Dissertation unter demselben Titel, Oxford 1965.
11 Zitiert in *Sefer Toldot Hahagana,* Tel Aviv 1954, Bd. I., S. 66.
12 E. Sapir, *Hatred of Israel in Arab Literature,* in *Hashiloah,* 1899, S. 222 ff.
13 Hochberg an Jacobson, Zionistisches Archiv, Köln AII, zitiert in P. A. Alsberg, *The Arab Question in the Policy of the Zionist Executive before the First World War,* in *Shivat Zion,* 4, S. 189. Siehe auch N. Mandel, *Attempts at an Arab-Zionist Entente 1914–18,* in *Middle Eastern Studies,* Bd. I., April 1965.
14 In einem Bericht an das Zionistische Aktionskomitee im Jahre 1912, zitiert in Yaacov Ro'i, *Attempts of the Zionist Organisation to influence the Arab Press in Palestina between 1908–14,* in *Zion* 3–4, 1967, S. 205.
15 Meyers Reisebücher, *Palästina und Syrien,* Leipzig 1907, S. 128.
16 Elias Auerbach, in *Die Welt,* 1910, S. 1101.
17 *Jüdische Rundschau,* 13. Januar 1931.
18 Belkind, zitiert in A. Cohen, *Israel vehaolam ha'aravi,* Merhavia 1964, S. 68.
19 A. Cohen, *Israel vehaolam ha'aravi,* Merhavia 1964, S. 65–69, und *Sefer Toldot Hahagana,* Bd. I., S. 73–77.
20 *Hashiloah,* 1909, S. 466.
21 Neguib Azoury, *Le Réveil de la Nation Arabe,* Paris 1905; *Sefer Toldot Hahagana,* S. 185; *Middle Eastern Affairs,* S. 94.
22 Professor A. S. Yehuda in einem Bericht an Professor O. Warburg vom Zionistischen Aktionskomitee, datiert 31. August 1911, zitiert in Ro'i, *Attempts of Zionist Organisation.,* S. 212.
23 Epsteins Rede erschien unter dem Titel *She'ela ne'elma,* in *Hashiloah,* 1907, S. 193–206.
24 Nehama Puchatschewski, in *Hashiloah,* 1908, S. 67–69.
25 Elias Auerbach, in *Palästina,* Köln 1910, S. 121.
26 Hugo Bergmann, *Jawne und Jerusalem,* Prag 1919, S. 60.
27 Zitiert in Yaacov Ro'i, *The Zionist Attitude to the Arabs, 1908–14,* in *Middle Eastern Studies,* April 1968, S. 210, 216.
28 Zitiert in Alsberg, *The Arab Question in the Policy of the Zionist Executive before the First World War,* in *Schiwat Zion,* 4, S. 163.
29 A. a. O., S. 184.
30 Nach dem Ersten Weltkrieg zeigten sie mehr Einsicht. Auf dem vierzehnten Zionistenkongreß in Wien (1925) äußerte sich keiner eindringlicher als Ben Gurion über die Notwendigkeit, »einen Weg zum Herzen des arabischen Volkes zu finden«. Leere Phrasen über Frieden und Brüderlichkeit genügten nicht, betonte er; nötig sei vielmehr ein echtes Bündnis zwischen jüdischen und arabischen Arbeitern. Daraufhin wurde er von den Revisionisten als Kosmopolit und doktrinärer sozialistischer Theoretiker attackiert.
31 Siehe Kalvariskys eigenen Bericht in *Ha'olam,* 7, 1914, und in *She'ifotenu,* S. 54.
32 Mandel, *St. Antony's Papers,* S. 93–94.
33 Menachem Scheinkin, zitiert in *Sefer Toldot Hahagana,* Bd. I., S. 135.
34 *Sefer Toldot Hahagana,* S. 191.
35 Mandel, *Middle Eastern Affairs,* S. 97.

36 Zitiert in Ro'i, *The Zionist Attitude . . .*, S. 227.
37 *Sefer Toldot Hahagana,* S. 308.
38 Mandel, Dissertation, S. 165–168.
39 *Sefer Toldot Hahagana,* S. 186; Cohen, *Israel vehaolam ha'aravi,* S. 84; Alsberg, *The Arab Question . . .*, S. 168.
40 Mandel, Dissertation, 6. Kapitel.
41 Alsberg, *The Arab Question . . .*, S. 169.
42 A. a. O., S. 172.
43 Über Hochberg siehe Cohen, *Israel vehaolam ha'aravi,* S. 96, und Lichtheim, *Rückkehr,* Stuttgart 1970, S. 216–217.
44 Der Wortlaut dieses Berichtes findet sich in Alsberg, *The Arab Question . . .*, S. 187 ff.
45 Zu Hochbergs Bericht über den Pariser Kongreß siehe Alsberg, *The Arab Question . . .*, S. 195–205.
46 Alsberg, *The Arab Question . . .*, S. 177.
47 A. a. O., S. 178.
48 Mandel, *Middle Eastern Studies,* S. 260; Cohen, *Israel vehaolam ha'aravi,* S. 107–110.
49 Mandel, *Middle Eastern Studies,* S. 263–265.
50 M. Medzini, *Esser schanim schel Mediniut Eretz Yisraelit,* Tel Aviv 1928, S. 80.
51 Wolffsohn an Ruppin, 15. September 1908, zitiert in Alsberg, *The Arab Question . . .*, S. 279.
52 Zitiert in Ro'i, *The Zionist Attitude . . .*, S. 227.
53 *Ktavim letoldot Chibat Zion,* Bd. III., S. 495.
54 Ro'i, *The Zionist Attitude . . .*, S. 217–218.
55 Zunächst in *Die Pforte des Ostens,* Wien 1924, worin er ebenfalls einen binationalen Staat befürwortete.

Jabotinsky hingegen hatte für derartige Theorien keinerlei Verständnis. Als er sich während des Krieges wegen der Gründung einer jüdischen Legion, die gegen die Türken kämpfen sollte, an Nordau wandte, meinte dieser: »Aber das können Sie doch nicht tun. Die Moslems sind den Juden verwandt. Ismael war unser Onkel.« »Ismael ist nicht unser Onkel«, entgegnete Jabotinsky. »Wir gehören, Gott sei Dank, zu Europa und haben seit zweitausend Jahren mitgeholfen, die westliche Kultur zu schaffen.«

56 *Die Bedeutung der Araberfrage für den Zionismus,* in *Der Jude,* 1918, S. 150.
57 Berichte vom Oktober und November 1913, zitiert in Ro'i, *The Zionist Attitude . . .*, S. 214–215.
58 Lichtheim, *Rückkehr,* Stuttgart 1970, S. 228.
59 A. Ruppin, *Pirke Chayai,* Tel Aviv 1968, Bd. III., S. 203.
60 A. Ruppin, *Building Israel,* New York 1949, S. 63.
61 *Stenographisches Protokoll . . .*, Berlin 1911, S. 81–82. Der Präsident der Zionistischen Organisation Wolffsohn antwortete ihm, er solle nicht vergessen, dies seinen Freunden in Palästina zu sagen. (A. a. O.)
62 Zitiert in Alsberg, *The Arab Question . . .*, S. 175.
63 Rede vor der Jahreskonferenz der deutschen Zionisten in Posen, *Jüdische Rundschau,* 12. Juli 1912.
64 Redcliffe N. Salaman, *Palestine Reclaimed,* London 1920, S. 175–176.
65 David Ben Gurion in einem 1918 veröffentlichten Artikel, enthalten in *Anachnu wescheschenu,* Tel Aviv 1931, S. 41.
66 Elieser Ben Jehuda, der 1882 aus Rußland nach Palästina auswanderte, schrieb in seiner Autobiographie, er habe bemerkt, daß die Araber die Juden nicht haßten,

sondern wegen ihrer Feigheit verachteten. *Kitwe Ben Jehuda,* Jerusalem 1914, S. 37.

67 W. Cahnmann, in *Herzl Yearbook,* New York 1958, S. 165.

68 Mandel, *St. Antony's Papers,* S. 108, und Dissertation.

69 Weizmann, *Zionist Policy,* 21. September 1919, English Zionist Federation, London, S. 12.

70 Zitiert in Stein, *The Balfour Declaration,* S. 622.

71 Zitiert in *Jüdische Rundschau,* 18. August 1918.

72 Zitiert in M. Perlman, *Arab-Jewish Diplomacy 1918–1922,* in *Jewish Social Studies,* 1944, S. 131.

73 *Jewish Chronicle,* 7. März 1919, zitiert in Perlman, *Arab-Jewish Diplomacy 1918–1922.*

74 *Jewish Chronicle,* 2. Oktober 1919, zitiert in Perlman, *Arab-Jewish Diplomacy 1918–1922.*

75 A. L. Tibawi, in *Journal of the Royal Central Asian Society,* Juni 1969, S. 156 ff.

76 Perlman, *Arab-Jewish Diplomacy 1918–1922,* S. 141.

77 Jeffries, *Palestine: The Reality,* S. 257.

78 *Jüdische Rundschau,* 14. März 1918. Negouib Moussali, *Le Sionisme et la Palestine,* Genf 1919.

79 Zitiert in Cohen, *Israel vehaolam ha'aravi,* S. 149.

80 *Palestine, Correspondence with the Palestine Arab Delegation and the Zionist Delegation,* Cmd. 1700, London 1922, S. 19.

81 *After the Balfour Declaration,* in *Nationalism and the Jewish Ethic,* New York 1962, S. 122. Siehe auch seine Einleitung zu der 1921 in Berlin erschienenen Ausgabe von *At the Crossroads,* wo der Gedanke eines binationalen Staates implizite formuliert wird.

82 *Das Verhältnis der Juden zu den Arabern,* in *Der Jude,* 1919, S. 453.

83 A. Ruppin, *Der Aufbau des Landes Israel,* Berlin 1919, S. 127–131. Ber Borochow, der Theoretiker des marxistischen Zionismus in Rußland, glaubte ebenfalls, die Araber Palästinas würden schließlich kulturell absorbiert werden. Borochow hat diesen Gedanken vielleicht von Michael Halpern entlehnt, einer merkwürdigen, tragischen und in mancher Hinsicht prophetischen Gestalt. Viele Jahre vor dem Ersten Weltkrieg empfahl Halpern die Besetzung Palästinas durch jüdische Legionen und forderte zugleich eine brüderliche Allianz zwischen Arabern und Juden, die sich gegen den gemeinsamen Feind, das Christentum, richten sollte. Zur Beschleunigung der kulturellen Assimilation der Araber sollten Mischehen in großer Zahl geschlossen werden. Nach einem Streit mit dem Vertreter Rothschilds verließ Halpern vorübergehend Palästina. Seine Schilderungen des Lebens und der Sitten der Araber, ihrer Gastfreundschaft und ihrer Achtung vor Stärke und Mut übte einen starken Einfluß auf eine ganze Generation osteuropäischer Chaluzim aus, die er mit seinen seltsamen und exotischen Geschichten faszinierte (siehe Alexander Said, *Michael Halpern,* in *Yediot ha'archion vechamuseon la'awoda,* Bd. III–IV, 1938, S. 76–77). Als junger Mann versuchte Halpern in Smolensk mit großem Zeit- und Kraftaufwand die dort ansässigen Prostituierten auf den rechten Weg zu führen. Er ist heute in Israel praktisch in Vergessenheit geraten, nur einige alte Leute erinnern sich noch an den Vorfall, als einige Jahre vor Ausbruch des Ersten Weltkrieges ein Zirkus nach Jaffa kam. Als Reaktion auf eine Herausforderung durch die anwesenden Araber und zur Rettung der jüdischen Ehre kletterte Halpern unbewaffnet in den Löwenkäfig und sang die *Hatikwa* – sehr zur Bestürzung sowohl des Publikums als auch der Löwen.

84 J. B. Hobman (Herausgeber), *David Eder,* London 1945, S. 162 ff.

85 *Jüdische Rundschau,* 17. Juni 1921.
86 *Jüdische Rundschau,* 9. August 1921.
87 *Stenographisches Protokoll des XII. Zionistenkongresses,* Berlin 1922, S. 715.
88 A. a. O., S. 26, 105, 285.
89 *Stenographischer Bericht vom XIII. Zionistenkongreß,* London 1924, S. 367, 517.
90 *Stenographischer Bericht vom XIV. Zionistenkongreß,* London 1926, S. 53, 61, 207, 328.
91 Medzini, a. a. O., S. 80.
92 F. H. Kisch, *Palestine Diary,* 1938, S. 19.
93 A. a. O., S. 20.
94 *Report of the Commission on the Palestine Disturbances of August 1929* (Shaw Report), London 1930, S. 58.
95 Zitiert in David Ben Gurion, *Anachnu wescheschenu,* Tel Aviv, 1931, S. 74.
96 Siehe *Haqiqat el Amr,* 14. Juli 1937, und G. Mansur, *The Arab Worker Under the Palestine Mandate,* Jerusalem 1935, S. 40.
97 M. E. T. Mogannam, *The Arab Women and the Palestine Problem,* London 1936, S. 214–218.
98 *Minutes of the Palestine Royal Commission,* London 1926, S. 236.
99 *Jews and Arabs in Palestine,* in *Socialist Review,* März 1922.
100 Siehe M. Beilinson, in *Davar,* 2. und 9. Oktober 1929.
101 A.Reubeni in einem Gedicht über die Ereignisse des August 1929, veröffentlicht in *Doar Hajom,* 6. September 1929, zitiert in Wiener, *Juden und Araber in Palästina,* Berlin 1920, S. 24.
102 26. September 1929. Zitiert in Wiener, *Juden und Araber in Palästina,* Berlin 1930, S. 44.
103 *Kitwe A. D. Gordon,* Bd. V., S. 123.
104 Ben Gurion, *Anachnu weschechnenu,* S. 180.
105 A. a. O., S. 41.
106 A. a. O., S. 150.
107 Rede in Ein Harod 1924, Ben Gurion, *Anachnu weschechnenu,* S. 74.
108 M. Scharett, *Joman Medini,* Tel Aviv, 1968, S. 165.
109 Kisch, *Palestine Diary,* S. 53.
110 Shaw Report, S. 129.
111 Robert Weltsch, in *Jüdische Rundschau,* 19. September 1922.
112 Norman Bentwich, *For Zion's Sake, a Biography of Judah L. Magnes,* Philadelphia 1954, S. 174.
113 *Der Jude,* Juli 1919, S. 567.
114 *Jewish-Arab Affairs.* Fallweise veröffentlichte Aufsätze der Brit Shalom Society, Juni 1931, S. 47.
115 Aus Felix Weltsch (Herausgeber), *Prague and Jerusalem,* Jerusalem 1954. Zitiert in der Dissertation von Susan Lee Hattis, *The Binational Idea in Palestine during Mandatory Times,* Geneva, 1970.
116 *Like all the Nations?,* Jerusalem 1930, S. 6.
117 A. a. O., S. 14.
118 A. a. O., S. 28.
119 *Sche'ifotenu,* Mai 1932, S. 58–59.
120 Siehe Chaim Kalvariskys Friedensprogramm, *Jüdische Rundschau,* 16. Dezember 1932.
121 Kisch, *Palestine Diary,* S. 374.
122 Hattis, Dissertation, S. 29.
123 A. a. O., S. 46.

124 Weizmann-Archiv: Brief an Weltsch, 25. November 1929, zitiert in Hattis, Dissertation, S. 49.
125 F. F. Andrews, *The Holy Land under Mandate,* Boston 1931, Bd. II.
126 *Doar Hajom,* 12. August 1929 und folgende Ausgaben.
127 *O schelesnoj stene,* in *Rasswet,* 4. November 1923.
128 W. Jabotinsky, *Etika schelesnoj steni,* in *Rasswet,* 11. November 1923.
129 *Hapoel Hazair,* 18. Oktober 1929.
130 *Joman Jeruschalajim,* Tel Aviv 1948, S. 341.
131 A. a. O.
132 David Ben Gurion, *Wir und die Nachbarn,* Tübingen 1968, S. 41.
133 Magnes-Archiv, zitiert in Hattis, Dissertation, S. 200.
134 Abba Achimeir, *Hazionut hamapchanit,* Tel Aviv 1966, S. 101–109.
135 Klatzkin, *Die Araberfrage in Palästina,* Heidelberg 1921, S. 12–13.
136 M. Orenstein, *A Plea for Arab-Jewish Unity,* London 1936, S. 20.
137 Z. Abramovitch, *Whither Palestine?,* London 1936, S. 34.
138 Scharett, *Joman Medini,* S. 225.
139 M. Smilansky, *Citrus growers habe learned to cooperate,* in M. Buber (Herausgeber), *Toward Union in Palestine,* Jerusalem 1947, S. 57.
140 Zionistisches Archiv, S. 25/8987, zitiert in Hattis, Dissertation, S. 167.
141 J. L. Magnes (Herausgeber), *Divided or United?,* Jerusalem 1947, S. 75.
142 *The Case for a Bi-National Palestine* (Bentov Report), New York 1946, S. 129.
143 Zitiert in Hattis, Dissertation, S. 220.
144 B. Kaznelson, zitiert in M. Braslawski, *Tnuat hapoalim ha'erez jisraelit,* Tel Aviv 1956, Bd. III., S. 382–383.

Errichtung einer neuen Gesellschaft: die Entwicklung des Linkszionismus

1 Chaim Schitlowsky, *Fun mein Leben,* New York 1935, Bd. II., S. 20.
2 *Kitwe Nachman Syrkin,* Tel Aviv 1939, Bd. I., S. 130.
3 Jonathan Frankel, Dissertation, *Socialism and Jewish Nationalism in Russia 1892–1907,* Cambridge 1961.
4 Siehe Ben Ehud, *Zionismus oder Sozialismus* (Jiddisch), Warschau 1899, S. 30; A. H., *Di sozialistische Fraktsie in Zionismus* (Jiddisch), Warschau 1906, S. 96; sowie A. P. Platkin, *The Origins of the Russian-Jewish Labour Movement,* Melbourne 1947, S. 156 ff.
5 Resolutionen der vierten Konferenz des Bund 1901, in Sch. Eisenschtat, *Prakim betoldot tnuat hapoalim hajechudit,* Merhavia 1944, Bd. II., S. 14–16.
6 *K woprosam teorii Zionisma,* in *Ewreiskaja Schisn,* Juni 1905, S. 122–123. Borochows gesammelte Schriften sind in drei Bänden in hebräischer Sprache erschienen; der erste Band enthält *Unsere Plattform* und *Der Klassenkampf und die Nationalfrage,* seine wichtigsten theoretischen Arbeiten.
7 *Hamarksism wesche'elat hajehudim* und *Karl Kautsky wehajehudim,* in *Sefer Idelson,* Tel Aviv 1946.
8 *Pirke Hapoel Hazair,* Bd. III., S. 322.
9 J. Serubawel, in *Ahdut,* 11–12, 1912.
10 Josef Gorni, *The romantic element in the ideology of the second aliya* (hebräisch), *Asupot,* Januar 1966, S. 55 ff.

11 Siehe El. Schochat (Herausgeber), *Sefer Ha'alija haschnija,* Tel Aviv 1949, S. 165.
12 Ewen Schoschan, *Toldot tnuat hapoalim be'eretz Israel,* Tel Aviv 1963, Bd. I., S. 80–81.
13 Berl Kaznelson, *Prakim letoldot tnuat hapoalim be Erez Israel,* in *Kitvei,* Tel Aviv 1949, Bd. XI., S. 111.
14 Von insgesamt 550 jüdischen Arbeitern (*Jewrejskaja Rabotschaja Chronika,* 23. April 1906).
15 Zur Frühgeschichte des Sozialistischen Zionismus, siehe J. Ben Zwi, in *Sefer Ha'alija haschnija,* über Poale Zion, S. 585 ff.; Zwi Suchowolsky über Hapoel Hazair, a. a. O., S. 612 ff.; Josef Schapiro über Hapoel Hazair, in *Asupot,* August 1965, S. 16 ff. Siehe auch die Dissertation von Israel Kolatt-Kopelovich, *Ideology and the impact of Reality upon the Jewish Labour Movement 1905–1919,* Hebrew University, Jerusalem, Juni 1964.
16 Borokhov, *Collected Writings,* Bd. II., S. 554.
17 »Abner« (Ben Zwi), *Ahdut,* Nr. 36, 1911.
18 *Kibbusch Ha'avoda o Kibbusch Hakarka,* in *Hapoel Hazair,* 12, 1908.
19 A. Ruppin, *Die landwirtschaftliche Kolonisation Palästinas,* Berlin 1915, Kap. 14.
20 Zur Frühgeschichte der Kwuza siehe Berl Kaznelson (Herausgeber), *Hakibbutz vehakwutza,* Tel Aviv 1940; *Netive hakwutza vehakibbutz* (6 Bde.), Tel Aviv 1958; *Pirke Hapoel Hatzair;* Harry Viteles, *A History of the Co-operative Movement in Israel* (2 Bde.), London 1966–1970; Alex Bein, *The Return to the Soil,* Jerusalem 1952; Hermann Meier-Cronemeyer, *Kibbutzim,* Hannover 1969.
21 Von *Sejm,* dem slawischen Äquivalent für Parlament. Die Hauptquellen zur Geschichte der Sejmisten sind die Schriften von Ch. Schitlowski, die Zeitschriften *Serp* und *Wosroschdenije* sowie Tartakowers *Toldot tnuat hapoalim hajehudit.*
22 W. Preuss, *The Labour Movement in Israel,* Jerusalem 1965, S. 44.
23 N. Benari, *Zur Geschichte der Kwuza und des Kibbuz,* Berlin 1934, S. 38.
24 Eine bunte und detaillierte Schilderung der Abenteuer der ersten Ankömmlinge findet sich in Jehuda Eres (Herausgeber), *Sefer Ha'aliya haschlischit* (2 Bde.), Tel Aviv 1964.
25 J. Ahronowitz, zitiert in J. Schapiro, *Bein Ha'aliya hashnia wehaschlischit,* in *Asupot,* April 1962, S. 11.
26 Sch. Litwin, *Kovetz Gdud Avoda,* Tel Aviv 1932, S. 25.
27 *Kehiliatenu,* Haifa-Jedda, 1922, S. 21–22. Der Autor Nathan Bistritsky ist auch der Verfasser des Romans *Jamim welelot,* der die damalige Atmosphäre in den Arbeitslagern der Haschomer Hazair getreulich schildert. Siehe auch David Horowitz, *Ha'etmol scheli,* Tel Aviv 1970, Kap. 7.
28 *Al Hamischmar,* 8. Februar 1952; das zitierte Tagebuch bezieht sich auf Ereignisse vom Februar 1922.
29 Zur Frühgeschichte des Haschomer Hazair in Erez Israel siehe *Sefer Haschomer Hazair,* vor allem Band I; Schlomo Rehaw, *Selected Works,* Merhavia 1966, S. 11; Elkana Margalit, *Social and Intellectual Origins of the Haschomer Hatzair Movement,* in *Journal of Contemporary History,* April 1969.
30 Meir Jaari, *Semalim Tluschim,* in *Baderech Aruka,* Merhavia 1947, S. 25 ff., verfaßt 1923.
31 Hauptquellen zur Geschichte der Poale Zion nach 1917: *Jalkute Poale Zion,* Tel Aviv 1947, Jerusalem 1954; die Memoiren von Z. Abramowitsch, *Bescherut hatnua,* Tel Aviv 1965, und von N. Nir, *Wanderungen,* Tel Aviv 1965; Ausgewählte Schriften von J. Jischaki (Merhavia 1957) und der zweite Band von A. Tartakowers *History of the Jewish worker's movement* (hebräische Ausgabe), Warschau 1930.
32 Jehuda Eres (Herausgeber), *Sefer Z. S.,* Tel Aviv 1963, S. 44.

33 Unter den führenden Mitgliedern des Hapoel Hazair, die später in der zionistischen Bewegung und im Staat Israel eine hervorragende Rolle spielten, befanden sich Josef Sprinzak, Sprecher der Knesset; Levi Eschkol, Premierminister nach Ben Gurion; und Elieser Kaplan.

34 J. Kaner, zitiert in Even Schoschan, a. a. O., Bd. II., S. 13.

35 Salman Schasar wurde 1889 geboren, und Levi Eschkol, einer der jüngsten Angehörigen der zweiten Alija, der kurz vor dem Ersten Weltkrieg eintraf, wurde 1895 geboren.

36 Eine Untersuchung von J. Gorni über die Sozialstruktur der zweiten Alija zeigt, daß etwa 70 Prozent aus Kleinstädten kamen. 42 Prozent konnten bei ihrer Ankunft in Palästina nicht Hebräisch (D. Carpi, Herausg.), *Hazionut,* Tel Aviv 1970, S. 210 ff.

37 Unter ihnen waren verhältnismäßig wenige Frauen, obwohl sie die völlige Gleichberechtigung der Geschlechter für selbstverständlich hielten.

38 Golda Meir war nach ihrer Ankunft in Palästina kurze Zeit Mitglied von Merhavia.

39 Siehe zum Beispiel S. Schasars Nachruf in *Or Ischim,* Bd. II., Jerusalem 1963, S. 130–131.

40 Nach Gorni war die zweite Alija an sich keine Elite. Doch stellt der Autor auch fest, daß von den zwanzig Mitgliedern des Exekutivkomitees der Mapai im Jahre 1930 sechzehn vor 1914 nach Palästina gekommen waren.

41 Chaim Arlosoroff, in *Pirke Hapoel Hatzair,* Bd. II., Tel Aviv 1938, S. 162.

42 Zur sozialistischen Beurteilung der vierten Alija siehe M. Braslawski, *Tnuat hapoalim ha'eretz israelit,* Tel Aviv 1956, Bd. II., S. 16 ff.

43 Siehe seine Aufsätze *Baste* und *Wrag Rabotschich,* in *Rasswet,* 28. Juni und 2. August 1925.

44 W. Preuss, a. a. O., S. 78, Even Schoschan, a. a. O., Bd. II., S. 256 ff.

45 David Ben Gurion, *Mema'amad le'am,* Tel Aviv 1933, passim.

46 Zum Kampf zwischen Revisionismus und Arbeiterzionismus siehe Ben Gurion, *Tnuat hapoalim weharevisionismus,* Tel Aviv 1933; Ben Meir, *Harevisionism ssakana le'am,* Tel Aviv 1938; Liebenstein, *Wo steht der Revisionismus?,* Berlin 1934.

47 Der Kibbuz Jagur erreichte 1941 mit 1007 Bewohnern als erster diese Zahl, wurde aber bald vom Kibbuz Giwat Brenner überholt.

48 Viteles, *A History of the Co-operative Movement in Israel,* Bd. II., S. 50.

49 Dan Pines, *Hechaluz bekur hamahpecha,* Tel Aviv 1938.

50 Zur Tätigkeit des Hechaluz siehe Even Schoschan, a. a. O., Bd. II., S. 143 ff.; Bd. III., S. 21 ff.

51 Cf. P. Merchaw, *Toldot tnuat hapoalim be'eretz Israel,* Merhavia 1967, S. 63 ff.

In Blut und Feuer: Jabotinsky und der Revisionismus

1 Die beiden Hauptquellen zu Jabotinskys frühen Jahren sind seine *Autobiographie* (hebräisch), Jerusalem 1947, sowie J. Schechtmans zweibändige Biographie *Rebel and Statesman,* New York 1956, und *Fighter and Prophet,* New York 1961.

2 Siehe zum Beispiel seine Essays *Hajehudim we hasafrut harussit,* 1908, und *Haletifa harussit,* 1909 in Z. Jabotinsky, *Ktawim Niwcharim,* Tel Aviv 1936, Bd. I.

3 Siehe W. Jabotinsky, *The Story of the Jewish Legion,* New York 1945; J. H. P. Patterson, *With the Judaeans in the Palestine Campaign,* New York 1922; J. Trumpeldor, *Tagebücher und Briefe,* Berlin 1925; E. Golomb, *Chewion Os* (2 Bde.), Tel Aviv 1953.

4 *Hamischmar,* August 1932.
5 W. Jabotinsky, *Die Idee des Betar,* Lyck 1935, S. 14; siehe auch *Al Hamilitarism,* in *Baderech Lamedina,* Jerusalem 1960.
6 Schechtman, *Rebel and Statesman,* S. 304.
7 A. a. O., S. 418.
8 *Stenographisches Protokoll des XV. Zionistenkongresses,* S. 229.
9 Schechtman, *Rebel and Statesman,* S. 424.
10 Z. Jabotinsky, *Neumim,* 1905–1926, Tel Aviv, o. D., S. 286.
11 *Rasswet,* 28. Februar, 7. März 1926, J. B. Schechtman und J. Benari, *History of the Revisionist Movement,* Tel Aviv 1970, Bd. I., S. 22.
12 *Basic Principles of Revisionism,* London 1929, S. 3.
13 W. Jabotinsky, *Was wollen die Zionisten-Revisionisten,* Paris 1926, S. 3.
14 *Protokolle des XVII. Zionistenkongresses,* S. 164–178.
15 W. Jabotinsky, *Was wollen die Zionisten-Revisionisten,* Paris 1926, S. 22.
16 R. Lichtheim, *Revision der zionistischen Politik,* Berlin 1930, S. 25.
17 J. Schechtman, *Judenstaatszionismus,* zitiert in S. Schmitz und H. Brauner, *Die Wahrheit über den Revisionismus,* Moravská Ostrava 1935, S. 8.
18 *Jewreiskaja Mysl,* 12. Oktober 1906, zitiert in Schechtman, *Rebel and Statesman.*
19 W. Jabotinsky, *Was wollen die Zionisten-Revisionisten,* Paris 1926, S. 23.
20 Lichtheim, *Revision der zionistischen Politik,* S. 52.
21 *Ma'amad,* in *Uma wechewra,* S. 246.
22 *Basic Principles of Revisionism,* S. 6; siehe auch E. Soskin, *Das Kolonisationsproblem,* Paris 1929, und *Kolonisations-Revisionismus,* Wien 1927; J. Schechtman, *Judenstaatszionismus,* Prag 1933; Lichtheim, *Revision der zionistischen Politik.*
23 *Sefer Betar,* Tel Aviv, Bd. I., S. 32.
24 B. Lubotzki, *HaZohar uBetar,* Jerusalem 1946, S. 12.
25 Zusammenfassungen der Arbeit dieser Konferenz finden sich in Schechtman und Benari, *History of the Revisionist Movement,* S. 143–154.
26 *Protokolle der III. Weltkonferenz der Union der Zionisten-Revisionisten,* Paris 1929, S. 35–36.
27 Schechtman, *Fighter and Prophet,* S. 143.
28 Eine genaue Schilderung dieser Auseinandersetzungen findet sich bei Schechtman, *Fighter and Prophet,* S. 158 ff., und Jakob Perelman, *Rewizjonizm w Polsce,* Warschau 1937, S. 227 ff.
29 *Herut,* 26. März 1933, zitiert in Schechtman, *Fighter and Prophet,* S. 175.
30 Zum Programm dieser Partei siehe R. Stricker, *Di Judenstaatspartei* (jiddisch), Warschau 1935.
31 Lubotzki, *HaZohar uBetar,* Jerusalem 1946, S. 11.
32 Die Hauptquelle zur Geschichte der revisionistischen Jugendbewegung ist Ch. Ben Jeruham (Herausgeber), *Sefer Betar,* Tel Aviv 1969. Siehe auch Perelman, *Rewizjonizm w Polsce,* S. 168 ff.
33 W. Laqueur, *Young Germany,* London 1962, S. 133 ff.
34 *Rajon Betar,* in *Kitwe Z. Jabotinsky, Baderech lamedina,* Jerusalem 1941, S. 321.
35 A. a. O., S. 319.
36 *Rasswet,* 18. September 1933.
37 *Chasit Ha'am,* 7. Oktober 1932, zitiert bei Schechtman.
38 *Chasit Ha'am,* 6. Mai 1932, zitiert bei Schechtman. Zur Frühgeschichte des palästinensischen Revisionismus (zum Beispiel der *Amlanim*-Gruppe), siehe Schechtman und Benari, *History of the Revisionist Movement,* S. 193–217.
39 *Chasit Ha'am,* 29. März 1932, zitiert bei Schechtman.
40 J. Nedawa, *Jabotinsky bechason hador,* Tel Aviv 1950, S. 223.

41 *Jeruschalajim mechaka,* Tel Aviv 1932, S. 9–10.
42 *Davar,* 23. August 1933.
43 Zur Geschichte dieser Gruppe siehe *Brit Habirjonim,* herausgegeben vom Jabotinsky Institute, Tel Aviv 1956; David Nir, a. a. O., Bd. I., S. 179 ff. *Sefer Betar,* Bd. I., S. 380–382; *Sefer Toldot Hahagana,* Bd. II., S. 493 ff.
44 In einem Artikel über Abenteuertum in *Chasit Ha'am,* 11. März 1932, zitiert bei Schechtman.
45 Brief an Jewin, 14. Mai 1933, zitiert bei Schechtman.
46 *Brit Habirjonim,* S. 9.
47 Schechtman, *Fighter and Prophet,* S. 441.
48 Antwort an J. Klausner, in *Rasswet,* 26. September 1926.
49 Schechtman, *Fighter and Prophet,* S. 290.
50 *Judenstaat,* 30. März 1934.
51 *Haint,* 4. November 1932.
52 Schechtman, *Fighter and Prophet,* S. 233.
53 *Wir, die Bourgeoisie,* in *Rasswet,* 17. April 1927.
54 Schechtman, *Fighter and Prophet,* S. 249.
55 Zur Anhängerschaft der Revisionisten in Polen, siehe I. Remba, *Hatnua harevisionistit,* in *Encyclopaedia schel galujot,* Warschau, Tel Aviv 1959, Bd. VI, S. 185 ff.
56 *Evidence submitted to the Palestine Royal Commission by Mr. V. Jabotinsky,* 11. Februar 1937.
57 Zitiert in Schechtman, *Fighter and Prophet,* S. 295.
58 *The Ten Year Plan for Palestine,* London 1938.
59 V. Jabotinsky, *The Jewish War Front,* London 1940, S. 189.
60 A. a. O., S. 55–57.
61 *The Futility of Revisionism,* London, o. D., S. 9; *Revisionism a Destructive Force,* New York 1940, S. 3 ff.
62 Schechtman, *Fighter and Prophet,* S. 340.
63 A. a. O., S. 352.
64 D. Nir, *Ma'arachot hairgun haswai haleumi,* Tel Aviv 1965, Bd. I., S. 156 ff.
65 A. a. O., S. 268 ff.; *Sefer Toldo Hahagana,* Tel Aviv 1964, Bd. II., S. 722 ff.
66 Schechtman, *Fighter and Prophet,* S. 453.
67 J. Bauer, *Diplomatia wemahteret,* Merhavia 1963, S. 115.
68 Siehe J. S. Brenner, *The Stern gang 1940–1948,* in *Middle Eastern Studies,* Oktober 1965.
69 Schechtman, *Fighter and Prophet,* S. 460.
70 Über Stern siehe J. Weinschal, *Hadam ascher basaf,* Tel Aviv 1956.
71 *Lechi Ktawim,* Tel Aviv, Bd. II., S. 714; zur Ideologie der Lechi siehe auch Eldad in *Sulam,* Tewet 1962, S. 46.
72 Siehe Miriam Getters unveröffentlichte Dissertation, *Die Ideologie der »Lechi«* (hebräisch), Tel Aviv 1967, S. 79 ff.
73 Chaim Weizmann, *Memoiren,* S. 101.
74 Zitiert in Schechtman, *Fighter and Prophet,* S. 248.
75 A. a. O., S. 248.
76 *Die Welt,* 3. April 1914.
77 J. Nedawa, *Jabotinsky bechason hador,* Tel Aviv 1940.
78 Schechtman, *Fighter and Prophet,* S. 561–562.

Der Zionismus und seine Kritiker

1 O. Pergament (Herausgeber), *Graf Leo Tolstoi über die Juden,* Berlin, O. J., S. 18, 23.
2. Alfred Rosenberg, *Der staatsfeindliche Zionismus,* Hamburg 1922, S. 62–63.
3 Karl Landauer und Herbert Weil, *Die zionistische Utopie,* München 1914, S. 80.
4 Max Nordau, *Zionistische Schriften,* Köln 1909, S. 258.
5 Siehe Bernard Lazare, *Antisemitism,* New York 1903; Landauer und Weil, *Die zionistische Utopie,* S. 32. Die französische Ausgabe des Werkes von Lazare erschien 1894; zur Zeit der Herausgabe der amerikanischen Übersetzung hatte er seine Meinung zu diesem Thema radikal geändert. Für den Antisemitismus gebe es keine Lösung, schrieb er 1897, die Assimilation sei keine Antwort, die einzige Lösung der Judenfrage sei der jüdische Nationalismus, der Zionismus.
6 Nordau, *Zionistische Schriften,* S. 268–270.
7 Arthur Schnitzler, *Gesammelte Werke,* Berlin, Bd. III., S. 94–95.
8 Zitiert in A. Herzberg, *The Zionist Idea,* New York 1959, S. 239–240.
9 Jakob Klatzkin, *Krisis und Entscheidung,* Berlin 1921, S. 196–198.
10 Nahum Goldmann, *Memoirs,* London 1970, S. 58–59.
11 Karl Kraus, *Eine Krone für Zion,* Wien 1808, S. 30.
12 M. Güdeman, *Nationaljudentum,* Wien 1897, S. 4, 5, 12.
13 Zitiert in H. Vogelstein, *Der Zionismus, eine Gefahr für die gedeihliche Entwicklung des Judentums,* Stettin 1906, S. 11.
14 A. a. O., S. 4–7.
15 Zitiert in E. Berger, *The Jewish Dilemma,* New York 1945, S. 240.
16 C. G. Montefiore, *Liberal Judaism and Jewish Nationalism,* London 1917, S. 6–7.
17 L. Magnus, *Zionism and the neo-Zionist,* London 1917; *Religio Laici Judaici,* London 1907, S. 140; und die Antwort Leon Simons, *The Case of the Anti-Zionists,* London 1917.
18 F. Goldmann, *Zionismus oder Liberalismus,* Frankfurt a. M., 1911, S. 6, 71.
19 Zum Beispiel Max Kollenscher, *Zionismus oder liberales Judentum,* Berlin 1912; *Zionismus und Staatsbürgertum,* Berlin 1910; Dr. Joseph, *Das Judentum am Scheideweg,* Berlin 1908; R. Breuer, *Nationaljudentum ein Wahnjudentum,* Mainz.
20 *Antwort an das offene Schreiben des Herrn Dr. Martin Buber an Hermann Cohen,* Frankfurt am Main 1916, S. 13; siehe auch Hermann Cohen, *Religion und Zionismus,* Crefeld 1916; M. Buber, *Begriffe und Wirklichkeit,* in *Der Jude,* August 1916.
21 L. Schön (Herausgeber), *Die Stimme der Wahrheit,* Würzburg 1905, S. 163 ff.
22 *Deutsche Israelitische Zeitung,* Nr. 15, 30. Mai 1913; *C. V. Zeitung,* Februar 1919.
23 Alfred Wiener, *Kritische Reise durch Palästina,* Berlin 1927, S. 118.
24 Emanuel Levyne, *Judaisme contre Sionisme,* Paris 1969, S. 20–21.
25 Siehe die *Schriften zur Aufklärung über den Zionismus,* herausgegeben vom Antizionistischen Komitee, Berlin, o. D. (ca. 1910–1913).
26 L. Wolf, *Aspects of the Jewish Question,* London 1902, S. 18, 23.
27 A. a. O., S. 58.
58 E. Fleg, *Pourqoi je suis juif,* Paris 1928, S. 94.
29 Andre Blumel, *Léon Blum, juif et zioniste,* Paris 1952, S. 13.
30 Michael R. Marrus, *The Politics of Assimilation,* Oxford 1971, S. 277.
31 J. Benda, *Un regulier dans le siècle,* Paris 1938, S. 220.
32 Siehe *Russkoje Bogatstwo,* 12, 1897, und M. Lilienblum, *Palestinofilstwo, Zionizm i ich protiwniki,* Odessa 1899.

33 M. Gerschenson, *Sudby jewreiskowo naroda,* Berlin 1922. Eine französische Übersetzung erschien unter dem Titel *Les destins du peuple juif* 1946 in Paris.
34 L. Lipsky, *A Gallery of Jewish Profiles,* New York 1956, S. 156.
35 *Correspondence on the advisability of calling a conference for the purpose of combating Zionism,* New York 1918, S. 10.
36 Central Conference of American Rabbis, *Yearbook,* Bd. 30, 1920, S. 142.
37 E. Berger, *The Jewish Dilemma,* New York 1945, S. 241.
38 Siehe *The Flint Plan – A Programm of Action for American Jews,* New York 1942; und Milton Steinberg, *Zionism and the new Opposition,* in *Zionism,* New York 1943.
39 Zitiert in Berger, *The Jewish Dilemma,* S. 246.
40 *Commentary,* Mai 1946.
41 I. Maybaum, *The Faith of the Jew in the Diaspora,* London 1956, S. 118, 132.
42 Jacob J. Petuchovski, *Zion Reconsidered,* New York 1966, S. 78.
43 Emanuel Scherer, in F. Gross und B. Vlavianos, *Struggle for Tomorrow,* New York 1965, S. 153.
44 Eine Zusammenstellung der Aussprüche führender Rabbiner gegen den Zionismus findet sich in M. Blach (Herausgeber), *Dovev sifte jeschenim* (3 Bde.), New York 1959.
45 Emil Marmorstein, *Heaven at Bay,* London 1968, S. 71.
46 I. Domb, *The Transformation,* London 1958, S. 138, 192, 195.
47 J. Rosenheim, *Kol Jaakow,* Tel Aviv 1954, S. 68.
48 I. Breuer, *Judenproblem,* Halle 1918, S. 64–65.
49 A. a. O., S. 66–67.
50 I. Breuer, *Das jüdische Nationalheim,* Frankfurt am Main, 1925, S. 23.
51 J. De Han, *Quartrinen,* Amsterdam 1924, S. 77, 138.
52 *Kadosch De Han, Hajaw Wemoto,* Jerusalem 1925, S. 29.
53 Rosenheim, *Ajudistische Schriften,* S. 58.
54 Zitiert in Marmorstein, *Heaven at Bay,* S. 82; siehe auch Breuer, *Das jüdische Nationalheim.*
55 I. Breuer und J. Rosenheim, *Erez Israel und die Orthodoxen,* Frankfurt am Main 1934.
56 I. Breuer, *Moriah,* Jerusalem 1944, S. 210.
57 *Erez Israel und die Orthodoxen,* S. 19; sowie *Knesia mechina fun Agudas Jisroel in London,* o. D., S. 4.
58 Marmorstein, *Heaven at Bay,* S. 89.
59 *Lifkoah Enajim,* Jerusalem 1954, S. 15.
60 Marmorstein, *Heaven at Bay,* S. 86.
61 I. Breuer, *Erez Israel Briefe,* Frankfurt am Main 1936, S. 22.
62 Marmorstein, *Heaven at Bay,* S. 88–89.
63 Zitiert in F. Gross und B. Vlavianos, *Struggle for Tomorrow,* New York 1954, S. 115.
64 A. a. O., S. 163.
65 A. a. O., S. 170 ff.
66 Siehe Dubnows Essays in *Woschod,* November 1897, Januar–April 1898, Dezember 1901 und danach. Deutsche Ausgabe, *Die Grundlagen des Nationaljudentums,* Berlin, o. D.; sowie K. S. Pinson, *Nationalism and History,* Philadelphia 1958, S. 163, 185.
67 K. Kautsky, *Rasse und Judentum,* 2. Aufl., Stuttgart 1921, S. 45.
68 A. a. O., S. 92.
69 A. a. O., S. 94.

70 A. a. O., S. 94.
71 A. a. O., S. 95.
72 A. a. O., S. 108.
73 *Zur Kritik der zionistischen Theorie und Praxis* in *Resistentia*, Frankfurt 1970, S. 39.
74 Otto Bauer, *Die Nationalitätenfrage und die Sozialdemokratie*, Wien 1907, S. 135, 366.
75 Zitiert in *Leo Baeck Year Book*, 10, London 1965, S. 275.
76 Rudolf Springer (Karl Renner), *Der Kampf der österreichischen Nation um den Staat*, Leipzig 1902. E. Pernerstorfer, *Zur Judenfrage*, in *Der Jude*, 1916/17, S. 308.
77 *Neue Zeit*, Bd. 15, 1896/97, S. 186; Bd. 16, 1897/98, S. 600.
78 *Neue Zeit*, Bd. 19, 1900/01, S. 324.
79 *Justice*, 21. Oktober 1899; Zitiert in E. Silberner, *Sozialisten zur Judenfrage*, Berlin 1962, S. 262.
80 A. a. O., S. 89–90.
81 A. Szanto, *Der Zionismus – eine nationalistische und reaktionäre Utopie*, Berlin 1930, S. 52–53.
82 *Neue Zeit*, Bd. 11, 1891/92, S. 236–237; J. Moses (Herausgeber), *Die Lösung der Judenfrage*, Berlin 1907; *Neue Zeit*, Bd. 32, 1913/14.
83 Lenin, *Gesammelte Werke* (zweite russische Ausgabe), Bd. 17, S. 118.
84 A. a. O., S. 141.
85 J. V. Stalin, *Marxism and the National Question*, New York, o. D., S. 6 ff.
86 Zitiert in J. Leftwich, *What will Happen to the Jews?* London 1936, S. 137, 149.
87 Otto Heller, *Der Untergang des Judentums*, Wien 1931, S. 173–174.
88 A. a. O., S. 21–22.
89 W. Zukerman, *The Jew in Revolt*, London 1937, S. 121–123.
90 A. a. O., S. 112–113.
91 A. a. O., S. 131, 236.
92 A. a. O., S. 255.
93 *Forward* (Jiddisch), 28. Januar 1937; siehe auch *On the Jewish Question*, in *Fourth International*, Dezember 1945.
94 Siehe N. Weinstock, *Le Sionisme contre Israel*, Paris 1968.
95 A. Leon, *Conception materialiste de la question Juive*, Paris 1946. Zitate aus der englischen Ausgabe, *The Jewish Question. A Marxist Interpretation*, Mexico 1950, S. 210 ff.
96 A. a. O., S. 222, 228.
97 *Zur Kritik der zionistischen Theorie und Praxis*, S. 7.
98 Isaac Deutscher, *The Non-Jewish Jew*, London 1968, S. 111–112.
99 A. a. O., S. 126 ff.
100 A. a. O., S. 26.

Die Weizmann-Ära

1 Eine kurze, allgemeine Übersicht über die Situation der osteuropäischen Judenschaft findet sich bei O. Janowsky, *People at Bay*, London 1938, während die ökonomischen und wirtschaftlichen Aspekte in den Schriften J. Lestschinskys behandelt werden. Das Standardwerk zur Geschichte des sowjetischen Judentums ist immer noch die Untersuchung von Solomon Schwarz. Eine wertvolle Ergänzung dazu ist das von Lionel Kochan herausgegebene Symposium.
2 Zitiert in Harry M. Rabinowicz, *The Legacy of Polish Jewry 1919–1939*, New York 1965, S. 74.

3 *Palestine during the War,* ein Bericht über die Erhaltung der jüdischen Siedlungen in Palästina, Zionist Organization, London 1921, S. 31.
4 *Sefer toldot Hahagana,* 2. Teil, S. 550.
5 Medzini, a. a. O., S. 61 ff.
6 Sykes, *Crossroads to Israel,* S. 38. Bezüglich OETA siehe auch Storrs, *Orientations;* Horace B. Samuel, *Unholy Memoirs of the Holy Land;* Redcliffe N. Salaman, *Palestine Reclaimed;* Ashbee, *Palestine Notebook;* Graves, *Palestine, the Land of Three Faiths.*
7 Weizmann, *Memoiren,* S. 324.
8 Storrs, *Orientations,* S. 489.
9 E. Kedourie, *Sir Herbert Samuel and the Government of Palestine,* in *Middle Eastern Studies,* Januar 1969, S. 53.
10 Paul L. Hanna, *British Policy in Palestine,* Washington 1942, S. 60.
11 L. Stein, *The Balfour Declaration,* S. 610.
12 A. a. O., S. 645.
13 Hanna, *British Policy in Palestine,* S. 59; zur Entwicklung des Palästinamandats siehe J. Stoyanovsky, *The Mandate for Palestine,* New York 1928; F. Friedman, *Das Palästinamandat,* Prag 1936; Quincy Wright, *Mandates under the League of Nations,* Chicago 1930; N. Bentwich, *The Mandates System,* London 1930.
14 A. a. O., S. 67.
15 *Bericht des Aktionskomitees an den XIV. Zionistenkongreß,* zitiert in *Palestine* (Esco Foundation), New Haven 1947, I., S. 291.
16 *Protokoll des XV. Delegiertentages,* Berlin 1919, S. 53.
17 Siehe Trietschs Zeitschrift *Volk und Land,* 1920, und seinen programmatischen Aufsatz gegen die offizielle Siedlungspolitik in *Jüdische Rundschau,* 30. August 1921.
18 Bezüglich der organisatorischen Veränderungen siehe *Reports of the Executive of the Zionist Organisation to the XIIth Zionist Congress,* III., London 1921.
19 Ein Bericht über diese Kontroverse im Sinne Brandeis' findet sich bei J. de Haas, *Louis Brandeis,* New York 1929; siehe auch Brandeis' Interview in *Der Tag,* 10. Januar 1921.
20 Louis Kopsky, *Thirty Years of American Zionism,* New York 1929, S. 78.
21 Siehe *XII. Zionistenkongreß . . .,* Bd. II., S. 215 ff.
22. *Jüdische Rundschau,* 2. Februar 1923.
23 *Protokoll des XII. Zionistenkongresses,* Berlin 1922, S. 735.
24 *Protokoll des XIII. Zionistenkongresses,* London 1924, S. 249–293.
25 Weizmann, *Memoiren,* S. 480.
26 *Protokoll des XV. Zionistenkongresses,* London 1927, S. 206 ff.
27 Morris Rothenberg, in M. Weisgal (Herausgeber), *Chaim Weizmann,* New York 1944, S. 223.
28 Weizmann, *Memoiren,* S. 453 ff.
29 Charles Webster, *The Art and Practice of Diplomacy,* London 1961, S. 114.
30 Isaiah Berlin, *Chaim Weizmann,* London 1958, S. 27.
31 Zitiert in Israel Kolatt, *Manhiguto shel Chaim Weizmann,* Jerusalem 1970, S. 26–27.
32 R. Weltsch, in M. W. Weisgal und Joel Carmichael (Herausgeber), *Chaim Weizmann,* London 1962, S. 188.
33 Weizmann, *Memoiren,* S. 496.
34 R. Weltsch in *Jewish Social Studies,* Bd. 13, Nr. 3, S. 127.
35 Berlin, *Chaim Weizmann,* S. 25–28.
36 *Haaretz,* 15. Dezember 1919; zitiert in Kolatt, *Manhiguto shel Chaim Weizmann.*
37 Rede in Czernowitz, Dezember 1927, zitiert in Chaim Weizmann, *Reden und Aufsätze,* Tel Aviv 1937, S. 185.

38 Sacher, *Zionist Portraits,* S. 10.
39 Weitere biographische Einzelheiten siehe J. Klausner, *Menachem Ussischkin,* Jerusalem 1942.
40 Sacher, *Zionist Portraits,* S. 36.
41 Einige seiner Schriften wurden postum veröffentlicht: A. Bein (Herausgeber), *Sefer Motzkin,* Jerusalem 1938.
42 Louis Lipsky, *A Gallery of Zionist Profiles,* S. 90–91.
43 Arlosoroffs Schriften und Reden wurden 1934 postum in Tel Aviv herausgegeben. Ferner gibt es eine deutschsprachige Auswahl seiner Schriften: Chaim Arlosoroff, *Leben und Werk,* Berlin 1936.
44 I. Schwarzbart, in F. Gross und B. J. Vlavianos (Herausgeber), *Struggle for Tomorrow,* New York 1954, S. 27.
45 A. a. O., S. 28. Siehe auch N. Goldenberg, *General Zionism,* London 1937; I. Goldstein, *General Zionist Program,* New York 1947; Moshe Kleinmann, *Hazionim Haklalim,* Jerusalem 1945.
46 Felix Weltsch, *Parteien im Zionismus,* Prag 1936, S. 10–12.
47 *Zu den Hauptfragen des XIV. Zionistenkongresses* (Flugschrift Nr. 1 der Konferenzgemeinschaft radikaler Zionisten), o. S., o. D.; und *Probleme des XIV. Zionistenkongresses,* o. S., o. D.
48 *Das Programm der Vereinigten Radikalen Zionisten,* o. S., o. D.
49 Rabbi Judah L. Fishman, *The History of the Mizrahi Movement,* New York 1928, S. 49.
50 Zitiert in *Sefer Misrachi,* Jerusalem 1946, S. 53.
51 Sch. Z. Schragai, *Chason Wehagschama,* London 1945, S. 17.
52 Meir Berlin, *Mewoloschin ad Jeruschalajim,* Tel Aviv 1940, Bd. II., S. 55; zur Geschichte des Misrachi siehe auch S. B. Feldman, *Brief Survey of the Mizrahi Movement,* London.
53 Berthold Lewkowitz, *Der Weg des Misrachi,* Wien 1936, S. 9.
54 Mosche Ostrowski, *Toldot Hamisrachi beerez Israel,* Jerusalem 1943, S. 132 ff.
55 Walter Laqueur, *The German Youth Movement and the Jewish Question,* in *Leo Baeck Year Book,* 1961, S. 199.
56 Zur Geschichte von *Blau-Weiß* und anderer zionistischer Jugendverbände siehe Hermann Meier-Cronemeyer, *Jüdische Jugendbewegung,* in *Germania Judaica* (2 Bde.) 1969. Siehe auch die unveröffentlichte Dissertation von Chaim Schatzker, *Tnuat Hanoar hajehudit beGermania beschanim 1900–33,* Jerusalem 1969. Zu den Schwierigkeiten des Historikers bei der Erforschung von Jugendbewegungen siehe W. Laqueur, *The Archaeology of Youth,* in *Out of the Ruins of Europa,* New York 1971.
57 *Sefer Haschomer Hazair,* Merhavia 1956, Bd. I., S. 24 ff.
58 Pinchas Lubianiker, *Jesodot,* Tel Aviv 1941, S. 10.
59 Christopher Sykes, *Crossroads to Israel,* S. 105 ff.
60 Great Britain, Parliamentary Papers 1930, Cmd. 3530.
61 Hanna, *British Policy in Palestine,* S. 53.
62 Great Britain, Parliamentary Papers, 1930, Cmd. 3686, S. 141.
63 Great Britain, Parliamentary Papers, 1930, Cmd. 3692.
64 Leonard Stein, *The Palestine White Paper of October 1930,* London 1930, S. 31 ff.
65 Esco Foundation, *Palestine,* Bd. II., S. 660.
66 *Jüdische Rundschau,* 27. März 1931.
67 *Stenographisches Protokoll der Verhandlungen des XVII. Zionistenkongresses,* London 1931, S. 55 ff.
68 A. a. O., S. 230.
69 *Bericht der Exekutive an den XVIII. Zionistenkongreß,* London 1933, S. 206.

70. C. Arlosoroff, *Joman Jeruschalajim,* Tel Aviv 1948, S. 342.
71 A. a. O., S. 333.
72 *Jüdische Rundschau,* 29. November 1932.
73 Blumenfeld, *Erlebte Judenfrage,* S. 196.
74 *Jüdische Rundschau,* 13. April 1933.
75 A. a. O., 28. März 1933.
76 J. B. Agus, *The Meaning of Jewish History,* New York 1963, Bd. II., S. 447.
77 *Stenographisches Protokoll der Verhandlungen des XVIII. Zionistenkongresses in Prag,* 1934, S. 29.
78 David Yisraeli, *The Third Reich and the Transfer Agreement,* in *Journal of Contemporary History,* April 1971.
79 A. a. O.
80 *Document on German Foreign Policy,* Serie C, Bd. 5, Nr. 664.
81 *Stenographisches Protokoll,* die Reden von Rubaschow (Schasar), S. 258, und Goldmann, S. 272.
82 Weizmann, *Memoiren,* S. 526.

Die europäische Katastrophe

1 M. Wischnitzer, *To Dwell in Safety,* Philadelphia 1948, S. 196 ff.
2 A. D. Morse, *While Six Millions Died,* London 1968, S. 211; H. L. Feingold, *The Politics of Rescue,* New Brunswick 1970, S. 22–44.
3 E. Hearst, in *Wiener Library Bulletin,* April 1965; zur Konferenz von Evian, a. a. O., März 1961; *Sunday Express,* 19. Juni 1938.
4 A. Koestler, *Promise and Fulfilment,* London 1949, S. 21.
5 *Palestine Royal Commission Report,* Cmd. 5479, London 1937, Abs. 82.
6 D. Ben Gurion, *The Zionist Organisation and its Tasks,* in *Zionist Review,* April 1936.
7 *Stenographisches Protokoll der Verhandlungen des XIX. Zionistenkongresses,* Wien 1937, S. 84.
8 Weizmann, *Memoiren,* S. 528.
9 A. a. O., S. 531–532.
10 *Sefer Toldot Hahagana,* Bd. II., S. 654 ff.; Sykes, *Crossroads to Palestine,* S. 184.
11 *Palestine Royal Commission Report,* Cmd. 5479, London 1937.
12 Jewish Agency for Palestine, *Memorandum to the Palestine Royal Commission,* S. 5.
13 Cmd. 5479, S. 143.
14 Zitiert in ESCO, Bd. II., S. 802.
15 *Palestine Royal Commission,* Minutes of Evidence, London 1937, S. 297 (Mufti), S. 310–315 (Auni Abdul Hadi).
16 Weizmann, *Memoiren,* S. 559–560.
17 A. a. O., S. 561.
18 J. L. Meltzer, *Towards the Precipice,* in M. W. Wisgal (Herausgeber) *Chaim Weizmann,* London 1962, S. 240. Meltzer und C. Sykes, der ihn zitiert, nennen »einen frühen Samstag im Februar« als Datum. Die Zusammenkunft muß jedoch früher stattgefunden haben, denn die Kommission war bereits am 30. Januar 1937 wieder in London.
19 Sykes, *Crossroads to Palestine,* S. 202.
20 Meltzer, *Towards the Precipice.*
21 Cmd. 5513, London 1937.

22 *Kongreß-Zeitung*, 5. August 1937.
23 A. a. O., 10, 11. August 1937.
24 A. a. O., 11. August 1937.
25 Weizmann, *Memoiren*, S. 574.
26 Cmd. 5634, London 1938; Sykes, *Crossroads to Palestine*, S. 229.
27 ESCO, Bd. II., S. 873.
28 Cmd. 5893, November 1938.
29 *Palestine and the British Empire*, in *In the Margin of History*.
30 Zitiert in Y. Bauer, *Diplomatia wemachteret*, Merhavia 1963, S. 31.
31 Ben Gurion, 12. Februar 1938, a. a. O., S. 28.
32 Bauer, *Diplomatia wemachteret*, S. 32.
33 A. a. O., S. 30.
34 A. a. O., S. 31, 37.
35 Weizmann, *Memoiren*, S. 600.
36 N. Goldmann zu Ben Gurion, zitiert in J. B. Schechtman, *The United States and the Jewish State Movement*, New York 1966, S. 22.
37 Cmd. 6019, 1939.
38 Diese beiden Dokumente sind ebenso wie andere diesbezügliche Äußerungen mehrmals veröffentlicht worden. Die vorliegenden Zitate stammen aus der Sondernummer von *Jewish Frontier*, Oktober 1943, die sich mit dem Weißbuch befaßte.
39 *Manchester Guardian*, 15. März 1940.
40 Zitiert in Bauer, *Diplomatia wemachteret*, S. 41.
41 A. a. O., S. 57–58.
42 *Eton Hakongress*, 24. August 1939.
43 Weizmann, *Memoiren*, S. 604.
44 *Eton Hakongress*, 21. August 1939; *Jüdische Weltrundschau*, 18. August 1939.
45 *Eton Hakongress*, 24. August 1939.
46 Daily News Bulletin, *Jewish Telegraphic Agency*, 8. September 1939.
47 Zitiert in *Jewish Frontier*, Oktober 1943, S. 29.
48 Y. Bauer, *From Diplomacy to Resistance*, Philadelphia 1970, S. 108.
49 Henry L. Feingold, *The Politics of Rescue*, New Brunswick 1970, S. 145, 159–166.
50 Sykes, *Crossroads to Palestine*, S. 258.
51 The Zionist Organisation and the Jewish Agency for Palestine, *Reports of the Executive submitted to the 22nd Congress at Basle*, Jerusalem 1946, Bd. II., S. 13.
52 Weizmann, *Memoiren*, S. 611.
53 *Political Report of the London Office of the Jewish Agency submitted to the 22nd Zionist Congress*, London 1946, S. 13.
54 Eban, *Tragedy and Triumph*, S. 267.
55 Weizmann, *Memoiren*, S. 439.
56 Zitiert in Bauer, *From Diplomacy to Resistance*, S. 74.
57 A. a. O., S. 350.
58 *The Times*, 30. Mai 1942; zitiert in G. Kirk, *The Middle East in the War*, London 1952, S. 246.
59 Eban, *Tragedy and Triumph*, S. 267.
60 *The International Post-War Settlement*, London 1944, S. 7.
61 Eban, *Tragedy and Triumph*, S. 274.
62 *Zionist Review*, 12. September 1941.
63 *Palestine's Role in the Solution of the Jewish Problem*, in *Foreign Affairs*, January 1942.
64 *Zionist Review*, 19. November 1943.
65 *Zionist Review*, 4. Februar 1944.

66 Bauer, *From Diplomacy to Resistance,* S. 231; *Zionist Review,* 2. Januar 1942.
67 Bauer, *From Diplomacy to Resistance,* S. 231.
68 Weizmann, *Memoiren,* S. 631.
69 In einem Brief an Leon Simon im November 1941, zitiert in Bauer, *From Diplomacy to Resistance,* S. 234.
70 Voller Wortlaut in ESCO, Bd. II., S. 1084–1085.
71 R. Silverberg, *If I Forget Thee, O Jerusalem,* New York 1970, S. 194.
72 B. Halpern, *The Idea of the Jewish State,* Cambridge 1961, S. 39; *Foreign Relations of the United States,* 1942, Bd. 4., Washington 1963, S. 552.
73 Bauer, *From Diplomacy to Resistance,* S. 242.
74 *Zionist Review,* 15. Mai 1942.
75 Bauer, *From Diplomacy to Resistance,* S. 243.
76 S. Halpern, *The Political World of American Zionism,* Detroit 1961, S. 27.
77 Zitiert in Silverberg, *If I Forget Thee, O Jerusalem,* S. 184.
78 Halpern, *The Political World of American Zionism,* S. 269.
79 Weizmann, *Memoiren,* S. 613.
80 Silverberg, *If I Forget Thee, O Jerusalem,* S. 187–189.
81 Zitiert a. a. O., S. 228; Jeschajahu Winograd, *Abba Hillel Silver,* Tel Aviv 1957, S. 140 ff.
82 Zitiert in Schechtman, *The United States and the Jewish State Movement,* S. 94.
83 A. a. O., S. 242.
84 A. a. O., S. 239 ff.; Schechtman, *The United States and the Jewish State Movement,* S. 74 ff.
85 *Jewish Telegraphic Agency Bulletin,* 3. Dezember 1944.
86 Zitiert in Eban, *Tragedy and Triumph,* S. 273.
87 Feingold, *The Politics of Rescue,* S. 257.
88 D. Ben Gurion, *Medinat Israel hamechudeschet,* Bd. I., Tel Aviv 1969, S. 65.

Der Kampf um den jüdischen Staat

1 *Jewish Frontier,* August 1945.
2 R. H. S. Crossman, *A Nation Reborn,* 1960, S. 70.
3 Eban, *Tragedy and Triumph,* S. 280.
4 Central Zionist Archives, File S 5/351. Sitzung vom 7. Oktober 1945.
5 *The World Zionist Conference,* London 1945, S. 6.
6 Rede in Atlantic City, *JTA Bulletin,* 23. November 1945.
7 Yehuda Bauer, *Flight and Rescue: Brichah,* New York 1970, S. 320.
8 A. a. O., S. 317–318.
9 *Supplementary Memorandum by the Government of Palestine including Notes on Evidence Given to UNSCOP up to July 12,* 1947, S. 34.
10 Chaim Weizmann, *The Right to Survive,* Jerusalem 1946.
11 Cmd. 6808, London 1946, S. 11.
12 David Horowitz, *State in the Making,* New York 1953, S. 94; Silverberg, *If I Forget Thee, O Jerusalem,* S. 307.
13 Central Zionist Archives, Sitzung vom 21. Mai 1946, File S 25/1804.
14 Zitiert in Bauer, *Flight and Rescue,* S. 256.
15 Zitiert in Silverberg, *If I Forget Thee, O Jerusalem,* S. 318.
16 Manche Zahlen, wie 112.000 für Deutschland und 100.000 für Polen, wirken zweifelhaft.

17 *HaKongress Hazioni ha 22. Din wecheschbon stenografi,* Jerusalem o. D., S. 7 ff.
18 A. a. O., S. 87.
19 A. a. O., S. 142 ff.
20 A. a. O., S. 344. Sneh trat bald darauf aus der zionistischen Bewegung aus und wurde Mitglied der Kommunistischen Partei; sein Bruch mit Moskau erfolgte erst viele Jahre später, nach zahllosen Enttäuschungen.
21 A. a. O., S. 344–345.
22 *The Times,* 8. Januar 1947.
23 Eban, *Tragedy and Triumph,* S. 295.
24 Der englische Text dieser Rede wurde von der Presseabteilung der sowjetischen Botschaft in London verteilt; siehe *Zionist Review,* 23. Mai 1947.
25 *The Jewish Evidence before the United Nations Special Commission on Palestine,* Jerusalem 1947, S. 25–26.
26 Zitiert in Eban, *Tragedy and Triumph,* S. 288.
27 *Der Tog,* 5. September 1947. Zitiert in Silverberg, *If I Forget Thee, O Jerusalem,* S. 343.
28 *New York Times,* 30. November 1947.
29 Zitiert in H. Sacher, *Israel: The Establishment of a State,* London 1952, S. 105.
30 Zeev Sharef, *Three Days,* London 1962, S. 44 ff.; A. N. Poliak, *Bekum Medinat Israel,* Tel Aviv 1956, S. 175.
31 Sharef, *Three Days,* S. 167.
32 A. a. O., S. 122–123; Ben Gurion, *The Peel Report and the Jewish State,* S. 86.

Quellenverzeichnis

Es gibt viele tausend Bücher und Broschüren über den Zionismus. Die nützlichsten Bibliographien sind *Bibliografia Zionit* (hrsg. von A. Lewinson), Jerusalem, und der von Kressel und Klausner stammende Anhang zu J. Gruenbaums *Hatnua hazionit behitpatchuta* (4 Bde.). Die wichtigsten allgemeinen Werke sind Nahum Sokolows *History of Zionism* (1600–1918) (2 Bde.), London 1919, und Adolf Böhms *Die zionistische Bewegung* (2 Bde.), W. Berlin 1937. Eine unentbehrliche Quelle sind die stenographischen Protokolle der Zionistenkongresse, desgleichen Herzls Tagebücher, die Herzl-Biographie von Alex Bein, Leonard Steins Studie über die Balfour-Deklaration, Weizmanns Autobiographie und Schechtmanns Jabotinsky-Biographie – um nur einige der wichtigsten Primär- und Sekundärquellen zu nennen. Von den Zeitschriften der zionistischen Bewegung sind die wichtigsten *Die Welt* (Wien), *Haolam, Jüdische Rundschau* (Berlin) und *New Judaea* (London). Das zionistische Zentralarchiv wurde 1919 in Berlin gegründet; seine Sammlungen wurden 1933 und 1934 nach Jerusalem verbracht. Andere wichtige Archive sind die der Arbeiterbewegung und der Revisionistischen Partei, beide in Tel Aviv, die *Zionist Archives* in New York und das Weizmann-Institut in Rechovot.

Z. Abramovitz, *Bescherut hatua,* Merhavia 1965.

Achad Haam, *Essays, Letters, Memoirs* (hrsg. v. L. Simon), London 1946; *Nationalism and the Jewish Ethics* (hrsg. v. H. Kohn), New York 1962; *Ten Essays on Zionism and Judaism,* London 1922; *Kol Kitve ...,* Tel Aviv 1937.

A. Achimeir, *Reportascha schel bachur jeschiwa,* Tel Aviv 1937; *Im kriat hagever,* Tel Aviv 1940; *Hazionut hamachpechanit,* Tel Aviv 1966.

J. Ahronowitz, *Ktawim,* Tel Aviv 1941.

P. A. Alsberg, *Schivat Zion,* Jerusalem 1956.

American Jewish Committee, *The Jews in the Eastern War Zone,* New York 1916.

L. S. Amery, *My Political Life,* London 1953.

F. F. Andrews, *The Holy Land under Mandate* (2 Bde.), Boston 1931.

Anglo-American Committee of Enquiry, *Report,* Cmd. 6808, London 1946.

G. Antonius, *The Arab Awakening,* London 1938.

Ch. Arlosoroff, *Joman Jeruschalajim,* Jerusalem 1949; *Ktavim,* Tel Aviv 1934; *Leben und Werk,* Berlin 1936.

C. R. Ashbee, *A Palestine Notebook 1918–1923,* London 1923.

M. Assaf, *Hatnua haaravit beerez Israel vemekoroteha,* Tel Aviv 1947.

D. Balakan, *Die Sozialdemokratie und das jüdische Proletariat,* Czernowitz 1905.

A. J. Balfour, *Speeches on Zionism,* London 1928.

J. Banai, *Hajalim Almonim,* Tel Aviv 1958.
N. Barbour, *Nisi Dominus,* London 1946.
Basic Principles of Revisionism, London 1929.
J. Bauer, *From Diplomacy to Resistance,* Philadelphia 1970; *Flight and Rescue: Bricha,* New York 1970.
O. Bauer, *Die Nationalitätenfrage und die Sozialdemokratie,* Wien 1907.
M. Begin, *Bemachteret* (2 Bde.), Tel Aviv 1959; *The Revolt,* London 1951.
M. Beilinson, *Bine Masa,* Tel Aviv 1930.
Alex Bein, *The Return to the Soil,* Jerusalem 1952; *Theodor Herzl,* Philadelphia 1945.
N. Benari, *Prakim letoldot tnuat hapoalim beerez Israel,* Warschau 1936; *Zur Geschichte der Kvutza und des Kibbutz,* Berlin 1934.
Ben Ehud, *Zionismus oder Sozialismus,* Warschau 1899.
D. Ben Gurion, *Memaamad leam,* Tel Aviv 1933; *Tnuat hapoalim veharevisionismus,* Tel Aviv 1933; *Anachnu veschekchenu,* Tel Aviv 1931; *Sichot im manhigin aravim,* Tel Aviv 1967; *The Peel Report and the Jewish State,* London 1938; *Rebirth and Destiny,* New York 1954; *Bamaaracha,* Tel Aviv 1957; *Medinat Israel Hamechudeschet,* Tel Aviv 1969.
E. Ben Jehuda, *Kol Kitve . . .,* Jerusalem 1941.
J. Ben Jeruham, *Sefer Betar,* Tel Aviv 1969.
Ch. Ben Meir, *Harevisionism sakana leam,* Tel Aviv 1938.
M Bentov (Hrsg.), *The Case for a Bi-national Palestine,* New York 1946.
N. Bentwich, *For Zion's Sake,* Philadelphia 1954.
S. Ben Zion, *Die Bilu auf dem Weg. Die Bilu am Ziel.* Tel Aviv 1935.
J. Ben Zwi, *Hatnua haaravit,* Jaffa 1921; *Kitve . . .,* Tel Aviv 1936.
E. Berger, *The Jewish Dilemma,* New York 1945.
H. Bergmann, *Jawne und Jerusalem,* Berlin 1919.
I. Berlin, *Chaim Weizmann,* London 1958.
M. Berlin, *MeVoloschin ad Jeruschalajim* (2 Bde.), Tel Aviv 1940.
Betar, *This is Betar,* New York 1946.
R. Binyamin (Hrsg.), *Al Paraschat Darkenu,* Jerusalem 1939.
N. Birnbaum, *Ausgewählte Schriften zur jüdischen Frage* (2 Bde.), Czernowitz 1910.
M. Blach (Hrsg.), *Doven Schifte Jeschenim,* New York 1959.
R. Blake, *The Unknown Prime Minister,* London 1955.
K. Blumenfeld, *Erlebte Judenfrage,* Stuttgart 1962.
H. H. Bodenheimer (Hrsg.), *So wurde Israel. Erinnerungen von Dr. M. I. Bodenheimer,* Frankfurt 1958.
Hannah Bodenheimer, *Toldot Tochnit Basel,* Jerusalem 1947.
J. Bodenheimer, *Darki Lezion,* Jerusalem 1953.
A. Böhm, *Die zionistische Bewegung,* Berlin 1935.
B. Borochow, *Ktavim* (3 Bde.), Tel Aviv 1955–1966; *Sozialismus und Zionismus,* Wien 1932.
R. Brainin, *Peretz Smolenskin,* Warschau 1896; *Haje Herzl,* New York 1919.
M. Braslavsky, *Tnuat hapolim haerez-israelit* (4 Bde.), Tel Aviv 1946–1963.
J. Ch. Brenner, *Kol Ktavav . . .* (9 Bde.), Tel Aviv 1924–1930.
I. Breuer und J. Rosenheim, *Eretz Israel und die Orthodoxie,* Frankfurt/M. 1934.

I. Breuer, *Messiasspuren,* Frankfurt 1918; *Moriah,* Jerusalem 1944; *Das jüdische Nationalheim,* Frankfurt 1925.
M. Brod und F. Weltsch, *Zionismus als Weltanschauung,* Mährisch-Ostrau 1925.
M. Buber, *Reden über das Judentum,* Berlin 1932; *Israel and the World,* New York 1948; *Die jüdische Bewegung,* Berlin 1920; *Towards Union in Palestine,* Jerusalem 1947.
L. Chasanowitsch und L. Motzkin, *Die Judenfrage in der Gegenwart,* Stockholm 1919.
A. Chouraqui, *Theodor Herzl,* Paris 1960.
S. L. Citron, *Toldot Hibat Zion,* Odessa 1914.
A. Cohen, *Israel vehaolam haaravi,* Merhavia 1964.
H. Cohen, *Religion und Zionismus,* Krefeld 1916.
I. Cohen, *The Zionist Movement,* London 1945.
J. Cohn, *England und Palästina,* Berlin 1931.
E. B. Cohn, *David Wolffsohn,* Amsterdam 1939.
R. Crossman, *Palestine Mission,* London 1946.
B. C. Crum, *Behind the Silken Curtain,* New York 1947.
I. Deutscher, *The Non-Jewish Jew,* London 1968.
B. Dinaburg, *Hibat Zion,* Tel Aviv 1922–1924; (Hrsg.), *Sefer Hazionut,* Tel Aviv 1938.
I. Domb, *The Transformation,* London 1958.
H. Darin Drabkin, *The Other Society,* London 1962.
A. Droyanov, *Ketavim letoldot Hibat Zion . . .,* Odessa 1919.
A. Dschemal Pascha, *Erinnerungen eines türkischen Staatsmannes,* München 1922.
S. M. Dubnow, *Toldot hehassidut,* Tel Aviv 1930.
B. Dugdale, *Arthur James Balfour,* London 1926.
Abba Eban, *Tragedy and Triumph,* in: Weisgal und Carmichael (Hrsg.), *Chaim Weizman,* London 1962.
Sch. Eisenschat, *Prakim betoldot tnuat hapoalim hajehudit* (2 Bde.), Merhavia 1944.
L. Ernst, *Kein Judenstaat, sondern Gewissensfreiheit,* Wien 1896.
L. Errera, *Die russischen Juden,* Leipzig 1903.
ESCO, *A Study of Jewish, Arab and British Policies,* New Haven 1947; *Palestine,* New Haven 1947.
L. Evans, *United States Policy and the Division of Turkey,* Baltimore 1965.
H. L. Feingold, *The Politics of Rescue. The Roosevelt Administration and the Holocaust,* New Brunswick 1970.
T. R. Feiwel, *No Ease in Zion,* London 1939.
S. B. Feldman, *Brief Survey of the Mizrahi Movement,* London o. D.
J. L. Fishman, *The History of the Mizrahi Movement,* New York 1928.
H. Frederic, *The New Exodus,* London 1892.
F. Friedmann, *Das Palästina-Mandat,* Prag 1936.
N. M. Gelber, *Vorgeschichte des Zionismus,* Wien 1927; *Aus zwei Jahrhunderten,* Wien 1924; (Hrsg.), *Die Kattowitzer Konferenz,* Brno 1919; *Haschara t Balfour vetoldoteha,* Jerusalem 1939.
S. Gepstein, *Zeev Jabotinsky,* Tel Aviv 1941.

M. Gerschenson, *Sudby ewrejskowo naroda,* Berlin 1922.
J. Gessen, *Istorija ewrejskowo naroda w Rossii,* Leningrad 1925; *Gallereja ewrejskich dejatelej,* St. Petersburg 1898.
D. Gillon, *The Antecedents of the Balfour Declaration,* in: *Middle Eastern Studies,* Mai 1969.
N. Goldenberg, *General Zionism,* London 1937.
F. Goldmann, *Zionismus oder Liberalismus,* Frankfurt 1911.
A. D. Gordon, *Ktavim* (5 Bde.), Tel Aviv 1925–1929.
J. L. Gordon, *Iggarot* (2 Bde.), Warschau 1894.
J. R. Gottheil, *Zionism,* Philadelphia 1914.
P. Goodman, *Zionism in England 1899–1949,* London 1949; mit A. D. Lewis, *Zionism: Problems and Views,* London 1916.
J. G. Granados, *The Birth of Israel,* New York 1948.
Louis Greenberg, *The Jews in Russia,* New Haven 1951.
U. Z. Grinberg, *Sefer Haktrug vehaemuna,* Jerusalem 1937.
F. Gross und B. Vavlianos (Hrsg.), *Struggle for Tomorrow,* New York 1954.
J. Gruenbaum, *Hatnua hazionit,* Jerusalem 1949–1954; *Havle Geula,* Warschau 1929.
M. Güdemann, *Nationaljudentum,* Leipzig 1897.
J. Gur Arie, *Nahar J. Alkalay,* Tel Aviv 1929; *Harav Zvi Kalischer,* Jerusalem, o. D.
J. de Haas, *Theodor Herzl: A Biographical Study,* New York 1927; *Louis Brandeis,* New York 1929.
P. Hanna, *British Policy in Palestine,* Washington 1942.
S. Halperin, *The Political World of American Zionism,* Detroit 1961.
B. Halpern, *The Idea of the Jewish State,* Cambridge 1961.
O. Heller, *Das Ende des Judentums,* Berlin 1931.
L. Hermann, *Nathan Birnbaum. Sein Werk und seine Wandlung,* Berlin 1914.
Theodor Herzl, *Zionistische Schriften,* Berlin 1920; *Feuilletons,* Berlin 1911; *Philosophische Erzählungen,* Berlin 1900; *The Complete Diaries,* New York 1960.
A. Hertzberg (Hrsg.), *The Zionist Idea,* New York 1966.
Moses Hess, *Rom und Jerusalem,* Leipzig 1862.
Raul Hilberg, *The Destruction of the European Jews,* Chicago 1961.
I. A. Hirschman, *Lifeline to a Promised Land,* New York 1946.
J. B. Hobman, *David Eder,* London 1945.
G. Holdheim und W. Preuss, *Die theoretischen Grundlagen des Zionismus,* Berlin 1919.
D. Horowitz, *State in the Making,* New York 1953.
J. C. Hurewitz, *Struggle for Palestine,* New York 1950.
Z. Jabotinsky, *Werke* (hebräisch), Tel Aviv und Jerusalem 1940.
O. Janowsky, *People at Bay,* London 1938.
Jewish Agency for Palestine, *Memorandum to the Royal Commission,* Jerusalem 1939; *Political Report of the Executive to the XX Zionist Congress,* Jerusalem 1937; *Political Report of the Executive to the XXI Zionist Congress,* Jerusalem 1939; *Report to the XIX Zionist Congress,* Jerusalem 1935; *Documents and Correspondence Relating to Palestine, August 1939 to March 1940,* London 1940.

M. Joeli, *J. L. Pinsker: Mevaser hatechija haleumit,* Tel Aviv 1942.
H. Kalischer, *Drischat Zion,* Berlin 1905.
N. Kantorowicz, *Di Tsiyonistishe Arbeter Bawegung in Poilen (1918–1939),* New York 1969.
S. Katz, *Jom Haesch,* Tel Aviv 1961.
K. Kautsky, *Are the Jews a Race?,* London 1926.
B. Kaznelson *Kitvei* (12 Bde.), Tel Aviv 1946–1949; *Roshe Prakim letoldot tnuat hapoalim beeretz Israel,* Tel Aviv 1948; (Hrsg.), *Hakibbutz vehakvutza,* Tel Aviv 1940.
E. Kedouri, *England and the Middle East,* London 1956.
L. Kellner, *Theodor Herzls Lehrjahre,* Wien 1920.
J. Kimche, *Seven Fallen Pillars,* London 1950; mit D. Kimche, *Both Sides of the Hill,* London 1960.
G. Kirk, *The Middle East in the War,* London 1952.
F. H. Kisch, *Palestine Diary,* London 1938.
J. Klatzkin, *Krisis und Entscheidung im Judentum,* Berlin 1921; *Techumim,* Berlin 1925; (Hrsg.), *Die Araberfrage in Palästina,* Heidelberg 1921.
I. Klausner, *Hibat Zion beRomania,* Jerusalem 1948; *Hatnua leZion beRussia,* Jerusalem 1962; *Oppositzia leHerzl,* Tel Aviv 1959; *Me Kattowitz ad Basel,* Jerusalem o. J.
J. Klausner, *Sefer Pinsker,* Jerusalem 1921.
H. Kohn (Hrsg.), *Nationalism and the Jewish Ethic: Basic Writings of Ahad Ha'am,* New York 1962.
M. Kleinmann, *Hazionim Haklalim,* Jerusalem 1945.
A. Koestler, *Promise and Fulfilment,* London 1949.
M. Kollenscher, *Zionismus oder liberales Judentum,* Berlin 1912; *Zionismus und Staatsbürgertum,* Berlin 1910.
K. Kraus, *Eine Krone für Zion,* Wien 1898.
G. Kressel, *Hesione Medina,* Tel Aviv 1954.
F. Lachover, *Toldot hasafrut haivrit hehadasha,* Tel Aviv 1927–1933.
E. Laharanne, *La Nouvelle Question d'Orient,* Paris 1860.
S. R. Landau, *Sturm und Drang im Zionismus,* Wien 1937.
K. Landauer und H. Weil, *Die zionistische Utopie,* München 1914.
S. Z. Lande und J. Rabinovitz, *Or Layesharim,* Warschau 1900.
M. Lazaron, *Homeland or State,* Baltimore 1942.
R. Learsi, *Fulfilment: The Epic History of Zionism,* Cleveland 1951.
Sh. Leslie, *Mark Sykes: His Life and Letters,* London 1923.
D. Leon, *The Kibbutz,* Oxford 1969.
J. Lestschinsky, *Das jüdische Volk im neuen Europa,* Prag 1934; *Der wirtschaftliche Zusammenbruch der Juden in Deutschland und Polen,* Genf 1936.
B. Lewkowitz, *Der Weg des Misrachi,* Wien 1936.
A. Léon, *Conception matérialiste de la Question Juive,* Paris 1946.
Sh. Levin, *Mesichronot Chajai,* Tel Aviv 1942.
S. D. Levontin, *L'aretz Avotenu,* Tel Aviv 1924–1928.
E. Levyne, *Judaisme contre Sionisme,* Paris 1969.
L. Lewinsohn, *Theodor Herzl,* Cleveland 1955.
R. Lichtheim, *Die Geschichte des deutschen Zionismus,* Jerusalem 1954;

Rückkehr, Stuttgart 1970; *Revision der zionistischen Politik,* Berlin 1930; *Revisionisten,* Prag 1930.
E. Liebenstein, *Wo steht der Revisionismus?,* Berlin 1934; *The New Territorialism,* Jerusalem 1944.
M. L. Lilienblum, *Hattat Neurim,* Wien 1876; *Kol Kitve M. L. Lilienblum,* Odessa 1913; *Palestinofilstwo, Zionism i ich protiwniki,* Odessa 1899.
L. Lipsky, *A Gallery of Zionist Profiles,* New York 1960; *Thirty Years of American Zionism,* New York 1927.
D. Lloyd George, *The Truth about the Peace Treaties,* London 1938; *War Memoirs,* London 1933–1936.
M. Lowenthal, *Henrietta Szold: Life and Letters,* New York 1942.
P. Lubianiker, *Jesodot,* Tel Aviv 1941.
B. Lubotzki, *Hazohar uBetar,* Jerusalem 1946.
J. Mack, *Americanism and Zionism,* New York 1944.
J. L. Magnes (Hrsg.), *Arab-Jewish Unity,* Jerusalem 1946; *Like All Nations?,* Jerusalem 1930; (Hrsg.), *Palestine – Divided or United?,* Jerusalem 1947.
L. Magnus, *Zionism and the Neo-Zionists,* London 1917; *Religio Laici Judaici,* London 1907.
R. Mahler, *Jehude Polin bein schte milhamot olam,* Tel Aviv 1968.
N. Mandel, *Turks, Arabs and Jewish Immigration,* in: *Middle Eastern Affairs,* London 1965; *Attempts at an Arab-Zionist Entente,* 1913–1914, in: *Middle Eastern Studies,* April 1965.
F. E. Manuel, *The Realities of American-Palestine Relations,* Washington 1949.
P. Marek, *Otscherki po istorii prosweschtschenija ewreew w Rossii,* Moskau 1909.
J. Marlowe, *Rebellion in Palestine,* London 1946; *The Seat of Pilate,* London 1959.
E. Marmorstein, *Heaven at Bay,* London 1969.
M. R. Marrus, *The Politics of Assimilation,* Oxford 1971.
I. Maybaum, *The Faith of the Jew in the Diaspora,* London 1956.
M. Medzini, *Hamediunut hazionit mereschita vead moto schel Herzl,* Jerusalem 1934; *Esser schanim mediunut eretz Israelit,* Jerusalem 1928.
H. Meier-Cronemeier, *Kibbutzim,* Hannover 1969; *Jüdische Jugendbewegung,* in: *Germania Judaica,* 1969.
J. Meisl, *Haskalah,* Berlin 1919.
J. L. Meltzer, *Towards the Precipice,* in: M. W. Weisgal (Hrsg.), *Chaim Weizmann,* London 1962.
P. Merhav, *Toldot tnuat hapoalim beeretz Israel,* Merhavia 1967.
I. S. Meyer (Hrsg.), *Early History of Zionism in America,* New York 1958.
C. G. Montefiore, *Liberal Judaism and Jewish Nationalism,* London 1917.
A. D. Morse, *While Six Millions Died,* New York 1967.
G. Mosse, *Germans and Jews,* New York 1969.
L. Motzkin (Hrsg.), *Die Judenpogrome in Rußland* (2 Bde.), Köln 1909–1910.
P. Nathan, *Palästina und palästinensischer Zionismus,* Berlin 1914.
J. Nedava, *Jabotinsky bechason hador,* Tel Aviv 1950.
J. Nevakiki, *Britain, France and the Arab Middle East,* London 1968.
D. Niv, *Maarachot hairgun hazvai haleumi,* Tel Aviv 1965.
A. und M. Nordau, *Max Nordau,* New York 1943.

Max Nordau, *Zionistische Schriften,* Berlin 1923.
M. Nurok, *Weidat zione Russia be Minsk,* Jerusalem o. J.
Th. Nussenblatt (Hrsg.), *Herzl-Jahrbuch,* Bd. 1, Wien 1937; *Zeitgenossen über Herzl,* Brünn 1929.
M. Orenstein, *A Plea for Arab-Jewish Unity,* London 1946.
M. Ostrowski, *Toldot hamizrahi beEretz Israel,* Jerusalem 1943.
R. Patai (Hrsg.), *Herzl Year Book* (6 Bde.), New York 1958–1965.
J. H. Patterson, *With the Judaeans in the Palestine Campaign,* New York 1922.
J. Perelman, *Rewizjonizm w Polsce,* Warschau 1937.
L. Pinsker, *Road to Freedom,* New York 1944.
M. Perlman, *Chapters of Arab-Jewish Diplomacy 1918–1922,* in: *Jewish Social Studies,* 1944.
K. S. Pinson (Hrsg.), *Nationalism and History,* Philadelphia 1958.
A. N. Poliak, *Bekum medinat Israel,* Tel Aviv 1956.
W. Preuss, *The Labour Movement in Israel,* Jerusalem 1965.
A. M. Rabinowicz, *The Legacy of Polish Jewry, 1919–1939,* New York 1965.
O. K. Rabinowicz, *Herzl, Architect of the Balfour Declaration,* New York 1958; *Fifty Years of Zionism,* London 1957.
M. Rafes, *Otscherki istorija ewrejskowo rabotschewo dwischenija,* Moskau 1929.
J. S. Raisin, *The Haskalah Movement in Russia,* Philadelphia 1913.
Sh. Rehav, *Mivhar Ktavim,* Merhavia 1966.
G. Reitlinger, *The Final Solution,* New York 1961.
I. Remba, *Jabotinskys Teg un Necht,* Paris 1951; *Kefi schihekartem,* Ramat Gan 1959.
Resistentia-Schriften, *Zur Kritik der zionistischen Theorie und Praxis,* Frankfurt 1970.
A. Revusky, *Partition or Zionism,* New York 1938.
A. Robinson, *David Wolffsohn,* Berlin 1921.
Y. Ro'i, *Attempts of the Zionist Organisation . . .,* in: *Zion* 3–4, 1967; *The Zionist Attitude . . .,* in: *Middle Eastern Studies* 1968.
J. Rosenheim, *Kol Jaakow,* Tel Aviv 1954.
Royal Institute of International Affairs, *Great Britain and Palestine 1915–1945,* London 1948.
A Ruppin, *Pirke Chajai* (3 Bde.), Tel Aviv 1968; *Building Israel,* New York 1949; *The Jews in the Modern World,* London 1934; *Jewish Fate and Future,* London 1940.
H. Sacher, *Zionist Portraits and Other Essays,* London 1959; *Israel: The Establishment of a State,* London 1959.
J. Salvador, *Paris, Rome, Jerusalem, ou la Question réligieuse au XIXe siècle,* Paris 1860.
Sh. Salzman, *Min heavar,* Tel Aviv 1943.
H. Samuel, *Memoirs,* London 1945; *Unholy Memoirs of the Holy Land,* London 1936.
M. Samuel, *Harvest in the Desert,* Philadelphia 1944.
A. Saphir, *Unity or Partition,* Jerusalem 1937.
J. B. Schechtman, *The Jabotinsky Story,* New York 1956–1961; *Judenstaats-*

Zionismus, Prag 1933; *The United States and the Jewish State Movement,* New York 1966.
S. Schmitz und H. Brauner, *Die Wahrheit über den Revisionismus,* Moravská Ostrava 1935.
Ch. Schitlowsky, *Ktavim,* Merhavia 1960; *Sotsialism i natsionalny wopros,* in: *Serp,* 1906.
L. Schön (Hrsg.), *Die Stimme der Wahrheit,* Würzburg 1905.
Schriften zur Aufklärung über den Zionismus, I und II, Antizionistisches Komitee, Berlin o. D.
S. M. Schwarz, *The Jews in the Soviet Union,* New York 1951.
E. Sereni (Hrsg.), *Jews and Arabs in Palestine,* New York 1936.
Z. Sharef, *Three Days,* London 1962.
M. Sharett, *Joman medini,* Tel Aviv 1968.
M. Shenfeld (Hrsg.), *MeKatowitz ad Jeruschalajim,* Tel Aviv 1954.
Y. Shimoni, *Arvie Eretz Israel,* Tel Aviv 1947.
M. Shmueli, *Prakim betoldot, hazionut vetnuat haavoda,* Tel Aviv 1938–1946.
L. Sphizman, *Geshihte fun der Tsiyonistisher Arbeter Bavegung,* New York 1955.
S. Z. Shragai, *Hazon vehagschama,* London 1945.
H. Sidebotham, *England and Palestine,* London 1918.
Edmund Silberner, *Moses Hess, Geschichte seines Lebens,* Leiden 1966; *Moses Hess Briefwechsel,* Den Haag 1959; (Hrsg.), *The Works of Moses Hess,* Leiden 1958; *Sozialisten zur Judenfrage,* Berlin 1962.
A. H. Silver, *Vision and Victory,* New York 1949.
R. Silverberg, *If I Forget Thee, O Jerusalem,* New York 1970.
L. Simon, *Ahad Ha'am,* Philadelphia 1960; *The Case of the Anti-Zionists,* London 1917.
M. Singer, *Bereschit hazionut hasozialist,* Haifa 1958.
J. Slutsky et al. (Hrsg.), *Sefer toldot Huhagana,* Tel Aviv 1959.
M. Smilansky, *Prakim betoldot hajischuw,* Tel Aviv 1954.
P. Smolenskin, *Hatoe bedarke hehajim,* Wien 1876; *Maamarim,* Jerusalem 1925–1926.
N. Sokolow, *Hibat Zion,* Jerusalem 1935; *Ischim* (3 Bde.), Jerusalem 1935; *History of Zionism,* London 1919.
E. Soskin, *Das Kolonisationsproblem,* Paris 1929; *Kolonisation – Revisionismus,* Wien 1927.
R. Stricker, *Die Judenstaatspartei,* Warschau 1935.
L. Stein, *The Balfour Declaration,* London 1961.
J. Stalin, *Marxism and the National Question,* London o. J.
J. Stojanivski, *The Mandate for Palestine,* London 1928.
R. Storrs, *Orientations,* London 1937.
C. Sykes, *Two Studies in Virtue,* London 1953, *Crossroads to Israel,* London 1965.
M. Syrkin, *Nachman Syrkin,* New York 1961.
N. Syrkin, *Ktavim,* Tel Aviv 1939.
S. Schwartz, *Jabotinsky – lochem hauma,* Jerusalem 1942.
A. Szanto, *Der Zionismus: eine nationalistische und reaktionäre Utopie,* Berlin 1930.

A. Tartakover, *Toldot Tnuat haovdim hajehudit,* Warschau 1929.
D. Trevor, *Under the White Paper,* Jerusalem 1948.
H. S. Truman, *Memoirs,* London 1956.
J. Tschlenow, *Pirke Chajav vepuelato,* Tel Aviv 1937.
United Nations, Ad Hoc Committee on Palestine, *Summary Record of Meetings,* New York 1947.
Vom Judentum (Bar Kochba Prag), Leipzig 1913.
H. Viteles, *A History of the Cooperative Movement in Israel,* London 1967–1968.
H. Vogelstein, *Der Zionismus, eine Gefahr . . .,* Stettin 1906.
S. Wallach, *Jews Must Choose,* Philadelphia o. D.
J. Waschitz, *Haaravim beeretz Israel,* Merhavia 1946.
M. Waxman, *A History of Jewish Literature,* New York 1940.
M. Weisgal (Hrsg.), *Theodor Herzl. A Memorial,* New York 1929; *Chaim Weizmann,* New York 1944; mit J. Carmichael (Hrsg.), *Chaim Weizmann,* London 1962.
J. Weinschal, *Hadam ascher besaf,* Tel Aviv 1956.
H. L. Weisman, *The Future of Palestine,* New York 1937.
N. Weinstock, *Le Sionisme contre Israel,* Paris 1969.
Ch. Weizmann, *Trial and Error,* New York 1950; *Israel und sein Land,* Berlin 1924; *Devarim* (4 Bde.), Tel Aviv 1937.
P. Wengeroff, *Memoiren einer Großmutter,* Berlin 1908.
A. Wiener, *Juden und Araber in Palästina,* Berlin 1930; *Kritische Reise durch Palästina,* Berlin 1927.
M. Wischnitzer, *Die Juden in der Welt,* Berlin 1924; *To Dwell in Safety,* Philadelphia 1948.
S. S. Wise, *Challenging Years,* New York 1949; mit J. de Haas, *The Great Betrayal,* New York 1930.
M. Yaari, *Befetach Tekufa,* Merhavia 1942; *Bederech Aruka,* Merhavia 1947.
G. S. Yisraeli, *MPS-PKP-Maki,* Tel Aviv 1953.
I. Zangwill, *Speeches, Articles and Letters,* London 1937.
E. Zechlin, *Die deutsche Politik und die Juden im Ersten Weltkrieg,* Göttingen 1969.
I. Zinberg, *Di Geshikhte fun Literatur bei Yiden,* New York 1966.
Zionist Organisation, *Palestine during the War,* London 1921; – and The Jewish Agency for Palestine, *Reports of the Executive, 23rd Zionist Congress at Basle,* Jerusalem 1946.
Th. Zlocisti, *Moses Hess,* Berlin 1921.
W. Zukerman, *The Jew in Revolt,* London 1937; *Voice of Dissent,* New York 1964.
Zum jüdisch-arabischen Problem (hrsg. Hechaluz), Berlin 1933.

Namenverzeichnis